临澧县财政志

临澧县财政志编纂委员会 编

方志出版社
Publishing House of Local Records

图书在版编目(CIP)数据

临澧县财政志/临澧县财政志编纂委员会编. - -北京:方志出版社,2017.7
ISBN 978-7-5144-2479-9

Ⅰ. ①临… Ⅱ. ①临… Ⅲ. ①地方财政-财政史-临澧县 Ⅵ. ①F812.9

中国版本图书馆CIP数据核字(2017)第187848号

临澧县财政志

编　　者:临澧县财政志编纂委员会
责任编辑:黄　彦
出 版 人:冀祥德
出 版 者:方志出版社
地址　北京市朝阳区潘家园东里9号(国家方志馆4层)
邮编　100021
网址　http://ww.fzph.org
发　　行:方志出版社发行中心
电话　(010)67110500
经　　销:各地新华书店
印　　刷:临澧县永兴福利印刷厂
开　　本:889×1194　1/16
印　　张:30.75
字　　数:1022千
版　　次:2017年7月第1版　2017年7月第1次印刷
印　　数:001~500册

ISBN 978-7-5144-2479-9　　定价:350.00元

《临澧县财政志》编纂领导小组

（2010年5月~2015年12月）

组　　长：黄新春（财政局局长、党组书记）

副 组 长：辛　中（常务副局长、党组副书记）　叶发祥（副局长）

成　　员：于建厦（办公室主任）　赵传清（人事教育股长）

《临澧县财政志》编纂办公室

主　　任：辛　中

副 主 任：叶发祥

主　　编：黄新春

副 主 编：辛　中　叶发祥

编　　辑：戴振春　沈福明

图表编审：戴振春　沈福明

审　　校：叶发祥

采　　编：戴振春　沈福明　黄明洪　邵国涛　于建厦
张宏斌　吴宏年　陈育民　田　翼　韦　明
王小坪　欧明中　邵丽华　朱德勇　金春树
赵传清　谢易频　蒋新堂　周明焕　吴元章
李志刚　曾　雄　李华初　唐爱党　罗承秋
秦元林　苏德清　舒小康　雷立秋　苏宏金
胡良次　朱瑞清　陈云庭　何益成　张化懿
周　斌　祁开举　李永红　熊明艳　廖生军
陈国栋　周明焕　沈克勤

《临澧县财政志》评审会

（2015年9月25日）

应邀出席评审会的领导和专家：

周华辉　常德市党史办副主任

周　波　常德市方志办副科长

剪　甜　常德市方志办副科长

刘祖云　县保密局局长

吴传冰　县法治办科员

陈宏炎　县史志办主任

周　宇　县史志办副主任

辛　中　县财政局副局长

叶发祥　县财政局副局长

苏宏金　县财政局原局长

财政局内部参加评审人员名单：

黄新春　石　华　刘永兴　唐爱党　罗承秋

谭辟云　金春树　周　斌　邵丽华　祁怀平

陈育民　张宏斌　蒋新堂　邵国涛　陈国栋

熊明艳　黎梓娟　韦　明　周明焕　赵传清

欧明忠　沈福明　戴振春

序　言

盛世修志。初为财政局长时,编修财政志便纳入我思考的工作重点之一。2009年,与局领导班子共商修志之事,4月推动付诸实施。历时五年,本志书以《临澧财政志》(1729年至1985年卷油印本)为基础,续接延至2009年,形成了一个史料翔实、数据完整、记述真实的新全卷志。不枉初衷、可喜可贺。

在《临澧县财政志》开印之际,局修志办的同志让我写个序,或是责任或是感动,我欣然应允。

细读志书,不无感慨!从1729年到2009年,281年临澧财政印记跃然书中,收支数据开卷即查,兴衰成败全然可考,图片佐证更显真实。透过志书,见证了国家财政政策在临澧的实施。比如全面取消农业税和对农民多达50个项目的直接补贴,让农民得到实实在在的实惠。见证了临澧财政。随着时代发展进步,收入增长,实力增强;服务民生,保障到位;涵养财源,促进发展;完善管理,改革创新等等。实事实绩,可圈可点。

临澧财政收入稳定增长。新中国成立初的1950年,本级一般预算收入只有59.99万元,1983年首次突破千万元大关,到2002年,登上亿元台阶,达到11460万元。其中,1973年、1981年和1993年实现大幅度增长,分别比上年增长44.9%、52.6%、31.6%。2002年和2005年,增长绝对额在2000万元左右。进入21世纪,财政收入在高起点上运行,年均增速趋于稳定,凸显出财政良好实力。

良好的财政实力实现了财政支出的有效保障。1979年国家改革开放之前,临澧财政仅仅是一个“吃饭”财政。1980年,全县财政总支出为1448.21万元,1996年、2002年相继突破1亿元、2亿元关口,到2009年,总支出达到了11.7亿元。从支出保障水平不难看出,财政职能不断拓宽,保障范围逐步扩大,民生民利明显改善,公共事业和经济建设发展速度加快,资金需求快速增长，保障与发展的变化一一在书中显现。

财政改革随着社会前进应运而生。新中国成立前财政体制机制亦有变迁，新中国成立后财政管理努力跟上时代的节拍。财政体制从八十年代初的“包干制”到“分税制”；县级财政保障从供给制、报账制到1984年成立乡镇级财政，完善了一级政府一级财政体制；管理模式上由（地）市管到省直管县，财经财务上也逐步建立了“乡财县管”“村账乡管”制度；综合预算，非税收入征管，部门预算，国库集中支付，政府采购，财政投资评审等改革应运而生，为适应社会发展和财政事业的需要逐步规范。

透过本志，见证了财政、税务等机构分分合合，财政工作职责职能适时调整，财政队伍不断壮大，党团群组织建立健全，财政贡献之成就和荣誉之喜悦无不油然而生，为之自豪。纵观全书，内容丰富，数据齐全，记述翔实，图文并茂，史料尤显珍贵。编纂《临澧县财政志》是一种责任，必将为今后应用借鉴、总结留下宝贵财富。本志书凝聚了财政人的智慧与辛劳，编纂人员付出了大量汗水和努力，有关部门给予了大力支持与配合，在此一并表示感谢！

临澧县财政局党组书记 局长

2016年8月

凡　例

一、本志以马克思列宁主义、毛泽东思想、邓小平理论和“三个代表”重要思想、科学发展观为指导，贯彻落实习近平总书记系列重要讲话精神和治国理论新理念、新思想、新战略，坚持辩证唯物主义和历史唯物主义的立场、观点和方法，实事求是的原则，客观真实地总结临澧县财政工作的历史经验和教训，为振兴临澧经济推动财政事业科学发展提供历史借鉴。

二、本志内容：根据相关历史资料简溯临澧县1729年始设县至1949年的财政变化轨迹；1949年至2009年，按财政决算情况和相关的其他资料，重点编写这六十年临澧县财政的发展变化历程。为了记述完整，个别情况可顺延至出版前。

三、本志结构根据财政专业特点，采用首列序言、概述、大事记为经；书中列财政收入、财政支出、财政管理、财政机构和队伍及财政文化五编四十三章一百七十一节，采用横排竖列，事以类从的原则；末为后记。

四、本志采用志、记、图(照)表、录诸体，以志体为主，概述夹叙夹议、叙议结合；大事记以编年体为主，与记事本末体相结合，其余文字，皆采用语体文记述体，一律用第三人称记述。记述有关地名、会议、机构、职务等，用记事年代的全称，若用简称，则在全称出现时括注同用的简称。

五、本志计量单位：平方米、亩、平方公里；公斤、担、吨、万公斤；元、万元、亿元；米、公里；羽、万羽(清代及民国时期统计数字以原计量单位为准)。

六、本志统计数字以各年《临澧统计年鉴》和“临澧财政决算报表”及业务主管部门提供的统计数字入志。表格中缺失的年份、数字用空格表示。由于国家统计口径的变动，按当时规定记述的内容须加注；数字书写，一律用阿拉伯数字表述(统计数字保留两位小数)。

七、本志所用“新中国”是指1949年10月1日成立的中华人民共和国。

八、本志中提到的“党”指中国共产党，“团”指中国共产主义青年团。

一、临澧县财政局

临澧县财政局1991年新建的头门(兴隆街288号)

二、临澧县地图

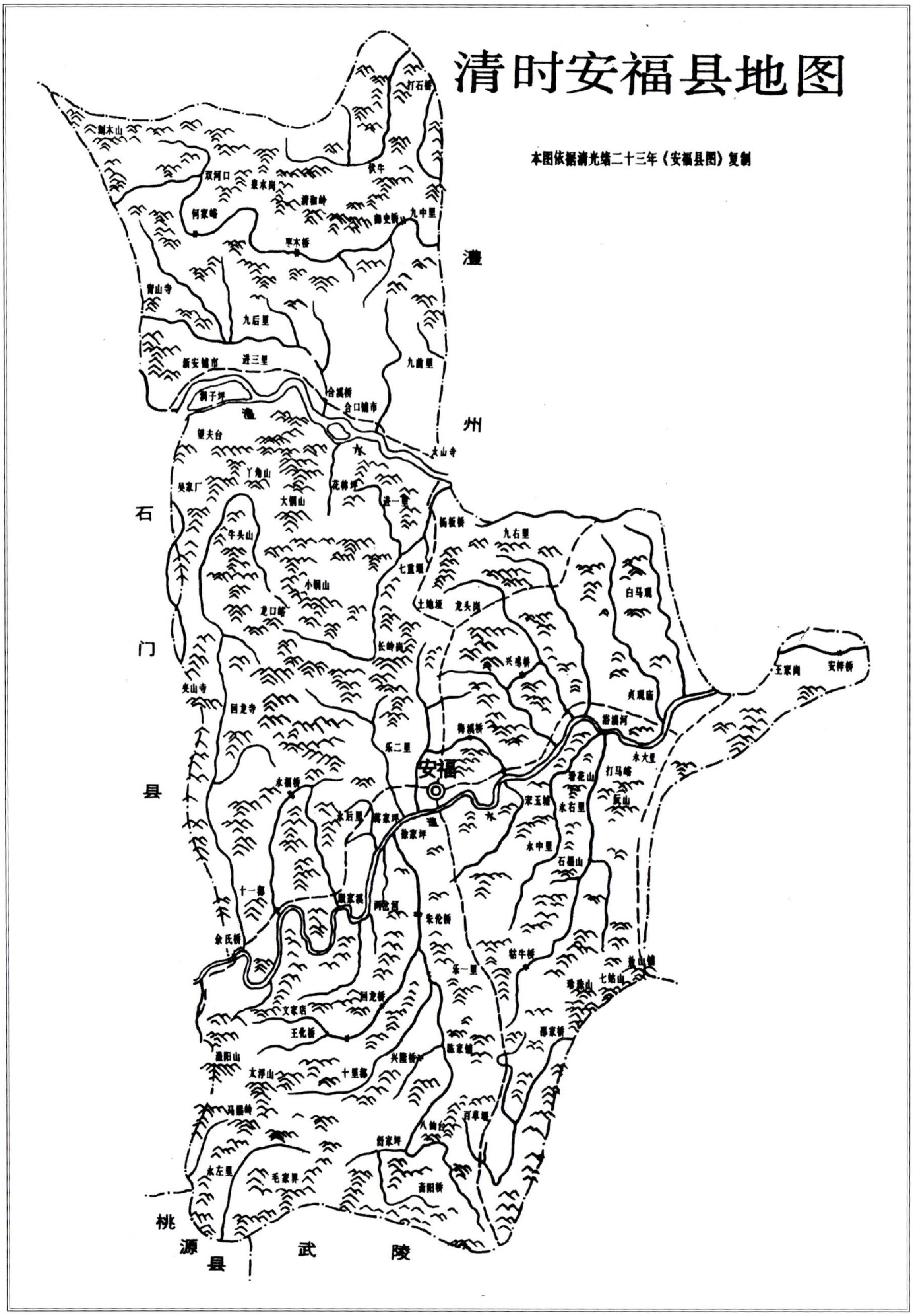

清时安福县城全图

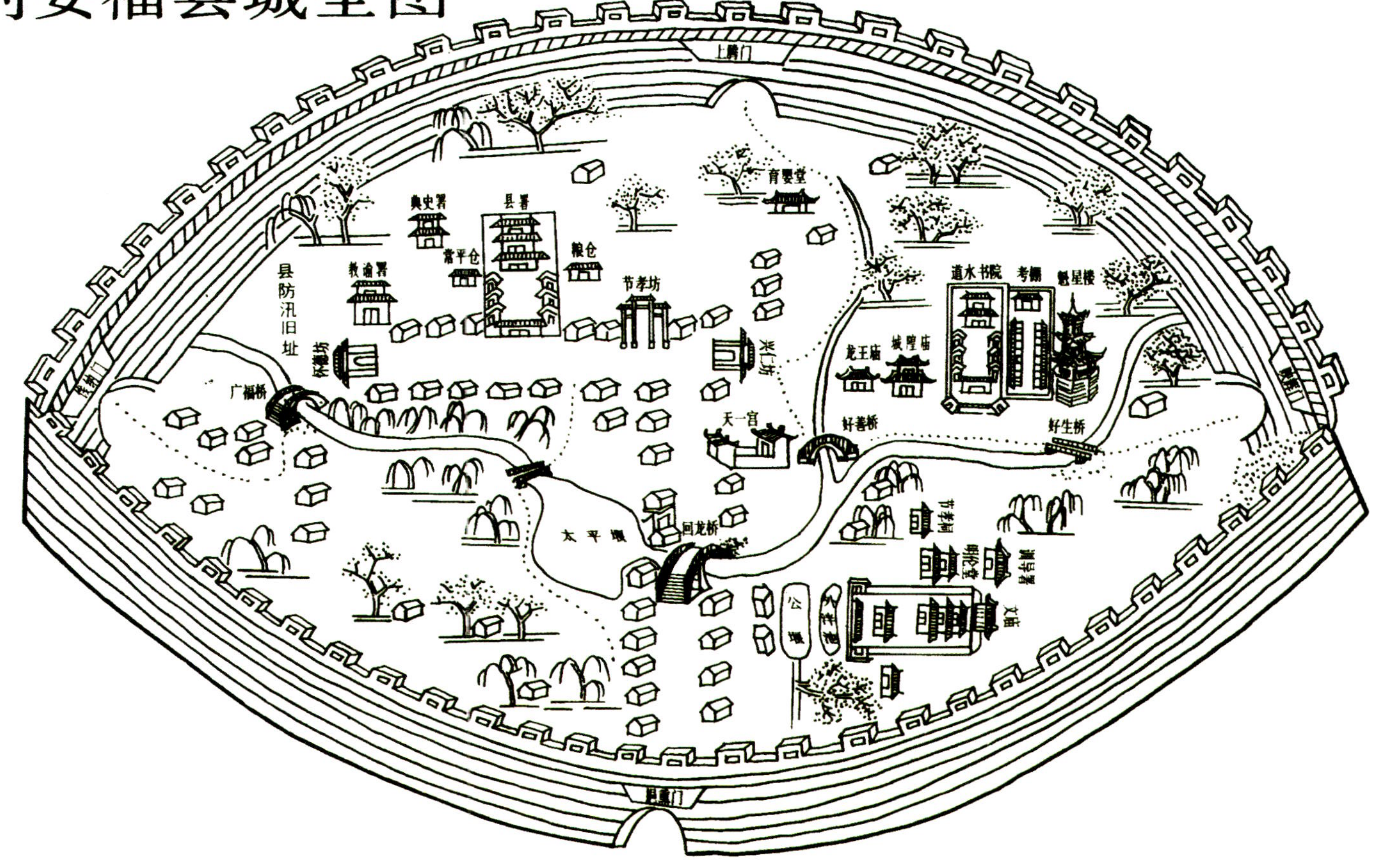

注：县署——现县委机关；广福桥——现电信公司东门处；
文庙——现一完小学校处；道水书院——现丁玲学校

民国32年临澧政区图

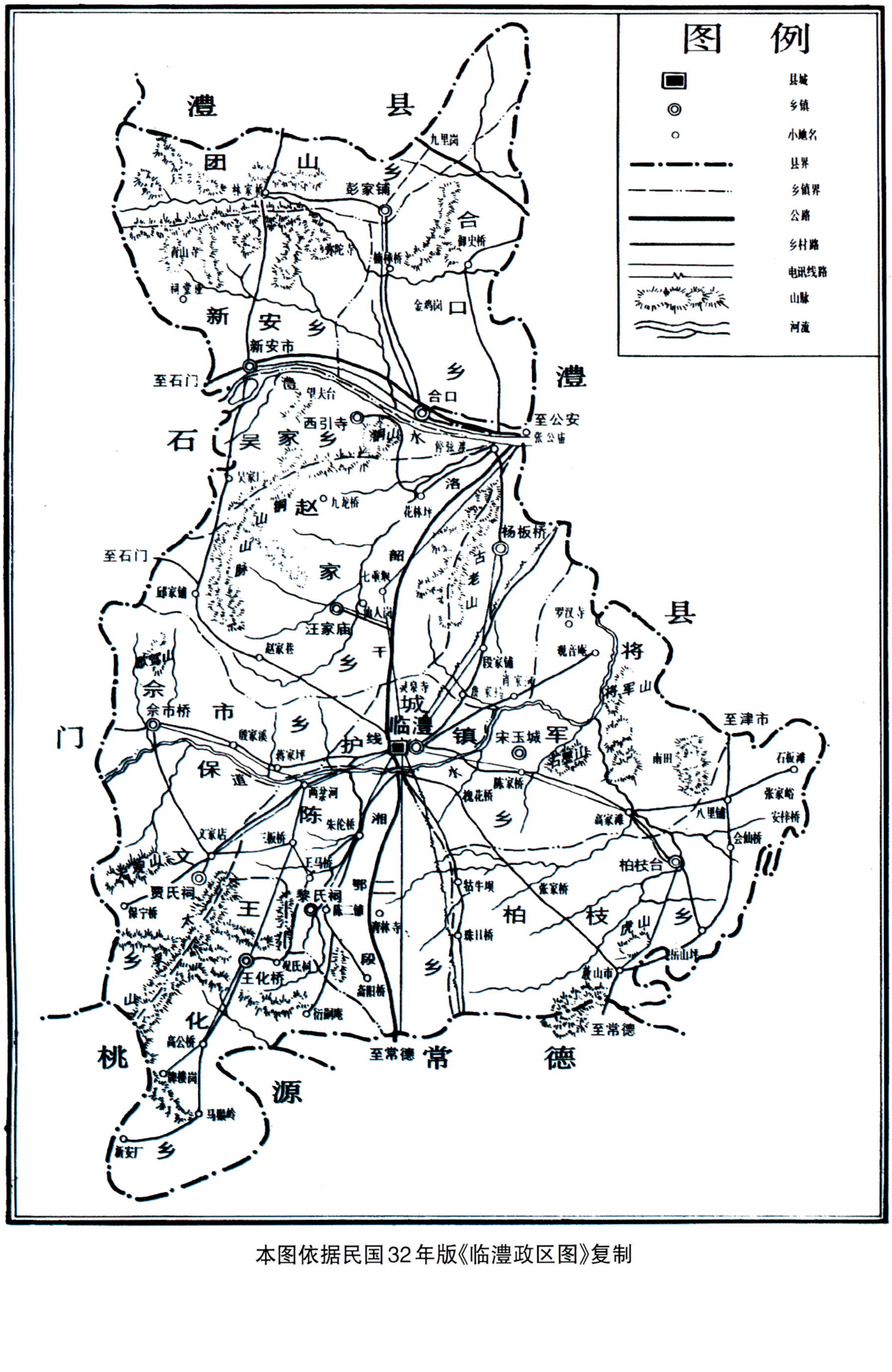

本图依据民国32年版《临澧政区图》复制

临澧县地图

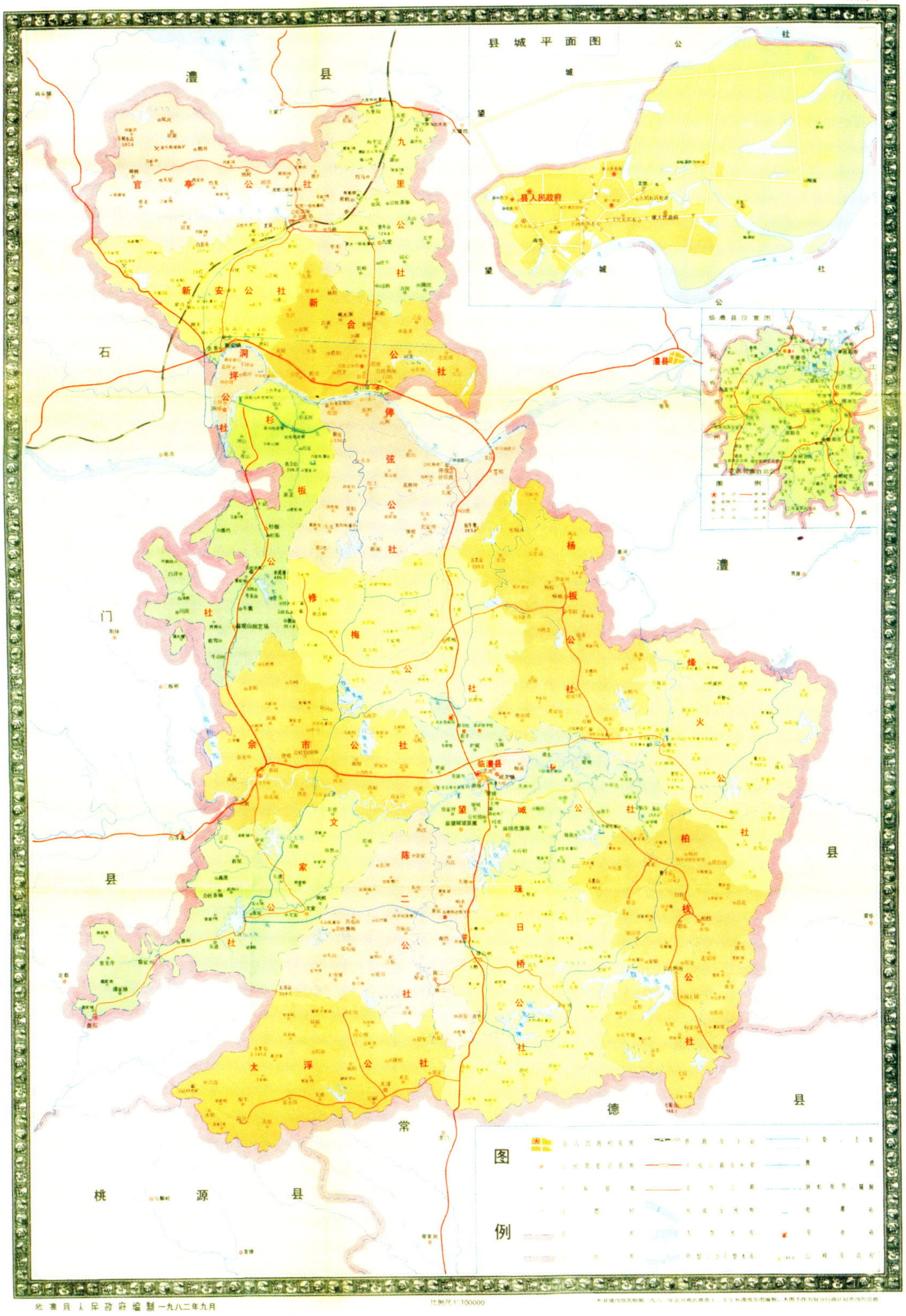

临澧县1982年版地图：1984年临澧县20个乡镇的行政区地图

（当年财税局分设时按乡镇行政区设立20个财政所）

临澧县地图

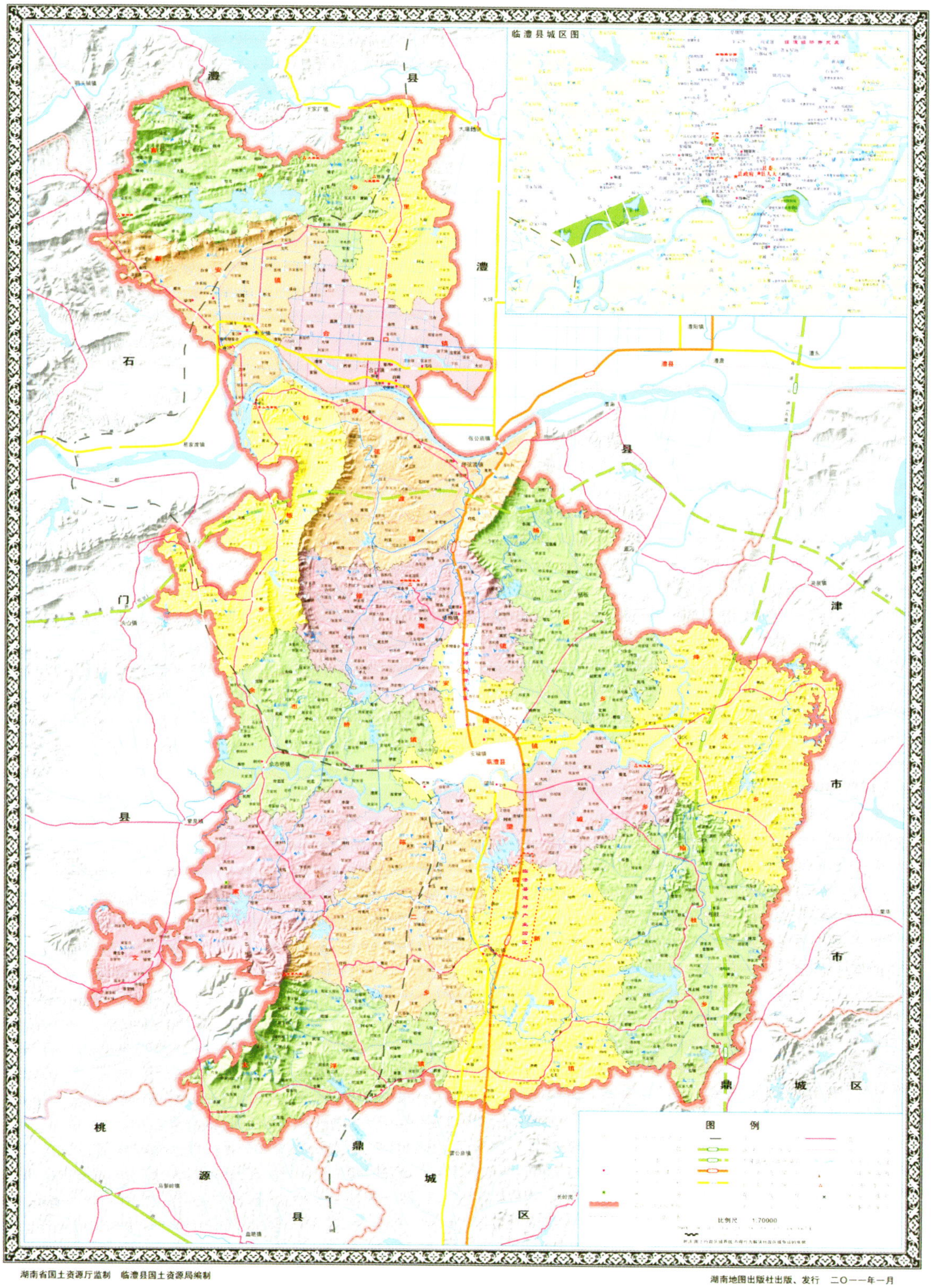

湖南省国土资源厅监制 临澧县国土资源局编制

湖南地图出版社出版、发行 二〇一一年一月

临澧县2011年版地图

（2009年末，财政所当年依据行政区划的变动，由20个变为18个）

三、领导重视

一九九〇年湖南省第三次乡镇财政工作会议在临澧县柏枝乡政府召开[图为大会主席台]

一九九三年三月三日，省长储波（前排中）、财政厅厅长章锐夫，在市财政局局长陈君文，县委书记刘春林的陪同下，检查指导临澧县财政工作[图为在合口镇财政所前坪]

一九九〇年临澧县副县长朱光昶（右二）陪同省长储波（右一），省财政厅厅长章锐夫（中）考查临澧县财政工作[图为县财政局局长史训炎（左一）向领导汇报工作]

1993年3月2日，中纪委八室二处处长赵新安，干部孟会青、靳军，财政部地方预算局科长沈谷风，省财政厅农税处副处长贺乐珊，省廉政办公室副主任李玉坤、徐泽高组成的乡镇财政廉政建设调查组，在市财政局副局长卢嫦娥，县委副书记王宏忠，县财政局长史训炎陪同下对临澧县乡镇财政所进行调查［图为在合口镇财政所调研］

1996年全市财政工作会议在临澧县召开［图为市局领导吴国荣（中）等与会者在林伯渠故居参观合影］

2009年，临澧县收费局贯彻《湖南省非税收入管理条例》颁布实施五周年［图为县领导等参加在县城朝阳广场开展宣传咨询］

四、荣 誉

1988年9月，临澧县财政局被国家教委、计委、财政部、劳动部授予“全国支教先进集体”称号

1989年10月，临澧县财政局被湖南省财政厅、人事厅、财贸工会授予“先进单位称号”

一九九三年十一月，临澧县财政局被中华人民共和国财政部授予〖全国财政系统先进集体〗称号

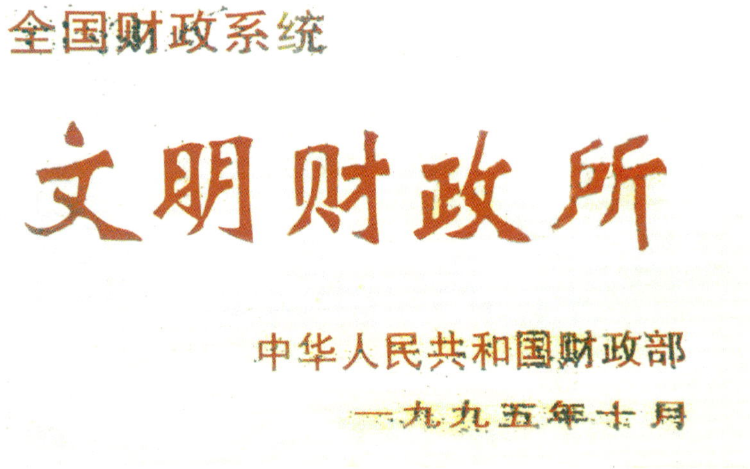

一九九五年十月，临澧县新安镇财政所被中华人民共和国财政部授予财政系统〖文明财政所〗称号

一九九〇年十一月，临澧县财政局干部张德钧被财政部、人事部授予〖全国先进会计工作者〗称号

五、新中国成立后历任领导班子及主要领导

1950年5月1日临澧县财粮两科全体同志合影［图为城关镇原八方楼］

从左至右：前排第二位为戴宪玉，第三为陈绪中，第四为张振国，第五为田文卿，右一为孟载轩（科长），持枪者为军管会人员。后排第八为向多松，第十三为黄文淑（女），第十四为苏子慎（女）［此照片由张衡铸提供］

1951年5月1日，参加临澧县人民政府第一届财政会议人员［图为在县委机关院内假山处］　从左至右：第一排第三为梅文彬，第二排第四为孟载轩（科长），第三排第四为唐长秋，第四排第三为沈绪波，第七为向多松，第八为黄文淑，第九为苏子慎

［此照片由张衡铸提供］

2009年8月，临澧县财政局领导班子成员合影

左起：章兴桂（财政局副局长）　刘永兴（纪检组长）　叶发祥（副局长）　石华（副局长）　林泽福（副局长）
黄新春（党组书记　局长）　辛忠（党组副书记　副局长）　罗伯海（副局长）　余桃安（工会主席）

孟载轩

男,1916年12月出生于河北省任县辛集乡。1943年参加革命工作,1944年任河北省任县财政科科长。1944年8月加入中国共产党,1949年1月“南下”。1949年8月至1953年2月任临澧县财粮科科长。1953年3月调出财政系统工作,先后历任临澧县供销合作社主任、财贸部部长、文家乡党委第一书记、县工财组长、工交站主任、农机局局长、计委副主任,1980年10月离职休养,1996年9月享受副师级待遇,2002年病故。

韩生勤

1923年7月19日出生于河北任县,1946年1月参加革命工作;1950年5月加入中国共产党;1949年8月南下到临澧县合口粮管站工作;1951年6月曾任临澧县人民政府财粮科副科长;1951年7月至1952年6月曾任临澧县人民政府财政科副科长;1952年8月至1955年9月曾任临澧县人民政府财政科科长;1955年10月至1956年10月曾任临澧县人委会财政科科长;1957年8月至1960年8月曾任临澧县财政局局长。

郭光美

1932年11月4日出生于临澧县合口镇,1951年7月参加工作,1952年12月加入中国共产党,1956年10月至1957年7月曾担任临澧县人民政府财政科科长。

胡东来

1923年11月21日出生于河北省任县，1939年1月参加工作，1949年南下到临澧县，曾任六区党委副书记兼组织部部长。1961年10月至1962年8月，曾担任临澧县财政局局长。1962年9月至1963年1月曾任临澧县人委会财政科科长。

李运甲

1932年10月8日出生于湖南省长沙县霞凝乡，1951年7月参加工作，1952年12月加入中国共产党，1963年2月至1963年10月曾担任临澧县人委会财政科科长，1963年11月至1965年3月曾任临澧县人民政府财政局局长。

陈志喜

1930年3月出生于临澧县太浮镇，1951年7月在本县临南税务所参加工作，1956年6月加入中国共产党，1969年1月至1969年12月曾任临澧县革命委员会财税市场管理站组长。

陈大复

出生于1931年6月24日，津市市人。1950年1月参加工作，1951年6月加入中国共产党，1970年1月至1972年12月曾任临澧县革命委员会财税市场管理站组长。

刘茂金

出生于1936年10月16日，临澧县佘市桥镇人，1956年3月参加工作，1962年7月加入中国共产党，1973年6月至1979年6月曾任临澧县革命委员会财税局局长。

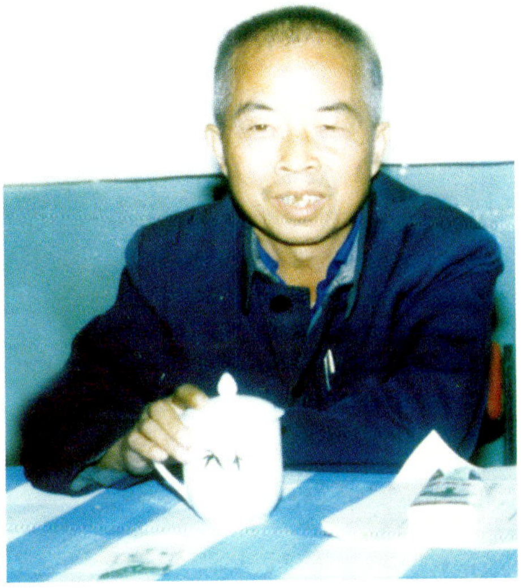

苏德清

男，1935年8月出生于临澧县新安镇，初中文化，1951年9月参加工作，1955年3月加入中国共产党，1966年12月至1968年12月任临澧县财政局副局长，1969年1月至1979年6月任临澧县革命委员会财政税务局副局长，1979年7月至1984年3月任临澧县财政税务局局长（兼党组书记），1984年4月至1984年12月任临澧县财政局局长，1990年5月至1994年12月任临澧县财政局党组书记。

苏宏金

男，1943年8月出生于临澧县新安镇，高中文化，1963年8月参加工作，1972年7月加入中国共产党，先后担任税务所所长，农财股股长，1983年12月至1984年3月任临澧县政府财政税务局副局长，1984年4月至1984年12月任财政局副局长，1985年1月至1990年4月任县财政局局长兼党支部书记。

史训炎

男，1952年12月出生于临澧县四新岗镇，1971年9月参加工作，1973年9月加入中国共产党，1990年5月至2007年2月曾任临澧县财政局局长，1990年5月至2002年12月曾任财政局党组副书记，2003年1月至2007年2月曾任财政局党组书记。

黄新春

男，1966年2月出生于临澧县新安镇，大学本科文化，1985年7月参加工作，1988年10月加入中国共产党，1989年2月任临澧县财政局预算副股长，1991年9月任股长，1995年11月至2007年2月任临澧县财政局副局长，党组副书记，2002年3月至2003年1月兼任县农开办党支部书记，2002年8月至2003年12月兼任县农税局局长，2007年3月至2009年12月任县财政局局长、党组书记。

现任财政局局长、党组书记、审阅《临澧县财政志》

杨富国

男，出生于1966年8月，临澧县文家乡人，1986年8月参加工作，1992年6月加入中国共产党，1991年4月至1994年3月任新安财政所副所长，1994年4月至1998年9月任修梅镇财政所所长，2003年1月至2007年12月任财政局党组成员、县农税局局长，2017年3月任财政局局长、党组书记。

六、《临澧县财政志》编纂人员合影

领导小组

左起：于建厦（成员 ） 叶发祥（副组长） 黄新春（组长） 辛中（副组长） 赵传清（成员）

编辑人员

左：戴振春　右：沈福明

应邀出席《临澧县财政志》评审会的领导和专家

左起：苏宏金　剪甜　叶发祥　周华辉　辛中　陈宏炎　周波　刘祖云　吴传冰　周宇

七、2016年4月财政机关单位人员合影

非税局工作人员合影

前排左起：朱青松 黄尚兵 吴 静 郭海霞 吴元璋 马继红 谭劈云 李承平 沈炎枝 吴迎春
后排左起：黄彩霞 文宏英 李志刚 邹纯华 梅开满 郭玲

乡镇财政管理局工作人员合影

左起：余碧蓉 林荔 胡朝辉 陈贤忠 沈克勤 胡先华 付蓉 刘昕 罗世祥

国库支付局工作人员合影

左起：李平 杨军 黎革平 罗承秋 唐爱党 王君政 王凡平 丁丽俐

办公室　左起：于建厦　周斌　施广军　肖兵

教科文股　左：吴宏年　右：吴桂蓉

综合股　左：祁静　右：邵国涛

会计管理股　左起：黄妮　王金凤　陈育民

采购办　左：盘敏　右：李永红

经济建设股　左起：肖学之　田翼　苏芳

企业股　左起：张宏斌　杨爱萍　尹妮君　成新珍

资产管理股　左：韦明　右：刘玲玲

控购办 左起：朱桂中 王小坪 周泽华

监督股 前排左起：史彩湘 吴忠萍 林 荔 毛京燕
后排左起：邹宏忠 张丕霞 金春树 郑文国

预算股 左起：赵健 罗琳 肖进军 欧明忠

人教股、工会
左起：赵传清 鄢浩 陈珍先 苏瑞 徐曼灵

国库股 前排左起：曹永湘 邵丽华 林明奎
后排左起：罗明华 刘泽卢

农业股 左起：谢易频 曾雄 李志华

社保股 左起：朱德勇 陈毅云 朱世卉

行政政法股 左：蒋新堂 右：胡弘雨

工资发放中心　左：熊明艳　右：刘莉萍

后勤中心　祁怀平　信息中心杜蓝澍

财源办

左起：戴国平　黎梓靖　顾惠英　廖生军　刘代培

财政机关干部

左起：梅娟　杨云　杨红梅　杨爱华

财政评审中心　前排左起：胡庭强　邹明璇　陈国栋　邹宏
后排左起：何　伟　郑锦波

机关财务室　左：王淑凤　右：江　平

综改办　左起：吴一萍　徐　辉　周明焕

司机班

左起：吴宏炎　黄尚兵　郑金华　姚　楠　李　勇　谢玉平

（以上照片由戴振春摄于2016年4月）

八、2015年7月乡镇财政所人员合影

安福镇财政所

左起：涂　艳　林秋健　金小平　涂晓凤
　　　黄承军　刘亚林　邹金玉　张新斌

佘市桥镇财政所

左起：胡煜东　邓　斌　佘小军　朱晓静

合口镇财政所

左起：马思奇　李华丽　秦晓蕾
　　　江金涛　张民炜　王焕金

太浮镇财政所

左起：刘　健　杨军　祝自全　祝美红

新安财政所

前排左起：杨贤和　黄　辉　丁丽俐
后排左起：蒋晓初　胡　钧　陈家秒

四新岗镇财政所

左起：姚丽娟　陈　鑫　江从友　刘明星
　　　刘荣华　浦宏科

杉板乡财政所

左起:丁明秀　张金城　黄海涛

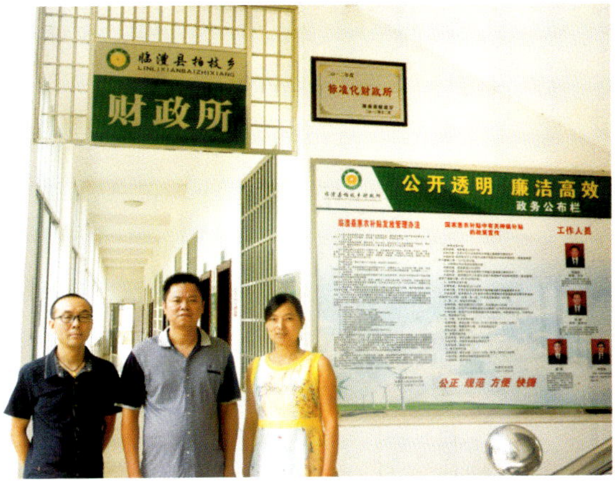

柏枝乡财政所

左起:周　峰　何建华　周平

文家乡财政所

左起:曹友权　江来福　周　媛

烽火乡财政所

左起:苏　琪　邓爱军　胡　宏　胡朝辉

陈二乡财政所

左起:颜慧敏　张立明　杨平安

望城乡财政所

左起:余功敏　董湘满　刘　畅　李章湘　杨英峰

李仕贵　龚惠莲　李丽丽　戴佑之　邹宏忠

杨板乡财政所

左起：梁朝辉 江永贵 陈贤忠 胡志平 陈锦章

经济开发区财政所

左起：喻自秀 戴　霞 吴　娟 高琼英 张远峰

官亭乡财政所

左起：陈　艳　张　荐　张健国　何承国

停弦渡镇财政所

左起：向树文 戴　宁 叶新华 李　熔

九里乡财政所

左起：戴国平 邹玉民 朱德俊

修梅镇财政所

左起：王明星 侯宏喜 田　慧

（以上照片由戴振春摄于2015年7月）

九、财政支持的经济建设

1.工业企业

图为县经济开发区一角

图为湖南临澧(太平)经济开发区厂房一角

图为临澧县冀东水泥厂一角

2.农业

2005年以来，县财政共争取资金4500万元，对农村排灌渠整修和防渗硬化，共整修渠道800多公里，其中硬化沟渠500多公里，提高了农田自流灌溉能力，确保了农业年年丰收

[图为太浮镇硬化的沟渠]

农机下乡：2005年以来，临澧县财政争取国家给予的农机购置补贴不断增加。2009年突破1000万元，直接拉动农户购农机投入过亿元。新增各类农机2万多台，多次被评为省、市先进县，基本实现了农田耕作机械化

[图为农机购销现场]

图为1995年棉花丰收现场

图为2001年农业现代化推广现场

今年(2000年)又是一个丰收年

3.基础设施

1954年,临澧县财政共投入近400万元,支持治湖(西洞庭湖)工程建设

[图为临澧县全面胜利竣工纪念合影]

2009年,临澧县青山水轮泵站更新改造项目经湖南省政府批准建设,总投资17980万元,其中投资9300万元更新5台2400千瓦水轮机,增强了提灌能力,使澧南14个乡镇旱涝保收

[图为青山电站水轮泵站全景]

1967年青山水轮泵站施工现场

图为青山水轮泵灌渠江家坡渡槽

2005年至2009年，临澧县争取国家支持资金1个多亿元，用于硬化灌区200多公里，改造维修涵洞、渡槽、闸站等200多处，保证了澧南14个乡镇、33万亩农田的基本灌溉需求

［图为硬化的青山灌渠］

2006年以来，县争取国家资金4000多万元，重点对官亭、群英、同欢、高桥等中型水库和一批小型水库除险加固，消除了工程隐患，增强了防汛抗旱能力

［图为官亭水库大坝加固后现状］

2009年，县财政争取乡村公路项目资金1.6亿元，对全县300多个行政村90%以上县、乡、村公路实现水泥路面硬化934.2公里[图为官亭乡通村水泥硬化公路]

2006年以来，全县投入资金3000多万元，用于澧、道水一线大堤治理及安福垸建设，进一步增强了抗洪能力[图为县城安福滨河路和合口澧水防洪大堤]

十、财政支持的社会事业和民生工程

2005年临澧县投入1.55亿元资金，易地新建的临澧县第一中学

[图为新一中校门 摄于2009年]

临澧县人民医院是一家具有60多年历史的综合性医院，现有编制床位380张，2008年，拥有固定资产达9000万元　[图为临澧县人民医院]

临澧县中医院是一家拥有固定资产(2008年)达7200万元,现有床位300张,集医疗、科研、教学、预防为一体的国家二级甲等医院 [图为临澧县中医院]

2006年以来,临澧县财政共投入2970多万元,使全县农村社区建设状况大为改观
[图为九里乡同心村社区服务中心]

农村合作医疗：

临澧县新型农村合作医疗方兴未艾。2009年，全县35万农村人口有33万人参加农村医疗保险，享受财政补贴近4000万元，缓解了农民无钱治病的问题

［图为大会会场］

社会保障：

2005年以来，临澧县社会保障工作取得突破性进展，新增各类参保12.7万人，征缴社保基金6.2亿元，财政补助就业和保障资金2.51亿元，支付各类社会保障待遇4.5亿元

［图为养老保险机构一角］

家电下乡：

临澧县从2009年起按照国家规定开始实行家电下乡补贴。当年销售各类家电15697台(件)，财政共补贴农户现金941.24万元［图为农民选购家电］

粮食直补：

2005年县粮食实行直补，当年县财政对全县粮食直补兑现1.35亿元

［图为兑现启动仪式］

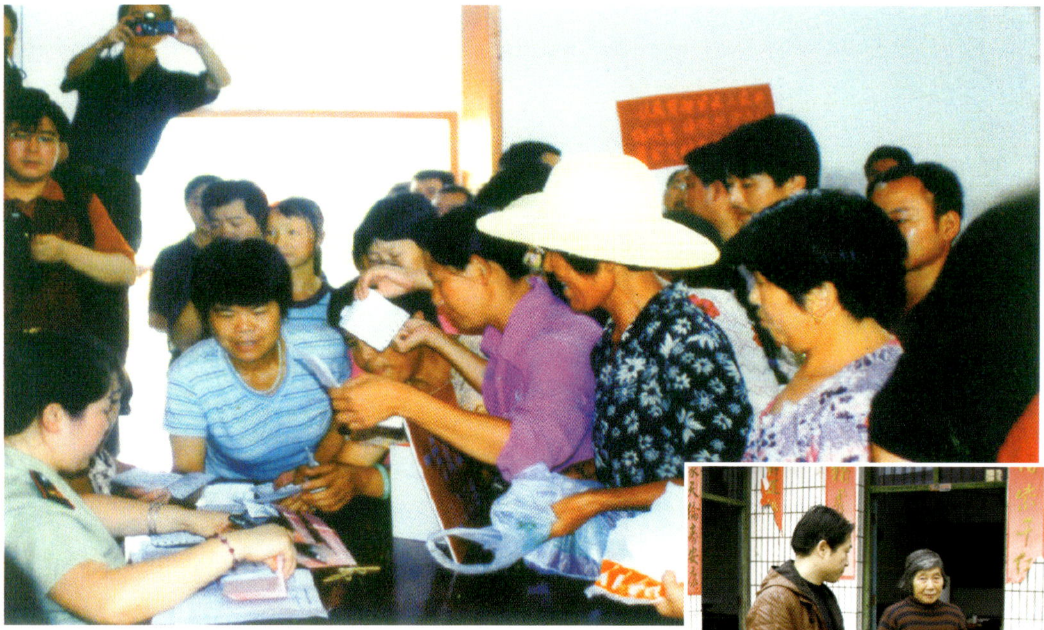

惠农服务：

临澧县财政积极为民生工程服务，每年筹措资金1.3亿元以上，涉及35个惠农打卡项目，让农民直接领取各项补贴资金。2008年全省在临澧县召开惠农打卡经验交流会，[图为陈二乡财政所兑现现场和望城乡财政所向农民发惠农卡]

城镇居民医保、养老保险：

截至2009年年末，临澧县5.5万名城镇居民参加医疗保险和养老保险待遇，从而实现了县社会保障制度的“无缝”覆盖。2009年财政支出对城镇医疗保险和养老保险支出3500万元[图为城镇居民医疗保险工作会议和居民领取医疗保险证]

保障性住房和危房改造：近几年，县财政加大了全县收入家庭安居工程建设的补助。其中2009年县财政对保障性住房建设补助554万元，其中廉租房补助534万元，建筑面积9540平方米，安置居民120户入住

安居工程：

下图为今日安福镇河街瑞祥巷财政补贴廉租房

图为昔日河街房产出租房

［戴振春 摄］

农村危房改造：

2009年，临澧县财政对农村危房改造补助支出200万元，改善了农民居住条件

[图为农村安居房及昔日危房]

改水工程：

近几年，临澧县争取国家资金3000多万元，建设乡镇集中供水工程18处，确保全县城乡居民都用上了安全水　[图为官亭乡自来水厂]

十一、财政局业务学习和文体活动

2003年5月，临澧县财政局组织对全县行政事业单位会计业务知识培训

2009年3月，临澧县财政局机关开展干部轮岗交流和竞争上岗述职演讲大会现场

2005年8月，临澧县财政局组织全县乡镇财会人员培训

2002年8月1日，财政局领导与机关转业军人及家属共庆“八一”建军节
前排左起：秦元林　罗世祥　吴桂州　黄新春（副局长）　史训炎（局长）
贾文昌（副局长）　辛中（副局长）　叶发祥　何代生　邹木生
后排左起：秦建中　陈云庭　胡大新　戴振春　李华初　朱瑞清　陈育民

2009年财政系统参加县运动会（图为运动会开幕式现场）

2009年财政局干部参加县委宣传部组织的歌咏比赛
（叶发祥　摄）

2009 年，县体委组织的田径运动会，财政局取得总分第一名（上图左一为财政局局长黄新春领奖）

黄新春（局长）参加接力跑比赛

2007 年临澧县财政局工会组织干部职工拔河活动

（叶发祥 摄）

2008 年财政局机关干部篮球赛

（戴振春 摄）

2009年，临澧县财政局组织退休干部红色旅游。图为在延安枣园合影

前　排：从左至右，第一至四为家属，第五起为刘国平、袁晓兰、何剑珍、张华懿、曹瑞香、卢银枝、孟冀湘、冯瑞兰（右一为家属）

第二排：从左至右为苏芮、程方来、苏德清、田其杰、李全喜、戴振春、吴学然、李久安、谌泽民（医生）、邓先华、胡继新、杨加其、郑森斌、何代生、赵传清

第三排：从左至右为苏宏金、叶发祥（第三为家属）、胡良次、刘朝万、何益成、苏新卯、李华初、刘永兴、杨翠志、胡良汉、刘选香、蒋宗炎、徐曼灵　（叶发祥　摄）

2009年，财政局机关干部登上太浮山顶峰合影。

（右图为副局长辛中带领机关干部登山）

（叶发祥　摄）

图为财政局工会、老科协、保健协会、诗词小组及老干活动室　（戴振春　摄）

2009年10月，退休老干棋牌活动　（戴振春　摄）

十二、票证样本

1. 银票

清咸丰四年(一八五四年)银票(戴振春提供)

2. 农业税票

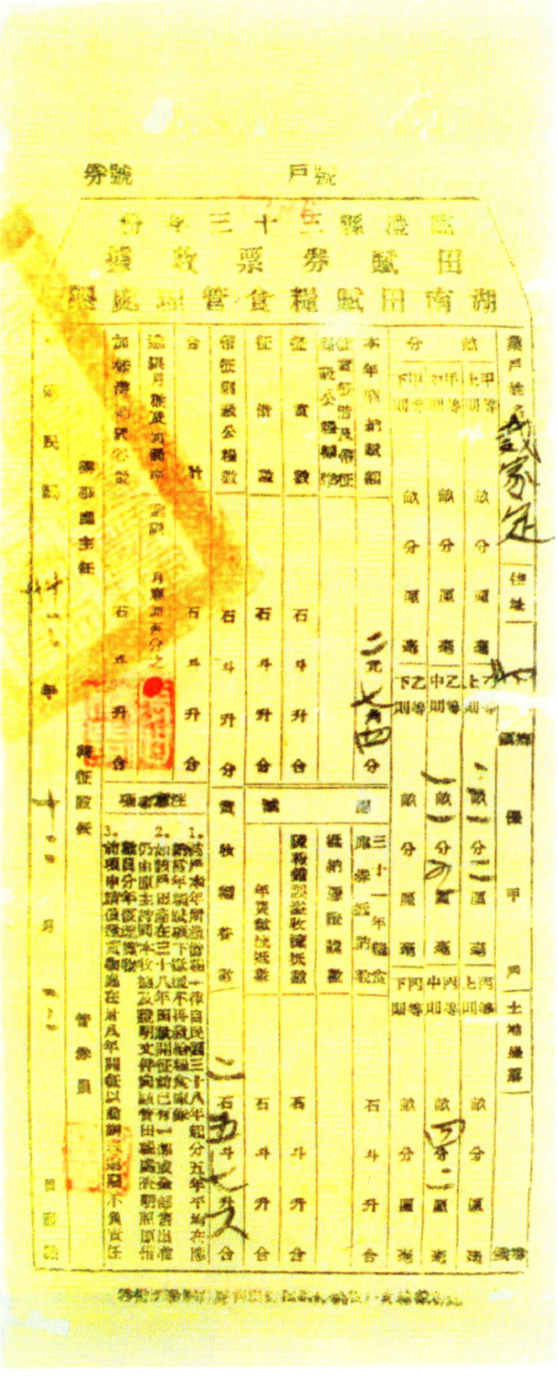

民国33年(1944年)湖南省田赋券票(农业税)收据

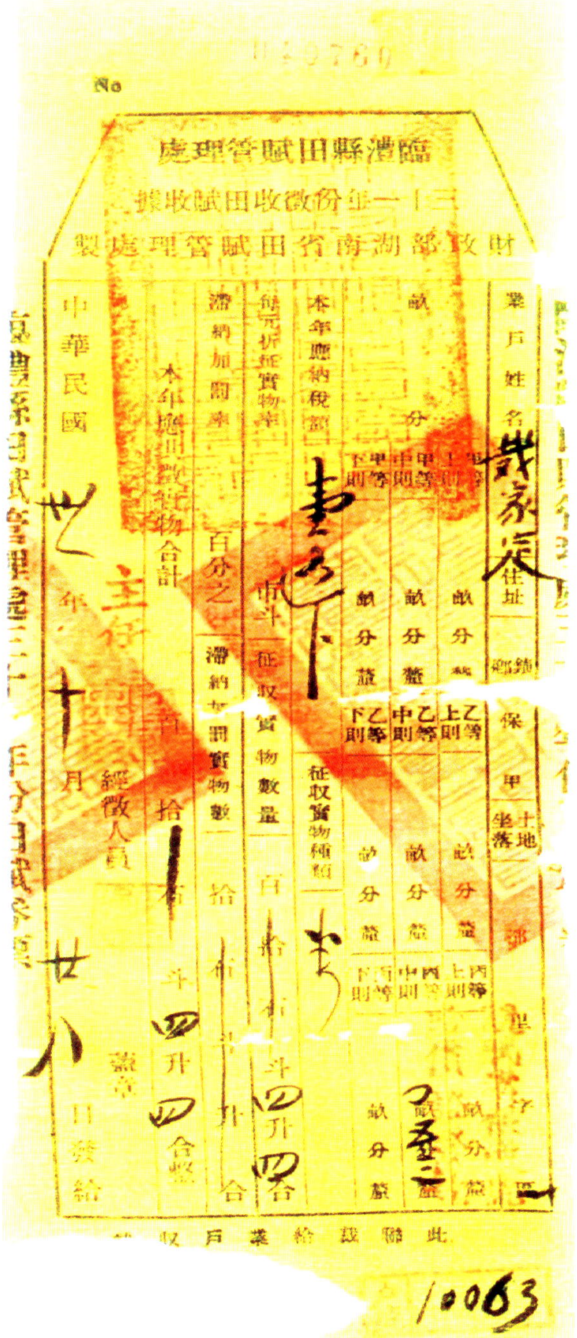

民国31年(1942年)湖南省临澧县田赋(农业税)收据 (戴振春提供)

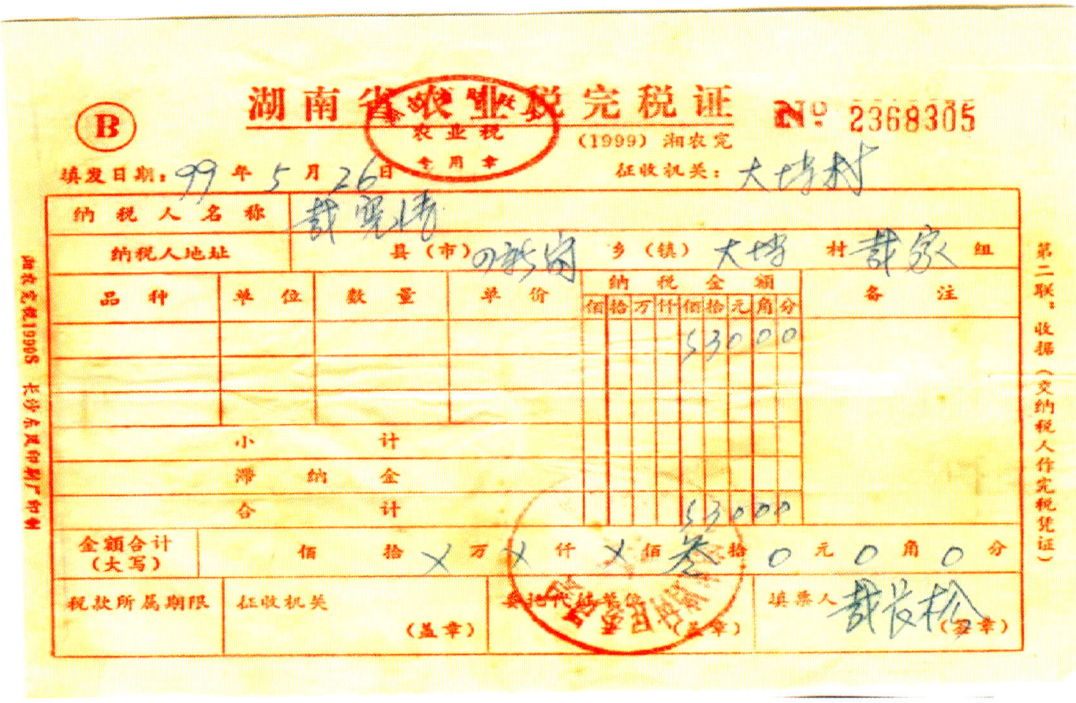

Ⓑ 湖南省农业税完税证 №: 2368305

(1999) 湘农完

填发日期：99 年 5 月 26 日　征收机关：大坍村

纳税人名称	戴冥情				
纳税人地址	县（市）　乡（镇）大坍　村 戴家　组				
品种	单位	数量	单价	纳税金额	备注
				53000	
	小计				
	滞纳金				
	合计			53000	
金额合计（大写）	佰 拾 ㄨ 万 ㄨ 仟 ㄨ 佰 叁 拾 〇 元 〇 角 〇 分				
税款所属期限	征收机关（盖章）	委托代征单位（盖章）	填票人 戴长松（盖章）		

第二联：收据（交纳税人作完税凭证）

1999年临澧县农民上交农业税完税证（戴振春提供）

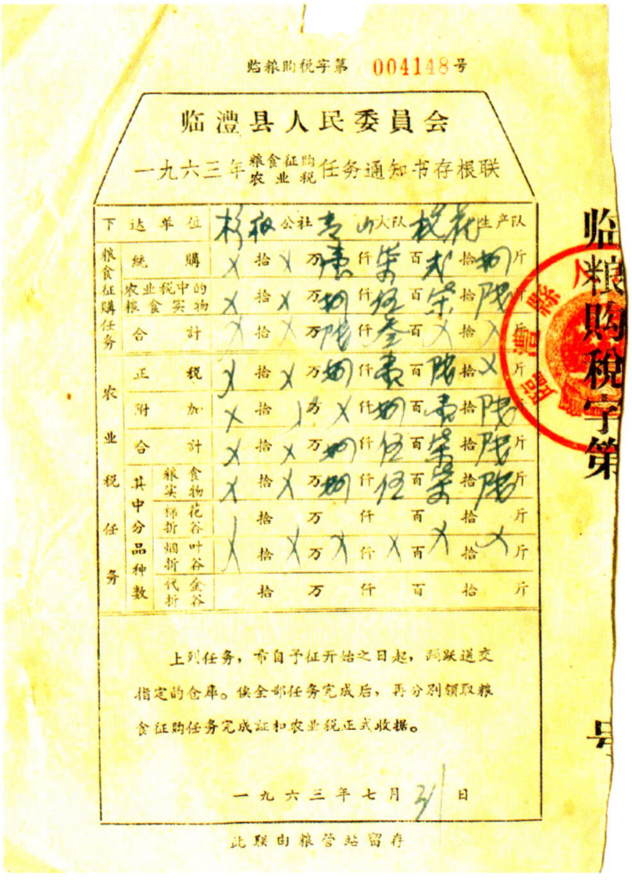

临粮购税字第 004148 号

临澧县人民委员会

一九六三年粮食征购农业税任务通知书存根联

下达单位		杉板公社 青山大队 枫花生产队
粮食征购任务	统购	拾 万 仟 百 拾 斤
	农业税中的粮食实物	拾 万 仟 百 拾 斤
	合计	拾 万 仟 百 拾 斤
农业税任务	正税	拾 万 仟 百 拾 斤
	附加	拾 万 仟 百 拾 斤
	合计	拾 万 仟 百 拾 斤
	其中分品种数：粮食实物	拾 万 仟 百 拾 斤
	棉折花谷	拾 万 仟 百 拾 斤
	烟折叶谷	拾 万 仟 百 拾 斤
	代金折谷	拾 万 仟 百 拾 斤

上列任务，布自予征开始之日起，同装送交指定的仓库。俟全部任务完成后，再分别领取粮食征购任务完成证和农业税正式收据。

一九六三年七月31日

此联由粮管站留存

1963年临澧县粮食征购农业税任务单 （沈福民提供）

3. 耕地占用税票

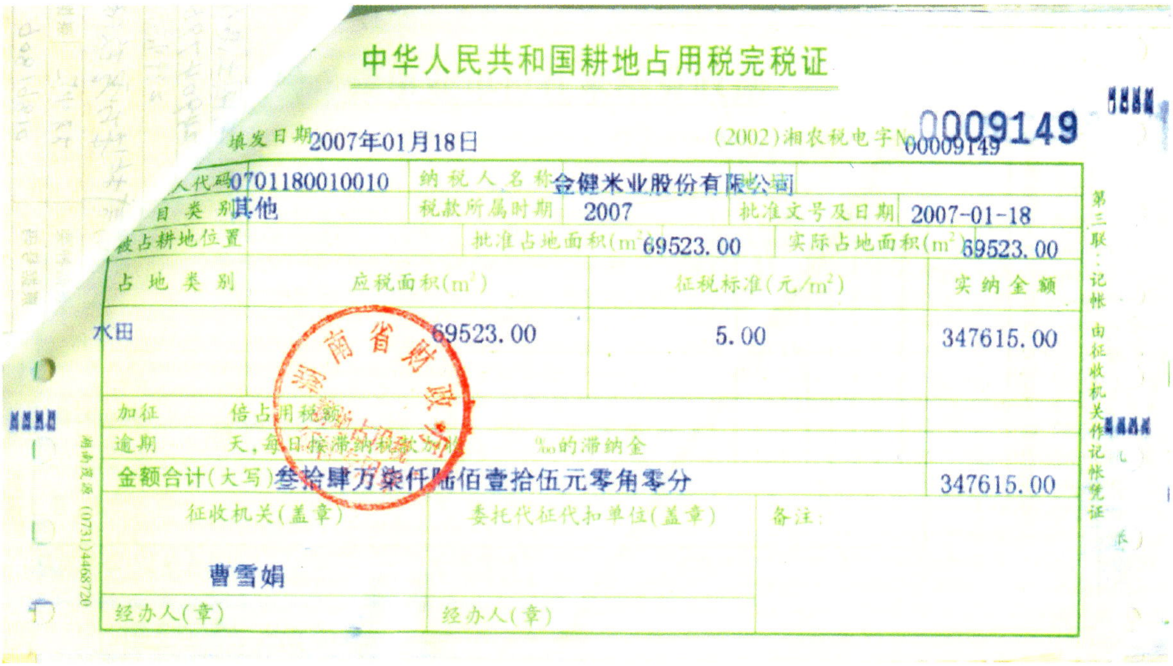

中华人民共和国耕地占用税完税证

填发日期 2007年01月18日　　(2002)湘农税电字No 00009149　0009149

纳税人代码	0701180010010	纳税人名称	金健米业股份有限公司		
税目类别	其他	税款所属时期	2007	批准文号及日期	2007-01-18
被占耕地位置		批准占地面积(m²)	69523.00	实际占地面积(m²)	69523.00

占地类别	应税面积(m²)	征税标准(元/m²)	实纳金额
水田	69523.00	5.00	347615.00
加征　倍占用税额			
逾期　天，每日按滞纳税款加收　‰的滞纳金			
金额合计(大写)叁拾肆万柒仟陆佰壹拾伍元零角零分			347615.00

征收机关(盖章)　曹雪娟　经办人(章)　委托代征代扣单位(盖章)　经办人(章)　备注：

第三联：记帐　由征收机关作记帐凭证

图为耕地(水田)占用完税证 （农业四税资料由临澧县农税局提供）

4. 契税票

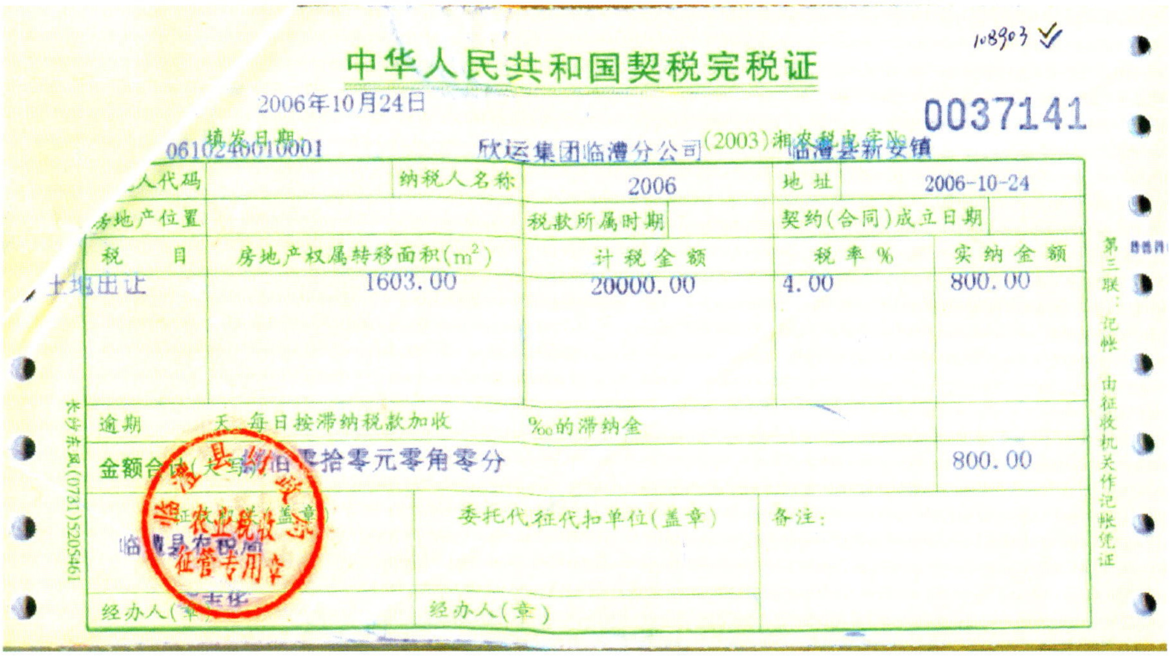

中华人民共和国契税完税证

108903

填发日期 2006年10月24日　　(2003)湘农税电字No 0037141

纳税人代码	0610246010001	纳税人名称	欣运集团临澧分公司	地址	临澧县新安镇
房地产位置		税款所属时期	2006	契约(合同)成立日期	2006-10-24

税目	房地产权属转移面积(m²)	计税金额	税率%	实纳金额
土地出让	1603.00	20000.00	4.00	800.00
逾期　天，每日按滞纳税款加收　‰的滞纳金				
金额合计(大写)捌佰零拾零元零角零分				800.00

征收机关(盖章)　临澧县农税局　经办人(章)　委托代征代扣单位(盖章)　经办人(章)　备注：

第三联：记帐　由征收机关作记帐凭证

图为国家土地出让契税完税证

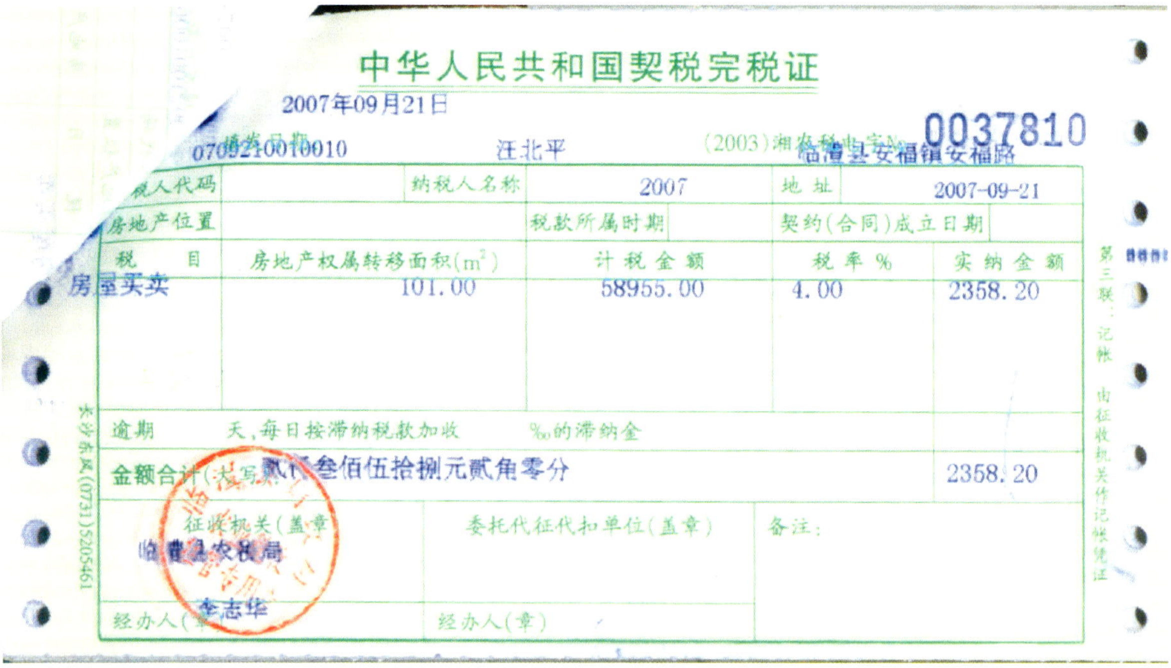
中华人民共和国契税完税证

2007年09月21日　　(2003)湘农税电字№ 0037810

填发日期 0709210010010　汪北平　临澧县安福镇安福路

纳税人代码		纳税人名称	2007	地址	2007-09-21
房地产位置		税款所属时期		契约(合同)成立日期	

税目	房地产权属转移面积(m^2)	计税金额	税率%	实纳金额
房屋买卖	101.00	58955.00	4.00	2358.20
逾期　天，每日按滞纳税款加收　‰的滞纳金				
金额合计(大写) 贰仟叁佰伍拾捌元贰角零分				2358.20

征收机关(盖章) 临澧县农税局　委托代征代扣单位(盖章)　备注：

经办人(章) 李志华　经办人(章)

第三联：记帐 由征收机关作记帐凭证

2007年私有房屋买卖契税完税证

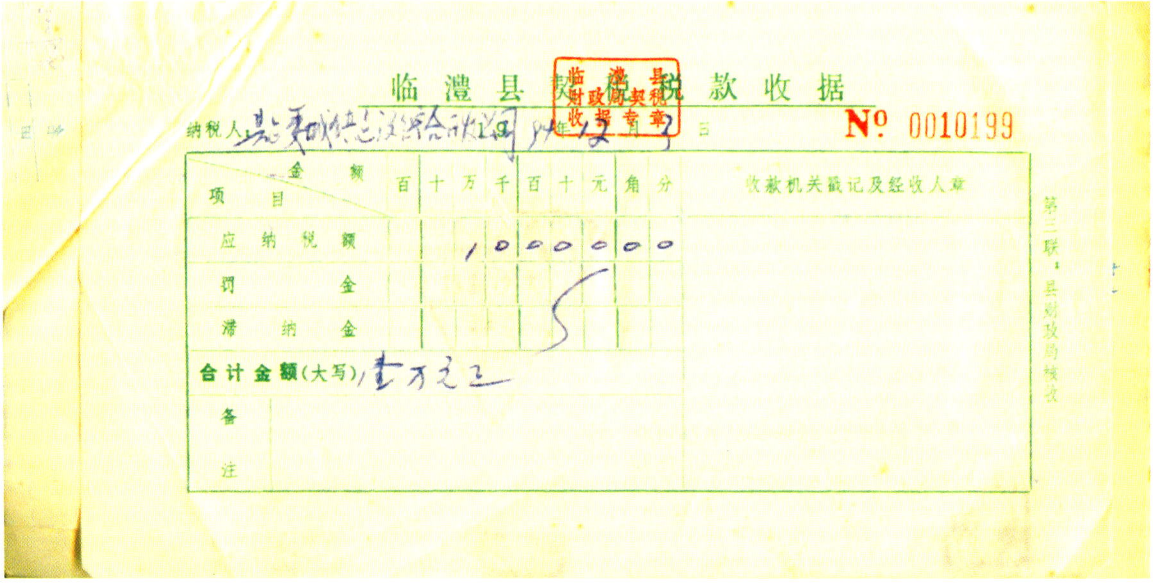
临澧县契税款收据　№ 0010199

临澧县财政局契税收据专章

纳税人

项目 \ 金额	百	十	万	千	百	十	元	角	分	收款机关戳记及经收人章
应纳税额			1	0	0	0	0	0	0	
罚金										
滞纳金										
合计金额(大写) 壹万元正										
备注										

第三联：县财政局核收

1994年临澧县契税款收据

5. 1994年湖南省农业特产税完税证

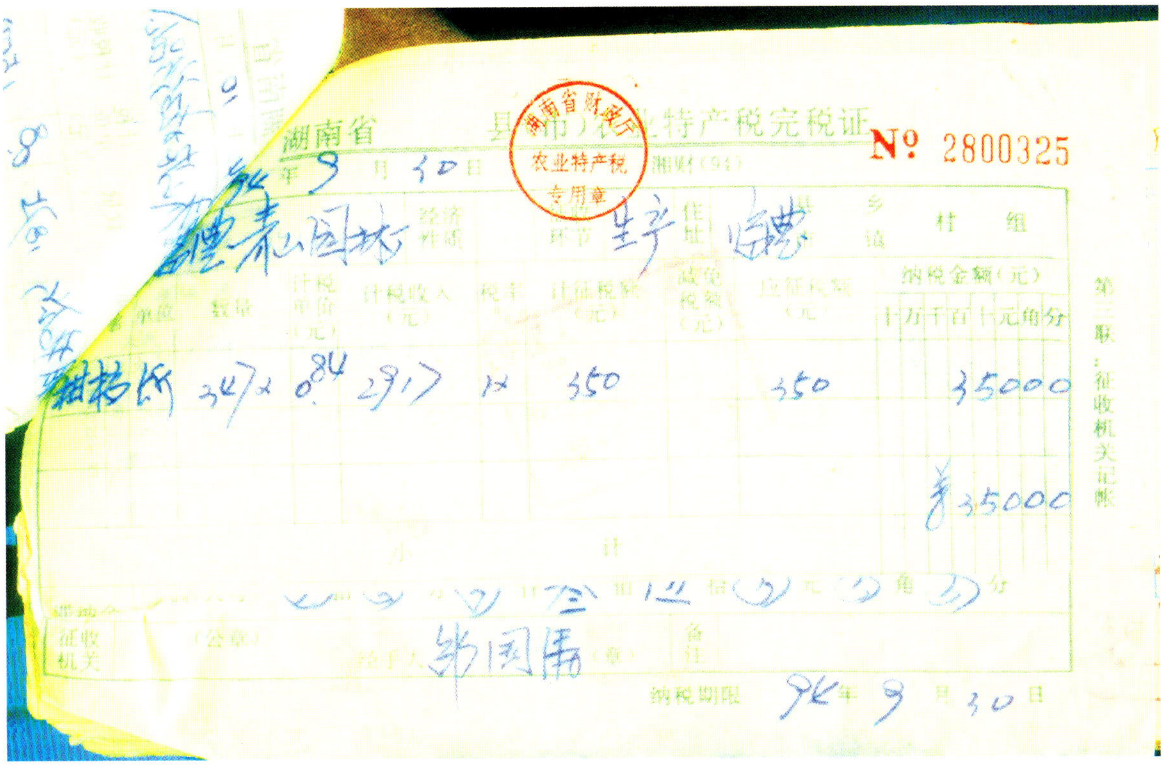

湖南省 县（市）农业特产税完税证 №2800325

年 9 月 30 日 湘财（94）

湖南省财政厅 农业特产税专用章

纳税人	经济性质	环节	住址	县 乡 镇	村	组
澧泰山园林		生产				

品名	单位	数量	计税单价（元）	计税收入（元）	税率	计征税额（元）	减免税额（元）	应征税额（元）	纳税金额（元）
柑桔	斤	3472	0.84	2917	12	350		350	35000
									¥35000

小计

征收机关（公章） 经手人 张国南（章） 备注

纳税期限 94年 9 月 30 日

第二联：征收机关记帐

6. 1971年湖南省屠宰税完税证 （张衡铸提供）

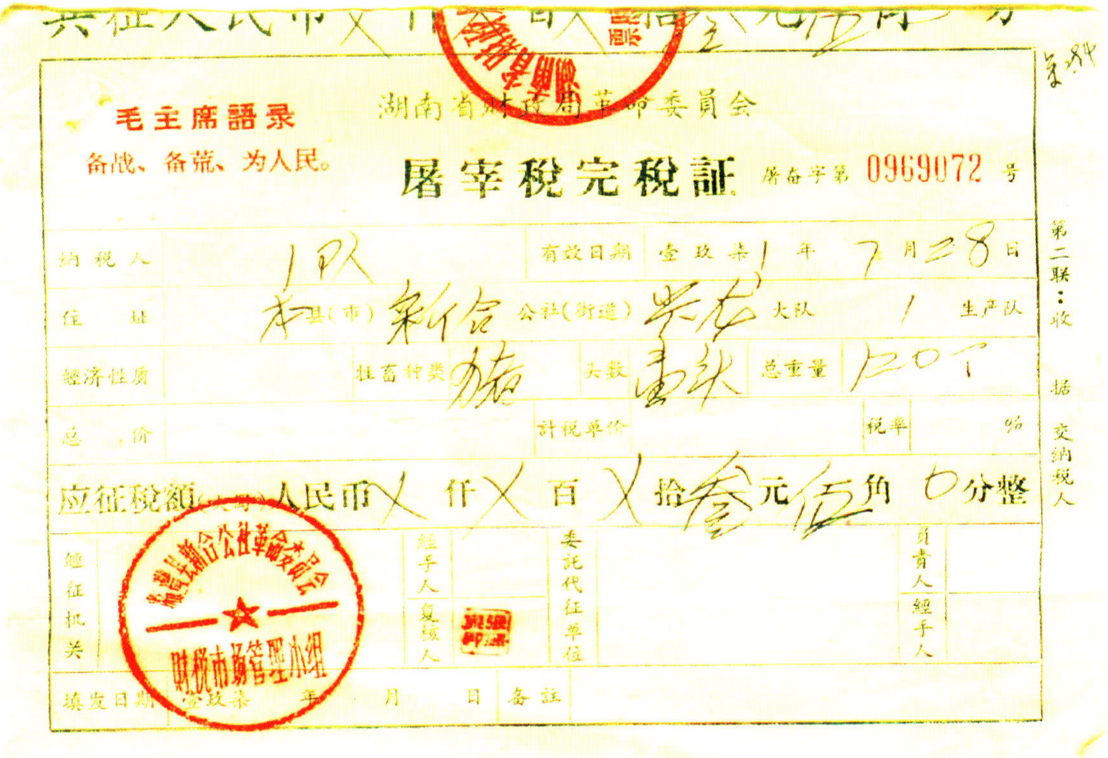

毛主席語录

备战、备荒、为人民。

湖南省财政局革命委員会

屠宰税完税証 屠备字第0969072号

纳税人	1队	有效日期	壹玖柒1年7月28日
住址	本县（市）新合公社（街道）兴农大队 1 生产队		
經济性质	牲畜种类 猪	头数 壹头	总重量 120斤
总价	計税单价	税率	%

应征税额 人民币 × 仟 × 百 × 拾 叁 元 伍 角 0 分整

經征机关（公章：财税市场管理小组） 經手人 复核人 委託代征单位 負責人 經手人

填发日期 壹玖柒 年 月 日 备註

第二联：收据交纳税人

7. 印花税票

民国27年（1938年）湖南八区（临澧）印花税票

民国27年（1938）湘税印花税票（以上由戴振春提供）

中华人民共和国1988年印花税票

8. 土地、房屋买卖契书

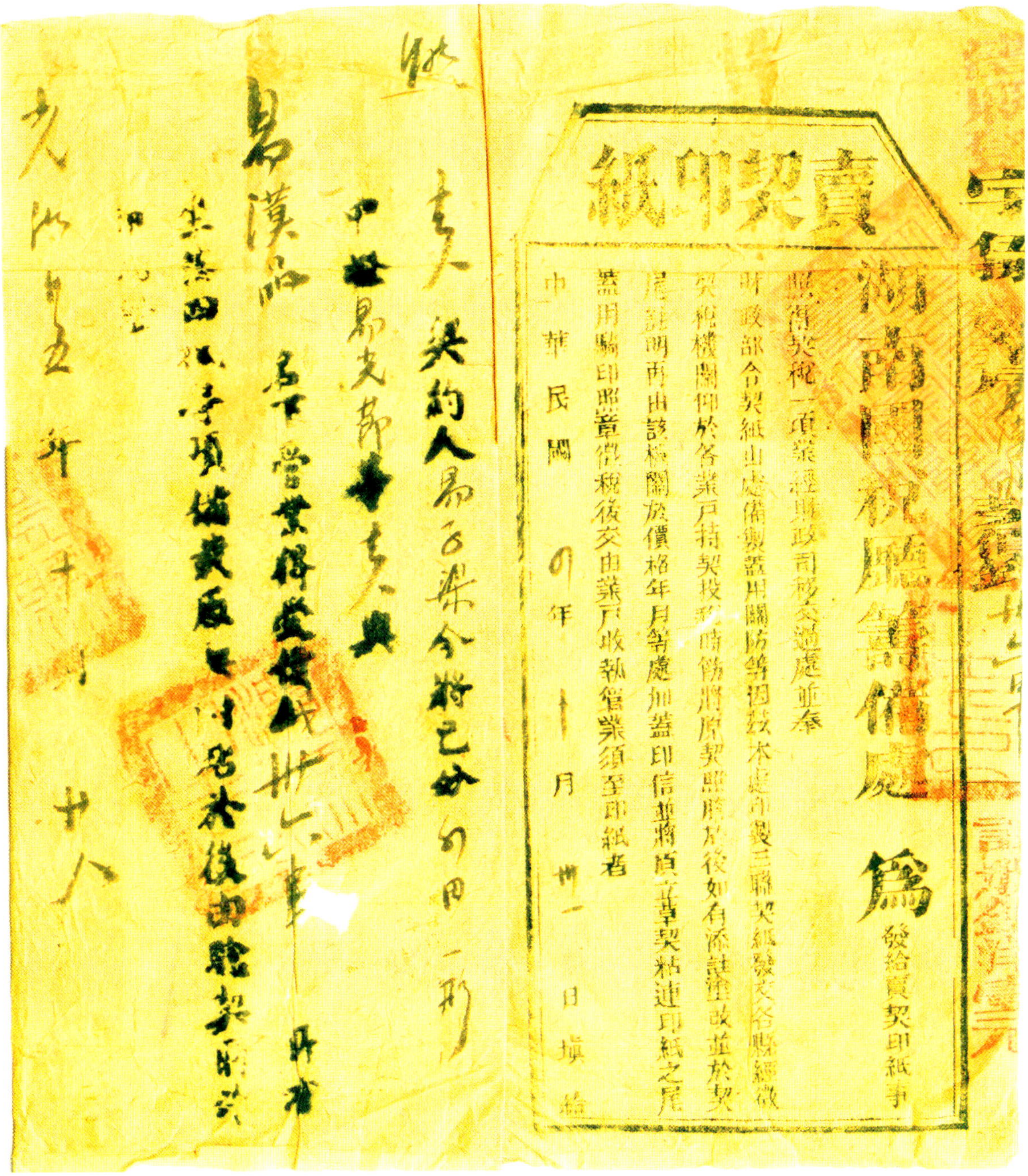

图为民国4年(1915年)填洽土地买卖契印纸(完税证),左为粘连的《土地买卖契约》,右为湖南省国税厅卖契印纸 (由易法冰提供)

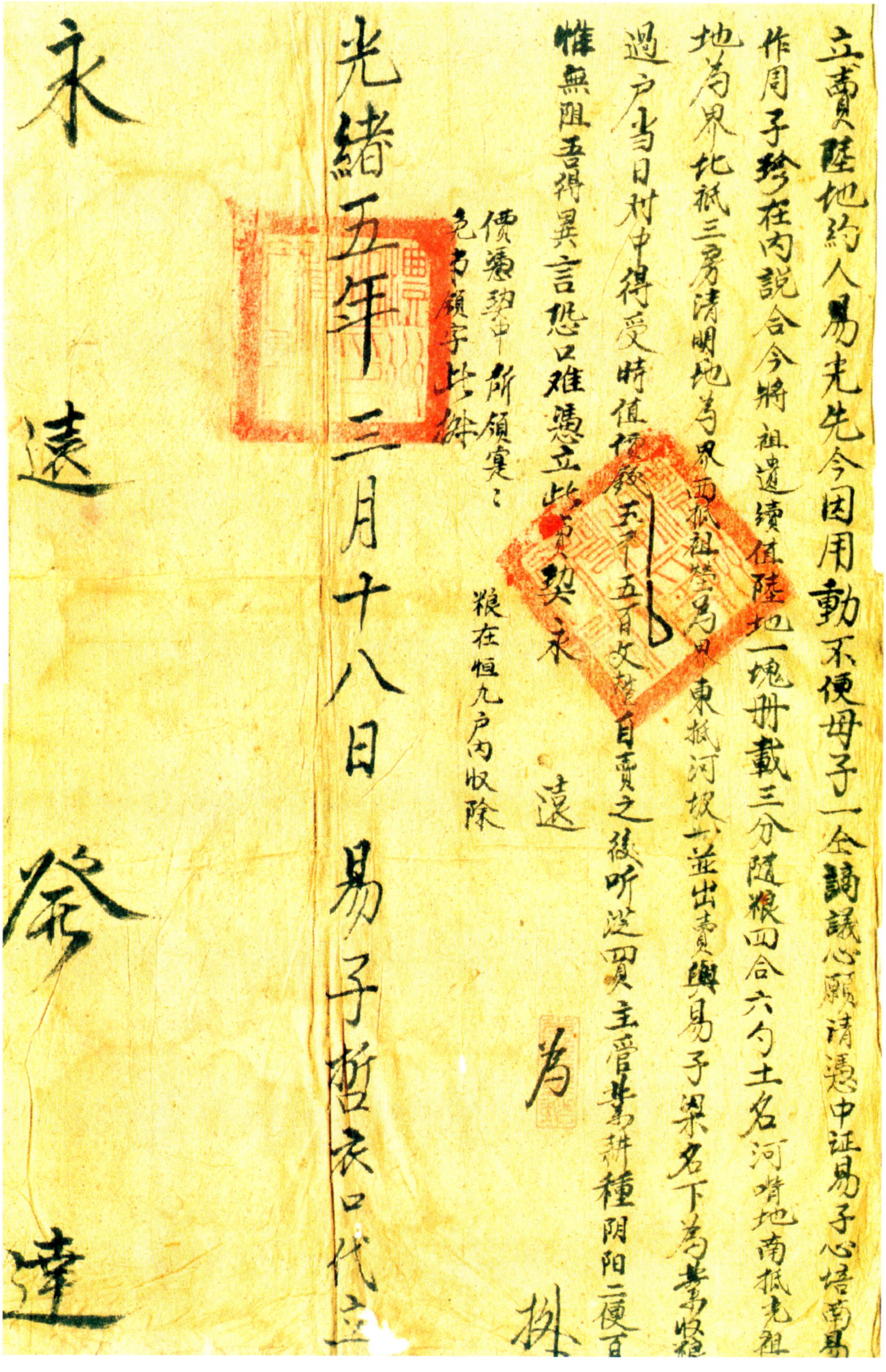

立賣陸地約人易光先今因用動不便母子一仝商議心願請憑中証易子心培南易
作周子珍在内說合今將祖遺續值陸地一塊册載三分隨粮四合六勺土名河嘴地南抵光祖
地為界北抵三房清明地為界西抵祖塋為界東抵河坎一並出賣與易子梁名下為業收粮
過户当日对中得受時值價錢五千五百文整自賣之後听從買主管業耕種阴阳二便百
惟無阻吾得異言恐口难憑立此賣契永遠為據

價憑契中所領寔足
免书領字此據

粮在恒九户内收除

光緒五年三月十八日　易子哲　衣口代立

永遠發達

图为清光绪五年(1879年)土地买卖契书　（由戴振春提供）

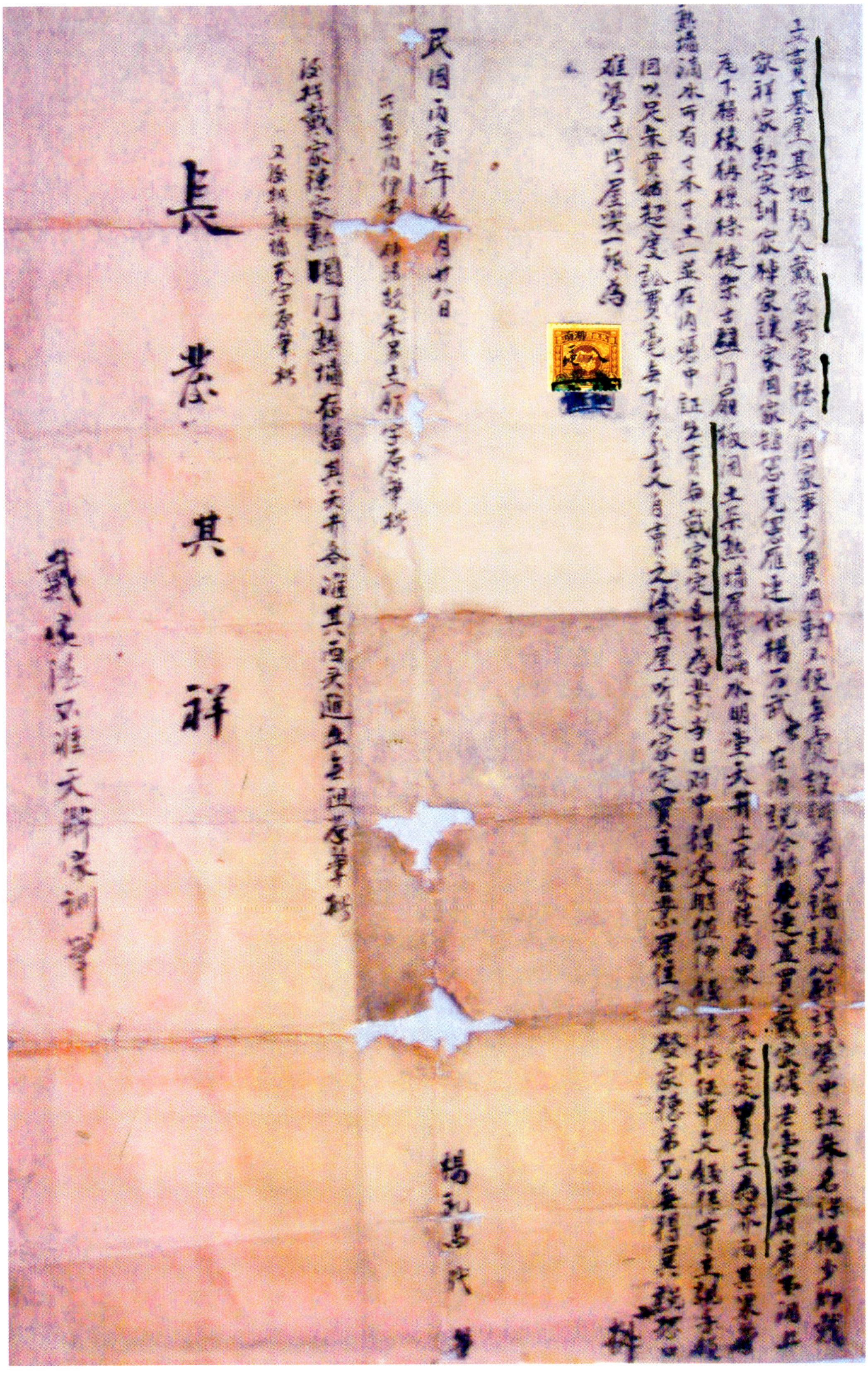

图为民国28年(1939年)房屋卖契约书及印花税完税证 （由戴振春提供）

9. 湖南省及常德市个别年份粮票（以下个别样品由戴振春提供）

湖南省饲料票
50
伍拾市斤
1974

常德市工种专用粮票
贰拾市斤
粮食局
贰拾市斤
20
1974
20

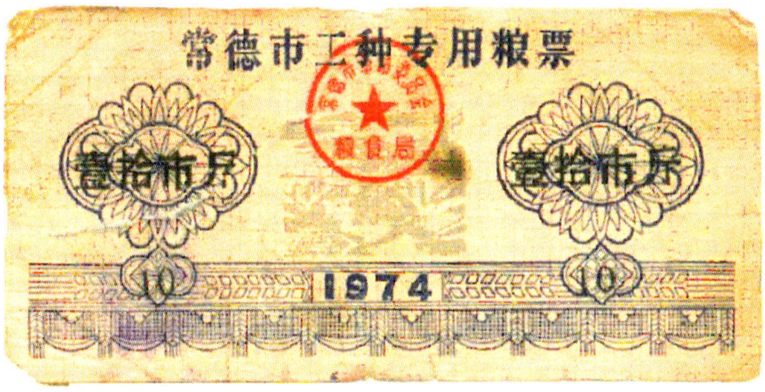
常德市工种专用粮票
壹拾市斤
粮食局
壹拾市斤
10
1974
10

湖南省购粮券
10
拾市斤
10
1978

湖南省购粮券
3
叁市斤
3
1978

1
常德市工种专用油票
壹市斤

0.5
常德市工种专用油票
伍市两

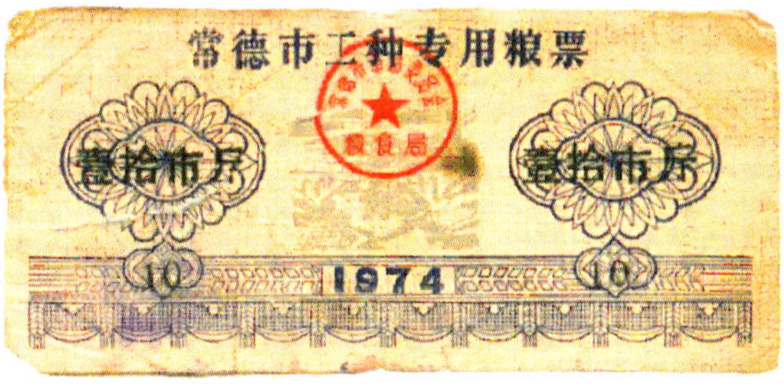
常德市工种专用粮票
壹拾市斤
粮食局
壹拾市斤
10
1974
10

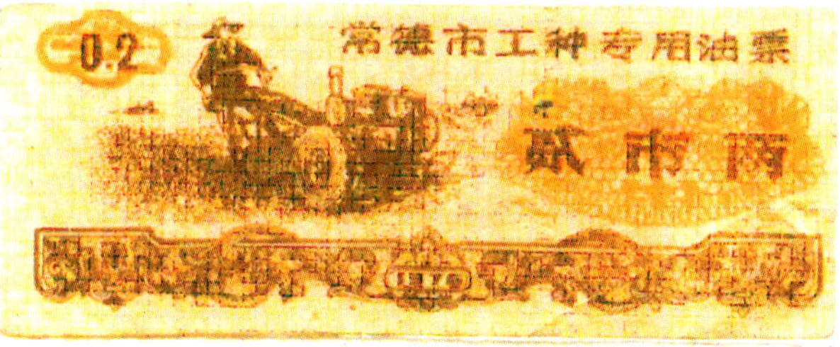
0.2
常德市工种专用油票
贰市两

常德市工种专用粮票
壹拾市斤
粮食局
壹拾市斤
10
1974
10

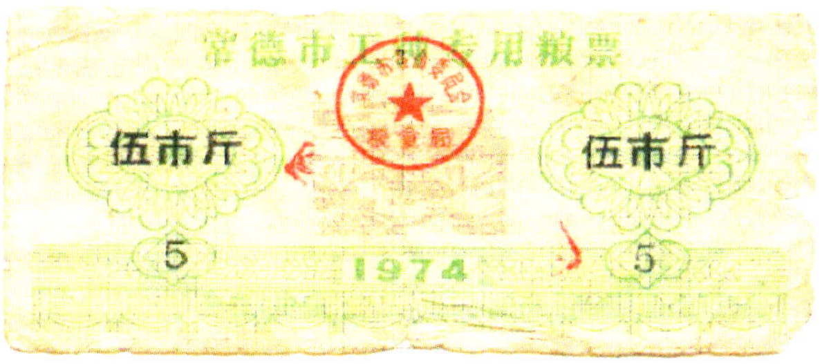
常德市工种专用粮票
伍市斤
粮食局
伍市斤
5
1974
5

常德市工种专用粮票
叁市斤
叁市斤
3
1974
3

10. 湖南省1983年布票(戴振春提供)

11. 财政局个别年份餐票(戴振春提供)

目 录

概 述

概 述

临澧县地处湘西北,澧水中下游,东邻津市市,南接鼎城、桃源,西与石门毗邻,北抵澧县。古属荆楚之地。清雍正七年(1729年)裁九溪卫、永定卫和澧洲地一部,始设县,取安福旧所名为安福县,县城设裴家河(今安福镇地)。民国3年(1914年)1月,因与江西省安福县同名,乃取壤联澧水之意,改称临澧县,废府州,隶属武陵道。民国5年(1916年)撤武陵道,改隶湘江道。民国11年(1922年)废道,仅存省、县二级。民国25年(1936年)5月,临澧划入第二行政督察专员公署(署治慈利)。民国29年(1940年)4月,湖南省设十个行政督察,临澧隶第四行政督察区(区治常德)。1949年8月,临澧和平解放,隶常德地区行政公署(又称专员公署)。1988年4月,撤常德地区行政公署建常德市人民政府,临澧隶之今。

看今朝,石长铁路、"207"国道及"304"省级公路干线纵贯其间,道水航道连接洞庭湖,水陆交通便捷,也是老一辈无产阶级革命家林伯渠、著名作家丁玲的故乡。2009年,县辖8个镇、9个乡、1个经济开发区,311个行政村、28个社区居委会;总面积为1203.43平方公里,耕地面积55.12万亩,其中水田48.4万亩。全县年末人口45.14万人,其中非农业人口8.51万人。县财政局设28个(局)股室、单位(其中正科级单位2个,副科级单位2个)及下设18个乡镇(区)财税所,现有干部、职工267人,其中在职236人(局机关133人、乡镇所90人、县农开办13人、离退休干部31人);获得会计初级职称11人,中级职称62人,高级职称4人,注册会计师2人。从清雍正七年(1729年)到现在,临澧人民艰苦奋斗,所创业绩与贡献将记入史册,本志客观简述解放前的财政相关事例详细地记述新中国60年(1949年~2009年)的财政历程。随着社会经济的发展,财政收支起伏变化,收支科目随之调整,为了规范财政收支数据统计口径和编写需要,在统计表中,把1949年至1954年,1955年5月10日货币(第一套人民币)计量一万元折新版人民币一元进行统计。1955年至1997年,称"本级财政收入"(支出),1998年,更为"财政一般预算收入(支出)",在下列各项收支统计表中统称为财政"一般预算收入(支出)"。据统计:清末个别年份财政收入;(1914年~1948年)见表1-1。1949年至2009年,临澧县财政总收支为611251.14万元(见表1);1949年至2009年,临澧县预算外(非税)收支总额均为67132.76万元(见表2)。

(一)

财政,是经济领域中的一种特别的分配活动,既是一种经济关系,又是一个历史范畴。财政表现的经济关系,不仅是一种取财用财的关系,而是全面反映经济社会的发展状况的度量衡,因为它是人类社会发展到一定历史阶段的产物，随着政权建立、巩固和更替，与国家同起源共发展。所以，财政是政治经济关系的综合表现。每一种社会以及每一个社会阶段就有它特定的财政体制、财政收入、财政支出和财政管理。因取用之道不同，则财政性质殊异。综观华夏五千年历史，"取之于民，用之于君"的帝王财政占据了中国整个古代和近代历史；新中国建立之后确立"取之于民，用之于民"的新型社会主义财政，虽只有半个多世纪，却开启了人民财政的新纪元。临澧的财政，可溯至雍正七年（1729年），是年，县署设立户科，兼理全县财政。在清、道光、同治宣统年间，"地丁税率划一，田地均分上、中、下三等"的历史记载，旨在清代田地均分三等，作为纳赋的标准。上至清雍正年间，县财政收入量地计丁，计田征银。清咸丰、同治年间（1851年至1874年），军饷大增，几经加征增筹，仍入不敷出。同治三年（1864年），全县计征起运银、留存银、浅船银，闲丁银等共12309.388两。清光绪时，中日开衅，财政筹措尤艰。到宣统时，县财政空乏。但是，受封建王朝帝王财政为"一人享用"体质的制约，其中国的财政，原无"地方财政"的概念，直至辛亥革命后，虽有国、地预算之分，但仍不具备一级地方政权的财政。只有新中国社会主义财政的建立，才真正产生了属于人民共享的地方财政——县级财政。

民国时期，临澧财政经历了多次的历史变革。民国初年军阀混战，军费浩繁，收不抵支，苛捐杂税滋生财库空虚。为供军需财政敛资加剧，鉴于军队搜刮，其附加较正税加番，百姓岁无宁日，民不聊生。民国2年（1913年），开征国家税17种，地方税除旧赋各种附加外，有商税、牲畜税、酱油税、杂货捐、房捐、车捐等18种。民国3年（1914年），全县应征银圆17760.244元，实征30057.273元，增征70%。民国5年（1916年），废除清制，划一赋率，改订"田赋新章"。民国6年（1917年）4月，湖南省公布各县土地面积、人口、赋课统计，临澧土地为5091平方里，249059人，赋课银圆30057元。民国十五年（1926年）8月，贺龙率一师进驻澧洲，拟9月强渡长江、进军荆沙，急需筹借军谷，经中共临澧地下党和国民党县党部筹委会积极活动，历时1月，筹借军谷5万担，折合银圆15万元，受到贺龙嘉奖。民国18年（1929年），省政府否认历年军阀积欠，县政府在严格预算、节用政费，为收支平衡，随意加征赋税，由于开发财源不力，且部分税种旋设旋废，岁入连年亏空。民国19年（1930年），省府按人口、财富、面积多少，重新厘定县级，临澧定为二等县。民国20年（1931年），县财政收入仅为银元158571元。民国23年（1934年），田赋附加为正供的5.36倍。民国24年（1935年），国民政府公布《财政收支系法》，财权略有下放，划分了地方收入范围，其财政收入稍有好转。民国31年（1942年）7月31日，省政府颁布了战时田赋征实实施办法草案，临澧县规定每壹元国币征稻谷四斗，或小麦二斗二升。为控粮食，国民党政府实行随赋购余粮。一亩水田购余粮七斗，山田一亩购余粮五斗。以抗战为名，在第六战区的"督导"下，全县划分南、北两区，大量构筑工事，共交拨军粮10万多担。民国34年（1945年），夏秋大旱，全县饿死90余人。县政府请愿代表去专署、省城，要求赈济救灾；田赋奉命豁免，赈济法币49.8万元。民国36年（1947年），在财政收入中：田赋占24%，工商各税占19%，公产收入占3%，省级补助收入占1.5%，捐献赠予收入占38%，其他收入占14.5%。民国37年（1948年），临澧县财政收入旧纸币518007万元。

(二)

回眸新中国的六十年栉风沐雨，多磨善断，从计划经济到市场经济，从温饱到迈进全面建设小康社会的今天，临澧县财政改革与发展，既面临着复杂多变的经济环境，又经历了从适度从紧到积极财政改革的重大变化。

1949年8月至1952年，临澧县财政工作主要任务是支持抗美援朝和恢复国民经济。与之相适应，实行“高度集中”的财政体制。临澧县在当时的县党政领导下，采取了打击投机资本、平抑物价、鼓励生产、厉行节约、统一和调整财政制度、统一物资调度、调整工商关系、整顿税收等一系列措施，财政收支逐步提高。年度收支总额由1949年的38.56万元增加到1952年的61.96万元，增长1.6倍。短短几年，在国民党政府留下的破烂摊子上，建立起一个由人民当家做主的崭新的临澧财政。

“一五”时期，从1953年起，国家实施第一个五年计划，逐步实现国家社会主义工业化和对农业、手工业和资本主义工商业的社会主义改造。运用各项财政政策，增加财政收入，努力积累建设资金，保证国家重点建设。这一时期，临澧财政所面临的任务：一是筹集建设资金；二是促进社会主义改造。财政工作开始由供给型转变为建设型，实行了中央、省、县三级财政，重新划分了中央与地方收支范围，下放地方财政权限，初步形成“统一领导、划分收支、分级管理”的财政体制。在此期间，临澧县财政工作认真贯彻党的过渡时期的总路线，积极支持和发展县、乡工业、企业，改革税制，紧缩财政开支，严明财经纪律，大力促进对农业、手工业和资本主义工商业的社会主义改造，使全县工农业生产得到快速发展，财政收入激聚增加。1955年，县财政一般预算收入为78.79万元，1957年为100.86万元，比1954年增长28.01%。财政一般预算支出也由1955年的91.98万元增加到1957年的119.67万元，增长30.10%。

1958年，临澧县和全国一样掀起了“大跃进”“人民公社化”运动高潮，盛行高指标、浮夸风，粮食产量放“卫星”使财政收入虚假上升，收支比例失调。

1963年至1965年，国家实行三年经济全面调整，临澧县贯彻中央调整、巩固提高的方针，财政收入明显增加。

1966年至1975年，“文化大革命”时期，由于全局性、长时间受极“左”思潮影响，给经济发展造成了严重损失和破坏，部分企业停工停产，闹革命，财政工作遭受严重的挫折和困扰，使财政收入缓慢艰行。

1976年，粉碎“江青反革命集团”，“文化大革命”结束，国家政局稳定。临澧县狠抓工商企业发展，效益扭亏增盈，财政收支状况开始好转。特别是中共十一届三中全会后，全党工作重心转移到社会主义现代化建设上来。抑制因基本建设与国力不相适应带来的财政困难和其他产业较薄弱的状况，临澧财政坚持以发展为主题，以改革为动力，以结构调整为主线，充分发挥财政职能作用，实行“适度从紧”的财政政策，改革财政管理体制，严格执行省对县实行“划分收支、分级包干”的财政体制，取得了财政改革与发展的巨大成绩。

1983年，实施第一步利改税，临澧县财政一般预算收入首次突破千万元大关，为1009.05万元。

1984年，又实施第二步利改税，进一步扩大企业自主权，实行各种承包经营责任制及股份制改造、转换企业经营机制，建立与市场经济相适应的现代企业制度，新的财政经济体制初步建立。尤其是国家实施“改革、开放、搞活”方针，县工商企业迅猛发展，财政收入稳步上升。当年，临澧县财政一般预算收入为1148.2万元，比1983年增长9.6%。

1989年至1993年，临澧县财政收入实现了持续稳定增长。1989年，完成财政一般预算收入2298.2万元，其中：工商税收1596.3万元，占当年县财政一般预算收入的（下同）69.46%；农业四税544.3万元，占24%；企业收入51.10万元，占2%；其他收入106.50万元，占4.63%；专项收入55.3万元，占2%。1991年起，临澧县财政积极实施省财政厅提出的“3581”财源工程建设。到1993年，财政一般预算收入达到5301.00万元，比1990年增长1.18倍，年均增长30%。其中：工商税收入3721万元，占当年财政一般预算收入的70.19%。

1994年，国家实施了“分税制”财政体制改革，增值税、消费税上划中央，工商税收占财政收入比重有所下降。当年完成工商税收2139万元，占当年财政一般预算收入的48.53%，比1993年下降了21.66%。另外，县财政在狠抓工商税收入的同时，也注重了农业四税、企业收入、其他收入、专项收入的征管，各项收入均有较大幅度增长。1998年，完成财政一般预算收入6963万元，比1989年增长2.03倍，年均增长13%。

1999年，临澧县在实行改革开放，招商引资，发展规模以上工业企业，扩大工商税收的来源，积极推行了税费改革和非税收入征管改革，财政收入保持了持续稳定增长。2000年，临澧县完成财政一般预算收入8241万元，比1999年增长9.3%。

2001年以来，临澧县深化财政改革，转变财政职能，狠抓增收节支，实现财政收入从一般性增长向跨越性增长转变，财政模式向社会主义公共财政框架有序推进。

2002年，是临澧县财政跨越性发展之年，也是在第“十个”五年计划时期内，县委提出实施县域经济发展战略的关键性冲刺阶段的第二年。这一年，临澧县财政总收入首次达到2.53亿元，比2001年增长35.23%。其中县财政一般预算收入为1.146亿元，比2001年增长26.37%，占当年财政总收入的45.29%。

2004年，按4%的税率征收农业税，2005年，全面取消了农业税，当年，县非税收入征管进行了改革，采取了“单位开票、银行代收、财政统管、政府统筹”的方式，实行计算机网络化结算，规范化管理。当年，完成预算外(非税)收入3496万元，比2003年增长3.46%。2006年，取消了除烟叶特产税以外的农业特产税，当年，完成农业“三税”339万元，比2002年减少了2675万元，占当年县财政一般预算收入的比重由2002年的26%下降到2%。

“十一五”期间，是临澧县积极扶植企业、培植壮大财源、快速发展县域经济的重要机遇期。2006至2008年，临澧县招商引资，落实“工业园区”投资过千万元的企业项目13个，过亿元的企业项目4个。2008年，园区完成工业总产值（现行价）125916万元，比2007年增长78.44%。其中：规模以上工业产值125618万元，销售收入110865万元，入库税金2917万元，均比2007年增长79%、74.4%和9.8%。2009年，全县规模以上工业企业93家，比2008年89家增加4家，实现工业产值45.19亿元，比2008年的36.1亿元增加9.09亿元，同比增长23.8%；上缴税金1.59亿元，比2008年增加0.56亿元，同比增长54.43%。完成财政一般预算收入18820万元，比2008年增长5%。

2002年至2009年，临澧县委、县人民政府对财政工作给予前所未有的重视与支持，在全县上下营造出浓厚的“重视生财、齐心聚财、科学用财”的理财氛围。为实施财政体制改革和财政管理制度改革创造了有利条件。在这八年中，临澧财政工作紧紧围绕县委、县政府提出的大力扶植规模以上工业企业，快速发展县域经济，着力培植企业壮大财源的战略部署。坚持依法理财、科学理财、规范理财为己任，大力推进“部门预算”“国库支付”“政府采购”“收支两条线”等财政管理制度改革，完善县对乡镇（区）激励性财政体制，积极推行了农村税费改革和积极组织开展了工业企业创建年纳税“百十工程”工程建设等“创收”活动，在推动全县经济社会的发展中起到了举足轻重的作用。在这八年期间，临澧财政人在抗击“非典”“甲流”、冰冻及洪涝等灾害严峻考验的同时，取得了全县财政年度总收入和总支出重大突破，2002年突破二亿元大关，达到2.53亿元。2009年，突破十亿元大关，达到11.72亿元。可以说，是临澧县财政发展史上财力强盛的阶段。

回首过去，临澧财政工作既有起步时的艰难，又有改革中的成功与发展时的喜悦，经历的风风雨雨、曲曲折折，铸造了临澧财政厚重而绵长的发展历史，这既是共和国财政发展中的一个缩影，又是临澧政治、经济、社会发展的真实写照。

（三）

近观新中国成立后的六十年，临澧县财政事业，在国家、省、市、县各级领导下，忠实地履行自己的职责，为临澧经济社会发展做出了应有贡献。主要有以下四大成就。

第一，临澧财政严格执行财政上缴中央和省政策，已为国家及全县各项事业的建设和发展做出了应有的贡献。临澧县由于受地理自然条件的、历史的、政治的和改革开放程度较低等诸多因素的制约，过去的经济发展处于较后进状态。尤其是财政收入增长缓慢，财政支出捉襟见肘。尽管如此，临澧县为国家建设还是付出了极大的努力。多年来，临澧不折不扣地执行国家政策，足额上解财政收入，支持国家重点项目建设。1955年至1988年，临澧县财政上缴中央和省7135.02万元，年均上缴216.21万元，占同期财政总收入的21.89%。1989年至2009年，临澧财政上解中央和省市增值税、消费税、中央所得税36661.00万元，年均上解1833.05万元(其中2009年上解2128万元)。

1955年至2009年，合计上解中央各项税收43796.02万元，年均上解811.04万元，临澧人民人均给国家贡献1467元。充分体现出临澧人民以国家利益及大局利益为重的高尚风格和奉献精神。

第二，临澧财政体制改革进一步完善，科学健全的财政管理体系初步建立，已基本形成经济与财政的良性循环机制。从1949年到2009年，临澧财政实行了统收统支、分级管理、以收定支、总额分成、定收定支、包干制和分税制等七种形式的财政体制。每一种财政体制都是为了适应当时的政治经济服务而建立。特别是1994年，国家实行分税制财政体制后，临澧财政逐步由社会主义计划经济向社会主义市场经济转变。抓住这一契机，临澧逐步理顺县、乡（区）财政收入方面的分配关系。2002年，临澧推行了会计集中核算改革；2004年，实行了公务消费货币化改革；2006年，推行了“乡财县管乡用”改革。为进一步推进支出管理改革，构建公共财政运行机制奠定了基础。极大地调动和激发了涵养财源、增加收入、当家理财的积极性和责任感。也为全县财政经济的跨越性发展夯实了坚实的基础。同时，强化了“收支两条线”管理体制改革，建立健全了非税收入“收缴分离”等管理制度。在财政支出上全面推行了“部门预算”改革、“国库集中支付”改革和“政府采购”制度改革。初步建立了结构优化、管理规范、讲求效益的财政支出体系及为财政管理改革提供有力保障。同时，财政监督体系不断完善，基本构建了政府监督和社会监督相结合，事前、事中、事后监督相结合，经常性的监督与专项监督相结合，已构成全方位、多层次、立体化的财政监督管理体系，理财水平不断提高，财政与经济逐步走上良性循环的发展轨道。

第三，临澧财政实力逐年增强，支持经济社会的力度不断加大，已成为科学统筹发展的物质动力。临澧财政为改善民生和促进社会和谐发展尽了最大努力。但进入21世纪后，随着改革开放，招商引资，发展企业，逐步壮大财源，县财政收入稳定增长，以及上级转移支付力度的加大，临澧财政支出规模逐渐扩大，临澧已由过去的“保吃饭”财政逐步转变为“一要吃饭、二要搞建设、三要‘科学发展’‘三位’一体”的公共财政，使支持经济社会发展的财力明显增强。

第四，临澧财政与时俱进，切实加强队伍自身建设，已成为保证政治、经济和社会健康发展的生力军。近几年，临澧县财政局始终坚持一手抓财政工作，一手抓精神文明建设，始终把建设一支“政治坚定、业务熟悉、作风优良、廉洁高效”的干部职工队伍放在财政工作的突出位置。坚持“以人为本、从严管理、改进作风、改善服务、廉洁勤政、争创一流”的工作作风。其具体做法：一是注重抓制度建设。局内各项规章制度健全，管理有序，通过制度来约束和管理干部职工行为。一方面根据财政工作实际，制定和完善了财政工作制度；另一方面在干部职工管理上建立了《党风廉政建设责任制》《岗位责任制》《考核奖惩制》《学习制度》《公开办事制度》、上班实行“指纹打卡”等一系列制度，强化制度管人，增强工作透明度，同时，把财政职业道德建设与廉政建设结合起来，落实到具体实际工作中，以增强干部职工的工作责任心和使命感。二是注重抓作风建设。大兴调查研究之风，对财政工作的重点、热点、难点问题广泛开展调查研究，主动深入基层，调查走访与“下基层、听意见、送服务”结合起来，养成了摸实情、做事实的良好工作氛围。《常德日报》收到财政局机关干部职工撰写的新闻稿件近50篇，其中14篇评上优稿。分别在《常德日报》、常德日报《周刊》上转载。

（四）

临澧县全体财政干部职工始终以临澧县的兴衰荣辱为使命，始终以忠于党、忠于人民、忠于财政事业为己任，始终默默无闻地奉献在平凡的工作岗位上。始终保持着传、帮、带的优良作风。

截至2009年，财政局三次被国家财政等部门授予“全国财政系统先进集体”，9次被湖南省财政厅授予“全省财政系统先进单位”等称号，25次被常德市财政局授予“全市先进单位”等称号。25人先后被财政部、省财政厅，常德市人民政府和财政局授予先进个人和劳动模范。有12人次获常德市人民政府记二等功，有80人次获县人民政府记三等功。尤其是从2007年开始，临澧县财政局新一届领导班子首先带领全体干部职工,把建“一流队伍、创一流业绩”作为机关干部队伍建设的出发点和最终目标。基于这一点,为陶冶干部刻苦、扎实的工作情操、增长才干,调动干部工作积极性。2009年3月,局机关实施中层干部“述职演讲、竞争上岗、轮岗交流”的制度。3月21日,召开全局机关干部轮岗交流和竞争上岗述职演讲大会,按照选拔程序,48名符合条件人员通过述职演说、竞争演讲、民主推荐,角逐29个局机关中层骨干职位。其次,教育干部职工牢固树立“敢于吃苦、勇于拼搏、无私奉献、扎扎实实”地工作精神。同时,局党组提出了“抓学习、抓基础、抓规范”的机关建设总要求。大力推进班子民主集中制建设。积极开展了“创先争优”及创建“学习型、服务型、高效型、廉洁型、实干型”机关活动见成效。财政干部素质、工作作风和工作效率以及机关管理的“规范化、制度化、科学化水平”显著提高。2007年~2009年,财政局连续三年被县委、县政府评为“县直目标管理先进单位”和“全县优化经济发展环境工作综合管理”等先进单位。

县财政局大力推进党风廉政建设,赢得了各级党委政府和各部门单位的认可。2008年,县财政局被市政府评为“全市财政系统纪检监察工作先进单位”。2007、2008年,连续两年被市政府评为“全市内审工作先进单位”。2009年,财政局被中共临澧县委、临澧县人民政府评为县直目标管理先进单位、县文明单位、社会治安综合治理和维护稳定工作先进单位及人口和计划生育工作先进单位等。铸就了财政事业跨越发展的光辉业绩。同时,临澧财政组织文艺队伍集中培训,精心培育,造就艺术人才,打造出全市富有财政特点的机关文化、艺术品牌。2008年,在市举办的全市财政系统“纪念改革开放30周年”文艺竞赛演出中夺得冠军,获“一等奖”。

以史为鉴,能知兴替。透过临澧财政发展史,可以从财政事务中把握临澧政治、经济、社会的发展脉搏;可以从字里行间了解到临澧财政队伍在中国共产党的领导下,在临澧县委、县政府领导的大力支持下,与临澧人民共同走过的不寻常的道路;可以从枯燥乏味的数据中体味出临澧经济社会发展的坎坷历程。总之,这厚重的《临澧县财政志》发展史,对每一位亲历者来说都是一部难以复制的人生宝鉴。编成这部历史记录,谨作为这一代临澧财政人对历史负责,为后人了解、研究临澧每个时期的财政经济发展和财政工作积累一些资料。

1949年~2009年临澧县财政收支平衡总表

表1 单位:万元

科目/年份	收入					支出				
	总计	一般预算收入	上级补助收入	上年结余	调入其他资金	总计	一般预算支出	上解支出	调出资金	本年结余
合计	611251.14	220630.88	301848.17	81302.96	7469.13	611251.14	450112.89	43812.51	4132.00	113193.74
1949	38.56	23.47	15.09			38.56	37.83	0.15	0.58	
1950	68.01	57.99	10.02			68.01	66.53	0.46		1.02
1951	75.13	59.31	14.80	1.02		75.13	74.76	0.37		

续表1

年份 \ 科目	收入					支出				
	总计	一般预算收入	上级补助收入	上年结余	调入其他资金	总计	一般预算支出	上解支出	调出资金	本年结余
1952	61.96	41.39	20.57			61.96	58.80	0.26		2.90
1953	86.62	51.58	32.14	2.90		86.62	72.29	0.27		14.06
1954	89.17	75.11		14.06		89.17	67.20	14.98		6.99
1955	94.98	78.79	9.28	3.61	3.30	94.98	91.98			3.00
1956	119.87	68.79	44.46	3.00	3.62	119.87	117.17			2.70
1957	134.60	100.86	24.44	5.70	3.60	134.60	119.67			14.93
1958	310.84	95.37	196.94	14.93	3.60	310.84	401.81			-90.97
1959	486.25	445.69	40.56			486.25	183.53	302.69		0.03
1960	616.61	559.94	56.64	0.03		616.61	334.30	266.48		15.83
1961	503.04	301.00	183.44	18.57	0.03	503.04	322.41	156.19		24.44
1962	456.77	418.45	13.88	24.44		456.77	151.98	270.46		34.33
1963	542.73	419.34	66.86	34.33	22.20	542.73	214.70	322.40		5.63
1964	564.42	472.53	72.47	5.16	14.26	564.42	218.39	330.67	10.15	5.21
1965	593.52	440.15	125.16	5.21	23.00	593.52	264.02	303.66	16.10	9.74
1966	620.49	381.13	221.02	9.74	8.60	620.49	353.58	244.80		22.11
1967	638.89	361.68	255.10	22.11		638.89	391.52	231.48	3.48	12.41
1968	594.56	382.21	199.94	12.41		594.56	320.22	244.61		29.73
1969	638.01	417.26	162.87	29.73	28.15	638.01	324.36	267.04	19.72	26.89
1970	1179.09	484.82	667.38	26.89		1179.09	837.48	310.28		31.33
1971	1167.17	495.46	640.37	31.34		1167.17	814.68	317.10		35.39
1972	1030.11	371.63	620.09	35.39	3.00	1030.11	760.92	237.84	3.00	28.35
1973	984.04	538.64	391.46	28.34	25.60	984.04	565.02	344.73	25.60	48.69
1974	990.09	564.71	342.69	48.69	34.00	990.09	567.23	362.45	34.00	26.41
1975	1029.29	550.42	432.86	26.41	19.60	1029.29	644.54	352.26	5.60	26.89
1976	642.51	565.60	34.03	26.88	16.00	642.51	626.90			15.61
1977	723.69	639.28	30.04	15.62	38.75	723.69	556.94	110.11		56.64

续表1

科目 年份	收入					支出				
	总计	一般预算收入	上级补助收入	上年结余	调入其他资金	总计	一般预算支出	上解支出	调出资金	本年结余
1978	941.06	631.21	206.90	56.64	46.31	941.06	917.93	5.46	3.20	14.47
1979	1081.81	626.52	393.21	14.43	47.65	1081.81	1046.59	27.11		8.11
1980	1448.21	556.86	865.24	8.11	18.00	1448.21	1152.97	241.95		53.29
1981	1229.16	849.76	293.11	53.29	33.00	1229.16	919.20	267.63	20.87	21.46
1982	1291.22	948.84	310.92	31.46		1291.22	932.06	296.21	10.00	52.95
1983	1494.59	1009.05	432.59	52.95		1494.59	1211.29	246.93		36.37
1984	1463.37	1047.74	338.50	36.37	40.76	1463.37	1152.69	263.48		47.20
1985	1670.00	1148.20	474.60	47.20		1670.00	1623.10	99.00		-52.10
1986	2036.60	1430.70	614.10	-22.10	13.90	2036.60	1783.80	177.70		75.10
1987	2487.40	1701.20	697.10	89.10		2487.40	2086.30	203.60	92.70	104.80
1988	2778.30	1890.60	742.90	144.80		2778.30	2345.20	311.60		121.50
1989	3089.60	2298.20	676.40	106.00	9.00	3089.60	2581.40	440.80		67.40
1990	3284.30	2435.30	769.30	66.50	13.20	3284.30	2767.70	424.90		91.70
1991	4220.50	3025.10	1098.70	91.70	5.00	4220.50	3666.90	420.40		133.20
1992	4623.00	3594.00	889.00	133.00	7.00	4623.00	3511.00	479.00	450.00	183.00
1993	6542.00	5301.00	1039.00	183.00	19.00	6542.00	4821.00	475.00	480.00	766.00
1994	8292.00	4407.00	3119.00	766.00		8292.00	6822.00	596.00	185.00	689.00
1995	9616.00	5749.00	3178.00	689.00		9616.00	7382.00	1117.00	379.00	738.00
1996	11508.00	7113.00	3497.00	738.00	160.00	11508.00	8843.00	1306.00	623.00	736.00
1997	11568.00	7348.00	3457.00	763.00		11568.00	8700.00	1365.00	775.00	728.00
1998	12093.00	6963.00	4039.00	728.00	363.00	12093.00	8115.00	1666.00	205.00	2107.00
1999	14279.00	7543.00	4317.00	2107.00	312.00	14279.00	10237.00	1898.00	292.0	1852.00
2000	15118.00	8241.00	4829.00	1852.00	196.00	15118.00	10830.00	2355.00		1933.00
2001	18709.00	9068.00	7558.00	1933.00	150.00	18709.00	13579.00	2076.00		3054.00
2002	25302.00	11460.00	10640.00	3054.00	148.00	25302.00	18557.00	2865.00		3880.00

续表1

年份＼科目	收入					支出				
	总计	一般预算收入	上级补助收入	上年结余	调入其他资金	总计	一般预算支出	上解支出	调出资金	本年结余
2003	30326.00	13127.00	12345.00	3914.00	940.00	30326.00	22846.00	2756.00	490.00	4234.00
2004	35124.00	14318.00	16342.00	4234.00	230.00	35124.00	26570.00	3156.00		5398.00
2005	42674.00	16188.00	20828.00	5398.00	260.00	42674.00	32696.00	2905.00		7073.00
2006	51971.00	17526.00	27092.00	7073.00	280.00	51971.00	3256.00	2596.00		10119.00
2007	67680.00	16893.00	40448.00	10119.00	220.00	67680.00	51138.00	2789.00		13753.00
2008	85023.00	17910.00	52160.00	13753.00	1200.00	85023.00	59506.00	2866.00	8.00	22643.00
2009	117206.00	18820.00	73233.00	22643.00	2510.00	117206.00	82956.00	2128.00		32122.00

注：个别年份、个别科目、款、项、内没有数字，一是科目的变动，二是征缴的年份起至或停而没有数字反映（下同）

1949~2009年临澧县预算外（非税）收入支出平衡表

表2　　　　单位：万元

年份	收支平衡总额	收入								支出			
		本年收入						上年结余	各项往来	本年各项支出	各项往来	上解（调出）支出	本年结余
		各项附加收入	企、事业收入	清理“小钱柜”收入	特种资金	其他收入	合计						
合计	67132.76	4793.37	36978.79	28.04	95.62	11642.42	53538.24	13570.6	23.92	43847.11	25.8	6550.83	16709.02
1949	12.58	5.43	1.16		3.12	2.87	12.58			11.52			1.06
1950	21.48	11.22	1.28		4.28	3.64	20.42	1.06		19.70			1.78
1951	24.25	11.22	1.56		4.76	4.93	22.47	1.78		23.10			1.15
1952	24.26	11.23	1.51		5.02	5.35	23.11	1.15		21.58			2.68
1953	29.51	14.66	1.88		4.63	5.66	26.83	2.68		27.98			1.53
1954	30.02	13.46	2.09		4.62	8.32	28.49	1.53		27.76			2.26
1955	34.98	16.85	2.77		5.84	7.26	32.72	2.26		33.11			1.87
1956	45.36	17.72	2.93		5.66	6.75	33.06	1.87	10.43	18.34	25.80		1.22
1957	31.33	12.14	1.33		0.28	2.23	15.98	15.35		15.80			15.53
1958	42.86	0.97			6.03	7.10	14.10	15.27	13.49	36.60			6.26

续表2

年份	收支平衡总额	收入								支出			
		本年收入						上年结余	各项往来	本年各项支出	各项往来	上解(调出)支出	本年结余
		各项附加收入	企、事业收入	清理“小钱柜”收入	特种资金	其他收入	合计						
1959	46.54	23.73	14.93		6.49	0.44	45.59	0.95		37.86			8.68
1960	85.76	15.65	44.08		0.29	9.50	69.52	16.24		43.94			41.82
1961	56.65	7.84	28.52		0.29	2.21	38.86	17.79		32.31			24.34
1962	63.28	15.85	21.54			6.80	44.19	19.09		31.20			32.08
1963	88.08	11.63	38.66			0.86	51.15	36.93		48.14			39.94
1964	55.53	11.30	19.43		3.39		34.12	21.41		22.88			32.65
1965	51.54	11.56	8.69		4.02		24.27	27.27		26.60			24.94
1966	61.80	11.18	34.15			4.62	49.95	11.85		5.80			56.00
1967	46.32	1.21	0.21				1.42	44.90		45.34			0.98
1968	64.18	42.06	3.12			18.02	63.20	0.98		25.44		18.02	20.72
1969	52.68	30.32				1.64	31.96	20.72		27.58		14.42	10.68
1970	82.19	29.35		10.26		31.91	71.52	10.67		46.54		18.17	17.48
1971	62.61	31.55				13.58	45.13	17.48		41.30		14.95	6.36
1972	86.92	27.85	39.80	10.31		2.30	80.26	6.66		67.73		17.23	1.96
1973	61.28	31.12	26.02		0.28	2.16	59.58	1.70		24.40		14.04	22.84
1974	80.76	32.20	32.47		0.27	0.04	64.98	15.78		51.12		14.56	15.08
1975	68.77	28.70	19.61		5.14	1.05	54.50	14.27		30.47		12.47	25.83
1976	111.17	31.70	46.49		5.10	2.82	86.11	25.06		58.95		29.81	22.41
1977	127.88	31.48	68.18		5.19	2.32	107.17	20.71		70.11		52.24	5.53
1978	130.65	31.45	80.27	7.47	5.54	2.27	127.00	3.65		54.83		53.47	22.35
1979	136.19	36.45	68.94		3.58	5.07	114.04	22.15		70.63		63.55	2.01
1980	122.69	21.56	95.86		3.88	0.99	122.29	0.40		87.54		26.81	8.34
1981	136.64	36.25	86.87		4.22	0.97	128.31	8.33		82.75		48.70	5.19
1982	234.78	35.60	190.72		3.70	0.14	230.16	4.62		190.08		15.18	29.52
1983	532.00	37.66	461.60			0.60	499.86	32.14		515.25		15.76	0.99
1984	696.94	44.12	618.42			1.00	663.54	33.40		571.13		59.35	66.46

续表2

年份	收支平衡总额	收入								支出			
		本年收入						上年结余	各项往来	本年各项支出	各项往来	上解（调出）支出	本年结余
		各项附加收入	企、事业收入	清理“小钱柜”收入	特种资金	其他收入	合计						
1985	50.00	48.80				1.20	50.00			10.20		27.00	12.80
1986	86.50	72.20				1.50	73.70	12.80		29.50		42.00	15.00
1987	92.10	75.80				1.30	77.10	15.00		59.10		19.40	13.60
1988	2326.20	62.80	1995.20			203.70	2261.70	64.50		1821.30		15.70	489.20
1989	156.60	98.40	6.90			16.00	121.30	35.30		55.60		34.10	66.90
1990	172.80	90.10				15.80	105.90	66.90		61.30		36.50	75.00
1991	180.10	84.00	9.60			11.50	105.10	75.00		74.70		26.40	79.00
1992	222.00	96.00	4.00			43.00	143.00	79.00		81.00		34.00	107.00
1993	235.00	95.00				33.00	128.00	107.00		65.00		44.00	126.00
1994	309.00	179.00				4.00	183.00	126.00		79.00		44.00	186.00
1995	604.00	206.00				215.00	421.00	183.00		120.00		44.00	440.00
1996	814.00	218.00				156.00	374.00	440.00		129.00		226.00	459.00
1997	1189.00	223.00	101.00			406.00	730.00	459.00		358.00		51.00	780.00
1998	1016.00	213.00				34.00	247.00	769.00		112.00			904.00
1999	1286.00	194.00	129.00			59.00	382.00	904.00		224.00		61.00	1001.00
2000	2431.00	213.00	1112.00			105.00	1430.00	1001.00		1222.0		228.0	981.00
2001	2365.00	115.00	1184.00			85.00	1384.00	981.00		1033.0		180.00	1152.00
2002	2108.00	664.00	202.00			90.00	956.00	1152.00		1062.0		163.00	883.00
2003	2522.00	568.00	952.00			119.00	1639.00	883.00		1338.0		390.00	794.00
2004	4505.00	320.00	3284.0			107.00	3711.00	794.00		3456.0		319.00	730.00
2005	4109.00	173.00	2974.0			232.00	3379.00	730.00		3098.0		300.00	711.00
2006	4393.00		3503.00			179.00	3682.00	711.00		3308.00		327.00	758.00
2007	7366.00		4944.0			1704.0	6648.00	718.00		5900.0		311.00	1155.00
2008	13204.0		8021.0			4028.0	12049.0	1155.00		10254.00		1319.00	1631.00
2009	1750.00		6492.0			3627.0	10119.0	1631.00		7351.00		1820.00	2579.00

大事记

大事记

一、清雍正七年至宣统三年(1729年至1911年)

雍正七年(1729年),临澧县建治前及初年在裴家河(今安福镇)、新安市(今新安镇)设立征屯置,专司征收钱粮,以供军需。

雍正八年(1730年)

县署始设户科,兼理全县财政。课征赋税,除田赋外的杂税以商业和手工业为课税对象,一般从价计征(税率10%~20%)

乾隆二年(1737年)

是年,钱粮奉旨核减为科银7658.43两,科粮8609.15石。

乾隆十二年(1747年)

县征丁银539两,课当税5两,田地山塘赋银征课破例。

乾隆四十四年(1779年)

是年丰收,石[①]谷价值三四钱。

道光二年(1822年)

时称开捐、报效、生息、摊廉等课征增多。后循以为例,统一归并为赋、杂二税,年课征赋粮、丁银和另派田赋、丁粮共12309.686两。

①"石"字音读dàn"担",指民国时期俗称谷的数量单位,为"石"(1石=100市斤,今50公斤)。

道光三年(1823年)

是年,全县计征田地山塘基面积5139顷,年征收银两10906两多,征收粮食12309石多,分别比乾隆二年(1737年)增长42.42%和42.98%。

咸丰三年(1853年)

省开征厘金,临澧分别在新安、合口、县城、鳌山设立厘卡,隶属省局。

咸丰四年(1854年)

6月9日,太平军秋官又正丞相曾天养率军自荆州,宜昌袭取澧州,攻克安福,会师常德,安福人民门前悬挂"顺天太平"四字,贡纳银钱谷米,以迎太平军。

同治三年(1864年)

全县计征起运粮、留存粮、浅船银、闲丁银等共12309.388两。

二、民国时期(1912年至1949年7月)

民国元年(1912年)

民国初年,沿袭清"户科"。年初,省都督公署颁布《湖南田赋新章》,废清"粮书"制度,按新章开征田赋。临澧县科赋面积566922亩,征收田赋119765.14元。

民国2年(1913年)

临澧县开征国家税17种,地方税除田赋各种附加外,有商税、牲畜税、酱油捐、杂货捐,房捐、车捐等18种,税率一般在15%~20%。

民国3年(1914年)

是年,原地方附加并入田赋正税,另准地方开征附加。临澧县当年应征田赋17760.244元,实征30057.273元;县财政岁支3万余元,出现财库亏空。

民国4年(1915年)

临澧在合口,新安和县城分设商钱局。

民国5年(1916年)

8月,临澧知事公署月经费开支630元,包括公务费280元,知事倩金210元,科长科员估俸薪140元。

当年,县署废清户科设立"临澧县财粮科",专司全县钱粮,税务与度支。废除清制划一赋率,改订"田赋新章"。

民国6年(1917年)

3月,临澧民间私设惠通商钱店、广益商钱店、合口商钱店、友益商钱店、新安商钱店5家钱庄,有资本金85100元,收纳存款10280元,发行纸币74500元,公积金8500元。财政部督查,省公署训令照章禀请清册。

4月,湖南省公布各县土地面积、人口,赋课统计,临澧土地为5091方里,249059人,赋课30057元。

是年,临澧县开征印花税。

民国7年(1918年)

3月,县署行政厅改称知事公署,下设总务科、民政科、财政科,旋又改为一、二、三科,教育划归三科(财政)管理。

民国9年(1920年)

是年,县教育经费改县署财政开支为经费金独立。其来源有田租、房租、税收、乐捐等。

民国10年(1921年)

湖南省在石门设立临、慈、石杂税局。

民国11年(1922年)

10月15日,临澧县向省议会请愿减轻田赋负担,要求恢复民国元年(1912年)军粮一两,征银1.6两,截留4钱;民粮一两,征粮二两四钱,截留8钱的标准,以充实地方财政自治经费。

民国12年(1923年)

是年,县政府发行“一元”和“五元”两种“抵借流通券”,作为抵交“田赋”附加流通全县。

是年,临澧县划国、地两税。

民国14年(1925年)

是年,始设县财政监督机构。县署成立财政委员会,由知事,财政科长和另聘公证士绅3人组成。财政委员会负责审理县财政的预算和决算,推举常务委员1人,审查财政的一切收支〔民国29年(1940年)6月改称县财政经济委员会〕。

民国15年(1926年)

撤科设局,由“临澧县财粮科”分设为“临澧县财政局”和“临澧县粮食局”,县财政由县长兼理,并重新划分国家与地方两税。

民国16年(1927年)

7月,民国政府公布地方收支暂行标准,县财政仍由省统筹支配,通盘筹划,酌盈济虚。

民国17年(1928年)

7月,南京国民政府颁布《营业税办法大纲》首次出现营业税这一名称(西周的关市之征中的市税、明代的门摊和清代的铺间房产税等皆属于营业税)。

12月,裁撤厘金税,兴办统税,应税货物仅于产销两地各征一次。时前厘金税有27类,3234个品目,税率在3%~10%,裁撤后,商民税赋较前减轻。

是年,县长放弃廉理财政,刘运麾任局长。

民国18年(1929年)

当年,临澧县财政开始编制预算。

民国19年(1930年)

是年,临澧全年征收省管田赋、契税、屠宰税、牙税洋23000元,县财政征收田赋附加16.5万元(每两附加团防捐7.18元,教育捐2元,地方捐3.26元,计13.44元),契税附加6000元(地方与教育平分),屠宰税留减1600元(地方与教育平分)。教育中捐杂厘2000元,税课7000元(教育6000元,地方1000元),房租320元(教育120元,地方200元),总计18万元。

民国20年(1931年)

是年,裁撤统税,改办营业税、开征出产税、扩大产销税。税率2%~10%。

是年,更换局长,免去刘运麗的局长职务,由章鸿甲任临澧县财政局局长。

民国22年(1933年)

2月,由胡鼎担任临澧县财政局局长,同时免去章鸿甲的局局长职务。

12月,临澧县增加产销税附加两成。共开征29种捐目,包括窑捐、戏捐、罩埠捐、油捐、土果茶捐、炭煤捐、烟叶捐、病中票捐、木牌捐、米行捐、典当捐、百货捐、工厂捐、花盐麻油捐、牙行捐、屠捐、杂粮捐、牛捐、猪捐、航业捐、布捐、米捐、中捐、纸捐、砖瓦石灰捐、竹捐等。

民国23年(1934年)

1月,临澧增收田赋附加修筑慈张公路,每两带征0.8元附加。

民国24年(1935年)

2月,由陈丙奎担任临澧县财政局局长。同时免去胡鼎的局长职务。

七月二十四日,国民政府立法院公布《财政收支系统法》,县(市)建立一级财政。

11月4日,国民政府进行币制改革,禁止银圆流通,法币占领流通市场。发行的法币面值为1角、2角、5角、1元、5元、10元。

民国25年(1936年)

5月,全省划分四个行政督察区,临澧属第二行政督察区。

是年,省银行代办金库将临澧县划属津市分库。

是年,临澧县农田税赋价格比5年前税减40%。每亩农田价格:水田,上等30元,中等20元,下等10元;旱田,上等24元,中等16元,下等8元;山地,上等18元,中等12元,下等6元。

民国26年(1937年)

2月,因中央政府高度集中财力:又撤局设科,由“临澧县财政局”改为“临澧县财政科”,由郭传铭担任财政科长,同时免去陈丙奎的局长职务。

2月,省财政厅统田赋附加为地方附加,由省财政厅统一印制票券。至此县田赋附加始有限制。

4月,查禁私发纸币,调查全县实发纸币17种,多系临澧、石门、慈利、澧县四县印发,但有查无禁。

8月,县财政委员会由县长瞿觉俊直接聘任地方辛杨荣、刘渠清、陈文十三位为财政委员,公推辛杨荣为常务委员。

民国27年(1938年)

3月,“废屯升科”,屯赋并入田赋。

7月2日,建立县合作金库,国家农本局湖南合作事业处拨给股本10万元。

7月,废区并乡,分设20个乡,辖273个保,2567个甲。同月,全县设义务教育班70个,其中有17个班属新增,省共拨给教育经费3963.6元,行政费225元。

民国28年(1939年)

《县级组织纲要》公布,明确划分县市财政收入的来源,即田赋的45%,契税的60%,普通营业税20%,印花税30%,屠宰税和房、警捐等由县财政自收自支。行政费和专业费由县财库支给,收不抵支时由省财库酌量补助。

县市财政年度收支的预算,决算实行四权分立制、县财政科主办征收,金库办理经费发放,政府会计室主办预算和决算,参议会稽核财政收支,再由县财政委员会稽核定夺。

是年,始将县财政分为县、乡(镇)两级,但乡(镇)财政有名无实,乡镇收支的预、决算仍由县财政编制,乡镇只是基层报账单位。

民国29年(1940年)

是年,临澧县开征遗产税;县、乡、镇、保长按月加缴薪酬所得税。

是年,王树业任财政科长,免去郭传铭的科长职务。

民国30年(1941年)

7月~9月,久晴不雨,粮食仅收二成。上年征购军谷10万担,大米6000大包;同年,又强索勒取征粮1.2万余担,军米4200大包。强行发行战时公债。

是年,通过全面清理田亩,厘定地价。全县核定土地435500亩,正附总额162521元。正值抗战时期,国民党为抗战,将田赋统一为中央接管。当年县田赋正供附加按三等九级课赋。

当年由蒋宗瀚担任财政科长,免去王树业的科长职务。

民国31年(1942年)

6月,废除学厘、教育中捐、保甲经费等14种。田赋征缴亦改征收银圆为征实物。当年,正附税总额为162521.02元,实征粮31312担。往后依然,至民国36年(1947年),年征(借)粮74145担。

7月31日,省政府颁布了战时田赋征实实施办法草案,临澧县规定每壹元国币征稻谷四斗,或小麦二斗二升。为控粮食,国民党政府实行随赋购余粮。一亩水田购余粮七斗,山田一亩购余粮五斗。以抗战为名,在第六战区的“督导”下,全县划分南、北两区,大量构筑工事,共交拨军粮10万多担。

是年,县政府财政支出530150元,包括经济建设支出25842元,教育文化支出146970元,保安支出71000元,超半数用于行政费、民政费、财政费、司法费、军政费、财务费、公务费、党务费等。

是年,财政管理的田地、房屋等公产,岁收谷7644担,币1276元。

是年,开征薪酬所得税。

是年,南京国民政府修改制定了《营业税法》明确营业税为地方收入。县增加征收营业牌照税,车船使用牌照税、筵税、娱乐税等。

民国32年(1943年)

是年,临澧县田赋征实改按亩册购粮为随赋额购粮。山田正、附赋额一元购稻谷四斗,水田带购一石二斗。

是年,开征财产租赁和财产出卖所得税。

民国33年(1944年)

1月1日,县政府成立寇灾救济委员会,讨论开展救济工作。县财政发放“流通券”和“抵借券”以敷支出自求平衡。征购改为借征,不发价款,一律发给粮食库券,不计利息。规定从第5年起,分5年平均偿还抵纳当年价赋。当年,临澧征实额为每赋一元征谷四斗,又带征县级公粮一斗二升。而借征,山田每赋款一元借征谷六斗,水田借征谷一石。

是年,财政筹集银圆5万元,重修城河桥,建成一座11墩10拱平板石桥。

民国34年(1945年)

夏秋大旱,全县饿死90余人。县政府请愿代表去专署、省城,要求赈济救灾;田赋奉命豁免,赈济法币49.8万元。

11月,土地增值税、地价税,一律提高7倍计算征收。

民国35年(1946年)

7月1日,国民政府调整财政体制,增加国家税的地方分成比例,即土地税中的田赋由45%调为50%,营业税由20%调为50%,遗产税为30%,契税、房捐、屠宰税、营业牌照税、车船使用牌照费、筵席税、娱乐税等全部拨归县里。

民国36年(1947年)

县政府奉令又将田赋征实和借征改为每正、附赋额一元征稻谷七斗六升,次年改为征一借,每正、附赋额增到征七斗八升。当年,由高鑑担任临澧县财政科长,免去蒋宗瀚的科长职务。

民国37年(1948年)

8月19日,国民政府再行币制改革,发行“金圆券”,每1元金圆券兑换300元法币,代替法币流通。并以每两黄金兑200元金圆券,每两白银兑3元金圆券,每块银圆兑2元金圆券的比价,强制收兑民间金银。9月,发行金圆券硬币,面值为1分、5分、10分、20分、半元五种,导致币值猛跌,物价暴涨。次年5月1日,省政府令改银圆为记账单位,97.1金圆券折合1元银圆。6月,金圆券与银圆比为5亿:1。

是年,财政收入158007元。当年,政府管理公产田地16870多亩,公产房屋100多间,岁收租谷20246石,租金934元。包括财政管理的公产田地10873.67亩,收租谷13194.069担;教育管理公产田地731.89石,房屋5栋,收租谷6444.42担,租金200元;救济院管理公产田地26.29石,房屋3间,收租金265.7元;级公所管理公产田地山林166.813石,房屋88间,收租谷606.19担,租金468.6元。

三、新中国成立后(1949年至2009年)

1949年

7月19日,县政府颁发禁止粮食出境的布告,并在城河桥停弦渡、观音庵、斋阳桥、鳌山、打岩厂、杉桥桥、衍嗣庵、高公桥、新安、合口、九里岗等12处设岗,县府派员会同乡镇公所盘查。凡违禁者,谷米、小麦及人员一律扣留查处。

7月下旬,境内开始流通人民币。

8月6日,县长丁少之主持在县政府小礼堂召开会议,宣布临澧县人民政府成立,并公布政府机构设置和干部配备。设立“临澧县财粮科”,孟载轩首任科长。下设:预算、稽征、企财股和公产组及澧南、澧北二个稽征所。同日下午,接收工作分4组进行,财务组接收财政科及银行、田粮处、税捐处等(7天完成接收工作)。办公地点始设在县人委会机关院内(现县委机关内)。

8月,建立新货币体制。16日正式成立中国人民银行临澧支行,主办钱币汇兑,农村信用,储蓄金融业务,取缔地下钱庄。22日,规定银圆与人民币(旧币)比值1:2000元[次年2月15日,银圆与人民币(旧币)比值调为1:1万元,折合新币1:1元]。25日,常德专署颁布金、银、铜圆禁止使用布告,县人民银行在各乡镇发行新版人民币。

同月,薪金制度实行包干供给制。个人生活费包干供给内容包括粮食、鞋费、袜费、衣被费等,党政机关干部、工杂人员的月薪标准(按大米折价发薪):县长级300斤~350斤,科长级250斤~300斤,科员级200斤~250斤,办事员级150斤~200斤,工杂人员150斤~200斤。教师供大米,每人每月的标准:中学教员100斤~120斤,完小教员80~100斤,村属小学教员60斤~80斤。

9月上旬,全县共筹粮600多万斤,柴草580多万斤,保证解放军第二野战军40万过境部队的军需供给。

9月23日,县政府及财粮科又为过境部队筹措大米412.8万斤,马料谷43万斤,当日和次月3日组织民工肩挑车推,运送250多万斤军粮至常和慈利。同月,财粮科踊跃筹粮支前,共完成秋征任务204.5万公斤,供应过境部队和驻军117.7公斤,柴草306.9万公斤。

10月,临澧县政府在六区(今合口)首建新合征稽所。

10月,全县供应过境和驻境部队大米117.7万公斤,完成秋征任务204.5万余公斤。

当年始,临澧县执行"统收统支,收支两条线"的财政体制,地方财政收入一律上解,财政支出由省审核按月拨付。

1950年

1月1日,国家建立新税法(即复税制)。临澧开征的工商税种有:货物税、交易税、工商税、印花税、使用牌照税、屠宰税、房产税、地产税、特种消费行为税、存款利息所得税、盐税、关税等12种。烟、酒、迷信用品征税从重,税率40%~90%;农产品、人民生活必需品征税较轻,税率3%~5%。

1月13日,县"人民胜利折实公债"推销委员会成立。5天内县城各界人民认购公债4088份,超出分配数额1588份。2月6日,《新湖南报》予以报道。当年,共认购出债12113份,超分配额2113份,折币2973.9元。

4月中旬,临澧县实行新税制。全县开展减租退押运动,共获胜利果实(折稻谷)2393.5万余公斤。

5月1日,临澧县"财粮两科"召开第一次会议,并在原城关镇八方楼前合影。

是年,临澧县执行政务院《关于编制1950年财政收支预算的指示》,预算收支均以大米为单位,以市斤折合人民币计算。年初起,临澧县在机关工作人员中施行公费医疗制度,年内月人平均按4公斤大米标准折款计算公费医疗费。

是年,临澧县农业税征粮工作全面展开,按中央人民政府《农业税条例》40级累计进税率计征农业税。每公顷耕地负担450公斤,共征稻谷1428万公斤。

当年起,临澧县实行"一切收支通过财政"的管理办法。供给部分采取包干,临时费坚持无计划不批款,无决算不报销的原则。

1951年

3月16日起,临澧县契税沿用旧制,在城关、合口、新安三镇征收契税。

5月1日,临澧县人民政府第一届财政工作会议在县召开。7月,将粮食业务分出,将财粮科更名为“临澧县财政科”。科长孟载轩,副科长田文卿、韩生勤。同日设立专职审计员负责财政年度预、决算和财务收、支计划执行情况的稽核。

7月,临澧启动查田定产工作。县成立查田定产委员会,县长兼任主任委员,县财政科长任副主任委员,省财政厅、专署财政科也派员兼任委员。此次查田定产,参考民国时期的土地呈报资料和土改分田清册,清丈土地的计量标准统一采用市尺,方法先由农户自报,再由查田小组抽丈。定产实行“划片分等”,将水田、平地划为41个等级,山地划为4个等级。以水田为例,实际执行22个统一地等,每公顷的基准产量,最高的一等4500公斤,二等4350公斤,三等4125公斤,最低的22等225公斤。试点工作于8月25日结束,13个乡共查增田亩165公顷。

8月,临澧县为抗美援朝捐款购买飞机、大炮,共捐款20亿元(旧币),超过上级分配任务的2.6倍。

8月底,全县各乡的查田定产工作借鉴试点工作的经验相继展开。此次查田定产,全县核实耕地面积48841公顷,比1949年统计数查增1347公顷:核定基准产量139394047.5公斤。核定的基准产量中,39700公顷水田、2720公顷平地,定产136838119.5公斤;6419.2公顷山地,定产2555928公斤。1952年秋征,按核定的基准产量数实征农业税款459630元。

是年,县政府实施物价管理,第一次调整农副产品价格。每百斤价格:稻谷由4.25元调为4.84元,小麦由4.67元调为7.58元,黄豆由6.36元调为7.64元,棉花由67.77元调为85.47元,鲜鸡蛋由28元调为26元,猪肉由48元调为50元,鲜鱼由19元调为21元。后于1953年、1956年又有两次调整。

当年起,临澧县编制预算以货币为单位。

1952年

1月,实行第一次工资改革。工资制度改实物包干供给制为工资分供给制,薪俸制人员统以工资分定级计发薪金。工作人员执行工人8级制,国家机关人员执行行政30级制。工资分的计算方法,以实行实物包干供给制时所发折算,每1.8公斤大米折算1分老工薪分,再乘以1.62的系数折成新工薪分。工薪分的价格,当月每分为0.2055元,后分月有调整。工薪分确定后,再分类套级,计发薪金。如工薪分150分的国家机关工作人员,则套改行政24级,二类地区当时可发薪金39元。邮电、金融系统人员改供给制为等级薪金制。

春,始征农业特产税,凡每户油茶收入相当于500公斤以上主粮收入的,折征稻谷总收入的6%。为促进农业生产发展,由银行贷款,购买万利籼良种15.3吨,加上农民自换良种,共插9000余亩,产量最高亩产达300公斤。同年,停征房地产税。

9月，增补张振国为财政科副科长。

10月，临澧县委"关于干部职务任免"的通知，孟载轩调出财政，由韩生勤担任临澧县人委会财政科长。田文卿、张振国任副科长。

1953年

11月，境内开始实行粮食统购统销。对干部、职工、城镇非农业人口，不分年龄和工种，每人每天供应大米0.5公斤。

是年，国家财政下放，实行中央、省、县三级财政管理体制。县财政收入包括屠宰税、交易税、城市房地产税、契税、特种消费行为税、车船使用牌照税、县管国营企业利润及折旧费、公产收入、其他收入及上年结余。农业税的计征，改按农业人口的平均农业收入实行20级全额累进税率。工商税计征开始简化税种，停征药材交易税，开征商品流通税。当年清理公有房地产，重新厘定租约，同时处理公产变值，全年实收房产租金30530元，土改后留存的机动公产田租谷折币14517元，公产变价3981元。

是年，在县财政科内设1名专职监察员，专司全县财政业务的监督管理工作。

1954年

1月，临澧县始设新安、合口、停弦、临南、陈二、佘市6个税务所。

5~6月，全县共降水894.6毫米，受灾面积达18.8万余亩，冬，发生特大冰冻，雪深数尺，河塘坚冰，可通车辆，禽畜冻死颇多，财政发放救灾款6.93万元。

12月，临澧县成立洞庭湖修复工程总队。下辖11个大队，担负从林家滩至冲天湖工段57华里修复任务。郑庆振、王明江分任总队长和政委。2.5万名民工分批到达西洞庭湖修复区。翌年3月竣工。临澧县财政共投入经费400万元。

是年，县财政执行省政府规定，开始按支出总预算设置周转资金和预算费。县机动公产田出租收入、县级企业收入、公山林变价收入、中学学费、公产房收入等开始列为地方自筹收入，当年收入10.3万元。当年，首次发行"国家经济建设公债"，后连续4年发行，临澧共认购(旧币)614280元。超过分配任务14280元。

是年，废止政府公有土地出租，改施行行政划拨。

1955年

1月，"临澧县政府财政科"，更名为"临澧县人民委员会财政科"。下设预算、企财、税政股、公产、市场(工商)组和新安、合口、停弦、临南、陈二、佘市税务所。

3月1日，全县发行国家新版人民币。

3月，根据国务院关于发行新币和回收旧币的命令，全县设立92个兑换点，到6月底，共收兑旧币84.69亿元。新币票面为壹、贰、伍分，壹、贰、伍角，壹、贰、叁、伍元十种。

夏，全县开展粮食定产、定购、定销到户工作。

是年，财政体制不再执行统收统支办法，执行“划分收支、归口管理”的体制。省将农业税的40%、工商营业税及工商所得税的20%、商品流通税的5%划给县，县财政支出不够时由县自补。当年，农业社的农业税改为按社计征。当年，停征农业特产税（在计税土地上种植的茶叶、水果、油茶、油桐4个品种的特点税并入农业税）。

当年，临澧县贯彻省政府制定的粮食统购任务，“三定到户（定产、定购、定销）”三年不变的政策。

当年始，临澧县地方国营工业企业财务收支列入县财政预算。

当年起，临澧县对全民所有制行政事业单位的干部职工实行公费医疗制度。

1956年

春，城镇非农业人口粮食供应，改先年的月月评议为以人分月定量，以户填发粮食供应证，凭证分月购买。供应标准区别年龄和工种，分为8等30级。

4月，临澧县进行第二次工资改革。取消工资分制和物价津贴制度，实行薪金制，直接用货币规定工资标准。县党政群机关由行政开支的干部勤杂人员，控制升级标准为5.4%，月平工资由调整前的45.45元增加到47.82元。公私合营企业人员的工资，也同步进行改革。

6月，临澧县委“关于干部职务任免”的通知，郭光美为临澧县人委会财政科科长，苏子慎任副科长。

当年，随着农业初级化运动的深入开展，农民将土地、农具作价入社，停止契税。

1957年

临澧县委“关于干部职务任免”通知免去郭光美财政科长职务，由苏子慎副科长主持全面工作。

1958年

7月，为加强地方财政管理，中央下放财权，对地方实行“以收定支、五年不变”的财政体制。县政府调整机构和人员，财政废科设局，撤销原“临澧县人民委员会财政科”，设立“临澧县财政局”。同月，税务局撤，业务并入财政局。临澧县委“关于干部职务任免”的通知，局长位空，由苏子慎副局长主持全面工作，戴宪玉、陈绪中、谭谦任副局长。

9月，临澧县依据中央政策进行第二次税制改革，将商品流通税、货物税、营业税、印花税合并为一个税种——工商统一税。

10月，全县17个乡共建立12个人民公社（辖118个生产大队、847个生产队）。同时6个税务所撤销，局内增设公社财务组[各公社设财务助理（会计），兼管财税征缴]。

12月7日，财政局制定《人民公社财政管理暂行办法》。

是年，实行人民公社农民的生产资料变为集体所有、农业税收工作废除农业税20级全额累进税率，临澧县改按常年产量的12%~15%计征；结算时改“以谷结算”为“以款结算”。恢复开征茶叶、水果、油茶、油桐4个品种的农林特产税；停征牲畜交易税，停征利息所得税。

1959年

2月，财政局制定印发《人民公社实行财政包干的实施办法》。

3月，临澧县根据中央和省委指示精神，下放公社权力，实行公社、大队、生产队三级管理，农业税征收以大队为基本核算单位。

当年，国家建立行政公署一级财政，常德专署对临澧实行“定分成、一年一变”的办法，按预算收入总额的65.1%上解。

1960年

3月，县委成立支援后进社队领导小组，帮助后进社队工作，财政发放农业生产贷款207万元。当年3月起，县财政对全额预算单位实行“全额管理、定额补助、实行包干”的管理办法。

1961年

因三年自然灾害，加“五风”危害，人均月口粮仅10公斤左右，全县有1.87万余人患水肿病。为控制病情，公社成立中心疗养院，大队设疗养院，为病人配发定量营养品。经营养治疗，到6月底，有80%的病人康复。财政共投入救济资金18.7万元。退赔平调(一平二调)款支出87.60万元(1960年~1995年共支出766.7万元)。

9月，临澧县委“关于干部职务任免”的通知，胡东来任临澧县人委会财政科科长，苏子慎任副科长。免去韩生勤局长职务、谭谦副局长职务。

1962年

10月，胡东来担任临澧县财政局局长。

10月，改革财政体制，财政和税务分设，财政又撤局设科，撤销原“临澧县财政局”设立“临澧县人委会财政科”，“临澧县税务局”[同时撤销局办公室、公社财务(助理)小组]，财政科增设行政财务、农业财务股，人事监察更名为人秘股。税务恢复城关、合口、新安、陈二、观音庵税务所。原城南税务所更名为城关税务所。

当年，临澧县始行政性收费。

当年，临澧县对控制商品实行控制范围、指标，采取核定限额，发给购物证，供应的管理办法。

当年，财政局印发《地方企业财务管理制度》，对企业成本管理提出五条规定。

1963年

5月，临澧、石门、慈利、桃源四县税收协作会议在石门蒙泉税务所召开。当年，临澧县对粮食收购（农业税）用通知书下达任务，以生产队为单位，义务送交到指定粮库，全部任务完成后，再分别领取粮食征购任务完成证和换取农业税正式收据。

8月，全县职工工资调整工作开始，到11月结束，共有2178人增加工资，占全县职工人数的64.2%，每人月平均工资提高14.8%。

11月，再度废科设局，撤销原“临澧县人委会财政科”设立“临澧县财政局”。临澧县委“关于干部职务任免”的通知，免去胡东来财政科科长职务，李运甲任财政局局长，苏子慎任副局长。

1964年

4月15日，接上级命令，苏联代印的10元、5元、3元票面的人民币停止在市场上流通使用。此三种票面由国家银行统一回收，收兑期为4月15日~5月14日。6月底，临澧县收兑工作结束。

当年，国家取消地区级财政，改为中央、省、县三级，临澧县执行“总额分成”，比例为27%，上解73%。

1965年

春，停征集市交易税，至次年全县开征的工商税只有7种。

春，非农业人口粮食供应大调整，标准由原来的9等30级改为16类364个等级。食用油由1962年定的0.1公斤提高到0.2公斤。

1966年

8月，临澧县委印发《关于兴建青山水轮泵站工作的决定》，财政派出专职财务人员负责青山水利的财务收支工作。当年起，粮食统购由“一定三年”改为“一定五年”不变。

当年，停征文化娱乐税。

当年，苏德清增补为财政局副局长。

1967年

当年，临澧县取消“小固定”，核定临澧县总额分成坐支比例为54%，上解46%。

当年，经营畜肉的企业应纳屠宰税并入工商税内征收。每头猪征收3.61元。

1968年

当年起，对受灾的农户减免税分5等，减收3~6成，减免25%~70%；减收6成以上全免。

当年起，对全县税算内工业企业停交利润。

1969年

1月28日，县革命委员会施行大力精简机构，人员重组，将财政、税务和市场（工商）管理和房地产管理机构合并，更名为"临澧县革命委员会财税市场管理站"。组长陈世喜，副组长苏德清、苏子慎、汤青林，免去李运甲的局长职务。同时撤销财政预算、企财、行财、农财、人秘股，新设财政组、税务组、清理组、房管站、市管（工商）组、税务所更名为税务小组（撤销陈二税务所，新设四新岗税务小组）。

1970年

1月，财税市场管理站行政领导班子调整，临澧县委"关于干部职务任免"的通知，陈大复任组长、党支部书记，苏德清、苏子慎、汤青林任副组长。

10月19日，青山船闸正式剪彩通航。其间财政共投入资金378.62万元。

1971年

7月，撤销18个人民公社税收点，设置城关、新安、合口、四新岗、佘市、观音庵六个财税市场管理所。

1972年

3月初，临澧县开始调整职工工资。这是继1963年的又一次工资调整，全县属调资范围内的机关干部、国营集体所有制职工共2898人，占全县干部职工总数的46.5%，其中调高两级的有371人，人均月工资上升5.7%。

1973年

6月，将市场管理（工商）房管所业务分出，临澧县革命委员会财税市场管理站更名为"临澧县革命委员会财政税务局"。六个财税市场管理所更名为财政税务所。临澧县委印发"关于干部职务任免”的通知，刘茂金任局长、党支部书记，苏子慎、苏德清、汤青林任副局长，免去陈大复财税市场管理组长职务。是年，在文化街新建办公楼，迁址办公。

7月7日，临财预字制定下发《关于差旅费和会议费开支标准的规定》《关于加强国营工业企业成本管理工作的若干规定和国营工业交通企业若干费用开支办法》。

10月7日，财税局组织召开全县经济核算工作经验交流大会。参加会议对象，独立核算的工商企业领导、会计、参会人数250人。

当年，中央决定进行第三次税制改革，临澧县开征的工商各税税种由1972年的7种改为5种。

1974年

10月，增补辛宝炳为临澧县财政税务局副局长。

是年，全县粮食总产1.9亿公斤，平均每公顷6007.5公斤，单产第一次跨过《全国农业发展纲要》规定的江南亩产400公斤指标。

1975年

自来水业务从财政税务局分出。

1976年

财政税务局政宣组改称为政工组，税政股改为税征股，增设行政财务组、监察室、计会组。

当年，临澧县执行“定收定支”的财政体制。

1977年

10月下旬，全县进行干部、职工工资调整工作。至年底，调资工作基本结束。全县有4327人增加工资，占干部职工总数的64.3%，增薪幅度达12.4%。集体企事业单位职工有2117人增加工资，占集体职工总数的48.98%，人均增加工资2.38元。

当年，临澧县农业税征收，在全县推行“春粮、春油、夏茶、秋烟、冬杂”等，“秋征”改“常年征收”，一次改为多次征收。

1978年

当年，临澧县实行“定收定支，增收分成，一年一定”的财政体制。同时，恢复人大审定财政预决算制度。

当年，临澧县征收农业税采取“按谷分配、以款结算”的方式。实物一律按当时的收购价格计算，多次征收，年终以生产队为纳税单位在实物送交后索取事物入库证(入库码单)，向财政部门换取农业税收据以示完税。

当年，临澧县开始办理干部离退休手续，当年办理安置16人，财政按预算计划一并拨入行政单位发放到人。

当年，临澧县对行事业单位实行“统收统支、节余上缴”的办法。

1979年

3月12日，财税局印发《关于认真贯彻落实超购粮没有关规定》的通知。

6月，临澧县委印发“关于干部职务任免”的通知。苏德清任财政局局长、党组书记，苏子慎、史开均、郭清耀、苏宏金任副局长，免去刘茂金局长、党支部书记职务。

8月，基本建设拨款职能从“财政税务局”划分给“中国建设银行临澧办事处”。

11月，临澧县房地产管理从财政税务局划给新成立的“临澧县房地产公司”管理。

11月，财税局印发《关于国营企业固定资产实行有偿调拨的试行办法》。

当年始，临澧县对“支农周转金”“行财周转金”“工业(工交)周转金”及商贸周转金使用由无偿改为有偿。

1980年

10月1日，临澧县开始落实老干部离职修养制度。凡新中国成立前参加工作的老干部，离休后政治待遇不变，生活待遇略优。其外籍干部愿在临澧居住的就地安置，愿回原籍的由原工作单位和接收单位协商安置。至1985年年底，全县共有离休干部、教师、职工104人。

12月22日，“临澧县革命委员会财政税务局”更名为“临澧县财政税务局”(领导班子成员未变)。

当年，临财税局印发《关于恢复征收屠宰税和收购生猪、销售猪肉、加工肉、蛋制品的工商税的通知》和《城镇个体工商户税收管理的通知》《工业自销产品征税的通知》《集体建筑安装企业征税问题的通知》。

当年起，临澧县全面试行“预算包干”的管理办法。

当年，临澧县实行“总额分成，收支包干，总额分成比例为76.5%，一定五年”的“分灶吃饭”的财政体制。

1981年

1月1日，国家开始发行8种国库券，单位年息4%，个人8%。是年，临澧县成立国库券推销委员会，下设办公室，配专干2人，办公地点设在财政局。

1月29日,临财农字3号印发《关于认真落实农业税减免政策的通知》。

2月起,临澧县贯彻落实湖南省财政厅颁布的《关于重申有关契税的政策的通知》,恢复征收契税。税率为6%,典当为3%。

当年,临澧县实行"划分收支,分级包干"财政体制,原常德地区财政局核定临澧县工商税收包干基数为442.9万元。当年全县财政收支平衡,略有节余。

1982年

1月下旬,全县农业生产责任制进一步完善,生产队的耕地、耕牛、农具都划分到户,实行农户自主经营,普遍实行家庭联产承包责任制。其基本特征,当时概括为"交足国家的、留足集体的,其余都是个人的"。农业税征收按承包的面积落实到户,由生产大队以现金汇总统一向上级财政部报解结算。大多数农户一般在油菜籽上市,早稻入库及棉花收购期间交清全年农业税。

当年,临澧县实行"总额分成,收支包干"的办法,县总额分成比例为76.5%。

1983年

1月,冉永贵被常德地区行政公署授予"地区级劳动模范"称号。

9月,临澧县成立"税收、财务、物价"大核查领导小组,下设办公室(设在财政局)。

11月,胡良次被常德地区行政公署授予"地区级劳动模范"称号。

12月28日,临澧县人民政府增设审计局,原财政税务局的监察股转向本系统内部财政监督审计。

当年,临澧县执行"分级包干",省核定临澧县上解比例22.8%,超收部分上解30%。

临澧县财政一般预算收入首次突破千万元大关(达到1009.05万元)。

1984年

4月1日,财税分家,将原"临澧县财政税务局"分设为"临澧县财政局"和"临澧县税务局"(之后,"临澧县税务局"又分开设立为"临澧县国家税务局"和"临澧县地方税务局")。县委通知,苏德清任财政局长、党支部书记,苏宏金、苏子慎任副局长职务。财政、税务分开设局后,县财政着手组建乡(镇)财政所。于1984年8月,选调行政编20人,调入企事业编20人,面向社会招聘干部36人,成立20个乡(镇)财政所。财政局机关内设"五股一室":即"预算股、农业财务股、行政财务股、企业财务股、人事监察股、办公室"。

5月,财政局制定岗位责任制。

11月12日,财政局举办全县乡镇财政干部培训,参加人员,全体乡镇财政干部,时间20天,每人每天交伙食费0.5元,粮票一斤二两。

11月，在全县开展财经政策大检查，共抽调22人，分六组，抽查对象为商业、经委、粮食、行政事业等15个单位。

当年，乡镇财政进行独立核算，实行“定收定支，收支挂钩，超收分成，短收分担，收入上缴，支出下拨，超支不补，节余留用，年终结算，一年一定”的管理体制。

当年，公社改称乡，大队改称村，生产队改称村民小组，农村经济体制普遍实行家庭联产承包责任制，全县农业税计税单位由1983年的4124个生产队转变为86700个承包户。结算方式：基数在村，任务到户，结算到户。

1985年

1月18日，临澧县成立“财政会计、审计学会”，兼理全县会计管理事务。

1月，临澧县财政制定了《临澧县乡（镇）财政管理办法试行草案》。县乡（镇）实行“定收定支，收入上缴，支出下拨，超支不补”的管理办法，并提出了乡（镇）财政的八项任务。

1月，临澧县委印发“关于干部职务任免”的通知（临政干1985年07号），苏宏金任财政局局长，党支部书记，田明、何代生任副局长，谢志鸣任纪检组长。免去苏德清局长职务（调至县财贸办）。

5月起，乡（镇）财政进行独立核算，实行“定收定支，收支挂钩，超收分成，短收分担，收入上缴，支出下拨，超支不补，节余留用，年终结算，一年一定”的管理体制。

5月，财政局制定《财政局管理规定》。

6月，撤销新合乡财政所，并入合口镇财政所，8月撤销洞坪乡财政所，并入新安镇财政所。机关内部“人事监察股”单设为“人事教育股、财政监察股”。

6月1日，农业税改征收实物为折征代金，改季节性征收为常年征收。计征税率降为常年粮食产量的11.5%，比原来降低1.5个百分点。是年，全县计税面积38526.667公顷，实际入库税金269.5万元。

9月，财政局组织在全县范围内开展税收、财务、物价大检查。

当年，临澧县实现定额上解99万元，财政收入实际比核定基数超收136.5万元。

当年，全县进行第三次工资改革。当年完成对国家机关、事业单位工作人员的工资改革任务，废除多年实行的烦琐的等级工资制，实行以职务工资为主的结构工资制。新工资的结构内容包括基础工资、职务工资、津贴工资三项。临澧县参加工资改革国家机关、事业单位工作人员共5716人，其中，教育部门2016人均月增加工资23.87元；其他事业单位1473人，人均月增加工资18.71元；机关团体2227人，人均月增加工资19.98元。

当年，临澧县成立控制社会集团购买力领导小组，下设办公室，办公室设在财政局。

1986年

1月，财政局下文（临财86-01号）关于做好1986年国库券发行工作的通知，当年发行123.6万元。

1月，全县恢复征收农业特产税。

1月，财政局〔1986〕监字01号，聘用乡镇财政干部沈福民等18人为乡镇财政监察员。

2月，临澧县委印发“关于干部职务任免”的通知，辛吉成为财政局纪检组长，免去谢志鸣纪检组长职务。

3月，省、市、县三级财政给予资金补贴，在兴隆街修建机关大院，3月26日动工，11月竣工，12月28日迁入新址至今。

当月，李华初当选财政局工会主席。

6月，新安乡财政所撤销，并入新安镇财政所。

7月1日起，临澧县依据国务院颁发的《征收教育附加的暂行规定》始征教育附加费。

8月下旬，省财政厅长瞿宝元考察临澧财政，决定拨款10万元建临澧博物馆。

当年，临澧县对预算外资金实行“专户储存”的管理办法。

当年，对小汽车等17种专项商品实行专控(临控字86-01号)。

1987年

3月，财政局印发(1987综字003号)关于对“收款收据”“罚没收据”实行统一管理的通知，由财政局统一印制，统一管理。

4月1日，临澧县依据湖南省人民政府〔1987〕35号《湖南省耕地占用税实施办法》，由财政部门负责开征耕地占用税。

6月1日，财政局制定《临澧县财政局机关行政事务管理制度》。

6月下旬，县政府根据省政府〔1987年〕1号文件关于“小型商业、饮食服务业实行租赁经营”的精神，在商业系统推行租赁经营。至1992年5月，商业系统百纺公司等7家独立核算单位和15家非核算单位实行与财政签订租赁经营合同，租赁期一般3年。

7月25日，临澧县成立会计系列职称改革工作领导小组和会计系列初级专业技术职务评审委员会。

10月1日，财政局下文(临财〔1987〕农字08号)《关于临澧县屠宰税征收管理的暂行规定》的通知。原税务部门征收的屠宰税改由乡镇财政所征收(城关、合口、新安的屠宰税委托税务部的代征，财政付给15%的手续费)。

10月，中华会计函授学校临澧县函授站成立，归口县财政局管理。

当年，财政局增设综合计划股，加强对全县预算外资金管理的力度。

当年，县财政对农口实行全额管理的事业单位，实行“支出包干，超支不补，结余留用，一年一定”的管理办法。

当年，财政局对乡镇财政体制，实行“合理确定收支基数，完成基数比例分成，超过基数超收分成，任务短收两级分担，收入上交，支出下拨，节余留用，年终结算，一年一定”的管理办法。当年体制分成达203万元。

1988年

1月,财政局印发《关于对行政事业单位预算外资金转划到“财政专户”的通知》。收入户储存的预算外资金,从1988年1月15日起,由财政与单位核对余额后,填制套有“临澧县财政局预算外资金转划专用章”划转单,转到“财政专户”。

1月,财政局印发《临澧县1988年乡镇财政管理办法》(1988-农字2号)乡镇实行“核定基数,完成基数比例分成,超过基数超收分成。短收分担,一年一定”和“划分收支,核定基数,递增包干,超收全留,短收全担,一定三年”的管理办法。

5月,常德市增设信托投资公司临澧工作站,临澧县控制社会集团购买办公室、国库券推销办公室、会计管理股。

6月,财政局印发《关于认真做好耕地占用税缴库的通知》和《关于加强财政周转金占用费管理的若干规定的通知》。

8月,全县20个财政所每所配置一台南方125#摩托车供收税之用。

9月,财政局被国家教委、计委、劳动部授予“全国勤工俭学先进集体”称号。

10月,财政局工会改选,戴振春当选为工会主席。

当年开征个人所得税,复征印花税。

1989年

1月起,县财政修订预算包干办法,对用款单位实行定额包干,单位(部门)承包,节余留用,超支不补。

3月3日,临人字〔1989〕3号文通知,关于毕金生、叶发祥、沈福民等21位招聘干部转为国家干部后停止供应定销粮;转供统销粮。

3月,临澧县委印发“关于干部职务任免”的通知,万方柏任财政局纪检组长,免去辛吉成纪检组长职务。

3月,农业财务股分设为农业财务管理股和农业税征收管理股。

9月,增补胡良次为财政局副局长职务。

当月,乡镇财政人、财、物划属财政局管理。

10月,临澧县财政局被湖南省财政厅、人事厅、财贸工会授予“先进单位”称号。

当年,临澧县始征调节税,城镇土地有偿出让使用税。

当年,财政局改向社会“五大生”招考,录用邹玉民、江从友等9人为国家干部。

当年,财政局制定党员目标管理方案,党内生活25分,遵纪守法25分,本职工作25分,模范作用25分。

当年,财政局制定印发《临澧县行政事业单位公费医疗统一管理办法》和《临澧县机关事业单位工作人员差旅费开支规定》及《加强会计证管理的通知》。

当年，柏枝乡财政所被湖南省财政厅评为全省“文明财政所”。

1990年

3月，财政局印发《临澧县财政系统廉政建设十条规定》。

4月，湖南省第3次乡镇财政工作会议在临澧县召开，局长史训炎就“加强乡镇财政管理，搞好乡镇财政建设”在会上作了典型发言。

4月，财政局印发《临澧县契税征收管理办法》和《关于做好1990年到期国库券还本付息工作的通知》《追加城镇居民肉价补贴的通知》《临澧县1990年税收分成实施办法》。

5月，临澧县委印发“关于干部职务任免”的通知，史训炎任财政局局长、党组副书记，苏德清任党组书记，何代生、田明、胡良次任财政局副局长，免去苏宏金财政局长，党支部书记职务。

5月，全县农税干部统一着装。

6月始，财政局组建中共财政局机关党支部，何代生任支部书记。

6月25日，财政印发《临澧县1990年农业税征股入库奖励办法》，各乡镇在规定的日期内县局将根据任务完成情况按办法给予评先奖励。

9月，进行财政招聘干部转正工作，毕金生、叶发祥等符合条件24人转为国家干部。当年，临澧开征国营企业奖金税。

12月，财政局自筹资金38万元（其中上级补助15万元），在后院修建的临澧县财会培训函授教学楼竣工交付使用。

当年，临澧县开始征收政府调节基金。

当年，临政干字05号，县委组织部确认雷立秋、祁开举等8位同志为副主任科员。

当年起，县财政在支出管理方面，推行行政事业单位“零基预算”和“预算外资金综合预算”。

当年，四新岗财政所被湖南省财政厅评为全省“文明财政所”。

当年，张德钧被财政部、人事部评为“全国先进会计工作者”。

1991年

1月31日，财政局机关和乡镇干部进行大调整，经县财贸委员会〔1991〕01号文批准，戴振春等22人任股室正副股长，沈福民等22人任乡镇财政所正、副所长。

4月，财政局组织在全县预算内工业企业和部分流通企业开展清产核资工作。贾文昌任财政局纪检组长、党组成员职务，秦元林任党组成员。免去万方柏纪检组长职务。

6月，省财政厅就财源建设提出实施“3581”工程建设，通过3—5年的努力，使县、市财政收入分别达到3000万元、5000万元、8000万元和1亿元；8月，临澧县被省财政厅列入全省14个“3581”工程建设县、市之一，8月17日，省财政厅副厅长李长庚到临澧现场办公，与临澧县人民政府签订了《临澧县财政一般预算收入上台阶责任合同书》。合同期至1993年，目标收入3500万元（1993年县财政一般预算收入达5301万元)。

10月,财政印发《临澧县乡镇财政财务管理实施细则》。

当年,临澧县始征事业单位奖金税。

1992年

1月1日,省财政厅总会计师张瑜一行,到县财政局指导工作。

1月10日,财政局印发《临澧县征收矿产资源补偿费实施细则》《调整农业税征收价格的通知》和《关于严格执行欠税交纳滞纳金的通知》。

2月始,临澧县财政局预算股首先实行电脑记账。

3月,省财政厅将临澧县合口镇列入全省第一批14个“小3581”工程建设试点乡镇(即乡镇财政一般预算收入分别上300万元、500万元、800万元和1000万元台阶)(1994年达到384.28万元)。

4月15日,财政局印发关于在财政系统党员和干部中广泛开展“两为”创先争优活动的安排(两为:为党增光辉,为兴工强农活商富民作贡献)。

4月,成立临澧县财源建设领导小组办公室(财源办)。专司全县财源建设工作(办公室设财政局)。

5月,临澧县成立国有资产管理办公室(编制4人),隶属财政局管理,与企业财务股合署办公。

6月,胡良次被湖南省财政厅评为“全省财政系统先进个人”;彭益安被湖南省财政厅评为“全省财源建设先进财政所长”。

8月,彭益安被财政部评为“全国优秀财政所长”。

11月,财政局制定《文明财政所基本条件及验收标准》。五个方面实行百分制考核。

当年始,会计专业技术资格实行以考代聘。

当年始,临澧县对企业单位建立产权登记,产权年检、产权变动登记工作。

当年,合口镇财政所被财政部综合司评为“全国财源管理先进单位——百强”和被湖南省财政厅评为“全省财源建设先进单位”。

1993年

1月1日起,全省放开粮食定购价后,临澧县对农业税实行任务价与结算价分离,由财政按中等粮食市价确定农业税结算价。

1月上旬,全县开展第四次工资改革,对机关工资与事业工资实行分类管理。机关干部实行职级工资,机关工人实行技术等级工资,事业单位干部实行职员职务工资,事业单位专业技术人员实行职务等级工资,技术工人实行技术等级工资和普通工人等级工资。同时,建立正常的工资增长机制,国家工作人员调资成为人事部门工资福利工作的一项经常性业务工作。是年,全县机关事业单位有8054人套改工资,人均月增工资70余元。

3月，中纪委八室二处处长赵新安等对临澧县乡镇财政所调查。

4月9日-13日，湖南省第二次乡镇财政工作会在临澧召开，常务副省长储波、省财政厅长章锐夫，市委书记庞道沐到会讲话。与会代表分别参观太平和新安一批企业，并到柏枝、合口财政所指导工作。

5月，临澧县推行机关、事业单位公费医疗制度进行改革。县政府成立临澧县公费医疗管理办公室，负责全县机关、事业单位公费医疗工作，县保险公司承担公费医疗保险。全县机关、事业单位按人员投保，人均交保费90元，返回单位30元作为门诊药费。住院治疗费归公费医疗管理办公室核实报销，根据病情，一般疾病年报销2000~3000元不等，癌症病人按年人均1万元包干。县财政每年安排70万元用于弥补投保人员住院药费支出。

11月，临澧县财政收入超常增长，财政增收居全省、全市之冠。被财政部、人事部授予“全国财政系统先进集体”称号。

是年，县委、县政府治理行政事业性乱收费，对全县51个部门近500个收费点设立的1846个收费项目全面进行清理，取消不合理收费293项，降低收费标准20项，一年为企业和群众减轻负担600余万元。

当年，临澧县收入实行“递增包干，定额上解”的体制，取消递增比例。以1993年的体制基数上解128万元至2009年。

当年，临澧县对乡(镇)实行“划分税种、核定基数、收支挂钩、超收分成、短收全赔、一定三年”的财政管理体制。

1994年

4月，临澧县新安镇被省财政厅列入全省第二批“小3581”工程建设试点乡镇。

4月，胡良次、梅开满被常德市人民政府税收财务物价大检查办公室评为“1993年度全市税收物价大检查先进个人”。

4月，县政府发文，临财发〔1994〕2号《关于征收国有资产占用费的通知》。

5月，临澧县成立会计师事务所；成立了太平经济开发区财政所，全县乡镇(区)财政所增加到18个。其局内机构按财政职能和业务需要进行了调整，增设了基本建设股。

6月，省财政厅对全省“大小3581”工程建设进行了验收，临澧县合口、新安两镇被省财政厅作为财政收入过千万元乡镇进行了通报表彰。11月通报表彰了临澧等24个财源建设先进县市。

9月，函授站设立湖南省财经商等专科学校临澧大专班、财政系统等49名学员经参加全国成招生考试录取。

12月，县委通知免去苏德清财政局党组书记职务(退休)。

12月，戴振春被湖南省财政厅评为“湖南省中华会计函授学校优秀教育工作者”。

当年，临澧县财政局被省教育厅、财政厅评为“全省中小学勤工俭学先进单位”，合口、四新岗镇财政所被省财政厅评为“全省双文明财政所”。

当年，县财政管理实行“分税制”，增值税75%上划中央。当年，临澧县上划中央“两税”2175万元，返还1960万元，返还税额占县财政一般预算收入的44.4%。全县完成财政一般预算收入4407万元，连续两年实现当年财政收支平衡。

1995年

年初，临澧县政府出台《临澧县预算外资金管理办法》，县政府成立县收费管理局，专司全县预算外资金管理。行政性收费收入实行“收支两条线”，纳入财政预算管理。当年，全县行政性收费收入720万元。

年初，临澧县改革乡镇财政体制，实行“确定基数，超收全返，短收全赔”的管理办法，对地税、财政征收的8大类税实行包干，对国税按下达任务单独考核。

1月，临澧县委“关于干部职务任免通知”，胡良次任财政局党组书记。毕金生为财政局副局长、党组成员。刘光兰任财政局纪检组长，党组成员职务。免去贾文昌纪检组长职务。

2月起，临澧县财政为确保行政事业单位工资发放，在年初审核下达单位经费预算时，将单位工资单列。足额存入银行“工资基金专户”。

5月1日，全县公费医疗管理工作由县保险公司移交县财政局单独管理。住院药费和门诊药费的报销标准按原规定执行不变。

7月，临澧县施行《湖南省行政事业单位收费票据管理办法》全县行政事业性收费票据由县财政局统一制定、发放和监督管理。

10月，新安镇财政所被财政部授予全国财政系统“文明财政所”称号。

11月，黄新春任财政局副局长、党组成员职务。

当年，临澧具财政一般预算收入首破5000万元，达到5749万元。

当年，张华懿被常德市人民政府记一等功，并被省财政厅评为“全省先进会计工作者”。史训炎被常德市人民政府记二等功。财政局被湖南省教育厅、财政厅评为“全省农村中小学教育布局调整工作先进单位”。

1996年

1月1日，全县粮食流通体制推进改革，实行“两线运行”方案，国家定购粮收购价格不变，价外补贴由1995年的每50公斤粮食1元提高到6元。翌年开始粮食订购价与市场价并轨。

1月，临澧在全省率先建立实施农村最低生活保障制度。救助范围是无生活来源、无劳动能力、无赡养人、抚养人或扶养人等“三无”对象，人口比例不低于2%。救助标准每人每月15元。当年，全县778户、2502人成为首批农村低保对象领取保障金。

3月，局内监察股更名为财政监督股；4月，局内机构设置，撤销了企业财务股，改设工交股、商业股、增设了社会保障股。5月，常德市财政局在临澧县柏枝、修梅、城关3个乡(镇)实施分税制财政体制改革试点。实行了"划分收支范围,核定收支基数,超收分成按税种,短收自负扣补贴,定额上解或定额补贴,分灶吃饭"的新体制。当年3个试点乡(镇)共多分得财力29.09万元。

6月,常德市财政局选择符合条件的临澧城关、柏枝、修梅、望城、官亭、新安、合口7个乡(镇)试点建立乡(镇)国库,将国库业务由人民银行临澧支行委托农业银行临澧县支行营业所代理。

8月15日,常德市乡镇财政体制改革及建立乡(镇)国库工作现场会在临澧县合口镇召开。

8月,新安镇、城关镇财政所被省财政厅评为"全省财政系统先进财政所"。

10月9日,临澧县成立收费管理局,毕金生兼任局长,梅开满任副局长。专司全县预算外资金管理职能,收费局下设票证管理股、征收管理稽查股、计划财务股和办公室。

12月,县委通知,免去何代生财政局副局长、党组成员职务。

1997年

1月1日起,临澧县财政局对县直行政事业单位实行财务收支全额管理,以收抵支,综合包干的办法。

1月,中共财政局机关党支部改造,秦元林任支部书记,免去何代生机关党支部书记。

1月始,临澧县行政单位离退休费由财政统一缴入县社会保障处由该处打卡发到人。

1月,临澧县委"关于干部职务任免"的通知,龚金宏任财政局党组书记,副局长,兼任临澧县收费局局长,免去毕金生财政局副长、收费局长、党组成员职务。

6月7日,财政部和国务院法制局等五部委减轻农民负担联合检组一行5人,到临澧检查对党中央、国务院关于减轻农民负担精神贯彻执行情况。

7月,县人民政府制定《临澧县城镇居民最低生活保障制度实施暂行办法》。城镇居民最低生活保障主要包括定期定量救济和临时救济,每人每月保障金标准150元,当年发放保障金54万元。

7月,贾文昌被任命为财政局专职党组副书记职务。

当年,史训炎被常德市人民政府记二等功。

当年,全县各乡(镇)财政建立国库。

当年,叶发祥被常德市委、市政府评为"全市四十优秘书工作者"。

当年,临澧县始征土地增值税。

当年,临澧县撤销信托投资公司办事处。

1998年

1月1日起,在县城迎宾路电影院房设立"临澧县财政收费厅",由财政、银行派遣办公人员,在城区部分网点设立"临澧县人民政府收费,罚没收入代金点"。

1月始,临澧县推行收费制度改革和财政综合预算制度改革,加强对收费和罚没票证的管理、收费和罚没款的管理,以及收费和罚款缴款时限的管理,按照"核定收支基数、综合预算分配、短收财政不补、超收比例分成"的原则,对全县部分执收执罚单位实行综合财政预算。

3月，“临澧县国有资产管理办公室”撤销，成立临澧县国有资产管理局(副科级事业单位)，编制12人，设四个职能股室，吴桂州任局长，戴振春任副局长。隶属财政局管理。

上半年，县政府下发《关于做好乡(镇)、村减债工作的通知》，启动全县乡村消赤减债工作。当时，全县乡、村两级净负债11420万元。连续几年，各乡镇均盘活用好集体闲置资产，采取拍卖、租赁、转让、入股等途径，控制赤字，减少债务。

12月，谢易频被常德市人民政府评为“抗洪抢险先进个人”。

12月，撤销临澧县“税收、财务、物价”大检查办公室，改为事前、事中、事后的经常财政监督机制。

当年起，临澧县停止投放各类周转金。1月1日起，临澧县执行全省统一规定的“湖南省农业税完税证”，实行“自行申报、集中征收、计算机网络化结算、严格管理、重点稽查”的方式。

1999年

4月8日，临澧县财政局撤销“会计股”，依据临政办发〔1999〕4号，成立临澧县会计管理局，直属县政府领导，日常工作和人员工资由县财政管理，同时实施会计委派制试点，向县教育局、卫生局、公安局、检察院、法院、国土局、水电局、交通局8家第一批试点行政事业单位委派欧明中等10名财务人员分别担任单位财务负责人或主管会计。朱光昶(常务副县长)兼局长，张华懿任副局长。当月印发《临澧县会计委派制试点实施方案》和《临澧县会计人员管理暂行办法》。

4月10日，财政局(国资)根据财政部〔1999〕9号文精神，临澧县制订《临澧县国有资产管理暂行办法》并颁布实施。印发关于《设立乡镇财政所兼职国有资产专管员的通知》(各乡镇1名)。

4月上旬，县、乡(镇)机构改革。乡镇财政所的人、财、物管理权全部下放到乡镇。全县除新安镇、合口镇、太平开发区外，其余15个乡镇全面实行“划分收支范围，核定收支基数，递增包干上解，收支自求平衡”的管理体制。

4月12日，临澧县抽调38名财政干部，成立13个检查小组，对全县教育系统1997、1998年两个年度的财务收支、人员编制、资产负债等情况进行检查，历时40余天，共查出违纪、违章金额929.86万元。

5月，临澧县认真贯彻《关于彻底清理乡(镇)村两级不良债务，认真做好乡(镇)村消赤减债工作的通知》积极开展调查摸底，制定3年消赤、5年偿还的规划。

7月，县财政局(国资局)被评为全省城镇集体企业清产核资“先进单位”。

7月，县国有资产管理局根据临澧县人民政府临政函〔1999〕15号关于成立临澧县富源资产投资经营有限公司的批复，成立“临澧县富源资产投资经营有限公司”。胡良次兼任总经理，戴振春兼任副总经理。

7月，财政局机关被常德市人民政府授予“园林绿化”和“文明机关”单位。

7月，财政局印发《关于乡镇财政所人员分流，增设工作岗位，择优上岗的原则决定》。

8月，临澧县全面推行乡镇财政体制改革，全县除新安、合口、太平经济开发区外，其余15个乡(镇)全面实行“划分收支范围、核定收支基数、递增包干上解、收支自求平衡”的管理体制，全县乡镇核定收入基数为3762.7万元,15个实施新体制乡(镇)收入基数为2440.8万元;乡(镇)支出基数为675万元,15个乡(镇)支出基数为529.6万元。上解基数为1911.1万元,占总收入的78.3%,递增比例平均为2.3%。

12月,临澧县会计师事务所与县财政局脱钩。所有财物、档案移交财政局,人员由财政局重新安排,临澧县会计师事务所与临澧县审计师事务所改制组合为临澧福源有限责任会计师事务所。

12月,临澧县财政总收入突破亿元大关,达10141万元,其中一般预算收入7543万元。上划中央增值税、消费税2598万元。

当年,史训炎被常德市人民政府记二等功,金春树被省财政厅评为“1988年度全省财政收入检查先进个人”。

2000年

1月1日,临澧县公费医疗体制改革,成立临澧县医疗保险基金管理服务中心(简称县医保中心),负责全县公费医疗保险管理工作。

1月,县财政根据省财政厅规定实行收费体制改革。政府性基金所有权属政府,是财政性资金,由财政(非税)局负责收支两条线管理。乡镇站、所实行“一个窗口”收费;县直单位统一由县人民政府政务中心收费,规定凡属纳入“中心”办理的各种费税项目,一律实行“单位依规定税费、中心统一执收、票款严格分离、资金直达专户”的管理办法,实行收费权和管理权分离。对预算外资金拨付实行“月计划管理”,经分管领导批准方能执行。

1月,临澧县会计管理局委派第二批7名财务人员下到县民政局、建设局、劳动局、交警大队4家行政事业单位和县氮肥厂、青山水电所2家企业单位分别担任单位财务负责人或主管会计。

1月20日,临澧县政府以临政发〔2000〕1号文,印发《关于实行乡镇分税制财政管理体制的通知》,明确全县18个乡镇(区)实行“划分收支范围,核定收支基数、收入增量上解,综合预算平衡,一定三年不变”的分税制财政体制。

3月,财政局印发《乡镇财政管理条例》《在乡镇财政所建立推行政务公开制度的通知》和《2000年农发基金分解方案》。

4月20日,临澧县设立财政局工资发放中心,对全县行政事业单位人员工资由县财政委托银行代理直接发放到个人工资账户。同月设立临澧县人民政府采购办公室(简称采购办)。编制2人,属财政局二级机构。当年拟定《临澧县政府采购管理办法》和《临澧县办公用品零散项目定点采购实施细则》。

5月18日,县政府承办常德市委、市政府全市收费管理试点,出台《临澧县收费管理暂行办法》,7月18日,县物价局、县财政局发布《关于推行“收费许可证”“收费员资格证”制度的公告》,规定所有行政事业性、经营服务性收费单位实施收费时,必须出示“收费许可证”副本;收费人员执收时必须出示“收费员资格证”。同时推行“服务价格登记证”制度。任何收费必须按“收费许可证”上的项目、标准收取。当年,分4期对690名收费人员进行资格培训,共核发全国统一样式、全市统一编号的“收费许可证”正本267个，副本520个；为资格审查和考试合格的410名收费人员颁发“收费员资格证”。自此，临澧县收费管理基本做到一点一证，走上持证上岗、亮证收费的有序轨道。

7月，全县行政机关和部分事业单位干部、职工的基本工资首次实行统一打卡发放。

11月，财政局转发省财政厅《关于深入开展乡镇消赤减债工作有关问题的通知》和《核定各乡镇代办国库上解收入比例上解县级国库的规定》。

2001年

1月，全县实行县、乡两级分税制财政管理体制。18全乡镇(区)设立金库和农税专户。

1月，辛中任财政局副局长，党组成员职务。

3月15日，县委、县政府召开全县农村税费改革工作会议，传达省、市关于农村税费改革工作精神，部署农村税费改革工作。当月，县委派出工作组在停弦镇的大木村举办税费改革试点。此次税费改革，围绕“三个确保”的目标进行，即确保农民负担明显减轻不反弹；确保乡镇机构和村级组织正常运转；确保农村义务教育经费正常需要。主要内容是“三取消、两调整、一改革”。“三取消”即取统乡筹费、政府基金与资金；取消屠宰税；取消和逐步取消统一规定的劳动积累工和义务工；“两调整”即调整农业税、农业特产税政策；“一改革”即改革村级提留征收和使用办法。全县农业税税率最高不超过7%；村干部报酬、“五保户”供养、村支两委办公经费，采取按农业税正税20%的比例附加征收；村内每年兴办公益事业采取“一事一议”制度，集资摊派不得超过人均15元现金、劳均10个工日。

4月，贾文昌任财政局副局长职务，免去专职党组副书记。

7月11日，投资1.45亿元，由加拿大魁北克国际水电公司(30%)、中国水利电力对外公司(24%)、水利部湖南省澧水流域水利水电统合开发公司(23%)和临澧县国有资产经营公司(23%)合资建设的中加电站1号机组并网发电(2003年8月，临澧23%的股份由县政府同意转让给北京大唐水电公司)。

当年，国有资产经营有限公司，通过招商引资，兴办了临澧县第一家带步行电梯“广兴”自选超市。

2002年

1月，乡(镇)政府行政编制人员基本工资实行财政局工资发放中心统一发放。

1月，全县启动新一轮机构改革。县委下发《临澧县县直党政群机关机构改革方案实施意见》和《关于县委、县政府机构设置的通知》，决定县委、人大、政协、群团机关各精简20%，县政府机关行政编制精简25%，政法部门各机关专项编制精简10%。承担行政职能的事业单位编制精简原则上不得低于20%。乡镇机关行政编制精简20%。精简的措施，采取6条人员分流渠道，即提前离岗，提前退休，内部退养，充实企事业单位，竞岗分流和自谋职业。此次改革，胡良次等35人按政策提前离岗，其中提前离岗休息24人。

2月，临澧县委“关于干部职务任免”通知，刘永兴任财政局纪检组长，吴元章任收费局党支部书记兼副局长，史训炎兼任收费局局长。龚金宏工作调动免去其收费局局长、党组成员职务。免去胡良次副局长、党组成员职务，免去刘光兰纪检组长、党组成员职务，免去秦元林党组成员职务。

2月，临澧县住房公积金管理中心，划归财政局管理。

3月，临澧县成立农村税费改革领导小组办公室（税改办），由财政局代管。同月，撤销“国有资产管理局”，其职能划入新成立的“产权股和统评股”。

4月，“临澧县农业综合开发办公室”成立，专管全县农业综合开发工作，挂靠财政局管理。黄新春任中共临澧县农业综合开发办党支部书记。

同月，临澧县撤销会计管理局，取消会计委派制，恢复“会计股”。“县住房公积金管理中心”划归市财政局管理。

同月，临澧县全面推行农村税费改革，核定全县计税面积50万亩，计税产量38260万公斤，计税税率7%，全县依法计征农业税3278万元，税改后全县农民负担总额为5489万元，减负为29%，较2001年人均减少69元。

5月，政府采购实行“两统一、两定点”，即：大型商品统一采购，行政事业单位小车统一投保；对县直行政单位小车定点加油及办公用品零星项目定点采购。

7月底，县政府召开涉农收费公示工作会议，境内首年实行政务公开，全面启动农民负担公示。各乡镇、区主要负责人为第一责任人，税改办主任、财政所长、经管站长为具体责任人。县直收费单位、乡镇政府设置公示牌，乡镇站所、村民委员会设置公示栏，所有中小学设置公示窗。公示的内容，村民委员会公示农村税费改革的基本政策，税后农民承担的“三提五统”、水费、教育集资、劳务负担等到村任务；乡镇站所公示涉农收费的项目、标准、依据；县直收费部门公示“收费许可证”“服务价格登记证”的内容。全县共设置公示牌匾栏窗870处。当年9月开始在新安镇、合口镇、佘市镇、四新岗镇、望城乡举办“一站式”收费试点，次年6月各乡镇全面推行“一块牌子公示，一本账目管理，一个窗口收费”。

8月，临澧县撤销农税股，成立临澧县农业税征收管理局（属副科级事业单位），隶属财政局管理。黄新春任局长（兼），邵国涛任副局长。

9月，临澧县设乡（镇）农税所，与乡（镇）财政所合署办公，统一更名为财税所，在乡（镇）公开选聘29名农税员，加强农税征管队伍。

9月，临澧县成立会计核算中心（属副科级事业单位），临澧县公开招录和选调了29名优秀财务工作者。全县165家一、二级行政、事业单位取消会计岗位，撤销银行账户，会计业务纳入核算中心集中核算。辛中兼任主任，欧明中任党支部书记，罗承秋任副主任，郑文国任总会计师。

12月，根据县委统一部署，实行县、乡机构改革，县财政局内部机构设置变动大。划归管理1个正科级事业单位“县农业综合开发办公室”和一个副科级事业单位“县住房公积金管理中心”；更名3个股室，即：综合计划股更名为综合规划股，基本建设股更名为经济建设股，农财股更名为农业股；撤销国有资产管理局，成立产权股和统计评价股；撤销行政财务股，成立行政政法股和教科文股；撤销工交股、商业股，成立企业股，同时将商业股一部分职能划归经济建设股；增设了2个股，即：税政法规股、国库股;保留了县收费管理局、县农业税征收管理局、县会计核算中心3个副科级事业单位;保留原有办公室、预算股、人事教育股、社会保障股、会计管理股、监督检查股、财源办、控购办、采购办、国库券推销办、工资发放中心、中函站、税改办13个股级单位。18个乡镇(区)财税所,人、财、物统一收归县财政局管理。

是年,全县预算内企业和319家乡镇企业完成"两个置换"改革,共有1.5万名职工置换身份,对粮食系统、青山局系统企业和县氮肥厂置换身份职工,给予经济补偿。

是年,国家增设"农村税费改革转移支付",临澧开始由国家转移支付补助村民委员会经费,用于村部建设和村干部经费。其经费来源,国家占75%,县财政占25%。当年,全县339个村,每村每年0.5万元(后转移支付补助标准逐年提高,2009年每村每年4万元)。

当年,临澧县财政一般预算收入首破亿元大关,达到11460万元。

当年,邵国涛被常德市人民政府记二等功。

2003年

1月,临澧县委"关于干部职务任免"的通知。杨富国任财政局副局长兼任农税局局长、党组成员,林泽福任财政局副局长兼非税局局长、党组成员。叶发祥任财政局工会主席、党组成员。

1月,中共财政局机关党支部委员会改选,叶发祥任支部书记。

2月,贾文昌任中共临澧县农业综合开发办党支部书记。免去黄新春"农业综合开发办"党支部书记职务。

4月,县住房公积金管理中心更名为"临澧县住房公积金管理部",李菊梅任副主任(主持全面工作)。同月,将临澧县富源资产投资经营有限公司更名为"临澧县国有资产经营有限公司"。

7月,临澧县发生重特大洪涝灾害,降雨量超历史。当年,财政局机关干部职工、纷纷为灾区群众捐资捐物,到月底,共募集救灾资金4.2万元,棉被28套,衣服383件。

10月9日,财政部农业司综合处,税政局农税处,农业局农业处组成的在湘视察灾情小组到临澧视察停弦渡镇山洲垸水毁修复工程。

当年,临澧县制订《政府采购招投标管理暂行办法》,财政局制订《政府采购内部管理办法及工作规程》《政府采购办公室人员廉政守则、工作纪律》等工作规程。确定行政事业单位公务用车维修定点,会议及接待服务定点。

当年,上级对临澧县的补助收入首破亿元大关,达到10461万元。

当年,黄新春被常德市人民政府记二等功。

2004年

1月,谭辟云任非税(收费)局副局长。

当年始,临澧县按照中央政策,全县免征(除烟叶以外的)农业特产税。财政局全面启动了粮食直补资金打卡发放工作。

当年始，临澧县开始推行部门预算改革，规范政府、财政、部门的理财行为，优化支出结构，提高资金使用效益，实现"阳光财政"。

7月，临澧县根据财政部《关于加强非税收入管理的通知》将预算外资金"收支两条线管理"实行分类规范管理。

当年，临澧县按照"财政部、农业部、国家税务总局《关于2004年降低农业税率和在部分粮食产主区进行免征农业税改革试点有关问题的通知》(财税〔2004〕77号)"，全县农业税较2003年减征1053万元，减少41.69%。

当年，唐爱党被临澧县委、县政府评为2004年度"十佳学习模范"。

2004年度财政表彰非税收入征股管理局等29个先进单位和金春树等96名先进个人。

2005年

年初始，临澧财政开始实施惠农工程，对种粮农民进行直接补贴和综合补贴。采取"一卡通"打卡发放到农户。

3月23日，财政局印发《临澧县财政局保持共产党员先进性教育活动工作方案》。

4月，临澧县住房公积金管理部上划常德市住房公积金管理中心垂直管理。

5月，临澧县收费局更名为临澧县非税收入征收管理局。对县级非税收入实行"单位开票、银行代收、财政统管、政府统筹"的方式，计算机网络化结算，规范化管理。

5月23日，财政局下文决定，对乡镇财政所戴国平等24人正副所长进行调整。沈福民、邵国军调会计核算中心任副主任。

6月2日，财政局制订《临澧县财政局先进性教育活动整改方案》。

7月，临澧县非税收入管理局升格为正科级事业单位；同时撤销统计评价股。

7月，临澧县开始财政补贴农民购买农业机械。至2009年，全县国补资金达到1180万元。

12月29日，财政局印发《临澧县新型农村合作医疗基金财务管理办法》。

12月31日，财政局印发《临澧县社会救助优待抚恤资金信息化发放工作方案》。

当年，根据国务院、湖南省人民政府的指示精神，全县取消农业税，结束了二千六百多年来对农民征收"皇粮国税"的历史。

当年，临澧县出台了《临澧县行政事业单位国有资产处置管理办法》，并实施。

当年，财政局下发了《关于县直行政事业单位公务人员长沙出差实行定点住宿的通知》及报价作出规定。

当年，唐爱党被临澧县委、县政府评为临澧县第四届"十佳青年"。

当年，临澧县非税收入管理局被省财政厅、省非税收入管理局评为"全省非税收入征收管理工作先进单位"；临澧县乡财局被省财政厅评为"全省乡镇财税信息化建设先进单位"。杜晓澍被省财政厅评为"全省乡镇、财政信息化建设优秀系统管理员"。

2006年

1月1日起，全县各行政事业单位及乡镇财政所普及电脑记账。

1月1日，临澧县作为全国第三批试点县，全面启动新型农村合作医疗制度。当年，全县参加“新农合”的农民达276790人，总体参合率78%。农民个人每年缴纳10元医保费，国家补助每人每年40元。

1月21日，围绕“深化改革，科学运作”改进预算编制办法，编制2006年县直单位部门的预算。

5月，临澧县成立城市建设投资开发有限公司，实行了国有资产规范化经营。对国有资产经营公司、广源资产投资公司、市场服务中心三家单位实行整合，将国有资产实行集中管理、统一经营。严格规范国有资产处理，实行了单位申报、中介机构评估、财政核准、政府审批，处置拍卖收入缴入国库。

6月，石华任财政局副局长，党组成员职务。

6月，经县委组织疗批准，沈克勤任中共临澧县乡镇财政管理局党支部书记；欧明中任中共临澧县会计集中核算管理中心党支部书记；夏小琼任中共临澧县农业综合开发办支部书记；戴振春任中共临澧县国资经营有限公司党支部书记；李菊梅任中共临澧县住房公积金管理中心党支部书记。

9月，罗伯海任财政局副局长、农税局局长、党组成员职务。吴元章任中共临澧县非税收入管理局党支部书记。

12月，根据省政府湘政发〔2002〕23号文件精神，经县编委批准成立临澧县国库集中支付局（副科级），归口财政局管理。唐爱党任局长，王君政任副局长。

当年，对行政事业单位的在职人员进行工资套改。

当年始，财政对18个乡镇（区）全面推行“核算统一、账户统设、工资统发、采购统办、票据统管”的乡财县管乡用财政管理方式。

当年，临澧县实现了非税收入征管信息化，实施“电脑开票、电子缴款、电子监控、做到了票款同步，收缴分离、以票控收”。从功能上减少了坐收坐支问题。

当年，临澧县将粮食直补资金、良种补贴资金、退耕还林资金、油价补贴资金、农村“五保”、精简、离退人员补贴、抚恤资金、农村低保、救灾资金、双定补助、义务兵优待金等涉农资金发放全部纳入乡镇（区）财税管理信息网专户管理，封闭运行，银行打卡发放。当年财政对全县粮食直补、良种直补、退耕还林等支出1.35亿元。

当年，临澧县财政总收入首破5亿元大关，达到51971万元，连续57年收支平衡。当年，黄新春、肖丰被常德市人民政府记二等功。

当年，原财政局负责征收的烟叶特产税业务移交地税局。

2007年

3月，临澧县委“关于干部职务任免”的通知，黄新春任财政局局长，党组书记，辛中任财政局副局长，党组副书记，林泽福、杨富国、石华、叶发祥任副局长，党组成员职务，刘永兴任纪检组长，党组成员职务，余桃安任工会主席、党组成员职务。免去史训炎财政局局长，党组书记职务，杨富国财政局副局长、农税局局长、党组成员职务，贾文昌副局长、党组成员职务，叶发祥工会主席职务。

6月，辛中兼任中共临澧县非税收入管理局党支部书记。

8月，县农业税征收管理局更名为"临澧县契税耕地占用税征收管理局"（加挂临澧县乡镇财政管理局），两块牌子一套人马，合署办公，属副科级事业单位。罗伯海任局长（兼），沈克勤任党支部书记，罗世祥、胡先华、罗明华任副局长。同月，县农村税费改革领导小组办公室更名为"临澧县农村综合改革领导小组办公室"（简称综改办）。

当月，财政局成立《中国农民补贴网建设工作领导小组》。

当年，黄新春被常德市人民政府记三等功。唐爱党被临澧县委、县政府评为"2007年度人员满意公务员"。

2008年

4月1日，临澧县国库集中支付正式上线运行，县委、县政府、公检法司、文教科卫等15家单位率先实行了集中支付。

4月30日，财政局成立行政执法责任制领导小组。组长：黄新春，副组长辛中，成员贾文昌、林泽福、罗伯海、石华、叶发祥。

5月20日，财政局重新修订机关经费管理、接待管理、车辆管理制度。

9月17日，对全县新型农村合作医疗制度运行情况进行调查。

10月19日，财政局成立定密工作领导小组，黄新春任组长。

12月25日，在安福财政所召开全县乡镇财政管理工作现场会。大会的主题是：振奋精神，开拓进取，努力做好乡镇财政管理工作。

12月28日，财政局印发《临澧县财政局内部监督检查制度》和《临澧县财政局内部监督检查管理办法》。

12月，县财政投资评审中心成立。

12月，全县开展家电下乡补贴。凡农民在规定时间内购买补贴类家电产品，提出申请并经审核符合相关条件的，均给予财政资金直接补贴。

是年，县政府配套完善住房保障制度，对城镇居民无房户进行住房租赁补贴和核减租金。

当年，黄新春被常德市人民政府记二等功，金春树记三等功。周泽华被省财政厅评为"全省行政事业单位资产清查工作先进个人"，张新斌被财政部授予"先进财务工作者"称号。

当年，临澧县行政事业统一标准规范津补贴发放，在职人员13597人，人均12000元。财政补助人均7500元，单位自筹4500元。

2009年

3月，临澧县财政局制订《关于干部轮岗交流和竞争上岗工作实施方案》，并组织召开机关干部轮岗交流和竞争上岗述职演讲大会。全局共29个正股级岗位，由48名符合条件人员通过述职、竞争演说，民主推荐，经评委当场评分，按照从高分到低分，择优选拔的原则。

3月，局党组研究，县组织部批准罗承秋任中共临澧县国库集中支付局党支部书记。

3月，临澧开始推行汽车、摩托车下乡补贴。凡当年3月1日至12月31日在常德市境内换、购货车和微型客车；当年2月1日至2013年1月31日在湖南境内购买摩托车，享受财政补贴。享受补贴的摩托车，每户限购2辆。当年，补贴下乡汽车531台、摩托车4247台，补贴资金总额479.52万元。

4月，临澧县国有资产经营公司更名为"临澧县国有资产管理中心"。

4月，县财政局党组研究决定，组织力量编修《临澧县财政志》(1729年~2009年)。

6月26日，财政局印发关于进一步改进和加强财政投资评审管理暂行办法。

7月23日，印发《临澧县惠农补贴资金信息化发放管理暂行办法》。

8月31日起，耕地占用税转交县地税部门征收。

9月7日，财政局开展政法经费保障改革调查研究。

9月18日，财政局对全县乡镇1~8月公用经费支出执行情进行检查。

9月至12月，财政局对全县行政事业单位进行国有资产普查。

12月，章兴桂任财政局副局长，党组成员职务。

当年，张远峰被湖南省财政厅、人事厅评为"湖南省先进会计工作者"。

当年，临澧县财政总收入首破十亿元大关，达到117206万元，其中：一般预算收入18820万元，上级补助收入73233万元，连续60年收支平衡。

当年，县财政累计给2379户城镇居民发放租赁补贴262.62万元；给692户核减租金23.2万元。

第一编

财政收入

第一章 农业税收
第二章 工商税收
第三章 企业收入
第四章 其他收入
第五章 债务收入
第六章 上级补助收入
第七章 调入其他资金
第八章 预算外(非税)收入

第一编 财政收入

临澧县的财政收入,清代主要来源于农业。

清雍正年间(1729年~1735年),临澧县财政收入主要来自量地计丁,计田征银。乾隆二年(1737年)科银7658.43两、科粮8609.15石。乾隆十二年(1747年),上下日趋豪奢,财用日增,遂加赋于民。迄道光年间(1821年~1850年),流弊滋多,时称开捐、报效、生息、推廉等课征渐多。后循以为例,统一归并为赋、杂二税。年课征赋粮、丁银和另派田赋,共12309.686两。同治年间(1862年~1874年),军饷大增,凡经加征增筹,仍是入不敷出。清光绪时期(1875年~1908年),中日开衅和推行新政,需费益巨,财政筹措尤艰。同治三年(1864年),全县计征起运银、留存银、浅船银、闲丁银等共12309.388两。到宣统时(1909年~1911年),县财力更是空乏。

民国时期,元年,军阀混战,为供军需,财政集资更剧,加之军队搜刮,其附加较之正税几乎加两番,百姓岁无宁日。民国3年(1914年),全县应征银圆17760.244两,实征30057.273两,增征70%。民国18年(1929年),省政府否认历年军阀积欠,县政府在严格预算、节约政费,为求财政收支平衡,一意加征赋税,不力开发财源,部分税种旋设旋废,岁入连年亏空,遂发行大量"救国"公债,补偿财政收支平衡。民国23年(1934年),田赋附加为正供的5.36倍。民国36年(1947年),财政收入结构,田赋占38%,其他收入占14%。民国37年(1948年),县财政收入为518007(民国纸币)元。

1914~1948年民国时期临澧县部分年份财政收入统计表

表1-1　　单位:银两、银圆、万元

年　份	岁入款额	年　份	岁入款额
民国3年 (1914年)	30057.273(银圆)	民国24年(1935年)	88462.00(银圆)
民国6年 (1917年)	30057.217(银圆)	民国25年(1936年)	140228.00(银圆)
民国18年(1929年)	35111.747(银圆)	民国26年(1937年)	141999.00(银圆)
民国19年(1930年)	23000.000(银圆)	民国32年(1943年)	506460.00(法币)
民国20年(1931年)	158571.000(银圆)	民国35年(1946年)	438468.00(法币)
民国23年(1934年)	142129.900(银圆)	民国37年(1948年)	518007.00(民国纸币)

注:民国时期纸币1万元等于新版(今)人民币1元

新中国时期,初期(1949年~1962年),临澧县人民政府为改变国民政府遗留下来的经济崩溃,民不聊生的财政状况,革除旧制,遵照中央人民政府关于"发展经济、保障供给"的总方针,采取了没收官僚资本和地主土地财产,实行公私合营及扶植国营经济。全面进行土地改革及时开展反贪污,反偷税漏税等为主要内容的"三反""五反"运动。废除旧的和建立新的财政管理制度(中央、省、县三级预算管理)。同时,临澧县采取了平抑物价、统一和调整财政制度、统一物资调度、调整工商关系、整顿税收等措施,使经济状况逐步好转,财政收入逐年增加,1952年,县国民经济得到迅速恢复。县财政总收入由1949年38.56万元增加到1962年的456.77万元,增长近11倍。

第一个五年计划时期(1953年~1957年)(从1953年开始,国家按每五年制定发展计划,下简称五年计划)。临澧县大力推进对农业、手工业和资本主义工商业的社会主义改造,使全县工农业生产得到进一步发展,县财政逐步从供给财政转向建设财政。五年间完成财政总收入525.24万元,年均增长20%。1957年财政收入134.60万元,比1953年增长55.39%。

第二个五年计划时期(1958年~1962年),1958年到1960年三年间,临澧县和全国一样贯彻执行"鼓足干劲力争上游,多、快、好、省地建设社会主义"总路线的同时,在城乡掀起了"大跃进"的局面,"大炼钢铁"和"人民公社化"的运动高潮。在"浮夸风""共产风"盛行的影响下,生产只求数量、不求质量,只讲产值不计成本,企业亏空,使财政收入虚假上升。县财政执行"多收多支、大收大支"等不切实际的口号,收入硬性征收,支出无节,财政收支连续三年猛涨。1960年财政一般预算收入猛增到547.92万元,比1957年增长5.43倍。

从1961年起,认真纠正"大跃进",年度高标准、瞎指挥、浮夸风、共产风的错误做法,逐步扭转了比例失调,收支失去平衡,严重脱离当时县情的局面,政府将盲目上马的企业纷纷关、停、并转。企业为卸包袱,处理大量积压物品,致使县财政一般预算收入严重滑坡。当年,县财政一般预算收入下降到301.00万元,比1960年减收246.92万元,减少45.07%,1962年为418.45万元,比1960年减少23.63%。

经济调整时期。1963年至1965年,国家进行了三年经济全面调整。临澧县认真贯彻执行国民经济"调整、巩固、充实、提高"的八字方针,全县经济形势初步好转,财政收入稳步回升。一是按照"农、轻、重"的经济发展原则,加大了财政对农业的支援,提高农产品收购价格,促进农业增产增收;二是紧缩非生产性开支,大力压缩基本建设投资和社会集团购买力,精减职工,回笼货币稳定了社会经济秩序;三是狠抓工业、企业整顿,开展清仓核资工作,促进企业扭亏增盈。1965年,全县经济状况明显好转,当年,完成财政一般预算收入440. 5万元,比调整前的1963年增长4.96%。

第三和第四个五年计划(1966年~1975年),也是"文化大革命"十年时期。临澧和全国一样,曾发生大规模武斗,工厂停工停产,致使部分工业企业收入减少。

"三五"期间(1966年~1970年),一般预算收入2027.10万元,年均405.42万元。尤其是从1966年至1968年文攻武卫最激烈的头三年里,全县工农业生产遭到严重破坏,造成刚刚起步回升的财政收入出现大幅度下降,三年内县财政一般预算收入只实现1125.02万元,比国民经济调整时期(1963-1965年)的1332.02万元下降了207万元,下降18.40%。到1970年县财政出现危机,上级财政以增加补助,才得以维持正常开支,当年,上级补助667.38万元,比1969年增加504.51万元,增长3.10倍。

"四五"期间(1971年~1975年),完成财政一般预算收入2520.86万元,年均收入504.17万元,比"三五"时期增长24.42%。其中:1972年,全县遭百日大旱,农业减产,工业企业由于电力不足造成亏损,县企业收入由1971年的96.71万元到1972年亏损10.91万元,财政一般预算收入再次大幅度下降,当年,财政一般预算收入371.63万元,比1971年减少123.83万元,下降33.32%。1973年到1975年三年间,企业收入二年盈利、一年亏损,县财政收入开始好转。1973年,临澧县财政一般预算收入首破500万元,达到538.64万元,比1972年增加167.01万元,增长44.94%。

第五和第六个五年计划(1976年~1985年),临澧经济和财政都有了较大发展。1976年,开始扭转财政收支上的混乱局面,同时加强对企业的经营管理,财政企业收入扭亏为盈。当年,县财政一般预算收入565.6万元,比1975年550.42万元增加15.18万元,同比增长2.76%。特别是国家改变对企业的管理方式,为扩大企业自主权先后实行了企业基金制度、利润留成、盈余包干。第二步"利改税"以增强企业活力等改革措施,促进全县经济迅速发展,财政收入不断增长。1978年,中共十一届三中全会召开,向全国人民展示了四化建设的宏图大兴,各行各业全面拨乱反正,临澧县经济也开始振兴,当年,财政总收入达到941.06万元,比1977年增加217.37万元,增长30.04%。1980年,临澧县财政在坚持"开放、搞活"的同时,积极组织财力,支持发展生产,培植财源,不断探索生财、聚财、用财之道,促进了全县工商企业迅速发展,财政收入稳步上升。1983年,临澧县财政一般预算收入首破千万大关,达到1009.05万元,比1982年增长6.35%。至此,临澧县财政收入每年均以10%以上速度稳步递增。1985年,财政一般预算收入为1148.2万元,比1975年增加597.78万元,同比增长108.6%。"五五"时期,财政一般预算收入每年在600万元之间徘徊。"六五"时期,财政一般预算收入完成5003.59万元,年均1000.72万元,比"五五"时期增长18%。

第七、八、九三个五年计划时期(1986年~2000年),是临澧县经济体制改革和经济发展的重要时期。特别是中共十二届三中全会后,经济体制改革的重点由农村转移到城镇,企业改革成为城镇经济体制改革的中心环节。临澧县国有企业改革主要经历了扩大企业自主权、推行和完善各种形式的经营承包责任制、转换企业经营机制、股份制改造、建立健全适应市场经济要求的现代企业制度。特别是1994年1月1日起,实施中央税、地方税和中央、地方共享税的分税制财政体制后,企业按新发布的《企业所得税暂行条例》执行。到2000年,全县企业收入为469.00万元,比1999年增长1.15倍。当年,财政一般预算收入8241万元,比1999年增长9.25%,比1994年增长86.99%。

第十个五年计划时期(2001年~2005年),是临澧县经济社会快速发展的五年。特别是2001年,县财政组织开展"工业企业创建年纳税'百十工程'"等创收活动。即年入库税金分别达到100万元和10万元以上企业(项目)。重点扶持了龙凤山特种水泥厂、湖南胜芝化工有限公司(原临澧县氮肥厂)等30多家骨干企业(项目),全县累计投入资金31566万元(其中财政投入582万元、银行贷款30984万元)。2003年,引进了湖南三金石膏有限公司、常德亿达食品有限公司2家外资企业和湖南嘉丰建材有限公司、恒杰制品有限公司、中加水电有限公司3家中外合资企业,共引进外资475.71万美元,实现总产值8214.65万元,产生利润171.31万元,实缴税金(含附加费)286.58万元。年底入库税金过百万元的有龙凤山特种水泥厂等14家企业;入库税金过10万元以上的有县石膏粉厂等43家企业。当年,全县完成财政一般预算收入13127万元,比2000年8241万元增长59.29%;工商各税收入3931.00万元,比2000年3655万元增长7.55%。2005年,是第十个五年计划最后一年。全县完成财政总收入42674万元,比"九五"的最后一年(2000年)增加27556万元,增长2.82倍%;其中:完成财政一般预算收入16188万元,增加7947万元,增长96.4%。"十五"期间全县完成县财政总收入152135万元,是"九五”时期财政总收入的2.35倍；其中：县财政完成一般预算收入64161.00万元，比“九五”期间37208.00万元增加26953.00万元，增长72.43%。

第十一个五年计划时期(2006年~2010年，志书下限为2009年)。“十一五”期间是全县跨越发展县域经济的重要时期。2006年~2009年，临澧县进一步引进外资，落户“工业园区”投资过千万元以上的规模工业、企业93家。其中：过亿元的项目4个【冀东水泥项目(计划投资14亿元，已投资2.99亿元，新上年产2×200万吨干法水泥生产线)、天裕纺织项目(计划投资1.2亿元，已投资5757万元)、金键米业食品基地续建，年产6万吨面粉，7万吨精米等生产线(计划投资1.1亿元，已投资5926万元)、新增600吨高强高模聚乙烯纤维、无纬布生产线及产品深度开发技改项目(计划投资1.2亿元，已投资6116万元)】。园区4年年均完成工业产值(现行价)125916万元，销售收入110865万元，入库税金2917万元，比“十五”期间分别均增长79%、74.4%和9.8%。“十一五”期间4年(2006年~2009年)，全县财政总收入321880万元，年均80470万元，比“十五”期间年均增长1.65倍。其中一般预算收入71149万元，年均17787万元，比“十五”期间年均增长38.61%。

1949~2009年临澧县财政收入统计表

表1-2 单位：万元

年份	财政总收入	一般预算收入					上级补助收入	上年结余	调拨资金
		合计	工商各税	农业(四)税	企业收入	其他收入			
合计	611251.14	220618.86	99221.53	34763.52	9233.77	77400.04	301860.19	81302.96	7469.13
1949	38.56	23.47	5.01	14.79	0.20	3.47	15.09		
1950	68.01	57.99	6.65	32.19	0.36	18.79	10.02		
1951	75.13	59.31	8.67	47.57	0.40	2.67	14.80	1.02	
1952	61.96	41.39	0.38	40.20	0.31	0.50	20.57		
1953	86.62	51.58	1.85	48.52	0.51	0.70	32.14	2.90	
1954	89.17	75.11	19.86	44.53	0.16	10.56		14.06	
1955	94.98	78.79	20.33	45.50		12.96	9.28	3.61	3.30
1956	119.87	68.79	32.59	26.16	1.23	8.81	44.46	3.00	3.62
1957	134.60	100.86	24.34	62.26	2.57	11.69	24.44	5.70	3.60
1958	310.84	95.37	21.09	38.00	11.38	24.90	196.94	14.93	3.60
1959	486.25	445.69	91.14	242.80	108.81	2.94	40.56		
1960	616.61	547.92	175.76	210.86	160.20	1.10	68.66	0.03	
1961	503.04	301.00	155.34	105.10	24.46	16.10	183.44	18.57	0.03

续表1-2

年份	财　政 总收入	一般预算收入					上级补 助收入	上年 结余	调拨 资金
		合计	工商 各税	农业 (四)税	企业 收入	其他 收入			
1962	456.77	418.45	226.94	175.80	12.58	3.13	13.88	24.44	
1963	542.73	419.34	219.18	184.80	8.54	6.82	66.86	34.33	22.20
1964	564.42	472.53	215.12	191.30	62.24	3.87	72.47	5.16	14.26
1965	593.52	440.15	204.85	197.30	33.83	4.17	125.16	5.21	23.00
1966	620.49	381.13	151.29	198.82	22.77	8.25	221.02	9.74	8.60
1967	638.89	361.68	142.09	190.27	27.44	1.88	255.10	22.11	
1968	594.56	382.21	155.06	200.21	26.23	0.71	199.94	12.41	
1969	638.01	417.26	164.33	206.12	45.80	1.01	162.87	29.73	28.15
1970	1179.09	484.82	154.45	200.95	128.92	0.50	667.38	26.89	
1971	1167.17	495.46	185.44	213.30	96.71	0.01	640.37	31.34	
1972	1030.11	371.63	194.70	187.30	−10.91	0.54	620.09	35.39	3.00
1973	984.04	538.64	301.30	200.50	35.55	1.29	391.46	28.34	25.60
1974	990.09	564.71	325.80	208.39	30.90	−0.38	342.69	48.69	34.00
1975	1029.29	550.42	376.93	178.10	−5.25	0.64	432.86	26.41	19.60
1976	642.51	565.60	403.18	197.30	−34.95	0.07	34.03	26.88	16.00
1977	723.69	639.28	432.52	195.10	11.65	0.01	30.04	15.62	38.75
1978	941.06	631.21	453.26	196.40	−18.45		206.90	56.64	46.31
1979	1081.81	626.52	454.93	217.47	−45.84	−0.04	393.21	14.43	47.65
1980	1448.21	556.86	421.20	125.85	6.67	3.14	865.24	8.11	18.00
1981	1229.16	849.76	490.08	224.33	127.88	7.47	293.11	53.29	33.00
1982	1291.22	948.84	525.30	216.88	199.89	6.77	310.92	31.46	
1983	1494.59	1009.05	604.30	225.12	171.70	7.93	432.59	52.95	
1984	1463.37	1047.74	675.67	265.73	101.28	5.06	338.50	36.37	40.76
1985	1670.00	1148.20	937.50	269.50	−69.90	11.10	474.60	47.20	

续表1-2

年份	财政总收入	一般预算收入					上级补助收入	上年结余	调拨资金
		合计	工商各税	农业(四)税	企业收入	其他收入			
1986	2036.60	1430.70	1062.20	354.60	-33.60	47.50	614.10	-22.10	13.90
1987	2487.40	1701.20	1248.40	399.90	20.80	32.10	697.10	89.10	
1988	2778.30	1890.60	1433.80	357.70	36.50	62.60	742.90	144.80	
1989	3089.60	2298.20	1596.30	544.30	51.10	106.50	676.40	106.00	9.00
1990	3284.30	2435.30	1705.40	516.20	52.10	161.60	769.30	66.50	13.20
1991	4220.50	3025.10	1863.00	501.50	43.00	617.60	1098.70	91.70	5.00
1992	4623.00	3594.00	2195.00	647.00	47.00	705.00	889.00	133.00	7.00
1993	6542.00	5301.00	3721.00	645.00	45.00	890.00	1039.00	183.00	19.00
1994	8292.00	4407.00	2139.00	1141.00	273.00	854.00	3119.00	766.00	
1995	9616.00	5749.00	2921.00	1248.00	255.00	1325.00	3178.00	689.00	
1996	11508.00	7113.00	3243.00	1568.00	245.00	2057.00	3497.00	738.00	160.00
1997	11568.00	7348.00	3235.00	1586.00	373.00	2154.00	3457.00	763.00	
1998	12093.00	6963.00	3605.00	1649.00	103.00	1606.00	4039.00	728.00	363.00
1999	14279.00	7543.00	3625.00	1506.00	218.00	2194.00	4317.00	2107.00	312.00
2000	15118.00	8241.00	3655.00	1681.00	469.00	2436.00	4829.00	1852.00	196.00
2001	18709.00	9068.00	3771.00	1176.00	1271.00	2850.00	7558.00	1933.00	150.00
2002	25302.00	11460.00	3909.00	3014.00	463.00	4074.00	10640.00	3054.00	148.00
2003	30326.00	13127.00	3931.00	2965.00	1032.00	5199.00	12345.00	3914.00	940.00
2004	35124.00	14318.00	4662.00	2108.00	1165.00	6383.00	16342.00	4234.00	230.00
2005	42674.00	16188.00	5669.00	815.00	60.00	9644.00	20828.00	5398.00	260.00
2006	51971.00	17526.00	6507.00	339.00	1769.00	8911.00	27092.00	7073.00	280.00
2007	67680.00	16893.00	7323.00	757.00		8813.00	40448.00	10119.00	220.00
2008	85023.00	17910.00	7808.00	1290.00		8812.00	52160.00	13753.00	1200.00
2009	117206.00	18820.00	9415.00	2129.00		7276.00	73233.00	22643.00	2510.00

第一章 农业税收

农业税收,是指由财政部门征收的“农业四税”(农业税、农业特产税、耕地占用税和契税)。清代称地丁、漕粮,民国称田赋,新中国称公粮,名目虽异,都视为农业税。历年来农业税占主导地位,耕地占用税与农业特产税在1987、1988年,才先后开征;契税开征虽早,但由于征收对象少,计征率低,所收税额不多。1949年至2009年,临澧县征收农业“四税”收入34763.52万元,年均收入569.89万元。

1949年~2009年临澧县农业四税收入统计表

表1-3 单位:万元

项目 年份	合计	农业税	农业特产税	耕地占用税	契税
合计	34763.52	25029.72	5362.60	2030.20	2350.88
1949	14.79	14.79			
1950	32.19	31.32			0.87
1951	47.57	45.96			1.61
1952	40.20	40.03			0.17
1953	48.52	48.35			0.17
1954	44.53	44.27			0.26
1955	45.50	45.02			0.48
1956	26.16	26.16			
1957	62.26	62.26			
1958	38.00	38.00			
1959	242.80	242.80			
1960	210.86	210.86			
1961	105.10	105.10			
1962	175.80	175.80			
1963	184.80	184.80			
1964	191.30	191.30			
1965	197.30	197.30			

续表1-3

项目 年份	合计	农业税	农业特产税	耕地占用税	契税
1966	198.82	190.57			8.25
1967	190.27	190.27			
1968	200.21	200.21			
1969	206.12	206.12			
1970	200.95	200.95			
1971	213.30	213.30			
1972	187.30	187.30			
1973	200.50	200.50			
1974	208.39	208.39			
1975	178.10	178.10			
1976	197.30	197.30			
1977	195.10	195.10			
1978	196.40	196.40			
1979	217.47	217.47			
1980	125.85	125.85			
1981	224.33	224.33			
1982	216.88	216.88			
1983	225.12	225.12			
1984	265.73	265.73			
1985	269.50	269.50			
1986	354.60	348.80	5.80		
1987	399.90	379.30	4.60	8.00	0.04
1988	357.70	313.50	19.00	25.00	0.20
1989	544.30	501.20	27.00	12.50	3.60
1990	516.20	465.90	30.20	17.10	3.00
1991	501.50	427.00	35.00	31.60	7.00
1992	647.00	545.00	45.00	49.00	8.00

续表1-3

年份＼项目	合计	农业税	农业特产税	耕地占用税	契税
1993	645.00	507.00	50.00	74.00	14.00
1994	1141.00	975.00	80.00	65.00	21.00
1995	1248.00	1105.00	75.00	47.00	21.00
1996	1568.00	1400.00	111.00	26.00	31.00
1997	1586.00	1361.00	150.00	40.00	35.00
1998	1649.00	1286.00	228.00	100.00	35.00
1999	1506.00	1254.00	216.00	10.00	26.00
2000	1681.00	1293.00	350.00	13.00	36.23
2001	1176.00	737.00	365.00	45.00	29.00
2002	3014.00	2311.00	548.00	127.00	28.00
2003	2965.00	2526.00	385.00	20.00	34.00
2004	2108.00	1473.00	413.00	132.00	90.00
2005	815.00		626.00	37.00	152.00
2006	339.00		120.00	41.00	178.00
2007	757.00		169.00	167.00	421.00
2008	1290.00		510.00	263.00	517.00
2009	2129.00		800.00	680.00	649.00

第一节 农业税

一、农业税计征方式、标准、入库税额

清代，称地丁、漕粮。民国，称田赋。新中国成立后，称农业税，名目虽异，是对农业收入征收的一种税收，税出于农。农业税的纳税人包括在国家境内从事农业生产并取得农业收入的合作经济组织、农场、林场、养殖场、企业、行政单位、事业单位、军事单位、社会团体、其他单位、寺庙、农民和其他个人。

清代，清雍正元年（1723年）废除了口赋和力役，正式在全国推行摊丁入亩、地丁合一办法，把固定的地丁银平均摊入各地田赋银中统一征收。征银二耗米不等，这叫地丁制度，漕粮分为正米、二耗

米，随漕有楞木、松板、运粮官军行月二粮、轻费、浅船和解费银等。时有民赋、屯赋、漕粮三种。清乾隆二年（1737年），县内奉旨科银7658.43两，科粮8609.15担。清道光时期，随着开垦土地增加，屯赋大幅度增加，年增长42%。清代中后期田赋项目设田租、口赋、力役三种，时称“田有租，人有赋，力有役”。清宣统三年（1911年），临澧县缴纳的田赋只分地丁、漕粮、耗羡（土地收益的赋收税）三种。

清代，临澧县田赋列为常额。据旧志载：清同治、道光年间，全县实在成熟田地塘堰山基并垦陉共3117顷，每年实征粮8609.152石，实征银12309.37两。其中在赋额内征收的漕粮正米183.204石，加收四耗米73.282石，加收二耗米36.641石。又在更名赋内额征本色正米0.011石，加收四耗米0.45升，加收二耗米0.23升。以上共克运正米183.215石，四耗米73.2865石，二耗米36.6433石。另外，又在随漕项下，按每正米一石征里纳盘脚米二升，船脚米7升，共征米16.4884石，又征随漕楞木、松板、运粮官军行月二粮、三六耗席、轻贵浅船等项共计银66.2119两，又征费解银1.724两，以上共征银67.9359两。清咸丰三年（1853年），太平军占领长江下游各省，南北运河截断，湖南巡抚骆秉章请求改征漕米折色（将漕米折算银两）充作军饷，即每米一石折银一两三钱，带征助饷银七钱，缴纳平米折耗办公等银八钱。从此，临澧县每年折征漕银381.0899两，解交通州库，漕运就随之停止了。

民国元年（1912年）废清《赋役全书》，丁漕合并，按《田赋新章》科征新赋。当年，临澧县科赋面积566922亩，征收田赋119765.14元。民国3年（1914年），改订田赋新章，将田赋项下名目统并为正供与附加两项。田赋改征银圆，临澧县按银每亩折收银圆壹元伍角。当年，全县应征17760.244元，实征30057.273元，增征70%。民国4年（1915年），因币制改革，田赋征收银两而改制银圆，乡绅反对，临澧县署成立了“田赋改征委员会”，坚决推行，并公布惩办条例、饬令乡，保执行查办。民国15年(1926年)，国民政府为内战而集资，加赋于民。增加田赋征收项目，向农民大量搜刮财物。当时，临澧县开征的田赋除正供外，田赋附加项下增征的有地方行政附加、团防附加、县区教育附加、义勇壮丁常备队及社训、民训经费附加、保甲附加、国民党党费附加；属于省款的还有票券工本费等10多种名目。民国23年（1934年），湖南省大肆科征田赋，特别是无限科征田赋附加。临澧县科征的田赋正供由民初的30057元增加到35092元，附加竟为188093.12元，为正供的5.36倍。民国27年（1938年）3月，始废屯赋合并为田赋。民国30年（1941年），国民党政府借“抗日”战时需要，实行田赋征实（在全国实行田赋征粮），并限于当年十二月按数征齐。当年，临澧县共征初谷13926.739担，随赋购办“余粮”10000担。民国31年（1942年）7月31日，省政府颁布了战时田赋征实实施办法草案。当年，临澧县规定每壹元国币征稻谷四斗或小麦二斗二升。为征粮食，国民党政府实行随赋购余粮。一亩水田购余粮七斗，山地一亩购余粮五斗。民国当时征收田赋正供附加（实物）折算成国币（元）。之后，国民政府为战事所需在呈报土地的基础上将征收银圆改征实物。全县核实田地面积399141.15亩，正附税总额为162521.02元。在清丈土地整理田赋中，不少官员徇私作弊贫苦民众深受其害。当年，临澧县数月不雨、田禾枯槁，全县仅二成收获，且上年虫旱两灾，万户欠收，加之国民党第六战区上年购去军谷10万担，大米6000大包（每包200市斤），及驻县、过境部队之供给蓄藏已空，县政府力推节约储蓄，发行战时救国公债，“征购余粮”供作军米。又在全县举办“升谷献粮运动”，上交第九战区长官部谷812石，大量粮食被征走。民国35年（1946年）起，地方征收的田赋改为按比例分成解库，其比例是中央20%、省30%、县留成50%（直至新中国成立）民国36年（1947年），全县征、借粮154468元，比民国31年(1942年)正供的35111元增加3.39倍。

民国初期,临澧县署对全县的田赋,以清征的正饷为依据,重新厘定新赋率:每额征正饷银一两,收正税长年一两六钱,另加地方附加八钱,共二两四钱。其征解概以银为单位,以银圆、铜圆、银毫等完纳的,均按市价折收。除租课外,所有从前地丁漕等名目概予废除。民国3年(1914年),湖南省政府将各项附加并作正供解库,临澧县署失田赋附加这项财源,经费困竭,不得不另酌收附加,当时新开征的附加名目又达十余种,其附加超过正供的三倍以上。民国4年(1915年),币制变更,临澧县遵部令,田赋原征收银两而改征为银圆。即每正饷额银一两原收长平银二两四钱,折征银币三元六角,其附加额亦照此折征。至民国24年(1935年),临澧县附加超过正供的四倍多。据湖南省《财政年鉴》第二册"田赋"内载:临澧县民国20年至24年(1931年~1935年),附加为正税的倍数分别是:3.82、3.61、3.39、4.71、4.74倍。

民国26年(1937年),湖南省财政厅将各县各种田赋附加统并为"地方附加",由省财政厅统一印制票券。至此,各县的田赋附加始有限制。民国30年(1941年),正值抗日战争时期,国民党为适应战时需要,将全国田赋统一为中央管理,并实行"田赋征实"。当年,全县共征稻谷13925.739担,随赋购余粮10000担,当时,县政府对已征的这批稻谷,发动了一千余名民夫,二百余只船泊,突击向上级拨运。

民国31年(1942年)7月31日,湖南省政府又颁布了"战时田赋征实实施办法草案"。临澧县具体规定了每国币一元征稻谷四斗,或小麦二斗八升。当时,国民党政府为了控制充足的粮食,在实行田赋征实物的同时,又实行了随赋购买余粮。临澧县按田赋亩册,无论公私田亩,水田每亩收购余粮七斗,山田每亩收购五斗。民国32年(1943年),改按亩册收购粮为随赋购粮。即山田正、附赋额一元收购稻谷四斗,水田带购一石二斗。民国33年(1944年),又把原来的征购改为征借,不发价款,一律发给粮食库券,不计利息,并规定自第五年起,分五年平均偿还抵纳当年新赋。是年,临澧县征实额为每赋额一元征谷四斗,又带征县级公粮一斗二升,而借征山田每赋额一元借征稻谷六斗,水田一石。民国36年(1947年),临澧县政府遵令又将田赋征实和借征具体改为每正、附赋额一元征稻谷二斗八升,新增带募稻谷五升,筑路附加三升,保经费一次捐献二升。合计每赋额一元征收稻谷九斗六升。民国37年(1948年),临澧县政府又变更了征实标准,对征、借改为"征一借一",即每正、附赋额一元增到征稻谷七斗八升。至1949年新中国建立。

民国时期临澧县部分年代田赋收入统计表

表1-4 单位:国币元

年别	正供	附加	年别	正供	附加
民国3年(1914年)	30057		民国20年(1931年)	35112	134277
民国6年(1917年)	30057		民国21年(1932年)	35062	126690
民国9年(1920年)	35111		民国22年(1933年)	38062	129150
民国19年(1930年)	35111	165486	民国23年(1934年)	35092	165567

续表1-4

年　　别	正　供	附　加	年　　别	正　供	附　加
民国25年(1936年)	35062		民国35年(1946年)	83002	
民国27年(1938年)	83002		民国36年(1947年)	154468	
民国30年(1941年)	31311	164793	民国37年(1948年)	123568	
民国31年(1942年)	35111	125660			

新中国建立后,国家对征收田赋改称农业税(又称公粮)。农业税的征收,依田地面积计算负税、征实稻谷。以市制斤两为单位,废除升、斗、担。

1949年秋,临澧解放后因过境部队多,支前任务重,全县对农业税的征收采取先借后征的办法,分别不同比例实行借征,按粮多多借、粮少少借、无粮不借的原则,对地主借征40%~50%,富农借征25%~35%,佃农借征20%,中农借征10%~15%,并随粮每斤带征柴草各1市斤。纳税农户凭借征收据抵交当年农业税任务。县人民政府按上述比例一次借征粮谷1217万公斤,折款14.79万元。

1950年,征粮工作全面展开。按中央人民政府《新解放区农业税条例》40级累进税率计征农业税。查田定产之前,临澧全县农业人口241565人,水田面积505079.34亩,旱地面积60183.43亩,农业产量20208.28万斤,计税产量约为17361.5万斤,占农业产量的85.9%。实际每亩耕地面积负税60斤稻谷,农业人口人平负担稻谷177.4斤。

1951年,临澧县全面进行土地改革,同时,于七月二十三日全面进行查田定产工作,全县水田、坪地分为41个等级。据清查13个乡(当时全县为118个乡)的情况看,土改后面积是585928.42亩,查田后则为652771.2亩,隐瞒黑田有68842.76亩。据此,全县查田定产核准全县水田面积是613859.69亩,产量260248.267万斤,比查田定产前增加面积107883.54亩,增加产量58165467万斤。山地分为4个等级,面积9.63万亩,定产255.59万公斤;合计计税面积61.39万亩,基本定产13012万公斤,税率14.50%,实征正税1746万公斤,折款45.96万元。

1952年5月,再次核实全县水田面积和计税产量,核定水田面积为64.11万亩,比1951年多出2.72万亩,计税额相应增加964万公斤,由于灾减增加1190万斤,当年实征比1951年减少226万公斤。

1953年,由于农业的发展,单位面积产量的增加,亩平负税达82斤,人平上升到202.2斤,比1950年农业人口人平负担增加24.8斤。当年实征农业税48.35万元。

1954年,国家实行粮食统购统销政策,湖南省财政厅于9月28日颁布《农业税暂行条例实施细则》,临澧县农业税按农业人口平均农业收入乘20级全额累进税率征收。当年,实征农业税正税44.27万元。

1955年,农业社的农业税改为按社计征。当年,全县农业税实际入库45.02万元,占当年财政一般预算收入的51.11%。1957年,全县总计税面积为723158亩,平均税率为20.32%,农业税实际入库62.26万元,占当年财政一般预算收入的61.72%;

1958年,临澧县农业税总计税面积为71.4万亩,平均税率为常年产量的20.16%,实征农业税正税380万公斤，折款38.00万元，占当年县财政一般预算收入的39.84%。

1960年计税面积为670492亩（平均税率为16.43%），比1958年减少4.34万亩，减少的原因主要是兴修水利占用。实际入库正税210.86万元，占当年财政一般预算收入的37.65%（当时全省农业平均税率为16%）。原常德地区偏高（平均税率为19.12%）。临澧县农业税平均税率为16.43%，比原常德地区平均税率低2.69%。

1961年，由于遭受连续三年自然灾害，导致农村经济衰退，为调动广大农民生产积极性，国家本着普遍调整、重点照顾的原则，湖南省人民政府为减轻农民负担，全省农业税税率降为10%，并适当调低常年征收产量，当年，临澧县核减计税面积46861亩，核减计税产量2425万公斤，减征农业税105.7万元。1961至1973年，农业税征收税率一直稳定在11.5%以内。

1979年，国家实行穷队减少农业税政策。当年，免征328个穷队的农业税，减征193个穷队的农业税，占全县生产队总数的14.10%；减、免农业税正税稻谷280.59万公斤，折款64.82万元，占当年应征农业税的23%。

1980年，全县农业税计税面积为578862亩，平均税率11.60%，应征正税284.82万元，实征农业税125.85万元，占当年县财政一般预算收入的22.61%。当年，因特大洪涝灾害，农作物严重受损，国家给予158.97万元的灾情减免。

1985年，国家将农业税由征收实物为主改为折征代金为主，改季节性征收为常年征收。从1985年6月1日起，统一按粮食"倒三七"比例（即30%按原统购价，70%按超购价）。当年，粮食收购实行了两种征收价格，即"6月1日"以前按每50公斤稻谷11.55元价格结算；"6月1日"以后按每50公斤稻谷15.59元价格结算。农业税计征额，仍按每50公斤11.55元计算。1985年，农业税计税面积为577893亩（平均税率为11.67%），全年农业税正税入库269.50万元，占当年财政一般预算收入的23.47%。其中在"6月1日"以前实征农业税218.30万元，占农业税征收总额的81%；"6月1日"以后实征农业税51.20万元，占农业税征收总额的19%。

1986年，由于大力发展乡镇企业、个人建私房多，占用耕地面积严重。1957至1985年，全县共减少计税面积145260亩，平均每年减少509亩。当年，临澧县农业税计税面积577898亩，常年产量10640万公斤，全县农业税平均税率11.67%。依率计征农业税正税稻谷1242万公斤，计税价格每百公斤中稻谷31.18元，当年，实征农业税正税348.8万元，按正税总额的14%征收附加为43万元。实征农业税正、附税391.80万元（注：农业税附加分成比例是省2%、市3%、县4%、乡5%。当年，按照上述比例临澧县应上解省附加6.14万元、市9.21万元、县留成12.30万元、乡分成15.35万元）。

1991年，常年产量由稻谷改为细粮计征，全县常年产量细粮7404.98万公斤，按当年税率计征农业税正税（细粮）为864万公斤，平均单价为63元/百公斤，折币544.32万元，实际入库427万元。

2000年至2004年，农业税征收实行了以户结算，征收代金的方式。2000年，农业税正税入库为1293万元，比1993年（分税制改革前）增加786万元，同比增长1.55倍。当年，在农业税征收上主要采取了以下几项措施：一是制定了《2000年财税工作考核奖励办法》；二是把农业税征收任务纳入了各级干部岗位责任制目标考核及乡镇财政"双文明"考核内容，实行以奖代补；三是坚持依法征税，足额征收；四是采用各种方式，提高纳税意识，如：利用县广播电视新闻频道开设《农税之声》《常德日报》

开设“临澧县农税专刊”，宣传税法知识。

2001年，全县实征农业税正税737万元，比2000年减少556万元，减少43%，减少的主要原因：一是从1958至2001年基建核减征税面积为6.92万亩，二是计税税率由2000年的13.87%减少至7.73%。（2002年以前，农业税应征基数一直沿用1958年核定的基数，涉及某年征收数变化是因稻谷价格变化而上升）。

2002年4月，全面推行农村税费改革，重新核定全县农业税计税面积为50万亩。按照1998年前五年的平均产量核定全县常年产量为细粮26783万公斤，计税税率为7.73%，当年取消乡镇统筹、村提留，按农业税正税总额的20%征收农业税附加。依率计征农业税正税2732.12万元，附加税481万元，减免税额421万元，占应征农业税的15.41%，实征农业税2311万元，比2001年增加正税1574万元，增长2.14倍。增加的主要原因是粮食产量比2001年增加19970万公斤，增长2.93倍。

2003年，依率征收农业税正税3060万元，减免534万元，占应征税额的19.54%，实征农业税正税2526万元，附加481万元。

2004年，全县依率计征农业税正税1561万元，减免税额88万元，占应征农业税的5.64%。实征农业税正税1473万元，附加294万元。

1949年至2004年，临澧县应征粮食合计88959万公斤，其中：正税77773万公斤，附加11186万公斤，减免22625万公斤，实征66154万公斤，折款农业税24792.32万元。亩平赋粮20.03公斤/年，农业人平赋粮36.25公斤/年。

2005年起，临澧县根据国务院和湖南省人民政府的指示精神，全县取消农业税，结束了二千六百多年来对农民征收“皇粮国税”的历史。

1949~2004年临澧县农业税征收实物情况统计表

表1-5

年份	全县人口（万人）	其中农业人口（万人）	纳税单位（个）	纳税户数（户）	计税土地面积（万亩）	常年基本产量（万公斤）	平均税率%	平均单价（元/50公斤）	依率计征正税（万公斤）	依率计征附加（万公斤）	应征合计（万公斤）	减免合计（万公斤）	实征合计（万公斤）	亩平赋粮（公斤）	农口人平赋粮（公斤）
合计	2001.58	1830.62	128093	4756001	3311.9	647977	12.30	23.76	77773	11186	88959	22805	66154	20.03	36.25
1949	20.59	19.29	123	59012	58.69	11365	10.70	1.00	1068	149	1217		1217	21	63
1950	24.49	23.18	123	59044	60.18	12458	14.50	1.00	1583	222	1805	377	1428	24	62
1951	25.82	24.61	123	59044	61.39	13012	14.50	1.50	1887	264	2151	405	1746	28	71
1952	25.88	25.43	123	65744	64.11	18843	14.50	1.50	2732	383	3115	1595	1520	24	60
1953	26.27	25.51	123	72541	64.64	13939	14.5	1.50	2021	283	2304	467	1837	29	72
1954	26.97	26.19	123	69029	64.44	13985	14.5	1.50	2028	283	2311	629	1682	26	64
1955	27.28	26.19	123	69189	64.44	13985	20.32	2.00	2842	398	3240	1959	1281	20	49
1956	27.56	26.49	268	69710	68.50	13978	20.32	2.00	2840	398	3238	2492	746	11	28

续表 1-5

年份	全县人口(万人)	其中农业人口(万人)	纳税单位(个)	纳税户数(户)	计税土地面积(万亩)	常年基本产量(万公斤)	平均税率%	平均单价(元/50公斤)	依率计征正税(万公斤)	依率计征附加(万公斤)	应征合计(万公斤)	减免合计(万公斤)	实征合计(万公斤)	亩平赋粮(公斤)	农口人平赋粮(公斤)
1957	28.29	25.67	268	69710	72.32	13724	20.32	5.00	2788	390	3178	2468	710	10	28
1958	28.29	25.89	347	69710	71.40	13644	20.16	5.00	2751	385	3136	2703	433	6	17
1959	27.95	26.65	851	72082	69.11	13436	17.14	6.00	2303	322	2625	319	2306	33	87
1960	27.43	25.75	847	72082	67.04	13412	16.43	6.00	2204	308	2512	510	2002	30	78
1961	26.81	25.87	3507	72614	62.36	10987	10.00	6.00	1099	154	1253	254	999	16	39
1962	27.10	26.72	3871	72614	61.69	10537	11.49	8.00	1210	170	1380	127	1253	20	47
1963	27.91	27.15	3899	72614	61.49	10987	11.50	8.00	1264	177	1441	119	1322	22	49
1964	28.51	27.27	3879	72614	61.50	10987	11.50	8.00	1264	177	1441	78	1363	22	50
1965	29.30	27.57	3818	69096	61.43	10977	11.50	8.00	1262	176	1438	32	1406	23	51
1966	30.07	26.68	3763	69096	60.98	10789	11.50	9.50	1241	174	1415	285	1130	19	42
1967	30.85	29.44	3726	69096	60.75	10789	11.50	9.50	1241	174	1415	274	1141	19	39
1968	32.78	32.01	3673	69096	60.76	10789	11.50	9.50	1241	174	1415	213	1202	20	38
1969	32.78	32.10	3612	69096	60.71	10783	11.50	9.50	1241	174	1415	178	1237	20	39
1970	33.79	32.26	3559	78277	60.54	10791	11.50	9.50	1241	174	1415	209	1206	20	37
1971	35.65	33.22	3567	78277	60.54	10738	11.50	9.50	1235	173	1408	128	1280	21	39
1972	35.29	33.60	3636	78277	58.61	10838	11.50	9.50	1246	175	1421	297	1124	19	34
1973	36.04	34.05	3666	78277	59.15	10540	11.50	9.50	1212	170	1382	179	1203	20	35
1974	36.62	34.62	3667	78277	59.04	10533	11.60	9.50	1222	171	1393	142	1251	21	36
1975	37.40	35.85	3668	81707	57.78	10533	11.60	9.50	1222	171	1393	325	1068	19	30
1976	38.07	35.97	3664	81707	57.78	10533	11.60	9.50	1222	171	1393	210	1183	21	33
1977	38.49	36.37	3658	81707	57.73	12533	11.60	9.50	1222	171	1393	222	1171	20	32
1978	38.84	36.58	3658	81707	57.67	10533	11.60	9.50	1222	171	1393	214	1179	20	32
1979	39.15	36.60	3676	81707	57.92	10538	11.60	11.55	1222	171	1393	320	1073	19	29
1980	39.32	37.31	4186	86549	57.88	10632	11.60	11.55	1233	173	1406	772	634	11	37
1981	39.62	37.08	4108	85794	57.92	12640	11.65	11.55	1240	174	1414	307	1107	19	30
1982	39.89	37.36	4217	85794	57.98	10640	11.65	11.55	1240	174	1414	344	1070	18	28
1983	39.92	37.34	4089	85794	57.76	10640	11.65	11.55	1240	174	1414	304	1110	19	29

续表1-5

年份	全县人口(万人)	其中农业人口(万人)	纳税单位(个)	纳税户数(户)	计税土地面积(万亩)	常年基本产量(万公斤)	平均税率%	平均单价(元/50公斤)	依率计征正税(万公斤)	依率计征附加(万公斤)	应征合计(万公斤)	减免合计(万公斤)	实征合计(万公斤)	亩平赋粮(公斤)	农口人平赋粮(公斤)
1984	39.99	36.84	3737	85794	57.77	10640	11.65	11.55	1240	174	1414	103	1311	23	47
1985	40.31	35.56	3943	85632	57.78	10640	11.67	11.55	1242	174	1416	86	1330	23	37
1986	40.59	36.22	4153	86514	57.78	10640	11.67	15.59	1242	174	1416	140	1276	22	35
1987	40.62	37.34	4075	90520	57.78	10640	11.67	17.30	1242	174	1416	167	1249	21	33
1988	41.38	37.40	4140	92368	57.78	10640	11.67	17.30	1242	174	1416	383	1033	18	27
1989	41.67	37.55	4029	101609	57.78	10640	11.67	22.10	1242	174	1416	123	1293	22	34
1990	41.96	37.83	4097	92368	57.78	10640	11.67	22.10	1242	174	1416	214	1202	21	32
1991	42.09	37.69	334	104088	57.72	7405	11.67	31.50	864	121	985	212	773	13	20
1992	42.20	37.61	334	104088	57.46	7375	11.67	35.86	861	120	981	115	866	15	23
1993	42.42	37.81	352	104900	57.46	7375	11.67	35.86	861	120	981	175	806	14	21
1994	42.65	37.52	352	104900	56.74	7234	11.65	62.86	843	118	961	80	881	15	23
1995	42.90	37.54	350	104000	53.15	6813	11.60	76.52	790	111	901	78	823	15	22
1996	43.14	37.72	350	105700	53.15	6813	11.60	93.10	790	111	901	44	857	16	23
1997	43.43	37.54	350	105700	53.00	6813	11.60	92.86	790	111	901	65	836	16	22
1998	43.87	37.45	350	105700	53.00	6813	11.60	92.86	790	111	901	112	789	15	21
1999	43.52	36.68	350	105700	53.00	6813	11.60	85.70	790	111	901	67	834	15	22
2000	43.55	36.49	350	105700	53.00	6813	13.87	85.70	945	132	1077	217	860	15	23
2001	43.56	36.28	339	121000	53.00	6813	7.73	72.85	527	74	601	24	577	11	16
2002	43.56	36.10	339	121012	50.18	26783	7.73	72.85	1955	391	2346	538	1808	36	50
2003	43.56	36.01	339	121012	50.18	26783	7.00	72.85	1875	375	2250	273	1977	39	55
2004	43.59	35.57	339	121012	50.18	26783	4.00	72.85	1071	214	1285	132	1153	23	32

注:①纳税单位,1949年为保数,1950至1955年为村数,1956至1957年为农业生产合作社数,1958至1983年为生产队数,1984至1990年为村民小组数,1991年以后为村(大队)数

②常年产量为计征农业税核定基数,亩平赋粮单指农业税赋。1990年前依率计征的稻谷,1991年以后为细粮

二、农业税征收办法

田赋(农业税)的征收办法,旧时历届政府因其统治利益的需要不断变更。

清代,县知事、公署对田赋的征收,由粮房专设田赋册籍。其册籍分鱼鳞册和黄册两种:鱼鳞册以地为主,以户为从;黄册以户为主,以地为从。户、地可以互相稽考,作为田赋征收的依据。

据旧志载:清雍正年间(1729年~1735年),临澧县田粮因户柱不清,异动混乱,业户欠赋甚多。于乾隆二年(1737年)奉旨,将每石田粮五合四勺六抄减除其半。但田与粮不符。粮与户有异的情况,仍然存在。往往一亩田地有的地方征银到一钱的,有的地方征银不足四分的,时人多所诋病。

清代赋率。据旧志记载:清道光(1821年~1850年)、同治(1862年~1874年)年间,地丁税率划一,定为常额。临澧县将田、地分为上、中、下三等,山、塘统一定为一等,按等征收赋税。

清道光~同治年间临澧县田赋赋率、赋额表

表1-6

等级/分类	亩科秋粮民米			亩科条银		
	上	中	下	上	中	下
田	二升四合	二升三合	二升二合	二分一厘五毫	二分六毫	一分九厘六毫
地	一升一合	一升	八合	一分二厘	九厘	七厘二毫
山乡地	六 合			五厘十毫		
淤洲地	(夏秋大麦)六升六合			(麦银)一分六厘四毫		
前届开垦地	(夏秋大麦)一升			(麦银)四厘九毫		
山	三 合			二厘八毫		
鱼塘	四 合			二厘六毫		
灌田塘	八 勺			七 毫		

清宣统三年(1911年),临澧县原征虽有定数,但有征银和征钱之别,征收额亦有变更。当时对地丁的征收,即每正饷一两,征银者收银一两三钱至一两六钱;征钱者收钱二串三百文至三串不等。对漕粮、稻米、采买的征收,征银者每石折收银一两二钱至一两五钱不等;征钱者折收钱三串四、五百文至四串六、七文不等。外加补水、补底等名目繁多,不一列举。

在征收方式上,清雍正、同治年间,有官征官解,书征官解、书征书解三种。考其实际,都由承办田赋征收的粮书经办。粮书索有全县田赋征收的密册,可以随意从中作弊,侵吞钱粮,县官却无考察的依据。嗣后,为杜绝书吏舞弊,县署令将各区花户缮造粮册,写明纳户细数,与一甲总额相符;并在公衙门首置木柜排列。又令书吏照《赋役全书》款项,立业户缴纳钱粮的循环二簿。业户缴纳钱粮时,遵部颁法马称秤,并令纳户眼同投柜,以免扣克。同时,纳户纳粮,准急者居先,缓者居后,按月循环征收,不准吏胥高下其手。

民国元年(1912年),县知事公署严令革除清"粮书制度"。大力推行"田赋新章",临澧县署设立

钱粮科，县级征收人员，由县知事挑选或公团推举。区乡征收人员由区、乡长遴选或公团推举。其田赋册籍，彻底废除清制的鱼鳞册和黄册。新立田赋征收底册和征册，底册为户粮推收，立柱归户和承粮的依据；征册为每年缮制粮券、核算、征收及业户纳粮销号与查催欠纳的要籍。粮券由县知事公署自制，在粮券上另盖大戳为凭。粮户掣得粮券，只知缴纳总数，不明赋率为何折算。而征收员却利用正、附赋率之繁多趁机额外浮收或多收尾数，县知事公署亦可擅自加征附加，因此百弊滋生，为害非浅。嗣后，部令严加革除积弊，县署设立“田赋征收局”，配有征收员一人，书记三人，针对时弊，在原有田赋征收底册与征册的基础上增设活卷（业户纳粮当即填写的证券），并在县署门旁开设“丰、临、大、有、益、萃、同、人”八柜，业户纳赋投柜，由柜长亲视，征收员将所缴纳数额当即写入活券交业户，起到了防止浮收中饱的作用。年隔不久，由于地方士绅勾通官府作祟，县署改田赋征收活券为板券（即开征前按户填写业户纳粮数额的券册），将“八柜”交与私人遍设乡里，田赋包与私人征收，导致以前旧弊复发。民国26年（1937年），湖南省政府令撤销“八柜”，由县政府统一征收田赋，并改各县自制粮券由省财政厅统一印制。临澧县遵令，将业户核准应征的正附赋额一一分别载明，由县政府田赋管理处发券到业户，让农民俱悉当年应缴田赋率的内容和赋额，从前浮收滥要之弊终有所止。民国30年（1941年），国民党政府借“抗日”战时需要，在全国普遍实行田赋征实及随赋购余粮，并限于当年十二月底按数征齐，千方百计向农民搜刮大量粮食。当时，临澧县政府为争取时间，迅赴事功起见，一面发行大量粮食库券（其票券面额为一市斗、二市斗、五市斗、一市担、五市担、十市担、一百市担7种）；一面组设“征购粮监察委员会”，及时派出监察委员下乡巡视查验，并严令田赋管理处选派干练员警全力催征，各员警持文下乡，向乡、镇长训示征购意义，令转各保切实协催，以期如限完成任务。

临澧县实行征实后的田赋正供与附加按三等九级课税。

临澧县民国时期（1941年）田赋赋额表

表1-7

等 级	亩赋（国币：元）		
	上	中	下
甲	无	无	0.70
乙	0.63	0.55	0.40
丙	0.30	0.20	0.10

民国31年（1942年）七月三十一日，湖南省颁布了“战时田赋征实实施办法草案”，临澧县令到即行，县政府将“田赋管理处”与“粮政科”合并为“田赋粮食管理处”，乡、镇分区设立“征收处”，并设收纳仓库。同时，为适应收入旺淡季节，便利业户纳粮，在旺征期间，按二至四乡以辖境不逾半径十六七市里为原则配设一征收处，淡季期间，以辖境不逾半径三十五市里为原则留设经常征收处。征实以稻谷为主，交纳小麦者，七升小麦折合稻谷一斗计算，生产棉花、烟叶、杂粮、麻、果之土地，按应纳

额折征实物，由业户购买稻谷或小麦缴纳之，征实向土地所有权人征收。有典权之田、地，向典权人征收，典权人不在当地时，由佃户代纳，持凭粮券收据联抵纳佃租；公、学、祠、庙、会等地产向经理人征收。对业户征纳实物。除实行分保完粮，集体纳粮及委托征收等三种外。县政府还在全县大力推行大户催征、挨户验串、督民按时纳粮。民国37年（1948年），临澧县政府还对全县清丈的土地，按丘编查绘图，依次编列丘名册，然后核产汇总陈报土地399144.02亩。正、附总额为165141.11元。通过这次田赋整理，一般可以跟地寻户，跟户问粮，但在田赋整理中，由于不少官员腐败作弊，贪赃枉法，弊端百出，贫苦民众深受其害。当时保文乡就传颂着这样一首歌谣：“官编丈、肉涨价。酒诞席上定上下；谁家女儿献妖媚，上等田地定下下；官编丈，盐涨价（当时食盐吃紧），十斤百斤定上下，世上有钱能通神，上等良田变下下；财主田多田赋少，百姓田少多纳粮。”是年，全县仅为国民党第二十集团军及七十九、八十七军供应军米4200大包，征购“余粮”1万担；购买公务员丁平价食米1200担（谷），举办“升谷献粮”运动上交第九战区长官部谷812担，大量粮食被征走，农民终身受逼纳钱粮之苦，一直延续到临澧县解放前夕。

在征收时间上：

清代，田赋征收历分上、下两忙，多收半额。上忙自四月一日开征，至六月底结束，下忙自十一月一日开征，至次年一月底结束。每届征收，以次年一月底为限。在限期以前完纳者，照定章征收，逾期者加罚。

民国初期（1912年~1936年），田赋的征收时间，仍循清制。

民国26年（1937年）始，田赋改为一次征收，从国历九月一日开征，至次年一月底结束。逾期采取加科滞纳罚金，分期累进的办法，自次年二月一日起计算，逾期一月，照额加征3%的滞纳罚金，以次按月递加，为5%、10%、15%，至六月底加征20%为止，过此期限，则按湖南省府委员会754次常会议决颁发的“各县区乡镇保甲催征田赋奖惩暂行办法”，对欠纳户由保、甲长转请区、镇、乡长送县押缴。各区镇乡保甲长对于所属各欠户在逾限一个月内传催完粮足额者，以解库五成滞纳金全部奖励之。区镇乡公所得十分之三。保甲长得十分之七；在逾期二个月内传催欠户完纳足额者，区镇乡公所与保甲长各得半数；在三月内对欠户传催足额者，各得三成；凡逾限四个月始行清完者概不给奖。各区镇乡保甲长查催不力或阳奉阴违，经查明属实者，函请县政府分别惩处。

民国30年（1941年）一月，临澧县规定从开征之日起，三月内纳齐，过期未缴者分别给予滞纳处罚。并在县城梅溪桥蒋家大屋设立土地陈报处，由县长任国光兼处长，陈弼纯任副处长。是年九月，发布《临澧县土地陈报布告》，十一月，湖南省田赋管理处派马淮川代理临澧县土地陈报处干事，对全县田地予以清丈，并同时厘定地价，改订科则，核配赋额，新立“底册”和“征册”，启征新赋，限于是年十二月底按数征齐，千方百计向农民搜刮大量粮食。当时，县政府为争取时间，迅赴事功起见，一面发行大量粮食库券（其票券面额分一市斗、二市斗、五市斗、一市担、五市担、十市担、一百市担7种）；一面组设“征购粮食监察委员会”，及时派出监察委员下乡巡视查验，并严令田赋粮食管理处选派干练员警全力催征，各员警持文下乡，向乡、镇长训示征购意义，令转饬各保、甲切实协催，以期如限完成任务，全县共征稻谷13926.739担，随赋购办“余粮”10000担。当时，县政府对已征的这批赋谷，还发动了一千余名民夫,二百余支船泊,突击向外拨运。到民国31年(1942年)七月,对清丈的土地,按丘编查绘图,依次编列名册。然后核实汇总陈报土地399144.02亩,正附总额为165141.11元。通过这次田赋整理,一般可以跟地寻户、跟户问粮。实行田赋征实的同时,又实行了随赋购买余粮,临澧县按田赋亩册,无论公私田亩,山田每亩购余粮上粒谷五斗,水田每亩七斗。民国32年(1943年),改按亩册购粮为随赋额购粮,即山田正、附赋额一元购稻谷四斗,水田带购一石二斗。民国33年(1944年),又规定不论开征迟早,一律以当年12月底为限期,逾期一个月内,照欠额加5%,第二个月内,加征10%,逾两个月以上者,对业户予以追传、强制征缴、拍卖欠赋之地、抵偿财物等处分,同时仍按欠额加罚10%,业户如有短匿粮额情事,准由告密,经查实,按其短匿粮额,加二倍以上罚金。县实施结果,仍是强者利,贫弱者弊。是年,临澧县征实额为每赋额一元征谷四斗,又带征县级公粮一斗二升;而借征,山田每赋额一元借征稻谷六斗,水田一石。民国36年(1947年),县政府遵令又将田赋征实和借征具体改为每正、附赋额一元征稻谷二斗八升,新增带募稻谷五升,筑路附加三升,乡、保经费一次捐献二升,合计每赋额一元征收稻谷七斗六升。民国37年(1948年),县政府又变换了征实标准,对征、借改为"征一借一",即第正、附赋额一元增到征稻谷七斗八升。十月,湖南省财政厅订颁了"土地陈报复查更正办法"业户对编查陈报发现错误与遗漏时,准予申请复查更正。

户、粮推拨:户、粮推拨,清代核办比较严。民国建立后仍沿清制。民国23年(1934年),临澧县政府按照湖南省政府"拨粮办法",规定凡田产无论典卖、承继、分析、赠予、兑换,均限于契约之日起,六个月内推拨过户,逾期者一律加5~50元罚金。民国30年(1941年),临澧县办理土地陈报后,改户、粮推拨为推收,使户、地、粮相互衔接,以便就地问粮。为确保推收效能,临澧县政府订颁推收罚则,规定应办理推收的业户,于立契四个月内申请办理。逾期二个月,照契价处罚2‰罚金,次每逾期二个月,递加2‰,以递加至10‰为止。

新中国成立后,取消封建的田赋制度。初期,农业税的征收,一般是秋后一次进行,限收粮食。并是义务运粮到指定粮站交粮。1949年10月,湖南省人民政府颁布《公粮征收暂行办法》,对农民负担的田赋改为统一征收公粮,严禁区、乡、保、甲擅自摊派粮款。征收公粮工作,全党动手,全民动员,财政部门经办。当年,县人民政府因考虑过境部队多,支前任务重,组织征粮工作队,农民义务运送公粮,采取先借后征统一结账方法,按田亩常年产量一次计征公粮1052.5万公斤,实际完成1217万公斤,征增15.63%。

1950年始,农民上缴公粮改为上缴农业税。执行省人民政府《农业税条例实施细则》,依据土地常年产量为标准,以户为单位按农业人口年粮食收入人均75公斤为起征点,分40个税级累进计征,税率由3%递增到42%。临澧县按耕地面积计征农业税亩均负担稻谷30公斤,当年,临澧县农业人口人均负担稻谷63公斤。当年,临澧县人民政府为方便棉农上交农业税,在确定任务数内折征棉花。在县棉区按粗线、细线每市斤棉花分别折稻谷为18斤1两8钱和16斤13两5钱折谷的计税标准(当期1市斤为16两),当年,全县棉区农户征收农业税,按棉花折谷计税标准共折征棉花9.5万公斤。

1951年,农业税征收开始沿用《新解放区农业税暂行条例》,税级由40个减至20个,税率由6%增至25%。

1954年临澧县农业税20级全额累进税率表

表1-8　　　　单位:斤

等 级	业户全年人平收入	税率%	等 级	业户全年人平收入	税率%
1	150以下	6	11	601~670	16
2	151~200	7	12	671~740	17
3	201~250	8	13	741~810	18
4	251~300	9	14	811~880	19
5	301~350	10	15	881~950	20
6	351~400	11	16	951~1050	21
7	401~450	12	17	1051~1150	22
8	451~500	13	18	1151~1250	23
9	501~550	14	19	1251~1350	24
10	551~600	15	20	1351~1450	25

1955年,临澧县贯彻省政府制定的粮食统购任务,“三定到户”(定产、定购、定销),三年不变的政策(农村统销仍一年一定),对农民所产粮食除留足种子(每亩7公斤),饲料(肉猪每头10公斤、公母猪每头75公斤、耕牛每头25公斤)、口粮(人均240公斤~250公斤,不足240公斤的予以返销补足)后的余粮,实行统购。当年,根据粮食定产、定购、定销的新特点,建立农业税册籍系统管理制度,对农业人口、耕地面积、常年产量实行登记,以保证农业税合理负担。当年,农业集体化迅速发展,农业税征收以农业生产合作社、互助组为单位,采取“集体送粮、分户过磅、专人负责、以户结账”征收办法,执行到1957年。

1958年,农村实现人民公社化,农民的生产资料变为集体所有,农业税按累进税制征收已不能适应新形势,遵照国家颁布的《中华人民共和国农业税条例》,当年,根据这个“条例”,临澧县按照国家提出的实行“稳定农民负担、增产不增加税收”的政策,废除20级全额累进税率,推进新的比例税制改全额累进税制为地区差别比例税制。并采取货币计算办法计征农业税。凡是有农业收入的单位和个人,都是纳税单位和纳税人;各种农作物和农林特产都得纳税,其税率为常年产量的12%~25%。对农村生产大队与大队、生产队与生产队之间,因自然条件的差异,实行二至三个等级的差别税率。生产队的实际负税率不得超过15%。对各项农作物和农林特产仍以征收粮食为主。在结算时改“以谷结算”为“以款结算”办法。当年,农业税按国家收购中等稻谷价计算。把粮食按收购价折成金额,与应交稻谷一并通知纳税户,纳税户交纳粮食不足部分交纳代金或棉花,纯棉区以收代金为主,农民交售棉花按当时收购价结算。

1961年,因自然灾害和“左”的错误思想影响,全县粮食严重减收,总产只有5918万公斤,实征稻谷入库1393.5万公斤,折款农业税105.10万元,仅为1957年的26%(农民人均口粮179.5公斤)。1963年,临澧县人民委员会对粮食征购(农业税),用通知书下达任务,以生产队为单位,义务送交到指定的粮库，全部任务完成后，领取粮食征购任务完成证和换取农业税正式收据（见花絮，1963年临澧县粮食收购任务通知书）。从1966年起，粮食统购由“一定三年”改为“一定五年”。1971年始，征第二个“一定五年”任务。

1977年，临澧县全面推广1977年5月16日—18日原常德地区财税部门在石门县召开的农业税征收改“秋征”为“常年征收”办法现场会议经验，全县推行“春粮、春油、夏茶、秋烟、冬杂、四季猪”等常年征收方法，改一次性征收为多次征收，确保当年农业税及时足额入库，当年税收当年结清。

1978年，临澧县征收农业税继续采取“按谷分配，以款结算”的方式。在“人民公社化”期间实行“三级所有队为基础”的条件下，生产队将应纳的农业税稻谷数量按当地中等稻谷的收购牌价折算成货币数额，然后通过生产队(核算单位)照金额交纳指定的实物。实物一律按当时的收购价格计算，多次征收，年终一次结算。所征实物仅限于粮食和棉花，由粮食部门和供销社代收，生产队为纳税单位在实物送交后索取事物入库证（入库码单），即可持证向财政部门换取农业税收据以示完税。

1979年2月，临澧县根据财政部颁发的《关于执行农业税起征点若干问题的规定》的办法执行。一是农业税征收起征点，按省统一规定为稻谷200公斤。凡生产队（包括统一核算的大队）每人平均口粮在200公斤以下或每人平均分配收入相当于200公斤金额以下的免征农业税。二是计算农业税起征点的口粮以生产队集体粮食生产量为准，自留地产量不计在内。集体的扣留按县粮食部门规定的具体项目和标准计算。三是起征点以上的生产队因缴纳农业税后（含附加）而口粮和分配收入下降到起征点以下的给予减征农业税的照顾。四是经济作物产区、城市郊区的生产队国家不供应口粮，每人平均分配收入低于起征点的免征农业税。分配收入在起征点以上因交纳农业税而使收入下降到起征点以下的给予减征照顾。五是实行起征点办法后原分配的常年产量、平均税率和依率计征税额不变。实行起征点后，当年，全县免征的生产队有328个，减征的生产队193个，分别占总队数的8.87%和5.22%。1980年，根据湖南省稳定农民负担的政策，又实行征购“一定三年”不变。

1981年，临澧县粮食征购再次调减为1414万公斤，减免307万公斤，实征1107万公斤，同时安排加价收购3826万公斤，共计4933万公斤，并“一定三年”减少统购，扩大加价收购，使农民收入大幅度增加，当年，收购稻谷9154万公斤，征收农业税224.33万元。

1982年，农村实行多种形式的联产责任制后，临澧县结合本地实际仍以生产队为纳税单位，由队按照各组、户承包的面积、产量等情况，如数将征收任务落实到户，由农户直接向指定的粮、棉收购部门缴纳，再由生产大队以现金汇总统一向上级财政部门报解结算。大多数农户一般在油菜籽上市、早稻入库及棉花收购期间缴清全年农业税。

1983年，临澧县停止执行农业税起征点办法。对少数纳税确有困难的队和户，从各地的农业税社会减免和灾歉减免中酌情给予照顾。其方法：首先由农户申报减免理由和减免指标上报村委会和乡政府，由乡汇总报县财政局；其次由县财政局和乡政府组织人员核实与村委会研究，确定各户减免数量；再次由村委会编造分户减免清册上报乡政府，经乡政府审核后上报县财政局，县局审核无误后即下发通知单拨款，随着农村联产承包责任制和各项农村经济政策的落实，涌现出一批承包专业户、重点户、自营专业户和新的经济联合体。于是农业税的计征改为实行“基数在队、任务到户、结算到户、减免到户”的办法。一切基础数字仍以生产队为单位办理变动登记，以生产队为单位核定不划分到户。但是,国家分配给生产队(村民小组)的计征税额及各项减免和应征税额均如实落实到组到户。其具体操作方法:一是征收农业税任务应根据各户承包耕地的数量、质量、产量、产值等情况,由公社(镇)负责组织生产队和各户民主商议确定,并造出征收清册上报县财政局;二是减免的指标到队,再由队组织民主评议分配到户,造册报县财政局核发通知单直接发到减免(组)户。

1984年,公社改称乡、大队改称村、生产队改称村民小组。农村经济体制改革普遍实行家庭联产承包责任制,全县农业税计税单位由1983年的4124个生产队转变为86700个承包农户。农业税计税方法改为"基数在村、任务到户、结算到户",采取原由"户交村结、村与户结"到"户交户结"的结账方法。

自1985年6月1日起,随着商品生产的发展,农业税以征粮食为主的实物税形势,已不适应商品生产的需要,临澧县根据国务院、省政府的决定,改行农业税征收实物为折征代金,改季节性征收为常年征收。折征代金统一按倒"三七"比例(30%按原统购价,每百斤11.55元;70%按原超购价,即每百斤稻谷为15.59元)。鉴于历史习惯和实际情况,临澧县以稻谷计税,仍以交物为主。但结算时则以现金形势,征收时间仍定在7月下旬到8月下旬为早稻入库征收旺季。农业税改为折征代金后农民愿意缴纳粮食的由县财政部门委托粮库(站)义务代收,其费用(含运资)开支仍按原规定执行。按照"先征后购、先税后贷"的原则由粮食部门将税款代征代缴财政部门。

1986年,县人民政府鉴于粮食在农业产值中占有较大比重,决定计征农业税以征收代金为主,可继续征收粮食。把应征收粮食数量纳入农户合同定购任务内。开征前财政部门将任务分户抄送粮食部门,粮食部门在收购农户粮食的过程中,按"先征后购""先税后贷"的原则,按照15.59元/50公斤稻谷的价格结算。农业税征收结算方法由过去的队交队结、户交队结改为户交户结。1989年,临澧按照全省统一调整的22.10元/50公斤稻谷的价格标准结算农业税。

嗣后,每年的农业税计征,基本保持稳定,其开征期,由县人民政府下达开征通知。征收期间,银行贷款、农业预购定金的归还,须循先税后贷的财经纪律,保证农业税全部缴纳国库。

1992年,调增农业税征收价即由22.10元/50公斤稻谷提升为25.10元/50公斤稻谷的价格标准结算。当年,临澧县遵照省财政厅、省粮食局《关于要求各县财政部门按新的征收价格征收农业税的规定》的精神,在征收过程中按照"先征后购"与"先税后贷"的原则,与纳税户照实际收购价格结算。对交纳早中籼稻其定购价低于新定收价的差额部分,由财政部门以代金形式自行组织征收;对交纳晚稻其定购价高于新定征收价的差额部分由粮食部门在结算时直接找补给农民。

1993年1月1日起,全省放开粮食定购价后,农业税实行任务价与结算价分离,由财政按中等粮食市价确定农业税结算价,农业税除原来规定征收代金外原则上不再扩大征收代金范围。按中央粮食市场价计算,其市价可以一年一定、也可以一季一定。

1994年,省政府确定全省粮食收购价格分别为:一、二、三价区常德市(含临澧)定为一价区。临澧县征收农业税计税(粮食收购)价格按省定早籼稻每50公斤(下同)44元、晚籼稻52元的价格标准结算。从1996年1月1日起,临澧县农业税征收的粮食价格按全省统一规定早籼稻定购价65元/50公斤稻谷计征。对农户以稻谷任务作为计算本位以金额作为结算依据。

1997年,省府对农业税计税价格作了调整,临澧县农业税征收计税价格按省调整的早籼稻每50

公斤65元(下同)、中籼稻68元、晚籼稻72元的价格标准结算。

1998年,全省根据市场粮价调整农业税计税价格,临澧县征收农业税按调整后的早籼稻57元/50公斤,中籼稻、晚籼稻63元/50公斤的价格标准结算到户。

从1999年1月1日起,临澧县执行全省统一规定使用的(湖南省农业税完税证)按湖南省要求全县实行"自行申报、集中征收、计算机网络化结算、严格管理、重点稽查"的征管方式实行规范化管理。当年,全县征收农业税按全省执行的晚籼稻计税价格58元/50公斤、中籼稻53-55元/50公斤的价格标准结算到户,8月,对农业税稻谷计税价格又作了调整,晚籼稻计税价格全省统一执行58元/50公斤(见花絮,1999年湖南省农业税完税证)。

2000年,临澧县根据《中共中央、国务院关于进行农村税费改革试点工作的通知》(中发〔2000〕7号)精神,湖南省财政厅对各级财政部门和农业税征收机关提出"七不准":(1)不准随意增加农业税负担;(2)不准按人头或田亩平均摊派农业特产税;(3)不准截留农业税减免指标;(4)不准将农业税征收与其他突击任务挂钩;(5)不准非法扣押农民财物和关押纳税人;(6)不准动用警力强制征收;(7)不准违规堵关设卡征收。从根本上减轻农民负担、规范农村分配制度、加快农村经济发展的需要,把乡镇干部从繁重的税费收缴工作中解脱出来,实行依法征税。

2001年,全省进行农村税费改革,临澧县财政局、乡镇财政所会同有关部门对全县进行税费改革的调查研究和数据测算,税费改革历经宣传发动、调整摸底测算、审批方案、组织实施、配套改革、整改六个阶段;严格执行摸底登记、群众评议、实地复查、交叉检查、张榜公布、群众讨论签字、村民公决、集中审核等八道程序。

2002年,全县实施了"三取消、两调整、一改革"为主要内容的农村税费改革:即取消乡统筹、农村教育集资等专门面向农民征收的行政事业性收费和政府性基金、集资;取消屠宰税;取消统一规定的劳动积累工和义务工。调整农业税和农业特产税政策;改革村提留征收使用办法。同年4月,临澧县在农村税费改革过程中,重新核定全县农业税计税面积为50万亩,常年产量为细粮26783万公斤,计税税率由2000年的13.87%调整为7.73%,取消乡统筹、村提留后按农业税正税总额的20%征收农业税附加。农村税费改革前全县农民政策性负担总额为9578.4万元,人均负担291.5万元。税费改革后全县农民政策性负担共减轻9880万元,年人均减负260元。

2001年至2004年,临澧县征收农业税继续实施"就近群众交粮方便,下村定时设点集中征收"及采取"户交户结"的办法,每年按国家规定的粮食保护价格标准结算,农户持交粮入库结算凭证直接到指定银行结账。

按照"财政部、农业部、国家税务总局《关于2004年降低农业税税率和在部分粮食主产区进行免征农业税改革试点有关问题的通知》(财税〔2004〕77号,财政部、农业部、国家税务总局2004.4.6发出)"精神,2005年起,根据国务院、湖南省人民政府指示,临澧县全面取消农业税,结束了二千六百多年以来对农民征收"皇粮国税"的历史。

三、农业税(赋税)减免

赋税减免。在清代赋税就向有灾欠蠲之例。自康熙元年(1662年)至同治元年(1862年)历经7

个朝代，时间长达200年，对其中25个重灾年度，曾给予赋税减免。康熙皇帝在位61年，蠲免9个灾年的田赋(康熙25.26.27.30.38.44.49.56)，并将前朝顺治末期三年(1659年~1661年)，各民欠钱粮一概豁免。晚清时期，虽有灾年，未予减免赋税，仅发放少量赈灾款，无济于事。同治元年(1862年)，水灾成患，是年，同知蒋明章独捐巨资，令子蒋锡瑞督修被洪水冲毁的安福县(今临澧县)的佘市桥。正值水灾年，上宪仅提厘钱千串赈灾(含银750两，相当一年赋银的5.97%)，光绪三十四年间(1875年~1908年)，大旱3次，大水一次，均未减赋。其中清光绪二十四年(1898年)，夏，临澧县大面积久旱不雨，山塘干裂，溪水停流，酿成饥荒。饥民沿村乞讨，另得掘食葛根蒿草。府、州及县衙，在灾荒严重的新安、太浮、佘市桥等地搭棚开场，施以少量米粥。给拥进城的灾民设场施粥及少许分文钱。

民国初期，对荒歉年代曾用微薄的赈灾款以示救济。民国4年(1915年)秋前，道水和澧水陡涨，发生大水灾害。11月5日，省政府通令各受灾县动支500元，购米赈济办理冬赈，施赈以极贫为限。11月7日，发放赈款，由县政府自行购办赈米散发。

民国18年(1929年)7月，常德境内各县暴雨成灾，田地、稻、棉淹没，失收7成损失230余万元。同年9月，临澧县遭飓风、虫、雹灾。省署拨粮数百吨，但饥饿太多无济于事。民国21年(1932年)6月，全县发生特大旱灾，减收七成半，省府赈款4000元作种子经费，后由省赈务会配发小工赈及补发赈钱18000元。民国25年(1936年)大饥荒年，省赠拨赈款5.25万元。民国34年(1945年)，夏秋大旱，全县饿死90余人，县政府请愿代表去专署、省城，要求赈济救灾，田赋奉命豁免，赈济法币49.8万元(旧币)。民国20年(1931年)，湖南省成立勘灾委员会，并颁发灾欠条例，对水旱等自然灾害进行实地调查据实上报。

新中国建立后，在征收农业税中，临澧县人民政府遵照国家对赋税减免的政策："先征后减、轻灾少减，重灾多减，特重灾全免"的原则，对水、旱、虫等自然灾害造成的农业歉收给予适当减免。

1951年以来，临澧县人民政府坚持实行农业税减免政策，对农业税实行了灾害减免、社会减免、贫困乡减免、穷村减免和基建减免。当年减免粮食377万公斤。1965年，对开垦耕种生荒地免征3~5年农业税；熟荒地免征1~3年农业税；轮歇地轮歇期，科学研究实验地、保安林场、木材林地和学校、医院、孤儿院、养老院的自耕地免征农业税。当年，减免粮食32万公斤。1958年至1968年，对受灾减免税一级歉收六成以上实行全免，二级歉收五成以上的减免70%，三级歉收五成者减免50%，四级歉收四成者减免了35%，五级歉收三成者减免25%(每一成为10%)。

1979年，国务院明文规定全国实施穷队减免农业税政策。对粮食产区低产缺粮的农村生产队每人平均口粮在200公斤以下或分配收入相当于稻谷200公斤的免征农业税；对起征点以上的生产队因缴纳农业税而使社员口粮和分配收入下降到起征点以下的给予减免农业税。当年，全县免征穷队328个、减征穷队193个，占全县生产队总数的14.1%。当年，9月下旬至12月临澧县发生百日重大干旱，全县19个社(镇)、225个生产大队、3695个生产队、3.7万户，13.1万人受灾。农作物受灾面积17.2万亩(其中：成灾面积12.05万亩、绝收面积3.2万亩)，粮食减产982.5万公斤、棉花减产19.5万公斤(棉花损失19.5万元)，这年，全县有纳税单位3676个、纳税户81707户，按照计税水田面积57.92万亩和计税产量10538万公斤，依率应征农业税稻谷为1222万公斤，折款282.28万元(每百公斤单价23.10元)。当年，县人民政府给予农户灾害减免农业税稻谷320万公斤(亩平减免5.53公斤，人平减免8.7公斤），折款73.92万元，全县实征农业税款217.47万元。

1957年至1986年，国家减免全县农业税稻谷总额为11862万公斤，相当于1986年全县常年粮食产量的111.48%。农业税在县财政收入中的比重，五十年代为60%左右；六十年代降为40%左右；1974年后降为35%左右；1980年降至25%左右；1985年为23.47%。

1994年，国家实行分税制财政体制改革后，全县征收农业税975万元，分别占同期县财政总收入和一般预算收入的11.75%和22.12%。

2003年，临澧县遭受了罕见的重特大洪涝等自然灾害，全县18个乡（镇）339个村、10.9万户、35.4万人受灾，7.9万人饮水困难，因灾伤病1237人，被困人员5.2万人，转移安置3.6万人。农作物受灾面积32.5万亩，成灾面积26.3万亩，占播种总面积的23.9%；绝收面积15.6万亩，占播种总面积的14.2%。粮食减产3487万公斤，棉花减产322.9万公斤。同年，全县有纳税单位339个、纳税户121012户，按照计税水田50.18万亩面积计税产量26783万公斤（细粮），依率应征农业税稻谷（细粮）2250万公斤，折款3278.25万元（每百公斤单价145.7元），当年，县人民政府给予农户灾害减免农业税稻谷（折细粮）293万公斤（亩平减免稻谷细粮5.8公斤）。减免农业税534万元，占实征税的21.14%。

1949年至2004年，临澧县在农业税减免税政策上实行"轻灾少减、重灾多减、特大重灾全免、特轻灾不减"的减免税政策，对9个重灾年度农业税减免幅度超过25%，特重灾12个年度减免30%~45%以上。60年间，对各种灾害、社会困难对象和基建占用耕地实行农业税减免，全县共减免粮食22603万公斤（年均401.15万公斤），折款5007.29万元（年均91.04万元）。

1949年~2004年临澧县农业税（赋税）减免统计表

表1-9　　单位：万公斤、元、万元

项目	减免			项目	减免		
年份	粮食（万公斤）	百公斤单价（元）	金额（万元）	年份	粮食（万公斤）	百公斤单价（元）	金额（万元）
合计	22603	23.60	5007.29	1959	319	12.00	38.28
1949				1960	510	12.00	61.20
1950	377	2.00	7.54	1961	254	12.00	30.48
1951	405	3.00	12.15	1962	222	19.00	42.18
1952	1595	3.00	47.85	1963	119	16.00	19.04
1953	467	3.00	14.01	1964	78	16.00	12.48
1954	629	3.00	18.87	1965	32	16.00	5.12
1955	1959	4.00	78.36	1966	285	19.00	54.15
1956	2492	4.00	99.68	1967	274	19.00	52.06
1957	2468	10.00	246.80	1968	213	19.00	40.47
1958	2703	10.00	270.30	1969	178	19.00	33.82

续表1-9

项目 年份	减免 粮食(万公斤)	减免 百公斤单价(元)	减免 金额(万元)	项目 年份	减免 粮食(万公斤)	减免 百公斤单价(元)	减免 金额(万元)
1970	209	19.00	39.71	1988	383	34.60	132.52
1971	128	19.00	24.32	1989	123	44.20	54.37
1972	297	19.00	56.43	1990	214	44.20	94.59
1973	179	19.00	34.01	1991	212	63.00	133.56
1974	142	19.00	26.98	1992	115	71.72	82.45
1975	325	19.00	31.75	1993	175	71.72	125.51
1976	210	19.00	39.90	1994	80	125.72	100.58
1977	127	16.00	20.32	1995	78	153.04	119.37
1978	214	19.00	40.66	1996	44	186.20	81.93
1979	320	23.10	73.92	1997	65	185.72	120.72
1980	772	23.10	178.33	1998	112	185.72	208.00
1981	307	23.10	70.92	1999	67	171.40	131.46
1982	344	23.10	107.26	2000	217	171.40	371.94
1983	304	23.10	94.78	2001	24	145.70	34.97
1984	103	23.10	32.12	2002	538	145.70	421.00
1985	86	23.10	26.82	2003	293	145.70	534.00
1986	140	31.18	43.65	2004	132	145.70	88.00
1987	167	34.60	57.78				

第二节 农业特产税

征收农业特产税是按照不同农业(林)特产产品的收益情况,参照粮田(地)评定常年产量确定的。1952年,临澧县试征部分农林特产税(每户油茶收入相当500公斤以上主粮的折征稻谷总收入的6%),1955年停征。1958年起,全省对计税土地上种植的茶叶、水果、油茶、油桐等4个品种征收农林特产税,其收入并入农业税。中间有几次停征。

1985年8月,省政府颁发《湖南省征收农林特产农业税实施办法》。列征农业特产税的品种及其计征税率为淡水养殖(包括鲜鱼、出售鱼苗)6%,水果8%,茶叶6%,木材5%,油茶、油桐5%,另随农业特产税征收14%的附加。

1986年，恢复征收农业特产税后，并执行湖南省统一税率，淡水养殖收入税率调整为10%，珍珠生产者征58%；水果生产者征10%；果用瓜生产者征8%;烟叶收购者征31%；柑橘生产者征12%；木材生产者、收购者各征8%，其他应税产品收入税率均为5%，各项产品均在征收农业特产税的同时另征收应纳税额10%的地方附加。当年，全县实征农业特产税5.8万元。

1986年湖南省农业特产税税目税率表

表1-10

税　　目	税率(%)		税　　目	税率(%)	
	生产者	收购者		生产者	收购者
一、烟叶产品			2 水产养殖		
1晾晒烟叶		31	(1)珍珠	58	
2烤烟叶		31	(2)鱼	8	5
二、园艺产品			(3)鳖	8	5
1毛茶	7	16	3 捕捞品	8	5
2柑橘	12		四、林木产品		
3梨子	12		1 原木	8	8
4其他水果	10		2 原竹	8	8
5干果	10		3 生漆	10	10
6果用瓜	8		4 松脂	10	10
7蚕茧	8		5 竹笋干	5	
8生姜	5		6 棕片	5	
9藠头	5		7 木本油料	5	
10花卉	5		五、牲畜皮毛产品		
11药材	5		1 牛皮		10
12经济林苗木	5		2 猪皮		10
三、水产品			3 羊皮		10
1水生植物			4 羊毛		10
(1)莲子	8		5 兔毛		10
(2)藕	8		6 羊绒		10
(3)芦苇	8		六、食用菌产品		
(4)席草	8		1 黑木耳	8	8
(5)荸荠	8		2 银耳	8	8

续表1-10

税目	税率(%)		税目	税率(%)	
	生产者	收购者		生产者	收购者
3 香菇	8		1 牛蛙	10	
4 蘑菇	8		2 蛇	10	
七、特种养殖产品			**八、报请批准开征**		

1991年,从农业特产税中提取农林特产生产周转金用以支持种植业、养殖业的发展,当年全县提取33.3万元,投入28.8万元。1994年底,县财政自有农业特产生产周转金86万元,从上级借入周转金15.3万元,合计周转金101.3万元,累计投放75.7万元,1994年,应回收到期周转金53.5万元全额回收。

1994年5月,省政府对减征或免征农业特产税的规定:农业特产税的减免由纳税人提出申请,当地基层机关签署意见,经县(市)征收机关审核报上级征收机关审批。(1)在新开发的荒山、荒地、河滩、湖洲,生产农业特产税产品的,从有收入起,准予免税2~3年;在新开发水面,从事养殖业生产农业特产品,从有收入起,准予免税1~3年;(2)经省政府批准确定的革命老区、少数民族地区、边远地区,贫困地区及其他地区中温饱问题尚未解决的贫困农户、革命烈士家属、残疾人、五保户,纳税确有困难的,准予免税;(3)采取核定、评定产量计征方式的纳税人,因自然灾害造成农业特产品歉收的,酌情减税或免税;(4)利用屋前房后空坪隙地,种植少量应税农业特产品的,予以免税。

1994年,根据国务院税制改革的决定,原由税务部门征收的部分农林水产品的产品税与农业特产税合并,改征农业特产税。1994年6月21日,湖南省人民政府下达第33号令《湖南省农业特产税征收办法》,规定农业特产税税率为:烟叶(收购者)征31%、1999年降为20%;毛茶生产者7%、收购者6%;柑橘、梨子12%;干果、其他水果10%;水产品8%;原木、原竹生产者和收购者各8%,食用菌产品(黑木耳、银耳、香菇、蘑菇)生产者和收购者各为8%;牛蛙、蛇生产者10%……。同时,停止征收农业特产税附加。当年,征收农业特产税216.00万元。

1995年1月1日起,开征黄花菜农业特产税,在生产环节征收(税率为5%),并启用全国统一的"农业特产税应税产品外运税收管理证明",简称"外运证"。当年从农业特产税新增收入中提取了21万元作为农业特产税税源发展基金,至1997年年底共提取66万元。

1997年1月1日起,对单位和个人收购的猪皮,免征农业特产税;对单位和个人收购的牛皮、羊皮减按5%的税率征收;对收购毛茶的单位和个人适用税率由16%调整为12%;对花生产区,开征花生农业特产税,在生产环节征收,税率为8%。

1999年,启用"湖南省农业特产税完税产品证明单"作为全国统一的农业特产税完税外运的证明,简称"外运证"(见花絮:湖南省农业特产税完税证)。

2000年,财政部、国家税务总局下发《关于农村税费改革试点地区农业税政策的通知》(财税字〔2000〕67号)文件,调整部分农林特产品的农业特产税税率为毛茶、柑橘、梨子、干果、其他水果13%;莲子、藕、芦苇、席草、荸荠、珍珠、鱼、兔、蟹、捕捞品、原木、原竹、黑木耳、银耳、香菇、蘑菇为10%;生姜、藠头、药材、经济林苗木、竹笋干、棕片、木本油料为8%;其余应税产品税率仍不变。

对在农业税计税土地上生产的一般农林特产品只征农业税，不征农业特产税；对高附加值、高收益和产地集中连片产区的农林特产品只征农业特产税，不征农业税。当年，全县征收农业特产税350万元，比1999年增加137万元，同比增长63.42%。

2002年，实施农村税费改革，调整农业特产税政策，在征收正税时加征20%附加。当年临澧县政府大力发展烟叶生产，烟叶特产税增收348万元，农业特产税大幅度增长，当年，实征农业特产税正税548万元，附加92万元。

2003年，财政部、国家税务总局（136号）通知，对农业特产税46个品目进行了调整，只保留烟叶、果品等9个品目，取消了37个品目。当年，临澧县实征农业特产税正税385万元，附加76万元。

2004年起，临澧县只征烟叶特产税，其他农业特产税一律免征。2006年烟叶特产税改征烟叶税，移交地税局征收。本志将此项收入列在农业四税中统计。

1986年至2009年，临澧县征收农业特产税5362.60万元，其中2004年~2009年征收烟叶特产税2638万元。

第三节 耕地占用税

耕地占用税是对占用耕地建房或者从事其他非农业建设的单位和个人，依据实际占用耕地面积，按照规定税额一次性征收的一种税。

耕地占用税的法律依据是：1987年4月1日，国务院颁布的《中华人民共和国耕地占用税暂行条例》和湖南省人民政府颁发的湘政办发〔1987〕35号《湖南省耕地占用税实施办法》。临澧县从1987年4月1日起，由财政部门开始征收耕地占用税，归属于农牧业税范畴，纳入国家预算收入"农牧业和耕地占用税类"，纳税对象是占用耕地建房或者从事非农业建设的单位和个人。耕地占用税纳税人按下列情形依次确定：经申请批准占用耕地的，纳税人为农用地转用审批文件中标明的建设用地人；农用地转用审批文件中未标明建设用地人的，纳税人为用地申请人。未经批准占用耕地的，纳税人为实际用地人。征税范围包括占用耕地、园地、林地、牧草地、农田水利用地、养殖水面及渔业水域滩涂等其他用地建房或从事非农业建设征收耕地占用税。征收的耕地占用税款按照"取之于土，用之于土"的原则用于农业投入。

耕地占用税的计税依据是纳税人实际占用的耕地面积（包括经批准占用的和未批准占用的耕地面积）。其税率，原常德地区核定的桃源、临澧24元/平方米；对于国务院或者省人民政府批准设立的开发区，适用税率在当地适用税率的基础上提高20%；凡是占用农田的，适用税率在上述规定的基础上提高50%。1987年10月4日发布的《湖南省耕地占用税实施办法》（湘政办发〔1987〕35号）同时废止。

1987年11月，省财政厅进一步明确征收耕地占用税有关政策规定：1.实施城乡建设规划，对城镇居民搬迁建房占用耕地一律照征耕地占用税；农村居民搬迁建房超过原宅基地面积的，其超过部分应照征耕地占用税；2.对于尚未正式施工、占用超过2年不使用的加征耕地占用税；3.单位和个人经批准临时占用耕地超过一年的，可按规定的税额减半征收耕地占用税。占用耕地超过2年的，从第3年起按规定征收耕地占用税；4.部队非军事用地和从事非农业生产经营占用耕地，铁路系统免税项目外的招待所、职工宿舍和全日制大中小学校从事非农业生产经营，占用耕地均应征收耕地占用税；5.凡属查田定产土地或征收农业税的其他计税土地未经批准，抛荒3年以上的，其土地用于从事非农业建设者仍应征收耕地占用税。当年，全县耕地面积60.80万亩，总人口39.92万人，其中农业人口37.34万人。按总人口计算人均耕地面积为1.52亩。湖南省确定临澧县耕地占用税平均税率为5元/平方米，农民建房占用耕地减半征收，按2.5元/平方米。当年，全县有应纳税单位374个，应税面积203.5亩，当年，耕地占用税实际征收入库8万元。

1988年，全县耕地面积55.89万亩，总人口41.38万人，其中农业人口37.4万人，按总人口计算人均耕地面积为1.35亩。耕地占用税应税面积75亩，实征税额25万元。

1987年至1988年，两年征收的耕地占用税税款，中央与地方执行对半分成比例。

1989年1月1日起，耕地占用税收入，中央和地方分成比例由原来的对半分成调整为“三七”分成（即中央30%、地方70%）。当年征收12.50万元。

1990年，财政部（财农税第56号）规定对下列占用耕地的，经批准可免征耕地占用税：(1)部队军事设施，铁路线站、飞机跑道和停机坪及其相应设施用地；(2)炸药库、学校、幼儿园、敬老院、医院用地；(3)农村革命烈士家属、革命残废军人、鳏寡孤独以及革命老根据地、少数民族聚居地区和边远贫困山区生活困难的农户，新建住宅纳税有困难的；(4)国务院批准减免耕地占用税的单位和个人，对于困难居民减免税额一般控制在农村居民免耕地占用税的单位和个人，对于困难居民减免税额一般控制在农村居民新建住宅用地计征税额总数的10%以内；贫困县市减免比例最高不超过15%。临澧县在执行中对农民建房占用耕地一直实行减半征收政策。

1987年至1991年，临澧县5年累计征收耕地占用税94.2万元，除提取5%的征收费外，实征耕地占用税为89.49万元，占同期5个年度征收农业税2086.9万元的4.29%，耕地占用税上缴中央财政26.85万元，地方财政分得62.64万元。

1987年至2003年，临澧县共占用耕地10187亩，征收耕地占用税867万元。

2002年12月31日，国家税务总局（1168号）关于“星光计划项目建设免征耕地占用税通知”，对社会福利、城市社区老年人福利服务设施、活动场所和农村（镇）敬老院占用耕地的免征耕地占用税。

2009年，全县耕地占用税计税面积为2995亩（其中免税面积75亩、应税面积2920亩），实际折算平均税率3.49元/平方米，当年，征收耕地占用税680万元，比2008年增加417万元，增长158.55%，比1987年增长85倍。

1987年至2009年，临澧县征收耕地占用税2030.20万元，年均征收88.26万元。2009年8月31日起，耕地占用税转交县地税局征收。

第四节 契 税

契税是以所有权发生转移的不动产为征税对象，向产权承受人征收的一种财产税。契税的纳税义务人是指中国境内转移土地、房屋属权,承受的单位和个人。

契税源于东晋的估税。临澧县清末定制。凡买卖田房,按契价银每两纳二分。光绪二十八年(1902年),增为三分。光绪三十年(1904年),增为五分。即一分地方办公支用,一分地方学警之用,三分上解。宣统元年(1909)年,卖、典划分,称为卖九典六。即卖契征银九分,典契征六分(见花絮:银票)。宣统三年(1911年),临澧县契税收入征银107716.665两(见表1-11)。其他年份无统计资料考证。

民国初期,仍沿用清末旧制,税率略有降低,但对土地、房屋等不动产,在产权买卖、典当、赠予或交换订立契约时向不动产取得人课征契税,另加征附加。即卖契征银四分,附加一分,典契征一分。民国3年(1914年),一律按卖六典四征收。民国4年(1915年),财政部颁布《契税条例》和《湖南契税暂行章程》,实行卖契征税6分,典契征税3分,又加收契纸工本费,每张洋伍角。当年,征收契税131511.239(银两);至民国15年(1926年),又有变更,卖契征银四分、典契只征二分,但取消了附加。民国17年(1928年),卖契征税4分,典契征税3分,是年,临澧县征收契税395014.739(银两);民国21年(1932年),卖契征税3分,典契征税1分。是年,征收契税7262.101(银两);民国22年(1933年),卖契征税6分,典契征税3分。是年,征收契税1459.968(银两)。

民国23年(1934年),临澧县政府照省"拨粮办法",规定凡田产无论承买、典当、交换、受赠、分制、占有等细目,根据不同细目订定税率,按细目课征。均限定于契约成立之日起,六个月内推拨过户,逾期一律加5~50元罚金。

民国25年(1936年),征收契税20556.559银两;民国26年(1937年),征收契税29886.559银两。

民国30年(1941年),临澧县办理土地陈报后,改户、粮推拨为推收(即彼推此收),使之户、地、粮相互衔接,以便就地问粮。为确保推收效能,县政府订颁推收罚则,规定应办理推收的业户,于立契四个月内申请办理,逾期二个月,照契价处罚2‰罚金,次逾二个月,递加2‰,以递加10‰为止。民国35年(1945年),湖南省田赋管理处对《契税暂行条例》作了修订;税率为4种:卖契5%,典契4%,交换契、分割契各2%,赠预契、占有契各6%;纳税期限为3个月,逾期加罚。民国37年(1948年),承买与典当契按不动产价值课税6%的正税,交换与受赠契课征4%,分制与占用契课征2%。上述三项均按正税总额课征25%的附加税。清代及民国时期契税征收税率调整频繁,契税收入经常变化。

清末宣统~民国时期临澧县部分年代契税收入统计表

表1-11　　单位:两、元

年份	收入	年份	收入
清末宣统三年(1911年)	107716.665(银两)	民国20年(1931年)	158571.000(银两)
民国15年(1926年)	131511.239(银两)	民国21年(1932年)	7262.101(银两)
民国16年(1927年)	208467.831(银两)	民国22年(1933年)	1459.968(银两)
民国17年(1928年)	395014.739(银两)	民国25年(1936年)	20556.559(银两)
民国19年(1930年)	9680.614(银两)	民国26年(1937年)	29886.559(银两)

新中国成立后，初期，契税沿用旧制。1950年4月，政务院颁布的《契税暂行条例》，1951年3月，临澧县人民政府颁发布告，自3月16日起，开征城关、合口、新安三镇契税。凡有土地、房产权人原契约未经报税者（白契）无论时间远近，于开征之日起，一月内向县人民政府财政科完纳契税，逾期加罚。当年，共收报税买卖契纸671件，典契163件，赠予契8件，交换契2件，共844件，收契税额16121元，交县库15604元，入库率达96.79%。上交省财政412元。

1953年，临澧县人民政府对土地进行复查发证，大量征收契税，当时，由县财政科抽三名专人，雇员四人，各乡设田房交易员一人，对发生产权转移、转户、典当、交换、赠予、分析的，由田房交易员帮助填写草契，盖有县人民政府统一印章的契纸，收集税款，集中送县代办契税手续（见花絮统一契纸）。当年，共受报税契纸9209件，转移水田、旱地12064亩，占全县总面积的1.6%。其中：典当487.165亩，交换3592.003亩，赠予377.591亩，分析664.205亩，征收契税560元，追回旧欠税款1120元，合计契税1680元。

1955年春天，县政府对买卖田地予以限制，当年，征收契税0.48万元。1957年，随着农业初级合作化运动的深入开展，管理制度的逐步配套完善，农民将土地、农具作价入社，征收契税乃止。1949年至1955年，实征契税收入3.56万元。

1981年7月13日，湖南省财政厅颁布《关于重申有关契税政策问题的通知》（以下简称《通知》）。临澧县恢复契税征收。《通知》规定：凡房屋发生买卖、典当、赠予或交换者，承受人必须在3个月内带草（白）契和有关证据向征收或代征机构报告、登记、报税。经征收和代征机关审核后，向换领契约人依法征税。买契、交换契、赠予，分析税率为6%，典当税率为3%（均按实际价格计算）。在承受人缴纳税款后，征收或代征机关按统一印制并盖有县人民政府印章的买契、典契、交换契、赠予或分析契5种契纸。就有关契纸填写后，将草（白）契附后，加盖（乡镇政府）公章生效。收取契纸工本费后，契交业主，由业主缴税。匿报产价者，按情节轻重酌情处罚，罚金以短纳税额的2倍为限。

1990年，契税收入全部纳入县财政预算管理，其买卖房产依法征收契税。当年全县房产转让76件，面积为9333平方米，平均单价157元/平方米，计税收入147万元，税率为2.17%，实征税额3.0万元。1991年，契税税率调整为6%。

1997年7月，国务院颁布《中华人民共和国契税暂行条例》及其细则（10月1日起施行），规定了征收范围：包括国有土地使用权出让；土地使用权转让（包括出售、赠予和交换）；房屋买卖；房屋赠予；房屋交换。

计税依据：1.国有土地使用权出让、土地使用权出售、房屋买卖的，以成交价格为计税依据。成交价格明显低于正常市场价格的，以评估价格作为计税依据。2.土地使用权赠与、房屋赠予，由征收机关参照土地使用权出售，房屋买卖的市场价格核定。3.土地使用权交换、房屋权属交换、土地使用权与房屋所有权之间相互交换，为所交换的土地使用权、房屋的价格差额。4.以土地、房屋权属作价投资，入股方式取得土地房屋权属的，按其作价出资额计征契税；以抵债、获奖方式获得土地、房屋权属的，其计税依据由征收机关参照市场价格或评估价格核定。5.以划拨方式取得国有土地使用权的，经批准转让房地产时，应由房地产转让者补缴契税，其计税依据为补交的土地使用权出让金或者全部土地收益。

以上成交价明显低于市场价格并且无正当理由的，或者所交换土地使用权、房屋的价格差额明显不合理并且无正当理由的，由征收机关参照市场价格核定。

税率：契税实行3%~5%幅度比例税率，临澧县对个人转让房屋的契税管理规定：1.建筑面积90平方米以下的单元式普通标准住宅，并且有唯一住房证明的，按1%征收契税，没有证明，按4%征收契税。2.建筑面积90平方米以上144平方米以下的单元式普通标准住宅，并且有唯一住房证明的，按2%征收契税。没有证明的按4%征收契税。3.建筑面积144平方米以上的单元住宅和庭院式住宅按4%征收契税。

1998年6月，湖南省人民政府制定《湖南省实施《中华人民共和国契税暂行条例>若干规定》。凡全省境内对国有土地使用权出让、土地使用权转让(出售、赠予、交换)、房屋买卖、房屋赠予、房屋交换等权属异动行为，都应由承受人的单位和个人依法纳税；但对国家机关、事业单位、社会团体、军事单位承受土地、房屋用于办公、教学、医疗、科研和军事设施的免征；城镇职工按规定第一次购买公用住房的免征；因不可抗拒力灭失住房而重新购买住房的，酌情准予减征或免征。契税征收机关为土地、房屋所在地的财政机关。土地管理部门、房产管理部门应当向契税征收机关提供有关资料，并协助契税机关依法征收契税，契税税率一律调整为4%。征收机关对委托代征单位要签订《委托代征税款协议书》和发放“委托代征税款证书”，并按规定支付代收代缴手续费。对契税的减征、免征由纳税人在签订土地、房屋权属转移合同10天内向其所在地征收机关提出申请，报县财政部门审批。

1999年1月1日起，临澧县起用全国统一的“中华人民共和国契税完税证”。当年，实征契税26万元。

1949年至2009年，临澧县征收契税2350.88万元，年均征收78.36万元。

第二章 工商税收

第一节 税制沿革

不同的历史时期有不同的税制与税种，但都是用法律形式来保证完成税收任务的。

一、清末时期(1729年~1911年)。雍正七年(1729年)至嘉庆二十五年(1820年)，临澧县署按照清政府颁发的《赋率全书》课征赋税，除田赋外的杂税以商业和手工业为课税对象，开征有缎布、皮张、木材、食盐、牲畜交易，机织、房捐、牙行、典当等各税。除食盐、机织、牙行、典当外，一般从价计征(税率10%~20%)；食盐仍沿用明旧额，按引课征；机织税，每张岁征银五两。以示限制；牙行、典当税，分级计征。乾隆年间(1736年~1795年)，开征烟、酒税，房捐税废止；清道光年间(1821年~1850年)，税目渐多，以田赋、当税和牙税为大宗辅，新开茶课、榷酒、契税等税目，一般从价计征3%。清咸丰五年(1855年)，“洪杨”起事，县署为清廷筹措军饷，开征厘金。按值百抽一，征收厘金，以活厘为通过税的性质，抽税于行商；以板厘为交易税的性质，抽税为坐贾，税率一般在10%左右。清光绪二十年(1894年),实行茶厘加抽,同时征茶引税和茶箱用捐,继而举办屠捐、房捐、船捐。对烟酒除征厘金外,另征烟酒税。光绪二十三年(1897年),对煤炭等矿产品改厘金为矿税,相继举办东捐、洋药落地捐、土药捐、谷米捐、土膏牌照捐。光绪廿七年(1901年),临澧县署因分担庚子赔款,复征房捐。光绪三十四年(1908年),牲畜贸易税废止,新办屠捐,由屠户包征。

二、民国时期(1912年~1948年)。民国初期,赋税沿袭清制。北京政府兴办政务,耗费大量资金,政府为集资中央。随着商品经济的发展,清末税制逐渐解体,民国政府据此颁布国家税与地方税草案,划分国、地两税,税目增多,税收大增。

民国2年(1913年),临澧县开征国税17种,地方税除田赋各种附加外,有18种(商税、牲畜税、粮米捐、土膏捐、油捐、酱油捐、船捐、杂货捐、店捐、房捐、戏捐、车捐、茶馆捐、饭馆捐、肉捐、鱼捐、屠捐、夫行捐),税率一般在15%~20%。嗣后,为增加地方税收,又开征了房屋税之特别税。国家不课税的营业税和消费税、入市税、使用人税、使用物税等统称为附加税;民国4年(1915年),开征烟酒税,厘金税率提高,加抽更甚,值百抽三。

民国6年(1917年),临澧县开征印花税。民国9年(1920年),征茶厘、米厘时加收六成军事附捐,即每征厘金1元加征6角,百货厘金加成更多,原订值百抽六再加六成,实为值百征收9.6%的厘金。

民国12年(1923年),又重划国、地两税,将房屋税、宅地税、牲畜税划为直接税,屠宰税、谷米税、杂粮税划为间接税,上述各税与行为税中之契税属地方收入。民国15年(1926年),又开征普通商业注册税,营业税、出产税,扩大产销税,税率一般在2%~10%之间。民国16年(1927年),厘金更重无章可循,逢卡加征、重复征收,致使每货征收达五六道之多;民国17年(1928年),清代以来兴办的厘金税,屡经变易,成为政府除田赋以外的杂税收入中的主要收入,当时开征的厘金税有27类、3234个品目,税率在3%~10%。商民怨声载道;是年12月,裁撤厘金,兴办统税。统税主要是为调节民力、平均负担、打击洋商,促进货其流而开办的。对于应税货物仅于产销两地只征税一道,税率较前减轻。次年何键治湘,军费大增。民国20年(1931年),取消统税,改办营业税,凡属营业者都得纳税。是年六月又开征了出产税,至十一月间扩大为产销税,税率一般在2%~10%之间。民国21年(1932年),临澧县杂捐8种,年征银圆田赋161752万元(其中正供35062万元,附加126690万元)。民国时期赋税收入主要来源于农业和手工业。至民国22年(1933年),临澧县开征的各种税有窑捐、戏捐、溪裤捐、罩埠捐、油捐、土果茶捐、炭煤捐、烟叶捐、病中票捐、木牌捐、米行捐、典当捐、百货捐、工厂捐、花盐麻油捐、牙行捐、屠捐、杂粮捐、牛捐、猪捐、航业捐、布捐、米捐、中捐、纸捐、砖瓦石灰捐、茶叶捐、商捐、竹捐等29种,其他各团体所取捐款不在其列。是年12月1日,县政府借口“清剿匪共,挪亏库款甚多”,对产销又加征两成,以一年为限,此项加征款,不另给凭证,印于税票上加盖“征补清剿垫款减”戳记。一年未满,翌年10月,宣布继续征收,俟垫款清偿,再行停止。民国24年(1935年),杂捐又有增加。民国25(1936年),又以“团款积欠甚巨,无法弥补”为由,不顾各方公愤,在产销款项下再附加一成,连前共加三成。民国26年(1937年),张治中治湘,苛捐杂税有所减轻。民国29年(1940年),开征遗产税。县、乡、镇长及保长每月薪酬超过30元数额者,按月加缴薪酬所得税。后因地方多事,公费日增,又举办特种营业税以济需要。如土地增值税、地价税等。民国31年(1942年),县增加营业牌照税、车船使用牌照税、筵税及娱乐税,并就国税中的营业税、印花税、土地税、遗产税,分成划给县财政。民国29年至民国31年(1940年~1942年)六月,全省共废除各类苛捐杂税120种,临澧属四类税区,废除14种,同时开征薪酬所得税。民国32年(1943年),开征财产租赁和财产出卖所得税。民国34年(1945年)11月1日起,土地增值税及地价税一律按原标准提高7倍计算征收。并派员驻合口、新安征收,鸣锣晓喻各业户,于月底定纳清楚。民国35年(1946年)9月12日,临澧县征收的自治税达11种,设有营业税、契税、屠捐、房捐、营业牌照税、地价税、土地增值税、筵税及娱乐税、营业牌、使用牌照税、屠宰税附加自卫特捐等。9月27日,又"调整各种税率,取缔明为住家,暗地堆放货物或正式贸易而不悬挂招牌,或一行两开,或一照数管"的业户。当年,岁入款额(财政收入)为438468.00万元,其中田赋正供83002万元。民国36年(1947年),苛捐杂税增加到28种。嗣后,临澧县政府为配合国民党中央实施"经济紧急措施",大肆课税,税制大乱,正税之外附加税目繁多,漫无限制。筵席税率为25%,土地增值税累进税率为80%,形成"无物不税,无税不附加"、"附加变正税"漫无限制的局面,人民负担沉重。

三、新中国成立后各个时期。初期(1949年~1952年),临澧县遵照中央人民政府指示,"暂时沿用旧税法,部分废除,在征收中逐步整理"的原则。附了对旧政府统治时期的苛捐杂费(税)立即废除外,暂时沿用了旧税法。1950年1月,中央人民政府政务院颁布了《全国税收实施要则》,建立了全国统一的新税法(即复税制),实行多种税多次征收的复税制。临澧县开征的工商税种有货物税、交易税(包括棉花交易税、土布交易税、粮食交易税、药材交易税、牲畜交易税)、工商业税(包括营业税、所得税、摊贩营业牌照税、临时商业税)、印花税、使用牌照税、屠宰税、房产税、地产税、特种消费行为税、存款利息所得税、盐税、关税等12种。对烟、酒、迷信品征税从重,为40%~90%;对农副产品,人民生活必需品征税较轻,税率为3%~5%。此后,税率几经调整,征税原则一直保持不变。同年,临澧县开征棉纱统销税。1951年,临澧县开征棉纱统销税。1952年,临澧县停征房、地产税。

社会主义改造时期(1953年~1956)。国家税收不仅是组织国家财政收入的重要手段,而是利用、限制、改造资本主义工商业的重要工具。1953年,根据中央"保证税收、简化税种"的原则,进行第一次税制改革,修改了部分税制。把原来征收的货物税、工商业税、印花税加以简并,实行从产到销一次征收;简化货物税,凡交纳货物税的工厂,其工商业税、印花税、并入营业税内征收;取消特种行为税,将电影、戏剧及娱乐部分的税目,改征文化娱乐税;棉纱统销税和棉花交易税并入商品流通税;粮食、土布交易税改为货物税;使用牌照税改为车船使用牌照税,改交易税为畜牧交易税,屠宰税仍执行自养自宰、自食免税政策。原来停征的房产、地产税并入城市房地产税,停征了药材交易税,开征了商品流通税。改革修正后,临澧县开征的工商税有:货物税、商品流通税、牲畜交易税、工商业税(包括营业税、所得税、临时商业税)、印花税、车船使用牌照税、屠宰税、城市房地产税、文化娱乐税、利息所得税、盐税、关税等13种。1955年,征收工商各税20.33万元,临澧县占当年县财政一般预算收入的25.80%。这个时期税收是随乡村政权建立而逐步加强。1956年,征收工商各税32.59万元,比1955年增长60.30%。

全面建设社会主义时期(1957年~1965年)。1956年,在完成资本主义工商业的社会主义改造,国营集体经济占绝对优势,税收工作主体与客体发生显著变化,为适应经济建设形势发展,1958年9月,中央决定进行第二次税制改革。对原来在生产和流通环节实行多种税多次征的工商税制进行了改革，进一步简化了税制。将商品流通税、货物税、营业税、印花税合并为一个税种——工商统一税。原属工商税中的所得税改为一个独立税种——工商所得税。当年，停征牲畜交易税。但由于受"左"的思潮影响，税收工作受到严重削弱。当年，临澧县工商各税收入21.09万元。1959年，国务院关于对农村人民公社恢复征税的决定下达后城乡税收征管工作很快步入正轨，当年，征收89.41万元，比1958年增加68.32万元，增长3.24倍。当年，停征利息所得税。1962年，配合农村集市管理，开征集市交易税。1963年，调整工商所得税的负担。临澧县在全县城镇开展打击投机倒把活动实行罚款补漏税，对农村进行漏欠税清理，当年，全县工商各税收入入库219.18万元比1956年增加186.59万元，增长5.72倍，占当年财政一般预算收入的52.26%，占财政总收入的40.37%。1965年，停征集市交易税。

"文化大革命"时期(1966年~1976年)。税收工作受到冲击，税收法纪遭破坏。1966年，停征文化娱乐税。至此，临澧县开征的工商税7种。即工商统一税、工商所得税、屠宰税、车船使用牌照税、城市房地产税、盐税、关税等。1966年至1971年，临澧县工商各税收入952.66万元，年均收入158.77万元，比1965年减少46.08万元，减22.49%。1972年，税收工作开始好转，工商各税收入194.70万元。

1973年，中央决定实行合并税种，简化征收办法，进行第3次税制改革。对工商企业原来征收的工商统一税及其附加、城市房地产税、车船使用牌照税、盐税、屠宰税合并为工商税、保留(停征)牲畜交易税和集市交易税，对国营企业只征收工商税，对集体企业征收工商和所得税；城市房地产税、车船使用牌照税和屠宰税只征非企业单位和个人。临澧县开征的工商各税税种由上年的7种改为5种。即工商税、工商所得税、城市房地产税、车船牌照使用税和屠宰税。当年，工商各税收入301.30万元。1974年税收工作进一步好转，当年，工商各税收入330.30万元，比1973年增加29.00万元，增长9.62%。

1976年，"文化大革命"结束，社会主义建设进入新时期。当年，征收工商各税403.18万元，比1975年增长6.96%。1977年，临澧县的工业总产值及社会商品零售总额分别比1976年增长14.62%和14.20%。当年，工商各税收入432.52万元，比1976年增长7.28%。

改革开放时期(1978年~2009年)。1978年，中共十一届三中全会后，在中央"改革、开放、搞活"的方针指引下，实行"以国营经济为主体，多种经营成分并存"的政策，城乡集体经济日趋活跃，个体经济迅速发展，为使税制适应经济发展情况的复杂性和经营形式的多样性，1983年，国家开始实行第一步利改税，即对大中型国营企业上缴利润，改按55%的比例税率征收所得税，税后利润除给企业合理留利外，再征国营企业调节税，继续实行税利并存；对小型国营企业按现行所得税八级超额累进税率征收，税后利润原则上归企业支配，实行自负盈亏，对税后利润较多的，再上交一部分承包费。

1984年，实行第二次利改税，同时对工商各税实行全面改革，将国营企业应上交国家的财政收入，按所设置的11个税种向国家交税。如对现行工商各税按其内容性质划分为产品税、增值税、营业税、屠宰税、盐税，恢复和开征房产税、车船使用税、城市维护建设税、建筑费、奖金税和国营企业工资调节税等。通过税制改革，临澧县征收工商各税有：产品税、营业税、增值税、牲畜交易税、集市交易税、印花税、车船使用税、屠宰税、城镇土地使用税、国营企业所得税、集市企业所得税、私营企业所得税、城乡个体工商户所得税、盐税、国营企业工资调节税，国家能源交通重点建设基金国家预算调节基金,并对三税(产品税、营业税、增值税)税额征收教育费附加。税制的改革建立起一套以流转税和所得税为主体,其他各税相配合的复合税制,使每个税种在生产经营的各个领域发挥各自不同的作用。1985年,国家规定开征国营企业奖金税、事业单位奖金税、集体企业奖金税、个人收入调节税、建筑税、房产税等。1986年,临澧县新开征的有房产税(出售房产按原值减去折旧后的余值计算,适用税率1.2%;出租按租金适用12%的税率)、城市维护建设税(随产品税、增值税、营业税附征,城关、合口、新安三镇为5%;其他乡镇为1%)、建筑税(1992年改为固定资产投资方向调节税,分为0.3%、10%、15%、30%四档比例税率)。

1988年,开征个人所得税(就其超基数三倍以上部门实行超额累进税率和比例税率20%征收)、印花税复征(比例税率和定额税率两种)。1989年,临澧县始开征个人收入调节税(个体工商户),城镇土地使用税(随产品税、增值税、营业税附征,城关、合口、新安三镇为5%;其他乡镇为1%)。1990年始,开征国营企业奖金税(全年发放奖金人均不超过4个月标准工资的部分免税;人均超过4~5个月标准工资部分税率为30%;超过5~6个月部分税率为100%;超过6个月以上的税率为300%,其人均计税月标准工资为60元)、国营企业工资调节税(按超进累计税率计算,企业当年增发工资总额在国家核定的增长比例7%以下的免征,7%~12%部分税率为20%,13%~20%的部分税率为50%,20%~27%的部分税率为100%,27%以上的部分税率为200%)。1991年,临澧县始开征事业单位奖金税(以核定免税标准的基础上,比照国营企业奖金税率执行)。1992年,新开征固定资产投资方向调节税(分0.3%、10%、15%、30%四档比例税率)、资源税(临澧县仅对煤资源的开采征收,实行从量定额1.2元/吨的税率征收)。1993年,停征建筑税,取消盐税并入资源税。1994年,实施分税制财政体制改革,停征产品税改征增值税,临澧县征收的增值税75%上划中央,当年,上划中央增值税2664万元[(即:机器、机械及零配件税率为14%,农机具及零配件5%),采取“扣额法”(扣除外购的原材料燃料、动力和计入产品售价的包装物的金额)计税,按“定率征收、年终结算”的办法征管)]。1994年,税制全面改革将税种划分为中央税、地方税和中央地方共享税,并建立中央和地方税收体系。各级税务局按中央精神税务局分设为国家税务局和地方税务局。国家和地方实行彻底的分税制,国家明确划分国税系统和地税系统税种的征收和缴纳层次。当年,临澧县同时设立国家税务局和地方税务局。国家税务局专司征管增值税、消费税、部分营业税、企业所得税;地方税务局负责征收管理营业税、个人所得税。

1995年开始,国家酝酿、探索税收征管的新模式,1997年起,全国实施国家税务总局以“纳税申报和优化服务为基础,以计算机网络为依托,集中征收、重点稽查”新的税收征管方式。

1997年,临澧县开征土地增值税,当年收入2万元。1994年至2009年,临澧县财政累计上划中央税收64591.00万元,其中2002年~2009年上划中央(省)所得税9501.00万元。

第二节 工商各税

清代,临澧县赋税以田赋为大宗,征自商品杂税比例小。一般是当税、牙税、盐税、厘金等。道光年间(1821年~1850年),年征银1588两。咸丰五年(1855年)较前增长33.9%(税收占财政收入的比重无数字统计)。其他年份无统计资料考证。

民国时期,沿袭清制,捐税逐渐加重,增征烟酒税、营业税、所得税等。民国5年(1916年),临澧县工商税捐收入19843银圆。民国20年(1931年)54547元,比民国五年增长1.74倍,占当年财政收入的34.4%,民国31年(1942年),全县工商各税课税收入301315元,占当年财政收入的51.38%。民国35年(1946年),全县工商各税收入276280元,占当年财政收入的63%。

民国时期临澧县个别年份工商税(捐)收入统计表

表1-12 单位:银元

年　份	收 入	年　份	收 入
民国5年(1916年)	19843	民国26年(1937年)	72812
民国10年(1921年)	19623	民国28年(1939年)	89111
民国15年(1926年)	30296	民国29年(1940年)	15372
民国20年(1931年)	54547	民国31年(1942年)	301315
民国23年(1934年)	56328	民国35年(1946年)	276280

新中国建立后,1949年至1993年,临澧县征收过的主要税种有货物税、商品流通税、工商统一税、产品税、营业税、增值税、工商所得税、盐税、建筑税、屠宰税、文化娱乐税等。为方便记载,本节包括1994年分税制后列入流转税类的车船使用税、交易税、房产税、印花税、城市维护建设税、奖金税、消费税、资源税、城市土地使用税、个人所得税、国家资产投资方向调节税、土地增值税。工商各税在县财政一般预算收入中的比重不断增加,1954年,26.49%;1960年,32.07%;1965年,47.62%;1972年,52.39%;1976年,71.28%;1985年,工商各项收入总额为937.50万元,占当年,财政一般预算总收入1148.2万元的81.65%;1990年,70.02%;2000年,44.35%;2005年,35.02%;2009年,45%。

1949年至2009年,临澧县工商各税收入99221.53万元,占财政一般预算收入220630.07万元的45%。年均收入1626.58万元。

一、货物税

货物税是国家对规定应课税货物按其流转额征收的一种税。纳税人是货物的产制人或购进人,负税人一般是货物的消费者,故之称间接消费税。货物税的课税对象一般为销量大、消费弹性小的消费品。民国35年(1946年)8月,民国政府颁发《货物税条例》规定征收范围为:麦粉、水泥、茶类、皮毛、纸箔及迷信用纸、饮料品、化妆品、煤油、卷烟(含手工卷烟)、熏烟叶、洋酒、啤酒、火柴、糖类、棉纱、矿产等类产品。在生产、运输、销售环节按照货物流转额征收。计税依据则由从量改为从价计征。其货物税源集中,征收方便,同时按流转额课征,收入稳定,该税是民国时期国民政府财政收入的重要支柱之一,占税收总收入的25%以上。

1949年10月,湖南省临时政府发布布告,按照《华中货物税征收暂行办法》征收货物税,宣布废止民国政府的货物税法。1950年1月30日，中华人民共和国中央人民政府公布《货物税暂行条例》并在全国统一实施。同年12月，财政部发布《货物税暂行条例(施行细则)》，后经修正应税货物并为8大类38项385个品目，税种改为24个，当年临澧县开征货物税的品种有土烟叶、白酒、鞭炮、迷信品、饴糖、茶叶、水产品、肠衣、蛋制品、猪鬃、羊毛、普通用纸、植物油、水泥、原木、原竹等。1952年，货物税重点税目改征商品流通税，征收范围缩减，按原定359个(含1951年11月增加土布品名)改为36项、174个品目，新增生漆、粮食等7个品名，调整税率，修改计税价格，简化照征制度。1956、1957年两年，临澧县分别征收货物税为3.5万元、4.3万元(统计表略)，分别占当年工商各税收入的10.74%和17.67%。1958年9月，全国第二次税制改革，货物税并入工商统一税。

二、商品流通税

商品流通税是对某些特定商品按其流转额从生产到消费实行一次课程制的一种流转税。1952年12月31日，中央人民政府政务院公布《商品流通税试行办法》，同时财政部公布《实施细则》。自1953年1月1日起，试行商品流通税(它是由原货物税、营业税、印花税、棉纱统销税、棉花交易税合并而成)。其特点是实行一次课征。临澧县未单独征收商品流通税，该税并入工商税征收。1958年起，商品流通税并入工商统一税。

三、工商统一税

工商统一税是对凡在中国境内从事工业品生产、农产品采购、外贸进口、商业零售、交通运输和服务性业务的单位和个人，根据其经营业务的流转额和业务收入所征收的一种税。1956年，财政部提出工商税制改革，将原来征收的货物税、商品流通税、营业税和印花税这四种税合并成工商统一税。(采用差别的比例税率征收)拟定了《工商统一税条例(草案)》，于1958年9月13日经国务院公布条例试行。工商统一税的征收方法：实行对工业、商业两个环节的两次课征；其税率按原货物、商品流通税、营业税、印花税的税负确定的，只对少数产品税负做适当调整；把全部工业品纳入征收范围，对不便列举品名或难以概括列举的工业产品，均纳入新设置的“其他工业品”税目征收；以商品销售收入金额、农产品采购支付金额等为计税依据，使计税依据与纳税人的业务收入，核算内容相一致，便于征收；对在全国范围内协作生产的若干产品给予免税照顾；对“中间产品”征税的品目由过去的20个减少为棉纱、白酒、皮革、毛纱、毛线、饴糖、皮货等少数产品，工业品在工厂环节一般只征一道税。同年，临澧县开征工商统一税收入11.73万元，占当年工商各税总额的55.61%。《工商统一税条例》在执行中，随着经济发展的需要，1959年~1971年，国家作过多次修订和补充。1972年，临澧县征收工商统一税154.82万元，比1958年增长12.20倍，占当年工商各税总额的79.51%，1973年国家进行第三次税制改革，工商统一税并入工商税。1958年至1972年，临澧县征收工商统一税收入1405.22万元，占同期工商各税总额的57.25%。年均征收108.09万元。

1958~1972年临澧县工商统一税收入统计表

表1-13　　单位:万元

年　份	工商统一税	年　份	工商统一税
1958	11.73	1967	105.10
1959		1968	112.06
1960	12.07	1969	119.50
1961	123.54	1970	
1962	138.25	1971	124.55
1963	127.76	1972	154.82
1964	138.42	1973	1973年并入工商税收
1965	134.32		
1966	103.10	合计	1405.22

四、产品税

产品税 1984年9月,国务院发布《中华人民共和国产品税条例(草案)》,将原工商税的工农林牧水产品改征产品税,同月财政部制定《实施细则》,工业品分为24大类,260个税目;农林牧水产品分为10个税目。临澧县于1984年10月起,试行应税产品税目有42个,最高税率为55%,最低税率为3%,当年,征收产品税收入为20.60万元,占当年工商各税收入的3.04%。1985年财政部下达通知,对一些产品的减免税规定,进行了适当的调整。同时颁发了《酒类产品税征税办法》的通知,对酒类产品税的征收范围、计税依据、税目税率都作了具体规定。1986年1月,财政部又颁发了《烟类产品征税办法》。对烟类产品税的征收范围、卷烟等级、计税依据、减税免税、税目税率都作了具体规定。国家陆续对一些产品的税率和产品税的减免进行了适当的调整,并把原征收产品税的部分工业产品陆续改征增值税。当年,临澧县征收产品税收入361.20万元,占当年工商各税收入的34%。1988年,只对酒类、化工类、日用化工类、电力热能类、农牧水产品类及矿产品和其他轻工业品类中鞭炮、焚化品等7类23个税目征收产品税,其余税目已改征增值税,当年,征收产品税253.40万元,占当年工商各税收入的17.67%。至1991年4月,在产品税的原260个工业品税目中,已有174个税目划入增值税范围,只保留卷烟、酒等86个税目继续征收产品税。应税产品除"大型电力"一项采用定额税率外,其他产品均实行产品差别比例税率,税率最低为3%;最高为60%。一般计税规定:工业产品以产品销售收入额为计税率依据,由生产销售应税产品的单位和个人在销售环节纳税。1993年12月13日,国务院发布了《中华人民共和国增值税暂行条例》,并从1994年1月1日起施行。1984年发布的《中华人民共和国产品税条例(草案)》同时废止。1994年,税制改革,取消产品税。1984年至1993年,临澧县征收产品税1667.50万元,年均征收185.28万元。

1984~1993年临澧县产品税收入统计表

表1-14 单位:万元

年份	产品税	年份	产品税
1984	20.60	1990	130.10
1985		1991	136.10
1986	361.20	1992	110.00
1987	326.20	1993	149.00
1988	253.40	1994	1994年取消产品税
1989	180.90	合计	1667.50

五、营业税

中国营业税起源湛早,如西周时期的关市之征中的市税、明代的门摊与清代的铺间房税等皆属于营业税性质。新中国成立后,营业税征收的范围是对在国家境内销售应税劳务或不动产的单位和个人征收的一种税。(在中国境内提供应税劳务、转让无形资产或销售不动产的单位和个人,为营业税的纳税人)。营业税征收范围主要包括交通运输业、建筑业、金融保险、邮电、通信业、文化体育业、娱乐业、服务业、转让无形资产、销售不动产。营业税的计税依据为各种应税劳务收入的营业额、转让无形资产的转让额、销售不动产的销售额(三者统称为营业额),简单地说,营业税一般以营业收入额全额为计税依据。营业税率实行比例税率。

清代,营业税,征自商业的税,临澧县有牙税和当税两种。当时,临澧县典当业鼎盛,全县城乡,当铺遍设,鳌山市(今柏枝乡鳌山)届首,且为湘西总当铺所在地著称。雍正八年(1730年),每座岁纳银五两,至光绪二十八年(1897年),每座改岁纳银五十两,由县征解司库。民国后,当业逐衰,湖南省国税厅为振兴当年办法,妥订章程推行,按其地处繁华、偏僻之分,城镇定为一级当区,其他各区为偏僻市埠,并令当商一律按贴加收常年当税。乙等者,每座岁纳税银一百元,丙等八十元。民国18年(1929年)经济凋敝,修正当税。凡营当者,必须取其殷实富户三家保结,呈请县财政查明,转省财政厅发给当贴。其当税分别为典当与质当两种。典当属甲种者每铺岁纳税银120元,乙种100元,丙种80元;质当甲种每铺岁纳税银60元,乙种40元,丙种20元。皆于每年6月、12月各纳税一半。民国21年(1932年),当税并入营业税、牌照税。

牙税、经纪商行称牙税。清雍正十一年(1733年),临澧县始设牙行,设牙者需领用部帖,每帖课税银十三两、七两、五两以至六钱、五钱、三钱不等。后改为藩司帖,一请即发,漫无限制。有的一行数帖,税率增加。至清咸丰十一年(1861年)停止藩司帖。同治5年(1866年),继办请帖,次年又停。光绪十年(1884年),牙税改为厘局兼办。宣统年间(1909年~1911年),牙企兴旺,捐帖户数为咸丰初年数倍。

民国时期,初遵湖南省财政厅颁布的《新牙章程》,帖分五级,税率亦分五等,按等纳征牙税。民国4年(1915年)牙行业衰退,津市厘金局牙帖处撤销,改牙捐为帖费,由县知事兼办。民国17年(1928年)7月,南京国民政府颁布《营业税办法大纲》,首次出现营业税这一名称。民国18年(1929年),分帖为甲、乙、丙、丁四等,甲等纳帖费500元(法币,下同),乙等400元,丙等300元,丁等200元。分上下两期征收。当年临澧县征收5.9万元。以一、四、七、十月为征收期。

民国20年(1931年),国民政府修改制定《营业税法》,明确营业税为地方收入。当年,牙税改称营业税。裁厘之后,临澧县内经营商业的商民始按规定缴纳营业税。民国24年(1935年),课税税率分级多,税负重,商民请求适当改征。4月1日,民国初期省财政厅颁布的《新牙章程》同时废止。省政府公布《牙帖章程》,定临澧县甲等牙行49户、乙等7户,共56户。其税率改为依佣金额征收3%,自买自卖者按1.5%计算征收。以一、四、七、十月为征收期,月底为限满。民国35年(1946年)6月,营业税改称营业牌照税,并划地方税收。

1926~1932年临澧县民国时期部分年代牙税收入统计表

表1-15 单位:银元、法币

年　份	牙　税	年　份	牙　税
民国15年(1926年)	(银)20319.24元	民国19年(1930年)	524(洋)法币
民国16年(1927年)	(银)22393.41元	民国20年(1931年)	1989.85(洋)法币
民国17年(1928年)	(银)133339.47元	民国21年(1932年)	1112.8(洋)法币
民国18年(1929年)	(银)59000元		

注:法币指民国纸币。

新中国建立后,牙行废、牙税止。营业税一度沿用旧税法。1950年,中央人民政府公布了《工商营业税暂行条例》开始征收入工商业税。工商业税分别以工商业户的营业额和所得额为计税依据征收。其中规定凡在中国境内的工商营利事业,均按营业额营业行为所在地缴纳营业税。1950年1月停征营业牌照税,并入工商税。1958年,营业税不作为独立税种征收,在试行的工商统一税及后试行的工商税中设置的若干税目征收。营业税税种一度在中国消失。1973年,又并入工商税内征收。

1984年9月,国务院公布《中华人民共和国营业税条例(草案)》,将营业税从工商税内分出,又形成独立税种。临澧县于当年10月1日起执行,共设有9个税目,分5个比例税率,最高税率10%(其中娱乐业为20%),最低税率3%(见1-17),同年,国营企业实行第二步"利改税",工商税制实行全面改革,营业税从工商税中划出,单立税种。包括一切商业和非商营的多种服务行业、交通运输、建筑安装、金融保险、邮政、公用事业、加工修理等(物资、供销、医药、文教等批发环节暂缓征收)。税目分为11个,税率25个(分30%、15%、10%、5%)商品零售税率3%,商品批发税率10%,交通运输3%,服务业3%~5%,临时经营则5%~10%。一般由税务人员征收,纳税户缴纳或批发环节代扣等形式征收。当年,临澧县征收营业税26.29万元。1993年12月,国务院发布了《关于实行分税制财政体制的决定》,并于12月13日颁布了《营业税暂行条例》。同年12月25日,财政部发布了《中华人民共和国营业税暂行条例实施细则》,从1994年1月1日起实行。从而确定了中国现行的适用于内外资企业的统一规范的营业税税收法律制度。旧的《营业税条例(草案)》同时废止。新的条例规定,凡在中国境内从事交通运输、建筑安装、金融保险、邮电通信、文化体育、娱乐服务业的单位和个人都是营业税的义务纳税人。共设9个税目,交通运输、建筑安装、邮电通信、文化体育业税率为3%;服务业、销售不动产、转让无形资产税率为5%;金融保险业为8%,从2001年起,每年下调1个百分点,降到5%止。自2001年10月1日起,对农村信用社减按5%的税率计征营业税。娱乐业执行5%~20%的税率。对托儿所、幼儿园、学校、医疗机构提供的服务及农技培训、文经、文物宗教等门票收入免征营业税。同年8月,财政部和国家税务总局下发了32项"行政事业性收费",不征收营业锐。

2002年,财政部和国家税务总局又公布了75项不征收营业税的收费(基金)项目。

1984年至2009年,临澧县征收营业税42655.25万元,年均征收1640.60万元。

营业税征收(特殊规定):

1.对个人出租住房,不分地区与用途,月租金收入1000元以下(含1000元),按4%的综合征收率;月租金收入1000元以上,按6%的税率征收;对个人非住房出租月租金收入1000元以下者(含1000元),综合征收率为6%(只征6%的房产税),月租金收入1000元以上者,综合征收率为12%(房产税6%、营业税5%、个人所得税1%)。

2.电影发行单位以出租电影拷贝形式转让电影播映权的,按"转让无形资产"征税。

3.单位和个人从事快递业务按"邮电通信业"征税。

4.网吧按"娱乐业"征税。

5.单位和个人在旅游景点经营索道取得的收入按"服务业"税目"旅游业"项目征收营业税。

6.承包企业的承包费收入同时达到以下条件的,不征营业税:

(1)承包方以出包方名义对外经营,由出包方承担相关的法律现任;

(2)承包方的经营收支全部纳入出包方的财务会计核算。

7.单位和个人转让在建项目时,不论是否办理产权转移手续,均应按"转让无形资产"(指尚未进入施工阶段的项目)或"销售不动产"(指已施工的项目)征税。

8.土地整理储备供应中心(指已施工的项目)征税。让土地使用权取得的收入按"转让无形资产"税目中"转让土地使用权"项目征收营业税。

1984~2009年临澧县营业税收入统计表

表1-16　　单位:万元

年　份	营业税	年　份	营业税
合计	42655.25	1989	769.00
1984	26.29	1990	852.00
1985	38.36	1991	803.50
1986	482.60	1992	1087.00
1987	592.10	1993	1414.00
1988	711.40	1994	649.00

续表1-16

年　份	营业税	年　份	营业税
1995	1040.00	2003	2136.00
1996	1200.00	2004	2258.00
1997	1311.00	2005	3257.00
1998	1480.00	2006	2877.00
1999	1514.00	2007	4007.00
2000	1462.00	2008	4228.00
2001	1211.00	2009	5232.00
2002	2013.00		

六、增值税

增值税是对商品与服务征收的一种综合性销售税(Sales Tax),在商业生产与流通的各个环节征收。增值税是从价税,以商品与服务的销售价格为基础,计算时扣除以前所有购买中所负担的增值税,最终转嫁由消费者全部承担。自1979年下半年起,中国选择部分城市进行增值税试点。试点首先在湖北省襄樊市进行,随后相继在上海、柳州、长沙、株洲、青岛、沈阳、西安等城市试点。试点的范围选择在机器机械、农业机具两个行业和部分日用机械产品。1981年,财政部向国务院提出改革工商税制的设想,把当时征收的工商税划分为产品税、增值税、营业税和盐税四个税种。同年,国务院批准了这个设想,决定建立增值税制度。1982年,财政部颁发《增值税暂行办法》。是以商品(含应税劳务)在流转过程中产生的增值额作为计税依据而征收的一种流转税。具体地说:增值税是对销售货物或者提供加工、修理分配劳务以及进口货物的单位和个人就其实现的增值额征收的一个税种。该税已成为国家最主要的税种之一,占全国全部税收的60%以上,是最大的税种。税收收入中75%为中央财政收入,25%为地方收入。1984年9月18日,国务院颁布《增值税条例(草案)》规定:凡从事生产的国营企业、集体企业、个体经营者及其他单位和个人为增值税的纳税义务人。纳税范围包括:机器机械及零配件、汽车、机动船舶、轴承、农业机具及配件、钢坯钢材、自行车、缝纫机、电风扇、印染绸缎及其他印染机织丝织品、西药等产品。增值税率最高为10%(自行车、电风扇),最低为6%(农业机具及零配件)。同时条例还对减税与免税做出规定,主要包括国家鼓励出口的应税产品、避孕药品,列入国家计划试制的新产品,国营华侨企业生产销售的应税产品。《中华人民共和国增值税条例(草案)》规定,增值税的扣除税额可以按扣除项目的当期购入数计算,也可以按扣除项目的当期耗用数计算,即可以采用"购进扣税法"或"实耗扣税法"计算确定当期可抵扣税额。(当年临澧县暂无减免税产品)1984年,临澧县始对县农业机械厂等企业单位[机器、机械、农机、零配件(10%)、农具行业]开征增值税,采用扣额法按6%税率计征,当年征收增值税5.01万元。

自1986年起,根据实际情况,我国陆续将部分产品纳入增值税征收范围。当年2月1日,财政部下发了《关于对纺织品产品试行增值税的通知》，当年5月，财政部规定对日用机械、电器、电子等产品实行试征增值税，当年临澧县实征增值税12.10万元。

1987年，财政部根据国务院指示精神调整了各类纺织品的增值税税率；棉纺织品、棉型涤纶纺织品、丝及丝织品、麻纺织品，化学纤维、棉条、麻条、毛条及其他服装执行14%的税率；毛料服装、毛纺织品（毛针织品、人造皮毛）执行20%的税率；其他毛纺织品执行23%的税率。同年3月，财政部为了适当简化税目税率，统一计税方法和扣除项目，制定并颁布了《关于完善增值税征税办法的若干规定》。对生产轻工业产品从1987年1月1日起改征增值税。当年，临澧县征收增值税65.60万元，比1986年增长4.42倍。

1988年，根据公开税负、促进竞争的原则，财政部决定对原来征收产品税的有色金属矿采选产品、非金属矿采选产品、建筑材料、有色金属和电线、电缆等产品改按《增值税条例》和《完善增值税办法的若干规定》征收增值税。当年临澧县征收265.30万元。

1989年3月，国家税务总局下发通知，对工业企业的工业性加工、转售原材料等原来征收营业税的项目也相继改征增值税，使增值税征收范围逐步扩大到大部分工业产品。当年，临澧县共60家企业缴纳增值税，增值税收入逐年猛增，当年全县征收增值税额353.7万元。

1990年，中国开始在部分地区实行“价税分流购进扣税法”，将购进扣除项目所含税款从价格中分离出来单独反映。

1993年，为了建立适应社会主义市场经济体制的需要，党中央、国务院批转了国家税务总局拟定的工商税制改革实施方案，12月13日，国务院颁布了新的《中华人民共和国增值税暂行条例》，12月25日，财政部发布了《中华人民共和国增值税暂行条例实施细则》。12月27日，国家税务总局印发了《增值税专用发票使用规定》，并随同《增值税暂行条例》和《实施细则》自1994年1月1日起在全国范围内统一施行，实行价外征税、凭票扣税的计算方法。这标志着统一、规范的增值税制度在中国正式建立。1984年9月18日，国务院颁布的《增值税条例（草案）》同时废止。

新的《增值税暂行条例》和《实施细则》的主要内容是：（一）凡在中华人民共和国境内销售货物（指有行动产、包括电力、热力、气体在内）或提供加工、修理修配劳务以及进口货物的单位和个人，为增值税纳税义务人。

（二）增值税的税率为：销售或进口下列货物税率为13%。（1）粮食、食物植物油；（2）自来水、暖气、冷气、煤气、石油液化气、天然气、民用煤、碳制品；（3）图书、报纸、杂志；（4）饲料、化肥、农药、农机、农膜，销售或进口以上货物之外的其他货物，税率为17%，提供加工、修理修配劳务税率为17%，出口货物税率为零。

（三）应纳增值税的计算：小规模纳税人（年销售180万元以下的）应纳税额为销售额乘以规定税率6%；一般纳税人（小规模纳税人以外的纳税人）应纳税额为“当期销项税额”抵扣“当期进项税额”后的余额。如当期“销项税额”小于当期“进项税额”，不足抵扣时，其不足部分可以结转下期继续抵扣。

（四）以下项目免征增值税：1.农业生产者销售的自产农业产品；2.避孕药品和用具；3.古旧图书；4.直接用于科学研究，科学实验和教学进口的仪器设备；5.外国政府和国际组织无偿援助的进口物资和设备;6.来料加工,来件装配和补偿贸易所需进口的设备;7.由残疾人组织直接进口的供残疾人专用的物品;8.销售自己使用过的物品。

1993年12月27日,国家税务总局印发了《增值税专用发票使用规定》,并随同《增值税暂行条例》和《实施细则》,从1994年1月1日起执行,至2009年年底,国家对税目、税率和减免税进行了一些调整和修改。当年,临澧县征收增值税1602万元,比1989年增加1248.30万元,增长3.52倍。

1984年至2009年,(其中1985年未征)临澧县征收增值税22298.81万元,年均征收891.95万元。

1984~2009年临澧县增值税收入统计表

表1-17　　　　单位:万元

年 份	增值税	年 份	增值税	年 份	增值税
1984	5.01	1993	1602.00	2002	988.00
1985		1994	888.00	2003	891.00
1986	12.10	1995	1029.00	2004	1102.00
1987	65.60	1996	1105.00	2005	1274.00
1988	265.30	1997	857.00	2006	1401.00
1989	353.70	1998	829.00	2007	1635.00
1990	405.10	1999	864.00	2008	1655.00
1991	533.00	2000	894.00	2009	2098.00
1992	651.00	2001	896.00	合计	22298.81

七、工商所得税

民国3年(1914年),民国政府颁布《所得税条例》,称所得税为直接税。民国29年(1940年)至民国31年(1942年),湖南省主席张治中主持废除全省苛捐杂税120种。临澧县属四类税区,废除了学厘,教育中捐,保甲经费等14种,同时开征薪给报酬所得税,县、乡(镇)长及保长每月薪给报酬超过三十元者,每十元课征五分,依据累进,以超过额每十元课税二元为税率的最高限度。民国32年(1943年),增征财产租赁及出卖所得税(民国时期所征其税无资料统计)。

新中国成立后,随着社会主义事业的发展变化,国家将工商所得税税目逐步调整为国营企业、集体企业、私营企业、个体工商户等多项,1994年,又调整为企业所得税和个人所得税等。1949年至2009年,临澧县所得税收入11414.61万元,年均187.13万元。各单项所得税情况如下:

工商所得税:1949年,仍沿用民国末期旧税法征收所得税,当年征收5.01万元。1950年1月,政务院公布了《工商业暂行条例》,同年12月19日,政务院又对《暂行条例》进行了修正,1955年11月1日,财政部公布《手工业合作交纳工商业税暂行办法》,当年临澧县征收工商业所得税2.80万元。

1957年,财政部对原县级供销合作社交纳17%,基层社交纳14%所得税和所得税附征一律改按综合计算率(即在纳税时不再分别征正和附加)计征。当年征收3.05万元,比1955年增长8.93%。

1958年,按照税制改革的有关规定,对从事工商业经营的集体经济和个体经济就其利润所得单独课征工商所得税。从当年起,对停征定息的公私合营企业应纳的所得税,改交利润。同年9月,改革工商税制时,工商所得税部分未另立税法,仍按原规征收。当年征收3.54万元。1963年4月,国务院发布《关于调整工商所得税负担和改进征收办法的试行规定》,将工商业所得税从工商业税中划出,单独成为一个税种称"工商所得税"。1984年,国营企业实行第二步"利改税"。当年,临澧县征收52.26万元。1985年征收69.70万元,比1984年增收17.44万元,增长33.37%。1986年,停征工商所得税,调整征收集体、国营、私营企业所得税。1949年至1985年,临澧县征收工商所得税1020.22万元,年均征收31.54万元。

国营企业所得税:1983年,国家对国营大中型企业实行第二步改革,由上缴利润改为按55%的比例税率征收所得税。当年,临澧县始单列征收国营企业所得税178.24万元。1984年,国营企业实行第二步"利改税",不仅对国营企业征收所得税,还征收调节税。当年,临澧县征收国营企业所得税130.44万元。1993年,临澧县国营企业调节税征收48万元。1983年~1993年,临澧县征收国营企业所得税828.08万元,年均征收75.28万元。1994年,随着国营企业的改制,国家调整税目,将国营企业、私营企业所得税,调整到新设立的企业所得税内。1994年至2009年,临澧县企业所得税收入2191.00万元,年均136.94万元。

集体企业所得税:1985年,国务院颁发的《中华人民共和国集体企业所得税暂行条例》,开征集体企业所得税,按八级累进税率纳税,分10%、20%、28%、35%、42%、48%、53%、55%。最低一级计税所得额1000元,税率10%,最高一级计税所得额20万元,税率55%。1985年,临澧县未开征集体企业所得税。1986年,临澧县始征集体企业所得税100万元。1994年1月1日,实施新税制时集体企业所得税并入企业所得税。1986年~1993年,临澧县征收集体企业所得税724.20万元,年均90.53万元。

私营企业所得税:临澧县私营企业所得税单列收入只有1990、1991年分别为5.70万元、3.00万元,1992年并入个人所得税内。

个体工商所得税:1980年,第五届全国人民代表大会常务委员会公布《中华人民共和国个人所得税法》决定的第二条:个体工商户生产、经营所得和对企事业单位承包经营,承租经营所得,适用5%-35%的超额累进税率。全年应纳所得税不超过5000元税率为5%,所得额超过50000元的,税率为35%。临澧县始征个体工商户所得税,1986年当年征收1.70万元。1994年1月1日,实施新税制时停征个体工商所得税,并入个人所得税内。1986年~1993年,征收27.3万元,年均3.41万元。

利息所得税:临澧县只有1954年~1958年单列收入0.31万元,年均0.06万元,其他年份收入并入个人所得税内。

个人所得税:1980年9月,第五届全国人民代表大会常务委员会公布《中华人民共和国个人所得税法》,1987年,临澧县始征个人所得税。当时还不够开放,经济较落后,个人收入较低,应缴所得税较少,当年征收0.10万元。1988年,改征个人收入调节税,当年,临澧县共征收1.10万元。至1993年临澧县共征个人收入调节税50.70万元,年均征收7.24万元。

1993年10月，为了规范和完善对个人所得课税的制度，适应建立社会主义市场经济体制的要求，第八届全国人大常委会四次会议通过《关于修改〈中华人民共和国个人所得税法〉的决定》，同时公布了修改后的个人所得税法，自1994年1月1日起施行。新的《个人所得税法》规定，在中国境内有住所或者无住所而居住满一年的个人，从中国境内或境外取得的所得，缴纳个人所得税。在中国境内无住所又不居住或居住不满一年的个人，从中国境内取得的收入，缴纳个人所得税。

个人所得税税率：1.工资、薪金所得，适用六级，超额累进税率。按每月所得超过800元的多少确定适用税率。超过部分不足500元的税率为5%，超过40000元以上的税率为30%。2.个体工商户的生产、经营所得和对企事业单位承包经营承租所得，适用5%~35%的超额累进税率。全年应纳所得税不超过5000元的税率为5%，超过50000元税率为35%。3.稿酬所得，适用比例税率为20%，并按应纳税额减征30%。4.劳务报酬所得，适用比例税率为20%，一次收入畸高的，可以实行加成征收。5.特许权使用费所得，利息、股息、红利所得，财产租赁、财产转让、偶然所得和其他所得适用比例税率为20%，条例还对个人所得税的减免和计算作出了规定。

1994年起居民、非居民在中国境内或境外征、免个人所得税对照表

表1-18

居住时间	纳税人性质	境内所得		境外所得	
		境内支付	境外支付	境内支付	境外支付
90日或183日以内	非居民	√	免税	×	×
90日或183日至1年	非居民	√	√	×	×
1~5年	居民	√	√	√	免税
5年以上	居民	√	√	√	√

1994年起工资、薪金超额累进税率对照表

表1-19　　单位：元、%

级数	含税级距	不含税级距	税率(%)	速算扣除数	说明
1	不超过500元的	不超475元的	5	0	1.本表含税级距指以每月收入额减除费用1600元后的余额或者减除附加减除费用后的余额。 2.含税级距适用于由纳税人负担税款的工资、薪金所得；不含税级距适用于由他人(单位)代付税款的工资、薪金所得。
2	超过500元至2000元的部分	超过475元至1825元的部分	10	25	
3	超过2000元至5000元的部分	超过1825元至4375元的部分	15	125	
4	超过5000元至20000元的部分	超过4375元至16375元的部分	20	375	
5	超过20000元至40000元的部分	超过16375元至31375元的部分	25	1375	

续表 1-19

级数	含税级距	不含税级距	税率(%)	速算扣除数	说明
6	超过40000元至60000元的部分	超过31375元至45375元的部分	30	3375	
7	超过60000元至80000元的部分	超过45375元至58375元的部分	35	6375	
8	超过80000元至100000元的部分	超过58375元至70375元的部分	40	10375	
9	超过100000元的部分	超过70375元的部分	45	15375	

1994年起个体工商户的生产、经营所得和对企事业单位的承包经营、承租经营所得税对照表适用

表 1-20　　单位:元、%

级数	含税级距	不含税级距	税率(%)	速算扣除数	说明
1	不超过5000元的	不超过4750元的	5	0	1.本表含税级距指每一纳税年度的收入总额,减除成本,费用以及损失的余额。 2.含税级距适用于个体工商户的生产、经营所得和对企事业单位的承包经营承租经营所得。不含税级距适用,他人(单位)代付税款的承包经营、承租经营所得。
2	超过5000元至10000元的部分	超过4750元至9250元的部分	10	250	
3	超过10000元至30000元的部分	超过9250元至25250元的部分	20	1250	
4	超过30000元至50000元的部分	超过25250元至39250元的部分	30	4250	
5	超过50000元的部分	超过39250元的部分	35	6750	

1994年起劳务报酬所得税累计税率对照表

表 1-21　　单位:元、%

级数	每次应纳税所得额	税率(%)	速算扣除数
1	不超过20000元的	20	0
2	超过20000元至50000元的部分	30	2000
3	超过50000元的部分	40	7000

1994年3月,国家税务总局、财政部下发了《关于个人所得税若干政策问题的通知》对独生子女补贴,执行公务员工资制定未纳入工资总额的补贴、津贴差额和家属、成员的副食补贴、差旅费津贴、误餐补助、托儿补助等不计入个人所得税征税。当年,临澧县始将个人所得税单列收入132万元。

1998年4月1日,国家规定对个人购买体育彩票一次中奖收入不超过10000元的,免征个人所得

税，超过10000元的全额征收20%个人所得税。

2005年10月7日，第十届全国人大常委会第十八次会议通过《关于修改个人所得税法的决定》，规定“工资、薪金所得，以每个月的收入额减除1600元后的余额，为应纳税所得额”（自2006年1月1日起执行）。当年，临澧县征收个人所得税369万元。

1987年至2009年，临澧县共征收个人所得税（含个人收入调节税）6614.80万元，年均征收275.67万元。

1949~2009年临澧县所得税收入统计表

表1-22 单位：万元

项目/年份	合计	所得税分类							
		工商所得税	集体企业	国营企业	私营企业	个体工商	利息所得税	企业所得税	个人所得税
合计	11414.61	1020.22	724.20	828.08	8.70	27.30	0.31	2191.00	6614.80
1949	5.01	5.01							
1950	6.65	6.65							
1951	8.67	8.67							
1952	0.38	0.38							
1953	1.85	1.85							
1954	19.85	19.85							
1954	0.07						0.07		
1955	2.89	2.80					0.09		
1956	5.98	5.93					0.05		
1957	3.10	3.05					0.05		
1958	3.59	3.54					0.05		
1959	1.55	1.55							
1960	7.15	7.15							
1961	26.88	26.88							
1962	61.38	61.38							
1963	52.26	52.26							
1964	35.55	35.55							
1965	35.97	35.97							
1966	20.91	20.91							
1967	15.99	15.99							
1968	24.33	24.33							

续表1-22

项目 / 年份	合计	所得税分类							
		工商所得税	集体企业	国营企业	私营企业	个体工商	利息所得税	企业所得税	个人所得税
1969	28.17	28.17							
1970	9.46	9.46							
1971	7.55	7.55							
1972	15.38	15.38							
1973	31.83	31.83							
1974	44.18	44.18							
1975	61.76	61.76							
1976	71.21	71.21							
1977	并入工商税								
1978	66.05	66.05							
1979	39.25	39.25							
1980	22.23	22.23							
1981	48.67	48.67							
1982	59.58	59.58							
1983	231.48	53.24		178.24					
1984	182.70	52.26		130.44					
1985	140.00	69.70		70.30					
1986	149.20		100.00	47.50		1.70			
1987	163.60		104.60	58.10		0.80			0.10
1988	121.50		48.60	69.30		2.50			1.10
1989	124.80		57.50	57.00		3.90			6.40
1990	115.40		47.70	52.90	5.70	2.00			7.10
1991	167.60		105.80	48.30	3.00	2.40			8.10
1992	149.00		61.00	68.00		10.00			10.00
1993	269.00		199.00	48.00		4.00			18.00
1994	412.00							280.00	132.00
1995	504.00							229.00	275.00
1996	585.00							218.00	367.00

续表1-22

项目 年份	合计	所得税分类							
		工商所得税	集体企业	国营企业	私营企业	个体工商	利息所得税	企业所得税	个人所得税
1997	670.00							200.00	470.00
1998	666.00							155.00	511.00
1999	556.00							58.00	498.00
2000	611.00							62.00	549.00
2001	950.00							350.00	600.00
2002	382.00							22.00	360.00
2003	332.00							19.00	313.00
2004	381.00							54.00	327.00
2005	425.00							56.00	369.00
2006	427.00							64.00	363.00
2007	495.00							92.00	403.00
2008	656.00							140.00	516.00
2009	703.00							192.00	511.00

八、奖金税

1984年6月，国家发布了对国营企业开征奖金税的《奖金税暂行规定》。规定企业全年发放的奖金额，除发明奖、合理化建设奖、特定原材料节约奖外，就其超过国家规定标准原部分计算征收奖金税。企业全年发放奖金未超过标准工资4个月的免征奖金税，超过4个月至5个月的部分，征收奖金税的税率为30%；超过5个月至6个月的部分，征收奖金税的税率为100%；超过6个月的部分，征收奖金税的税率为300%。原缴纳的奖金税，从企业职工奖励基金中开支。临澧县于1989年开始征收，当年，计征1.30万元。

1985年8月和1985年9月，国家又发布了对集体企业和事业单位的《奖金税暂行规定》，1985年11月，国务院公布《国营企业工资调节税暂行规定》，主要以企业为纳税义务人，除缴纳奖金税的外，按增发工资总额，超过核定上年工资总额7%的，采用超额累进税率征收，一般水平为：超过上年工资总额7%~12%的部分纳税30%；超过12%~20%的征税100%；20%以上的部分征税300%。当年，临澧县对集体单位和国企奖金税实际征收只2.60万元。临澧县分别于1989年、1991年对集体企业和其他单位征收奖金税为0.10万元、1.20万元。

1989年至1993年，临澧县征收各种奖金税17.40万元。其中：1991年至1993年征收事业单位奖金税1.30万元；1989年至1991年，征收集体企业奖金税2.10万元；1990年至1993年，征收国营企业奖金税5.80万元;其他奖金税8.2万元。1993年12月25日,国务院批转国家税务总局工商税制改革实施方案中取消奖金税。1994年始,奖金税并个人所得税。

1989~1993年临澧县奖金税收入统计表

表1-23 单位:万元

年份	奖金税	其中			
		国企	集企	事业单位	其他
合计	17.40	5.80	2.10	1.30	8.20
1989	1.30		0.10		1.20
1990	6.00	2.20	1.80		2.00
1991	3.10	0.60	0.20	0.30	2.00
1992	2.50	1.00			1.50
1993	4.50	2.00		1.00	1.50

九、屠宰税

屠宰税是向屠宰牲畜的单位和个人征收的一种税。此税由地方管理,其征收范围主要是屠宰牲猪、菜牛、羊及马、驴、骡、骆驼等七种牲畜,因老、弱、病、残失去耕作能力或运输能力,经批准宰杀的,也属于屠宰税的征收范围。

临澧县建县初,清雍正七年(1729年),只纳牲畜交易税,不纳屠宰税。凡牲畜交易按时价抽税3%。光绪三十四年(1908年),临澧县署牲畜交易税废止,新开办屠捐,由屠户承包,当年,缴税5600串,其他年份无统计资料考证。

民国6年(1917年)7月,取消屠捐,开征屠宰税,宰牛1头,征洋1元(法币,下同),宰猪1头,征洋四角,宰羊一只,征洋1角5分。民国9年(1920年),县设专局,税率增加。民国10年(1921年)1月,局撤,又由县署兼办。民国18年(1929年)3月,县财政局长兼任湖南省临澧县税征处主任,屠宰税归省征收,地方截留,税率大增,岁收屠宰税银圆1440元。民国20年(1931年)达银圆3522元。民国28年(1939年),牛每头又征银圆到五元,猪征到三元,羊征到一元。民国29年(1940年)十月,由于物价增长,又改订屠宰税率。牛每头增征到六元七角,猪增征到四元,羊增征到一元三角。民国31年(1942年)11月,实行屠宰税新制,依院颁屠宰税征收通则,从价课征。民国34年(1945年),对牛、猪、羊从价征收到10%,护城、新安、合口、团山等四乡划为自征区,其余各乡为包征区。民国35年(1946年),岁收屠宰税已达81730.55元(旧币)。后因人力不敷,多数乡镇实行公开标征。民国37年(1948年),岁收屠宰税68000元。

清末、民国时期临澧县屠宰税收入统计表

表1-24　　单位:银圆、旧币万元

年　份	收　入	年　份	收　入
光绪三十四年(1908年)	5600元(串)	民国28年(1939年)	3950元(银圆)
民国2年(1913年)	62000万元(法币)	民国29年(1940年)	5300元(银圆)
民国6年(1917年)	65000万元(法币)	民国30年(1941年)	5200元(银圆)
民国9年(1920年)	73000万元(法币)	民国31年(1942年)	6120元(银圆)
民国10年(1921年)	85000万元(法币)	民国32年(1943年)	64157.28万元(旧纸币)
民国18年(1929年)	1440元(银圆)	民国34年(1945年)	72643万元(旧纸币)
民国20年(1931年)	3522元(银圆)	民国35年(1946年)	81730.55万元(旧纸币)
民国22年(1935年)	3550元(银圆)	民国37年(1948年)	68000万元(旧纸币)
民国25年(1936年)	3720元(银圆)		

新中国建立初期,1949年,废除民国屠宰税旧制,临澧县按《华中屠宰税征收暂行办法》,对猪、牛、马、骡、驴、羊等六种牲畜,属城关、合口、新安、停弦渡及自征墟地的地方,一律按实际重量从价计征10%;不属自征的农村屠宰铺和农民自养自宰分售以及实行包征的地方,按标准重量(即:猪100市斤;牛250市斤;羊25市斤;马、骡、驴各为150市斤)从价计征10%,肉均按市场价折收代金。对自养、自宰、自食的免征,凡属耕畜、运输畜、种畜、乳畜、孕畜、幼畜不许宰杀。1950年12月19日,政务院发布了《屠宰税暂行条例》规定对屠宰猪、牛、羊等牲畜者征收屠宰税。当年,临澧县征收3.82万元。1951年,临澧县当年征收9.78万元。1952年7月起,屠宰牲畜应纳税金合并计征13%;1953年1月,国家修改税率,凡商业出售的,税率为13%,农民自养自宰出售者按10%计税,城镇居民、机关、团体、学校、部队出售的亦征13%。计税价格一律改按当地实际售价计征;1954年,国家对生猪实行派购,由收购单位按收购总金额缴纳13%的屠宰税,凡出售猪肉或调拨时均不再纳税。1955年,县政府为了鼓励农民积极交售国家的派购生猪,每头派购猪免税猪肉8市斤,当年,临澧县免税猪肉重量104000市斤,免纳税金0.73万元,实际征收8.37万元。

1956年,对牛的屠宰的计税标准重量调整为水牛300市斤,黄牛180市斤,税率提高到18%;1957年7月,政府为了奖励发展牲畜,一是提高牲畜收购价格;二是对猪、羊、牛、马、骡、驴的屠宰一律降低税率,对自养自宰自食的按当地牌价计征8%的屠宰税,同时,取消每头派购猪免猪肉8市斤的照顾。同年8月,为照顾农民过好传统节日,实行自养自宰自食的生猪限量免税,春节期间,猪每头免税肉15市斤,端午、中秋节期间每头猪免税肉8市斤。当年,临澧县屠宰税征收8.69万元。

1959年,屠宰税改为定额征收,对收购、派购和向外省市及境外调拨的生猪,其屠税率按牲畜的收购价一次征收10%的屠税。当年,临澧县屠税征收5.95万元。

1961年,屠宰税恢复从量征收,税率为8%。1963年对合作商店和私商屠宰牲畜按实际销售价计税,税率不变。通过集市高价出售的,另征集市交易税。农民自养自宰自食和出售牲畜恢复定额征收,每头猪征税6元、羊每只征税1.2元。节日期间,免纳50%。嗣后,凡属商业经营的,每头猪计征3%的屠税,农民自养自宰上市出售的每头猪征3.8元的屠税,再征5%的交易税。当年,取消传统节日减免的规定,当年,实际征收3.61万元。1965年10月起,定额征收的屠宰税,猪每头减征1.8元。1967年,猪每头征税3.2元。1973年,经营畜肉的企业应纳的屠宰税并工商税内征收。机关、团体、学校、企事业等集体伙食单位及个人宰杀牲畜,实行定额征收,每头猪3元,羊0.30元,牛与其他大牲畜视同猪每头3元。

1978年3月,省对地方征收的屠宰税上交调整为上交省50%,地方留50%,用于发展集体养猪事业。当年,临澧县屠宰税收入5.15万元。

1980年,根据省政府指示对自养、自宰、自食或出售的生猪免征屠宰税5个月,国营商业部门收购生猪免征4个月的屠宰税。1985年,取消生猪派购政策,收购猪、牛、羊一律在收购地缴纳产品税、宰杀牲畜自食的缴纳定额屠宰税,屠宰商按照定额宰杀牲畜每头缴纳屠宰税10元。当年,临澧县征收屠宰税17.85万元,比1984年增长26.86%。

1987年7月1日起,屠宰税征收工作由乡镇税务所移交乡镇财政所征管。征收实行定额征收,每头猪6元,羊3元,其他大牲畜比照猪每头6元。统一采用由省财政厅监制的3元、6元定额式票,复写式票,加盖财政部门公章后征收。当年,全县屠宰税征收14.70万元。

1993年1月起,根据湖南省财政厅《湘财农税字〔1993〕8号》通知,全县屠宰税由财政部门征收改由税务部门征收。临澧县于当年1月起,屠宰税由财政部门的征收和相关票证移交给税务部门。当年,屠宰税征收14.00万元,与1992年基本持平。

1994年1月1日,湖南省人民政府发布《湖南省屠宰税征收办法》规定:屠宰税包括宰杀或者收购牲畜征收的税。凡在湖南省境内宰杀或者收购猪、牛、马、羊、骡、驴(以下统称应税牲畜)的单位和个人,均应按规定缴纳屠宰税。单位和个人自养自宰自食应税牲畜,由其在宰杀环节缴纳屠宰税。单位或个人收购应税牲畜,其收购环节应缴的屠宰税,可以由单位或个人在收购时缴纳,也可以由饲养户代收代缴。凡在收购环节缴纳了屠宰税的,在宰杀时不再缴纳。宰杀或收购环节征收屠宰税的标准:猪每头12元(其中乳猪每头3元);牛每头20元(其中毛重不足150元/公斤的,每头14元);马、骡、驴每头20元;羊每只10元。免征的对象:军队和武警部队和少数民族因民族节日等自养自宰自食的,当年,临澧县执行省标准,由于全县养殖业迅速发展,乡村百、千头猪场蓬勃兴起,屠宰税增至28.00万元,比1993年增长100%。

1997年,全县征收屠宰税为91万元,1998年,达到100万元,1999年,制止税款摊派,明确“五不准”:不准税务部门参加地方摊派会议;不准发放摊派税票;不准将摊的款项作屠宰税入库;不准层层增加屠宰税任务;不准将屠宰税任务层层分解到村、组和农户。到2000年为300万元。比1999年100万元增长2倍。比1997年增长229.67%。2002年4月28日,临澧县根据中共中央、国务院指示精神取消屠宰税。1949至2001年,临澧县征收屠宰税1467.12万元,年均征收27.68万元。

1949~2001年临澧县屠宰税收入统计表

表1-25 单位:万元

年份	屠宰税	年份	屠宰税	年份	屠宰税
1949	0.42	1968	17.89	1987	14.70
1950	3.82	1969	16.31	1988	10.40
1951	9.78	1970	19.96	1989	9.20
1952	9.95	1971	22.25	1990	10.90
1953	13.90	1972	24.26	1991	17.80
1954	14.16	1973	3.85	1992	15.00
1955	8.37	1974	4.10	1993	14.00
1956	8.69	1975	4.98	1994	28.00
1957	8.72	1976	3.44	1995	36.00
1958	3.66	1977	3.96	1996	50.00
1959	5.95	1978	5.15	1997	91.00
1960	3.89	1979	12.01	1998	100.00
1961	3.61	1980	11.72	1999	91.00
1962	13.71	1981	11.26	2000	300.00
1963	24.47	1982	10.77	2001	210.00
1964	36.12	1983	6.86	2002	停征
1965	33.82	1984	14.07		
1966	21.05	1985	17.85		
1967	19.14	1986	15.20	合计	1467.12

十、盐税

盐税是中国古老的税种之一。是以盐为征税对象,从量定额征收的一种税。临澧不产盐。清道光以前,临澧食安、梁盐。清同治五年(1866年),划为川、淮盐销区。1970年以后增加部分湘澧盐至今。

盐税按明初《纲法》课征,盐商司历代世袭。清道光十一年(1831年),废《钢法》,立《票法》,认票不认商,凡贩卖食盐,照票按《票法》课税。同治五年(1866年),改《票法》为《票本》,按票计引,按《票本》计税。每票五百引,每引课盐厘库平银四两八钱零七毫。光绪年间,盐税分为正课与杂款(即附加)两项。正课:淮盐每引(200公斤)课银一两一钱七分,川盐每引(即:陆引200公斤、水引250公斤)课银三两零五毫。杂款无定额。

民国建立初期,盐政仍循清制,专商继续存在。民国2年(1913年),国民政府公布《盐税条例》,

每百市斤课税银3元;4月1日起,改分两道征税,于起运时先征银一元五角,课之均税,到岸后再缴银三元,课之岸税。民国9年(1920年),始课盐税附加,每百市斤银一元五角。民国22年(1933年),征收军用加价税,每百市斤银一元。民国26年(1937年),每百市斤增加外债附加银三角,整理费银三角,建设专款银一元,中央附加银三元,民国27年(1938年),每百市斤又加公益费银一角。民国28年(1939年),又加省政府加价一元。民国29年(1940年),又加公益费银三角。其间八年,每百市斤课税银11.60元。民国30年(1941),盐税改为从价计征,税率为30%(即每百斤计征销税55元),另还有省府加价1元,偿本费8元。民国31年(1942年),改盐税称专卖利益,每百市斤课征税65元,又征省府附加税1元,偿本费8元,公益费1元,整理费1元,管理费7元,共为83元。民国32年(1943年),每百市斤正税增加到90元,管理费增加到20元,共为121元。当年10月,又开征食盐战时附加税每百市斤3元。民国33年(1944年),改尝本费为14元,公益费改称盐工福利费为5元,管理费改为50元,当年,省府附加停征,另征国军副食费1000元,当年,每百市斤税额共1160元。(旧币下同)民国34年(1945),正税税率每百市斤又调整为110元,开征战时附加税3000元,偿本费25元,管理费增为300元,每百市斤正附等共为4440元。民国35年(1946年),取消国军副食费和战时附加税,每百市斤正附税仍提高到7000元。民国36年(1947年),为配合"经济紧急措施方案",追赶物价,每百市斤盐税调整到征法币10万元,民国37年(1948年)3月,又调高到法币35万元,民国38年(1949年)4月,继续调整税率,淮盐每百市斤征金圆券45816元;川盐19636元,四月二十三日,不分食盐产地每百市斤改征银圆二元,省府加价银五角。七月二十二日起,川、淮两盐提高税率,淮盐每百市斤征银圆8元,川盐5.6元,省府另加价1.50元。

新中国成立后,1950年,政务院作出了《关于全国盐务工作的决定》,将盐税并入工商税中,从价征收,其税率为3%至5%。临澧县人民政府为了减轻赋税,稳定市场物价,取消旧政府实行多层次重复征的高税政策,按照政务院的规定,把盐税并入工商税内统一征收,其税率为3%~5%。由盐业部门代收。5月,确定每百市斤食盐课税中等米80市斤,9月,按50%课征,1951到1957年,临澧县征收盐业工商税税率稳定在3%~5%。临澧县1958年以前,盐税收入未列入县财政地方预算。用于支持农业生产,按田亩面积配发指标,销售给农民浸种、消毒,耕牛、食用盐实行补助,并不征税。1958年7月1日起,盐税由税务机关征收。

1959年起,对动用储备盐和改变用途的免税盐补税。以芦、滩、青盐的工、农、牧、渔业用盐移作食用盐销售,每50公斤工业盐补税8.60元,农牧业用盐补税5.16元,渔业用盐补税6.50元,土硝盐补税5.10元。当年,临澧县盐税收入1.74万元,始列财政预算。

1963年10月起,每50公斤工业盐补税1.75元,渔业用盐补税1.29元。1981年1月起,每50公斤工业用盐补税7.52元,农牧业用盐补税4.48元,渔业用盐补税5.77元。工业用盐移作农牧业用盐,渔业用盐移作农牧业用盐每50公斤,分别补税3.04元、1.75元(1970年后临澧县食湘澧盐至今)。

1984年根据财政部通知,对工业用盐的减免税作了如下调整:生产酸碱用盐,制革工业用盐,减90%征收;肥皂工业用盐减半征收;冶金、染料、制冰、冷藏、陶瓷、玻璃、医药及其他工业用盐恢复按全额征收。

1992年12月8日,国家税务局根据国家物价局《关于提高盐价的通知》确定对牧业用盐减税的规定停止执行。1993年分税制改革后，将盐税并入资源税征收。

临澧县不是产盐区，只对用盐单位和盐业经营单位征税。1959年至1992年(其中停征3年)，临澧县征收盐税收入96.81万元，年均征收3.12万元。

1959~1992年临澧县盐税收入统计表

表1-26　　单位：万元

年份	盐税	年份	盐税	年份	盐税
1959	1.74	1971	0.12	1983	
1960	0.52	1972	0.02	1984	
1961	0.49	1973	0.15	1985	5.68
1962	0.04	1974	0.04	1986	9.40
1963	0.04	1975	0.08	1987	13.60
1964	0.51	1976	0.15	1988	1.90
1965	0.20	1977	0.19	1989	36.30
1966	1.45	1978	0.07	1990	8.60
1967	1.19	1979	0.12	1991	12.10
1968	0.55	1980	0.09	1992	1.00
1969	0.20	1981	0.06	1993	并入资源税
1970	0.21	1982		合计	96.81

十一、印花税

印花税始于清光绪三十三年(1907年)。民国元年(1911年)10月，国民政府颁布《印花税法》，临澧县于民国2年(1913年)8月始推行，当年征收3000元(银圆)，到民国6年(1917年)已成临澧要税。其税率表34类，征收有差，凡发货票、银钱货物收据、账单等银钱3元以上者帖印花一分，依次递增。民国17年(1928年)3月，划印花税为国税。民国22年(1933年)，临澧县施行印花税税率为：凡发货票钱货物与各类收据，数额1~9.9元者，贴印花税一分，10~99元贴二分，100～499元贴四分，500-999元贴一角，1000~4999元贴二角五分，5000~9999元贴五角，10000~49999元贴一元五角，50000元以上不加贴。(贴花见花絮票证，1938年印花税票)民国35年(1946年)，印花税率又有调整。民国36年(1947年)，临澧县印花税收入6000元(银圆)。

民国时期临澧县个别年份印花税收入表

表:1-27　　单位：银圆

年份	收入	年份	收入
民国2年(1913年)	3000	民国22年(1933年)	4800
民国6年(1917年)	3800	民国36年(1946年)	6000

新中国建立后，临澧县继续开征印花税。1950年12月，政务院正式公布了《印花税暂行条例》。1951年1月，临澧县按财政部发布《印花税暂行条例施行细则》。条例规定：凡商事、产权等行为所书立或使用的凭证应交纳印花税。凭证书立人，领受人或使用人为纳税义务人。应税凭证计有发货票、银钱收据、账单等25种，税率有按全额比例贴花和按定额贴花两种。印花税以凭证出售人、领受人或使用人为纳税义务人，依照条例税率表在凭证上贴用印花税票。印花税票除自售外，委托临澧邮局代售，其印花税征收范围是资本账、营业簿习、账簿、销售发票，资本账按资金额每千元贴花3元；营业簿习、账簿每本每年贴花5角；销售发票按货价每千元贴花3元。1952年，临澧县征印花税4.59万元，1953年，税制改革时根据简化的原则，对印花税进行修正，原税目25个减少为16个，减少的9个税目分别并入工商业税、货物税、商品流通税征收。印花税税率分别采用比例税率和定额税率，比例税率最高为1‰，最低税率为0.3‰。定额税率每年为5元。1955年，临澧县征收印花税9.06万元。1956年，印花税进一步简化。1958年，实行第二次税制改革时，财政部将印花税并入工商统一税。1988年9月29日，财政部发布了《印花税暂行条例实施细则》，规定对合同或者具有合同性质的凭证，产权转移书据、营业账簿、权利许可证照征收印花税税目共13种，税率比例税率一般为万分之三至万分之五，定额税率按账簿、证照每件5元贴花（贴花见花絮票证，1988年印花税票）。对财产所有人赠给政府，学校和社会福利单位所立书据等经财政批准的其他凭证免征印花税。当年，临澧县印花税收入5.20万元。2008年9月19日起，经国务院批准，财政部决定对证券交易印花税政策进行调整，由现行双边征收改为单边征收，即对卖出方（或继承赠予A股、B股股权的出让方）征收证券（股票）交易印花税，对买入方（受让方）不再征税。税率仍保持1‰，临澧县当年，征收印花税261.00万元。1949年至2009年，临澧县征收印花税2350.41万元，年均征收75.82万元。

1949~2009年临澧县印花税收入统计表

表1-28　　单位：万元

年 份	印花税	年 份	印花税	年 份	印花税
1949	0.81	1959~1987	停征	1997	119.00
1950	3.95	1988年复征	5.20	1998	119.00
1951	4.20	1989	11.10	1999	125.00
1952	4.59	1990	10.60	2000	97.00
1953	0.69	1991	10.90	2001	100.00
1954	7.20	1992	10.00	2002	120.00
1955	9.06	1993	17.00	2003	122.00
1956	3.97	1994	41.00	2004	135.00
1957	1.89	1995	59.00	2005	150.00
1958	1.95	1996	110.00	2006	150.00

续表1-22

年 份	印花税	年 份	印花税	年 份	印花税
2007	259.00	2009	280.00		
2008	261.00			合计	2350.41

十二、消费税

消费税是国家为体现消费政策,对生产和进口的应税消费品征收的一种税,属于流转税范畴。

烟、酒税始于清代,临澧县自乾隆以后开始课税。咸丰初至光绪中叶,按普通百货抽收厘金。一般值百抽三或百抽五。光绪二十年(1894年),为朝廷筹措海军练兵经费,又于厘金外,另课值百抽二的税捐,由县征解。光绪二十六年(1900年),继加三成,实为值百抽十。此后,县署因人力不敷,改用议定岁征数额,招商承包。

民国元年(1912年),税制、税率依旧。但由于烟、酒业的发展,烟酒税已成为临澧县一项重要税收。民国4年(1915年),实行官方督察,招商承办,酌收押款,并给予经理执照的官督商销方法。民国10年(1921年),税率为每钱一串,征洋8角2分4厘。民国17年(1928年),以时价17%为定率,费解并征。民国20年(1931年)后,烟、酒并入营业税内,由县税捐处统一征收。

新中国成立后,烟、酒税并入工商税内。按历年国家统一调整的工商税率统一征收。

1993年12月13日,国务院颁布《中华人民共和国消费税暂行条例》,规定:(一)凡是在中华人民共和国境内生产、委托加工和进口应税消费品的单位和个人,都是消费税纳税义务人。(二)消费税征收范围包括:特殊消费品如烟、酒、鞭炮、焰火;奢侈品、非生活必需品,如贵重首饰、化妆品;高能耗消费品,如小汽车、摩托车;不可再生的稀缺资源消费品,如汽油、柴油;普通消费品,如护肤护发用品。

1994年,国家税制改革时,在对货物普遍征收增值税的基础上选择小数额消费品再征收一种消费税。国家规定从1999年1月1日起,除对香皂仍按5%税率征收消费税外,其他护肤护发品税率统一由17%降为8%。2001年1月1日起,对香皂、子午线轮胎、翻新轮胎停止征收消费税,其他轮胎继续按10%税率征收消费税。同年国家规定调整酒类产品消费税。(一)调整粮食白酒和薯类白酒消费税率,由原来的比例税率调整为定额税率和比例税率。定额税率:粮食白酒和薯类白酒每斤(500克)0.5元;比例税率:粮食白酒25%,薯类白酒15%。(二)调整啤酒消费税单位税额。1.每吨啤酒出厂价在3000元以上的,单位税额250元/吨;2.每吨啤酒出厂价在3000元以下的,单位税额220元/吨。娱乐业、饮食业自制啤酒,单位税额250元/吨。2001年,国家规定调整卷烟产品消费税政策,由原来的综合平衡税率调整为定额税率和比例税率。定额税率为每标准箱(50000支)150元;比例税率:每标准条(200支)调整拨价在50元以上的税率为45%;调拨价格在50元以下的税率为30%。现行消费税税目共有11类27种。税率最高的是卷烟(45%);最低最小容量越野车和小客车(3%);临澧县未单独征收上述商品消费税,该税统计在商品营业税中。2008年12月财政部、国家税务总局颁布了《中华人民共和国消费税暂行条例实施细则》(自2009年1月1日起施行),条例实施细则规定,纳税对象是指企业、行政单位、事业单位、军事单位、社会团体及其他单位以及个体工商户和其他个人。对应税消费品有新的规定:①委托加工的应税消费品直接出售的,不再缴纳消费税。②委托个人加工的应税消费品,由委托方收回后缴纳消费税。条例实施细则规定,实行从量定额方法计算应纳税额的应税消费品,计算单位的换算标准为(黄酒1吨=962升,啤酒1吨=988升,汽油1吨=1388升,柴油1吨=1176升,航空煤油1吨=1246升,石脑油1吨=1385升,溶剂油1吨=1282升,润滑油1吨=1126升,燃料油1吨=1015升)。1996年临澧县始征消费税7万元(1994年~1995年未征),1994至2009年临澧县征收消费税300万元全额上划中央,年均上划18.75万元。

1994~2009年临澧县征收消费税统计表

表1-29　　　　单位:万元

年份	上划中央消费税	年份	上划中央消费税	年份	上划中央消费税
1994		2000	6.00	2006	8.00
1995		2001	5.00	2007	24.00
1996	7.00	2002	5.00	2008	51.00
1997	7.00	2003	5.00	2009	161.00
1998	5.00	2004	5.00		
1999	6.00	2005	5.00	合计	300.00

十三、文化娱乐税

文化娱乐税是对经营文化娱乐的单位及组织举办文娱演出团体,就其售票收入或收费金额征收的一种税。电影、戏剧及娱乐,原是特种消费行为税的一个税目。

该税起源于清光绪三十四年(1908年)戏院捐。民国时期称为筵席及娱乐税。1950年1月,全国统一征收"特种消费行为税"。1953年修正税制时将"特种消费行为税"改为"文化娱乐税"。1956年5月3日,经全国人民代表大会常务委员会第35次会议通过,由毛泽东主席签署公布《文化娱乐税条例》,5月4日,财政部公布了《文化娱乐税条例实施细则》,在全国施行。当年5月起,把电影、戏剧区分开,取消开征地区限制,实行城镇农村一律征收,并且按城乡人口多寡,分类分级订定税率。临澧县适用丙、丁、戊三级税率,电影为15%、10%和5%;戏曲、话剧、歌剧、舞蹈、音乐、曲艺、杂技为6%、4%和2%。同年5月起,对戏曲、杂技等7个项目予以免税二年照顾。1958年5月后,临澧县新成立的戏剧团体免税一年。当年,临澧县始征文化娱乐税(电影税率5%,戏曲税率2%)0.06万元。1966年9月起,临澧县停征文化娱乐税。

十四、交易税

交易税是对产品的交易行为按成交额征收的一种税。1950年至1985年,临澧县交易税征收85.07万元。

(一)牲畜交易税。牲畜交易税清初议行。临澧县建治后,买卖者按时价3%纳税,至光绪三十四年(1908年),开办屠捐取代牲畜交易税。

民国2年(1913年),临澧县复征牲畜交易税时,称入市税,凡入集市交易牲畜交易都要交税,税率为3.5%。民国12年(1923年),将牲畜交易税划为直接税,税率依旧。民国22年(1933年),改为分称牛捐、猪捐。猪捐从价征3%,牛捐从价征2%。民国34年(1945年),复称牲畜交易税,不分猪、牛,一律从价课征5%,后增至7%。

新中国成立后,1950年,临澧县根据《全国税收实施要则》,牲畜交易税列入集市交易税中开征。1951年,临澧县根据中南军政委员会颁布的《牲畜交易暂行办法》,开征牲畜交易税,凡猪、牛、羊、马、骡、驴等牲畜发生交易成交后,由购买者向所在税务机关交纳税款,税率为5%。起征点为一头。对幼猪一头在40市斤以下者,幼牛一头在80市斤以下实行免税,1952年,对农民为了生产需要直接互换的牲畜,持乡人民政府证明,免纳交易税。当年,临澧县征收牲畜交易税3.36万元。

1953年,牲畜交易税从集市交易税中分出,成为独立税种,税率依旧,对灾区灾民持证到非灾区购买牲畜予以免税。1954年,停征猪羊牲畜交易税,其他续征,1957年,为了鼓励繁殖牲畜,不论直接购买或委托代购的种畜,持有区、乡级证明者均免税。1958年,临澧县牲畜交易税停征。1965年11月至1982年,临澧县税制简化,继续保留其税种(停征)。1983年2月,根据《湖南省牲畜交易税实施细则》,临澧县全面恢复征收交易税至1985年。1950年~1985年,临澧县部分年份牲畜交易税收入37.94万元。

(二)集市交易税。1949年以前,农民入集市交易土特产品,经由行商收取佣金或由行商收购转卖。政府不另课税,商人可随意囤积居奇,从中渔利。

新中国成立后,临澧县县人民政府为取缔奸商投机,管好市场,1950年,始征集市交易税。按其品种,一般课征交易税2%或3%,当年,征收0.52万元。1953年,临澧县将粮食、土布交易税并入货物税内,棉花交易并入商品流通税,药品交易税停征。征收集市交易税的只有畜禽、水产品、干鲜果品,家庭手工业品等部分产品。1958年至1959年,只开征个别品种。1960年,又停征。1962年4月,按《湖南省集市交易税试行办法》,临澧县恢复开征集市交易税,凡在集市、圩场出售家禽、家畜、蛋品、肉类、水产品干鲜果品、土特产品、家庭手工业品等农副产品的单位和个人,都要按销售金额计算交纳集市交易税。起征点为10元。税率为:家庭手工业产品为5%;其他均为10%。通过贸易贷栈成交的,减征应征税额的30%,当年,全县征收10.11万元。1963年,临澧县调整集市交易税的起征点和减征比例,起征点由原来的10元减7元。通过贸易商行成交的减征由30%改为50%,农村基层生产队完成国家统一派购任务后出售的自产品减免应征税额的20%,农村集体和个人上市出售的工业品和手工品起征点予以取消。当年征收10.07万元。1965年至1981年,临澧县集市交易税停征(税种保留)。

1982年夏,尊省政府决定,临澧县复征集市交易税。税率为5%,当年征收0.76万元。1986年,临澧县停征牲畜和集市交易税,同时,部分生产者的产品转移到农业特产税中征收。贸易流通环节的转移到增值税。

1950年至1985年,临澧县部分年份集市交易税收入47.13万元。

1950~1985年临澧县部分年份交易税统计表

表1-30 单位:万元

年份	合计	牲畜交易税	集市交易税	年份	合计	牲畜交易税	集市交易税
1950	0.52		0.52	1961	0.47	0.47	
1951	8.98	3.36	5.62	1962	13.1	2.99	10.11
1952	6.72	3.36	3.36	1963	10.08	0.01	10.07
1953	13.12	6.59	6.53	1964	2.75		2.75
1954	6.45	2.58	3.87	1982	0.76		0.76
1955	1.13	1.13		1983	11.99	9.81	2.18
1956	0.44	0.44		1984	4.89	3.65	1.24
1957	3	3.00		1985	0.12	0.11	0.01
1958	0.04	停征	0.04	1986	停征		
1959	0.07		0.07				
1960	0.44	0.44		合计	85.07	37.94	47.13

十五、车船使用牌照税

车船使用牌照税是一种使用行为兼收益性质的税。该税起源于清末的车捐和船捐。车捐每辆按月纳捐钱二串二百文三种。光绪二十六年(1900),当十铜圆,每百枚抵当典钱一千文。民国4年(1915年),当二十铜圆每枚抵当典钱二十文,船捐每只载重50石至100石收捐钱400文,100石至200石收捐钱600文,200至400石收捐钱800文。清末,临澧县车、船捐无资料统计。

民国2年(1913年),国民政府继续将车捐、船捐定为18种税之一。民国31年(1942年),废车捐和船捐,合并改征车船使用牌照税。

新中国成立后,临澧县一度停征车船使用牌照税。1956年4月,恢复征收车船使用牌照税,当年征收0.07万元。1973年,试行工商税后,规定征收工商税的企业应交的车船使用牌照税并入工商税。临澧县1956年至1972年,共征收车船使用牌照税1.85万元,当时临澧县无货运汽车,所征该税来自船使用牌照。1973年至1985年,临澧县停征。

1986年9月15日,国务院新颁布的“税收条例”,将车船使用牌照税改为“车船使用税”。规定拥有并使用车船的单位和个人为车船使用税的纳税义务人。当年,临澧县征收0.2万元。1956至2009年,临澧县征收车船(牌照)使用税990.35万元,年均征收29.13万元。

1956~2009年临澧县车船使用税收入统计表

表1-31　　　　　　　　　　　　　　　　　　　　　　单位:万元

年 份	车船使用税	年 份	车船使用税	年 份	车船使用税
合计	990.35				
1956	0.07	1974		1992	15.00
1957	0.12	1975		1993	11.00
1958	0.19	1976		1994	16.00
1959		1977		1995	16.00
1960	0.26	1978		1996	48.00
1961	0.29	1979		1997	40.00
1962		1980		1998	44.00
1963		1981		1999	31.00
1964		1982		2000	30.00
1965		1983		2001	30.00
1966	0.23	1984		2002	52.00
1967	0.22	1985		2003	56.00
1968		1986	0.20	2004	60.00
1969	0.16	1987	10.80	2005	68.00
1970	0.19	1988	13.60	2006	69.00
1971		1989	15.30	2007	98.00
1972	0.12	1990	12.30	2008	120.00
1973		1991	12.30	2009	120.00

车捐钱:指典钱(铜圆),俗称“眼眼钱”。每千枚为一串,即“一千文”。铜圆有当十(俗称单铜壳子)、当二十(俗称夹铜壳子)、当五十(俗称大铜壳子)

十六、房产税

房产税是以房屋为征税对象,按照房产的余值或出租房屋的租金收入,向产权所有人征收的一种财产税。其征税范围包括在城市、县城、建制镇和工矿区征收。不包括农村的房屋。

清末时期,临澧县的房捐开始只对铺户,民住房一律免捐,乾隆年间房捐废止。光绪二十七年(1901年),县署因分担庚子赔款,又复征房捐。

民国时期,国民政府兴办政务,耗费大量资金,为集资中央,划分国、地两税,税目大增多、税大增，民国2年（1913年），临澧县开征的国税有17种；地方税有店捐、房捐等18种之多。嗣后又开征了房屋之特别税。民国12年（1923年），将房屋税、宅地税等划为直接税。民国35年9月12日，临澧县税捐处举办各市镇房捐等，9月12日，又"调整税率，取缔明为住家，暗地堆放货物，或正式贸易而不悬挂招牌，或一行两开，或一照数管"的房主。房铺交易税率百抽三课税。民国36年，临澧县房捐实行税制表征收。课税各体为房屋，课税标准按租价或房屋现行价的5%~10%的税率征收，征收方法由征收机关每年分四季派员征收，征收标准以法币为征收标准，无折合率，行政滞纳罚金及其罚缓办法由当地司法机关裁定。

新中国成立后，1951年，房产税和地产税合并改称城市房地产税。1.其纳税义务人：房产税由产权所有人缴纳。产权属于全民所有的，由经营管理的单位缴纳。产权出典的，由承典人缴纳。产权所有人、承典人不在房产所在地的，或者产权未确定及租典纠纷未解决的，由房产代管人或者使用人缴纳。无租使用其他房产的，由房产使用人缴纳。前款列举的产权所有人、经营管理单位、承典人、房产代管人或者使用人，统称为纳税义务人。

2.房产税计税依据：①从价计征：房产税依照房产原值一次减除10%~30%后的余值，计算缴纳（湖南减除比例统一规定为20%）。其中企业租给职工的住宅暂减征50%的房产税，纳税人对原有房屋进行改建、扩建的，要相应增加房屋的原值。对取得土地使用权支付的价款，开发土地发生的成本费用，即地价款，无论会计上如何核算，均应计入房产原值。宗地容积率低于0.5的，按房产建筑面积的2倍计算土地面积，并据此确定计入房产原值的地价。②从租计征：房产出租的，以房屋租金收入为房产税的计税依据。按房产余值计征的，年税率为1.2%；按租金收入计征的，年税率为12%。

1972年，简化税制，将企业交纳的城市房地产税合并到工商税内征收，但保留城市地产税税种，继续对个人或外侨征收。1984年，改革了工商税制，将城市房地产税分为房产税和土地使用税。在1986年以前为"城市房地产税"，是以城市的房屋土地为征税对象，也是按房价或租价及土地价格向房地产所有人征收的一个税种。

1986年9月，国务院发布了《中华人民共和国房产税暂行条例》，临澧县从当年10月1日起在城关镇、合口、新安三镇及工矿区开征房产税，当年，征税0.50万元。

1988年1月，对房管部门出租的居民住房可暂缓征收房产税。

1990年年底以前，对专门为刑警部队生产武器、弹药、军训器材、部队装备的工厂，专为刑警服务的服务社、招待所免征房产税；对司法部门所属的少管所、劳改工厂、农场管教用房（办公室、警卫室、宿居室、储藏室、食堂、礼堂、图书馆、理发室、医务室等）关押犯人的监狱用房，免征房产税。

2000年1月1日起，对高校后勤实体免征房产税。2001年1月1日，为了配合国家住房制度改革，财政部和税务总局规定对以下几项减征或免征房产税：（一）按政策规定出租的公用住房和廉租住房，包括企业和自收自支的事业单位向职工出租的单位自有住房；房管部门向居民出租的公有住房；落实政策中的带户发还产权并以政府规定租金标准，向居民出租的私有住房等。（二）个人按市场价格出租的居民住房，减按4%的税率征收房产税。2001年7月起，对营利性医疗机构自用房产免征三年房产税，免征期满后恢复征税。2001年10月，对行使国家管理职能的中国人民银行总行所属分支机构自用房，免征房产税。

税目税率规定(简摘):①按房产余值计征的,年税率为1.2%;②按租金收入计征的,税率为12%。对个人出租住房(2009年10月1日起)不分用途。月租金收入1000元以下(含1000元),按4%的综合征收率;月租收入1000元以上,按6%的税率征收。对个人非住房出租税收的综合征收率调整为:租金收入1000元以下者(含1000元),综合征收率为6%(只征6%的房产税);月租金收入1000元以上者,综合征收率为12%(房产税6%,营业税5%,个人所得税1%)。

1986年至2009年,临澧县征收房产税3452.20万元,年均征收143.84万元。

1986~2009年临澧县房产税收入统计表

表1-32 单位:万元

年份	房产税	年份	房产税
合计	3452.20		
1986	0.50	1998	121.00
1987	23.60	1999	130.00
1988	28.50	2000	87.00
1989	30.50	2001	160.00
1990	42.90	2002	170.00
1991	47.20	2003	190.00
1992	54.00	2004	210.00
1993	53.00	2005	230.00
1994	68.00	2006	261.00
1995	97.00	2007	386.00
1996	164.00	2008	398.00
1997	100.00	2009	400.00

十七、建筑税

建筑税是国家为加强基本建设管理控制固定资产投资规模,对自筹基本建设投资和更新改造措施项目中的建筑工程投资征收的一种特定目的税。

其征收对象:对自筹基本建设投资、技术改造项目中的建筑工程投资以及按照规定不纳入国家固定资产投资计划的建筑工程投资征收建筑税,建筑税计税依据是建设项目年度和竣工清算时的实际完成投资额。建筑税采用计划预征、年度结算,竣工结算的征收方法。采用统一的比例税率为10%。

国务院于1983年9月20日发布《建筑税征收暂行办法》，并于同年10月1日起施行。一切国营企业、事业单位、机关团体、部队、地方政府以及所属城镇集体企业，用国家预算外资金、地方机动财力、企业、事业单位留用的各种自有资金、银行贷款以及其他自筹资金安排的基本建设投资、更新改造措施项目中的建筑工程投资以及按规定不纳入国家固定资产投资计划的建筑工程投资为建筑税的征税范围。以上资金使用投资的单位即为纳税义务人。以全部投资额和更新改造措施项目中的建筑工程投资为计税依据按税率10%计征。规定免征建筑税的项目有能源(包括节约能源)、交通、学校、教学设施和医院医护设施的投资；中外合资企业的投资；利用国际金融组织、外国政府贷款进行的项目以及相应配套工程的投资；利用国际组织、外国政府、国外社团和华侨赠款进行的项目及相应的配套工程的投资；经财政部专案批准免征建筑税的投资。1984年，财政部扩大了建筑税的减免范围。

1986年，财政部决定对供水设施、城市排水及污水处理设施、城市煤气设施、城市集中供热设施、城市道路、桥梁设施、城市防洪设施、城市公共交通设施、城市环境卫生设施、城市园林绿化设施建设项目免征建筑税。对年度实际投资完成额超过年度批准计划(包括调整计划)10%浮动范围的项目其超过部分加征10%的建筑税(即按20%征收)。对企业与经济联合体自筹投资建设，不纳入固定资产投资计划的房屋翻修与搬迁的扩大面积，更新改造等，一律征收建筑税。对自筹投资兴办的科研设施、文化馆、学校、医院免征建筑税。当年，临澧县始征建筑税42.80万元。

1987年6月25日，国家为了控制固定资产投资规模调整建设投资结构，有利于集中资金保证国家重点建设，国务院发布了《中华人民共和国建筑税暂行条例》并从1987年7月1日开始执行。1983年发布的《建筑税征收暂行办法》同时废止。临澧县执行至1992年。1993年调整为固定资产投资方向调节税。1986年至1991年，临澧县征收建筑税收入386.40万元，年均55.20万元。

1986~1992年临澧县建筑税收入统计表

表1-33　　单位：万元

年　份	建 筑 税	年　份	建 筑 税
1986	42.80	1991	89.40
1987	54.70	1992	25.00
1988	40.40	1993	停征，改征调节税
1989	52.10		
1990	82.00	合计	386.40

十八、固定资产投资方向调节税

固定资产投资方向调节税是为了贯彻国家产业政策，控制固定资产投资规模，引导投资方向，调整投资结构，加强重点建设，对固定资产投资征收的一种税收。

1991年4月16日，国务院发布了《中华人民共和国固定资产投资方向调节税暂行条例》。同年5月6日，国家税务总局发布了贯彻固定资产投资方向调节税的通知和实施细则。7月，国家计委和国家税务总局又联合发布了实施固定资产投资方向调节税的若干补充规定。1992年，临澧县根据国家产业政策和项目经济规模，实行0%、5%、30%三级差别税率。开征固定资产投资方向调节税，当年征收42万元。

计税依据为固定资产投资项目实际完成的投资额。

1997年，对经批准且国家承认毕业生学历的“培训中心”建设，取得办校许可证的教育机构固定资产投资、高速公路服务区内设施投资，按零税率征收投资方向调节税。

1999年，为了鼓励投资、扩大内需、促进经济发展，中共中央、国务院决定从2000年起，停止征收固定资产投资方向调节税，2002年，临澧县停征固定资产投资方向调节税。

1992年至2001年，临澧县征收固定资产投资方向调节税750万元，年均征收75万元。

1992~2001年临澧县固定资产投资方向调节税收入统计表

表1-34 单位：万元

年份	固定资产投资方向调节税	年份	固定资产投资方向调节税
1992	42.00	1998	70.00
1993	88.00	1999	162.00
1994	98.00	2000	9.00
1995	162.00	2001	3.00
1996	45.00	2002	停征
1997	71.00	合计	750.0

十九、土地增值税

土地增值税是对土地使用权转让及出售建筑物时所产生的价格增值量征收的税种。

国务院〔1999〕第138号文，颁布《征收土地增值税条例》，于1994年1月1日起实施，其征收范围：1.一般规定：(1)土地增值税只对“转让”国有土地使用权的行为征税，对“出让”国有土地使用权的行为不征税。(2)土地增值税既对转让国有土地使用权的行为征税，也对转让地上建筑物及其他附着物产权的行为征税。(3)土地增值税只对“有偿转让”的房地产征税，对以“继承、赠予”等方式无偿转让的房地产，不予征税。不予征收土地增值税的行为主要包括两种：①房产所有人、土地使用人将房产、土地使用权赠予“直系亲属或者承担直接赡养义务人”。②房产所有人、土地使用人通过中国境内非营利的社会团体、国家机关将房屋产权、土地使用权赠予教育、民政和其他社会福利、公益事业。2.特殊规定：(1)以房地产进行投资联营。以房地产进行投资联营一方以土地作价入股进行投资或者作为联营条件，免征收土地增值税。其中如果投资联营的企业从事房地产开发，或者房地产开发企业以其建造的商品房进行投资联营的就不能暂免征税。(2)房地产开发企业将开发的房产转为自用或者用于出租等商业用途，如果产权没有发生转移，不征收土地增值税。(3)房地产的互换，由于发生了房产转移，因此属于土地增值税的征税范围。但是对于个人之间互换自有居住用房的行为，经过当地税务机关审核，可以免征土地增值税。土地增值税实行四级超额累进税率(增值额未超过50%的部分,税率为30%,超过200%的部分税率为60%)。

1997年,临澧县始征土地增值税2万元;2003年5万元,比1997年增长150%。1997年至2009年,临澧县征收土地增值税104万元,年均收入8.67万元。

1997~2009年临澧县土地增值税统计表

表1-35 单位:万元

年份	增值税	年份	增值税
1997	2.00	2004	11.00
1998	2.00	2005	11.00
1999	1.00	2006	10.00
2000	1.00	2007	17.00
2001	2.00	2008	22.00
2002		2009	20.00
2003	5.00	合计	104.00

二十、城镇土地使用税

城镇土地使用税(以下简称土地使用税)是对在城市和县城及建制镇占有国家土地的单位和个人,按使用土地面积定额征收的一种税。1988年以前,临澧收城镇土地使用税收入40万元。

2000年,临澧县划分城镇土地使用税征收范围和征收等级单价标准,当年征收25万元。

2007年,临澧县征收城镇土地使用税收入为98万元,2009年为112万元,分别比1989年增长6.71倍和7.81倍。1989至2009年,临澧县征收城镇土地使用税收入838.90万元,年均征收39.94万元。

1989~2009年临澧县城市土地使用税收入统计表

表1-36 单位:万元

年份	城市土地使用税	年份	城市土地使用税
1989	12.70	1996	30.00
1990	16.70	1997	41.00
1991	15.50	1998	41.00
1992	18.00	1999	22.00
1993	17.00	2000	25.00
1994	33.00	2001	25.00
1995	40.00	2002	34.00

续表 1-36

年　份	城市土地使用税	年　份	城市土地使用税
2003	40.00	2007	98.00
2004	40.00	2008	95.00
2005	40.00	2009	112.00
2006	43.00	合计	838.90

2000 年临澧县城镇土地使用税征收范围

表 1-37　　　　单位:区域

乡　镇	范　围
安福镇(含太平工业园)	东至清水鸭业,西至火车站货场,北至太平工业园北端、南至矮家山。
合口镇	东至高家垱(装饰材料厂),西至合口水电站、北至1836线,南至河码头。
新安镇	东至新安纸业公司、西至蔡家溪桥、南至漫水桥、北至新安火车站。
修梅镇	北至修梅工商所,南至太平工业园北端,西至环球食品饮料厂,东至修梅信用社。
四新岗镇	东至宏澧化工,西至四新岗国土所,南至镇政府,北至烟叶收购门市部。
太浮镇	东至中心小学,西至养路公班,南至镇政府,北至烟叶收购门市部
停弦渡镇	东至农机站,南至卫生院,西至彩瓦厂,北至镇政府。
佘市桥镇	东至3.5万伏变电站,西至原佘市米厂,南至主街道南侧100米,北至主街道北侧100米。

2000 年临澧县城镇土地使用税征收等级标准明细表

表 1-38

乡　镇	土地等级	征收标准(元/平方米)	范　围
安福镇	三级	8	老正街:原百货大楼至十字街口 人民街:九芝堂西侧至街心花园
	四级	6	朝阳街:西至金穗宾馆、东至建设银行; 迎宾路:南至临澧大桥、东至丁玲广场北栋
	五级	5	果品街全线 下河街:十字路口至道水河 上河街:街心花园至十字路口 人民街:街心花园至人民医院
	六级	4	安福路:三校至汽车西站 朝阳街:除四级地段以外的其他地段

续表1-38

乡 镇	土地等级	征收标准(元/平方米)	范 围
	七级	3	迎宾路:丁玲广场北栋至邮政局 安福路:三校至汽车北站 文化街:十字路口至农机局
	八级	2	迎宾路:邮政局至金牛岗棉花仓库 安福路:汽车西站至火车站货场 文化街:农机局至临岗公路 滨河路、二校路、楚园路、红军路、临泉路;建设路、兴隆街、青年路、朱荷路
	九级	1	其他地段
合口镇	六级	4	十字街口:东至合口信用社、西至合口镇政府、北至腾飞路、南至小十字路口(合心路与中横街交汇处)
	七级	3	沿六级地段外延、东至合口油厂、西至东撇桥、北至合口小学、南至河码头
	八级	2	沿七级地段外延,东至高家垱、西至合口交警中队、北至省道1836线
	九级	1	其他地段
新安镇	六级	4	新十字路口:东至新安中心小学,西至新安镇供销社,北至新安信用社,南至新安粮管站。
	七级	3	沿六级地段外延,东至新安龙凤宾馆,西至新安镇卫生院,北至新安国税分局,南至新安镇老十字路口
	八级	2	沿七级地段外延,东至新安圆盘路,西至新安镇樟木桥头,北至新安电信所,南至漫水桥
	九级	1	其他地段
四新岗镇、太浮镇、佘市桥镇、停弦渡镇、修梅镇	十级	0.6	所有地段

二十一、城市维护建设税

1985年2月8日,国务院发布的《中华人民共和国城市维护建设税暂行条例》(以下简称《条例》)规定:缴纳增值税、产品税和营业税的单位和个人,一律缴纳城市维护建设税,以其实际缴纳的上述"三税"税额为计税依据,税率按纳税人所在城区与不在城区划分为规定为三级,市级7%,县城或镇的5%,不在市、县城或镇的1%。同年,湖南省根据《条例》规定,颁发《湖南省城市维护建设税实施细则》,临澧县1986年起执行。城市维护建设税的纳税义务人,是交纳产品税、增值税、营业税的一切企事业单位和个人以及机关、团体、学校、部队等。临澧县按中小型企业和乡镇企业、私人企业分别执行5%、1%两种税率。当年,临澧县征收城市维护建设税34.40万元,主要用于城市的公用事业和公共设施的维护建设。

1994年,税制改革,国家税务总局于同年3月14日下发通知,从1994年1月1日起,城市维护建设税暂按原税率和新颁布的增值税、消费税、营业税"三税"为计税依据计算征收,当年,临澧县征收147万元。

1997年1月1日,财政部、国家税务总局明确,供货企业在向出口企业和外贸企业销售出口产品时,以增值税当期销项税额抵扣当期进项税额后的余额为计税依据计征城市维护建设税,当年,临澧县征收91万元。

2003年11月10日,财政部、国家税务总局下发通知,取消了"对个别确有困难的,可由省、自治区、直辖市人民政府酌情予以减免照顾"的规定,强调除国务院另有规定外,各级财政、税务机关不得自行审批,决定减免城市维护建设税。临澧县当年征收城市维护建设税112万元。

1986年至2009年,临澧县征收城市维护建设税2757.80万元,年均征收114.90万元。

1986~2009年临澧县城市维护建设税收入统计表

表1-39　　　　单位:万元

年　份	城市维护建设税	年　份	城市维护建设税
1986	34.40	1999	106.00
1987	39.90	2000	108.00
1988	49.30	2001	105.00
1989	54.10	2002	110.00
1990	58.60	2003	112.00
1991	59.50	2004	125.00
1992	74.00	2005	164.00
1993	103.00	2006	190.00
1994	147.00	2007	220.00
1995	134.00	2008	249.00
1996	82.00	2009	250.00
1997	91.00		
1998	92.00	合计	2757.80

二十二、资源税

1984年9月,国务院颁发《中华人民共和国资源税条例(草案)》,财政部下发《资源税若干问题的规定》。

根据规定,临澧县1992年始征资源税。1.水利行业耗用石灰石按水泥产量1:1的折算比例征收,水泥产品按销售收入的0.5%附征;2.建筑用未税矿产品(含河沙、卵石、石灰石)资源税一律按工程造价的0.1%附征。当年,临澧县始征收资源税1.00万元。

1993年12月,国务院又重新颁布了《中华人民共和国资源税暂行条例》及其实施细则。条例规定的税目、税额为:

(一)原油。开采的天然油征税,税额为8~30元/吨。人造石油不征税。

(二)天然气。专门开采的天然气和与原油同时开采的天然气征税,税额为2~15元/千立方米。煤矿生产的天然气暂不征税。

(三)煤炭。原煤征税,税额为0.3~5元/吨。洗煤、选煤和其他煤炭制品不征税。

(四)其他非金属矿原矿。税额为0.5~20元/吨,克拉或者立方米。

(五)黑气金属矿原矿。税额为2~30元/吨。

(六)有色金属矿原矿。税额为0.4~30元/吨或立方米(挖出量)。

(七)盐。一是固体盐,税率为10~60元/吨;二是液体盐(卤水),税额为2~10元/吨。

1994年6月,财政部和国家税务总局下发通知,鉴于税制改革后,铁矿石的流转税和资源税负担上升较大,经国务院批准,决定从1994年1月1日起,对独立矿山应纳的铁矿石资源税减征40%,按规定税额标准的60%征收。

1998年4月,国家税务总局印发了《中华人民共和国资源税代扣代缴管理办法》。

2002年2月,财政部、国家税务总局为促进冶金矿山发展,平衡不同类型企业的资源税负担,决定从2002年4月1日起,对冶金联合企业矿山铁矿石的资源税,减按规定税额的40%征收。2003年6月,湖南省政府下达通知将石灰石资源税额由每吨2元调整为每吨0.5~3元,将大理石和花岗石资源税额由每立方米3元调整为每立方米3至10元。当年,临澧县征收资源税42.00万元。2008年征收125万元,2009年,征收200万元,比2008年增长60%。

1992年至2009年,临澧县征收资源税946万元,年均征收52.55万元。

1992~2009年临澧县资源税收入统计表

表1-40　　单位:万元

年 份	资源税	年 份	资源税	年 份	资源税
1992	1.00	1999	23.00	2006	79.00
1993	1.00	2000	31.00	2007	90.00
1994	36.00	2001	35.00	2008	125.00
1995	31.00	2002	40.00	2009	200.00
1996	40.00	2003	42.00		
1997	41.00	2004	40.00		
1998	41.00	2005	50.00	合计	946.00

湖南省资源税税目税率表

表1-41　（2003年7月1日起施行）

税　目	税　额	备　注
煤炭	2.5元/吨	
铁矿石	11元/吨	
其他非金属矿原矿		
1.膨润土	5元/吨	
2.石英砂、高岭土、耐火黏土	3元/吨	
3.大理石、花岗岩	3元/立方米	
4.石灰石、石膏、菱镁矿	2元/吨	临澧县石灰石自2003年7月1日起调整为1.5元/吨
5.硫铁矿、磷铁矿	1元/吨	
6.未列名的其他非金属矿原矿	0.5元/吨或立方米	
其他有色金属矿原矿（磷矿石、雄黄矿石除外）	0.5元/吨或立方米	

第三章　企业收入

民国以前，企业收入称官营事业收入。新中国成立后，企业收入指预算内国营企业上缴利润，有些年份还上交了基本折旧基金，固定资产变价收入，缴回多余流动资金。实行利改税后，企业利润改交所得税和调节税，及后来改称增值税。

清末，临澧县无官营事业收入。民国时期临澧县开始出现官营事业，但规模不大，收入不多，据《临澧县志》载：民国15年（1926年），临澧出洋4000元，入股与邻县津市合办九澧贫民工厂，并派人出任董事会理事，从中分利，始有官营事业收入。民国19年（1930年），县政府在县城水府庙（今城关一完小东南围墙外）开办贫民工厂，资本1.4万元，职工101人，备有织布、织袜、缝纫、印刷等简易设备50多台，年产值1.7万元。这两家官办福利工厂给临澧县的贫民子女提供就业习艺之所，为临澧发展地方工业培养一批技术工人，是当时官营事业收入的主要来源。

新中国建立后，临澧县工商企业有了较大发展，企业收入成了县财政收入的主要来源。1949年至2006年，临澧县企业收入9233.77万元，占同期财政一般预算收入的5.53%。2007年至2009年，企业收入调整到非税收入内。

“一五”时期（1953年~1957年），临澧县新建了县人民机米厂、酿酒厂、石灰厂、印刷厂、榨油厂、纺织厂、电影队、利民企业公司、文化用品商店、新华书店等企业陆续投产，国营商业以临澧贸易公司为主。但由于经验少、底子薄、企业收入不裕。1953年，全县企业收入为0.51万元，作预算收入处理。1954年，企业收入仅4.4万元，已作预算外收入处理上缴财政0.16万元。“一五”时期企业收入4.47万元，年均0.89万元，占同期本级财政预算收入的1.27%。

“二五”期间（1958年~1962年），1958年，是全国的“大跃进年”，临澧县大办工业，大炼钢铁，地方企业发展较快，县办国营企业由1957年的5家发展到13家。由于1959年国营商业企业下放，“浮夸风”，企业产值利润严重虚假，致使企业上缴财政的利润连续三年“猛增”，1960年，企业收入达160.20万元，占当年财政一般预算收入的28.61%。1961年，开始部分企业关、停、并、转，国营铁厂停办，出现严重亏损217万元，企业收入连续三年猛降，当年，企业收入比1960年减少84.73%；1962年、1963年又分别下降48.56%、32.14%。1963年至1965年，国民经济调整时期，企业收入逐年回升。1963年为8.54万元，1964年增到62.24万元，比1963年增长6.4倍；“二五”期间，全县企业累计收入317.43万元，占同期财政一般预算收入的17.43%。“二五”时期企业收入比“一五”时期增长34.82倍。

“三五”期间（1966年~1970年），由于受“文化大革命”的冲击，临澧县部分地方“停产闹革命”，“打派性仗”，工农业生产都遭受到全面影响，特别是工业连续亏损，收入严重滑坡。五年企业累计收入251.16万元，比“二五”时期减20.87%。

“四五”时期（1971年~1975年），临澧县虽企业生产销售出现复苏，工业企业发展到132家，工业产值上升到3097万元，年递增25.9%，利润下降到1.089%。但在5年中有2年企业收入出现负数。1971年，投入生产的铁厂、化肥厂，两家共亏53.70万元，1972年，县新建氮肥厂当年亏39.8万元，加上使企业收入由1971年的盈余96.7万元，到亏10.91万元。5年累计企业收入147.00万元，占同期财政一般预算收入的5.83%。“四五”时期企业收入比“三五”时期减少41.47%。例如：化肥厂1972年停办，亏损136万元；氮肥厂六年连年亏损154.50万元。

“五五”时期（1976年~1980年），临澧县财政先后增加煤炭、肉食等补贴，由于煤矿、农林企业、供销企业连续亏损。如1976年（-34.95万元）、1978年（-18.45万元）、1979年（-45.48万元）3年企业收入共亏损99.24万元，年均亏损33.08万元。1978年，企业无利润上交财政，连续2年财政补贴企业，1978年，财政补贴氮肥企业40万元。1979年，县财政对肉食补贴67.4万元；氮肥厂补贴40万元，磷矿粉厂补贴3.14万元，当年，财政补助合计110.54万元，解决了企业燃眉之机。1980年，商业、供销企业因水灾损失113万元，当年，全县企业收入6.67万元，仅占当年县财政一般预算收入的1.19%。“五五”时期，企业3年亏损99.24万元，2年微利18.32万元，5年盈亏相抵，净亏80.92万元。

“六五”时期（1981年~1985年），临澧县由于认真贯彻执行党中央关于“调整、改革、整顿、提高”的方针，积极推行经济责任制和科学管理方法，工业企业发展到1577家。其中：国营27家、县属集体21家、乡镇集体122家、村及街道集体558家、个体849家，年工业产值猛增到14512万元，年递增19.5%，乡镇以上工业产值利润增到7.45%，双创历史最高纪录。供销企业开始盈利，工业企业亏损减少，商业企业收入成倍增长。企业收入连续四年稳步增长，年均收入超百万（150.19万元），创历史最好水平。其中：1981年，企业收入为127.88万元；1982年为199.89万元，比1981年增长56.31%。1985年，因肉食公司取消生猪统派购，与1984年比减少收入71.7万元，石油、烟草、盐业企业上划，供销企业由国营转为集体企业，减少收入28.6万元，企业收入随之下降，本年企业收入-69.90万元。“六五”期间企业总收入达530.85万元，占同期财政一般预算收入的10.61%。

“七五”时期（1986年~1990年），临澧县执行国家对企业实行“放水养鱼”的优惠政策，企业收入因国家让利于企业有所下降，如1986年，全县企业收入出现负数33.6万元，1987年，全县企业收入开始盈利20.80万元。1989和1990年，国营企业计划亏损补贴达到54万元。其中1989年，财政给国营企业承包收入退库0.5万元。“七五”期间企业收入126.90万元，比“六五”时期减少76.10%。“七五”时期企业收入126.9万元，年均25.38万元。

“八五”时期（1991年~1995年），1991年，临澧县预算内工商业实行第二轮承包，由于全县企业已经形成的各类经济包袱已达5600万元，严重影响企业发展后劲，县财政考虑企业的承受能力和长远发展利益，上缴利润有所减少，当年，企业收入43万元。1992年，县财政采取压缩退库的办法，企业净入库由1991年的43万元增加到47万元，增长9.3%。1994年，企业上缴利润改交所得税，当年调整预算51万元，实收280万元，减去企业亏损补贴7万元，实收273万元，比1993年增长5.07倍。“八五”期间，企业收入663.00万元，占同期财政一般预算收入的3%。

“九五”时期（1996年~2000年），1996年始，临澧县工商企业，无论是县级还是乡、村级、负担重、资金短缺、经济效益没有大的转机，连续三年企业收入下降。1996年245万元，其中：企业所得税218万元，国营企业上缴利润类31万元，国有企业计划亏损补贴类-4万元，实收469万元。比1995年增长115.14%。1996年至2000年，临澧县企业收入1408万元，占同期财政一般预算收入的3.78%；“九五”时期，企业收入比“八五”时期增长1.12倍。

“十五”时期（2001年~2005年），国家对国有企业改革，临澧县更新观念、调整结构、加大了财源建设力度。国有工业企业改为民营企业，企业收入随着税收政策的改革，企业收入主要是税收。随着发展大集团公司企业，争取大项目，突出抓骨干企业、营造良好的经济环境，建设有一定发展前途的支柱产业，当年，临澧县财源建设得到提升，企业收入突破千万元，达到1271万元，比上年增长171%。2005年，企业收入由于调整科目，企业收入所反映的60万元为国有事业单位50万元，其他企业10万元。“十五”时期，企业收入3991.00万元，年均798.20万元，占同期财政一般预算收入的6.22%；比“九五”期间企业收入增长183.45%。

“十一五”时期（2006年~2010年），因《临澧县财政志》书下限断至2009年，故2006至2009年统计，期间中仅有2006年企业收入（国有资产收益）1769万元，为预算的353.8%，比2005年增长1709万元。占当年财政一般预算收入的10.10%（2007年~2009年企业税制改革后企业收入调整为“国有资本经营收入”并入非税收入类征收）。

1949年至2006年，临澧县企业收入共计9233.77万元，年均收入181.00万元。

第一节 上缴利润

民国14年（1925年），中共地下党员胡求仙在县城南门外德正街开设的“爱平书店”兼营石印业务，临澧县始有石印企业，民国24年（1935年），城关镇胡广益书圆盘印刷机一台，为临澧沿印之始。此企业无产值、利润记载。到民国19年（1930年），临澧县办有贫民工厂，但生产设备和技术落后，效益极差，后因资金短缺，企业盈利甚微，于民国32年（1943年），被迫停产整改。

新中国建立后，临澧县地方国营企业上缴利润，随着企业的发展逐步增长。1951年，县人民政府投资6万元，在县城兴办全县第一家国营工厂——人民机米厂，当年实现产值0.48万元。1952年，临澧县工业企业产值达到226万元（旧币），其中：国营工业产值18.60万元，利润总额11.7万元（旧币），其中：国营企业1万元，利润率为2.4%;上交财政利润0.31万元。1953年，企业上缴利润0.51万元，比1952年增长64.5%。

临澧县二轻工业的前身是手工业。1952年，城关、合口、新安的铁匠自愿组合成立生产自救铁业生产部，为当地供销合作社加工铁制农具。1954年，临澧城关镇成立全县第一家手工业生产合作社，职工45人，当年，人均月收入20多元。1957年，临澧县手工业社、组发展到53家922人，年工业产值81万元，税利3.40万元。1958至1960年，有25家转为国营工厂，其余28家下放给当地人民公社。1961年，在落实手工业政策时，手工业社、组调整为63家，职工增到1282人。年均创产值167.50万元，产值利润率6.74%，固定资产增到22万元。

1956年，临澧县投资兴办石灰矿厂、印刷厂、县文化用品事业商店的印刷部等纳入预算内工业企业发展到4家，固定资产18万元，年产值5.15万元。上缴财政利润1.23万元〔其中石灰矿2487元，印刷厂3452元（折旧725元），印刷部3361元（含折旧）〕。

1957年，临澧兴办合口机米厂、石灰厂、酒厂等企业转为国营，预算内企业由5家发展到8家，盈利6家，亏损2家，后因石灰厂出现产品积压，当年中期转给集体经营。职工378人，固定资产增到18.7万元。这些企业工厂生产大米、面粉、粮白酒、石灰等10多个品种，年工业产值增至191万元，利润额由零上升到7.2万元。全年企业上缴财政利润1.92万元。1958年，国家投资临澧县兴办机械厂、纺织厂、印刷厂、铸厂、木炭厂等5家企业。当年，全年工业产值由1957年的150万元增加到615万元，增长3倍；职工由300人增加到10267人。由于搞“大跃进”出现“浮夸风”，导致工业企业利润大大降低，当年，5家工业企业上缴财政利润9.59万元（其中机械厂1.13万元，印刷纺织厂7.34万元，铸厂0.73万元）。同年，邮电事业单位下放到县。

1959至1960年期间，临澧县在大办工业的高潮中新上国营厂矿企业36家，其中，由公私合营转国营的5家纳入预算内企业；2年企业职工增至21416人。固定资产达166.5万元，工业企业大力生产生铁、土钢、土焦、水泥、煤炭、机制纸等20多个产品，年产值585万元。由于受“左”思潮的影响，盲目追求发展速度，导致企业生产利润降低，1959年企业利润为4.42万元（邮电，银行企业），亏损相抵后、净亏180.6万元，工业企业无利润上交。当年，商业企业发展前景较好，商业企业由省级下放纳入县级财政预算，实现利润按70%交县财政，30%上交主管部门。这年，商业企业全年上交县财政利润102.88万元，加上其他企业（上缴利润4.43万），共实现利润108.81万元。1960年，年工业产值1535万元，企业收入160.20万元。商业企业上缴利润148.52万元，除去交通技术改造费用退库1.8万元，扩大工业利润留成退库0.16万元，商业收入提成退库1.89万元（饮食企业利润退库0.25万元、城乡公社商业企业利润提成退库1.19万元、农副产品采购提成退库0.45万元），一般企业亏损退库

3.59万元，合计退库7.44万元。商业企业实际上缴利润141.08万元，比1959年增加38.20万元，同比增长37.13%。

1961至1965年，临澧县国营工业企业在调整、整顿中关停7家，新建2家，所存的11家厂矿中有食品工业企业7家和印刷、机械、电力、轧花4家，职工精简到355人，固定资产137万元，年产值下降到284万元（1964年），1961年，商业企业变更体制，商业、供销、粮食、物资单列，国营企业所属公司为全民所有制性质，继续上缴利润，基层供销社属集体性质，缴纳工商所得税，国营商业上缴利润，除饮食外，全部上缴省财政。饮食企业利润30%留成，70%上缴县财政。1965年，产值上升到468万元，除酒厂亏损4.5万元外，其余10家盈利66.4万元，产值利润率回升到3.8%。当年工业企业上缴财政利润33.83万元。1961至1965年，临澧县企业累计上缴财政利润为131.55万元（其中工业企业上缴利润20.74万元，商业企业上缴利润102.43万元，其他企业上缴利润8.38万元）。

1966年，临澧县企业年产值667万元，实现利润40.06万元，其中：工业利润4.34万元。商业饮食行业利润留成由30%扩大到50%。县以上供销社所属的公司由缴纳工商所得税改为上缴利润。由于受“文化大革命”干扰等诸多因素影响，导致企业不景气。当年，专署安排临澧县供销商业年亏损计划1万元，年度实际执行退库12.62万元。在工业收入中本年（1966）退库1.6万元。〔分析其原因：工业产品调拨价与销售价之间差额悬殊，导致产品利润减少（例：打稻机原每1台调拨价90元，后销售价调为73.9元，每1台减少16.1元；“260型”磨粉机原1台调拨价265元，后销售价调为220元，每1台减少45元。上例是产品调价减少利润的主因）。此外，除供销商业企业亏损外，其他商业企业盈利较多。全年商业企业利润上缴财政决算入库37.53万元，财务决算入库37.98万元。1966年，工业企业利润较少，全年上交财政决算入库数为2.53万元，财务决算交库数为1.64万元，工业企业利润退库0.89万元，当年，全县工商企业利润实际入库22.77万元。〕

1967年至1976年，因受“文化大革命”影响，临澧县工业年产值下降到456万元。特别是1968年至1976年间，县革命委员会成立后，在大办“五小”工业的热潮中，全县增建国营厂矿企业31家，（其中：小钢铁2家，小水泥2家，小化肥2家，小机械3家，小煤窑4家），职工增到2400多人，预算内工业企业有8家，固定资产1200万元，年工业产值1887万元，年递增17.1%；增加合成氮、碳酸氢氨、硫酸、过磷酸钙、发电机、电动机、小拖箱、进排气门等40多种产品；因炼铁、采煤、酿酒、制化肥亏损376万元，全县工业亏71.6万元。铁厂、化肥厂、高家滩煤矿、糖厂等14家企业长期亏损被迫停产。期间有氮肥厂、煤炭、农机三厂、酒厂等企业亏损99.5万元，3个盈利企业交利15.10万元。盈亏两抵净亏67.4万元。氮肥厂亏损退库5.20万元。导致工业企业利润甚微，仅商业企业盈利较多。全年工业企业上缴财政利润决算入库数为1.09万元，财政弥补企业计划亏损25.43万元（其中：工业48955元、商业15692元、农业机械工业27545元、文化企业36536元，第一轻工业19410元、农业企业69706元，文教卫生企业36536元）。1967年，商业企业上缴财政利润44.27万元。年终，财政给商业企业利润退库12.62万元。同年，商业企业实际入库占上缴财政利润的70.83%，财政退库占上缴财政利润的29.17%。1967至1976年，全县工商企业累计上缴财政利润（含企业工商所得税）253.21万元。1976年，企业上缴利润-34.95万元（其中1968至1972年5年工业企业未上缴利润）。

1978年始，贯彻执行中共中央关于“拨乱反正”和“调整、改革、整顿、提高”等一系列方针政策，厂矿调整为27家(省属6家,地属1家、县属20家),职工增到3463人,固定资产增到4357万元,年产值增到153.00万元,年递增11.9%。

1980年,临澧县实行新的财政管理体制,由以前的"统收统支"改为"划分收支、分级包干,分灶吃饭,一定五年"。因此,对企业上缴利润亦相应进行了改革,由过去利润全缴改为年初定上交任务,超缴利润"二八"分成。

当年,县织布厂纳入预算内国营企业,县电器安装公司分成电机修配厂和安装队,预算内工业企业发展到19家,其中:盈利企业10家,工业年产值4163万元(其中国营工业产值578万元),亏损企业7家,保本企业2家。如氮肥厂当年财政补亏40万元,磷矿粉厂补亏3.14万元。县办"五小"企业技术改造资金补贴14.98万元(机械、建材工业)。"五小"企业利润留成3.93万元,商业企业收入虽上交财政为57.39万元,但供销社收入亏9.22万元,无利上缴财政。当年,临澧县企业收入6.67万元。1981年,临澧县开征国营企业资金占用费。当年,缴纳国营企业资金占用费3.6万元。工商企业上缴利润48.67万元(含所得税),共上缴财政利润(含资金占用费)52.27万元。1982年,对企业实行"盈亏包干",对小型商业零售商店实行"经营承包"责任制。当年,工业企业上缴财政利润9.48(含资金占用费),其他企业上缴财政利润59.58万元,共计69.06万元。比1981年增长56.31%。

1983年,国营企业实行第一步"利改税"后,企业不再上缴利润,改为上缴国营企业所得税,当年,临澧县国营企业上缴企业得税171.70万元。1998年至2000年,企业上缴所得税改为"国有资产收益",其间收入为790万元,年均263.33万元,2001年至2006年,国有资产收益调整为"国有资产经营收入",期间收入为5760万元,年均960万元。比前期年增长264.56%。2007年始,国有资产经营收入调整到非税收入类。

1956年至1996年,临澧县企业上缴财政利税1306.22万元,其中:国营企业上缴所得税396.64万元,上缴利润909.58万元。

1952~1982年临澧县国营企业上缴利润统计表

表1-42　　　　单位:万元

年份	金额	年份	金额	年份	金额	备注
1952	0.31	1960	141.08	1968		
1953	0.51	1961	18.59	1973	31.82	
1954		1962	9.46	1974	44.17	
1955		1963	8.40	1975	61.75	
1956	4.86	1964	61.68	1976	71.20	
1957	1.92	1965	32.94	1977		
1958	9.59	1966	39.62	1978	66.50	
1959	107.31	1967	44.27	1979	13.49	

续表1-42

年份	金额	年份	金额	年份	金额	备注
1980	18.30	1982	69.06			
1981	52.27	合计	909.58			

注:1968年~1972年,企业亏损未上缴利润,1983年起,改为上缴国库国营企业所得税

第二节 企业所得税和调节税

企业所得税是对中国境内企业(外商投资企业和外国企业除外)取得的生产经营所得、其他所得和清算所得征收的一种税。

其征税对象(范围):是指企业取得的生产经营所得,其他所得和清算所得。

(一)居民企业的征税对象:居民企业应当就其来源于中国境内、境外的所得缴纳企业所得税。包括销售货物所得、提供劳务所得、转让财产所得、股息红利所得、利息所得、租金所得、特许权使用费所得、接受捐赠所得和其他所得。

(二)非居民企业的征税对象:非居民企业在中国境内设立机构、场所的,应当就其所设机构、场所取得的来源于中国境内的所得,以及发生在中国境外但与其所设机构、场所有实际联系的所得,缴纳企业所得税。

非居民企业在中国境内未设立机构、场所的,或者虽设立机构、场所但取得的所得与其所设机构、场所没有实际联系的,应当就其来源于中国境内的所得缴纳企业所得税。

(三)所得来源的确定:1.销售货物所得,按交易活动发生地确定。2.提供劳务所得,按劳务活动发生地确定。3.转让财产所得。(1)不动产转让所得按不动产所在地确定。(2)动产转让所得按照转让动产的企业或者机构、场所所在地确定。(3)权益性投资资产转让所得按照被投资企业所在地确定。(4)股息、红利等权益性投资所得,按照分配所得的企业所在地确定。(5)利息所得、租赁所得、特许权使用费所得,按照负担、支付所得的企业或者机构、场所所在地确定,或者按照负担、支付所得的个人的住所地确定。(6)其他所得,由国务院财政、税务主管部门确定。

其税率:1.企业所得税其基本税税率为25%。2.低税率为20%。适用于非居民企业(具体内容已上述,略)。3.优惠条件:①符合条件的小型微利企业,减按20%的税率征收企业所得税。②国家需要重点扶持的高新技术企业,减按15%的税率征收企业所得税。③非居民企业在中国境内未设立机构、场所的,或者虽设立机构、场所但取得的所得与其所设机构、场所没有实际联系的,应当就其来源于中国境内的所得缴纳企业所得税,减按10%的税率征收企业所得税。

纳税范围包括:国有企业、集体企业、私营企业、联营企业、股份制企业、其他经营性组织。

湖南省政府规定,小型盈利企业按8级超额累进税率计算交纳所得税;大中型企业适用比例税率,税率为55%;饮食服务行业、营业性宾馆、饭店、招待所,税率为15%;小型企业、县以上供销社适

用8级超额累进税率，最低税率为7%，最高一级税率为55%。小型企业划分标准是：工交小型企业（包括文教、建安、城市公用及商办工业、储运），固定资产原值不超过150万元，年实现利润不超过20万元，商业小型企业，以具备独立核算条件的自然门店为单位，按1982年的数据确定，小氮肥企业生产能力在1万吨以下或虽在1万吨以上而年利润只有20~30万元的，经当地税务机关批准，可减按20%的税率征收所得税。

1983年6月，国营企业实行第一步“利改税”，由上缴利润改为国营企业所得税，国营企业征收所得税。从1983年起，临澧县贯彻国务院颁发的《中华人民共和国集体企业所得税暂行条例》，开征集体企业所得税，按八级累进税率纳税，分10%、20%、28%、35%、42%、48%、53%、55%。最低一级计税所得额1000元，税率10%。最高一级计税所得税税额20万元，税率55%，1983年，全县征收国营企业所得税178.24万元。

1984年，实行第二步“利改税”改革。9月，国务院颁布了《中华人民共和国国营企业所得税条例（草案）》，10月财政部制发《实施细则》，10月1日起试行。凡国营企业从事生产经营所得和其他所得，除另有规定者外，都必须按照条例规定缴纳所得税。国营企业所得税的计税依据是企业所得额。当年，临澧县按照国务院《关于国营企业利改税试行办法》，对45家国营企业实行第二步“利改税”，随着“第二步”利改税的实行，不仅对国营企业征收所得税，而且还征收调节税。全县划为大中型企业的有19家（工业10家、供销2家、商业7家），均按实现利润征收55%的国营企业所得税，征收所得税后的利润，一部分按照国家核定的办法处理。临澧县小型企业有27家（工业9家、供销3家、商业15家），根据实行利润按八级累计税率征收国营企业所得税，税后企业自负盈亏，国家不再拨补。未进行“利改税”的企业有8家（工业3家、供销2家、商业3家），通过测算核定，19家工商企业盈利15家，计税利润94.95万元，平均税率为48.5%，应征所得税46.05万元。实际入库43.06万元，比年初测算计划减少6.49%，除去煤炭价差补贴17.6万元之后，实际财政入库所得税为25.46万元。27家商业，计税利润138万元，平均税率为56%，应征所得税77.28万元，实际入库64.17万元，由年初计划上缴利润77.28万元，减少到实际上交所得税64.17万元，下降了16.96%，当年，全县商业企业所得税实际入库64.17万元，占“利改税”测定数的83.03%，比1982年增长7.7%。当年，共征收国营企业所得税130.44万元，1985年征收70.3万元（集体企业所得税1985年未单列）。1985年，石油、烟草公司上划，物资、药材公司下放到县，供销社企业按第二步“利改税”政策，不再上缴企业所得税，改为缴纳工商所得税。当年，定为大中型工商企业19家（工业8家，供销5家，商业6家），同样按照第二步“利改税”政策规定，以1983年的利润为基数，参考1984年企业实际完成情况，通过测算核定，19家工商企业盈利14家，计划计税利润143万元（工业43万元、商业85万元，其他企业15万元），应缴工商所得税78.65万元，平均税率为55%，年终，实际入库税额为69.7万元，比年初计划减少11.41%，除去县肉食企业亏损22.30万元之后，仅剩下利润56.35万元，剔除企业亏损退库43.5万元（肉食退库21.5万元，县氮肥厂退库10万元，牛角垭煤矿退库12万元）财政实际入库工商所得税仅为3.9万元，比1984年减少93.97%。1985年，县国营企业20家，其中：县经委直属预算内企业10家，部门工业10家，职工2814人，其中：县经委2315人，部门工业499人，工业总产值3389万元（1980年不变价），其中：经委预算内企业2754万元，部门工业635万元；实现利润323万元，其中：县经直预算内企业139万元，部门工业

184万元；上缴税金153万元，其中：经直预算内企业124万元，部门工业29万元。当年，全县工业总产值15266万元；国营企业缴交工商所得税69.7万元；国营企业上缴利税80.3万元，其中：工业企业所得税41.4万元，商业企业所得税15.5万元，其他企业9.9万元，上缴税后利润13.5万元。

1985年，临澧县开征国营企业调节税，当年收入2.6万元，1986年，征收调节税为-1.1万元。

1987年，临澧县未征收调节税。建立企业内部经营机制，企业承包经营责任制，县耐火材料厂、机械厂、水泥厂、织布厂、印刷厂、酒厂、冷冻厂、物资系统（9户）、百货大楼、副食品公司、五交化公司、百纺公司、木材公司等预算内国营企业统一实行承包经营责任制，承包形式以上缴利润递增包干为主，承包期限为2~3年。当年，临澧在“利改税”基础上，对实现目标利润管理，即以独立核算单位计算，在完成财政计划任务之外，确定一个上交目标利润，一方面按照税务部门“利改税”政策照章征收所得税，另一方面年终由财政按照超交数额给予一次性奖金，5万元以下的奖超收的30%，5万元至10万元奖40%，10万元以上奖50%。企业所得税奖用于改善职工福利或奖励给个人，奖励到个人不征奖金税。同年7月，临澧县国营企业统一实行工资总额与企业效益挂钩的承包经营责任制，预算内大中型企业实行“包死基数，确保上交，超收自留，歉收自补，一定3年”的承包办法，企业按承包合同上缴财政入库，按利改税办法进行结算。1987年至1989年，临澧县10家预算内工业企业中有8家实行经营承包责任制，采取“定额包干”承包形式。三年来，除氮肥厂、酒厂两家企业经济效益不佳外，其余6家企业连续3年均完成了承包上缴财政收入（利税）分别为1987年46.40万元，1988年49.9万元，1989年56.20万元。

1987~1989年临澧县预算内工业企业承包上缴利税统计表

表1-43 单位：万元

厂名	承包形式	净上缴财政所得税、利润、调节税			备注
		1987年	1988年	1989年	
机械厂	定额包干	12.30	12.30	12.40	资料源于财政决算表。“所得税、利润、调节税”原始资料未分开。
氮肥厂	定额包干				
建材	定额包干	12.30	15.60	19.30	
耐火厂	定额包干	3.30	3.30		
水泥厂	定额包干	12.30	12.30	19.30	
轻工	定额包干	3.10	3.10	2.60	
印刷厂	定额包干	3.30	3.30	2.60	
酒厂	定额包干				
合计	152.70	46.60	49.90	56.20	

1989年，国营企业统一实行工资总额与企业效益挂钩，国营企业上缴利税大幅增长，当年上缴利税20.00万元，比1988年增长了4.15倍。1989至1991年，共上缴税后利润115.20万元，1992年，上缴

税后利润大幅上扬，当年上缴47万元。

1994年，国务院将1984年发布的《国营企业所得税条例》和1985年发布的《集体企业所得税暂行条例》及1988年发布的《私营企业所得税暂行条例》同时废止，重新发布了《中华人民共和国企业所得税暂行条例》。企业所得税的义务纳税人包括国有企业、集体企业、私营企业、联营企业、股份制企业和有生产经营所得的其他组织。纳税人的应纳所得税额，按应纳税所得额为年度收入总额减去准予扣除项目后的余额。其他如独立核算的宾馆、饭店、招待所、旅游车(船)、公司等，仍按15%的税率征收国有企业所得税。临澧县1995年上缴利税30万元；1996年为31万元；1997年为177万元，比1996年增长4.7倍。

1998年，国有企业上缴利税改为国有资产经营收益，当年，收入107万元；1999年，收入222万元。

2002年4月，工商企业的行政主管部门撤并，临澧县商业局被撤，企业改制重组。2006年，临澧县国有、集体企业全部改为股份制、个体、民营和私营企业。向国家缴纳企业所得税和增值税，国有、集体企业不复存在。

1983年至1997年，临澧县征收国营企业所得税869.78万元。

1983~2009年临澧县企业所得税及国有资产经营收益统计表

表1-44 单位：万元

年份	企业所得税	国有资产经营收益	备注	年份	企业所得税	国有资产经营收益	备注
1983	178.24		始征企业所得税	1995	30.00		
1984	130.44			1996	31.00		
1985	70.30			1997	177.00		征企业所得税截止年份
1986	47.50			1998		107.00	1998年始改征国有资产经营收益
1987	58.10			1999		222.00	
1988	69.30			2000		473.00	
1989	20.00			2001		1271.00	
1990	27.20			2002		463.00	
1991	27.70			2003		1032.00	
1992	3.00			2004		1165.00	
1993	无			2005		60.00	
1994	无			2006		1769.00	

续表1-44

年份	企业所得税	国有资产经营收益	备注	年份	企业所得税	国有资产经营收益	备注
2007	1569.00			2009		20.00	
2008	72.00			合计	869.78	8223.00	

第三节 国有资产经营收益

国有资产经营收益是指国家凭借对国有资产的所有权所获得的利润、租金、股息、股利和占用费等。1995年,县国资办对56家企业进行了清产核资,固定资产总额为15162万元。

当年,为进一步加强国有资产管理,国家预算收支科目取消"国有企业上缴利润"科目,增设"国有资产经营收益"类级科目。国有资产经营收益包括的具体内容有:国有企业上缴的税后利润;国有资产转让收入;有限责任公司、股份有限公司、联营企业、港澳台商投资企业、外商投资企业中国有资产经营收入;私营企业占用国有资产应上缴纳收益;补交以前年度欠交的调节税;其他国有资产经营收入。

1999年7月,国资局属下成立"临澧县富源资产投资经营有限公司",在企业改革中收购4家企业,资产总额1650万元,协助县政府融通调剂资金3800万元。2001年该公司协助县政府推行企业改制重组,其中实行破产"买断"33家;股份制改造28家;重组企业有216家。共处置不良资产2450万元,解决500名下岗职工再就业。

截至2009年,该"公司"累计盘活资产2410万元,实现租赁收入2240.50万元,处置收入850万元,资产总值达到10346.16万元,增值8000万元。

1998年至2009年,临澧县国有资产经营收益为8223万元,年均收入685.25万元。

第四节 国有企业计划亏损补贴

计划亏损补贴包括列入国家亏损计划的政策性亏损补贴,对亏损产品、商品的定额补贴和价格补贴。1979年《湖南省小氮肥企业定额补贴试行办法》规定,每吨氮肥补贴额分为6个等级,1等5元,2等10元,3等20元,4等30元,5等40元,6等50元。按核定的补贴定额实行补贴后,企业实际发生的亏损总额少于补贴定额的节余部分,全部留给企业使用;实际亏损总额超过补贴定额的,其超过部分按"二八"分担,即80%由财政退库拨补,20%由企业自行消化;凡已经实现盈利企业不实行补贴,对其盈利实行留成办法,按全年实现的利润总额20%上交国家财政。如对猪皮补贴由每市斤0.3元提高到0.65元,各厂收购猪皮标准,手工剥皮每张重量不超过5.25公斤,机械剥皮每张重量不得超过

8.5公斤。凡供销商业系统所属肉食水产公司经营的猪、牛、羊、蛋和水产品由于收购价格提高，市场销售价格暂不变动所增加的亏损，不列入企业亏损，由财政部门单独补贴。凡商业局系统所属肉食水产公司经营的家禽（包括活、冻家禽）以及供销社、外贸负责市场销售的家禽不列入企业经营亏损，由财政补贴。全省补贴标准：地购地销鸡、鸭每只补贴0.7元，城市调入供应鸡、鸭每只补贴0.8元；地购地销鹅每只补贴1.45元，城市调入供应鹅每只补贴2.45元，冷冻白条禽分别按76%出肉率。每50公斤另加4元冷藏费折算单位补贴额。对粮油统购价格提高后因销价不高而增加的亏损，粮食企业不再列入企业亏损，改为增设国家批准价差补贴预算科目，由省财政在该项目内单独补贴。每担补贴：一般稻谷2.05元，糯谷2.3元，大米2.95元，糯米3.4元，绿豆7元，大豆8元，其他豆4元，面粉3.4元，其他粮食2.1元，茶油28元，菜油21元，花生油25元，精菜油15元，其他油25元。粮食企业每月按实际销售数量计算，填制国家批准的从头补贴汇总表，报当地利润监交机关审核同意后，直接由省金库退库。至于超购粮油加价（即议价购进部分）的补贴列入中央财政预算中央金库退库。对煤炭出厂价格提高后，市场民用煤销价不变，经营部门提价前后购销差价，由财政部门补贴。从本年新棉上市起，收购价格提高后而销价不变所发生的调价价差实行财政补贴，每月按实际供应量和上级核定的单位补贴定额计算出应补贴的金额，于月后10月内填制退库书，从地方财政收入中退库。

1979年至1985年，临澧县由于粮油统购价格提高后因销售不变而增加亏损，国家财政给予政策性价格补贴额达271.30万元，其中：棉花价差补贴12.8万元、煤炭补贴131.30万元、工业品价格补贴22万元、商业补贴22.30万元、肉食蛋品补贴67.4万元、其他补贴15.50万元。

1979~1985年临澧县企业亏损、分项政策性价格补贴情况统计表

表1-45　　　　单位：万元

年份	合计	棉花价格补贴	煤炭补贴	肉食蛋品补贴	工业补贴	商业补贴	其他补贴
1979	67.40			67.40			
1980	25.10	4.60	20.50				
1981	23.93	3.43	20.50				
1982	25.27	4.77	20.50				
1983	18.60		18.60				
1984	17.60		17.60				
1985	93.40		33.60		22.00	22.30	15.50
合计	271.30	12.80	131.30	67.40	22.00	22.30	15.50

1963年，临澧财政始对国有企业实行计划亏损补贴3.92万元，1965年补贴21.00万元，比1963年增长4.35倍。1986年，因物价等因素影响，县财政给予氮肥、食品等企业计划亏损补贴84万元，其中给予县氮肥厂补贴资金47万元。1995年至2000年，连续6年每年给予企业亏损补贴4万元。2001年停止补贴。1963年至2000年，临澧县国有企业计划亏损补贴资金746.32万元，年均实际补贴24.07万元。

1963~2000年临澧县国有企业计划亏损补贴资金统计表

表1-46 单位:万元

年份	国有企业计划亏损补贴	年份	国有企业计划亏损补贴	年份	国有企业计划亏损补贴
1963	3.92	1977	20.00	1991	30.00
1964	4.76	1978	40.00	1992	24.00
1965	21.00	1979	67.40	1993	3.00
1966	4.89	1980	25.10	1994	7.00
1967		1981	23.93	1995	4.00
1968		1982	25.27	1996	4.00
1969		1983	18.60	1997	4.00
1970		1984	17.60	1998	4.00
1971		1985	93.40	1999	4.00
1972	25.00	1986	84.00	2000	4.00
1973	27.15	1987	39.70	2001	停止补贴
1974		1988	36.70		
1975		1989	26.90		
1976	25.00	1990	28.00	合计	746.32

第四章 其他收入

其他收入是财政收入的一个组成部分,包含的收入项目繁杂多变,零星分散,涉及面广,收入不稳定,在财政一般预算收入中所占比重也是因年而异,比重较小。临澧县其他收入自清末、民国时期,一般不为人们重视,故史料不齐,数字亦不完整。主要有公产收入、规费收入、罚没收入。

新中国成立后,临澧县的其他收入从1949年至1984年,有公债收入、规费收入、公产收入、罚没收入、赃款、赃物收入和其他杂项收入。1985年起,临澧县其他收入主要有罚没收入、专项收入和规费收入,罚没收入及赃款退回赃物变价收入;其他杂项收入等;1989年,始收预算调节基金;1991年起,有社会保障(保险)基金收入;1995年起,有行政性收费收入;1998年起,征收土地有偿使用收入,当年征收58万元。1949年至2009年,临澧县其他收入77400.04万元,年均1268.85万元。

1949~2009年临澧县其他收入统计表

表1-47 单位:万元

年份	合计	罚没收入	行政性收入	专项收入	土地有偿收入	保险基金	调节基金	公债收入	其他收入	其中			
										规费收入	公产收入	罚没退赃	其他杂项
合计	77400.04	19124.00	33614.00	5855.90	1772.00	3473.30	81.30	14.13	13465.41	3.40	22.53	1142.09	12297.39
1949	3.47								3.47				3.47
1950	18.79								18.79				18.79
1951	2.67								2.67				2.67
1952	0.50								0.50				0.50
1953	0.70								0.70	0.05	0.42	0.04	0.19
1954	10.56								10.56	1.69	3.76	0.05	5.06
1955	12.96								12.96	0.26	5.74	0.12	6.84
1956	8.81							6.20	2.61	0.10	1.45	0.27	0.79
1957	11.69							5.58	6.11	0.15	0.44	0.07	5.45
1958	24.90							2.35	22.55	0.02		0.07	22.46
1959	2.94								2.94	0.01		0.05	2.88
1960	1.10								1.10			1.07	0.03
1961	16.10								16.10		0.05	2.46	13.59
1962	3.13								3.13	0.10	0.42	1.69	0.92
1963	6.82								6.82	0.84		1.05	4.93
1964	3.87								3.87	0.18	0.12	1.05	2.52
1965	4.17								4.17		0.13	0.47	3.57
1966	8.25								8.25			0.34	7.91
1967	1.88								1.88			0.48	1.40
1968	0.71								0.71			0.48	0.23
1969	1.01								1.01			0.46	0.55
1970	0.50								0.50			0.25	0.25
1971	0.01								0.01				0.01
1972	0.54								0.54				0.54
1973	1.29								1.29			0.99	0.30

续表1-47

年份	合计	罚没收入	行政性收入	专项收入	土地有偿收入	保险基金	调节基金	公债收入	其他收入	其中			
										规费收入	公产收入	罚没退赃	其他杂项
1974	-0.38								-0.38			-0.38	
1975	0.64								0.64			0.25	0.39
1976	0.07								0.07			0.05	0.02
1977	0.01								0.01				0.01
1978	0.00												
1979	-0.04								-0.04			-0.04	
1980	3.14								3.14			3.14	
1981	7.47								7.47			1.93	5.54
1982	6.77								6.77			6.77	
1983	7.93								7.93			6.30	1.63
1984	5.06								5.06			4.21	0.85
1985	11.10			0.30					10.80			10.80	
1986	47.50								47.50			44.80	2.70
1987	32.10			2.00					30.10			30.10	
1988	62.60			40.60					22.00			22.00	
1989	106.50			41.70			13.10		51.70			33.70	18.00
1990	161.60			54.90			16.40		90.30			86.90	3.40
1991	617.60			81.40		396.30	18.80		121.10			121.10	
1992	705.00			93.00		464.00	17.00		131.00			131.00	
1993	890.00			125.00		480.00	8.00		277.00			242.00	35.00
1994	854.00			139.00		260.00	5.00		450.00			384.00	66.00
1995	1325.00		720.00	163.00		379.00	3.00		60.00			2.00	58.00
1996	2057.00		1085.00	228.00		681.00			63.00				63.00
1997	2154.00		1093.00			813.00			248.00		10.00		238.00
1998	1606.00	1090.00	228.00	180.00	58.00				50.00				50.00
1999	2194.00	1429.00	457.00	185.00	60.00				63.00				63.00

续表1-47

年 份	合计	罚没收入	行政性收入	专项收入	土地有偿收入	保险基金	调节基金	公债收入	其他收入	其中			
										规费收入	公产收入	罚没退赃	其他杂项
2000	2436.00	1550.00	512.00	180.00					194.00				194.00
2001	2850.00	1287.00	648.00	140.00					775.00				775.00
2002	4074.00	1568.00	1765.00	148.00					593.00				593.00
2003	5199.00	1792.00	2376.00	180.00					851.00				851.00
2004	6383.00	1556.00	3587.00	164.00					1076.00				1076.00
2005	9644.00	1692.00	6434.00	327.00					1191.00				1191.00
2006	8911.00	1764.00	3881.00	286.00					2980.00				2980.00
2007	8813.00	1445.00	2969.00	230.00	761.0				3408.00				3408.00
2008	8812.00	1956.00	4547.00	1460.00	609.00				240.00				240.00
2009	7276.00	1995.00	3312.00	1407.00	284.00				278.00				278.00

第一节 罚没收入及赃款、赃物收入

罚没收入是指工商、税收、海关、公安、司法等国家机关和经济管理部门按规定依法处理的罚款和没收品收入，以及各部门、各单位依法处理追回的赃款和赃物变价款收入。

清末，民国时期，临澧县罚没收入无统计资料可考证。新中国建立后，罚没收入也是一项经常性收入，主要包括公安、司法、工商、交通、物价、林业、环保、卫生、税务等部门在执法过程中，对违纪违法单位或个人在经济上的处罚款，同时包括贪污盗窃、受贿、人员退缴的赃款赃物和违纪违法案件依法追回的赃款收入和赃物变价等收入。

1953年，临澧县始有罚没及退赃变价收入在预算收入中体现，当年收入0.04万元。1980年起，临澧县财政加强对罚没及赃款退缴和赃物变价收入的管理，全县统一印制罚没收据，并制定了必要的管理制度。当年收入3.14万元。1985年，突破十万元，达到10.80万元。1991年突破百万元，达到121.10万元。1996年起，临澧县罚没及赃款退缴和赃物变价收入，并入行政性收费收入中。1998年，全县实行综合预算，取消主管部门包干经费，罚没收入单设款，同时，赃款退缴赃物变价收入并入罚没收入，当年，临澧县罚没收入突破千万，达1090万元。2009年，罚没收入1995万元，比2008年增长1.99%。

1953年至2009年，临澧县罚没及赃款赃物收入20266.09万元，年均397.37万元。其中：1953至

1995年，罚没及赃款退缴赃物变价收入1142.09万元，年均29.28万元，1998年至2009年，罚没收入19124万元，年均1593.67万元。

第二节 行政性收费收入

行政性收费是国家行政机关以及其他单位在依法行使职权的过程中，按照法律、法规，向单位和个人收取的管理或服务费用。行政性收费收入内容繁多。临澧县行政性收费始于1956年，当年收入16.94万元，未纳入预算内管理。1978年至1982年，主要集中在民政、公安、工商、建筑、房地产管理、卫生、司法等7大类，54个项目，大部分是证照审检费、工本费、工商管理费、诉讼费等。1983年以后，中央、省、市给县级政府自主权扩大，为筹集资金出台了不少收费办法，使得收费项目不断增加收费部分不断增多，收费范围相应扩大，收费标准日渐提高。到1993年，中央和省市出台的收费项目达400多个，执收部门和单位有75个，大部分具有行政管理职能的党政机关和事业单位，都有相应的收费项目。1994年之前，未设立行政性收费收入科目。

1995年，取消“规费收入”科目，设立“罚没收入”。行政性收费收入类科目下设司法、公安、民政、工商、劳动、海关和其他7款，临澧县的行政性收费收入由新成立的“非税收入征收管理局”征收，实现“收支两条线”，纳入财政预算管理，当年，行政性收费收入720万元。1996年，达到1085万元，比1995年增长50.69%。2003年，突破两千万元，达到2376万元，2004年，突破三千万元，达到3587万元，比2003年增长50.97%。2005年，高达6434万元，比2004年增长79.37%。2006年，临澧县行政性收费收入下降至3881万元，比2005年下降2553万元，下降65.78%，2009年，下降至3312万元，比2008年又下降37.29%。

1995至2009年，临澧县的行政性收费收入33614.00万元，年均2240.93万元。

第三节 专项(专款)收入

专项收入是指国家为特定的事业或项目建设需要所征收的财政收入。1983年和1984年，分别征有排污费16300元和8148元，列在其他收入内决算。1985年，财政部为了便于预算执行分析，设“专款收入类”科目，主要有排污费收入、教育费附加收入、水资源费收入、公路交通运输管理费收入等4项。这些收入一般都是专款专用，在财政决算中作为列收列支项目。当年专款收入0.30万元。1992年，将“专款收入类”科目改为“专项收入类”科目，当年专项收入93万元(排污费52万元，教育附加41万元)。

1997年，排污费收入90万元、教育费附加收入101万元，已列入政府性基金预算收入内。2008年，临澧县专项收入突破千万元，达到1460万元。1985年至2009年临澧县专项收入5855.90万元，年均244万元。

一、排污费收入

排污费收入是对直接向环境排放污染物的单位和个体工商户及个人征收的用于环境保护的专项资金收入。1981年7月1日，湖南省政府颁发《湖南省超标排污收费和污染环境罚款暂行规定》，决定对企业、事业单位超过国家规定标准排放的污染物，按照排放污染物的数量和浓度收取超标排污费，对违反环境保护法规的行为予以罚款。超标排污费和污染环境罚款由当地环保部门依照排污费征收标准进行征解。所征收的排污费收入主要用于环境保护专用基金，在建设银行专户储存，坚持专款专用，80%返还交费排污单位作为治理污染补助资金，10%用于环境污染综合防治，10%作为环保部门排污收费的监测仪器设备、交通、试剂等业务费用。从1983年1月1日起，临澧县依据国家调整的预算科目，将征收的排污费纳入预算内管理，作为环境保护补助资金，按专项资金管理不参与体制分成，污染环境罚款，按被罚隶属单位，上交同级财政（中央单位上交省财政）。1983年3月，国家将环保部门征收入库的排污费收入作为地方预算收入，在其他收入类，以"征收排污费收入"科目列收，当年收入16300元，1984年，征收排污费8148元。1985年始，列入专款收入类，当年，征收0.3万元。

2003年11月28日，湖南省物价局、财政厅、环境保护局、经济贸易委员会（2003）122号文转发《国家发展计划委员会、财政部、国家环保总局、国家经贸委排污费征收标准管理办法》，进一步加强对排污费征收、使用的管理。从2003年7月1日起施行。1982年，国务院发布的《征收排污费暂行办法》同时废止。临澧县从2003年起扩大了对排污费的征收面，对直接向环境排放污染物的单位及个体工商户和个人，必须按照国家和省、市、县的有关规定缴纳排污费，排污费纳入财政预算，作为环境保护专项资金管理，全部用于环境污染防治，当年，临澧县征收90万元，比2002年增加30万元，增长50%。2005年，达到196万元，比2004年增加132万元。

1985年至2009年，临澧县征收排污费收入1641.60万元（其中1997年90万元，列到政府财政基金收入中），年均征收71.37万元。

1985~2009年临澧县排污费收入统计表

表1-48　　单位：万元

年　份	排污费收入	年　份	排污费收入
合计	1641.60	1997	列基金中
1985	0.30	1998	90.00
1986		1999	90.00
1987	2.00	2000	90.00
1988	40.60	2001	60.00
1989	41.70	2002	60.00
1990	41.00	2003	90.00

续表1-48

年 份	排污费收入	年 份	排污费收入
1991	46.30	2004	64.00
1992	52.00	2005	196.00
1993	58.00	2006	148.00
1994	70.00	2007	90.00
1995	75.00	2008	96.00
1996	90.00	2009	50.00

二、教育费附加

为贯彻落实《中共中央关于教育体制改革的决定》,加快发展地方教育事业,扩大地方教育经费来源。1986年,国务院制订颁发《征收教育附加的暂行规定》,临澧县从1986年7月1日起施行。对缴纳产品税、增值税、营业税的单位和个人,征缴教育费附加,其税率为税额的1%,并按专项资金管理,留归全县教育部门统筹使用,当年,临澧县征收13.90万元。至1989年年底,临澧县教育附加未纳入预算管理。

1990年6月,国务院发布《关于修改〈征收教育附加的管理规定〉的规定》,将教育附加纳入预算管理。同年8月,湖南省财政厅决定,为便于预算管理和数字衔接,全省从1991年1月1日起实行。临澧县教育附加按省厅决定纳入预算,按"先收后支、列收列支、收支平衡"的原则进行管理和使用,年初,县财政按收支相等的数额编制预算,在预算执行中,按收入情况安排支出给教育部门。当年,教育附加费提高到2%,分别与增值税、营业税、产品税同时缴纳,当年,收入13.20万元。

1997年,临澧县教育附加收入101.10万元,列财政基金预算中。2000、2001年,临澧县农村中小学全面实施"两基达标"(基本青壮年扫除文盲,基本达到普及九年义务教育),集资统筹建校分别收费962万元、997万元,未纳入财政预算管理。教育附加收入分别为90.00万元、80.00万元。2008年,临澧县教育附加收入增至226万元,比2007年增加86万元,增长61.43%。2009年,教育附加收入科目在其他收入中取消,调整到政府性基金收入类中(当年收入438万元,其中专项补助267万元,上年结余162万元,调入基金9万元)。

1990年至2008年,临澧县征收教育费附加1719.30万元(其中1997年101万元列到政府财政基金收入中),年均征收95.51万元。

1990~2009年临澧县教育费附加收入统计表

表1-49　　　　单位:万元

年 份	教育费附加	年 份	教育费附加	年 份	教育费附加
1990	13.20	1997	列基金中	2004	100.00

续表1-49

年　份	教育费附加	年　份	教育费附加	年　份	教育费附加
1991	35.10	1998	90.00	2005	131.00
1992	41.00	1999	95.00	2006	138.00
1993	67.00	2000	90.00	2007	140.00
1994	69.00	2001	80.00	2008	226.00
1995	88.00	2002	88.00	2009	该科目取消
1996	138.00	2003	90.00	合计	1719.30

三、水资源费收入

湖南省城市水资源费从1982年起由城建部门负责向企业征收，收费标准0.02元/吨，当年，临澧县没有实行。1997年，湖南省决定在全省23个县市（区）开展试点工作，申请取水许可经批准的，除按《湖南省水法实施办法》第21条规定范围免缴纳水资源费外，其余均须向水行政主管部门缴纳水资源费,征收的水资源费交财政部门专项管理用于水资源规划管理、开发利用、涵养保护和城市水源设施的建设,其间，临澧县不属试点县市，未征收水资源费。临澧县2008年始征收水资源费859万元，2009年，征收1092万元，比2008年增加233万元，增长27.12%。两年，共计1951万元。

四、公路交通运输管理费

临澧县公路交通运输管理费只有2008、2009年征收，分别为279万元、265万元，共544万元。

第四节 国有土地有偿使用收入

清朝，民国时期，临澧县大量土地私有，政府只有少量公产田地，其收入无资料统计。

新中国建立后，临澧县人民政府在1950年，将从旧政府接收的公产田地就近租给农民耕种，收取稻谷，当年，共出租土地8514.71亩，年收稻谷106.5万市斤。

1954年起，废止政府公有土地出租，改施行行政划拨，就近划拨给高级社。1956年，临澧县各类公产（包括田地）纳入集体经济或改归国有。当年收入1.45万元列公产收入内。

1988年5月19日，《中华人民共和国宪法》修正案确定，“土地使用权可以依法转让”，国务院发出《关于加强国有土地使用有偿出让收入管理的通知》，明确土地使用权可以出让、转让、出租、抵押。凡进行国有土地使用权有偿出让的地区，其出让收入40%上交中央财政、60%留归地方财政，主要用于城市建设和土地开发，专款专用。

1990年2月，湖南省财政厅就国有土地使用权有偿出让作出规定：第一，土地出让主管部门可从所获取的土地使用权有偿出让收入(包括土地出让金、续期土地出让金、合同改约补偿金)中按出让收入的2%,提取土地出让业务费,如有特殊情况,经同级财政部门核定,可适当提高,但最高不能超过5%;第二,地方各级的国有土地使用权有偿出让收入,除去土地出让业务费后,一律上交当地财政,其中20%留给取得收入的城市财政部门作为城市土地开发建设费用,其余部分的40%上交中央财政,60%由省财政和取得收入城市财政,“四六分成”(即省财政40%,取得收入的城市财政60%)。

1991年9月,临澧县在新安镇东区宅基地有偿使用试点,1992年县人民政府发布《关于实行宅基地有偿使用的通知》,农村宅基地有偿使用费标准:用于居住的每平方米收费0.03元~0.10元;期间,亦同步在杉板乡月星、平山村办点试行农村宅基地有偿使用,到1992年8月,征收农村宅基地有偿使用费8.15万元。城镇宅基地有偿使用费标准:分地类每平方米征收0.40元~0.80元,超过面积每平方米按5倍征收。用于经商办企业的和出租的每平方米加收0.6元~1.00元(1993年11月30日取消)。当年,始收城镇宅基地有偿使用费14.76万元。1993年以前,国有土地有偿使用有少量收入,列入财政其他收入。

1993年5月,临澧县执行湘国土〔1993〕07号特急明传电报精神,县内农村宅基地有偿使用费停止征收。1993年8月,临澧县人民政府根据1992年6月10日,省政府的统一部署,全面征收城镇居民宅基地有偿使用费,当年,共征收35万元,其中:征收城镇居民宅基地有偿使用费13.16万元,商业、企业和出租的有偿使用费征收21.84万元(列其他收入)。

1995年8月1日起,临澧县国有土地有偿使用费的收取开始向单位使用的行政划拨土地拓展。征收范围与标准:凡税务部门未开征城镇土地使用税的单位(包括“三资企业”)和个人使用的划拨土地,按不同土地类别、级别、面积,分年度一次缴纳。商业用地每平方米2.4元~10.1元;居民用地每平方米0.4元~1.0元;工业综合用地每平方米0.4元~0.80元。超过批准使用面积的部分按标准的5倍收取;违法占地按10倍~20倍收取。当年征收土地有偿使用费53.00万元,其中:单位原划拨土地有偿使用费11.32万元,个人户有偿使用费19.68万元。其他22万元。

1997年8月,临澧县人民政府发出《关于加强土地使用费和出让金征收的通知》进一步强化有偿使用费的收取,当年征收58.00万元。其收入单列为预算类级科目至1999年。当年,临澧县国有土地有偿使用费停收,对不属于国家划拨目录范围的行政划拨土地一律征收土地出让金,补办出让手续,改办成土地有偿出让,当年征收土地有偿使用费60万元。

2007年始,国家将土地有偿使用收入科目调整为国有资源(资产)有偿使用收入款项,当年,临澧县国土资源(资产)有偿使用收入761.00万元。

1993年至2009年,临澧县纳入土地有偿使用费科目5个年份的收入1772.00万元,年均354.40万元。

第五节 社会保险基金收入

社会保险基金收入是按规定征收并缴入国库的各项社会保险费、滞纳金收入。社会保险基金收入包括基本养老基金收入、失业保险基金收入、医疗保险基金收入、工伤保险基金和生育保险基金收入等。

1991年,临澧县根据《湖南省人民政府颁布的湖南省国有企业职工离退休养老保险金社会统筹规定(试行)办法》。当年,临澧县征集社会保险基金收入396.30万元,其中:国营企业职工养老保险基金收入381.90万元,国营企业职工待业保险基金收入14.40万元。1995年6月,临澧县执行湖南省《关于深化企业职工养老保险制度改革的通知》及《湖南省劳动和社会保障厅、财政厅关于实施国家公务员医疗补助的意见》等政策依据,1997年,临澧县社会保险基金收入813.00万元,比上年增加132.00万元,增长13.38%。1998年起,临澧县社会保险基金收入调整到第八章第二节,政府基金财政预算收入中。

1991年至1997年,临澧县一般预算社会保险基金收入3473.30万元,年均496.19万元。

第六节 国家预算调节基金

1989年2月,国务院为平稳国家财政预算,发布《国家预算调节基金征集办法》,4月20日,财政部发布《国家预算调节基金征集办法实施细则》,从1989年1月1日起实行。当年,临澧县根据湖南省财政厅通知,对国营企业、事业单位的各项预算外资金,所有集体企业、私营企业以及个体工商户按缴纳所得税后的利润收入的10%计征国家预算调节基金。50%上交中央财政、25%上交省财政,25%留县财政。由预算拨付的工会经费、工会会员交纳的会费,有偿收回的各项财政专项资金等免征。当年临澧县征收13.60万元。1996年1月1日起,临澧县根据湖南省财政厅通知停止征收国家预算调节基金。

1989年至1995年,临澧县征集国家预算调节基金收入81.30万元(见表1-55),年均征收11.97万元。

第七节 规费收入

规费收入是其他收入的其他项级收入,包括规费收入、公产收入、罚没和赃款退缴和赃物变价收入及其他杂项收入等。1949至2009年,临澧县其他收入的其他项目收入13465.41万元(见表1-55)(其中罚没赃款退缴和赃物变价收入1142.09万元并入,本章第一节已作简述),下面就规费收入、公产收入和其他杂项收入简述如下:

规费收入:规费收入是指国家机关为居民或单位提供某些特殊服务时所收取的手续费和工本费。如工商执照费、商标注册费、户口证书费、结婚证书费、商品检验费以及护照费等。

清末,从光绪元年(1875年)至宣统三年(1911年),在征收契税、牙税、厘税、屠宰税、烟酒印花税等过程中,将其工本费列入税款中一并征收,未单列规费收入。

民国时期,民国31年(1942年),临澧县始有记载,规费收入11640万元(旧币),惩罚及赔偿收入

11680万元,分别占当年县财政岁入的1.98%、1.99%。其他年份收入无统计资料考证。

新中国成立后,1949年8月后,沿袭旧制,规费收入与罚没收入成为县财政收入的一项经常性收入。规费收入种类多、变化大。1951年,主要有在城镇征收的私营企业登记费和粮食交易手续费(粮食交易手续费只征一年,未纳入预算后随即停止)。1952年至1953年,新增地政、卫生和结婚登记证费。此后规费收入项目发展到民政、公安、工商、卫生等部门的证照、登记费。临澧县规费收入1953年,在预算中始列单项,当年收入0.05万元。1954年始,规费收入项目增加,主要有民政、公安、工商、建筑、房地产、卫生、司法等多类多项。例如:公安规费包括居民户口簿、户口迁移证、办理身份证及特种营业证等;工商规费包括公、私营企业登记证、行商营业证、工商营业广告许可证、年检等;卫生规费包括中西药商许可证、卫生检查合格证、特种行业许可证等。当年,全县规费收入缴入财政预算为1.69万元。

1953年至1964年,临澧县规费收入纳入预算管理的为3.40万元,年均0.34万元。

1965年起,临澧县规费收入并入其他杂项收入中统计。1980年后,临澧县实行"划分收支、分级包干、分灶吃饭"的财政体制,规费收入除工本费外,余下部分未纳入综合预算,抵作主管单位的包干经费。

公产收入:临澧县的公产收入从清代开始有教育、慈善、教会公产收入,民国时期有县财政管理的公产、教育局管理的公产、救济院管理的和乡(镇)区公所管理的公产。新中国成立后,公产收入主要来自旧政府遗留的公产田地、山林和城镇公有房屋出租收入及挖掘地下金银宝藏变价收入等。

第八节 公产收入

一、清代教育,"慈善"公产收入

清代,县署倡导宗风懿德,作育英才,施予"慈善"。受宗风懿德感化的殷实富刻户,乐捐田土、屋宇置为公产,临澧县署没收充公的财产也置为公产。在临澧县境内设有书院、义学、学田、学暑田、修田、卷资田、宾兴馆、宾兴田、文昌田、教育公产等11种;置"慈善"公产有养济院、育婴堂、广生堂、随生堂慈善公产等14种。这些公产的田土,租给农民耕种,岁岁交租纳粮,但不纳入县财政收入,专由地方"公正"士绅管理,由所属组织议决动支,县暑不加干预。教会公产是佛教、天主教、"中华信义会"、福音堂、真耶稣教会组织兴建的房屋,所购置田地、山林收入归教会。

清末临澧县个别年份置部分公产统计表

表1-50

项目 / 年份	教育公产					慈善公产					教会公产				
	水田(亩)	地(亩)	房间(间)	山(块)	收租银	收租粮	水田(亩)	地(亩)	房屋(间)	收租粮	收租银	房屋(亩)	寺庙(处)	山林(亩)	水田(亩)
乾隆九年(1744年)	10.34	6.72	6		7.2串										

续表1-50

项目 年份	教育公产					慈善公产					教会公产				
	水田(亩)	地(亩)	房间(间)	山(块)	收租银	收租粮	水田(亩)	地(亩)	房屋(间)	收租粮	收租银	房屋(亩)	寺庙(处)	山林(亩)	水田(亩)
乾隆十三年(1748年)	30.00				4.32两	12石									
乾隆四十年(1775年)												400	72	1000	
乾隆四十一年(1776年)							85.70	7	35						
嘉庆六年(1801年)							11.5		19						
嘉庆二十四年(1819年)	327.10		14	3						12石		26			7.8
道光十七年(1837年)	272.00	2	5	1											
咸丰七年(1857年)		43.59			34千串		20								
咸丰九年(1859年)	220.00														
咸丰十一年(1861年)							35.70								
同治元年(1862年)	200	19.50			18千串										
同治五年(1866年)	88.58	4.30			510串	48石									

(一)教育公产。临澧县共建有龙池、道溪、道水、九辨四书院。书院田,岁供修整书院、长生祠,先师殿、东西斋房及师生东修、膏火经费。书院田原由义学公租。嘉庆中,义学废,归书院。有田341亩,嘉庆六年(1801年)至同治七年(1868年),共置水田32.71石,松山三块,屋14间。迄咸丰七年(1857年),新安下游家洲地因水冲裁减,禀官丈勘,尚存陆地43.59亩,取租34千串。同治元年(1862年)六月,又遭大水冲淹,留存无几。再禀官丈勘,仅存陆地19.5亩,收租18千串。同治七年(1868年),因合口、新安设义渡,地邻度侧,公汉禀官变价,得价260串置县城后戴家当田1.46亩,岁取种2.17石[①]。

义学在县署西(今县公安局址),有房二进六间,乾隆九年(1744年),县令俊以充公项下银130两购置,又因新安下游家洲两姓争地一块,断令充公,岁取租7串2百文,以赡馆师。嘉庆十二年(1807年),其田产交书院。

学田,包括水田10.34石,地6.72亩,松山一块,房两进四间,岁供文庙修整、诞辰、灯油,春天和守庙工食经费。

学署田,共30亩,新安凛生熊昌著捐置。岁纳租12石,以供月课饭食。乾隆十三年(1748年),奉文核定,仍照民给本色租谷12石,每担易银3钱六分,共易银4.32两,遇学院按临澧之日,解赴考棚,而账贫生。

修田,始于同治五年(1866年),由临澧县绅士捐置银钱,置田88.5762石,地4.3亩,存典生息钱

① "石"字音读dān"担",指民国时期俗称水田的单位面积为"石、斗、升"(1石=10斗,1斗=10升;1石=10亩,1斗=1分,1升=1厘;1亩=10分,1分=10厘)。

5100串。岁取租息供东西学师俸薪,钱各500串,谷各48石。

卷资田。咸丰九年(1859年),裴训捐置田种22石,每逢县试,送交县里科钱200串,议免文童初,二、三、四场卷资。

宾兴馆,临澧县绅士蒋桂亭令其子蒋辑武兄弟首捐田100亩为倡,继秀才蒋秀岩接捐田种4.8石有奇。全县绅士响应捐助,筹得岁入之租,于同治七年(1868年),辟育堂西隔建宾兴馆,并设仓数座,由首事贾正卿总理。

宾兴田。为培植学校,选拔人才而设。同治元年(1862年),由蒋明章捐置田种20石,岁取租息,供每届乡试之生员的赴考盘缠。并定于九月初旬到公安局领取,嗣于六年,赴考人数增多,蒋明章令其子蒋锡瑞捐田种8.7794石,保宁桥铺房1栋,立其度支。

文昌田。由县署倡导"神灵",祷先文昌帝君,保佑入学、中举,设文昌庙、置文昌田、自道光十七年(1837年)始,至道光二十五年(1845年),共捐置水田2.72石,屋宇1栋,松山一块,菜园2块,堰塘1口,岁供文昌庙修理及灯油香火和庙宇工食开支。

(二)"慈善"公产。即养济院,设两处。一处在东门外[原临澧县第一中学校址(今丁玲学校)东侧],一处在西门外(今县公安局两侧)。

乾隆四十一年(1776年),西门外养济院由县知事杨锟捐廉银143两,钱17串,400文,购蒋任重民居3栋4间补修成院,另购裴非璜路一条为院旁大路,又购曾延杨田种1.1石,周胡倍田5升,共交收佃纳租12石,仿长沙养济院之例,养济孤苦。

育婴堂。设县城南关内县署东,乾隆四十年(1775年),知事杨锟捐廉银165两,先后购置居民13居,水田1.25石,咸丰五年(1855年),因育婴堂连年失修,易蒋松茂居23间,先后购置水田7.302石,沙地7块,松山2块,民国初废。

广生堂。在县东十里九辨书院侧(今望城乡宋玉村)。县士绅于咸丰七年(1857年)募建,置水田2石有奇,同治五年(1866年),复捐田6.45石,又土民捐谷生息,议定岁收租息,每婴月给谷5斗。

隧生堂。建于县东三里许佛塔寺右侧(今望城乡中学址),设有仓厂14间,西北南院圃园田堰齐全。咸丰十一年(1861年),江西卢陵翰林院编修彭世昌捐银200两。当地士伸捐钱56串,田3.57石,又合募市乡士民共捐钱谷生息,继置田产。岁月供米,照婴发给。登簿备案。

(三)外国教会公产。清代,由于国外资本的输入,迫使清政府签订一系列不平等条约,不少国家的传教士到中国进行传教活动。到临澧进行传教活动的有印度、西班牙、芬兰、意大利等国。这些国家的传教士在该县境内成立了教会组织,兴建教堂购置田地,佃给农民耕种纳租。在县署保护下进行传教活动。主要有佛教、天主教、"中华信义会""福音堂"、真耶稣教等。嗣后,多为国人接受外国津贴及外资进行经营,直至临澧解放。佛教由前左印度国王子释迦牟尼所创,先后在临澧县修建寺、庙、庵72处,计房400间,田地山林千余亩;天主教会于清嘉庆二十四年(1819年),由西班牙人鲁斯托开办,共设教堂3处,计房26间,田地7.8亩;"中华信义会"福音堂民国元年(1912年)由芬兰牧师白光明开办,有水田5.87亩,地47亩,房屋1栋。真耶稣教会,由意大利人在民国20年(1931年)开办,仅有房3间。教会资产临澧县政府于1951年1月7日,根据政务院"接受外国津贴及资金经营文化教育救济及宗教团体登记条例"精神,明确对天主教、"中华信义会"、福音堂履行登记,置为公产。

二、民国时期公产收入

临澧县政府各类公产分为县财政管理的公产、县教育局管理的公产、救济院经收的公产、乡(镇)区公所的公产4种。

县财政管理的公产,民国19年(1930年)以前无统计,民国20年(1931年),岁收公产收入13090元。民国31年(1942年),岁收公产谷7644石,币1276元。民国36年(1947年),县财政公产有水田100.95石、地12.21亩,屋1栋4间,岁收租谷977.27石,款264.27元。民国37年(1948年),县长刘伦卸任,移交旧管水田547.692亩,岁收租谷6634.19石;新管水田539.675亩,岁收租谷6559.95石。

县教育局收管的公产,共有水田26.29石,房屋3间,岁收租金265.7元。

救济院经收公产,共有水田7.92石,房屋3间,岁收租金265.7元。

乡(镇)公所公产有水田184.398石,陆地3.425石,林地73石,松山6块,房屋88间,岁收租谷606.19石,租金468.6元。

三、新中国成立后的公产收入

新中国建立初期,临澧县的公产收入主要包括旧政府遗留公产田地、山林和城镇公有房屋,以及挖掘的地下金银宝藏。公产出租收取的租谷和租金列为财政公产收入。公产收入。除用于修补公产房屋外,还用于全县文化教育、卫生、交通、消防等市政建设。

1950年5月7日,县人民政府遵省政府财政厅文件精神,开始着手清理公产。分城关,第四区(今七重堰、杨板)、新安、合口四个组,吸收当地工商联合会和居民委员会成立公产清理委员会。清理的主要范围是当地祠产、庙产及其他迷信公产(如财神会、清明会等)会馆,学校房地产。到1950年,土地改革,全县四个(区)镇共有公房45栋,142间,大小田地238丘,应收租谷3259石,实收租谷折币10865.12万元。同年,办理公产出租,全县8514.71亩机动田和公学田全部租佃户耕种,年收租谷106.5万市斤,每亩平均租额为实际产量的40%,达120市斤。1952年年末,临澧县公房为142间,机动田和公学田为8514.71亩。

1953年,清理公有房地产租金及公产变价,重新订租约,房地产按人民币计租,"土改"遗留下来的机动田以稻谷计租,当年,实收房产租30530元,机动田租谷折币14517元,公产变价币3981元,当年,缴入财政折算新币0.42万元(下同)。

1955年,新安地下发掘黄金10条,计重100.35两,变价89919.92万元。县合作总社修建新楼,挖出银圆宝10锭,计重500两,变价579.55万元(旧币),均作为公产收入,当年,缴入财政5.74万元。1956年,随着农村合作社运动的深入发展,全县各类公产纳入了集体经济或改归国有,上缴财政公产收入逐年减少,当年为1.45万元。1965年为0.13万元。

1966年起,公产收入包括政府部门管理的公房(主要集中在新安、合口、城关三镇)和其他公产、公房的变价收入等,这些公产收入统计在国有资产经营收入或其他杂项收入中。从1998年起,"公产收入"科目取消。1953年至1997年,临澧县公产收入22.53万元,年均2.25万元。

四、杂项收入

新中国建立后，临澧县把一些预算不稳定的收入，作为杂项收入，主要包括车站、码头无货主的变价收入、挖掘地财、清理入库各种闲散资金、开展财务检查、清理小钱柜及其他杂项等等。1949年，临澧县其他杂项收入只有3.47万元，到2000年突破百万元，达到194万元，2004年突破千万，达到1076万元。1949年至2009年，临澧县其他杂项收入12297.39万元，年均241.13万元。

第五章 债务收入

债务收入是国家凭借其信誉以债务人的身份筹集的收入。它包括内债和外债两种。如在国内外债券市场发行的国库券和各种国债券等。向外国政府和国际金融组织的借款等。债务收入是财政收入的一种补充形式。临澧县债务收入由于各时期币值不一，下面分节简述。

第一节 清末、民国时期公债

清道光二十九年(1849年)后，湖南省始发行清朝廷发行的公债。临澧县始发行公债有“爱国公债”“惠民债票”。

民国时期，公债名目繁多。主要有“筹饷公债”，战时“救国公债”，“同盟胜利公债”等十余种。(公债收入无统计资料考证)。民国元年(1912年)，湖南都督公署，募集“筹饷公债”，年利率4厘，自发行的第6年起偿还，每年偿还发行总额1/10；后因军阀混战不止，债券成为一纸空文，息未支，本未还。

民国6年(1917年)，湖南发行“地方有奖公债”；次年，发行“惠民奖票”；民国8年(1919年)，发行“定期有利金库证券”；民国9年(1920年)，发行“短期库券”；民国10年(1921年)，发行“库证券”；民国12年(1923年)，发行“筹饷公债”；此后，还发行“军用短期公债”“湘灾救济公债”“湘灾救灾有奖债证”“征收土地地价公债”“救国公债”“建设公债”“军需公债”“胜利公债”等多项债券。民国21年(1932年)，临澧县募集“救国公债”，按征粮田亩摊派，正田每亩代募7角(折算成新人民币值)，浮田每亩代募0.22元，随粮募收。民国24年(1935年)，临澧县征募“救国基金”7000元。民国25年(1936年)，临澧县成立“公债劝募委员会”临澧支会，推销公债。学校师生、机关团体的认购数额，在其经费内代扣，农村按田赋每正供1元代募救国公债7角。民国26年(1937年)八月，国民政府发行战时“救国公债”，当年，临澧县承募光洋15704元。民国30年(1941年)，湖南省政府发行“急需公债”“建设公债”，临澧县只认购建设公债18万元(旧国币)。民国31年(1942年)11月，湖南省政府发行“同盟胜利公债”和“美金公债”。临澧县政府于次年二月向社会商人、较大地主、房屋营业人、自由职业之收入丰厚者派募公债；向社会商人公私团体之基金存款，已派募或有能力购债的商人。地方劝募“同盟胜利”公债11.47万元(旧币)和“美国公债”6880美元(当年1美元折合旧国币17元)。1949年，新中国建立，国民政府的债务落空，导致有不少没有还本付息，成为死债。

第二节 人民胜利折实公债

新中国建立初期，国家处于经济恢复期，为医治战争创伤，安定人民生活，稳定金融物价。1949年12月2日，中央人民政府第四次会议决定发行《人民胜利折实公债》。其发行的主要对象是：城市的工商业者、殷实富裕户和原有的退职官史。对农民、解放军、工人、职员、学生、公教人员和自由职业者，可自愿认购，不分配任务。《人民胜利折实公债》发行实行以实物为折算标准，规定每份之值为上海、天津、武汉、西安、广州、重庆六大城市的大米3公斤，面粉0.75公斤，白细布4市尺及煤炭8公斤的平均批发价格加权平均数计算分值。每分公债应折金额，统一由中国人民银行每十日"公布一次"。照事物计算，每期于发行截止时起，每满一年付息1次。公债票面额为1分、10分、100分、500分4种，利率为年息5厘。公债偿还期限5年；1951年偿还总额10%，1952年偿还总额15%，1953年偿还总额20%，1954年偿还30%，1955年全部还清。

临澧县于1950年发行"人民胜利折实公债"，分配额为一万分，年利息率5厘，5年全部还清。实认购12113分，共折合人民币(旧币)2973.9万元，全额上解中央。人民胜利折实公债，由于发行早，发行量少，历史记载仅有1950年发行一次。后无续述。

第三节 国家经济建设公债

1953年，新中国进入第一个五年计划(1953年~1957年)，为广集社会闲散资金，中央人民政府决定从1954年起，连续发行5期"国家经济建设公债"，债券面额为旧版人民币1万元、2万元、5万元、10万元、50万元五种，年息4厘，自1953年10月起计息，偿还期8年，自1955年起，每年9月30日抽签还本一次，第一、二次各偿还5%，第三、四次各偿还10%，第五、六次各偿还15%，第七、八次各偿还20%。第九、十次全部还清。其发行对象为工人、店员、机关干部、部队干部、公务人员、城市居民、农民、私营工商业者和公私合营企业的私方人员。公债的募集和还本付息一律以人民币为计算单位。临澧县于1954年推销国家的"国家经济建设公债"，实购174686万元，占计划任务的102.36%。1955年，临澧县成立"国家公债推销委员会"，确定中国人民银行临澧支行负责推销。当年，国家增加100万元(旧币)债券面额1种。当年，临澧县推销"国家经济建设公债"139300万元(旧币)。1956年起，公债按新版人民币，债券面额为1元、2元、5元、10元、50元、100元六种。当年，常德专署规定，当年入库的公债款，县级分成40%，列入预算收入。临澧县当年推销任务为150080元(其中：职工29500元，工商界13180元，农民105500元，城镇居民及其他1900元)，完成155174元，占分配任务的103.46%；1957年，推销任务133100元(其中职工37800元，工商界8900元，农民84500元，居民及其他1900元)，实际完成139674元，占计划任务的104.95%。1958年，临澧县执行湖南省财政厅《关于国家经济建设公债推销工作的通知》，坚持"合理分配，自愿认购"的原则，同时改进推销办法，实行公债收入下发,发挥乡级推销公债的积极性。当年,临澧县实际推销公债237404元,比1957年增加97730元,增长69.97%,推销公债财政收入取得5.58万元。

1954年至1958年,临澧县推销国家经济建设公债846238元,年均169247.60元。三年推销国家经济建设公债取得财政收入14.13万元,年均4.71万元。

第四节 国库券

国库券是由国家财政部统一发行的,它以人民币为单位,用于国家重点建设。1981年,国务院颁发《中华人民共和国国库券条例》。国库券发行的主要对象是国营企业、集体企业和地方政府及其他事业单位。国库券以人民币为计算单位。券票面额分为:5元、10元、50元、100元、500元、1000元、1万元、10万元、8种;当年,临澧县推销国库券6.20万元,全由单位认购。从当年7月1日起计息,利率为年息4%,利息在偿还本金时一次付给,不计复利。国库券偿还期为10年,自发行后第六年起,一次抽签,按发行额分5年5次偿还本息。每次偿还20%。

临澧县国库券发行的方式主要有:1.直接发行方式。即由县财政部门向全县直接推销。一是由财政部门或其他代理机构开展国库券的零额销售,由单位和个人自由认购;二是采取强制派购的形式,按县直各单位、部门、企业单位和个人分配发行数;三是由财政部门直接向特定投资者发行的私募定向方式。2.代销方式。即由财政部门委托代销者向社会出售国库券。3.承购包销方式。即由大宗机构投资者组成承购包销团,按一定条件向财政部门承购包销国债,并由其负责在市场上转售。任何未能出售的余额均由承销者包购。4.招标拍卖方式。即按例行的拍卖程序,通过投标人直接投标竞价来确定国债发行价格或收益率。但在20世纪80年代,基本上采取的是直接发行的方式。即行政动员基础上的计划分配方式。财政部门将每年的国债发行任务按一定标准分配给县直各单位、部门、乡镇企业单位及定向认购的集团和自愿购买的个人、工商业者。当年,国家分配给临澧县的任务6.20万元,实际完成6.20万元。

1982年,扩大推销范围,不仅单位认购,也向个人推销。临澧县执行国务院《关于向城乡人民发行国库券的通知》,将国库券推销对象扩大到城乡居民个人。县成立国库券推销委员会,下设办公室,配专干2人,办公地点设在财政局。国库券发行办法:采取分配与自愿的认购方式,全县行政、企业、事业、学校等单位和干部、职工按工资分配任务。全县按农民人均纯收入分5等。按总人数将认购国库券任务分配到各乡镇,根据个人自愿认购的原则进行推销,收入多的多购,收入少的少购,困难户不购,认购单位将任务落实到人。券面票额分为1元、5元、10元、50元、100元、1000元6种;偿还期为10年。单位购买的发给国库券收据,可记名,可挂失,第六年起办理还本付息,单位购买年息为8%,按购买额分5年5次偿还,每次偿还总额的20%。当年,临澧县国库券推销任务55.50万元,实际入库57.31万元,其中:单位认购3万元,个人认购54.31万元。个人认购占总额97.85%。1983年,临澧县国库券推销任务62.00万元,实际完成62.11万元,于当年6月30日前,全额入库,占任务的100.17%。

1984年，发行的公购部分年息4%，个人购买部分年息8%；1985年，发行的年息提高为公购5%，个人9%。当年，分配给临澧县的任务121.80万元，实际完成122.02万元，占任务的100.18%。其中：单位认购3.04万元，个人认购118.98万元。1985年，国家工商银行还发行"金融债券"，临澧任务30万元，限期1年，年息9%，只向个人发行，全额完成。临澧县的国库券发行工作由1981年的6.20万元，到1985年达到122.02万元，县政府对个人认购500元以上的发给荣誉证书和纪念品。

1986年，国务院颁布国库券发行修改条例，单位认购的年息由5%提高到6%，个人认购的年息由9%提高到10%。国库券一律从当年7月1日起开始计息，所有利息在偿还本金时一次付给，不计复利。国库券面额与1982年相同。当年，临澧县国库券发行分配任务123.6万元。在国库券推销发行中，改原平均分配为集体和个人共同认购，动员收入大户多认购的办法。全县国库券入库达到123.6万元，完成分配任务的100%，其中：集体认购3.6万元，个人认购120万元。分别占总任务的2.93%和97.07%。1987年，向城乡人民和机关团体推销"特种定向国债"，当年完成4.2万元。1981至1986年，国家分配给临澧县的国库券任务431.20万元，实际推销国库券总额为434.39万元，完成占任务的101.03%。其中：个人认购414.50万元，占认购总额的95.42%。单位认购19.94万元，占认购总额的4.58%。

1988年、1989年，中央继续发行国库券，发行对象限于公民个人和个体工商户，年息为14%，从当年3月10日开始发行，7月1日起计息，偿还期3年，1992年7月1日一次还本付息。同时，国务院决定发行特种国债，对象是经济条件较好的全民所有制企业、集体所有制企业、私营企业、金融机构、企业主管部门、事业单位和社会团体，全民制企业职工退休养老基金管理机构，车辆购置附加费管理机构等，从6月2日发行，交款之月计息，年息15%。当年，临澧县发行任务及完成任务由银行实施。1995年，国家发行的是可以记名、挂失的"凭证式国库券"，期限3年，年利率14%，从购买之日起计息，发行结束后可随时到原销售单位兑取现金，计付利息，持有时间不满半年，不计息；满半年不满一年的，按年利率9.36%；满一年不满二年的按年利率11.34%计付利息；满二年不满三年的按12.42%计息。提前兑取时按兑取本金的按2‰收取手续费。1996年，国家发行"凭证式国库券"和"凭证式国债"分三年期和五年期两种，三年期年利率7.11%，五年期年利率7.86%，到期一次还本付息，不计复利。

1997年，发行国债为记账式、2年期凭证式、3年期凭证式、5年期凭证式、无记名式和特种定向国债。凭证式国债年利率分别为8.64%、9.18%和10.17%。1998年，发行国债为3年期和5年期凭证式国库券，年利率分别为7.11%和7.86%。1987年至1998年，临澧县认购各类国债总额2511.1万元，其中：国库券（不含凭证式）2053.3万元，特种定向债券230.8万元，保值公债227万元。

1999年开始，财政部门不再承担国库券推销任务，由国家各商业银行承销。财政部门只推销"特种定向国债"。期限为5年，年利率3.50%。由养老保险基金、失业保险基金等社会保险基金定向募集的方式认购。本志未统计考证。

国库券的兑付。1981年，国家发行的国库券，从1986年起陆续到期兑本付息。1986年至1989年，兑付工作由各专业银行负责。1990年，财政、邮电部门开始参与兑付工作。1990年到期的国家重点建设债券；转换债期限5年，从当年7月1日开始计息，年利率8%。到期还本付息。1991年，由银行、财政、邮电等多部门多渠道办理和上门服务总付，保证了到期国库券和债券本息的兑付。临澧县除个别个人留有小份额外,集体单位全部兑付完。

第五节 保值公债

1989年,针对市场货币供应量过多,物价大幅度上涨,货币投放超过回笼的实际,国务院决定发行保值公债。临澧县确定保值公债发行对象为国家干部、职工、城镇居民和个体工商户。偿还期限为三年。年利率随中国人民银行规定的三年定期储蓄利率浮动,外加保值贴补率,外加一个百分点。保值公债面额为5元、20元、50元、100元4种。期满3年按年利一次还本付息。1992年到期兑付,年息为14.14%。临澧县发行办法是干部、职工按工资总额分配到单位,再由单位分配到个人,城镇、居民、个体工商户根据其收入确定动员认购。当年,全县完成保值公债发行任务227万元。

1990年,发行的特种定向国债券,偿还期为5年,从交款之日计息,年利率15%。概由单位购买,临澧县发行对象是劳动部门的企业职工退休养老保险基金和待业保险基金管理机构。

1990年至1996年,临澧县完成特种定向国债券230.8万元。1997年,保值公债发行工作由工商银行办理。按照国务院统一部署,财政国债推销机构于2001年年底前全部撤销。

第六章 上级补助收入

上级补助收入,是上级财政依据预算管理体制而给予的财政补助。其补助项目及补助金额年年不一。

清末,临澧县财政无谓上级补助收入,除上解朝廷所需及供济军饷外,县财政自筹自用。

民国时期,临澧县财政收支大多沿用清朝旧制。末期由于历年军阀积欠,县政府为求平稳,一意加征赋税,岁入连年亏空,上级财政始有补助。民国36年(1947年),湖南省财政对临澧县的补助收入23701元(旧币),占当年财政收入的1.50%。其他年份补助收入无统计资料考证。

新中国建立后,初期,临澧县人民着手进行恢复经济工作,整顿财政秩序,实行统收统支,收入全部上解,支出由上级财政按计划拨款。临澧县属丘陵地区,经济底子薄弱,县本级财政收入一般小于财政支出,上级补助收入大于上解支出,是上级财政给予财政补助的县之一。1955年以后,随着国家财政体制的不断改革,上级补助金额逐年增加,特别是1980年后,国家补助和转移支付项目增多,上级补助收入大于上解支出和一般预算收入。

1949年至2009年,临澧县上级补助收入共计301860.19万元,年均补助4948.53万元。其中:1949年至1979年,上级补助收入5550.95万元,年均178.60万元,1980年至1993年,上级补助收入9241.46万元,年均660.10万元;1994年至2009年,上级补助收入287082万元,年均17942.63元。

上级补助收入项目较多,部分年份收入科目多达18项,本章主要侧重对税收返还收入、专项补助收入、增(超)收分成收入进行阐述。

1949~1979年临澧县上级补助收入统计表

表1-51　　　　单位:万元

项目 年份	合计	上级补助	增收分成	其他补助	项目 年份	合计	上级补助	增收分成	其他补助
合计	5550.95	5391.24	154.89	4.82	1964	72.47	72.47		
1949	15.09	15.09			1965	125.16	125.16		
1950	10.02	10.02			1966	221.02	221.02		
1951	14.80	14.80			1967	255.10	255.10		
1952	20.57	20.57			1968	199.94	199.94		
1953	32.14	32.14			1969	162.87	162.87		
1954	14.22	14.22			1970	667.38	667.38		
1955	9.28	9.28			1971	640.37	640.37		
1956	44.46	44.46			1972	620.09	620.09		
1957	24.44	24.44			1973	391.46	391.46		
1958	196.94	196.94			1974	342.69	322.82	19.87	
1959	40.56	40.56			1975	432.86	400.28	32.58	
1960	68.66	68.66			1976	34.03	8.67	25.36	
1961	183.44	183.44			1977	30.04		30.04	
1962	13.88	13.88			1978	206.90	196.34	5.74	4.82
1963	66.86	66.86			1979	393.21	351.91	41.30	

1980~1993年临澧县上级补助收入分项统计表

表1-52　　　　单位:万元

项目 年份	合计	定额补助	专项补助																	调整收入任务补助	其他补助
			小计	上级追加支出补助	改变电力纳税补助	清查中央省属企业补助提分成	上级核减收入	支出专项拨款	国家能源交通基金超收分成	决算补助	企业亏损补助	工资改革补助	小氮肥降价退库补助	国家批准价格补贴列支出补助	省级奖金税返回10%	企业上收分成补助	卷烟税超收分成	下放支出补助	平稳奖		
合计	9241.46	157.12	8904.27	896.94	6.15	1.23	83.73	6042.93	814.79	233.00	13.10	79.60	23.50	9.60	1.40	4.90	4.80	643.30	45.30	134.67	45.40
1980	865.24	125.00	605.57	147.26				458.31												134.67	

续表1-52

年份	合计	定额补助	专项补助																	调整收入任务补助	其他补助
			小计	上级追加支出补助	改变电力纳税补助	清查中央省属企业补助提分成	上级核减收入	支出专项拨款	国家能源交通基金超收分成	决算补助	企业亏损补助	工资改革补助	小氮肥降价退库补助	国家批准价格补贴列支出补助	省级奖金税返回10%	企业上收分成补助	卷烟税超收分成	下放支出补助	平稳奖		
1981	293.11	32.12	260.99	130.49				130.50													
1982	310.92		310.92	220.24	6.15	0.80	83.73														
1983	432.59		432.59	52.47				378.47	1.65												
1984	338.50		338.5	12.98		0.43		311.75	1.34	12.00											
1985	474.60		474.6	23.10				355.10	3.70		13.10	79.60									
1986	614.10		614.1	18.10				553.20	2.90	7.00			23.50	4.80	0.60	4.00					
1987	697.10		697.1	15.00					668.60	3.00				4.80	0.30	0.60	4.80				
1988	742.90		732.9	89.00				532.00	3.70						0.20			108.0			10.00
1989	676.40		676.4	11.80				531.40	132.90						0.30						
1990	769.30		753.9	28.30				549.30		23.00						0.10		132.9	20.30		15.40
1991	1098.70		1078.7	66.20				841.90		36.00						0.20		134.40			20.00
1992	889.00		889	29.00				687.00		39.00								134.00			
1993	1039.00		1039	53.00				714.00		113.00								134.0	25.00		

1994~2009年临澧县上级补助收入分项统计表

表1-53 单位:万元

年份	合计	消费税增值税返还收入	专项拨款补助	调整收入任务增加或减少补助	原体制补助	转移支付补助	增加工资补助	社会保障转移支出补助	中小学教师工资转移支付补助	所得税基数返还补助	各项结算补助	农村税费改革转移支付补助	农村灾减及企事业单位预算划转补助	取消农业特产税降低农业税补助	缓解县乡财政困难转移支付补助	增发国债补助	农村义务教育补助	农村义务教育化债补助	成品油价格和税费改革税收返还	县级基本财力保障机制奖补资金	村级公益事业一事一议资金补助	工商部门停征两费转移支付补助	公共安全转移支付补助	教育转移支付补助	社会保障和就业转移支付补助	其他补助
合计	287082	31717	95321	984	256	37917	41680	256	297	2958	8348	25184	384	8249	8268	12934	1551	840	318	2803	210	98	260	2666	578	3005
1994	3119	1960	950	38																						171
1995	3178	2052	787	65																						274
1996	3497	2075	922	45																						455
1997	3457	1994	900	54	128																					381
1998	4039	1842	1501	156	128																					412

续表1-53

年份\项目	合计	消费税增值税返还收入	专项拨款补助	调整收入任务增加或减少补助	原体制补助	转移支付补助	增加工资补助	社会保障转移支出补助	中小学教师工资转移支付补助	所得税基数返还补助	各项结算补助	农村税费改革转移支付补助	农村灾减及企事业单位预算划转补助	取消农业特产税降低农业税补助	缓解县乡财政困难转移支付补助	增发国债补助	农村义务教育补助	农村义务教育化债补助	成品油价格和税费改革税收返还	县级基本财力保障机制奖补资金	村级公益事业一事一议资金补助	工商部门停征两费转移支付补助	公共安全转移支付补助	教育转移支付补助	社会保障和就业转移支付补助	其他补助
1999	4317	1854	1551	78			402																			432
2000	4829	1863	1307	39			804	256			560															
2001	7558	1863	2257	398			2056		297		687															
2002	10640	1892	3046	111		297	2728			308	650	1608														
2003	12345	1884	3866			608	3024			381	676	1608	224													74
2004	16342	1950	4506			1907	3321			381	909	1608	106	1561												93
2005	20828	2010	5013			2770	3321			381	934	1608	18	3344	1370											59
2006	27092	2053	8294			3901	5141			364	1115	1608	18	3344	1086	138										30
2007	40448	2110	12615			6572	6961			381	1173	5868			2325	1617	780									46
2008	52160	2112	21063			10106	6961			381	973	5638	18		2389	847	771	840								61
2009	73233	2203	26743			11756	6961			381	671	5638			1098	10332			318	2803	210	98	260	2666	578	517

第一节 税收返还收入

在实行收支包干、固定比例分成或总额分成等财政体制的条件下，中央财政和地方财政的利益分配关系，都是随着税收入库按规定比额及时划解，年终结算。自1994年实行分税制财政体制后，在划分中央与地方事权的基础上，划分了中央政府与地方政府的财政收入范围，将维护国家利益、实施宏观调控所必需的。税种划分为中央税；将与国民经济发展直接相关的主要税种，列为中央与地方共享税，将零星分散，适合地方征管的税种划分为地方税。其中：增值税中央75%，地方25%。中央与地方共享税收入包括：增值税、资源税、证券交易（印花）税。同时决定，以1993年为基数，实行税收返还办法。上交中央增值税和消费税每增长1%，中央财政按0.3返还给地方。1994年，上级核定临澧县税收返还基数为1918万元，同时下达1994年增值税、消费税上划中央考核目标为2612万元（此目标是以1993年核定的净上划中央收入为基数，也就是以1993年产品税、增值税、工商统一税“四税”比上年实际增长水平的5%计算递增确定）。增值税、消费税的完成数达到增长目标的，承认1993年核定的税收返还基数，并按1:0.15的系数增加税收返还。1994至2008年，上级对临澧县的财政体制没有作大的变动，只是在2002年，对临澧县的所得税按中央与县实行72%和28%的比例分享。

1994年，临澧县上划中央“两税”收入为2175万元，中央给临澧县返还1960万元，占上划数的90.11%。2000年，临澧县上划中央“两税”收入2688万元，比1994年增长23.58%，中央返还给临澧县1863万元，比1994年减少4.94%，占上划“两税”的比例为69.3%，比1994年减少20个百分点。1994至2009年，临澧县财政上划中央增值税、消费税55090万元，年均3443.13万元。其中：增值税54790万元，年均3424.38万元，消费税300万元，年均18.75万元。中央给临澧县财政消费税、增值税税收返还收入为31717万元，年均1982.31万元。

1994~2009年临澧县财政上划中央“两税”及中央返还收入分项统计表

表1-54 单位：万元

年份	上划中央“两税”			中央返还收入	备注
	小计	增值税	消费税		
合计	55090	54790	300	31717	“两税”系消费税、增值税
1994	2175	2175	0	1960	
1995	3094	3094	0	2052	
1996	3322	3315	7	2075	
1997	2578	2571	7	1994	
1998	2492	2487	5	1842	
1999	2598	2592	6	1854	
2000	2688	2682	6	1863	
2001	2694	2689	5	1863	
2002	2969	2964	5	1892	
2003	2678	2673	5	1884	
2004	3311	3306	5	1950	
2005	3827	3822	5	2010	
2006	4211	4203	8	2053	
2007	4983	4959	24	2110	
2008	5016	4965	51	2112	
2009	6454	6293	161	2203	

第二节 专项补助收入

专项补助收入是上级财政部门按照有关政策，年终给予经济基础薄弱的地方政府财政补助某专项的资金。在统计财政决算报表数字时，由于年代跨度较大，上级补助收入科目不断变化，清末，民国时期无统计资料，其上级补助收入总额不便汇总，本章按科目相同年份分别汇总统计，分年段简述。

1949至1973年，财政决算科目都统一称为上级补助。1978年始，国家增加其他补助项目，当年，给临澧县其他补助4.82万元。1949至1979年，临澧县上级专项补助收入5396.06万元，年均184.48万元。

1980年，有“上级追加支出补助”“支出专项补助”和“调整收入任务补助”，当年，临澧县上述3项补助分别为147.26万元、458.31万元、134.67万元。1986年，专项补助增加至7项，当年，临澧县补助收入为614.10万元。

1988年，增加下放支出补助，取消定额补助、上级核减收入补助、决算补助、企业亏损补助、价格补贴列支补助、企业上收分成补助等项，当年，临澧县专项补助收入732.90万元。

1993年，专项补助科目调整为5项，当年，临澧县专项补助收入1039万元。

1994年，国家对上级专项补助科目进行了较大调整，将1993年前的专项补助的16项取消，调整为专项拨款补助、调整收入任务增加或减少补助和其他补助三个款级科目，当年，临澧县上级补助收入1121.00万元。2000年，将原决算补助调整为“各项结算补助”，当年，该项补助560.00万元。2002年，增设“农村税费改革转移支付”补助1608.00万元。“所得税基数返还”补助308.00万元，“其他转移支付”补助297.00万元。当年，临澧县上级专项补助合计8637.00元。2003年，取消调整收入任务增加或减少补助一项，增加“农村灾减及企事业单位预算划转”补助一项。当年，上级对临澧县的补助收入首破亿元大关，达到10461万元。

2004年，国家再次调整预算科目，专项补助项目增加至9个，新增取消农业特产税降低农业税补助等项，当年，临澧县专项补助14392万元，其中取消特产税降低农业税补助1561万元。

2009年，预算科目又作了更大调整，由2008年的12个增至16个。与2008年对比，取消了农村灾减及企事业单位预算、农村义务教育、农村义务教育化债补助3项。新增成品油价格和税收返还、县级基本财力保障机制奖补资金、村级公益事业“一事一议”资金、工商部门停征“两费”转移支付、公共安全转移支付、教育转移支付、社会保障和就业转移支付补助等7项。保留专项拨款、转移支付、增加工资、所得税基数返还、各项结算、农村税费改革转移支付、缓解县乡财政困难转移支付、增拨国债补助等8项。当年，临澧县各专项补助收入71030万元，比2008年增加20982万元，增长41.92%。

1980至2009年，临澧县上级专项补助收入263285.27万元，年均8776.18万元。

1949至2009年，临澧县专项上级补助收入268681.33万元，年均补助收入4404.61万元。

1949~1979年临澧县上级专项补助收入统计表

表1-55

单位:万元

年 份	上级补助	年 份	上级补助	年 份	上级补助	年 份	上级补助
1949	15.09	1953	32.14	1957	24.44	1961	183.44
1950	10.02	1954	14.22	1958	196.94	1962	13.88
1951	14.80	1955	9.28	1959	40.56	1963	66.86
1952	20.57	1956	44.46	1960	68.66	1964	72.47

续表 1-55

年 份	上级补助	年 份	上级补助	年 份	上级补助	年 份	上级补助
1965	125.16	1969	162.87	1973	391.46	1977	
1966	221.02	1970	667.38	1974	322.82	1978	201.16
1967	255.10	1971	640.37	1975	400.28	1979	351.91
1968	199.94	1972	620.09	1976	8.67	合计	5396.06

1980~2009 年临澧县专项补助收入统计表

表 1-56 单位:万元

年 份	上级补助收入	年 份	上级补助收入	年 份	上级补助收入
合计	263285.27	1990	753.90	2001	5297.00
1980	605.57	1991	1078.70	2002	8637.00
1981	260.99	1992	889.00	2003	10461.00
1982	310.92	1993	1039.00	2004	14392.00
1983	432.59	1994	1121.00	2005	18818.00
1984	338.50	1995	1061.00	2006	25039.00
1985	474.60	1996	1377.00	2007	38338.00
1986	614.10	1997	1409.00	2008	50048.00
1987	697.10	1998	2041.00	2009	71030.00
1988	732.90	1999	2385.00		
1989	676.40	2000	2927.00		

第三节 增(超)收分成和调整任务后增或减补助收入

增(超)收分成收入是指地方各级政府按上级要求,编制财政预算计划,申报上一级财政主管部门核实、审批下达任务指标后,当地政府积极完成和超额完成其指定的税收任务。按照上级有关政策实行25%比例分成所得到的收入。临澧县1974年始有增(超)收分成收入19.84万元。1977年,临澧县全年完成工商各税432.52万元,比1976年增长7.27%。有13个公社(镇)超收77.5万元,3个公社短收10万元,3个镇短收5万元。当年,按省局文件精神,全县有城关、合口、新安等13个公社(镇)年工商税收任务超收,共得增(超)收分成收入30.04万元。

1974年至1979年,临澧县增(超)收分成收入154.86万元,年均30.97万元。1980年,体制改革,调整科目,无此项收入。

1994年5月,常德市财政局在临澧县柏枝乡、修梅镇、城关镇等乡(镇)实施调整任务后分税制财政体制改革试点(乡镇设立金库),试点乡(镇)当年,共得增或减补助38.00%万元。1995年后,在全县各乡镇分批施行。2003年始,体制改革,乡镇金库先后取消,增或减补助收入停止。

1994至2002年,临澧县调整任务后增(超)收分成收入为984.00万元,年均109.33万元。

1974~2002年临澧县增(超)收分成含调整任务后增或减补助收入统计表

表1-57 单位:万元

年 份	增(超)收分成收入	年 份	调整收入任务后增或减补助
合 计	154.86	合计	984.00
1974	19.84	1994	38.00
1975	32.58	1995	65.00
1976	25.36	1996	45.00
1977	30.04	1997	54.00
1978	5.74	1998	156.00
1979	41.30	1999	78.00
1980	调整科目	2000	39.00
		2001	398.00
		2002	111.00
		2003	调整科目

第七章 调入其他资金

1955年至2009年,临澧县调入其他资金7469.13万元。其中:1955年至1958年,调入周转金14.12万元;1964年至1965年,清理小钱柜收入37.26万元;1966年至1998年,调入自筹资金607.93万元;1969年和1978年,冻结存款31.89万元;1972年、1973年,清核企业流资3.60万元;1973年、1974年,中央拨付企业流动资金59万元;1975年,中央拨付核销财产资金1.80万元;1975年、1978年,中央拨付病人欠费资金6.3万元,1998年至2003年,国债转贷资金1027万元;2000年至2009年,调入基金资金4694.00万元;2009年,债券收入800万元;1961年至2003年,临澧县个别年份调入其他资金186.23万元。

1955~2009年临澧县调入其他资金统计表

表1-58 单位:万元

项目 年份	合计	周转金	清理小钱柜	自筹资金	冻结存款	清核企业流资	中央拨企业流资	中央拨核销财产	中央拨病人欠费	国债转贷资金	调基金资金	债券收入	其他资金
合计	7469.13	14.12	37.26	607.93	31.89	3.60	59.00	1.80	6.30	1027.00	4694.00	800.00	186.23
1955	3.30	3.30											
1956	3.62	3.62											
1957	3.60	3.60											
1958	3.60	3.60											
1959	0.00												
1960	0.00												
1961	0.03												0.03
1962	0.00												
1963	22.20												22.20
1964	14.26		14.26										
1965	23.00		23.00										
1966	8.60			8.60									
1967	0.00												
1968	0.00												
1969	28.15				28.15								
1970	0.00												
1971	0.00												
1972	3.00					3.00							
1973	25.60					0.60	25.00						
1974	34.00						34.00						
1975	19.60							1.80	3.80				14.00
1976	16.00			16.00									
1977	38.75			38.75									
1978	46.31			40.07	3.74				2.50				

续表1-58

项目 年份	合计	周转金	清理小钱柜	自筹资金	冻结存款	清核企业流资	中央拨企业流资	中央拨核销财产	中央拨病人欠费	国债转贷资金	调基金资金	债券收入	其他资金
1979	47.65			47.65									
1980	18.00			18.00									
1981	33.00			33.00									
1982	0.00												
1983	0.00												
1984	40.76			40.76									
1985	0.00												
1986	13.90			13.90									
1987	0.00												
1988	0.00												
1989	9.00			9.00									
1990	13.20			13.20									
1991	5.00			5.00									
1992	7.00			7.00									
1993	19.00			19.00									
1994	0.00												
1995	0.00												
1996	160.00			160.00									
1997	0.00												
1998	363.00			138.00						225.00			
1999	312.00									312.00			
2000	196.00										196.00		
2001	150.00										150.00		
2002	148.00										148.00		
2003	940.00									490.00	300.00		150.00
2004	230.00										230.00		
2005	260.00										260.00		

续表1-58

项目 年份	合计	周转金	清理小钱柜	自筹资金	冻结存款	清核企业流资	中央拨企业流资	中央拨核销财产	中央拨病人欠费	国债转贷资金	调基金资金	债券收入	其他资金
2006	280.00										280.00		
2007	220.00										220.00		
2008	1200.00										1200.00		
2009	2510.00										1710.00	800.00	

第八章 预算外(非税)收入

预算外(非税)收入,是按国家财政制度规定,不纳入国家财政预算内管理的财政性资金。主要包括国家机关、行政事业单位、社会团体以及其他组织,依据有关法律、行政法规、履行管理职能、行使国有资产和国有资源所有权,提供特定服务后,按政府规定的收费标准收取的税收以外的财政性资金。它包括行政性收费、事业性收费、政府性基金(附加)、罚没收入、国有资产和国有资源收益及其他非税收入。临澧县预算外企业收入,主要是指财政集中的县办"五小"(小水电、小煤矿、小化肥厂、小水泥厂、小冶炼厂)企业利润留成收入,集体企业更新改造资金和自筹企业上缴利润收入及其事业单位所取得的专项收入。在财政决算中主要分为地方自筹经费收入、特种资金收入、县、市、乡镇自筹收入、预算外收入(分别由财政部门、企、事业部门掌握的)、预算外财政专户资金、财政基金预算收入,在本志中统列为预算外(非税)收入。

清末,民国时期临澧县预算外(非税)收入主要是公田、公山、公房等公产收入,其收入无资料考证。

新中国成立后,临澧县的预算外(非税)收入呈逐步增长趋势。五十年代初期,国民经济恢复时期,国家实行高度集中的财政体制,预算外(非税)收入极少。临澧县将旧政府移交下来的机动田出租收入、县级预算外企业收入、公山林变价收入、中学学费和公产房等收入作为县自筹收入。1959年至1965年,预算外收入的主要来源是工商税附加、地方税附加(农业税附加从1958年,开始按《中华人民共和国农业税条例》改累进税制为全额累进税制比例征收),企业利润留成、工资附加、企业基金收入、学杂费和勤工俭学收入等,以及机关生产、固定资产出租等特种资金收入。1972年以后,预算外资金分为财政部门、行政事业单位和企业及主管部门掌管的资金进行决算。1996年8月,为加强预算外资金征管,成立"临澧县收费管理局"(2005年5月更名为"临澧县非税收入征收管理局")。2004年5月,《湖南省非税收入管理条例》发布,从此,临澧县的预算外资金征收步入法制管理。1996年,征收814万元,比1995年增加210万元,增长34.77%,1997年,国家将预算外收支决算改为财政基金收支决算，当年，财政基金收入首破千万元，达1189.00万元，2008年，破亿元大关，达13204万元，比2007年增加5838万元，增长79.26%。

1949年至2009年，临澧县预算外(非税)收入67132.76万元，年均收入1100.54万元。

第一节 地方财政税费附加收入

临澧县地方财政税费附加收入，主要包括农牧业税附加、城镇公用事业附加和其他附加收入。1949年至2009年，地方财政各项税费附加收入4793.37万元，其中：1949年至1996年，预算外的各项附加收入1970.37万元；1997年至2006年，财政基金的财政税费附加收入2823万元。2007年起，城镇公用事业附加收入并入政府性基金的行政事业性收费收入中。

一、农业税附加收入

农业税附加收入是按农牧业税正税税额的一定比例征收的附加收入。1949年至1996年以前，农牧业税附加属于财政预算外收入，1997年，国家改为财政基金收入的地方财政税费附加收入科目。

1958年，国家颁布的《中华人民共和国农业税条例》规定：农业税附加不得超过应纳农业税的15%，在种经济作物、园艺作物比较集中而获利又超过粮食作物较多的地区，附加比例可超过15%，最高不得超过30%，临澧县1958年至2004年，基本控制在20%以内。2005年，取消农业税征收，农业税附加随着取消。

1997年至2004年，临澧县农业税附加收入2278万元，年均284.75万元。

二、城镇公用事业费附加收入

城镇公用事业费附加收入，是对城镇工业用电、用水，民用自来水、民用照明用电、电话、煤气等公用事业按比例征收的附加收入。1964年6月，财政部发布了《关于征收城市公用事业附加的规定》，其工业用电、水率为5%，民用附加税率最高不超过10%。临澧县1996年以前，属财政预算外资金。1997年，纳入财政基金预算管理，当年，征收城镇公用事业附加收入32万元。1997年至2006年，临澧县城市公用事业附加收入397万元，年均66.17万元。2007年，将城市公用事业附加收入并入企事业收费收入中，当年收入333万元，2009年达到2203万元(其中水资源费1092万元)。2007年至2009年，临澧县城市公用事业附加收入3508万元。

三、其他附加收入

其他附加收入，1999年至2004年，临澧县其他附加收入为148万元，年均24.67万元。

1997~2006年临澧县地方财政税费附加纳入财政基金管理收入统计表

表1-59 单位:万元

年份	合计	农业税附加	城镇公用事业附加	其他附加
合计	2823	2278	397	148
1997	223	191	32	
1998	213	180	33	
1999	194	176	3	15
2000	213	181	16	16
2001	115	100		15
2002	664	586		78
2003	568	552		16
2004	320	312		8
2005	173		173	
2006	140		140	

第二节 预算外企、事业收入

临澧县预算外企、事业收入主要是指财政集中的"五小"企业利润留成收入,集体企业更新改造资金和自筹企业上缴利润收入及其事业单位的预算外财政专户资金,包括行政事业性收费收入、政府性基金(资金、附加)收入,主管部门集中收入、乡镇自筹、统筹资金收入和其他事业单位的专项收入。

1949年至1954年,临澧县此类收入很少,由县财政列入自筹收入,每年大部分工业利润留给企业用于扩大再生产,实际上交财政利润极少。事业单位的收费项目少,上缴财政的事业收入也较少。1955年起,此类收入纳入预算外(非税)收入管理后,收入数据起伏不定,部分年份无数体现。1949年至1996年,临澧县预算外企、事业收入2065.09万元。

1997年,临澧县财政基金收入主要有国家工业交通部门基金、文教部门基金、社会保障部门基金、农业部门基金、土地有偿使用收入、其他部门基金和其他基金收入。当年,收入414万元。

2004年,财政决算分财政基金和预算外专户资金收支两部分决算。当年,临澧县预算外企、事业收费收入和政府基金财政预算收入3284万元。其中:行政性事业收费收入2424万元(工业部门19万元,农林水部门103万元、城建部门26万元、科学文化部门218万元、教育部门1172万元、卫生部门96万元、公检法部门322万元、其他379万元,乡镇自筹收入89万元)。政府性基金860万元(社保基金

80万元、农业部门基金43万元、土地有偿使用收入735万元,其他部门基金收入2万元)

2008年,国家调整预算科目,将预算外企业收入调整为“国有资本经营收入”,当年,临澧县预算外(非税)企、事业收入8021万元,比2007年增加3027万元,增长61.23%。其中:行政事业性收费收入3329万元,政府性基金(资金、附加)收入4692万元。

1949年至2009年,临澧县预算外企、事业收费收入及政府性基金财政预算收入36978.79万元,年均603.16万元。其中:1949年至2003年,预算外企、事业性收费收入19866.79万元,年均794.67万元。2004年至2009年,预算外企、事业性收费收入17112万元,年均2852万元。

1997年至2009年,政府性基金财政预算收入41132万元,其中:1997年至2006年19050万元,年均1905万元;2007年至2009年22082万元,年均7360.67万元。

下面就1997年至2009年,临澧县企事业收费收入纳入财政基金预算管理的收入进行简述:

文教部门基金收入:

文教部门基金收入主要是农村教育费附加收入,临澧县根据1984年12月13日,国务院为解决农村学校办学条件差,经费不足,教师待遇低的问题,印发了《关于筹措农村学校办学经费的通知》。1997年,临澧县农村教育费附加作为政府性基金纳入预算管理,当年征收101万元,征收的对象是农村工商业户、联合体、乡镇企业和农、林、牧、副、渔业。农、林、牧、副、渔业按产量或销售量计征;工商企业、交通运输业、建筑业、按销售或经营收入计征,附加率不强求一致。农村村、组教育费附加由乡政府组织征收,县教育部门或乡政府管理,用于本乡本村教育事业。2002年始,临澧县农村税费改革后,教育附加并入农业税,2004年,取消农业税后教育附加费停征。1997年至2001年,文教部门基金收入纳入财政预算基金管理,收入为2359万元,年均465.83万元(2000年和2001年,因农村中小学达标而突破千万)。

社保基金收入:

从2000年1月起,国家规定将集体企业养老保险纳入省级统筹。集体企业新增退休人员待遇统一按省级统筹项目和标准执行。当年,临澧县社保基金收入60万元,系征收的集体企业养老保险基金。2000年至2006年,征收595万元,年均85万元。

农业部门基金收入:

临澧县始于1997年始,征集地方政府为农业发展而征收的一种基金,主要有新菜地开发基金、育林基金、灌溉水源排灌工程补偿费、地方水利建设基金、库区维护建设基金、农业发展基金、水资源补偿费、森林植被恢复费等8类。当年征收90万元。1998年至2003年停征。2004年,复征育林基金43万元。2005年,临澧县征收农业部门基金253万元,其中:育林基金77万元、地方水利建设基金168万元,森林植被恢复费8万元。2006年,临澧县农业部门基金收入242万元。其中:育林基金12万元,森林植被恢复费2万元、地方水利建设基金228万元。2007年,国家调整预算收支科目,保留2006年以前的8类外,增加中央水利建设基金、南水北调工程基金征收。2004年至2009年,临澧县农业部门基金收入3592万元,年均322.90万元。其中:2004年至2006年628万元,2007年至2009年,政府调整科目,将农业部门分为几大项收支科目,其中:育林基金收入2004万元,水利基金收入687万元,农业土地开发收入275万元。

土地有偿使用收入:

1989年5月,国务院印发《关于国有土地使用权出让管理的通知》,土地使用权有偿出让收入由财政部门征收,土地出让主管部门可提取不超出让收入2%的业务费。取得收入的财政部门先留20%作为城市土地开发建设费用,其余部分,40%上缴中央财政,60%留归取得收入的城市财政部门,不参加体制分成。2000年以前,临澧县土地有偿使用收入没有纳入财政预算基金管理,于2001年始,纳入财政基金管理,当年,土地有偿使用基金收入100万元。2003年,该基金收入达898万元,其中:土地出让金656万元、土地收益金或土地增值费242万元。比2002年增加750万元,增长5.07倍。

2000年至2006年,临澧县土地有偿使用收入2762万元,年均460.33万元。2007年始,土地有偿使用调整为国土收益和农业土地开发基金科目。

工交基金及其他部分的基金:

一、工交基金。列入财政管理的工业交通部门基金收入的主要项目养路费收入和公路建设基金等。临澧县的养路费和公路建设基金收入纳入省级管理,县级财政预算反映的只有2002年能源建设基金4万元。

二、其他部门基金。2004年,临澧县其他部门基金始纳入了基金管理。其他年份列专项收入内。2004年至2006年,临澧县其他部门基金纳入财政预算管理的收入323万元。

2007年,国家调整政府性收支科目,取消4个部门,变更3个项目,保留3个科目,调整为9个项目。当年,临澧县政府性基金财政预算收入1391万元。比2006年增加185万元,增长15.34%。其中:育林基金收入66万元(含森林植被恢复费收入2万元),地方水利建设基金收入228万元、残疾人就业保障基金收入100万元、城市公用事业附加收入333万元、国有土地使用权出让金收入604万元、农业土地开发资金收入60万元。2008年,增加养路费收入525万元、其他基金收入71万元,当年,临澧县政府性基金财政预算收入4692万元,比2007年增加3301万元,增长2.37倍。

2007年至2009年,临澧县政府性基金收入缴入财政预算管理收入9489万元,年均3163万元。

1997~2006年临澧县政府性基金(财政)收支统计表

表1-60　　单位:万元

年份	收入总额	本年收入								上级补助收入	上年结余	调入资金	支出总额	本年支出								上解上级支出	调出资金	年终结余
		合计	工交部门	文教部门	社会保险	农业部门	土地有偿使用收入	其他部门	财政税费附加					合计	文教部门	社会保险	农业部门	土地有偿	其他部门	财政税费	其他			
合计	19050	9494	4	2359	595	628	2762	323	2823	883	8384	289	19050	8337	2374	495	1184	1454	307	2523		455	1564	8694
1997	1189	414		101		90			223	27	459	289	1189	358	110		90			158		51		780
1998	1016	213							213	34	769		1016	112			25			87				904
1999	1286	323		129					194	59	904		1286	224	120		42			62		61		1001
2000	2431	1325		1052	60				213	105	1001		2431	1222	1060		35	54		73		32	196	981
2001	2365	1299		1077	7		100		115	85	981		2365	1033	845		101			87		30	150	1152

续表1-60

年份	收入总额	本年收入								上级补助收入	上年结余	调入资金	支出总额	本年支出								上解上级支出	调出资金	年终结余
		合计	工交部门	文教部门	社会保险	农业部门	土地有偿使用收入	其他部门	财政税费附加					合计	文教部门	社会保险	农业部门	土地有偿	其他部门	财政税费	其他			
2002	2108	866	4		50		148		664	90	1152		2108	1062	232	11	30	8	4	777		15	148	883
2003	2522	1520			54		898		568	119	883		2522	1338	1	46	89	605		597		90	300	794
2004	2081	1180			80	43	735	2	320	107	794		2081	1032		94	132	481	2	323		89	230	730
2005	1956	1148			158	253	410	154	173	78	730		1956	945	5	88	367	115	154	216		40	260	711
2006	2096	1206			186	242	471	167	140	179	711		2096	1011	1	256	273	191	147	143		47	280	758

2007~2009年临澧县政府性(财政)基金收支统计表

表1-61 单位:万元

年份	收入总额	本年收入										上级补助收入	上年结余	调入资金	支出总额	本年支出									上解上级支出	调出资金	年终结余
		合计	育林基金	水利基金	残疾保障	城市公用附加	国土收益基金	农业土地开发	养路费收入	新型材料基金	其他基金					合计	文体教育传媒	社保就业	城乡社区事务	农林水事务	工商金融事务	交通运输	一般公共服务	其他			
合计	22082	9489	2004	687	365	3508	1952	275	525	3	170	9081	3504	8		13267	129	379	3087	7470	98	736	849	519	320	3130	5365
2007	3543	1391	66	228	100	333	604	60				1434	718			2077	1	100	752	1159	42			23	91	220	1155
2008	9875	4692	1902	208	112	972	794	108	525		71	4020	1155	8		6925	23	126	1168	4260	56	736	274	282	119	1200	1631
2009	8664	3406	36	251	153	2203	554	107		3	99	3627	1631			4265	105	153	1167	2051			575	214	110	1710	2579

预算外专户资金收入:

2004年至2009年,临澧县预算外专户资金收入为17112万元,其中:行政事业性收入16436万元,乡镇自统筹406万元,上级补收入270万元。

2004~2009年预算外专户资金收入统计表

表1-62 单位:万元

年份	收入总额	本年收入			上级补助收入
		合计	行政事业性收入	乡镇自统筹	
合计	17112	16842	16436	406	270
2004	2424	2424	2335	89	

续表1-62

年 份	收入总额	本年收入			上级补助收入
		合 计	行政事业性收入	乡镇自统筹	
2005	2153	2153	2069	84	
2006	2297	2297	2218	79	
2007	3823	3553	3492	61	270
2008	3329	3329	3283	46	
2009	3086	3086	3039	47	

第三节 清理“小钱柜”收入

“小钱柜”是指未纳入预算内和预算外管理的各种闲散资金的名称。“小钱柜”资金的使用单位可以任意支配，未接受财政监督，促使消费基金的增长，导致违规违纪，铺张浪费现象时有发生。为解决此问题，1970年，国务院下发了《关于清理和整顿“小钱柜”的通知》，即在全国范围内开展专项清理和整顿“小钱柜”工作，并在银行开设清理整顿“小钱柜”资金专户，实行集中存储。当年，临澧县派出工作组加强对财务的管理、经济秩序的整顿，专项治理“小钱柜”，对全县行政、企事业单位进行了清查，1970年至1978年，临澧县清查出私设“小钱柜”资金28.04万元。对清查出的“小钱柜”资金按照国家政策全部缴入国库。

第四节 特种资金及其他收入

特种资金收入是指政府招待所、宾馆、房租(包括礼堂、会议室租金、服务费)机关业务生产、福利费提存等收入。临澧县从1949年至1982年，有特种资金收入95.62万元。

其他收入是不便归类的杂项收入，2007年始，包括上级补助收入。临澧县1949年至2009年，除1964、1965、1967年，三年没有其他收入外，其他年份均有其他收入，共计11642.42万元，年均200.73万元。

第二编

财政支出

第二编 财政支出

清代末，临澧县财政支出，主要是满足封建统治者的需要。按封建王室制度规定，清道光以前，财政支出由上级统支。年支银12309.686两。此后，岁支岁解银渐多。同治三年(1864年)，岁支银12853.388两。光绪后，岁支剧增财库贫竭。

民国初期，军政费用大增，临澧县多以军政、教育文化和保安费用为主，财政支出恶性增长，常出现财库亏空之危，民国3年(1914年)，岁支银3万余元，出现财库亏空。民国20年(1931年)，岁支达173896元，民国23年(1934年)，财政支出200659元，其中：县政府经费支出占总支出(下同)的41.5%，公安司法占20.9%，地方自治(团防费)占11.2%，税务征收费占11.5%，党务费占6.2%，其他支出占8.7%。根本未安排经济建设费。民国31年(1942年)，岁支530150元，比民国25年(1936年)增长2.5倍。

民国35年(1946年)，抗日战争结束后，财政支出分十大类，年支出438468.00万元，当年，收支基本平衡，以行政支出为主。按上年比例测算，年支出行政费181964.22万元，占总支出的(下同)41.5%，其次为保安支出91639.81万元，占20.9%，教育经费支出65770.20万元，占15%，经济建设支出5524696.80万元，占12.6%，其他支出43846.80万元，占10%。民国36年(1947年)，岁支的保安警察费用占总支出的13.26%。次年，岁支军政费高达61382万元，占岁支总额的59.5%。

新中国成立后，临澧县财政根据经济建设、文化教育事业发展和提高人民物质文化生活水平之需要，坚持勤俭建国，“厉行节约”和本着“取之于民，用之于民”和“量入而出”的原则，统筹兼顾，全面安排，保证各项事业的发展和满足城乡人民日益增长的物质文化生活需求。但随着经济日益繁荣，财政收入不断增长，其支出规模相应扩大。

新中国成立初期，临澧县财政支出的主要项目有上解支出、经济建设费、文教科卫费、抚恤和社会福利救济费、行政管理费、其他支出等十二大类。2007年1月1日，政府实行收支科目分类改革调整为16个类级科目，即：一般公共服务、外交、国防、公共安全、教育、科学技术、文化体育与传媒、社会保障和就业、医疗卫生、环境保护、城乡社区服务、农林水事务、交通运输、工业企业金融和地震灾后恢复重建及其他支出。

1949年至2009年，财政预算内支出总额为611251.14万元。按财政预算科目调整分为两个时段统计反映支出数据，即1949年至2006年，支出总额为341342.14万元，2007年至2009年，支出总额为269909万元，1949年至2009年，预算外(非税)支出总额为66836.76万元。这些支出投入面广，项目多而杂，以下分经济建设支出等十三章七十一节具体进行解析。

1949~2006年临澧县财政支出统计表

表2-1　　　　单位:万元

年度	财政总支出合计	一般预算支出												调出专项资金	上解支出	本年结余
		合计	经济(基本)建设费	农、林、水、气事业费	文、教、科、卫事业费	抚恤社救福利费	社会保障补助	行政事业退离休费	行政管理费	公检法司支出	其他支出	其他部门事业费专项支出				
合计	341342.14	256512.9	18013.23	19280.75	88180.13	13670.07	11682.1	17595	44983.79	15160.14	19387.59	8560.09		4114	36029.51	44685.74
1949	38.56	37.83	1.21	2.13	12.15	2.29			20.05					0.58	0.15	
1950	68.01	66.53	2.32	2.66	15.30	20.37			25.88						0.46	1.02
1951	75.13	74.76	2.56	2.87	18.16	24.64			26.53						0.37	
1952	61.96	58.8	2.73	3.75	22.43	5.87			24.02						0.26	2.90
1953	86.62	72.29	3.45	4.28	26.12	8.14			30.30						0.27	14.06
1954	89.17	67.2	4.12	4.86	26.41	8.55			23.26						14.98	6.99
1955	94.98	91.98	3.73	5.43	33.51	8.19			37.82		3.30					3.00
1956	119.87	117.17	2.96	14.54	38.73	6.83			46.63	3.50	3.98					2.70
1957	134.60	119.67	4.11	12.72	52.78	3.36			38.76	3.59	3.65	0.70				14.93
1958	310.84	401.81	126.22	170.57	49.41	9.29			39.41	1.51	5.16	0.24				90.97
1959	486.25	183.53	47.87	26.95	54.15	7.02			46.74		0.80				302.69	0.03
1960	616.61	334.30	166.24	16.64	73.88	22.86			42.82		11.86				266.48	15.83
1961	503.04	322.41	72.62	23.41	59.80	27.07			49.79		89.72				156.19	24.44
1962	456.77	151.98	1.02	16.06	66.60	17.03			47.59		1.14	2.54			270.46	34.33
1963	542.73	214.70	11.93	32.61	61.33	10.77			47.40		46.87	3.79			322.40	5.63
1964	564.42	218.39	22.62	41.50	77.07	21.38			48.97		2.13	4.72		10.15	330.67	5.21
1965	593.52	264.02	17.58	99.28	79.27	6.69			48.94		8.86	3.40		16.10	303.66	9.74
1966	620.49	353.58	3.49	191.05	83.68	14.65			51.02		6.68	3.01			244.80	22.11
1967	638.89	391.52	4.89	198.38	101.45	11.64			46.56		28.60			3.48	231.48	12.41
1968	594.56	320.22	153.74	14.60	86.57	7.40			48.48		9.43				244.61	29.73
1969	638.01	324.36	146.16	12.19	86.79	8.83			59.33		11.06			19.72	267.04	26.89
1970	1179.09	837.48	639.58	13.82	96.12	7.93			65.77		14.26				310.28	31.33
1971	1167.17	814.68	547.72	46.14	129.89	7.40			80.98		2.55				317.10	35.39

续表2-1

年度	财政总支出合计	一般预算支出											调出专项资金	上解支出	本年结余
		合计	经济(基本)建设费	农、林、水、气事业费	文、教、科、卫事业费	抚恤社救福利费	社会保障补助	行政事业退离休费	行政管理费	公检法司支出	其他支出	其他部门事业费专项支出			
1972	1030.11	760.92	428.75	74.88	150.34	18.93			86.29		1.73		3.00	237.84	28.35
1973	984.04	565.02	212.72	65.05	168.84	19.25			94.13		5.03		25.60	344.73	48.69
1974	990.09	567.23	183.74	94.74	186.12	15.69			84.38		2.56		34.00	362.45	26.41
1975	1029.29	644.54	199.10	157.69	192.24	11.12			80.86		3.53		5.60	352.26	26.89
1976	642.51	626.90	196.41	136.27	199.41	11.54			76.53		4.69	2.05			15.61
1977	723.69	556.94	92.33	126.76	218.90	16.34			92.77		6.66	3.18		110.11	56.64
1978	941.06	917.93	346.55	181.69	261.08	25.12			96.46		4.78	2.25	3.20	5.46	14.47
1979	1081.8	1046.5	312.7	215.43	334.41	39.57			128.18		3.68	12.59		27.11	8.11
1980	1448.2	1152.9	68.77	314.18	466.63	141.91			133.70		7.71	20.07		241.95	53.29
1981	1229.1	919.20	95.99	175.17	398.46	101.37			118.20	9.04	1.92	19.05	10.87	267.63	31.46
1982	1291.22	932.06	58.54	158.25	465.32	27.37			159.41	12.21	13.45	37.51	10.00	296.21	52.95
1983	1494.5	1211.2	158.5	176.46	510.74	54.06			217.60	55.14	11.01	27.71		246.93	36.37
1984	1463.3	1152.6	102.66	126.84	545.94	62.10			216.43	59.65	16.59	22.48		263.48	47.20
1985	1670.00	1623.1	151.90	140.00	820.40	64.60			230.30	67.70	86.00	62.20		99.00	52.10
1986	2036.60	1783.8	218.1	149.00	751.60	55.70		13.80	340.10	82.90	126.90	45.70		177.70	75.10
1987	2487.40	2086.30	235.60	194.70	842.20	137.80		15.20	351.30	100.20	125.20	84.10	92.70	203.60	104.80
1988	2778.3	2345.20	286.9	156.30	1013.30	109.10			415.70	107.20	196.00	60.70		311.60	121.50
1989	3089.60	2581.4	353.80	194.60	1143.70	110.10			353.80	117.90	222.60	84.90		440.80	67.40
1990	3284.30	2767.7	363.1	171.30	1209.10	184.40			342.40	119.30	209.70	168.40		424.90	91.70
1991	4220.50	3666.90	317.10	296.00	1262.80	379.80	330.10		417.20	151.30	265.80	246.80		420.40	133.20
1992	4623.00	3511.00	294.00	274.00	1461.00	170.00			616.00	166.00	266.00	264.00	450.00	479.00	183.00
1993	6542.00	4821.00	348.00	277.00	1928.00	225.00			822.00	214.00	427.00	580.00	480.00	475.00	766.00
1994	8292.00	6822.00	499.00	408.00	2724.00	206.00			1234.00	281.00	654.00	816.00	185.00	596.00	689.00
1995	9616.00	7382.00	420.00	437.00	2983.00	293.00		1.00	1480.00	452.00	988.00	328.00	379.00	1117.00	738.00

续表2-1

年度	财政总支出合计	一般预算支出											调出专项资金	上解支出	本年结余
		合计	经济(基本)建设费	农、林、水、气事业费	文、教、科、卫事业费	抚恤社救福利费	社会保障补助	行政事业退离休费	行政管理费	公检法司支出	其他支出	其他部门事业费专项支出			
1996	11508.00	8843.00	614.00	520.00	3246.00	346.00			1996.00	712.00	753.00	656.00	623.00	1306.00	736.00
1997	11568.00	8700.00	488.00	540.00	3404.00	272.00		13.00	1510.00	843.00	1184.00	446.00	775.00	1365.00	728.00
1998	12093.00	8115.00	537.00	560.00	2867.00	255.00	39.00	833.00	1566.00	560.00	636.00	262.00	205.00	1666.00	2107.00
1999	14279.00	10237.00	770.00	541.00	3483.00	564.00	216.00	917.00	1919.00	689.00	846.00	292.00	292.00	1898.00	1852.00
2000	15118.00	10830.00	601.00	573.00	3437.00	505.00	270.00	1103.00	2174.00	1084.00	741.00	342.00		2355.00	1933.00
2001	18709.00	13579.00	1165.00	657.00	4074.00	537.00	576.00	1518.00	2895.00	1190.00	662.00	305.00		2076.00	3054.00
2002	25302.00	18557.00	522.00	896.00	7110.00	886.00	1198.00	1731.00	3443.00	1218.00	1146.00	407.00		2865.00	3880.00
2003	30326.00	22846.00	938.00	1308.00	8011.00	1916.00	1621.00	2194.00	4021.00	1314.00	960.00	563.00	490.00	2756.00	4234.00
2004	35124.00	26570.00	1190.00	2354.00	8682.00	1512.00	2111.00	2596.00	4432.00	1500.00	1502.00	691.00		3156.00	5398.00
2005	42674.00	32696.00	1831.00	2647.00	10430.00	1954.00	2328.00	3129.00	5281.00	1760.00	2572.00	764.00		2905.00	7073.00
2006	51971.00	39256.00	1424.00	3027.00	11847.00	2175.00	2993.00	3531.00	6562.00	2286.00	4485.00	926.00		2596.00	10119.00

2007~2009年临澧县财政支出统计表

表2-2　　单位:万元

年度	财政总支合计	一般预算支出																其他专项支出	上解支出	本年结余
		合计	一般公共服务	外交	国防	公共安全	教育	科学技术	文化体育传媒	社会保险和就业	医疗卫生	环境保护	城乡社区服务	农林水事务	交通运输	工业企业金融等事务	粮油储备等事务	其它支出			
合计	269909	193600	28477		152	10027	41567	705	2055	43515	15743	3232	2970	33038	6862	1891	1876	1490	8	7783	68518
2007	67680	51138	8701		92	2641	11405	200	612	11020	2729	457	878	9076	2296	746		285		2789	13753
2008	85023	59506	9192		30	3604	12650	212	609	14705	4220	523	1156	10090	1388	673		454	8	2866	22643
2009	117206	82956	10584		30	3782	17512	293	834	17790	8794	2252	936	13872	3178	472	1876	751		2128	32122

1949~2009年临澧县预算外(非税)支出统计表

表2-3　　　　　　　　　　　　　　　　　　　　　　　　　　　单位:万元

项目 年份	支出 总额	年度支出				各项 往来	上解 (调出) 支出	本年 结余
		小计	财政管 理支出	行政单位 管理支出	国营企业 管理支出			
合计	66836.76	43591.11	22859.49	19397.23	1340.91	25.80	6550.83	16669.02
1949	12.58	11.52	11.52					1.06
1950	21.48	19.70	19.70					1.78
1951	24.25	23.10	23.10					1.15
1952	24.26	21.58	21.58					2.68
1953	29.51	27.98	27.98					1.53
1954	30.02	27.76	27.76					2.26
1955	34.98	33.11	33.11					1.87
1956	45.36	18.34	13.90	4.44		25.80		1.22
1957	31.33	15.80	15.80					15.53
1958	42.86	36.60	30.94	5.66				6.26
1959	46.54	37.86	26.95	3.34	7.57			8.68
1960	85.76	43.94	20.81	8.96	14.17			41.82
1961	56.65	32.31	12.34	15.37	4.60			24.34
1962	63.28	31.20	16.34	6.50	8.36			32.08
1963	88.08	48.14	12.86	25.35	9.93			39.94
1964	55.53	22.88	15.20	7.68				32.65
1965	51.54	26.60	14.88	11.72				24.94
1966	61.80	5.80	5.80					56.00
1967	46.32	45.34	45.34					0.98
1968	64.18	25.44	25.44				18.02	20.72
1969	52.68	27.58	27.58				14.42	10.68
1970	82.19	46.54	46.54				18.17	17.48
1971	62.61	41.30	41.30				14.95	6.36

续表2-3

项目 年份	支出总额	年度支出				各项往来	上解(调出)支出	本年结余
		小计	财政管理支出	行政单位管理支出	国营企业管理支出			
1972	86.92	67.73	27.89	39.84			17.23	1.96
1973	61.28	24.40	5.16	19.24			14.04	22.84
1974	80.76	51.12	19.20	31.92			14.56	15.08
1975	68.77	30.47	6.49	23.98			12.47	25.83
1976	111.17	58.95	9.07	49.88			29.81	22.41
1977	127.88	70.11	20.78	49.33			52.24	5.53
1978	130.65	54.83	1.30	53.53			53.47	22.35
1979	136.19	70.63	4.35	66.28			63.55	2.01
1980	122.69	87.54		87.54			26.81	8.34
1981	136.64	82.75		82.75			48.70	5.19
1982	234.78	190.08	25.00	165.08			15.18	29.52
1983	532.00	515.25	34.79	66.46	414.00		15.76	0.99
1984	696.94	571.13	25.99	135.66	409.48		59.35	66.46
1985	50.00	10.20	10.20				27.00	12.80
1986	86.50	29.50	29.50				42.00	15.00
1987	92.10	59.10	59.10				19.40	13.60
1988	2326.20	1821.30	30.30	1318.20	472.80		15.70	489.20
1989	156.60	55.60	55.60				34.10	66.90
1990	172.80	61.30	61.30				36.50	75.00
1991	180.10	74.70	74.70				26.40	79.00
1992	222.00	81.00	81.00				34.00	107.00
1993	235.00	65.00	65.00				44.00	126.00
1994	309.00	79.00	79.00				44.00	186.00
1995	604.00	120.00	120.00				44.00	440.00

续表2-3

项目 年份	支出总额	年度支出				各项往来	上解(调出)支出	本年结余
		小计	财政管理支出	行政单位管理支出	国营企业管理支出			
1996	814.00	129.00	129.00				226.00	459.00
1997	1189.00	358.00	358.00				51.00	780.00
1998	1016.00	112.00	112.00					904.00
1999	1286.00	224.00	224.00				61.00	1001.00
2000	2431.00	1222.00	1222.00				228.00	981.00
2001	2365.00	1033.00	1033.00				180.00	1152.00
2002	2108.00	1062.00	1062.00				163.00	883.00
2003	2522.00	1338.00	1338.00				390.00	794.00
2004	4505.00	3456.00	1032.00	2424.00			319.00	730.00
2005	4109.00	3098.00	945.00	2153.00			300.00	711.00
2006	4393.00	3348.00	1011.00	2297.00			327.00	758.00
2007	7366.00	5900.00	2077.00	3823.00			311.00	1155.00
2008	13204.00	10254.00	6925.00	3329.00			1319.00	1631.00
2009	11750.00	7351.00	4265.00	3086.00			1820.00	2579.00

第一章 经济建设支出

清代末，临澧县经济建设处于自然发展状态，地方工业、商业主要是私营经营，公益建设事业主要由富户募捐兴办，知县杨鲲捐薪征买民房10间，设立育婴堂；由知县薛晓帆倡导，蒋丹山、孙述湘、欧云程等人捐资，于宋玉城侧修建九辩书院；知县蒋明章独捐巨资，令子蒋锡瑞督修被洪水冲毁的佘市桥等等。

民国时期，地方财政始有经济建设支出，但规模不大数额较小。民国31年（1942年），临澧县经济建设支出为25842万元（旧币），占当年财政一般预算支出的4.4%。抗日战争爆发后，本来不多的经济建设支出又明显减少。

新中国成立后，1949年，临澧县财政对经济建设增加投入，当年支出1.21万元。1955年，增加基本建设投资科目，当年支出3.73万元。1968年，将经济建设支出类级科目改设基本建设投资、固定资产更新和四项费用，增设流动资金、经建事业费。为突出农业地位将经济建设事业费分为支援农业生产支出[农、林、水利、气象事业费（其中：包括小型农田水利建设事业费和防汛费）、支援农村人民公社支出、水库移民建房支出]和工商等部门事业费，同时把固定资产更新和四项费用改为新产品试制费，增设城市维护费。1971年，增设县办“五小”企业技术改造补助费，当年支出30万元。1974年，将产品试制费、中间试验费及重要科学研究补助费统称为科学技术三项费用；1978年，增加商业简易建筑费类。1981年，将商业简易建筑费类科目改为简易建筑费类科目；1988年，改设支援农村生产支出类及农林水利气象等部门事业费类两大类。1989年，经济建设费主要包括基本建设投资、企业挖潜改造资金、农业、林业、水利、气象、工业、交通、商业等部门事业费类。对于经济建设支出的规模和占财政支出的比重，各个时期有升有降。

“二五”时期，由于“大跃进”经济建设支出增长过快，临澧县共支出413.97万元，占同期县财政一般预算支出（下同）的29.70%。1963年至1965年，是国民经济调整时期，压缩基本建设规模，县经济建设支出为52.13万元。“三五”时期，支出947.86万元，占42.56%；“四五”时期，临澧县大办农田水利基本建设，改善农村生产条件，经济建设支出1572.03万元，占46.89%，比“三五”时期增长65.85%；“五五”时期，经济建设支出1016.79万元，占23.64%。“六五”时期，基本建设投资实行由财政拨款改为受益单位向银行贷款，经济建设支出有所回落，当期支出567.66万元，占9.85%，比“五五”时期，减少44.17%。“七五”时期经济建设支出1675.60万元，占6.74%。1991年后，经济建设支出逐年增加，1996年，支出614万元，比1992年增长108.84%；2004年，支出1190万元，其中城市维护费支出480万元，比1990年70.50万元增加409.50万元，增长5.81倍；2006年，支出1424万元，比2004年增长19.66%，主要用于城市维护费、科技三项费用。其中科技三项费用支出138万元，比2004年的85万元增加53万元，增长62.35%。

1949年至2006年,临澧县经济建设支出18013.23万元,年均支出310.57万元,占同期财政一般预算支出的7.02%。其中:改革开放前30年(1949年~1979年)支出3588.47万元,年均支出119.62万元,改革开放后(1980年至2006年)经济建设费支出14424.76万元,年均支出601.03万元,比传统计划经济时期支出增长4.02倍。2007年至2009年,经济建设支出调整到各类事业费中。

1949~2006年临澧县经济建设费支出统计表

表2-4 单位:万元

年份	经济建设支出	其中											
		基本建设投资	企业挖潜改造资金	简易建筑费	科技三项费用	流动资金	支援农村生产支出	城市维护费	工、交、商、环境保护等部门事业费	城镇青年就业经费	流通部门事业费	农业综合开发	其他
合计	18013.23	3408.07	1899.69	237.50	776.12	190.45	4988.77	3886.18	1157.58	430.00	780.00	235.0	23.87
1949	1.21		0.50		0.50				0.21				
1950	2.32		1.00		1.00				0.32				
1951	2.56		1.00		1.00				0.56				
1952	2.73		1.20		1.30				0.23				
1953	3.45		1.60		1.70				0.15				
1954	4.12		1.50		1.70				0.92				
1955	3.73	3.73											
1956	2.96	1.58							1.38				
1957	4.11	2.85											1.26
1958	126.22	125.62							0.60				
1959	47.87	1.12					46.75						
1960	166.24	19.00					147.24						
1961	72.62	17.62					55.00						
1962	1.02	1.02											
1963	11.93	1.50					10.40			0.03			
1964	22.62	0.64					19.57		0.50	1.89			0.02
1965	17.58	0.35					7.95		4.00	5.21			0.07
1966	3.49	1.50							0.88	1.03			0.08
1967	4.89						3.51			1.30			0.08
1968	153.74	136.87					4.02			12.85			

续表2-4

年份	经济建设支出	其中											
		基本建设投资	企业挖潜改造资金	简易建筑费	科技三项费用	流动资金	支援农村生产支出	城市维护费	工、交、商、环境保护等部门事业费	城镇青年就业经费	流通部门事业费	农业综合开发	其他
1969	146.16	62.41			0.55		10.13		0.07	73.00			
1970	639.58	518.15			1.45	11.00	100.00			8.98			
1971	547.72	463.30	30.00		0.70	23.00	20.78		0.08	9.86			
1972	428.75	358.70	25.00		0.75	25.00	16.00		0.08	3.22			
1973	212.72	118.90	27.15		0.73	15.00	27.40		0.58	22.96			
1974	183.74	45.30	32.00		0.44	10.15	58.73		0.59	36.53			
1975	199.10	72.04	1.15		5.40	26.00	46.89		0.59	47.03			
1976	196.41	63.60	33.00		0.85	26.00	54.34		0.09	18.53			
1977	92.33	8.37	28.50		0.90	10.00	7.31		0.16	37.09			
1978	346.55	39.00	235.46		0.71	11.00	44.87		0.20	11.95			3.36
1979	312.73	126.90	93.08		1.50	23.50	53.71		0.20	13.84			
1980	68.77	2.00	2.69		0.60	0.80	55.65	6.35	0.48	0.20			
1981	95.99	10.00	0.46		1.69	7.00	50.33	4.04	0.68	21.79			
1982	58.54	5.00			3.45	2.00	23.61	7.60	2.84	14.04			
1983	158.57		60.00		0.70		68.98	5.23	2.33	21.33			
1984	102.66	10.00		3.00	0.70		73.20	5.96	2.16	7.64			
1985	151.90	25.00	2.00	3.50	3.20		77.00	15.70	15.80	9.70			
1986	218.10		21.50	22.30			104.80	50.40	17.70	1.40			
1987	235.60		3.60	13.00			141.20	59.70	11.60	6.50			
1988	286.90		2.30	34.70			178.00	52.90	12.50	6.50			
1989	353.80			6.00			252.30	75.70	17.90	1.90			
1990	363.10	65.00					210.00	70.50	12.40	5.20			
1991	317.10	50.00			1.60		145.10	83.10	25.80	11.50			
1992	294.00		50.00		2.00		131.00	86.00	23.00	2.00			
1993	348.00				1.00		216.00	115.00	12.00	4.00			
1994	499.00	10.00					314.00	153.00	20.00	2.00			

续表2-4

年份	经济建设支出	其中											
		基本建设投资	企业挖潜改造资金	简易建筑费	科技三项费用	流动资金	支援农村生产支出	城市维护费	工、交、商、环境保护等部门事业费	城镇青年就业经费	流通部门事业费	农业综合开发	其他
1995	420.00		11.00	3.00			260.00	126.00	18.00	2.00			
1996	614.00		100.00	10.00	52.00		273.00	151.00	25.00	3.00			
1997	488.00		9.00	15.00	33.00		226.00	152.00	49.00	4.00			
1998	537.00		3.00	31.00	64.00		277.00	93.00	39.00			30.00	
1999	770.00		58.00	29.00	68.00		362.00	146.00	48.00			59.00	
2000	601.00		32.00	12.00	66.00		256.00	136.00	31.00			68.00	
2001	1165.00		512.00	55.00	67.00		282.00	169.00	32.00			48.00	
2002	522.00		10.00		28.00		277.00	150.00	27.00			30.00	
2003	938.00	450.00	60.00		31.00			131.00	114.00		141.00		11.00
2004	1190.00	291.00	88.00		85.00			480.00	126.00		112.00		8.00
2005	1831.00	300.00	315.00		108.00			666.00	223.00		219.00		
2006	1424.00		47.00		138.00			695.00	236.00		308.00		

注：表中“农业综合开发”支出（因科目变更）2003年~2006年统在农业支出项目中，其该项支出详细情况见表2-5

第一节 基本建设支出

基本建设投资是用于新建、扩建和恢复多种生产性和非生产性固定资产所用的资金支出。它包括国有企业、行政机关、事业部门等房屋建筑物的工程费用，机械设备、生产工具、交通工具的购置和安装费用、电站、农田水利工程费用，公路、铁路、航道的建筑建设费用及为基本建设工程支付的勘察设计费、土地征用费、生产人员培训费等。

清代末，临澧县地方财政无基本建设方面的投资。民国时期，有少量的投资。民国19年(1930年)，县政府以赈款在县城水府庙开办贫民工厂，资本1.4万元，职工101人，备有织布、织袜、缝纫、印刷等简易设备50多台，年产值1.7万元。未列入县财政预算，是地方政府用于关计民生。

新中国成立后，临澧县财政十分重视基本建设投资，投资规模和范围不断扩大。投资按其来源分为上级财政拨款，县财政投资和建设银行贷款三个部分。20世纪50至70年代，预算内投资是通过财政拨款的方式。1949年至1953年，解放初期县财力不足，经济基础薄弱，全县用于基本建设资金支出的不多。1954年后，临澧县基本建设投资逐年增加。1955年，基本建设投资3.73万元；1958年，基本建设投资125.62万元(主要用于水利工程建设)是1955年的33.68倍。

1958年至1962年，由于农业生产“大跃进”，全县基本建设财政支出164.38万元，年均支出32.88万元。1963至1965年，是国民经济调整时期，基本建设投资大量压缩，仅投入资金2.49万元。1966年，全县经济建设财政支出3.49万元，其中基本建设投资支出1.5万元，分别占当年财政一般预算支出的0.99%和0.42%。1966至1970年，这五年是临澧县水利工程基本建设投资的高峰期，全县基本建设投资主要用于青山水轮泵站系统工程建设。五年共安置水利工程移民一万余人，水利基本建设总投资为718.93万元，占“三五”时期财政一般预算支出的32.28%。完成青山水轮泵站工程发电、提水、灌溉的全面配套，总装机容量8900千瓦，年发电量5000余万千瓦时，年提水量达1亿立方米。开挖水渠7125公里(其中：骨干渠83公里，支线渠7042公里)，有效灌溉面积55万亩。1973年，基本建设投资上级拨款主要通过建设银行。“四五”时期县总投资1058.24万元(其中流资162.15万元、企业挖潜改造资金115.30万元)兴建县机械厂(新上气门生产线，年生产气门20万支)、县氮肥厂(年生产合成铵3000吨)、县耐火材料厂(年生产耐火材料5000吨)。1976年至1980年，临澧县基本建设投入资金239.87万元、企业挖潜改造资金392.73万元、支援农村生产215.88万元、科技三项费用4.56万元，合计853.04万元。主要用于织布厂、冷冻厂及全县电排、灌机埠等农田、水利设施配套建设。从1981年起，凡是实行独立核算有还款能力的企业进行基本建设所需的投资，除尽量利用企业自有资金外，一律改为银行贷款。财政预算安排的基本建设资金拨给建设银行作为贷款资金。对于因产品价格不合理，确实无法实行贷款的企业，由部门和企业提出申请，按照中央、地方分级安排计划的权限，经建设银行签证，计委、建委审查同意财政给予支持。自1981年实行拨改贷的办法后，财政只按标准的基本建设计划，从金库将基本建设投资划交建设银行，并通知建设单位。关于使用、监督、往来结算等具体工作由建设银行办理。临澧县基本建设投入工业、农业的比例各个时期有所区别。1981年至1989年，临澧县基本建设投资大大减少。1985年，支出25万元。其他年份均未在本科目中反映，有关基本建设方面的投资列入相应的各项事业费；农林水方面的投资列入了农林水事业费；基本建设投资分别列入各单位事业经费中；临澧县青山水轮泵站基本建设投资列入水轮泵经费。

1986年至2003年，在基本建设投资中仅有4年支出575万元。[其中1990年65万元、1991年50万元、1994年10万元、2003年450万元(用于行政单位基本建设支出115万元，文化部门60万元，交通100万元，其他300万元)]。2004年，全县基本建设资金支出291万元，比1968年增长1.13倍。1949至2006年，临澧县基本建设支出3408.07万元。2007年至2009年，基本建设投资支出调整至各项事务费中。

第二节 企业挖潜改造资金

企业挖潜改造资金是国家预算拨款和企业上缴的基本折旧基金和企业实行投入产出总承包上交的超承包目标部分由财政返还企业用于挖掘生产潜力、革新技术、改进技术条件的资金。临澧县国营企业基本折旧基金自1950年起全部上缴财政，由国家统一安排使用。企业需要的更新改造费用由财政拨款解决。1954年，县财政对县办“五小”企业技术改造资金项目支出1.50万元。1950至1964年，财政拨给企业的更新改造费用，包括在基本建设拨款以内，国营企业主管部门在编制年度基本建设计划时，将本部门所属企业的更新改造项目也编造在内，财政根据审核批准的基本建设计划进行拨款，由建设银行监督使用。1967年，临澧县把技术组织措施费、零星固定资产购置和劳动安全保护措施三项费用及固定资产更新资金和基本建设中属于简单再生产性质的投资合并一起，作为固定资产更新和技术改造资金。临澧国营企业实行基本折旧基金抵留办法，基本折旧基金不上缴财政，财政也不拨付设备更新资金。

1971年，临澧县企业挖潜改造资金支出30.00万元，主要用于企业技术改造。当年临澧县财政拨付给县办“五小”企业技术改造资金和企业挖潜改造补助28.50万元，此项支出原由企业主管部门每年在编制年度基本建设计划时将所属企业的更新改造项目编制在内，财政部门根据计委审批的基本建设计划进行拨款，由建设银行监督使用。为了正确反映企业挖潜改造资金的使用效果，从1977年起，将该项资金从基本建设支出中划出，单独列支。1972年至1992年（1982、1984、1989、1990、1991年5年未投入），企业挖潜改造资金支出617.89万元，占同期（1972年~1992年）财政一般预算支出的2.1%，1971年至1985年（15年），对县办“五小”即：小水电、小煤矿、小化肥厂、小水泥厂、小冶炼厂等“五小”厂（站）技术改造的投资补助，成为企业挖潜改造资金的主要项目。“五小”企业实际12年投资570.49万元[其中2年（1992、1994年）未投入]，占同期（1971—1985年）财政一般预算支出的4.25%。1978年，恢复国营企业基本折旧上交制度，临澧县将集中的基本折旧基金全部用于企业基本建设投资。同年，企业挖潜改造资金支出235.46万元，主要用于县氮肥厂的技术改造，该厂合成铵年生产量由1971年的3000吨提高到5000吨。贷款利率实行低息，逾期未还加倍计息。贷款企业对贷款项目的经济效果单独进行核算。国有企业归还贷款本息资金的来源为：贷款项目投产后，新增加的利润，固定资产占用费及企业留用的更新改造资金，实行利润留成的企业在还款期内对贷款项目新增利润，可按照国家核定的基期留利比例，先提取福利基金和奖励基金后归还贷款。1982年7月，省财政厅、人民银行、建设银行对更新改造资金使用作出新规定：（一）国有工业、交通、商业企业的更新改造资金只能用于技术改造和设备更新，不能用于新建项目和其他支出；（二）各级财政部门、企业主管部门以及建筑施工企业的更新改造资金，应全部存入建设银行并由它管理；（三）企业的更新改造资金，同人民银行贷款合用的由建设银行管理，同人民银行、建设银行两家合用的，当时是由谁家管理仍由谁家管理；（四）企业的更新改造历年结余，因已参加流动资金周转，不再划转建设银行。从1985年起，原由国家集中的企业折旧基金不再上交中央财政。1985年，临澧县办“五小”企业基本完善，“五小”企业技术改造补助资金停止。1971年至1985年，“五小”企业技术改造资金支出570.49万元（其中2年未投入），实际年均支出43.88万元。1986年至2003年，临澧县企业挖潜改造资金支出872.40万元。主要投入工业企业856.0万元（占同期财政一般预算支出的4.93%。其中：投入纺织工业500万元、轻工业24.5万元、电力工业50万元、机械工业134万元、煤炭工业51万元、建筑材料工业69万元、其他工业27.5万元）。2001年投入最多为512万元（其中：1989年至1993年，四年没有投入）。

1949年至2006年，临澧县用于企业挖潜改造资金1899.69万元。2007年，由于政府实行收支科目改革,企业挖潜改造资金项目取消。

第三节 科技三项费用

科技三项费用是指国家为支持科技事业发展而设立的新产品试制费、中间试验费和重大科研项目补助费。

1949年,临澧县始有科技三项费用支出0.50万元,1968年,财政部将更新改造资金和四项费用并入一个科目,实际只有新产品试制费一项预算拨款。1969年,临澧县有新产品试制费支出0.55万元。占当年县财政一般预算支出的0.17%,比重较小。1970年,除商业部门仍实行利润留成外,其他企业的四项费用恢复由财政拨款。1969年至1977年,全县科技三项费用支出11.77万元。1978年,国家将“科技三项费用”改为“新产品试制费类”科目。1979年,又恢复“科技三项费用”类级科目。

1984年,国家对科研项目逐步实行对外有偿合同制和对内课题承包责任制,进一步加强对科技三项费用的管理。科技三项费用主要用于地方单位承担的国家重点科技计划项目,如:工业的设备更新、技术改造;农业的水稻良种推广、繁殖;畜牧业的良种猪、牛的繁殖及推广农机、大棚蔬菜等。实行合同化管理,经费包干,专款专用,严格按项目进行核算,建立预算和决算管理制度。

1985年,临澧县科技三项费用支出3.2万元,比1984年增长3.57倍。该项费用主要用于粮食与经济作物的良种试验(杂交水稻制种),牲畜良种推广。1991年支出1.60万元;1992年支出2.00万元,比1991年增长25%。1996年10月,贯彻执行《中华人民共和国促进科技成果转化法》。要求财政用于科学技术固定资产投资和技术改造的经费中有一定比例用于科技成果转化。当年,全县科技三项费用支出52万元,比1992年增长25倍。1999年支出68万元,比1996年增长30.77%。

1949年至2006年,临澧县科技三项费用支出776.12万元,其中1969年至2006年临澧县科技三项费用支出768.92万元。2007年,科技三项费用科目更名为“科学技术费”属单列类级科目。2007年至2009年,临澧县科学技术费支出705万元,年均支出235万元。

第四节 流动资金

流动资金是指企业在产品生产和商品流通过程中不断周转使用的资金。临澧县地方国营企业的流动资金,一是财政拨款,二是银行贷款,三是企业用生产发展基金进行补充。

新中国成立初期,1949年至1952年,国家规定地方国营企业的流动资金,除银行贷款外,不足部分由财政拨款解决,超过部分收缴财政。1953年至1954年,国家又规定企业应增加的流动资金,除银行信贷解决外,一般均以主管部门为主,从超计划利润或应缴的多余流动资金中抵拨。1955年,基本取消定额信贷,除企业短期性、临时性以及采购、销售过程中的结算资金,供销社企业流动资金实有额不足,其商品资金由人民银行解决外,全部由地方财政拨款。

1958年始,县级地方国营企业的流动资金全部转给人民银行作为人民银行的贷款统一计算利息。1961年7月1日起，改进国营企业流动资金供应办法，除超定额流动资金仍由银行贷款外，定额流动资金80%由财政拨款；20%由财政拨给银行，由银行向企业发放定额贷款。1962年，银行不再参与企业20%定额流动资金管理，企业向银行借款的20%定额流动资金转作企业自有资金。1949至1969年，临澧县财政未给予企业拨款。1970年起，国营企业实行在核定流动资金占用金额计划内，财政和银行协调分别供应的办法。当年，临澧县财政拨款支出11.00万元。1972年，临澧县对国营企业全面开展清产核资，在核定企业流动资金定额后，企业除自有流动资金外，不足部分由财政拨给。当年财政拨付流动资金25万元。1970年至1981年，财政共拨流动资金188.45万元。1982年，财政拨出流动资金仅2万元，此后再未安排拨款。同时流动资金占用费制度执行至1982年。1983年起，国营企业流动资金改由人民银行统一管理，企业需要增加的流动资金，由银行按信贷政策供应，县财政不再增拨此项费用。过去已拨给企业的，不予收回。1970年至1982年，临澧县给企业共拨付流动资金190.45万元，年均支付14.65万元。

第五节 工、交、商、环境保护等部门事业费

工、交、商、环境保护等部门事业费主要是指工业、交通、物价、商业、环境保护等主管部门所属的勘察设计、科学研究、机构经费、中等专业学校和技工学校事业费及管理干部和技术人员的专业培训费等事业单位的经费。

1949年，临澧县始有该项支出0.21万元，1949年至1979年，20年用于此项经费较少，共计12.39万元，年均0.40万元。1980年以后，为搞活经济，发展生产，县财政增加工、交、商、环境保护等部门事业费补助，当年支出0.48万元。比1979年增长1.40倍。1985年起，该项支出逐年增加，当年支出15.80万元，比1982年增长4.56倍；2003年支出114万元，比2002年增长3.22倍，比1986年增长5.44倍。

1949年至2006年，临澧县工、交、商、环境保护等部门事业费支出1157.58万元，年均支出19.96万元。2007年至2009年，上述费用调整至事务费科目中支出，其中：工业金融等事务1891万元、交通运输6862万元、粮油储备等事务1876万元。

第六节 支援农村生产支出

支援农村生产支出主要是指国家为了促进农村经济发展，通过预算安排用于改善农业生产条件、发展商品生产及防病、救灾等方面的资金（主要用于小型农田水利和水土保持补助、支援农村合作生产组织资金、农村农技推广和植保补助、农村牧草场和畜禽保护补助、农村造林和林木、水产补助及粮食自给工程资金等）。1952年至1958年用于支援农村生产支出已列入农业事业费中未单独体现（1958年前，财政无偿支援农村合作组织生产、兴修小型农田水利和水土保持、发展农、林、牧业的支出，列入农林水气象部门事业费内）。1959年，支援人民公社支出46.75万元，占当年财政一般预算支出的25.47%。1960年，增设“扶持穷队”项目内容，当年，财政对4个人民公社的44个贫困生产

大队无偿投资147.24万元(用于购买水稻良种48万公斤、化肥1120吨、农药9万公斤、耕畜、力驴60头、大型农具742件)。1961年,增设"一平二调"退赔支出项目,用于对"大跃进"期间无偿调用公社、大队、生产队和社员的粮食、木材、砖瓦等生产、生活资料,对拆毁占用集体和个人的房屋等进行退赔,当年全县"一平二调"退赔87.6万元。1963年,增设水库移民建房项目支出10.40万元(1961年前应移民8303人,已移民7500人,需建房265间),三年(1963—1965年)经济调整时期支援农村生产支出37.92万元。"四五"时期,用于支援农村人民公社的支出169.80万元,比"三五"时期增长44.31%。1976年,增设社队造林和林木保护补助费,当年支出4万元。1978年至1979年,将小型农田水利补助费支出单列。1978年,小农田补助费为112.32万元(为穷社穷队购买拖拉机37台、抽水机41台及打稻机等生产工具)。当年,农业生产支出44.87万元,比1977年增长5.14倍;1980年,支援农村人民公社投资转向以扶持社队企业、水利堤防、小水库除险与配套及防汛等水利工程设施建设为主。当年,支出55.65万元,比1978年增长24.03%;1984年,增设农村农技推广和植保补助费支出项目,当年,农技推广和植保补助费支出12.60万元。1985年,支援农村社队生产支出更名为支援农村生产支出,当年支出77万元(其中用于农田水利和水土保持补助费51.60万元、支援农村生产合作组织资金19.90万元、农村造林和林木保护补助费5.50万元,分别占支援农村生产支出的67.01%、25.84%和7.14%)。其中:1976年至1986年,增设社队农科网补助费科目,该项支出6.73万元;1981年至1983年,社队造林和林木保护补助费支出36.16万元;1981年至1985年,支援农村生产支出293.12万元,占同期财政一般预算支出的5.09%,比"五五"时期增长35.78%。1986年,临澧县开始定为国家建设商品粮基地示范县,该示范项目(简称"国家水稻工程")。湖南省临澧县承担大面积高产综合配套技术研究开发与示范项目的3个县之一。试验基点首选新安镇新河村,时隔2年"点"移佘市桥镇湖堰村(面积1000亩)。基点工程工作由省农科院5名专家及县农业局5名技术干部承担。1987年,设农村农技推广和植保补助费项目,当年支出141.20万元。1989年,新增农业发展专项资金和发展粮食生产专项资金支出,当年支出252.3万元,占同期财政一般预算支出的9.8%;1995年,取消农业发展专项资金,县财政支援农村生产仍支出260万元。1996年始,国家水稻工程项目经过连续5年攻关,在佘市桥镇湖堰村等"九村一线一片"3万亩示范区内实现3项高产(即三熟制双季稻最高丘块亩产1189.9公斤;食用优质稻最高丘块双季亩产1123公斤;超级稻最高丘块亩产705公斤)。1997年,取消发展粮食生产专项资金,当年支出226万元,比1996年减少20.80%;1999年,支援农业生产支出362万元,比1998年增长30.69%,1959年至2002年,临澧县支援农村生产支出4988.77万元,占同期经济建设费支出的27.63%。2003年起,支援农业生产支出不再设项列支,该科目取消(并入农林水气象事业费中)。

第七节 其他经济建设费

其他经济建设费包括简易建筑费、城市维护费、城镇青年就业经费及其他方面的5个项目类。1957年至2006年,临澧县财政共支出4577.55万元。

简易建筑费:1978年,国家预算支出科目中简易建筑费为类级科目。当年1月1日起,县内商品供销等企业的简易建筑费由财政拨款,不再从企业商品流通中列支。1980年始,设简易建筑费,主要用于商业和供销企业简易建筑和技术改造的费用。1984年,临澧县财政始有简易建筑费支出3万元;1985年支出3.50万元,比1984年增长16.67%。1984年至2001年,临澧县简易建筑费支出237.50万元。占同期经济建设支出的3.06%。

城市维护费:主要用于城镇原有设施的维修和保养。将改善生活环境的市政工程、公用事业、公共卫生、城市房屋的维修经费及城市规划、勘测费用由财政拨款,城建部门统一掌握使用。1980年,临澧县财政始有城市维护费支出6.35万元,1985年,该项支出15.70万元,比1980年增长1.47倍。1980至2006年,临澧县城市维护费支出3886.18万元。

城镇青年就业经费:1963年,国家为实施国民经济调整,精简、压缩城市人口,将部分待业青年和闲散劳力下放农村。当年,临澧县财政该项支出0.03万元。1965年,国家设城市人口下乡安置经费科目,当年,临澧县财政支出5.21万元;1968年,国家号召城市知识青年、干部、居民大量到农村安家落户,当年,临澧县财政安置费支出12.85万元;1969年,改为城镇人口下乡经费,这一年是干部职工下放劳动和知识青年上山下乡的高峰期,该项支出为73.00万元[其中干部下乡插队落户经费3.25万元(含干部工资3.06万元)],当年,全县干部下乡插队落户219人,随干部、职工下乡的知青58人,家属16人,在该项支出的73.00万元中(建房补助1.41万元、生活补助费4.37万元),仅此2项经费占同期财政支出的2.17%。1977年,将城镇人口下乡经费改为城镇知识青年下乡补助费,当年支出37.09万元。1978年起,下放人员先后回城就业,城镇知识青年下乡补助费改为城镇待业青年就业安置费,这年支出11.95万元;1979年支出13.84万元;城镇青年就业经费是根据特定环境增设的城市人口、待业青年下乡和回城安排的安置经费,有些年份还包括"五七"干校经费、干部插队落户经费。1982年起,改为城镇青年就业经费,当年支出14.04万元。1963至1997年,临澧县城镇青年就业支出430.00万元。

地质勘探经费:2003、2004年,临澧县地质勘探经费共支出16万元。其他年份无支出。

其他支出:1957年至2004年,临澧县其他支出23.87万元。

第八节 流通部门事业费

流通部门事业费,主要用于流通领域的经费开支。2003年,临澧县始有该项支出141万元,2004年支出112万元,比2003年减少20.56%,2005年支出219万元,2006年支出308万元,比2005年增长40.63%。2003年至2006年,临澧县流通部门事业费支出780万元。2007年该类级科目取消。

第九节 农业综合开发

农业综合开发,1995年以前,"支援农村生产支出类""农业发展专项资金"款级科目中反映。1995年,"农业发展专项基金"科目被取消。用于农业综合开发的资金单列"农业综合开发"支出项目。农业综合开发资金的管理由县农业综合开发办公室负责。

1995年1月1日起，贯彻执行《湖南省农业综合开发资金管理办法》，农业开发资金(包括中央财政投入的资金、地方财政投入的资金、农业综合开发专项贷款、农村组织和农户自筹的资金、国家农业企业自身积累投入的资金及经过法定手续筹集投入的其他资金)。中央财政和地方财政投入的资金，70%以上用于改善农业生产条件，30%以下用于发展多种经营和龙头项目带动农产品的系列开发。银行专项贷款的安排，原则上30%用于改善农业生产条件，70%用于多种经营和龙头项目带动农产品的系列开发。农业综合开发地方财政配套资金，按中央财政投资制度1:0.9配套。地方财政配套部分分别由省级财政和市(县)两级财政按规定的比例承担。地方各级财政配套资金按计划列入财政预算，不得用其他专项资金或群众自筹资金顶替。农业综合开发有偿资金由各级财政部门主管统借统还。从借款之日起第三年开始还款每年偿还20%，第七年还清。

1995年，国家设立农业综合开发项目资金支出预算科目，主要用于垸上生态、海域和农田开发、整理(实行田园化)及多种经营农业项目资金。1998年4月8日，临澧县人民政府以临政〔1998〕55号文件形式，向湖南农业综合开发办公室提出《关于审批临澧县第一期农业综合开发项目计划的请示》，县财政局、水电局、农业银行及项目区所在地乡镇人民政府等同时呈报有关承诺书及资料。省办根据国家农业综合开发办公室农综字〔1998〕第17号和21号文件精神，以湘农综字〔1998〕5号文，同意将临澧县列为农业综合开发县。至此，临澧县被列入国家农业综合开发规划。同年，临澧县成立农业综合开发临时机构。1998年，财政部增设农业综合开发支出科目，当年，临澧县支出30万元(中央立项开发项目投资)。临澧县农业综合开发项目资金由财政资金、农民自筹和贷款三部分组成，其中财政资金由中央财政与地方财政按1:0.6配套。项目资金实行专户储存、专户管理、专账核算。资金流动由县财政局和县开发办跟踪监督，财务决算后由县审计局及时审计。资金的投放实行无偿和有偿使用相结合。垸上(田园)生态农业项目，从1998年起，资金随项目逐年批复下拨，80%为无偿资金，主要用于改善农业生产基本条件；20%为有偿资金，主要用于发展多种经营和龙头企业项目及农产品系列开发。有偿资金收取一定比例的占用费，县、乡配套的有偿资金月费率不超过2‰。2001年，土地治理项目财政资金中无偿与有偿比例调整为8.5:1.5，多种经营项目财政资金无偿与有偿比例调整为1.5:8.5。

2002年，将临时机构归口为财政系统管理，且具有行政职能的正科级事业单位，人员编制7人；2002年，国家财政资金增加，地方财政投入比为1:0.7，省级与市级投入比例为7:3；土地治理项目投资标准提高到每亩350元，财政资金中无偿与有偿比例为9:1。农业综合开发项目资金由财政统一管理，有偿资金由财政统借统还。财政设立专户、专账单独核算、专人管理、专款专用。生态农业项目资金统一实行拨实物为主的拨付管理办法。工程项目竣工后，实行验收审计制度。

2006年，临澧县成立农业综合开发服务中心，编制3人，隶属于县农开办管理的二级机构。其共同职责是抓好全县农业综合开发(土地治理和产业化经营)。1998年至2009年，临澧县农业综合开发投入资金8391.60万元〔中央、省、市财政投资5119万元(其中无偿投资4241.50万元)、县财政投资295万元(其中2003年至2006年，县财政投资60万元统在农业投资中)〕，进行了土地治理和多种经营项目建设，其中：土地治理项目覆盖合口、九里、柏枝、城关(今安福镇)、新安、佘市、官亭、杉板等8

个乡镇，100个村(居)，改造中、低产田12.57万亩(该项目坚持“区域规划，规模开发，集中连片，突出重点，综合配套，全面建设”的原则，把每一个项目区均建成“田成方、林成网、旱能浇、涝能排”的粮食高效生产核心区)。改造后区域粮食产量平均亩产(稻谷每亩双季)由原来450公斤增加到700公斤。投入资金1452万元，推广清水鸭业种养加工等6个多种经营项目。

1998~2009年临澧县农业综合开发投资统计表

表2-5 单位：万元

年份	总投资	财政资金													自筹资金			银行贷款
		小计	中央财政			省财政			市财政			县财政						
			小计	有偿	无偿	小计	有偿	无偿	小计	有偿	无偿	小计	有偿	无偿	合计	现金	物资折款	
合计	8391.60	5414.00	3398.00	515.00	2883.00	1417.00	269.00	1148.00	304.00	93.50	210.50	295.00	20.00	275.00	2311.60	679.67	1631.93	666.00
1998	823.00	343.00	180.00	90.00	90.00	103.00	63.00	40.00	30.00	17.50	12.50	30.00		30.00	180.00	90.00	90.00	300.00
1999	845.50	434.00	213.00	77.00	136.00	128.00	39.00	89.00	34.00	22.00	12.00	59.00	10.00	49.00	235.50	99.47	136.03	176.00
2000	593.00	431.00	226.00	103.00	123.00	110.00	50.00	60.00	27.00	20.00	7.00	68.00	10.00	58.00	112.00	38.00	74.00	50.00
2001	471.00	366.00	213.00	32.00	181.00	81.00	14.00	67.00	24.`00	14.00	10.00	48.00		48.00	105.00	33.50	71.50	
2002	412.00	412.00	261.00	83.00	178.00	121.00	42.00	79.00				30.00		30.00				
2003	1057.00	704.00	418.00	130.00	288.00	195.00	61.00	134.00	60.00	20.00	40.00	31.00		31.00	213.00	21.60	191.40	140.00
2004	486.00	331.00	228.00		228.00	71.00		71.00	22.00		22.00	10.00		10.00	155.00	15.00	140.00	
2005	499.00	335.00	235.00		235.00	80.00		80.00	11.00		11.00	9.00		9.00	164.00	16.00	148.00	
2006	811.00	572.00	398.00		398.00	139.00		139.00	25.00		25.00	10.00		10.00	239.00		239.00	
2007	351.00	247.00	173.00		173.00	62.00		62.00	12.00		12.00				104.00		104.00	
2008	748.00	529.00	364.00		364.00	139.00		139.00	26.00		26.00				219.00		219.00	
2009	1295.10	710.00	489.00		489.00	188.00		188.00	33.00		33.00				585.10	366.10	219.00	

第二章 农、林、水、气象事业费支出

农林水气象事业费是农业、林业、畜牧业、水利、水产、农机、气象等部门及所属事业单位为完成工作计划，帮助农村改造生产条件，提高科学管理水平等事业费。主要用于三个方面：一是事业单位人员工资(含补助工资)、福利等；二是设备购置费及房屋修缮费等；三是事业单位公务费及业务经费等。新中国成立后，贯彻以农业为基础发展国民经济的方针，根据农业发展的特点和需要，财政用于农林水气象事业费开支范围不断扩大，支出额度逐年增长。

1949年至1957年，临澧县只设农业、林业、水利三项事业费。1958年，增设水产事业费科目，1959年，畜牧事业费从农业事业费中分出单列，增列气象事业费和其他等4项款级科目。1983年后，将气象部门的事业费改由中央气象局垂直管理，费用不再列入地方财政预算。当年，农林水事业费支出为176.46万元，占当年财政一般预算支出的14.56%。1987年，增设土地管理事业费，当年支出0.9万元。1995年，增设森林工业事业费；1998年，澧水、道水流域遭受特大洪涝灾害，当年，水利事业费支出241万元，其中防汛资金支出183万元，占当年农林水气象事业费支出的41.87%。2003年，将“农林水气象”事业费改为“农业支出，林业支出，水利和气象支出”，当年农林水气象事业费支出1308万元，占当年财政一般预算支出的5.73%。2006年农林水气象事业费支出3027万元。其中：农业支出1406万元、林业支出357万元、水利支出538万元，气象支出26万元，其他支出700万元。分别占当年农林水气象事业费支出的46.45%、11.79%和18.63%、23.13%。

1949年至2006年，临澧县农林水气象等事业费支出19280.75万元，年均支出332.43万元。

2007年，“农林水气象事业费”更名为“农林水事务”类级科目。下设“农业、林业、水利”款级科目，以款级科目反映支出。2007至2009年，临澧县农林水事务支出33038万元，年均支出11012.66万元。

1949~2006年临澧县农林水气象部门事业费支出统计表

表2-6 单位：万元

年度	合计	农业事业费支出	林业事业费支出	水利事业费支出	畜牧事业费支出	水产事业费支出	农机事业费支出	气象事业费支出	其他支出	其中		
										土地管理费支出	农业生产资料补贴	其他支出
合计	19280.75	7147.49	2206.91	5611.58	747.06	214.27	655.29	88.34	2609.81	459.30	1613.00	537.51
1949	2.13	1.02	0.30	0.81								
1950	2.66	1.00	0.30	1.36								
1951	2.87	1.16	0.40	1.31								
1952	3.75	1.20	0.40	2.15								
1953	4.28	1.45	0.50	2.33								
1954	4.86	1.50	0.50	2.86								
1955	5.43	4.75	0.48	0.20								
1956	14.54	5.61	1.98	6.95								
1957	12.72	6.28	1.40	5.04								
1958	170.57	13.56	1.52	155.09		0.40						
1959	26.95	13.48		13.01	0.19			0.27				
1960	16.64	7.32	0.93	6.68	1.58			0.13				

续表2-6

年 度	合 计	农业事业费支出	林业事业费支出	水利事业费支出	畜牧事业费支出	水产事业费支出	农机事业费支出	气象事业费支出	其他支出	其中		
										土地管理费支出	农业生产资料补贴	其他支出
1961	23.41	8.08	1.21	12.91	0.87			0.34				
1962	16.06	8.50	1.43	6.00				0.13				
1963	32.61	7.48	2.72	16.26	0.72	0.30	5.13					
1964	41.50	12.39	2.05	22.98	0.72	0.65	2.71					
1965	99.28	12.81	1.75	81.29	1.08	1.05	0.60	0.70				
1966	191.05	9.25	1.82	177.85	0.37	0.30	1.46					
1967	198.38	12.98	1.96	181.24	0.56	0.44	1.20					
1968	14.60	4.19	1.90	8.44					0.07			0.07
1969	12.19	6.60	1.80	3.29				0.50				
1970	13.82	3.72	1.80	7.80				0.50				
1971	46.14	7.65	1.57	34.92			1.39	0.61				
1972	74.88	12.73	2.84	55.09			3.50	0.72				
1973	65.05	23.60	4.00	28.15			8.50	0.80				
1974	94.74	20.06	4.32	58.73		0.50	10.34	0.79				
1975	157.69	32.80	3.64	113.59			6.80	0.86				
1976	136.27	28.82	3.40	95.44	0.96	0.40	6.40	0.85				
1977	126.76	22.84	3.58	90.98	0.80	0.08	7.53	0.95				
1978	181.69	31.15	10.31	126.07	4.71	1.00	7.24	1.21				
1979	215.43	54.44	8.30	135.60	5.10	2.55	8.02	1.42				
1980	314.18	36.79	13.29	238.20	7.60	3.90	8.43	1.85	4.12			4.12
1981	175.17	32.07	17.02	94.77	13.89	3.88	7.73	0.53	5.28			5.28
1982	158.25	34.48	22.32	68.33	19.39	3.79	8.73	0.88	0.33			0.33
1983	176.46	47.52	13.38	84.26	10.32	11.32	9.11		0.55			0.55
1984	126.84	32.51	6.69	57.30	15.70	4.41	9.77		0.46			0.46
1985	140.00	44.30	6.80	58.90	14.20	4.10	11.00		0.70			0.70
1986	149.00	36.70	13.20	49.90	16.60	6.80	24.80		1.00			1.00
1987	194.70	72.90	13.80	66.50	22.00	4.90	13.70		0.90	0.90		

续表2-6

年度	合计	农业事业费支出	林业事业费支出	水利事业费支出	畜牧事业费支出	水产事业费支出	农机事业费支出	气象事业费支出	其他支出	其中		
										土地管理费支出	农业生产资料补贴	其他支出
1988	156.30	45.30	11.70	56.50	21.30	5.20	13.50		2.80	1.80		1.00
1989	194.60	48.90	12.20	77.50	23.80	5.80	15.20	0.30	10.90	4.40		6.50
1990	171.30	62.50	16.20	43.90	20.40	6.60	18.10		3.60	3.00		0.60
1991	296.00	76.10	19.20	144.10	22.20	7.90	14.40		12.10	3.20		8.90
1992	274.00	94.00	19.00	93.00	32.00	7.00	17.00		12.00	4.00		8.00
1993	277.00	94.00	27.00	89.00	28.00	11.00	18.00		10.00	4.00		6.00
1994	408.00	149.00	47.00	98.00	46.00	11.00	36.00		21.00	7.00		14.00
1995	437.00	155.00	56.00	102.00	32.00	11.00	49.00		32.00	7.00		25.00
1996	520.00	179.00	65.00	100.00	64.00	19.00	40.00		53.00	25.00		28.00
1997	540.00	196.00	49.00	87.00	75.00	11.00	43.00		79.00	37.00		42.00
1998	560.00	132.00	39.00	241.00	47.00	10.00	33.00		58.00	14.00		44.00
1999	541.00	180.00	46.00	171.00	35.00	12.00	39.00		58.00	48.00		10.00
2000	573.00	249.00	51.00	107.00	42.00	8.00	43.00		73.00	68.00		5.00
2001	657.00	303.00	66.00	110.00	52.00	23.00	47.00		56.00	46.00		10.00
2002	896.00	411.00	175.00	130.00	69.00	15.00	65.00		31.00	28.00		3.00
2003	1308.00	632.00	264.00	304.00				9.00	99.00	28.00		71.00
2004	2354.00	896.00	350.00	399.00				17.00	692.00	30.00	571.00	91.00
2005	2647.00	1123.00	361.00	548.00				22.00	593.00	40.00	426.00	127.00
2006	3027.00	1406.00	357.00	538.00				26.00	700.00	60.00	616.00	24.00

2007~2009年临澧县农林水事务支出分项统计表

表:2-7　　　　单位:万元

年份	农林水事务支出合计	其中		
		农业支出	林业支出	水利支出
合计	33038.00	20653.00	1385.00	9759.00
2007	9076.00	6112.00	455.00	1968.00
2008	10090.00	6968.00	353.00	2415.00
2009	13872.00	7573.00	577.00	5376.00

第一节 农业事业费

农业事业费也叫农业支出，包括农业管理部门、农业事业单位、种植、农垦、农场、农技推广、农村集体经济组织、农业生产资料补贴、农业资源、农业科学研究、良种示范及其他农业事业费。

新中国成立后，临澧县委、县人民政府重视发展农业，加强农业基础设施建设，积极培养技术人才，逐步完善原种场、示范场、园艺场、农科所及乡镇农技站等机构设置。县财政并给予资金支持。

1949年，临澧县财政始有农业事业费支出，内容包括畜牧水产、农垦、农技等项事业费，这些项目逐渐划出单设款级科目，当年，财政支出1.02万元。1953年，农业事业费主要用于良种推广（如万利籼稻良种19893公斤，重点在七区观音庵乡示范，种植面积3979亩，亩产增粮50公斤以上）。1955年，农业事业费支出4.75万元。1956年，农业事业费支出5.61万元，比1955年增长18.11%，推广精耕细作，改革良种双季稻栽培新技术，开展病虫害防治，多层次开发农业。1957年起，农业事业费支出逐年增加，当年支出6.28万元，比1956年增长11.94%；1959年支出13.48万元，比1957年增长114.65%。1960年起，由于连续遭受3年自然灾害及“五风”错误的影响，农业生产严重滑坡，经济下滑，财政趋紧。1962年，认真贯彻落实《关于农村人民公社工作条例60条》后，纠正了“五风”错误，继续加大对农业的投入，当年，临澧县尽管财政困难，农业投入8.50万元，占当年财政一般预算支出的5.59%，农业逐步得到恢复和发展。1970年，全县水稻种植面积增加到52.19万亩，粮食总产达76719.5公斤，农业产值5034万元，分别比1962年增长44.56%和38.68%。70年代后，农业支出逐年增加，1971年达到7.65万元，比1970年增长105.65%，1973年增加到23.60万元，比1972年又增长85.39%。

1965年至1974年农业事业费支出113.59万元，比1955年至1964年（10年）增长29.89%；80年代，农业事业费支出270.88万元，比70年代增长2.15倍。

1987年，临澧县被列为国家“七五”第一批商品粮基地县。当年，县财政对农业支出72.90万元，比1986年增加36.20万元，增长98.64%。1988年至1989年，全县土地治理项目工程改造投资20.87万元，治理稻田10.5万亩；1991年至2000年，农业事业费支出1504.10万元，全县土地治理项目覆盖16个乡（镇）、230个村，改造中低产田10.8万亩。改造后区域的粮食平均亩产（稻谷每亩双季）由原来的450公斤增加到700公斤。

1995年，临澧县支援农业事业费支出155万元，占同期农林水气象事业费支出的35.47%，其中：小型农田水利和水土保持补助费68万元（小型农田水利补助费62万元、抗旱经费6万元），支援农村合作生产组织资金72万元、农村农技推广和植保补助费15万元，分别占当年支援农业支出的43.87%、46.45%和9.68%。改造中低产田1.8万亩，全县水稻种植面积73.39万亩（含双季稻），粮食总产285971公斤。

2001年，农业事业费支出303万元，占当年农林水气象事业费支出的46.12%；其中：财政支援农村生产支出282万元[小型农田水利和水土保持补助费支出60万元、支援农村合作生产组织资金203万元(用于扶持乡镇企业资金)、农村农技推广和植保补助费19万元]、其他支出21万元。分别占当年支援农业支出总额的93.07%和6.93%。

2005年,临澧县大力发展主要经济作物,其中棉花各种植面积6.83万亩,总产6567吨,亩产皮棉96公斤;油菜籽播种面积34.80万亩,总产38746吨,亩产111公斤;烤烟6600亩,总产772吨,亩产116.97公斤。当年,全县农业事业费支出1123万元,比2001年增长2.70倍;2006年支出1406万元,比上年增长25.20%。1949年至2006年,临澧县农业事业费支出7147.49万元,年均支出123.23万元。

2007年,农业支出属"农林水事务"类下款级科目内容未变,以款级科目反映支出。2007年至2009年,临澧县农业事务支出20653万元,年均支出6884.33万元。

2007~2009年临澧县农业支出分项统计表

表2-8 单位:万元

年份 项目名称	合计	2007	2008	2009
农业支出合计	20653.00	6112.00	6968.00	7573.00
农业事业机构	335.00	112.00	108.00	115.00
技术推广	814.00	371.00	397.00	46.00
技术培训	397.00	135.00	178.00	84.00
病虫防治	370.00	47.00	120.00	197.00
耕地地力保护	142.00	50.00	50.00	42.00
灾害救助	127.00	12.00	100.00	15.00
农业生产资料补贴	3158.00	914.00	1266.00	978.00
农民合作经济组织	30.00	4.00	6.00	20.00
农产品加工与促销	45.00	12.00		33.00
农村公益事业	154.00	154.00		
农业产业化	468.00	250.00	207.00	11.00
农村能源综合建设	1095.00	63.00	213.00	819.00
农村饮水	1044.00	85.00	315.00	644.00
村级组织补助	6828.00	2279.00	2279.00	2270.00
村级债务化解	467.00	202.00	111.00	154.00
农村道路建设	508.00		267.00	241.00
一般行政管理费	153.00	33.00	90.00	30.00
行政运行	3783.00	1350.00	1056.00	1377.00

续表2-6

项目名称 \ 年份	合计	2007	2008	2009
农产品质量安全	149.00	13.00	104.00	32.00
其他农业支出	120.00	26.00	90.00	4.00
农业资源调查和区划	5.00		5.00	405.00
村级一事一议补助	405.00			
农业综合开发	56.00			56.00

第二节 林业事业费

清代及民国时期，临澧县山林所有权基本上属私有。林业一直处于简单采伐、自然更新状态。民国时期，全县有森林面积90万亩，占全县山林面积的60%。

新中国成立初，山林依旧。1949年，临澧县始有林业事业费支出0.30万元，1953年，全县人工造林7953亩，林业事业费支出0.50万元。1955年，县人民政府对林业生产倍加重视，当年，林业事业费支出0.48万元。全县林业生产实行以营林为主，采、育结合，开展抚育及封山育林。1956年，农业合作化，山林所有权由私有制变为集体公有制。全县发展林业主要靠发动群众无偿造林，财政支出主要用于营林机构经费，无造林资金支出。当年，林业事业费支出1.98万元，比1955年增长3.13倍。其中营林机构经费支出1.26万元，占当年林业事业费支出的63.64%。

1957年，全县尚有宜林荒山4.27万亩，1959年，临澧县被列为全省“基本绿化”县之一。当年，全县森林覆被率达48.40%。同年，县林业局有工作人员11人，年工资总额4038元(年人均367.09元)；造林工作站4个，职工8人，年工资总额2598元(年人均324.75元)；苗圃1个，职工2人，年工资总额876元(年人均438元)；种子处理站1个，职工3人，年工资总额1308元(年人均436元)；全年开支营林机构经费11.33万元。

1958年至1961年，全县造林主要是依靠公社、大队组织群众集体营造，4年营造用材林4.72万亩。

1962年，临澧县贯彻《人民公社六十条》，经过清山划界，调整插花山，建立以大队为单位的林业生产责任制，全县有山林的15个公社、253个大队均落实山林所有权。大队以合作化时入社的山林为基础分别固定到生产队经营(同时给每个农户平均划自留山1亩左右)。视树种和立地条件不同，集体采取穴垦、全垦的方式进行集中连片造林。当年，林业事业费支出1.43万元(其中营林机构经费1.27万元)，比1961年增长18.18%。1965至1968年，林业事业费支出7.43万元，基地造林5.2万亩。从1973年起，临澧县持续开展大办林场、绿化荒山，普遍推行深沟撩壕、梯地营造方法实行集体连片造林。1973年至1974年，全县12个公社的90个大队，集中连片营造杉木林0.85万亩。凡基地造林经县验收合格每一亩国家无偿投资7元，分4年支付(第一年垦山造林补助4元，连片抚育3年，每年补助1元)。至1977年，全县基地造林2.05万亩(杉木林)。

1978年，临澧县基地造林转向多树种、多林种，改变单一的造杉格局。县林业部门在停弦、修梅、杨板三社在古老山对稀疏油茶林补栽和成片新造油茶林1300亩，垦复油茶山1400亩，引植油橄榄20亩，间种葡萄桐400亩，随即办起社队油茶林场各2个，新修厂房4栋，共上劳力56人，负责常年培管。当年，临澧被省批准为油茶基地县。1979年，全县社、队林场321个(其中公社林场44个、大队林场277个)，经营山林11.3万亩(其中公社林场经营2.2万亩、大队林场经营9.1万亩)，1978至1979年，林业事业费支出18.61万元(其中造林补助费4万元)，比1976至1977年增长1.7倍。

1981年至1982年，临澧县全面实行林业“三定”责任制，全县划给农户的自留山11万亩，包给农民经营的责任山46万亩，由县人民政府统一发给“山林所有权证”和“自留山使用证”，同期全县共新造林5.97万亩(其中用材林1.87万亩，木本油料基地4.10万亩)。国家对验收达标单位支付林业生产补助费19.64万元。

1984年，临澧县将原包给农户的责任山改为自留山，不便分到户的边远荒山采取开标承包，按承包者得大头的原则比例分益。当年，划给农户自留山扩大到64.2万亩，占山林面积的86.7%，户均9.4亩。另有324户承包边远山林1.86万亩，承包年限30年。全县267个乡(镇)、村林场，承包山林面积9.92万亩，占6.4%。1950至1985年，全县累计造林82.3万亩，经县林业部门普查测定，1985年实际保存9.64万亩，保存率11.7%。森林蓄积量43.79万立方米，比1976年增长26.2%。

1985年，无偿投资改为有偿投资，按验收造林面积每亩投资2元。当年，支出6.8万元，新造用材林0.5万亩，农村造林和林木保护补助费支出5.2万元(其中造林补助费4.6万元)，占当年林业事业费支出的76.47%。

1986年，临澧县林业用地面积63.19万亩，占全县总面积的35%，其中有林地27.66万亩，森林覆盖率27%。当年，林业事业费支出13.20万元，比1985年增长94.12%。当年，全县茶叶树种植面积10200亩，产量95.3万公斤，主要分布在九里、官亭、新安、文家、修梅等乡(镇)。县茶叶良种示范场研制的青山银毫于1986年获省名茶;官亭茶场的刻木秀峰于1989年获省名茶。

1989年，临澧县委、县政府提出“三年消灭荒山，五年绿化临澧，十年优化结构”的战略目标。当年支出122万元(营林机构经费4万元)，比1988年增长4.27%。完成荒山造林面积1.24万亩。1990年，完成荒山造林面积1.73万亩，全县所剩荒山面积占林业用地面积的0.22%。当年，林业事业费支出12.20万元(营林机构经费2.8万元)。经省绿化委员会验收，临澧县成为全市首个消灭荒山达标县。

1990年，县财政对林业资金投入逐年增加，当年支出16.20万元，比1985年增长138.24%。1991年支出19.20万元，比1990年增长18.50%;1991年至1992年，完成人工造林1.2万亩，四旁植树800万株，公路绿化326公里，新增城镇绿化面积8.3万平方米。1992年3月，经省绿化委员会验收，临澧县成为全省第一个全面绿化达标县。

1994年，全县森林资源与“六五”比较，通过人工造林、封山育林、山林面积增加2.56万亩，森林覆盖率提高3.6个百分点。当年，全县活立木蓄积量比1986年增加24万立方米。1996年，林业事业费支出65万元，比1991年增长2.39倍。农村造林和林木保护补助费36万元，比1995年增长32.65%。

由于1986年至2003年，全县大力开展迹地更新、植树造林，封山育林、退耕还林，使造林绿化长足发展，全县消灭宜林荒山4.27万亩。封山育林32.55万亩，约占全县山林面积的47%。2002年至

2003年,全县退耕还林17.32万亩,国家共补助资金2004.50万元(其中种苗补助463.50万元、粮食现金补助1541万元)。2006年林业事业费支出357万元(其中行政管理支出185万元、林场、苗圃、工作站支出10万元,分别占当年林业事业费支出的51.68%和2.79%)。当年支出比1990、1996年分别增长21.04倍和4.49倍。2009年,全县山林面积77万亩,森林覆盖率达41.48%,活立木蓄积量92.95万立方米。1949至2006年,临澧县林业事业费支出2206.91万元,占同期财政一般预算支出的0.86%。

2007年,林业支出调为"农林水事务"类下款级科目,下设行政运行、森林生态补偿、动物保护、森林防火、培训及其他支出。2007年至2009年,临澧县林业支出1385万元,年均支出461.67万元。

2007~2009年临澧县林业支出统计表

表2-9　　单位:万元

年份	林业支出	其中					
		行政运行	森林生态效益补偿	动物保护	森林防火	森业培训	其他支出
合计	1385.00	729.00	242.00	5.00	12.00	205.00	192.00
2007	455.00	307.00	80.00				68.00
2008	353.00	219.00	77.00	5.00	5.00		47.00
2009	577.00	203.00	85.00		7.00	205.00	77.00

第三节 水利事业费

水利是农业的命脉。过去,临澧县农用耕地多受干旱威胁,祖辈曾致力增加农田水利设施。宋时即在邑北修建灌田万余亩的罗湖垱。清同治八年(1869年),全县虽有塘、坝、沟、港、坑、泉、井159处,且容积小抗旱能力弱,灾害频繁。清末,兵患连年战乱不止,水利设施年久失修。民国时期,抗日战争后,政府始视兴修水利,冬季农民自发整修塘坝,水利条件改善。民国38年(1949年),全县天水田17万亩。

新中国成立后,中共临澧县委、临澧县人民政府领导全县人民兴建和整修塘坝,发展机械排灌。1949年,临澧县财政始对水利事业费支出0.81万元,以后县财政支持水利建设投入逐年增加。1954年水利事业费支出2.86万元。12月,临澧县遵照上级指示,组建洞庭湖修复工程总队,下辖11个大队,担负从林家滩至冲天湖工段57华里的修复任务。全县组织劳工25000多名干部民工,于翌年3月竣工。1956年支出6.95万元,比1955年增长33.75倍。1957年支出5.04万元,比1955年增长24.2倍。当年,全县"蓄、引、提"水量比1949年增加1倍,旱涝保收面积增加到13.3万亩。

1958年10月1日,动工修建官亭水库,全县有12500多民工参加工程建设。10月29日南方13省水利施工现场观摩会在官亭水库工地召开,中央水利部、各省农业、水利厅等领导170人参加会议。次年3月,水库竣工,可蓄水5600万立方米,灌田9.25万亩,并安装有720千瓦的发电机组。当年,先后建成群英、高桥、五星、沃沙、九龙等中小型水库31座，疏通河道54公里等。当年，水利事业费支出155.09万元，比1957年增长29.77倍。当年冬季，全县完成中小型水库29处，完成土石方349.2万立方米，年人均(农业人口)13.7立方米。

1963年至1965年是国民经济调整时期，基本建设投资大量压缩，三年水利事业费支出120.53万元，年均支出40.18万元，比1958年减少114.91万元，其中农村水利工程建设支出118.19万元，占同期水利事业费支出的98.06%。

1966年至1967年，这两年是临澧县农田水利基本建设高峰期，全县水利事业费支出359.09万元，占同期财政对农林水气象支出的92.21%[主要用于青山水轮泵站工程建设。据青山志记载：1966至1970年，全县人民不惜节衣缩食，压低收益分配水平，供给350万人次民工的劳务开销，计开支生活、工具、器材费6414万元，食用粮食53061750公斤，全县农业人口每人平均负担集资181元，筹粮300斤。一期工程共投资3700万元，其中国家水利基建投资1958.35万元，省水电厅投资45万元，地区农田水利补助47.30万元，新产品试制费6.68万元，县机动财力基建拨款26万元，县水利局自筹资金1616.40万元。五年内共安置水利工程移民一万余人，完成青山水轮泵站发电、提水、灌溉的系统工程配套，总装机容量8900千瓦，年发电量5000余万千瓦时，年提水量达1亿立方米，开挖水渠(含83公里防渗岩渠)7125公里，有效灌溉面积55万亩]。经国家批准对外开放，该泵站先后接纳17个国家友人参观考察。

1976年，水利事业费从原水利水电事业费支出科目中分出为水利事业费，当年支出95.44万元，占当年财政一般预算支出的15.22%。当年，县兴建3座中型水轮泵站、配套结瓜水库、疏通灌溉渠系，增建电灌机埠，形成以青山、官亭为骨干，中小型水库为基础，蓄、引、提结合的南北两大水利灌溉网。加固新建5处防洪堤垸，高标准平整土地4.7万亩，改造串灌、漫灌水田10万亩。

1979年，水利事业费支出135.6万元，比1976年增长42.08%，占同期财政一般预算支出的12.96%。当年，新建小型水库12座(其中小Ⅰ型水库4座、小Ⅱ型水库6座，农村小水电站6座540千瓦)，新增有效灌溉面积0.6万亩，新增旱涝保收面积1.5万亩。

1985年，全县有堰塘2.79万处，80%与青山渠道相接。总蓄水量达9496.4万立方米。全县建有中型水库4处，小Ⅰ型水库28处，小Ⅱ型水库107处，总库容量为22437.7万立方米。1985年，全县先后建起167处、187台、1.12万千瓦电灌机埠，灌溉面积为15.7万亩，占设计灌溉面积的68.49%。1955年至1985年，水利建设支出2045.36万元，年均支出65.98万元。

80年代末，临澧县水库老化，病险问题逐渐暴露，出现大坝渗漏、沉陷、滑坡、软脚、位移、放水涵管破损断裂，放水设备老化和溢洪道水损等诸多因素造成险库，病险水库从60年代的40座增加到76座。从1988年起，临澧县水利建设重点转向水库除险保安。1988至2003年，经水利部和省水利厅专家先后对临澧官亭、群英、高桥、同欢、浮山等5座水库进行了实地安全鉴定，确定了三类库坝。临澧县政府积极争取了国家投资3274.48万元，县配套资金1120万元，合计总投资4394.48万元。同时临澧县还争取了省水利基建资金111万元、县配套资金104.9万元，合计投资215.90万元。主要用于该县凤兴、夏治口、伍家堰、郝家峪、西坡堰、竹马、沃沙溪、潘家冲等8座不同病险的小Ⅰ型水库防渗、除险专项工程。同时，临澧县针对部分干旱地区的紧迫需要，又陆续兴建了19座中、小型水库(其中中型水库1座、小Ⅱ型水库18座），总投资242.49万元。水库控制集雨总面积8.56平方公里，水库总蓄水量为492.5万立方米（其中新建水库增加库容量540万立方米），有效灌溉面积为4.05万亩（其中新增灌溉面积2.40万亩）。2006年，临澧县水利事业费支出538万元。

1949年至2006年，临澧县水利事业费支出5611.58万元，年均支出107.71万元。

2007年，水利属“农林水事务”类下款级科目，以款级科目下设12个项目反映支出。2007年至2009年，临澧县水利支出9759万元，年均支出3253万元。

2009年，全县有堰塘2.9万处，总蓄水量9400万立方米，水库151座（其中中型水库5座、小Ⅰ型水库28座、小Ⅱ型水库118座），总库容量达2.20亿立方米，有效灌溉面积51.50万亩。全县先后建起402处、422台、1.274万千瓦电灌机埠，灌溉面积15.70万亩。

2007~2009年临澧县水利支出统计表

表2-10 单位：万元

年份	水利支出	其中											
		行政运行	水利工程建设	防汛	抗旱	小型农田水利	水土保持	水资源管理与保护	水资源支出（水库移民）	水利技术推广与培训	水利工程运行与维护	行政执法监督	其他水利支出
合计	9759.00	2325.00	4000.00	188.00	106.00	560.00	186.00	28.00	1950.00	1.00	372.00	8.00	35.00
2007	1968.00	496.00	1063.00	57.00	60.00	263.00							29.00
2008	2415.00	771.00	410.00	35.00	10.00	285.00	10.00	28.00	859.00	1.00			6.00
2009	5376.00	1058.00	2527.00	96.00	36.00	12.00	176.00		1091.00		372.00	8.00	

第四节 畜牧水产事业费

临澧县畜牧水产事业费1949年至1957年在农业事业费中列支。1958年水产事业费单列支出，1959年畜牧事业费单列支出。1968年又并入农业事业费中至1975年，1976年再单设科目支出至2002年，2003年至2009年，并入农林水事务科目中支出。

1958年至2002年，全县畜牧水产事业费累计支出961.33万元，其中：畜牧事业费支出747.06万元、水产事业费支出214.27万元。所支经费主要用于：

一、改良畜禽品种

1959年，临澧县单列畜牧事业费支出0.19万元，1960年支出1.58万元，比1959年增长7.32倍。1982年，在县畜牧水产主管部门的支持下，在原新合公社畜牧站陈隆全等人参与，大力推广应用生猪人工授精技术，采取严格把好采精、精液品质鉴定、精液稀释保存及输精四个环节，试验引进88头良种母猪，其受胎率、分娩率均为65%。当年，畜牧事业费支出19.39万元（其中兽医机构经费及兽医费1.63万元、良种推广费7.39万元、种畜场补助费0.6万元、其他畜牧事业费9.77万元）。1983年，畜牧事业费支出10.32万元,在县内(含澧县周边村)人工授精配良种母猪870头,总受胎率85%,分娩率达98%(此项成果获县1983年度科技成果推广二等奖)。

1985年,在县城北郊成立临澧县种畜场,该场职工142人,地390亩,房屋总建筑面积4200平方米,其中:猪舍4栋,房屋建筑面积(下同)1000平方米,饲养加工车间1栋144平方米,家禽孵化室600平方米,种鸡场240平方米,饲料仓库240平方米。固定资产总额为20万元。当年,畜牧事业费支出14.20万元(其中技术推广0.46万元、兽医费0.4万元、良种推广费0.53万元、家禽保护费2.63万元、种畜场补助费1.15万元)。场内饲养种母猪62头,种公猪3头,种鸡200羽,年产仔猪1000头,良种禽苗20万羽,生产配合饲料1000吨。

1959至2002年,临澧县畜牧事业费支出747.06万元,占同期畜牧水产事业费支出的77.71%,其中:畜牧主管部门行政经费支出12.56万元,兽医员补助费64.35万元,分别占同期畜牧事业费支出的1.68%和8.61%;其中1979年至2002年畜牧良种推广和种畜场补助费支出87.07万元,占同期畜牧事业费支出的11.85%。1979年至1995年,临澧县改良畜禽品种(良种推广)支出14.10万元,种畜场补助费支出72.97万元,分别占畜牧事业费支出的1.89%和9.77%。

1989年,畜牧事业费支出23.80万元,比1985年增长67.61%,〔其中:畜牧兽医费0.79万元,补助社办畜牧兽医站16个,兽医162人,畜牧疫病防治2.94万头(其中牛0.53万头、生猪2.41万头)〕。

1995年,临澧县委、县人民政府高度重视发展养殖业生产,全县肉、禽、蛋、鱼等商品逐年增加,当年,出笼肉鸡300万羽,加工冷冻产品7500吨,实现产值15000万元,利税900多万元;吊放手术蚌40万个,产珍珠4吨,饲养肉、蛋鸭55万羽,产蛋3000吨,出口鲜鱼15万公斤,共创产值7500万元,利税300万元。同年,临澧县充分利用本地资源大力发展特色养殖业。全县以安福镇清水村肖耀明养鸭大户基地为基础,带动周边14个乡镇(400多农户)致力推广清水鸭。特别是各级政府积极扶持养殖业大户,银行优先提供信贷。临澧县合口镇三合村养殖大户李来村自1998年以来,在地方政府的支持下,先后筹措资金50多万元承包改造村里70亩水面,修建猪舍2000平方米,实行猪、渔混养,饲养母猪73头,年出栏肥猪800头,出售仔猪1000头,年产鲜鱼360公斤。

1958年至2002年,临澧县水产事业费支出214.27万元,占同期畜牧、水产事业费支出(下同)的22.29%。其他水产事业费支出172.24万元,占17.92%;技术推广费为21.36万元,占同期水产事业费支出的9.97%。

2003年2月,临澧县县成立了清水鸭养殖协会(后更名为清水鸭产业合作社、清水鸭业有限公司),以合作社、公司为载体,清水鸭养殖基地实行了"公司"+"农户"的产业化运作方式。公司为周边乡(镇)养鸭户提供种苗、防疫及科学饲养技术等服务。2004年,清水鸭通过农业部农产品质量安全中心认证,成为全国无公害农产品品牌。2009年,该公司清水鸭产品大幅增加,年出笼800万羽(年户均鸭业纯收入1万元以上)。

2009年,全县出栏生猪62.55万头,比2006年增长(下同)22.17%;出栏牛1.7万头,增长6.25%;出栏山羊12.05万只,减少45.23%;出笼家禽1513万羽,增长29.87%。其中清水鸭出笼800万羽,比2006年全县出笼鸭(663.7万羽)增长20.54%。

二、进行畜禽疫病防治

1955年起，对耕牛防疫，主要利用春、秋两季对耕牛进行接种免疫。1979年，全县基本上消灭牛瘟、牛气肿疽“两大”耕牛传染病。1979年至1982年，县畜牧水产部门先后在全县17个公社的鸡瘟流行区推广使用鸡新城疫苗防疫47.5万羽，减少死鸡42.12万羽。挽回经济损失112万元。全县鸡瘟基本得到控制（该项成果获省1982年度科技成果推广四等奖）。1984年，县畜禽疫病防检站选用四米唑、敌百虫两种药物在321头生猪中进行驱虫试验成功。当年，全县推广生猪驱虫技术后，生猪发病率、死亡率分别下降11.6%和5.2%；生猪饲养量和肥猪出栏量分别比1983年提高3.7%和4.5%（该项成果分别获1984年度全县科技成果推广一等奖，原常德地区科技成果推广二等奖）；1986年，全县开展白肉检疫，检疫市场由1986年的22个发展到2009年的30个。同时，临澧县严格对过境牲畜、家禽检疫，检出病畜全部按国家有关规定及时处置。1979至1995年，临澧县畜禽保护费支出29.60万元。占畜牧事业费支出的3.96%。

第五节 农机事业费

农业的根本出路在于机械化。1963年，临澧县财政对农机事业费单列支出5.13万元。1968年至1970年，并入农业事业费中，1971年，又单设科目支出至2002年。2003年取消该款科目，并入农业事务中。

农机事业费主要用于：

一是支持农业机械的推广。1952年前，临澧县农民耕田种地沿用旧式农具。“土改”后农具开始改良。1953年，机械化农具开始引进示范和推广。1958年，省分来拖拉机3台；1960年，临澧县始有拖拉机耕整田地。1961年，全县机耕旱地1.85万亩；1963年始，有农机站经费支出5.13万元；全县购置抽水机49台、6625马力，修理抽水机52台；1968年农机事业费又并入农业费。1969年，拖拉机由国营改为社队经营后，拖拉机连年增加。1971年，农机事业费调整为农机站事业费，当年，财政预算支出1.39万元，1973年，农机站事业费更名为农机事业费，当年支出8.5万元，比1963年增长65.69%。1976年，农机事业费支出6.40万元，主要用于乡（镇）农机站（拖拉机站）经费。当年，争取（国家补助）支援人民公社支出54.34万元（县财政支出6.4万元，国家补助47.94万元）[其中购置拖拉机13台、294马力，6.94万元；农副产品加工机械6台、0.24万元；收获机械5台，0.27万元；运输工具（汽车）6台，9.1万元；购买耕牛13头，0.71万元；购置其他生产设备37台（件），4.39万元（含抽水机17台，1.38万元，电动机10台，1.72万元）；新建厂房12929平方米，6.46万元；开辟茶桑果园9000亩，9万元；其他支出17.23万元]。1977年，支出7.53万元（用于农机事业机构经费5.43万元、农机研究经费2.1万元）。当年，临澧县公社农机管理站16个（农机管理员16人），经费支出0.79万元；培训社队农机手400人，经费支出1.37万元；1980年，全县拥有拖拉机904台、水田耙883台、旋耕机498台，当年，有613台下田作业，完成机耕面积19.72万亩，占全县耕地面积的32.65%。1981年，实行农业大包干责任制后，农业机械化作业逐步转为户营，1985年，全县拖拉机总量增加到1410台，占全县保有量的

85.8%;全县拥有内燃机4619台、4.09万马力;电动机3966台、5.67万马力;全县拥有农用汽车292辆、拖拉机1410台。当年,农机事业费支出11万元,比1980年增长30.49%。至2006年,全县拥有农机3.46万台、4.46万千瓦,中小型拖拉机3817台、3.48万千瓦;农用排灌机械1.65万台、7.79万千瓦,提水灌溉受益(水田、旱地)面积达60万亩;动力脱粒机拥有量增加到1800台,水稻联合收割机发展到100台。全县耕、耙、播、收的机械化作业程度达到16.5%。

二是支持农机站的建设。1969年,全县17个社(镇)先后建立农机站。各社(镇)农机站职工由各队(居)推荐或选招,国家不统销粮食,农机站每月只发给职工本人生活费,其余报酬年底前由农机站一次性交付职工所在单位(由所在单位按略高于本地同等劳力评工记分),参加年终分配。1963至1990年,全县乡(镇)农机站经费支出19.88万元,占同期农机事业费支出的9.43%。其中科学研究费支出15.08万元。占同期农业事业费支出的7.15%。至2003年,全县17个乡(镇)均建立管理、供应、修配"三合一"的农机站,共有干部职工233人,固定资产388万元。有修理网点144家,供应网点51家。

80年代后,农机管理体制由行政管理型变为管理服务型,实行承包责任制、租赁制,实行企业化管理,自收自支的事业单位,进行农机鉴定和农机推广。1963至2002年,临澧县农机事业费支出655.29万元,年均支出17.71万元。

2003年,财政停支农机事业费。2009年,全县拥有拖拉机2091台(其中大、中型拖拉机880台、小型拖拉机1211台);耕整机6393台;茶叶修剪机2台、采摘机14台;稻麦联合收割机411台;机动脱粒机1236台;农产品粗加工机械11244台;渔业机械278台;农用运输车2778台;农田基本建设机械97台;机械总台数为4.42万台,农业机械总动力为30.14万千瓦。2009年,临澧县农机系统有农机管理人员81人,拥有固定资产226.30万元,经营网点23个,维修网点39个。

第六节 气象事业费

随着气象部门管理体制几经调整变动,经费领报制度曾多次变更。1953年前,气象事业费的领报、结报是由国家军事系统办理。

气象事业费用于气象台、站的经费。其支出项目包括:〔1.气象机构经费(主要用于农业气象试验站、气象雷达站、气象卫生接收站、大气污染监测站等机构人员经费和业务费);2.技术推广费;3.科学研究费(包括进行人工降雨、防雹、防霜等试验研究费);4.中等专业学校经费;5.干部训练费;6.其他气象事业费〕。临澧县气象服务站始建于1959年4月。当年,始有气象事业费支出0.27万元(主要用于机构经费和业务费)。随着气象事业的发展,支出科目和支出数额逐年增加。1973年,增设中等专业学校经费;1976年,增设科学研究费,当年支出0.85万元。1982年,气象事业费支出0.88万元,比1981年增长66.04%。1982年10月,临澧县气象站更名为临澧县气象局。该局隶属于市气象局和县人民政府双重领导。业务由市局主管,人员编制8人。从1983年起,气象部门的事业费改由中央气象局垂直管理,费用不再列入地方财政预算。1989年决定将城乡基建投资及新增项目的事业费列入财政预算。当年，气象事业费支出0.3万元；1994年，设气象探测经费和气象信息传输及加工处理费。当年，临澧县建立县人工影响天气体系，先后购置人工增雨作业专用车1部，增雨火箭发射架1套，配套增雨作业工具，引进1台先进的作业车辆卫星定位设备。县人工增雨作业领导小组，利用雷达资料确定最佳作业点，实现了车载GPS准确定位，增雨时机准确率达95%以上；逐步建立和完善了临澧县雨量的自动监测系统；建成16个雨量自动区域站，实现了数据每分钟自动采集传输。1998年，分别将科学研究费、中等专业学校经费从气象事业费中分出。

1959年至2006年，临澧县气象事业费支出88.34万元，年均支出2.39万元。2007年，原气象事业费更名为“气象事务”，为“一般公共服务”类下款级科目，以款级科目反映支出。2007年至2009年，临澧县气象事务支出35万元，年均支出11.67万元。其中：2007年支出9万元，2008年11万元，2009年15万元。

2009年8月，县气象局人工影响天气作业人员在官亭、九里、合口、杉板、望城、新安、杨板、太平等8个乡镇（区）实施了火箭人工增雨作业，1小时内降雨量达到40毫米，有效缓解了区域内的乡（镇）旱情。

第三章 文教、科学、卫生事业费

文教科学卫生事业费是文教科学卫生部门开展业务工作所必需的经费。

清代末，临澧县只有教育费支出。县办学经费由民府拨款外，主要以学田、公产和房产收租及捐款、捐田为其经费来源。嘉庆九年（1804年）3月，由知县张在田倡修考棚，道水书院和续修魁星楼，历时4年建成，耗白银6675两。到光绪三十三年（1907年）道水书院改为安福高等学堂，学业4年，始设算术、历史、地理、体操等课程，是废科举后兴办的第一所高等级学校。

民国时期，民国6年（1917年），县教育经费为9196串。民国31年（1942年），教育经费改为教育文化费，是年，岁支教育文化费14690元，占同期县财政一般预算支出的27.7%，比民国23年（1934年）增长243.06%。

新中国成立后，临澧县人民政府十分重视文教、科学、卫生事业的发展。1949年至1954年，临澧县只设文化、教育、卫生三项事业费支出。随着文教科学卫生事业的不断发展，支出项目也逐渐增加。1955年，公费医疗经费从卫生事业费中划出列款级支出科目；1956年，增设干部训练费和体育事业费；1963年，增列了科学事业费；1964年，增设计划生育事业费；1970年，增设通信和广播事业费；1976年，增设档案事业费；1978年，增设地震事业费；同年，文物事业费从文化事业费中划出单列；1980年，增设中医事业费；1982年，干部训练费从行政管理费类划出列入文教科学卫生事业费类，改称党校事业费；按照1989年国家预算收支科目规定，此项事业费包括文教、科卫事业费2个类级科目，下设文化、出版、文物、教育、卫生、中医事业费和党政干部训练费、公费医疗经费以及体育、广播电视、档案、地震、计划生育、其他文教、自然科学、科协事业等20个款级科目。各科目在不同时期包含的内容各有不同。1996年和1998年，科学事业费、卫生事业费和教育事业费分别列类级支出科目。

1949年至2006年，临澧县文教、科学、卫生事业费支出88180.13万元，年均支出1520.35万元，占同期财政一般预算支出的34.38%。

2007年，将原“文教、科学、卫生事业费”类级科目分设为“教育”“科学技术”“文化体育与传媒”“医疗卫生”4个新类级科目。以类级科目反映支出。2007年至2009年临澧县“教育”“科学技术”“文化体育与传媒”“医疗卫生”支出分别为41567万元、705万元、2055万元、15743万元。占同期一般预算支出的21.47%、0.36%、1.06%、8.13%。

1949~2006年文教、科学、卫生事业费支出统计表

表2-11　　单位：万元

年度	文教科学卫生事业费合计	其中										
		文化支出	文物支出	教育支出	卫生支出	公费医疗支出	体育支出	科学科协支出	档案支出	广电通信支出	计划生育支出	地震支出
合计	88180.13	1857.04	416.55	65736.19	12993.88	1300.71	514.77	626.19	426.23	1100.44	3155.91	52.22
1949	12.15	0.20		10.56	1.39							
1950	15.30	0.30		13.82	1.18							
1951	18.16	0.40		16.65	1.11							
1952	22.43	0.40		20.32	1.71							
1953	26.12	0.50		24.00	1.62							
954	26.41	0.55		24.10	1.76							
1955	33.51	0.57		28.40	2.38	2.16						
1956	38.73	0.62		34.31	1.28	2.46	0.06					
1957	52.78	0.94		44.10	4.42	3.18	0.14					
1958	49.41	0.57		40.63	5.78	2.34	0.09					
1959	54.15	0.70		46.06	4.38	2.91	0.10					
1960	73.88	1.11		63.38	5.54	3.82	0.03					
1961	59.80	0.53		49.08	5.40	4.78	0.01					
1962	66.60	0.89		51.99	6.64	7.06	0.02					
1963	61.33	0.68		48.50	4.88	7.19	0.02	0.06				
1964	77.07	4.09		58.69	7.47	6.07	0.06	0.43			0.26	
1965	79.27	1.72		62.90	8.20	5.56	0.27	0.30			0.32	
1966	83.68	2.46		65.94	10.03	4.20	0.18	0.46			0.41	

续表2-11

年度	文教科学卫生事业费合计	其中										
		文化支出	文物支出	教育支出	卫生支出	公费医疗支出	体育支出	科学科协支出	档案支出	广电通信支出	计划生育支出	地震支出
1967	101.45	5.52		73.86	16.64	4.38	0.41	0.30			0.34	
1968	86.57	3.33		66.06	17.18							
1969	86.79	5.45		64.21	17.13							
1970	96.12	4.74		66.57	21.14		0.48	0.30		2.49	0.40	
1971	129.89	6.13		85.41	34.77		1.91	0.40		1.27		
1972	150.34	4.53		93.60	35.47	10.91	1.26	0.33		2.03	2.21	
1973	168.84	5.96		108.38	41.29	10.00	0.85	0.33		2.03		
1974	186.12	5.54		120.20	40.67	9.93	1.22	0.45		2.81	5.30	
1975	192.24	4.62		122.01	43.02	8.87	1.82	0.49		5.10	6.31	
1976	199.41	3.73	1.73	130.46	42.08	10.84	0.83	0.46	0.29	2.10	6.89	
1977	218.90	5.80	1.11	143.38	44.27	11.71	1.63	0.44	0.30	3.47	6.79	
1978	261.08	8.30	0.60	167.18	52.27	13.78	0.65	2.31	0.92	7.52	7.45	0.10
1979	334.41	6.50		202.74	83.68	15.90	2.07	0.93	0.57	8.81	12.83	0.38
1980	466.63	8.99	2.25	328.05	84.03	18.38	1.74	1.00	0.78	7.83	13.12	0.46
1981	398.46	9.79	0.15	271.13	76.37	20.69	0.92	1.02	0.70	8.48	8.74	0.47
1982	465.32	11.35	0.16	319.83	84.61	21.69	2.79	1.09	0.91	10.09	12.33	0.47
1983	510.74	13.40	0.77	345.38	95.65	22.00	1.89	1.52	1.22	12.93	15.38	0.60
1984	545.94	13.53	0.18	370.41	107.54	24.00	1.92	1.77	1.04	9.78	15.23	0.54
1985	820.40	12.50	6.40	539.50	155.10	27.50	4.20	11.60	12.30	30.20	20.50	0.60
1986	751.60	19.60	6.00	501.00	141.00	27.50	11.30	2.00	14.90	11.10	16.60	0.60
1987	842.20	20.30	19.00	562.60	159.00	29.50	2.20	3.20	6.60	18.40	20.80	0.60
1988	1013.30	21.70	8.90	715.60	176.20	31.50	4.70	8.00	4.70	21.30	20.10	0.60
1989	1143.70	27.50	10.90	828.50	177.40	40.50	8.70	9.10	4.70	14.60	21.20	0.60
1990	1209.10	23.00	7.70	865.80	195.20	52.60	5.30	9.10	4.90	11.10	33.80	0.60
1991	1262.80	30.00	4.70	911.90	198.00	43.80	3.00	13.80	6.40	13.00	37.60	0.60
1992	1461.00	41.00	4.00	1011.00	263.00	54.00	7.00	19.00	11.00	14.00	36.00	1.00
1993	1928.00	51.00	7.00	1287.00	339.00	59.00	8.00	33.00	17.00	44.00	82.00	1.00

续表2-11

年度	文教科学卫生事业费合计	其中										
		文化支出	文物支出	教育支出	卫生支出	公费医疗支出	体育支出	科学科协支出	档案支出	广电通信支出	计划生育支出	地震支出
1994	2724.00	53.00	7.00	1866.00	465.00	81.00	74.00	41.00	19.00	34.00	83.00	1.00
1995	2983.00	69.00	10.00	2010.00	527.00	100.00	29.00	56.00	22.00	60.00	99.00	1.00
1996	3246.00	84.00	12.00	2245.00	590.00	104.00	12.00	14.00	16.00	48.00	119.00	2.00
1997	3404.00	85.00	22.00	2398.00	587.00	112.00	16.00	20.00	19.00	37.00	107.00	1.00
1998	2867.00	42.00	12.00	2016.00	451.00	139.00	22.00	23.00	14.00	34.00	113.00	1.00
1999	3483.00	91.00	11.00	2423.00	561.00	144.00	17.00	34.00	21.00	34.00	146.00	1.00
2000	3437.00	77.00	9.00	2541.00	599.00		18.00	16.00	18.00	47.00	110.00	2.00
2001	4074.00	102.00	14.00	3040.00	614.00		49.00	29.00	26.00	55.00	144.00	1.00
2002	7110.00	116.00	18.00	5791.00	715.00		29.00	31.00	28.00	58.00	322.00	2.00
2003	8011.00	128.00	24.00	6453.00	912.00		23.00	34.00	36.00	93.00	307.00	1.00
2004	8682.00	125.00	39.00	7072.00	860.00		36.00	34.00	39.00	93.00	378.00	6.00
2005	10430.00	241.00	93.00	8097.00	1292.00		68.00	83.00	45.00	94.00	407.00	10.00
2006	11847.00	253.00	64.00	8779.00	2004.00		44.00	88.00	34.00	149.00	418.00	14.00

第一节 文化事业费

文化事业费包括艺术表演团体经费、艺术表演场所经费、图书馆经费、群众文化经费、干部训练费及其他文化事业费等6个项级科目。

清代中期，荆河戏、花鼓戏、皮影戏相继传入；清末，临澧县没有文化事业费支出。到明代时期传入临澧的渔鼓、歌剧、话剧较为活跃；美术及图书业有所发展。到民国时期，歌剧、话剧较为盛行，民国37年（1948年），始放映无声电影。

1949年8月，临澧县在县教育科内设文化干事1名，分管文化工作，当年支出0.20万元。1952年，临澧县成立县文化馆，始设专职副馆长，定编5人。当年，临澧县文化事业费支出0.4万元，占同期财政一般预算支出的0.68%。

1954年，临澧县有一个文化馆、两个文化站，7名专职人员，年开支文化事业费0.55万元。1956年2月，正式建立县人委会文化科，设正副科长各1人。当年，文化事业费支出0.62万元（含文化馆经费）。1957年，临澧县增加一个电影院和一个电影队，一个书店和一个报社，当年，文化事业费支出0.94万元。"二五"时期，增设县广播站、文化工作队等机构，文化事业费支出仍维持"一五"时期的水平。1958年6月，与教育科合并为"县文教科"（简称）。当年支出0.57万元（含文化馆经费）。1964年支出4.09万元(含修缮费3万元),比1958年增长7.18倍。1965年,增加艺术表演团体经费,当年支出0.98万元,以后年份逐年增加。1970年,县文化馆增编至12人,设正副馆长3人。"三五"时期文化事业费支出14.47万元。1972年,文化系统人员增至79人,当年支出4.53万元。1976年7月,正式成立县图书馆,年末职工6人,经费在文化事业中列支。1980年12月,县单独设立文化局,当年支出8.99万元,比1979年增长38.31%;1983年支出13.40万元(人均增资100余元)。1985年后,各乡镇建立文化站,文化事业费支出逐年增长。1986年支出19.6万元,比1985年增长56.80%;1987年支出20.30万元,比1986年增长3.57%(其中艺术表演团体经费支出7.90万元、图书馆经费1.6万元、群众文化经费4.70万元和其他支出6.10万元,分别比1983年增长163.33%、15.11%、7.8%和32.61%)。1995年,文化事业费支出69万元,分别比1994年、1987年增长30.19%和239.90%。1949至2006年,临澧县文化事业费支出1857.04万元,年均支出32.02万元。

2007年,文化支出更名为"文化体育与传媒"类下款级科目,下设7个项级反映支出。2007年至2009年,临澧县文化事务支出995万元,年均支出331.67万元。2009年,文化部门机构6个,在职人员128人,其中:属财政拨款开支30人,财政预算补助开支98人。

1949~2006年临澧县文化事业费支出分项统计表

表2-12　　　　单位:万元

年份	文化支出	其中					
		文化馆站经费	艺术表演团体经费	群众文化经费	文化部门行政经费	图书馆经费	其他文化支出
合计	1857.04	34.48	613.08	397.34	8.57	287.01	516.56
1949	0.20				0.20		
1950	0.30				0.30		
1951	0.40	0.10			0.30		
1952	0.40	0.10			0.30		
1953	0.50	0.15			0.35		
1954	0.55	0.20			0.35		
1955	0.57				0.57		
1956	0.62				0.62		
1957	0.94				0.94		
1958	0.57				0.57		
1959	0.70				0.70		
1960	1.11	0.40			0.21		0.50
1961	0.53				0.53		

续表2-12

年 份	文化支出	其中					
		文化馆站经费	艺术表演团体经费	群众文化经费	文化部门行政经费	图书馆经费	其他文化支出
1962	0.89				0.89		
1963	0.68				0.68		
1964	4.09				1.06		3.03
1965	1.72	0.73	0.98				0.01
1966	2.46	0.97	1.46				0.03
1967	5.52	1.34	4.10				0.08
1968	3.33	1.23	2.10				
1969	5.45	1.45	4.00				
1970	4.74	1.34	3.40				
1971	6.13	1.13	5.00				
1972	4.53	1.07	3.21				0.25
1973	5.96	1.16	4.80				
1974	5.54	1.14	4.40				
1975	4.62	1.12	3.50				
1976	3.73	0.27	3.46				
1977	5.80	1.98	3.82				
1978	8.30	5.99	2.20				0.11
1979	6.50	4.30	1.50			0.70	
1980	8.99	4.99	3.50				0.50
1981	9.79	3.32	2.53			1.07	2.87
1982	11.35		3.92	3.16		1.18	3.09
1983	13.40		3.00	4.36		1.39	4.65
1984	13.53		1.50	4.62		1.37	6.04
1985	12.50		3.30	4.10		1.60	3.50
1986	19.60		7.00	5.50		1.90	5.20
1987	20.30		7.90	4.70		1.60	6.10
1988	21.70		7.00	4.40		1.80	8.50

续表2-12

年份	文化支出	其中					
		文化馆站经费	艺术表演团体经费	群众文化经费	文化部门行政经费	图书馆经费	其他文化支出
1989	27.50		7.20	5.80		8.50	6.00
1990	23.00		8.00	5.90		3.10	6.00
1991	30.00		8.30	8.80		2.80	10.10
1992	41.00		10.00	15.00		7.00	9.00
1993	51.00		16.00	10.00		7.00	18.00
1994	53.00		14.00	12.00		5.00	22.00
1995	69.00		18.00	10.00		5.00	36.00
1996	84.00		17.00	11.00		8.00	48.00
1997	85.00		16.00	21.00		11.00	37.00
1998	42.00		2.00	12.00		10.00	18.00
1999	91.00		24.00	22.00		17.00	28.00
2000	77.00		14.00	20.00		13.00	30.00
2001	102.00		27.00	21.00		30.00	24.00
2002	116.00		26.00	21.00		17.00	52.00
2003	128.00		52.00	32.00		24.00	20.00
2004	125.00		38.00	38.00		23.00	26.00
2005	241.00		105.00	52.00		44.00	40.00
2006	253.00		123.00	49.00		39.00	42.00

2007~2009年临澧县文化支出分项统计表

表2-13　　单位:万元

年份	文化支出	其中						
		行政运行	图书馆	艺术表演场所	艺术表演团体	群众文化	文化创作与保护	文化市场管理
合计	995.00	219.00	153.00	107.00	86.00	247.00	3.00	180.00
2007	306.00	58.00	34.00	33.00	20.00	112.00		49.00
2008	293.00	64.00	44.00	24.00	24.00	69.00	3.00	65.00
2009	396.00	97.00	75.00	50.00	42.00	66.00		66.00

第二节 文物事业费

文物事业费包括博物馆经费、文物事业机构经费、文物保护经费、干部训练费和其他文物事业费。

清代末，民国时期，临澧县没有文物事业费支出。

新中国成立后，临澧县重视文物保护，其经费与文化经费一并支出，1951年，文化馆经费始有支出0.10万元，以后年份逐年增加，主要用于国家投资保护古建筑及革命文物。县内古建筑于明、清时期所建石拱桥70余座，其中：明代修建的仅存两座，望城乡石柏桥，建于明弘治年间（1488年~1505年），桥长10米、宽5米、1孔，桥头竖有桥名和阴刻捐款建桥人姓名，曾多次维修保原貌；陈二乡新安村关家屋桥，始建于清顺治年间（1644年~1661年），为石墩木面桥，长30米、宽4米、4孔，上建有屋。1953年，由关月林牵头重修，屋桥保存完好，既实用，能观赏。对革命文物"林伯渠同志故居辅助陈列室"（陈列有林伯渠塑像，各个时期照片220幅及珍贵遗物100余件）房屋进行了修复。

1970年，临澧县文物事业机构增编至12人；1976年，县财政始有文物事业费支出1.73万元；1977年支出1.11万元；1978年支出0.6万元；1979年财政未列预算。1980年，文物事业费列入财政预算，当年支出2.25万元，比1976年增长30.06%。

20世纪50至70年代文物考古工作不够重视，东周以前的历史文物几乎空白。1984年10月，临澧县正式成立县博物馆（原称文物管理所），设正副馆长各1名。当年文物事业费支出0.18万元。县对文物考古十分重视，经过3次重点发掘和5次清理，共发现新、旧石器时期遗址51处，商周遗址53处，楚墓群及道水、澧水两岸是全省楚墓群较多的县份，九里楚墓群被列为全省重点文物保护单位，佘市桥被列为市级文物保护。

1986年，文物事业费支出6万元（用于博物馆经费、其他文物事业费）。

1976年至2006年，临澧县文物事业费支出416.55万元，年均支出13.89万元。其中2005年至2006年，两年文物支出157万元，其中博物馆经费支出高达140万元，占同期文物事业费支出的89.17%（主要用于博物馆修建）。

2007年，文物改为"文化体育与传媒"类下款级科目，以款级科目反映支出。2007年至2009年，临澧县文物支出425万元，其中博物馆经费支出321万元，文物保护费支出10万元。历史名城与古迹科目支出94万元。2009年，文物部门机构2个，在职28人，全属财政预算补助开支人员。

2007~2009年临澧县文物支出分项统计表

表2-14　　　　单位：万元

年　份	文物支出	其　中		
		文物保护	博物馆	历史名城与古迹
合计	425.00	10.00	321.00	94.00

续表 2-14

年 份	文物支出	其 中		
		文物保护	博物馆	历史名城与古迹
2007	123.00		110.00	13.00
2008	124.00	10.00	91.00	23.00
2009	178.00		120.00	58.00

第三节 教育事业费

教育事业费包括中等专业学校经费、职业学校经费、中小学经费、特殊（盲聋哑）教育费、幼儿教育费、教师进修费、民办教师补助费和其他教育事业费。此项经费在地方财政一般预算支出中的比重不断增加，规模日益扩大。

清代末，教育经费主要用于学官和工役人员薪俸支出。民国元年（1912年），在罗汉寺设立东路高级小学。当年，由林修梅等人倡导和筹资，在县城设立女子学校。全县计有族校和私塾教师200余人，高等小学教师60人。

民国初期，临澧县族校和私塾教师100人，高等小学教师40人，中学教师10余人。政府用于教育事业经费仍然微薄，除学田、公产外，田赋附加为其主要经费来源，县教育经费不足，由省补助。地方教育经费来源于田赋附加、契税、烟酒税附加、屠宰税、杂捐杂税以及学田、公产收入，但经费支出仍然得不到保障。民国初年县署设私塾补助费；民国19年（1930年），临澧初级中学改称临澧乡村师范学校（内附设初中班）。是年教育事业经费支出35156元（旧币，下同）；民国20年（1931年）前，县教育事业经费在县教育公产收入中动支。民国21年（1932年），增设区县教育附加税，共支出60558元；民国23年（1934年），对学生设立奖学金，大学生每期发150元、中学生发100元，本学期共发26名，计3100元。民国26年（1937年），抗日战争爆发，军费剧增，教育经费短缺，是年，开征田亩捐补充教育经费。民国27年（1938年），全县设义务教育班70个（其中新增17个班），全县有小学教员407人，中教职员36人，省立十四中教员42人。省共拨给教育事业经费3963.6元，行政费225元。及时缓解临澧教育事业经费的不足。

新中国成立后，临澧县政府高度重视教育，积极投资兴办学校。

1949年至2006年，临澧县教育事业费支出65736.19万元，年均支出1733.38万元。

2007年，“教育”单列类级科目，以类级科目反映支出，2007年至2009年，临澧县教育支出41567万元。

一、幼教、小学经费

清代戊戌维新以前，县人中实执行“忠君”，尊孔教育主旨。光绪三十三年（1907），临澧开办安福学堂。民国34年（1945年），临澧县开办幼儿班。民国时期，临澧县开办男女高等小学，区、乡、保办有小学，还有私塾和私立高小。学校网点，入学人数较清代增多。1949年上学期，全县有中心国民学校15所，保有国民学校125所(其中中学1所，完全小学18所，初级小学106所)，私立学校6所，幼儿园1所，在校学生占总人数的2.5%。

新中国成立初期，以恢复和发展小学教育为主。1950年上学期，护城完小开办幼儿园，教养员1人、幼儿38人。1952年下学期，临澧初级中学设幼儿园(专收本校教职工的幼儿)。1952年，幼儿、小学经费支出17.65万元，占当年教育事业费支出的86.86%，1954年，县直机关幼儿园在城北观音桥创办。1955年，始支幼儿学前教育经费，当年幼教、小学经费支出23.13万元，比1952年增长31%，占当年教育事业费支出的81.44%；1958年，县教育部门所办幼儿园发展到6所，农村大队或城镇居民亦先后开办幼儿园。全县113个大队均设小学。当年，幼教、小学经费支出30.27万元(其中幼儿学前教育支出0.46万元)，占当年教育事业费支出的74.50%，比1955年增长30.87%；1961年，是临澧县连续3年遭受严重自然灾害的最后一年地方政府财力十分趋紧，但教育事业费不仅未减反而增加。当年，幼教、小学经费支出34.38万元，占当年教育事业费支出的70.05%，比1958年增长13.58%，比1960年增长8.59%；1964年，贯彻国民经济调整方针，重视发展学龄儿童教育，小学经费增长较快，当年支出41.38万元，比1963年增长10.61%，占当年教育事业费支出的70.51%；1955至1964年(10年间)，临澧县教育事业费支出465.14万元，占同期(1955—1964)财政一般预算支出的21.57%。

1965年，全县发展半工(农)半读学校220所(其中耕读小学203所)，教职工316人，学生61276人；农业中学17所，教职工65人，学生8228人。当年，教育事业费支出62.90万元(其中耕读小学经费在其他项中支出2.96万元)。1968年，幼教经费支出科目取消并入小学经费项内。自1969年起，农村小学逐步转为民办，小学经费支出比重变化较大，八十年代小学经费年均支出39.25万元，比70年代年均支出减少0.96万元。

中共十一届三中全会后，党和政府高度重视幼儿、小学教育，经费大幅增长，1978年支出33.75万元，比1977年增长68.98%。1981年，幼教经费又在中小学教育经费中分出单列，当年支出0.71万元。1985年支出164.20万元是1980年的3.03倍。1987年10月起，将小学教师工资标准提高10%，全年幼教、小学经费支出164.40万元是1980年的3.05倍。1985年，全县有幼儿园(班)332所，小学313所(其中：中心小学17所，重点小学2所)。

1988年，教育事业费实行双向管理，一部分拨给主管部门，直接安排到学校；另一部分由所属乡(镇)财政所向学校按计划拨款，坚持专款专用；乡(镇)机动财力，优先安排教育事业。当年，预算内幼教、小学经费支出230.90万元比1987年增加40.45%，其中在职人员工资支出170.20万元，比1980年增加124.84万元，同比增长2.94倍。小学房屋修缮费支出6.80万元是1985年的6.18倍。

1990年，小学房屋修缮费支出10.2万元，占全年小学教育经费支出的3.43%。1993年，小学经费(含学前教育经费，下同)支出444.00万元，1994年支出702万元，分别比1988年增长92.29%和204.02%。由于坚持“两条腿走路”的方针，发挥国家办学和群众集体办校的两个积极性。

1995年至1998年，对全县普及九年义务教育和全面推行素质教育进行检查验收，均达到合格标准。教育事业费支出增长较快，财政对教育事业费支出8669万元，年均支出2167.25万元，比1991年至1994年年均增加898.28万元，增长41.45%。其中幼儿学前教育经费支出47万元，同比年均增长

54.47%；小学教育经费支出3375万元，同比年均增长51.82%。2006年，幼教、小学经费支出3112万元，比2003年增长22.51%，其中幼教支出26万元、小学支出3086万元。

1949年至2006年，临澧县小学教育经费（含幼教）支出25408.38万元，年均支出438.08万元。其中：小学教育经费支出25139.96万元，幼儿学前教育经费支出268.42万元。

2007年，"幼儿学前教育经费""小学经费"属"普通教育"款下项级科目内容未变，仍以项级科目反映支出。2007年至2009年，临澧县小学经费（学前加小学经费合计）支出17108万元，年均支出5702.67万元。其中：小学教育经费支出16962万元，学前教育经费支出146万元。

二、中学经费

临澧县中学教育经费是全县教育支出比重较大的一项。清代，临澧县东设立中学。民国4年（1915年），临澧在县城创办县立中学（系四年制），民国15年（1926年），改物临澧初级中学；民国19年（1930年），改称临澧县乡村师学校（内附设初中班）。民国35年（1946年），省立十四中在临澧县开办，1949年，临澧县立中学并入省立十四中学，其中学经费支出无资料统计。新中国成立初期，临澧中学教育发展速度缓慢，1949年至1954年，临澧有中学二所（省立十四中和九澧联中），中学教育支出13.91万元，年均2.32万元。1955年至1968年，临澧县中学13所，[其中高中1所（一中），独立初中3所（二中设合口、四中设陈二铺、五中设柏枝台），戴帽中学9所]。同期，临澧县财政支出192.07万元，占同期教育期支出的26.20%，年均支出13.72万元，比1949年至1954年年均支出增长4.91倍。

1969年，临澧县各个乡（社）镇办高中。70年代以后，中学教育经费大幅增长。1973年至1975年，临澧县办完全中学7所：一中设县城、二中设合口、三中设陈二、四中设官亭彭家铺、五中设柏枝台、六中设蛇形地、七中设余市桥。1976年起，除一、二中外，其余均改为社办高中。1978年，加强普及中学教育，上级教育主管部门要求"社社办高中"，片办初中。当年，全县附设有高中班的中学由1975年的7所增加到20所。同年，全县中学教育经费支出90.50万元、修缮费支出28.98万元，分别占当年普通教育经费支出的72.83%和23.32%。随着教育事业的发展，公办教职工人数相应增加，民办教职工减少，1978年，临澧县拥有公民办教职工3640人，其中公办教职工1461人（小学482人，中学979人），比1977年（1977年）增加121人，增长9.03%；民办教职工2179人（其中小学413人，中学2179人），比上年减少83人，减少3.67%。公办和民办教职工分别占当年全县教职工总数的40.14%和59.86%。同年，教育事业费支出167.18万元，比1977年增长16.60%。

1971年至1980年，中学教育经费支出769.18万元，年均支出76.92万元，是70年代年均支出的3.31倍；1985年，全县有普通中学（含片办中学）34所，职业中学（含教师进修学校）4所。教职员工的工资增长速度较快，当年支出173.60万元，占当年中学经费的83.95%，占当年教育事业费支出的32.18%，比同年小学经费支出增长5.73%。当年，学校房屋修缮费支出25.60万元，是1980年的4.02倍。

1987年，全社会掀起尊师重教、尊重知识的热潮，教师工资在工资改革后的基本工资基础上，普遍上浮10%，当年，财政支付中学教职员工工资185.8万元，比1985年增长7.03%；1989年，中学教育经费支出358.90万元，比1985年增长73.55%；1994年支出687万元，比1993年增长91.42%；2006年支出5083万元，比2005年增长15.65%。

1949年至2006年，临澧县中学教育经费支出31284.97万元，占同期普通教育经费支出的55.18%，年均支出539.40万元。

2007年，收支科目分类改革，“中学经费”属“普通教育”款下分设为初中和高中教育项级科目反映支出。2007年至2009年，临澧县中学经费支出17604万元，占普通教育经费支出的46.96%，年均支出4584万元。其中初中教育支出13512万元，高中教育支出4092万元。

1949年至2009年，临澧县初、高中教育经费支出48888.97万元，年均支出801.46万元。

三、民办教师补助费

临澧县民办小学起于民国时期有：族校，县内各姓先后办有一些族校；私立两级小学，前后期9所；教会办学校2所。

新中国成立后，民办学校起于1958年，当时民办教师政府补助费未纳入财政预算。

1963年，临澧县始对全县乡村和城镇民办教师发放补助费纳入县财政预算，当年，民办教师补助费支出0.56万元。1961年至1966年，临澧县创办民办中学3所，(县城城锋中学、新合民中、合口民中)“文化大革命”初期停办。1968年，全县有民办小学233所，设班250个，在校人数9560人，民办教师247人。当年县财政对民办教师补助支出4万元。1969年，民办教师人数大幅增加，全县770人(小学民办教师688人、中学民办教师82人)，占公办教师人数(994人)的77.47%。当年，全县民办教师补助费支出3.00万元(小学民办教师月人均补助5元，中学民办教师月人均补助10元)是1963年的5.35倍；70年代，民办教师补助费增长速度较快，1972年，民办教师1150人(其中小学1108人，中学42人)，共发放民办教师补助费12.03万元是1969年的4.01倍，占当年教育事业费支出的12.85%；1976年，全县民办教师1852人(其中中学413人、小学1766人)，当年，民办教师补助费支出25.15万元，比1972年增长109.06%；自1981年起，民办教师补助费逐年增加，当年，民办教师补助费支出37.31万元，比1979年增长18.71%。1985年，全县民办教师补助费再次提高，当年支出74.60万元，比1984年增长55.68%，占当年教育事业费支出的13.83%；1986年后，全县民办教师逐步转为公办教师，直至1997年底全县民办教师全部转完。1998年，临澧县取消民办教师补助费支出。

1963年至1997年，临澧县民办教师补助费支出1833.68万元，年均支出39.85万元。

四、教师进修及干部培训费

此项经费主要用于教育部门举办的教育行政干部培训、教师进修学校师资培训班及附设的函授教育经费和利用假期举办师资培训班等经费。临澧县在民国时期和新中国成立后初期，教师进修称培训班。1955年，临澧县始有教师进修及干部培训费支出0.01万元；1956年支出0.84万元，比1955年增长83倍；1958年，有合口完小和临中师资培训班，1967年至1974年，共大(一中)师训班，县教学辅导站中学教师培训班。1979年，调整预算支出科目改称教师进修培训费，当年支出2万元；1980年，临澧县开办县教师进修学校，初设陈二公社段家桥原常德师专分校(后迁县城朝阳街至今)。当年支出4.17万元;1983年支出5.45万元是1979年的1.73倍;1993年支出22万元,比1983年增长303.67%;2003年支出46万元,比1993年增长109.09%;2006年支出48万元,比2003年增长4.35%。1955年至2006年,临澧县教师进修及干部培训费支出834.53万元,年均支出23.84万元。

2007年,教师进修及干部培训费科目调整为教师进修及干部继续教育属教育经费,以款级科目反映支出。2007年至2009年,临澧县教师进修及干部继续教育费支出754万元,年均支出251.33万元。

五、业余教育经费

清代临澧县内成立业余教育,仅讲解封建道德,不教识字。"五四"运动时期,临澧县开始有少量的平民学校,既教识字,也讲反帝反封建。民国15年(1926年)后,改称民众学校。民国15年(1926年),全县各区乡办示范民众学校26所,民国25年(1936年),改办为夜校。

新中国成立后,党和人民政府把成人及业余教育工作,列入一项政治任务。50年代除发动各级学校、工会、农会组织开办职工、农民扫盲夜校外,还配合各项中心工作进行扫盲,着重在40岁以下的青壮年。(到1964年,全县文盲在校学习人员共计34.51万人,结业摘盲人数为13.08万人)。

1955年,临澧县人民政府十分重视扫盲教育,在全县范围内开展工农业余扫盲群众运动,举办工农业余学校8年,兼请群众教师8人(年工资总额为3036元,年人均379.50元)。当年,县财政始有业余教育经费支出0.31万元(主要用于工农业余扫盲经费),占当年教育事业费支出的1.09%。1962年,临澧县创办业余体校,开设有举重、篮球、艺术体操等。当年,财政支出3.86万元。1966年至1975年"文化大革命"期间,业余教育工作处于低迷状态,财政未单列预算支出,并入其他教育事业费内(1974年,全县建立政治、文化夜校541所,当年扫除文盲1760人)。1978年,恢复业余教育经费,当年单列支出0.23万元。1979年,业余教育经费支出大幅上升,当年支出10.7万元,比1978年增长45.52倍,占当年教育事业费支出的5.28%。其中工农业余扫盲经费支出0.7万元,临澧县共产主义劳动大学和临澧县"五七"干校经费支出10万元,分别占当年业余教育经费支出的6.54%和93.46%。1980年,县政府成立工农教育委员会,当年扫除文盲3310人。当年,业余教育经费支出18.02万元,其中工农业余扫盲经费支出3.02万元,共大"五七"干校经费支出15万元,分别占当年业余教育经费支出的16.75%和83.24%;1981年将业余教育经费分为工农业余扫盲和"五七"共大教育经费两项,当年,财政支出18.42万元。其中工农业余扫盲支出3.42万元,"五七"共大支出15.00万元。

1982年起,成人教育已逐渐转为既学文化,又学技术的阶段。珠日、九里、陈二等公社办有文化技术学校。1983年,县总工会与有关部门开办业余学校、电大学习班,及以后年份各部门先后创办的成人业余学校有:县文教科主办的函授师范学校和临澧电视大学,临澧县党校电大党政干部专修班,(各乡镇也办有农业广播电视大学班),县财政局主办的中华会计函授中专学校等。参加培训学习人员共计10365人,结业8500人,占82.01%。1982年至2006年,临澧县业余(含扫盲及成人)教育经费支出3082.89万元。

1955年至2006年,临澧县业余教育经费支出3145.78万元,年均支出69.91万元。其中:职专高等教育经费支出1925.12万元、工农业余扫盲经费446.21万元、共大"五七"教育经费支出55.87万元、党校补助费718.58万元,分别占业余教育经费支出的61.20%、14.18%、1.78%和22.84%。

2007年,取消业余教育科目,调整为职业教育、成人教育和教育附加及基金支出科目。上述科目均属教育类下款级科目内容未变,以款级科目反映支出。2007年至2009年,临澧县职业教育支出1408万元、成人教育支出4万元、教育附加及基金支出1309万元。

六、其他教育支出

包括职业教育、留学教育及特殊教育等。临澧县从1958年起,先后创办其他职业教育的有:卫生学校(除县卫生学校外,另设四新岗卫校、官亭卫校)、业余体校、农业学校(各公社分设农业中学和县农业技术学校及农民中专)、农业机械化学校、工业学校、林业学校、供销学校、商业学校、粮食学校等。1989年,国家预算支出科目规定,其他教育支出隶属于教育事业费,包括教育主管局部门直接开支的教育业务指导费、招生经费、教材编审费、业务资料印刷费等。

1949年至2006年,临澧县财政对其他教育经费支出3228.85万元,占同期教育事业费支出的4.92%。2007年,"其他教育支出"属"教育"类下款级科目内容未变,则以款级科目反映支出,2007年至2009年,临澧县其他教育事务支出385万元,年均支出128.33万元。

1949~2006年临澧县教育事业费支出统计表

表2-15 单位:万元

年份	教育事业费支出	普通教育经费				民办教师补助费支出	教师进修干训经费支出	业余教育支出合计	其中				其他支出
		小计	幼儿学前教育经费支出	小学教育经费支出	中学教育经费支出				职专高等教育经费支出	工农业余扫盲经费支出	共大"五七"教育经费支出	党校补助费支出	
合计	65736.19	56693.35	268.42	25139.96	31284.97	1833.68	834.53	3145.78	1925.12	446.21	55.87	718.58	3228.85
1949	10.56	10.31		9.46	0.85								0.25
1950	13.82	13.27		11.52	1.75								0.55
1951	16.65	16.15		13.86	2.29								0.50
1952	20.32	19.93		17.65	2.28								0.39
1953	24.00	23.84		20.50	3.34								0.16
1954	24.10	23.90		20.50	3.40								0.20
1955	28.40	27.93	0.24	22.89	4.80		0.01	0.31		0.31			0.15
1956	34.31	33.47	0.29	27.77	5.41		0.84						
1957	44.10	42.66	0.50	31.21	10.95			0.79		0.79			0.65
1958	40.63	38.17	0.46	29.81	7.90			0.88		0.88			1.58
1959	46.06	43.60		28.97	14.63								2.46
1960	63.38	60.09	0.43	31.24	28.42			0.72		0.72			2.57
1961	49.08	46.69	0.44	33.94	12.31			2.08		0.78		1.30	0.31

续表2-15

年份	教育事业费支出	普通教育经费				民办教师补助费支出	教师进修干训经费支出	业余教育支出合计	其中				其他支出
		小计	幼儿学前教育经费支出	小学教育经费支出	中学教育经费支出				职专高等教育经费支出	工农业余扫盲经费支出	共大“五七”教育经费支出	党校补助费支出	
1962	51.99	45.93	0.34	37.02	8.57			3.86		0.34		3.52	2.20
1963	48.50	46.79	0.19	37.22	9.38	0.56	0.24	0.61		0.61			0.30
1964	58.69	56.07	0.08	41.30	14.69	1.21	0.24	0.89		0.89			0.28
1965	62.90	57.77	0.06	42.41	15.30	0.67	0.24	0.76		0.76			3.46
1966	65.94	60.52	0.05	43.97	16.50	3.27	0.26	0.65		0.65			1.24
1967	73.86	68.30	0.14	44.95	23.21	3.37	0.32	0.61		0.61			1.26
1968	66.06	60.00		40.00	20.00	4.00		0.60		0.60			1.46
1969	64.21	60.00		40.00	20.00	3.00		0.60		0.60			0.61
1970	66.57	60.00		40.00	20.00	4.00		0.60		0.60			1.97
1971	85.41	80.00		41.00	39.00	4.00		0.60		0.60			0.81
1972	93.60	68.80		26.12	42.68	12.03							12.77
1973	108.38	90.00		46.00	44.00	15.00							3.38
1974	120.20	103.57		60.59	42.98	16.63							
1975	122.01	101.96		53.39	48.57	20.05							
1976	130.46	104.23		27.42	76.81	25.15		0.96	0.96				0.12
1977	143.38	115.10		23.28	91.82	26.96							1.32
1978	167.18	124.25		33.75	90.50	34.70		0.23		0.23			8.00
1979	202.74	116.55		26.78	89.77	31.43	2.00	10.70		0.70	10.00		42.06
1980	328.05	257.18		54.13	203.05	37.93	4.17	18.02		3.02	15.00		10.75
1981	271.13	200.43	0.70	85.15	114.58	37.31	3.58	18.42		3.42	15.00		11.39
1982	319.83	239.71	0.82	104.03	134.86	50.27	2.20	20.96	2.05		15.87	3.04	6.69
1983	345.38	259.94	2.33	121.67	135.94	47.92	5.45	14.69	10.66			4.03	17.38
1984	370.41	246.84	1.35	107.46	138.03	47.92	22.88	29.14	18.45	4.60		6.09	23.63
1985	539.50	371.00	3.40	160.80	206.80	74.60	25.00	37.80	22.80	5.30		9.70	31.10
1986	501.00	366.70	2.10	183.40	181.20	72.10	13.20	16.30	9.40			6.90	32.70
1987	562.60	389.50	2.60	161.80	225.10	69.20	12.00	51.70	26.20	13.90		11.60	40.20
1988	715.60	513.10	3.10	227.80	282.20	72.10	15.40	53.70	35.20	9.20		9.30	61.30

续表2-15

年份	教育事业费支出	普通教育经费				民办教师补助费支出	教师进修干训经费支出	业余教育支出合计	其中				其他支出
		小计	幼儿学前教育经费支出	小学教育经费支出	中学教育经费支出				职专高等教育经费支出	工农业余扫盲经费支出	共大“五七”教育经费支出	党校补助费支出	
1989	828.50	623.10	5.90	258.30	358.90	67.30	15.00	56.70	25.30	9.90		21.50	66.40
1990	865.80	662.50	5.30	292.00	365.20	79.60	13.90	40.80	25.20	4.70		10.90	69.00
1991	911.90	697.50	3.60	285.90	408.00	72.40	17.60	49.10	20.90	13.50		14.70	75.30
1992	1011.00	784.00	4.00	336.00	444.00	72.00	17.00	49.00	23.00	13.00		13.00	89.00
1993	1287.00	972.00	8.00	436.00	528.00	80.00	22.00	87.00	55.00	18.00		14.00	126.00
1994	1866.00	1389.00	10.00	692.00	687.00	201.00	44.00	115.00	53.00	42.00		20.00	117.00
1995	2010.00	1456.00	11.00	610.00	835.00	172.00	54.00	150.00	72.00	59.00		19.00	178.00
1996	2245.00	1706.00	12.00	895.00	799.00	177.00	36.00	143.00	67.00	54.00		22.00	183.00
1997	2398.00	1824.00	13.00	950.00	861.00	197.00	87.00	180.00	41.00	113.0		26.00	110.00
1998	2016.00	1730.00	11.00	920.00	799.00		35.00	146.00	54.00	69.00		23.00	105.00
1999	2423.00	2024.00	13.00	1004.00	1007.00		62.00	217.00	183.00			34.00	120.00
2000	2541.00	2100.00	16.00	1056.00	1028.00		68.00	244.00	215.00			29.00	129.00
2001	3040.00	2700.00	18.00	1500.00	1182.00		38.00	234.00	207.00			27.00	68.00
2002	5791.00	5425.00	25.00	2788.00	2612.00		42.00	162.00	131.00			31.00	162.00
2003	6453.00	5986.00	21.00	2519.00	3446.00		46.00	271.00	201.00			70.00	150.00
2004	7072.00	6437.00	24.00	2400.00	4013.00		39.00	228.00	178.00			50.00	368.00
2005	8097.00	7318.00	22.00	2901.00	4395.00		42.00	272.00	117.00			155.00	465.00
2006	8779.00	8195.00	26.00	3086.00	5083.00		48.00	214.00	131.00			83.00	322.00

2007~2009年临澧县教育支出分项统计表

表2-16 单位:万元

年份	教育支出合计	教育事务支出	普通教育支出	其中					职业教育支出	成人教育支出	教师进修及干部继续教育支出	教育附加及基金支出	其他教育支出
				学前教育支出	小学教育支出	初中教育支出	高中教育支出	化解农村“普九”债务支出					
合计	41567.00	223.00	37484.00	146.00	16962.00	13512.00	4092.00	2772.00	1408.00	4.00	754.00	1309.00	385.00
2007	11405.00	75.00	9982.00	36.00	4849.00	3809.00	1288.00	0.00	237.00	2.00	264.00	570.00	275.00
2008	12650.00	75.00	11496.00	57.00	5169.00	4158.00	1272.00	840.00	429.00		235.00	365.00	50.00
2009	17512.00	73.00	16006.00	53.00	6944.00	5545.00	1532.00	1932.00	742.00	2.00	255.00	374.00	60.00

第四节 卫生事业费

清代，官府忽视卫生事业，凡地方需办卫生事项，属民政费类开支。光绪二十八年(1902年)，在县城上胜街设立私营广济医院，西医药始传入县境。民国28年(1939年)9月，设公立临澧医务所，李国珍任所长。民国30年(1941年)3月，改称县卫生院。1949年前，临澧县医疗卫生仍由私人经营。民国时期，卫生事业费在民政经费内开支。

新中国成立后，卫生事业费主要用于医院经费、农村卫生院补助、防治防疫补助、药品检验、卫生学校、农村合作医疗补助、公费医疗费等开支。

1949年至2006年，临澧县卫生事业费支出12993.88万元，年均支出224.03万元。

2007年，将原“卫生事业费”更名为公共服务“医疗卫生”事务类级科目反映支出。2007至2009年临澧县医疗卫生支出15743万元，年均支出5247.67万元。

1949年至2009年，临澧县卫生事业费支出28736.88万元，年均支出471.10万元。

一、卫生机构经费支出

包括县管医院、区、社(乡镇)卫生院、防治防疫、妇幼保健、干部训练，处理医疗欠费及其他卫生单位的卫生事业费。1949年至2006年，临澧县医疗卫生机构经费支出11098.22万元，年均191.35万元，2007年至2008年，医疗卫生管理事务支出933万元，年均311万元。

(一)医院经费支出：

包括卫生部门所属城市综合医院独立门诊部、教学医院、各种专科医院、疗养院和县级人民医院的补助以及部队复员的精神病人和麻风病人住院治疗费。医院经费一直实行差额管理，其收入抵减不足部分由财政预算拨款解决差额补助费(简称差补资金，下同)。

1949年，临澧县仅有原国民党政府移交下来的一个县卫生院，1955年改为临澧县人民医院(院址于1961年由梅溪桥迁至护城碑波堰至今)及5个区卫生所。1955年，临澧县始有县医院经费支出1.04万元。当年，人民医院有医务人员26名(其中医师1名，卫生技术人员23名、其他2名)，20张病床。全年门诊病人4.69万人次，全年总收入2.59万元，支出2.87万元，实亏损0.28万元。医院职工工资总额为12181.97元(其中财政差补资金为3748.8元)。7个区卫生所医务人员27名(其中医师1名、卫生技术人员26名)。全年门诊病人4.5万人次，年总收入1.58万元，支出2.41万元，实亏损0.83万元。职工工资总额为13678.04元(其中财政差补资金为8312.13元)。1958年8月，创办临澧县卫校和乡镇卫生院补助、防治防疫、妇幼保健合作医疗补助等，财政支出5.78万元。

1966年，县财政拨给医院差补资金4.53万元，比1965年差补资金支出增长36.45%。1971—1980年，医院经费支出120.50万元，年均支出12.05万元，是60年代年均实际支出4.91万元的2.45倍。80年代，医院经费年均支出34.16万元，比70年代年均支出增长1.27倍。1986年，县人民医院职工238

人,差补210人,集体职工28人,退休人员13人。2009年,县人民医院病床267床,编制人员297人(卫生技术人员277人、管理人员20人)。

1949年至2006年,临澧县县级医院经费支出2131.30万元,年均支出46.33万元。2007年,医院经费科目取消,新设"医疗卫生"类下款级科目内容已变,其经费在"公共事业费"中列支。

(二)乡镇卫生院补助经费支出

乡镇卫生院补助费包括全民所有制区、社区卫生院和乡镇卫生院补助费。

民国31年(1942年),临澧县始设区卫生所(一期设合口、佘市,二期设鳌山、王化桥)。

新中国成立后,1950年,在五区的合口,六区的新安建立卫生所;翌年,先后在一、二、三、四区建立卫生所;1953年,增设七区卫生所。1956年夏,撤区并乡后,区卫生所撤销,成立镇卫生院。1966年至1973年县委和县政府决定,先后在合口、柏枝台、佘市桥、官亭、四新岗建立5个地方医院。至1984年,5个地方医院先后撤销,并入乡镇卫生院。1985年,全县乡镇卫生院有卫生人员440人。2006年,全县有乡镇卫生院17个,编制床位数294张,卫生人员625人,执业医师143人。

1952年,临澧县有5个区卫生所。1955年,有乡(镇)卫生院补助费支出1.17万元,1964年,卫生院补助费增加到2.73万元,进入70年代后,乡(镇)卫生院补助费支出逐年增加,1972年支出6.14万元,占当年卫生事业费支出的17.31%。1974年支出8.20万元,占当年卫生机构事业费支出的20.16%,比1972年增长33.55%。1979年支出38.97万元,比1974年增长3.75倍。80年代以后,卫生院补助费逐年增长,1980年支出38.77万元,比1974年增长3.73倍。1989年支出41.10万元是1980年的1.06倍,占当年卫生机构事业费支出的23.17%。2000年支出155万元,比1999年增长25%(其中设备购置费44万元、修缮费42万元,分别占当年乡镇卫生院补助费支出的28.39%和27.10%)。2006年支出189万元,占当年卫生事业费支出的9.43%。

1955年至2006年,临澧县乡镇卫生院补助费支出3181.33万元,年均支出66.28万元。

2007年,乡镇卫生院经费调整为农村卫生、社区卫生科目,其费用在"公共服务"医疗卫生科目中列支。2009年,全县乡镇卫生院17所,床位543张,共有职工617人(其中卫生技术人员587人,管理人员30人)。

2007年至2009年,临澧县农村卫生费支出1441万元,社区卫生费支出152万元。

(三)防治防疫经费支出

防治防疫包括卫生部门所属卫生防疫站、专科防治所(站、组)、医疗防疫队、食品检验所等机构经费,防疫用药品、器材和生物制品购置费、寄生虫病、急性传染病、慢性病及地方病防治费、预防注射和急救费、卫生宣传教育经费及卫生部门的监督业务费等。民国27年(1938年)9月,临澧县成立湖南省临澧防疫分会。民国31年(1942年)5月,改称临澧县防御鼠疫检疫所。1943年,下设3个战时医疗防疫队,下乡村巡回治疗。

新中国成立后,1954年8月,在县卫生院(人民医院)设防疫保健站。1956年3月18日,临澧县成立县血吸虫病防治工作领导小组,下设办公室(简称县血防办),定编3人,属全额拨款事业单位。县血防办下设新安、合口2个工作小组,配备专业工作人员19人,专司全县血吸虫病防治工作(注:当年6月临澧县首次查出8个乡镇、76个村、钉螺面积3153平方米,病人11813人,病牛4090头,疫区人口

17.9万人)。当年,始有防治防疫事业费支出0.06万元,1956年12月,设立临澧县卫生防疫站(截至1985年,该站共有职工36人)。1958年起,该项经费支出逐年增加,当年支出3.85万元,比1957年增长27.91%,比1955年增长63.17倍。1970年,临澧县基本消灭血吸虫病,70年代,此项经费年均支出4.24万元,80年代,年均支出13.86万元,是70年代年均支出的3.27倍。1986年,县防治防疫事业机构3个(卫生防治防疫站、血防站、健教所),161人。当年防治防疫经费支出32.70万元,占当年卫生事业费支出的23.19%。1987年,县财政拨专款38.80万元购装备用于防疫的药品和医疗器械设备及卫生防护用品等。1989年,防治防疫事业费支出33.80万元,占当年卫生事业费支出的19.05%。

1955年至2006年,临澧县防治防疫事业费支出2057.43万元,年均支出39.57万元。

2007年,"防治防疫"调整为"公共服务医疗卫生事务"类下"疾病预防控制"款级支出科目中,2007年至2009年,临澧县疾病预防控制支出1328万元,年均支出442.67万元。2009年,临澧县疾病预防控制175人,其中:卫生防疫站职工93人(其中卫生技术人员86人,管理人员7人)、血防站82人(卫生技术人员75人、管理人员7人)。

(四)妇幼保健经费支出

妇幼保健包括妇幼保健机构经费、妇幼保健医疗减免费等。

民国年间,推行新法接生。民国30年(1941年),第一次对孕妇产前检查48人,新法接生15人。

新中国成立后,1951年始,对染有性病的妇女实行追踪治疗,均获痊愈。1952年,普遍开展新法接生,全县分6批培训新生接生员142人,建立新法接生站32个,接生婴儿1748人,占新出生婴儿18%。当年,对农村妇女"四期"(月经期、孕期、产期、哺乳期)的劳动保护,对工厂女工推行卫生制度。从1950年起,先后3年对儿童普种牛痘、消灭天花等。至1954年,妇幼保健费在其他卫生事业费中列支。

1955年,临澧县始有妇幼保健经费单列支出0.07万元。1968年至1978年,此项经费并入其他卫生事业费中列支。1979年,妇幼保健机构经费改为妇幼保健事业费。当年支出11.97万元,比1967年增长17.13倍。当年,该县妇幼保健机构工作人员增至23人,比1968年增加18人。1980年,设立托儿所经费项目,1985年,设立处理群众医疗欠费基金,同列入其他卫生事业费支出。随着妇幼保健事业的发展,妇幼保健事业费支出逐年增加,1994年支出17万元,比1993年增长41.67%。2006年支出46万元,比2005年增长6.97%。

1955年至2006年,临澧县妇幼保健事业费支出472.85万元,年均支出12.12万元。

2007年,"妇幼保健费"属"公共服务医疗卫生"类下款级科目支出,2007年至2009年临澧县妇幼保健费支出392万元,年均支出130.67万元。

(五)合作医疗经费支出

合作医疗包括支持农村合作医疗及贫困农民医疗救助费等农民医疗保障的补助费。1955年,临澧县始有农民医疗补助费0.04万元,1955年至1958年,支出0.12万元。1966年,临澧县各个人民公社卫生院均举办农村卫生员培训班,全县共3170人参加培训,每人配发保健箱1个,为建立农村合作医疗站打下基础。1968年,太浮公社首先成立合作医疗管理委员会。1970年冬,全县317个大队都办起合作医疗站,有赤脚医生443人。当时医疗站经费,主要靠群众自筹和集体公益金中支付。1979

年，全县8个公社、138个大队实行社、队联办，169个大队实行队办。1959年至1975年，并入其他卫生事业中。1975年至1982年，又单列支出共6.44万元。1983年起，农村合作医疗补助费又并入其他卫生事业费中列支。1985年，全县有315个医疗站巩固下来，基本形成比较巩固的四级医疗卫生保健网，使农村边远地区缺医少药现象得到解决。2003年，增设农村医疗卫生支出，将原农民医疗改为合作医疗补助费，1983年至2004年，再并入其他卫生事业费中列支。2005年又单列，当年支出74万元；2006年，改为“新型农村合作医疗”，当年，县财政对新型农村合作医疗个人和家庭的补助支出969万元，占当年一般预算卫生事业费支出的48.35%。

1955年至2006年，临澧县农村合作医疗补助支出1049.56万元，年均支出80.74万元。

2007年1月1日，临澧县被纳入湖南省新型农村合作医疗试点县之一。据县“农合办”提供，当年，全县农业人口35.88万人，参加农村合作医疗人数29.5万人，参合率达82.22%。2008年年底，全县参加农村合作医疗人数增加到31.15万人，参合率达87%。两年共组织合作医疗资金3967.56万元（其中国家、省、市财政投入3056万元、县财政投入305万元、农民个人缴纳农村合作医疗费606.56万元）。2007年，“农民合作医疗”列入“公共服务医疗卫生类”科目支出。当年，农村卫生费支出87万元；2007年至2009年，临澧县农村卫生费支出1441万元，年均支出480.33万元。

（六）其他卫生事业费支出

其他包括卫生部门所属的血站、急救站及麻风病人住麻风村治疗经费、卫生部门所属医疗机构按规定开支的减免经费、爱国卫生运动业务费、红十字会和其他卫生事业单位的补助经费等。1949年，临澧县始就有支出1.39万元。50年代至70年代支出较少，80年代其他卫生事业费支出增长较快，1980年其他支出8.83万元，比1978年增长36.89倍。1989年支出27.20万元，比1988年增长2.08倍。1984至2002年，托儿所经费及处理群众医疗欠费基金列入其他支出。2003年，托儿所经费项目取消。处理群众医疗欠费基金项目改为处理医疗欠费，并入其他项内支出。

1949年至2006年，其他卫生事业费支出2198.56万元，年均支出38.57万元。

2007年“卫生事业费”更名为“医疗卫生”新类级科目，2007年至2009年，临澧县其他医疗卫生支出19万元，年均支出9.50万元。

二、中医院经费支出

民国36年（1947年）9月，成立临澧县中医研究社，社址设合口商会街。新中国成立后，1952年，成立城关中医联合诊所。1957年，改称临澧县中医院。建院初期，有职工12人，病床15张，医院占地面积600平方米，属自收自支、自负盈亏的集体事业单位。1964年至1971年1月，改称工农兵医院。1982年，临澧县财政始对中医院经费实行差额预算管理，当年支出6.58万元，占当年卫生事业费支出的7.78%。1983年支出14.56万元，比1982年增长121.28%。1985年，经县人民政府批准，改为全民所有制单位，纳入县财政差额预算管理。当年，医院职工138人（其中卫生技术人员118人），病床120张，房屋建筑面积5674平方米。与建院时比较，人员编制增长11倍，病床增长7倍，用房面积增长14倍。医疗设备配有300毫安X光机、A型和B型超声诊断仪、心电图机、牙科综合治疗机、显微镜、电动离心机等仪器设备32台（件）。从当年起，在财政预算科目中将中医经费与卫生事业费支出科目列为款级科目，当年支出12.60万元，比1982年增长91.49%。1986年，县中医院职工增加到147人（其中差补85人），院职工中有集体职工62人，已退休人员5人。进入90年代，中医医院经费财政支出增幅较大，1990年支出18.50万元；1995年支出58.00万元，比1990年增加39.50万元。1996年至2001年，中医医院经费改为“中医事业费”。此期间该项事业费支出395万元（年均支出65.83万元）。2003年，中医事业费更名为“中医支出”，当年支出65万元，占当年卫生事业费支出的7.13%。2004年起，中医事业费支出首破百万，当年，达132万元。

1982年至2006年，临澧县中医医院经费支出1272.86万元，年均支出50.91万元。2007年，“中医”改为“医疗卫生”类下款级科目，以款级科目反映支出。2007年至2009年，临澧县对中医支出78万元，年均支出26万元。

1949~2006年临澧县卫生事业费支出分项统计表

表2-17　　　　单位：万元

年份	卫生事业费支出	民办卫生经费支出	卫生机构经费支出								中医医院（机构）经费	行政单位医疗费
			合计	医院（县级）经费	乡镇卫生院补助费	防治防疫经费	妇幼保健经费	医疗保健机构经费	合作医疗补助费	其他卫生事业费		
合计	12993.88	2.80	11098.22	2131.3	3181.33	2057.43	472.85	7.19	1049.56	2198.56	1272.86	620.00
1949	1.39		1.39							1.39		
1950	1.18		1.18							1.18		
1951	1.11		1.11							1.11		
1952	1.71		1.71							1.71		
1953	1.62		1.62							1.62		
1954	1.76		1.76							1.76		
1955	2.38		2.38	1.04	1.17	0.06	0.07		0.04			
1956	1.28		1.28	0.27	0.83	0.11	0.05		0.02			
1957	4.42		4.42		0.27	3.01	0.40	0.71	0.03			
1958	5.78		5.78		1.21	3.85	0.16	0.53	0.03			
1959	4.38		4.38		0.56	3.15		0.16		0.51		
1960	5.54		5.54		1.96	2.50	0.14			0.94		
1961	5.40		5.40	1.61	0.55	3.00	0.13			0.11		
1962	6.64		6.64		4.02	2.27	0.10			0.25		
1963	4.88		4.88		1.36	2.63	0.30	0.51		0.08		
1964	7.47		7.47		2.73	3.54	0.27	0.55		0.38		

续表2-17

年份	卫生事业费支出	民办卫生经费支出	卫生机构经费支出								中医医院(机构)经费	行政单位医疗费
			合计	医院(县级)经费	乡镇卫生院补助费	防治防疫经费	妇幼保健经费	医疗保健机构经费	合作医疗补助费	其他卫生事业费		
1965	8.20		8.20	3.32		3.61	0.30	0.64		0.33		
1966	10.03	0.80	9.23	4.53		3.41	0.38	0.75		0.16		
1967	16.64	2.00	14.64	4.93		4.94	0.66	3.34		0.77		
1968	17.18		17.18	6.00	4.00	6.00				1.18		
1969	17.13		17.13	6.00	4.00	6.00				1.13		
1970	21.14		21.14	8.00	5.00	7.00				1.14		
1971	34.77		34.77	9.30	6.00	13.50				5.97		
1972	35.47		35.47	9.50	6.14	14.04				5.79		
1973	41.29		41.29	12.50	9.50	15.00				4.29		
1974	40.67		40.67	10.10	8.20	8.49				13.88		
1975	43.02		43.02	11.03	4.13	14.53				13.33		
1976	42.08		42.08	17.95	10.41	10.02			0.84	2.86		
1977	44.27		44.27	17.63	10.62	9.73			0.59	5.70		
1978	52.27		52.27	7.36	24.06	13.44			0.96	6.45		
1979	83.68		83.68	8.90	38.97	21.82	11.97		1.85	0.17		
1980	84.03		84.03	16.23	38.77	18.07	1.47		0.66	8.83		
1981	76.37		76.37	22.82	24.40	12.55	0.99		1.46	14.15		
1982	84.61		78.03	22.48	23.65	17.16	1.14		0.08	13.52	6.58	
1983	95.65		81.09	18.04	26.94	18.51	1.46			16.14	14.56	
1984	107.54		95.42	24.76	20.18	24.69	1.36			24.43	12.12	
1985	155.10		142.50	43.70	26.90	38.50	3.00			30.40	12.60	
1986	141.00		125.30	37.10	28.90	32.70	2.30			24.30	15.70	
1987	159.00		132.20	28.50	24.40	30.60	8.40			40.30	26.80	
1988	176.20		161.20	38.10	34.30	38.20	12.20			38.40	15.00	
1989	177.40		159.30	50.50	41.10	33.80	6.70			27.20	18.10	

续表 2-17

年份	卫生事业费支出	民办卫生经费支出	卫生机构经费支出								中医医院(机构)经费	行政单位医疗费
			合计	医院(县级)经费	乡镇卫生院补助费	防治防疫经费	妇幼保健经费	医疗保健机构经费	合作医疗补助费	其他卫生事业费		
1990	195.20		176.70	55.60	61.50	19.50	7.50			32.60	18.50	
1991	198.00		177.10	40.50	56.60	25.50	7.40			47.10	20.90	
1992	263.00		226.00	42.00	76.00	34.00	9.00			65.00	37.00	
1993	339.00		298.00	59.00	92.00	40.00	12.00			95.00	41.00	
1994	465.00		421.00	107.00	131.00	62.00	17.00			104.00	44.00	
1995	527.00		469.00	110.00	140.00	72.00	28.00			119.00	58.00	
1996	590.00		519.00	112.00	144.00	90.00	19.00			154.00	71.00	
1997	587.00		521.00	234.00		77.00	22.00			188.00	66.00	
1998	451.00		396.00	132.00	20.00	80.00	25.00			139.00	55.00	
1999	561.00		486.00	76.00	124.00	66.00	31.00			189.00	75.00	
2000	599.00		443.00	90.00	155.00	81.00	32.00			85.00	68.00	88.00
2001	614.00		489.00	103.00	152.00	113.00	34.00			87.00	60.00	65.00
2002	715.00		581.00	98.00	217.00	137.00				129.00	70.00	64.00
2003	912.00		727.00	119.00	235.00	196.00	43.00			134.00	65.00	120.00
2004	860.00		668.00	111.00	373.00	141.00	43.00				132.00	60.00
2005	1292.00		1061.00	98.00	580.00	152.00	43.00		74.00	114.00	133.00	98.00
2006	2004.00		1742.00	102.00	189.00	231.00	46.00		969.00	205.00	137.00	125.00

2007~2009年临澧县医疗卫生支出分项统计表

表 2-18 单位:万元

年份	医疗卫生支出										
	合计	医疗卫生管理事务	医疗服务	医疗保障	疾病预防控制	卫生监督	妇幼保健	农村卫生	中医	社区卫生服务	其他医疗卫生支出
合计	15743	933	1542	9513	1328	345	392	1441	78	152	19
2007	2729	293	131	1705	331	106	66	87	10		
2008	4220	314	111	3058	334	106	79	184	20		14
2009	8794	326	1300	4750	663	133	247	1170	48	152	5

第五节 公费医疗经费

公费医疗费是按照国家规定享受公费医疗待遇人员的医疗费用。

新中国成立初期，临澧县在部分机关工作人员中施行公费医疗制度，每人每月按4公斤大米标准，折款计算公费医疗费。1950年，公费医疗实行包干，享受公费医疗人员每人每月5公斤大米包干使用，供特殊病号开支。1953年4月，改为月人均1.5元包干，县公费医疗预防实施管理委员会留20%作机动，其余包干到卫生院，再按就诊清单结账。从当年6月起，享受对象凭统一核发的“公费医疗证”就诊。当年，全县有1843人享受公费医疗，实际开支医药费22952元（旧币），年人均开支12.45元，比定额少开支5.55元。同年，临澧县执行《公费医疗预防统收统支试行办法》，建立公费医疗管理机构，规定医疗费由县卫生科统一掌握。公费医疗费专款专用。各单位核实享受公费医疗人员基数按人数拨款，并建立各种制度。规定病号看病，每次每张药费单据在0.5元以上3元以下的由单位领导或人事部门批准；每次在5元以上的经县公费医疗主管部门批准，不准在私人诊所看病或购买药品；对在外地就医的，须经县医疗主管部门领导批准后才能报销。

1955年，临澧县对全民所有制行政事业单位的干部职工实行公费医疗制度，当年，公费医疗费支出2.16万元。享受公费医疗人员1773人，年人均12.13元。1957年，县人民政府制定《公费医疗管理制度》，加强公费医疗管理，确保公费医疗人员患病就医。当年，享受公费医疗人员1785人，该项经费支出3.18万元（年人均17.82元）。当年对贵重药品控制使用。凡门诊一次处方价在5元以内的由医院处理；5元以上的由医师签署意见，经单位审核报公费医疗主管部门同意方可使用，否则不予报销（急诊不在此限）。门诊挂号费、出诊费、中药煎送费、自购药品费不准在公费医疗费内报销。1959年，支出2.91万元，比1955年增长34.72%。享受公费医疗人员1948人（年人均支出14.89元），比1955年人均增长22.75%。1960年，规定公费医疗开支范围：医疗费、手续费、材料费、X光透视检查费、药费、住院费、化验费、输血费、接生费、妇女干部产前检查费等。当年公费医疗费支出3.82万元，比1959年增长31.27%。1961年，公费医疗费支出4.78万元，比1960年增长25.13%。公费医疗费全部归县公费医疗部门掌握统一核发，病人凭公费医疗证到指定医院就诊和按规定的开支范围报销。1962年支出7.06万元，公费医疗费年人均开支标准从18元提高到21.6元（提高20%），实际开支7.06万元，年人均超支10.45元。

1963年，规定公费医疗费转拨享受单位自行掌握，公费医疗病人凭公费医疗证到指定的医疗单位治病记账，然后按规定手续报销，当年支出7.19万元，比1962年增长1.84%。

1969年，在国家预算科目中列公费医疗费一款，规定公费医疗费年终结余可转下年继续使用。规定自费药品任何人无权批准在公费医疗费中报销。凡需转诊、转院，必须办理批准手续未经批准一切费用自理。

1973年，规定享受公费医疗待遇的人员：各级国家机关、民主党派、人民团体由国家预算内开支的在编工作人员、文化教育卫生事业单位人员、在乡二等乙级以上荣残军人等。当年,公费医疗费支出10万元,比1963年增长39.08%。

1978年,公费医疗费年人均开支提高到30元。当年支出13.78万元,比1977年增长17.68%。从1979年起,将公费医疗费从卫生事业费中析出,设公费医疗费款级科目,用来反映国家机关医疗经费、卫生医疗系统公费医疗费和其他单位公费医疗费3项,年支出15.90万元(其中国家机关公费医疗费7.95万元,卫生医疗系统公费医疗费1.63万元、其他单位公费医疗费6.32万元),比上年增长15.39%,占当年卫生事业费支出的19.00%。

1980年后,由于人员不断增加,药品价格上涨,干部职工年龄结构渐趋老化,公费医疗费增长较快,年均开支超过20万元。1985年包干支出27.5万元,年人均开支48.26元(包括单位自行解决药费,人均开支为60元以上)。当年,修订后的公费医疗费管理办法是:1.县公费医疗办负责审批处理有关公费医疗管理的日常事务;2.核实享受公费医疗对象,报县公费医疗办备案;3.公费医疗人员必须到指定的医疗单位就诊或住院;4.医生开处方时应根据病情合理用药用量一般不超过7天;5.按各享受公费医疗单位平均人数,每人平均30元标准核定到单位;6.药费超支部分按工龄长短分率报销。1985年对公费医疗费先由原单位垫付代报然后将医药费单据汇总报县公费医疗办审核拨款。并恢复治病的附处方制度规定看病药费在2元以上附上处方。

1986年1月,临澧县组建县公费医疗管理办公室,由县卫生、财政部门干部组成。当年,全县公费医疗费支出27.50万元,比1980年增长49.62%。

1989年1月至1994年4月,全县公费医疗工作属县财政局管理。县财政共支出公费医疗费330.90万元。全额拨款单位在职人员年均支出60元,离、退休人员年人均100元包干到单位使用。

1993至1994年,全县公费医疗进行改革,由县保险公司承担。全县机关、事业单位按人员投保,人均交保费90元,返回30元作为门诊药费,住院治疗一般疾病报销2000~3000元不等,癌症病人按人平1万元包干,县财政每年安排70万元,用于弥补投保人员住院药费支出。

1995年5月1日起,公费医疗管理工作由县保险公司移交县财政局单独管理。全县机关事业单位投保人员达9000人左右,人平保费120元,1998年至1999年,人均保费150元(财政实际支付公费医疗费283万元,年均支出141.50万元)。门诊药费按家床形式管理;住院根据病人病情酌定。报销标准按工龄比例自负外,其余合理支出全额报销。癌症病人仍按人均1万元包干。县财政每年安排70万元~120万元,弥补住院药费支出,全县公费医疗收支基本平衡。

1955至1999年(其中1968—1971年4年未列财政预算),临澧县公费医疗费支出1300.71万元,年均支出31.73万元,占同期财政一般预算支出的1.42%。

2000年,公费医疗改为合作医疗;并根据国发〔1998〕44号《国务院关于建立城镇职工基本医疗保险制度的决定》精神,2000年1月,临澧县着手对公费医疗保险制度进行改革。县劳动和社会保障局成立医保服务中心,同年1月1日开始运行。其主要职责是:贯彻执行国家劳动和社会保障工作方针、政策、组织实施全县医疗保险基金的管理办法与制度;负责医疗保险基金和大病互助资金的筹集、管理和支付工作。全县所有单位按人员总数参保,在职职工按工资总额8%缴纳基本医疗保险费(其中2%由个人负担),按人平每月8元缴纳大病互助保险费(其中由个人负担4元),县医保中心为参保职工开设个人账户,按在职职工45岁以下者按月划入参保工资的2.7%,45岁以上者划入3.2%;退休职工划入3.4%。职工的门诊费用从个人账户中支付。如需住院治疗,在缴纳600元~800元的起付金后,视医疗费金额多少由个人按比例负担。3000元以内,个人负担20%;3000元~10000元,个人负担15%;10000元以上,个人负担10%。退休职工医疗费在3000元以内者,由个人负担16%;3000元~10000元者,由个人负担12%;10000元以上者,由个人负担8%。参保人员全年可报销住院费用的总额为6万元。离休人员按人平5800元缴纳保费,除自负药品外,住院费实报实销,门诊费按每人每月200元包干使用。2000年,公费医疗费改为行政单位医疗经费支出科目后,2000年至2006年,全县行政单位医疗费支出620万元。

2007年,政府调整财政支出科目,将"公费医疗"调整为"医疗保障"在公共服务医疗卫生类,以款级科目反映支出。2007年至2009年,临澧县医疗保障支出9513万元,年均支出3171万元。

第六节 体育事业费

体育事业费是用于推动和发展体育事业的经费。

民国30年(1941年)六月,临澧县成立县国民体育委员会;10月,在中山公园内建公共体育场,设篮、排球场各1个。

新中国建立后,1954年,在县文教科附设业余体育指导委员会。

1956年春,成立"临澧县体育运动委员会"。当年,财政始有体育事业费支出0.06万元,1957年,支出0.14万元,比1956年增长133.33%。自1984年起,随着体育事业的发展,体育事业费支出逐年增加。1985年,体育事业费支出4.2万元,比1984年增长1.19倍。当年,经省体委批准开办临澧县举重运动学校(属全省第一所县级单项运动学校)。开设举重、武术两个班,有教练5名,招收男女学生37人(其中举重班24人、武术班13人)。临澧县体育事业费支出大幅增长。1986年支出11.30万元(其中修缮费支出8万元、业务费1.30万元,合计9.30万元,占当年体育事业费支出的82.30%),比1985年增长1.69倍。1987年,经多方筹资,在县人民街建成县体育办公楼288平方米、宿舍384平方米、篮球馆972平方米、举重训练房495平方米。当年,体育事业费支出2.20万元(其中体育训练费1.1万元,其他体育事业费1.1万元)。1989年支出8.70万元(其中业务费支出0.98万元、用于体育竞赛活动及体育训练费5万元、人员工资福利及各项补助费0.91万元,合计6.89万元,占当年体育事业费支出的79.20%)。1990年支出5.30万元(其中业余训练费支出3万元,占当年体育事业费支出的56.6%)。

1991年10月,经县政府批准成立"临澧县中心业余体校"(校址设今县三中院内),开设有田径、游泳2个班,受训男女学生109人(其中田径76人,游泳33人),教练员9人(田径7人,游泳2人)。当年,体育事业费支出3.00万元(其中业余训练费1.8万元、其他体育事业费支出1.2万元,分别占当年体育事业费支出的60%和40%)。1994年,县体委筹资120万元,新建有800个座位的小型体育馆。当年,体育事业费支出74万元(其中用于业余训练费12万元、其他体育事业费10万元),比1993年增长8.25倍。1999年,临澧县老年人体育协会成功承办了常德市农村老年人门球队运动会,当年,体育事业费支出17万元(其中用于业余训练费10万元、其他体育事业费7万元,分别占当年体育事业费支出的58.82%和41.18%)。2001年,临澧县举重运动学校更名为"临澧县业余体校",当年,体育事业费支出49万元(其中设备购置费支出25万元),比2000年增长1.72倍。2002年2月,临澧县体育运动委员会更名为"临澧县体育局"。1991年至2003年,临澧县中心业余体校为省体工队、省体校和其他高校分别输送运动员34人、2人、19人。

1956年至2006年,临澧县体育事业费支出514.77万元,年均支出10.51万元。

2007年,体育事业费调整为"文化体育与传媒"事务费类,以款级科目反映支出。2007年至2009年,临澧县体育事务费支出193万元,年均支出64.33万元。

2009年,临澧县体育局内设办公室、彩票站、业务股、举重学校。在职干部职工16人。

2007~2009年临澧县体育支出分项统计表

表2-19 单位:万元

年份	体育支出	其中				
		行政运行	体育竞赛	体育训练	体育场馆	群众体育
合计	193.00	155.00	13.00	4.00	16.00	5.00
2007	68.00	68.00				
2008	59.00	44.00	3.00	2.00	10.00	
2009	66.00	43.00	10.00	2.00	6.00	5.00

第七节 科学、科协事业费

科学科协事业费包括科学事业费和科协事业费。科学事业费反映县科技行政主管部门归口管理的事业费及机构经费(包括自然科学事业费、科协事业费、社会科学事业费及其他科学事业费)。科协事业费包括学术活动经费、科技馆站经费、其他科协经费。1963年,临澧县始有科学科协事业费支出0.06万元(用于科学普及经费)。1964年,该项支出0.43万元,比1963年增长6.17倍。1966年,增设自然科学研究经费一项,当年支出0.46万元。1967年,取消此项经费项目;1976年,设科学普及经费;1978年,科学事业费类内设科学研究费、科学普及经费两项,当年支出2.31万元,比1977年增长4.25倍。1979年,将科学研究费分为自然科学研究费和社会科学研究费,增设中等专业学校经费及其他科学事业费两项。1980年,增设科协事业费科目,当年支出1万元(用于科协机构经费)。1982年,增设科委事业费;1983年,取消科学普及费;1987年,将科学事业费从"文教科学卫生事业费"类中分出,单独设科学事业费类(下设自然科学事业费、科协事业费和社会科学事业费3个款级科目)。当年,科学科协事业费支出3.20万元。1988年,科学科协事业费支出8.00万元是1987年的2.5倍。1995年,科学、科协事业费支出56万元(其中科学支出48万元、科协支出8万元),比1994年增长

36.59%。2005年，科学、科协事业费支出83万元(其中科学支出60万元，科协支出23万元)；2006年，科学、科协事业费支出88万元，比2005年增长6.02%。

1963年至2006年，临澧县科学科协事业费支出626.19万元，其中科学支出444万元、科协支出182.19万元，分别占科学科协事业费支出的70.91%和29.10%。

2007年，将原科学科协事业费款级科目更名为"科学技术"事务类级科目，以类级科目反映支出。2007年至2009年，临澧县科学技术事务费支出705万元，其中：科技事务支出213万元，技术科研与开发支出256万元、科技条件与服务支出3万元、科技普及支出189万元、其他科学技术费支出44万元，分别占科学技术费支出的36.21%、36.31%、0.42%、26.8%和6.24%。

2007~2009年临澧县科学技术费支出分项统计表

表2-20 单位：万元

年份	科学技术费	其中				
		科技事务	技术科研与开发	科技条件与服务	科技普及	其他科学技术费
合计	705.00	213.00	256.00	3.00	189.00	44.00
2007	200.00	67.00	93.00		40.00	
2008	212.00	69.00	70.00	3.00	49.00	21.00
2009	293.00	77.00	93.00		100.00	23.00

第八节 档案事业费

档案事业费主要包括档案馆经费、档案干部训练费和其他档案事业费。

清代仅留存"山、地、田、屋的契约及诰敕、执照、账单"等一部分档案资料。民国时期留下一批档案，因无档案机构和专门的档案员，一般由秘书负责文书资料收发，基本采用"一事一卷"的立卷方法，收集整理档案。因战事频频，日寇两次犯境，档案严重缺损。

新中国成立后，1957年，临澧县委、县政府办公室配备专职干部，建立档案室。1958年10月，筹建县档案馆，配备3名专干，始建各项档案制度，共整理积存档案8213卷，接收县直机关档案4200余卷(件)。1976年，临澧县始单列档案事业费支出0.29万元(用于档案管理机构经费)。80年代档案事业费支出逐年增加，1980年支出0.78万元，比1979年增长36.84%；1981年至1983年，档案收集整理各类档案资料1.9万余卷(件)，档案门类由原来的3种增加到11种。1985年，档案事业费支出12.30万元，比1984年增长10.83倍。1986年，支出14.90万元，比1985年增长21.14%(其中用于修缮费支出13万元)。同年，临澧县档案馆新馆落成。1992年10月，临澧县荣誉馆落成。新馆配有火灾自动报警、机械通风等设备，还安装了具有防尘、防光、防盗、防腐等先进的配套设施。2003年，临澧县档案馆经湖南省档案馆考评验收为二级档案馆。

1976年至2006年，临澧县档案事业费支出426.23万元(年均支出11.52万元)。

2007年，档案事业费更名为“档案事务”，属“一般公共服务”类款级科目。2007年至2009年，临澧县档案事务支出209万元，其中行政运行事务费支出181万元，其他档案事务支出28万元。分别占档案事务费支出的86.60%和13.40%。

2007~2009临澧县档案事务支出分项统计表

表2-21 单位：万元

年份	档案事务	其中	
		行政运行支出	其他档案事务支出
合计	209.00	181.00	28.00
2007	49.00	21.00	28.00
2008	51.00	51.00	
2009	109.00	109.00	

第九节 广播电视事业费

广播电视事业费是财政预算安排用于广播电视部门的事业费。包括广播电台经费、电视台经费、县广播站经费及其他广播电视事业费。

民国22年（1933年），临澧县始在国民党县党部设置收音机，收听中央社电讯新闻。新中国成立后，于1952年在县委机关建立收音站，由县委宣传部指定一名干部负责收听中央人民广播电台新闻、记录要点、供县级主要领导参阅；不定期出版油印简报，供县直机关及街道宣传用。1953年8月，收音站新购一台25瓦电子管扩音机，并在县城街道安装两只高音喇叭。

1957年春，开始筹建临澧县广播站，新购两台500瓦扩音机和控制台，在县政府机关院内建立广播站机房，县站抽调10余人，分3组到各乡（镇）勘测、埋杆架线，经两个多月作业，线路架到各乡（镇）政府所在地及农村主要墟场，安装舌簧喇叭100余只，形成小型农村广播网。7月1日，由县委第一书记王明江主持开播典礼，宣布县广播站成立，正式向全县广播。到1960年，全县舌簧高音喇叭发展到1500余只。1962年2月至1963年6月，因其他原因县广播站停办；1963年7月，又恢复正常播音。1964年年底，全县14个社（镇）先后建立广播放大站。1965年9月15日，毛泽东主席关于“努力办好广播，为全中国人民和全世界人民服务”的题词发表后，临澧县农村有线广播事业迅速发展，1966年6月，全县架设广播线路达1000公里，有各种扩大机47台，总功率为7720瓦，入户低音喇叭共2万余只，有1980个生产队通广播。“文化大革命”时期，全县各级广播站尚能正常运行。1967年7月，“造反派”进驻县广播站，将站名改为“东方红广播电台”，旨为派性服务宣传（原有工作人员靠边站），1968年8月，造反派人员全部撤出，广播宣传恢复正常。1970年，临澧县始有通信和广播事业费单列支出2.49万元（主要用于县广播站经费）。1975年，通信和广播事业费支出5.10万元（县广播站经费），比

1970年增长104.82%;随着通信和广播事业的发展,该项事业费逐年增长。1978年支出7.52万元,是1970年的3.06倍。1970年至1980年(11年),县财政对县通信和广播事业费支出45.46万元。其中县广播站经费支出30.11万元,占同期通信和广播事业费支出的66.23%。

1978年后,临澧县通信和广播事业费发展较快,财政资金投入增幅较大,1979年通信和广播事业费支出8.81万元,比1977年增长1.53倍。1982年将通信和广播事业费改为广播电视事业费。当年,支出广播事业费10.09万元,比1981年增长18.99%。

1983年1月,临澧县广播站经湖南省广播事业局批准,改为临澧县有线广播电台(全省首批县级广播电台之一)。当年,广播电视事业费支出12.93万元(用于县广播电台经费)。当年,有职工33人。全县有20个社、乡广播放大站38人。1984年临澧县开始修建高8层的广播电视大楼,全部更新录音、扩音、播控等设备,新添采访汽车1辆。当年广播电视事业费支出9.78万元,其中广播电台经费支出4.47万元,其他广播事业费支出5.31万元(设备购置费3.83万元,占72.13%),分别占当年广播电视事业费支出的45.71%和54.30%。全县有广播电视机构3个(其中县广播电台1个,其他广播电视机构2个),共有干部、职工37人。有20个乡(镇)广播放大站,职工40人。1985年,广播电视事业费支出30.2万元,比1984年增长2.09倍。同年,全县集资20万元对原有线路和喇叭进行整顿和修理,并架设一批新线路,购买一批新喇叭。至此,全县共有各种扩音机344台、总功率为89.9万瓦,有广播线路4172公里。安装高音喇叭840只、低音喇叭65500只,全县低音喇叭入户率达80.5%。电台开设有《经济信息》《科学知识》《学习》等专题节目,全年播发稿件6249篇,其中经济信息稿占13%,科技知识稿占9%。同年12月,临澧县广播电视局被中央广播电视部授予"全国广播电视系统先进集体"称号。

1987年,将原广播电视事业费及其他广播电视事业费分别改为广播电影电视事业费和其他广播电影电视事业费。当年,广播电影电视事业费支出18.4万元,其中广播电台经费2.5万元、电视台经费支出7.3万元、其他广播电影电视事业费支出8.6万元,分别占当年广播电影电视事业费支出的13.59%、39.67%和46.74%。1988年,县广播电台购置了100瓦调频发射机1部、频率为98.5MHZ,80%的乡(镇)建起了调频接收铁塔,县调频广播于当年10月1日正式投入使用,覆盖城乡超30万人口,当年支出21.30万元。同年年底,临澧开通电视差转台,购置电视差转机1台、功率为50瓦,发射6频道。15米高的钢架转播塔建在县广播电视大楼第8层楼顶,讯号覆盖县城周边地区约10万人口。同时,该县在全市率先建成卫星地面接收站,收转中央电视台综合频道和中国教育电视频道,并在差转台交替转播(至2000年全县共建成电视地面接收点27个)。

1988年10月1日,县广播电台开始使用无线传输(县至乡广播专线于1991年全部拆除)。1991年,广播电影电视事业费支出13万元(其中用于广播电台经费5万元、其他广播电影电视事业费8万元)。同年12月,临澧有线电视台建成开播,还添置模拟式摄像机和编辑机、字幕机、特技机等。在县城区建设有线电视网络,开通用户800户,传送电视节目8套,1992年年底用户增加到3300多户。当年,全县各乡(镇)开始发展有线电视,电视网络拥有电视用户5000多户。1993年,县人民政府投资20万元,开通常德至临澧的广播电视微波传输网。主要用于传输常德电视台、广播电台的节目、召开全市电视电话会议、回传新闻稿件和有关文件资料。这年县有线电视台、无线电视台、广播电台采取

“局台合一”的管理体制，局长任台长，总称为临澧县广播电视台。各台对外称号不变，内部实行统一核算，统一责任目标管理。当年，广播电影电视事业费支出44万元(其中广播电台经费支出5万元、其他广播电影电视事业费39万元)。

1995年，成立临澧电视台，拆除了电视差转台，财政投资10万元，从鞍山广播电视器材厂购进300瓦无线电视讯号发射机。发射频道为12个频道。同时，投资50万元，在局机关院内架设一座高125米钢架铁塔，发射讯号覆盖全县60%以上地区、20万以上人口。当年，广播电影电视事业费支出60万元(主要用于广播电台经费5万元、其他广播电影电视事业费55万元)。比1994年增长76.47%。1996年1月，开通了5套中央电视台卫星加密有偿服务电视节目。

1997年，县城区传输节目由1992年的8套增加到16套，电视用户增加到7500多户。1998年，对城网进行升级改造，总投资200万元，主杆线用光缆代替同轴电缆，架设光缆30公里，安装架设光缆接收机平台16处。光缆接收机每部功率为12兆瓦，网络宽带为5MHZ和700MHZ，传输32套电视节目。

2000年，临澧县广播电影电视事业费支出逐年增长，当年支出47万元，比1999年增长38.24%，其中广播电台经费4万元、其他广播电影电视事业费43万元，分别占当年广播电影电视事业费支出的8.51%和91.49%。

2000年县城区有线电视用户为1.2万户。同年，18个乡镇(区)建起了有线电视网络，拥有电视用户5000多户，传输电视节目32套。

2001年5月，临澧县成立电广宽带信息网络有限公司，有线电视网络改为股份制企业，公司注册资本为1020万元，其中：临澧占有公司股份51%，股本为520.2万元；省电广传媒公司占有股份49%，股本为499.8万元。公司员工有192人。公司主要从事有线电视网络的设计、运营和维护；有线电视台基本业务、数据传输及国家政策允许开展的网络相关业务。该公司主要经营城关、新安、合口、望城、九里、太平等地有线电视网络。同年8月，县电视台投资20万元，在澧水河畔的古老山安装1000瓦电视发射机、电视频道改为6频道。电视发射讯号覆盖全县90%以上及周边县市，覆盖人口200万人以上。2003年7月，县广播电台购置300瓦调频发射机，采编设备全部采用数字式。实现了广播电台与经济交通频道合一。2006年，广播电影电视事业费支出149万元，比2005年增长58.51%。1970年至2006年，临澧县广播电影电视事业费支出1100.44万元，年均支出29.74万元。

2007年，“广播影视”属“文化体育与传媒”类下款级科目，以款级科目反映支出。2007年至2009年，临澧县广播影视支出358万元。年均支出119.33万元。

2007~2009年临澧县广播影视支出分项统计表

表2-22　　单位：万元

年份	广播影视	其中		
		行政运行	广播支出	其他广播影视支出
合计	358	175	8	175
2007	115	58		57

续表2-22

年份	广播影视	其中		
		行政运行	广播支出	其他广播影视支出
2008	96	61		35
2009	147	56	8	83

第十节 计划生育事业费

计划生育事业费包括手术减免经费、避孕药具经费、科学研究费、基层计划生育专干经费、独生子女保健费、宣传服务站经费、流动人口计划生育管理费、干部训练费及其他计划生育事业费等9个项级科目。1964年，临澧县财政始有计划生育事业费支出0.26万元；1965年，计划生育事业费支出0.32万元，比1964年增长23.08%，同年5月，临澧县正式成立计划生育机构，即县计划生育办公室，工作人员5名，办公室设县卫生局内。1978年，国家提倡“一对夫妇最好只生一个孩子”。1980年，临澧县按照中央及省计划生育政策，严格控制人口实行计划生育，在计划生育事业费中，含手术减免经费、避孕药具经费、其他计划生育事业费3个项目。当年，全县独生子女领证率为22.95%，计划生育率达80.16%。当年支出7.45万元，比1979年增长9.72%。当年，还增设科学研究费和基层计划生育专职干部经费项目，当年支出12.83万元比1979年增加5.38万元。1982年3月，县计生办正式从卫生局分出单设机构。同年12月，县委、县政府根据中共中央〔1982〕37号文件精神，成立县计划生育技术指导站（编制5名），直接协助县计划生育管理部门开展生育、节育知识宣传和技术指导及避孕药品的发放。当年，临澧县正式履行计划生育职责，各级党委和政府把计划生育工作列入重要议事日程，将工作重点面向控制人口数量、提高出生人口素质开展工作。该站医务人员增加到14人（其中妇科主治医师1人，医师2人，医士3人，护士8人）；床位12个。此期间，全县实施节育手术4.2万人，上环1.76万人，男女结扎10533人（其中男扎55人）；共实施9例输卵管再通术，宫内受孕率达63.6%。同时大力推行“晚、稀、少”的生育政策，组织技术服务队下乡，帮助2个以上孩子的育龄夫妇实施节育手术。对干部、职工和城镇居民率先实行计划生育。

从1983年5月起，对全民和集体所有制单位职工的独生子女，在满14周岁以前，每年发给保健费30元~40元；对农村的独生子女，奖励适当的保健费。当年，增设独生子女保健费支出科目。当年，全县补助独生子女保健人数7623人（全年平均数），当年支出15.38万元，比1982年增长24.74%。1984年起，国家对县、乡实行避孕药具经费包干，临澧县当年拨专款266元；对药具管理进行了改革；当年，县计划生育办下设机构3个（宣传技术指导站1个、其他计划生育机构2个）、职工总人数37人（其中：计划生育专职干部20人、宣传技术指导站工作人员9人）。当年，计划生育事业费支出15.23万元，比1978年增长1.04倍。

1982年至1985年，临澧县委、县政府先后制定和完善计划生育政策，降低人口出生率。其中

1984年全县出生人口3827人，人口出生率为9.59‰，首次降到10‰以下，计划生育率为94.15%，比1983年提高了7个百分点。是新中国建立以来人口控制最佳的年份，计内出生率为93.33%。1985年年末，全县总人口402743人，出生率为11.56‰，人口自然增长率为3.94‰，计划生育率为90.44%。1985年，全县享受独生子女(已领证)保健费的人数由1984年的1人增至10人。保健费支出增至400元(年人均补助标准40元)；对农村困难独生子女(领证人数)3人，城镇待业人员独生子女(领证人数)7人，给予困难补助。当年，在全县一孩夫妇14580对中，有9564人领取了“独生子女证”，领证率为65.5%。

1985年，临澧县计划生育委员会机构正式成立，核定编制8人。当年，计划生育事业费支出20.50万元，比1984年增长34.60%(其中：手术减免经费6.7万元，避孕药具经费0.2万元，计生专干经费2.8万元，其他计划生育事业费10.8万元)。在计划生育事业费中，职工工资(含离退休人员)5万元，占全年支出(下同)的24.39%；公务费1.3万元，占6.34%；设备购置费4.1万元，占20%；业务费9.50万元，占46.34%；其他费用0.63万元，占3.07%。1987年，撤销科学研究费项目。当年，试行避孕药具经费和责任双承包。当年，全县各乡(镇)先后建立计划生育服务站所，每所配备1名技术员。当年，计划生育事业费支出20.80万元，比1986年增长25.3%。

1988年，在计划生育事业费款级科目中，增设宣传、服务站经费和干部训练费2个类级科目，反映计生部门的宣传费和所属宣传教育服务中心(所)、宣传服务指导站的机构经费以及培训机构和举办短期培训班经费。当年，增加宣传服务经费支出2.10万元，全县计划生育事业费比1987年减少3.4%。

1996年，省政府颁发《湖南省计划生育工作规范化管理实施方案》要求对计划生育工作的事业费投入，在“九五”期末达到人均4元，列入地方财政预算。当年，临澧县财政支出计划生育事业费猛增到119万元(其中：手术减免经费5万元、计生专干经费12万元、独生子女保健费1万元、宣传服务站经费54万元、其他计划生育事业费47万元)，比1995年增长20.20%。按照“永久、实用、规范”的标准配套建成村级(计生、医疗、卫生)即“三位一体”的基础设施建设。

1997年，临澧县政府对计划生育事业单位实行核定收支、定额或者定项补助、超支不补，结余留用的预算管理办法；坚持“以收定支，收支平衡”的原则，由单位预算“自求平衡”。对计划生育事业单位的收入、支出及专用基金、资产、负债等管理方面都作出了严格规定。当年，财政对计划生育事业费支出107万元。1998年，财政拨付计划生育事业经费113万元，比1997年增长5.61%。[其中手术减免经费3万元，占当年计划生育事业费支出的(下同)2.66%，计生专干经费10万元，占8.85%，独生子女保健费1万元，占0.89%，宣传服务站经费62万元，占54.87%，其他计划生育费37万元，占32.74%]。同时帮助17个乡(镇)服务所配置了PCR扩增仪、紫外线分析仪、电冰仪等检测设备。当年全县有707对不孕症夫妇接受检查治疗。

1999年，计划生育事业费支出146万元，比1998年增长29.20%(其中手术减免经费3万元、计生专干经费12万元、独生子女保健费1万元，宣传、服务站经费97万元，流动人口计生管理费9万元，其他计划生育事业费24万元。分别占当年计划生育事业费支出的2.05%、8.22%、0.69%、6.16%和16.44%)。2000年，计划生育事业费支出110万元(其中手术减免经费3万元、计生专干经费13万元、宣传和服务站经费51万元、流动人口计生管理费3万元、其他计划生育事业费40万元)。当年，县计生部门积极开展计划生育技术服务工作，为724名常见妇科病患者提供免费治疗；为51名患不孕不育症妇女进行病因检查对症治疗，全部康复怀孕或生育。2002年，机构改革时县计划生育委员会更名为计划生育局，行政编制10名，下设计生协会办公室，编制4名。在全县18个乡镇(区)建立了优生检测室，配备了B超和红外线等治疗仪设备，每年对全县已婚育龄妇女进行了3次“三查一治”活动。1996年至2000年，全县进行优生遗传检测10248例，其中有异常的724例，均得到有效治疗。对已妊娠者进行建议指导，有效减少缺陷儿出生。

2005年5月，县计生妇保院成立不孕症治疗中心，聘请湘雅医院谌兵博士来坐诊，当年，有102对夫妇接受治疗，有19对夫妇当年怀孕。1990年至2005年，全县共做输卵管吻合手术115例，其他妇科手术1510例，优生遗传检测25000例，病残儿鉴定2010例。1964年至2006年，临澧县计划生育事业费支出3155.91万元，年均实际支出73.38万元。

2007年，计划生育事业费调整为人口与计划生育事务支出科目属“一般公共服务”类下款级科目，科目内容由9个增至11个，则以款级科目反映支出。2007至2009年，临澧县人口与计划生育事务支出2126万元，占同期财政一般预算支出的1.10%。涉及民生性项目支出比重较大，其中计划生育家庭奖励支出614万元、计划生育生殖健康促进工程支出176万元，计划生育免费基本技术服务支出98万元、计划生育避孕药具经费支出13万元，服务网络建设支出135万元，其他支出578万元。其中计划生育家庭奖励支出比重为28.88%，超行政运行支出294万元。2009年，全县人口与计划生育事务机构29个，工作人员175人(属财政预算拨款)。

2007~2009年临澧县人口与计划生育事务支出统计表

表2-23 单位:万元

年份	人口与计划生育事务支出	其中										
		行政运行	人口规划与发展战略研究	计划生育家庭奖励	计划生育生殖健康促进工程	计划生育免费基本技术服务	人口和计划生育服务网络建设	计划生育避孕药具经费	人口和计划生育宣传教育经费	流动人口计划生育管理和服务	人口和计划生育目标责任制考核	其他人口与计划生育事务支出
合计	2126	320	4	614	176	98	135	13	85	74	29	578
2007	564	91		143	81	24	8	3	38	27		149
2008	680	110	1	223	46	38	26	8	32	25	15	156
2009	882	119	3	248	49	36	101	2	15	22	14	273

第十一节 地震事业费

临澧县位于洞庭湖区，县境地处武陵山古陆的西北侧，湘西北复向斜轴的东部与西洞庭断陷盆地相连的过渡部位，整个地势由西部山丘区向洞庭湖盆地倾向，构成全县以微丘、平原为主、间有山岳的地貌形态。

据《常德民政志》记载，从明崇祯四年(1631年)起共发生地震588次，其中较大地震10次，破坏性地震1次。邑地从明崇祯四年(1631年)起，共发生10次地震，其中破坏性地震1次。平均五十年一遇。崇祯四年(1631年)七月，发生为6.2级地震，以常德为甚，震时吼如雷，房倾树倒，压死者众，沙随水涌，腥气逼人，男女皆露宿月余。死亡80人，损失等级为3级。10月15日连续大震，数日方止。其余9次均为微震；民国6年(1917年)，室内器具摇动。

新中国成立后，国家重视防震抗震工作。1978年，临澧县始有地震事业费支出0.10万元。1979年2月18日零时25分，发生3.8级轻微地震，除杨板桥附近有房屋掉瓦和墙体轻度裂缝外，其他各地只闻有似闷雷的声响和玻璃门窗微响，感觉床、灯晃动。当年，该项支出0.38万元，比1978年增长280%(用于机构经费)。

1995年9月11日3时16分35秒和8时38分41秒，柏枝乡(北纬29°3′，东经111°19′)发生了里氏3.1和里氏2.6级地震，地震有感范围包括柏枝乡、望城乡西部、四新岗镇东北部、津市市棠华乡的西部、白衣镇的西南部、鼎城区双桥坪乡北部等6个乡(镇)，面积约300平方公里，呈北东向展布，柏枝乡为震中区，地震烈度Ⅳ度，面积32平方公里，其强有感地震烈度Ⅲ度。部分年份地震灾害、灾情等级标志情况。1978年至2006年，临澧县地震事业费支出52.22万元，年均支出1.80万元。

2007年，地震事业费更名为“地震事务”，为“一般公共服务”类下款级科目，以款级科目反映支出。2007年至2009年，临澧县地震事务支出45万元，年均支出15万元。

1470~2007年临澧县地震灾害、灾情等级统计表

表:2-24

年份	等级	年份	等级	年份	等级	年份	等级
1470年	△	1631年	▲	1826年	▲	1917年	△
1516年	△	1671年	△	1837年	△	1979年	△
1555年	△	1717年	△	1842年	△	1995年	△
1604年	△	1773年	△	1843年	△		
1605年	△	1785年	△	1850年	△		

注：此表资料摘录于《临澧县灾害志》。灾害等级，重大灾害▲；一般灾害△

2007~2009年临澧县地震事务分项支出统计表

表2-25　　　　单位：万元

年份	地震事务	其中		
		行政运行	地震台、站台网	地震技术应用与培训
合计	45	43	1	1
2007	20	20		
2008	12	10	1	1
2009	13	13		

第四章 抚恤和社会救济福利事业费

抚恤和社会救济福利支出包括抚恤事业费、社会救济福利事业费和其他民政事业费。涵盖内容比较广泛,名目繁多,涉及千家万户,与广大人民群众的生产生活息息相关。

清代末,临澧县内设有养济院、育婴堂、广生堂等“慈善”机构。置有房屋、田地,多为民间富户、士绅捐赠。出租收取谷物、银两,用于养济孤贫、育婴、养老、救生、施舍、备荒等项开支。

民国时期,有救恤赈济保育费支出,这项支出只是当局临时权宜之计,开支数额极小。此项经费基本沿袭旧制增设死伤病残军人等抚恤费。

新中国成立后,抚恤和社会救济福利事业费列为政府财政预算,作为一项固定的经常性开支。1949年至1954年,临澧县抚恤和社会救济福利支出61.21万元;1955年至1957年,该项事业费支出18.38万元。占同期财政一般预算支出(下同)的8.32%。“二五”时期(1958年~1962年),支出83.27万元,占5.97%;“三五”时期(1966年~1970年),支出48.25万元,占2.16%;“四五”时期(1971年~1975年),支出47.79万元,占1.52%;“五五”时期(1976年~1980年),支出77.46万元,占1.80%;比“四五”时期增长62.08%;“六五”时期(1981年~1985年),支出144.57万元,占2.47%;比“五五”时期增长86.64%;是“二五”时期的1.74倍;1986年至1990年,支出335.90万元,占2.90%;2000年支出315万元是1955年至1975年21年支出总和的1.33倍。随着国民经济增长和国家对抚恤及社会福利事业的重视,抚恤及社会救济福利事业费支出逐年增加。2006年,该项支出1986万元,比2005年增长195万元,同比增长10.89%。1949年至2006年,临澧县抚恤和社会救济福利事业费支出13670.07万元,其中:抚恤事业费支出4124.86万元,社会救济费支出5945.69万元,自然灾害生活救助费3599.52万元。

2007年,抚恤和社会救济福利事业费列入“社会保障和就业”类级科目中,抚恤、退役安置、社会福利以款级科目反映支出。2007年至2009年,临澧县抚恤和社会救济福利支出11865万元,其中:抚恤金支出3507万元,退役安置394万元,社会福利及残疾人事业费支出358万元,城市及农村居民最低生活保障补助支出5194万元,其他城镇、农村社会救济及其自然灾害生活救助支出2412万元,其中自然灾害生活救助支出1339万元。

1949—2006年临澧县抚恤和社会救济福利事业费统计表

表 2-26

单位：万元

年度	合计	抚恤事业费									社会救济费								自然灾害生活救助费		
		小计	牺牲病故抚恤金	伤残抚恤金	烈军属退伍军人补助费	优抚事业单位经费	离休费	退休退职费	退伍军人安置费	其他抚恤事业支出	小计	社会救济福利支出	其中：农村社会救济	其中：城市社会救济	精简退职老弱病残职工救济费	流动人口收容遣散费	社会福利事业单位经费	其他救济事业费	小计	城镇救济费	农村救济费
合计	13670.07	4124.86	608.51	759.79	2074.13	192.61	45.4	229.62	166.4	48.4	5945.69	4479.07	1450.08	3028.99	324.13	43.17	228.68	870.64	3599.52	0	3599.52
1949	2.29										1.50	1.50	1.50						0.79		0.79
1950	20.37	16.50		5.14	11.14					0.22	2.33	2.33	2.33						1.54		1.54
1951	24.64	19.49		9.06	9.85					0.58	3.26	3.26	3.26						1.89		1.89
1952	5.87	2.29		0.40	1.73					0.16	3.12	3.12	3.12						0.46		0.46
1953	8.14	2.27		0.45	1.59					0.23	3.95	3.95	3.95						1.92		1.92
1954	8.55	2.24		0.46	1.58					0.20	4.26	4.26	4.26						2.05		2.05
1955	8.19	5.23		0.45	4.72	0.06					2.96	2.96	2.96								
1956	6.83	3.91	1.05	0.49	2.18	0.19					2.92	2.92	2.92								
1957	3.36	1.46	0.06	0.48	0.84	0.08					1.9	1.9	1.9								
1958	9.29	0.69	0.4	0.01	0.07	0.21					8.6	8.6	8.6								
1959	7.02	0.99	0.48	0.41						0.1	6.03	6.03	6.03								
1960	22.86	2.96		0.57	2.26					0.13	19.9	19.9	19.9								
1961	27.07	3.95	0.02	0.29	3.63					0.01	23.12	23.12	23.12								
1962	17.03	3.34		0.7	2.29					0.35	13.69	13.69	13.69								
1963	10.77	3.52		0.6	2.8			0.04		0.08	7.25	7.25	7.25								
1964	21.38	4.91	0.05	0.66	3.68			0.12		0.4	16.47	16.47	16.47								
1965	6.69	2.88	0.02	0.68	1.78			0.22		0.18	3.81	3.73	3.38	0.35	0.03	0.05					
1966	14.65	4.3	0.02	0.72	1.5	0.24		1.69		0.13	10.35	10.24	9.86	0.38	0.09	0.02					
1967	11.64	4.62	0.14	0.73	2.23	0.23		1.29			4.82	4.71	3.41	1.3	0.1			0.01	2.20		2.20
1968	7.40	3.94								3.94	3.46	3.46	3.46								
1969	8.83	4.55								4.55	4.28	4.28	4.28								
1970	7.93	2								2	5.93	5.93	5.93								
1971	7.40	2.35								2.35	5.05	5.05	5.05								
1972	18.93	3.65								3.65	6.27	6.27	6.27						9.01		9.01
1973	19.25	3.13								3.13	6.05	6.05	6.05						10.07		10.07
1974	15.69	6.67								6.67	4.05	4.05	4.05						4.97		4.97
1975	11.12	5.42								5.42	4.53	1.75	1.75					2.78	1.17		1.17
1976	11.54	6	0.1	0.7	1.78			2.46		0.96	3.49	2.1	1.7	0.4	0.07			1.32	2.05		2.05
1977	16.34	7	0.23	0.74	1.77			3.05		1.21	6.27	3.57	3.57		0.13			2.57	3.07		3.07
1978	25.12	8.06	0.08	1.48	1			4.67		0.83	5.18	3.34	3.34		0.16			1.68	11.88		11.88
1979	39.57	11.1	1.28	1.57	1.77			5.89		0.59	6.65	5.14	5.14		0.19			1.32	21.82		21.82
1980	141.91	14.78	0.68	1.78	4.54			5.58		2.2	8.93	6.35	5.24	1.11	0.2			2.38	118.20		118.20
1981	101.37	15.02	0.2	1.8	6.7			5.72		0.6	3.85	2.37	1.16	1.21	0.26			1.22	82.50		82.50

续表2-26

年度	合计	抚恤事业费									社会救济费								自然灾害生活救助费		
		小计	牺牲病故抚恤金	伤残抚恤金	烈军属退伍军人补助费	优抚事业单位经费	离休费	退休退职费	退伍军人安置费	其他抚恤事业支出	小计	社会救济福利支出	其中农村社会救济	其中城市社会救济	精简退职老弱病残职工救济费	流动人口收容遣散费	社会福利事业单位经费	其他救济事业费	小计	城镇救济费	农村救济费
1982	27.37	15.06	0.17	2.25	5.57			5.77	0.5	0.8	5.08	2.59	1.29	1.3	0.38			2.11	7.23		7.23
1983	54.06	16.76	0.26	2.84	5.07			6.01		2.58	7.57	3.94	2.1	1.84	1.55			2.08	29.73		29.73
1984	62.10	23.92	0.57	3.43	7.56		0.1	7.61	0.5	4.15	16.31	3.29	0.39	2.9	4.17		2.08	6.77	21.87		21.87
1985	64.60	26.3	0.4	3.7	14.6			7.3	0.3		14.7	9.1	6.6	2.5	3.6			2	23.60		23.60
1986	55.70	27.1	0.5	4.1	12.6		0.3	9.3	0.3		27.5	18.9	7.3	11.6	3.9		4.7		1.10		1.10
1987	137.80	42.8	4.3	3.8	15.4	8	0.3	9.9	1.1		18.9	13.6	10.8	2.8	4.6		0.5	0.2	76.10		76.10
1988	109.10	37.7	1.3	6.3	17		0.6	11.6	0.9		20	9.9	6.6	3.3	4.6		2.3	3.2	51.40		51.40
1989	110.10	55.8	1	5.9	25	6.6	3.7	12.1	1.5		21.8	6.4	4	2.4	4.8		2.3	8.3	32.50		32.50
1990	184.40	60.9	5.3	5.5	31.4		3.4	14.9	0.4		23.4	6.5	4.2	2.3	4.7		6.5	5.7	100.10		100.10
1991	379.80	61.3	5.9	5.6	30.5		3	14.4	1.9		29.2	10.2	6.9	3.3	4.6	1.1	3.3	10	289.30		289.30
1992	170.00	86	6	8	37	13	5	16	1		35	10	7	3	7	1	5	12	49.00		49.00
1993	225.00	79	6	10	33		4	25	1		38	9	5	4	6	1	3	19	108.00		108.00
1994	206.00	85	10	10	31		5	28	1		68	9		9	6	1	29	23	53.00		53.00
1995	293.00	97	12	10	31	8	4	31	1		80	17		17	6	1	19	37	116.00		116.00
1996	346.00	89	5	13	64	3	3		1		155	45	10	35	5	1	3	101	102.00		102.00
1997	272.00	93	16	14	53	5	4		1		91	36		36	6	2	7	40	88.00		88.00
1998	255.00	102	17	21	55	5	3		1		86	40		40	6	2	8	30	67.00		67.00
1999	564.00	115	19	18	65	10	2		1		111	54		54	7	12	9	29	338.00		338.00
2000	505.00	157	22	23	84	18	2		8		158	84	24	60	20	12	10	32	190.00		190.00
2001	537.00	173	33	31	85	20	2		2		197	104		104	42	5	17	29	167.00		167.00
2002	886.00	277	69	74	112	15			7		413	313	108	205	30	4	12	54	196.00		196.00
2003	1916.00	431	65	88	252	15			11		742	611	132	479	38		12	81	743.00		743.00
2004	1512.00	392	75	95	194	17			11		998	806	276	530	39		41	112	122.00		122.00
2005	1954.00	709	125	145	337	24			78		1082	945	318	627	38		12	87	163.00		163.00
2006	2175.00	693	104	126	405	24			34		1293	1112	325	787	30		20	131	189.00		189.00

2007—2009年临澧县抚恤和社会救济福利支出统计表

表 2-27　　　　单位：万元

年份	小计	抚恤支出	退役安置	其中退伍军人安置	社会福利支出	残疾人事业费支出	城市居民最低生活保障支出	其他城镇社会救济支出	自然灾害生活救助支出	农村居民最低生活保障补助	其他农村社会救济支出	其中"五保户"供养
合计	**11865**	**3507**	**394**	**286**	**178**	**180**	**3619**	**200**	**1339**	**1575**	**873**	**700**
2007	2622	876	129	104	22	38	877	72	200	179	229	179
2008	3936	1022	88	68	69	69	1204	37	739	439	269	225
2009	5307	1609	177	114	87	73	1538	91	400	957	375	296

第一节 抚 恤

抚恤事业费是指国家对革命军人、国家机关、企事业工作人员在退伍、伤残或牺牲、病故时，给予本人及其家属的一次性或定期定额的物质资助，是国家和社会依法对以军人及其工作人员的家属为主体的优抚对象实行物质照顾和精神抚慰的一项特殊社会工作，是社会保障体系重要组成部分。主要项目包括牺牲、病故抚恤费、伤残抚恤费、烈军属、复员军人生活补助费、抚恤事业单位经费等。抚恤历代都有，由于社会制度不同，发放的广度、对象和办法各有不同。

清末时期，政府对军人死亡、伤残抚恤规定范围：阵亡、伤亡、因公殒命、积劳病故、临战受伤五类。享受待遇有：世职、荫监、恩恤金、恩抚金等。

民国时期，国民政府在沿袭清代军人优抚制度的基础上制定各种抚恤条例，规定因战死亡，因公病故的官兵，给其直系亲属一次性抚恤和年抚恤。

新中国成立后，党和政府非常关怀优抚对象。随着经济和社会事业的发展，优抚对象和优抚项目有所变化和增加，随着人民生活水平的不断提高，优抚标准不断增加。抚恤事业费分为牺牲、病故抚恤金、伤残抚恤费、烈军属、复员退伍军人补助费、退伍军人安置费(含流落老红军供养费)、优抚事业单位经费、烈士纪念建筑物管理维修费和其他抚恤事业费等7个项目。其中退伍军人安置费是1981年新增的科目，烈士纪念建筑物管理维修费是1985年新增的科目，其他抚恤事业费科目1985年取消，其余5项历年都有，只是支出多少不同。

1949年至2006年，临澧县抚恤金支出4124.86万元，分别占同期财政一般预算支出(256135.48万元)和抚恤及社会救济福利事业费(13670.07万元)支出的1.61%和30.24%。

2007年，抚恤调整到“社会保障和就业”类下，以款级科目反映支出。2007年至2009年，临澧县抚恤支出3507万元。占同期社会保障和就业支出的29.56%。

一、牺牲、病故抚恤金

这是民政部门发给烈士和牺牲、病故及军人(包括武装警察部队)，人民警察参战牺牲的民兵、民工以及党政机关、民主党派，人民团体工作人员家属的一次性抚恤金。

民国时期，国民政府公布《海陆空军抚恤条例》《公务员抚恤法》，交军事、民政、财政等部门办理。民国32年(1943年)5月，县政府雇员汪子才在办公时遭日军飞机空袭殒命，国民政府给予14个月薪资抚恤。对其他被日军伤害人员政府分别给予了抚恤。

新中国成立后，1950年12月，中央人民政府内务部颁布《革命军人牺牲病故抚恤暂行条例》《革命工作人员伤亡抚恤暂行条例》和《民兵民工伤亡抚恤暂行条例》，革命军人、革命工作人员、民兵、民工牺牲病故后，其家属可按规定职级和死亡原因领取一次性抚恤粮，并享受规定范围内的各项优待。临澧县在贯彻国家和湖南省规定的同时，结合本县特点，由民政和财政部门共同制定标准，财政部门按预算拨款，民政部门负责执行，年终编报决算。当年，临澧县牺牲、病故抚恤金支出未单列。当年，县人民政府给18名烈属发放抚恤大米4450公斤。1953年，将抚恤改为支付现金（简称抚恤金）。牺牲者家属的抚恤金每人年最低为150元（初版人民币，下同），最高为650元；病故者家属的抚恤金每人年最低为120元，最高为520元。

1956年，上级确认临澧县抚恤烈士45名（牺牲病故人数），当年始，发放牺牲病故抚恤金1.05万元（新版人民币，下同）（年均支出231.33元）；1957年，确追认烈士48名，发放抚恤金0.06万元；1967年该项支出0.14万元，比1957年增长133.33%。

1968年至1975年，牺牲、病故抚恤金并入其他抚恤事业中支出。1976年，恢复单列支出，当年0.10万元。

1979年2月，湖南省民政厅、财政厅转发"民政部、财政部《关于调整军人、机关工作人员、参战民兵民工牺牲、病故抚恤金标准的通知》"，将牺牲、病故一次性抚恤金作了调整，牺牲抚恤金由以前的每人年150元~650元调整为470元~700元，病故抚恤金每人年由120元~520元调整为370元~600元。当年，临澧县财政补助支出1.28万元，比1978年增长15倍。同年8月，贯彻执行教育部、财政部《关于教职工牺牲、病故抚恤金标准的通知》精神，凡各类学校的干部、教师、职工牺牲、病故后，均按民政局、财政部《关于调整军人机关工作人员、参战民兵民工牺牲、病故抚恤金标准的通知》办理。企业自办的各类学校的专职教职工，如牺牲、病故前是享受企业劳保福利待遇的，牺牲、病故后的抚恤标准也按企业的规定执行。

1980年，国家又提高抚恤标准，对烈士家属、因公牺牲军人家属、病故军人家属和国家工作人员病故家属（简称"四属"）中生活有严重困难的，扩大国家定期、定量补助面，每人每月发8至10元。当年8月，民政部、财政部决定对1979年在对南疆保卫战中牺牲的革命烈士（包括军人、民兵、民工和其他工作人员）的家属，以及自1980年6月4日国务院发布《革命烈士褒扬条例》之日起，批准为革命烈士的，均发300元抚恤费。民政部、财政部决定，从当年6月4日起，将革命烈士一次性抚恤金标准提高为每人800元~1000元。1981年，全县有烈士家属、因公牺牲军人家属301名，其中享受定期、定量补助，烈属209名、病故军人家属53名、因公牺牲军人家属39名发放一次性抚恤金。当年，全县支出抚恤事业费15.02万元（其中牺牲病故抚恤费0.20万元）。

1984年10月，民政部、财政部又决定从当年4月1日起，将革命烈士一次性抚恤金标准提高到每人2000元/年~2400元/年；1985年，对享受补助的"三属户"改为定期抚恤金，月人均补助标准分别为15元、20元、25元。当年，全县支付抚恤费26.30万元（其中牺牲病故抚恤费0.40万元，占当年抚恤事业费支出的1.52%。

1985年10月，省民政厅、财政厅决定对1984年4月1日以后牺牲，经批准为革命烈士的军人和其他人员的一次性抚恤金标准进行调整：烈士生前有工资收入的按其牺牲时的40个月工资计发；烈士生前无工资收入的或工资低于军队23级正排职干部工资标准的，按其牺牲时军队23级正排职干部的40个月工资计发；被军委或大军区授予英雄模范称号的烈士，增发应领一次性抚恤金的1/3；荣立二等功以上的军人、参战民兵民工被批准为烈士的增发应领一次性抚恤金的1/4；1986年7月1日起，军队干部、志愿兵、机关工作人员因公牺牲的一次性抚恤金，按其牺牲时的10个月工资计发，但其最高不得超过3000元。

义务兵、参战民兵、民工和低于所在部队23级排职干部的军队院校学员、志愿兵因公牺牲的一次性抚恤金和病故的一次性抚恤金，均按军队23级正排职干部的标准计发。被军委或大军区授予英雄模范称号的军人因公牺牲或病故的增发应领一次性抚恤金1/3；荣立二等功以上的军人因公牺牲或病故，增发应领一次性抚恤金的1/4。离、退休的军人、机关工作人员因公牺牲或病故的一次性抚恤金标准也按此规定执行。

1986年，临澧县抚恤事业费支出27.10万元[包括牺牲病故抚恤费、残废抚恤费、烈军属和复员退伍军人定期补助(710人)及生活补助费、退伍军人安置费]，其中牺牲病故抚恤金支出0.5万元，占当年抚恤金支出的1.85%。1994年，财政实行分税制体制改革后，用于民生事业性支出大幅增加。当年，全县抚恤事业费支出85万元，其中牺牲病故抚恤金支出10万元(占13.33%)，比1991年增长69.49%。

1994年11月至1995年1月，省财政厅、民政厅、人事厅先后就军队和地方工资制度改革后，国家机关、事业单位工作人员和军人死亡一次性抚恤金计发问题作出新的规定，补发时间均从1993年10月1日起执行。具体标准为：国家机关在职人员死亡后，实行职级工资制的人员按本人职务工资、级别工资、基础工资与工龄工资之和计发；技术工人按本人岗位工资、技术等级(职务)工资及按国家规定的比例计算的奖金之和计发；普通工人，按本人岗位工资及按国家规定比例计算的奖金之和计发。工资制度改革后，实行职级工资制的离、退休人员按本人离、退休时的职务工资、级别工资、基础工资、工龄工资之和计发；事业单位工作人员死亡后，在职人员计发基数为本人生前最后一个月职务(技术等级)工资与按国家规定比例计算的津贴之和；工资制度改革前离、退休的按国务院、民政部、财政部文件规定的项目和增加的离、退休费计发；工资制度改革后离、退休人员，计发基数为本人离退休时的职务(技术等级)工资与按国家规定的比例计算的津贴之和；此后按国家规定增加的离退休费也计入死亡一次性抚恤金。死亡一次性抚恤金发放标准为：批准为革命烈士的按本人生前40个月工资计发；因公死亡的按本人生前20个月工资计发；病故的按本人生前10个月工资计发。在1993年10月1日至1994年12月31日期间，死亡的被授衔人民警察，享受的原工资标准高出其他行政人员的部分，即每人每月54元也作为一次性抚恤金的计发标准。

从1995年1月1日起，将警衔津贴列入人民警察一次性抚恤金计发标准之中。被授予警衔的在职人民警察死亡后，按本人所享受的警衔津贴计发；被授予警衔，在警察工作岗位上连续工作满5年并从警察工作岗位离、退休的人民警察死亡后，按本人离、退休时享受的警衔津贴而相应增加的离、退休费计发。

1955年至2006年，临澧县牺牲病故抚恤金支出608.51万元，年均(42年)支出14.49万元。

2007年，抚恤调整为"社会保障和就业"类下款级科目，原"牺牲病故抚恤金"更名为"死亡抚恤金"项级科目，以项级科目反映支出。2007年至2009年，临澧县抚恤金支出3507万元，其中死亡抚恤金支出555万元，年均支出185万元。

1955年至2009年，临澧县牺牲、病故抚恤金4115.51万元，年均支出74.83万元。

2007~2009年临澧县抚恤支出统计表

表2-28 单位:万元

年份	抚恤金支出	其中					
		死亡抚恤金支出	伤残抚恤费支出	在乡复员退伍军人生活补助费支出	优抚事业单位经费支出	义务兵优待金支出	其他优抚支出
合计	3507	555	562	1610	118	236	426
2007	876	104	126	555	24	61	6
2008	1022	210	186	483	37	80	26
2009	1609	241	250	572	57	95	394

二、伤残抚恤费

伤残抚恤费包括伤残军人、国家党政机关、人民团体、伤残工作人员、参战伤残的民兵、民工的伤残抚恤金,以及伤口复发时的治疗补助、安装假肢和配置辅助器械的开支及必须雇请的护理人员的生活费等抚恤金。

民国32年(1943年),临澧县政府对被侵华日军伤害人员分别给予抚恤,全县抚恤数无统计。

新中国成立后,1950年始,临澧县根据国家公布的伤残抚恤金标准以粮食计算,对因参战、因公伤残的革命军人、民兵、民工、警察、机关工作人员,分别予以抚恤,残废等给分为四等六级,即特等、一等、二等甲级、二等乙级、三等甲级、三等乙级;抚恤时又分在职、在乡两种。革命残废军人,除发给抚恤金外,还享受其他福利待遇。在乡的特等、一等残废军人的粮油和副食品供应,按当地干部定量标供应给;饮食起居需人护理的,每月发给护理费。三等残废军人的医疗费由民政部门负责,二等以上残废军人享受公费医疗。当年支出伤残抚恤金5.14万元(折合新版人民币,下同)。1953年,全县有因公伤残人员61人,年支出抚恤金0.45万元。1955年,财政支出伤残抚恤费0.45万元。当年,全县伤残补助(48人)支出0.45万元。其中在职革命伤残军人(年末9人),年人均补助伤残抚恤费32.6元(新版人民币;下同),全年支出残废补助费293.40元;在乡革命伤残军人(年末39人),年人均补助抚恤费109.1元,全年支出4254.90元。当年,革命残废人员分为四等六级,即特等、一等、二等甲级、二等乙级、三等甲级、三等乙级,并按在职、在乡和参战民兵等不同情况规定伤残抚恤费,在职伤残人员的医药费由公费医疗或所在单位报销;在乡二等以上伤残人员统一实行公费医疗;在乡三等伤残人员不享受公费医疗,但因伤口复发住院治疗者,经批准其医疗费由民政部门负责解决。1965年将伤残军人一次性抚恤改为每年发伤残补助费,不分因公因战,均按统一标准补助。三等甲级每人每年30元,三等乙级每人每年24元;1967年,全县复员退伍军人42人;在乡二等以上伤残抚恤人数30人,在职各等伤残抚恤人数16人,年支补助费0.73万元。

1955年至1967年,伤残抚恤费支出6.79万元,占同期抚恤事业费支出的15.87%。

1968年至1975年,伤残抚恤费并入其他事业费中支出。1976年,又单列支出,当年支出0.70万元。

1978年起,改伤残补助为伤残抚恤金[一年分两次发放,调高各等级的伤残抚恤金标准(残废军人抚恤人数126人],当年抚恤金该项支出1.48万元,比1977年增长1倍。1978年,对三等伤残人员由原一次性抚恤改为经常性抚恤。

1979年起,多次提高抚恤、补助标准,当年支出为1.57万元;对于特等、一等革命伤残人员的护理费,省财政厅,劳动人力资源厅,财政厅于1987年3月决定从1982年起,伤残抚恤金标准提高为:特等78元、一等66元、二等甲级54元、二等乙级46元、三等甲级40元、三等乙级36元。1982年,伤残抚恤金支出2.25万元,比1978年增长52.03%。1983年,全县享受伤残抚恤金182人,年支出2.26万元(年人均124.18元),1985年人数减至167人,年支出2.84万元(年人均170.05元),比1983年年人均增加45.87元,年人均增长36.93%。

1979年至1985年,临澧县伤残抚恤金支出17.37万元,年均支出2.48万元。

对于特等、一等革命伤残人员的护理费,省民政厅、劳动人事厅、财政厅于1987年3月决定,从当年1月1日起,对饮食起居需人扶助的:5类工资地区每人每月发给护理费50元;6类工资地区每人每月发给护理费51元。对饮食起居需人部分扶助的每人每月发给30元~35元护理费(1988年8月1日始,残废军人科目更名为伤残军人科目)。

1990年,伤残抚恤金支出为5.5万元,比1982年增长1.44倍。2000年,伤残抚恤金支出23万元,分别比1979、1990年增长13.65倍和3.18倍。同年,执行的伤残抚恤金标准分别为1984年的6~10倍不等。其中在乡革命伤残人员抚恤金1984至2000年间,相继8次提高标准。

1984年至2000年,在乡革命伤残人员抚恤费标准:特等因战、因公(下同)伤残人员,1984年分别为570元、518元元;2000年分别为6000元、5840元;一等因战、因公,1984年分别为498元、464元;2000年分别为4600元、4470元,4340元(因病);二等甲级、因战、因公、因病伤残人员,1988年分别为:740元、660元、600元;2000年分别为2480元,2370元,2280元;1988年二等乙级(因战、因公、因病)分别为538元、480元、450元;2000年分别为1680元、1600元、1560元;1984年三等甲级伤残人员(因战、因公)分别为180元 、180元;2000年分别为1050元、1050元;三等乙级(因战、因公)1984年分别为140元;2000年分别为930元。

1993年10月,省民政厅、劳动人事厅、财政厅再次提高革命伤残人员的护理费标准:在乡因战、因公致残的特等革命伤残人员每人每月发给护理费110元;在乡因战、因公致残的一等革命伤残人员每人每月发给护理费88元;因病致残的一等革命伤残人员饮食起居需人扶助的每人每月发给护理费66元;离退休的因战、因公致残、饮食起居需人扶助的特、一等革命伤残人员,按规定标准由所在单位发给护理费。对于在职革命伤残人员的伤残保健金也由1984年的56~120元/年调高至2000年的255~1180元/年。

1979~1985年临澧县伤残人员抚恤情况统计

表2-29　　　　单位:人、万元

年　份	抚恤人数	金　额	年　份	抚恤人数	金　额
1979	127	1.55	1981	148	1.80
1980	150	1.78	1982	158	2.08

续表2-29

年 份	抚恤人数	金 额	年 份	抚恤人数	金 额
1983	182	2.84	1985	167	3.70
1984	162	3.43	合计		17.37

1984~2000年在乡革命伤残人员抚恤费标准一览表

表2-30　　单位:元/年

伤残等级	伤残性质	执行标准							
		1984年	1988年	1991年	1994年	1996年	1998年	1999年	2000年
特等	因战	570	1200	1560	2240	3240	3540	5340	6000
	因公	518	1100	1440	2100	3080	3380	5180	5840
一等	因战	498	1020	1260	1860	2460	2760	4000	4600
	因公	464	950	1170	1740	2330	2630	3870	4470
	因病		860	1060	1620	2200	2500	3740	4340
二等甲级	因战	390	740	920	1250	1430	1550	2120	2480
	因公	350	660	830	1150	1320	1440	2010	2370
	因病		600	760	1070	1230	1350	1920	2280
二等乙级	因战	296	538	656	856	960	1080	1320	1680
	因公	268	480	590	780	880	1000	1240	1600
	因病		450	554	740	840	960	1200	1560
三等甲级	因战	180	336	416	536	628	748	900	1050
	因公	180	322	400	516	608	728	880	1030
三等乙级	因战 因公	140	272	342	442	526	646	780	930

注:1. 本表所列标准适用于革命伤残军人、伤残人民警察、伤残工作人员、参战伤残的民兵民工。2. 本表中“因病”仅限于按规定评定病残的伤残军人

革命伤残军人,除发给伤残抚恤金外,还享受其他福利待遇。在乡的特等、一等伤残军人的粮油和副食品供应,按当地干部定量标准供给;饮食起居需人护理的,每月发给护理费。三等伤残军人的医疗费由民政部门负责,二等以上伤残军人享受公费医疗。1949年至2006年,临澧县伤残抚恤金支出759.79万元,占同期抚恤费支出的18.42%,年均支出15.51万元。

2007年,伤残抚恤金调整为“抚恤”款下项级科目,以项级科目反映支出。2007年至2009年,临澧县伤残抚恤金支出562万元,年均支出187.33万元。

1949年至2009年，临澧县伤残抚恤金支出1321.79万元，年均支出24.94万元。

三、烈军属、复员退伍军人生活补助

包括由民政部门发给在乡退伍红军老战士的生活补助费、副食品价格补贴、护理费，符合规定条件的烈属、在乡复员退伍军人定期定量补助费和烈军属、在乡复员退伍军人临时补助费等开支。随着各项补助标准不断提高，补助范围及支出额度逐年增长。

1950年始，临澧县财政对烈军属、复员退伍军人的专项补助分为定期定量（双定）补助和临时补助两种。当年补助支出11.14万元。1950年至1952年，临澧为解决烈军属及二等以上残废军人缺钱少粮困难发放优抚时年补大米4450公斤。翌年旧历年前又为18名烈、军属发放临时救济费。1955年，烈军属、退伍军人8867人，全年补助费支出4.72万元，人平5.33元，占当年抚恤金支出的90.25%。其中还对23名复员退伍军人夫妻生活及医药补助支出1259元，年人均54.74元。1957年，该项支出0.84万元，占当年抚恤事业费支出的57.53%。对生活困难的烈、军属，复员军人3户发放优抚补助费630元。在职各等残废军人16人全年抚恤费补助477元；在乡特等以上人员长期抚恤对象21人抚恤费支出4365.8元；全县烈、军属抚恤补助对象（含临时困难补助）2808人全年抚恤费支出2927.20元。从1964年起，一次性抚恤金改为定期定量补助，农村月人平5元，城市月人平10元；1964年，临澧烈军属、复员退伍军人补助费支出3.68万元，占当年抚恤费支出的74.95%。其中对复员军人、残废军人优抚对象生活困难的实行定期定量补助（简称“双定”补助），当年，确定享受对象152人年补助金额0.98万元；临时补助对象1134人年补助金额1.36万元；在职各等残废抚恤人数17人年补助金额0.53万元；在乡二等以上残废抚恤28人年补助支出0.53万元；在回乡二等残废军人一次抚恤17人，年补助金额0.28万元。

1974年，全县“双定对象”388人，其中烈、军属、复员军人298人，全年在其他抚恤金中支付补助费1.50万元。

1979年，临澧县扩大“双定”补助面，当年，享受双定补助284人，补助金额1.77万元。1980年，根据中央精神，结合本县实际，确定新定补助对象453人，全县总人数达到737人，年支出4.54万元，月人均61.6元。1979年至1980年，烈、军属、退伍军人补助费支出6.31万元，占同期抚恤费支出的24.38%。

1985年5月，省民政厅、财政厅决定，从当年1月1日起，将革命烈士家属、因公牺牲军人家属、病故军人家属（简称“三属”）的定期定量补助改为定期抚恤金。凡革命烈士家属、因公牺牲军人家属、居住农村的每人每月20元；居住城镇的每人每月30元；同层次的病故军人家属则分别为每人每月15元、25元和30元；当年，财政补助支出14.60万元，其中牺牲病故军人家属7户，全年定期抚恤金0.4万元；烈军属、复员退伍军人定期补助704人，全年定期补助12.70万元；临时补助375人，全年开支1.50万元。残废军人抚恤167人（其中在职残废军人抚恤人数56人，在乡残废军人抚恤人数111人）。对孤老的“三属”财政在同层次的标准上再提高5元。

此后，在1986、1989、1991、1993、1994、1996、1998、1999、2000年，省民政厅、财政厅又相继9次提高“三属”定期抚恤金标准，从2000年1月1日起，经调高后的新标准为：烈属、因公牺牲军人家属居住

农村的每人每月115元~120元;居住小城镇的每人每月125元~130元;居住大、中城市的每人每月130—135元;同层次的病故军人家属则分别为110元~115元、120元~125元、125元~130元。在此期间,省民政、财政部门还多次提高在乡退伍红军、老战士、在乡红军西路军老战士和红军失散人员的生活补助费标准。其中:1989年在乡退伍红军老战士生活费补助标准为每人每月70元~100元;红军失散人员为每人每月25元~40元;当年全县支付抚恤金55.80万元(其中烈军属、复员军人生活补助人数1453人,补助费支出25.00万元。比1988年增长47.06%)。1994年,财政实行分税制体制改革后,用于民生事业性(烈、军属、退伍军人生活补助费)支出大幅增加。当年烈、军属、复员退伍军人补助费支出31万元,占当年抚恤金支出的36.47%。

1996年,在乡退伍红军老战士生活补助费标准提高到每人每月300元,红军失散人员每人每月为70元。在乡红军、西路军老战士生活补助费标准确定为每人每月200元;当年,抚恤事业费支出89万元(其中烈、军属、复员退伍军人生活补助费64万元,占当年抚恤金支出的71.91%)。

2000年,又将上述标准分别提高至每人每月500元,110元和370元。此外,原由县(市)人武部管理(含代管代供的)的军队牺牲、病故干部的随军遗属从1987年1月1日起,改由当地民政部门发给定期抚恤金,所需经费列入当年财政预算。当年抚恤金支出157万元,比1999年增长36.52%(其中烈、军属、复员退伍军人补助费支出84万元,占当年抚恤金支出的53.50%。

2003年,抚恤金支出431万元,占当年财政一般预算支出的1.89%。其中烈、军属、复员退伍军人生活补助费支出252万元,占当年抚恤金支出的58.47%。

2006年,抚恤金支出693万元,占当年财政一般预算支出的1.77%,比2003年增长60.79%。其中烈、军属、复员退伍军人补助费支出405万元,占当年抚恤金支出的58.44%。

1949年至2006年,临澧县烈军属、复员退伍军人补助费支出2074.13万元,年均支出42.33万元(其中9在其他抚恤中支出)。

2007年,烈军属、复员退伍军人补助费调整到抚恤和社会救济类,变更为"在乡复员退伍军人生活补助",属"抚恤款"下项级科目,以项级科目反映支出。2007年至2009年,临澧县在乡复员、退伍军人生活补助费支出1610万元,年均支出536.67万元。

1949年至2009年,临澧县烈军属、退伍军人补助费支出3684.13万元,年均支出60.40万元。

四、优抚事业单位经费

用于由县级以上民政部门举办的伤残军人休养院、复员军人慢性病疗养院、复员退伍军人精神病院和光荣院(幸福院)等优抚事业单位的经费。

1955年前,临澧县优抚事业单位经费无支出,1955至1958年,累计支出0.54万元,1966年至1967年支出0.47万元。1955年至2006年,临澧县优抚事业单位经费支出192.61万元。

2007年,优抚事业单位经费支出为"抚恤"款下项级科目,以项级科目反映支出。2007年至2009年,临澧县优抚事业单位经费支出118万元,占同期抚恤支出的3.36%。1955年至2009年,临澧县优抚事业单位经费支出310.61万元。

五、其他抚恤事业费

1950年~1984年支出48.40万元，占同期抚恤事业费支出的1.17%。

2007年，其他优抚支出调整为“社会救济福利费”科目，分为城镇和农村，以款级科目反映支出。2007至2009年，临澧县其他优抚支出1073万元，年均支出142万元。其中：其他城镇社会救济支出200万元，其他农村社会救济873万元。占同期抚恤支出的12.15%。

1950年至2009年，临澧县其他优抚支出1121.40万元。

第二节 安 置

一、军人退伍安置

红军战士安置。1949年10月以来，上级先后安置到临澧县的红军战士有刘银清、许文德、朱绍清、侯世祥、朱宗武、谭祖培等7人（1986年落实了湘鄂西革命根据地参加红军、长征途中失散的红军人员刘庄位1人）。1996年，老红军战士朱宗武、朱绍清原工作单位经济不景气，生活费不能按时兑现，县政府决定从县财政支付两位老红军生活费。对他们的家属子女30余人均妥善安置。对健在的6位遗孀足额发放了退休费、生活费，落实了社会医疗保险。

退伍军人安置。1961年始，临澧县实行义务兵退伍安置工作，安置费按每人大米14公斤、食油1公斤、布票15市尺的标准发给。1978年，临澧县首次办理军转干部离休手续，当年办理16人。1981年，临澧县安置退伍军人38人，其费用在其他抚恤中列支。1982年，国家正式确定设立退伍军人安置科目，对当年，复员退伍军人中无住房或严重缺房的发给一次性建房补助。当年，安置复员退伍军人86人，比1981年增加48人（当年安置费支出0.50万元）。1983年，退伍军人安置42人，当年，抚恤事业费支出16.76万元。1988年，全县共有在乡复员军人（1954年10月31日前入伍的）含在乡老红军、红军失散人员、抗日战争时期、解放战争时期、抗美援朝入伍的复员军人共4500人，按定期定量补助标准发给。当年，在县城建成“幸福院”，配备服务人员6名，院房面积1575平方米。全县有20名孤老复员军人入院供养。

1986年至2000年，全县共接受安置退伍军人、转业志愿兵3760人，其中城镇退伍兵、转业志愿兵根据国家政策采取按系统分配任务，对退伍的二、三等残疾军人和荣立二等功的退伍军人安排了1650人，对返乡的2110人作了妥善安置。

从2002年起，中央财政对安置任务重和经济欠发达地区城镇退役士兵培训给予适当补助，三年补助支出20万元。2001年至2003年，全县安置退伍军人720余名（其中按上级政策安置对象310余名）。

2004年1月，党中央、国务院、中央军委下发了中办发〔2004〕2号文件，对军休干部移交地方政府安置工作从安置去向、住房保障、政治待遇、生活待遇、医疗保障、安置管理、组织机构等7个方面作出了具体规定：军休干部服务管理机构为财政补助事业单位，工作人员及其他根据实际情况拨给适当活动经费。对于军队伤、病、残人员、安置费主要由中央财政承担，按照补助标准据实核定，分别列入优抚或安置费支出。当年，临澧县退伍军人安置费支出11万元。

1982年至2006年，临澧县退伍军人安置费支出166.40万元。年均支出6.93万元。

2007年，退役安置为“社会保险和就业费”类下款级科目，款下为退伍军人安置费项级科目，以款、项级科目分别反映支出。当年退役安置费支出129万元，比2006年增加2.79倍。

2007年至2009年，临澧县退役安置费支出394万元，其中退伍军人安置费支出286万元，占当年退役安置费支出的72.59%。

二、军队移交地方安置的离休人员离休费

军队移交地方的离退休人员经费开支是由民政部门归口管理的。1982年，临澧县由民政部门管理发放军队离休金的退休人员1人，至1983年，由民政部门管理发放军队离休金的人员共3人。从1985年开始，在抚恤和社会救济费类中的离休费款下增设“军队离休干部离休金项级”科目，当年，军队移交地方的军队离休人员年离休费财政支出0.10万元；1985年后，全县陆续接受安置军队离休干部9人，军队退休职工2人。1996年，将“军队移交地方安置的离退休人员费”改为“款”级支出科目，当年支出3万元。1998年，军队移交地方的离休干部离休金年支出3万元。1984年至2001年，临澧县军队移交地方安置的离休人员经费支出45.40万元。

三、军队移交地方政府离退休干部管理机构经费

1986年，临澧县成立军队离退休干部安置工作领导小组，下设办公室设在县人民政府。1986年后，临澧县发放的离休干部经费总额中：包括有护理费，病故后的丧葬补助费，遗属生活困难补助费，按标准开支的福利费、洗理费、交通费、公勤费、服装费、房租水电补助费，住房期间的伙食补助费、探亲路费、公务费、差旅费，给养器材和管理军队离休干部安置点的单位或机构经费及机构工作人员、车辆等项目的费用。1991年12月，县政府决定将县文化街原财政局机关房屋安排给县老干（含老红军、南下干部）为生活区用房。同年县成立军队离退休干部管理所（简称军干所）。配备工作人员2名。军干所为每个离退休干部建立个人健康档案，定期到县人民医院进行体检。医疗费由县公费医疗办负责，按标准报销。2006年前，军队离退休干部管理机构经费列入县财政预算，该项目支出均在事业单位经费科目中反映。2007年1月1日起，军队离退休干部管理机构更名为军队移交政府离退休干部管理机构。军队移交政府离退休干部管理机构经费为退役安置“款”下项级科目，则以项级科目反映支出。2007年至2009年，临澧县军队移交政府离退休干部管理机构经费支出23万元，其他退役安置支出11万元。

2007~2009年临澧县退役安置等分项支出统计表

表2-31 单位:万元

年　份	退役安置支　出	其　中			
		退伍军人安置支出	军队移交地方安置的离退休人员经费支出	军队移交政府离退休干部管理机构经费支出	其他退役安置支出
合计	394	286	74	23	11
2007	129	104	8	6	11
2008	88	68	14	6	0
2009	177	114	52	11	0

第三节 离退休退职费

离退休退职费是指由民政部门归口管理发放的退休人员退休金和按规定开支的离退休人员的其他费用;党政机关、群众团体、事业单位退职人员的退职生活费。退休人员在原单位开支的不属于抚恤和社会福利开支范围。1958年2月,国家规定:事业单位、国家机关、人民团体退休人员的退休金由退休人员居住的县级民政部门列入财政预算,在退休款下列报。同年4月,规定符合退休条件的现役军官退休,从退休的下月起停发薪金,改为退休生活费,当年的退休生活费由军队办理退休手续的单位一次性拨给退休军官居住地的县(市)民政部门,从次年起列入当地财政预算。

1976年,临澧县由民政部门负责发放退休人员648人,退休费支出2.46万元。

1979年4月规定,1978年6月2日前退休在党政机关、群众团体、事业单位的干部职工其退休费仍由民政部门发给;易地安置的退休人员退休费由当地民政列入预算,由民政部门负责发放。

1984年,临澧县由民政部门发放退休费的人员逐年减少,但退休费逐年增加。当年,民政部门管理发放军队退休金的退休人员2人。1986年,由民政部门负责发放离休费的地方离休干部2人,退休人员99人,退职人员18人。比1976年离休人员增加2人,退休退职人员减少531人。年人均离退休费比1976年,年人均离退休费增长20.24倍。1963至1995年,临澧县退休退职费支出229.62万元。1996年后列入抚恤事业费支出。2009年,由民政部门管理和直接发给工资的离休人员2人(年支出离休费3.77万元)、退休人员44人(年支出退休费63.40万元,月人均工资1200元)。

2007年至2009年,临澧县民政部门管理的离退休人员离退休费支出201.51万元,年均支出67.17万元。

2007~2009年临澧县民政管理的离退休人员离退休费支出统计表

表2-32 单位:人、万元

年　份	合　计	离休费	退休费
合计	201.51	11.31	190.2

续表2-32

年　份	合　计	离休费	退休费
2007	67.17	3.77	63.4
2008	67.17	3.77	63.4
2009	67.17	3.77	63.4

第四节 社会救济福利费支出

清代末，临澧设有养济院，收养孤寡老弱。对这些慈善事业，县财政在地丁存留项下坐支，有孤贫口粮等银款，但数额极少。

民国时期，靠各慈善事业单位实行社会救济，救济方式分官办、民办两种。民国初年，安福蒋家财主在重灾时设赈坛，发粥发米，规定灾民每人发赈米2升（合3市斤），一人只准领一次（领赈者手上得接受兰靛点记，以防重领）。赈到第三天，周边各县饥民纷纷前来，蒋家停止发赈，坐等饿死者达数百人，城内商户、乡里富户各施木板或芦席就地掩埋。

新中国成立后，临澧县对收养的孤、老、幼儿作妥善安置。1949年，全县生活贫困缺吃少穿者达2万余人，占全县总人口的7.6%。临澧县人民政府在组织生产自救的基础上，发动群众进行减租退押，清理公产，帮助贫困户（特困户）摆脱贫困，使无依无靠的孤老残幼者给予照顾，凡遇着大灾之年地方政府帮助灾民解决实际困难。

历年县财政对城乡无依无靠、对家庭人口多、劳动力少或由天灾人祸等俱多因素造成生活临时困难的户（包括定期定量救济户发生的特殊困难）给予救济外，区乡政府同样给予临时救济。1949年，临澧县始有社会救济福利支出1.50万元。1950年起，社会救济福利费支出逐年增加，当年支出2.33万元，比1949年增长55.33%。1953年，县人民政府为帮助困难农户度过春夏荒，除发动群众亲邻相帮、互助互济、生产自救外，经民主评议，代表会审查，县政府批准，对全县4089户、1148个贫困人员，在当年4月、7月，先后两次共发放救济款3.95万元。1955年，该项支出2.96万元；1956年，农业合作化起，对无依无靠的孤、残、幼实行“五保”（保吃、保穿、保住、保医、保教养），“五保”对象由社员大会讨论通过，每人每月的吃、穿、住、医等生活物资折币5元。供养办法分为集体供养，集体供、分散养，亲友全供全养，包户照料等形式。同年5月城关、合口、新安三镇，分别兴办“幸福院”，入院老人21人，一律集中餐宿。当年全县有“五保户”1163户，1888人，补助粮食（稻谷，下同）51.64万公斤（年人均273.5公斤），折币2.77万元（年人均14.7元）；1958年，实现人民公社化后，这部分人（含“五保户”）成为公社社员，享有待遇由所在生产队供养。对生产队负担“五保户”有困难的，政府给予补助。过年过节农村“五保户”的慰问一般补助食油1公斤、猪肉2.5公斤、大米10公斤，但每年各乡镇标准不一。同年，农村开始兴办“敬老院”，全县共办敬老院12所，入院人数占五保户总人数的80%。1958年后，农村社会救济福利事业费主要用于孤寡老人、“五保”户的生活救济和一部分特别困难户的临时救济。1959年起，大队敬老院停办，五保户仍由生产队分散供养。国家给予社会福利救济。

1960年,全县农村社会救济福利事业费支出19.9万元;1962年,全县"五保户"1448户,2398人,补助粮食52.99万公斤(年人均220.5公斤);折币11.7万元(年人均48.8元);当年县政府给农村困难户共发放社会救济福利事业费13.69万元;1972年,给困难户发放生活临时救济款6.27万元。1976年,社会救济福利事业费支出2.10万元,比1975年增长20%。

1978年,全县"五保户"1625户,1656人,补助粮食46.38万公斤,年人均280公斤,折币11.13万元,年人均67.2元;1982年,社会救济福利费支出2.59万元,其中城镇居民困难户定期定量救济人数64人,全年支出1.30万元,农村困难户发放社会救济福利事业费1.29万元。1983年,城镇居民困难户定期定量救济费人数112人,全年支出1.84万元(年人均164.29元),同年,临澧县对农村分散供养的"五保户"都基本上按政策落实。县民政部门又给全县1375名"五保户"对象(其中老人1191人,残疾125人,孤儿59人)填发了"五保户供应证"。当年底,全县"五保户"增加到1415户,1625人,[增加了40户,434人(含老、残、孤)]补助粮食48.84万公斤,年人均300.5公斤,折币11.7万元,年人均72元。

1984年,临澧县在新合乡澧阳、群丰村和望城乡的大兴村新建三所敬老院;同年4月,九里乡万岗村筹集资金1.38万元,新修房屋一栋(240平方米),办起万岗敬老院,配有床、柜、衣、帐、电视机、收音机,每人每月发生活费20元,年人均口粮400公斤。当年,春夏粮荒严重,全县缺口粮366万公斤,需购粮款87.3万元,临澧县委、县政府全面发动群众,大力开展生产自救、互助互济外,全县仍有10477户、46110人,缺粮缺钱,当年,全县社会救济费支出16.31万元,比1983年增加支出8.74万元,增长115.46%,其中社会救济福利支出3.29万元(农村0.39万元、城市2.90万元)。

1985年,全县"五保"对象1114户、1189人(其中孤寡老人1020户、1091人;残疾人73户、77人;孤儿21户、21人);分布在299个村(居委会)。全县补助粮食35.57万公斤,年人均299.16公斤,折币10.67万元,年人均89.74元。当年,县政府给农村发放社会救济福利事业费9.10万元。当年,全县还从集体经济积累中筹集15.32万元,群众集资2.5万元,献木材12.5立方米,县下拨木材15.5立方米,钢材2.5吨,县直各部门和企事业单位捐献款物折合人民币2.65万元,全县各乡镇新建敬老院13所,院房建筑面积1960平方米。当年,全县共有敬老院21所,入院老人111人,集中餐宿,有护理人员16人。各级党政机关对入院老人关怀备至,定期定量发给衣服等生活必需品、生活费(每人每月15至20元),逢年过节县党、政领导专程慰问老人帮助解决困难。当年,全县社会救济福利事业费支出9.10万元,其中城镇支出2.50万元,农村支出6.60万元。1954年至1985年,全县有7名麻风病人由民政部门用专车护送到石门县麻风村医院给予封闭治疗。

1986年,临澧县财政局拨款22万元,在城关镇北郊村修建3栋45间房屋建筑面积为1575平方米的社会福利院,此工程于1987年竣工,该院有工作人员住房400平方米,炊事用房30平方米,食堂和储藏室160平方米,保密室40平方米,猪舍100平方米,还建有围墙、鱼塘等,水电设施配套,占地总面积为30亩(20310平方米)。当年社会救济福利事业费支出18.90万元(其中农村社会救济福利事业费7.3万元、城镇社会救济福利费11.6万元),该项事业费占当年抚恤和社会福利救济费支出的69.74%。

1988年,县民政局对农村"五保户"供养办法作出新规定:其供养标准每年每人口粮300—400公斤,食油5公斤~7公斤,医疗费20元~30元,柴草1500公斤~2000公斤,另有衣被临时救济和房屋维修费补助。同年,城镇社会救济由临时性救济向固定补助转变。

2001年,取消城镇社会救济事业费,设立城镇居民最低生活保障补助费,当年社会救济福利费支出104万元,全部用于城镇居民最低生活保障补助。

2002年,县社会福利院加大硬件建设,投入资金176万元修建了寄养大楼,建筑面积为1250平方米,配套建设门球场、健身房、福寿花园、图书阅览室、棋牌室、电视室、医务室、老年人学校等文化娱乐设施。当年社会救济费支出313万元,比2001年增加209万元,增长200.96%。2003年,入院寄养老人40名。当年,全县有五保户对象4280人,占全县农业人口(36.64万人)的17%。2006年,社会救济福利支出1112万元,比2005年增加支出167万元,增长17.67%。其中农村社会救济支出325万元,比2005年增长2.2%。城市居民最低生活保障线补助标准由1999年的月人均130元提高到150元。补助对象由1999年的310人增加到5247人,补助支出787万元,占社会救济福利支出的78.4%。

1949年至2006年,临澧县社会救济福利事业费支出4479.07万元。

2007年,将原社会救济福利事业费科目调整为社会福利、城市居民、农村居民最低生活保障、城镇、农村社会救济和残疾人事业费等项目支出科目。

2008年,给予散居农村"五保户"发放生活补助费每人每年600元。2003至2008年6年时间,全县年累计供养农村"五保"对象15913人次,累计发放农村"五保户"供养资金934.28万元。当年,全县18个乡镇(区)敬老院有19所(其中合口镇2所),入住供养对象1324人,有工作人员132人,建设用地350亩,生产用地154亩。2009年全县有"五保户"3480人,其中集体供养1125人;散居农村"五保户"1125户,2355人,年人均供养水平达1200元。

2007年至2009年,临澧县社会救济福利费支出6625万元,年均支出2208.33万元。其中社会福利支出178万元,残疾事业费支出180万元,城市最低生活保障支出3619万元,其他城镇社会救济支出200万元,农村居民最低生活保障补助支出1575万元,其他农村社会救济补助支出873万元。

一、城市居民最低生活保障补助

1996年以前,城市居民最低生活补助财政预算科目为城市社会救济,1965年,临澧县财政始有支出0.35万元,以后,该项支出逐年增加,但支出金额不多,1965年至1996年,临澧县城市社会救济支出106.99万元,年均支出5.10万元。

1997年,国务院下发了29号文件,决定在全国建立城市居民最低生活保障制度,主要包括城镇居民中困难户定期定量救济和临时救济两项。定期定量救济是指丧失劳动能力、生活无依无靠的鳏寡孤独、残废者、家庭人口多、劳动力少、收入无法维持基本生活的困难户及退职老、弱、残职工;临时救济是指街道居民中一时找不到工作或因季节性疾病及遭受意外灾害而不能维持基本生活的困难户。7月,临澧县人民政府制定了《城镇居民最低生活保障制度实施暂行办法》,《办法》规定,每人每月最低生活保障标准100元。财政科目仍列为城市社会救济,当年,临澧县支出36万元,比1995年增长105.88%。2000年年末城镇特困4810户,8497人,当年,财政支出城镇社会救济(低保)金额60万元,占当年社会救济福利支出71.43%。

2001年,将城镇社会救济事业费改为城市居民最低生活保障补助资金(简称城市低保资金)。由项级科目改为款级科目。2001年至2002年，县财政支出资金309万元，救助城市居民低保对象23.5万人次。2003年，县政府制定下发了《关于加强城市居民最低生活保障工作意见》，同时成立了临澧县低保救助中心。制定了对城市低保对象的优惠政策，财政预算安排了低保配套资金。当年，将城市居民最低生活保障补助标准由130元提高到150元。全县救助城市居民低保对象49590户，77026人，共发放城市低保资金479万元，占当年社会救济福利支出的78.40%，占当年抚恤和社会救济费（自然灾害生活救助除外）支出的40.84%。

1965年至2006年，城市居民最低生活保障补助支出为3028.99万元，年均支出94.66万元。

2007年，城市居民最低生活保障调整为“社会保障和就业”类下款级科目，以款级科目反映支出。2007年至2009年，临澧县城市居民最低生活保障和其他城镇救济支出3819万元，年均支出1273万元，其中：城市居民最低生活保障支出3619万元，其他城镇社会救济支出200万元。

二、农村居民最低生活保障补助

1949年至1996年，该项支出财政预算科目为农村社会救济。主要用于农村无依无靠的残废、老弱、幼婴和无劳动力长期患病无法维持生活的困难户，由财政专项拨款，经群众评议，县、乡政府审核，民政部门发放。临澧县于1949年始有支出1.50万元，1950年后逐年增加。1954年，临澧县农村社会救济费支出4.26万元。

1958年后，农村社会救济费则用于农村五保户的生活救济、农村社员困难户的临时困难救济及农村集体办的敬老院的经费补助。同年，临澧县农业人口占总人口的90%以上，而且农村贫困户比重较大，农村社会救济及定期定量补助是财政支出的重点。当年，社会救济福利支出8.60万元，比1957年增长3.53倍，全部用于农村社会救济。

1963年，农村烈属定期定量补助人数127人，年支补助费5319元（年人均41.8元）；1966年年末，农村定期定量补助人数92人，年支补助费9.86万元。1969年，农村社会救济支出4.28万元，1986年该项支出7.30万元，比1985年增长10.61%。

1949至1996年，临澧县农村社会救济支出267.08万元，年均支出5.56万元。

1997年1月，临澧县依据国务院〔1997〕29号文件率先在全省建立实施农村最低生活保障制度。在实施过程中按照中央精神，农村低保救助对象人数原则上不低于农村总人口的2%；其救助范围主要是指“三无对象”（即无生活来源，无劳动能力，无赡养人、抚养人或扶养人）；或因残、因病、因灾导致家庭年人均收入低于当地农村居民最低生活水平（原暂定标准为家庭人均可支配收入650元）的农村居民。月人均救助标准原则上不低于15元。当年，全县农村778户，2502人成为首批农村低保对象，领取了保障金。当年，农村社会救济（农村低保）支出132万元。

2004年，县委、县政府结合本地实际制定《临澧县农村居民最低生活保障工作实施意见》，规范了全县农村低保工作。当年，全县救助农村低保对象52375户，89322人，根据家庭现状实施分类救助，按季发放和领取保障金。全县农村社会救济（农村低保）支出276万元，比2003年增加支出144万元，增长109.09%。1997年至2006年，全县农村社救（最低生活保障）补助资金支出1183万元。

2007年，农村社会救济补助费更名为农村居民最低生活保障补助（简称农村低保）。为“社会保障和就业”类下款级科目，以款级科目反映支出。2007年至2009年，临澧县农村居民最低生活保障和其他农村社会救济补助支出2448万元，年均支出816万元；其中农村居民最低生活保障支出1575万元，其他农村社会救济费支出873万元。

三、精简退职老、弱、病、残职工救济

1965年，临澧县对1962年起精简退职的职工，根据省财政厅规定的安置办法，凡符合条件的作退休安置，老、弱、残职工做退职处理，对其生活有依靠的发给一次性退休（退职）补助费。生活无依无靠的由民政部门按月发给救济费。对家庭生活有困难的按社会救济标准予以救济。其中1963年，临澧县全年精简职工16人[其中行政单位2人（退职补助费674元）、教育系统11人、农业部门1人，农业机械工业2人（退职补助费634元）]接受生活无依无靠的老、弱、残退职老职工6人（农业机械工业1人，经费补助474元；电力工业2人，经费补助777元；手工业3人，经费补助835元）。暂列编外（老弱残职工）经费2086元，退职补助1308元。当年退职老、弱、残职工救济费支出1311元，治病专款4000元。1964年前，该项经费财政拨入单位事业费中列支。1965年，精简退职老、弱、病、残职工救济费，财政科目始列单项列支，当年支出0.03万元；

1966年6月，根据国务院颁发的《关于精简退职老职工生活困难救济问题的通知》，对1957年年底以前参加工作的和1961至1965年精简退职人员，符合“全部或大部分丧生劳动能力，年老体弱，长期患病影响劳动能力较大的、生活无着落的、因病或因公致残、饮食起居需要扶持”等条件的给予享受原工资40%的救济。1966年，全县退职老、弱、病、残职工救济人数7人，精简退职人员救济人数增加到64人，当年，财政支出该项救济费0.09万元，比1965年增长2倍（年人均补助14.06元）。1967年支出0.10万元，分别比上两年支出增长233.33%和11.11%。

1982年4月，临澧县根据上级文件精神，对1961年至1966年，精简退职人员按政策享受工资40%的救济对象进行补办手续，通过核实享受工资40%救济退职老职工9人，全年救济补助费支出0.38万元（年人均422.22元）。

1983年核实享受工资40%救济的退职老职工增加到79人，职老、弱、病残职工救济人数上升至120人。当年，该项救济费支出1.55万元，比1982年增长3.08倍（年人均77.89元）。

1965年至2006年，临澧县精简退职职工救济费支出324.13万元，占社会救济事业费支出的5.45%。2007年始该科目取消。

四、其他社会救济事业费

其他社会救济事业费支出包括民政部门接待对象来访处理经费、福利事业单位经费、起义投诚人员（其中救济人数9人）救济费，特赦人员[含释放国民党县团以下人员（其中救济人数13人）]等。1967年至2006年，临澧县其他社会救济事业费支出870.64万元。

五、流动人口收容遣散费

临澧县流动人口收容遣散费于1991年始有支出，当年支出1.10万元，1992至1996年，基本保持

在1万以内。1997年起逐年增加,2000年达到20万元,2002年支出42万元,比2001年增加22万元,增长110%。2003年,流动人口收容遣散费科目取消,并入其他救济费业费中。1991年至2002年,临澧县流动人口收容遣散费支出43.17万元,年均支出3.60万元。

六、社会福利事业单位经费

社会福利包括民政部门的殡仪馆、火葬场、殡葬事业单位、假肢厂(站)、收容遣送站(简称收遣站)及社会福利事业单位的经费支出和对集体社会福利事业单位的经费补助。

临澧县社会福利事业单位经费单列始于1984年,当年支出2.08万元,1986年后,该项支出逐年增加,2000年达10万元,2006年达到20万元。

1984年至2006年,临澧县社会福利事业单位经费支出228.68万元,年均支出10.40万元。2007年,社会福利事业单位经费为"社会保障和就业"类下款级科目,2007至2009年,临澧县社会福利支出为178万元。年均支出59.33万元,比2006年前年均增长4.71倍。

临澧县收遣站始建于1970年2月,后几经搬迁,于1994年县收遣站迁至城关镇农丰村金牛岗,占地面积为10155平方米,房屋建筑面积400平方米,能收容100人。至2003年共收容遣送各类人员1.32万人次。当年,根据国务院381号令,临澧县收容遣送站更名为临澧县救助管理站,设站长1名,工作人员1名。2009年,国家投入专项资金460万元,新选址安福镇农丰村(原湘运加油站),占地6.1亩,建筑面积1550平方米,当年8月竣工搬迁,现有事业编制工作人员5人,年救助1100多人次。

1993年6月,临澧县投资100万元,在原城关镇农丰村金牛岗动工修建一座殡仪馆,1986年,临澧县列为全省第十一火葬区。1996年4月工程竣工。占地面积1300平方米,设有大吊唁厅1个、小吊唁厅2个,可容纳吊唁者700人,并设有食堂、餐厅及丧葬用品服务部等配套设施,备有殡仪车1台、恒温冰棺3个。1998年12月经省民政厅批准动工修建湘北庙山陵园。陵园内建有一座9层43米高的骨灰寄存塔,一栋三层壁葬楼,主要用于存放骨灰,并建有供人登记的大雄宝殿,整个工程于2000年竣工,共耗资1100万元。

2008年5月,临澧县共投资450万元(其中:县财政投资250万元,民间资本200万元),在陈二乡大塘村动工修建一座殡仪馆、一个火葬场,于2009年9月工程竣工,占地面积18482平方米,县殡仪馆于同年底拆除原址、迁入新址。殡仪馆内设有4个吊唁厅,有工作人员5人,此馆设有食堂、餐厅及丧葬用品服务部等配套设施,还备有殡仪车1台、恒温冰棺5个。凡该县行政、事业单位干部、职工及其居民牺牲病故后都要集中在殡仪馆办理丧事,遗体火化。2009年,该馆有工作人员15人(其中编制8人)。

第五节 残疾人事业费

本节主要是反映临澧县精减退职老弱病残职工救济费和残疾人联合会用于残疾人康复、职业培训、职业介绍、体育竞赛经费和档案管理,专用书刊、音像制品补助费等。临澧县1965年始有支出

0.03万元,1976年以后逐年增加,1984的支出4.17万元,比1983年增加支出2.62万元,增长59.16%。1985年全县残疾人73户,77人,粮食补助年人均299.16公斤,折币年人均89.74元。1991年,成立临澧县残疾人联合会。当年该项经费支出0.2万元。残联会履行"代表、服务、管理"三种职能,拟定残疾人工作《八五计划纲要实施细则》。1994年,常德市残联在临澧县进行残疾人视力康复试点,完成眼视力复明手术280例,在临澧设立一个特殊教育班,有22名聋哑儿童参加学习(其中女生8人)。1995年,县政府颁布《关于优惠照顾残疾人的若干意见》,对残疾人教育、康复、医疗,生活救济及农村残疾人家庭上交提留、义务工和残疾人个体经营等各种收费减免作出明确规定。当年残疾人救济费支出6万元。1997年支出6万元,1998年,建立残疾人用品服务所为430名残疾人解决生产、生活、学习等困难,当年支出6万元。1999年,为残疾人减免村提留款6万元,冬修义务工25万个,各种经费13.6万元。完成儿童矫治手术48例,肢体系统康复37例,白内障复明术150例,聋哑培训20例。2000年全县有盲、聋、哑、肢体等各种残疾人1.89万人,占全县人口的4.5%。

2001年,临澧县残疾人事业费支出3万元,2006年支出19万元,比2001年增长6.33倍(1995—2006年,该项事业费支出99万元,已统在精简退职老、弱、病、残救济事业费支出中)。

2007年,残疾病人事业费为"社会保障和就业"类下"抚恤和社会救济福利"款级科目,残疾人事业费以项级科目反映支出。2007年至2009年,临澧县残疾病人事业费支出180万元。

第六节 自然灾害生活救助

临澧县的自然灾害生活救助费,主要用于农村户度春、夏荒的救济粮和新灾民的口粮、寒衣、房屋维修、灾田及其生产设施恢复等救助和补助。

清代及民国时期,生产水平低下,灾荒连年,加上政府救灾不力,大灾之年往往出现十室九空,牙科鸿遍野,饿殍载道,典妻当媳,卖儿鬻女,流离失所的不少。贫苦人民长期在死亡线上挣扎。政府下拨一点救济款物多被官吏、士绅中饱私囊,受灾民众所获甚少。

民国4年(1915年)秋前,道澧陡涨大水,两岸受灾严重,县行政厅动支500银圆购米赈济。民国20年(1931年),大水,受灾人数10余万人,财产损失250万元,合口、新安受灾尤重,县政府发赈款3000元,配发一些美国小麦。民国24年(1935年),遭受历史罕见大水灾后又遭旱灾,游家洲垸堤溃决后冲毁房屋151栋,138人葬身鱼腹,淹死耕牛450多头、生猪1100多头、羊190多只,灾后外出逃荒的445人,卖及鬻女的85人;全县22.7万余人受灾,损失粮食64.29万余担,溺死600余人,损失房屋及其他财物61.4万余元。省三次给临澧共拨赈款40850元,麦粉6万公斤,县里截留大部分作为整修县城街道和环城马路费用,只给五、六区发放赈灾稻谷各200担,四区100担。大部分灾民被迫流离失所,靠吃草根、观音土度日,又饿死一批人。次年,省增拨赈款52500元,全数下发,才有所缓解。民国29年(1940年)7月至9月,大旱,川泽断流,县下放救灾款5460.72万元,省拨灾款3000元。年内又发生大火灾两起,损失财产13.28万元,发救灾款3861元。民国30年(1941年),遭受水、旱灾害,省拨发旱灾赈款1.8万元,水灾赈款50万元。民国32年(1943年),省两次拨发"寇灾急赈款"共129万元。

民国34年(1945年),旱灾省拨赈款49.8万元。

民国35年(1946年),全县大量饥民被迫成群结队,背着米袋和锅"吃大户",把地主的粮仓打开,摊分谷米。省两次配拨赈济款41342.6元,全国善后救济总署湖南分署分麦粉21万公斤、牛奶4345箱、肉食品罐头245箱,又被官绅截留一部分。

新中国成立后,党和人民政府对灾害救济十分重视。解放初期,以"生产自救,节约度荒,群众互助、以工代赈"为主;1954年5至6月,全县发生特大水灾,澧水、道、澹水流域普降暴雨,洪水猛涨。18.8万多亩农田被淹,倒塌房屋125间,崩垮塘坝1210处。党和政府组织群众开展生产自救,重建家园。财政及时发放救灾款2.05万元。

1958年,人民公社化以"依靠群众,依靠集体,生产自救,互助互济"为主,辅之以国家必要的救济和扶持。在自然灾害比较频繁的情况下,救灾工作主动积极,抗灾能力不断增强,灾害创伤得到医治,人民生活比较稳定,社会秩序安定,即有小灾不见灾,大灾不减收。

1959年至1961年,连续3年遭受自然灾害。其中1961年又加虫灾。依靠集体力量,开展生产自救,实行夏荒秋补,使灾害损失程度大大降低。三年共发放救灾款38.02万元,发放过冬棉衣11313件、棉被3549床,社队从公益金中拿出1.84万元,补助给受灾群众89559人。当年,财政支付自然灾害救助费5.72万元,占同期财政一般预算支出的3.12%。1961年夏,全县出现18700个水肿病人,各公社成立中心疗养院,大队设疗养院,为病人补发大米8400公斤、稻谷15万公斤、大豆3.17万公斤、食油2650公斤,经过营养治疗,大部分病人康复。当年自然灾害救助费支出12.40万元,占同期财政一般预算支出的3.85%。1955年至1971年,自然灾害生活救助费在社会救济费中列支。1972年,自然灾害生活救助费国家预算始单列科目支出,当年临澧县支出9.01万元,1973年支出10.07万元,比1972年增长11.77%。

1979年4月17日,佘市、文家、太浮、陈二、珠日、柏枝等6个公社87个大队、819个生产队遭受12级龙卷风冰雹袭击,损失惨重,受灾1.5万户、7.17万人,电杆卷倒,打死13人,伤620多人,房屋倒塌2490间,打烂23460间,受损春收作物9万余亩,受损森林4.9万亩,经济损失1364万元,(灾区人均损失153元)。县、社党政领导当即带领600名干部,组成4个救灾工作队奔赴重灾区帮助工作。县人民医院派出40多名医务人员,县直各单位当晚出动17辆汽车,抢救伤病人员,抢运救灾物资,抢修房屋。县物资局等单位给受灾社队送出2000多卷油毡、圆钉、元丝1.5万公斤、煤油0.5万公斤、电信器材以及锅碗等生活用物,县直各局分别为1~2户受灾户修复3至5间房屋,给79户新建房屋513间瓦房,发放救灾款13万元。当年县财政共发放自然灾害生活救助费21.82万元,占当年抚恤和社会救济支出的55.14%,灾区群众很快恢复生产,重建家园,大灾之后仍取得农业丰收。

1980年5~8月,全县出现5次特大暴雨和洪水灾害,全县受灾89066人,淹没农田309600亩,农作物损失1.3亿元,倒塌房屋17500间。灾害发生后,省委书记毛致用及孙国治、刘夫生、焦林义、王治国等负责人及地委主要负责人先后到临澧县视察灾情,慰问灾民。县成立救灾领导小组,抽调6名科局长和29名干部,组成6个救灾工作组,分赴重灾区,组织发动群众开展生产自救,及时发放救灾粮863.65万公斤,食油201担,省、地、县三级拨付救灾款228.1万元,公社自筹10万元,机关团体捐款6万元,银行发放生活无息贷款62万元,县计划、物资部门发放救灾木材指标1400立方米、楠竹42000

根、钢材260吨、水泥300吨、玻璃2200平方米，县商业部门发放救济衣棉800担、布匹11.83万米，粮食部门减少征购粮1704.5万公斤，次年春对重灾区补销粮食指标34万公斤，发放生活救济款31万元，灾区生产生活迅速恢复正常。当年，财政支付自然灾害生活救助费118.19万元，占当年抚恤和社会救济支出83.29%。

1981年7月1日至9月9日，临澧县降雨量只达36.8毫米，发生69天夏秋重大干旱。全县19个社镇，189个大队，3.62万户，13.2万人受灾。农作物受灾面积17.5万亩，成灾面积12.8万亩，绝收面积3.8万亩。粮食减产101250公斤，粮食损失210万元，棉花减产720万公斤，经济损失金额7.2万元，农作物损失217.2万元。林果业损失100万元，畜牧损失250万元，农业损失567.2万元，直接经济损失577.2万元。当年，自然灾害生活救助费支出82.50万元，占当年抚恤和社会救济支出的81.39%。

1990年7月—9月，发生重大干旱。全县17个乡（镇）191个村，4.3万户13.89万人受灾。农作物受灾面积18.3万亩，成灾面积14.5万亩，绝收面积6.2万亩。粮食减产2.67万公斤，粮食损失1875万元，棉花损失377万元，农作物损失2252万元，林果损失110万元，畜牧业损失240万元，农业损失2602万元，直接经济损失2632万元。当年，自然灾害生活救助费支出100.1万元。占当年抚恤和社会救济支出的54.28%。

1998年，临澧县遭受重特大洪涝灾害。6月~8月全县平均降雨量达到854.1毫米，比历年同期多356.6毫米。全县18个乡（镇）、311个村，7.6万户，30.47万人受灾。农作物损失3914万元，林果业损失1000万元，畜牧业损失1300万元，农业损失6214万元。倒塌房屋6200户，10701间，房屋及家庭财产损失3953万元。工业企业损失1100万元，商业损失700万元，电力设施损失600万元，其他损失1400万元，直接经济损失1.689亿元。当年，自然灾害生活救助费支出67万元。占当年抚恤和社会救济支出的26.28%

2003年，遭受特大洪涝灾害，7月8日下午2时至9日下午6时30分，澧水合口向阳闸水位从42米涨到51.28米，超历史水位。全县18个乡（镇）、339个村，10.9万户，35.4万人受灾，7.9万人饮水困难。因灾伤病1237人，被困人员25.2万人。转移安置3.6万人。农业损失1.55亿元，房屋及家庭财产损失1.51亿元，其他损失（工业、电力、教育、卫生等）2.77亿元。直接经济损失5.839亿元。当年，自然灾害生活救助费支出743万元，占当年抚恤和社会救济支出的38.78%。1949年至2006年，临澧县自然灾害生活救助费支出3599.52万元，年均支出85.70万元。

2007年，自然灾害生活救助调整到“社会保障和就业”类下“抚恤和社会救济福利”款级科目中，以项级科目反映支出。2007年至2009年，临澧县自然灾害生活救助支出1339万元，年均支出446.33万元。

1949~2006年临澧县部分年份自然灾害生活救助支出统计表

表2-33　　　　　　　　　　　　　　　　　　　　　　　　单位:万元

年份	自然灾害生活救助费	其中		年份	自然灾害生活救助费	其中	
		城镇救济费	农村救济费			城镇救济费	农村救济费
1949	0.79		0.79	1985	23.60		23.60
1950	1.54		1.54	1986	1.10		1.10
1951	1.89		1.89	1987	76.10		76.10
1952	0.46		0.46	1988	51.40		51.40
1953	1.92		1.92	1989	32.50		32.50
1954	2.05		2.05	1990	100.10		100.10
1967	2.20		2.20	1991	289.30		289.30
1968				1992	49.00		49.00
1969				1993	108.00		108.00
1970				1994	53.00		53.00
1971				1995	116.00		116.00
1972	9.01		9.01	1996	102.00		102.00
1973	10.07		10.07	1997	88.00		88.00
1974	4.97		4.97	1998	67.00		67.00
1975	1.17		1.17	1999	338.00		338.00
1976	2.05		2.05	2000	190.00		190.00
1977	3.07		3.07	2001	167.00		167.00
1978	11.88		11.88	2002	196.00		196.00
1979	21.82		21.82	2003	743.00		743.00
1980	118.20		118.20	2004	122.00		122.00
1981	82.50		82.50	2005	163.00		163.00
1982	7.23		7.23	2006	189.00		189.00
1983	29.73		29.73				
1984	21.87		21.87	合计	3590.87		3599.52

注:1955年至1971年自然灾害生活救助费支出并入农村社会救助费中

2007~2009年临澧县自然灾害生活救助支出统计表

表2-34 单位:万元

年份	自然灾害生活救助支出	其中			
		中央自然灾害生活补助	地方自然灾害生活补助	自然灾害灾后重建补助	其他自然灾害生活救助支出
合计	1339.00	721.00	306.00	312.00	
2007	200.00		186.00	14.00	
2008	739.00	402.00	39.00	298.00	
2009	400.00	319.00	81.00		

注:统计资料源于县财政决算表

第五章 社会保障和就业补助支出

基本养老保险基金征缴始于1991年,当年临澧县社保征缴102万元,财政补助330.1万元。1992年至1997年,基本养老保险基金财政补助与行政事业费一并拨给各行政事业单位,由各单位解缴。1998年,“社会保障补助”单设款项支出,下设社会基本养老保险支出及就业补助、国有企业下岗职工补助、企业关闭破产改革补助、其他保障就业(社会保险经办机构经费)支出等项,是根据政府(国家)立法,通过多方筹集用于保障全体社会成员最低标准的生活补贴的一种专项资金。1998年,临澧县财政该项经费支出39万元(包括帮困解困资金、城镇就业补助费、下岗职工基本生活费和其他社会保障补助支出)。

1999年起,县财政对社会保障的支出大幅度增加,当年社会保障和就业补助支出216万元(其中养老保险基金补贴支出84万元、社会保险经费机构经费6万元、城镇就业补助费8万元、国有企业下岗职工基本生活保障105万元、其他社会保障补助支出13万元),比1998年增长5.5倍。2003年支出1621万元。比2002年增加423万元,同比增长35.31%。2006年支出2993万元,比2005年增加665万元,同比增长28.57%。

1991年至2006年,临澧县社会保障和就业补助支出11682.10万元,年均支出1168.20万元。

2007年,社会保障补助支出类调整为“社会保障和就业”支出类,下设社会保障和管理事务基金、民政管理事务、财政对社会保障基金的补助、行政事业单位离退休费、企业改革补助、就业补助、城市居民抚恤、退役安置、社会福利、残疾人事业最低生活保障、城镇居民最低生活保障补助、自然灾害生活救助、其他城镇社会救济、农村最低生活保障、农村社会救济、其他社会保障和就业、保障性住房等17款,124项,当年,临澧县“社会保障和就业”一般预算财政支出11020万元。2009年,“社会保障和就业”补助支出17790万元。比2008年增加3085万元,同比增长20.98%。

2007年至2009年,临澧县“社会保障和就业”一般预算财政补助支出43515万元,年均支出14505万元。

1991~2006年临澧县社会保障和就业补助支出统计表

表2-35　　单位:万元

年度	合　计	社会保险基金补助	其中：养老保险基金	其中：社保机构经费	就业补助	国企下岗职工补　助	企业关闭破产改革补助	其他保障就业支　出
合计	11682.10	6256.10	5507.10	749.00	1473.00	1574.00	2244.00	135.00
1991	330.10	330.10	330.10					
1992								
1993								
1994								
1995								
1996								
1997								
1998	39.00				1.00	19.00		19.00
1999	216.00	90.00	84.00	6.00	8.00	105.00		13.00
2000	270.00	150.00	140.00	10.00	1.00	119.00		
2001	576.00	375.00	303.00	72.00	3.00	190.00		8.00
2002	1198.00	906.00	808.00	98.00	1.00	288.00		3.00
2003	1621.00	806.00	682.00	124.00	115.00	346.00	310.00	44.00
2004	2111.00	961.00	843.00	118.00	336.00	260.00	506.00	48.00
2005	2328.00	942.00	814.00	128.00	261.00	247.00	878.00	
2006	2993.00	1696.00	1503.00	193.00	747.00		550.00	

2007~2009年临澧县社会保障和就业支出统计表

表2-36　　单位:万元

年　度	财政支出总合计	社会保障和管理事务	民政管理事务	财政对社会保障基金	行政事业离退休费	企业改革补助	就业补助	抚恤	退役安置	社会福利	残疾人事业	城市居民最低生活保障	自然灾害生活救助	其他城镇社会救济	农村最低生活保障	其他农村社会救济	其他社会保障和就业	保障性住房：廉租房	保障性住房：农村危房改造
合计	43515	844	793	9970	16003	355	3044	3507	394	178	180	3619	1339	200	1575	873	87	534	20
2007	11020	256	239	2330	4653	194	726	876	129	22	38	877	200	72	179	229			
2008	14705	272	261	3703	5427	5	1026	1022	88	69	69	1204	739	37	439	269	75		
2009	17790	316	293	3937	5923	156	1292	1609	177	87	73	1538	400	91	957	375	12	534	20

第一节 社会保险基金补助

一、基本养老保险基金

1968年以前，临澧县固定职工的退休费由全国统一筹集。1969年起，由企业自负。1984年1月，对全民合同制工人实行养老保险。1986年10月起，国家开展职工养老保险，面向国家机关、人民团体、国营企事业单位职工实行养老保险。

从1987年8月1日起，临澧县对县属全民企业，经费自收自支的事业单位固定职工退休费用实行社会统筹，当年征收基本养老金70万元。1988年7月，对临时工实行养老保险，到1989年年底，连续三年征缴投保金额达334万元。1991年，临澧县财政始对财政供养人员支付养老金330.10万元。

1996年，临澧县依据湘政发〔1996〕3号文件精神，由县劳动局社会保障处征收机关事业单位的基本养老金缴费标准：机关事业单位按在职工作人员上年度月平均工资总额的24%缴纳，个人按上年度月平均工资总额的3%缴纳。国营企业按在职工作人员上年度月平均工资总额的20%缴纳，个人按上年度月平均工资总额的8%缴纳。当年，全县基本养老保险基金覆盖范围由原来全民合同制工人向企业全体员工扩展，形成社会统筹与个人账户相结合的社会养老保险机制，当年，县社保处征收基本养老保险基金690万元。1998年征收920万元，比1996年增长33.33%（1992年至1998年，财政支付的基本养老金未单列与单位行政事业费一并下拨，由单位解缴）。

1999年，县财政恢复单列对基本养老基金补助，当年补助支出84万元。2000年开始，由于企业改制、破产和特困企业增多，养老保险基金征收难度增大，参保人数逐年减少，发放人数逐年增多，收支出现倒挂。临澧县财政按照国务院关于落实“两个确保”的规定，坚持以人为本的思想理念、多方筹集资金，逐年增加财政补助支出，当年，财政补助支出140万元，2001年补助支出303万元。比2000年增长116.43%。2002年，参保单位31个，参保人数9537人。当年，社保征收养老保险基金871万元，财政补助支出808万元，比2001年增加505万元，增长1.67倍。2005年财政补助支出814万元。2006年财政补助支出1503.10万元，比2005年增长84.66%。

1991年至2006年，临澧县社会养老保险基金补助支出5507.10万元，年均支出611.90万元。

2007年，国家预算科目将“社会保险基金补助”调整为“财政对社会保险基金的补助”，下设“基本养老保险基金的补助、对失业保险基金的补助、对基本医疗保险基金的补助、对工伤保险基金的补助、对生育保险基金的补助、对其他保险基金的补助等6项。当年，临澧县基本养老参保单位数74个，参保人数12009人，征缴养老保险基金3804万元，财政直接对基本养老保险基金的补助支出2330万元。

2009年，临澧县企业基本养老参保单位92个，参保人数15457人，征缴养老基金5797万元，全县行政机关事业单位328个，参保人数11946人，财政对基本养老保险基金的补助支出3937万元。比

2007年参保单位增加18个、参保人数增加3448人、征缴金额增加1993万元、财政补助3937万元,比2007年增加1607万元,增长68.97%。

2007年至2009年,临澧县财政对县社会保险基金的补助支出9970万元,年均支出3323.33万元。

1991年至2009年,临澧县财政对基本养老保险基金补助支出15477.10万元,年均支出2211.30万元。确保了按时足额发放离退休人员养老保险金。

1991~2009年财政支付基本养老金补助情况表

表2-37 单位:万元

年度	补助支出	年度	补助支出	年度	补助支出	年度	补助支出
1991	330.10	1996		2001	303.00	2006	1503.00
1992		1997		2002	808.00	2007	2330.00
1993		1998		2003	682.00	2008	3703.00
1994		1999	84.00	2004	843.00	2009	3937.00
1995		2000	140.00	2005	814.00	合计	15477.10

二、基本医疗保险基金

从2000年4月1日起,临澧县贯彻执行《省劳动和社会保障厅、省财政厅关于实施国家公务员医疗补助的意见》,对全县行政机关工作人员和离退休人员;经人事部门批准列入依照公务员制度管理的事业单位的工作人员和离退休人员等,基本医疗保险由单位和个人共同负担,单位缴费比例为工资总额的6%,个人缴费为工资总额的2%,大病救助费个人年缴费8元。形成新的投资机制,改变过去由财政和企业全部包揽职工医疗保险的做法,建立社会统筹与个人账户相结合的制度,个人帐户主要支付小额医疗费用或门诊医疗费,统筹资金主要支付大额医疗费用和住院医疗费用。当年,临澧县参加基本医疗保险人员12895人,征缴统筹基金达281万元,个人基金达188万元,利息收入1万元,财政对行政事业单位基本医疗保险基金补助支出88万元。2001年,基本医疗保险统筹基金收入470万元,财政补助65万元。当年,收入535万元,支出307万元,节余228万元。

2003年,临澧县参加医疗保险统筹人员15949人,基本医疗保险基金收入:统筹基金595万元,个人基金381万元,利息收入15万元,财政对行政事业单位基本医疗保险费支出120万元,基金收入合计1111万元,支出1058万元,当年,节余53万元。2006年,县财政对行政事业单位基本医疗保险基金支出65万元。

2007年,将"基本医疗保险基金"款级科目调整为"医疗保障"款,下设行政、事业单位医疗费(公务员医疗补助)、优抚对象医疗补助、城市医疗救助、新型农村合作医疗、农村医疗救助、城镇居民基本医疗保险、其他医疗保障等8项。当年,临澧县行政、事业、企业参加医疗保障人数增加到20774人,比2003年增加4825人,征缴医疗统筹金额851万元,当年,县财政对行政单位医疗费补助65万元,事业单位医疗费补助60万元。

2009年,临澧县行政、事业(公务员)企业参加基本医疗保障人数22917人,比2007年增加2143人,增长10.32%。临澧县财政对行政单位医疗费支出164万元,事业单位医疗费支出190万元。

2000年至2009年,临澧县基本医疗保险金支出11212.72万元。年均支出1121.72万元。其中:行政单位支出764万元,事业医疗费支出267万元,其他医疗补助费支出1141万元。

2000~2009年临澧县基本医疗保险金支出统计表

表2-38 单位:万元

年度	小计	行政单位医疗费	事业单位医疗费	优抚对象医疗救助	城市医疗救助	新型农村合作医疗补助	农村医疗救助	城镇居民基本医疗保险补助	其他医疗保险补助支出
合计	11212.72	764.00	267.00	309.00	257.00	7000.00	640.72	834.00	1141.00
2000	88.00	88.00							
2001	65.00	65.00							
2002	64.00	64.00							
2003	120.00	120.00							
2004	60.00	60.00							
2005	98.00	13.00							85.00
2006	1204.72	65.00				969.00	110.72		60.00
2007	1705.00	65.00	60.00	78.00	10.00	1282.00	89.00		121.00
2008	3058.00	60.00	17.00	110.00	154.00	2152.00	179.00	386.00	
2009	4750.00	164.00	190.00	121.00	93.00	2597.00	262.00	448.00	875.00

三、新型农村合作医疗

2006年,中共中央、国务院发出《关于进一步加强农村卫生工作的决定》(中发〔2002〕13号)和湖南省委、省政府《关于加强农村卫生工作的决定》(湘发〔2003〕3号),实行新型农村合作医疗。2006年1月1日,全省新型农村合作医疗在临澧县试点,当年,临澧县应参合人数35.7万人,已参合人数27.69万人,参合率77.56%,当年,农村合作医疗费收入合计1383.14万元,其中:农民缴纳农村合作医疗费276.29万元(年人均标准10元)。当年,财政补助支出1079.72万元,其中新型农村合作医疗费补助支出969万元,农村医疗救助补助110.72万元(中央、省、市财政补助年人均36元,县财政补助年人均4元),当年,农村农合医疗费支出857.21万元,节余499.20万元。

2009年,临澧县应参合人数35.8万人,已参合人数34.91万人,参合率97.51%,比2006年参合人数增加3.95万人,增长19.93%,当年,农村合作医疗费收入合计3491.72万元,其中:农民缴纳农村合作医疗费632.72万元(年人均标准20元),比2007年增加356.43万元,增长56.33%。财政对农村合作医疗费补助支出2859万元,其中新型农村合作医疗费补助2597万元、农村医疗救助费补助262万元

（中央、省、市财政补助年人均72元，县财政补助年人均8元）。比2007年增加1778.88万元，增长1.65倍。当年，全县农村医疗和救助费支出3581.17万元，收支－89.45万元。

2006年至2009年，临澧县参合农民缴纳医疗费1515.57万元，财政补助7640.72万元，年均补助1750.10万元。其中：新型农村合作医疗费补助支出7000万元，农村医疗救助费补助支出640.72万元。

2006~2009临澧县新型农村合作医疗情况表

表2-39　　　　单位：万元

项目 年份	应参合人数（万人）	参合数（万人）	参合率%	人平缴费金额（元）	参合农民缴纳医疗费	财政补助			收入合计	支出合计	节余	编制数（人）	实有人数（人）
						小计	新型农村合作医疗	农村医疗救助					
合计					1515.57	7640.72	7000.00	640.72	9183.69	8221.25	962.44		
2006	35.70	27.69	77.56	10.00	276.29	1079.72	969.00	110.72	1383.41	857.21	526.20	8	8
2007	35.70	29.50	82.63	10.00	295.00	1371.00	1282.00	89.00	1666.00	1473.98	192.02	8	8
2008	35.70	31.16	87.28	10.00	311.56	2331.00	2152.00	179.00	2642.56	2308.89	333.67	9	9
2009	35.80	34.91	97.51	20.00	632.72	2859.00	2597.00	262.00	3491.72	3581.17	-89.45	9	9

四、城镇居民医疗救助和医疗保险基金补助支出

2007年，中央对城镇居民实行医疗保险。当年，临澧县成立城镇居民医疗保险机构，编制6人，实有3人。财政设城镇医疗保险基金补助和对城市医疗救助支出项级科目。当年城市医疗救助支出10万元。

2008年，临澧县城镇居民应参保人数5.5万人，已参保人数5.07万人，参合率92.18%，当年，保费收入882万元，其中城镇居民个人缴纳费用495.90万元（人平标准100元）。财政补助支出540万元〔其中城镇居民基本医疗保险补助386万元、城市医疗救助补助154万元（中央、省、市补助386万元，县财政补助154万元），当年，全县城镇医保和救助费支出544.60万元，节余337.40万元。

2009年，全县城镇居民应参合人数6.5万人，已参合人数56599人，参合率87.08%。收缴城镇居民医疗费1170.2万元，其中：城镇居民个人缴纳费用629.20万元（人平标准120元），当年，财政对城镇居民医疗保险费补助支出541万元，其中：城镇居民基本医疗保险费支出448万元，城市医疗救助费支出93万元（中央、省、市补助448万元，县财政补助93万元）。当年，全县城镇居民医疗费支出934万元，滚存节余236.20万元。

2007年至2009年，临澧县城镇居民医疗保险和医疗救助财政补助支出1091万元（年均支出363.67万元）。其中：城镇医疗保险基金补助支出834万元，城市医疗救助支出257万元。

五、优抚对象医疗救助和其他医疗保险补助等项支出

2004年，设立财政对优抚对象医疗救助和其他医疗保险补助的项级科目（包括工伤保险、生育保

险及其他)。2005年,临澧县始有其他医疗支出85万元。2007年,补助支出199万元,其中优抚对象医疗救助78万元,其他医疗保障121万元。2009年财政补助支出996万元(其中:优抚对象医疗救助121万元,其他医疗保障补助875万元)。比2007年增长4.01倍。

2005年至2009年,临澧县财政对优抚对象医疗救助及其他医疗保险补助支出1450万元,年均支出251.67万元,其中优抚对象医疗救助309万元、其他医疗保险补助1141万元。

六、社会保险(保障)经办机构经费支出

1961年,成立临澧县社会劳动保险站,财政补助经费未单列支出。1999年年初,根据《国务院关于建立城镇职工基本医疗保险制度的决定》,当年,临澧县实行医疗制度改革,取消单位公费医疗和劳动保险医疗,成立临澧县基本医疗保险管理中心,于2001年正式运行,编制6人,属财政局管理。2002年,更名为临澧县医疗保险处,属县社会劳动保障局管理。

1999年,临澧县始有社保机构经费支出6万元,2002年支出98万元,2003年支出124万元,比2002年增加26万元,增长26.53%。2006年支出193万元,比2005年增长50.78%。

1999年至2006年,临澧县财政对县社会保险经办机构经费支出749万元,年均支出93.63万元。

2007年至2009年,由于科目的调整,社会保险(保障)经办机构经费调整到公共服务费类中,更名为"社会保障和管理事务"以款级科目反映出,三年共支出844万元,年均支出281.33万元。

第二节 就业补助

1998年,新设立就业补助款级科目,此项支出主要是劳动市场建设、再就业技术培训费、城镇青年就业、(知识青年)下乡补助、职工介绍补助和社会保险补贴等项费用。当年临澧县就业财政补助支出1万元。2003年,随着企业改制下岗职工再就业者增多,财政增加对该项的补助,当年补助支出115万元。2004年支出336万元,比2003年增长1.92倍。2008年就业补助支出1101万元(其中当年增加其他社会保障和就业补助支出75万元),2009年,由于增加培训失业人员、职业介绍和安排失业人员就业,财政对就业补助费支出1292万元,比2008年增长25.93%,对其他社会保障和就业补助支出12万元。

2005年至2009年,全县新增城镇就业24379人,下岗失业人员再就业16266人,新增农村劳动力转移就业33457人,稳定农村劳动就业95000人。2009年年末,全县外出务工人员8.5万人,年创收入近5亿元,援助困难就业对象5843人,在全国率先启动返乡民工的就业援助工作,共援助9800多名返乡民工上岗就业。

1998年至2009年,临澧县就业补助支出4517万元,年均支出376.42万元,其中1998年至2006年补助支出1473万元,年均支出163.67万元,2007年至2009年,对就业补助支出3044万元,年均支出1014.67万元。2008年至2009年,对其他社会保障和就业财政补助支出87万元(截至2009年年底累计培训和安排再就业人员13703人)。

第三节 国有企业下岗职工补助

1998年，政府设立国有企业下岗职工补助科目，主要是反映财政用于保障进入国有企业再就业服务中心的下岗职工的基本生活补助支出，包括对下岗职工基本生活费补助和下岗职工代缴的基本养老、基本医疗、失业等社会保险费。当年7月，中共湖南省委、省政府《关于切实做好国有企业下岗职工基本生活保障和再就业工作的意见》，要求各地自下而上为下岗职工发放基本生活费和代下岗职工缴纳养老、医疗、失业等社会保险费用。第一年，按当地失业救济金标准的120%发放，第二年，按110%发放，第三年，按100%发放，基本养老金按上年度职工月平均工资的60%，失业保险按当地上年度职工月平均工资的60%缴费。当年，临澧县财政对国有企业下岗职工补助19万元。1999年临澧县国有企业改革进入正式实施期，国企下岗职工人数增加，县财政对县国有企业下岗职工补助增至支出105万元，比1998年支出增长4.53倍。2002年，县财政对县国企下岗职工补助支出288万元，2003年支出346万元，比2002年增长20.14%。2006年临澧县国有企业改制全部完成，此项补助停支。

1998年至2005年，临澧县国有企业下岗职工补助费支出1574万元，年均支出196.75万元(2006年该科目取消)。

第四节 企业关闭破产改革补助

2003年，始设立企业关闭破产补助科目，主要反映财政用于国有企业关闭破产所需资金的补助。当年，临澧县财政对本县国有企业关闭破产补助支出310万元。2004年，调整为“企业关闭破产改革补助”，包括国有企业关闭破产补助，大集体企业改革补助、其他企业改革发展补助。当年，临澧县财政补助支出506万元，比2003年增长63.23%。当年，全县企业破产改制17家，改制后共清偿养老保险基金5758万元，医疗保险基金1566万元。2005年，县企业破产改革补助支出878万元，比2004年增长73.52%。2006年，企业关闭破产改革补助支出为550万元，比2005年减少37.35%。

2003年至2006年，临澧县企业关闭破产(改革)补助支出2244万元，年均支出561万元。

2007年，调整支出科目，将企业关闭破产补助调整为“企业改革补助”，当年，财政补助支出194万元，2008年支出5万元，2009年支出156万元(主要用于5家国营企业改制)。2007年至2009年，临澧县企业改革补助支出355万元，年均支出118.33万元。

2003年至2009年，临澧县企业关闭破产(改革)补助支出2599万元，年均补助支出371.29万元。

第五节 保障性住房补助

2009年，政府设立保障性住房补助科目，当年，临澧县在河街社区(原药材公司制药厂新建和原房管局出租房区)建经济适用房和廉租房150套,廉价租给城镇下岗职工无房产人员居住,当年保障性住房补助支出554万元(其中廉租房补助支出534万元、农村危房改造补助支出20万元)。

第六章 行政事业单位离退休费支出

行政事业单位离退休费支出,是反映财政实行归口管理的行政事业单位离退休经费。包括行政、公检法司、事业单位及离退休人员管理机构的经费。临澧县离退休费支出始于1961年,1981年前财政将离退休费与民政事业费一并拨付给民政部门,由民政部门负责支付给个人。1982年后,由县财政预算安排,列入各单位行政管理费中支出。

1982年至1996年,临澧县行政事业单位离退休费在行政费中一并支出695.86万元,年均支出46.39万元。

1997年,国家将行政事业单位离退休费从行政管理费中分出,单设离退休费类级科目。当年,临澧县行政事业单位离退休费支出43万元。1998年,离退休费(含公检法司和事业单位)支出833万元,比1997年增长19.07倍,2009年支出5923万元,比1999年增长2.85倍。

1997年至2009年,临澧县行政事业单位离退休费(下同)支出33598万元,年均支出2584.46万元。其中:1997年至2006年支出17595万元,年均支出1759.50万元。2007年至2009年支出16003万元,年均支出5334.33万元。

1982年至2009年,行政事业单位离退休费支出34293.86万元,年均支出1224.78万元。其中:行政单位支出9142.86万元,事业单位支出25151万元。

1997~2006年临澧县行政事业单位离退休费支出统计表

表2-40　　单位:万元

年 度	合 计	行政单位	公检法司	农业部门	教育部门	科技部门	其他部门
合计	17595	4527	589	1400	7763	24	3292
1997	43	43					
1998	833	141	35	58	520		79
1999	917	210	38	59	539		71
2000	1103	306	55	61	610		71
2001	1518	377	60	91	750		240
2002	1731	411	62	108	885		265
2003	2194	561	65	186	933	5	444
2004	2596	750	78	189	1086	7	486

续表2-40

年 度	合 计	行政单位	公检法司	农业部门	教育部门	科技部门	其他部门
2004	2596	750	78	189	1086	7	486
2005	3129	811	84	302	1159	7	766
2006	3531	917	112	346	1281	5	870

2007~2009年临澧县行政事业单位离退休费支出统计表

表2-41　　单位:万元

年 度	小 计	行政单位	事业单位	科技部门	其他部门
合计	16003	3920	11985	98	
2007	4653	1214	3403	36	
2008	5427	1379	4014	34	
2009	5923	1327	4568	28	

2008年始,临澧县行政事业单位离退休人员依常政函〔2008〕76号文,统一按退休人员标准享受津补贴。

附表:

1.临澧县2008年县直机关事业单位离退休人员津补贴发放标准

单位:人、元

职 级	离休人员补贴				退休人员补贴			
	人数	月标准	月发放金额	年发放总金额(万元)	人数	月标准	月发放金额	年发放总金额(万元)
合 计	108	1093.00	118012.00	141.61	2740	920.00	2520849.00	3025.02
1.正处	1	1240.00	1240.00	1.49	10	1138.00	11380.00	13.33
2.副处	42	1176.00	49392.00	59.27	32	1079.00	34528.00	41.43
3.正科	23	1084.00	24932.00	29.92	298	995.00	296510.00	355.81
4.副科	16	1041.00	16656.00	19.99	405	956.00	387180.00	464.62
5.科员	26	992.00	25792.00	30.95	598	910.00	544180.00	653.02
6.办事员		970.00				891.00		
7.试用期人员		772.00				709.00		
8.工勤人员					1397	893.00	1247071.00	1496.49
(1)高级技师		1105.00				1014.00		
(2)技师		1034.00			1	949.00	949.00	1.14

续表1

职级	离休人员补贴				退休人员补贴			
	人数	月标准	月发放金额	年发放总金额(万元)	人数	月标准	月发放金额	年发放总金额(万元)
(3)高级工		999.00			104	917.00	95368.00	114.44
(4)中级工		978.00			862	897.00	773214	927.86
(5)初级工		956.00			90	878.00	79020	94.82
(6)普通工		956.00			340	878.00	298520	358.22
(7)学徒工		958.00				696.00		

2.2008年义务教育学校离退休人员津补贴发放标准

单位:元/人

类别	职级	离休人员		退休人员	
		离休补贴(元/人·月)	年合计(元/人)	退休补贴(元/人·月)	年合计(元/人)
管理人员	正处	1050.00	12600.00	910.00	10920.00
	副处	996.00	11952.00	863.00	10356.00
	正科	918.00	11016.00	796.00	9552.00
	副科	882.00	10584.00	764.00	9168.00
	科员			728.00	8736.00
专技人员	副高	1010.00	12120.00	875.00	10500.00
	中级	891.00	10692.00	772.00	9264.00
	助级	891.00	10692.00	728.00	8736.00
	员级	891.00	10692.00	728.00	8736.00
工勤人员	技师			759.00	9108.00
	高级工			733.00	8796.00
	中级工			718.00	8616.00
	初级工			702.00	8424.00
	普通工			702.00	8424.00
无职务人员	中教1—3小教1	998.00	11976.00	865.00	10380.00
	中教4—5小教2—3	962.00	11544.00	834.00	10008.00

续表2

类别	职 级	离休人员		退休人员	
		离休补贴（元/人·月）	年合计（元/人）	退休补贴（元/人·月）	年合计（元/人）
	中教6级以下 小教4级以下	891.00	10692.00	772.00	9264.00
退职人员				546.00	546.00

3.2008年度临澧县机关退休人员收入情况统计表

人数（人）	人均收入水平（元/年）				
	小计	基本退休费	国家规定的津贴补贴	其他收入	改革性补贴
1419	20704.00	14854.00		5850.00	

4.2008年度临澧县事业单位退休人员收入情况统计表

人数（人）	人均收入水平（元/年）				
	小计	基本退休费	国家规定的津贴补贴	其他收入	改革性补贴
2011	16830.00	13706.00	244.00	2880.00	

5.2009年度临澧县行政事业单位离退休人员津补贴支出情况表

单位：万元

类别及项目		基本数字（人）				人均按0.75万元比例补贴			
		合计	离休（人）	退休（人）	其他（人）	补助金额合计	离 休（0.64万元/人）	退 休（0.58万元/人）	其他（人）
合 计		3703	102	3566	34	2152.70	65.92	2068.28	18.50
行政编制		740	32	705	3	431.63	20.48	408.90	2.25
财政拨款事业编 制	全额	2942	70	2861	11.00	1713.07	45.44	1659.38	8.25
	差额								
普教教育		16			16	8.00			8.00
自收自支		4			4				

第一节 行政单位离退休费

行政单位离退休费，包括人大政府机关及相关单位、政协机关、共产党机关、民主党派、社会团体等机关离退休费，以及民政部门管理的军队移交地方安置的离退休人员的离退休费补助及死后的丧葬补助费和离退休人员管理机构经费等。

临澧县1961年由民政部门开始安置老红军人员，1978年，开始办理干部离退休手续，当年办理、安置16人。

1979年1月，贯彻执行国务院《关于安置老弱病残干部的暂行办法》，统筹解决行政事业单位离退休人员经费。1980年4月，省财政厅、民政厅、人事局共同决定：在国务院文件下达前离退休的党政机关、群众团体，事业单位干部职工列入预算，由民政部门发给退休费。1980年后，办理离退休退职的干部职工，就地安置的由原工作单位发给离退休费，归同级财政开支；易地安置的由民政部门发给，当地财政列入预算，临澧县财政按预算计划一并拨入行政单位发放到人。

1982年4月4日，国务院规定：老干部离休后基本政治待遇不变，生活待遇略为从优。民国10年(1921年)7月1日到1949年9月30日，各个革命时期参加革命工作的老干部，离休后原工资照发。民国26年(1937年)7月6日以前参加革命的老干部，按本人离休前标准工资，每年增发两个月的工资，作为生活补贴；民国26年(1937年)7月7日到民国31年(1942年)12月31日，参加革命的老干部按本人离休前标准工资，每年增发一个半月的工资，作为生活补贴；民国32年(1943年)1月1日到民国34年(1945年)9月2日，参加革命的老干部，按本人离休前标准工资，每年增发一个月的工资作为生活补贴；民国34年(1945年)9月3日到1949年9月30日，参加革命的老干部，不增发生活补贴，行政8级和相当于8级以上(含8级)的老干部离休后，不增发生活补贴。

1984年12月，省政府决定，从当年10月1日起，对符合条件的行政事业单位工作的离退休人员增发适当补助费。

一、新中国成立前参加革命工作，当时享受薪金制待遇的工作人员，退休时工作年满30年的，增发本人标准工资15%的补助费；工作年限满10年不满30年的，增发10%的补助费。

二、1949年10月1日至1952年年底，参加革命工作的人员，退休时工作年限满30年的，增发本人标准工资15%的补助费；工作年限满25年不满30年的，增发10%的补助费；工作年限满20年不满25年的，增发5%的补助费。

三、1953年1月1日以后参加革命工作，工作年限满30年的，增加本人标准工资10%的补助费；工作年限满25年不满30年的，增发5%的补助费。

四、享受退休补助费的退休人员，其退休费连同补助费最高不得超过本人退休前原标准工资。当年临澧县行政单位离退休费支出6.60万元。

1985年，党中央、国务院决定(中发〔1985〕9号)《关于实施国家机关和事业单位工作人员工资制度改革方案若干问题的规定》，对国家机关和事业单位工作人员的工资制度进行改革。国家机关行政人员，专业技术人员均改以职务工资为主要内容的结构工资制，即将现行的(行政等级)标准工资加上价格补贴、奖金合并在一起，按照工资的不同职能，分为基础工资、职务工资、工龄津贴、奖励工资。对于国家机关、事业单位已经办理离休、退休的人员均不参加这次工资改革。凡是1985年4月30日以前离休、退休的按国发〔1985〕6号文件规定，年内月人均发给生活费补贴17元。1985年5月1日以后至这次工资改革之前离休、退休的，也可按国发〔1985〕6号文件规定的待遇办理离休、退休之后下一个月起发给生活费补贴17元/月。

参加了工资改革的人员，离休、退休时一律不再享受国发〔1985〕6号文件规定的生活费补贴，其离休、退休待遇，按国家的现行规定，以本人的基础工资、职务工资、工龄津贴之和为基础计发。1985年，临澧县行政事业单位有离退休人员66人，其中离休人员13人，退休人员53人，当年，财政拨付离退休费56.30万元(其中行政单位6.20万元)，年人均0.85万元。

1987年2月，省劳动人事厅、省卫生厅、省教委决定：凡按国家规定实行教龄、护龄津贴单位的工作人员，离退休时享有教龄、医护龄津贴的，可与本人的基础工资、职务工资、工龄工资合并作退休待遇的基数，1985年1月1日以后离退休的中小学教师和幼儿教师和1985年7月1日以后离退休的医护理人员，均从1986年9月1日起执行，从1987年10月1日起，中小学和幼儿园教师实行的各级工资标准(基础工资、职务工资之和)提高10%的部分，作为1987年10月以后离退休中小学和幼师计发离退休的基数。1987年1月1日起，对于1985年1月1日至6月30日批准离退休的人员，凡本人要求参加国家机关、事业单位工资制度改革或企业工资套改的，可按有关政策规定或企业工资套改的，可按有关政策规定参加改革或套改，再以改革或套改后的工资额为计发离退休费，不再享受国务院有关文件规定的生活补贴费；解放战争时期参加革命工作，1985年6月30日以前批准离休(不含上述参加工资改革或套改的人员)，原工资在行政20级及其以下的可按原工资标准增加一级工资，列入计发离休费的基数；1985年6月30日前离退的人员中，属于1956年年底参加工资改革后到1981至1983年国家机关、事业和企业单位工资普调以前的行政17级及其以下，从1965年工资改革后到1981至1983年工资普调前，从未升过工资级别的，可按原工资标准增加一级工资。当年临澧县对行政单位离退休费支出14.60万元，比1986年增长9.8%。

1991年7月，全省对国家机关、事业单位干部、工人退休生活补助费的计发办法作出调整：1949年1月1日至9月30日参加革命工作，按国务院文件规定办理了退休手续的，其退休费加上生活补助费均可按本人退休前的标准工资100%发给；新中国成立后参加革命工作的除按国务院文件规定的标准发给退休生活补助费外，还可按其工作年限增加退休生活补助费，满15年为起点，从第16年起，每满1年加发1%本人原标准工资，加发总额最高不超过本人原工资的20%，当年，临澧县财政对行政单位离退休费支出33万元。

1993年，取消单位事业经费，在民政事业费中增设离退休干部管理机构经费，当年，临澧县(含离退休)财政支出72万元。1996年，增设军队移交地方安置的离退休人员费用，当年，临澧县行政单位离退休费财政支出163万元。(1996—2003年临澧县对军队移交地方安置的离退休人员费用支出34万元)。

1982年至1996年，临澧县行政单位离退休费支出695.86万元，年均支出46.39万元。

1982~1996年临澧县行政单位离退休费支出统计表

表2-42 单位：万元

年度	支出金额	年度	支出金额	年度	支出金额	年度	支出金额
1982	4.74	1983	4.19	1984	6.60	1985	6.20

续表2-42

年 度	支出金额	年 度	支出金额	年 度	支出金额	年 度	支出金额
1986	13.30	1989	28.80	1992	40.00	1995	130.00
1987	14.60	1990	28.70	1993	72.00	1996	163.00
1988	23.30	1991	33.00	1994	129.00	合计	695.86

1997年1月，全省行政单位离退休费实行统筹，当年，临澧县行政单位离退休费由财政统一缴入县社会保障处(已离退休人员由社会保障处统一打卡发到人)。当年11月，全省对行政机关和事业单位增加离退休费。从1997年7月1日起，对1997年6月30日前，已离休人员按同职务在职人员晋升一个职务工资档次的档差增加离休费，每月低于25元的按25元增加，已退休人员按每月20元增加退休费；原享受工资100%退休费的老专家，起义人员和符合离休的退休老工人，按同职务在职人员晋升一个档次的离退休费；按规定办理退职的人员，每月按15元增加退职生活费，当年，临澧县行政单位离退休人员176人，财政对行政单位离退休费支出214万元，年人均1.22万元。

1999年，根据湖南省人事厅、财政厅湘人发〔1999〕43号文，《关于做好1999年机关、事业单位工作人员正常晋升工资档次和离退休人员增加离退休费的通知》，对全县机关事业单位1999年9月30日前已办理离休、退休、退职手续和已到离退休年龄的人员(按国家规定经组织批准留任的除外)，从1999年10月1日起，适当增加离休、退休费和退职生活费。离休人员按同职务在职人员晋升一个职务工资档次的档差增加离休费，每月低于25元的按25元增加，退休人员按每月20元增加退休费。退职人员按每月15元增加生活费。享受原工资100%退休费的老专家，起义人员和符合离休条件的退休老工人，按同职务在职人员晋升一个工资档次的档差增加退休费。当年临澧县行政事业单位离退休费支出917万元，其中：行政单位离退休费支出210万元，占行政事业单位离退休费的22.90%。

2001年，湖南省人民政府办公厅湘政办发〔2001〕54号《关于调整机关事业单位工作人员工资和增加离退休费有关实施方案》，明确对1993年9月30日前离休干部中未明确行政职务或专业技术职务的，每人每月按以下标准增加离退休费，1985年工资改革前工资级别为中教1、2、3级，小教1级和相应工资级别的干部，离休的125元，退休的115元，中教4、5级，小教2、3级和相应工资级别的干部，离休的105元，退休的95元，中教6级以下，小教4级以下和相应工资级别的退休干部80元。

机构改革中这次增加离退休人员离退休费统一按同职务同条件在职人员滚动晋档的职务档次增加离退休费，对过去的差额不再补发。当年，临澧县财政支出377万元。

年终一次性奖金当年离退休的人员视同在职人员对待，对于原已离退休的人员，过去单位曾实行了年终平均奖离退休人员已享受的按原办法处理，发给相应补贴，经费由所在单位负责。

2003年，湖南省人民政府办公厅(湘政办发〔2003〕46号)《关于调整机关事业单位工作人员工资和增加离退休人员离退休费实施方案的通知》，明确1993年9月30日前离退休干部中未明确行政职务或专业职务的，每人每月增加相应级别干部离退休费(离休80元，退休70元)。当年，临澧县行政事业单位离退休费支出2194万元，其中行政单位离退休费支出561万元，占25.57%。

2006年，根据国务院(国发〔2006〕22号)《机关事业单位离退休人员计发离退休费等问题的实施办法的通知》增加离退休费和退职生活费。对2006年6月30日前已办理离退休手续和达到离退休年龄(经组织批准留任的除外)的人员,从2006年7月1日起,涉及到临澧县行政管理单位人员的标准增加离退休费。

离休的行政人员:县处正职670元,县处副职490元,乡科正职及以下职务350元;专业技术人员、教授及相当职务990元,副教授及相当职务540元,讲师及相当职务以下350元。

退休的行政人员:县处级450元,乡科级275元,科员及办事员180元,专业技术人员、教授及相当职务700元,副教授及相当职务400元,讲师及相当职务275元,助教(含相当职务)以下职务180元;工人、技师275元,高级工以下(含高级工)及普通工180元。

对1993年9月30日前离退休人员中未明确行政职务或专业技术职务的,1985年工资改革前工资级别为中教1、2、3级,小教1级和相应工资级别的人员(无工资级别的为相应工资额),离休的每人每月增加520元,退休的每人每月增加385元,中教4、5级,小教2、3级和相应工资级别的人员,离休的每人每月增加460元,退休的每人每月增加330元;中教6级以下,小教4级以下和相应工资级别的人员,离休的每人每月增加350元,退休的每人每月增加275元。

按国发〔1986〕26号、中办厅字〔1985〕67号、厅字〔1985〕340号和劳人新〔1985〕22号等文件规定,享受原工资100%退休费的老专家、起义人员、老工人,按下列标准增加离退休费:行政管理人员、县处级480元,乡科级及以下330元;专业技术人员、教授及相当职务870元,副教授及相当职务510元,讲师(含相当职务)及以下330元,退休老工人330元。依据国家规定退职的人员按每人每月160元增加退职生活费。

2006年7月1日后离退休、退职人员,在养老保险制度建立前的离退休费和退职生活费发放标准:

离退人员:离休费按本人离休前基本工资全额计发。

退休人员:公务员退休后的退休费按本人退休前基本工资的一定比例计发。其中,工作年限满35年的按90%计发;工作年限满30年不满35年的85%计发;工作年限满20年不满30年的按80%计发;工作年限满10年不满20年的按70%计发;工作年限不满10年的按50%计发。事业单位工作人员退休后的退休费按本人退休前基本工资的一定比例计发。其中,工作年限满35年的按90%;工作年限满30年不满35年的按85%计发;工作年限满20年不满30年的按80%计发;工作年限满10年不满20年的按70%计发。

机关技术工人:普通工人退休后的退休费分别按本人退休前基本工资的一定比例计发。其中,工作年限满35年的按90%计发;工作年限满30年不满35年的按85%计发;工作年限满20年不满30年的按80%计发;工作年限满10年不满20年的按70%计发。

退职人员:事业单位工作人员和机关工人退职后的退职生活费按本人退休前的基本工资的一定比例计发。其中,工作年限满20年的按70%发;工作年限满10年不满20年的按60%计发;工作年限不满10年的按50%计发。当年,临澧县行政事业单位离退休费支出3531万元,其中行政单位离退休费支出917万元,占25.97%。

由于1997年至2006年,两次增加行政机关离退休费和退职生活费及人员增加,使行政单位离退休费支出大幅度上升。2006年,临澧县财政对行政单位离退休费支出增至917万元,比2005年增加

106万元，增长13.07%。

1997年至2006年，临澧县行政单位离退休费支出4527万元，年均支出452.70万元。

2007年，国家调整一般预算支出科目，将行政事业单位离退休类调整为“社会保障和就业”类。当年，临澧县财政对全县财政供养编制内社会保障保险费支出11020万元，其中：对行政单位社会保障支出4653万元，离退休费支出1214万元，占11.02%。比2006年增长32.39%。

2008年，临澧县根据党中央、国务院关于改革公务员（含离退休人员）工资制度、规范公务员和离退休人员收入分配《关于规范公务员津贴补贴问题的通知》（中纪发〔2006〕17号）规定和《湖南省规范公务员津贴补贴实施方案》（湘纪发〔2006〕14号）、《常德市规范公务员津贴补贴实施方案》（常纪发〔2006〕24号）、《临澧县2008年规范公务员津贴补贴实施办法》（临政〔2008〕330号）文件，对在党政机关、人大机关、行政机关、政协机关、审判机关、民主党派机关以及经批准参照《中华人民共和国公务员法》管理单位的离退休人员均按本办公法规范管理（乡镇及相关其他事业单位的离退休人员给予补助），离退休人员按不同职级及相关标准发放补贴。2008年，临澧县津补贴年人均标准1.2万元，县财政补贴编制内在岗工作人员年人均7500元。县直机关单位离休人员离休补贴各职级发放标准占同职级在职工作人员85%。退休人员退休补贴各职级发放标准占同职级在职工作人员的78%，离休人员100%（各职级具体发放标准见津补贴附件）。其资金来源，2008年参照公务员管理的离休人员县财政年人均安排5100元，退休人员县财政年人均安排4680元，对事业单位在职人员年人均安排事业费5000元，学校在职人员年人均安排事业费3000元，单位离休、退休人员分别按在职人员的85%、78%给予补助。对乡镇卫生院和定额补助单位人员（含离退休费人员）当年财政的负担口径未安排。当年，临澧县机关事业单位（行政和事业未分开统计）离退休津贴补人数2848人，其中离休人数108人，退休人数2740人，县财政津贴补贴资金支出3166.63万元，其中：离休人员年发总金额141.61万元，年人均发津补贴13112元；退休人员年发总金额3025.02万元，年人均发津补贴11040元（2008年临澧县直机关行政事业单位离退休人员津补贴发放标准及收入情况见附件表）。当年，临澧县行政单位离退休费支出1379万元。

2009年，临澧县行政事业单位离休人员102人，退休3556人，行政单位离退休费财政共支出1327万元。行政单位离退人员津补贴支出2152.70万元。

1982年至2009年，临澧县行政单位离退休费支出9142.86万元，年均支出326.53万元。其中：1982至1996年支出695.86万元，年均支出46.39万元；1997年至2009年，临澧县行政单位离退休（职）费支出8447万元，年均支出649.77万元。

1997~2009年临澧县行政单位离退休费支出统计表

表2-43　　单位：万元

年度	支出金额	年度	支出金额	年度	支出金额	年度	支出金额
1997	43.00	2001	377.00	2005	811.00	2009	1327.00
1998	141.00	2002	411.00	2006	917.00		
1999	210.00	2003	561.00	2007	1214.00		
2000	306.00	2004	750.00	2008	1379.00	合计	8447.00

离退休人员生活补贴。1982年6月1日，省政府决定，对家属在农村、退休后回农村居住自己住房的干部，由原工作单位给500元以内补助；全家住在城镇，退休后携带家人回农村定居确无住房的干部，给予1000—1500元补助。

1985年5月1日起，对国家机关、事业单位的离退休人员，除国家有关文件规定享受的待遇和副食品价格补贴外，每人每月发给17元生活补贴费。

1986年4月起，对离休干部因公致残、饮食起居需要人扶助者和因病残生活长期完全不能自理的，按机械企业二级工标准每月发给护理补助费45.5元。1986年12月提高到每月50元。1987年，对离休人员生活补贴每人每月增加3元至20元。从1989年7月1日起，对国家机关、全民所有制事业单位退休人员中既无配偶、又无子女的、月收入在145元以下者，每月可酌情发给困难补助，最高不得超过50元。1994年5月，将离休干部特需费由每人每年150元调到300元。1996年2月，对离休干部医疗费实行实报实销。从1998年起，将生活长期不能自理的离休干部的护理费标准调到每人每月100元。

2008至2009年，临澧县根据中央、省、市有关妥善解决离休干部生活待遇的精神，依据湘财综〔2007〕69号、常纪发〔2007〕16号、常财函〔2007〕40号等文件规定（临组通〔2008〕27号），就规范临澧县离休干部的生活津贴补贴作出规定：1.抗日战争时期[即民国32年（1943年）1月1日，民国34年（1945年）9月2日]参加革命的离休老干部，按本人标准工资每年增发一个月的工资，作为生活补贴。2.健康疗养费：处级待遇离休干部（含享受处级待遇的干部）每人每年350元，一般待遇离休干部每人每年300元。3.离休干部护理费：抗日战争时期参加革命工作的离休干部，护理费每人每年300元；因瘫痪等原因生活长期完全不能自理的离休干部，每人每月900元，解放战争时期参加革命工作且年满75周岁以上的离休干部，护理费每人每月200元，因瘫痪等原因生活长期完全不能自理的，护理费每人每月800元。4.交通费：县处级待遇离休干部每人每月16元，一般待遇离休干部每人每月12元。5.物价补贴：县处级待遇离休干部每人每年70元，一般待遇离休干部每人每年50元。6.电话费：县处级每人每月30元。7.1993年工资改革时的保留生活补贴（奖金）53.80元仍继续发放，其中社保发放38.80元，单位发放15元。

第二节 公检法司离退休费

公检法司部门离退休费包括公安（含监狱、劳教所）、检察、法院、司法、缉私警察等。

1984年，临澧县始有公安退休3人、检察院1人，离退休费支出0.28万元，年人均支出0.07万元；1994年，离退休人数29人，其中公安14人、司法6人、法院7人、检察院2人，离退休费支出14万元，年人均支出0.48万元。

2004年，离休5人（公安3人，司法2人），退休75人（公安39人、检察院10人、法院12人、司法14人），离退休费支出78万元，年人均1.04万元。

2006年，公检法司离退休人员80人（其中公安离休2人、退休41人，检察院7人，法院15人，司法局15人,当年,离退休费支出112万元,年人均1.44万元)。

1984年至2006年,临澧县公检法司离退休费支出718.48万元,年均支出31.24万元。

2007年,原公检法司调整为“一般公共服务”类下款级科目,公检法司离退休费统计在“社会保险和就业”(行政单位的离退休费)支出中。

1984~2006年临澧县公检法司离退休费支出统计表

表2-44 单位:万元

年 度	支出金额	年 度	支出金额	年 度	支出金额	年 度	支出金额
1984	0.28	1990	2.40	1996	24.00	2002	62.00
1985	0.40	1991	3.10	1997	45.00	2003	65.00
1986	0.50	1992	6.00	1998	35.00	2004	78.00
1987	0.60	1993	9.00	1999	38.00	2005	84.00
1988	1.40	1994	14.00	2000	55.00	2006	112.00
1989	3.80	1995	19.00	2001	60.00	合计	718.48

第三节 事业单位离退休费

事业单位离退休费包括农、林、水、工业、交通、气象、教育、科技、文体广播、卫生和其他部门及所属事业单位开支的离退休经费。

1982年,事业单位离退休费始设款项与事业单位经费一并支出,当年,临澧县事业单位离退休(职)372人,财政支出19.99万元,年人均支出537.37元。其中:农业部门31人,支出2.69万元,年人均867.74元;教育部门242人,支出14.69万元,年人均607元;卫生部门85人,支出1.15万元,年人均135.29元;其他部门14人,支出1.46万元,年人均1042.86元。

1984年12月起,省政府决定,从当年10月1日起,对符合条件的事业单位工作人员的离退休人员,增发适当补助费,其标准参照行政单位执行(见行政节内容)。当年临澧县事业单位离退休费支出39.29万元,比1982年增长96.55%。

1987年2月,省劳动厅人事厅、省卫生厅、省教委决定,凡按国家规定实行教龄、护龄津贴单位的工作人员提高10%作为离退休时的基数。同时,国家对行政单位1985年6月30日前批准离休的人员及1965年工资改革后到1981—1983年从未升过工资级别的按原工资标准增加一级工资,事业单位参照行政单位标准执行。当年,临澧县事业单位离退休费支出64.50万元,比1984年增长64.16%。

1991年7月,湖南省对国家机关、事业单位干部、工人退休生活补助费的计发办法作出调整(见行政单位标准)。当年,临澧县事业单位离退休费支出108.30万元,1996年支出572万元,比1991年增长4.28倍,其中:农业部门支出120万元,教育部门397万元,卫生部门24万元,其他部门31万元。

1982年至1996年,临澧县事业单位离退休费支出2755.92万元,年均支出183.73万元。

1982~1996年临澧县事业单位离退休费统计表

表2-45 单位:万元

年度	合计	农业部门	教育部门	卫生部门	科技部门	其他部门
合计	2755.92	502.87	2019.40	113.09	1.00	119.56
1982	19.99	2.69	14.69	1.15		1.46
1983	30.44	3.35	25.40	0.79		0.90
1984	39.29	3.33	34.11	1.35		0.50
1985	47.60	5.30	39.90	1.60		0.80
1986	62.20	6.10	53.70	1.90		0.50
1987	64.50	7.40	53.90	2.00		1.20
1988	76.10	10.10	61.40	2.80		1.80
1989	89.00	7.90	67.10	7.00		7.00
1990	112.50	18.10	83.90	3.60		6.90
1991	108.30	19.60	81.30	3.90		3.50
1992	163.00	27.00	122.00	8.00		6.00
1993	257.00	52.00	177.00	15.00		13.00
1994	501.00	107.00	352.00	19.00	1.00	22.00
1995	613.00	113.00	456.00	21.00		23.00
1996	572.00	120.00	397.00	24.00		31.00

1997年1月,全省事业单位离退休费与行政单位实行统筹,临澧事业单位离退休费由财政统一缴入县社保处,已离退休人员由县社会保障处打卡发放到个人。当年11月,全省事业单位的工作人员增加离退休(职)费,(其标准见行政节),当年,临澧县事业单位离退休(职)人员1133人,县财政对事业单位离退休(职)费支出744万元,年人均0.66万元。其中:农业部门218人,支出135万元,年人均0.77万元;教育部门573人,支出509万元,年人均0.88万元;卫生部门243人,支出30万元,年人均0.12万元;其他部门99人,支出69万元,年人均0.70万元。

1999年11月,全省在给行政单位离退休人员晋升工资的同时,给事业单位凡1999年9月30日前已办理离退休退职的人员,从1999年10月1日起晋升工资,离退休人员按同职务在职人员晋升一个职务档次的档差离退休费等参照行政标准执行,当年,临澧县事业单位离退休费支出669万元。由于1997、1999年两次增加离退休人的增资及生活费补助和人员增加,使2000年以后事业单位离退休费支出大幅度上升。2001年临澧县事业单位离退休费支出1080万元,2002年支出1258万元,比2001

年增长16.48%。

2006年，临澧县事业单位离退休人员2168人，其中：离休69人、退休2099人，其他9人，财政支出2502万元，年人均1.15万元。其中：农业部门离休5人，退休412人，支出346万元，年人均0.83万元；教育部门离休60人，退休1013人，支出1281万元，年人均1.19万元；科技部门退休4人，支出5万元，年人均1.25万元；其他部门离休4人，退休670人，支出870万元，年人均1.30万元。

1997年至2006年，全县事业单位离退休费支出13223万元，年均支出1322.3万元，其中：农业部门1535万元，教育部门8272万元，卫生部门30万元，科技部门25万元，其他部门3361万元。

1997~2006年临澧县事业单位离退休费支出统计表

表2-46 单位：万元

年　度	合计	农业部门	教育部门	卫生部门	科技部门	其他部门
合计	13223	1535	8272	30	25	3361
1997	744	135	509	30	1	69
1998	657	58	520			79
1999	669	59	539			71
2000	742	61	610			71
2001	1081	91	750			240
2002	1258	108	885			265
2003	1568	186	933		5	444
2004	1768	189	1086		7	486
2005	2234	302	1159		7	766
2006	2502	346	1281		5	870

2007年始，全县事业单位离退休人员未分单位统计，当年，临澧县事业单位离退休费支出3439万元，2008年支出4048万元，比2007年增长15.04%，至2009年，连续3年事业单位离退休费共支出12083万元，年均支出4027.67万元。

2009年，全县全额拨款事业单位离退休人员2942人（离休70人，退休2861人，其他11人，财政津补贴补助1713.07万元。当年津补贴年人均1.50万元标准，离休按100%、退休按78%计发，财政按人均0.75万元补助到单位，差额部分单位自筹。

2007~2009年临澧县事业单位离退休费支出统计表

表2-47 单位：万元

年　度	合　计	农业、教育与其他卫生部门	科技部门
合计	12083.00	11985.00	98.00

续表2-47

年　度	合　计	农业、教育与其他卫生部门	科技部门
2007	3439.00	3403.00	36.00
2008	4048.00	4014.00	34.00
2009	4596.00	4568.00	28.00

1982年至2009年，临澧县财政对事业单位离退休费共支出40144.92万元，年均支出1433.75万元。其中：1982年至1996年，支出2755.92万元，年均支出183.73万元，1997年至2006年，支出13223万元，年均支出1322.3万元。2007年至2009年，支出12083万元，年均支出4027.67万元。

第七章 行政管理费支出

清代，行政管理费包括各级官员薪俸的行政费（也叫衙门经费），分为民政费、财政费、司法费和军政费。民政费则并入行政费，资金来源于地丁人款的存留，耗羡等款项的坐支，不完全通过财政统收统支（支出金额无统计资料考证）。

民国时期，行政管理支出科目有行政费、公安费、财务费、司法费和党务费五项。

新中国建立后，1949年，国家将行政管理费支出定为类级科目，以后国家预算管理的规定，对行政管理费支出款项，经过多次修改、调整。当年，临澧县行政管理费支出20.05万元，占当年财政一般预算支出的53.0%，1949至1952年，行政管理费设行政支出和党派团体支出二款。

1953年，设行政管理费（含政治业务费、公安及司法支出）、民主党派经费（含人民团体和其他补助支出）。行政管理费占县财政一般预算支出的比重逐年下降，当年支出30.3万元。占一般预算支出的41.91%。

1955年，行政管理费又调整为行政支出和党派团体支出两款，当年，临澧县行政管理费支出37.82万元，其中：国家政府机关经费支出28.48万元，党派团体支出9.34万元。1956年，公安、司法检察支出单独设类列支，1959年，又降为款，并入行政管理费类。1959年至1967年，行政管理费类设行政支出、党派团体支出二款。1959年~1967年，临澧县行政管理支出429.83万元，其中：行政支出362.41万元，党派团体支出67.42万元。1968年至1986年，将党派团体支出并入行政管理类行政支出款内。18年共支出2761.20万元，年均支出138.06万元。

1981年，公安支出从行政支出中分出单设款。1986年，将离退休人员经费从行政支出中划出，并入抚恤和社会福利救济费类。当年，行政管理费支出340.10万元，占当年财政一般预算支出的19.07%。

1988年，党派团体支出从行政支出款中单列款项，人大经费从国家政府机关经费中分出，单列项支出。当年，行政管理费支出415.7万元，占当年财政一般预算支出的17.73%。其中：行政支出322.9万元，占行政管理费支出的77.68%。党派团体补助支出92.8万元，占行政管理费支出的22.32%。

1989年，行政管理费类预算支出科目又作调整，设行政支出、党派团体补助支出、外交支出三个款级科目。临澧县无外交支出，当年，行政管理费支出353.80万元，占财政一般预算支出的13.71%。

自1993年以来，由于提高工资，增加各项补贴和差旅费、会议费标准，行政管理费支出逐年增加。1996年，临澧县财政供养人员9098人，其中：行政编1242人，事业编7301人，其他555人，当年全县行政管理费支出1996万元，比1995年增长34.86%。其中：行政单位支出1480万元，党派团体支出516万元。1998年，行政管理费支出1566万元，比1988年增加1150.3万元，同比增长2.77倍，占当年财政一般预算支出的14.18%。2000年行政管理费类科目调整为：人大经费、政府机关经费、政协经费、共产党机关经费、社会团体机关经费和其他补助经费。

2003年，临澧县行政管理费支出4021万元，占当年财政一般预算支出的17.6%，比2002年增长16.79%。

2006年，国家将财政支出功能分为四级（省、地市、县、乡镇）31大类，行政管理费被列为第二十类，下设人大、政府机关、政协、共产党机关、民主党派机关、社会团体机关经费六款。当年，财政部、人事部（国人部发〔2006〕58号）《关于公务员工资制度的通知》，行政事业单位除工勤人员以外的工作人员实行职级工资制，其级别工资档次，按照现任职务，任职年限和套改年限确定，临澧县对编内人员进行了工资套改。

当年，临澧县贯彻执行中央（中纪发〔2006〕17号）和省（湘纪发〔2006〕14号）文件的有关规定，全县行政事业单位的在职人员和离退休人员实行《中华人民共和国公务员法》管理，并按规定发放津补贴（在职人员发给工作性补贴、生活补贴，离退休人员发给生活补贴）。年末，临澧县财政供养单位418个，12121人，其中在职人员12092人，其他29人。财政预算拨款（补助）开支人数11912人，自收自支单位人数209人（其中在职人员202人，其他7人）。财政供养单位中行政部门137个，人员5141人（其中在岗人员4277人，离休36人，退休822人，其他6人）。当年，临澧县行政管理费支出6562万元，比2005年增长24.26%。

2007年，政府财政科目将原行政管理类调整为“一般公共服务类”。下设3款24项（行政、党派团体、其他部门），人大经费调整为“人大事务”；政协经费调整为“政协事务”；政府机关经费调整为“政府办公厅（室）及相关机构事务”；共产党机关经费调整为“共产党事务”；民主党派机关经费调整为“民主党派及工商联事务”；社会团体机关经费调整为“群众团体事务”，增加“发展与改革”等17项事务。当年，临澧县一般公共服务类支出8701万元，比2006年增长32.60%，其中：行政支出4121万元［人大347万元，政府办公厅（室）及相关机构3774万元］、党派团体支出1553万元（共产党机关1168万元、政协机关215万元、民主党派及工商联32万元、群众团体138万元），其他部门支出3027万元。

2008年，临澧县行政事业统一标准规范津补贴发放，当年，财政供养人员17236人（县级15524人，乡镇级1712人），其中：离退休人员2848人，行政事业单位在职人员14388人，其中：行政编制3497人，党政机关和财政全额拨款行政事业编制人员3423人，差额拨款编制人员1608人，普教人员5009人，及其他人员851人。津补贴标准按照临澧县人民政府〔2008〕330号文执行，按年人均12000元标准发放，与2004年津补贴发放水平10928元相比较，在职人员年人均增加1072元，增长9.8%。其资金来源：财政全额拨款的行政事业编制人员年人均补助7500元，占发放津补贴的62.5%，单位自筹4500元，占发放津贴的37.5%。

2009年，“一般公共服务类”调整为“基本公共管理与服务类”，下设行政、党派团体、其他部门支出三种及人大事务、政协事务、政府办公厅(室)及相关机构事务、共产党事务、民主党派及工商联事务、改革与发展等23款，行政运行、事业运行、机关服务、行政管理事务等298项。

当年末，临澧县财政供养机构数417个，供养人数17485人(其中县级15660人，乡镇级1825人)，其中：在职人员13617人，离休人员102人，退休3717人，其他人员49人。一般预算财政拨款开支人数8850人，其中：在职人员6975人、离休人员84人、退休人员1788人，其他3人。财政补助人员8635人，其中：在职人员6581人，离休人员18人，退休人员1918人，其他118人(在职61人，退休56人，其他1人)。其中：“基本公共管理与服务”财政供养机构42个，在岗人数1510人。当年，临澧县“基本公共管理与服务类”支出10584万元，占财政一般预算支出的12.76%。比2007年增长21.64%，其中：政府机关及相关机构4555万元，人大经费430万元，共产党机关经费支出1175万元，政协经费支出284万元，民主党派及工商联经费支出44万元，群众团体经费支出166万元，其他部门3930万元。

1949年至2009年，临澧县“基本公共管理与服务费”(行政管理费)支出73460.59万元，年均支出1204.27万元。其中：1949年至2006年行政管理费支出44983.59万元，2007年至2009年，一般公共管理事务费支出28477万元，2007年至2009年，城乡社区事务费支出2970万元。

1949~2009年临澧县行政管理费支出统计表

表2-48 单位：万元

年度	合计	行政支出			党派团体支出				
		小计	国家政府机关经费	人大经费	小计	党团补助经费	政协经费	人民团体补助费	其他经费
合计	44983.59	35575.36	33737.49	1837.87	9410.23	7386.5	1101.6	619.5	302.63
1949	20.05	14.24	14.24		5.81	4.26			1.55
1950	25.88	18.29	18.29		7.59	5.81			1.78
1951	26.53	17.65	17.65		8.88	6.76			2.12
1952	24.02	16.95	16.95		9.07	7.12			1.95
1953	30.30	19.28	19.28		11.02	8.35			2.67
1954	23.26	14.19	14.19		9.07	8.22			0.85
1955	37.82	28.48	28.48		9.34	8.47			0.87
1956	46.43	32.02	32.02		14.41	9.71			4.70
1957	38.76	27.30	27.30		11.46	10.52			0.94
1958	39.41	32.75	32.75		6.66	6.66			
1959	46.74	46.09	46.09		0.65	0.65			
1960	42.82	33.24	33.24		9.58	9.58			

续表2-48

年度	合计	行政支出			党派团体支出				
		小计	国家政府机关经费	人大经费	小计	党团补助经费	政协经费	人民团体补助费	其他经费
1961	49.79	39.24	39.24		10.55	10.55			
1962	47.59	38.51	38.51		9.08	9.08			
1963	47.40	38.96	38.96		8.44	8.44			
1964	48.97	41.24	41.24		7.73	7.73			
1965	48.94	41.04	41.04		7.90	7.90			
1966	51.02	43.90	43.90		7.12	7.12			
1967	46.56	40.19	40.19		6.37	6.37			
1968	48.48	48.48	48.48						
1969	59.33	59.33	59.33						
1970	65.77	65.77	65.77						
1971	80.98	80.98	80.98						
1972	86.29	86.29	86.29						
1973	94.13	94.13	94.13						
1974	84.38	84.38	84.38						
1975	80.86	80.86	80.86						
1976	76.53	76.53	76.53						
1977	92.77	92.77	92.77						
1978	96.46	96.46	96.46						
1979	128.18	128.18	127.20	0.98					
1980	133.70	133.70	132.31	1.39					
1981	118.20	118.20	118.20						
1982	159.41	159.41	159.41						
1983	217.60	217.60	217.60						
1984	216.43	216.43	216.43						
1985	230.30	230.30	230.30						
1986	340.10	340.10	340.10						
1987	351.30	351.30	351.30						
1988	415.70	322.90	285.50	37.40	92.80	62.20	6.10		24.50

续表 2-48

年度	合计	行政支出			党派团体支出				
		小计	国家政府机关经费	人大经费	小计	党团补助经费	政协经费	人民团体补助费	其他经费
1989	353.80	267.00	245.70	21.30	86.80	65.10	7.70		14.00
1990	342.40	249.30	233.80	15.50	93.10	70.10	7.30		15.70
1991	417.20	305.40	282.10	23.30	111.80	96.80	8.50	6.50	
1992	616.00	438.00	400.00	38.00	178.00	137.00	18.00	23.00	
1993	822.00	570.00	523.00	47.00	252.00	206.00	30.00	16.00	
1994	1234.00	961.00	898.00	63.00	273.00	236.00	37.00		
1995	1480.00	1027.00	945.00	82.00	453.00	355.00	66.00	32.00	
1996	1996.00	1480.00	1405.00	75.00	516.00	426.00	52.00	38.00	
1997	1510.00	1200.00	1105.00	95.00	310.00	231.00	59.00	20.00	
1998	1566.00	1279.00	1204.00	75.00	287.00	208.00	50.00	25.00	4.00
1999	1919.00	1628.00	1547.00	81.00	291.00	205.00	51.00	27.00	8.00
2000	2174.00	1810.00	1723.00	87.00	364.00	270.00	57.00	28.00	9.00
2001	2895.00	2209.00	2080.00	129.00	686.00	540.00	102.00	33.00	11.00
2002	3443.00	2670.00	2517.00	153.00	773.00	642.00	76.00	42.00	13.00
2003	4021.00	3195.00	3066.00	129.00	826.00	678.00	90.00	44.00	14.00
2004	4432.00	3436.00	3232.00	204.00	996.00	784.00	118.00	57.00	37.00
2005	5281.00	4113.00	3902.00	211.00	1168.00	914.00	128.00	89.00	37.00
2006	6562.00	5070.00	4801.00	269.00	1492.00	1117.00	138.00	139.00	98.00

2007~2009年临澧县财政一般公共(行政管理)支出统计表

表 2-49 单位:万元

年度	合计	行政支出			党派团体					其他部门																
		小计	人大事务	政府机关及相关机构	小计	共产党机关	政协	民主党派及工商联	群众团体	小计	发展与改革	统计信息事务	财政事务	审计事务	人事事务	纪检监察事务	人口与计生事务	商务事务	知识产权事务	食品和药品监管事务	国土资源事务	地震事务	气象事务	民族事务	宗教事务	港澳台事务	档案事务
总计	28477	13347	1172	12175	4894	3579	745	113	457	10236	609	552	2242	562	712	789	2126	1011	32	3	1058	45	35	190	24	37	209
2007	8701	4121	347	3774	1553	1168	215	32	138	3027	191	173	731	169	219	271	564	318	10	3	225	20	9	57	7	11	49
2008	9192	4241	395	3846	1672	1236	246	37	153	3279	191	188	710	194	247	302	680	337	10		259	12	11	66	8	13	51
2009	10584	4985	430	4555	1669	1175	284	44	166	3930	227	191	801	199	246	216	882	356	12		574	13	15	67	9	13	109

附表：

1.2007年度临澧县支出决算经济分类明细表

2.2007年临澧县基本数字表

3.2008年度临澧县基本数字表

4.2008年度临澧县乡镇财政基本情况表

附件表：

1.2007年度临澧县支出决算经济分类明细表

单位：万元

预算科目		合计	预算科目		合计	预算科目		合计
合计		69045		被装购置费	24	债务利息支出	小计	
工资福利支出	小计	26132		专用燃料费	52		国库券付息	
	基本工资	16367		劳务费	356		向国家银行借款付息	
	津贴补贴	3825		委托业务费	17		其他国内借款付息	
	奖金	1736		工会经费	237		向国外政府借款付息	
	社会保障缴费	1679		福利费	907		向国际组织借款付息	
	伙食费补助	101		其他商品和服务支出	5072		向其他国外借款付息	
	绩效工资	879	对个人和家庭的补助支出	小计	15093	基本建设支出	小计	3725
	其他工资福利支出	1547		离休费	262		房屋建筑物构建	160
商品和服务支出	小计	18274		退休费	4501		办公设备购置	1
	办公费	990		退职(役)费	136		专用设备购置	1
	印刷费	497		抚恤金	355		交通工具购置	8
	咨询费	14		生活补助	1314		基础设施建设	3190
	手续费	6		救济费	1206		大型修缮	
	水费	224		医疗费	1547		信息网络购建	1
	电费	611		助学金	59		其他基本设施	364
	邮电费	369		奖励金	178	其他资本支出	小计	2933
	取暖费	61		生产补贴	955		房屋建筑物	816
	物业管理费	43		住房公积金	404		办公设备	187
	交通费	1334		其他	4176		专用设备	402
	差旅费	894	对企事业单位的补助支出	小计	198		交通工具	385
	出国费	11		企业政策性补助	96		基础设施	175
	维修(护)费	1671		事业单位补助			大型修缮	115
	租赁费	29		财政贴息			信息网络	76
	会议费	62		其他企事业补助	105		其他	777
	培训费	481	赠予	小计		贷款转贷及产权参股支出	小计	
	招待费	291		对国内的赠予			国内贷款	
	专用材料费	3463		对国外的赠予			产权参股	

续附件表1

预算科目		合计	预算科目	合计	预算科目		合计
	其他贷款转贷		其他支出	2690			

2.2007年度临澧县基本数字表

单位:人

科目	年末机构个数(个)	年末人数					其中									
							财政预算拨款(补助)人数					自收自支单位人数				
		合计	在职人数	离休人员	退休人员	其他人员	合计	在职人数	离休人员	退休人员	其他人员	合计	在职人数	离休人员	退休人员	其他人员
合计	418	15181	12092	108	2952	29	14866	11890	108	2846	22	315	202		106	7
行政部分	137	5141	4277	36	822	6	5138	4274	36	822	6	3	3			
一般公共服务	67	2069	2069				2069	2069								
公共安全	6	511	511				511	511								
教育	1	17	13			4	17	13			4					
科学技术	1	12	12				12	12								
文化体育传媒	1	50	50				50	50								
社会保障和就业	7	955	97	36	822		955	97	36	822						
医疗卫生		17	17				17	17								
环境保护	3	10	10				10	10								
城乡社区服务	1	174	174				174	174								
农林水事务	42	914	912			2	914	912			2					
交通运输	3	130	130				130	130								
工业商业金融等	5	282	282				279	279								
事业部分	281	10040	7815	72	2130	23	9728	7616	72	2024	16	312	199	0	106	7
一般公共服务	42	352	352				306	306				46	46			
国防	1	4	4				4	4								
公共安全		5	5				5	5								
教育	133	5014	4998			16	5014	4998			16					
科学技术	1	19	19				19	19								
文化体育传媒	26	346	346				346	346								
社会保障和就业	8	2289	87	72	2130		2183	87	72	2024		106			106	
医疗卫生	28	1560	1560				1560	1560								
环境保护		46	46				46	46								
城乡社区服务	15	223	216			7	189	189				34	27			7
农林水事务	27	182	182				56	56				126	126			

3. 2008年度临澧县基本数字表

单位：人

科目	年末机构个数（个）	年末人数					其中：															年末学生人数
							一般预算财政拨款开支人数					一般预算财政补助开支人数					经费自理人数					
		合计	在职人员	离休人员	退休人员	其它人员	小计	在职人员	离职人员	退休人员	其他人员	小计	在职人员	离职人员	退休人员	其他人员	小计	在职人员	离职人员	退休人员	其他人员	
合计	417	17300	13598	103	3566	34	4237	3497	32	705	3	12999	10040	71	2861	27	64	60	0	0	4	51770
一般公共服务	109	2501	2499			2	2277	2277				192	192				32	30			2	
人大事务	3	68	68				68	68														
政协事务	3	38	38				38	38														
政府办公厅(室)及相关机构事务	22	1194	1194				1194	1194														
发展与改革事务	5	60	60				60	60														
统计信息事务	2	28	28				20	20				8	8									
财政事务	20	228	228				228	228														
审计事务	1	47	47				47	47														
人事事务	2	24	24				24	24														
纪检监察事务	1	45	45				45	45														
人口与计划生育事务	29	172	172				18	18				154	154									
商贸事务	2	185	183			2	153	153									32	30			2	
国土资源事务	1	168	168				168	168														
地震事务	1	4	4									4	4									
民族事务	1	9	9				9	9														
宗教事务		2	2				2	2														
档案事务	2	22	22									22	22									
共产党事务	8	169	169				165	165				4	4									

续附件表3

科目	年末机构个数（个）	年末人数					其中：															年末学生人数
							一般预算财政拨款开支人数					一般预算财政补助开支人数					经费自理人数					
		合计	在职人员	离休人员	退休人员	其它人员	小计	在职人员	离职人员	退休人员	其他人员	小计	在职人员	离职人员	退休人员	其他人员	小计	在职人员	离职人员	退休人员	其他人员	
民主党派及工商联事务	1	4	4				4	4														
群众团体事务	5	34	34				34	34														
公共安全	**6**	**530**	**530**				**530**	**530**														
武装警察																						
公安	3	323	323				323	323														
国家安全																						
检察	1	66	66				66	66														
法院	1	90	90				90	90														
司法	1	51	51				51	51														
监狱																						
劳教																						
国家保密																						
缉私警察																						
其他公共安全支出																						
教育	**134**	**5332**	**5312**			**20**						**5332**	**5312**			**20**						**51770**
教育管理事务	1	17	13			4						17	13			4						
普通教育	128	5025	5009			16						5025	5009			16						49829
职业教育	1	157	157									157	157									1167
成人教育																						
广播电视教育																						

续附件表3

科目	年末机构个数（个）	年末人数					其中：															年末学生人数
		合计	在职人员	离休人员	退休人员	其它人员	一般预算财政拨款开支人数					一般预算财政补助开支人数					经费自理人数					
							小计	在职人员	离职人员	退休人员	其他人员	小计	在职人员	离职人员	退休人员	其他人员	小计	在职人员	离职人员	退休人员	其他人员	
留学教育																						
特殊教育																						
教师进修及干部继续教育	2	72	72									72	72									774
教育附加及基金支出																						
其他教育支出	2	61	61									61	61									
科学技术	2	32	32				22	22				10	10									
科学技术管理事务	1	13	13				13	13														
基础研究																						
应用研究																						
技术研究与开发		9	9				9	9														
科技条件与服务																						
社会科学																						
科学技术普及	1	10	10									10	10									
科技交流与合作																						
其他科学技术支出																						
文化体育与传媒	27	389	389				30	30				359	359									
文化	6	127	127				30	30				97	97									
文物	2	28	28									28	28									
体育	1	16	16									16	16									
广播影视	18	168	168									168	168									

续附件表3

科目	年末机构个数（个）	年末人数					其中：															年末学生人数
							一般预算财政拨款开支人数					一般预算财政补助开支人数					经费自理人数					
		合计	在职人员	离休人员	退休人员	其它人员	小计	在职人员	离职人员	退休人员	其他人员	小计	在职人员	离职人员	退休人员	其他人员	小计	在职人员	离职人员	退休人员	其他人员	
新闻出版																						
其他文化体育与传媒支出		50	50									50	50									
社会保障和就业	14	3860	191	103	3566		913	176	32	705		2947	15	71	2861							
社会保障和就业管理事务	7	86	86				86	86														
民政管理事务	4	69	69				69	69														
行政事业单位离退休		3669		103	3566		737		32	705		2932		71	2861							
就业补助																						
抚恤	1	9	9				9	9														
退役安置																						
社会福利	1	12	12				12	12														
残疾人事业	1	15	15									15	15									
其他城镇社会救济																						
红十字事业																						
其他农村社会救济																						
其他社会保障和就业支出																						
医疗卫生	28	1626	1626				18	18				1608	1608									
医疗卫生管理事务	6	56	56				18	18				38	38									
医疗服务	2	571	571									571	571									
社区卫生服务																						
医疗保障																						
疾病预防控制	2	136	136									136	136									
卫生监督	1	30	30									30	30									

续附件表3

科目	年末机构个数（个）	年末人数					其中：															年末学生人数
							一般预算财政拨款开支人数					一般预算财政补助开支人数					经费自理人数					
		合计	在职人员	离休人员	退休人员	其它人员	小计	在职人员	离职人员	退休人员	其他人员	小计	在职人员	离职人员	退休人员	其他人员	小计	在职人员	离职人员	退休人员	其他人员	
妇幼保健	1	50	50									50	50									
农村卫生	16	783	783									783	783									
中医药																						
环境保护	3	59	57			2	59	57			2											
环境保护管理事务	1	15	15				15	15														
环境监测与监察	2	44	42			2	44	42			2											
城乡社区事务	16	409	402			7	94	94				288	281			7	27	27				
城乡社区管理事务	12	291	286			5	91	91				179	174			5	21	21				
城乡社区环境卫生	1	102	102									102	102									
建设市场管理与监督	3	16	14			2	3	3				7	5			2	6	6				
农林水事务	70	2151	2149			2	47	47				2102	2102				2				2	
农业	55	664	662			2	47	47				615	615				2				2	
林业	8	81	81									81	81									
水利	6	1397	1397									1397	1397									
农业综合开发	1	9	9									9	9									
交通运输	3	130	130									130	130									
公路水路运输	3	130	130									130	130									
工业商业金融等事务	5	281	281			1	247	246			1	31	31				3	3				
粮油事务	1	161	161				158	158									3	3				
商业流通事务	1	31	31									31	31									
安全生产	2	49	49				49	49														
中小企业事务	1	40	39			1	40	39			1											

4．2008年度临澧县乡镇财政基本情况表

单位：万元、个、人

项目	合计	乡	镇	项目	合计	乡	镇	项目	合计	乡	镇
一、本年乡镇数	17	9	8	十一、乡镇一般预算收支平稳情况				十三、乡镇国有资本经营预算收支平稳情况			
其中：实行“乡财县管”的乡镇数	17	9	8	一般预算收入	7797	3823	3974	国有资本经营预算收入			
二、乡镇财政机构数	17	9	8	本年本级收入	3212	427	2785	本年本级收入			
其中：财税所数				税收收入	3088	411	2677	地震灾后恢复重建补助收入			
三、已建立乡镇国库的乡镇数	3		3	非税收入	124	16	108	上年结余			
四、税务所机构数	6		6	上级补助收入	4585	3396	1189	国有资本经营预算支出			
国家税务所数	3		3	其中：地震灾后恢复重建补助收入				本年本级支出			
地方税务所数	3		3	上年结余				调出资金			
其中：一乡（镇）一所数				调入预算稳定调节基金				年终结余			
五、乡镇财政所总人数	102	47	55	调入资金				十四、乡镇预算外收支情况			
1．行政编制实有人数	99	47	52	地震灾后恢复重建调入资金				预算外财政专户收入	46	28	18
2．事业编制实有人数	3		3	一般预算支出	7797	3823	3974	本年本级收入	46	28	18
3．以工代干人数				本年本级支出	7797	3823	3974	上级补助收入			
4．集体财务人员人数				上解上级支出				上年结余			
六、乡镇财政供养人数	1712	794	918	安排预算稳定调节基金				预算外财政专户支出	46	28	18
1．一般预算财政拨款开支人数	1562	714	848	调出资金				本年本级支出	46	28	18
2．一般预算财政补助开支人数	150	80	70	年终结余				上解上级支出			
其中：教师				其中：净结余				政府调剂资金			
七、赤字乡镇个数				十二、乡镇政府性基金预算收支平稳情况				其中：调入一般预算资金			
八、乡镇年末总人口	444720	177511	267209	政府性基金收入	232	111	121	年终结余			
城镇人口	83848	7154	76694	本年本级收入							
乡村人口	360872	170357	190515	上级补助收入							
九、乡镇财政一般预算收入分档				其中：地震灾后恢复重建补助收入							
100万元（不含）以下的乡镇数	9	6	3	上年结余	232	111	121				
100万元（含）-500万元的乡镇数	5	3	2	调入资金							
500万元（含）-1000万元的乡镇数	3		3	政府性基金支出							
1000万元（含）以上的乡镇数				本年本级支出							
十、村民委员会个数	339	159	180	上解上级支出							
				调出资金							
				年终结余	232	111	121				

第一节 行政支出

清代末，县级行政支出，主要是县衙吏公职人员俸给及公杂费用。光绪二年（1876年），临澧县衙知县、教谕、训导、典吏以及三班六房、书差、衙役55人，巡折司署18人，共支俸薪与工食费521.5两，养廉费731两，共支出行政管理费1234.5两，占当期可供县级财政支出的地丁存留与耗羡银1570.8两的78.5%。其中：知县俸银27.49两，薪银17.51两，养廉费600两，巡检司、典史各支银31.52两，教谕、训导共支俸薪72.26两。

宣统年间（1909年~1911年），临澧县定为四等县，每年定额支出行政管理费4650两，后奉户部令照减一成后，实支4185两，在人款地丁存留及耗羡银内坐支不足部分停支。

民国初期，称内务费，随着军阀割据，内战迭起，财政奇绌，省政府规定自民国2年（1913年）起至民国6年（1917年），县署经费及各官员薪俸，一律减成发放。凡月薪40元以上的发九成，50元以上的发八成半，100元以上的发八成，150元以上的发七成半，200元以上的发七成。各官署衙门坐支公费一律按八成发给。

民国17年（1928年），改为行政费，仍以知事公署经费为主，分个人经费和公用经费两部分，个人经费主要是各级长官及部署的薪俸。按县分等支付。民国3年（1914年），临澧定为三等县，知事月支薪俸银洋175元，公费150元。民国19年（1930年），省府按人口、财富、面积多少，重厘定县级，临澧定为二等县。知事月薪225元，公费提高到375元，部属薪俸实行等级收，县署科长月支银洋30元，科员20元，典狱长60元，看守12元，

民国18年（1929年），财政状况由混乱局面步入正轨。国民政府规定“预算章程”，地方行政费开支标准，由省政府预算委员会审定。是年，县政府经费、党务费、公安司法费、地方自治费与财务费五款，属行政管理费类，全年，共支出法币32244元（与银圆比值相等），其中：行政费支出14640元，占行政管理费类的45.4%，由于公职人员薪俸不断提高，个人经费比民国初年增长幅度较大，县署科长薪俸标准由民国3年（1914年）月支30元提高到70元，科员由月支20元提高到40元。是年，行政费个人经费支出11760元，占本项支出的80.33%，公用经费支出288元，占本项支出的19.76%。民国22年（1933年），因灾荒财政收入减少，公务费一律按七成发给，民国23年（1934年），行政支出27240元，占行管费支出的16%，民国34年（1945年），抗日战争结束，国民政府面临政治、经济总崩溃，通货膨胀，县城稻谷价格比抗战初期上涨400倍，县政府面临危机，行政费支出速度惊人，抗战前民国23年（1934年），行政支出只占行政管理费的16%，民国34年（1945年），支出行政费335.8万元，占同期财政管理费的62.9%，上升幅度为10年前的3.9倍。

民国18年~民国34年临澧县个别年份行政费支出占财政支出比例

表2-50 单位：元（法币）

年　　度	财政总支出	行政费支出	占总支出%	说明
民国18年（1929年）	32244	14640	45.4%	法币
民国23年（1934年）	170250	27240	16%	法币
民国30年（1941年）	170250	27240	16%	法币
民国34年（1945年）	5338600	3358000	62.90%	法币

新中国成立后，行政费支出，主要是各级行政机关经费，是国家预算支出的款级科目，属于“行政管理费类”。行政支出项目，各个时期设置不同。

1949年，始设行政支出，党派团体支出，当年，临澧县行政支出折合新版人民币14.24万元。1952年，供薪制职别人员共计453人。县行政人员207人，其中：正副县长3人，科长20人，科员101人，办事员58人，勤杂员25人；党派及人民团体人员37人。其中：书记1人，部长2人，干事25人，办事员6人，勤杂员3人；乡镇行政机构人员120人，其中：区长12人，助理员92人，勤杂员16人；乡镇区委人员89人，其中区书记8人、委员16人、干事59人、勤杂6人。当年，行政经费支出16.95万元。包含：1.供给生活、津贴等16项，当年支出6.95万元。2.家属补助费等项支出0.57万元。3.公杂费：办公、水电、书报、电报、电话、邮费等9项，支出7.46万元。4.交通运输费：含自行车修理费、骡马费用等5项交通运输费支出0.02万元，其他支出1.95万元。

1954年至1956年，设各级人民代表大会经费、行政机关经费、乡镇行政经费和其他行政经费项。1957年前，公用经费占行政支出的比重小，从1958年开始，公用经费逐年增加。1959年，只设国家机关经费、其他行政经费和外事经费三项。

1960年至1962年，行政费设人民代表大会经费、国家机关经费、公社行政费、外宾招待费、党派和人民团体补助费和其他行政费6项。其中：1962年，增设精减人员经费的临时项目。1963年，增设干部训练费。

1964年至1967年，设国家机关经费、党派和人民团体补助费、行政业务费、干部训练费和其他行政费（实则分为个人经费和公用经费两部分）等项；其中（1964年~1965年）增设社教工作队非脱产人员经费与人口普查费两个临时项目。1966年至1967年增设学习毛主席著作集训费。1976年，行政支出分为国家机关经费、行政业务费、干部训练费、外事费、其他行政费五个项级科目。

1968年至1975年，行政支出未分项，只分个人经费和公用经费支出明细。个人经费有工资、补助工资、职工福利费、人民助学金、离退休人员经费和差额补助费等。1977年起，取消外事费，1978年，又增设档案馆经费。

1980年后，还包括发给个人的增收节支奖金。个人经费一般占行政支出的50%~60%。行政支出的公用部分包括公用费、设备购置费、修缮费、业务费、其他支出等。1980年始，差旅费标准不断提高，行政单位多数购有小车，用油和修理费不断增加，会议费、机关修缮费也大量增加，公用经费增长较快。各时期公用经费占行政支出的比重：1954年至1956年占24.49%；国民经济三年调整时期

（1963—1965），占30.44%；“五五”时期（1976年~1980年）占56.67%；“六五”时期（1981的年~1985年）占52.65%。

1984年，档案馆经费单列。1984年起，取消干部训练费支出。1985年至1987年，行政支出款目并列为行政机关经费、行政业务费、其他行政费三个款级科目。

1988年，政府将党派团体（含政协、党团、人民团体）经费支出从行政支出款项中分出单列，行政支出中保留人大经费，政府及相关机构经费。当年临澧县行政支出在编供薪制人数939人，其中：人大38人，政府及相关机构399人、乡镇502人。当年，行政支出322.90万元，年人均支出0.34万元。其中，人大37.40万元，年人均0.98万元；政府及相关机构285.50万元，年人均0.72万元。

1998年，行政费支出上升幅度大，当年支出1279万元（人大经费75万元，国家政府机关经费1204万元），比1988年增长2.96倍。

1999年，行政经费支出1628万元，比1989年的267万元增长5.10倍。

2002年1月，临澧县财政贯彻执行财政部、人事部、中央机构编制委员会办公室（2000年6月21日）关于《行政单位财政统一发放工资暂行办法》的通知，对全县各级党政机关、人大、政协机关、公检法司及有关人民团体及所有由财政供养的编制内，全额和限额拨款单位的正式干部职工工资实行了由财政工资发放中心打卡发放到个人，当年统发单位89个，人数6088人，统发工资6060万元，月均统发金额505万元。2003年，普及到全县70个县直单位，18个乡镇等，打卡发放人数6068人，年统发金额6272万元，月均打卡发放金额523万元。2009年，纳入财政工资统发全额拨款的单位139个，全年工资统发打卡人员6200人，全年工资统发9839万元，月统发金额819.92万元，比2003年单位增加51个，增长57.95%，人数增加132人，增长2.18%，月金额统发增加296.92万元，增长56.77%。确保了财政供养人员及时足额发放。

2006年，临澧县贯彻执行中央（中纪发〔2006〕和省湘纪发〔2006〕14号）文件的有关规定，对全县行政事业单位的在职人员和离退休人员实行按《中华人民共和国公务员》，按规定发放津补贴（在职人员发给工作性补贴，生活补贴，离退休人员发给生活补贴），当年，临澧县行政支出5070万元，比2005年增长23.27%。其中：人大经费支出269万元、政府机关经费4801万元。

2007年，将“行政管理费类”调整为“一般公共服务类”，下设行政事务［人大机关、政府办公厅（室）及相关机构事务］、党派团体事务（共产党机关、政协机关、民主党派、人民团体、乡镇社区）其他部门等23款298项（离退休费支出款项调整到社会保障和就业科目）。当年，“一般公共服务类”中财政预算拨款（补助）行政事务、事业机构数26个，在职人数1216人，经费支出4121万元，年人均3.38万元。其中：人大事务机构3个，行政在职人数60人、事业在职人数4人、事务经费支出347万元，年人均5.24万元；政府及相关机构数18个，在职人数1152人，一般预算事务经费支出3774万元，年人均3.28万元。

2008年，临澧县行政事业单位执行常政函〔2008〕76号文，统一规范公务员津贴补贴实施方案。

2009年，“一般公共服务类”调整为“基本公共管理与服务类”，行政支出设“人大事务”“政府办公厅（室）及相关机构事务”等25款，设行政运行、事业运行、机关服务、专项服务等272项。当年临澧县基本公共管理与服务类（行政）、人大、政府及相关机构数26个，在职人数1263人，经费支出4985万元，年人均3.95万元。其中人大行政机构2个，行政事业在职人数64人，经费支出430万元，年人均6.72万元。政府机关及相关机构数24个，行政、事业在职人数1199人，政府机关及相关机构经费支出4555万元，年人均支出3.80万元。

1949年至2009年，临澧县行政支出48922.36元，年均支出887.67万元。其中：1949年至2006年支出35575.36万元，年均支出613.37万元；2007年至2009年支出13347万元，年均支出4449万元。

第二节 党派团体支出

1949年至1967年，党派团体经费在行政管理费类中单设款支出，19年共支出160.73万元，年均支出8.46万元。1968年至1987年，在行政支出中国家政府机关经费款中支出。1988年，行政管理费类调整，单列党派团体经费补助支出的款级科目，下设党派补助费、政协经费、人民团体补助费、其他经费等4项，当年，临澧县党派团体经费补助支出92.80万元，其中：共产党机关经费62.20万元，政协经费6.10万元，其他经费24.50万元。1998年后，临澧县党派团体经费补助大幅上升，当年，支出287万元，其中：共产党机关经费208万元，政协经费50万元，人民团体经费25万元。其他经费4万元。

2000年，临澧县党派团体机构数9个，在岗人数224人，离退休人员42人，县党派团体经费支出364万元，年人均0.71万元。其中：共产党机关机构3个，在岗人员166人，离退休27人（不含其他），经费支出270万元，年人均1.40万元；政协机构1个，在岗人员26人，离退休10人，经费支出57万元，年人均1.58万元；民主党派社会团体机构5个，在岗人员32人，离退休5人，经费支出28万元，年人均0.76万元，（另有其他机构5个，在岗人员152人，退休93人。补助经费支出9万元）。2001年比2000年在岗人员减少96人，经费支出增加322万元，增长88.46%。

2005年，临澧县党派团体支出首破千万大关，达1168万元，比2004年增长17.27%，2006年支出1492万元，比2005年又增长27.74%。

1988年至2006年，临澧县党派团体经费支出9410.23万元，年均支出495.28万元。其中：党团补助经费支出7386.50万元，政协经费支出1101.60万元，人民团体补助费支出619.50万元，其他经费支出302.63万元。

2007年，"行政管理费类"调整为"一般公共服务类"，将"党派团补助费"调整为"共产党机关事务、政协事务、民主党派及工商联事务、群众团体事务"等4款，下设行政运行、事业运行等38项及其他支出。当年，临澧县党派团体机构数32个，在岗人员662人（离退休划入社保支出），县党派团体经费支出1553万元，年人均3.76万元。其中：共产党机关机构数8个，在岗人数172人，经费支出1168万元，年人均6.79万元；政协机构3个，在岗人员38人，经费支出215万元，年人均5.66万元；民主党派及工商联和群众团体机构5个，在岗人员41人，经费支出170万元，年人均4.15万元。

2009年，"一般公共服务"类调整为"基本公共管理与服务"类，下设"共产党事务""政协事务""民主党派及工商联事务""群众团体事务"等4款35项。当年，临澧县党派团体机构数30个，在岗人员656人，县党派团体经费支出1669万元，年人均2.54万元。其中：共产党机关1175万元，政协机关284

万元,民主党派及工商联44万元,群众团体166万元。当年,临澧县党派机构数16个,在岗人数比2008年增加9人,经费支出增长8.81%(离退人员工资由社保发放,津补贴由单位发)。

2007年至2009年,临澧县党派团体事务经费支出4894万元,年均支出1631.33万元。

1988年至2009年,临澧县党派团体(事务)经费支出14304.23万元,年均支出348.88万元。其中:共产党机关10965.50万元、政协机关1846.60万元、民主党派及工商联113万元、人民团体1076.50万元、其他302.63万元。

1949年至2009年,临澧县党派团体单列(41年)支出14304.23万元,年均支出348.88万元。其中:共产党机关支出10965.5万元,政协机关支出1846.6万元,民主党派及工商联支出113万元,人民团体及其他支出1379.13万元。

第三节 其他部门事务支出

2007年,国家调整预算科目,将发展与改革等17款事务费从行政支出中调整到新设立的其他部门事务费支出中,当年,临澧县支出3027万元,2009年,上升至3930万元,比2008年增加651万元,增长19.85%。2007年至2009年,临澧县其他部门事务费支出10236万元,年均支出3412万元。其中:发展与改革支出609万元,统计信息事务552万元,财政事务支出2242万元,审计事务支出562万元,纪检监察事务支出789万元,人口与计生事务支出2126万元,商务事务支出1011万元,知识产权事务支出32万元,食品和药品监理事务支出3万元,国土资源事务支出1058万元,地震事务支出45万元,气象事务35万元,民族事务支出190万元,宗教事务支出24万元,港澳台事务支出37万元,档案事务支出209万元。

第四节 城乡社区事务

2007年,国家财政支出新设"城乡社区事务"类级科目,下设城乡社区管理事务、城乡社区规划与管理,城乡社区公共设施、城乡社区住宅、临澧县社区环境卫生、建设市场管理与监督和其他事务支出等7款。设行政运行、城管执法等21项。当年,临澧县"城乡社区事务"有机构数16个,在岗人员402人。当年,城乡社区事务费支出878万元,年人均2.18万元。

2009年,临澧县"城乡社区事务"有机构数16个,在岗人员411人,县财政对城乡社区事务经费支出936万元,年人均2.28万元,比2007年增长6.61%,年人均增长4.5%。

2007年至2009年,临澧县城乡社区事务费支出2970万元,年均支出990万元。其中,城乡社区管理事务支出1405万元,规划与管理支出61万元,公共设施支出575万元,住宅支出221万元,环境卫生支出488万元,市场管理支出128万元,其他支出92万元。

2007~2009年临澧县城乡社区事务费支出统计表

表2-51 单位:人、万元

年份	机构数(个)	在岗人数	小计	城乡社区管理事务	城乡社区规划与管理	城乡社区公共设施	城乡社区住宅	城乡社区环境卫生	建设市场管理与监督	其他城乡社区事务支出
合计			2970.00	1405.00	61.00	575.00	221.00	488.00	128.00	92.00
2007	16	402	878.00	422.00	25.00	207.00		126.00	41.00	57.00
2008	16	409	1156.00	491.00	15.00	225.00	221.00	163.00	41.00	
2009	16	411	936.00	492.00	21.00	143.00		199.00	46.00	36.00

附表:2008年临澧县行政事业编制人员工资津补贴发放情况表

1.2008年临澧县行政事业单位基本数字表

单位:人

类别		合计	在职人员	离休人员	退休人员	其他人员
行政编制		4212	3497	37	705	3
财政补助事业编制	全额	6366	3423	71	2861	11
	差额	1608	1608			
普教教育		5025	5009			16
自收自支		64	60			4
合计		17305	13597	108	3566	34

2.2008年临澧县直机关单位在职工作人员津贴补贴发放标准

单位:人、元

职级	人数	月标准			月发放金额	年发放金额(万元)	备注
		月标准小计	其中工作性津贴	生活性补贴			
合计	7004	1178.00	471.00	707.00	8251394.00	9901.67	
1.正处	10	1458.00	583.00	875.00	14580.00	17.50	
2.副处	60	1383.00	553.00	830.00	82980.00	99.60	
3.正科	171	1275.00	510.00	765.00	218025.00	261.63	
4.副科	1091	1225.00	490.00	735.00	1336475.00	1603.77	
5.科员	4936	1167.00	467.00	700.00	5760312.00	6912.37	
6.办事员	15	1142.00	457.00	685.00	17130.00	20.56	
7.试用期人员	2	908.00	363.00	545.00	1816.00	2.18	
8.工勤人员	719	1141.00			820076.00	311.00	

续附表2

职级	人数	月标准			月发放金额	年发放金额（万元）	备注
		月标准小计	其中工作性津贴	生活性补贴			
⑴高级技师		1300.00	520.00	780.00			
⑵技　师	8	1217.00	487.00	730.00	9736.00	11.68	
⑶高级工	86	1175.00	470.00	705.00	101050.00	121.26	
⑷中级工	433	1150.00	460.00	690.00	497950.00	597.54	
⑸初级工	172	1125.00	450.00	675.00	193500.00	232.20	
⑹普通工		1125.00	450.00	675.00			
⑺学徒工	20	892.00	357.00	535.00	17840.00	21.40	

3.2008年度临澧县公务员及城镇单位在岗职工工资收入情况统计表

单位：人、元

公务员工资收入情况								城镇单位在岗职工平均工资（元/年）
人数	人均收入水平（元/年）							
	小计	基本工资	国家规定的津贴补贴	国家规定的年终一次性资金	规范后的津贴补贴		改革性补贴	
					上级批复水平	实际发放水平		
3728	22947	13345	1209		15000	7500	893	18657

4.2008年度临澧县事业单位工作人员工资收入情况统计表

单位：人、元

正式工作人员							非正式工作人员	
人数	人均收入水平（元/年）						人数	人均收入水平
	小计	基本工资	国家规定的津贴补贴	国家规定的年终一次性资金	其他收入	改革性补贴		
5659	19649	13393	578		5000	678	513	8521

5.2008年临澧县公务员与义务教育教师工资及规范津补贴发放情况表

执行公务员工资							义务教育教师							人均年工资收入公务员比义务教育教师多（元）
人数	人均月基本工资（元）	人均年基本工资（元）	规范津补贴情况			人均年工资收入（元）	人数	人均月基本工资（元）	人均年基本工资（元）	2008年津补贴发放情况			人均年工资收入（元）	
			2008年规范津补贴情况	规范前	人均增加津补贴（元）					财政拨款（元/人）	单位自筹（元/人）	小计		
			人均年发放标准（元）	人均年发放津补贴（元）										
1997	1136	13632	11569	9812	1757	25201	3798	1350	16200	5000	3000	8000	24200	1000

6.2008年临澧县公务员工资及规范津补贴发放情况表

单位:元

单位名称	执行公务员工资				规范津补贴情况						
					2008年规范津补贴情况				规范前		人均增加津补贴
					人均年发放标准			合计	人均年发放津补贴	合计	
	人数	月基本工资	人均月基本工资	年人均基本工资	财政拨款	单位自筹	小计				
人大办	26	37296	1434	17208	7500	4500	12000	312000	11500	2990000	500
纪委	25	27325	1093	13116	7500	4500	12000	300000	10980	274500	1020
政协办	15	21688	1445	17340	12000		12000	180000	11850	177750	150
县委办	37	48690	1315	15780	7500	4500	12000	444000	11300	418100	700
档案局	11	12628	1148	13776	7500	4500	12000	132000	9900	108900	2100
史志办	4	4768	1192	14304	7500	4500	12000	48000	8850	35400	3150
组织部	24	25633	1068	12816	7500	4500	12000	288000	12000	288000	0
老干局	4	4555	1138	13656	7500	4500	12000	48000	7905	31620	4095
总工会	10	11956	1195	14340		12000	12000	120000	10600	106000	1400
妇联	6	6012	1002	12024	7977.6	4022.4	12000	72000	7977	47862	4023
团委	2	1855	927	11124	7000	4000	11000	22000	11000	22000	1000
编办	7	7588	1084	13008	7500	4500	12000	84000	13700	95900	-1700
宣传部	7	8852	1264	15168	1200		1200	84000	10753	75271	1247
文化局	16	19254	1203	14436	6406	1881	8287	132592	7287	116592	1000
广电局	22	25171	1144	13728	7500	1705	9205	202510	9205	202510	2357
体育局	4	4853	1213	14556	9800	2200	12000	48000	9800	39200	1000
文联	5	5294	1058	12696	7500	4500	12000	60000	9643	48215	2210
统战部	6	7864	1310	15720	7500	4500	12000	72000	11000	66000	
工商联	4	4789	1197	14364	7500	4500	12000	48000	9790	39160	
政法委	11	12619	1147	13764	7500	4500	12000	132000	12000	132000	
法院	80	88441	1106	13272	7500	4500	12000	960000	12000	960000	
检察院	65	72523	1115	13380	7500	4500	12000	780000	12000	780000	
公安局	232	238217	1026	12312	7500	4500	12000	2784000	10000	2320000	2000
司法局	51	53924	1057	12684	7500	500	8000	408000	6925	353175	1075

续附表6

单位名称	执行公务员工资				规范津补贴情况						
					2008年规范津补贴情况				规范前		人均增加津补贴
					人均年发放标准			合计	人均年发放津补贴	合计	
	人数	月基本工资	人均月基本工资	年人均基本工资	财政拨款	单位自筹	小计				
民政局	37	45806	1238	14856	7500	4500	12000	444000	8465	313205	3535
交警大队	66	69542	1053	12636	7500	4500	12000	792000	11000	726000	1000
政府办	51	58024	1138	13656	7500	4500	12000	612000	12000	612000	0
人事局	16	18365	1147	13764	12000		12000	192000	12000	192000	0
财政局	228	287736	1262	15144	7500	4500	12000	2736000	7500	1710000	4500
审计局	32	38029	1188	14256	11937		11937	381984	8950	2864000	2987
国土局	32	42327	1322	15864	7500	4500	12000	384000	8885	284320	3115
信访局	7	7588	1084	13008	7500	4500	12000	84000	10000	70000	2000
统计局	21	21943	1045	12540	7500	4500	12000	252000	8000	168000	4000
残联	8	8487	1060	12720	7500	4500	12000	96000	8200	65600	3800
粮食局	56	66653	1190	14283	7500	4500	12000	672000	7400	414400	4600
政务中心	8	7176	897	10764	7600	1680	9280	74240	8280	66240	1000
信息化办	5	5376	1075	12900	7500	4500	12000	60000	10120	33240	
农业局	103	114785	1114	13368	8580	2420	11000	1133000	8500	875500	
林业局	36	41935	1164	13968	7500	4500	12000	432000	11245	404820	755
畜牧局	33	37567	1138	13656	7500	4500	12000	396000	9000	297000	3000
农机局	24	30191	1258	15096	7500	2500	10000	240000	8468	203232	15832
水利局	37	44205	1194	14328	5676	6324	12000	444000	9800	362600	2200
移民局	6	7623	1270	15240	7500	4500	12000	72000	12320	73920	-320
能源办	3	3076	1025	12300	3168	8832	12000	36000	11760	35280	240
经管局	20	23520	1176	14112	7500	4500	12000	240000	7700	154000	4300
建设局	35	43035	1229	14748	3200	8800	12000	420000	6356	222460	5644
环保局	17	21477	1264	15168	10800		10800	183600	10800	183600	0
城管局	8	9805	1225	14700	8313		8313	66504	8313	66504	0
商务局	24	28770	1199	14388	7500	2500	10000	240000	9500	228000	500

续附表6

单位名称	执行公务员工资				规范津补贴情况						
	人数	月基本工资	人均月基本工资	年人均基本工资	2008年规范津补贴情况				规范前		人均增加津补贴
					人均年发放标准			合计	人均年发放津补贴	合计	
					财政拨款	单位自筹	小计				
科技局	10	13622	1362	16344	7500	2500	10000	100000	8585	85850	1415
科协	4	5126	1282	15384	7500	2500	10000	40000	7583	30332	2417
工业局	32	38123	1191	14292	7500	3500	10000	352000	8020	256640	2980
交通局	44	50524	1148	13776	7500	4500	12000	528000	7618	335192	4382
烟花局	7	8264	1181	14172	12000		12000	84000	11000	77000	1000
安监局	20	19608	980	11760	8100	4130	12230	24460	8100	162000	4130
县供销联社	18	24559	1364	16368	4265	7735	12000	216000	10200	183600	1800
计生局	21	26528	1263	15156	7000	5000	12000	252000	8000	168000	4000
劳动局	36	41574	1154	13848	7500	4500	12000	432000	7440	267840	4560
发改局	31	33393	1077	12924	7500	4900	12400	384400	12400	384400	-400
教育局	13	15639	1203	14436	5000	3000	8000	104000	6800	88400	1200
卫生局	20	24225	1211	14532	7500	4500	12000	24000	6425	128500	5575
官亭乡政府	26	27883	1072	12864	7500	4500	12000	312000	13000	338000	-1000
九里乡政府	26	30342	1167	14004	2460	9540	12000	312000	11670	303420	330
新安镇政府	17	18723	1101	13212	7500	4500	12000	204000	10800	183600	1200
合口镇政府	30	32879	1096	13152	7500	4500	12000	360000	9800	294000	2200
停弦镇政府	12	16060	1338	16056	4192	7807	12000	144000	11000	132000	1000
修梅镇政府	23	24938	1084	13008	5000	7000	12000	276000	10890	250470	1110
太平开发区	31	32785	1057	12684			8754	271374	8754	271374	0
佘市镇政府	16	17310	1082	12984	7500	4500	12000	192000	11500	184000	500
杨板乡政府	13	13718	1055	12660	7500	1500	9000	117000	8900	115700	100
陈二乡政府	16	18139	1133	13596	9360	2640	12000	192000	10000	160000	2000
文家乡政府	21	20726	987	11844	3105.6	8260	9000	238665	10585.6	222297.6	780
太浮镇政府	23	21630	940	11280	7500	4500	12000	276000	11000	253000	1000
四新岗政府	22	25389	1154	13848	7500	4500	11365	264000	11700	257400	300

续附表6

单位名称	执行公务员工资				规范津补贴情况						
					2008年规范津补贴情况				规范前		人均增加津补贴
					人均年发放标准			合计	人均年发放津补贴	合计	
	人数	月基本工资	人均月基本工资	年人均基本工资	财政拨款	单位自筹	小计				
柏枝乡政府	13	14068	1082	12984	3105	8895	12000	156000	12600	163800	-600
烽火乡政府	18	21511	1195	14340	7500	4500	12000	216000	7800	140400	4200
杨板乡政府	26	26127	1004	12048	7500	4500	12000	312000	10800	280800	1200
望城乡政府	22	25476	1158	13896	7000	5000	12000	264000	9700	213400	2300
安福镇政府	27	33969	1258	15096	3170	8350	11520	311040	10015	270405	1505
合　　计	2225	2557694	91215	1094583	556915.2	331621.4	893291	25403369	775212.6	26555897	141199

7.临澧县义务教育学校2008年津补贴发放情况

单位:人、元

被调查单位	在册人员		其中:在职在岗(中)		在职在岗在(小)		离退休		提前离岗		其他人员	备注
	学校个数	人数	人数	2008年津补贴标准	人数	2008年津补贴标准	人数	2008年津补贴标准	人数	2008年津补贴标准		
合口中学	12	237	89	15490	132	12662	72	6265	53	5408	23	
文家中学	7	98	36	13054	51	8634	26	5965	34	4855	2	
柏枝中学	6	211	112	11928	36	9934	50	6150	41	4910	8	
陈二中学	6	157	59	13025	13	9304	44	6273	44	5850	10	
二　　中	1	180	137	16221			34	3419	2	5800	7	
三　　中	1	230	121	11918			45	6065	17	5682	47	
二完小	1	54			86	9980	271	34137	191	32505	97	
幼儿园	24	14	13290	8	5800	2	4970					
教研室	22	11	13066	10	5950			1				
进修学校	72	33	13714	32	5830	7	498					
农民中专	162	82	15162	50	5885	7	4850	23				
丁玲学校	151	151	17813									
合计/平均	34	1167	554	13705	318	10845	292	34137	191	32505	97	

8.2009年公务员及城镇单位在岗人员工资收入情况表

单位：人、元

公务员工资收入情况								城镇单位在岗职工平均工资（元/年）
	人均收入水平（元/年）							
人数（人）	小计	基本工资	国家规定的补贴	国家规定的年终一次性奖金	规范后的津贴补贴		改革性补贴	
					上级批复水平	实际发放水平		
3750	27530	13376	1254		12000	12000	900	21234

9.2009年事业单位在岗工作人员工资收入情况表

单位：人、元

正式工作人员					非正式工作人员	
人数（人）	人均收入水平（元/年）				人数（人）	人均收入水平（元/年）
	小计	基本工资	国家规定的津补贴	改革性补助		
5718	26086	13394	12000	692	527	9600

1955~2009年临澧县公共服务（行政管理）机构个别年份基本数字统计表

表2-52

单位：人

年份	合计			行政												党派团体														
				小计			人大			政府机关及相关机构			其他			小计			共产党机关			政协			民主党派及工商联			社会团体		
	机构数	在岗人数	离退休人数	机构	在岗	离退休	机构	在岗	离退休	机构	在岗	离退休	机构	在岗	离退休	机构	在岗	离退休	机构	在岗	离退休	机构	在岗	离退休	机构	在岗	离退休	机构	在岗	离退休
1955		378			260												118													
1965		532																												
1975		1587																												
1985		1096			985												111													
1995	48	953	180	33	770	146	1	40	16	42	354	130	5	376	135	15	183	34												
2000	57	2238	399	48	2014	357	1	40	16	42	1822	247	5	152	94	9	224	42	3	166	27	1	26	10	1	3	1	4	29	4
2005	41	2467	593	22	2176	555	1	67	21	21	2109	534				19	291	38	7	210	22	3	34	9	4	21	2	5	26	5
2006	76	2477	618	60	2185	579	1	66	22	59	2119	557				17	292	39	7	204	21	1	34	10	4	26	3	5	28	5
2007	37	1467		21	1216		3	64		18	1152					16	251		8	172		3	38		1	5		4	36	
2008	42	1500		25	1262		3	68		22	1194					17	238		8	162		3	38		1	4		5	34	
2009	42	1510		26	1263		2	64		24	1199					16	247		8	172		2	38		1	4		5	33	

注：2007年始行政、党派团体离退休人员统入社会保障类

第八章 公共安全(公检法司)支出

第一节 公安支出

公安支出包括公安机关行政经费、刑事侦查办案等业务费、道路交通管理费、居民身份证费、拘押收教场所经费、其他经费等。

清代,有军事机关和驻军官兵,此项费用主要用于军事机关和驻军的薪饷、军械、兵米、马料等军事费及刑事审理、收监、管理囚犯等项支出。清同治九年(1870年)起,临澧县每年运送兵粮支付水夫263名,每名支银3.995两,共支银1050.685两。

民国期间,有地方保安机关和接待过境部队开支的经费(也叫军政费或保安费),属地方财政预算科目“行政管理费类”。临澧县主要供地方军事机关和过往部队及保安机关的经费开支,由于这一时期军阀混战,军费开支占财政总支出的比重较大,一般为50%左右。民国16年(1927年),军政费支出高达当年行政管理费类的67.22%。民国18年(1929年),财政支出调整科目,废除军政费款项,改为公安司法费款项。是年,临澧县公安司法费支出2014元,占当年行政管理费支出的9.06%。民国20年后,临澧县公安局属二等局,局长月薪70元,与县政府科长薪俸标准相等,警察所长月薪16元~18元,警士月薪13元~15元,夫役月薪12元,各加补助费10元~30元。民国26年(1937年),公安费改为保安费,省核定临澧县公安支出21420元,占行政管理费支出的27.79%。民国28年(1939年),临澧县公安支出增长速度较快,占当年行政管理费支出的39.01%。民国26年至民国31年(1937年~1942年),增设“临澧县警察局巡逻队”,共有警员32人,月支俸薪及生活补助费1170.17元,人平36.57元,当年,公安支出(旧币)7.1万元,占当年行政管理费的26%。

新中国成立后,公安支出包括公安干警的行政事业费及弹药、着装、交通等业务费。1949至1955年,公安支出较少,其费用在行政费中列支。1956年,单设款支出,当年,临澧县公安经费支出1.47万元,其他0.66万元。1957年,临澧县公安人员6名,当年,公安经费支出0.34万元,以后由于人员增加,公安支出也逐年增加(1959年至1980年公安经费在行政管理费中列支)。

1981年,将公检法司又调整为公安单列,当年,临澧县公安经费支出9.04万元(其中:机关经费8.51万元,业务费0.53万元),占行政管理费支出的6.25%。1983年,国家将检察、法院、司法从公安经费中分出,并入司法中支出。当年,县财政预算支出的公安人员增加至86人。当年,全国统一调整工资,公安局干警一律按人民警察工资待遇调整工资,高于地方同级行政干部工资15%的幅度套改警察级。最高警察一级工资176元,相当于行政14级。临澧县公安干警人均增资7.4元。当年临澧县公安经费支出34.15万元,比1981年增长2.78倍。1985年,县公安经费支出24万元;1986年,县公安经费支出28.10万元,占当年公检法司经费82.90万元的33.89%(当年县财政在公安其他经费中始有办案经费补助支出2.60万元)。

1991年,公安经费支出调整到公检法司支出类的款项内,当年,临澧县公安经费支出69.50万元,其中:机关经费59万元,业务费7.30万元,看守拘留所经费3.20万元,占当年县公检法司经费151.30万元的45.94%。1995年,县公安经费支出269万元(其中:机关经费158万元,业务费5万元,看守所经费1万元,办案补助费105万元)。占当年公检法司经费支出总额的59.51%。

1996年,临澧县公安局下属单位20个,公安干警235人,离退休18人。当年,公安经费支出450万元(其中机关经费405万元、业务费34万元、办案费11万元,年人均1.92万元),占当年公检法司经费支出总额的63.20%。

2006年,临澧县公安局下属单位调整为3个,干警人数358人(其中在职315人、离休2人、退休41人)。当年,县公安经费支出1518万元(其中机关经费1095万元、业务费340万元、身份证工本费35万元、收容审查所经费48万元),占当年公检法司经费支出总额(2286万元)的66.40%,年人均4.24万元。比1996年分别增长4.08倍、1.21倍。

2007年,将"公检法司"类级科目改为"公共安全"类支出科目,下设行政运行、一般行政管理事务、机关服务、治安管理、国内安全保卫、刑事侦查、经济犯罪侦查、出入境管理、防范和处理邪教犯罪、禁毒管理、道路交通管理、事业运行及其他等12项。当年,临澧县公安局下设单位3个、公安干警300人(离退休人员由社保统发工资),2007年,开始贯彻执行中央(中纪发〔2006〕17号)和省(湘纪发〔2006〕14号)文件的有关规定,给公共安全各部门(公检法司)在岗人员津补贴,同时,贯彻执行湖南省人事厅、财政厅《关于执行人民警察值勤岗位津贴有关问题的通知》(湘人发〔2007〕161号)津补贴标准为:县(市)级人民政府所属公安、安全机关和县(市)级人民法院、人民检察院以及监所、监狱、劳教所监区(大队)以下单位的人民警察值勤时,津贴标准为每人每天10元。由于公务费、办公费、会议费、设备购置费、修缮费、交通费及其他费用大增。当年,临澧县公安经费支出1635万元,年人均5.45万元,占当年公共安全经费支出的62.03%(2008年县公安津补贴见附表)。

2009年,临澧县公安系统有单位3个,公安干警在岗323人,当年,公安经费支出2445万元,年人均7.57万元,其中:行政运行支出1557万元,一般行政管理事务61万元,治安管理46万元、国内安全保卫13万元,刑事侦查78万元、经济犯罪侦查55万元,出入境管理78万元、防范和处理邪教犯罪10万元、禁毒管理17万元、道路交通管理381万元。当年机构数与2007年一致,人员增加23人,经费支出增长49.54%。

1949年至2009年(1949年至1954年、1959年至1980年在行政费中列支),临澧县公安经费单列支出15250.65万元,年均支出610.03万元。其中:1956年至2006年,支出8982.65万元,年均支出408.30万元。2007年至2009年,公安经费支出6268万元,年均支出2089.33万元。

第二节 检察支出

检察支出包括机关行政经费、事业费、监督、控告等其他经费。业务费包括设备购置费、专业会议费、宣传教育费等。

1955年前，临澧县检察经费列行政支出类。1956年至1958年单列款，三年共支出1.85万元。1959年至1980年，取消单列款项，又并入行政类支出。1981年至1982年，调整到公安款中支出。1983年至1990年，检察经费支出调整到司检法支出款内。

1991年，检察院经费支出从司检法款级科目中分出单列款。当年年末，临澧县人民检察院人数44人，离退休人员2人，经费支出38.70万元，年人均0.83万元。1993年以后，逐年增加人员、设备和新建房屋，支出额不断增加，1995年年末，县人民检察院在岗56人，离退休3人，当年，县人民检察院经费支出50万元，年人均0.89万元，占当年公检法司经费支出总额(452万元)的11.06%，2006年年末，有单位1个，人数73人，其中：在岗66人，退休7人。当年，检察经费支出304万元(其中机关经费支出252万元、业务费支出52万元)，比1995年增长5.08倍，年人均4.16万元，占当年公检法司经费支出的13.30%。

2007年，检察院经费支出科目调整为“公共安全”类第四款，下设行政运行、一般行政管理事务、机关服务、查办和预防职务犯罪、公诉和审判监督、侦查监督、执行监督、控告申诉、“两房”建设、事业运行及其他等11项。同时，贯彻湖南省人事厅、财政厅《关于实行检察官检察津贴的通知》(湘人发〔2007〕160号)，对各级人民检察官实行检察津贴：每月标准为：高级检察官一级278元，二级262元、三级246元、四级233元，检察官：一级220元、二级210元、三级200元、四级196元、五级180元。当年，临澧县人民检察院在岗66人，由于增加津补贴和会议费、公务费、设备购置费、修缮费、交通费等其他费用，当年，检察院经费支出332万元，年人均5.03万元(2008年津补贴见附表)。

2009年，临澧县人民检察院经费支出472万元(其中行政运行支出337万元、一般行政管理事务支出20万元、查办和预防职务犯罪支出17万元、公诉和审判监督支出25万元、侦查监督支出20万元、执行监督支出18万元、控告申诉支出15万元、“两房”建设支出20万元)。比2007年增长28.61%，占当年“公共安全”类经费支出的12.48%。当年，在岗人数66人，年人均7.15万元。

1956年至2009年，临澧县人民检察院经费单列支出3757.55万元，年均支出170.80万元。其中1956年至1958年支出1.85万元、1991年至2006年支出2531.70万元，年均支出158.35万元；2007年至2009年支出1224万元，年均支出408万元。

第三节 法院支出

法院支出包括法院机关行政经费、事业费、其他经费。业务费包括办案费、服装费、业务设备购置费、专业会议费、冤假错案当事人生活补助费等。

1949年至1982年人民法院支出列行政支出款中，1983年至1986年，在司检法款项中支出。1987年，人民法院经费单列款支出，当年支出9.20万元。1988年至1990年又并入司检法中支出。

1991年，人民法院经费支出从司检法中分出，单独设款核算人民法院系统的经费支出。当年末，临澧县人民法院有机构8个，在岗人数70人，离退休人数3人，人民法院经费支出28.70万元(其中机关经费18万元、业务费10.70万元),占当年公检法司经费支出的18.97%。

1994年,人民法院始设办案补助费(其他)支出项,1994、1995、2002年三年补助办案经费25万元(2003年取消)。

2003年,县人民法院经费支出185万元(其中:机关经费158万元、业务费27万元),占当年公检法司经费支出1314万元的14.08%。2006年,法院在职人员90人,退休15人,当年财政支出327万元,其中:机关经费282万元、业务费45万元。

2007年,政府将人民法院经费支出科目调整到"公共安全"类第五款,下设行政运行、一般行政管理事务、机关事务、案件执行、案件审判、"两庭"建设、事业运行、其他支出等8项。当年,贯彻执行湖南省人事厅、财政厅湘人发〔2007〕159号《关于实行法官审判津贴的通知》,每月补助:一级法官220元,二级法官210元,三级法官200元,四级法官190元,五级法官180元,其经费按行政隶属关系和现行经费保障,工资发放渠道解决。当年,临澧县人民法院在岗人数90人(离退休人员由社保统发工资),由于增加津补贴和公务费、会议费、设备购置费、修缮费、交通费等其他费用,当年,临澧县人民法院经费支出443万元(年人均4.92万元),比2006年增长35.47%。

2009年,临澧县人民法院经费支出610万元(其中行政运行支出442万元、一般行政管理事务支出2万元、机关事务支出2万元、案件执行支出71万元、案件审判支出73万元、"两庭"建设支出20万元),比2008年增长12.38%,占当年"公共安全经费"支出的16.12%。当年,临澧县人民法院在岗人数90人,年人均支出6.78万元。

1991年至2009年,临澧县人民法院经费单列支出4031.90万元,年均支出212.21万元。其中:1991年至2006年支出2193.90万元,年均支出137.12万元,2007年至2009年支出1838万元,年均支出612.67万元。

第四节 司法支出

司法支出包括机关经费、业务费、法制宣传费、短期培训费、购置费、专业会议费以及律师补助费和公证费等。

1949年至1955年,临澧县司法经费在行政费中列支。

1956年,司法支出单独设款,至1958年,连续三年临澧县司法经费支出4万元,年均支出1.33万元。

1959年至1982年,司法经费又并入行政经费列支,1983年至1990年,司法与法院、检察院一并设款支出,连续八年临澧县司检法经费支出399.64万元,年均支出49.96万元。1991年司法部门的经费由司法检中分出,自成一款。当年年末,临澧县司法有机构2个,人数48人,县司法经费支出14.40万元,其中:机关经费14.10万元、业务费0.30万元,年人均0.30万元。

1992年,由于开展普法教育和法制宣传、服务活动,经费支出增加,当年,临澧县司法经费支出17万元,比上年增长21.43%。1994年,公检法司办案费用补助列项支出,1998、1999年两年司法补助5

万元(在其他项中列支)。

2001年年末,临澧县司法有机构数1个,年末在岗人数61人,离休1人,退休8人,县司法经费支出64万元。比1991年增长3.44倍。2003年,县司法经费支出120万元,占当年公检法司经费支出的9.13%。

2007年,政府将司法经费支出科目调整到"公共安全"类第六款,下设行政运行、一般行政管理事务、机关服务、基层司法业务、普法宣传、律师公证管理、法律援助、司法统一考试、仲裁、事业运行、其他支出共11项。当年,临澧县司法机构1个,在岗人数55人(离退休人员由社保统一发放工资),由于增加津补贴和公务费、会议费、设备购置费、修缮费、交通费等其他费用,当年,临澧县司法经费支出226万元,年人均4.52万元,比2006年增长64.96%。

2009年,临澧县司法机构1个,人数41人,司法经费支出228万元,其中:行政运行支出179万元、一般行政管理事务支出36万元、基层司法业务支出3万元、普法宣传支出3万元、法律援助支出7万元。

1956年至2009年,临澧县司法经费支出2105.04万元,年均支出70.17万元。其中1956年至1958年支出4万元,年均支出1.33万元。1983年至2006年支出1446.04万元,年均支出60.25万元(其中1983至1990年含法院和检察院的支出在内),2007年至2009年,司法支出655万元,年均支出218.33万元。

第五节 其他公共安全支出

清代,民国时期临澧县警察所设有消防组、警长任组长,商民充任义务消防员。

民国28年(1939年),消防组扩充为消防队,以巡官充任队长,有义务消防队员52名,民国32年(1943年),县警察局消防队分一分队驻上胜街(今上河街),二分队驻关届街(今富民街)和工务队,有队员60名。

新中国建立后,消防被列为公安机关的职能,由县公安局治安股具体管理。初期,在新安、合口、城关三镇建立群众性义务消防队各一个,有队员693人。1957年《中华人民共和国消防监督条例》颁布后,临澧县建立公安消防大队,其费用列入公安支出款级科目中,其中:消防部队支出3万元,其他支出2万元(其他年份经费并入公安经费中)。

2007年,国家为反映政府维护社会公共安全方面的支出,将"公检法司"支出类级科目调整为"公共安全"类,增设:武装警察、国家安全、监狱、劳教、国家保密、缉私警察等6款56项。临澧县财政对"公共安全"涉及科目只有武装警察款中的第三项消防和其他武装警察支出等,当年支出5万元。

2009年,临澧县武装警察经费支出27万元,其中:消防支出22万元,其他支出5万元。比2007年支出增长4.4倍。2007年至2009年,临澧县财政对武装警察支出42万元,年均支出14万元,其中消防支出30万元,其他支出12万元。

1956~2006年临澧县公检法司经费支出统计表

表2-53 单位:万元

年度	合计	公安支出								检察支出				法院支出				司法支出			
		小计	机关经费	业务费	身份证经费	收容审查所经费	看守拘留所经费	办案费	其他	小计	机关经费	业务费	其他	小计	机关经费	业务费	其他	小计	机关经费	业务费	其他
合计	15160.14	8982.65	7294.6	1299.08	70.4	176.8	4.7	131	6.07	2533.55	2237.2	289.35	7	2193.9	1893.2	275.7	25	1450.04	1369.24	75.37	5.43
1956	3.50	2.13	1.47						0.66	0.53	0.53							0.84	0.84		
1957	3.59	0.34	0.34							0.74	0.69	0.05						2.51	2.40	0.11	
1958	1.51	0.28	0.28							0.58	0.58							0.65	0.65		
1981	9.04	9.04	8.51	0.53																	
1982	12.21	12.21	10.80	1.41																	
1983	55.14	34.15	31.61	2.54														20.99	18.10	2.89	
1984	59.65	17.80	15.89	1.80					0.11									41.85	38.35	3.47	0.03
1985	67.70	24.00	21.50	1.90					0.60									43.70	41.40	1.90	0.40
1986	82.90	38.10	33.40						4.70									44.80	42.80	2.00	
1987	100.20	44.50	44.50											9.20	9.20			46.50	46.50		
1988	107.20	47.00	42.90	3.60	0.50													60.20	54.60	5.60	
1989	117.90	45.10	37.70	4.00	1.60	1.80												72.80	65.80	7.00	
1990	119.30	50.50	49.70		0.30		0.50											68.80	62.70	6.10	
1991	151.30	69.50	59.00	7.30			3.20			38.70	38.40	0.30		28.70	18.00	10.70		14.40	14.10	0.30	
1992	166.00	82.00	75.00	7.00						27.00	26.00	1.00		40.00	38.00	2.00		17.00	16.00	1.00	
1993	214.00	108.00	92.00	16.00						40.00	35.00	5.00		42.00	39.00	3.00		24.00	21.00	3.00	
1994	281.00	151.00	114.00	22.00				15.00		42.00	36.00	4.00	2.00	56.00	43.00	3.00	10.00	32.00	27.00	5.00	
1995	452.00	269.00	158.00	5.00			1.00	105.00		50.00	40.00	5.00	5.00	90.00	77.00	8.00	5.00	43.00	36.00	7.00	
1996	712.00	450.00	405.00	34.00				11.00		77.00	74.00	3.00		140.00	128.00	12.00		45.00	38.00	7.00	
1997	843.00	515.00	467.00	41.00		7.00				165.00	152.00	13.00		115.00	89.00	26.00		48.00	36.00	12.00	
1998	560.00	343.00	291.00	35.00		17.00				111.00	98.00	13.00		72.00	64.00	8.00		34.00	26.00	5.00	3.00
1999	689.00	386.00	345.00	35.00		6.00				123.00	110.00	13.00		126.00	116.00	10.00		54.00	46.00	6.00	2.00
2000	1084.00	662.00	602.00	54.00		6.00				243.00	230.00	13.00		128.00	116.00	12.00		51.00	51.00		
2001	1190.00	665.00	609.00	50.00		6.00				253.00	228.00	25.00		208.00	182.00	26.00		64.00	64.00		
2002	1218.00	712.00	595.00	104.00		13.00				226.00	200.00	26.00		170.00	139.00	21.00	10.00	110.00	110.00		
2003	1314.00	764.00	597.00	154.00		13.00				245.00	220.00	25.00		185.00	158.00	27.00		120.00	120.00		
2004	1500.00	875.00	698.00	143.00	13.0	21.00				277.00	240.00	37.00		212.00	175.00	37.00		136.00	136.00		
2005	1760.00	1088.00	794.00	236.00	20.00	38.00				310.00	256.00	54.00		245.00	220.00	25.00		117.00	117.00		
2006	2286.00	1518.00	1095.00	340.00	35.00	48.00				304.00	252.00	52.00		327.00	282.00	45.00		137.00	137.00		

2007~2009年临澧县财政公共安全费支出统计表

表2-54　　　　单位:万元

年度	小计	武装警察	公安	检察	法院	司法
合计	10027	42	6268	1224	1838	655
2007	2641	5	1635	332	443	226
2008	3604	10	2188	420	785	201
2009	3782	27	2445	472	610	228

第九章 其他支出

其他支出主要是一些临时性、分散性、不便归类的支出。

民国26年(1937年),始设其他支出,下设协助费、债务费、预备费等。民国31年(1942年),临澧县其他支出41600元(旧币),占当年财政总支出6.5%,民国34年(1945年),总决算书反映其他支出1212.36万元(旧币)。

新中国成立后,该项目主要包括:国防支出、武、交警支出和兵役征集费支出;公社(乡镇)专职武装干部经费、"五七"干校和干部下放下乡经费;公、检、法、物价等部门办案经费;支援不发达地区发展资金;城市土地开发、排污费、教育附加、落实政策及财政贴息、价格补贴及其他杂项支出等。

1955年至2009年,临澧县其他支出20877.59万元,年均支出379.59万元,占同期财政一般预算支出的3.42%。其中:1955至2006年,其他支出19387.59万元,年均支出372.84万元。2007年至2009年,其他支出1490万元,年均支出496.67万元。

1955~2009年临澧县其他支出统计表

表2-55　　　　单位:万元

年份	金额	年份	金额	年份	金额
1955	3.30	1963	46.87	1971	2.55
1956	3.98	1964	2.13	1972	1.73
1957	3.65	1965	8.86	1973	5.03
1958	5.16	1966	6.68	1974	2.56
1959	0.80	1967	28.60	1975	3.53
1960	11.86	1968	9.43	1976	4.69
1961	89.72	1969	11.06	1977	6.66
1962	1.14	1970	14.26	1978	4.78

续表2-55

年份	金额	年份	金额	年份	金额
1979	3.68	1990	209.70	2001	662.00
1980	7.71	1991	265.80	2002	1146.00
1981	1.92	1992	266.00	2003	960.00
1982	13.45	1993	427.00	2004	1502.00
1983	11.01	1994	654.00	2005	2572.00
1984	16.59	1995	988.00	2006	4485.00
1985	86.00	1996	753.00	2007	285.00
1986	126.90	1997	1184.00	2008	454.00
1987	125.20	1998	636.00	2009	751.00
1988	196.00	1999	846.00		
1989	222.60	2000	741.00	合计	20877.59

第一节 国防支出

国防支出是中央支出专用科目，是其他支出中的款级科目，八十年代，改为“国家战备费”，九十年代，改为“国防支出”类。2007年，调整为“国防”，下设预备役部队、民兵、其他三项。临澧县国防只有个别年份民兵建设事业费和人民防空费等支出。1956年至2009年，临澧县国防费（个别年份单列）支出163.33万元。

民兵建设经费是用于组织民兵进行军事训练、政治教育、装备购置等。1956年至2009年个别年份，临澧县民兵建设事业费支出99.93万元。2007年，民兵建设事业费在国防费中单列款支出。2007年至2009年临澧县民兵建设事业费支出89万元。

人民防空费是保障人民防空战备建设的专项经费。1955年至1971年，属防空经费，1972年，改为人民防空经费，1982年，改为国防战备费类二级科目。临澧县只有1976年单列支出0.40万元，其他年份人民防空费在民兵建设经费中列支。

预备役部队及其他支出2007年单列支出，200年7至2008年，预备役部队及其他支出63万元，其中：预备役部队支出20万元，其他支出43万元。

1956~2009年临澧县个别年份国防费支出统计表

表2-56 单位：万元

年度	小计	民兵建设事业费	人民防空费	预备役部队	其他
合计	163.33	99.93	0.40	20.00	43.00
1956	0.32	0.32			

续表2-56

年 度	小 计	民兵建设事业费	人民防空费	预备役部队	其 他
1964	0.16	0.16			
1965	0.33	0.33			
1972	0.71	0.71			
1974	1.14	1.14			
1976	2.07	1.67	0.40		
1977	6.60	6.60			
2007	92.00	39.00		10.00	43.00
2008	30.00	20.00		10.00	
2009	30.00	30.00			

第二节 武警部队支出和兵役征集费支出

武警部队支出包括消防支出，主要用于设备购置，业务活动、房屋维修、公务等。1981年，在行政管理类的公安支出款中设有武装警察经费项目，当年，临澧县财政支出0.26万元。1982年，增设武装警察部队经费科目，当年，县财政支出1.13万元，比1981年增长3.35倍。1983年，武装警察部队属中央统一管理，预算支出科目相应撤销。1996年恢复武装警察部队支出类，增设消防部队经费款目，临澧县财政2000年支出10万元，主要用于业务费、修缮费、设备购置与公务费，人员经费仍由中央统筹管理。2000年至2006年，增加军人供应站经费，临澧县财政七年支出145万元，年均支出20.71万元。2007年，预备役部队、民兵和其他支出，调整至国防类下款级科目。2007年至2008年，预备役部队支出20万元。

1958年至2009年，临澧县武警部队和预备役部队及其他杂项支出239.39万元，年均支出10.43万元。

兵役征集费主要是每年征集新兵和挑选飞行员的经费。包括兵役征集公杂费、新兵体检费、医务人员费、新兵集中费、送新兵差旅费和新兵暂时食宿费等。1958年，临澧县始有兵役征集费单列支出0.12万元，2006年支出23万元，2007年支出39万元，比上年增长26.09%。2009年，兵役征集费科目调整为国防类下款级科目支出中。

1958至2008年，临澧县兵役征集费支出239.56万元，年均支出5.70万元。

1958~2009年临澧县武警部队和兵役征集费支出统计表

表2-57 单位：万元

年 度	小 计	武警部队支 出	兵役征集费支出	年 度	小 计	武警部队支出	兵役征集费支出
1958	0.12		0.12	1960	1.03		1.03
1959	0.73		0.73	1961	0.33		0.33

续表2-57

年 度	小 计	武警部队支 出	兵役征集费支出	年 度	小 计	武警部队支 出	兵役征集费支出
1962	0.20		0.20	1988			
1963	0.46		0.46	1989	1.80		1.80
1964	0.50		0.50	1990	4.50		4.50
1965	0.44		0.44	1991	2.70		2.70
1966	0.10		0.10	1992	3.00		3.00
1967				1993	4.00		4.00
1968				1994	8.00		8.00
1969				1995	8.00		8.00
1970				1996	9.00		9.00
1971				1997	6.00		6.00
1972	0.96		0.96	1998	6.00		6.00
1973				1999	7.00		7.00
1974				2000	22.00	10.00	12.00
1975				2001	40.00	30.00	10.00
1976	0.89		0.89	2002	26.00	20.00	6.00
1977	0.06		0.06	2003	28.00	20.00	8.00
1978	1.21		1.21	2004	43.00	20.00	23.00
1979	1.29		1.29	2005	43.00	20.00	23.00
1980	0.71		0.71	2006	48.00	25.00	23.00
1981	0.75	0.26	0.49	2007	92.00	53.00	39.00
1982	2.26	1.13	1.13	2008	30.00	10.00	20.00
1983	0.47		0.47	2009	30.00	30.00	
1984	0.94		0.94				
1987	1.60		1.60	合计	478.95	239.39	239.56

第三节 “五七”干校经费和干部下放经费

“五七”干校经费是“文化大革命”时期特设的预算支出项目。1969年，临澧县在杉板乡观山建立“五七”干校，年末在校人数218人，家属160人。1970年年末，在校人数与1969基本相同。1969至

1970年,干校自筹1万元,县财政对“五七”干校经费支出3.27万元,其中:1969年财政支出3.07万元,1970年财政支出0.20万元。其资金主要用于建房、购买农机具、兴修农田水利和生产费用及生活补助费。

干部下乡插队落户经费。1969至1970年,称干部下乡插队落户经费,1971至1975年,改称干部下放劳动锻炼经费。包括下放干部的工资、补助、福利、办公费、干部住房租金、差旅费和随行家属的行李搬运费等。其经费来源由财政拨款和生产收入。1969年县财政支出3.25万元,占当年其他支出的29.39%。1970年,下放干部陆续调回安置,经费相应减少,当年支出2.07万元,比1969年减少1.18万元。

1969年至1975年,临澧县干部下乡插队落实经费支出5.62万元,年均支出0.80万元(1976年取消该项目补助费)。

第四节 少数民族地区补助和支援不发达地区发展资金

少数民族补助费是国家照顾少数民族地区的特殊需要给予的补助。经费主要用于少数民族办事处机构的业务费用。(1982年全国三次人口普查,临澧县有少数民族8个,133人,其中土家族93人、回族12人、苗族5人、黎族6人、壮族5人、满族4人、侗族4人、维吾尔族4人)。1983年,临澧县始有支出0.10万元,1988至2007年未单列支出,2008年恢复单列支出,当年支出15万元。

1983年至2009年,临澧县少数民族补助费支出30.40万元。其中1983年至1987年补助支出0.40万元,2008年至2009年补助支出30万元。

支援不发达地区发展资金用于支援不发达的老、少、边地区及贫困地区的专项补助费,1988年,临澧县财政支出3万元。1996年以后,不断增加此项经费支出,1996年支出198万元,比1995年增加192万元。2002年上升至551万元,比2001年增长144.89%。1988年至2006年,临澧县对支援不发达地区发展资金支出2522万元,年均支出280.22万元。

2007年,政府将此项改为上解款,并规定按当年县财政一般预算收入的1%分别上解省、市,上解省的部分由省统一集中上解中央支持汶川地震灾区,上解市的部分分别由市统一支付给常德市对口支援的西藏山南地区隆孜县和本省的古丈县。2007年上解15万元,2008年上解169万元、2009年上解179万元。

1988年至2009年,临澧县财政支援不发达地区发展资金支出2885万元,年均支出137.38万元,占其他支出总额(20877.59万元)的13.82%。

1983~2008年临澧县少数民族地区补助和支援不发达地区发展资金支出统计表

表2-58 单位:万元

年度	小计	少数民族补助费	支援不发达地区发展资金	年度	小计	少数民族补助费	支援不发达地区发展资金
1983	0.10	0.10		1997	214.00		214.00
1984	0.10	0.10		1998	46.00		46.00
1985	0.10	0.10		1999	266.00		266.00
1986				2000	123.00		123.00
1987	0.10	0.10		2001	225.00		225.00
1988	3.00		3.00	2002	551.00		551.00
1989				2003	272.00		272.00
1990	1.00		1.00	2004	277.00		277.00
1991	6.00		6.00	2005	78.00		78.00
1992	9.00		9.00	2006	231.00		231.00
1993	8.00		8.00	2007	15.00		15.00
1994	8.00		8.00	2008	184.00	15.00	169.00
1995	6.00		6.00	2009	194.00	15.00	179.00
1996	198.00		198.00	合计	2915.40	30.40	2885.00

第五节 城市土地开发、落实政策及财政贴息等支出

土地开发建设支出:1993年,临澧县始有土地开发建设支出35万元,1994年支出44万元,比1993年增加9万元。1993年至1999年,临澧县城市土地开发支出304万元,年均支出43.43万元。

1993~1999年临澧县城市土地开发建设支出

表2-59 单位:万元

年度	金额	年度	金额	年度	金额	年度	金额
1993	35.00	1995	47.00	1997	45.00	1999	45.00
1994	44.00	1996	45.00	1998	43.00	合计	304.00

落实政策经费:1980年以来,政府对在历次政治运动中造成的冤假错案进行全面甄别平反,补发工资,补助或给予抚恤费,当年,县财政支出5.70万元。1984年,对解放战争时期起义投诚人员补发安家费及困难补助,当年该项支出11.50万元。1980年至1985年,临澧县落实政策经费支出40.04万

元(1980年5.70万元,1982年11.05万元,1983年7.29万元,1984年11.50万元,1985年4.50万元)。

贫困地区赊销贴息支出:1986年,临澧县对贫困户慰问由财政从商业部门进行赊销物资并给予贴息补助,当年,县财政贴息支出48万元,1997年,财政保险补贴支出45万元,两年支付赊销贴息和保险支出93万元。

价格补贴支出:财政为平衡市场物价,对粮、油、煤等商品给予差价补贴,1985年,临澧县财政始有价格补贴支出28.50万元。1986年支出74.70万元,比1985年增长1.62倍;1997年支出841万元,比1985年增长28.51倍。

1985年至2006年,临澧县价格补贴支出2896.20万元,年均支出131.65万元,2007年价格补贴停支。

1985~2006年临澧县价格财政补贴支出统计表

表2-60　　单位:万元

年　度	金　额	年　度	金　额	年　度	金　额	年　度	金　额
1985	28.5	1991	89.5	1997	841	2003	10
1986	74.7	1992	82	1998	256	2004	17
1987	89	1993	26	1999	260	2005	15
1988	93.3	1994	93	2000	252	2006	24
1989	92.7	1995	38	2001	151		
1990	88.5	1996	149	2002	126	合计	2896.20

补助村民委员会支出:2002年,国家对农民取消统筹提留后,由国家转移支付补助村民委员会经费,用于村部建设和村干经费,其经费来源国家占75%,县财政占25%,2002年,临澧县有行政村339个,每村0.5万元/年,当年,县财政补助支出176万元,2003年以后补助费用逐年增加,2005年支出1676万元,2006年支出2197万元,比2005年增长31.09%。2009年,临澧县有行政村339个,每村补助4万元/年,当年,县补助村民委员会支出2270万元(其中村部建设补助费914万元)。

2002年至2009年,临澧县补助村民委员会支出11484万元,年均支出1435.50万元。

2002~2009年临澧县补助村民委员会支出统计表

表2-61　　单位:万元

年　度	金　额	年　度	金　额	年　度	金　额
2002	176.00	2005	1676.00	2008	2279.00
2003	195.00	2006	2197.00	2009	2270.00
2004	412.00	2007	2279.00	合计	11484.00

第六节 专项(款)支出

专项支出包括排污费、教育附加支出，1985年至2009年，临澧县财政对排污费、教育附加支出7751.70元，年均支出310.07万元。

排污费支出。1985年，县政府决定对有关行业征收排污费，并在银行设立"征收排污费和污染环境罚款专户"，此项收入由环保部门用于环境保护和污染治理，当年支出0.8万元。1986年，调整为环境保护补助资金，当年支出0.3万元，1988年支出34.70万元，比1987年增加32.70万元，增长16.35倍。1997年调整科目，该项费用在其他部门费用中支出。1998年恢复单列支出，又改称排污费支出。1985年至1996年支出520.40万元，年均支出43.37万元；1998年至2006年支出897万元，年均支出99.67万元。2007年，政府将"排污费"支出改为"环境保护"费，当年，临澧县环境保护费支出457万元。2009年支出2252万元，比2008年增长3.31倍。1985年至2009年，临澧县排污费支出4649.40万元，年均193.73万元。

教育附加支出。1990年，国家规定从机关、厂矿、城、乡的个人收入中按比例征收教育附加费，主要用于"普九"(九年义务教育)达标和校园改造等。当年，临澧县教育费附加支出13.2万元。后来逐年增加，2007年支出最多达570万元。1990年至2009年，临澧县教育费附加支出3102.30万元，年均支出163.28万元。

1985~2009年临澧县排污费、教育附加费支出统计表

表:2-62 单位:万元

项目 年份	支出数	其中		项目 年份	支出数	其中	
		排污费	教育附加			排污费	教育附加
1985	0.8	0.8		1996	188.0	90.0	98.0
1986	0.3	0.3		1997			
1987	2.0	2.0		1998	201.0	90.0	111.0
1988	34.7	34.7		1999	189.0	90.0	99.0
1989	38.8	38.8		2000	206.0	90.0	116.0
1990	57.6	44.4	13.2	2001	143.0	63.0	80.0
1991	89.5	54.4	35.1	2002	223.0	60.0	163.0
1992	83.0	48.0	35.0	2003	235.0	93.0	142.0
1993	103.0	57.0	46.0	2004	337.0	64.0	272.0
1994	166.0	70.0	96.0	2005	334.0	200.0	131.0
1995	177.0	80.0	97.0	2006	421.0	147.0	259.0

续表2-62

项目 年份	支出数	其中		项目 年份	支出数	其中	
		排污费	教育附加			排污费	教育附加
2007	1027.0	457.0	570.0	2009	2626.0	2252.0	374.0
2008	888.0	523.0	365.0	合计	7751.70	4649.4	3102.3

第七节 杂项支出

杂项支出主要是临时性、不定型、突发事件由财政付款的支出。1955年至2009年,临澧县财政对其他杂项支出6995.49万元,年均支出127.19万元。

营房修缮费。该费是地方财政用于公安、部队住房用具修缮和人民武装部营房修缮的费用。1956年至1958年,临澧县支出0.17万元,1962年至1967年支出0.22万元,六年间支出0.39万元,1968年后,该项经费调整到行政管理费中。

公社(乡镇)专职武装干部经费。1962年,该项始有支出0.12万元,1963年至1967年,临澧县公社专职武装干部经费支出0.79万元,年均支出0.33万元,其中工资和福利由军队从国防费中列支。1968年,该项科目取消。

监督劳动右派分子生活费。1959年至1962年,在反右斗争中被划为“右派分子”的人员,有一部分保留公职,实行监督劳动,其生活费按国家政策规定发给,1959年,临澧县支出0.07万元,1962年后,监督劳动右派分子陆续平反安置,费用逐步减少,1962年减少为0.01万元。1963年该科目取消。

1959年至1962年,临澧县财政监督劳动右派分子生活费支出0.21万元,年均支出0.07万元。

社会主义教育经费。1964年9月至1965年12月,临澧县抽调780名干部组成临澧社教团到常德市开展社教运动和整社工作队,1964年至1965年,临澧县社会主义教育经费支出13.05万元。

“文化大革命”经费。1966年该项支出0.5万元。1967年支出25.26万元(其中接待红卫兵费1.97万元、步行串联费1.06万元、农村文化革命经费5.55万元、“文化大革命”组织活动费16.68万元)。1968年支出5.13万元,1966年至1968年,临澧县“文化大革命”经费支出30.89万元。1969年该科目取消。

兑付退赔期票和“一平二调”退赔金支出。1958至1960年,”大跃进”时期,大炼钢铁、大搞工业、交通、水利等基本建设,无偿调用社队、个人的粮食、木材、钢材及其他生产资料,拆毁或占用集体和个人的房屋,1960年,临澧县政府依据国家政策对此采取退赔措施,县财政分期给予经济损失补偿,当年,该项支出10.50万元,后称退赔公社平调(“一平二调”)款,1961年,县退赔平调款支出87.60万元。临澧县两年“一平二调”退赔支出98.10万元。

兑付退赔期票支出,1969年,财政支出3.6万元,1970年支出0.81万元,临澧县两年兑付退赔期票支出4.41万元。

处理历年财政遗留问题支出。主要是1961年以前的基建拖欠贷款,1963年,临澧县该项支出

46.17万元。

人口普查经费。1981年至1982年，第三次全国人口普查，其经费实行分级负担，地方所需人口普查经费，包括登记人员费用及公务开支，普查办公用具、培训等均由地方开支，两年临澧县财政支出7.79万元，第四至第六次人口普查的经费未单独设立科目，划入统计事业费类中。

办案补助经费。1986年，临澧县始列办案经费补助支出2.60万元，1992年支出25.00万元，比1986年增加22.40万元，增长8.62倍，1995年支出260万元，比1994年增加55万元，增长26.83%。其中：工商办案费用补助75万元、其他部门办案补助185万元。1986至1995年，临澧县工商及其他部门办案补助经费支出668.60万元，年均支出66.86万元。1996年该科目取消。

其他支出。1960年，临澧县其他支出始单列。1960至2009年，当年其他支出1651.67万元，年均支出31.76万元。

行政补助支出：1995年始增行政补助项，当年临澧县支出313万元。1995年至2006年，行政补助支出537万元，年均支出44.75万元。

住房改革补助支出：1998年增设住房改革补助支出，当年支出10万元。1998年至2009年，临澧县住房改革支出1604万元，年均支出136.67万元。

中小企业发展基金补助支出：2003年增设中小企业发展基金补助支出，当年支出160万元，至2006年临澧县对全县中小企业改革支出811万元，年均支出202.75万元。宣传文化发展基金补助：2004年增设宣传文化发展基金项目，当年临澧县支出83万元，至2006年宣传文化发展基金支出272万元。

车辆税费支出：2008年单位计内配置车辆税费财政支出882万元(包括交通专项资金、老旧汽车更新补助及征管人员经费和公用支出)。

捐赠支出：2008年至2009年，对汶川地震捐赠经费348万元。

周转金贴息支出：1955年至1958年，临澧县对全县周转金贴息支出13.80万元。

1955~2009年临澧县其他杂项支出统计表

表2-63　　　　单位：万元

年度	小计	营房营具修缮费	公社(乡镇)武装干部经费	监督劳动右派分子生活费	社会主义教育费	“文化大革命”经费	兑付退赔期票支出	处理财政遗留问题支出	人口普查经费	“一平二调”退赔金	干部插队落户经费	周转金	办案经费	其他支出	行政补助	住房改革支出	中小企业发展基金支出	宣传文化发展基金支出	车辆税费支出	汶川地震捐赠支出
合计	6995.49	0.39	0.79	0.21	13.05	30.89	4.41	46.17	7.79	98.10	5.62	13.80	668.60	1651.67	537.00	1604.00	811.00	272.00	882.00	348.00
1955	3.00											3.00								
1956	3.66	0.06										3.60								
1957	3.65	0.05										3.60								
1958	3.66	0.06										3.60								
1959	0.07			0.07																

续表2-63

年度	小计	营房营具修缮费	公社(乡镇)武装干部经费	监督劳动右派分子生活费	社会主义教育费	“文化大革命”经费	兑付退赔期票支出	处理财政遗留问题支出	人口普查经费	“一平二调”退赔金	干部插队落户经费	周转金	办案经费	其他支出	行政补助	住房改革支出	中小企业发展基金支出	宣传文化发展基金支出	车辆税费支出	汶川地震捐赠支出
1960	10.83			0.07						10.50				0.26						
1961	89.39			0.06						87.60				1.73						
1962	0.94		0.12	0.01										0.81						
1963	46.41		0.13					46.17						0.11						
1964	1.47	0.08	0.13											1.26						
1965	8.09	0.11	0.13		7.85															
1966	6.58		0.13		5.20	0.50								0.75						
1967	25.44	0.03	0.15			25.26														
1968	9.43					5.13								4.30						
1969	7.99						3.60				3.25			1.14						
1970	14.06						0.81							13.25						
1971	0.00																			
1972	0.06													0.06						
1973	5.03										1.20			3.83						
1974	1.42													1.42						
1975	3.53										1.17			2.36						
1976	1.73													1.73						
1977	0.00																			
1978	3.57													3.57						
1979	2.39													2.39						
1980	1.30													1.30						
1981	4.23								2.80					1.43						
1982	6.26								4.99					1.27						
1983	3.15													3.15						
1984	4.05													4.05						

续表2-63

年度	小计	营房营具修缮费	公社(乡镇)武装干部经费	监督劳动右派分子生活费	社会主义教育费	“文化大革命”经费	兑付退赔期票支出	处理财政遗留问题支出	人口普查经费	“一平二调”退赔金	干部插队落户经费	周转金	办案经费	其他支出	行政补助	住房改革支出	中小企业发展基金支出	宣传文化发展基金支出	车辆税费支出	汶川地震捐赠支出
1985	51.30													51.30						
1986	50.80												2.60	48.20						
1987	34.50												4.00	30.50						
1988	65.00												1.50	63.50						
1989	89.30												11.80	77.50						
1990	58.10												18.90	39.20						
1991	78.10												14.80	63.30						
1992	89.00												25.00	64.00						
1993	251.00												125.00	126.00						
1994	335.00												205.00	130.00						
1995	712.00												260.00	139.00	313.00					
1996	86.00													81.00	5.00					
1997	36.00													33.00	3.00					
1998	87.00													74.00	3.00	10.00				
1999	104.00													71.00	25.00	8.00				
2000	151.00													100.00	13.00	38.00				
2001	119.00													83.00	16.00	20.00				
2002	64.00													34.00	20.00	10.00				
2003	235.00													40.00	15.00	20.00	160.00			
2004	436.00													48.00	20.00	57.00	228.00	83.00		
2005	468.00													90.00	42.00	116.00	170.00	50.00		
2006	1634.00													115.00	62.00	183.00	253.00	139.0	882.0	
2007	285.00															285.00				
2008	454.00															285.00				169.00
2009	751.00															572.00				179.00

第十章 其他部门事业费

其他部门事业费包括税务、工商、统计、财政、审计、财税所、农业税征收等部门的事业费。

民国时期，其他部门事业费主要是地方财政开支。民国21年(1932年)，临澧县地方财务费支出5942元(旧币，下同)，其中：财委会经费支出1250元，财政经费支出2690元，田赋征收费支出1576元，团款经理费支出426元；民国31年(1942年)，财务费支出15248元，占财政总支出的2.28%。

新中国成立后，国家将其他部门事业费类单列科目支出，1957年临澧县始有其他部门事业费支出0.70万元。1959年至1961年，其他部门事业费并入行政费中列支。1962年到1966年，又恢复单列支出。1967年至1975年，其他部门事业费又并入行政费中支出。1976年，恢复税务、财政事业费和农业税征收费，当年，支出2.05万元；1979年，增设工商管理费支出，当年支出10.22万元；1980年，增设统计事业费，当年支出0.20万元；1981年后，随着其他部门事业的发展，项目逐年增加，1982年，单设其他部门事业费款级科目，当年，其他部门事业费支出37.51万元；1983年，增设村镇规划建设费，当年支出0.60万元；1984年，成立县审计局和乡镇财政所，增设审计事业费，当年支出0.15万元；增设乡镇财政经费，当年支出4.61万元；1989年，增设纪检监察事业费，当年支出3.80万元；1991年，增设行政机关补助费，当年支出2.6万元；当年，临澧县其他部门事业费支出246.80万元，比1989年增长1.91倍。

1996年，又增设劳动事业费，当年支出26万元；2000年，增设国有资产管理费，当年支出15万元；2002年，增设农业综合开发事业费，当年支出8万元。

2003年，国家将其他部门支出由款级科目调整为类级科目，当年，其他部门事业费支出563万元，比2002年增长13.8%。2006年支出926万元。比2005年增长21.20%。

2007年，财政支出科目进行了大的调整，其他部门事业费支出类删去，列入“一般公共服务”类中。税务、工商、统计事务费调整为专项上解经费款项科目。

1957年至2006年，临澧县其他部门事业费支出8560.09万元(单列发生额共38个年份)，年均支出225.27万元。

1957~2006年临澧县其他部门事业费支出统计表

表2-64 单位：万元

年度	合计	税务事业费	统计事业费	财政事业费			农业税征收费	纪检监察事业费	工商管理费	村镇规划建设费	审计事业费	其他事业费					
				小计	财政机构经费	乡镇财政经费						小计	行政机关补助费	国有资产管理费	劳动事业费	农业综合开发事业费	其他事业费
合计	8560.09	517.16	332.98	3123.81	2212.80	911.01	431.21	34.90	737.83	72.65	422.25	2887.30	241.60	15.00	226.00	120.00	2284.70

续表2-64

年度	合计	税务事业费	统计事业费	财政事业费			农业税征收费	纪检监察事业费	工商管理费	村镇规划建设费	审计事业费	其他事业费					
				小计	财政机构经费	乡镇财政经费						小计	行政机关补助费	国有资产管理费	劳动事业费	农业综合开发事业费	其他事业费
1957	0.70	0.17					0.53										
1958	0.24	0.12					0.12										
1962	2.54	2.54															
1963	3.79	3.38		0.41	0.41												
1964	4.72	4.33		0.10	0.10		0.29										
1965	3.40	3.08		0.19	0.19		0.13										
1966	3.01	2.82		0.03	0.03		0.16										
1976	2.05	1.28		0.05	0.05		0.72										
1977	3.18	2.26		0.10	0.10		0.82										
1978	2.25	1.28		0.16	0.16		0.81										
1979	12.59	1.48		0.05	0.05		0.84		10.22								
1980	20.07	14.26	0.20	0.23	0.23		0.90		4.48								
1981	19.05	10.85	1.69				1.18		5.33								
1982	37.51	19.17	6.35	0.27	0.27		1.58		8.39			1.75					1.75
1983	27.71	18.04	0.50	0.21	0.21		2.51		5.80	0.60		0.05					0.05
1984	22.48		0.54	7.61	3.00	4.61	3.12		9.61	1.45	0.15						
1985	62.20			37.30	29.30	8.00	2.50		11.10	0.30	8.70	2.30					2.30
1986	45.70		0.70	22.10	2.80	19.30	5.30		13.80	1.50	2.30						
1987	84.10		1.10	44.40	18.50	25.90	9.10		12.90	3.60	13.00						
1988	60.70		1.00	28.40	10.00	18.40	5.60		13.90	8.30	3.50						
1989	84.90	5.00	1.40	38.00	8.40	29.60	9.90	3.80	15.40	4.40	7.00						
1990	168.40	9.10	13.60	60.80	32.60	28.20	11.20	1.10	17.00	4.50	2.80	48.30					48.30
1991	246.80	25.00	2.90	70.40	32.40	38.00	9.90	2.00	17.90	5.00	7.80	105.90	2.60				103.30
1992	264.00	65.00	6.00	101.00	43.00	58.00	13.00	2.00	22.00	6.00	3.00	46.00	4.00				42.00
1993	580.00	219.00	4.00	126.00	58.00	68.00	14.00		24.00	4.00	3.00	186.00	4.00				182.00
1994	816.00	109.00	5.00	227.00	143.00	84.00	53.00		39.00	4.00	4.00	375.00	4.00				371.00

续表2-64

年度	合计	税务事业费	统计事业费	财政事业费			农业税征收费	纪检监察事业费	工商管理费	村镇规划建设费	审计事业费	其他事业费					
				小计	财政机构经费	乡镇财政经费						小计	行政机关补助费	国有资产管理费	劳动事业费	农业综合开发事业费	其他事业费
1995	328.00		17.00	248.00	210.00	38.00	13.00		40.00	2.00	5.00	3.00	3.00				
1996	656.00		35.00	362.00	297.00	65.00	15.00		189.00	9.00	15.00	31.00	5.00		26.00		
1997	446.00		16.00	124.00	47.00	77.00	43.00		203.00	4.00	24.00	32.00	3.00		29.00		
1998	262.00		10.00	92.00	37.00	55.00	44.00		75.00	5.00	15.00	21.00	3.00		18.00		
1999	292.00		8.00	158.00	68.00	90.00	65.00			2.00	12.00	47.00	25.00		22.00		
2000	342.00		15.00	171.00	71.00	100.00	72.00			7.00	40.00	37.00	13.00	15.00	9.00		
2001	305.00		12.00	179.00	75.00	104.00	32.00				60.00	22.00	16.00		6.00		
2002	407.00		15.00	64.00	64.00			2.00			20.00	306.00	20.00		3.00	8.00	275.00
2003	563.00		15.00	350.00	350.00			2.00			20.00	176.00	15.00		6.00	15.00	140.00
2004	691.00		43.00	151.00	151.00			2.00			40.00	455.00	20.00		35.00	33.00	367.00
2005	764.00		48.00	205.00	205.00			10.00			62.00	439.00	42.00		35.00	22.00	340.00
2006	926.00		54.00	255.00	255.00			10.00			54.00	553.00	62.00		37.00	42.00	412.00

注:2007至2009年税务、统计事业费调整到上解经费中,其他部门及其他事业费调整到基本公共服务费中

第一节 税务事业费

税务事业费支出,主要是税务机构经费和业务费。1956年前,临澧县税务事业费在行政费中列支。1957年始单列支出,1957年至1961年,税务事业费支出全部是税务业务费。1957年,临澧县该项支出0.17万元(1959年至1961年取消单列并入行政费中)。1962年,恢复单列项支出,当年,基层税务机构工作人员由行政编制转为事业编制,当年支出2.54万元。1967年至1975年,又取消单列支出,并入行政费支出。1975年,又恢复税务事业费项单列,但只含税务业务费支出,1979年改项为款,当年支出1.48万元。1980年,税务机构经费从行政支出中调到税务事业费款中。1981年至1983年,由于税务干部增加,稽征管理费用增加,税务事业费也相应增加。三年支出48.06万元,年均支出16.02万元,比1979年增长9.82倍。1984年,机构改革,财税分家,税务事业费归上级税务机关垂直管理(1984年至1988年临澧县税务事业费无支出数)。1989至1994年,临澧县财政恢复该项支出432.10万元,年均支出72.02万元。1995年,临澧县税务事业费又改为上级税务机关直支。1957年至1994年临澧县税务事业费支出517.16万元。年平均24.63万元。

第二节 统计事业费

统计事业费包括统计业务费、干部训练费、抽样调查队经费、普查专项经费以及其他统计事业费等。1979年，统计事业费列入其他部门事业费的事业费科目，当年临澧县财政未单列支出。1980年，单独设款，当年，临澧县统计事业费支出0.20万元。1981年支出1.69万元，比1980年增长7.45倍。

1985年，统计部门的经费实行垂直管理在上划经费中列支，当年，县财政上划15万元。1986年，统计事业费又恢复由县财政在其他事业费中设款支出，当年支出0.70万元。1987年后，统计事业费不断增加，1996年支出35万元，2006年支出54万元，比1996年增长19万元。2007年，政府将统计事业费调整到“一般公共服务”类，改为“统计信息事务”款，下设行政运行统计管理等9项。当年，该项支出173万元。2009年支出191万元。1985年至2006年，临澧县统计事业费支出332.98万元，年均支出15.14万元。

2007年，政府调整预算决算科目，将统计事业费调整到“统计信息事务”类中列支。

第三节 财政事业费

财政事业费，含财政机构经费和乡镇财政经费及其他经费，是财政部门的业务费，用于账簿、表册、凭证的购买和印刷费用及电脑记账设备的购买等。

1963年至2006年，临澧县财政事业费支出3123.81万元，年均支出71.00万元。

一、财政机构经费

临澧县财政机构经费从1963年始有单列费用，当年支出0.41万元。1967至1975年，连续九年停支(并入行政费中)，1976年恢复该项单列支出，当年支出0.05万元。1982年，财政事业费单设款项，当年支出0.27万元。1983年，又调为其他部门事业费类的款项，当年，财政支出0.21万元。1984年，财政税务分设局，财政下设机构增加，其经费逐年也增加，当年支出3万元，1990年突破10万元，达32.60万元。2002年至2006年，财政科目将乡镇财政经费款项并入财政机构经费款项，2003年财政事业费支出350万元。

1963年至2006年，临澧县财政机构经费支出2212.80万元，年均支出50.29万元。

2007年，财政事业费款项调整到“一般公共服务费”类款项中，2009年，调整到“基本公共管理与服务”类“财政事务”款项中。

二、乡镇财政经费

1984年8月，临澧县始建20个乡镇财政所，当年，乡镇财政经费支出4.01万元。1985年后，由于乡镇业务不断扩展，人员不断增加，其经费也逐年增加，1988年支出18.40万元，2001年支出104万元，比1988年增长4.63倍。1984年至2001年，临澧县乡镇财政经费支出911.01万元，年均支出50.61万元。2002年，政府取消乡镇财政经费款项，并入财政机关经费款项内。2007年，调整为“一般公共服务类”“财政机关事务”款项中，2009年，又调整为“基本公共管理与服务类财政机关事务”款项内。

第四节 农业税征收费

农业税征收费主要用于征收农业税顾(聘)请助征员的工资及农业税票、征收表册的印刷费、征收工作中所需业务及交通工具费用。

1957年，临澧县始单列支出0.53万元。1959至1963年，未单列此项支出，1964至1966年，又恢复单列支出，三年支出0.58万元。1967年至1975年，又未单列此项支出，1976年，又恢复设单项支出，当年支出0.72万元。1980年支出0.90万元。1981年，农村全面推行联产承包责任制、农业税征收对象扩大到千家万户，费用增多，当年支出1.18万元。1987年始，农业税征收扩展到农业“四税”，即“农业税”“契税”“农业特产税”“耕地占用税”。当年，农业税征收费支出9.10万元。1990年，农业税征收费支出11.20万元，比1980年的0.90万元增长11.4倍。2000年支出72万元，比1990年增长5.43倍。2005年，由于取消农业税(保留流通环节的特产税及契税和耕地占用税)、农业税征收费支出科目随之取消。

1957年至2004年，临澧县农业税征收费单列项支出431.21万元，年均支出13.91万元。

第五节 纪检监察事业费

1989年，临澧县始单列纪检监察事业费支出3.80万元。

1993年至2001年，纪检监察事业费并入共产党机关经费中，2002年又单列支出2.00万元。1989年至2006年，临澧县纪检监察事业费支出34.90万元，年均支出3.88万元。

2007年始，国家调整预算科目，将纪检监察事业费调整到“一般公共服务费”类下款项中。

第六节 工商管理经费

工商管理经费包括工商行政管理机构经费和业务费。1979年，从行政支出中划属其他部门事业费，基层工商行政管理机构经费是工商所的个人经费和公用经费，其开支范围和标准比照行政机关的标准执行。工商行政管理的业务费，包括办案费、宣传教育费、办案设备费、劳动保护用品和补助、市场管理等费。随着国家实行搞活经济开放市场等政策，市场日趋繁荣，城乡个体工商户迅速发展，工商管理经费直线上升，当年临澧县工商管理经费支出10.22万元。1989年支出15.40万元，比1979

年增长0.34倍。1996年支出189万元,比1995年的40万元增长3.73倍。

1999年,临澧县工商行政管理部门由市垂直管理,工商管理费调整到专项上解类的款项内,当年,临澧县财政上划49万元,其他经费来源由其上级主管部门直接拨付。

1979年至1998年,临澧县工商行政管理经费支出737.83万元,年均支出36.89万元。

第七节 村镇规划建设费

村镇规划建设费是用于农村村镇规划建设工作的调查研究、勘察设计、经验交流及管理技术人员的培训等,1983年,临澧县村镇规划建设费始单列支出0.60万元;1996年支出9万元;1983年至2000年,临澧县村镇规划建设费支出72.65万元,年均支出4.04万元(2001年始村镇建设规划费调整到乡镇村部建设补助费款项中)。

第八节 审计事业费

审计事业费主要是审计部门的行政经费和业务等费,1984年,政府单列款项支出,当年,临澧县审计事业费支出0.15万元;1985年以后,审计事业费逐年增加,1985年支出8.70万元,比1984年增长57倍。

1996年增至15万元,2006年增至54万元。

1984年至2006年,审计事业费支出422.25万元,年均支出18.39万元。

2007年,政府将审计事业费调整到“一般公共服务”类第08款(审计事务),下设行政运行、一般行政管理事务、机关服务、审计业务等8项。当年审计事务费支出169万元,比2006年增长2.13倍。2007年至2009年,临澧县审计事务费支出562万元,年均支出187.33万元。

第九节 其他事业费

其他事业费主要是其他部门事业费之外不便编制预算立项的支出,临澧县1982年始有该项支出1.75万元,1982年至2006年,临澧县其他事业费支出2887.30万元,年均支出222.10万元。

一、行政机关补助费:1991年,临澧县始有行政机关补助费支出2.60万元;2006年支出62万元,比1991年增长22.85倍。1991年至2006年,行政机关补助费支出241.60万元,年均支出16.11万元。

2007年,该项经费调整到“一般公共服务”类行政支出款项中。2009年,调整到“基本公共管理与服务”类的行政款项内。

二、国有资产管理费:只有2000年支出15万元。2001年后该项科目取消。

三、劳动事业费:1996年,临澧县始有劳动事业费支出26万元。1996年至2006年,临澧县劳动事业费支出226万元，年均支出20.55万元。

2007年，政府将劳动事业费调整到“一般公共服务”类款项中，2009年，又调整到“基本公共管理与服务”类下行政部门事业费专项支出款项中。

四、农业综合开发事业费：2002年，临澧县始有该项支出8万元；2006年支出42万元；2002至2006年，临澧县农业综合开发事业费支出120万元，年均支出24万元。2007年，政府将该项支出调整到“一般公共服务”类，2009年，又调整到“基本公共管理与服务”类下行政部门事业费专项支出款项中。

五、其他事业费：1982年，临澧县始有该项支出1.75万元；1994年支出371万元。1995年~2001年，该科目停支7年。2002年，恢复该项支出，当年支出275万元；2006年支出412万元；1982年~2006年，临澧县其他事业费支出1731.70万元，年均支出133.21万元。

2007年，该项支出调整到“一般公共服务”类款项中，2009年，又调整到“基本公共管理与服务”类，部门事业费支出款项中。

第十一章 调出资金

临澧县财政决算中的调出资金包括：清理小钱柜、上交省基建指标、上交冻结存款支出、补充企业流动资金支出、中央借用资金、社会保险基金、拨付国债转贷资金等。1949年至2008年，临澧县调出资金4122.00万元，年均调出179.22万元。

清理小钱柜资金调出：1949、1964和1965年，湖南省开展清理小钱柜专项运动，临澧县共清理39个县直和社镇单位，入库小钱柜资金37.50万元，按照70%的比例上解，30%留县，临澧县三年清理小钱柜资金上解支出26.83万元，其中上解省10.87万元，常德专署15.96万元，留县10.67万元，经常德专署批准3万元作为县电影院的翻修资金，其余7.67万元全部弥补了财政预算缺口。

补充企业流动资金：是“清产核资解决的企业自有流动资金”和“在清产核资中补充的企业流动资金”科目。1972年，湖南省财金局〔1972〕财金企字第31号通知，由内部转账为企业归还银行贷款的资金。属于国家预算安排的增拨企业流动资金。临澧县调出企业流动资金只有1972年至1974年，分别为3万元、25.60万元、34万元，三年共计62.60万元。

中央借用地方财政资金：1981年始，中央财政借用地方财政结余。临澧县于当年调出10.87万元，1982年调出10万元，1987年调出92.70万元。三年共计113.57万元。1988年后，随着财体制的改革，中央财政不再借用地方财政结余资金。

社会保险基金补贴支出：是反映由国库划转到社会保障基金财政专户的各项社会保障基金补贴支出。主要包括：基本养老保险补助基金、失业保障基金、医疗保险补助基金、工伤保险补助基金、生育保险补助基金支出等项目。1992年，临澧县财政始对社会保险基金实行补助，当年，调出资金450万元。其中：国营企业职工养老保险基金399万元，国营企业职工待业保险基金12万元，其他39

万元。

1995年，国家着手建立企业职工养老保险制度之初，湖南省政府于当年6月，发出《深化企业职工养老保险制度改革的通知》，基保规定：基本养老保险基金的筹措和发放应当做到收支平衡，略有节余；如遇特殊情况，支出发生困难时，经同级政府批准，可由财政予以支持。此后，财政补贴成为基本养老保险基金的重要来源之一。当年，临澧县财政调出基本养老补助基金379万元。

1996年以后，临澧县财政对全县养老保险补助基金与养老保险费一并划拨给劳动保险部门。

1992年至1995年，临澧县财政调出社会养老保险基金补助支出1494.00万元，1996年至1997年，社会保障基金补助调出1398.00万元。

拨付国债转贷资金：是"地方向国外借款安排的支出"、"地方向国外借款还本付息支出"两项之和。1998年，临澧县拨付国债转贷资金205万元。其后1999年拨付292万元，2003年拨付490万元，三年共计拨付987万元。

其他调出资金：1967年，上交省颁基建指标节余款3.48万元，1969年上交冻结存款支出19.72万元；1975年，上交核销财产资金1.80万元，1975年、1978年群众医疗欠费分别支出3.80万元、3.20万元。2008年其他调出资金8万元。

1949~2008年临澧县部分年份专项资金调出统计表

表2-65 单位：万元

项目＼年份	合计	清理小钱柜支出	上交省基建指标	上交冻结存款支出	补充企业流动资金	核销财产资金	处理病人欠费	中央借用	基本养老保险基金支出	社会保障基金支出	拨付国库转贷资金	调出资金
合计	4122.00	26.83	3.48	19.72	62.60	1.80	7.00	113.57	1494.00	1398.00	987.00	8.00
1949	0.58	0.58										
1964	10.15	10.15										
1965	16.10	16.10										
1967	3.48		3.48									
1969	19.72			19.72								
1972	3.00				3.00							
1973	25.60				25.60							
1974	34.00				34.00							
1975	5.60					1.80	3.80					
1978	3.20						3.20					
1980												
1981	10.87							10.87				

续表2-65

年份 项目	合计	清理小钱柜支出	上交省基建指标	上交冻结存款支出	补充企业流动资金	核销财产资金	处理病人欠费	中央借用	基本养老保险基金支出	社会保障基金支出	拨付国库转贷资金	调出资金
1982	10.00							10.00				
1987	92.70							92.70				
1992	450.00								450.00			
1993	480.00								480.00			
1994	185.00								185.00			
1995	379.00								379.00			
1996	623.00									623.00		
1997	775.00									775.00		
1998	205.00										205.00	
1999	292.00										292.00	
2003	490.00										490.00	
2008	8.00											8.00

第十二章 上解支出

清道光元年(1821年)以前,临澧县财政执行上解制度,支出由上级统支。年支银12309.686两。此后,岁支岁解银渐多,同治三年(1864年),岁支解银12853.388两。光绪元年(1875年)后,执行上解存留制度,田赋收入除定额留存行政经费外,其余全部上解,岁支剧增财库贫竭。

民国时期,沿袭旧制,每年以收抵支后的余额解缴中央财政。民国2年(1913年),临澧县征收的田赋、契税、印花税、烟酒税、牙税等162项国家税款,全部上解中央(田赋附加、牲畜税、屠宰税等20项为地方税)。民国3年(1914年),军政费用大增,当年支银3万元,民国21年(1932年),临澧县设立省税征收局,负责省税征收解缴事宜。民国22年(1933年),省派员分区查提各县欠解税款,上解常库关节政费(法币)11500元。民国25年(1936年),省银行代办金库将临澧县划属津市分库。民国30年(1941年),按税种规定上解比例遗产税75%;营业税95%;印花税70%。民国30年(1941年),营业税全部上解省库。

新中国成立后初期,国民经济处于恢复阶段。1949年至1954年,临澧县执行"统收统支,收支两条线"的财政体制,地方财政收入一律上解,财政支出由省审核按月拨付。1949年至1954年,收入上解支出16.29万元,其中:1954年,收入上解支出14.78万元。

1955年至1958年，临澧县执行“划分收支、归口管理”的财政体制，按固定比例分成。工商营业税和所得税各80%、农业税60%、商品流通税95%、货物税75%上解省库。1955年至1958年，无上解支出。

1959年，国家建立行政公署一级财政，常德专署对临澧县实行“定额分成、一年一变”的办法，按预算收入总额的65.1%上解，当年上解302.69万元。1960年，上解比例调为66%。1960年至1962年，由于连续三年自然灾害和增加人民公社投资，上解支出下降，三年合计上解支出693.13万元，年均231.04万元，比1959年少解71.65万元，减少23.67%。

1964年，取消地区级财政，改为中央、省、县三级，省对县实行“总额分成”，核定临澧县总额分成比例为27%，上解73%，当年，上解支出330.67万元，1965年，上解比例调整为72%，1967年上解比例为46%，直到1975年未变。

1976年，临澧县执行“定收定支”的财政体制。由于当年支大于收，决算短收部分上级给予了补助，无上解支出。

1978年，执行“增收分成”的管理体制，省核定临澧县增收分成比例25%，上解75%。当年，财政未增收，上解支出仅为5.46万元(其中屠宰税上缴50%部分的2.46万元，上解中央3万元)。

1980年，临澧县执行“分灶吃饭”的财政体制。财政收入分为“固定收入、调剂收入、其他工商税收入”三大类。调剂收入上解36%，屠宰税上解50%。当年，上解支出241.95万元。1981年，中央借用临澧县地方财政结余款20.87万元。1982年，屠宰税调入专项上解科目。当年，上解支出296.21万元，其中：按体制收入上解280.67万元，专项上解15.54万元。中央再向地方借款10万元。

1983年，省对县实行“分级包干”，核定临澧县上解比例22.8%；超收部分上解30%。新开征的能源交通建设资金29.03万元全额上解。当年，上解支出246.93万元，其中按体制收入上解233.72万元，专项上解13.21万元。1984年，上解支出263.48万元，其中按财政体制上解207.90万元，专项上解55.58万元，其中：屠宰税上解省50%计7.03万元；超收基数补解48.55万元。

1985年，临澧县执行“定额上解、递增包干”的办法。核定定额上解基数79.20万元，递增比例为7%；专项上解19.30万元，其中：包括农业税提价征收价差上解8.90万元，屠宰税上解省部分8.90万元，统计事业费上划上解1.50万元。1986年，继续执行“定额上解、递增包干”的财政体制，当年，按体制上解84.50万元，专项上解93.20万元，其中，农业特产税上解2.30万元，农业税价差上解70.6万元，酒税增收上解7.20万元，屠宰税上解50%计7.60万元，统计事业费上划基数上解1.5万元，企业下划上解4.00万元。

1987年，临澧县新开征农业特产税和耕地占用税，按收入50%上解中央，25%上解省财政，留县25%。当年，收入上解按6%的比例递增，定额上解支出89.60万元；专项上解支出114.00万元。其中：包括耕地占用税上解4.00万元，屠宰税上解省50%计7.40万元，农业税价差上解100.5万元，统计事业费上划基数上解1.5万元，农业特产税上解0.6万元。

1988年，临澧县上解93.2万元，主要包括农业税价差上解，酒税增收上解、农林特产税上解、屠宰税上解(50%)，统计事业费上划基数上解等项目。当年，增中央借款上解，每年120万元。1989年，增加预算调节基金上解，城镇土地使用税上解。1990年，增加向中央作贡献数上解，每年固定上解33万元。1991年，屠宰税上解下调为40%，当年上解7.12万元。1992年，收入上解递增比例下调至4%左右，当年，收入上解118万元。

1993年起，收入实行“递增包干、定额上解”的体制，取消递增比例，每年按1993年的体制基数至2009年，每年上解128万元。但专项上解项目逐年增加。

1994年，增资源税上解，国有土地有偿出让收入上解，当年，按体制上解596万元，其中：递增包干、定额上解128万元，专项上解468万元，其中：农业税价差上解229万元，中央借款上解120万元，预算调节基金上解3万元，向中央作贡献数上解33万元，资源税上解22万元，土地使用税上解20万元，土地有偿出让收入上解11万元，统计费上划2万元，屠宰税上解11万元，劳教所集资17万元。

1995年，增加税务经费上划，当年，作专项经费上解489万元（上级规定从当年始以后每年上解489万元），增加市委党校捐资，当年支出30万元，驻县企业上划支出6万元。当年，上解支出1117万元，其中：收入按原财政体制上解128万元，专项上解989万元。

2000年，工商、技术监督部门实行垂直管理，经费上划，当年，上解支出2355万元，其中原体制上解支出128万元；专项上解支出2227万元，其中：农业税价差上解231万元，中央借款上解120万元，税务经费上划489万元，工商部门经费上划49万元，技术监督部门上划9万元。其他上解1296万元，其中：垫付粮食风险基金上解585万元，世行贷款扣款158万元，省级收入混库扣款、周转金扣款、国债转贷扣款39万元，再贷款资金扣款341万元，其他上解173万元。

2000年，上解支出比1995年增加1238万元，增长1.11倍，其中专项上解支出2227万元，比1995年增长1.25倍。2004年，专项上解支出高达3028万元，其中：农业税价差上解340万元，中央借地方款上解120万元，向中央作贡献上解33万元，税务经费上划489万元，工商部门经费上划49万元，技术监督部门经费上划14万元，粮食风险基金975万元，再贷款扣款412万元，其他上解596万元。

2007年，上解支出2880万元，其中：体制上解128万元，专项上解2661万元，政府性基金上解91万元。2009年，上解支出2238万元，其中：体制上解128万元，专项上解2000万元，政府性基金上解110万元。2009年比2007年上解支出减少642万元，减少28.69%。

1959年至1990年，临澧县上解支出7981.62万元，年均上解319.26万元。其中：收入上解6795.59万元，年均上解271.82万元；专项上解1186.03万元(1982年~1990年)，年均上解131.84万元。

1991至2009年，临澧县上解支出35814.40万元，年均上解支出1432.58万元，（1991年至2009年）比（1959年至1990年）年均增长3.48倍。其中：收入上解支出2402万元，年均96.08万元，年均减少176.58万元，减少64.76%；专项上解支出33412.40万元，年均上解1336.50万元，比1955年至1990年年均增长9.14倍。

1949年至2009年，上解支出43812.51万元（占同期财政一般预算支出450127.40万元的9.73%）。年均上解718.24万元。其中：收入上解9214.08万元，年均151.05万元；1982年~2009年，专项上解34598.43万元，年均上解1235.66万元。

1949~2009年临澧县上解支出表

表2-66 单位:万元

年份	合计	其中 收入上解	其中 专项上解	年份	合计	其中 收入上解	其中 专项上解
1949	0.15	0.15		1982	296.21	280.67	15.54
1950	0.46	0.46		1983	246.93	233.72	13.21
1951	0.37	0.37		1984	263.48	207.90	55.58
1952	0.26	0.26		1985	99.00	79.70	19.30
1953	0.27	0.27		1986	177.70	84.50	93.20
1954	14.78	14.78		1987	203.60	89.60	114.00
1959	302.69	302.69		1988	311.60	94.90	216.70
1960	266.48	266.48		1989	440.80	100.60	340.20
1961	156.19	156.19		1990	424.90	106.60	318.30
1962	270.46	270.46		1991	420.40	113.00	307.40
1963	322.40	322.40		1992	479.00	118.00	361.00
1964	330.67	330.67		1993	475.00	123.00	352.00
1965	303.66	303.66		1994	596.00	128.00	468.00
1966	244.80	244.80		1995	1117.00	128.00	989.00
1967	231.48	231.48		1996	1306.00	128.00	1178.00
1968	244.61	244.61		1997	1365.00	128.00	1237.00
1969	267.04	267.04		1998	1666.00	128.00	1538.00
1970	310.28	310.28		1999	1898.00	128.00	1770.00
1971	317.10	317.10		2000	2355.00	128.00	2227.00
1972	237.84	237.84		2001	2076.00	128.00	1948.00
1973	344.73	344.73		2002	2865.00	128.00	2737.00
1974	362.45	362.45		2003	2756.00	128.00	2628.00
1975	352.26	352.26		2004	3156.00	128.00	3028.00
1976				2005	2905.00	128.00	2777.00
1977	110.11	110.11		2006	2596.00	128.00	2468.00
1978	5.46	5.46		2007	2789.00	128.00	2661.00
1979	27.11	27.11		2008	2866.00	128.00	2738.00
1980	241.95	241.95		2009	2128.00	128.00	2000.00
1981	267.63	267.63		合计	43812.51	9214.08	34598.43

第十三章 预算外支出

预算外支出是根据当年预算外收入相应安排的支出。预算外支出包括财政部门管理的预算外支出、行政事业单位管理的预算外支出和国营企业及主管部门管理的预算外支出三个部分。临澧县根据财政决算数据反映，是属于自筹资金、特种资金、税收附加、财政基金、预算外资金和政府性基金支出，本志将这些决算支出综合统计称为预算外支出，1949年至2009年，预算外支出43847.11万元，占预算外收入的81.90%，占一般预算支出的9.74%，其中财政部门管理的预算外支出22859.49万元，占同期财政预算外支出（下同）的52.14%；行政事业单位管理的预算外支出19646.71万元，占44.81%；国营企业及主管部门管理的预算外支出1340.91万元，占3.05%。

1949~2009年临澧县财政预算外支出统计表

表2-67　　单位：万元

年度	合　计	经济建设费				社会文教科卫媒事业费						交通运输支出	行政管理服务	社会保障就业	其他支出
		小　计	工业支出	城市公共支出	农林水支出	小　计	文化支出	教育支出	卫生支出	广电传媒	其他支出				
合计	43847.11	14965.82	1478.32	4350.50	9137.00	14866.47	7.79	14624.31	68.03	159.94	6.40	1221.08	6386.95	1179.00	5227.79
1949	11.52	2.69			2.69	3.48		3.48				1.20	4.00		0.15
1950	19.70	5.08			5.08	4.11		4.11				1.50	8.71		0.30
1951	23.10	5.12			5.12	5.96		5.96				2.03	9.32		0.67
1952	21.58	4.66			4.66	5.85		5.85				1.88	8.26		0.93
1953	27.98	5.06			5.06	6.32		6.32				2.38	11.52		2.70
1954	27.76	4.87			4.87	5.94		5.94				2.50	10.35		4.10
1955	33.11	5.36			5.36	6.38		6.38				2.60	11.28		7.49
1956	18.34	2.86			2.86	4.59		4.59				2.10	8.79		
1957	15.80	3.93		1.18	2.75	3.92		1.80		2.12		1.38	6.57		
1958	36.60	4.81			4.81	7.76		5.66		2.10		6.75	1.48		15.80
1959	37.86	30.66	7.57		23.09	4.02		4.02				2.83			0.35
1960	43.94	33.24	23.94		9.30	8.97		8.85		0.12			1.73		
1961	32.31	10.25	5.18		5.07	10.29		9.91	0.35	0.03		1.00			10.77
1962	31.20	11.64	8.36	3.10	0.18	10.23		6.50	0.32	3.41		9.33			

续表2-67

年度	合计	经济建设费				社会文教科卫媒事业费						交通运输	行政管理服务	社会保障就业	其他支出
		小计	工业支出	城市公共支出	农林水支出	小计	文化支出	教育支出	卫生支出	广电传媒	其他支出				
1963	48.14	27.17	9.93	2.85	14.39	14.95		14.62		0.33		3.18	2.84		
1964	22.88	2.61	1.42	0.99	0.20	11.57		9.95	0.80	0.82		3.94	4.76		
1965	26.60	4.45	2.38		2.07	12.29		10.79		1.50		2.80			7.06
1966	5.80	0.67	0.38		0.29	2.01		1.00		1.01		2.00	1.04		0.08
1967	45.34	36.49		0.23	36.26	2.03		1.00		1.03		1.00	5.82		
1968	25.44	12.94			12.94	2.08		1.00		1.08		9.11	0.98		0.33
1969	27.58	0.00				1.65				1.65		3.18			22.75
1970	46.54	40.22	7.72		32.50	3.46			0.50	2.96		1.70			1.16
1971	41.30	35.73	34.23		1.50	2.02				2.02		1.35			2.20
1972	67.73	22.83	20.15	2.68		41.02		38.01	0.73	2.28		0.38	0.66		2.84
1973	24.40	1.92		1.92		14.11		11.54	0.81	1.76		1.42	0.28		6.67
1974	51.12	13.93		12.77	1.16	23.16		20.34		2.82		7.15	0.27		6.61
1975	30.47	4.55	1.50	1.10	1.95	7.87		4.85	0.41	2.61		5.34	5.14		7.57
1976	58.95	6.92		4.93	1.99	35.96		32.98	0.34	2.64		4.87	5.10		6.10
1977	70.11	20.65	15.00	2.60	3.05	29.97		27.97	0.32	1.68		5.08	5.19		9.22
1978	54.83	5.08		2.14	2.94	15.50		13.36	1.44	0.70		4.10	5.54		24.61
1979	70.63	13.10		9.72	3.38	20.83	0.70	17.98	2.15			8.48	3.58		24.64
1980	87.54	9.02		6.49	2.53	55.32	0.67	53.41	1.24			1.68	3.88		17.64
1981	82.75	11.22		7.81	3.41	37.68	1.42	36.16	0.10			1.78	4.22		27.85
1982	190.08	13.98		11.90	2.08	102.46		76.36	26.10			6.96	3.70		62.98
1983	515.25	429.71	419.00	7.25	3.46	56.28	1.31	49.67	0.45	4.85		0.61	16.41		12.24
1984	571.13	440.90	420.46	10.94	9.50	110.93	2.69	101.95	0.97	5.32		5.89	1.63		11.78
1985	10.20	7.80		7.80		0.00									2.40
1986	29.50	22.00		20.30	1.70	0.00						1.00	5.00		1.50
1987	59.10	18.80		17.30	1.50	18.50		13.10		5.40		3.20	3.10		15.50
1988	1821.30	740.80	501.10	100.10	139.60	629.10		581.70	31.00	13.00	3.40	224.40	153.10		73.90
1989	55.60	21.50		19.10	2.40	9.30		2.20		7.10			12.90		11.90

续表2-67

年度	合计	经济建设费				社会文教科卫媒事业费						交通运输支出	行政管理服务	社会保障就业	其他支出
		小计	工业支出	城市公共支出	农林水支出	小计	文化支出	教育支出	卫生支出	广电传媒	其他支出				
1990	61.30	23.30		15.00	8.30	13.40		5.00		8.40		2.00	16.80		5.80
1991	74.70	26.30		18.30	8.00	16.20		8.00		8.20		1.00	13.00		18.20
1992	81.00	28.00		15.00	13.00	18.00		10.00		8.00			15.00		20.00
1993	65.00	19.00		19.00		20.00		11.00		9.00			15.00		11.00
1994	79.00	38.00		26.00	12.00	18.00		10.00		8.00			16.00		7.00
1995	120.00	52.00		32.00	20.00	20.00		10.00		10.00			20.00		28.00
1996	129.00	28.00		28.00		15.00		5.00		10.00			20.00		66.00
1997	358.00	46.00		46.00		110.00		110.00					15.00		187.00
1998	112.00	58.00		33.00	25.00	0.00									54.00
1999	224.00	42.00			42.00	120.00		120.00							62.00
2000	1222.00	35.00			35.00	1060.00		1060.00							127.00
2001	1033.00	101.00			101.00	845.00		845.00							87.00
2002	1062.00	30.00			30.00	232.00		232.00				4.00		11.00	785.00
2003	1338.00	89.00			89.00	1.00		1.00						46.00	1202.00
2004	3456.00	222.00			222.00	0.00							2334.00	94.00	806.00
2005	3098.00	367.00			367.00	5.00		5.00					2153.00	88.00	485.00
2006	3308.00	388.00		143.00	245.00	2129.00	1.00	2125.00			3.00		169.00	365.00	257.00
2007	5900.00	1911.00		752.00	1159.00	3429.00		3428.00		1.00			331.00	164.00	65.00
2008	10254.00	5701.00		1441.00	4260.00	2771.00		2751.00		20.00		866.00	320.00	258.00	338.00
2009	7351.00	3666.00		1527.00	2139.00	2696.00		2689.00		7.00			622.00	153.00	214.00

第一节 财政部门管理的预算外支出

财政部门管理的预算外支出包括经济建设费、社会文教科学卫生事业费、交通运输、行政管理、社会保障及其他支出。1949年至2009年，临澧县该项支出22859.49万元，其中：经济建设费支出12465.29万元，占54.53%，主要用于工业支出98.13万元，城市公共支出3591.26万元，农林水支出8775.90万元；社会文教科学卫生事业费支出2772.70万元，占12.13%，主要用于文化事业支出2万元，教育事业支出2616.47万元，卫生事业支出3.47万元，广电传媒事业支出150.76万元；交通运输支出826.47万元，占3.62%；行政管理服务事业费支出1108.44万元，占4.85%；社会保障就业支出727万元，占3.18%；其他支出4959.99万元，占21.69%。

1949~2009年临澧县财政部门管理的预算外支出统计表

表2-68 单位：万元

年度	合计	经济建设费					社会文教科卫媒事业费						交通运输支出	行政管理服务	社会保障就业	其他支出
		合计	工业支出	城市公共支出	农林水支出	其他支出	合计	文化支出	教育支出	卫生支出	广电传媒	其他支出				
合计	22859.49	12465.29	98.13	3591.26	8775.90		2772.70	2.00	2616.47	3.47	150.76		826.47	1108.04	727.00	4959.99
1949	11.52	2.69			2.69		3.48		3.48				1.20	4.00		0.15
1950	19.70	5.08			5.08		4.11		4.11				1.50	8.71		0.30
1951	23.10	5.12			5.12		5.96		5.96				2.03	9.32		0.67
1952	21.58	4.66			4.66		5.85		5.85				1.88	8.26		0.93
1953	27.98	5.06			5.06		6.32		6.32				2.38	11.52		2.70
1954	27.76	4.87			4.87		5.94		5.94				2.50	10.35		4.10
1955	33.11	5.36			5.36		6.38		6.38				2.60	11.28		7.49
1956	13.90	2.86			2.86		0.15		0.15				2.10	8.79		
1957	15.80	3.93		1.18	2.75		3.92		1.80		2.12		1.38	6.57		
1958	30.94	4.81			4.81		2.10				2.10		6.75	1.48		15.80
1959	26.95	23.09			23.09		0.68		0.68				2.83			0.35
1960	20.81	19.07	9.77		9.30		0.12				0.12			1.62		
1961	12.34	0.58	0.58				0.38			0.35	0.03		1.00			10.38
1962	16.34	3.28		3.10	0.18		3.73			0.32	3.41		9.33			
1963	12.86	7.01		2.85	4.16		1.48		1.15		0.33		3.18	1.19		
1964	15.20	2.61	1.42	0.99	0.20		3.89		2.27	0.80	0.82		3.94	4.76		
1965	14.88	4.45	2.38		2.07		3.90		2.40		1.50		2.80			3.73
1966	5.80	0.67	0.38		0.29		2.01		1.00		1.01		2.00	1.04		0.08
1967	45.34	36.49		0.23	36.26		2.03		1.00		1.03		1.00	5.82		
1968	25.44	12.94			12.94		2.08		1.00		1.08		9.11	0.98		0.33
1969	27.58	0.00					1.65				1.65		3.18			22.75
1970	46.54	40.22	7.72		32.50		3.46			0.50	2.96		1.70			1.16

续表2-68

年度	合计	经济建设费					社会文教科卫媒事业费						交通运输支出	行政管理服务	社会保障就业	其他支出
		合计	工业支出	城市公共支出	农林水支出	其他支出	合计	文化支出	教育支出	卫生支出	广电传媒	其他支出				
1971	41.30	35.73	34.23		1.50		2.02				2.02		1.35			2.20
1972	27.89	22.83	20.15	2.68			4.28		2.00		2.28		0.38	0.40		
1973	5.16	1.92		1.92			1.76				1.76		1.42			0.06
1974	19.20	12.77		12.77			4.63		2.00		2.63		1.50			0.30
1975	6.49	2.60	1.50	1.10			2.61				2.61		1.28			
1976	9.07	4.93		4.93			2.64				2.64		1.50			
1977	20.78	17.60	15.00	2.60			1.68				1.68		1.50			
1978	1.30	0.30		0.30			0.00						1.00			
1979	4.35	2.40		2.40			0.00						1.95			
1980		0.00					0.00									
1981		0.00					0.00									
1982	25.00	0.00					0.00									25.00
1983	34.79	12.25	5.00	7.25			12.98		8.30		4.68			7.75		1.81
1984	25.99	12.21		6.46	5.75		11.38	1.00	5.88		4.50		1.00	1.00		0.40
1985	10.20	7.80		7.80			0.00									2.40
1986	29.50	22.00		20.30	1.70		0.00						1.00	5.00		1.50
1987	59.10	18.80		17.30	1.50		18.50		13.10		5.40		3.20	3.10		15.50
1988	30.30	15.20		13.70	1.50		7.70		0.50	1.50	5.70		2.00	2.40		3.00
1989	55.60	21.50		19.10	2.40		9.30		2.20		7.10			12.90		11.90
1990	61.30	23.30		15.00	8.30		13.40		5.00		8.40		2.00	16.80		5.80
1991	74.70	26.30		18.30	8.00		16.20		8.00		8.20		1.00	13.00		18.20
1992	81.00	28.00		15.00	13.00		18.00		10.00		8.00			15.00		20.00
1993	65.00	19.00		19.00			20.00		11.00		9.00			15.00		11.00
1994	79.00	38.00		26.00	12.00		18.00		10.00		8.00			16.00		7.00
1995	120.00	52.00		32.00	20.00		20.00		10.00		10.00			20.00		28.00
1996	129.00	28.00		28.00			15.00		5.00		10.00			20.00		66.00

续表2-68

年度	合计	经济建设费					社会文教科卫媒事业费						交通运输支出	行政管理服务	社会保障就业	其他支出
		合计	工业支出	城市公共支出	农林水支出	其他支出	合计	文化支出	教育支出	卫生支出	广电传媒	其他支出				
1997	358.00	46.00		46.00			110.00		110.00					15.00		187.00
1998	112.00	58.00		33.00	25.00		0.00									54.00
1999	224.00	42.00			42.00		120.00		120.00							62.00
2000	1222.00	35.00			35.00		1060.00		1060.00							127.00
2001	1033.00	101.00			101.00		845.00		845.00							87.00
2002	1062.00	30.00			30.00		232.00		232.00				4.00		11.00	785.00
2003	1338.00	89.00			89.00		1.00		1.00						46.00	1202.00
2004	1032.00	132.00			132.00		0.00								94.00	806.00
2005	945.00	367.00			367.00		5.00		5.00						88.00	485.00
2006	755.00	388.00		143.00	245.00		1.00	1.00							109.00	257.00
2007	2077.00	1911.00		752.00	1159.00		1.00				1.00				100.00	65.00
2008	6925.00	5428.00		1168.00	4260.00		23.00		3.00		20.00		736.00	274.00	126.00	338.00
2009	4265.00	3218.00		1167.00	2051.00		105.00		98.00		7.00			575.00	153.00	214.00

第二节 行政事业单位管理的预算外支出

1956年至2009年,临澧县行政事业单位管理的预算外支出19646.71万元,主要用于生产性事业支出、招待所宾馆支出、机关特种资金支出、市场管理及基建维修和其他支出。

经济建设费:经济建设支出1154.55万元,占5.88%。其中:工业支出39.28万元;城市、公共事业费支出759.24万元,该项支出重点是2008、2009两年投入633万元,大大加快了城镇社区建设;农林水事业费支出356.03万元。

社会文教科卫媒事业费:社会文教科卫媒事业费支出12098.84万元,占61.58%,其中教育支出12012.91万元。文化支出5.79万元,卫生支出64.56万元,广电传媒支出9.18万元,其他支出6.40万元。

交通运费:交通运输支出394.61万元,占2.01%。

行政管理事务支出5278.91万元,占总支出的26.87%。

社会保障就业支出452万元,占总支出的2.3%。

其他支出267.80万元,占总支出的1.36%。

1956~2009年临澧县行政事业单位管理的预算外支出统计表

表2-69　　　　单位:万元

年度	合计	经济建设费					社会文教科卫媒事业费						交通运输支出	行政管理服务	社会保障就业	其他支出
		小计	工业支出	城市公共支出	农林水支出	其他支出	小计	文化支出	教育支出	卫生支出	广电传媒	其他支出				
合计	19646.71	1154.55	39.28	759.24	356.03		12098.84	5.79	12012.91	64.56	9.18	6.40	394.61	5278.91	452.00	267.80
1956	4.44						4.44		4.44							
1957							0.00									
1958	5.66						5.66		5.66							
1959	3.34						3.34		3.34							
1960	8.96						8.85		8.85					0.11		
1961	15.37						14.98		14.98							0.39
1962	6.50						6.50		6.50							
1963	25.35	10.23			10.23		13.47		13.47					1.65		
1964	7.68						7.68		7.68							
1965	11.72						8.39		8.39							3.33
1972	39.84						36.74		36.01	0.73				0.26		2.84
1973	19.24						12.35		11.54	0.81				0.28		6.61
1974	31.92	1.16			1.16		18.53		18.34		0.19		5.65	0.27		6.31
1975	23.98	1.95			1.95		5.26		4.85	0.41			4.06	5.14		7.57
1976	49.88	1.99			1.99		33.32		32.98	0.34			3.37	5.10		6.10
1977	49.33	3.05			3.05		28.29		27.97	0.32			3.58	5.19		9.22
1978	53.53	4.78		1.84	2.94		15.50		13.36	1.44	0.70		3.10	5.54		24.61
1979	66.28	10.70		7.32	3.38		20.83	0.70	17.98	2.15			6.53	3.58		24.64
1980	87.54	9.02		6.49	2.53		55.32	0.67	53.41	1.24			1.68	3.88		17.64
1981	82.75	11.22		7.81	3.41		37.68	1.42	36.16	0.10			1.78	4.22		27.85
1982	165.08	13.98		11.90	2.08		102.46		76.36	26.10			6.96	3.70		37.98
1983	66.46	3.46			3.46		43.30	1.31	41.37	0.45	0.17		0.61	8.66		10.43
1984	135.66	19.21	10.98	4.48	3.75		99.55	1.69	96.07	0.97	0.82		4.89	0.63		11.38
1988	1318.2	252.80	28.30	86.40	138.10		621.40		581.20	29.50	7.30	3.40	222.40	150.70		70.90

续表2-69

年度	合计	经济建设费					社会文教科卫媒事业费						交通运输支出	行政管理服务	社会保障就业	其他支出
		小计	工业支出	城市公共支出	农林水支出	其他支出	小计	文化支出	教育支出	卫生支出	广电传媒	其他支出				
2004	2424.00	90.00			90.00									2334.00		
2005	2153.00													2153.00		
2006	2553.00						2128.00		2125.00			3.00		169.00	256.00	
2007	3823.00						3428.00		3428.00					331.00	64.00	
2008	3329.00	273.00		273.00			2748.00		2748.00				130.00	46.00	132.00	
2009	3086.00	448.00		360.00	88.00		2591.00		2591.00					47.00		

注：1989年至2003年，行政事业单位的预算内外资金实行财政综合预算，统筹运用，其支出数在行政事业费中一并支出。

第三节 国营企业及其主管部门管理的预算外支出

根据决算表反映该支出只有1959年至1963和1983、1984、1988年共8年参与决算，共计支出1340.91万元，主要是用于企业的更新改造，工人奖金和福利等。

1959~1988年个别年份临澧县国营企业主管部门主管的预算外支出统计表

表2-70　　单位：万元

年度	合计	更新改造修理支出	福利奖励支出	科技三项费用	流动资金支出	基本建设支出	其他支出
合计	1340.91	778.04	255.73	6.67	22.70	151.50	126.27
1959	7.57		0.18			7.39	
1960	14.17		6.90	2.44		4.30	0.53
1961	4.60	1.70	0.10	1.40			1.40
1962	8.36	5.12	0.98	1.02			1.24
1963	9.93	6.31	1.40	1.81			0.41
1983	414.00	289.66	28.52			69.81	26.01
1984	409.48	222.65	110.05			40.90	35.88
1988	472.80	252.60	107.60		22.70	29.10	60.80

第十四章 专项补贴

第一节 惠农补贴

惠农补贴是指国家实行对种粮农民直接补贴和综合补贴资金。根据财政部(财建〔2004〕75号)和省财政厅(湘财乡〔2006〕3号)文件的有关规定,临澧县切实规范和加强对种粮农民的直接补贴和综合补贴资金的管理,实行统一的直接补贴、综合补贴项目、发放标准、资金来源及发放办法。党中央、国务院决定把通过流通环节的粮食间接补贴改为对种粮农民的直接补贴,是稳定和发展粮食生产、保护粮食综合生产能力、保护种粮农民利益和调动农民种粮积极性。国家实行对种粮农民补贴有两种,即:实行对种粮农民的粮食直接补贴和农资综合补贴(以下简称直补和综补)。

2005年,临澧县财政局为实施惠农工程,构建和谐临澧,制发了全县惠农补贴,全部实行"一卡通",由县邮政储蓄银行代发。并转发省财政厅关于惠农补贴"一卡通"发放明白卡。"五个严禁":严禁以各种理由扣押农民个人"一卡通"存折,严禁改变补贴资金的使用方向;严禁截留、挤占和挪用补贴资金;严禁用补贴资金抵扣农民应交纳的各项费用;严禁滞留资金、拖延补贴兑现时间。"四个不准":不准虚报冒领;不准暗箱操作;不准降低标准;不准以"一事一议"或公益性事业的名义坐支补贴资金。

一、补贴方式

国家实行对种粮农民直接补贴规定三种方式,即:按计税面积补贴,按计税常产补贴,按粮食种植面积补贴。

(一)按计税面积补贴,就是以农村税费改革核定的农业税计税土地面积为依据,确定每个农户享受的补贴额。具体操作办法:1.以县(市)为单位,按该县(市)前三至五年国有粮食购销企业按保护价收购的农民余粮的平均数,确定各县(市)享受补贴的商品粮数量,如果补贴数量低于前三年平均粮食商品量的70%,应按不低于前三年平均粮食商品量的70%确定应享受补贴的粮食数量;2.以农业税计税土地面积为基础,确定每个农户享受补贴的商品粮量,把全县(市)享受补贴的商品粮数量分解到一家一户;3.每斤商品粮的补贴标准按市场价低于保护的目标价格的差价核定,全省统一;4.每个农户得到补贴额为核定的商品粮量乘以补贴标准。

(二)按计税常产补贴,就是以农村税费改革核定的农业税计税常产为依据,确定每个农户享受的补贴额。具体操作办法:1.以县(市)为单位,按该县(市)前三至五年国有粮食购销企业按保护价收购的农民余粮的平均数,确定各县(市)享受补贴的商品粮数量,如果补贴数量低于前三年平均粮食商品量的70%,应按不低于前三年平均粮食商品量的70%确定应享受补贴的粮食数量;2.以农业税计税常产为基础,确定每个农户享受补贴的商品粮量,把全县(市)享受补贴的商品粮数量分解到一家一户;3.每斤商品粮的补贴标准按市场价低于保护的目标价格的差价核定,全省统一;4.每个农户得到补贴额为核定的商品粮量乘以补贴标准。

(三)按粮食种植面积补贴,就是以农户实际种植粮食作物的面积为依据,确定每个农户享受的补贴额。具体操作办法:1.以县(市)为单位,按该县(市)前三至五年国有粮食购销企业按保护价收购的农民余粮的平均数,确定各县(市)享受补贴的商品粮数量,如果补贴数量低于前三年平均粮食商品量的70%,应按不低于前三年平均粮食商品量的70%确定应享受补贴的粮食数量;2.县(市)享受补贴的商品粮数量分解到一家一户;3.每斤商品粮的补贴标准按市场价低于保护的目标价格的差价核定,全省统一;4.每个农户得到补贴额为核定的商品粮量乘以补贴标准。

粮食种植面积的两种核定方法。方法一:为了减轻核实实际种粮面积的工作量和难度,可以采取在计税面积基础上,剔除半年内不能恢复粮食生产的经济作物和养殖面积(如桑、茶、果树、鱼塘等)的方法。方法二:为了减少因粮食复种带来的核实面积的工作量和难度,可采取只核查现在实行保护价保护的粮食品种的种植面积。现行国务院文件规定的保护价保护的品种和范围为,长江中游地区的中、晚稻谷,东北地区的优等稻谷,黄淮海地区的小麦,东北地区和内蒙古东部的玉米。按此核定农民享受补贴的种粮面积,只对受保护价保护的品种进行补贴。

二、补贴项目及标准

湖南省惠农补贴主要项目及标准

表2-71

补贴项目	存根摘要	补贴标准	补贴范围
水稻良种补贴	早补	10元/亩	实际种植面积
	中补	15元/亩	实际种植面积
	晚补	15元/亩	实际种植面积
农资综合补贴	综补	80.6元/亩	计税面积内的耕种面积
种粮直接补贴	直补	13.5元/亩	计税面积内的耕种面积
油菜良种补贴	油菜	10元/亩	实际种植面积
玉米良种补贴	玉米	10元/亩	实际种植面积
小麦良种补贴	小麦	10元/亩	实际种植面积
棉花良种补贴	棉花	10元/亩	实际种植面积
森林生态效益补贴	生态	4.75元/亩	对重点公益林管护者发生的营造、抚育、保护等给予一定的专项补贴资金

2005年始,临澧县严格执行湖南省财政厅关于惠农补贴的项目、标准、范围对种粮农民实行“一

卡通”兑现了各种补贴。执行补贴政策。当年,全县计税面积为50万亩,对种粮农民发放惠农直补资金为652.04万元,早、中、晚稻良种补贴资金470.33万元,全年发放补贴资金总额为1122.37万元。2009年,全县发放种粮直补资金675万元,农资综合补贴资金4030万元,各项良种补贴资金1090.46万元,合计发放补贴资金总额为5795.46万元,占全县发放资金总额(下同)的18.82%。2005至2009年全县农民补贴资金总额为17088.30万元,其中:粮食直补资金3329.44万元,占全县补贴资金总额(下同)的19.48%;农资综合补贴资金9650万元,占56.47%;各项良种补贴资金4108.86万元,占24.05%。

三、补贴资金来源及支付办法

“两补”(直补和综补)资金来源于中央财政的粮食风险基金,是由省财政拨付到县财政粮食风险基金专户,再通过农民补贴网直接打卡发放到种粮农民手中。良种补贴资金是由中央财政下拨到省财政,由省财政按国家规定的粮食、经济作物的良种补贴资金标准额一次性拨付到县财政,由农业股直接拨付到县乡镇财政管理局涉农资金专户,通过“一卡通”打卡发放到各农户。

2005~2009年临澧县惠农(直补、综补)及良种补贴资金发放统计表

表2-72　　单位:万元

<table>
<tr><th>项目名称</th><th>2005年</th><th>2006年</th><th>2007年</th><th>2008年</th><th>2009年</th><th>合计</th><th>占%</th></tr>
<tr><td>合　计</td><td>1122.37</td><td>1202.62</td><td>2937.23</td><td>6030.62</td><td>5795.46</td><td>17088.30</td><td></td></tr>
<tr><td>早、中、晚稻良种补贴</td><td>470.33</td><td>550.26</td><td>672.21</td><td>955.6</td><td>709.65</td><td>3358.05</td><td></td></tr>
<tr><td>对种粮农民直接补贴</td><td>652.04</td><td>652.36</td><td>675.02</td><td>675.02</td><td>675</td><td>3329.44</td><td>19.65</td></tr>
<tr><td>对种粮农民农资综合补贴</td><td></td><td></td><td>1590</td><td>4030</td><td>4030</td><td>9650</td><td>56.48</td></tr>
<tr><td>油菜良种补贴</td><td></td><td></td><td></td><td>370</td><td>369.90</td><td>739.93</td><td rowspan="3">4.39</td></tr>
<tr><td>玉米良种补贴</td><td></td><td></td><td></td><td></td><td>4.33</td><td>4.33</td></tr>
<tr><td>小麦良种补贴</td><td></td><td></td><td></td><td></td><td>6.55</td><td>6.55</td></tr>
<tr><td>棉花良种补贴</td><td></td><td></td><td></td><td></td><td></td><td></td><td></td></tr>
</table>

第二节 家用电器下乡补贴

根据财政部(财建〔2008〕709号)和省财政厅(湘财外〔2008〕94号)关于印发《家电下乡补贴资金管理办法的通知》及(常财发〔2009〕17号)、(临政办函〔2009〕7号)和(临商财〔2009〕6号)文件的有关规定,临澧县切实规范和加强对家电及汽车、摩托车下乡补贴资金的管理,实行统一的补贴项目,补贴标准、资金来源及发放办法。为了贯彻落实中央、国务院关于扩大农村消费、提高农民生活质量,促进社会主义新农村建设有关精神,国家财政对家电及汽车、摩托车下乡给予资金补贴。

补贴的范围：

(一)家用电器下乡补贴

1.补贴方式。凡农民在规定时间内购买补贴类家电产品，提出申请并经审核符合相关条件的，均给予财政资金直接补贴。

2.补贴的对象及标准。县境内持有农业户籍的农民在实施时间内到全省家电下乡指定销售服务网点，每户购买中标四大类各1台(件)，均可享受销售价格13%的财政补贴。

3.补贴产品名称及实施时间。临澧县家电下乡的国家补贴产品暂定为四大类，即彩电、冰箱(含冰柜)、手机、洗衣机。彩电单价(下同)在2000元以下，冰箱(冰柜)在2500元以下，手机在1000元以下，洗衣机在2000元以下；实施时间自2008年12月1日至2012年11月30日。

4.补贴资金的来源及支付办法。补贴资金是由中央和省两级财政共同负担。其中中央财政负担80%，省级财政负担20%。其支付办法是按照专项转移支付资金国库集中支付有关规定，纳入国库单一账户体系管理，实行国库集中支付。

5.补贴资金的发放及退回程序。(1)补贴资金的申报和发放程序：农民到指定家电下乡销售网点凭本人身份证购买招标确定的家电产品后(销售商必须开具正规发票，并在发票上写明购买人姓名、身份证号码、产品型号)，持购买产品的发票原件及复印件、身份证明件，包括身份证或公安户籍管理部门出具的证明人、户口簿原件、补贴类家电产品专用标志卡、购买人粮食直补卡(即惠农补贴一卡通存折)到户口所在地乡镇(区)财税所申报补贴。乡镇(区)财税所初审后，报县财政局复核确认。在农民提出申请后30个工作日之内，将补贴资金从特设专户直接打入申请人的粮食直补卡。临澧县对国家补贴资金是通过“中国农民补贴网”(乡镇财税信息网)实行“一卡通”发放。(2)补贴资金退回程序：购买人因产品质量问题需要退货的，经过销售服务网点同意并在发票单上注明“同意退货”后到乡镇(区)财税所审核。补贴资金尚未发放的乡镇(区)财税所在原发票上签署“补贴未发，可退货”意见，并加盖公章；已发补贴的，购买人退回补贴金额，乡镇(区)财税所在原销售发票上签署“补贴已退，可退货”意见，并加盖公章，购买人凭乡镇(区)财税所签署意见的销售发票到原购买网点办理退货手续。

(二)汽车、摩托车下乡补贴

1.补贴对象。2009年3月1日至12月31日常德市境内(下同)农民将三轮汽车或低速货车报废并在湖南省境内换购微型载货车、轻型载货车；在湖南省境内新购微型载货、轻型载货车以及1.3升以下排量微型客车，均可享受财政补贴。新购或换购微型载货车、轻型载货车每户限购一辆，但是报废车辆车主与新购车辆车主应为同一人，新购微型客车每户限购一辆。2009年2月1日—2013年1月31日，市(县)境内农民在湖南省境内购买摩托车，享受财政补贴。享受补贴的摩托车每户限购两辆。

政策规定的“三轮汽车”指原三轮农用车；低速货车指原四轮农用车；微型载货车指至少四个车轮且用于载货的机动车辆，其“中华人民共和国机动车整车出厂合格证”或由公安部门核发的“机动车登记证书”中“车辆型号”项第一位数字为“1”或“3”或“5”、“总质量”项不超过1800千克的机动车；

轻型载货车指至少四个车轮且用于载货的机动车辆，其“中华人民共和国机动车整车出厂合格证”或由公安部门核发的“机动车登记证书”中“车辆型号”项第一位数字为“1”或“3”或“5”，“总质量”项大于1800千克但不超过6000千克的机动车；微型客车指至少四个车轮且用于载客的机车车辆(不含轿车)，其“中华人民共和国机动车整车出厂合格证”或由公安部门核发的“机动车登记证书”中“车辆型号”项第一位数字为“6”，发动机“排量和功率”项中排量不超过1300毫升的机动车；摩托车是指两轮或三轮摩托车。

享受财政补贴的汽车两年内不得过户。

2.补贴产品及标志。工业和信息化部公布的《车辆生产企业及产品公告》列明的符合上述条件且经过国家强制性认证的微型载货车、轻型载货车、微型客车以及摩托车，均可作为补贴车型(查询详情请登录“常德财政网”的“汽摩家电下乡”专栏)。享受下乡补贴的汽车摩托车产品须在车身外部显著位置标注汽车摩托车下乡标志(查询详情请登录“常德财政网”的“汽摩家电下乡”专栏)。售给农民的没有标注下乡标志的汽车摩托车，经销商应主动于2009年6月30日前为车主补加汽车摩托车标识，以便农民申请补贴资金。

3.补贴金额及来源。将三轮汽车或低速货车报废换购微型载货车、轻型载货车，按换购微型载货车、轻型载货车销售价格10%给予补贴，换购微型载货车、轻型载货车单价5万元以上的，每辆定额补贴5000元。同时对报废三轮汽车或低速货车实行定额补贴，报废三轮汽车的每辆给予补贴2000元，报废低速货车的每辆给予补贴3000元。新购微型载货车、轻型载货车、微型客车，按销售价格10%给予补贴，购买微型载货车、轻型载货车、微型客车单价5万元以上的，每辆定额补贴5000元。购买摩托车，按销售价格13%给予补贴，购买摩托车单价5000元以上的，每辆定额补贴650元。在汽车摩托车下乡期间，购买人经户口所在地县、乡两级财政部门认定，属于补贴范围的，即向公安交通管理部门出具相关行政性收费减免审批表，对汽车上牌过程中的所有行政性收费(包括号牌工本费、机动车辆行驶证工本费、机动车登记证工本费)减半征收；对摩托车上牌过程中所有行政性收费(包括号牌工本费、机动车行驶证工本费、机动车登记工本费)全部免收。补贴资金由中央财政和省级财政共同负担，其中，中央财政负担80%，省级财政负担20%，豁免上牌的工本费用由当地县级财政负担。

4.补贴资金申报。换购微型载货车、轻型载货车，需要按国家有关规定办理三轮汽车或低速货车报废。车主应当将报废的车辆交售给依法设立的报废汽车回收企业，取得报废汽车回收证明和公安交通管理部门出具的机动车注销证明。换购微型载货车、轻型载货车的农民，可以向户口所在地县财政局申报购车补贴和报废车辆补贴，申报时需要提供以下材料：①已报废车辆的报废汽车回收证明和机动车注销证明；②新购车的机动车销售发票；③公安交通管理部门出具的机动车行驶证或机动车登记证书；④购买人本人的居民身份证；⑤购买人户口簿或公安部门出具的户籍证明；⑥购买人“一卡通”存折；⑦新购车辆的机动车整车出厂合格证复印件。

新购微型载货车、轻型载货车、微型客车的农民，向户口所在地县级财政局申报补贴资金，新购摩托车的农民向户口所属乡镇财税所申报补贴资金。申报时需提供以下材料：①公安交通管理部门出具的机动车行驶证或机动车登记证书；②机动车销售发票；③购买人本人的居民身份证；④购买人户口簿或公安部门出具的户籍证明;⑤购买人"一卡通"存折;⑥新购车辆的机动车整车出厂合格证复印件。

5.补贴资金审核拨付。补贴资金实行"县级审核、县级兑付"和"乡级审核、县级兑付"两种方式,即申领汽车下乡补贴的采取"县级审核、县级兑付"方式、申领摩托车下乡补贴的采取"乡级审核、县级兑付"方式。申领汽车下乡补贴时,县财政局对农民申报材料进行审核后,符合补贴要求的,应当在购买人提出申请的15个工作日内将补贴资金直接拨付到购买人储蓄存折账户(或粮食直补一卡通);不符合补贴要求的,应在购买人申报时立即告知当事人。申领摩托车下乡补贴时,乡镇财税所对农民申报材料进行审核后,符合补贴要求的,报送县财政局,县财政局应该在购买人提出申请的15个工作日内将补贴资金直接拨付到购买人储蓄存折账户(或粮食直补一卡通);不符合补贴要求的,应在购买人申报时立即告知当事人。

具有下列情形之一者,不予支付补贴资金:①原三轮汽车或低速货车手续不全或未办理报废注销登记的;②新购买的汽车摩托车不在《产品目录》内的;③申报的补贴资金材料不全,且经告知后仍不能补充齐全的;④每年2月底前未申报上一年度补贴资金的;⑤购买的汽车摩托车数量超过本办法规定数量的部分;⑥采取欺骗、瞒报等不适当手段套取补贴资金的;⑦法律法规规定的不符合享受补贴资金的。实行家电下乡补贴是按国家规定的实施时间自2008年12月1日至2012年11月30日。临澧县实行家电下乡(含汽车、摩托车)补贴资金的统计数是从2008年12月至2009年年底(因本志书下限断至2009年)。2009年,按省家电下乡补贴产品项目规定,全县已补贴家电下乡产品(含外地)16172台(件),补贴资金总额为425.33万元,其中:冰箱9655台(件),补贴资金256.58万元,占补贴资金总额(下同)的60.33%;洗衣机2074台(件),补贴资金39万元,占9.17%;彩电1791台(件),补贴资金37.78万元,占8.88%;汽车、摩托车分别为531台和4247台,分别补贴资金为215.93万元、263.59万元;分别占全县补贴资金总额的23.85%和29.13%;空调1651台(件),补贴资金61.05万元,占14.35%。截至2009年12月31日,全县家电及汽车、摩托车已收到上级专项补贴资金1168万元,实际拨付专项资金941.24万元,实际已兑付补贴资金904.85万元,兑付率占96.13%。其中:汽摩补贴资金479.52万元,占兑付补贴资金总额(下同)的52.99%,家电补贴资金425.33万元,占47.01%。

2009年度临澧县家电汽摩下乡补贴资金统计表

表2-73 单位:万元

补贴项目	产品销售数量	产品销售总额	已补贴数量	已兑付补贴金额	备注
合　计	15697	7687.76	20950	904.85	
汽车(辆)		2370.22	531	215.93	
摩托车(辆)		2273.15	4247	263.59	
家电台(件)	15697	3044.39	16172	425.33	
其中:冰箱	8192	1671.17	9655	256.58	
彩电	2282	407.86	1791	37.78	

续表2-73

补贴项目	产品销售数量	产品销售总额	已补贴数量	已兑付补贴金额	备注
手机	1021	48.92	106	0.68	
洗衣机	1755	250.62	2074	39.00	
计算机	289	95.29	352	15.03	
空调	1634	467.64	1651	61.05	
热水器	466	99.79	495	14.88	
微波炉	44	2.60	33	0.27	
电磁炉	14	0.50	15	0.06	

第三节 农业机械购置补贴

依据农业部、财政部〔2005〕6号文精神，临澧县从2005年始对农业机械购置给予国家财政补贴。

一、**实施范围**。农机大户、农机合作等农机服务组织承担作业和开展跨区深松整地作业的等。

二、**补贴机具**。耕整地机械(翻转犁、旋耕机、耕整机等10个品目)；种植施肥机械:(播种机、育苗机、栽植机、施肥机、地膜机等21品目)；田间管理机械:(中耕机等)；植保机械:(机动喷雾机等)；收获机械:(谷物收获机械等)；收获后处理机械:(脱粒机、干燥机等)；农产品初加工机械:(碾米机、磨粉机等)；排灌机械:(水泵、喷灌设备等)；畜牧水产养殖机械:(饲料加工机械、畜牧饲养机械、产品加工机械、水产养殖机械等)；动力机械:(拖拉机等)；设施农业设备等11大项75个品目。

三、**补贴标准**。一般农机每档产品补贴额原则上按财政部农财办〔2005〕6号文规定，按不超过该档产品上年平均销售价格的30%测算，单机补贴不超过5万元；烘干机单机补贴不超过12万元；100马力以上大型拖拉机、大型免耕播种机、大型联合收割机等设备单价补贴额不超过15万元。

2005年至2009年，临澧县农业机械购置7098台，财政补贴1180万元，年均236万元。

临澧县农机购置补贴统计表

表2-74

时间	国补资金(万元)	补贴数量(台)
2005年	30	58
2006年	50	93
2007年	210	1924
2008年	280	2355
2009年	610	2668
合计	1180	7098

第三编

财政管理

第一章 财政体制
第二章 预算管理
第三章 国有资产管理
第四章 预算外(非税)收入管理
第五章 政府采购
第六章 财务管理
第七章 财政信用
第八章 会计管理
第九章 财政监督

第三编 财政管理

财政管理是国家对财政、财务活动进行组织、指挥、调节和监督等各项活动的总称，贯穿于财政分配全过程。是政府对国民经济进行宏观调控、履行职责的重要手段之一。其内容主要包括预算管理（即财政收支管理）、财务管理、会计管理、国有资产管理、预算外（非税）收入管理及财政监督等。

财政管理形式带有明显的时代特征。早在周代就有“必于岁抄，五谷皆入，然后制国用。用地大小，视年岁之丰耗，以三十年之通，制国用，量入为出”的制度。唐太宗时(627年~649年)，由宰相房玄龄亲自掌管财政，对中央出纳机关规定旬极，每月“计奏”与稽核制度。

清代以户部为全国财政的最高领导机构，省设布政使司专管财政，县由知事负责。

清建治以前，临澧财政管理机构，设在裴家河（含安福镇）和新安市（今新安镇）。当时称为征屯署，专司征收钱粮，临澧建县后设户科，其收支管理无序，搜刮民财，贪占利已无节，管理流于形势。清光绪三十二年（1906年），预备立宪，计划推行预决算制度。宣统二年（1910年），临澧县财政收支由省财政公所直接管理。宣统三年（1911年），试办预算但未来得及实行，清代皇朝即行崩溃。

民国时期（1912年~1948年），民国5年至民国16年（1916年~1927年），改设临澧县财粮科。民国17年至民国25年（1928年~1936年），改设财政局。民国26年（1937年~1949年），改设为财政科。当时，临澧县财政是以收抵支或就地坐支，亦无统一的财政管理制度。民国17年（1928年），全国第一次财政会议后，临澧县执行《国、地收支标准案》之规定。抗日战争爆发后，社会动荡毋宁，财政管理制度废弛。抗战胜利后，民国政府争于谋求“内战”需要，横征暴敛，致使国民经济全面崩溃，货币恶性膨胀，收支日绌，各项财政管理制度亦流于形式。

新中国成立后，临澧县财政机构多次演变名称。设科建局，各个时期，临澧财政根据中央和省、市（地区）财政的统一要求，通过六十年的努力，除弊立新，取长补短，设立了财政体制到预算管理，从各项财务会计管理到财政监督等诸方面的管理制度，形成了新型的社会主义的地方财政管理体系，发挥了财政工作的良好职能作用。

新中国建立初期，当国民经济发展进入第一个五年计划后，临澧县财政由供给财政向建设财政转变，一套新型的地方财政管理体制日趋完善。

1958年起，由于“大跃进”出现的“浮夸风”和“共产风”为主要标志的“左”倾错误思想影响，临澧县财政在“多收多支”“大收大支”等不切实际的口号影响下，把许多行之有效的规章制度当作“条条框框”加以否定，忽视财务管理，出现了虚收实支，假平衡，真赤字，使临澧县财政处于困难境地。1963年至1965年，在贯彻执行国民经济“调整、巩固、充实、提高”的方针时，根据财政和银行“双六条”精神，把下放的财权重新收上来，加强财政管理。特别是1978年中共十一届三中全会后，财政管理工作实现新的转移，对财政、税务、税收等管理制度逐步进行改革与完善，使财政管理步入健康发展的轨道。随着社会主义市场经济体制改革的深入和公共财政体系的逐步建立，地方政府的财政管理已由过去侧重对微观事物的具体管理，向利用财政的调控杠杆职能进行宏观管理转变，注重发挥市场在资源配置中的主导作用。

伴随着全国财政管理的不断深化，临澧县的财政管理改革在省、市财政部门的统一部署下，不断创新，逐步推进。尤其是2000年以后，临澧县财政管理进入快速发展时期。实施部门预算改革，推行国库集中支付、政府采购、非税收入管理、国有资产管理、财政监督等财政支出改革，财政管理进一步细化，财政资金使用效益逐步提高。

本编财政管理主要记述了财政体制、预算管理、国库集中支付、国有资产管理、非税收入管理、政府采购、财务管理、财政信用、会计管理和财政监督等内容。

第一章 财政体制

第一节 县级财政体制

清代，同治以前，县财政受制于中央，实行统收统支，全收全解。地方兴办各项事业的支出，不经批准，不得随意兴办和取舍。到了光绪年间（1875年~1908年），县财政始为法律承认，当时的地方财政属省级。光绪二十年（1894年），中日甲午战争爆发，地方上练兵，兴办学堂，蔚然成风，始允许地方截留饷税，扣留解款。光绪二十四年（1898年），中央政府实行“戊戌变法”，推行新政，县工商业兴起，举办新税课征厘金，税收日增，形成地方财政部分自理。至清代末，临澧尚未建立地方财政。

民国初期，县财政由县长兼理，政府按省财政规程，设县级财政委员会，定期审查收支费用，报上级批准。

民国元年（1912年），国民政府废除清财政旧制，但财政仍集中于上。只允许县署开征少量田赋附加，为县政府所有。民国5年（1916年）开始，县境内硝烟四起，炮火连绵。南北军阀交战百余次，县财政因军需提征，赋额倍增，导致财政收支无绪。民国10年（1921年），财政部针对时弊，颁布《国家税收与地方税收条例》。民国15年（1926年），又重新划分国家与地方两税。

民国16年（1927年）7月，民国政府公布地方收支暂行标准，县财政收支仍由省统筹支配，通盘筹划，酌盈济虚。此时中央资金雄厚，县财政经费则困竭。

民国18年（1929年），临澧县正式成立财政局，开始编制财政预算，但仍属省财政附属机构，不是一级实体财政。民国20年（1931年），财政关系改为隶属县政府，划为湖南省三等财政局，负责筹集县级款项，地方岁入岁出经费，实行本级预决算、自求平衡。

民国24年（1935年）7月24日，国民政府立法院公布《财政收支系统法》，规定全国各县市都建立一级财政。民国28年（1939年），国民政府公布《县级组织纲要》，临澧县推行新县制后，省划入中央财政体系，县级改为自治财政体系，临澧县明确划分财政收入的来源，即田赋的45%，契税的60%，普通营业税的20%，印花税的30%，屠宰税和房、警捐等由县财政自收自支。民国35年（1946年）7月1日，恢复中央、省、县三级财政体系，临澧县财政收入增加国税分成比例：营业税为50%，土地税中田赋为50%、遗产税为30%；契税房捐、屠宰税、营业牌照税、使用牌照税、筵席及娱乐税等全部拨给县里。县行政费和事业费由县财政支给，收不抵支时，仍靠征收附加和杂捐维持，或由省财库酌量补助。县财政收支的执行，由县财政科主办征收，金库办理经费发放，政府会计室主办预算和决算，参议室稽核财政收支，再由县财政委员会稽核定夺。此后，因地方负担军费浩大，生产凋敝，物价飞涨，入不敷出，苛捐杂税横生；到民国后期，整个财政濒于崩溃。

新中国建立后，临澧县开始设置财政管理机构，称为财政科，国家经费和地方财政收支，由财政科掌管。随着政治经济形势的发展变化，进行了多次变革，逐步发展完善，逐渐形成了目前的中央、省、市、县(区)、乡(镇)五级财政，按照时序和财政体制大体可分为9个时期。

一、统收统支时期

统收统支是在国民经济恢复时期所采取的一种中央高度集权的办法。即财政政策、法令、收支项目、范围、标准、办法等都由中央统一制定，地方组织的一切收入全部逐级上缴中央金库，地方所需支出由中央逐级拨付，年终地方结余资金全部交还中央，财政管理和财力支配权全部集中在中央。统收统支体制是在特殊的历史背景下实行的暂时体制，是与高度集中的计划经济体制相联系，以完成国家的指令计划为核心，并以统收统支为基本特征的财政体制。1949年8月，临澧县政府设立财粮科，由于当时处于刚解放，国家为了制止通货膨胀，稳定金融物价，平衡财政收支，在财政管理体制上，采取了“统收统支”“收支两条线”的管理体制，地方财政收入全额缴解中央金库，县级财政支出由省审核按月下拨，年度节余亦上缴。1950年，为解决地方政府性开支的需要，除国家供给经费外，常德行政专署规定：征收公粮附加15%作为地方粮(县级财政收入)，由县财政掌握，用作地方性开支。由于临澧县收入较少，经县各级代表同意，报专署批准，将“地方粮”由公粮附加15%提高到20%。同年7月起为解决地方政府燃眉之急，中央批准按超收工商营业税部分的40%、城市房地产税的25%和各种任务超额提成暂归地方财政使用。1951年，中央作出实行“统一领导、分级管理”的决定，把国家财政分为中央、大行政区和省三级财政，县财政属省财政的附属机构，设有独立的收支预决算。县以下乡村“地方粮”，由县单独编造收支计划，不列入省财政的预决算。临澧县“地方粮”收入有所扩大：除公粮附加15%以外，还有农业税超收分成25%，工商税收附加15%和公产收入、其他收入等5项。主要用于国家供给制以外的地方行政费、教育费、卫生费、财务费、社会事业费、建设事业费、民兵事业费、生产企业投资和预备费等9项开支。直到1952年，体制未变，只是县级“地方粮”(财政收入)新增加了房地产税附加收入、地方企业利润收入、折旧基金收入和规费、契税分成收入。

二、划分收支时期

1953年，国家实行中央、省、县三级财政管理体制，采取“划分收支，分级管理”的办法，规定县财政固定收入包括：屠宰税、交易税、契税、特种消费行为税、车船使用牌照税、县属企业利润及折旧、公产收入及其他收入等8项；县财政支出主要包括经济建设费、文教卫生事业费和行政管理费三大类，农业税收入和工商各税额上解，县财政支出不足部分，由省以工商各税分成收入给予补助。1954年，省财政为缩小县级财政收入差距，实行预算归口管理，支出包干使用，自留预备费结余不再上缴，并把县级收入划为三类，即：固定收入(包括屠宰税、牲畜交易税、印花税)，固定比例分成收入(包括商品流通税、货物税、工商营业税、所得税、农业税)和调剂收入，当时称分类分成管理。

1954年临澧县固定比例分成收入分成比例情况表

表3-1

项　目	中央分成	省分成	县分成
商品流通税	92%		8%
货物税	92%		8%
工商营业税	85%		15%
所得税	85%		15%
农业税	55%		45%
农业税附加	68%	15%	17%

同时,将县财政掌握的县属企业收入、机动田租收入、区乡公有林山变价收入、中学学费收入、公产管理费收入、契税规费工本费收入、屠宰税征收手续费收入等,作为县财政预算外收入进行管理。1955年,省财政规定将县属企业收入、机动田租收入、中学学费收入由预算外纳入预算内管理,作为县级财政固定收入,另对固定比例分成收入进行了调整:农业税改为县分成40%、工商营业税和所得税,由县分成68%改为20%。1956年,中央对地方固定收入和按比例分成收入进行了调整,在县收入项下,增加了利息所得税、文化娱乐税、车船使用牌照费等项,在按比例分成收入项下,工商营业税和所得税分成从15%提高到25%,农业税附加由17%下降到15%。县财政新增40%的公债分成收入。1957年,又将城市公用事业费附加收入划给县自行安排使用。调整后的县财政扩大了收入来源。当年,临澧县财政一般预算收入首破百万元,达到100.86万元,比1956年增长46.62%。

三、以收定支时期

1958年,省对临澧县实行"定收定支,五年不变"的财政管理体制。在收入方面,采用划分收入、分类分成的办法。将印花税、利息所得税、屠宰税、牲畜交易税、车船使用牌照税、文化娱乐税及县属企业收入、其他收入等作为县财政固定收入;将商品流通税、货物税、营业税、所得税、农业税和公债收入,给县分成15%,作为县级调剂收入;将中央划给地方管理的企业和仍属中央管理但地方参与分成的企业利润,给20%作为县级财政分成收入。财政支出,除基本建设投资和重大灾荒救济等特殊性开支由上级专项拨款外,其余按隶属关系管理。县对公社所在地的商业、供销等确定实行"两放、三统、一包",然后给人民公社固定一个上缴财政的数字。当年,由于"大跃进"造成工作中"浮夸风","大收大支,多收多支",造成财政收入虚假。因此,这种财政管理体制仅执行一年。

四、总额分成时期

1959年,中央针对时弊,取消"以收定支,五年不变"的办法,省开始设置地方行署一级财政,管理所属县级财政。常德行署对临澧县实行"总额分成,一定一年"的财政预算管理体制。即县财政以支出占收入的比例为总额分成比例,进行坐支。核定临澧县坐支比例是34.9%,上解65.1%。此办法一直执行到1962年。1963年,中央对国民经济实行调整,财政体制相应改进。县财政在“上下一本账,财政集中于中央”的总原则下,仍实行总额分成管理。当年,省对临澧县财政收支作出了新的调整。县财政收入分为:县固定收入和调剂分成收入两类,调剂分成收入短收后由县固定收入弥补。1964年,取消地区级财政,省对临澧县又实行“总额分成”的管理办法,核定临澧县总额分成比例坐支37%,同时将商业企业收入下放给县。当年,中央财政同时扩大地方对物资、财政和基本建设的管理的权限和地方预算收入的调剂权,提高预备费的比例,地方商业收入(即饮食服务业收入)和其他零星收入作为县级固定收入,超收全留。1965年,改为“总额分成,加小固定”,将地方各税、饮食服务业收入、其他收入等作为县固定收入;工商税、农业税等为调剂分成收入,核定临澧县坐支28%。1966年,“文化大革命”兴起,财政盛行“大锅饭”制度,体制虽然没有变化,但经济发展缓慢,县财政亏空。当年,临澧县财政一般预算收入381.13万元,比1965年减少59.02万元,占15.46%。1967年取消“小固定”,核定临澧县总额分成坐支比例为54%,上解46%。1969年,实行“收支挂钩、总额分成”的原则。临澧县财政收支情况始有好转。当年,县财政一般预算收入达到417.26万元,比1968年增加35.05万元,增长9.17%。总额分成一直执行至1975年。

五、定收定支时期

1976年至1977年,省对临澧县实行“定收定支、收支挂钩、总额分成、一年一定”的财政预算管理体制。1976年,临澧县财政总收入比1975年减少386.78万元。当年,没有上解任务。也是1959年以来,唯一没有上解任务的年份。

六、增收分成时期

1978年,中央对省实行“定收定支、收支挂钩、总额分成、一定一年”的管理体制。省、市对各县市实行“定收定支、一年一定、收支挂钩、增收分成、下年使用”的财政预算管理体制。县收支挂钩比例为100%,常德地区核定临澧县增收分成比例为25%,当年,增收分成收入5.4万元。另外,地区规定房地产税、车船使用牌照税的全部和地方征收的屠宰税的50%留存给县。1979年,常德地区对各县、市仍实行“定收定支、一年一定、收支挂钩、增收分成、下年使用”的财政预算管理体制。但地区对临澧县增收分成比例调整为30%,当年,分成收入为41.30万元,比1978年增加35.56万元。另外,县、市财政征收的14%农业税附加,除30%上交省财政外,其余全留。

七、分灶吃饭时期

1980年至1984年,财政预算管理体制再次改变,从1980年起,省对地州市实行“划分收支、分级包干”的新财政体制。常德专署对所属县、市全面实行“划分收支、分级包干、分级管理、一定五年”的分灶吃饭的财政预算管理体制。并将县属企业收入、工商所得税、农业税、其他收入等划入县级固定收入;工商税为调剂分成收入,县留64%,上解专署36%。常德专署核定临澧县的固定收入全留。调剂收入按包干体制分成,超收一律分成6%,包干收入的超收部分一律按20%承担中央借款。支出包干的项目有:工交商事业费、支援农村生产支出、文教科卫事业费、行政管理费、抚恤社救经费、城市维修费、其他支出和预备费等。上级追加各单项指标,列县财政预算,不作县级包干指标,年终单独结算。当年,常德地区财政局核定临澧县工商税收入包干基数为442.90万元,增长部分县级分成由原6%提高到25%。当年,临澧县财政总收入由1979年的1081.81万元增为1448.21万元,增长33.87%。这一体制仅执行三年。1983年,国务院出台了《关于地方实行财政包干办法的决定》,实行"收入递增包干、总额分成、总额分成加增长分成、上解额递增包干、定额上解、定额补助"的财政包干预算体制。当年,省撤销地区一级财政,对各县市都实行"总额分成",分配的收支包干指标,支出大于收入的差额由省补贴。当年,临澧县的总额分成比例为76.5%,比常德地区平均比例高出8.55%,当年一般预算收入1009.05万元,比1982年增加60.21万元。当年,上级补助为432.59万元,比1982年增加121.67万元。1984年,省又恢复地区级财政,常德专署对临澧县的包干办法作了调整。1.按1983年包干收入基数,县分成76.5%;2.按1984年下达收入任务,比1983年包干收入基数增加部分,县分成48.5%;3.按总收入比任务数超收县分成50%。

八、递增包干时期

1985年,省政府规定,以1983年财政包干执行数为基数。省对临澧县直接包干,实行"定额上解、递增包干、超收全留、短收不补"的财政预算管理体制。核定临澧县年递增包干定额上交79.70万元,每年按7%的比例递增,当年临澧县财政收入比核定基数超收136.50万元,年末财政一般预算收入达到1148.20万元,比1984年增长9.59%。当年,实际上交99万元,增加19.3万元。1988年6月,常德地区改为常德市,这一年常德市只对武陵区(原常德市)的体制进行了调整,其余各区、县(市)仍维持原体制不变。当年7月4日省财政厅根据省政府意见,将常德市各区、县、市耕地占用税收入地方留成部分,由25%调高到35%,上解省25%调低为15%。省政府规定,各地区行署和市一级财政负责所属县市的收支平衡,省不再与各县发生结算关系。1990年至1993年,常德市对所属区、县(市)仍然执行"定额上交、递增包干、超收全留、短收不补"的财政预算管理体制,上交收入递增比例由原来的7%降为6%。

九、分税制时期

1994年1月1日起,国家财政对省、市、县均实行"分税制"财政预算管理体制,即中央和地方在合理划分事权基础上分税,按照统一税法、公平负税、简化税制和合理分权的原则,改革和完善税收制度,实行复式预算制度。按"分税制"的要求,省对地州市原则上比照中央对省的办法办理,但县一级的体制由各地州市的体制和分税制由地州市参照原省对县市的体制和分税制的原则确定。常德市按"分税制"要求,临澧县税种分为中央税、地方税和中央、地方共享税3种。当年,市财政核定临澧县增值税、消费税基数为3552万元,上划中央增值税、消费税1980万元。当年,为了保基数、保中央返还收入,继续采取一些措施,地方财政收入再次大幅增长,完成上划中央增值税、消费税2664万元。从当年年底起,又对国营企业实行第二步利改税,原来的利润以税收形式划入国家预算收入,并且陆续开征城市维护建设税、土地使用税、房产税等新税种,原来界定的"划分收支、分级包干",由于税种增加已不适用,决定实行新的"划分税种、核定收支、分级包干"的财政管理体制。县的固定收入为:

营业税、企业所得税和上缴利润、个人所得税、固定资产投资方向调节税、城市维护建设税、房产税、车船税、印花税(不含证券交易印花税)、屠宰税、农牧业税、耕地占用税、契税、遗产税(其中:县分城15%、省市占85%)。省和县共享收入为:土地使用税、土地增值税、国有土地有偿出让收入、资源税等,县留50%,上解省50%。中央与地方共享税为增值税,中央为75%,地方25%;同时,对原上解办法继续保留,中央对地方实行税收返还。市财政当年核定临澧县对中央税收返还基数为1918万元。同时,下达1994年增值税、消费税上划中央考核目标为2612万元(此目标是以1993年核定的净上划中央收入为基数,也就是以1993年,产品税、增值税、营业税、工商统一税“四税”比上年实际增长水平的50%计算递增确定)。增值税、消费税的完成数达到增长目标的,承认1993年核定的税收返还基数,并按1:0.15的系数增加税收返还。1997年,省、市仍然继续对县实行分税制财政预算管理体制,同时,临澧县还推行预算内外资金捆绑式的财政综合预算方式。1998年,全面推行综合预算(当年,临澧县试行综合预算单位15家),纳入统筹安排的预算外资金1016万元。调入其他资金363万元。占全年财政总支出的12.87%。同时,为了扼制收费增长,防止乱收费,对单位超收部分,县政府规定上缴财政70%。2000年,是实行二轮分税制的第一年,临澧县仍基本上执行上年财政体制。2001年4月,加大财政改革力度,当年,改革的主要内容是“三取消、两调整、一改革”,即取消乡统筹费(农村教育集资等专门向农民征收的行政性收费和政府性基金、集资),取消统一规定的劳动积累工和义务工,取消屠宰税;调整农业税和农业特产税政策;改革村提留征收使用办法。2002年,临澧县所得税按中央与县实行72%和28%的比例分成,执行至2009年(其中农业特产税2004年起,只征烟叶特产税)。

第二节 乡镇财政体制

乡(镇)级财政成为一级财政历史不长。民国27年(1938年)以前,临澧县未建立乡(镇)级财政。

民国28年(1939年),国民政府推行地方自治,颁布《县各级组织纲要》,始将县财政分为县和乡(镇)两级。乡(镇)收支还是由县财政编制预决算,乡(镇)只是县财政的基本报账单位,没有形成一级实体财政体系。

新中国建立后,临澧县开始逐步配备乡(镇)财政管理人员,建立管理机构。1958年年初,全省着手建立乡(镇)一级财政,临澧县因各种原因未能建立。1960年,临澧县按行政区建立16个人民公社3个镇财务室,在预算管理体制上,一段时期内都是实行统收统支。

1979年4月,省财政厅颁发《公社财政管理办法(试行草案)》(以下简称《办法》)。《办法》规定:公社财政是国家财政的组成部分,公社财政所是国家财政部门的基层单位,又是人民公社集体经济的管理机构;公社财政由国家预算收支、预算外收支、公社集体资金收支3个部分组成。

1980年,湖南省通过试点,省财政负担公社财政人员经费(每社2名),并继续下放3%农业税附加(原由省财政负担的1%~3%增收分成和每社500元的预备费停止执行)。

1984年,根据湖南省全面进行乡(镇)财政建设的要求,临澧县开始组建乡(镇)一级财政。同年8月,从乡(镇)干部中选调正式干部,在农村青年中招聘干部53人,成立了由财政所所长、总会计和专管员(出纳)等组成的20个乡(镇)财政所。

1985年,省财政厅先后颁发《湖南省乡(镇)财政管理试行办法》《乡(镇)财政会计档案管理办法》《乡(镇)财政总预算会计制度》。临澧县并出台了《临澧县乡(镇)财政管理办法试行草案》。县对乡(镇)实行"定收定支、收入上缴、支出下拨、节余留用、超支不补、一年一定"的管理办法,并提出了乡(镇)财政的八项任务:(一)积极完成农业税、契税、其他收入和政府预算外资金的征收管理任务,协助税务所(组)做好工商各税的征管工作,完成和超额完成工商税收任务。(二)管好用好乡镇所属各项国家财政支出(含预算外支出)和专项拨款,提高资金使用效益。(三)负责筹集、分配、使用好乡镇自筹资金(包括各项统筹款),促进乡镇生产建设和文化福利事业发展。(四)管好用好支农资金,大力扶持乡镇企业和专业户,促进农村商品经济的发展。(五)帮助、监督乡镇所属企业、事业单位建立健全各项财务制度,讲究生财、聚财、用财之道,搞好经营管理。(六)严格执行国家预算、决算制度。按期编报预算、决算,经同级人民代表大会审查,报县人民政府批准。(七)完成国家下达的国库券推销任务。(八)完成上级财政部门交办的有关各项业务。收入范围包括乡镇范围内的产品税、营业税、增值税、工商所得税、屠宰税、农业税、临时经营税、个体户工商及所得税、牲畜交易税、契税、其他收入等。预算外收入包括农业税附加5%,乡镇维护建设税和按规定征收的公用事业费及其他收入。此外,还有乡镇企事业单位按政策规定上交的利润,更新改造资金、管理费、其他自筹收入和专项统筹款等自筹收入。

乡镇财政的支出管理包括三个方面:1.预算支出,包括乡镇所属农业、林业、水利、文化、教育、卫生、行政管理费和其他事业费与经常开支,以及优抚、社会救济事业费。2.预算外支出:包括乡镇广播员、农民技术员以及规定用预算外收入安排的各项支出。3.乡镇自筹资金支出:包括乡镇自筹资金安排的支出生产扶贫、文化、教育、卫生等公共福利事业支出。其他支出以及专项统筹款支出。

1986年,为调动乡镇财政抓紧组织财政收入的积极性,在继续实行"定收定支"预算管理体制基础上,在完成总收入任务前提下,因地制宜地采取工商各税超收按比例分成的办法。全县乡镇分成三个档次:经济基础好,收入额度大的新安乡、新安镇、合口镇、停弦镇、城关镇、新合乡按超收额分成50%;官亭、九里、佘市、望城、杉板5个中等乡则按超收额55%的比例给予分成;其余的文家、太浮、四新岗、杨板、烽火、柏枝、修梅、洞坪属工商税收少的乡镇,分成比例为60%。分成收入将作为乡镇财政的机动财力自行安排。当年,全县乡镇级超收分成共计36.66万元。短收部分,对收大于支的乡镇,按收支挂钩的比例相应扣减支出指标;支大于收的乡镇按短收比例相应扣减定额补贴(但没执行到位)。

1987年,乡镇实行"合理确定收支基数,完成基数比例分成,超过基数超收分成,任务短收两级分担,收入上交,支出下拨,结余留用,年终结算,一年一定"的管理办法。全年收入入库不到90%的,取消比例分成;完成任务的按比例分成,如文家乡、衍嗣庵镇、陈二乡、烽火乡、杨板乡分成5%,杉板乡、佘市镇、四新岗镇、柏枝乡、望城乡、修梅乡、官亭乡、九里乡分成3%,停弦渡镇分成2.5%,新安镇、合口镇、城关镇分成2%;超额完成任务的按超收分成,如文家乡、衍嗣庵镇、陈二乡、烽火乡、杨板乡分成50%,官亭乡45%,柏枝乡、四新岗镇40%,杉板乡、佘市镇、望城乡、修梅乡、停弦渡镇、九里乡30%,新安镇、合口镇、城关镇25%;达不到任务的,差额部分按县财政90%,乡(镇)财政10%分别承担，乡(镇)分担部分从下拨的支出指标中扣除。由于前些年乡(镇)经济运行情况较好，乡(镇)财政基本上年年超收，乡(镇)从体制当中得到的额外财力也较多。

1989年，省颁发《湖南省乡镇财政资金统一管理试行办法》，12月，公布修订后的《湖南省乡镇财政总预算会计制度》。临澧县严格按规定执行，进一步完善了全县乡镇财政管理体制，在全县各个乡镇实行“收支包干”的财政体制，年终，全县各乡镇财政实现了收支平衡。

1993年，临澧县对乡(镇)实行“划分税种，核定基数，收支挂钩，超收分成，短收全赔，一定三年”的财政预算管理体制。

1994年至1995年，国家实行分税制财政体制，为适应分税制后的乡(镇)财政体制改革，1995年年底，临澧县人民政府出台了《临澧县财税改革起步方案》，实行“确定基数，超收全返，短收全赔”的财政体制，对地税、财政征收的税收实行包干，对国税收入，按照上级下达的任务单独考核。但由于当时乡(镇)经济正处于严重滑坡时期，乡(镇)财税收入超收困难，无法从体制当中多得财力。同年5月，常德市财政局在临澧县实施分税制财政体制改革试点，建立了以“划分收支范围、核定收支基数，超收分成按税种，短收自负扣补贴，定额上解或定额补贴，分灶吃饭”的乡(镇)财政预算管理体制，首先在柏枝乡、修梅镇、城关镇等乡(镇)进行试点，试点乡(镇)次年得到增(超)收分成收入为38万元。

1996年5月，临澧县为深化乡(镇)财政体制改革，贯彻执行中共湖南省委关于“乡镇一级政府应有一级财政和一级国库”的指示，对乡镇制定了财政平衡的激励约束机制和消代老赤字、债务的目标，并下发了《关于建立乡镇国库的通知》，转发了《湖南省乡镇国库财务核算办法》，推行分税制财政体制。当年，临澧县选择了符合条件的城关镇、柏枝乡、修梅镇、望城乡、官亭乡、新安镇、合口镇计7个乡(镇)，设立乡(镇)国库试点。

1997年，临澧县贯彻执行省政府规定，加强了乡镇预算外资金管理，凡乡镇预算外资金都必须上缴财政专户，实行了收支两条线管理，建立健全了计划管理和财务会计制度与决算制度。当年，全县各乡镇都建立国库，其国库业务由人民银行临澧县支行委托农业银行临澧支行营业所代理，为乡(镇)聚财、理财提供了方便。

1999年4月，省政府召开乡镇财政管理工作会议，出台《关于彻底清理乡村两级不良债务，认真做好乡镇消赤减债工作的通知》，临澧县积极开展调查摸底，制定3年消赤，5年偿还的规划。同年，临澧县实施乡(镇)机构改革，乡(镇)财政所的人、财、物管理权全部下放到乡(镇)。同年8月，在全面推行乡(镇)财政体制改革过程中，全县除新安镇、合口镇、太平经济开发区外，其余15个乡(镇)全面实行“划分收支范围，核定收支基数，递增包干上解，收支自求平衡”的管理体制。对乡、镇(区)财政的收入基数核定，是以乡、镇(区)1999年县财政预算安排为依据，参考市政府1996、1997年两年下达给临澧的收入增长目标，并结合国税、地税、财政3家调查税源的因素来综合平衡考虑后核定；对支出基数的核定，则严格执行经费与编制挂钩，对体制上解或补助的核定；凡乡、镇(区)财政固定收入剔除专项上解后，大于乡、镇(区)财政支出基数部分为体制上解数，凡乡、镇(区)财政固定收入剔除专项上解后，小于乡、镇(区)财政支出基数部分为体制补助基数，上级政府对专项上解的范围及比例也作了明确的规定：屠宰税按实际入库数上解财政50%；资源税上解60%；农业特产税上解30%；城市维护建设税上解50%；土地使用税和土地增值税上解60%；农业税附加按正税剔除贫困、社会减免基数后上解14%。将地方收入划分为县级和乡(镇)级两类固定收入。县级固定收入范围:上节已述,本节略。乡镇级固定收入包括:县乡(镇)企业及乡(镇)以下工商税收入(增值税的25%),除建筑安装以外的营业税、屠宰税(不含肉食自营部分)、乡(镇)所属单位的集体企业所得税;农业税;农业特产税;耕地占用税;契税;乡(镇)所属企业国有资产收益。按照划分给乡(镇)的收入范围,国税、地税、财政三块收入基数为3762.7万元,除新安镇、合口镇、太平经济开发区外,15个实施新体制的乡(镇)收入基数为2440.8万元。支出基数,按照人权与事权相结合的原则,除垂直管理的部门以及县收权部门以外,凡人、财、物权在乡(镇)的单位,包含乡(镇)农技干部经费、经管员经费、水利员经费、文化经费、卫生经费、计生经费、乡财政经费、行政管理费(含行政在职、离退休、遗属补助);农村支部书记补贴、居委会经费补贴,为乡(镇)的支出基数,乡(镇)支出基数为675万元,除新安镇、合口镇、太平经济开发区外为529.6万元,上解基数为1911.1万元,占当年财政总收入的13.38%,递增比例平均为2.3%(即经常性收入的5%)。

2000年1月15日,《湖南省乡(镇)财政管理条例》经湖南省第九届人民代表大会常务委员会第13次会议通过,并于3月1日起施行。临澧县人民政府当月以临政发〔2000〕1号文,印发《关于实行乡镇分税制财政管理体制的通知》;通知明确全县18个乡镇(区)实行"划分收支范围,核定收支基数,收入增量上解,综合预算平稳,一定三年不变"的分税制财政管理体制。乡镇级固定收入中的地税部分,实行收入增量上解,即收入超基数部分,按照不同的经济区域制定不同的增量上解比例。在体制结算中,改变了以往体制补助递减,体制上解递增和按比例分税的办法。通知还明确了乡镇(区)的收入和支出范围。收入范围是:乡镇企业、事业、机关团体及乡镇以下单位和招商引资项目的增值税的25%,营业税、个人所得税、车船使用税、土地增值税、土地使用税、印花税、城市维护建设税、房产税、屠宰税(不含肉食自营部分),工商税收税款滞纳金和罚没收入;乡镇企业的所得税;农业税、农业特产税(不含烟叶税);耕地占用税(指农民和城镇居民个人用地);契税(指房屋契税);行政性收费收入和罚没收入等。支出范围是:除公安派出所、国土所、法庭、统战对象外,凡延伸到乡镇的所有行政事业单位的支出,全部属于乡镇预算支出范围。同时对乡镇的收入和支出基数核定作了规定。收入基数核定是参照乡镇1997年~1999年3年的财政收入决算数和2000年市政府下达的财政收入增长比例以及国税、地税、财政三局调查掌握的实际税源状况而核定的。支出基数的核定是按1999年年底实有人员测算下放,其超缺编人员在2000年年底按编制调整后的实际情况,再予以调整经费指标。

1985年至2005年,临澧县对乡镇财政的预算管理体制经历了"总额分成""税收单项分成""超收分成""增收分成""分税制"等几种管理形势的运作,调动了乡镇增收节支的积极性,确保了预算收支任务的顺利实现。

2006年起,临澧县财政按照乡(镇)财政"预算管理权、资产所有权、资金使用权、资金审批权、乡(镇)债权债务类系"等五权不变的前提下,在18个乡、镇(区)全面推进以"核算统一、账户统设、工资统发、采购统办、票据统管"为主要内容的"乡财、县管、乡用"的财政管理方式改革,由县级财政直接管理并监督乡、镇(区)政府的收支活动,实现了"网上申请、网上审核、网上拨付"。规范了乡镇(区)财政收支行为,缓解了乡镇(区)财政困难,直至2009年未变。

表 3-2

2007 年度临澧县乡镇财政基本情况表

决算 28 表
单位：人

项　目	合计	乡	镇	项　目	合计	乡	镇	项　目	合计	乡	镇
一、本年乡镇数	17	9	8	十一、乡镇一般预算收支平衡情况				十三、预算外收支情况			
其中：实行“乡财县管”的乡镇数	17	9	8	一般预算收入	7727	3721	3996	预算外财政专户收入	61	36	25
二、乡镇财政机构数	17	9	8	本年本级收入	2906	276	2630	本年本级收入	61	36	25
其中：财税所数				税收收入	2896	276	2620	上级补助收入			
三、已建立乡镇国库的乡镇数	3		3	非税收入	10		10	上年结余			
四、税务所机构数	6		6	上级补助收入	4821	3455	1366				
国家税务所数	3		3	上年结余				预算外财政专户支出			
地方税务所数	3		3	调入资金				本年本级支出	61	36	25
其中：一乡（镇）一所数								上解上级支出	61	36	25
五、乡镇财政所总人数	101	47	54	一般预算支出	7727	3731	3996	政府调剂资金			
1．行政编制实有人数	99	47	52	本年本级支出	7727	3731	3996	其中：调入一般预算资金			
2．事业编制实有人数	2		2	上解上级支出				年终结余			
3．以工代干人数				调出资金							
4．信体财务人员人数				年终结余							
六、乡镇财政供养人数	1517	686	831	其中：净结余							
1．财政预算拨款开支人数	1483	675	808	十二、乡镇政府性基金预算收支平衡情况							
2．财政补助开支人数	34	11	23	政府性基金收入	232	111	121				
其中：教师				本年本级收入							
七、赤字乡镇个数				上级补助收入							
八、乡镇末总人口	438890	179004	259886	上年结余	232	111	121				
其中：乡村人口	428604	175120	253484	调入资金							
九、乡镇财政一般预算收入分档											
100 万元（不含）以下的乡镇数	12	9	3	政府性基金支出							
100 万元（含）-500 万元的乡镇数	2		2	本年本级支出							
500 万元（含）-1000 万元的乡镇数	3		3	上解上级支出							
1000 万元（含）以上的乡镇数				调出资金							
十、村民委员会个数	339	159	180	年终结余	232	111	121				

第二章 预算管理

预算管理包括:预算、决算、预算外资金、控制社会集团购买力四个方面的管理。

清代,临澧县试办预算,只编制岁入岁出计划,无完善的预算管理制度。

民国时期,临澧县虽有预算、决算的规定,但财权分散,管理制度不完善。

1949年9月,《中国人民政治协商会议共同纲领》规定:"建立预算制度,划分中央与地方的财政范围"。临澧县的财政预、决算制度逐步建立健全。中央人民政府政务院1951年8月22日公布《预算决算暂行条例》规定了各级人民政府及其所属机关编造、审核预算、决算的程序、范围和职权;1949至1952年,县级尚未形成一级预算管理单位,临澧县收支实行向省报账。1953年,全国才形成完整的中央、省、县(市)三级预算管理体系(后来又形成中央、省、市、县四级)。临澧县财政始终为一级独立的预算管理单位。1991年,国务院发布《国家预算管理条例》,自1992年1月1日起施行。1994年3月22日,国务院发布《中华人民共和国预算法》。当年起,临澧县按预算法施行。

第一节 预 算

一、预算编制

民国14年(1925年),临澧县始有收支预算,仅依据田赋正额编列附加、亩捐、县知事提议开征的款项等。由县财政委员会编制,县议会通过,呈省财政厅批准执行。预算为跨年制,即当年7月1日起至次年6月30日为会计年度。民国18年(1929年),临澧县财政局成立(刘运鹿任局长),明确专人管理预算。是年,临澧县财政预算编制按性质分为经常、临时两类,除各项必要支出外,酌列预备费,以备其他支出。民国21年(1932年),临澧县财政预算核定全年经常预算数为(田赋收入)161752元(旧币,下同),含正供、附加。分为九大类,即地方党务费、财务费、教育文化费、建设费、公益费、杂项支出及预备费等,核定全年临时预算数为93816元。民国23年(1934年),岁入岁出预算分为七部,即地方款、地方自治专项、地方国防专项、地方义勇队专款、县级教育专款、区乡教育专款、地方育婴专款。对于预算费,设第一预备费,照税率概算总额1%~2%提取,如总概算收支比较,尚有余额,则编列第二预备费。民国26年(1937年)4月,临澧县编制预算,分总预算与单位预算,县编预算为总预算,其他公务机关为单位预算(包括附属单位预算)。是年田赋附加列经常门收入。民国27年(1938年),会计年度改跨年制为历年制,即从当年1月1日于12月31日。民国30年(1941年),临澧县岁入经常门19479万元(旧币,下同),岁入临时门31311万元,岁入经临合计196104万元;岁出经常门164793万元,岁出临时门31311万元,岁出经临合计196104万元,岁出预算与岁入预算相对平衡。民国35年(1946年),根据全国财政划分,国家财政与自治财政两大系统的规定,临澧编制自治财政预算,并根据施政计划,权衡轻重缓急,顺次编列。

新中国成立后,收入预算的编制,一般总任务由上级财政根据收入范围,分成比例核定下达,县财政原则上按总任务落实一般预算收入;在不减少收入总额的前提下,内部在工商税收入中可适当统筹调剂。编制收入预算,一般遵循来源可靠,相对平衡负担的原则。支出预算编制,一般分为经济建设、抚恤和社会救济费、文教卫生事业等费,行政管理费和其他支出等,报同级人民代表大会审议通过。呈报上级财政部门核定,由财政局统一掌握执行。

1950年,临澧县执行政务院《关于编制1950年财政收支预算的指示》,规定预算收支均以大米为单位,以市斤折合货币计算。1951年起,以货币为单位。当年,临澧县财政收入预算科目,有:工商统一税、工商税、其他工商税、屠宰税、牲畜交易税、城市房地产税、农业税。支出项目有:基本建设费、文教卫生事业费、抚恤和社会救济费、行政管理费、其他支出。

1952年,财政收支预算按照由上而下,由下而上相结合的办法编制。首先由省财政厅下达概算到县,县根据省下达的指标,先吸收有关部门的意见,再经县人民政府行政会议通过后报省财政厅核定,由县财政科统一掌握,保证执行。凡未列入预算之开支需动用预备费者,要报经专署财政科批准后即可开支。

1953年,临澧县实行县级财政预算管理,区、乡镇的预算列入县总预算,为县级单位预算。编制原则是:按照县级财政收支系统的划分,编制县级收支预算,岁入部分只编列本级的收入,不属于本级预算的调剂税收,不列入预算。岁入岁出差额,由规定的调剂收入来平衡,对基本建设的企业投资,必须支付预购下年度所需原材料或订货的资金,作出年度岁出预算,不作预付经费处理。公立中学的学费,从本年起全部上缴财政金库,列预算收入;公立小学学费,在城市的全部缴财政,乡村的小学学费分上、下年学期,各期学费总额的一半上缴财政,一半留作学校业务费开支,公立医院收入,以收抵支不足部分列入财政预算;企业部门不直接经营业务的行政机构,其行政费开支,列入主管部门单位预算行政费内,不再列入企业财务收支计划。

1954年,按省政府规定,县财政预算按岁出预算总额设2%~3%的周转金,并设一定的预备费。预备费先在控制指标内酌留,再从上年结余中抵补,按岁出预算的1%~2%编列。

1955年,预算编制按照国民经济计划的各项指标,参照1954年收支实绩,根据需要和可能,坚持“收入打足、支出打紧、收支平衡”的原则实行编报。本级总预算结余,留给本级使用;县总额预备费定额为2%。地方国营企业、工业企业收入投资纳入县级总额预算,其投资由上级控制指标。征收的各项附加一律自行掌握,对上年县自筹收入预算外结余,均转作本年自筹收入。

1956年,规定无项目、无定员、无定额和超定员定额的开支,一律不得列入预算,更不能以控制数代替预算;基建投资根据本年度国民经济计划规定的工作总量编制预算;农业税收入,改按预算年度计划执行,将1956年1月1日至12月31日,金库预算所收粮食及公粮代金,列入1956年预算收入;县总额预备费设置比例为1.5%,周转金设置比例为5%,自筹经费不纳入预算,自行掌握。

1957年规定,(一)所分配的预算指标,在保证收入总额不减少,支出总额不超过的前提下,对各类收支允许按照实际情况统筹调剂。但收入方面调剂的范围只限于分成收入的商品流通税、货物税、营业税、工商所得税四个项目之间进行调剂;支出方面,不能以次要项目挤主要项目,以自筹支出挤预算支出。基本建设投资、救灾、防汛和无法预计的费用等,不能调作其他开支,更不能把必不可少的和空出来的资金,留作以后办理追加预算。(二)从严核定企业的定额流动资金,超定额储备,必须清理和调拨。(三)县农业税附加一律上交,归省掌握,统一安排。工商税附加,全部划给县,主要用于城镇的维护和公益事业。

1958年,编制预算的规定有变动,对企业的定额流动资金,按核定数30%列入财政预算;总预备费,改由省统一安排不在本年度结余内扣除;农业税附加确定省自筹3%,乡自筹7%;工商税附加1%,一律归县自行掌握,不列入国家预算。当年,省最后核定临澧县预算数为295.61万元,县市调整数为304.46万元,决算数为310.84万元,在具体安排时,首先满足发展工农业生产规划的要求,而财政实际一般预算支出401.81万元,当年财政亏90.97万元。

1959年至1965年,在国民经济"调整、巩固、充实、提高"时期,预算安排执行"全国一盘棋,上下一本账"。保障收支平衡,略有结余。1961年,实行"收支下放、计划包干,比例坐支、结余留用,超收分成、一年一定"的财政预算体制。因此,在编制预算时,坚持全国一盘棋,实行"上下一本账",根据可靠的收入,合理安排支出,做到收支平衡,略有结余。当年,工商税、农业税纳入县级预算。1962年,按照省核定的财政收支指标,压缩财政支出。当年,预算总支出为456.77万元,比1961年的503.04万元压缩9.19%。1963年,临澧县根据"统一领导、分级管理"的原则,屠宰税、牲畜交易税、车船使用牌照税、城市房地产税、集市交易税、国营商业收入中的饮食收入和其他收入作为固定收入,列入县财政预算;但新华书店、电影发行公司和县、公社电站收入不再列入县预算;对工商统一税,工商所得税、农业税作调剂分成收入,列入预算。支出编制的依据是:人员工资按规定标准编列,公务费标准县级165元,公社级85元列支。其他事业费用和事业发展计划,由有关单位提供数据,共同审查后编制。

1966年,临澧县财政预算按资金来源,分上级分配指标部分,上年结余部分,地方机构财力部分编制支出预算。

1971年起,临澧财政预算收支指标,由省财政提出建议数,根据本县实际,统筹安排,综合平衡,年初审查落实,一般不作调整。超收或支出结余,归县支配。当年总预备费按3%编制。

1979年,县财政预算按照"分级包干、分灶吃饭"的财政预算管理体制进行编制。地区对临澧县增收分成比例调整为30%。县属企业收入、工商所得税、农业税、地方税和其他收入,划为县级固定收入,另外,县财政征收14%农业税附加,除30%上交省财政厅后,其余全留。工商税作为地、县调剂收入,实行"多收多用、少收不补"的政策。支出方面,县财政把支援农业生产仍放在重要位置,当年,临澧县财政一般预算支出1046.59万元,对农林水支出215.43万元,占20.58%。

1980年至1984年,临澧县实行"划分收支、分级包干、分灶吃饭、一定五年"的财政管理体制,依据"收支挂钩、定收定支、超收分成、结余留用、超支不补"的原则,以上年的实际收支数为基础,确定收支包干基数,估计增减变化因素,采取固定收入全留,调剂收入(如工商税)县留64%,上解专署36%,屠宰税县留50%,上解50%等分成办法编制当年预算。预备费仍按行政事业费支出指标的3%编制。1981年,临澧县财政实行"定额上交,递增包干"体制,常德专署核定临澧县工商税收包干基数为442.9万元，递增上解比例为23.5%，调剂收入按包干体制分成，超收分成6%。1982年改为“总额分成、收支包干”，临澧县总额分成比例为76.5%，上解23.5%，并按照这个体制的收入范围计算县级可用财力，安排预算支出。

1985年，按省政府规定，以1983年财政包干执行数为基数，临澧县收入递增比例为6%，当年上解支出99万元，其中：递增包干、定额上解79.7万元，专项上解19.3万元，进行编制。财政收入实际比核定基数超收136.5万元。1986年，临澧县全年预算一般预算收入1430.7万元，上级补助614.10万元，上年结余-22.10万元，调入其他资金13.9万元，当年，可用财力2036.60万元。

1987年至1989年，临澧县财政继续实行“定额上解、递增包干”的体制，财政预算专用款项由省、地专项追加外，县级财政根据“多收多用、短收少用”和“量入为主，自求平衡”的原则。参照本年收支增长因素进行编制，在财政收入中，屠宰税、城市维护建设税、农业税加价收入不列入分成收入、屠宰税省、县各50%；农业税加价收入20%留县，80%上交省财政；城市建设税全部留县专项使用列入预算。

1990年，临澧县财政一般预算收入为2435.3万元，一般预算支出为2767.7万元，由于遭受百年罕见的干旱，加之市场疲软，产品滞销，工商企业效益差等潜在因素。则导致财政包干之后首次出现一般预算支出超标332.40万元(当年上级补助769.30万元)。

1991年，省财政厅就财源建设提出实施“3581”工程，通过3~5年努力，使县(市)财政收入分别达到3000万元、5000万元、8000万元和1亿元；8月，临澧县被列为全省14个“3581”工程建设县(市)之一，8月17日，临澧县人民政府与省财政厅签订了《临澧县财政预算收入上台阶责任合同书》。合同期为1993年，目标收入3500万元。当年起，临澧县委、县政府解放思想，团结奋斗，开展财源建设，全面实施“3581”工程，动员全县拼全力抓财政收入，当年财政一般预算收入达到3025.10万元，比1990年增加589.80万元，增长24.22‰。通过实施“3581”工程建设，使临澧县财政一般预算收入在以后的年份一年上一个台阶，年均递增995.23万元(1992年3月，省财政厅将临澧县合口镇列入全省第一批小“3581”工程试点乡镇，1994年4月省财政厅又将临澧县新安镇列入第二批全省14个小“3581”工程试点乡镇，即乡镇财政收入分别300万元、500万元、800万元和1000万元台阶。合口镇1994年工商税、农业四税达到1129万元，比1991年的385万元增加744万元。新安镇1996年工商各税、农业四税达到965万元，比1993年的387万元增加578万元)。

1994年，是国家实行分税制财政体制的第一年，全县人民齐心合力，奋力拼搏，在收入上实现三超，即超历史、超速度、超预算，支出实现了三保，即保工资、保稳定、保平衡。全年完成财政总收入8292万元，比1993年增长26.75%，提前两年登上“3581”第三步台阶，实现了当年财政收支平衡。

1997年，根据常德市财政局出台的《常德市综合财政计划管理办法》的通知，临澧县财政局在预算体制上改过去单一财政预算为综合财政预算，实行财政统筹。当年，全县财政总收入11568万元，比1996年增长0.52%。

1998年，上级规定取消财政预算安排“基数加增长”的做法，试行零基预算。临澧县对公安局、法院、交警大队等部分县直单位按照“核定收支基数、综合预算分配、短收财政不补、超收比例分成”的原则，实行财政综合预算。综合预算收入基数包括财政拨款、罚没收入返回及上级补助收入和预算外收入组成；单位支出主要包括人员经费支出、公用经费支出、上解下拨支出和专项支出四部分。同时，县对修梅等乡镇七站八所人员经费纳入乡(镇)财政，进行综合预算改革试点，2000年，在全县各乡镇(区)全面铺开，全县纳入综合预算盘子的预算外资金达1431万元。当年预算坚持"量入为出，以收定支，量财办事"的原则，根据市局要求，不打赤字预算、不留硬缺口、统筹兼顾、突出重点，优先做到"四打足、四增长、三保"，即：打足财政应负担的干部职工的基本工资和调资政策的兑现、打足国有企业下岗职工基本生活费和离退休人员的离退休费、打足公检法吃"皇粮"基本要求、打足粮食风险基金；对农业、科技、教育和社会保障经费适度增长；"保工资、保重点、保平衡"。当年，临澧县财政改革主要是实行县、乡两级预算，调整乡(镇)分税制财政管理体制，建立乡(镇)金库。在编制当年预算时，严格划分了县本级收入、支出和乡镇收入、支出。

2001年至2009年，临澧县推行部门预算，实行一个部门一本预算，把部门作为预算编制的基本组成形式，对预算单位的各项收入，人员经费核定到人，公用经费确定标准和定额，专项资金编列具体项目，同时，将非税收入编入预算，对部门预算资金实行收支两条线管理。明确预算外资金是政府资金，所有权在政府，管理权在财政，实行"收入全额上缴，支出统筹安排"，将预算内外收入统一编入预算。积极推行一年一次预算，不搞二次预算，原则上不追加。2009年，有8个单位部门预算送交人大审查通过。

二、预算执行

民国时期，财政预算是由财政机关于年度开始前，按统筹支配，力求收支适合的原则编制次年预算，经县议会审议后，报省财政厅审核执行。在执行中，如有增收增支之项须另行专案呈省批准。实际上，由于政出多门，财政无以总揽，其预算执行多流于形式。

新中国成立后，1951年，临澧县执行政务院1951年8月22日颁布的《预算决算暂行条例》的规定：县财政岁入遇有短缺情况，由财政部门筹措抵拨；或紧缩开支，或提出追加岁入岁出预算，汇报上级核定。岁出总预算的科目留用，则依照预算科目所列"款""项""目"的规定分别编列。县总预算经县财政科同意，机关执行分配预算时，遇科目经费有剩余，得转入下月使用，以同年度本科目为限。机关分配的预算，如年度中确有修改时，须经原核定机关批准。

1954年，规定在预算确定之后，因上级命令使下级预算收入减少，或支出增加时，由上级拨款补助。县政府自行追加支出或减少收入，则自行解决，企事业单位隶属关系改变，地方预算收入的超收、短收的计算，税制变更或纳税环节转移都按规定执行。预算执行结果，收入超过支出，结余由县政府支配，收入不能完成计划，或支出必须增加，由财政在总预算内自行调剂解决。确有实际困难或遇重大自然灾害，县财力难以承担，祥报上级解决。

1957年，规定单位预算结余除职工福利费外，一律缴回县财政。财政结余除抵扣应完而未完工程拨款和结转下年继续使用的灾害救济的专款外，全部由县级财政自行安排。1958年，规定收入超过指标可自行安排支出预备项目或充实预备力量。收入短少，则自行削减支出，自求平衡。

1962年，为克服财政暂时困难，临澧县采取以下措施压缩支出：1.企业开展清产核资；2.严格划分财政资金与信贷资金的界线，按计划用钱，不准混用；3.加强城乡税征管；4.严格控制社会集团购买力；5.精减人员编制；6.加强工资监督；7.基建按计划支付，按工程进度拨款；8.继续冻结1960年至

1961年各机关、企事业单位的银行存款，非经批准不许动用。1964年，临澧按“归口包干”的办法执行预算，严格会计报表制度，及时反映预算执行情况。

1972年，在预算执行中，上级规定解决发生问题的办法：发生新的支出需要，应首先动用自己的机动财力（预备费、上年结余和超收分成）。县级或单位解决不了的重大特殊开支，要向上级申请追加预算；预算的追加减按制度办事，不得随意扩大支出。凡划转预算和办理追加追减预算截至同年11月底。

1975年，规定各行政事业单位的公用经费，按预算指标节约的钱一律留归财政，用于工农业生产。各部门各单位的一切收支（包括预算内以及按规定属于预算外的收支和各专项资金），都要事前报预算，事后报决算，改变以指标预算和花钱不报账的现象。

1980年起，临澧县根据新的财政体制，收入实行超收分成，短收自求平衡的办法；支出专项经费有专项管理办法外，一般行政事业经费，都实行预算包干，节余留用。此后，一直沿用以上预算管理体制。

1989年，临澧财政趋紧，财政支出安排，首先保证工资等个人部分支出，其次保证必不可少的公用经费，再次保证各项改革措施出台，最后在财力允许的情况下，适当增加农业、教育的投入和支持发展涉及重大民生的各项事业。

1991年，财政预算编制中，根据中央确定的治理经济环境，整顿经济秩序和全面深化改革的方针，临澧财政继续贯彻紧缩财政的政策，严格控制支出，改善支出结构，保证重点需要，努力实现全县财政收入当年收支平衡。预算执行办法至分税制度改革前。同时，对工商、文化等有收入来源的事业单位加强管理，年初核定收入考核指标，编制开支预算，兑现有关政策，调动了组织收入的积极性，节减财政支出。

1994年，临澧县实行“分税制”财政预算管理体制，当年，县上划中央“两税”2175万元，税收返还1960万元，占上划的90.11%；税收返还收入占当年财政一般预算收入的44.47%。

“分税制”实施以来，临澧县地方财政收入呈现稳定增长。1995年，全县一般预算收入5749万元，比1994年增长30.45%，2002年，全县一般预算突破亿元，达11460万元，比分税制前（1993年）增加6159万元，增长116.19%。2009年，增加到18820万元，是1994年的4.27倍。

在财政支出的预算执行中，不断优化支出结构，积极调度资金，确保了工资支出、社保支出、维稳支出、政府正常运转支出、为民办实事、新农村建设、城市建设、新型工业化、医疗卫生、环境保护、重点项目建设支出资金的需要。

第二节 决 算

财政决算包括收入的结算、支出遗留问题的处理，往来的清理和决算编报。决算一般在第二年初办理，时限以一自然年为核算年度。乡镇集中在县财政局编报，县集中在市财政统一编报。编报的决算与下年度预算同时提交同级人民代表大会审议通过。列入决算收支项目比例随各项政策变化而异，无固定的规定。

清代末和民国时期，临澧县财政没有编报决算，民国20年（1931年），按照《湖南省财政规程》，实行现款统收统支。民国21年（1932年），虽有国民政府《暂行决算章程》和省财政厅《试编收支总决算办法》，但未严格执行，基本上是以预算代决算。

新中国成立后，按照国家和省财政厅编制决算的有关规定，1949年至1952年，临澧县财政实行向省报账。1953年始，临澧县正式编报决算。

一、收入结算

每年终了都要进行收入结算、支出盘查、往来清理、编报财政决算。1950年，临澧县财政实行统收统支，对上年的农业税秋征，列入本年农业税收入科目内，转入上年结余；上年度农业税尾欠和第四季度工商业税，在本年度征收的，分别列入本年度岁入科目。1951年，各级机关年终前已收款项尚未入库，或罚没提奖准备金未用完的，分别清理，督促缴库。各项收入缴库时没有分清科目而以暂收款入账的，由收入机关负责划清。1952年，对罚没收入进行全面清理，上交省库，企业单位的利润和折旧，一律在12月31日前按原计划缴足。

1953年，临澧县财政建立完整的收支预决算，当年，财政总收入86.62万元（其中：一般预算收入51.58万元，上级补助收入32.14万元，上年结余2.90万元），一般预算支出72.56万元，上解支出0.27万元，实现收支平衡，当年结余14.06万元。

1954年，省政府规定县财政按支出总预算设置23%的周转金和1%~2%的预算费。实现财政收支平衡，当年结余14.06万元。

1956年，在编制预算时，明确规定无项目、无定员定额和超过定员的开支，一律不得列入预算。对特种资金结余，不再上缴，但应将收支情况上报。

1958年，年终决算，对下放企业事业单位的收入，以20%列入县财政，收入溢交部分和企业单位开支"跃进奖"从当年收入中退库。当年，工商税收全部纳入决算，对人民公社实行财政包干，税收收入决算为省核实预算的197.74%，比1957年增长6.64倍。同时，人民公社建立以后，在编造决算时，将公社上缴国家预算的收入根据包干下放时的核算基数，按照预算科目分别列入年终决算。下放企业、事业单位的收入，原来和地方实行"二八"分成的，以20%部分列入地方总决算。原来不和地方分成的单位，下放后将年度预算划给地方作为固定收入的，其收入全部列入地方总决算。凡实行基建、事业费包干的单位，年终决算仍以银行支出数和实际支出数计列，年终结余允许结转下年度继续使用。当年，跃进奖金，年底若在结余时，可转回上年结余收入科目内处理。各机关团体、企业压缩社会集团购买力的节约款，均留归财政处理。1960年，将商业饮食服务业收入结余部分纳入预算。

1961年，根据全国一盘棋、上下一本账的原则，提出收支平衡、略有节余的口号。对商业收入划分省级预算收入，超正常利润上交，独立核算的饮食、旅社、照相、洗染、浴室等6个行业的税收收入交县库。清理各单位冻结存款，属应交的预算收入，按规定以"其他收入"科目交库。不参与总额分成，留归县级财政。

1962年，清仓核资中，对应冲减国家基金或财政收入的损失，必须严格按规定办事。农垦企业属于当年发生的亏损，按原来以场养场原则，应尽先在预算外收入中退库，预算外资金不足时，再在预算内安排解决。

1963年规定，凡属本年预算收入，应当专户储存，上交上级财政的款项，均不得作为本级财政的“调入其他资金”；各级预算之间的分成收入，应按照规定的分成比例进行分成，不得将分成收入作本级的固定收入；在1962年3月31日以前的积压物资和回收基建单位归还1961年以前应上缴财政的税款和利润，以及行政、事业单位1962年处理清仓物资的变价收入，清理“小钱柜”收入和所属企业交回财政的多余流动资金分别专户储存，不得作为当年的财政收入。

1964年，超收分成比例：县上交中央59%，自留41%；1965年改为18.9%，1966年改按中央给省的70%，实行省、地、县五、二、三比例分成。

1967年，“文化大革命”中，红卫兵和群众组织查抄的现款、金银和物资变价款，在银行开设专户储存，暂不列入财政决算。而应缴未缴的农业税，在清理期补交入库的，一律列入本年决算。

1971年规定，年终超收分成比例按总额分成比例结算，支出不足部分由县自筹收入补充。1980年，规定对积压物资和商品削价损失，已经销售的按有关规定处理；库存的不能估列损失冲减利润或增加亏损。县办“五小”工业，留给企业的利润，一律在留成的50%中列支。

1982年，临澧县执行省财政厅规定：属正常上解或补助款，按现行体制进行结算；对中央借款则按省财政厅核定数结算；由于国家经济措施影响地方收入，经核实后如实结算。

1983年，县办工业实行“利改税”，减少财政对“五小”工业的利润分成收入，改按盈利企业“五、五”分成，亏损企业“五、五”（煤炭、氮肥二、八）分担的规定计算。如征收的所得税大于应交预算收入时，超过部分经上级批准，可以从收入中退库。列作县财政预算外收入，企业留利预算外50%之内。饮料酒税，年终实际收入比上年增长部分县财政分成10%。

1985年起，临澧县实行“递增包干”财政体制，屠宰税、城市维护建设税、农业税加价收入不参加包干分成收入。屠宰税50%留县、50%参加包干分成收入；城市维护建设税全部留县，实行专款专用，农业税加价20%留县，80%上交中央财政。当年除递增包干，定额上解外，财政结余-52.10万元。

1989年，临澧县财政决算总收入达3089.60万元，比1988年总收入2778.3万元增加311.3万元，同比增长11.20%。比1985年1670万元增长85%，年终滚存结余67.4万元，净结余45.3万元，财政实现收支平衡。

1990年，教育费附加开始列入预算管理，年终前，按实际收入拨付给临澧县教委，财政总决算内不反映该项结余。

1991年，职工养老保险基金和职工待业保险金列入财政决算。

1994年，是国家实行分税制财政体制的第一年，全年，完成财政总收入8292万元，是同期财政一般预算收入的近2倍。

1995年后，由于财政体制改革不断完善，促进财政收入任务的完成。当年，按分税制口径计算，全年，完成财政一般预算收入5749万元，比1994年增加1342万元，同比增长30.45%。

1997年，全县按每百公斤稻谷4.2元提取粮食风险基金，1997年和1998年均通过决算上划上级财政，由上级财政按地方应负担粮食超储补贴情况拨付到国有粮食企业。

1998年，实行以拨作支，单位预算结余和专项资金结余均可转下年使用。

1999年，完成财政一般预算收入7543万元，比1995年增加1794万元，同比增长31.21%。

2000年，全县完成一般预算收入8241万元，比1999年增加698万元，同比增长9.25%。

2002年4月，按中央政策，临澧县实行农村税费改革，取消乡统筹费；取消农村教育集资、行政性收费和政府性基金；取消屠宰税。调整农业税及农业特产税政策。

2004年，按国家4%的税率征收农业税1473万元，占农业"四税"收入的69.87%，农业"四税"占当年财政一般预算收入的14.72%。

2005年起，临澧县全县免征农业税。

2006年，取消了除烟叶特产税以外的农业特产税，临澧县"农业四税"减少，比2002年减少2675万元，占财政一般预算收入比重由2002年的26%下降至2%。

2007年，政府实行收支科目分类改革后，临澧县按照国家财政部逐年变更的收、支科目内容年终进行财政预、决算。当年，财政决算一般预算收入16893万元（占当年财政总收入67680万元的24.96%），上级补助收入40448万元，上年结余10119万元，调拨资金220万元，当年，财政收支平衡。

2009年，通过财政决算，当年，财政总收入117206万元，其中：一般预算收入18820万元，占总收入的16.06%；上级补助收入73233万元，占总收入的62.48%；2008年结余22643万元，占总收入的19.2%；调拨资金2510万元，占总收入的2.14%（调拨资金中含转贷收入800万元），当年，支出117206万元，其中：一般预算支出82956万元，占总支出的70.78%；上解支出2128万元，占总支出的1.82%，本年结余32122万元，占27.41%，实现财政收支平衡。

二、支出遗留问题处理

新中国成立后，临澧财政每年决算都有支出遗留问题处理的规定，在编制决算前都要清理核定各项支出，特别是支出遗留问题处理，在决算中有专门科目反映（见表3-1）。

1950年，对代付上年度的粮款，计入本年度账内；预付上年度的各项费用，应全部转入下年度继续使用。各机关经费，截至12月31日，应向财政部门办理决算，结余的现金、实物全部收回财政，或由财政转付下年度经费。

1951年，对批准的跨年度工程及本年度工程预算，根据以开支的现金、粮食进行结算，编入年度决算，结余部分，经财政机关转账后结转下年度继续使用。出差费或在外埠采购借款，不在决算内报销。差旅费按供给标准计算凭据入账，报销时多余的作其他收入，不足的由其他支出弥补。借款作往来处理。1952年修缮费支多少算多少，不能跨年度，未完工程在下年度预算开支；其他暂付款项年终全部收回。

1953年，年终各机关在银行的预算存款，除预付1954年经费，准予跨年度的经费和以领代报的剩余经费，以及其他存款（特种资金存款户与专户存的企业收入）外，人民银行从1954年1月1日起，不得再支付1953年预算存款。各机关清理结算后结余经费一律在1月10日前缴回财政，逾期不缴，银行将其应缴回的预算存款，结转入地方金库。已完基建工程按实际开支数编列决算，结余现金缴回财政。结余材料和物资已变价的冲减当年支出，未变价的待变价后作为1954年预算收入。

1954年，编制决算时，对核准的基建工程限额，不论工程已完未完，到12月31日尚未拨款的，予以注销。在行政费内的家属补助及医疗费、多子女困难补助费按拨付数列入决算。

1955年,农业支出的互助合作事业费决算,按本年度实支数编制,其预算结余可跨年度使用,增列下年预算。优抚支出中革命烈士、革命军人家属补助事业费,按民政部门计划拨出数列支。单位预算机关的“库存现金”余额,在12月31日当地银行停止营业前缴回开户解行,并入经费存款户内,直接汇缴同级财政。

1956年,对下年仍实行差额预算管理的单位,除收大于支的差额单位,年终结余应全部缴回外,其余可不缴回,转作该单位下年收入,预抵下年预算拨款。各单位的特种资金结余,一般不上缴,自筹经费应完未完基建工程和跨年度经费,可结转下年度继续使用。

1957年起,县总决算支出,按银行支出数列报;单位决算的支出,将银行支出数和实际支出数同时列报。1958年,规定县总决算支出按各单位预算机关银行支出数和财政机关直接办理支出的支付数字编报。

1959年,省弥补县地方炼钢亏损,列入省级决算。县财政清理资金归还欠款的部分,冲减本年结余,不列支出科目;由上级拨款解决的作代管经费处理,专案上报。国家支援人民公社投资,应在年终前按预算数全部拨给公社,列入本年决算。当年,临澧县财政拨付支援人民公社支出46.75万元,为省核预算的100%。

1960年,继续发放的年终“跃进奖”,应在年前发完,列入决算;未发完者,采取预提办法列入决算,作补助工资报销。1961年,工商企业在清理库存时,发生的损失和财产物资盈亏以及呆账、悬案等,属于1960年以前的,一律不得冲减1961年的财政收入;属于1961年生产法定损耗等应计入当年损益或成本中。基本建设投资,年终未使用部分,除有规定可以结转使用的项目外,其余在调整期内用于偿还设备材料欠款及解决停缓建遗留问题,如仍有结余,一律收归财政。

1962年,对一切应当列报支出的款项,不准冲减收入;一切预算外支出,不得在预算内列支。当年,临澧县开始着手处理1961年以前财政遗留问题,截至1963年共处理财政遗留问题总额为54.48万元,其资金来源是,动用各部门、各单位冻结存款4.25万元,动用地方财政1961年结余24.44万元,冲减企业自有资金25.79万元,省财政拨款0.45万元。

1964年,对行政事业经费的年终结余和限额结余,一律注销,不准结转下年使用。安置费的决算,原则是按实际安置人数结算,倒流人员经费,控制在实际安置人数的5%以内,按实际支出数列报。

1968年,对设备更新和技术改造资金、新产品试制费、中间试验费和差额预算单位的补助费,按主管部门拨款编列;抚恤救济费按其基层预算单位实支数列入决算。对于尚未发到个人的款、物,作暂存款和库存物资处理,不能作实际支出数报销。

1969年,临澧县执行省财政厅决定,对各主管部门行政事业费年终预算结余,除城市人口下乡安置费、救济费、“五七”干校经费,可以结转使用外,其余一律注销;各单位列报银行支出数的财政拨款结余暂不收回,抵作财政拨款,以前年度支出的收回款项,以其他收入科目交库,不冲减当年支出。1973年,基本建设未完工程拨款余额,一律不结转下年。

1974年,临澧县财政根据省财政厅规定,凡中央财政为核销地方企业财产损失和处理病人历年欠费所拨专项款，按财政拨款数列报。当年，中央财政给临澧县拨款5.60万元，其中：核销企业财产损失1.80万元，处理病人欠费专款3.80万元。

1981年，规定凡用上年预算包干结余解决的开支，作为经费支出列入单位决算，年终时冲销经费包干结余科目，当年，预算资金安排的支出冲销拨入经费科目。

1983年，对基层企业四季度调整的工资，在翌年补发的，按分配的调整指标，将国家负担部分列入成本费用；企业负担部分，从企业基金中列支。

1987年，省财政厅《1987年决算说明》规定：企业挖潜改造资金、支援农村生产支出、工业交通事业费、其他部门事业费和抚恤事业费结余，可以结转下年使用。当年，临澧县结转下年的支出指标为89.40万元。

1994年，实行分税制财政体制就是使地方财政完全“断奶”，财政出现赤字，国家不补贴，年终无奖励。并执行增值税75%上划中央，市财政对临澧县下达的中央税收返还数为1960万元。

1995年，临澧县首次试行零基预算法，全年“两税”上划数为3094.00万元，税收返还为2052.00万元，占当年财政上划中央“两税”的66.32%，当年财政收支平衡。

1996年后，临澧县立足本地资源，努力发展县域经济，拓展财源，县财政继续推行包保责任制和“8.33”考核结账办法，完善促收机制，超额完成年度财政收支任务。当年，临澧县财政总收入首破亿元大关，达到11508万元，比1995年增长19.68%，其中一般预算收入7113万元，比1995年增加1364万元，增长23.73%。

2001年，全面实行县乡两级分税制财政管理体制，18个乡镇(区)设立了金库和农税专户，为调动乡镇财政提供了有利条件。

2002年后，继续推行财税体制改革，所得税体制改革后，所得税上缴中央50%，省级15%，税费改革后，取消屠宰税，减少收入210万元。当年，临澧县财政总收入首破2亿元大关，达到25302万元，比上年增长35.25%，其中：上级补助收入也首破亿元大关，达到10640万元，比2001年增长40.78%。一般预算收入也首破亿元大关，达到11460万元，比2001年增2392万元，增长26.38%。当年，一般预算支出18557万元，上解支出2865万元，结余3880万元。2005年，国家取消农业税。2006年，取消除烟叶税以外的农业特产税。2009年，所得税上缴中央60%、省12%、县28%。

三、往来清理

往来清理，是财政每年在决算之前，对各个预算单位的应收未收、应付未付、暂收暂付、预收预付各种往来款项进行清理，以核实收支，减少呆账，如实地反映预算执行情况的准备工作。

1950年，临澧县财政执行省财政厅规定，凡预付给各机关的经费及各机关暂付款项，如确因实际困难，不能在结算期内结清转入正式科目的，一律在结转下年度经费内扣还。1951年，对往来科目登记的债权债务款项，凡不能在决算编造期内结清的，按账面余额结转下年度继续清理。

1952年，对年终应收未收、应付未付及上下级往来账目，如属追加预算部分，转入正式科目，列入决算内；如系专案报销的，则不列入决算。历年悬案，在清理完毕后，如有结余，以其他收入科目列入；如有亏空，在财政自筹经费项内解决，不遗留到下年度。

1953年,对预付下年度预算拨款,一律以其他往来科目结转下年度,其他往来包括代管经费期末数,经济建设费、社会文教费和行政费,均以其他往来科目结转下年使用。

1956年,在清理往来中,对历年结转周转金、自然灾害口粮救济款、预算内预付款和应收款以及应缴预算收入等各种往来,除自然灾害款转1957年继续使用外,其余都要处理清楚。

1961年,按省财政厅决定说明规定,对一切往来账目,年终均预收回或报销。不得把预算存款转作其他存款。由因弥补企业亏损预提的收入转入往来,将弥补的亏空切实解决后,多余部分交回预算收入。对支援农村人民公社投资及上级专业拨款部分结余,结转下年度继续使用。

1963年,对处理以前年度财政遗留问题,属于上级借款解决部分,仍作往来借款处理,不列入收支决算总表。处理往来遗留问题的资金来源,如果不属于预算内资金,将资金来源和用途同时列入决算。县财政动用地方附加和结余弥补决算差额的,作预算内调入其他资金处理;上下级财政的借贷款项,在年终前结合补助进行清算。向上级财政借入的款项,除预付1964年小型农田水利补助和岁修养护费外,其余扣除应补助部分后,在12月31日前全部汇交上级财政。如以上级补助的借款抵补不足,差额部分作往来处理。

1965年,对清理回收的"小钱柜"资金,凡照暂存款科目核算的,在年终前应转入清理"小钱柜"资金收入科目,上交专区财政。1966年,结转部分增加水库移民建房支出和小型农田水利费项目。1967年,对"红卫兵"串联和上访借用的钱、粮、物都要清理收回,借出单位按借出数额作支出,清理单位收回的借款,上缴财政作其他收入入库。1968年,对流动资金调剂专户上交拨补定额流动资金作预算往来处理,收付直接冲销,不列入决算。

1970年10月,临澧县财政执行省财政厅决算文件规定,职工借支必须清理收回,如果借款人调动或下放,调入单位或下放干部所在地发放工资的财务部门根据具体情况逐月扣还以其他收入缴库。对农业税附加和其他闲散资金,也同时清理上解。

1974年,常德地区财政局明确,基本建设支出节余上缴财政;省拨中央财政历年结余解决的各项专款支出,在12月31日以前,作经费暂存,办理转账手续。当年,临澧县财政转作暂存户3.26万元。

1981年,对中央借款的财务处理,在决算支出合计线下,以中央借用地方财政科目专款反映,县财政总会计相应增加一个总账科目,年终如数从财政结余科目转入本科目。对财政购买国库券,也同样在支出合计线下,以地方财政购买国库券科目专款反映,县财政总会计同样相应增加一个总账科目。

1983年,对撤并或上收下划的企业,年终均按新的隶属关系结清账务。

1984年,临澧县执行新的决算制度,凡未列入预算的支出和借款以及应付未付的预算支出,都列往来结转下年,清理决算和收回。当年,列预算暂存的应付未付预算支出为47.20万元。

1985年起,临澧县财政应上交省财政的农业税附加20%(上拉为3%),逐级汇解省财政,不得通过往来转账。

1990年后,财政更加注重清理预算往来借款,盘活财政资金。同时,加大周转金回收力度,对长期拖欠的单位,采取扣款和上门催收的办法,努力减少财政资金的沉淀。保决算实现财政收支平衡。此作法延续至1998年(周转金投放截至1998年)。

四、决算编报

决算编报是根据预算科目,分别检查和反映财政收支执行情况,综合反映预算执行的结果。

新中国成立初期,临澧县财政决算编报,实行总收、总支的报账制度。每月向常德地区专员公署财政科报送收支报表。年末,对经费、公粮、地粮(大米)等收支累总对账,结算清楚。

1952年,以县为决算单位。所有财政收、支按性质分别列中央及地方决算,不得在决算外再有决算。决算表格分为总决算说明书、资产负债表、岁入岁出决算表和附表四大类28个表。

1953年,对县属各机关单位的预算收、支实行归口管理统一决算,年终在清理往来、核实账目、盘点财产的基础上,各单位集中互审对账,分别编制决算,由县财政局汇编上报。当年,临澧县420个预算管理单位〔其中区、乡镇行政机构135个(7个区、2个县属镇、5个乡级镇、121个乡)、学校272个、(教育战线为1个归口单位(下同)、县直单位13个)〕,归口合并为149个编造决算的单位。

1954年,临澧县财政决算编报,实行“分类合并、归口编报、财政会审”的办法,全县425个预算管理单位[其中区、乡镇行政机构134个、教育系统归口为1个单位(学校271个),县直单位20个],归口合并为155个编造决算的单位。

1956年起,省、县自筹经费和乡镇自筹经费均须单独编报决算。当年,临澧县属于自筹收入部分有:农业税附加和省拨互助合作,水利投资等项,收入总额为34.46万元,支出部分有:农业互助合作经费、水利事业费和防灾支出等,支出总额为34.10万元。县自筹经费收入部分有:清理预算外资金收入,公产管理收入、规费收入、屠宰税手续费等8.77万元,自筹支出部分有:道路桥梁支出、公产投资规费工本费、屠宰税、代征经费支出和弥补行政机关经费等,支出总额为8.77万元。乡镇自筹经费收入为11.29万元,主要是农业税附加收入和杂项收入;乡镇自筹经费支出为2.41万元(其中邮电支出1.08万元,乡镇行政经费支出0.15万元,教育支出0.15万元,道路桥梁支出1.02万元)。

1962年起,决算整理期为1个月。1964年,决算审查既看数字、又注意政策,也看实际效果。1968年,对流动资金调剂户上交和拨补企业的定额流动资金,作为预算管理往来,收付直接冲销,不列入财政决算,只在企业财务决算中反映。同时,报表也减少为3种,即财政收支决算总表、地方财政附加收支决算表、年终资金活动情况表。1970年,国家计划内基本建设投资,按银行支出编列,结余逐级收回上交。当年,决算报表为4种,1971至1972年,增至12种。1974年,在决算编审过程中,全县行政单位、农林水事业单位和工商企业等三线,集中核对、联审互查,对不符合国家计划预算规定的及时调账纠正。

1979年,经财政部门同意包干的单位,其包干结余可在年终决算前转入其他存款户作为单位的机动财力,增设经费包干结余科目反映;发生包干超支,由单位其他存款抵补或次年经费节支中补偿。

1980年,对行政事业单位的年终预算包干结余,采取预算结余的办法,即财政按单位银行支出数列入总决算,当年不列支出,也不转到预算外,如数转到下年度继续使用。在预算执行中的上划下划和追加减预算指标,均不调整包干基数,在年终决算中以专项拨款进行单独核算。1981年,常德地区财政局规定，县财政总决算要经同级人民政府审查通过。

1982年，财政决算的调入资金，原则上只限于弥补收支差额，平衡当年预算，以及省财政批准用收入退库解决的支出。1983年，年终决算报表分为总决算说明、收支决算、行政事业费基本数字和附表4大类18种表。

1984年，建立乡镇一级财政，乡镇财政决算单独编报。1986年，决算报表为17种83页。1988年，除编报财政决算收、支总表外，还要编报乡镇财政收支决算及财政部门管理的预算外资金收支决算和城市建设资金收支决算。

1990年后，决算表有所增加，主要是增加了支援经济不发达地区发展资金使用表，税收、财务、物价大检查收入入库统计表，本级基金收支决算总表和财政周转金决算表，预算外资金财政专户表及县级主要经济指标情况表等，到1997年已达100页。

财政决算每年11月由常德市财政召开会议部署，统一口径和规定，县财政在办完乡镇财政决算和县直各主管部门的决算后，再编制县财政决算表，决算表主要有决算说明书、总表、明细表、基本数字表及附列资料、决算到款。县完成于次年1月或2月再到市财政局进行审查汇编，然后再报省财政厅批复。

2007年，财政部将“政府收支分类科目”进行调整和补充，将2006年以前的收入科33类286款，调整为16大类，支出科目由2006年的34类441款，调整为16大类。

2008年，财政部根据预算管理的实际需要，在2007年科目的基础上又作了适当修改和补充。收入科目分为6大类50款359项，支出科目分为17大类183款。

2009年，财政部根据预算管理实际需要，在2008年的基础上再次作了适当修改和补充。收入科目仍分为6大类50款。但在款项作了修改和补充，例如：企业所得税款滞纳金、罚款、加收利息收入。支出科目由上年的17大类，调整为19类200款。例如：2008年“基本公共管理与服务”类调整为“一般公共服务”类，增加“国债事务”款；社会保障和就业类增加“廉租住房”支出款；医疗卫生类增加“食品和药品监督管理事务”支出款；环境保护类增加“能源节约利用”“污染减排”“可再生能源、资源综利用”三款。城乡社区事务增加“新增建设用地有偿使用费支出”；交通运输类增加“石油价格改革对交通运输的补贴”“邮政业支出”；工业商业金融等事务，修改为“采掘电力信息等事务”，原19款调整为9款；增加二大类：“粮油物资储备及金融监管等事务”（7款）、“国债事务”（11款）。

临澧县财政的预算、预算调整、决算及决算编报，历年来都必须经县政府审查，县人民代表大会批准，并报省市财政部门批复，成为具有法律效力的文件。

2002年起，临澧县乡镇（区）财政决算以“县乡财局”（原农税局）为主进行编制。

第三节 预算外资金管理

民国18年（1929年），临澧县建成一级财政后就有预算外资金这个概念。在编制预算、决算时，把不属于预算内的收支，统称为预算外收支。

新中国成立后，预算外资金逐步增加，预算外资金管理逐步完善。20世纪50年代初，国民经济处于恢复时期，国家实行统收统支的财政体制，预算外资金范围小。各项财政收入全部上缴，财政支出逐级下拨。一般只有机关生产，“小公家务”，乡镇自筹及工商税附加、农业税附加数额小，除乡镇自筹部分资金可以用于学校、道路、桥梁等建设外其余各项均作为预算收入全额上缴。

1954年，县机动田出租收入、县级企业收入、公山林变价收入、中学学费公产房收入等作为地方自筹收入。

1955年，临澧县执行《湖南自筹经费管理暂行办法》对于自筹经费用于农林水事业与地方性公益事业的支出，由财政部门统一掌握。对乡村自筹经费，严禁摊派。凡乡村自筹经费均应记账，每半年编一次决算，提请乡人大代表大会审查，并向群众公布。

1957年，对原属县自筹收入的工商附加与农业税附加上交省财政。属于随同农业税征收的乡镇自筹收入，县财政可集中使用一部分，用于规范较大的生产和公益事业，其余分配给乡镇自行安排。1958年至1960年，执行国务院决定，地方工商税附加、农业税附加、城市公用事业费附加、划归地方管理，不列入预算。用各项附加收入安排的相应开支，由县财政统筹安排，并由同级中共党委或人民委员会审查批准。安排计划时做到先收后支，严禁超过财力造成超支。

1961年，对预算外资金收支范围作进一步调整，对商业系统的饮食业收入，用各级各部门预算收入举办的企事业收入，基本建设单位的副产品，全部纳入预算；严格控制预算外资金来源和使用范围。

1966年，预算外支出增列四项费用科目。1967年，全部企业基金、基本折旧基金均留给企业作更新改造资金。1969年，在地方财政附加收入中，增列流动资金科目。1979年，企业提取的基本折旧基金改为50%，留给企业掌握使用，50%上缴财政集中安排。同年将财政集中的企业折旧基金部分30%上交中央，20%留给县财政或企业。

1981年，临澧县预算外资金收支项目有：各种形式的企业利润留存；利润包干后的利润收入；五小企业的利润留存；对部分事业单位采取“以水养水”和“以矿养矿”等企业收入，以及开展有偿收入和咨询收入等。

1984年2月，按照常德地区财政局对预算外资金管理的规定，对各部门、各单位现有未纳入预算内管理的自收自支项目，都应在预算外收支报表中反映。对差额预算管理的医院、文艺团体、农业三场、科研等预算内单位，其收入抵顶预算内支出部分不包括在预算外收入范围，没有抵顶的则应包括。差额管理的附属单位，单独核算而又不纳入预算的，也包括在预算外收支范围内。行政事业单位的预算外资金抵补预算内不足的部分，仍然要算作预算外资金。农场包干结余，视同工业企业利润留存，也属预算外收支范围。

1986年4月，对预算外资金实行“专户储存”的管理办法，实行“收支两条线”管理。1987年起，对行政事业单位的预算外资金“使用收支”两个账户、“收支两条线”管理办法。单位在取得预算外收入时，全额存入收入户，其收入户的存款，必须分期交入财政部门的代管专户或按规定比例上交主管部门。单位用款时，先编报用款计划，经财政部门审查同意后，将资金拨入单位的支出户，由银行监督使用。

1988年，预算外收入由地方财政部门收入、事业行政单位收入、国营企业及主管部门收入三部分组成。1989年，开始征收政府调节基金13.6万元(其中：地方国营企业上交11.3万元，行政事业单位上交1.5万元，城镇集体企业和个体工商户上交0.3万元；地方乡镇财政上交0.5万元)。1993年，国营企业收入不再纳入预算外资金管理。

1995年7月，县政府出台《临澧县预算外资金管理实施办法》。1996年10月，成立临澧县收费管理局，专司全县预算外资金管理职能。同时，乡镇自筹统筹资金、社会保障基金纳入预算外资金管理。1997年，继续贯彻落实《国务院关于加强预算外资金管理的决定》，推行和完善财政"两项制度"的改革。一是推行改革收费制度。即按照"收缴分离、罚缴分离"的原则，对行政事业单位收取的各项行政、事业性收费、专项收费和罚没收入，由过去执收执罚单位直接收款，改为委托银行代收。二是继续完善过去改革的财政预算方式，实行预算内外资金统一管理，综合平衡，实行财政综合预算。

1998年，对执收执法单位按政策规定收取的行政事业性收费、基金、罚没收入实行代收或财政收费管理部门直接收款，对收费数额较大便于集中管理的单位由银行上门收款。同年1月1日起，在迎宾路电影院旁设立"临澧县财政收费厅"，由财政、银行两家单位派遣办公人员，在城区部分网点设立"临澧县人民政府收费、罚没收入代收点"。同年农村教育费附加、社会保障资金不再纳入预算外资金管理。为加强预算外资金管理，全面推行收费制度和综合预算制度改革，全县按照"统一票据、部门开票、银行收款、资金分流、统筹安排"的原则，实行行政性收费收缴分类，罚没收入罚缴分离，各项收入按资金性质分流，统一财政票据、统一银行账户、统一缴款站点，对不宜实行银行代收的收费、罚没项目按照"财政发证、单位代收、定期结算、全额进户"的模式委托执收执罚单位代收，全县有公安局等15家单位纳入综合预算。

2000年，县财政局对原有的收费体制进行了改革，一是县直单位统一实行由政务中心收费，规定凡属纳入"中心"办理的各种税费项目，一律实行"单位依规定税(费)、'中心'统一执收、票款严格分离、资金直达专户"的管理办法，二是乡镇站所实行"一个窗口"收费。规定全县乡镇站所的收费全面启动"一块牌子"公示、"一个窗口"执收，"一本账目"管理的运行模式，实现收费权与管理权的分离。堵死漏洞。对预算外资金拨付实行"月计划管理"，即预算单位每个月按规定日期先向对口业务主管部门股室申报下个月的用款计划，须经分管领导批准，综合计划股方能执行。在审核单位预算外资金月用款计划时，坚持对收入缴款不及时的，不予拨款，对没有完成政府调控资金任务的，不予拨款，对超计划未经领导审批的，不予拨款。

2005年，将预算外资金"两条线管理"改革实行了政府非税收入的分类规范管理，非税收入由县非税收入征收管理局负责征收，上缴财政统一管理，统一按财政预算计划拨款(其非税收入在非税收入管理中体现)，此规定延至2009年未变。

第四节 控制社会集团购买力

社会集团购买力是指社会上全民和集体所有制各个单位，在一定时期内用全民或集体的公款在市场上购买消费性商品的货币支付能力。新中国成立以来，随着社会主义商品经济的发展，社会经济文化事业的规模不断扩大，人民生活水平有了显著提高，社会集团单位和城乡居民对市场消费品的需求量都在迅速增加，产生了社会集团与民争购的矛盾，为了解决这一矛盾，国家先后采取一系列有效措施，努力增加供给，适当控制需求，国务院提出“勤俭建国，厉行节约”的原则，严格“控制社会集团购买力”，国家根据各个时期国民经济发展，人民生活水平不断提高，市场供求关系变化，以及物价变动等因素不断调整专项控制商品目录。

1959年，国家控制商品的范围主要包括：办公用品、家具、自行车、小汽车、照相机、收录机、专业用的仪器、图书、商业系统非生产性设备、学校用的教具、课桌、文体器材等。1962年，临澧县根据省下达的控制指标，采取核定限额，发给购物证，凭证按限额供应的管理办法，并逐步实行按月（或季）编造计划，严格审批制度。当年全县集团购买力为58.2万元。

按照上级要求，1985年，临澧县成立控制社会集团购买力领导小组，下设办公室，办公室设财政局。当年，全县集团购买力比1984年压缩20%。1986年，社会集团购买力控制指标为150万元，实际执行148.7万元，其中：专控商品指标14万元，执行11.9万元，专控商品包括小汽车、大轿车、摩托车等17个品目。1988年，对全县120个行政事业单位，从1985年以来购买专控商品情况进行检查，被查单位共购小汽车119台、摩托车61台、彩色电视机124台、电冰箱21台；查出违章17个单位购买小汽车19台、摩托车1台、彩电29台、冰箱1台，对违章单位处以罚款3.6万元。

1988年6月，调整专控商品附加费征收标准，小汽车、大轿车、摩托车不再按价款收取附加费，一律改为按车型收费，旧车交易仍按购车价款的20%征收附加费；彩色电视机、国产13种名牌卷烟、进口卷烟、进口酒，征价款的40%；微机、家具、车制品、针织品、书写印刷纸等5种专控商品免征，其余27种专控商品按购置价款的20%征收。

1989年，对专控商品实行“定点供应，专用发票”，全县专项商品由百货公司大楼等四家供应专店组织供应。1990年起，购买更新小汽车、大轿车、摩托车一律由湖南省控购办审批，其他26种商品由地方控购办审批。

1991年，根据国民经济发展和供求关系的变化，专控商品品目调整为交通工具类、家具设备类、电器用品类、现代化办公用品类、文体用品类、高档通信各类等29个品目。

1993年5月1日，又调整为小轿车、大客车、摩托车、录像设备、空气调节器、各种音响设备、单价在500元以上的照相机和放大机、无线电寻呼机和无线移动电话8个品目。同时调整审批权限，所有进口车、国产普通桑塔纳以上车辆由湖南省控购办审批，吉普车、旅行车、大轿车、摩托车由常德市控购办审批，其他专控商品由县控购办审批至今。

1978、1984年国家规定的专项控制商品目录

表3-3

年份 / 商品名称 / 批准级次	1978年	1984年
省审批	小汽车、摩托车、大轿车、沙发、地毯、钢丝床、电冰箱	小汽车、大轿车、录像机、空气调节器。

续表3-3

年份 / 商品名称 / 批准级次	1978年	1984年
地(市)审批	自行车、录音机、照相机、放大机、收音机、电唱机、缝纫机、大型或高级乐器、大型或高级体育用品、呢绒及其制品、毛线、毛巾被、高级针织品。	摩托车、沙发、沙发床、地毯、录音机、照相机。
县(市)审批	电风扇、家具、绸缎及其制品、化纤布、卷烟、酒、公用包。	大型或高级乐器、呢绒及其制品、家具、纯毛毯。

第三章 国有资产管理

国有资产管理工作主要职能:清产核资、编制管理行政事业单位经营性资产负债表;行政事业单位占有非经营性资产概况,企业经营国有资产总量、结构及分布情况,国有资产统计报告、产权登记及变动性报告,国有资产运营效益分析报告。(简称一个表、两本账、三个报告)及资产评估。

新中国成立初期,临澧县国有资产的来源主要是国民政府移交的“公产”,构成了全民所有制经济的雏形。后逐步通过没收的官僚资本和赎买的民族资本,使国有资产的规模逐渐壮大,并成为新中国成立初期建立国有经济的基础。此后,在几十年的社会主义建设中,国家将财政收入用于经济建设,直接形成了国有企业固定资产和流动资金,国有企业和主管部门用自筹资金进行建设,使国有固定资产不断壮大。国有资产还包括国家依据法律规定和接受馈赠等所取得的资产。临澧县的国有资产管理工作,1992年前没有设专门职能机构,基本上由各个单位自行管理。由于国有资产在不同的历史时期采用了不同的管理体制和方法,本章重点记载1993年至2009年财政部门对国有资产的管理情况,之前的相关章节略有简单叙述。为叙述完整考虑,历次清产核资均记入本章。

1991年,国务院颁布《国有资产评估管理办法》。

1993年,临澧县设立临澧县国有资产管理办公室,编制4人,属财政局管理,当时与企业财务股合署办公。1996年3月分设。

1998年3月,原临澧县国有资产管理办公室更名为“临澧县国有资产管理局”(副科级事业单位,简称国资局),隶属于县财政局管理。下设办公室、企业资产股、评估管理股和行政事业资产股4个职能股室。人员从财政局内部调剂解决,单位具有行政管理职能的事业单位。

1999年,根据财政部〔1999〕9号文精神,《临澧县国有资产管理暂行办法》颁布实施。当年7月,临澧县国资局根据临澧县人民政府临政函〔1999〕15号《关于成立县富源资产投资经营有限公司的批复》,成立“临澧县富源资产投资经营有限公司”,注册资本金1000万元,依法托管财政历年(经法院巡回办案）收购的以资抵贷（周转金）资产（包括城关玻璃厂、新安特种水泥厂办公楼、纸袋车间、彩色水泥厂化验楼、宿舍楼、合口轻工机械厂、四新岗南国歌舞厅、佘市金山化工厂、拉丝厂等）。2000年1月，根据县企业改革领导小组改革方案，（临企改〔1999〕15号）的批复，富源公司收购原二轻工业局（位于县城迎宾路与老正街的“金三角”）和五交化公司（位于人民街的门面）。当年6月，根据县人民政府关于县商业系统企业离退休职工安置工的县长办公会议（1999.12）27号纪要和中共临澧县委企改调度办公会议（2000年第15号）关于商业、供销、二轻系统的改革纪要，富源公司在企业改制中先后以2300万元收购了县供销合作联社的供销商场、购物中心和县商业局百货大楼、交电大楼及商业城等。当年协助临澧县政府融通调剂资金380万元，处置不良资产24.5万元，解决500名下岗职工再就业。

2001年，公司面向社会招商引资1000万元，兴办了临澧县“家家乐”“广兴”“和盛”（家电）和紫荆城百货、成衣、家具及九芝堂药店等超市。同年临澧县为全面推行企业改制，实行两个“买断”（“买断”实质是指“置换企业职工身份”），县财政（国资公司）全面配合县委、县政府对县商业、供销、二轻系统的商业企业和氮肥厂、水泥厂、气门厂、酒厂、织布厂等227家国有工业企业改制的资产清查、收购、经营，资产重组和不良资产的处置及国有股本金的管理。当年，全县买断企业277家，置换职工身份1.4万多人（其中破产买断33户，职工5500人，股份制改造28户，解散重组216户），全部实行再就业。

2002年12月，实行县直机构改革，撤销国有资产管理局，在县财政局内部设立产权股和统计评价股。国有资产非经营性资产管理由产权股、统评股承担。经营性资产经营管理由富源公司承担。

2003年4月，临澧县富源资产投资经营有限公司更名为“临澧县国有资产经营有限公司”，对原卫校和轻化公司等资产进行了收购。2006年，财政局内产权股更名为资产管理股。2009年4月，临澧县国有资产经营有限公司更名为“临澧县国有资产管理中心”。属企业化管理、自收自支的事业单位。下设财务部、资产经营部、安全管理部、水电征收管理部，有干部职工15人。县国有资产管理中心其职能是依法收购、处置国有不良资产及盘活国有闲置资产，县政府授权托管的其他国有资产（包括全资、控股、参股企业的国有股权的管理）。

2000年国营经营公司收购部分资产情况表

表3-4　　　　单位：万元、平方米

单位＼项目		小计（平方米）	面积		
			小计（平方米）	营业	住房
合计		1177	14962	10145	4817
商业系统	百货大楼	189	2650	2650	
	交电大楼	531	4850	4185	665
供销系统	供销商务	93	3100	1420	1680
	购物中心	104	1582	1120	462
	棉麻办公楼	90	1140	260	880
	食堂	5	160		160
	食杂公司	85	1160	290	870
二轻	金三角	80	320	220	100

第一节 产权管理

产权管理包括国有资产产权登记、产权界定、产权纠纷处理、产权交易和国有资产流失查处等方面的工作。在各个年份按照政策进行操作。

一、产权登记

1991年8月，省财政厅、国资局、工商局研究决定，在全省开展国有资产产权登记工作，凡产权关系隶属湖南的全民所有制企业和实行企业化管理的事业单位（以下统称企业单位），必须按规定向国有资产管理部门申报办理国有资产产权登记手续。临澧县按照上级主管部门要求，于1992年，对企业单位建立产权登记、产权登记年度检查、产权变动和经营分析等一系列关于企业的产权登记工作，配合企业改革，及时地进行当年企业开办登记、变动登记和注册登记工作，特别是对产权重组中的变动登记，进行密切跟踪，严把产权登记关。根据国家规定，国有资产产权登记年度检查纳入国有资产管理经常性工作。按照省财政厅规定，凡产权关系隶属临澧县的全民所有制企业和实行企业化管理的事业单位（以下统称企业单位），必须向县国有资产管理部门申报办理国有资产产权登记手续。对于新开办、分立、合并、迁移、撤销、国有资产数额增减幅度超过20%（含20%）的企业单位，需由会计师（审计师）事务所审核验资，并统一由县国有资产管理部门及县财政部门审核出具资金信用证明后，及时申报办理产权登记。国有资产产权登记的主要内容包括：单位名称、住所、法定代表人、经营性质、主管单位、资产总额、注册资金总额和国有资金所占比重、实有资金总额和国有资金所占实有资金的比重。凡未进行产权登记的，工商行政管理机关不予办理企业登记手续。凡中外合资、合作企业，企业的中方国有资产（含固定资产、流动资产和其他资产），必须按照国家的有关法律和行政法规的规定，由中方分别按财务隶属关系，向国有资产管理部门申报和办理产权登记手续（企业产权登记分为产权登记、年检产权登记、变动产权登记和注销产权登记），并且企业的产权登记实行年检制度。如若企业发生变更，以及中方国有资产超过20%以上的变化，按照程序向国有资产管理部门申办变动产权登记或注销登记。例：1999年的工商局上划，2000年的技术监督局上划，县财政（国资局）按相关行政管理规定，经县政府批准后，及时进行了产权变动登记。2001年，共办理企业年检产权登记15户，变更登记6户。2009年，全县有6户企业单位办理了产权登记（年检），实收资本5003万元。

为明晰产权关系，按照省财政厅有关要求，临澧县全面开展企业重新换发新的产权登记表工作。2009年，对6户国有独资企业进行了产权登记年度检查。国家资本总额为5139.3万元，其中：粮食企业2户（国有粮食购销有限公司、粮食储备库），国家资本2010.8万元；电力企业2户（青山水电管理所、县道水发电站），国家资本2873万元；企业化管理事业单位2户（县电影发行放映公司、县自来水公司），国家资本255.5万元。

二、产权界定

1991年5月,省财政厅、省工商局对企业和实行企业管理的事业单位(以下简称企业单位)中的国有资产所有权界定作出明确规定:

(一)企业国有资产是指国家以各种形式对企业的投资和投资收益形成的资产;没有法律依据归集体、个人或外国政府、法人、公民所有的资产均属国有资产。

(二)全民所有制企业单位中的国有资产包括:1.各级人民政府、国家行政部门或国家其他单位的各种形式的实物投资、货币投资和所有权属于国家的发明创造和技术成果等无形资产投资;2.依据国家规定或经国家批准用于投资或归还投资贷款的减免税金、利润;3.依照国家规定,通过从经营收入中提取,从成本费用中列支和从留用利润中提取所建立的各种专项基金(不包括按规定提取用于职工工资、奖励、福利等分配给个人消费的基金);4.国家银行、国家投资公司及其他全民所有制金融机构用财政拨款和留用利润转入的信贷基金、投资基金、财政周转基金及其他经营基金和资本金;5.由国家承担投资风险,完全用国内外借款和国家各种方式投资创办的企业,其内部积累的资金;6、用国有资产兼并、购买其他企业单位所取得的资产产权。

(三)在股份制企业、联营企业和中外合资、合作经营企业中的国家出资部分及其在税后利润和专项基金中所应占有的份额,属于国有资产。

(四)各级政府部门和全民所有制企业单位交给集体企业使用且没有依法办理转移所有权手续的固定资产、流动资产及其他资产,仍属于国有资产。

(五)企业国有资产所有权界定工作由国有资产管理部门组织实施。通过产权界定,明晰了企业资产产权关系。例如:县酒厂被县氮肥厂兼并,县肉联被新厦建材股份公司兼并后,县财政(国资局)及时将其产权界定到收购单位。有效地制止了部分国有资产的流失。

1994年11月,省国有资产管理局对集体企业国有资产产权界定规定:

(一)全民所有制企业、事业单位、国家机关等以货币、实物和所权属国家的土地使用权、知识产权等独资创办的以集体所有制名义注册登记的企业单位,其资产所有权按国有企业产权界定;

(二)开办资金完全由全民单位筹措,以集体所有制注册的新办企业,其资产产权按国有企业产权界定。当年,临澧县按照省国资局规定对全县62家集体企业进行产权界定的结果。发现被集体企业占用的国有资产总额达3100万元,国资部门责成相关单位按国家规定补办了有关手续。

1995年,省国资局规定要对股份制企业的国家股权变动、股利分配收缴、股本结构等情况进行专题调查。临澧县于1996年开始对全县股份有限公司基本情况进行调查。2009年,在全县28家股份制企业中有国家股的9家,占总数的32.14%。

三、产权交易

1979年6月,省财政局制定《关于国营企业固定资产实行有偿调拨的试行办法》,要求从当年7月1日起,国营企业的固定资产实行按质论价,有偿调拨,暂时不使用的固定资产,也可以出租给其他单位使用。

1989年9月,省财政厅转发财政部《关于国营企业兼并财务处理暂行规定》要求,规定兼并企业应当按评估资产价值由被兼并企业付清产权转让成交价款，扣除费用后的净收入，由被兼并企业的国有资产管理部门组织解缴国库，纳入预算管理。

1996年3月，省政府对国有企业产权交易管理作出规定：国有企业产权是指国家作为所有者在国有企业中依法拥有的财产权利，产权交易是指企业产权的有偿转让，国有企业自身依经营权力处置资产的行为，不属于产权交易范畴；产权交易应保障国有资产安全；保护债权人和企业职工的合法权益；遵循依法、自愿、有偿、公开、公正的原则；除国家规定的特殊行业外，企业所有者都可以将其出资形成的产权全部或部分予以有偿转让；产权交易以协议转让、招标、拍卖、中介代理等方式进行；产权交易必须按照国务院颁布的《国有资产评估管理办法》进行资产评估、界定产权、清理债权债务；产权交易的产权受让人可以是法人，也可以是具有民事行为能力的自然人；对企业职工原则上实行“谁出售企业，谁负责安置”。但交易双方应在产权交易合同中对职工安置作出明确规定；产权出让收入的分配使用方案应事先报地（市）级（含本级）以上国有资产管理部门、财政部门和有关银行共同审批同意后才能实施；产权出让净收入归投资主体所有；国有企业的产权出让净收入由国有资产管理部门会同财政部门确认，由投资主体负责收缴和管理；其产权出让后的净收入用于企业技术改造、改造有发展前景的国有老企业、调整产业结构、兴办符合国家产业政策及产品有市场竞争力的新企业，不得挪作他用；资金使用年度计划必须报国有资产管理部门审查。对国有资产和全民所有制企事业单位之间无偿划转问题，按照财政部的规定要求按“统一所有，分级管理”的原则，按隶属关系，向同级财政（国有资产管理）部门进行申报，经批准后即可办理资产划转手续。此办法延续至2009年。

1996至年2009年，临澧县共推出产权交易项目30多个，正式成交28个，成交金额6000多万元。例如：县氮肥厂由安徽民营企业收购，湘北药厂由洞庭制药购入，县百货大楼、县气门厂、合口轻工机械厂、县铜件厂、县商业、供销大型商场、县水泥厂、粉色水泥厂、新厦建材、县楚园宾馆及二轻系统的常青服装厂、下河街钉子厂、皮鞋厂、食品一厂、二厂等交易给民营企业，经县政府批准后由县财政（国有资产管理局）办理登记交易资产划转手续。

第二节 清产核资

按照省、市国有资产管理部门的要求，1993年4月，临澧县在11家预算内工业企业（县气门厂、酒厂、水泥厂、肉联厂、织布厂、氮肥厂、合口累工机械厂及商业、几大商场、青山电站、新安油毡厂等）和部分流通企业中开展清产核资，通过清查，企业净资产总额为13983万元，较清查前账面值13626万元增加了357万元，增加2.6%。

1995年，按照国务院办公厅《关于在全国进一步开展清产核资工作的通知》的要求，为防止国有资产流失、理顺产权关系、规范企业管理，当年临澧县对56家企业认真进行了清产核资，通过核实国有资产存量为32153万元，其中：固定资产15162万元，流动资产10922万元，资产负债总额225236万元，所有者权益9617万元。临澧县对全县所抽查的11家企业固定资产价值进行了重估。重估后的国有企业固定资产净值增加4611万元。

2005年，根据财政部的统一部署和安排，临澧县出台了《临澧县行政事业单位国有资产处置管理实施办法》。2007年5月，临澧县对全县160个行政、事业单位(其中：行政单位64个，事业单位96个)进行了认真的清产核资。全县160个行政事业单位资产总额为90380万元，负债总额37286万元，净资产总额53094万元，盘盈资产9240.5万元，盘亏资产1829.6万元。

第三节 行政事业单位国有资产管理

行政事业单位国有资产管理一直是政府财政部门的重要职责，尤其是改革开放以来，随着经济体制改革逐步深化，国家对行政、事业单位的国有资产管理逐步走向规范化、制度化、法制化的轨道。1978年至1991年前，临澧县行政、事业单位的国有资产基本上是由各部门、单位自行管理。1991年始，国有资产管理部门加大了这方面的管理力度，既出台了一些制度规定，又采取了一些具体的监督管理措施，使行政、事业单位国有资产管理工作更加有序地推进。其管理的具体办法是：

(一)资产清查及建账建制

1979年9月，省财政局发出《关于行政事业单位固定资产试行部分有偿调拨的通知》中强调：①要求行政事业单位的固定资产调给主管部门直属单位以外的一律作价收款；②直属单位之间的调拨是无偿还是作价收款由主管部门决定；③但对行政事业单位因隶属关系改变或撤并，上划或下放移交的固定资产及国家专门文件特殊指定无偿调拨的固定资产仍实行无偿移交。④行政、事业单位作价调出的固定资产变价收入和经批准报废的固定资产收回的残值留给部门、单位作为重置固定资产的专项资金，不再作预算收入上缴国库。1991年4月，省财政厅规定：行政、事业单位为进行创收活动而设立的经济实体，其所占用的国有资产必须向国有资产管理部门或授权的机构报告，并进行产权登记，对其占用的各种形式的固定资产，在申报工商登记注册时不得变更资产的所有制性质，已登记注册为集体所有制的其产权仍归国家所有，其占用的国有资产的所有权如有转让和出售等行为的，必须事先报国有资产管理部门或其授权部门批准方可施行。

1993年5月，省财政厅、国资局颁发《湖南省行政事业单位资产处置暂行办法》规定：对出售(租)、拍(变)卖、转让、划拨资产产权，将非经营性资产转为经营性资产，被撤销、合并的行政事业单位的资产，实行住房制度改革向职工出售部分房屋产权和其他项目处置的资产，都必须经资产评估机构进行评估并报省国资局审批后，才能进行处置。行政、事业单位用国有资产开办第三产业，实行有偿支持为主，无偿支持为辅的原则。行政、事业单位处置国有资产的收入归国家所有，交由国有资产管理部门专户储存统一安排使用。按照上级要求，为正确处置国有不良资产和正确评估国有资产原值及固定资产的需要量。当年临澧县成立了国有资产评估公司，评估业务由临澧县会计师事务所承担。同年，临澧县对行政、事业单位财产进行清查登记，共清查了62个单位，通过清查登记后核实的国有资产总额为12680万元，资产负债总额1718万元，国有资金1096万元。

1994年10月，按照省政府决定，对“非转经”(非经营性转经营性)资产征收占用费。当年全县征收国有资产占用费70万元。同年4月，省财政厅、省国资局规定，在机构改革中：凡是决定撤并的单位，必须成立由单位主要领导、财会人员、物资管理人员和职工代表组成的资产清理移交小组，统一领导、责任到人,做好本单位资产清查移交工作。其主要程序:(一)冻结财务开支;(二)盘点在用和库存全部资产;(三)清理往来款项和债权债务;(四)核对资金、清理银行账户;(五)清理核对登记全部资产,编制清产清册;(六)办理资产移交手续。

2000年,临澧县根据上级政策与要求,对县工商局国有资产进行了清查,其固定资产原值总额为19304829.48元(其中自办的城关一市场、新安市场、合口市场及太浮市场四个市场总资产原值10702949.24元)全部移交地方政府,上划固定资产总额为860.19万元。

2007年3月30日始,临澧县按照国家国有资产管理局的统一部署,全县稳妥地推行了行政、事业单位国有资产清查及产权登记工作。至2007年5月30日,历时60天。此次应纳入资产清查的单位有160个[其中:行政单位64个(其中包括群团组织5个)、事业单位96个(其中含乡镇卫生院17所,乡镇中学19所)]。清查核实全县160个行政事业单位资产总额为90380万元(其中行政单位32748万元、事业单位57632万元);负债资产总额37286万元(其中行政单位21687万元、事业单位15599万元);净资产总额53094万元(其中行政单位11061万元、事业单位42033万元);盘盈资产9240.5万元(其中行政单位1884.5万元、事业单位7356万元)。按资产类别分:土地、房屋8032万元、交通工具302.2万元、电气仪器41.9万元、电子产品687万元、其他177.4万元。盘盈的主要原因是资产入账不及时,土地资产估价有空间。盘亏资产1829.6万元(其中行政单位1252.4万元、事业单位577.2万元)。按资产类别分:其他应收款393.5万元,固定资产1435.9万元,其他0.2万元。通过清查、核实,在全县统一要求下,临澧县各行政事业单位及时建立了台账、固定资产总账、明细账、低值易耗品辅助账及资产保管卡片(建账建制的依据是各单位经主管部门审核,省国资委批复的清查结果)。在清查的162个行政事业单位的国有资产按结构分:全县162个行政事业单位固定资产原值85715.89万元,占资产总额(下同)的59.52%;其中流动资产39598.89万元,占27.49%;对外投资/有价证券216.69万元,占0.15%;无形资产973.93万元,占0.67%;其他资产17615.95万元,占12.23%。在全县行政事业单位固定资产原值总额中:行政单位固定资产20395.11万元,占23.79%;事业单位65320.78万元,占76.21%。其中土地3385.18万元,占3.95%;房屋构筑物5878.81万元,占68.58%;通用设备584.95万元,占0.68%;专用设备8635.13万元,占10.07%;交通运输设备4250.7万元,占4.96%;其他(含电气、电子产品、仪表、文艺体育设备、家具用具及图书、文物、陈列品等)固定资产总额为2407.6万元,占11.75%。

2007年,对全县28家行政事业单位非转经单位资产(面积35457平方米)进行面向社会,按湘办发〔2008〕33号《湖南省行政事业单位国有资产管理实施暂行办法》(县财政局以临财函〔2009〕20号文转发)执行。办法规定:禁止办公用房转作经营性出租,对外出租的租金必须遵循市场机制实行公开竞价,所有收入一律实行"收支两条线"管理,缴入财政。当年,全县取得出租收入428.97万元。

(二)产权登记

2007年,全县着手建立行政事业单位产权登记管理体系,重点抓好产权登记年检。2009年,全县162个行政事业单位办理了产权登记,登记资产总额为91641.01万元,其中行政单位56个,资产总额22350.99万元,事业单位106个,资产总额69290.02万元。

临澧县行政单位（非经营性）固定资产情况表（截至2009年）

表 3-5

单位：万元

项目	行次	土地		房屋构筑物		通用设备		专用设备		交通运输设备		电气设备		电子产品及通信设备		仪器仪表及量具		文艺体育设备		图书文物及陈列品		家具用具及其他	
		数量(平方米)	价值	数量(平方米)	价值	数量(台)	价值	数量(台)	价值	数量(台)	价值	数量(台)	价值	数量(台/套)	价值	数量(台\套)	价值	数量(台\套)	价值	数量(本\个)	价值	数量(件\套)	价值
栏次		1	2	3	4	5	6	7	8	9	10	11	12	13	14	15	16	17	18	19	20	21	22
合计	1	86878.63	345.57	144676.37	16054.22	213	106.48	282	200.27	204	2994.96	802	400.35	1780	1323.07	41	29.42	76	21.49			17851	875.16
一、行政小计	2	44534.88	236.35	93507.49	12899.65	87	50.68	71	119.22	95	1842.33	607	314.37	1039	864.98	35	27.50	71	18.69			15164	738.99
1．共产党机关	3				709.80	3	0.72	10	8.41	25	586.25	125	55.26	191	124.05			20	2.25			1638	137.11
2．政府机关	4	44534.88	236.35	91306.01	11752.13	48	34.04	59	110.51	62	1045.82	432	241.25	758	672.85	35	27.50	34	11.93			12299	551.01
3．人大机关	5				250.60	36	15.92			5	135.77	2	0.76	36	41.70			16	4.50			577	27.12
4．政协机关	6			1396.48	125.85			1	0.12	3	74.49	31	12.41	18	12.02			1	0.01			347	10.17
5．民主党派	7																						
6．群众团体	8			805.00	61.27			1	0.18			17	4.69	36	14.36							303	13.58
二、公检法司小计	9	42343.75	109.22	51168.88	3154.57	126	55.80	211	81.05	109	1152.63	195	85.98	741	458.09	6	1.92	5	2.80			2687	136.17
1．公安	10	36933.00	109.22	37498.00	1800.39	37	16.06	197	55.26	70	730.81	137	55.44	541	325.69	6	1.92	3	1.90			2028	61.99
2．检察	11			4226.58	262.82	50	31.22	5	23.14	9	131.97	1	0.39	50	33.36			2	0.90			121	33.95
3．法院	12	5410.75		8114.30	1019.34			4	1.09	13	244.78	55	29.51	81	75.19							437	31.06
4．司法行政	13			1330.00	72.02	39	8.52	5	1.56	17	45.07	2	0.64	69	23.85							101	9.17
5．监狱	14																						
6．劳教	15																						
7．其他	16																						

临澧县事业单位（非经营性）固定资产情况表（截至2009年）

表 3-6

单位：万元

项目	行次	固定资产																					
		土地		房屋构筑物		通用设备		专用设备		交通运输设备		电气设备		电子产品及通信设备		仪器仪表及量具		文艺体育设备		图书文物及陈列品		家具用具及其他	
		数量（平方米）	价值	数量（平方米）	价值	数量（台）	价值	数量（台）	价值	数量（台）	价值	数量（台）	价值	数量（台/套）	价值	数量（台\套）	价值	数量（台\套）	价值	数量（本\个）	价值	数量（件\套）	价值
栏次		1	2	3	4	5	6	7	8	9	10	11	12	13	14	15	16	17	18	19	20	21	22
合计	1	1050119.96	3524.83	913117.22	45223.23	292	551.54	6110	9431.66	134	1906.84	2825	895.75	5276	3885.65	6045	877.83	4479	275.89	1360216	850.48	93887	1866.32
农、林、牧、渔业	2	2827.00		14802.68	690.69	1	0.58	54	83.42	15	222.07	43	40.11	89	50.56	5	7.40	1	0.21			297	20.28
交通运输、仓储和邮政业	3			7593.60	447.70			12	2.67	11	137.62	110	23.33	68	36.55	25	15.72					1001	30.46
科学研究、技术报务和地质查业	4																						
水利、环境和公共设施管理业	5	15916.00	41.84	169695.82	1698.34	1	0.47	60	67.97	13	202.41	60	27.07	85	61.53	3	1.08					342	25.31
教育	6	856398.00	2877.73	593944.78	32087.48	226	373.83	2159	2166.26	7	180.18	1272	384.19	3275	2388.60	5886	741.45	4324	260.95	1279728	796.00	74871	1290.48
卫生、社会保障和社会福利业	7	86590.40	349.01	87542.42	7091.93	48	169.66	3781	7075.40	42	608.92	862	259.16	1129	456.58	101	55.52	25	5.20	1187	5.54	11532	236.22
文化、体育和娱乐业	8	39545.60	177.28	4454.00	638.62	0	0.00	15	8.82	4	32.34	62	49.26	138	453.54	3	0.16	126	8.98	49415	34.00	2868	47.65
其他	9	48842.96	78.97	35083.92	2568.47	16	7.00	29	27.12	42	523.30	416	112.63	492	438.29	22	56.50	3	0.55	29886	14.94	2976	215.92

(三)国有资产的审批及处置

按照国家国有资产管理局制定的《行政事业单位国有资产处置管理实施办法》(以下简称《办法》)规定:凡各个行政、事业单位处置国有资产须经省国有资产管理部门审批。同时,《办法》还规定,并对行政、事业单位国有资产处置形式、审批权限、处置程序及处置中须提供的相关资料进一步明确。从源头上预防国有资产处置的不良行为,维护国有资产所有者的合法权益。2007年,临澧县按照《办法》规定,全县审批处置资产收入135.03万元,已全部转入银行专户储存。同年,通过"非转经"共21个单位,审批金额948万元。2009年,全县审批处置资产27台(件),收入41.48万元,已全部转入银行专户储存。上述管理办法延续2009年。

第四节 资产统计及资产评估

国有资产统计是全国5大统计体系之一,是实施国有资产监管、监测国民经济运行动态的重要手段。

(一)资产财务统计

国有资产统计工作大体经历了三个阶段:第一阶段从1989至1994年,为适应当时国有资产管理的需要,初步建立了以财务决算报表为基础,间接收集汇总型数据的国有资产报表体系;第二阶段从1995年至1996年,在全国第五次清产核资工作后,充分借鉴清产核资中大规模从基层企业、单位收集数据的经验和做法,吸收原来的报表口径、统计分类、报表框架,设计出了新的国有资产年度报表。1995年12月,财政部与国家统计局共同下发了《1995年国家投资企业年度报表》,把国有资产统计正式列为国民经济五大核算体系之一,增强了法律约束力;第三阶段从1997年开始,为进一步加强和完善统计工作职能,对报表体系和计算机软件不断进行补充、修改、完善,扩大信息量和覆盖面。

2006年,年终汇总统计全县国有固定资产总额25850万元。其中:行政事业单位(61户)资产总额20232万元、金融保险企业资产总额3643万元、商业营业用房资产总额475万元、房产经营单位(2户)资产总额1500万元。

10多年来,临澧县国有资产统计从无到有,从手工操作到计算机网络化,从简单的数据统计汇总到服务于政府经济决策,从一般的统计分析到系统地利用数据资料开展国有资产评估,从单一的年度决算统计到集年报、季报和重点企业监测于一体的完整报表体系。

按照上级要求,2000年至2009年,临澧县注重对股份制企业国有股权的管理,包括严格对股份公司国有股权转让的审批、规范国有大中型企业债转股工作。

(二)资产评估

1993年4月,按照省、市国资管理部门要求,临澧县财政(国资办)组织人员对全县11家预算内工业企业和流通企业开展清产核资后,对资产重新进行评估,资产总额为13983万元,较清查前账面值的13626万元，增加357万元，增长2.6%。

2000年，国资经营公司配合县商业、供销体制改革，以2250万元收购百货大楼、交电大楼、供销商场、财务中心。2000年至2009年，国资公司通过招商引资，取得租赁收入3090.5万元。2008年，经房地部门对资产进行重新评估，资产升值为11242万元，净增8992万元，增长399.64%。

2009年，临澧县财政对全县国有资产又进行了全面登记和评估，资产总额为50987.46万元。其中：行政单位非经营性固定资产22350万元，比1993年增加9970万元，增长80.53%，事业单位固定资产72469.13万元，其中，土地1050119.96平方米，价值3524.82万元，房屋建筑面积91311722平方米，价值45223.23万元，其他经营性资产415056.33万元。其中，土地1880604.53平方米，价值93455.77万元，房屋面积104508.37平方米，价值319004.56万元，其他2596万元。

2000~2009年临澧县国有资产经营公司收入及上解情况表

表3-7 单位：万元

年份＼项目	收入			上缴财政（社保）		
	小计	资产出租收入	资产处置收入	小计	出租收入上解	处置收入上解
合计	3090.50	2240.50	850.00	1995.90	1195.90	800.00
2000	103.90	103.90		75.00	75.00	
2001	241.90	241.90		40.00	40.00	
2002	252.80	252.80		80.00	80.00	
2003	250.50	250.50		110.00	110.00	
2004	264.70	264.70		121.00	121.00	
2005	330.00	330.00		150.00	150.00	
2006	250.00	250.00		190.00	190.00	
2007	187.00	187.00		160.00	160.00	
2008	1053.80	183.80	822.00	945.90	145.90	800.00
2009	203.90	175.90	28.00	124.00	124.00	

第五节 保值增值

临澧县国有资产处置归财政部门管理，在国有土地使用权出让过程中，财政局综合规划股负责对土地收储资本金和土地拍卖收入的管理，加强对土地出让成本的审核，2007年至2009年年底，全县出让土地16宗，获得土地出让价款收入1.2亿元；其经营的国有资产由县财政部门办授权移交，在经营过程中接受监管。每宗处置资产由县财政局资产管理股负责。严格按照上级要求及程序清产核资、资产移交、资产评估、制定处置方案、政府审批、整理包装、发布信息、张榜公告、公开拍卖和产权变更登记的程序处置，实行“阳光”操作，做到公开、公正、公平、高效。在资产的处置过程中，注重资产的包装和整理，实现国有资产增值。

为加强行政、事业单位非转经资产的经营管理，提高国有资产收益，1998年，县政府制定《临澧县国有资产收益管理办法》，将非转经资产收入全部纳入预算管理。当年国有资产收益107万元。2001年收益127万元，2004年收益1165万元。2006年，全县涉及非转经资产的行政事业单位有21家，非转经资产原值总额948万元。当年取得固有资产经营收益1769万元。2007年，临澧县将县人民检察院固定资产（房屋）原价值263万元以拍卖方式出售1500万元，增值1237万元，当年缴入财政国有资产1569万元。

2009年，继续深化国有资产的经营与管理，建立公共资产管理机制，整合政府资源，截至当年12月底，全县经营性资产390551.83万元。其中：国资经营公司从2000年始，为配合商业、供销、二轻系统改革，先后以2410万元收购商业、供销、二轻及物资局1237万元，以资抵保的部分资产，贯彻“招商引资繁荣商贸谋发展，盘活资产保值增值盈效益”的指导思想，经过10年租赁经营，截至2009年年末，取得经营收入3090.50万元，其中：租赁经营收入2240.50万元，资产处置收入850万元。对该宗资产评估值达10346.16万元，资产升值增长8.36倍。交电大楼（现紫荆城）2000年以531万元收购，10年间收取租赁费630.86万元，2008年评估升值为5515.83万元，资产增值10.39倍，供销商场2000年以358万元收购，10年间收取租赁费360.67万元，2008年评估升值为1871.56万元，资产增值为4.23倍。同时国资公司以资产作抵押为澧水合口大桥建设融资2000万元，还为县城市开发建设融资作出了较大贡献。以“城”生财，以“资”增税。使国有资产保值增值，国有资产收益逐年增加，为解决全县改制企业的社会保险、城乡学校和农村公路建设提供财力支持。近两年临澧县先后投入配套资金1100万元易地新建农村“九年一贯制”学校——烽火中学；投入1.55亿元资金，易地新建临澧县一中；投入配套资金2500多万元修建城乡公路，其中新改建乡村水泥砼路面公路678.177公里，占全县公路里程的73%。通畅率达91%，优良率达85%。同时投入农林水升级改造配套资金。

临澧县企事业单位经营性资产情况表

表3-8 单位：万元

单位 合计	国资公司	城投公司	市场中心	自来水公司	青山水电所	青山宾馆	金穗宾馆	朝阳市场	土地收储中心		其他单位（28家）	户外广告
									面积	价值		
390551.83	10346.16	7109.72	1386.61	1434.47	4661.48	1481.34	1814.22	906.57	35457	77600.32	283656.00	127.94

临澧县国有资产经营公司部分资产保值增值情况表

表3-9

项目	资产原值（万元）	营业面积（平方米）	住房面积（平方米）	2000年收购价（万元）	2000年至2009年租凭收入（万元）	资产处置收入（万元）	2008年资产评估值（万元）	增长（倍）
合计	1237	10495	5017	2410	2240.50	853	10346.16	8.36
百货大楼	189	2650		319	435.65	825		4.37

续表3-9

项目	资产原值（万元）	营业面积（平方米）	住房面积（平方米）	2000年收购价（万元）	2000年至2009年租凭收入（万元）	资产处置收入（万元）	2008年资产评估值（万元）	增长（倍）
交电大楼	531	4185	665	531	630.86		5515.83	10.39
供销商场	93	1420	1680	358	360.67		1871.56	4.23
购物中心	104	1120	462	400	328.95		1476.16	2.69
棉麻办公楼	90	260	880	346	87.79		342.68	
食杂公司	85	290	870	327	120.98		382.22	0.17
食堂	5	80	80	19	3.60		105.44	4.55
三轻园角	80	220	100	80	122.15		289.96	2.63
其他	60	350	200	30	149.85	28	362.31	11.08

第六节 公产管理

清代及民国时期公产房（无资料统计），无论租用公房、私房，均要先找佃保、办酒席、面议租金、写出佃字、交好押金后方可租用。押金一般为年租金的百分之三十，每间房年租金为11~12（550公斤~600公斤）担谷价。

1949年，新中国成立后，临澧县政府接收县城、合口、新安三镇共有公产、集体房产400栋，建筑面积87774.09平方米。其中县直管公产251栋、建筑面积55049.4平方米（县城189栋、31457平方米，合口镇33栋、18678平方米，新安镇29栋、4914.4平方米）；教会房产6处、9栋、41间，建筑面积4364.9平方米（县城6栋、26间、2918.9平方米，合口镇1栋、3间、546平方米，新安镇2栋、12间、900平方米）；寺观庙宇38栋，建筑面积10246.6平方米（县城13栋、2586.3平方米，合口镇7栋、1621.9平方米，新安镇18栋、6038.4平方米）；宗祠房102栋，建筑面积18113.19平方米（县城23栋、1736平方米，合口镇31栋、1253.19平方米，新安镇48栋、15124平方米）。

1953年，临澧县人民政府对房租进行改革，实行分等按平方米面积计租，取消佃保、办酒席、交押金等旧规。当年始，公产房屋重新订租约和月租标准，营业用房和单位用房每平方米0.1元~0.2元，居民住房每平方米月租金0.03元~0.05元。

1970年以后，贯彻“以租养房”“以租建房”的政策，房租标准有所提高，营业用房和单位用房每平方米月租金：1975年0.32元~0.40元；1985年0.40年~0.75元。私人住房月租金：1978年0.07年~0.12元；1975年0.1年~0.15元。1984年，公产出租房屋面积492500平方米，全年可收租金18346.8元。

1985年，全县七镇（城关、合口、新安、停弦、四新岗、太浮、佘市）进行房产普查，计有公产房57725平方米，全民产697129平方米，集体产280570平方米，较1947年增加9.14倍。1035424平方米房产中，属办公用房面积80736平方米，占7.8%；住房面积353379平方米，占34.13%；工业交通仓库用房面积277463平方米，占26.8%；商业服务用房面积203410平方米，占19.65%；教育医疗科研用房面积97859平方米，占9.45%；文化体育娱乐用房面积16500平方米，占1.59%；其他用房面积6077平方米，占0.59%。

民国时期，临澧县各类公产房屋，均由房主自行负责修缮事宜。1949年后，县人民政府授管公产房屋后，由县财政局委托当乡镇人民政府代管公房并负责房屋的维修管理，凡公房需要修缮时，先由房主向居委会报告，居委会汇同镇房管人员实地查勘后，由房主请工修缮，其费用先由房主垫付，事后在房租中扣除。50年代至60年代，公房维修任务不大，修缮的资金约占房地租金的15%左右。1971年3月，公房归口县财政税务局管理，房地租金纳入地方财政收入，其中50%由县财政统一掌握使用，主要用于公房的翻修和新建，50%下拨到乡镇作为房屋维修费支出。县财税局在城关、合口、新安分别设有房产管理小组，各配备专职管理人员一名，负责收缴租金和房屋的维护。1972年至1979年，公房修缮费，集体营业用每平方米0.40元~0.80元，居民住房每平方米约0.20元~0.40元。1979年11月，县财税局将负责管理的公产房屋移交新成立的“临澧县房地产公司”管理。

1949年临澧县公产（房屋）情况表

表3-10 单位：平方米

项目 单位	小计		县管房产		教会房产		寺观庙宇		宗祠房	
	栋数	建筑面积	栋数	建筑面积	栋数	建筑面积	栋数	建筑面积	栋数	建筑面积
合计	400	87774.09	251	55049.4	9	4364.9	38	10246.6	102	18113.19
县城	231	38698.2	189	31457	6	2918.9	13	2586.3	23	1736
合口	72	22099.09	33	18678	1	546	7	1621.9	31	1253.19
新安	97	26976.8	29	4914.4	2	900	18	60.38.4	48	15124

第四章 预算外（非税）收入管理

政府非税收入是指除税收以外，由各级政府、国家机关、事业单位，代行政府职能的社会团体及其他组织依法利用政府权力、政府信誉、国家资源、国有资产或提供特定公共服务，准公共服务取得并用于满足社会公共需要或准公共需要的财政资金，是政府财政收入的重要组成部分，是政府参与国民收入分配和再分配的一种形式。临澧县该项收入，在2003年前叫预算外收入，属单位自收、自支、自管资金，没全部纳入财政预算管理。2004年后，改为政府非税收入，并全部纳入财政预算统一管理，由非税局组织征收。

第一节 管理范围

按照建立健全公共财政体制的要求，政府非税收入管理范围包括：行政事业性收费、政府性基金、国有资产有偿使用收入、国有资产经营收益、彩票公益金、罚没收入、以政府名义接受的捐赠收入、主管部门集中收入及政府财政资金产生的利息收入等。

第二节 专户储存

1996年7月,县政府办公室批转临澧县财政局、中国人民银行临澧支行《关于取消行政事业单位收入过渡户的报告》,对县直行政事业单位的账户进行了全面清理,并全面取消了行政事业单位预算外收入过渡户,实行行政事业单位收费收入全额直接储入财政专户的办法。当年缴入财政专户储存金额达1403万元。1997年,缴入财政专户储存金额2454万元,比1996年增加1051万元,同比增长74.91%。2003年年底,专储面达100%。2004年,按照上级财政部门的规定,临澧县行政性收费已纳入财政预算统一管理,编制财政综合预算,统筹安排政府税收收入和非税收入,实行"收支两条线"管理。2009年,缴入财政专户储存金额15611万元,比2008年12596万元增加3015万元,同比增长23.94%。

第三节 票据管理

票据管理是非税收入管理的一项重要内容。1995年7月,县政府制定《临澧县行政事业性收费票据管理办法》,并坚持四个挂钩,即领购票据与收费许可证挂钩;收费票据管理与建立健全管理制度挂钩;票据管理与会计核算挂钩;与单位月使用量挂钩。通过采取上述有效过硬措施后,达到以票管费的目的。一是建立"四项制度"(即:预算制度,分线管户制度,票证专管员制度,直接收费制度);二是坚持"四查""四核对"的监督管理方式(即查看票据、查看报表、查看账本、查看凭证。核对账簿,核对票据,核对收入,核对支出)。1999年,县财政对票据管理,一是提出"三统一"(即:县直行政事业单位统一更换新旧票据、统一申报支出计划和送交财务报表、统一上交收费收入和上缴调控资金)。二是"两同步"(即票据缴销与资金缴存同步、专户储存与取消收入过渡户同步)。三是把"五关"(即:把住票据领购关、征收缴存关、支出使用关、调控资金关、监督检查关)。

2004年,县政府制定《临澧县行政事业单位收费基金票据管理制度》和《临澧县收费票据领购须知》及《临澧县乡镇票据管理制度》,当年,对县公安局等12家县直行政事业单位的收费票据管理进行稽查,涉及违规违纪资金达20万元,按政策原则上交财政。

2005年7月,临澧县采取五条有效措施加强收费票据管理。第一,对收费票据实行计算机网络化系统管理,随时掌握每个用票单位领用、缴销、结存情况。第二,县设立政务中心,集中统一营业,并规定所有票据必须在每月底前3天与非税局窗口缴销一次。第三,制定了《非税票据管理制度》《收费公示制度》《收费年报制》《收费稽查制》《收费违规处罚制度》等五项管理制度及相应的考核办法。第四,对政务中心窗口经办员及全县有关单位报账员、票据专管员进行统一业务知识培训,提高管理水平。第五,严格执行收费票据交旧领新、分次供应制度,执收单位的非税票据管理,做到专人、专柜、专账及防火、防潮、防虫、防鼠、防盗、防丢失，确保非税票据的安全与完整。同时对违犯非税票据管理的行为，严格按照国务院281号令、财政部《行政事业单位和政府性基金票据管理规定》、《湖南省行政性收费基金票据管理办法》等有关规定进行处罚。当年，对县直34个单位，2个乡镇财政所的非税、票据使用管理、库存等情况进行了检查，发现7个单位欠缴财政专户811.5万元。2006年，按照《湖南省非税收入管理条例》的规定，临澧县全面实行“单位开票、银行代收、财政统管、政府统筹”的管理模式，改变过去单位非税收入“谁收谁用、多收多用”的不良现象。2009年全县发放票据1517笔、27167本、电脑票据779233份、手工核销543340份。

第四节 非税收入管理

非税收入历史上曾有过“特种资金”“规费”“地方自筹资金”等称谓。在2005年以前，被称之为“预算外资金”。“非税收入”及“预算外资金”都是财政性资金。

从1949年起，临澧县财政局就对预算外资金加强管理，规定各行政事业单位年终按规定单独编制决算，随同总决算逐级上报。

1954年，临澧县机动田出租收入、县级企业收入、公山变价收入、中学学费公产房收入等作为地方自筹收入，当年收入10.3万元。1959年至1965年，预算外收入有工商税和地方税附加、企业利润和工资附加等企业收入、学杂费和勤工俭学收入等企事业预算外收入及机关生产、固定资出租等特种资金收入。1965年，临澧县预算外收入为66.7万元。1972年后，预算外资金分为财政部门掌握部分、行政事业单位掌握部分和企业主管部门掌握专项资金部分。1977年，临澧县预算资金过100万元；1982年，收入达234.7万元，比1977年增长134.7%。

1985年10月，对预算外资金管理采取两条措施：一是国有企业固定资产折旧基金，只限于设备更新，不准用于新建、扩建工程和其他基建性质的开支；二是行政、企业、事业单位处理的废旧物资、出租房产设备、举办各类型的培训班、订货会、展览会，以及科研、设计单位的设计费、咨询费、技术承包费、技术服务费、手续费收入，各类学校举办的干部专修科、函大、夜大、电大等各种形势的培训收入，由取得收入单位财会部门统一记账、统一管理，该上缴财政的上缴财政，该抵拨国家预算支出拨款的按规定抵拨，私自转入“小钱柜”按违反财政纪律处理。

1986年7月，省政府发出《关于加强预算外资金管理的通知》对预算外资金用于基本建设要按规定程序报批。基本折旧基金不得用于基本建设。职工福利基金、奖励基金和工资增长基金，按财政、劳动人事部门和主管部门核定的比例提取，不得用发展生产和事业的预算外资金发放奖金实物和补贴；对于事业、行政单位管理的预算外资金由财政部门专户储存、计划管理、财政审批、银行监督。各行政、事业单位的预算外资金先存后拨，量入为出的原则，单位按财政部门审批的用款计划使用。

1987年，临澧县财政局增设综合计划股，加强对全县预算外资金管理的力度，负责编制综合财政信贷计划，实行计划管理，引导资金使用，切实做到按制度提取，按规定支用，年初有计划，执行有检查，年终有决算。同年8月，省财政厅、省物价局、省审计局决定，此后全省的行政事业收费，须经物价局审核报政府批准，由物价部门颁发“收费许可证”后，方可执行，并要使用财政部门统一印制的收款收据。没有领取“收费许可证”,不按规定项目和标准收费的,以非法收费论外。当年12月底,全县实行专户储存单位86个,累计储存金额320万元。

1988年12月,湖南省政府发布《湖南省行政事业性收费管理办法》,禁止将经营性收费纳入行政事业性收费或者将行政事业性收费转作经营性收费。国家机关在职责范围内办理公务活动,不得收费。

1990年,临澧县的预算外资金管理主要抓了扩大对行政事业预算外资金的财政专户储存。到年底,全县实行专户储存的单位126个,专户储存金额528万元。

1995年7月,临澧县施行《湖南省行政事业单位收费票据管理办法》,规定:行政事业性收费票据由县财政统一制定、发放(执收部门及乡镇财政所归口财政局核发)和监督管理。

1996年8月,为进一步强化预算外资金管理,临澧县组建“临澧县收费管理局”(归口财政局管理),从当月起全面施行湖南省1995年发布的《湖南省预算外资金管理条例》,规定预算外资金属政府所有,单位只有使用权。行政事业单位根据国家确定的范围,可将部分预算外资金补充行政事业经费。各种专项基金(资金)和社会公益性无偿集资必须专款专用。财政部门在保证专户储存单位正常用款的情况下,可有偿调剂使用财政专门储存的间歇资金,支持生产和事业的发展。同时,做到了统筹安排用于财政综合平衡。当年,县政府批转县财政局、中国人民银行临澧支行《关于取消行政事业单位收入“过渡户”的报告》,对全县行政事业单位的过渡账户进了清理检查,按规定开展自查的单位130户,占自查看98.8%。纳入专户储存的单位126户,占97%。缴入专户金额1403万元。

从1997年起,依据省政府规定,全省养路费、车辆购置附加费、铁路建设基金、电力建设基金、三峡建设基金、公路建设基金、农民教育事业附加等13项数额较大的政府基金(收费)纳入财政预算管理。临澧县财政按上级规定收取的各项税费附加作为县财政预算收入,不再作为预算外资金管理。9月,省政府决定,在全省实施收费征管体制改革和综合财政预算改革(简称“两项改革”),将行政事业单位执收执罚的行政性收费、事业性收费、专项基金和罚没收入,委托银行代收,执收执罚单位不直接收款,资金通过银行结账进入财政专户;将单位预算内外资金结合起来,进行综合预算、统筹运用,编制一个统一的综合财政收支计划,保证单位正常支出。实行行政事业收费、基金、罚没收入的执收执罚与缴款分离,征、管、用三权分立。当年,临澧县缴入财政专户的预算外资金包括:部门和单位履行或代行政府职能收取的各种基金、附加收入筹集的资金及取得的各种集资和募捐收入;主管部门按有关规定从所属企事业单位和社会团体集中的上缴资金;用乡镇政府开支的乡自筹和乡统筹资金;单位依法执罚的罚没收入;其他未纳入财政预算管理的财政性资金。当年,临澧县取消各部门、各单位在各银行开设的多个预算外资金账户,实行独立核算的部门和单位经县财政批准后,可在银行开设一个预算外资金支出账户。12月底全县共清理单位260个,撤销预算外资金账户260个(包括二级单位)。查出各种预算外资金违纪金额580万元,其中应交未交的财政预算资金320万元,追缴国库320万元。

1999年1月1日,临澧县贯彻执行《湖南省财政专户管理办法》的规定:对行政事业费、基金和其他预算外资金,进行统一核算和管理。财政只在一家银行(建行)开设一个财政专户;单位的过渡户是县财政专户的分户。财政专户分户是用来归集各单位执收执罚取得的行政事业性收费、基金和其他预算外资金的专用账户，只能发生上述收入的存入和上缴财政专户业务，单位不得办理其他任何支付和退付业务。当年10月，将县直120多个预算外资金收入过渡户全部解为县预算外资金财政专户分户，并与银行实现计算机联网，使得联网单位预算外资金自动划入财政专户，防止了个别单位坐支现象发生。到年底，全县财政专户收入4680.53万元，比1998年2320.75万元增加2359.78万元，增长101.68%。

2000年1月，临澧县依据省政府决定取消控购调节基金等16项收费。3月，临澧县贯彻执行省物价局、省财政厅重新发布的公安、检察院、法院、工商行政系统行政事业性收费项目和标准245项，其中：公安104项、检察院33项、法院52项、工商行政56项。4月，临澧县根据省财政厅规定，政府性基金所有权属县政府，政府性基金是财政性资金，财政局(非税局)负责实行收支两条线管理。征收时，按规定使用省财政厅统印制的政府性基金专用票据；支出按照财政批准的预算或计划安排使用。在收入管理上，按照"收支两条线"要求，对单位不搞比例返还或超收分成，或以奖代补办法。在支出管理上，对单位核定计划，按进度拨款。改变了资金划缴方式，实行财政专户核算，逐步完善了财政专户资金管理。

2004年7月23日，财政部发出《关于加强政府非税收入管理的通知》，要求将预算外资金"两条线管理"改革推向实行政府非税收入的分类规范管理。当年9月1日起，《湖南省非税收入管理条例》(以下简称《条例》)正式颁布实施，临澧县按照《条例》规定，对非税收入的管理实施全面配套改革，围绕"三个还权"进行归位[即所有权归国家，使用(调控)权归政府，管理权归财政]。

2005年，按照上级精神，临澧县收费管理局更名为"临澧县非税收入征收管理局"。为确保全县各项非税收入依据法规及时足额入库，该局根据全县历年非税收入情况考虑影响全年收入的因素，在2004年10月份就开始测算、编制下一年度非税收入计划，早动手、早谋划，确定全年收入目标任务，以不超出县际财力为原则，科学编制预算方案。统一交由县财政局国库股实行票据微机化管理(架构票据台账)。至年底，全县完成非税收入11642万元(其中，行政性收费3587万元，事业性收费8035万元，罚没收入20万元)。以上非税收入均纳入政府管理实行综合预算。

2009年，全县完成征集防洪保安资金208.64万元，占年计划任务200万元的104%(其中，财政部门上交137.77万元；交通部门上交35.5万元；省国土资源局返还9.87万元；其他单位和部门上交25.5万元)。其中，县上交省市29万元，拨付防洪保安资金131.8万元。

2009年，临澧县全年完成政府非税收入15611万元，比2008年12596万元增加了3015万元，同比增长23.94%〔其中，行政性收费2767万元；事业性收费10068万元；政府性基金(附加)272万；罚没收入1889万元；国有资产收益41万元；其他非税收入490万元；专项收入84万元〕。征收政府调控资金334万元。征收国有资产占用费80.67万元。征收防洪保安资金286万元。2009年，全县征收非税收入及其他收费收入为16311.67万元。

第五章 政府采购

政府采购,也称公共采购,是指各级国家机关、事业单位和团体组织,为了开展日常政务活动或为公众提供公共服务的需要,依照法定的标准,通过公开招标、邀请招标、竞争性谈判、询价、单一来源采购等法定的方式和程序,使用财政性资金(包括预算内、外资金或由财政转贷的国外借款等)依法获取的货物、工程和服务的行为。

1999年3月省财政厅印发《湖南省政府采购暂行办法》,政府采购工作进入了规范的阶段。临澧县政府采购工作始于2000年4月,经历了起步实施、完善管理、规范运作程序三个阶段。

一、起步实施阶段(2000年至2002年)

2000年4月,成立"临澧县政府采购管理办公室"机构(简称采购办),编制2人,属县财政局管理的二层机构。当年,县还拟订了《临澧县政府采购管理暂行办法》、《临澧县办公用品零散项目定点采购实施细则》,按照县政府有关文件规定和审批程序,进一步落实了零星项目办公用品等所规定采购品目的定点供应商家。当年,政府集中采购预算资金为277万元,支付采购资金252万元,节约资金25万元,资金节约率为10%。

2001年,临澧县财政局制发《2001年临澧县政府采购目录》,建立了政府采购月、季、年报统计台账及预算管理和资金专户支付制度。当年,政府采购预算资金787万元,已支付采购资金715万元,节约资金72万元,资金节约率为10%。

2002年6月29日,全国人大常委会颁布实施《中华人民共和国政府采购法》,临澧县财政局明确规定政府采购办公室"管""采"一并同步实施。受县政府的委托,具体负责组织实施集中采购和负责集中采购项目的招投标工作,接受采购人委托处理行为,建立与政府采购相适应的信息网络,检查监督供应商家的履约情况及服务质量,协助政府对采购物品的验收及采购资金的统一结算。

当年,政府采购预算资金1267万元,已支付采购资金1189万元,节约资金78万元,资金节约率为6.16%。

二、完善管理阶段(2003年至2004年)

2003年,临澧县制发了《政府采购招投标管理暂行办法》。同时县财政局还制定了《政府采购内部管理办法及工作规程》《政府采购办公室人员廉政守则》《政府采购办公室人员工作纪律》等工作规程。当年,通过以公开招标的方式,确定县直机关行政事业单位公务用车维修定点3家、保险定点供应商4家;会议及接待服务定点供应商4家;以协议供货的方式,确定办公用品、家电、办公家具、水暖器材、电脑耗材等其他器具定点供应商38家。当年,全县政府采购预算资金为1750万元,当年年底,全县支付政府采购资金1500万元，同比增长26.15%；节约资金250万元，同比增长2.2倍，资金节约率为14.29%。

2004年，全县政府采购预算资金2820万元，支付采购资金2510万元，节约资金310万元，资金节约率为10.99%。

三、规范和深化运作阶段（2005年至2009年）

从2005年起，每年县财政局以文件方式下发《关于明确县直行政事业单位办公用品零星项目定点供应商的通知》《关于县直行政事业单位公务人员长沙出差实行定点住宿的通知》，对县直行政事业单位公务人员长沙出差实行定点住宿的酒店、宾馆的报价作出了明确规定（还制发了酒店、宾馆住宿的协商报价明细表）以及《临澧县机关事业单位公务车辆定点维修管理的暂行办法》《关于进一步规范临澧县公务用车配备工作的通知》《关于做好全县公务车辆定点加油工作的通知》等一系列文件，增强了临澧县政府采购工作的可操作性。同年，政府采购办将县人民医院实行政府集中采购，其额度达3500万元，其中，仅电视腹腔镜仪器一项就节约资金近50万元；县国土资源局计划购买7台柴油皮卡车，单位派员去采购，每一台车的价格为58800元。后由采购办实行集中统一采购，每一台车协商价为47680元，每一台车比原价58800元减少了11120元，减少23.32%，购置7台车，共节约资金77840元，资金节约率为18.91%。2008年4月，县广播局拟购置电视墙，中间商价格50万元左右，为降低采购成本，邀请生产商直接投标，最终以22万元成交降低28万元。

临澧县在实行政府集中采购过程中，由人大、纪检、监察、审计等监督部门参与监督投标、开标、评标、定标、公证、质疑等全过程，资金使用效益明显提升。

2005年至2009年，临澧县政府集中采购资金为39784万元，全县集中支付政府采购资金为37551万元，节约资金2233万元，资金节约率年均为5.61%。

第一节 监督管理

政府集中采购，是指国家机关、事业单位和团体组织，使用财政性资金，根据财政部门核定的年度预算和有关要求编制本单位的采购项目预算；向政府采购管理办公室申报计划；政府指定在县工商银行开设“政府采购资金专户”，一律按“专户储存、先存后支、专款专用”的原则进行管理。政府采购的范围主要包括：行政事业单位房屋、设施的购建、改造和维修；各项设备、办公用具、通信器材、交通工具的购置、安装和维修；财产保险、办公及业务用房的租赁、会议、印刷和大宗消费性劳务。政府采购以公开招标为主要方式。2000年省政府规定政府采购品目扩大到各种车辆、网络工程、电力设备、通信设备、监控设备、医疗设备、办公设备和用具、农税制服、电梯、制冷（热）锅炉设备、行政基建、房屋维修、城市绿化、消防工程及设备、防汛储备物资、汽车定点维修加油、车辆保险、大型会议等300多个品目。

按照法规要求，在监督管理上，一是严把中标关，标前，重点审核标书的公平性和合理性，标后，对评标情况进行复查,对疑点进行核实。2009年,县一中96万元的教学设备器材采购,有一家供应商伪造业绩取得中标候选人资格,经核实依法取消了中标资格;二是严把资金结算关,政府集中采购所应支付的资金实行两种交款方式:一种是采购单位通过国库集中支付的方式,将采购资金按预算额划入政府采购资金专户,采购资金由国库集中支付局直接支付到供应商账户;另一种是采购单位将自筹资金按预算额足额缴存政府采购资金专户,经采购办验收合格后,供应商凭采购办开出的验收单及付款通知书进行采购,堵塞了采购资金结算上的漏洞。这项制度至2009年未变。

第二节 运作程序

政府采购其程序:首先由采购人根据采购目录编制政府采购预算计划方案,经有关部门审核后,报采购办备案、汇总,实行采购计划申报,采购单位将采购预算资金额划(缴)入县工商银行"政府采购资金专户";采购办根据各单位申报的采购计划方案编制政府集中采购计划,经集体研究,依法审核确定各采购单位的采购方式,属于集中采购的品种项目,严格按《中华人民共和国政府采购法》的规定委托有资质的中介代理机构进行政府集中采购。属于分散采购的品种项目,如:属于本部门、本系统有特殊要求的项目,应当实行部门集中采购;属于本单位有特殊要求的项目,经省级以上人民政府批准,可以自行采购。中标(或成交)的原则是在质量、服务同等条件下,价格低下者则为已中标或成交方,将采购结果在单位公布,然后由用户与中标(或成交)商家按《中华人民共和国合同法》签订政府采购合同,并对采购过程及有关资料进行完整的记录、整理、备案。其采购运作过程须在采购办及采购监督部门的监督下进行。大项目集中采购、招标还要进行招标之前的现场考察;对由采购人和相关领域的专业技术人员等组成的专家评审小组,从议定评标方案、原则和办法起到招标工作结束;实行全程集中封闭运行,开标时由各有关监督部门人员组成的监督小组将各投标人所投有效标书进行编码,专家评审小组对已确定编码的标书,按照规定的评标办法进行评定,确定中标供应商。特别是对大型或社会较关注的政府采购的品种项目亦进行现场摄像监控。尤其是对技术含量较高的采购的品种项目且实行"技术标"与"商务标"分别进行以综合评定的方式,确定中标供应商。为了便于操作,围绕政府集中采购工作的主要环节制定出如下简明易懂的工作流程图。

1. 采购人持政府采购计划,填报"政府采购项目申请表" —— 2. 采购人选择采购代理机构,签订政府采购委托代理协议

—— 3. 采购人或采购代理机构向政府采购办申请采购方式 —— 4. 采购人会同采购代理机构编制采购文件

—— 5. 采购人或采购代理机构将采购文件报送市政府采购办备案,并发布采购信息,发售采购文件

6. 在开标前采购人（须有纪检监察部门的代表）会同采购代理机构从政府采购专家库中随机抽取评审专家，组成评审委员会

7. 采购人和采购代理机构组织开标、评标，采购人纪检监察代表全程监督

8. 采购人根据评审委员会的推荐意见和评标报告确定中标供应商

9. 采购代理机构发布中标公告并公示七个工作日

10. 采购人、采购代理机构受理质疑，政府采购办受理投诉

11. 中标公示期满后，采购代理机构签发中标通知书

12. 采购人与中标人签订政府采购合同

13. 合同履行

临澧县政府采购流程图

按照上述采购工作流程，2006年，全县举行各类采购活动81次，采购金额为4850万元，比预算价节约资金218万元，资金节约率为4.3%。

2009年，临澧县政府集中采购覆盖面达100%。全县采购项目按《政府采购法》的要求已扩大到货物、工程、服务三大类，当年政府集中采购783次，其中货物243次、工程20次、服务520次；公开招标47次，其中货物24次、工程20次、服务3次；当年度采购预算资金为12373万元，当年年底已支付采购资金11389万元，节约资金984万元，资金节约率为7.95%。

2000年至2009年，临澧县政府集中采购规模43717万元，年均4371.70万元，节约采购资金2968万元，年均296.80万元，资金节约率为6.36%。

第六章 财务管理

临澧县的财务管理，清末，仅限官吏俸禄和政费开支，权限集中于中央。

民国时期，县财政只负责行政事业机构的资金筹集与分配，地方政费由地方政府拨付，地方兴办的公营事业，没有统一、健全的财务管理制度。

新中国建立后，县财政根据国家及省、市的财经政策、法令、制度，结合实际，逐步建立健全了一系列的财政管理制度。财政部门直接参与管理的有企业财务、农业财务、基本建设财务、行政事业财务和其他事业财务管理。

第一节 企业财务管理

企业财务管理，是财政部门代表国家对企业资金的形成、使用、成本的补偿和利润分配所进行的

工作。临澧县的国营企业,按照不同行业区分为工业、交通运输、商业、供销、物资、农林、畜牧、外贸等,因经营业务和经营方式不同,财务管理方法各有区别,企业财务管理分为固定资产、流动资金、成本费用、利润分配及价格补贴等方面的管理。为了适应社会主义市场经济发展的需要,规范企业财务行为,有利于企业公平竞争,加强财务管理和经济核算,财政部于1991年11月,经国务院批准,制定了《企业财务通则》,并于1993年7月1日起施行。

一、固定资产管理

新中国成立初期,临澧县国营企业固定资产来源有三:1.接管私营企业资本;2.人民政府投资;3.企业盈利积累。当时企业固定资产的增加分接管、投入、购入、自制四类。1952年,对企业拥有的各种劳动资料,单位价值超100元,使用年限在1年以上的,原则上作为固定资产。

1953年,临澧县执行湖南省财政厅《关于地方国营企业固定资产计算规定》,单位价值在200元以上者为固定资产,单位价值在200元以下者为流动资产。1954年,对国营企业使用及不需用的固定资产进行无偿调拨。1957年,对固定资产划分,单位价值在200元以上及使用年限1年以上为固定资产;使用年限1年以上,但单位价值不满200元或单位价值虽在200元以上而使用年限不满1年,均为低值易耗品。

1958年,临澧县改进对企业固定资产管理,基层企业单位闲置固定资产,可以无偿调拨,亦可实行价拨,通过双方协商处理;固定资产大修理基金,可以预提,亦可以于实际发生时,一次或分次摊入生产成本费用;固定资产折旧率,主管部门规定一个综合折旧率,由所属企业执行。

1961年,临澧县开展企业整顿,加强对固定资产的管理:对闲置不用固定资产未处理前不得折旧;暂时停止使用的固定资产照提折旧;调给国营企业的固定资产,实行无偿调拨;调给国家拨款的基建单位或调给集体企业的固定资产实行价拨;价拨的固定资产其变价收入可抵补本单位亏损,归还计划基建挪用的流动资金;通过整顿清理,同年临澧县落实的地方国营企业固定资产原值150万元,净值120万元。1962年,对企业购置零星固定资产的单位价值,最高额为5000元。在此额度内部门可作具体规定。按规定率提取大修理基金按期提存专款专用。

1964年4月,规定对生产企业调用基建上的库存设备必须按价付款,不能无偿调拨。凡用于技改和零星基本建设的从更新改造资金中开支。用于大修理的,从大修理基金中开支;用于基本建设的从基本建设投资中开支。1965年,落实的固定资产原值为164万元,净值148万元。

1966年规定,凡是1966年以前的企业基本折旧基金全部上交国家,作为财政收入统一安排使用,企业要进行固定资产更新和技术改造所需要资金,由国家统一拨付;同年1月起将技术组织措施费、零星固定资产购置费、劳动安全保护措施费三项中的一部分划归企业,可以与固定资产更新资金合并由企业自己掌握使用;同时还规定:(一)企业实行大中小修理合并提取修理费用,不再在银行专户储存,企业可以临时作流动资金周转,但不能挪作他用;(二)企业修理费用,可用于结合大修理工程进行技术改造;(三)修理费用年终结余可结转下年度继续使用。

1969年,更新改造基金继续实行以基本折旧基金提取的办法,部分或大部分归基层企业使用,煤炭企业按规定每吨1.5元的标准,根据产量计入成本,不再提基本折旧基金。集中折提比例:工商系统35%,农水系统65%。

1973年6月,临澧县执行湖南省《固定资产划分标准》,地方国营企业固定资产和低值易耗品的划分标准为:凡企业的房屋、建筑物、设备、工具、器具、物品等,必须同时具备以下两个条件,方可列为固定资产。即使用期限在一年以上,单位价值在200元以上,个别规模大的企业采用500元以上的,由主管部门与财政部门审批。县属农牧场以200元以上为固定资产。到12月对企业计算固定资产折旧按月折旧率和月初固定资产账面原价计提;对某些价值较大而又不经常使用的大型设备如汽车等运输设备分别采用按工作时间或按行驶里程计提;调出、盘亏和报废的固定资产根据该项固定资产原价、结合预计使用年限和已使用的年数计提固定资产折旧。

1974年,县工业企业更新改造资金由财政部门集中30%,用于企业之间更新改造资金的余缺调剂,其余70%留给企业自用。当年临澧财政给县国营"五小"工业企业提供的技术改造资金32万元。从1976年起,更新改造资金试行统一计划分级管理,将企业提取的基本折旧基金按"三、三、四"比例分配,财政部门和主管部门分别集中30%,企业留用40%。1978年1月起,县办工业、农牧企业、商业、粮食、文化及供销系统的基本折旧基金,全部留给企业使用。

1979年7月,在财政经济体制改革中,为了更好地按经济规律办事,促使企业把多余、闲置的固定资产调出来使用。临澧县贯彻执行财政部《关于国营企业固定资产实行有偿调拨的试行办法》规定:国营企业经主管部门批准调入其他单位的固定资产,一律作价收款(新的按国家规定的调拨价格,旧的按质论价),实行有偿调拨,调拨固定资产发生的包装费、运杂费,由调入企业负担,调出前机器设备的拆卸费用,由调出企业单位在所得价款中开支。调入固定资产所需资金,属于基建项目需要的由基本建设投资开支;属于企业更新改造需要的在更新改造资金中列支。调出固定资产所得价款一律留给企业用于固定资产更新改造不准挪作他用。从1982年起,在建成投产后的3年内20%留给企业、80%归还贷款。从国外引进的大型建设项目在建成投产后的3年内基本建设折旧90%归还贷款。

1983年3月,在实行利润留存制度的企业实行固定资产有偿占用,每月初按国家拨给固定资金收取固定资产占用费,其收取标准:月率2‰~8‰,纺织轻工业企业为5‰,冶金企业为4‰,机械企业3‰,交通建材企业2‰,固定资产占用费上缴财政,逾期不交者,每日加收1‰的滞纳金。此规定执行至1984年1月。

1986年5月,临澧县按照财政部颁发的《国营企业固定资产折旧试行条例实施细则》,将企业固定资产折旧根据实施细则的有关规定按月计算;当月增加的固定资产不提折旧;当月减少的固定资产照提折旧;固定资产大修理基金的提取和使用应按规定的大修理提存率和使用范围提取。原来大修理基金按固定资产折旧率一定比例计提的企业仍按原定的提存率计提不再与折旧率挂钩。同时凡国有企业多余闲置的固定资产转给集体企业使用的要合理作价由集体企业一次或分期付清价款。国有企业向集体企业收取的价款和租金用于企业技术改造。

1987年7月1日起,对国营工业、交通企业的固定资产按照国务院颁布的《国营企业固定资产折旧试行条例》规定:折旧方法和分类折旧年报表,实行分类折旧。停止执行综合折旧率提取折旧的方法。但在本条例公布以前已经提足折旧的在用固定资产,如设备技术性能尚好,一时又无先进设备替换，仍需继续使用的，可提取折旧。连续停工一个月以上的车间和基本上处于停产状态的企业其设备均不提取折旧。处于半停产状态企业的设备减半提取折旧。落后淘汰的设备未提足的折旧，可以补提。管理不善造成提前报废的固定资产其未提足的折旧不再补提。

1988年，临澧县对企业固定资产实行分类折旧的企业12家，全年提取折旧费155.3万元。这些企业拥有固定资产原值3051万元，净值固定资产总额为2577.8万元，占固定资产原值的84.49%，其中按现价生产用固定资产3638.9万元，非生产用固定资产1340.1万元。分别占固定资产原值总额的119.26%和43.92%。

1989年1月1日，省财政厅规定，国营农场根据生产发展的需要，可以从生产发展基金中拿10%~30%用于补充自有流动资金。当年，年临澧县国营企业统一实行工效挂钩，年终根据企业的经济效益，计算应发的工资基数。

1991年，为了提高企业技术改造的积极性，对国营企业按销售收入的1%收取技术开发费，当企业申请进行技术改造时返还给企业，同时还配给适当的企业周转金。当年，财政部报经国务院批准，颁发了《企业财务通则》及分行业的企业财务制度（于1993年7月1日起实施）。对企业固定资产标准作了具体规定：1.使用期限超过一年的房屋及建筑物、机器、机械、运输工具以及其他与生产经营有关的设备、器具、工具等。2.不属于生产经营主要设备，但单位价值在2000元以上，并且使用年限超过两年的物品。

同年4月，临澧县委、县人民政府决定在预算内工业企业和部分流通企业开展清产核资工作，至12月结束，被清理的13家企业，除县水泥厂、县铁湾煤矿验收不合格外，其余11家企业通过清产核资后，净资产总额为13983万元，较清查前账面值13626万元增加357万元，增长2.6%，其中：查增4611万元，查损4254万元；总负债余额为14077万元，较清查前账面值12325万元增加1752万元，增长14.2%，其中查增2065万元，查减313万元；所有者权益（国家收益）为-94万元，较清查前账面值1301万元，减少1395万元。

《工业企业财务制度》的固定资产划分标准，与外商投资企业的固定资产划分标准一致，但与国有企业和股份制企业的固定资产划分标准有较大区别。《制度》规定：国有企业和股份制企业的固定资产标准即使用年限在1年以上，而且单位价值按不同的行业分别在1000元、1500元或2000元以上。不同时具备这两个条件的则为低值易耗品。

国有企业固定资产的分类方法有两种：一种是将固定资产按照使用情况和经济性质结合起来分类。一般分为生产用固定资产、非生产用固定资产、租出固定资产、未使用固定资产、不需用固定资产、融资租入固定资产、土地等七大类。另一种是折旧分类，即按照《国营企业固定资产折旧试行条例》及其实施细则的规定，将固定资产分为通用设备、专用设备和房屋、建筑物三大部分。将原来29类433项简化为20大类，在原折旧年限基础上平均缩短20%~30%，企业折旧全部免缴“两金”。

1994年5月，财政部对国营企业的固定资产管理明确规定，要严格按照国家确定固定资产的标准，结合企业具体情况自主确定，并据此认真编制固定资产目录，未纳入目录的不能作固定资产管理。固定资产变价收入扣除清理费用后的净收入与其账面净值的差额，以及固定资产盘盈、盘亏、毁损的净收益或净损失，计入当期损益。1995年，临澧县对国营企业进行清产核资，全县56家地方国营企业拥有固定资产15162万元。

2001年后，企业全部实行改制成私营企业及股份制企业其固定资产管理权归还企业。

二、流动资金管理

流动资金是企业购置、储存原材料等劳动对象和制造、销售产品过程中所占用流动资产的货币反映。企业流动资金有固定流动资金、自有流动资金和借入流动资金。

1950年起，临澧县采取正常计划生产非正常计划生产资金由财政拨付和银行贷款解决的办法。1951年，临澧县始设流动资金项目，规定流动资金列入决算报告，以原价为原则。1954年，规定地方国营企业所需定额流动资金改由财政和银行分别供应的办法，对企业的流动资金多余与不足，均以主管部门为单位，采取抵补办法统一核算列入计划。即以多余流动资金与流动资金不足之额相抵后的净额列入预算。1954年，县财政拨付企业流动资金1500万元（旧币）。1955年，银行取消定额信贷，实行自有流动资金计划定额改为财政拨款。

1956年，临澧县对企业流动资金由财政、银行分口管理，凡生产企业为维护正常生产的流动资金由财政确定按年度定额分季拨足。定额以内资金银行不予贷款；对企业超定额储备则由财政部门核资。未核资前银行可予短期贷款，企业在途资金不核入定额，全部由银行贷款。

1959年，临澧县执行省财政工作会议精神，企业流动资金全部由财政部门接收，交由人民银行统一管理，专款专用，实行全额信贷供应办法。当年1月1日起，企业流动资金一律计利息支出列入成本。

1961年，对地方国营企业流动资金的供应，除仍由银行发放超定额贷款外，定额流动资金80%由财政部拨款，20%由银行向企业发放贷款。但对商业、粮食、药政、新华书店、电影公司等单位仍由银行实行全额贷款。

1964年，临澧县依据“从紧从严，实事求是”的原则，核定企业流动资金定额，处理积压物资减少资金占用，其具体办法：（一）划分企业的积压物资和正常周转物资。将1962年3月底以前的积压物资单独划出来作为“特种积压物资”单独管理、设账、核算，只减少不增加。（二）“特种积压物资”所需资金，按过去划分的资金办理。占用财政资金的仍然占用；占用银行贷款的仍然占用银行贷款。积压物资处理后先归还银行贷款再上缴财政。（三）凡处理积压物资，从处理所得金额中提取5%的奖金列营外损用于企业生产。当年，临澧县先后累计处理（主要是商业、供销企业）积压物资1.15万元，占应处理的89%。

1965年，企业流动资金计划定额，除季节性生产企业的按最低核定外，一律改按全年平均需要核定。超定额部分向银行申请超定额贷款。流动资金定额改为分项核定，不再按品种项目逐一核定，流动资金考核改为考核全部流动资金周转期。1966年，临澧县对地方工业流动资金的核定，将过去只核定财政资金定额办法，改为核定定额流动资金全部占用总额的办法。在核定总额以内减除正常占用的外来资金后，由财政拨给一定比例流动资金，固定给企业使用，其余均由银行贷款解决。

1967年，对新开企业核定流动资金定额，由财政拨款60%，银行贷款40%。当年，“文化大革命”进入高潮，财政机关对流动资金管理受到严重干扰。1970年临澧县财政始拨企业流动资金11.00

万元。

1971年,对企业积压物资削价损失和加工改制费,在清产核资中列营业外支出;在清产核资后的削价损失和加工改制费在企业生产成本中列支,物资供销作经济损失处理。

1974年,国家拨补企业流动资金盘亏、报废的先用于归还银行超定额贷款,多余部分则补充拖欠国家的税利,再有剩余则转入结算户专款专用。

1979年,临澧县财政拨给企业流动资金23.50万元(其中"化学工业、轻工业"企业生产流动资金20万元)。1980年,财政安排2家国营工业企业流动资金0.8万元,比1979年减少19.2万元,减少96%,资金周转时间为半年。

从1981年3月起,对国营企业按每月初国拨流动资金账面余额计算交纳流动资金占用费;国家拨给企业的特种储备资金不收占用费;关停企业从关停之日起免收占用费。企业流动资金占用费每月25日前一次交库,逾期不交者,从滞纳之日起每月加收相当于滞纳数额1‰的滞纳金。

1970年至1982年,临澧县财政拨付企业流动资金190.45万元。

1983年,实行"利改税"的国营企业不再交纳资金占用费,少数没有实行利改税的企业亦停收资金占用费。同年7月起,国营企业流动资金全部划归中国工商银行管理。

1987年,对企业实行厂长(经理)目标责任制,将资金周转率和资金占用水平作为企业厂长(经理)任期目标和任期终结审计的重要内容,对应该在任期内摊的费用不准弄虚作假,搞盘盈操盘亏和挤占挪用流动资金的,依情节轻重,进行经济上、行政上的处分。

1990年后,对企业流动资金管理仍然以银行为主,财政配合的办法。国营企业需要增加流动资金,由银行按信贷政策供应,财政不再增拨。企业实行利改税后,可以从生产发展基金中拿出10%~30%补充自有流动资金的不足。同时,企业也可以将当年实现利润的10%幅度内的资金补充国家流动资金,补充的流动资金可在交纳所得税前列支,承包企业还可将承包多得50%幅度的资金补充自有资金。

1970~1982年临澧县企业流动资金统计表

表3-11　　单位:万元

年 份	流动资金	年 份	流动资金	年 份	流动资金
合计	190.45	1974	10.15	1979	23.50
1970	11.00	1975	26.00	1980	0.80
1971	23.00	1976	26.00	1981	7.00
1975	25.00	1977	10.00	1982	2.00
1973	15.00	1978	11.00		

三、成本费用管理

财政部门对企业成本费用的管理,主要是划定成本费用开支范围,规定统一成本费用核算规程,加强成本费用指标考核分析，帮助企业提高生产效率、探寻降低成本费用途径。

新中国成立初期，临澧县仅2户国营工商企业，规模较小，没有统一的企业财务管理制度，没有严格的核算规程，凡成本开支由企业自行划分，企业销售收入抵除开支之后，有余者为盈利，不敷者为亏损。

1954年，临澧县4家地方国营企业纳入县财政预算管理，开始建立成本管理项目，规定：原料及主要材料、辅助材料、工艺技术过程耗用的燃料动力、工人工资、附加工资、新产品试制费、废品损失、停工损失、车间经费和企业管理费11项。各种产品的商业成本除上述工厂成本项目外，还包括销售费用项目。1955年，地方国营工业企业财务收支列入县财政预算，企业不得自行抵补。

1957年，临澧县执行省财政厅规定，把安全技术、劳动保护措施费列入生产费用摊销，数额较大的分两年摊销。企业为生产服务举办的业务培训费，由企业成本开支。1958年，处于“大跃进”“浮夸”风年代，工业产值收入大，利润少。

1959年，临澧县13家国营工业企业，普遍实行“三包五定”的成本管理办法，即包产值、包工时、包成本与定项、定额、定时、定质、定消耗。当年，可比成本比1957年上升12.8%，商品产品的销售收入为147万元，其工厂成本及其他开支为137.41万元，当年全县企业纯利润107.31万元，全部上缴财政。

1960年10月，规定对企业革新费用摊入生产成本项目有：利用旧机器、旧工具改制成新机器、新工具，其资金不足固定资产标准者（200元~500元）；大部分利用废料，只添置小量原材料、零星配件制成新设备，其费用支出不足固定资产者。

1962年，临澧县财政局印发《地方企业财务管理制度》，贯彻执行中央《关于工业若干问题的决定》即工业70条，对企业成本管理提出五条规定：一是企业必须加强成本计划管理，搞好定额管理，编制成本计划；二是建立健全各级基层记录，考核、生产活动中物资消耗、核算生产成本；三是加强原材料管理，做到采购有计划、领料有控制、用料有定额、管理有秩序；四是控制费用开支，凡属人为造成罚金和滞纳金支出，一律不准列入成本；五是执行计算成本的三个程序。①按生产车间或产品名称的成本项目，汇总成本期限内所发生的一切费用；②在计算生产车间或产品总成本的基础上计算各产品工厂成本；③财政部门每月对企业利润实现情况进行一次检查，对不合理列入成本的开支，一律剔除，及时足额收缴入库。

1963年10月，规定新建企业培训人员培训费，竣工验收后从企业成本中列支，竣工验收的试车费和试制生产费用也可进入生产成本不列作基本建设投资。1965年，重新规定工交企业生产费用开支范围：第一，购买各种技术图书、期刊、资料应在企业管理费中开支；第二，企业修建零星、小型简易建筑物，单位面积不超过200平方米，不影响当年成本和利润计划的经企业领导批准后可摊进成本；第三，企业技术革新利用废旧料和业余工时进行，其单项措施费不超过500元可列入生产成本。

1969年，临澧县从第三季度起停止执行国营企业按工资总额20%提取工会经费、按工资总额3%提取劳动保险金的规定。原属这方面的开支项目如企业文化、体育宣传费，用改在企业管理费中开支；企业退休职工和长期病号工资及其他劳保开支改在营业外支出。对原国营企业福利补助金、医药卫生补助金和企业奖励基金合并成企业职工福利基金按企业工资总额11%的比例提取。

1979年2月，恢复企业、事业机关按月拨交工会经费，按职工工资总额的2%拨交，工交企业的工会经费从企业管理费中列支。计提工会的经费，基层工会留用60%，上交县总工会20%、地（市）工会5%、省工会10%、全国总工会5%。

1980年1月，对执行企业利润留成的企业按工资总额11%提取的职工福利基金和按标准工资10%~12%提取的奖励基金统一改在企业利润留成中开支，不再列入成本费用。当年7月恢复投保企业财产保险，企业的固定资产和流动资金保险费，在企业管理费或商品流通费科目中开支。

1983年6月起，企业因储积压物资借款所加付的利息，不能计入成本和营业外支出，不得挤占应当上缴财政的收入，应在企业基金、利润留成、盈亏包干分成或缴纳所得税后的留利中开支。

1988年10月，按照国家规定，猪肉等4种副食品价格放开后，企业按规定每月增发职工的物价补贴50%计入成本，50%由企业福利基金开支；企业职工原于1985年进行工资套标升级时，人均月增12.5元工资，除原规定7.5元进入成本外，剩下5元从当年1月1日起，也计入成本费用；企业车间经费节约奖经财政部门审查同意计入企业管理费；利息节约单项奖，在不拖欠上缴国家财政收入的前提下经财政部门审查同意，按节约值15%提取节约奖计入企业管理费。

1992年1月1日，临澧县规定，凡是全民所有制性质的企业及企业化管理的事业单位，其财务管理均纳入预算管理，一律执行同行业国营企业财务会计制度和会计报表。根据上级要求，结合本地实际，同时对国营企业业务招待费和业务活动费开支实行限额控制、实报实销的管理办法，对70家国营企业下达了年度限额控制标准。

1993年7月，临澧县贯彻执行财政部制定的新的财务会计制度，改革成本核算制度，将原来完全成本法改为制造成本法，将当期发生的管理费用和销售费用直接记入当期损益简化成本核算，真实地反映当期经营状况和经济效益。同时根据市场经济条件下存在经营风险的情况，允许企业在应收款项中按一定比例计提坏账准备金，允许企业存货采用后进先出法核算等体现了国际通行的会计稳健原则，允许企业一次或者分期摊入成本费用且不受比例限制，这比提取基金的办法更有利于鼓励企业科学进步。新的财务制度对成本和费用的管理进行了重大改革：改完全成本法为制造成本法，其好处是：一是简化了成本核算；二是有利于考核成本管理责任制；三是有利于加强成本管理的基础工作；四是有利于企业进行成本预测的决策。工业企业财务中成本和费用是按制造成本法设计的，在制造成本、计算产品成本时只分配与生产经营最直接和最密切关系的费用（如直接材料、直接工资、其他直接支出和制造费用计入产品成本），与生产经营无直接关系或关系不密切的费用（如管理费、财务费用及销售费用则直接计入当期损益）。

在实行制造成本法新制度的同时，对一些原不在成本列支的费用改在成本、费用中列支，对一些在成本开支的费用项目也明确了开支标准和限额。1.劳动保险费计入管理费用（考虑到企业交纳退休统筹基金是劳动力再生产的补偿，同生产经营有直接关系，新制度把企业支付的劳动保险费用改列管理费用）；2.企业在一定限额内据实列支业务招待费（按照全年销售净额1500万元至1亿元的业务招待费控制在1‰~5‰）；3.企业发生的技术开发费可以根据经济效益和承受能力，采用实报实销的办法不受比例限制；4.取消工资总额以外的一切单项奖（奖金计入成本费用）；5.取消提取固定资产大修理基金的办法（企业发生的修理费用直接计入成本）；6.差旅费标准由企业自主确定；7.计提职工福利费[职工福利费按照企业职工工资总额的14%提取(计提口径与职工教育经费一致)]。

四、利润分配管理

企业实现的利润是企业职工为社会创造剩余产品的价值的货币表现。临澧县在企业利润分配方面,曾有过多次改革调整,财政主要负责处理国家与企业的分配关系,调节企业利润。对国营企业实现的利润分配必须按照国家规定兼顾“国家、企业和职工”三者之间的利益。

新中国成立初期,临澧县对地方国营工业企业实行统收统支制度,企业利润全额上交,亏损下拨。1954年,在企业全额上交的前提下,凡是企业在完成国家下达的“生产总值、利润及利润计划”的“三项指标”,根据不同行业可分别从利润中提取3.5%,从超收利润中提取8%~20%的企业奖励基金,但提取的总额不得超过工资总额的6%~12%最少不得低于工资总额的3%~5%。

1957年起,企业实行超计划利润分成,企业实行利润20%留作企业发展生产,80%上交国库。企业提取的折旧基金和固定资产变价收入全部上缴财政。1958年5月起,改为实行企业利润留成制度,其留成比例:轻工业系统为5.5%;重工业系统为6.5%;化学工业系统为6%;冶金工业系统为6.2%;建筑工业系统为5.6%。企业留成可用于企业奖金、技术组织措施费、新产品试制费、安全技术措施费、零星固定资产购置费及职工福利费等。

1962年4月,恢复企业奖金制度。凡企业完成下达的产量和质量、新产品、工资总额、成本降低、资金周转、上缴利润等6项经济指标按计划工资总额3.5%提取奖金。没有完成6项经济指标的每少完成一项指标扣除奖金1/6,超额完成利润计划或实际亏损少于计划亏损的从超计划利润中提取的10%或从超计划降低成本中提取20%的企业奖金,但商业企业仍实行利润留成制度。1963年,商业饮食服务业企业利润留成比例改为25%。

1964年1月1日起,饮食服务企业利润留成改为30%留归企业,70%上缴财政。1972年起县办工业亏损,按2:8比例分担办法,企业经过审批应弥补的亏损(包括抵缴利润部分),80%由省财政退库弥补,20%由县财政负担。

1978年,国家实行企业基金制度。凡全面完成国家下达的产量、品种、质量、原材料、燃料、动力消耗、劳动生产率、成本、利润(包括实现利润和上缴利润)、流动资金占用等8项年度计划指标以及供货合同的工业企业,可按职工全年工资总额的3%提取企业基金。在完成产量、品种、质量、利润4项指标和供货合同的前提下,其他指标每多完成一项,按工资总额增提0.5%的企业基金。

1979年,临澧县改进国营企业提取企业基金办法:把原来规定8项计划指标与供货合同考核,改为按产量、质量、利润(包括实现利润)和供货合同4项计划指标考核。企业全面完成4项计划指标的可按工资总额的5%提取企业基金,未完成的不提取企业基金。经国家批准的政策性亏损企业比照盈利企业提取企业基金;全面完成四项计划指标的按工资总额的3%提取企业基金;只完成一项计划指标的,按工资总额的1%提取企业基金。企业按上述办法提取基金外,原来规定由企业主管部门从超计划利润中统一提取的部分改为由独立核算的基层企业从当年利润增长额中提取。计提比例:石油电力企业为5%;冶金、机械、化工、轻工、邮电、交通、供销等企业为10%;煤炭、农机、军工、粮食和实行盈亏包干的农牧企业为15%。

1980年,临澧县对物资企业试行利润留成办法。物资企业按实际交库利润留成65%,上缴财政35%,停止执行企业基金办法。对商业企业和商办工业企业,实行全额利润留成和增长留成办法。商业留成比例为12%,商办工业为25%。全部商业利润与1979年同期有增长,在增长利润中提取10%的利润增长分成;工业企业实行“五五”分成,利润超收按“四、六”分成(即县财政分40%、企业留成60%);超计划亏损部分实行“二、八”分担,县财政承担20%、交省公司和企业各分担40%。

1982年,临澧县对国营工业企业实行盈亏包干办法。对企业实行责权利挂钩,采取多种形成的利润和盈亏包干办法,即基数利润留成和增长利润留成;全额利润留成;上缴利润包干、超收分成或留用;补贴亏损包干、减亏分成留用;超计划利润分成五种办法。实行这些办法的企业不再提取企业基金。对少数微利企业不实行利润留成和盈亏包干办法,继续实行企业基金制度。实行利润留成和盈亏包干办法,坚持有奖有罚的原则。对工业企业的考核指标有产品、产量、品种、成本和利润五项,少完成产量、质量、利润3项中任何一项,都要加减利润包干分成5%,企业提取的利润留成基金和包干分成资金60%为生产发展基金、20%作为职工福利基金、20%作为职工奖励基金。

1983年6月,国营企业实行利改税试行办法,凡有盈利的国营大、中型企业实现利润按55%的税率缴纳所得税,实行国家征税与利润留成相结合的利润分配办法。企业上缴所得税后的利润一部分交调节税的办法上交国家,一部分按照国家核定的留利水平留给企业;有盈利的国营小型企业实行利润按八级累进税率缴纳所得税,税后利润一般全部留给企业,税后利润较多则须缴纳一定承包费。

1985年,企业进行第二步“利改税”,国营企业应当上交国家财政的利润改为按产品税、增值税、所得税、调节税等11项税种向国家缴税,由税利并存逐步过渡到完全的以税代利。税后利润归企业掌握使用,用以建立新产品试制基金、生产发展基金、后备基金、职工福利基金和职工奖励基金。企业从增长利润中留用的利润应将60%用于发展生产,20%用于职工集体福利事业,20%用于奖励职工。

1987年起,对国营工业和商业大中型企业,实行承包经营责任制,企业的利润分配按照“包死基数,确保上交,超收多留,欠交自补”的原则,按承包合同上交,按利改税办法结算。承包期不低于3年,上交递增包干,递增包干比率为6%以上。

1988年,临澧县对国有企业普遍推行承包经营责任制,确定企业承包上交国家利润的主要形式有:(一)上缴利润递增包干;(二)上缴利润递增承包,超收分成;(三)上缴利润基数包干;(四)微利企业上缴利润定额包干;(五)亏损企业定额补贴包干或亏损补贴递减承包,减亏分担。核定承包基数的原则是:盈利企业一般不能低于承包前一年的实际应上缴利润;亏损企业一般不能高于承包前一年的实际应补贴数,国家不再减税让利。企业实行承包后,其合同即受法律保护,不得随意增加和减免。承包企业的留利在交纳能源交通重点建设基金后,首先按留利总额的10%的比例提取风险基金,然后再按企业留利三项基金的比例进行分配。全县25户工商及其他预算内企业,进行承包经营14户,其中工业7户、商业4户。对不同企业采取不同的承包经营方式和不同的管理体制,对县机械厂、水泥厂等盈利企业实行“上缴利润,递增包干”体制;对税多利少的县酒厂实行“上缴税金与财政支持拨款相结合的让利保税体制”;对县肉类食品加工厂实行“资产抵押承包经营”体制,当年企业实现利润比1987年增长66.7%。原利改税企业按规定缴纳所得税和调节税。年终缴纳的所得税和调节税超过承包上缴国家部分,为企业承包多得好处,由财政返回给上缴的企业。企业将其中80%以上用于生产发展基金。企业完不成上缴任务的,以企业留利和自有奖金弥补。

1993年,国家实行企业财务制度管理改革,在制度上首先对企业利润分配去向及顺序作了统一规定:利润分配仍然坚持财务制度是企业纳税的依据。即财务成本与纳税成本一致,这是现阶段全国财政财务管理的一贯性原则。同时,规定企业亏损要严格区分政策性亏损和经营性亏损的界线。政策性亏损经财政部门核定实行定额补贴或亏损包干办法,并结合价格体制改革逐步取消政策性亏损补贴。经营性亏损原则上由企业自行解决。企业经营性亏损弥补办法是,企业发生的年度亏损,可以用下一年的税前利润弥补。下一年度利润不足弥补的,可以在5年内延续弥补。5年内不足弥补的,用税后利润等弥补。新制度规定企业利润总额按照国家规定作相应调整后,依法缴纳所得税。这里所说的调整主要是指:1.所得税前弥补亏损;2.投资效益中已纳税的项目或按照规定只需补缴所得税的项目。企业所得税后利润分配顺序:(1)弥补被没收的财物损失,支付各项税收的滞纳金和罚款。(2)弥补以前年度亏损。(3)提取法定盈余公积金。法定盈余公积金按照税后利润扣除前两项后的10%提取,法定盈余公积金已达到注册资本50%时可不再提取。(4)提取公益金。(5)向投资者分配利润。另外,考虑到股份有限责任公司的税后利润分配的特殊性,新的财务制度还规定了支付优先股股利,提取任意盈余公积金和支付普通股股利。

1994年1月,按照《中华人民共和国企业所得税暂行条例》规定:企业在计算应缴所得税额时的收入总额包括生产、经营收入、财产转让收入、利息收入、租赁收入、特许权使用权收入、股息收入、其他收入。计算所得税允许扣除的项目:(一)纳税人在生产、经营期间,向金融机构借款的利息支出;(二)纳税人支付给职工的工资按照计税工资扣除;(三)纳税人的职工工会经费、职工福利费,分别按照计税工资总额的2%、14%、1.5%计算扣除;(四)纳税人用于公益、救济性的捐赠,在年度应纳税所得额3%以内的部分,准予扣除;(五)其他项目依照法律行政法规和税法规定扣除。企业按应纳税所得额和33%的所得税率计算向国家缴纳企业所得税。所得税后的利润企业按有关规定进行分配。

1997年后,临澧县由于资金紧缺,原材料奇缺供应紧张,企业产品滞销、积压,工商企业不景气。县内有县织布厂、酒厂、肉类食品加工厂、肉联厂等4户企业分别于1992、1994、1995、1997年先后破产。2000年3月,根据省财政部门有关精神,临澧县对工业企业法人代表试行年薪制,企业法人年薪由基本年薪和效益年薪两部分组成,基本年薪按企业当年实行的销售收入分档确定,效益年薪分别与全年实现利润总额(或减亏额)及入库税金挂钩。年终,企业经营者(法人代表)完不成合同任务时,按合同规定分别按实现的利润及入库税金的计划指标数额的比例计提报酬。年终,企业经营者(法人代表)完不成合同任务时,按合同规定分别按实现的利润及入库税金的计划额指标数额的比例计提报酬。

2002年,国家停征固定资产投资方向调节税,临澧县并关闭县“五小”企业4家[其中:县牛角垭煤矿因资源枯竭而关闭;县二轻局兴办的铜材厂、轻机厂、华清服装厂3户企业,因企业资金短缺、市场疲软、产品积压,效益急剧下跌,企业陷入困境,导致企业严重亏损停产关闭(后来,县政府对这3户企业全部实行租赁、出售、资产重组改制,县二轻局于1998年被撤销,其房屋出售给县人事局)]。上述企业都是县财政重要收入来源之一,税收随之减少。县委、县政府立即采取有效措施,积极支持国有企业改革和产业结构调整，多数企业实行了股份制、个人租赁承包和有限责任承包等多种经营方式。2000年开始，临澧县国营工业企业全面改革，截至2006年全县国有、集体企业全部改制为股份、民营和私营企业。

五、价格补贴管理

1950年至1960年，临澧县不存在价格补贴。之后，由于农副产品收购价格不断攀升，对经营粮、棉、油农副产品的亏损补贴逐步扩展到生产、流通和消费领域。

1961年1月，国家提高粮食收购价值25.3%，提高植物油收购价值18.1%，但销售价未变，导致粮食企业亏损，由中央财政拨款补贴。1965年，国家对供销社高价卷烟转入平价亏损，实行差额退库。1966年1月，国家对猪皮实行补贴，财政给商业每张猪皮补贴3元。1967年1月1日起，将猪皮补贴办法改为：凡全民、集体制皮工业，每次购0.5公斤鲜猪皮，由中央财政给皮革工业部补贴0.3元。1970年1月，将猪皮补贴列入地方财政预算，工业加工部门每收购0.5公斤鲜猪皮仍补贴0.3元，在“轻工业收入”中退库解决。

1973年，国家对基层供销社收购三类农副产品实行价格外运费补贴和价格补贴。外运价格补贴品种有杂竹、楠竹尾、桎木条、杂柴、木炭、木扁担、锄头柄等7种。对生产队所在地至收购站4公里以内外运价不补，超过4公里需要办挑运的按超过里程给予外运输价格补贴，但补贴里程至15公里，供销社归口列表汇总，由财政核发（此项补贴制度沿用至1981年年底）。价内补贴品种有小土产、野生淀粉、野生烤胶、野生油料、野生纤维、竹苗等21种，由省统一规定标准，就地从省级商业收入中退库弥补。对磷矿粉化肥的工业出厂价格和商业零售价格按每吨33元进行补贴，其中生产亏损每吨价补25元，商业经营亏损每吨价补7元，从企业收入中退库弥补。

1978年3月，对农机产品实行价格补助，补贴对象限于集体所有制企业，补贴产品项目限于农业机械及机械化、半机械化配套农具、农副产品加工机械及各种农机、半农机零配件。工农通用产品不补贴。补贴幅度一般不超过产品统一出厂价格的30%，补贴期限为一年，超过1年以上的，每年核定一次逐年降低。同年11月，对小氮肥平均成本高于省规定的出厂价格，给予实行临时性的定额补贴后，实际亏损超过补贴定额时，其超过部分80%由财政退库弥补，20%由本厂提存留用的更新改造资金中弥补。对已经实现盈利的企业不实行补贴。财政核发的小氮肥定额补贴作“化学工业收入”退库处理。

1979年3月，规定对国营企业政策性亏损补贴范围：商业粮食企业由于执行国家规定的价格，其商品进价大于售价，进销同价或进销差价不足以支付合理的流转费用而产生的亏损；生产农机产品的企业，在专业化协作生产过程中，平均成本暂时高于国家规定的售价而产生的亏损；如小钢铁、小化肥等企业，产品平均成本暂时高于国家规定售价而产生的亏损。属企业政策性亏损，按规定的补贴定额和实际销售量计算，由财政审核拨付。同年5月1日，对粮油统购价格提高后，因销价不变，所增加的亏损，粮食企业不再列入企业亏损，改为增设“国家批准价差补贴”预算科目，由省财政单独补贴。

粮食企业每月按实际销售数量计算补贴额，填制“国家批准价差补贴汇总表”，报当地利润监交机关审核同意后直接由省退库。超购粮油加价的补贴列上级财政预算，由上级金库退库。当年，实行小氮肥分类定额补贴办法。临澧县氮肥厂划为三类。每吨碳氨补贴20元。补贴后仍亏损的，其亏损由财政拨补20%，其余80%由企业用更新改造资金弥补。按照省财政厅《关于市场用煤财政补贴办法》，对煤炭出厂价提高后，市场销售价暂不变动，经营部门产生的亏损由财政补贴，其补贴范围：城市和集镇的居民生活用煤、饮食、服务业用煤；农业生产用煤；农村生活用煤。补贴办法：按上级规定销售计划和财政补贴指标，实行定额补贴。同时因新棉上市后提高了棉花收购价格，但棉花的供应价格和棉絮的零售价格不变，其调价差价由财政补贴。

1980年，对粮食商业试行政策性亏损定额补贴办法，其补贴范围：执行中央和省制定的各项政策而产生的亏损，粮食食用油按统销价与统购价之间的差价和开支的合理费，国家储备的粮油及其装具和代生产队储备粮食所开支的合理费；供应军用粮油所开支的合理费；合理的周转粮、兑换粮和转移划拨所产生的费用。粮油商业亏损的定额补贴，属省级财政预算，仍以县为缴退单位。

1983年，提高纺棉供应价格后，对1979、1980年，棉花收购价格提高后的价差补贴办法作相应改变，取消纺棉差价补贴对棉絮价差补贴和北方棉5%的价外补贴，仍由销地财政补贴，其补贴范围：民用棉絮，包括定量供应、困难补助、鞋帽、救灾等外棉补助及其他民用棉絮。补助办法：1983年起，不列入地方财政预算，改由全省统一管理，统一结算。

1985年，国家取消生猪派购，实行认购代销后，对定量供应粮食的城关镇居民和非农业人口，实行猪肉差价补贴。补贴标准：每人每月补贴1.5公斤猪肉差价。当年临澧县每人每年补贴14元。小氮肥临时降价供应给农民，考虑到企业的实际困难，对1985年以后出厂的碳氨，财政给生产企业每吨补贴15元，由县财政按月结算拨补，省、县两级财政各负担一半。

1990年后，由于市场经济的迅速发展，国家取消价格补贴。

第二节 农业财务管理

农业财务管理(包括农口各单位)，在支出上包括两个部分，一是机构经费，这部分经费与其他行政事业经费一样，受一般性财政规章制度的约束。另一部分是专款管理。农业财务管理内容多，门类也比较多，如按照专业分类划分为：全额预算管理、差额预算管理、自收自支财务管理、企业财务管理(农业企业、森工企业)。

一、全额预算管理

1949年至1955年，临澧县农业财务未纳入财政全额预算管理。

1956年，临澧县财政始对农口的机构经费、各项事业费和支农资金均实行全额管理。对专项经费则由财政和主管部门按上级文件实行单项管理。实行单项管理的有：小型农田水利和水土保持补助费；小水电补助、支援农村合作生产组织资金；农村农技推广和植保补助费；农村禽畜保护补助费；农村造林和林木保护补助费；农村水产补助费；发展粮食生产专项资金等(以上补助，1983年前，统称为支援人民公社投资支出,此后实行分项目管理,并不断补充和健全)。当年全县农林水系统有管理机构14个,153人,其中农业技术推广站6个,造林工作站(林业管理站)7个,水利工作队1个,其事业费管理办法是核定指标、分项拨款、逐月审查、年终决算的全额管理。

1962年,临澧县执行《湖南省育林基金使用管理暂行办法》,征收育林基金。每立方米原林木按10元计征,每根楠竹按0.3元计征;国营采伐的小规格木材、社队采伐自用在1立方米以下的农用柴和烧柴免征;国营采伐企业以及经批准采伐国有林的机关、团体育林基金使用范围,主要用于国有林新老采伐地和林间空地的更新、育林开支;其次用于国营造林事业的开支,实行专款专用、专户存款。1955年至1962年,临澧县用于农田水利建设的财政资金使用和管理办法改为以拨代领。

1963年,县政府对小型农田水利补助费使用管理办法作出暂行规定,其使用范围一是社队举办的农田水利、水土保持、土壤改良和山区人畜饮水工程物料、工具、技工工资和施工期间农民技术人员临时补助;二是农田水利工程所需劳力,由受益社队负担,参加当年分配;三是国家管理的灌区,其清淤、整修、岁修和管理等项费用,由水费支付,国家不予补助。其管理办法规定:1.小型农田水利补助费年度控制指标,由省财政厅、农业厅联合下达,县农业局编制农田水利年度使用计划上报审批;2.小型农田水利补助费,由县统一掌握,补助5万元以上的单位工程,报省主管部门批准;3.对社队举办的工程补助,经县以上主管部门批准后,将附本送交财政,由财政按期拨款,银行监督支付。

1964年,县对小型农田水利补助和抗旱经费补助费也同样规定了使用范围。当年4月,县政府印发《林业资金使用管理暂行规定》,规定其使用范围包括造林建设费、设备购置费、经营设施费。当年,临澧县农业事业费主要用于人员机构经费、设备购置费、各项业务费及生产周转金和差额补助费。同年6月,县政府印发《水产企事业财务管理规定》明确畜牧、水产事业费的使用范围:技术推广、资源调查、繁殖保护、渔业生产指导、科学研究、干部培训及其他水产事业。而气象事业费用于机构经费、科学研究和干部训练费等。

1975年10月,县财政对国营林场、苗圃试行亏损补贴办法规定实行全额管理、统一核算盈亏,由县财政核定拨补。1949年至1976年,全县用于林业的财政资金47.42万元。

1978年3月,省对地方征收的屠宰税下放给县50%,且用于发展集体养猪事业,上交省50%。同年,规定农业科学技术三项费用可用于新产品试制费、中间试验费、科学研究费。

1979年5月,临澧县政府印发《支农资金使用和管理的试行规定》,明确了支农资金使用范围和原则。

1981年,全国农业财务工作会议后,改革支农资金管理,在财政支持发展农业的资金中,转变投资方向,逐步提高发展多种经营资金的比重。主要是把对人民公社及社队企业的投资合并为发展多种经营周转金;增加社队造林补助和屠宰税留成中用于发展社队饲养业及牲畜改良、繁殖支出资金比重;发展多种经营及综合利用有偿周转金,发展农、牧、渔业生产。

1982年,临澧县对农业事业费实行包干。其包干范围包括人员经费、公用经费、业务经费及各项事业费的收入。省、市下达的专项经费指标不列入包干范围。上述补助项目费用,在1983年前称为支援农村人民公社投资支出,之后才实行分项目管理。

1985年1月1日起,育林基金由省统一核算改为由县管理核算;农村造林补助费,用于用材基地造林;经济林基地造林补助费全部由无偿改为有偿;社队育苗由无偿改为50%有偿;抚育仍实行无偿补助。

1986年起,县财政对农林水的全额预算管理单位,均实行"支出包干,超支不补,结余留用,一年一定"的办法。

1987年,湖南省发布《小型农田水利和水土保持费管理规定》,按照省规定,临澧县对小型农林水补助费其使用范围及管理办法进行了调整,规定县开征发展粮食生产技术改进基金,征收标准为每0.5公斤合同定购粮计提一厘钱,省集中40%,留县60%,列"农村农技推广和植保补助"科目,并用于新品种、新技术、新耕作制度的引进、试验、示范、技术培训以及县以下农技推广机构所必需的基础设施费用等。

1988年,国家从乡镇企业增长的税收中拿出一定数量的资金,作为发展粮食生产的专项资金用于发展粮食生产。临澧县被确定为全省粮食生产基建县之一,专项资金指标为84万元。主要用于水利设施、改造低产田、繁殖推广优良品种、推广农业、农机、水利先进技术及培训干部和农民技术员所需经费。其资金管理办法是:中央承担60%,地方财政安排40%。

1995年,实行预算内、外资金统筹安排,实行经费与编制挂钩包干办法,取消财政预算安排"基数加增长"的做法,开始实行零基预算。在优先安排人员经费、离退休经费、业务费、办公经费的前提下,增加对农业及小型水利建设的投入。中央、省先后在临澧县落户的大型农业项目有:1.农业综合开发项目,1995至2009年临澧县先后投入资金8427.10万元,主要用于:试验费、检测费、仪器设备费、劳务费、差旅费、资料信息费、会议费、培训费、技术引进费等。其中:中央、省市财政投资5119.00万元(其中无偿投资4241.50万元)、县财政投入330.50万元,其中无偿投资295.80万元,县进行土地治理和开展多种经营项目的建设,土地治理项目覆盖8个乡镇,100个村(居),改造中、低产田12.57万亩。推广清水鸭业种养加工等6个多种经营项目,投入资金1452万元。2.名优特水果项目基地(当时,如烽火是全县发展甜油桃生产重点乡之一,并列入省"十五"星火计划项目,省政府给予该乡扶持的科技引导资金100万元)。3.优质棉生产基地项目等。对这些专项资金的使用坚持项目管理程序,做到专款专用,提高资金使用效益。

2001年12月,财政部印发《农业科技推广与服务专项资金管理办法》,规定农业科技推广与服务专项资金实行项目管理。确保项目确定和资金分配的科学性、公开性和公正性。

2004年,县对农口事业单位实行部门预算,对单位人员、资产进行摸底,建立数字库,同时实施国库集中支付改革试点,在工资统发、会计集中核算的基础上,将水利、林业等专项资金纳入国库集中支付范围。当年项目资金支出766万元,其中水稻良种补贴571万元。

2008年年末,临澧县农口事业单位机构70个,职工2151人,其中:一般预算财政拨款开支人数为47人,一般预算财政补助开支人数为2102人,其他经费自理人员2人。

二、差额预算管理

1951年至1961年,临澧县始对县办农林场、苗圃、农机站等单位实行差额预算管理。1965年,县国营苗圃的青苗费改为差额补助,不足部分由其单位的经营收入弥补。对差额补助的单位,要编制财政收支计划，各项收入应存入专户银行，不得坐支，通过农业银行监督支付。1975年10月，又将国营林场、苗圃实行全额预算管理，统一核算盈亏，由县财政核定拨款。

1986年，县财政对全县农林水系统的事业单位又实行差额预算管理，参照前三年的平均水平和增长节支潜力，实行“定收入、定支出、定补助；增收节支留用，减收超支不补，一定三年不变”的办法，保持事业单位的稳定和发展，到1995年，实行差额管理机构的有14个，人数为1046人。

1997年后，通过改制，实行个人经营承包，租赁制和“买断”等形式，促进了农业事业的经营管理和发展（如水产、水利部门充分利用闲置水面，发展渔业生产），这种管理办法执行至企业改制前。

三、自收自支管理

凡有固定收入，经费能够自给的事业单位，根据量入为出、自求平衡的原则，年初由财政部门核定收支指标，收支两抵后的纯收入除按规定上缴财政和主管部门外，余下的留给单位发展事业。1985年前，临澧县财政对农口自收自支单位每年都拨给少量事业费给予支持。1986年后，县财政对全县农林水事业单位的预算和财务管理规定：自收自支的事业单位财政不再拨给事业费，独立核算，自负盈亏，盈利3万元以上的，其超基数部分，50%留给单位，50%上交财政预算外专户存储。

1987年改制，对水利管理所实行用水计费制度，并在水管部门大力提倡多种经营，开展以水养水业务。对水利管理部门不再实行定额补贴，而改按提出的发展水利事业计划和管理单位可行性报告，经批准后，国家给予投资。如岁修养护、水利工程技术改造等再生产项目。利用水资源发展经济，通过发展生产寻求自身发展之路。

1987年12月，县财政局印发《农业事业单位开展经营服务财务管理试行办法》，对全县农业事业单位可以利用自身的技术优势开展技术、地理和资源服务和经营服务。如农技推广站、畜牧检疫站、水利管理所、农机站、农村能源办、粮油站、植保站等单位均可开展有偿技术服务和经营服务（当时还规定农业、畜牧、水产、农机等行政主管部门不得从事经营活动）。到1997年年底，自收自支单位机构34个，1448人。当年累计投放全县农业事业等单位财政周转金110万元，全县事业单位创收项目400多个，获纯利150万元。全部用于生产发展基金，弥补事业费和职工福利、奖励基金。

1998年后，农口事业单位均实行了个人经营承包、有限责任公司和股份制几种管理形式，通过改制和调整产业结构，多数单位经济效益好，收大于支。2002年后，全部与财政脱钩。

四、农业企业管理

1980年，对全县农业三场（县观山园艺场、苗圃、农科所）实行企业化管理，根据不同情况采取财务包干办法，实行“独立核算、自负盈亏、盈余留用、亏损不补”的办法。

当年，临澧县农科所有干部职工190人[其中行政干部4人（其中财会人员2人），科技人员2人，工人184人]。职工年工资总额3.99万元。该场经营总面积750亩，主要是繁育良种畜及培育优良稻种等品种，共投入资金12.15万元。固定资产原值9.39万元，净资产7.5万元，年末提取折旧基金1.89万元。实现产值收入9.29万元。粮食1.74万公斤，良种126公斤，销售种畜35头。1983年，销售收入达25万元，上缴税金2818元，净利润2.25万元。固定资产增加到11.36万元。提取折旧基金5682元。

临澧县观山橘园场组建于1979年(当时称为县"五七"干校),属国营事业单位。当年年末在场人员218人(其中家属160人),单位实行"独立核算、自负盈亏"的企业化管理办法。

苗圃组建于1980年,面积445亩,属国营苗圃事业单位,有干部职工64人,其中行政干部3人,会计1人,科技人员60人,职工年工资总额1.35万元。建场初,以育苗为主,当年底,苗木出售4340万株。收入1.3万元。成为全场的重要经济来源。1983年,该圃固定资产原值3.29万元,职工18人,当年收入1.41万元。生产成本3.3万元,亏1.89万元。

1985年,实行企业管理采取农业企业财务管理办法。当年,苗圃实行"独立核算、自负盈亏"的企业化管理办法。后因企业改制即与财政脱钩。1986年,县财政对农林水事业单位的预算财务管理规定:对收入稳定,要求实行企业化管理,在按规定提取各项专用基金后仍有结余的单位,经业务主管部门和财政部门批准,转为企业化管理。1992年转为差额预算管理单位,仍实行"独立核算、自负盈亏"的农业企业核算管理办法延至2006年。

第三节 基本建设财务管理

基本建设财务管理,包括对基础建设拨款,企业挖潜改造资金,简易建筑费、地质勘探费、科技三项费用和支农生产性及工变商等及支出的计划管理、拨款管理、施工管理、验收交接、决算审批及施工企业的财务管理等内容。

新中国建立初期,国家尚未颁发统一的基本建设财务管理办法,财政部门对基础建设只负责预算拨款、监督工作。而拨款管理、用款监督、施工企业财务管理,则由建设银行办理。当时,临澧县财政在经济建设费中基本建设投资较少,没有单独列基本建设支出,仅根据上级安排的基本建设预算,按项目计划拨给主管部门。

1951年,中财委颁发的《基本建设工作程序暂行办法》规定基本建设拨款,以批准的年度计划为依据,指定交通银行办理基本建设投资拨款,并监督使用。据此,当时已形成财政部门管"两头"(预算、决算),银行管中间(拨款)的基本建设财务管理格局。

1952年,县财政对固定资产扩大再生产的新建、改建、恢复工程及与相连带配套工程,根据上级颁发的控制数按工程项目编制计划草案,汇总上报;工程完工后,派员协同有关单位进行验收,检查工程决算。

1953年起,临澧县对基本建设实行经济核算制,按工程进度分次付款的办法,拨给自营及包工单位定额流动资金和一定的预付款项目,不论自营和包工单位都给予总量财务预算的2.5%的利润,对按计划或超计划完成的,可以提取企业奖励资金。

1954年10月,财政部门管"两头",建设银行管"中间"。财政管理的范围包括管基本建设预算、分配资金、管基建拨款最后环节,审批基建财务决算。1955年,对技术组织措施费、新种类产品或试制品、零星固定资产购置和安全技术劳动保护费,由财政预算拨付,按四项费用的开支范围使用。

1956年,规定建设单位的基本建设拨款分别列入财政预算,一切财务收支也由财政分别进行管理。凡属农林水方面的基本建设,均由财政负责办理,实行专项拨款、专款专用。

1958年，临澧县实行基本建设投资包干制度。当年临澧县贯彻执行国务院颁发的《关于改进基本建设财务管理制度的几项规定》，按照上级要求投资，包干内容包括建设规模、建设进度和建设投资，基本建设的财务收支计划，年度财务预算工程竣工决算，由财政部门审核；主要设备价款，一律由财政部门按货到拨款的原则监督使用。

1958年至1960年"大跃进"时期，由于浮夸风影响基本建设审批程序打乱，不少项目盲目上马，导致县、乡（镇）扩大基建规模，战线拉长，管理偏松，造成很大损失和浪费。

1961年，临澧县贯彻执行国民经济"调整、巩固、充实、提高"方针，按照国家统一规定，对基本建设实行严格压减控制，根据本地实际情况，压减、停、缓建一批基建项目。当年基本建设项目投资由1960年的166.24万元减少到72.62万元（见表2-4），下降56.32%。当年，对全县停、缓建项目进行财产清理，严格财务管理使国家财产免受损失。

1964年，临澧县对地方农业基本建设拨款由农业银行监督执行，基建预算管理仍由财政负责办理。

1968年，原建行的基建"专项预算资金"结余，转交财政"金库存款户"。1969年1月起，临澧县地方基本建设预算管理工作，由财政直接办理，拨款事项委托银行监督。

1972年，临澧县对基本建设预算拨款实行限额管理。凡是国家预算内和省、市机动财力安排的基建拨款，都要实行银行限额管理；县机动财力安排的基建预算，则采用分项分期拨款的办法，实行严格监督管理。

1973年5月，省规定县地方自筹资金基本建设纳入基建计划。凡自筹资金基建项目要有批准计划任务书和设计文件才能纳入年度计划；自筹资金来源正当，投资总额超过30万元，非生产性项目超过3万元的，都要经上级审批，接受财政和建设银行监督。

1979年，临澧县按照国家规定，将基本建设投资由无偿供应方式改为有偿信贷办法。1980年，临澧县推行凡是实行独立核算有还款能力的地方企业的基本建设投资一律改为银行贷款。财政预算安排的基本建设资金，拨给建设银行作为贷款基金。行政事业单位纯生活福利性建设投资继续实行财政拨款。

1981至1983年，临澧县贯彻执行国民经济调整计划，严格控制基本建设投资规模，调整投资方向，提高投资效益。1981年起，大部分由财政拨款改为银行贷款。1983年，临澧县贯彻执行省政府《关于控制固定资产投资规模集中力量加强重点投资的紧急通知》。一、凡属计划外项目实行停建或缓建。二、自筹资金基建项目，严格控制在国家核定的规模以内。三、重点建设项目，实行人、财、物优先。当年，按照省财政厅规定，县财政对县内企业自筹基建资金来源进行监督检查，划清预算内外资金和企业新建项目新增利润的界限，加强了基建财务管理。

1984年4月，省政府对省建设银行继续代行部分财政职能作了补充规定：1.一切地方预算、地方财力安排的基本建设投资和挖潜改造拨款，均由建设银行管理、监督；2.地方预算基本建设贷款基金，由建行向财政统一请领，实行上存下贷；3.地方级基本建设单位等和施工企业的年、季度报表的审核、签证、批复、汇编以及财政监督、财务管理由建设银行负责办理；4.地方建设单位所需下年度储备金，由建行发放储备贷款解决。

1985年起,国家预算直接安排的投资渠道相应取消。1986年1月起,国家预算内直接安排的基本建设投资分别为国家预算内"拨改贷"和国家预算内拨款投资两部分。拨款投资安排基本建设的范围包括:国防科研项目、各级各类学校、地方医院、救护中心、卫生检疫站,没有直接受益的科研建设项目;国家行政经费开支的机关办公楼、职工宿舍、食堂、幼儿园等,由国家财政拨事业费,没有经济收入的事业单位的建设;国家物资储备的仓库建设;防洪、排涝、市政工程、国防公路和不实行收费办法的公路及大桥建设。

1995年1月,省财政厅制定《关于基本建设支出管理的暂行办法》规定:凡省财政安排用于基本建设的资金,包括预算的追加(减)和资金的拨付,一律归口财政管理的基建部门办理。各级财政部门在国家建行开设基建资金专户,具体承办省对地市及地市对县项目资金的划转和本级基建资金的拨付。同年9月,省财政厅印发《关于财政部门基本建设预算会计核算暂行办法》,规定基建预算会计核算采用以资金运动为主体的借、贷记账法,以"收付实现制"为记账基础,年终落实结余。会计科目为"资产"和"负债"两大类,资金类余额在借方反映,负债类余额在贷方反映。平衡方法为资产等于负债。会计科目暂设14个科目,其中资产类科目7个,负债类科目7个。

2002年,临澧县根据财政部印发的《基本建设财务管理规定》,县政府制定《关于进一步规范专项资金管理的具体规定》,在全县推行大、中型项目资金的管理上实行"县级报账制"和"政府采购制",保证项目资金的合理使用。在资金拨付方面,不论是国债资金,还是其他项目资金,均由建设单位及其主管部门拿出具体方案报分管县长审批,方可办理拨款。并严格按基建计划、施工方案、工程进度拨付建设资金。对投资50万元以上的项目实行项目库管理。从项目的可行性研究、立项文件、施工前图片、图纸、招投标资料、施工合同、财务报表、工程竣工验收资料、工程决算及竣工后效益分析等方面进行搜集整理,建立专档。

2004年至2009年,根据省、市财政部门统一部署,开展对粮食企业、国土资源、城建资金、排污收费及专项资金的财务检查。一是对粮食企业国有资产经营状况、债权债务及亏损挂账情况、粮食风险金的使用情况、退耕还林粮食补助资金的使用情况等进行检查,摸清家底。二是对1998年至2003年水土保持专项资金,供销社财务进行清理,并落实中央、省政府关于对农民实行粮食直补资金的到位发放。三是对城建资金严格管理。把城建资金由过去通过建设局改为财政直接拨付到用款单位。四是对青山水利工程及中、小型水库除险保安工程资金及国债资金进行检查,杜绝挪用专项资金。

第四节 行政事业财务管理

行政事业财务管理的范围包括各行政、事业单位的行政管理费和各项事业费的收支管理。按资金用途分为专项经费与一般行政事业费,论其有无收入,分别实行全额预算管理、差额预算管理、自收自支管理。

一、全额预算管理

凡是没有固定收入,或虽有收入但要全部上缴国家财政,不实行以收抵支的行政事业单位,统称全额预算管理单位。全额预算管理,包括行政事业经费管理、公费医疗经费管理、中小学学杂费管理、抚恤和社会救济事业费管理。

(一)行政事业单位经费管理

清代末、民国时期及新中国建立初期,没有统一的行政事业财务管理制度。当时,普遍采用"随用随领、谁领给谁"方法,管理比较混乱。

1950年,中央实行统一财政管理的方针后,临澧县按照"一切收支通过财政"的原则。实行供给财政,由国家统收统支。供给部分,采取包干办法,对临时费坚持无计划不批款,无决算不报销的原则。

1952年,规定供给项目,个人部分包括生活费、津贴费、服装费、小伙食单位补贴、伙食特别补贴、技术津贴、老年优待金、保健费、妇婴费、病号补贴、家属招待费、医药费、过节费,干部家属补贴费。公用部分包括办公费、水电费、学习费、机关书报费、电信费、车马费、烤火费、差旅(调遣)费、会议费、丧葬费、临时特别费等,都有开支标准,不得超过。

1953年,临澧县对行政事业经费管理,采取"定员定额"控制机构人员编制,核定单位会计预算,划分办公费与业务费的开支范围,不准互相挤占;会议费、差旅费、电话费实行指标管理;病号补助、家属招待费包干支报;房屋维修费、扣除收费部分,修缮费不得超过标准。

1954年,行政事业单位年终结余经费,于当年年终,缴回县财政。1955年,压缩行政经费开支,中等学校公务费在原定基础上降低20%~40%;卫生院办公费降低5%;卫生所和行政党群等单位降低10%。

1956年,对长期休养人员,规定假期6个月以上的,经县主管部门批准,列入其他人员经费项目支报。当年规定公杂费开支项目有:办公费、邮电费、自行车修理费、租赁费、取暖费、会议费等。差旅费开支项目为:车船费、旅馆费、途中伙食补助费、住勤费。1958年,增设政协事业补助费,包括民主人士生活补助费和政协业务费。

1959年3月,对全额预算单位实行定员定额,核实基本数字,使预算稳定可靠;对有收入的行政事业单位,采取"全额管理、定额补助、实行包干"的办法。在预算执行中,按计划、按制度办事,一切临时费用和必要的重大开支,按程序预算审批,先追加后用钱,不许"先斩后奏"。对各项基本建设,未经批准的,不投资拨款;各项购置费,除经上级批准添置科学仪器外,其他非生产性的均不开支;机关公用经费停支夜餐费,取消工作人员租用民房及使用水电费补贴。

1962年,对行政事业单位的拨款,继续由县财政直接拨付,各单位以预算支出向财政局报账(其中包括人员工资、福利费、补助工资、公务费、业务费)。1963年,县财政对在省外参加会议的行政工作人员实行差额补助的办法,规定凭召开会议机关证明,扣除本人应负担的伙食费外,补助差额。

1968年4月,按照国务院有关指示,对1965年4月1日以前参加工作的,每人每月发生活补贴2.5元(粮价补贴下同)(1965年4月2日以后至1966年7月31日期间参加工作的,每人每月发生活补助费1元,1966年8月1日以后参加工作的不发生活补助费)。

1973年10月起,临澧县在整顿编制的基础上,对公用经费采取包干办法,年终如有结余,准予结转下年度使用。在财务管理上,各单位建立经济监督小组,依靠群众,监督财务支出,财政部门对各单位的财务活动和经费开支，定期组织互审。

1975年10月起，严格控制行政编制和工资基金，各单位一律不准擅自招工或增加人员，公用经费不准扩大开支范围，不准提高开支标准，不准用公款请客送礼，不准以参观学习为名游山玩水。不准无计划购买办公用品；不准因私事打长途电话；不准挪用公款和长期借用公款。

1978年，临澧县对行政事业单位实行的是“统收统支，节余上缴”的办法。

1979年9月，根据省政府规定，对行政事业单位严格禁止用行政事业费搞计划外基建；严格控制社会集团购买力；压缩非生产性开支；抓好招待所收入；对行政事业单位增加的业务收入试行分成的办法，单位分成的收入部分用于发展事业，也可拿出少量的用于个人奖励。

1980年起，临澧县全面试行预算包干的管理办法。全额预算管理单位，均按核定的当年预算包干使用，年终结余全部留单位支配。但农业主管部门所属全额预算管理单位的业务费和支援人民公社、大队、生产队的专款，不实行包干。实行预算包干的单位结余资金，主管部门也可掌握一部分，一般不超过结余部分的30%，主要用于改善工作条件和发展各项事业，不得用于增加人员工资、滥发补助和奖金。年度奖金总额最多不超过本单位月平均工资的总额。同年对环境卫生工人，按实际出勤天数发放环境卫生津贴，病事假期间不发，调离环境卫生工作岗位者，取消此项津贴。10月1日起，执行《国务院关于老干部离职休养的暂行规定》，对离休干部在原工作单位单独列编，其原标准工资（含保留工资）照发，福利待遇不变。其他各项生活待遇都与单位同级在职干部同等对待。11月又在中小学教师中试行班主任津贴，此项经费，分别在“中学经费”和“小学经费”项目的“补助工资”目内列支。1981年8月，临澧县继续执行和完善“预算包干、超支不补、结余留用、节约有奖”的办法。对有收入的事业单位，尽可能用自己的收入，抵减一部分支出。逐步实行企业化管理，并允许在政策范围内开展有偿服务，提高费用自给水平。

1983年11月，根据全省行政事业单位财务会议精神，确定行政事业单位增收节支奖金发放办法，结合岗位责任制，明确工作任务，按季检查，年终评比，领导审批，“增收节支多得多奖，少的少奖”，其奖金总额不超过本单位增收节支额的60%；全年人平不得超过60元，不得以其他名义增发奖金、津贴和各种事物补贴。无故旷工的或全年出勤不足6个月的，在工作中发生重大责任事故和离退休人员，均不享受奖金待遇。文教事业由集体或个人自愿集资办学的，国家财政支持鼓励，并予奖励。

1985年，临澧县贯彻省政府规定，对有经济收入的事业单位，由主管部门会同财政部门核定其收入比例。凡事业单位的分成收入和通过增收节支结余的经费，必须用来建立事业发展基金、职工福利基金和职工奖励基金。其中事业发展基金60%，职工福利和奖励基金各20%。

从1987年1月起，对农口实行全额管理的事业单位，实行“支出包干、超支不补、结余留用、一年一定”的办法。若单位预算外有少量业务收入、农副业或杂项收入等，可全留给单位，列预算外账户核算。

1988年，县拟定差旅费管理办法。规定行政事业单位的差旅费实行“三定”（即定人员、定地点、定标准）。出差费采取分级定额管理办法，分别拟定县内、县外；省内、省外住宿费和补助费标准，实行节约有奖。对行政事业单位的基建、人员编制公用经费、社会集团购买力等支出，进行重点压缩。

对公用经费超支的单位，其超支部分从干部奖金中扣除。对自行组织收入，年纯收入占经常性支出的15%以内，全部留给单位使用，超过15%的部分，年终以50%顶抵财政拨款。

1989年1月，省财政厅制订《湖南省行政经费管理暂行办法》。规定：(一)上级对下级财政实行“指标控制、分级负责、节约奖励、超支扣罚”；(二)财政部门对用款单位实行“定额包干、单位(部门)承包、节余留用、超支不补”；(三)财政部门对下级财政行政费控制指标完成好坏实行奖惩。凡年终节余了限额控制指标的，由上级财政按节余部分的1%给予奖励用于改善福利和发奖金；凡超过了限额控制指标的，对超过部分从核定下年度指标中相应扣减；或从上级财政追加给下级财政的补助中扣回。当年，根据省厅规定，临澧县修订预算包干办法，进一步明确经费包干项目：工资、补助工资、职工福利费、人民助学金、公务费、设备购置费、修缮费、业务费等正常性的经费。对离休人员经费，仍实行经费单列，由主管部门或单位包干使用。各种专项资金实行专项资金追踪反馈责任制，不列入包干范围。预算包干经费，按定员、定额核定基数。对暂未实行定员、定额管理的单位，按前三年平均开支水平，剔除一次性费用和一些不合理的因素后，确定包干基数。财政与各单位签订经费包干合同，除上级下达的事业计划、工作任务有大的调整，或根据国家政策，机构、人员发生大的变化，对财政预算影响较大，可作相应调整外，其他一般情况不予调整包干基数。单位通过增收节支，自求预算平衡。各单位在保证事业计划、工作任务完成，保证国家资产完好和逐年增加的前提下，可以自己调剂使用包干经费，年终结余的包干经费留归单位，结转下年继续使用，并相应建立事业发展基金、职工福利基金和奖励基金。事业发展基金不得低于50%，财政部门会同主管部门建立考核制度，重点考核资金使用效益。

1990年始，临澧县在支出管理方面，推行行政事业单位“零基预算”和“预算内外资金综合预算”。对专项资金实行集中审批和归口管理，坚持按计划、按程序拨款；对人员经费实行编制挂钩包干；对小车实行定编经费包干管理；对会议实行集中审批，总额分类包干，超支不补的管理办法；对接待费实行领导审批，专人管理；对邮电费实行定人、定机经费包干。

1991年，临澧县开始推行住房改革，在全县范围内普遍推行统一租金标准，砖混房的租金标准提高到0.2元/平方米，并规划几年内逐步达到成本租金。1993年年底推行公房出售，全县75家行政事业、企业单位共出售自管公房1911套，面积10万平方米，收取售房款840万元，除集资建房外，绝大部分存入房改办财政专户，随后又清理了超面积补款。

1993年1月，临澧县根据省财政厅规定，文教事业全额预算管理单位的财务管理制定如下办法：(一)对全额预算管理单位实行预算包干、结余留用、超支不补。其形式有：经费和任务挂钩，一年一定；核定基数，比例增(减)；包死基数，一定几年等。事业单位预算一般包括收入和支出，将纳入预算内的收入，全额作为“抵支收入”，预算数与“抵支收入”的差额为申请预算拨款数。(二)事业单位通过开展有偿服务和其他活动取得的收入，附属的独立核算单位上交的收入及其他收入全部纳入预算内，与预算拨款统一核算、管理。

1995年2月15日，省财政厅为确保行政事业单位工资发放，要求建立工资基金专户。临澧县于当年把所属行政事业单位工资兑现纳入议事日程。(一)要求各单位在银行开设“工作人员工资基金专户”。县财政在年初审核下达单位经费预算时，将单位工资预算单列。单位按月造出工资用款计划报财政审批；银行凭财政开出的工资用款计划审批兑付现金，用于工资发放。自筹工资的，应在发放工资的前一个月将工资差额部分足额存入银行"工资基金专户"。(二)工资兑付坚持"先基层、后本级，先教育、后行政"的原则。(三)确保工资按时发放，确保政法部门基本办案经费，确保农、科、教投入合理增长。临澧县年年做到了按时发放工资。

1996年1月，实施住房公积金制度，由临澧县住房改革领导小组决策，住房公积金管理中心运作，银行专储，财政监督。同年6月，对已售公房实行完全产权过渡，当年收取售房款880万元，存入房改办专业银行的专户(为住房二级市场的开放打下了基础。到1999年年底，归集公积金1000万元)。

从1997年1月1日起，对县直行政事业单位实行财务收支统管：1.单位的各项收入(预算内外及其他收入)与各项支出金额纳入单位财务收支计划，实行统一管理、统一核算。2.县直各单位财务收支计划的审批权属县财政局。3.对党政机关等行政单位实行"全额管理、以收抵支、综合包干"的办法。4.各单位用款时，须由单位财务部门按财务收支计划分别造出预算内、外用款计划，经财政业务主管核批后拨付。当年始，对财政拨款的机关单位编内小车，统一由财政实行招标保险，统一了保价、险种。对司机统一实行奖励，节省了开支。

从1998年1月起，对行政单位改为收支统一管理，定额、定项拨款，超支不补，结余留用的预算管理办法。凡行政单位的预算外资金收入和其他收入首先用于弥补经常性支出不足和必要的专项支出。

1999年4月8日，临澧县成立了"临澧县会计管理局"。全面推行会计委派制改革试点。属临澧县人民政府领导，日常工作和人员工资由临澧县财政局管理。在收入来源广、项目多和支出额度大的县教育局、卫生局、公安局、检察院、法院、国土资源局、水电局、交通局等8家行政事业单位委派了10名财会人员充实业务骨干，加强财务管理。2000年1月，临澧县又对县民政局、建设局、劳动局、交通警察大队等4家行政事业单位和临澧县氮肥厂、青山水电所2家企业单位委派7名财会人员，规范了单位财务收支管理。

为确保全县行政事业单位干部职工基本工资按时足额发放，同年4月，县政府决定成立"临澧县财政局工资发放中心"。2001年4月，临澧县成立"临澧县政府采购管理办公室"，且制定了《政府采购管理暂行办法》和《行政采购指标管理暂行办法》，当年全县共组织采购2次，采购金额252万元，节约资金25万元，资金节约率达10%。

2002年4月，撤销临澧县会计管理局，取消会计委派制度。同年9月，成立"临澧县会计核算中心"，办公地点设在工商银行临澧支行二楼，公开招录19名全县优秀财会工作者，全县165家一、二级行政事业单位取消会计岗位，撤销银行账户，会计业务统一纳入县会计核算中心集中进行核算。对行政事业单位经费管理更加细化，完善了单位基础数据库，建立了6本台账。即单位基本情况台账，预算收入台账，支出项目台账，离、退休人员台账，在职人员台账，小汽车台账(2006年又增加提前离岗人员和遗属补助人员台账)。为编制好部门预算和财政决算提供了详细的依据。当年5月，政府采购实行"两统一、两定点"，即大型商品统一采购，行政事业单位小车统一投保，对县直行政事业单位小车定点加油、办公用品及零星产品项目定点采购管理办法执行至2009年。

2006年始，临澧财政推行了部门预算，对教育部门预算编制到了各完小和中学，对公安部门预算编制到了各乡镇(区)派出所,确保了资金合理使用,提高了资金的使用效益。

(二)公费医疗费管理

新中国成立初期,在机关工作人员中施行公费医疗制度,年内月人均按4公斤大米标准折款计算公费医疗费。1950年,公费医疗实行包干,享受公费医疗费人员月人均5公斤大米折款包干使用(供特殊病号开支)。

1953年,临澧县执行《公费医疗预防统收统支试行办法》,建立公费医疗管理机构,规定医疗经费由县卫生科统一掌握。同年4月改为月人均1.5元包干。县公费医疗预防实施管理委员会留20%作机动,其余包干到卫生院,再按就诊清单结账。从当年6月起,享受对象凭统一核发的"公费医疗证"就诊。当年,全县有1843人享受公费医疗,实际开支医药费22952元(旧币),年人均开支12.45元,比定额少开支5.55元。同年,临澧县执行《公费医疗预防统收统支试行办法》,建立公费医疗管理机构,规定医疗费由县卫生科统一掌握。公费医疗专款专用。各单位核实享受公费医疗人员基数按人数拨款。规定病号看病,每次每张药费单据在0.5元以上3元以下的由单位领导或人事部门批准;每次每张在5元以上的经县公费医疗主管部门领导批准后方可报销。不准在私人诊所看病或购买药品,对在外地就医的,须经县医疗主管部门领导批准后才能报销。

1955年,临澧县对全民所有制行政事业单位的干部职工实行公费医疗制度,当年公费医疗经费"项、款级"科目同时反映支出2.16万元,享受公费医疗人员1773人,年人均12.18元。

1957年,县人民政府制定《公费医疗管理制度》,加强公费医疗管理,确保公费医疗人员患病就医。当年享受公费医疗人员1785人,该项经费支出3.18万元,年人均17.82元。当年对贵重药品控制使用。凡门诊一次处方价在5元以内的由医院处理;5元以上的由医师签署意见,经单位审核报公费医疗主管部门同意方可使用,否则不予报销(急诊不在此限)。门诊挂号费、出诊费、中药煎送费、自购药品费不准在公费医疗经费内报销。

1959年,此项经费支出2.91万元,享受公费医疗人员1948人,年人均支出14.93元,比1955年人均增长22.57%。

1960年,规定公费医疗开支范围:医疗费、手续费、材料费、X光透视检查费、药费、住院费、化验费、输血费、接生费、妇女干部产前检查费等。

1961年,公费医疗经费全部归县公费医疗部门掌握统一核发,病人凭公费医疗证到指定医院就诊和按规定的开支范围报销。

1962年,公费医疗费年人均开支标准从18元提高到21.6元(提高20%),公费医疗费当年支出7.06万元。

1963年,规定公费医疗经费转拨享受单位,自行掌握公费病人凭公费医疗证到指定的医疗单位治病记账,然后按规定手续报销。

1969年,在国家预算科目中列公费医疗经费一款,规定公费医疗经费年终结余可转下年继续使用。还规定自费药品任何人无权批准在公费医疗经费中报销。凡需转诊、转院,必须办理批准手续未经批准一切费用自理,并要求医务人员因病施治合理用药。

1973年,规定享受公费医疗待遇的人员是:各级国家机关、民主党派、人民团体由国家预算内开支的在编工作人员、文化教育卫生事业单位人员、在乡二等乙级以上荣残军人等。

1977年，财政部、卫生部、国家劳动总局印发《享受公费医疗劳保医务人员自费药品范围的规定》：

1.下列药品，不论单味或复方，均按自费处理不能在公费医疗费中报销。

(1)各种人参(含参须、条)、鹿茸、猴、狗宝、海马、海龙、玛瑙等。

(2)各种存用的动物脏品(鸡内金除外)及动物的胎、鞭、尾、骨、睛等。

(3)哈士油、龟灵集、首乌延寿片、定坤丹、三肾丸(粉)、人参膏、全鹿丸及人参鹿茸为主要成分的制剂。

(4)各种药酒及各种水果骨剂和各类滋补膏剂，如伏梨膏、西瓜膏、枇杷膏、党参膏、八珍膏等。

(5)各种补汁，如葡萄补汁、单糖浆、卵磷脂糖浆、舒肝糖浆、灵芝糖浆。

(6)口服葡萄糖、各种鱼肝油(治疗肺结核、夜盲症、佝偻病除外)、玉米油、维他麦精、蜂乳浆、蜂乳浆丸等。

(7)三磷酸腺苷及复方制剂、辅酶A及其复方制剂、复合辅酶A、浓汁力维隆、水解胎盘糖浆、能量合剂、胎盘球蛋白、胎盘(包括人血)丙种球蛋白，人血(含胎盘血、白蛋白)等。

2.下列范围的药品，单味使用，应按自费处理。因病情需要，在复方中使用，可在公费医疗内报销。

三七、何首乌、枸杞子、阿胶、阿胶珠鹿角二仙胶、龟板胶、鳖甲胶，海官、珊瑚、玳瑁、冬虫夏草、芷红花、羚羊、犀角、牛黄、麝香等。

上述(一)、(二)类药品在重病人抢救或治疗公务人员时，可在公费医疗经费内报销。

1978年，公费医疗年人均开支提高到30元。从1979年起，将公费医疗经费从卫生事业费中析出，设置公费医疗经费款级科目，用来反映国家机关医疗经费、卫生医疗系统公费医疗经费和其他单位公费医疗经费3项，当年支出15.90万元(其中国家机关公费医疗经费7.96万元，卫生医疗系统公费医疗经费1.63万元、其他单位公费医疗经费6.31万元)，比1978年增长15.38%，占当年卫生事业费支出的19.00%。从1981年始由于人员不断增加，药品价格上涨，干部职工年龄结构渐趋老化，公费医疗费增长较快，年均财政支出超过20万元以上。

1983年1月1日起，对公费医疗先由单位垫付代报，然后将医疗费单据汇总，报县公费医疗管理委员会审核拨款，同时恢复附处方的制度，规定每次看病药费在2元以上的附处方；病人擅自在药材公司选购药品、民间草药不予报销。

1985年，临澧县修订公费医疗管理办法，对公费医疗费先由原单位垫付代报，然后将医药费单据汇总报县公费医疗办审核拨款。并恢复治病的附处方制度，规定看病药费在2元以上附上处方。当年，公费医疗费包干支出27.5万元。当年，修订后的公费医疗费管理办法是：1.县公费医疗办负责审批处理有关公费医疗管理的日常事务；2.核实享受公费医疗对象，报县公费医疗办备案；3.公费医疗人员必须到指定的医疗单位就诊或住院；4.医生开处方时应根据病情合理用药用量一般不超过7天；5.按各享受公费医疗单位平均人数，每人平均30元标准核定到单位；6.药费超支部分按工龄长短分率报销。工龄5年以内报70%，工龄5~10年内报75%，10~15年内报80%，15~20年内报85%，20~25

年内报90%、25~30年内报95%，30年以上和因公负伤以及科级人员报100%。

1986年1月，将原临澧县公费医疗管理委员会改称临澧县政府公费医疗管理办公室，由卫生、财政局相关人员组成，卫生局一名副局长兼管，负责全县机关单位干部、职工及离退休人员公费医疗管理工作。实行“切块包干、单位管理”的办法。规定县直机关，各乡镇政府、教职员工和其他原属财政拨款的事业单位，由财政按原定标准拨款，包干使用。老干部、离休人员按公费医疗管理规定审核报销，并规定公费医疗经费与单位的福利费挂钩，有节余的，在节余总额中提取10%，奖励节约经费成绩突出人员。

1989年1月，临澧县公费医疗管理工作属县财政局负责。执行卫生部、财政部《公费医疗管理办法》核定公费医疗享受范围，明确享受人员、实行定点就医、并把好“三关”，一是处方关，二是检查关，三是自费药品关。当年至1993年5月，县财政每年安排60万元左右公费医疗经费，全额拨款单位在职人员年人均60元和离退休人员年人平100元包干到单位使用。

1990年，又制定新的公费医疗管理办法，1.门诊费、住院费凡超过个人全年指标的，一律自负10%，同时，门诊费按工龄分等定额到人。即1949年年底前参加工作的年为50元，1956年年底前参加工作的年为40元，1971年年底前参加工作的年为30元，1980年年底前参加工作的年为20元，1980年以后参加工作的年为10元。2.单位和个人节约部分可转下年使用；3.门诊发票一次超过5元的要单位领导签字；4.凡在药材门市、个体诊所、摊点购买的药品一律自负；5.严格住院、转院手续和审批程序，平均住院日数一般不超过15-20天；6.单位建立个人台账，按月张榜公布。

1993年5月1日至1994年4月，全县公费医疗进行改革，由县保险公司承担。全县机关、事业单位按人员投保，人均交保费90元，返回30元作为门诊药费，住院治疗根据病情酌定，一般疾病报销2000～3000元不等，癌症病人按人平1万元包干。县财政每年安排70万元，用于弥补投保人员住院药费支出。

1995年5月1日起，公费医疗管埋工作由县保险公司移交县财政局单独管理。办公地点在中医院大门北头，全县机关事业单位投保人员9000人左右，人均保费120元（1998~1999年人均150元）。门诊药费按家床形式管理；住院根据病情酌定，报销标准除按工龄比例自负外，其余合理支出全额报销。癌症病人仍按人均1万元包干。县财政每年安排70万元～120万元，弥补住院药费支出，1995年至1998年，全县公费医疗收支基本平衡。

1998年年底，根据国务院《关于建立城镇职工基金医疗保险制度的决定》（国发〔1998〕44号）和《湖南省建立城镇职工基金医疗保险制度实施意见》（湘政发〔1999〕15号）文件精神，临澧县于1999年10月，成立“临澧县医疗保险基金管理服务中心”，实施医疗保险制度政策，采取社会统筹账户与个人账户相结合，个人、集体、国家各负担一部分的医疗保险制度。

2000年1月，全国公费医疗体制改革，医保中心由县劳动和社会保障局负责全县公费医疗管理工作。全县所有单位按人员总数参保，在职职工按工资总额8%缴纳基本医疗保险费（其中2%由个人负担），按人平每月8元缴纳大病互助保险费（其中由个人负担4元），县医保中心为参保职工开设个人账户，按下列比例划入门诊医疗费用：在职职工45岁以下者按月划入参保工资的2.7%，45岁以上者划入3.2%；退休职工划入3.4%。职工的门诊费用从个人账户中支付。如果需要住院医疗，在缴纳600～800元的起付金后，视医疗费金额多少由个人按比例负担。3000元以内，个人负担20%；3000～10000元，个人负担15%；10000元以上，个人负担10%。退休职工医疗费在3000元以内者，由个人负担16%；3000～10000元者，由个人负担12%；10000元以上者，由个人负担8%。参保人员全年可报销住院费用的总额为6万元。离休人员按人年平5800元缴纳保费，除自负药品外，住院费实报实销，门诊费按每人每月200元包干使用。从2000年1月1日起，在全县正式规范运行。

2007年至2009年，政府实行收支科目分类改革，将原"公费医疗费"改为"医疗保障费"，全县行政单位干部、职工患病住院报销比例为80%。2009年，全县医疗保障费支出达4750万元，分别占当年财政一般预算收入和一般预算支出的25.24%和5.73%。

（三）中小学学杂费管理

中小学学杂费，根据"普遍轻收，特殊情况全减免或半减免；乡村低于城市，小学低于中学，初中低于高小"的原则，统一标准，统一征收，统一使用。

1953年起，各级公立中学、小学的学杂费收入（除乡村小学的收入外）一半留给学校，作为购买文化娱乐用品、教学器材设备开支外其余列作县的预算收入上交县教育主管部门，统一掌握使用，年终决算单独列支。1954年，中小学学杂费收入列入预算，另作专户储存。其中小学学杂费由县统筹，弥补小学公务费的不足及修缮校舍之用。1955年下学期，中学学杂费收入除留校一部分作为学生个人饮水方面的开支和学生宿舍的环境卫生外，其余资金全部由教育行政部门集中掌握，用于全县学校校舍维修和补充仪器、图书、体育、卫生设备；小学学杂费收入的绝大部分留校使用。其余占收入总额的5%-15%交省教育厅统一调剂，平衡全省小学经费的开支。

1964年7月，为便利贫下中农子女入学，调低全日制公立中学学杂费收费标准。降低收费后，小学房屋维修依靠当地人民政府和学校所在大队管委会，负责组织发动群众献工献料、艰苦奋斗、自力更生，不足部分从地方粮附加中适当解决。民办小学教师工资则从学校收费、集体公益金、国家定额补助及校办学农基地的收入等渠道筹措。其收费标准：县城小学1~3年级1.70元、4~6年级2.2元、初级中学3元、高级中学4元；农村小学1~3年级1.5元、4~6年级1.5元、初级中学2.0元、高级中学3元。对留校使用的学杂费只限于学校公务、业务及校舍设备维修、教学用品添置；上交联校的部分只限用于教育部门组织的集体教学活动及民办教师工资的差额补助；上交县教育部门的学杂费用于全县学校房屋维修及调剂全县民办教师工资差额补助。

1984年下学期起，中小学学杂费全部留作学校或乡联校使用。

1988年上学期，临澧县对中小学学杂费征收标准进行了调整，县城每期每生征收学杂费：高中8元，初中7元，高小5元，初小4元；农村每期每生征收学杂费：高中7元，初中6元，高小4元，小学3.5元。杂费代收部分除外，同时试行对高中学生每期每生收费25元，规定减免幅度，按学校杂费征收部分收入总额计算，农村小学、初中一般控制在10%以内，城镇一般控制在5%以内。各高中还应将征收杂费的5%作为奖学金，奖给家庭经济较为困难而又德智体全面发展、品学兼优的学生。学校征收的杂费和学费，全部用于弥补中小学教学公用经费、购买仪器设备、图书资料及零星房屋修缮等方面的开支。杂费和学费收入列入预算外资金按专项资金管理单独设账核算，严禁与预算内资金和其他预算外资金混淆。农村小学或未设会计的初级中学，所收学杂费交乡镇联校集中统一管理，定期持发票报账，年终节余可转下年度继续使用。

1993年至1994年征收学杂费标准：小学每期每生12元、初中15元、高中25元。

1998年至1999年征收学杂费标准：小学农村70元，城市90元；初中农村90元，城市90元~120元，高中280元~450元。

2000年至2001年征收学杂费标准：小学农村80元，城市100元，初中农村120元，城市150元，高中900元。

从2006年起，国家对农村义务教育学校实行"两免一补"政策，取消征收杂费，同时免收课本费和补助贫困寄宿生生活费。

2009年，征收学杂费标准：高中800元~1000元。

2009年，全县中小学校征收的学杂费达2792.50万元，比2008年减少94.50万元，减少3.38%。学杂费的使用范围主要用于学校的公用经费开支、添置仪器、图书等大型开支，必须实行政府集中采购。

（四）抚恤和社会救济费管理

清代，临澧县内设有养济院、育婴室、广生堂等"慈善"机构。置有房屋、田地，多为民间富户、士绅捐赠。出租收取谷物、银两，用于养济孤贫、育婴、养老、救生、施舍、备荒等项开支。民国时期，此项经费基本沿袭旧制，增设死伤病残军人等抚恤费。

1949年8月以后，全县的抚恤和社会救济费不断增加。1950年至1951年，抚恤和社会救济费全部由原常德地区专署财政科、民政科拨款。从1952年起，抚恤和社会救济费由县民政部门年初提出事业计划编造预算，送财政部门审核，由常德专署民政部门拨款。1953年，规定抚恤和社会救济费，除集中使用部分由县民政部分转发报销外，其余部分由县财政按预算及用款计划下拨到区、乡，由乡发到户和个人。1955年，采取先由基层摸底、群众评议，然后经区、县民政部门审核定案，分期发放。1958年，对优抚补助费和社会救济费的发放，实行由县掌握指标，民政部门审查批准，乡摸底评议的分工管理办法。其社会救济费由县拨到营业所和乡信用社付款。使社会救济费真正落到实处，县民政及县财政联合重点抽查社会救济使用和发放情况，发现问题及时纠正。

1962年，临澧县对救济费的发放采取由生产队提名，群众讨论，大队审查，公社批准，张榜公布到户；对定期定量补助费的发放，先由本人申请或生产队提名，公社审查，县民政部门批准，发给定期定量补助证，持证人按期到公社领款。1972年起，年开支逾10万元。1975年，执行省《关于抚恤救济费管理和使用的几项规定》，对此项经费的发放，须经当地公社党委集体研究决定，并履行三联手续（县、公社各1份，自留1份）。表账相符。1982年起，农村抚恤和社会救济费由农业银行监督拨付，直接发给优抚、救济对象。之后抚恤和社会救济费由民政部门统一管理发放。

1.抚恤事业费

抚恤事业费包括牺牲、病故抚恤费、残废抚恤费、烈军属抚恤费、复员退伍军人补助费，抚恤事业单位和其他抚恤事业费等项目。抚恤事业费的发放对象多属于有功之臣及其遗属。1950年，对负伤的革命战士，分轻伤和重伤发放。1951年11月后，执行国家内务部颁布的《革命工作人员伤亡褒恤暂行条例》，当时以实物（大米）为主。其他年份抚恤金分牺牲、病故、残废（伤残）等类型分别记述。

(1)牺牲、病故抚恤事业费

由财政拨给民政部门掌握，主要发给牺牲、病故的革命军人、国家机关、党派、团体工作人员的家属和参战牺牲民兵家属的一次性抚恤金。1952年年底前，抚恤费皆以大米支付；1950年至1952年，连排和21级以下干部牺牲抚恤费折大米为400公斤，病故为300公斤。1953年，称烈、军属优抚及补助事宜，当年改为支付现金。牺牲者家属的抚恤金最低为150元，最高为650元；病故者家属的抚恤金最低为120元，最高为520元。

1957年8月，调整牺牲、病故抚恤费标准，对牺牲、病故者家属实行按职务级别一次性抚恤的办法，并分别按牺牲、病故的标准执行。

1957年牺牲、病故抚恤费标准表

表3-12 单位：元

部队等级	国家机关工作人员级别	牺牲抚恤费	病故抚恤费
战士级	30~25	180	150
班　长	24~23	230	200
连、排长	22~19	280	230
营　级	18~17	350	280
团　级	16~13	450	360

以后一次性牺牲、病故抚恤费标准均有所调整。1979年，牺牲抚恤金调整为470元~700元，病故抚恤金调整为370元~600元。1985年10月，对云南边防保卫战结束后，对参加战斗牺牲的解放军指战员抚恤费另定较高标准。民政部、财政部对革命烈士一次性抚恤标准调整为按工资收入计发。烈士生前有工资收入的按其牺牲时工资的40个月工资标准计发；革命烈士生前无工资收入或工资收入低于23级正排职干部工资标准的按其牺牲时军队23级正排职工资的40个月计发。对遗属实行定期定量抚恤，发给遗属补助。1986年3月，民政部、财政部对抚恤标准作了修改，规定军人干部、志愿兵、机关工作人员因公牺牲的一次性抚恤费按牺牲时的20个月工资计发；上述人员病故一次性抚恤金按其病故者生前的工资额的10个月计发；但其最高数额不得超过3000元。义务兵和月工资低于正排职军官工资标准的军人死亡，按正排职军官的工资标准发给。1994年12月，工资改革后，按新的工资构成，对职工死亡一次性补助，按工资总额[即基础工资、职务工资、工龄工资、教(护)龄津贴]的10个月工资发给。2006年9月起，因公牺牲一次性抚恤费按40个月工资发给，非因公的一次性抚恤费按20个月工资发给。

(2)残废抚恤费

残废抚恤费是民政部门发给残废军人、国家机关和党派团体因公致残的工作人员、参战残废的民兵、民工的残废抚恤费以及上述人员伤口复发时的治理安装假肢和配置辅助器械的支出，必须雇请的护理人员的生活费。1953年全县有公伤残人员61人，年开支抚恤金4000元。1955年，工资改革后，重新规定残废抚恤标准。同年伤残抚恤金补助0.45万元。1978年，对三等残废人员由原一次性抚恤改为经常性抚恤。对烈、军属和复员退伍军人，定期定量或临时发给困难补助费。

1955年残废抚恤标准表

表3-13　　　　　　　　　　　　　　　　　　　　　　　　　　　　单位：元

享受人员 \ 补助金额 \ 等级		抚恤标准											
		特等		一等		二等甲级		二等乙级		三等甲级		三等乙级	
革命残疾军人工作人员及人民警察	在职	720	62	60	50	44	38	36	30	30	24	24	30
	在乡	420	380	360	330	190	170	136	126		30		24
参战民兵民工		360		300		160		110			30		24

1961年3月1日起，对在乡的“二等乙级”以上革命残废军人实行公费医疗，由县公费医疗办管理。

1977年，提高残废抚恤标准，民工、民兵抚恤金，由原1955年的5个级别24元~360元调整为80元~460元。其他在职残废抚恤费由30元~72元调整为36元~90元，在乡残废抚恤金由24元~420元调整为80-520元。当年全县支付伤残抚恤金0.74万元。

1981年，民政部通知，对原制发的革命残废军人、工作人员残疾证或人民警察残废等抚恤证，一律换发民政部门制定的新证。1982年、1984年，抚恤费标准均有调整，1985年，规定在乡特等残废军人的护理费每人每月45元，在乡的一等残废军人护理费每人每月40元。

1987年，残疾抚恤标准又重新制定。

1987年残疾抚恤标准表

表3-14　　　　　　　　　　　　　　　　　　　　　　　　　　　　单位：元

享受人员 \ 补助额 \ 等级		抚恤标准											
		特等		一等		二等甲级		二等乙级		三等甲级		三等乙级	
		因战	因公	因战	因公	因战	因公	因战	因公	因战	因公	因战	因公
革命残疾军人国家工作人员及人民警察	在职	132	120	118	108	96	86	84	76	70	64	60	56
	在乡	570	518	498	464	390	350	296	268		180		140
在乡残疾人员副食品补助		60			60		36		36		24		24
在乡残疾人员生活补助费		144		144			72		72		48		48

1988年8月1日前，伤残军人名称更名为残疾军人，当年，按照《军人抚恤优待条例》重新制定残疾抚恤标准，并新增在乡残疾人员副食品价格补贴和在乡特一等残疾人员的生活补贴。其等级分为4等6级（即特等、一等、二等甲级、二等乙级、三等甲级、三等乙级），现发放的抚恤费称为残疾抚恤金

(在职的称为残疾保健金),1988年8月1日起,残废军人更名为革命伤残军人,等级仍为4等6级发放,发放的抚恤费称为伤残抚恤金(在职的为伤残保健金)。

1993年1月1日起,特等革命伤残人员护理费每人每月110元,一等因公因战伤残人员,每人每月88元,一等因疾致残每人每月66元。2002年1月1日起特等260元,一等240元,一等因病160元。

2002年1月1日起,提高部分优抚对象抚恤(保健)金补助标准。

2003年7月1日起,执行革命伤残人员抚恤(保健)金标准。2004年10月1日起,因公因战一至二级,为当地职工月平均工资的50%,因公因战三至四级的,为当地职工月平均工资的40%,因病一至四级的,为当地职工月平均工资的30%。革命伤残军人更名为残疾军人,等级变更为1~10级(一级为原特等、三级为原一等、五级为原二等甲级、六级为原二等乙级、七级为原三等甲级、八级为原三等乙级),在职残疾军人由在职保健金改为和在乡残疾军人一样享受伤残抚恤金。

2006年1月1日起,执行残疾军人、伤残人民警察、伤残国家机关工作人员、伤残民兵、民工残疾抚恤金标准。

从2007年8月1日起,执行残疾军人、伤残人民警察、伤残国家机关工作人员、伤残民兵、民工残疾抚恤金标准。从2008年10月1日起,执行残疾、伤残人员警察、伤残国家机关工作人员,伤残民兵民工伤残抚恤金标准。

从2009年10月1日起,执行残疾军人、伤残人民警察、伤残国家机关工作人员、伤残民兵民工、残疾抚恤金标准。

(3)烈军属和复员退伍军人补助费

包括在乡红军的生活补助费和护理费,生活上有困难的复员、退伍军人及烈士家属的补助费以及失踪的军人家属的生活补助费。这项经费划分为定期定量补助(简称“双定”)和临时补助两种。1950年,规定家居农村的每人每月补助大米7.5公斤,家居城市的每人每月补助大米10公斤。1953年,改为补助现金(人民币)。1963年,规定居住县以下农村的每人每月补助生活费8元~12元,居住县以上城市的每人每月补12元。

1985年,对烈属的生活补贴标准又作重新规定:革命烈士家属、因公牺牲的军人家属,居住农村的每人每月20元~25元,居住小城镇的每人每月25元~30元,病故的军人家属居住农村的每人每月15元~20元,居住城镇的每人每月20元~25元。1987年,残疾抚恤标准。1988年,经清理全县共有在乡复员军人(1954年10月31日以前入伍的:含在乡老红军、红军失散人员,抗日战争时期,解放战争时期、抗美援朝入伍的复员军人)4500人。按定期定量补助发给。以后,补助标准又有几次调整。1995年1月调整为:革命烈士家属,因公牺牲军人家属,家住农村的每人每月生活补助80元增加到100元;家住小城镇的由90元增加到110元。病故军人家属居住农村的,每人每月生活补助由30元增加到35元;居住城镇的由45元增加到50元。对复员退伍军人的定期定量标准也有多次变动。

2003年7月1日,对烈属、因公牺牲军人家属、遗属定期抚恤,在乡退伍红军战士,在乡西路军红军老战士红军失散人员(补助)标准。

烈属因公牺牲军人家属病故军人家属定期抚恤标准表

表3-15 单位:元/月

补助标准 补助对象 执行日期	烈属		因公牺牲军人家属		病故军人家属	
	城镇	农村	城镇	农村	城镇	农村
2003.7.1	255	195	250	190	245	185
2004.10.1	4200	2640	3900	2520	3600	2340
2006.1.1	4980	3120	4620	2940	4260	2760
2007.8.1	6000	3600	5400	3420	5100	3300
2008.10.1	6900	4140	6180	3960	5820	3780
2009.10.1	7840	4760	7110	4550	6690	4350

在乡退伍红军、在乡西路军红军、失散红军人员生活补助标准表

表3-16 单位:元/年

补助标准 补助对象 执行日期	在乡退伍红军	在乡西路军红军	失散红军
2003.7.1	9360	6600	1800
2004.10.1	9600	8640	2880
2006.1.1	11400	10200	3360
2007.8.1	13680	12240	4080
2008.10.1	15720	14100	4680
2009.10.1	18080	18080	7820

从2007年8月1日开始,对参战退役人员和参加核试验的退役人员给予定期定量生活补助,其标准是:2007年,每人每月生活补助100元,2008年,每人每月生活补助150元,2009年,每人每月生活补助200元。

民政部、财政部通知,从2002年1月1日起,提高部分优抚对象抚恤补助标准,如下表:

革命伤残人员抚恤(保健)金标准表

表3-17 单位:元/年

类型	伤残等级	伤残性质	原标准	提高的标准额	新的标准
在乡	特等	因战	7000	1400	8400
		因公	6840	1400	8240

续表3-17

类型	伤残等级	伤残性质	原标准	提高的标准额	新的标准
	一　等	因 战	5400	1080	6480
		因 公	5270	1080	6350
		因 病	5140	1080	6220
	二等甲级	因 战	2900	430	3330
		因 公	2790	430	3220
		因 病	2700	430	3130
	二等乙级	因 战	1940	290	2230
		因 公	1860	290	2150
		因 病	1820	290	2110
	三等甲级	因 战	1180	180	1360
		因 公	1160	180	1340
	三等乙级	因 战	1050	160	1210
		因 公	1050	160	1210
在职	特　等	因 战	1500	300	1800
		因 公	1470	300	1770
	一　等	因 战	1200	240	1440
		因 公	1160	240	1400
		因 病	1150	240	1390
	二级甲级	因 战	600	90	690
		因 公	580	90	670
		因 病	560	90	650
	二等乙级	因 战	500	80	580
		因 公	480	80	560
		因 病	470	80	550
	三等甲级	因 战	380	60	440
		因 公	360	60	420
	三等乙级	因 战	320	50	370
		因 公	310	50	360

革命伤残人员抚恤(保健)金标准表

(从2003年7月1日起执行)

表3-18　　　　单位:元/年

伤残等级	伤残性质	抚恤金标准	保健金标准
特　等	因 战	9960	2140
	因 公	9800	2110
一　等	因 战	7680	1720
	因 公	7550	1680
	因 病	7420	1670
二等甲级	因 战	3880	810
	因 公	3770	790
	因 病	3680	770
二等乙级	因 战	2600	680
	因 公	2520	660
	因 病	2480	650
三等甲级	因 战	1560	410
	因 公	1540	490
三等乙级	因 战	1390	430
	因 公	1390	420

残疾军人、伤残人民警察、伤残国家机关工作人员、伤残民兵民工残疾抚恤金标准表

(从2004年10月1日起执行)

表3-19　　　　单位:元/年

残疾等级	按性质抚恤金标准		
	因战	因公	因病
一级(原特等)	11200	10800	10440
二级	10080	9600	9200
三级(原一等)	8960	8400	7800
四级	7280	6600	6000
五级(原二等甲级)	5600	5040	4560
六级(原二等乙级)	4480	4200	3600

续表3-19

残疾等级	按性质抚恤金标准		
	因战	因公	因病
七级(原三等甲级)	3360	3000	
八级(原三等乙级)	2240	1920	
九级	1680	1440	
十级	1120	960	

残疾军人、伤残人民警察、伤残国家机关工作人员、伤残民兵民工残疾抚恤金标准表

(从2006年1月1日起执行)

表3-20　单位:元/年

残疾等级	按性质抚恤金标准		
	因战	因公	因病
一级	14560	14040	13570
二级	13100	12480	11960
三级	11650	10920	10140
四级	9470	8580	7800
五级	7280	6550	5930
六级	5820	5460	4680
七级	4350	3880	
八级	2880	2480	
九级	2180	1870	
十级	1460	1250	

残疾军人、伤残人民警察、伤残国家机关工作人员、伤残民兵民工残疾抚恤金标准表

(从2007年8月1日起执行)

表3-21　单位:元/年

残疾等级	按性质抚恤金标准		
	因战	因公	因病
一级	18900	18300	17700
二级	17100	16200	15600
三级	15000	14100	13200

续表 3-21

残疾等级	按性质抚恤金标准		
	因战	因公	因病
四级	12300	11100	10200
五级	9600	7400	7800
六级	7500	7080	6000
七级	5700	5100	
八级	3600	3300	
九级	3000	2400	
十级	2100	1800	

残疾军人、伤残人员警察、伤残国家机关工作人员、伤残民兵民工残疾抚恤金标准表

（从2008年10月1日起执行）

表 3-22　　单位:元/年

残疾等级	按性质抚恤金标准		
	因战	因公	因病
一级	22680	21960	21240
二级	20520	19440	18720
三级	18000	16920	15840
四级	14760	13320	12240
五级	11520	10080	9360
六级	9000	8520	7200
七级	6480	6120	
八级	4320	3960	
九级	3600	2880	
十级	2520	2160	

残疾军人、伤残人民警察、伤残国家机关工作人员、伤残民兵民工残疾抚恤金标准表

（从2009年10月1日起执行）

表 3-23　　单位:元/年

残疾等级	按性质抚恤金标准		
	因战	因公	因病
一级	26080	25250	24430

续表3-23

残疾等级	按性质抚恤金标准		
	因战	因公	因病
二级	23600	22360	21530
三级	20700	19460	18220
四级	16970	15320	14080
五级	13250	11590	10760
六级	10350	9800	8280
七级	7870	7040	
八级	4970	4550	
九级	4140	3310	
十级	2900	2480	

2.离退休费

(1)离休费。该费是指民政部门管理的离休人员的离休费和其他费用。临澧县1961年开始安置老红军人员;1978年,开始办理干部离休手续,当年办理16人。1980年10月,国务院颁布《关于老干部离职休养的暂行规定》;第一、二次革命战争时期参加革命工作的干部,抗日战争时期参加革命工作的县长及相当职务或行政18级以上的干部,新中国成立以前参加革命工作的行政公署副专员及相当职务或行政职务14级以上的干部,年老体弱,不能坚持正常工作可以离休。对离休干部的管理,就地安置的由原单位负责,易地安置的(包括军队干部已转地方的),由接管地区的干部、人事部门负责。干部离休后,原标准工资(含保留工资)照发,福利待遇不变,其他各项生活待遇都与所在地区同级在职干部一样对待。医药费、住房、用车、生活品供应等方面,应优先照顾,老干部离休后其生活待遇:民国26年(1937年)7月6日以前参加革命工作的,按本人离休前的工资标准,每年增发二个月的工资,作为生活补贴;民国26年(1937年)7月7日至民国31年(1942年)12月31日参加革命工作的,每年增发一个半月工资作为生活补贴;民国32年(1943年)1月1日至民国34年(1945年)9月2日参加革命工作的,每年增发一个月工资作为生活补贴;民国34年(1945年)9月3日至1949年9月30日参加革命工作的和行政八级以上(含八级)以及相当八级以上老干部离休后,不增发生活补贴,享受上述生活补贴的老干部,一律不再发奖金。

1985年,全县有离休人员23人,全年支付离休费7.3万元(此项支出在退休退职费中列支)。

1986年后,县内发放的离休干部经费总额中有:护理费、死亡后的丧葬补助费、遗属生活困难补助费,按标准开支的福利费、特需经费、洗理费、参观费、交通费和军队干部离休后的公勤费、服装费、房租水电补助费、住房期间的伙食补助费、探亲路费、机动费、公务费、差旅费、政治工作费、给养器材费以及管理军队离休干部安置点的单位经费和直接为军队离休干部服务的事业编制人员、车辆等项目的费用。2009年,由民政部门管理和直接发给工资的离休人员2人,全年支出离休费3.77万元。

(2)退休费。该费是由民政部门归口管理的退职、退休人员的退职退休费以及按规定发放的副食品补贴、价格补贴、生活补贴等。1956年1月1日，临澧县开始执行《国家机关工作人员退休处理暂行办法》，凡符合当时规定的退休条件，经过任免机关批准，其退休金由退休后居住地点人民政府发给，在财政优抚费项下逐月列支，直至退休人员死亡为止，退休人员死亡后，由县财政在优抚费项下一次加发（按照本人生前每一个月工资标准）3个月的退休金给其家属作为丧葬费用。

1958年，改为执行《关于工人职员退休处理的暂行规定》，规定民政部门管理退休人员的范围，包括事业单位、国家机关、人民团体、民主党派和军事系统的退休人员。他们退休后，本人可享受所居住的地方国家机关工作人员相同的公费医疗待遇，退休人员去世后，一次性发给50元~100元的丧葬费用，并根据他供养的直系亲属人数的多少，一次发给相当本人6~9月退休费的抚恤费。

1979年起，临澧县全面实行国务院《关于安置老弱病残干部的暂行办法》和《关于工人退休退职的暂行办法》，干部工人退休后按本人月标准工资打折发给退休费，即：抗日战争时期参加革命工作的发给90%；解放战争时期参加革命工作的发给80%；新中国成立时期参加革命工作年限满20年的发75%；工作15年不到20年的发给70%；工作年限满10年不到15年的发给60%；退休费低于25元的按25元发给，逐月发放，直至去世为止。由于每年的自然减员，民政管理的退休人员逐年减少。

1985年起，由于退休人员提高工资标准和增加福利，退休费不断增加。2009年年底，由民政部门管理的退休人员还有44人，全年支出退休费63.40万元，月人均工资1200元。

3.社会救济福利事业费

该费项目包括农村和城镇社会救济费，精减退职老弱病残职工救济费、社会福利事业费、殡葬事业费、社会残疾人福利事业费、收容遣送经费及其他救济福利事业费。

（1）农村社会救济费。主要用于农村中无依无靠的老弱、病、残、孤儿、幼婴和家庭特别困难户及长期患病丧失劳动力的群众生活困难补助。这类人员数量比较稳定，而且条件不会在短期内发生大的改变，所以每年均由财政拨专项经费解决。为避免优亲厚友等弊端，此项经费的发放需经所在地村组群众民主评议，确定按救济对象困难程度大小，经乡政府审查，逐级上报审批，按困难程度大小和困难的表现，分别以现金或实物给予补助。

1958年，实现人民公社化后，这部分人成为人民公社社员，享有的待遇由所在生产队供养，即称为“五保户”（保吃、穿、医疗、用、葬、）。对生产队负担“五保”有困难的，政府也给予一定的补助，主要是过年、过节对农村“五保户”的慰问，一般补助食油1公斤、猪肉2.5公斤、大米10公斤等食品，但各年各公社标准不一。另外，农村社会救济的一个大头也是防寒衣、被的救济，当时社会属计划经济年代，由于产品不十分丰富供需矛盾突出，国家对涉及民生紧缺物资实行票证，为稳定市场稳定物价安定民心，据此，当地政府拨出专用布票和棉絮及专款为农村缺衣少被的群众家庭实行冬季御寒救助。1960年，全县农村社会救济支出19.9万元；1976年支出1.70万元；1985年，农村社会救济支出6.60万元。

1988年，县民政局对农村“五保户”供养办法作出新的规定：其供养标准每年每人口粮300公斤~400公斤、食油5公斤~7公斤、医疗费20元~30元、柴草1500公斤~2000公斤，另有衣被临时救济和房屋维修费。农村土地承包到户后，临澧县各级政府对无力耕作的“五保户”进行计划安置合理供养。

2002年后，农村社会救济（含特困户）改为农村居民最低生活保障费补助。为解决实际困难，农村居民最低生活保障费补助对象也须经所在地群众民主评议、村党支部讨论通过、表决、确定低保对象，经乡审查，并逐级上报审批，根据家庭人口生活水平高低程度按政策标准分别给予现金补助。低保对象实行一年一评，条件符合可连评连保，不符合条件者解除低保。

2003年至2008年，全县修建乡镇敬老院18所，总投资1768万元，其中县财政投入179万元，建有房屋629间，入住供养对象859人。生活费按每人每月150元的标准，分月或按季度兑现一次。2003至2008年，全县年累计供养农村“五保”对象15913人次，累计发放供养资金934.28万元。2008年前，散居农村“五保户”生活补助每人每年600元。2008年，全县有农村五保户对象3480人，年人均供养水平达1000元。

2009年，全县共有“五保户”人员3480人，其中集中供养对象1125人；散居“五保户”人员2355人，年人均供养水平达1200元。同年临澧县陆续给全县农村散住的1125户“五保户”新改建了房屋，使入住新房的“五保户”村民安度晚年。同时全县还落实农村居民低保150819人次，投入低保资金920万元，年人均61元。

(2)城镇社会救济费。主要用于城镇居民中无依无靠、无生活来源的孤、老、残、幼和无职业无固定收入的贫困户的生活补助。1965年以前，定期定量补助的居民平均每人每月5元~7元，20世纪70年代后提高到每人每月10元~12元，2002年，改为城市居民最低生活保障(简称城市低保)。此项支出分定期定量补助和临时补助两种办法。定期定量救济一般用于生活无依无靠的老、弱、寡、孤、独、残者家庭人口多，收入少，无法维持基本生活的困难户，老弱残退职职工等。临时救济对象是街道居民因疾病、意外灾害及其他事故等造成临时性生活困难的居民。当年支出205万元。2006年起，执行每人每月52元，当年支出787万元。2009年，城镇居民低保户月人均补助155元，当年支出1538万元。

(3)精减退职老、弱、病、残职工救济费。1982年4月，国务院规定，对1961年至1965年6月9日前精减的1957年年底以前参加工作的老职工，凡是符合生活困难救济规定和享受该工资40%而又没有享受其他社会救济的，应适当救济，所需经费由省、县各分担50%。居住农村的每人每月8元~10元，居住城镇的每人每月10元~15元。由当地民政部门按月发给。2002年后，上述职工大部分已纳入城市居民最低生活保障人员，实行定期定额生活补贴。

4.自然灾害救济费

自然灾害费用于遭受水、旱、风、雹、霜冻、病虫、雷电、地质灾害以及火灾等造成的群众生活困难的补助费。包括受灾地春夏的口粮救济、衣服、疾病治疗、房屋重建、维修、灾民转移安置、农田、水利恢复等补助费。临澧县历年对救灾和物资的使用都是先灾后救。灾后由基层逐级上报，县民政局调查核实，报县政府批准拨给专款，或报县政府转上级民政部门请求拨给专款。

二、差额预算管理

对有经常性业务收入，以收抵支，其收支差额纳入国家预算的事业单位，实行差额预算管理。临澧县的差额预算管理单位有卫生医疗机构、艺术表演团体和农、林、水利等事业单位。

1952年以前，临澧县对卫生医疗机构实行收入全部上缴国库，支出由财政拨款的办法。1953年起，各医疗机构的业务收入，不解交财政金库，自行统筹使用。收不抵支部分，由财政拨款补助。医疗单位将业务收入和补助收入作为全部收入，按月编造收支报表，送交财政部门审核，财政部门只能补助差额予以核销转账。1954年，改为"全额管理，差额补助，核实报销"办法，但对药材基金仍按特种资金进行管理，药品、器械积压较为普遍。1956年，废除药材基金特种资金管理的办法，改设药材周转金，全额转入预算管理，减少药品、器械的积压现象。

1960年，临澧县财政对医院工作人员的工资全部列入预算支出，实行"全额管理、定额补助"（简称包工资）办法。对医院增加的补助以及经费结余，留归单位，用于降低医疗收费，添置设备和增加周转金，下放给人民公社的卫生院，实行"独立核算，自负盈亏"。由国家举办转为集体经营对其业务收入难以支付人员工资的医疗单位财政适当给予补助。

1963年，国家对医院工作人员的工资由全包改为按比例补助。不足部分的差额，由主管部门统筹安排，对公社卫生院也采取"全额管理、定额补助"办法，将其全部收入纳入预算管理，支出由国家财政给予补助。

1973年10月，对集体办的公社卫生院，实行"社办公助"的办法，补助部分：包括集体工作人员工资的60%；部分医疗设备购置和基本建设投资。

1979年起，对医院机构实行"全额管理，数量统计，实耗实销"的药品管理办法。把药品管理的好坏和药品加减率、库存差异率的执行情况，作为考核医疗机构财务管理的重要内容。

1982年，对医疗机构实行五定（即定任务、定床位、定人员编制、定业务技术指标、定经费补助），建立成本核算管理。规定医疗单位的收支结余，用于发展医药事业和改善集体福利，也可用于个人奖励，奖金从当年实际收支相抵后的结余中提取。全年提取一个月标准工资总额的奖金发放到个人。到1985年，临澧县卫生事业费支出155.10万元，比1982年的84.61万元增加70.49万元，同比增长83.31%。

1988年，对有稳定的事业收入，但又不是以解决其经常性支出，需要财政给予一定补助的事业单位，实行差额预算管理。核定收支定额（定项）补助，增收节支留用，减收超支不补。单位利用现有人力、财力所获得的业务收入为相应支出，均视同预算管理。年终结余一般应按5∶2.5的比例建立事业发展基金、职工福利基金和奖励基金。当年，临澧县对农口差额管理单位，参照前3年的平均水平和增收节支潜力以及国家财力可能，实行"定收入、定支出、定补助、增收节支留用、超支不补、一定三年不变"的定额包干办法。

1989年，对有条件逐步向差额管理过渡的全额预算管理单位，主管部门和财政部门应促其差额预算过渡。对有条件逐步自收自支管理过渡的差额预算管理单位，逐步减少事业费补助，在主管部门会同财政部门规定的年限内达到经济自立，实行自收自支管理。

1990年始，临澧县规定凡农口事业单位有条件组织收入的，都要围绕主业开展"两个服务"(即有偿技术服务和经营服务)，积极组织收入减轻国家负担。各事业主管部门对开展"两个服务"的单位应采取以下财务管理办法：对基础条件好、盈余较多的单位实行"定额上交、超收全留、短收不补或利润分成"的办法；对收入稳定、略有盈余的单位实行"收入不上交、亏损不补贴、独立核算自负盈亏"的办法；对基础较差，短期内经费自给还有困难的实行"核定支出、逐年递减事业费、限期自立"的办法。凡农口开展两个服务的事业单位要设立财务机构，办理会计事项，进行会计核算。开展"两个服务”的单位获得的利润照章缴纳所得税，税后留利25%作职工奖励基金，20%作职工福利基金，50%作发展基金，5%作后备基金（该办法沿用至2009年）。1993年以后对差额预算管理单位的财政补助逐年增加。2006年，对差额单位的补助支出略有增加。主要是如医院医疗设备添置，医疗用房的改造更新等。当年卫生事业费支出2004万元。其中卫生机构经费支出1742万元，县医院经费102万元，乡镇卫生院补助费189万元。

三、自收自支管理

自收自支管理也属财政的全额预算管理单位。自收自支预算管理是指单位组织的收入不上交国家预算，支出国家预算不拨款，由单位自收自支，自求平衡，结余留用的一种预算管理形式。这种管理形式主要适用于有稳定的经济收入，可以解决本单位的经常性支出；但尚不具备企业管理条件的事业单位，实行自收自支的办法。如县招待所，20世纪80年代后，逐步过渡为自收自支的事业单位，1987年，县招待所改为“临澧县楚园宾馆”，财政与之无正常的拨款关系，但重大技术改造仍由县财政帮助解决。

1992年，财政部印发了《社会文教事业单位自收自支单位财务管理暂行办法》。临澧县按办法执行，在日常事务中通过计划管理和制度管理，不断完善和加强自收自支单位的财务管理工作。做到开始编制年度收支计划，季度分月收支计划及执行结果，按月编制报表报财政部门审核。

1993年，对自收、自支管理单位实行“核定收支、增收节支留用、减收超支不补”的办法。对收大于支较多的单位在核定其收入数额时规定其收入的一部分上缴财政或主管部门，上缴财政部门的收入用于抵顶财政部门对该部门的事业费拨款。

1996年10月，对少数非财政补助收入大于支出较多的事业单位，实行收入上缴办法。但各项收入要全部纳入单位预算，统一核算管理，支出要按照国家有关财务规章制度执行，并且要定期向主管部门和财政部门报送有关报表，提供财务报告。上述办法延至2009年。

四、项目管理

对行政事业费的管理有严格的规章制度，常年使用的经费，在2001年前，分为个人支出和公用支出两部分，2002年后，按一般预算支出目级科目分为个人支出、公用支出、对个人和家庭的补助支出3个部分，实际上就是个人部分和公用部分。

（一）个人经费部分。

个人经费部分包括基本工资、补助工资、津贴、职工福利费、助学金、主副食品补助、医疗费、离退休人员费用等。

1.工资

新中国成立初期，国家工作人员工资分包干供给制和薪金制两种，供给制人员为主体，仅少数留用旧职人员和科技人员为薪金制。

1949年8月，常德专署规定，供给制人员标准每人每日发大米0.75公斤，菜金分大、中、小灶三等，区科长以下干部为大灶，每日菜金0.01元（旧币，下同）；县长级干部按中灶待遇，另加大米0.5公斤。实物津贴每人每月供给猪肉0.5公斤，折款0.05元，黄烟0.25公斤，折款0.04元。每年发布鞋一双折款0.225元，棉被棉花1.25公斤，折款0.15元。薪金制工作人员，工资每月以大米计算，除食粮每日0.75公斤发给实物外，其余部分折款发给。县长级150公斤~175公斤、科长级125公斤~150公斤、科员级100公斤~125公斤、办事员75公斤~100公斤、勤杂人员75公斤~90公斤。

1950年1月起，临澧县执行中央人民政府财政部通知，个人包干供给制改为：大灶每月供给大米70公斤，中灶每月供给大米85公斤(包括烧柴在内)。3月1日起，执行中央人民政府政务院规定的《1950年度暂行供给标准》仍分灶别供给，县内工作人员绝大部分为供给制。1951年9月1日起，供给包干生活费改按工资分计发计算标准按灶分菜大灶每人每月65分，其中县级每人每月按71分，勤杂人员64分。中灶每人每月103分小灶135分。粮食每人每月22.5公斤，仍发实物一律按17分计算在上述供给标准内扣除。工资分核价标准按月计算，当年当月工资分核价每份2.15元(旧币)。10月2.113元、11月2.097元、12月2.098元。

1952年3月，临澧县执行中央人民政府政务院供给制人员统一增加津贴办法，即生活费加津贴的工资制度。生活费包括食粮、菜金、燃料、鞋袜、被子等日用品。仍按大、中、小三个灶别，大灶每月60分、中灶85分、小灶110分，工资分的分值以五种主要实物计算，计有大米0.8市斤、白布0.2市尺、植物油0.05市斤、食盐0.02市斤、原煤2市斤，每月工分价格不同。临澧县第一任县长丁少之，按中灶待遇85分标准供给，4月份工资分折价166855元(旧币，下同)，5月份降为163795元，6月份上升为169745元。津贴发放办法，分10等24级。按职定级固定津贴标准。县长为6等1级，月津贴280000元；副县长为6等2级，月津贴240000元；县政府科长、区长定为7等2级，月津贴126000元；科员、区助理员定为8等1级月津贴66000元；办事员、区干事定为8等2级，月津贴56000元；炊事班长、警卫员定为9等，月津贴46000元；勤杂人员一律为10等，月津贴41000元，为最低等。开始执行新的标准后，9月份工资分核价为1827500元〔旧币，下同，注：折算成今人民币为182.75元(旧币面额壹萬圆等于今人民币面值壹圆〕。加上月津贴280000元，合计2107500元，10月份降为1796050元，加上月津贴，合计2076050元，11月份工资1782450元，加上月津贴，合计2062450元，12月份工资1783300元，加上月津贴，合计2063300元。同年，全县行政干部124人，有78人享受供给制，占总数的62.9%。供给标准除每人每日供应食粮0.75公斤外，还分灶别供给菜金，按事物折款，大灶食油3钱、盐5钱、肉4钱、蔬菜0.5公斤、原煤0.7公斤(或木柴1公斤)；中灶菜金按大灶两倍半供给。轻伤病员一律按中灶标准优待。其他费用标准不分等级，按月发放生活费，以实物计算，每人每月猪肉0.5公斤、肥皂2/3块、牙刷1/6把、牙粉2/3包、理发粉1公斤、毛巾1/6条，节日每人增发猪肉0.5公斤，服装费按年供给，每年每人单衣一套、单帽一顶、衬衣一套、棉衣2/3套、大衣1/3件、蚊帐1/5顶。医药费每人每月大米4公斤(其中2.5公斤发给机关、1.5公斤由财政掌握)。妇女卫生费每月0.6元，生育费大产补助红糖1公斤，鸡2只，鸡蛋60个，麻纸200张，棉花2公斤，白细布8市尺。生产期间，属于大灶待遇的妇女，一律按中灶优待供给2个月，中、小灶待遇者不另外增加。

1955年7月1日，供给制停止，国家工作人员全部实行工资制。当年10月起，临澧县按三类地区工资标准执行，全县行政管理编制内外人员为469人(其中区级人员167人)。其中编内人员456人(其中已评工资级别人员446人)，编外人员13人。按三类地区工资标准执行15个工资级别，最高15

级，最低29级。其中15级1人，16级1人，17级3人，18级8人，19级13人，20级8人，21级18人，22级29人，23级56人，24级72人，25级87人，26级113人，27级27人，28级12人，29级2人，其他编外人员19人。当年，全县行政支出（个人、公用经费）37.82万元，占财政总支出94.98万元的41.12%。1956年，全年工资支出215699.11元，月人均工资38.32元。与工资改革前（1954年）实行工资加津贴月人均工资20.55元，增长86.47%，与改革后1955年月人均工资39.2元减少2.24%。工作人员的房租、水电费，按月在个人工资项下扣除。对部分人员的保留工资不再执行。

1963年8月，对部分工资偏低或提职未提薪的行政人员，进行工资调整，由上年度月人均工资46.6元增加到50.90元，月人均增资4.3元。

1965年4月1日起，国家提高粮食统销价格，对行政17级以下工作人员，每人每月发给生活补贴2.5元。

1976年，全县行政支出76.53万元（其中国家机关经费69.79万元，行政业务费2.70万元，干部训练费1.64万元，其他支出2.40万元）。1976年行政支出比1971年减少5.41%。

1977年10月，又对部分人员工资进行调整。当年全县行政人员比1957年增加250人，调整升级，靠级面42.5%，人平月增工资5.6元。当年，全县行政支出增加到92.77万元，比1976年增长21.22%。

1979年11月，又一次调部分人员工资，升级面40%。升级人员月平均资7元，工资类由三类升为四类。

1982年10月，国家机关和文教、卫生事业单位工资普调，升级面达98%（部分调两级），全县人均增资6.7元。年终又发放“增收节支奖”，人均50元（1983年增为60元，1984年提高到120元）。

1985年5月起，退休人员每人每月发给生活补助费17元。7月1日起国家对行政事业单位实行第二次工资制度改革，将原来的等级工资制改为结构工资制，由基础工资、职务工资、工龄工资三部分组成，临澧县按原定三类地区标准执行。当年全县行政事业单位5542人（其中退休170人）参加工资改革，全县干部职工调资财政支付163万元，月人均增加工资24.5元（财政决算报表编报说明）。

1981年至1985年，国家机关人员多次调资、财政行政支出激增，连续5年全县行政支出941.94万元，其中个人部分经费支出446.05万元，占同期财政行政支出的47.35%。

1988年1月起，每人每月发给奖励工资18元，4月起，每人每月发给四种主要食品价格补贴8元。9月份起，退休人员每人每月发给生活补贴10元。

1989年年初，县财政预算，属县处级的离休干部每人每月安排乘车费8元，一般离休干部乘车费6元，县处级粮油食品差价补助每人每年63元；一般离休干部和科局级退休干部每人每年安排粮油食品差价补贴33元。当年年末，县财政预留次年支付全县调资经费40.2万元。当年，人均工资收入比工资改革前的1984年增长一倍。

1994年，对行政事业单位实行第三次工资制度改革，实行职级工资制，即职务工资、级别工资、基础工资和工龄工资四个部分。其中职务工资和级别工资是职级工资构成的主体。基础工资每人每月90元一律同等。职务工资仍按现任职务或工资级别对号入座；工龄工资实行每工作时间满一年后补助1元，直至离退休当年为止。此次调资从1993年10月1日起施行，当年，全县财政一般预算支出

4821万元,其中支付干部职工工资及福利等(含离退休人员)2588万元,占同期财政一般预算支出的53.68%。人均年增资1460元。

2000年4月,成立临澧县财政局工资发放中心,临澧县认真贯彻执行财政部、人事部、中央机构编制委员会办公室(2000年6月21日)关于《行政单位财政统一发放工资暂行办法》的通知,即:将行政事业单位全额财政负担人员的基本工资统一由工资发放中心委托银行直接代发到个人。当年7月,临澧县纳入财政统一发放工资的单位有:全县各级党政机关、人大、政协机关、公检法司及有关人民团体的干部、职工实行由财政工资发放中心委托银行代理直接拨款到个人工资账户,实行一人一卡,一人一户,确保工资及时到位,避免挪用,挤占现象。当年起,在岗工作人员每年发13月工资。到2001年7月,纳入财政统一发放工资的单位89个,6080人,月统发工资额505万元。

2003年12月,工资统发范围包括全县70个县直单位、18个乡(镇)政府和教育事业单位(含28所学校),6068人,月统发工资额523万元。

2006年6月14日,国务院颁发《关于改革公务员工资制度的通知》7月1日起实施。这次公务员工资制度改革的基本内容:

一是改革公务员职级工资制。(1)调整工资结构。公务员基本工资由现行职务工资、级别工资、基础工资和工龄工资四项调整为职务工资和级别工资两项(取消基础工资和工龄工资),政策延续至2009年未变。

①职务工资。主要体现在职公务员工作职责大小,一个职务对应一个工资标准,即领导职务和相当职务层次的非领导职务对应不同的工资标准。公务员按所任职务执行相应的职务工资标准。

②级别工资。主要体现公务员的工作实绩和资历。公务员的级别由现行16个调整为27个,取消现行级别。每一个职务层次对应若干个级别,每一个级别设若干个工资档次。公务员根据所任职务、德才表现、工作实绩和资历确定级别和级别工资档次,执行相应的级别工资标准。(2)调整基本工资正常晋升办法。公务员晋升职务后,执行新任职务的职务工资标准,并按规定晋升和增加级别工资。公务员每年考核称职以上的,一般每5年可在所任职务对应的级别内晋升一个级别,一般每两年可在所任级别对应的工资标准内晋升一个工资档次。公务员的级别达到所任职务对应最高级别后,不再晋升级别,在最高级别工资标准内晋升级别工资档次。(3)实行级别与工资等待遇适当挂钩。厅局级副职及以下职务层次的公务员,任职时间和级别达到规定条件后,经考核合格,可以享受上一职务层次非领导职务的工资等待遇;

二是完善机关工人岗位技术等级(岗位)工资制。(1)调整机关工人基本工资结构。技术工人仍实行岗位技术等级工资制,基本工资构成由现行岗位工资、技术等级(职务)工资和奖金三项调整为岗位工资和技术等级(职务)工资两项。岗位工资根据难易和工作质量确定,按初级工、中级工、高级工三个技术等级和技师、高级技师二个技术职务设置,分别设若干工资档次。技术等级(职务)工资根据技术水平高低确定,一个技术等级(职务)对应一个工资标准。(2)普通工人仍实行岗位工资制。基本工资构成由现行岗位工资和奖金两项调整为岗位工资一项。(3)基本工资正常晋升办法。机关工人年度考核合格及以上的,一般每两年可在对应的岗位工资标准内晋升一个工资档次。

三是完善津贴补贴制度。(1)实施地区附加津贴制度。(2)完成艰苦边远地区津贴制度。(3)完成岗位津贴制度。国家对岗位津贴进行规范,实行统一管理。

四是健全工资水平正常增长机制。国家根据国民经济发展、财政状况、物价水平等情况,适时调整机关工作人员基本工资标准;

五是实行年终一次性奖金。对年终考核称职(合格)及以上的工作人员,发放年终一次性奖金,奖金标准为本人当年12月份的基本工资。

另外,这次机关人员工资制度改革后,在新的养老保险制度建立前,相应调整离退休人员的离退休费计发办法。

这次工资改革所需经费,由财政负担的按照财政体制和单位隶属关系,分别由中央和地方财政分担。2006年,临澧县调资人数为14618人(含离、退休人员2715人),月增资428.41万元,全县年增资5141万元。人平月增资293.07元。

人事部发〔2006〕56号《关于印发事业单位工作人员收入分配制度改革方案的通知》,改革事业单位现行工资制度,建立分级分类管理的收入分配制度,从2006年7月1日起实施。

(1)改革的原则:

一是贯彻按劳分配与按生产要素分配相结合的原则,建立与岗位职责、工作成绩、实际贡献紧密联系和鼓励创新的分配激励机制;二是适应事业单位聘用制改革和岗位管理的要求,以岗定薪,岗变薪变,加大向优秀人才和关键岗位的倾斜力度;三是建立体现事业单位特点的工资正常调整机制,坚持搞活事业单位内部分配,进一步增加事业单位活力。

(2)改革的基本内容:

事业单位实行岗位绩效工资制度。岗位绩效工资由岗位工资、薪级工资、绩效工资和津贴(补贴)四部分组成,其中岗位工资和薪级工资为基本工资。

岗位工资主要体现工作人员所聘岗位职责与要求。专业技术岗位设置13个等级,65个薪级,管理岗位设置10个等级、65个薪级。工勤技能岗位分为技术工岗位和普通工岗位,技术工岗位设5个等级,40个薪级,普通工岗位不分等级,不同等级的岗位对应不同的工资标准。

薪级工资主要体现工作人员的工作表现和资历。对专业技术人员和管理人员设置65个薪级;对工人设置40个薪级,每个薪级对应一个工资标准。

绩效工资主要体现工作人员的实绩和贡献。事业单位实行绩效工资后,取消现行年终一次性奖金。将一个月基本工资的额度以及地区附加津贴纳入绩效工资。事业单位的津贴补贴,分为艰苦边远地区津贴和特殊岗位津贴补贴。

(3)实施范围:

这次事业单位收入分配制度改革的实施范围是经机构编制部门按规定程序批准设立的事业单位中,2006年7月1日在册正式工作人员。

经批准参照公务员法管理的事业单位,各类企业所属的事业单位和事业单位所属独立核算的企业,不列入这次事业单位收入分配制度改革的范围。

(4)经费来源:

事业单位收入分配制度改革所需经费,按现行财政体制单位类型不同,分别由财政和事业单位负担。由财政负担的经费,按现行财政体制和单位隶属关系,分别由中央财政和地方财政负担。对中西部地区中央财政给予适当补贴。

对机关事业单位离退休人员从2006年7月1日起,按下列办法计发离退休费:

(1)离休人员。离休费按本人离休前职务工资和级别工资之和或岗位工资和薪级工资之和全额计发。

(2)退休人员。公务员退休后的退休费按本人退休前职务工资和级别工资之和的一定比例计发。其中,工作年限满35年的按90%计发;工作年限满30年不满35年的,按85%计发;工作年限满20年不满30年的,按80%计发。

事业单位工作人员退休后的退休费按本人退休前岗位工资和薪级工资之和的一定比例计发。计发的工作年限和比例与公务员的年限比例相同。

机关技术工人、普通工人退休后的退休费分别按本人退休前工资和技术等级工资之和、岗位工资的一定比例计发。计发的工作年限和比例与公务员的年限比例相同。

2006年6月30日前,已办理离退休手续的人员,从2006年7月1日起,增加离退休费,具体办法是:

①离休人员按适应高于同职务在职人员平均增资额增加离休费。

②退休人员按下列标准增加退休费:行政管理人员,厅局级750元,县处级450元,乡科级275元,科员及办事员180元,专业技术人员、教授及相当职务700元,助教(含相当职务)及普通工180元。

③退职人员按适当低于同岗位退休人员增加退休费的数额增加退职生活费。机关事业单位养老保险制度建立前,在职人员调整工资标准时,离退休人员相应或适当增加离退休费。

相关事业单位养老保险制度建立后,离退休人员待遇调整办法另行研究制定。

公务员等各类人员岗位工资、薪级工资标准见下列套改表:

2006年公务员职务工资标准表

表3-24 单位:元/月

职务	工资标准	
	领导职务	非领导职务
国家级正职	4000	
国家级副职	3200	
省部级正职	2510	
省部级副职	1900	
厅局级正职	1410	1290
厅局级副职	1080	990
县处级正职	830	760
县处级副职	640	590
乡科级正职	510	480
乡科级副职	430	410
科员		380
办事员		340

2006年公务员级别工资标准表

表3-25　　　　　　　　　　　　　　　　　　　　　　　　　　单位:元/月

级别	档次													
	1	2	3	4	5	6	7	8	9	10	11	12	13	14
一	3020	3180	3340	3500	3660	3820								
二	2770	2915	3060	3205	3350	3495	3640							
三	2530	2670	2810	2950	3090	3230	3370	3510						
四	2290	2426	2562	2698	2834	2970	3106	3242	3378					
五	2070	2202	2334	2466	2598	2370	2862	2994	3126	3258				
六	1870	1996	2122	2248	2374	2500	2626	2752	2878	3004	3130			
七	1700	1818	1936	2054	2172	2290	2408	2526	2644	2762	2880			
八	1560	1669	1778	1887	1996	2105	2214	2323	2432	2541	2650			
九	1438	1538	1638	1738	1838	1938	2038	2138	2238	2338	2438			
十	1324	1416	1508	1600	1692	1784	1876	1968	2060	2152	2244			
十一	1217	1302	1387	1472	1557	1642	1727	1812	1897	1982	2067	2152		
十二	1117	1196	1275	1354	1433	1512	1591	1670	1749	1828	1907	1986	2065	
十三	1024	1098	1172	1246	1320	1394	1468	1542	1616	1690	1764	1838	1912	1986
十四	938	1007	1076	1145	1214	1283	1352	1421	1490	1559	1628	1697	1776	1835
十五	859	924	989	1054	1119	1184	1249	1314	1379	1444	1509	1574	1639	1704
十六	786	847	908	969	1030	1091	1152	1213	1274	1335	1396	1457	1518	1579
十七	719	776	833	890	947	1004	1061	1118	1175	1232	1289	1346	1403	
十八	658	711	764	817	870	923	976	1029	1085	1135	1188	1241	1294	
十九	602	651	700	749	798	847	896	945	994	1043	1092	1141		
二十	551	596	641	686	731	776	821	866	911	956	1001			
二十一	504	545	586	627	668	709	750	791	832	873				
二十二	461	498	535	572	609	646	683	720	757					
二十三	422	455	488	521	554	587	620	653						
二十四	386	416	446	476	506	536	566	596						
二十五	352	380	408	436	464	492	520							
二十六	320	347	374	401	428	455								
二十七	290	316	342	368	394	420								

2006年机关技术工人岗位技术等级工资标准表

表3-26 单位：元/月

技术等级＼标准	岗位工资																		技术等级工资
	1	2	3	4	5	6	7	8	9	10	11	12	13	14	15	16	17	18	
高级技师	895	936	977	1024	1071	1118	1171	1224	1277	1336	1395	1454	1519	1584	1649				410
技　师	760	795	830	865	905	945	985	1031	1077	1123	1175	1227	1279	1338	1397				270
高级工	650	681	712	743	777	811	845	882	919	956	998	1040	1082	1129	1176	1228	1280		195
中级工	570	598	626	654	685	716	747	781	815	849	886	923	960	1001	1042	1087	1132	1177	155
初级工	500	526	552	578	606	634	662	693	724	755	788	821	854	891	928	965	1006	1047	125

2006年机关普通工人岗位工资标准表

表3-27 单位：元/月

	1	2	3	4	5	6	7	8	9	10	11	12	13	14	15	16	17	18	19
普通工	610	634	658	684	710	738	766	797	828	862	896	934	972	1013	1054	1098	1142	1186	1230

2006年事业单位专业技术人员基本工资标准表

表3-28 单位：元/月

岗位工资		薪级工资									
岗位	工资标准	薪级	工资标准	薪级	工资标准	薪级	工资标准	薪级	工资标准	薪级	工资标准
一级	2800	1	80	14	273	27	613	40	1064	53	1720
二级	1900	2	91	15	295	28	643	41	1109	54	1785
三级	1630	3	102	16	317	29	673	42	1154	55	1850
四级	1420	4	113	17	341	30	703	43	1199	56	1920
五级	1180	5	125	18	365	31	735	44	1244	57	1990
六级	1040	6	137	19	391	32	767	45	1289	58	2060
七级	930	7	151	20	417	33	799	46	1334	59	2130
八级	780	8	165	21	443	34	834	47	1384	60	2200

续表3-28

岗位工资		薪级工资									
岗位	工资标准	薪级	工资标准	薪级	工资标准	薪级	工资标准	薪级	工资标准	薪级	工资标准
九级	730	9	181	22	471	35	869	48	1434	61	2280
十级	680	10	197	23	499	36	904	49	1484	62	2360
十一级	620	11	215	24	527	37	944	50	1534	63	2440
十二级	590	12	233	25	555	38	984	51	1590	64	2520
十三级	550	13	253	26	583	39	1024	52	1655	65	2600

注:各专业技术岗位的起点薪级分别为:一级岗位39级,二至四级岗位25级,五至七级岗位16级,八至十级岗位9级,十一至十二级岗位5级,十三级岗位1级

2006年事业单位管理人员基本工资标准表

表3-29 单位:元/月

岗位工资		薪级工资									
岗位	工资标准	薪级	工资标准	薪级	工资标准	薪级	工资标准	薪级	工资标准	薪级	工资标准
一级	2750	1	80	14	273	27	613	40	1064	53	1720
二级	2130	2	91	15	295	28	643	41	1109	54	1785
三级	1640	3	102	16	317	29	673	42	1154	55	1850
四级	1305	4	113	17	341	30	703	43	1199	56	1920
五级	1045	5	125	18	365	31	735	44	1244	57	1990
六级	850	6	137	19	391	32	767	45	1289	58	2060
七级	720	7	151	20	417	33	799	46	1334	59	2130
八级	640	8	165	21	443	34	834	47	1384	60	2200
九级	590	9	181	22	471	35	869	48	1434	61	2280
十级	550	10	197	23	499	36	904	49	1484	62	2360
		11	215	24	527	37	944	50	1534	63	2440
		12	233	25	555	38	984	51	1590	64	2520
		13	253	26	583	39	1024	52	1655	65	2600

注:各管理岗位的起点薪级分别为:一级岗位46级,二级岗位39级,三级岗位31级,四级岗位26级,五级岗位21级,六级岗位17级,七级岗位12级,八级岗位8级,九级岗位4级,十级岗位1级。

2006年事业单位工人基本工资标准表

表3-30　　单位:元/月

岗位工资		薪级工资							
岗位	工资标准	薪级	工资标准	薪级	工资标准	薪级	工资标准	薪级	工资标准
技术工一级	830	1	70	11	188	21	363	31	614
技术工二级	690	2	80	12	202	22	386	32	643
技术工三级	615	3	90	13	217	23	409	33	675
技术工四级	575	4	101	14	232	24	432	34	707
技术工五级	545	5	112	15	248	25	455	35	739
普通工	540	6	124	16	264	26	478	36	774
		7	136	17	282	27	504	37	809
		8	148	18	300	28	530	38	884
		9	161	19	320	29	556	39	879
		10	174	20	340	30	585	40	915

注:各技术工岗位的起点薪级分别为:一级岗位26级,二级岗位20级,三级岗位14级,四级岗位8级,五级岗位2级,普通工岗位的起点薪级为1级

1. 2006年公务员级别工资套改表

表3-31

（此次工资改革从2006年7月1日起实施）

职务	任职年限	套改年限																			
		3年以下	4-5年	6-7年	8-9年	10-12年	13-14年	15-17年	18-19年	20-22年	23-24年	25-27年	28-29年	30-32年	33-34年	35-37年	38-39年	40-42年	43-44年	45-47年	48年以上
县处级正职	1-5年							18-1	18-2	18-3	18-4	18-5	17-5	17-6	16-6	16-7	15-7	15-8	14-8	14-9	—
	6-10年								17-2	17-3	17-4	17-5	17-6	17-7	16-7	16-8	15-8	15-9	14-9	14-10	—
	11-15年									16-2	16-3	16-4	16-5	16-6	16-7	16-8	15-8	15-9	14-9	14-10	—
	16年以上										15-3	15-4	15-5	15-6	15-7	15-8	15-9	15-10	14-10	14-11	—
县处级副职	1-5年						20-1	20-2	20-3	20-4	19-4	19-5	18-5	18-6	17-6	17-7	16-7	16-8	15.8	—	—
	6-10年							19-2	19-3	19-4	19-5	19-6	18-6	18-7	17-7	17-8	16-8	16-9	15.9	—	—
	11-15年								18-2	18-3	18-4	18-5	18-6	18-7	17-7	17-8	16-8	16-9	15.9	—	—
	16年以上									17-3	17-4	17-5	17-6	17-7	17-8	17-9	16-9	16-10	15.10	—	—
乡科级正职	1-5年					22-1	22-2	22-3	21-3	21-4	20-4	20-5	19-5	19-6	18-6	18-7	17-7	17-8	16.8	—	—
	6-10年						21-2	21-3	21-4	21-5	20-5	20-6	19-6	19-7	18-7	18-8	17-8	17-9	16.9	—	—
	11-15年							20-2	20-3	20-4	20-5	20-6	19-6	19-7	18-7	18-8	17-8	17-9	16.9	—	—
	16年以上								19-3	19-4	19-5	19-6	19-7	19-8	18-8	18-9	17-9	17-10	16.10	—	—
乡科级副职	1-5年				24-1	24-2	23-2	23-3	22-3	22-4	21-4	21-5	20-5	20-6	19-6	19-7	18-7	18-8	17.8	—	—
	6-10年					23-2	23-3	23-4	22-4	22-5	21-5	21-6	20-6	20-7	19-7	19-8	18-8	18-9	17.9	—	—
	11-15年						22-2	22-3	22-4	22-5	21-5	21-6	20-6	20-7	19-7	19-8	18-8	18-9	17.9	—	—
	16年以上							21-3	21-4	21-5	21-6	21-7	20-7	20-8	19-8	19-9	18-9	18-10	17.10	—	—
科员			26-1	26-2	25-2	25-3	24-3	24-4	23-4	23-5	22-5	22-6	21-6	21-7	20-7	20-8	19-8	19-9	18-9		—
办事员		27.1	27-2	27-3	26-3	26-4	25-4	25-5	24-5	24-6	23-6	23-7	22-7	22-8	21-8	21-9	20-9	20-10	19-10		—

注：表中年间"—"的数字前为级别，后为档次

2．2006年机关技术工人岗位工资套改表

表3-32

技术等级(职务)	在岗(任职)年表	套改年限																
		4年以下	5-6年	7-9年	10-11年	12-14年	15-16年	17-19年	20-21年	22-24年	25-26年	27-29年	30-31年	32-34年	35-36年	37-39年	40-41年	42年以上
高级技师	1-4年									1	2	3	4	5	6	7	8	9
	5-8年										3	4	5	6	7	8	9	10
	9年以上											5	6	7	8	9	10	11
技师	1-4年							1	2	3	4	5	6	7	8	9	10	11
	5-8年								3	4	5	6	7	8	9	10	11	12
	9年以上									5	6	7	8	9	10	11	12	13
高级工	1-4年					1	2	3	4	5	6	7	8	9	10	11	12	13
	5-8年						3	4	5	6	7	8	9	10	11	12	13	14
	9年以上							5	6	7	8	9	10	11	12	13	14	15
中级工	1-4年				1	2	3	4	5	6	7	8	9	10	11	12	13	14
	5-8年					3	4	5	6	7	8	9	10	11	12	13	14	15
	9年以上						5	6	7	8	9	10	11	12	13	14	15	16
初级工		1	2	3	4	5	6	7	8	9	10	11	12	13	14	15	16	17

3．2006年机关普通工人岗位工资套改表

（此次工资改革从2006年7月1日起实施）

表3-33

	套改年限																
普通工	4年以下	5-6年	7-9年	10-11年	12-14年	15-16年	17-19年	20-21年	22-24年	25-26年	27-29年	30-31年	32-34年	35-36年	37-39年	40-41年	42年以上
	1	2	3	4	5	6	7	8	9	10	11	12	13	14	15	16	17

4．2006年事业单位专业技术人员薪级工资套改表

表3-34

岗位	任职年限＼薪级＼套改年限	3年以下	4年	5-6年	7-8年	9年	10-11年	12-13年	14年	15-16年	17-18年	19年	20-21年	22-23年	24年	25-26年	27-28年	29年	30-31年	32-33年	34年	35-36年	37-38年	39年	40-41年	42-43年	44年	45-46年	47-48年	49年	50-51年	52-53年	54年	55-56年	57-58年	59年以上
一级	15年以下																39	40	41	42	43	44	45	46	47	48	49	50	51	52	53	54	55	56	57	58
	16-20年																	41	42	43	44	45	46	47	48	49	50	51	52	53	54	55	56	57	58	59
	21年以上																		43	44	45	46	47	48	49	50	51	52	53	54	55	56	57	58	59	60
二级 三级 四级	2年以下									25	26	27	28	29	30	31	32	33	34	35	36	37	38	39	40	41	42	43	44							
	3-4年										27	28	29	30	31	32	33	34	35	36	37	38	39	40	41	42	43	44	45							
	5-6年											29	30	31	32	33	34	35	36	37	38	39	40	41	42	43	44	45	46							
	7-8年												31	32	33	34	35	36	37	38	39	40	41	42	43	44	45	46	47							
	9-10年													33	34	35	36	37	38	39	40	41	42	43	44	45	46	47	48							
	11-12年														35	36	37	38	39	40	41	42	43	44	45	46	47	48	49							
	13年以上															37	38	39	40	41	42	43	44	45	46	47	48	49	50							
五级 六级 七级	2年以下					16	17	18	19	20	21	22	23	24	25	26	27	28	29	30	31	32	33	34	35											
	3-4年						18	19	20	21	22	23	24	25	26	27	28	29	30	31	32	33	34	35	36											
	5-6年							20	21	22	23	24	25	26	27	28	29	30	31	32	33	34	35	36	37											
	7-8年								22	23	24	25	26	27	28	29	30	31	32	33	34	35	36	37	38											
	9-10年									24	25	26	27	28	29	30	31	32	33	34	35	36	37	38	39											
	11-12年										26	27	28	29	30	31	32	33	34	35	36	37	38	39	40											
	13年以上											28	29	30	31	32	33	34	35	36	37	38	39	40	41											
八级 九级 十级	2年以下			9	10	11	12	13	14	15	16	17	18	19	20	21	22	23	24	25	26	27	28	29	30	31										
	3-4年				11	12	13	14	15	16	17	18	19	20	21	22	23	24	25	26	27	28	29	30	31	32										
	5-6年					13	14	15	16	17	18	19	20	21	22	23	24	25	26	27	28	29	30	31	32	33										
	7-8年						15	16	17	18	19	20	21	22	23	24	25	26	27	28	29	30	31	32	33	34										
	9-10年							17	18	19	20	21	22	23	24	25	26	27	28	29	30	31	32	33	34	35										
	11-12年								19	20	21	22	23	24	25	26	27	28	29	30	31	32	33	34	35	36										
	13年以上									21	22	23	24	25	26	27	28	29	30	31	32	33	34	35	36	37										
十一级 十二级	2年以下		5	6	7	8	9	10	11	12	13	14	15	16	17	18	19	20	21	22	23	24	25	26	27	28										
	3-4年			7	8	9	10	11	12	13	14	15	16	17	18	19	20	21	22	23	24	25	26	27	28	29										
	5-6年				9	10	11	12	13	14	15	16	17	18	19	20	21	22	23	24	25	26	27	28	29	30										
	7-8年					11	12	13	14	15	16	17	18	19	20	21	22	23	24	25	26	27	28	29	30	31										
	9-10年						13	14	15	16	17	18	19	20	21	22	23	24	25	26	27	28	29	30	31	32										
	11年以上							15	16	17	18	19	20	21	22	23	24	25	26	27	28	29	30	31	32	33										

续表3-34

岗位	任职年限＼薪级＼套改年限	3年以下	4年	5-6年	7-8年	9年	10-11年	12-13年	14年	15-16年	17-18年	19年	20-21年	22-23年	24年	25-26年	27-28年	29年	30-31年	32-33年	34年	35-36年	37-38年	39年	40-41年	42-43年	44年	45-46年	47-48年	49年	50-51年	52-53年	54年	55-56年	57-58年	59年以上
十三级	3年以下	1	2	3	4	5	6	7	8	9	10	11	12	13	14	15	16	17	18	19	20	21	22	23	24	25										
	4-6年			4	5	6	7	8	9	10	11	12	13	14	15	16	17	18	19	20	21	22	23	24	25	26										
	7-9年					7	8	9	10	11	12	13	14	15	16	17	18	19	20	21	22	23	24	25	26	27										
	10-12年							10	11	12	13	14	15	16	17	18	19	20	21	22	23	24	25	26	27	28										
	13-15年								12	13	14	15	16	17	18	19	20	21	22	23	24	25	26	27	28	29										
	16年以上										15	16	17	18	19	20	21	22	23	24	25	26	27	28	29	30										

5．2006年事业单位管理人员薪级工资套改表

表3-35

岗位	任职年限＼薪级＼套改年限	3年以下	4年	5-6年	7-8年	9年	10-11年	12-13年	14年	15-16年	17-18年	19年	20-21年	22-23年	24年	25-26年	27-28年	29年	30-31年	32-33年	34年	35-36年	37-38年	39年	40-41年	42-43年	44年	45-46年	47年以上
一级	3年以下																		46	47	48	49	50	51	52	53	54	55	56
	4-6年																			48	49	50	51	52	53	54	55	56	57
	7-9年																				50	51	52	53	54	55	56	57	58
	10-12年																					52	53	54	55	56	57	58	59
	13年以上																						54	55	56	57	58	59	60
二级	3年以下															39	40	41	42	43	44	45	46	47	48	49	50	51	52
	4-6年																41	42	43	44	45	46	47	48	49	50	51	52	53
	7-9年																	43	44	45	46	47	48	49	50	51	52	53	54
	10-12年																		45	46	47	48	49	50	51	52	53	54	55
	13年以上																			47	48	49	50	51	52	53	54	55	56
三级	3年以下											31	32	33	34	35	36	37	38	39	40	41	42	43	44	45			
	4-6年												33	34	35	36	37	38	39	40	41	42	43	44	45	46			
	7-9年													35	36	37	38	39	40	41	42	43	44	45	46	47			
	10-12年														37	38	39	40	41	42	43	44	45	46	47	48			
	13以上															39	40	41	42	43	44	45	46	47	48	49			
四级	3年以下												26	27	28	29	30	31	32	33	34	35	36	37	38	39	40	41	42
	4-6年													28	29	30	31	32	33	34	35	36	37	38	39	40	41	42	43
	7-9年														30	31	32	33	34	35	36	37	38	39	40	41	42	43	44
	10-12年															32	33	34	35	36	37	38	39	40	41	42	43	44	45
	13年以上																34	35	36	37	38	39	40	41	42	43	44	45	46

续表3-35

岗位	任职年限 薪级 套改年限	3年以下	4年	5-6年	7-8年	9年	10-11年	12-13年	14年	15-16年	17-18年	19年	20-21年	22-23年	24年	25-26年	27-28年	29年	30-31年	32-33年	34年	35-36年	37-38年	39年	40-41年	42-43年	44年	45-46年	47年以上
五级	3年以下										21	22	23	24	25	26	27	28	29	30	31	32	33	34	35	36	37	38	39
	4-6年											23	24	25	26	27	28	29	30	31	32	33	34	35	36	37	38	39	40
	7-9年												25	26	27	28	29	30	31	32	33	34	35	36	37	38	39	40	41
	10-12年													27	28	29	30	31	32	33	34	35	36	37	38	39	40	41	42
	13年以上														29	30	31	32	33	34	35	36	37	38	39	40	41	42	43
六级	3年以下									17	18	19	20	21	22	23	24	25	26	27	28	29	30	31	32	33	34	35	36
	4-6年										19	20	21	22	23	24	25	26	27	28	29	30	31	32	33	34	35	36	37
	7-9年											21	22	23	24	25	26	27	28	29	30	31	32	33	34	35	36	37	38
	10-12年												23	24	25	26	27	28	29	30	31	32	33	34	35	36	37	38	39
	13年以上													25	26	27	28	29	30	31	32	33	34	35	36	37	38	39	40
七级	3年以下							12	13	14	15	16	17	18	19	20	21	22	23	24	25	26	27	28	29	30	31	32	33
	4-6年								14	15	16	17	18	19	20	21	22	23	24	25	26	27	28	29	30	31	32	33	34
	7-9年									16	17	18	19	20	21	22	23	24	25	26	27	28	29	30	31	32	33	34	35
	10-12年										18	19	20	21	22	23	24	25	26	27	28	29	30	31	32	33	34	35	36
	13年以上											20	21	22	23	24	25	26	27	28	29	30	31	32	33	34	35	36	37
八级	3年以下			8	9	10	11	12	13	14	15	16	17	18	19	20	21	22	23	24	25	26	27	28	29	30			
	4-6年				10	11	12	13	14	15	16	17	18	19	20	21	22	23	24	25	26	27	28	29	30	31			
	7-9年					12	13	14	15	16	17	18	19	20	21	22	23	24	25	26	27	28	29	30	31	32			
	10-12年							15	16	17	18	19	20	21	22	23	24	25	26	27	28	29	30	31	32	33			
	13年以上								17	18	19	20	21	22	23	24	25	26	27	28	29	30	31	32	33	34			
九级	3年以下		4	5	6	7	8	9	10	11	12	13	14	15	16	17	18	19	20	21	22	23	24	25	26	27			
	4-6年			6	7	8	9	10	11	12	13	14	15	16	17	18	19	20	21	22	23	24	25	26	27	28			
	7-9年					9	10	11	12	13	14	15	16	17	18	19	20	21	22	23	24	25	26	27	28	29			
	10-12年							12	13	14	15	16	17	18	19	20	21	22	23	24	25	26	27	28	29	30			
	13年以上								14	15	16	17	18	19	20	21	22	23	24	25	26	27	28	29	30	31			
十级	3年以下	1	2	3	4	5	6	7	8	9	10	11	12	13	14	15	16	17	18	19	20	21	22	23	24	25			
	4-6年			4	5	6	7	8	9	10	11	12	13	14	15	16	17	18	19	20	21	22	23	24	25	26			
	7-9年					7	8	9	10	11	12	13	14	15	16	17	18	19	20	21	22	23	24	25	26	27			
	10-12年							10	11	12	13	14	15	16	17	18	19	20	21	22	23	24	25	26	27	28			
	13-15年								12	13	14	15	16	17	18	19	20	21	22	23	24	25	26	27	28	29			
	16年以上									14	15	16	17	18	19	20	21	22	23	24	25	26	27	28	29	30			

6．2006年事业单位技术工人薪级工资套改表

表3-36

岗位	任职年限＼薪级＼套改年限	4年以下	5年	6-7年	8-9年	10年	11-12年	13-14年	15年	16-17年	18-19年	20年	21-22年	23-24年	25年	26-27年	28-29年	30年	31-32年	33-34年	35年	36-37年	38-39年	40年	41年以上
技术工一级	2年以下														26	27	28	29	30	31	32	33	34	35	36
	3-4年															28	29	30	31	32	33	34	35	36	37
	5年以上																30	31	32	33	34	35	36	37	38
技术工二级	2年以下											20	21	22	23	24	25	26	27	28	29	30	31	32	33
	3-4年												22	23	24	25	26	27	28	29	30	31	32	33	34
	5-6年													24	25	26	27	28	29	30	31	32	33	34	35
	7年以上														26	27	28	29	30	31	32	33	34	35	36
技术工三级	3年以下								14	15	16	17	18	19	20	21	22	23	24	25	26	27	28	29	
	4-6年									16	17	18	19	20	21	22	23	24	25	26	27	28	29	30	
	7-9年										18	19	20	21	22	23	24	25	26	27	28	29	30	31	
	10-12年											20	21	22	23	24	25	26	27	28	29	30	31	32	
	13年以上												22	23	24	25	26	27	28	29	30	31	32	33	
技术工四级	3年以下					8	9	10	11	12	13	14	15	16	17	18	19	20	21	22	23	24	25	26	
	4-6年						10	11	12	13	14	15	16	17	18	19	20	21	22	23	24	25	26	27	
	7-9年							12	13	14	15	16	17	18	19	20	21	22	23	24	25	26	27	28	
	10-12年								14	15	16	17	18	19	20	21	22	23	24	25	26	27	28	29	
	13年以上									16	17	18	19	20	21	22	23	24	25	26	27	28	29	30	
技术工五级	3年以下	2	3	4	5	6	7	8	9	10	11	12	13	14	15	16	17	18	19	20	21	22	23	24	
	4-6年			5	6	7	8	9	10	11	12	13	14	15	16	17	18	19	20	21	22	23	24	25	
	7-9年				7	8	9	10	11	12	13	14	15	16	17	18	19	20	21	22	23	24	25	26	
	10-12年					9	10	11	12	13	14	15	16	17	18	19	20	21	22	23	24	25	26	27	
	13年以上						11	12	13	14	15	16	17	18	19	20	21	22	23	24	25	26	27	28	

7．2006年事业单位普通工人薪级工资套改表

表3-37

岗位＼薪级＼套改年限	3年以下	4年	5-6年	7年	8-9年	10年	11-12年	13年	14-15年	16年	17-18年	19年	20-21年	22年	23-24年	25年	26-27年	28年	29-30年	31年	32-33年	34年	35-36年	37年	38-39年	40年以上
普通工	1	2	3	4	5	6	7	8	9	10	11	12	13	14	15	16	17	18	19	20	21	22	23	24	25	26

2007年始,国家调整支出决算科目,将工资款调入工资福利类支出。当年,临澧县行政事业单位基本工资支出16367万元。其他工资福利支出1545万元。

2009年,全县纳入财政工资统发的全额拨款单位139个,6200人,月统发工资额819.92万元。比2003年工资统发单位、人数、月统发工资额分别增长57.95%、2.17%和56.77%。

2.补助工资

补助工资是国家规定发给干部职工生活的补助费用,包括冬季取暖补助、职工上下班交通补贴、粮价补贴、副食品价格补贴、回族职工伙食补贴、临时工工资、工作人员夜餐费、兼职人员酬金以及其他按国家规定发给在职人员的属于国家规定工资总额组成范围内的专业津贴、补贴、奖金等。

(1)单位小伙食补助。1950年至1951年,小伙食补贴以大米计算,标准为:11人~15人的每人每月补助大米2.5公斤。1952年2月,常德专署规定:10人以下的每人每月补助5分;11人~15人的每人每月补助3分。1955年,取消单位小伙食补贴增加回族等职工伙食补贴,县以下小单位,8人~15人每人每月补助1元;7人以下的每人每月补助1.5元。单位小伙食补助费集体使用不发给个人。1978年,回族等少数民族职工伙食补贴增加为每人每月4元。1979年11月起,提高为每人每月5元。此规定执行到1988年。1995年1月,提高小伙食补助,标准:每人每月60元。

(2)粮价补贴。从1965年4月1日开始,发放粮价补贴标准:每人每月1.5元。是按粮食中的主食(大米、玉米、面粉、高粱、黄豆)折价情况综合计算的。翌年8月1日,粮食补贴提高为每人每月2.5元。根据国务院规定,1979年11月1日后参加工作的职工不再实行粮价补贴。当年,调高工资区类别和部分调资及以后的调整工资中逐渐冲抵粮价补贴,按每次0.3元、0.2元、0.5元分别冲减,此后参加工作的职工不再享受。至1995年,粮价补贴已经冲减完。

(3)副食品补贴。1979年,副食品价格提升,为稳定职工生活水平,当年10月起,按每个职工每月发放5元副食品补贴。半脱产人员、民办教师每人每月发2.50元。1985年,第二次工资改革时,除已经离退休的继续享受外,其余纳入工资套改不再实行。

(4)肉食补贴。1988年,猪肉价格提升,国家规定对职工居民发放肉食补贴,以稳定生活水平,按每人每月补助7元计算,补贴由财政拨款,干部职工由单位发放,居民由居委会发放,乡镇(非农业户口)由食品站发放。

(5)三费两补。夜餐费、书籍报刊费、交通费、节假日加(值)班补助、乡镇干部下乡补助等。

夜餐费:早在20世纪60年代就有支出,只是标准低每人每晚为1.5元,之后多次调高。2003年12月,临澧县财政局、人事局规定:凡因工作需要,必须在夜间进行工作的,加班到23点以后,经单位领导批准,可以每人每晚补助10元。2005年起,统一执行临发〔2005〕6号通知,行政事业单位原则上实行加班补休制度,确不能补休的,填单据实发放加班和夜餐补助。平时加班每人每天补助30元,每人每月总额不得超过720元。"五一"劳动节、国庆节、元旦节和春节值班的,按实际值班天数每人每天补助50元。2006年取消该项补助。

书籍报刊费:1988年开始,发放标准为年一般干部40元、科(局)级50元、县(处)级60元,1999年停发。

交通费:全县行政事业单位在职干部职工每人每月补助上下班城市交通费50元,不再报销出租车、公共汽车票(下乡镇除外)。

节假日补助:国家法定节假日(元旦节、春节、“五一”、国际劳动节、端午节、中秋节、国庆节)。补助标准除春节人平500元左右外,其余节日都在100元以内,加班及节日补助按国家规定标准执行,为个人基本工资额的300%。其他全国性节日(如“重阳节”、“三八”妇女节、“八一”建军节)补助全县未统一标准,各个单位补助标准不一,老干部重阳节一般每人补助100元。2005年起,节假日补助,每人每节控制在100元以内,也可以在此额内发放物资。春节物资补贴不得超过500元。

干部下乡补助:机关干部下乡,20世纪80~90年代初,每人每天补助2.5元。1995年,取消机关干部下乡补助。乡镇干部下乡补助,每个乡镇不完全统一,凡在职干部一般每人每月控制在50元以内。2005年起,临澧县全县统一执行临发〔2005〕6号文,《关于进一步加强财政财务管理的通知》新标准。乡镇(区)和有下乡工作任务的且直单位按每人每月60元的标准包干发放。此标准执行至2009年。

另外,因公致残人员护理费,根据湘人险〔1993〕28号文件规定,国家机关、事业单位工作人员和离退休人员因公致残完全丧失工作能力生活不能自理饮食起居需要人扶助的,可适当发给一定数额的护理费。护理费标准根据评定的伤残等级确定,特等为每人每月110元。一等为每人每月88元。

(6)奖金。1958年,对行政事业单位中的先进人物给予精神奖励外,另发给“跃进奖”。1980年,临澧县开始实行年度增收节支奖金制度,增收节支任务完成好的,行政机关(含乡镇)干部,每人每年年终可享受奖金50元;1981年,新的财政体制实施,财政对各单位收入和支出经费包干,实行增收和支出结余有奖制度,称“增收节支奖”或“节约奖”。奖金发放由部门申请,财政局审核,县政府批准。1983年,在职人员每人每年发给年终节约奖金60元;1984年,年终奖金增加到120元;1991年,规定奖金发放为一个半月工资;1992年,根据人薪发14号文件规定,各级党政机关、民主党派、人民团体、人大、政协、人民法院、人民检察院等单位年终可发放年度综合奖,其标准每人每年不得超过2000元,报同级财政部门批准。

2005年起,县委临发〔2005〕6号文规定:有正当资金来源,当年财务收支无赤字的行政事业单位的在职人员,可适当发放年度奖金,总额控制在1500元以内。此规定沿用至2008年实行发放津补贴时止。

(7)其他补贴。

①公安干警岗位津贴补贴。1987年起,对公安干警执行岗位津贴补贴数额为基本工资的15%,1992年,对检察院、法院干警实行岗位津贴,干警外出办案和查案实行外勤补助。每人每月享受60元和50元的外勤补助,辅助办案人员分别为50元和40元。当年,税务提高收税补贴,每人每月110元(财政基层农税人员及相关人员均比照税务标准执行)。

根据人事部、财政部规定,从1999年10月1日起,对警衔津贴标准进行适当调整。调整后各衔级的津贴标准分别为:总警监161元,副总警监153元;一级警监145元,二及警监138元,三级警监131元;一级警督124元,二级警督118元,三级警督112元;一级警司106元,二级警司100元,三级警司94元;一级警员89元,二级警员84元。

经国务院批准,从2001年1月1日至9月30日,各衔级的警衔津贴标准分别调整为:总警监189

元,副总警监179元;一级警监169元,二级警监161元,三级警监153元;一级警督145元,二级警督138元,三级警督131元;一级警司124元,二级警司117元,三级警司110元;一级警员104元,二级警员98元。

从2001年10月1日起,各衔级的警衔津贴标准分别调整为:总警监211元,副总警监200元;一级警监189元,二级警监180元,三级警监171元;一级警督162元,二级警督154元,三级警督146元;一级警司138元,二级警司130元,三级警司122元;一级警员115元,二级警员108元。

根据中华人民共和国人事部、财政部通知,2006年7月1日起,适当调整警衔津贴标准。调整后的各衔级的警衔津贴标准分别为:总警监313元,副总警监295元;一级警督277元,二级警督263元,三级警督211元;一级警司199元,二级警司187元,三级警司175元;一级警员165元,二级警员155元。

3.公务员津贴补贴(含离退休人员)

公务员津贴补贴,根据改革公务员工资制度和公务员收入分配秩序的总体要求,严格按照中央(中纪发〔2006〕17号)和省(湘纪发〔2006〕14号)市(常纪发〔2006〕24号)县(临政发〔2008〕330号)文件的有关规定,临澧县切实规范和加强政府非税收入管理,以行政手段为主消除县直机关单位之间不合理的津贴补贴差距,使公务员津贴补贴发放与单位掌握的行政权力和占用的国有资产脱钩,实行统一的津贴补贴项目、发放标准、资金来源和发放办法。

公务员津贴补贴的范围:为县直党的机关、人大机关、行政机关、政协机关、审判机关、检察机关、民主党派机关以及经批准参照《中华人民共和国公务员法》管理的单位(以下简称“参照单位”)。上述单位在职工作人员和离退休人员均按此办法规范管理。乡镇机关参照县直机关的津贴补贴发放标准执行。

另行,根据国家有关政策,非参管事业单位工作人员在事业单位岗位绩效工资制度出台之前,津贴补贴原则上按套改前的原有政策继续执行。政府在规范公务员津贴补贴的同时,为了兼顾相关群体利益,视财力给予临时补助(绩效工资制度出台之后,按新政策执行)。

公务员津贴补贴项目:

(1)规范后的津贴补贴项目。县直机关单位规范后的津贴补贴分为在职人员津贴补贴和离退休人员补贴两大类,其中在职人员津贴和离退休人员补贴两大类,其中在职人员津贴补贴归并为工作性津贴和生活性补贴两项;离退休人员津贴补贴归并为离退休人员补贴一项。①在职人员工作性津贴。是指对在职工作人员按不同职级及相应标准发放的工作性津贴。②在职人员生活性补贴。是指对在职工作人员按不同职级及相应标准发放的生活性补贴。③离退休人员补贴。是指对离退休人员按不同职级及相应标准发放的补贴。

(2)暂时保留并另行规范的津贴补贴项目。①改革性补贴。县直机关单位原有按规定标准和范围发放的住房公积金(单位和个人月缴存额分别不得超过上年本人月平均收入的12%)、养老保险、医疗保险、生育保险等改革性补贴暂时予以保留,不纳入归并范围。各单位一律不得设置新的改革性补贴项目,不得提高现有改革性补贴项目的标准和扩大实施范围。②奖励性补贴。凡属县政府根据工作绩效向少数做出突出贡献的公务员发放的奖励性补贴,暂时予以保留,但必须按照“归口管理，控制范围，限制额度，从严审批”的原则，由单位向县财政局、县人力资源和社会保障局重新申报，县财政局会同县人力资源和社会保障局等部门审核后报县政府研究审批。对年度考核为称职(合格)及以上的工作人员，可按本人当年12月份的基本工资标准发放一次性奖金。改革性补贴和奖励性补贴的规范工作，将根据中央和省、市有关规定另行部署。

(3)特殊岗位津贴、女职工卫生补贴和民族补贴。凡属国务院或国务院授权的人事部、财政部批准建立的机关工作人员岗位津贴（公安、国安、司法干警值勤岗位津贴，人民警察警衔津贴，人民警察法定工作日之外加班补贴，密码人员岗位津贴，人民法院办案人员岗位津贴，人民检察院办案人员岗位津贴，司法助理员岗位津贴，纪检监察办案人员工作补贴，审计人员工作补贴，税务征收津贴，信访工作人员津贴，部分党外人士生活费）仍按现行规定执行。各单位自行建立的岗位津贴以及在国家规定之外自行扩大范围和提高标准的一律取消。女职工卫生费按每人每月15元标准发放。回、维吾尔民族补贴按每人每月10元标准发放。除上述项目外，其他津贴补贴项目一律取消。

规范后的津贴补贴标准：

(1)规范津贴补贴单位实行统一的津贴补贴标准。除特殊岗位津贴外，相同职级人员实行统一项目、统一标准的津贴补贴。

(2)规范津贴补贴单位在职人员津贴补贴平均发放水平为年人均1.3万元~1.5万元，其中工作性津贴所占比重为40%，生活性补贴所占比重为60%。如发放水平已达到年人均1.5万元，需按各职级标准发放。

(3)规范津贴补贴单位离休人员补贴平均发放水平占同职级在职工作人员津贴补贴平均发放水平的90%。规范津贴补贴单位退休人员补贴平均发放水平占同职级在职工作人员津贴补贴平均发放水平的78%（各职级具体发放标准见表3-38）。

(4)以后年度的津贴补贴发放水平如需调整，由县人民政府明确。

规范后的津贴补贴异动标准：

(1)规范津贴补贴单位工作人员职务变动，从变动职务的下月起执行新任职务的津贴补贴标准；

(2)规范津贴补贴单位在职人员和离退休人员死亡，从死亡下月起停发津贴补贴；

(3)规范津贴补贴单位在职人员年度考核不称职或不合格的，当年工作性津贴按原标准的60%发放；年底不足抵扣的，须在次年一季度内扣还；

(4)规范津贴补贴单位在职人员违法违纪查处期间或处分期间年度不评定等次的，工作性津贴按70%发放；

(5)规范津贴补贴单位在职工作人员请病假（除癌症、重性精神病外）超过6个月以上的，从第7个月开始工作性津贴按80%发放；事假每月累计超过2天的，每超过一天减发一天工作性津贴；旷工2天以上的，停发当月工作性津贴。

规范后的津贴补贴资金来源及发放方式。县直全县各单位规范后的津贴补贴来源由县财政适当安排和单位自筹相结合。机关单位规范后的津贴补贴一律由单位以银行卡的形式统一发放。各单位必须按照财政部有关规定，设立津贴补贴专门会计科目，统一核算本单位发放给在职工作人员和离退休人员的所有津贴补贴，其他科目一律不得核算发放个人津贴补贴。

规范后津贴补贴执行标准的审批。县直机关单位规范后的津贴补贴执行标准，严格按上述规定办法由单位申报，按干部管理权限由县委组织部、县人力资源和社会保障局负责审批；严格执行规范公务员津贴补贴实施办法的有关规定。上述规定及实施办法自2008年起施行。

2008年临澧县在职人员津贴补贴发放标准

表3-38　　单位:元

职　级	工作性津贴（元/人·月）	生活性补贴（元/人·月）	月合计（元）	年合计（元）
正处	624	936	1560	18720
副处	584	879	1460	17520
正科	548	822	1370	16440
副科	524	786	1310	15720
科员	500	750	1250	15000
办事员	488	732	1220	14640
试用期人员	400	600	1000	12000
高级技师	548	822	1370	16440
技师	524	786	1310	15720
高级工	500	750	1250	15000
中级工	494	741	1235	14820
初级工	488	732	1220	14640
普通工	480	720	1200	14400
学徒工	400	600	1000	12000

2008年临澧县离退休人员补贴发放标准

表3-39　　单位:元

职　级	离休人员补贴（元/人·月）	年合计（元）	退休人员补贴（元/人·月）	年合计（元）
正处	1404	16848	1217	14604
副处	1314	15768	1139	13668
正科	1233	14796	1069	12828
副科	1179	14148	1022	12264
科员	1125	13500	975	11700
办事员			652	11424

续表3-39

职　级	离休人员补贴（元/人·月）	年合计（元）	退休人员补贴（元/人·月）	年合计（元）
高级技师			1069	12828
技师			1022	12264
高级工			975	11700
中级工			963	11556
初级工			952	11424
普通工			936	11232

4.离休干部特殊津贴

①乘车费。地厅级离、退休老干部每人每月补助30元；县处级离、退休干部每人每月补助16元；一般离休干部每人每月补助10元。

②健康疗养费。厅局级离休干部每人每年补助400元，县处级离休干部每人每年补助350元，科级以下（含科级）离休干部每人每年补助300元。

③特供补贴。厅局级离休干部每人每年补助100元，处级离休干部每人每年补助70元，科级以下（含科级）离休干部每人每年补助50元。

④护理费。根据省财政厅、省人事厅文件规定：1937年7月6日以前参加革命工作的离休干部和年满65岁原行政10级的老干部；抗日战争时期参加革命工作且年满75岁以上的离休干部，每人每月发给护理费90元；因瘫痪等原因生活长期不能完全自理的其他离休干部，每人每月发给护理费100元。

⑤离休干部无固定收入的配偶、遗孀生活补助费。根据湖南省老干局文件规定：老红军的配偶每月250元，遗孀每月325元；抗日战争时期的离休干部配偶每月220元，遗孀300元；解放战争时期的离休干部配偶每月200元，遗孀每月280元。

⑥高龄生活补贴。第一、二次革命战争时期参加革命工作的老干部每月发放300元高龄生活补助。

5.职工福利费

行政企事业单位干部职工的福利支出始于1950年，其项目包括：

（1）工会经费

1951年3月，凡有工会组织的单位按全部职工工资总额2%计算按月拨付给工会，由工会实施。1958年4月改按1%计算。1966至1978年，工会工作停顿，经费停支。1979年，工会组织恢复，经费按职工工资总额2%拨付，其中40%上交县总工会，基层留用60%用于工会组织的职工文娱活动等方面。临澧县的行政企事业单位，除教育系统和企业工会组织正常运转外，其他只有少数单位成立工会组织，并按职工个人工资额的5%交纳会员费。进入90年代后，各级工会组织逐步健全，管理逐渐有序步入正轨。此做法延至2009年。

(2)福利费

1950年,供给制人员享受家属招待粮和家属补助待遇。1952年,按工资分计算,工分值以《新湖南报》当月15日公布的数字为准。参加工作5年以上不满8年者,不分干部勤杂,每人每月发给8分,8年以上不满12年者12分,12年以上者14分,另外,对保育费、保姆费、病号补助费等福利项目的补助工分标准是:妇女卫生费,每人每月3分;保育费,1~24个月的婴幼儿每人每月60分,25~48个月的幼儿每人每月65分,49~72个月的幼童每人每月70分;72个月以上按勤杂大灶标准补助,每人每月64分,并扣除食米17分。对干部子女保姆费补助办法分两种:一种是哺乳奶母,不分城乡,一律每月补助84分,另一种是一般保姆,每月补助69分。

1955年7月起,国家工作人员全部实行工资制,实行货币工资制度后,对原执行的保育费、保姆费、老年优待费、家属招待费等项待遇一律取消。工作人员生活确有困难的,机关福利费给予补助。当9月,按工资总额的2%提取福利费,由单位掌握使用。

1958年4月,县以上机关、人民团体按职工工资总额的1.5%,乡镇按1%提取。1965年1月起,不论县以上机关、乡镇均按工资总额的2.5%提取,再按职工实发工资人数;每人每月1.26元计算。1981年提高到1.5元。1982年起,在包干经费结余中发给职工个人洗理费,每人每月2.5元,防寒费每人每年3元,另外发给防冻膏、手套等实物平均每人每年2元。1985年,发给职工个人洗理费每人每月4元。1986年1月起,福利费标准继续按工资总额的2.5提取(含离、退休金)。

独生子女补助费,根据《湖南省人口与计划生育条例》第26条之规定,领取独生子女父母光荣证之月起到子女14周岁,每月发给5元的独生子女保健费、托幼费。有条件的单位,每期可以凭据支付在职干部职工独生子女幼儿园期间的托幼费150元。2005年起,独生子女保健费,在职人员的独生子女(14周岁以下)按每年100元的标准发放。单位小车司机安全奖:在确保行车安全的条件下,按每人每天18元标准发放。

2003年9月起,防暑降温费每人每年150元、防寒费每人每年150元(个别单位发实物)。2005年起,防暑防寒补助,防暑降温补助按每人每年7、8、9月每月50元,防寒补助按每人每年11、12、1月每月50元标准发放。上述制度延续至2009年,补助标准有所变化。

(3)退职金

1950年至1978年,退职职工的退职金由原单位一次性发放。1979年1月,改为按本人月标准工资的40%计算,由原单位按月支付。从当年起,退休退职人员的退休费、退职费、安家费、路费等由单位在职工福利费中列支。

(4)职工探亲车船费

1981年起,国家机关、人民团体工作满一年的正式职工、父母、配偶都不在一起,又不能利用工休假日回家团聚的可享受探亲待遇。未婚职工探望父母一年一次,已婚职工四年一次;探望配偶一年一次。探亲往返路费按照国家规定的标准报销。

(5)职工死亡埋葬费

1953年起,工作人员死亡发给殓葬费,开支标准100元。1981年1月起,提高到300元包干使用。1981年9月省财政厅、人事局决定,从当年10月1日起,将国家机关工作人员死亡殓葬费包干使用，开支标准从1955年的每人150元提高到每人300元，因公死亡最高不超过400元。1991年8月8日，省财政厅、人事厅决定随着物价的调整，适当调高国家机关工作人员死亡、殓葬费标准：凡病故的为每人900元；因公死亡的每人1300元包干使用，费用由各单位自行解决。凡超过包干标准的部分财务部门不得报销，单位也不得以解决特殊困难为由给予补助。建有火葬场的县(市)与之毗邻的县(市)工作人员死亡后，不实行火葬的，按省政府规定，其遗属不得享受丧葬补助或困难补助。同年11月，省人事厅、财政厅规定，全省机关和事业单位因道路交通事故死亡人员，丧葬费为每具按省统计局公布的全省上年度职工平均工资6个月的标准执行，不再另外享受丧葬费补助。2001年10月起，因病死亡丧葬费标准提高到1500元，因公死亡提高到2000元。2005年7月1日起，因病死亡的丧葬费由1500元调整为4000元，因公死亡的丧葬费由2000元调整为5000元。但在实际执行中，因根据特殊情况，也有超过上述标准的。自2009年起，按照国家政策规定，离、退休干部(职工)病故后实行火葬的可一次性发给死者家属丧葬费5000元及补发死者生前20个月原基本离、退休费。

(二)公用经费部分

公用经费，系行政事业单位为完成工作任务实现事业计划用于公务活动的开支。

清代，官俸支出中的官员公费自一品至九品给俸银1~5两不等。公费之外有役食、杂支。役食或月给、季给、岁给，杂支则随时筹款发给。宣统年间，厅、州、县衙门分为五等。临澧县为五等县，年定公费标准4500两银。

民国时期沿清制。民国7年(1928年)以前，由于军阀混战，地方财政支出恶性增长。民国19年(1930年)，省政府颁布《湖南省官吏之差旅暂行规则》规定，舟车费：简任支头等票价，荐任支二等票价，委任及其以下支三等票价。备有专车或领有月票者不待开支，领有半票者支付半价，交通不便的地方每日准支肩舆费大洋2元；膳宿费、杂费简任每天不得超过8元，荐任6元，委任4元，雇员2元，邮电费实报实销，关系私事者不得计入，民国30年(1941年)，临澧县支出行政费20158元(其他年份无统计资料考评)。

新中国成立后，公用经费包括：公务费、设备购置费、修缮费、业务费、其他费用等。随着行政机构、人员的增加、物价的上涨以及办公设备的现代化，公用经费开支标准提高、支出上升。临澧县1949年始称行政管理费，下设其他支出和事业费。1973年全县公用经费支出51.89万元，占行政支出(94.13万元)的55.12%。1985年公用经费支出99.70万元，占行政支出(230.3万元)的43.29%。1989年公用经费支出130万元，占行政管理费支出(353.80万元)的36.74%，1992年公用经费支出385万元，占行政管理费(616万元)的62.5%，公用经费是1989年的1.96倍。2007年后，公用经费科目变更，并入一般公共服务类中，至2009年未变。

1.公务费

公务费包括办公费、邮电费、水电费、公用取暖费、工作人员差旅费、会议费、器具设备车船保养修理费、机动车燃料和修理费等。1962年，临澧县财政趋紧，压缩一切开支(农村人民公社县未安排会议费，由各公社自理)。全县公务费支出13.12万元，占行政管理费47.59万元(其中农村人民公社20.89万元)的27.57%。1971至1979年，按照各单位实有人数，公务费实行"一年一定，统一标准，超支不补"。1980年起，实行"经费包干结余留用"，由各单位在预算内自行掌握使用。但因物价上涨，业务扩大，实支数年年超标。2008年，全县行政机关公务费支出861万元，占当年财政一般预算支出的4.80%。

①办公费。行政单位的办公费包括公用的文具、纸张、账簿、表册等购置费，日常资料印刷费，机关内部及公共场所水、电、灯、油、燃料费，公共卫生消防设备费，书报杂志的支出，小型会议公杂费、夜餐费、车辆牌照税、零星搬运费等。1951年前，办公费按工作人员计算，供给制人员每月大米22.5公斤。1952年，改按工资分计算，县机关每人每月11~14分，勤杂人员每人每月3分。1953年，不分干部、勤杂人员每人每月5元。1989年，全县办公费用支出353.80万元，占当年财政一般预算支出的13.71%。1992年，办公费用支出616万元，占当年财政一般预算支出的17.55%，是1989年的1.74倍。到2004年，全县行政机关行政管理费（含人员经费、办公费用）4432.00万元，占当年财政一般预算支出的16.68%；2008年科目变更后，一般公共服务支出9192万元，占当年财政一般预算支出的15.45%。2009年，一般公共服务支出大幅上升，当年，该项支出10584万元，占当年财政一般预算支出的12.76%。

②会议费。会议费包括会议伙食补助费，公杂费、住宿费、会场租用费、交通费、医疗费、文件资料的印刷费等。1952年前，会议伙食补助标准：县扩大会、代表会议、区长会议每人每天补助大米1.25公斤~1.5公斤。会餐费每人每次猪肉0.5公斤，不论多长会期，会餐最多不超过三次，县级会议每人每日大米0.25公斤。

1953年，不由公家供给的与会人员伙食费由国家负担，公家供给的按级别交纳伙食费。县长每人每日0.5元，区长及其以下每人每日0.3元。县召开的扩大会议，人民代表会议每人每日补助0.2元，一般性工作总结及各单位召开的业务性会议不补助伙食费。县级会议每人每天支付0.15元。

1960年，党代会、人代会的在职代表，每人每日补助伙食费0.5元，非在职代表每人每日补助0.8元；团代会、先代会在职代表每人每日补助0.3元，非在职代表补助0.5元。非脱产人员（如农民）参加会议除由会议支出其伙食费、往返车费外，还发给误工补贴，与会人员会议期间发生疾病的医药费由会议支付。

1963年，湖南省人民委员会规定：党代会、人代会、政治协商会议、各民主党派代表会议为一类会议，县级每人每日补助伙食费0.4元；劳动模范、先进生产者代表大会、烈军属代表大会、共青团、妇女代表大会、县以上党委、政府召开的工作会议为二类会议，其余的为三类会议。第一类会议伙食补助脱产人员每天0.2元，非脱产人员每人每天0.5元。第三类会议脱产人员不予补助，非脱产人员每人每天补助0.3元。

公杂费按与会人员计算，每人每天补助0.04元~0.06元。1964年，省人民委员会规定：第一类会议县级每人每天补助伙食费0.4元，公杂费0.1元。其余会议县级每人每天补助伙食费0.3元，公杂费0.06元；公社召开的各种会议伙食费、公杂费不予补助。1966年，会议补助费标准降低，并规定在本县境内工作的人员参加会议自带被子，停支房租费、会议招待费。

1984年，湖南省财政厅规定：第一类会议每人每天补助伙食费1.2元，一般会议1元，公社召开会议不予补助。

1989年7月1日起，临澧县规定：县党代会、人代会、政协全会和劳模表彰会的伙食标准每人每天

8元，其他会议每人每天6元，参会人员每人每天交伙食费1元；会议工作人员在会期夜间进行工作加班到23时以后，经会议领导批准，每人每次可开支夜餐费0.6元；会议公杂费，包括文具、纸张、印刷及其他，按每人每天0.40元支报；医药费按每人每天0.30元计划；无固定工资收入的与会人员误工补贴和途中补助按差旅费标准列会议费支出。

1994年1月，县委、县政府办规定：党代会、人代会、政协全会及劳模表彰会为一类会，会议伙食标准：早餐人平8元，中、晚餐人平各16元，住宿费每人每晚20元；以线、块为主召开的会议，县领导参加，会议伙食费标准：早餐人平6元，中、晚餐人平各14元；各线、各部门召开的会议，财政适当补助，补助数额不等。凡农村的农民误工补贴每人每天10元、差旅费据实报销。

2000年，会议伙食费标准又有调整，一类会议，早餐人平10元，中、晚餐人平各15元，住宿费每人每晚25元~30元，误工补贴10元/天，差旅费报销改为发交通费。

2002年1月起，会议费标准提高，一类会议一般每人每天80元，二类会议费每人每天70元。此标准执行至2008年（比周边县市每人每天低10元）。2009年的上述各种会议伙食补助标准按省财政厅新标准执行。

③差旅费。是反映单位工作人员出差、出国的住宿费、途中伙食补助费、杂费，干部及大中专学生调遣费，调干家属旅费补助等。

1950年9月，政务院规定：县长级及其以下公职人员出差乘坐火车硬席，轮船三等舱位，住旅馆床位，出差途中的伙食补助分别按大、中灶伙食费两倍补助，供给制工作人员每人每日支住勤大米0.75公斤。

1953年，差旅费改按货币计算，县长及以下人员每人每天途中伙食补助1元（折合新人民币）。住勤费，凡因公差或参加会议，到生活水平较高的大城市及边疆地区者，每人每天补助0.5元~0.6元，到一般地区每人每天补助0.3元~0.4元。1957年，出差人员夜间乘坐火车未买卧铺者，每晚补助1.2元。

1977年10月，规定途中伙食补助不分职级、地区、亦不分乘坐何种交通工具，每人每天补助1.2元。1980年7月，改为每人每天补助1.5元。1985年11月，临澧县执行财政部修订的国家机关、企业、事业单位工作人员差旅费开支标准。工作人员出差伙食补助费不分途中和住勤按到达地区类别每人每天补助为：一类地区2.5元，二类地区3元，三类地区5元，到基层单位锻炼、实习、支援工作及各种工作队、医疗队、讲师团等人员按到达地区类别，每人每天补助标准为：专员及相当职级的人员、科研机构研究员、医疗单位的主任医师、文艺工作人员艺术一级、图书馆研究员及相当职务的人员可乘坐火车软席、轮船二等舱位；乘坐其他交通工具按实报销（住旅馆单间或两人住一间）；其余人员可乘坐火车硬席、轮船三等舱，乘其他交通工具按实报销（住旅馆普通房间床位）。乘坐火车从晚8时至次日晨7时之间(在车上过夜6小时以上的，或连续乘车时间超过16小时的)可购同席卧铺票，符合此条件而不购卧铺票的发给本人实际乘坐火车硬席座位票价的50%。国家机关县属科、局级以上领导干部因公出差可乘坐飞机，其他工作人员因公出差需乘坐飞机的，需经相当于县级以上领导批准。

1989年起，出差人员的差旅费实行“分项计算、总额包干，调节使用，节约归己，超支不补”办法。住宿费分职级和地区差。出差深圳、珠海正、副团（处）级每晚30元，其他人员每晚25元，一般地区正、副团(处)级每晚16元,其他人员每晚12元。住宿票据作原始凭证交单位财务部门备查。伙食补助不分途中、住勤、职级,一级地区每天4元,深圳、珠海每天7元,交通费1元。

1996年9月起,执行湖南省财政厅和常德市财政局关于《国家机关事业单位工作人员差旅费开支规定》,即工作人员出差的交通费和住宿费开支标准,省级正副厅(局)长、地(市)级正副专员(市长)及相当职务人员。被聘任或任命为省级厅局机关的总工程师、总经济师、总会计师、高等院校教授、科研单位研究员、主任医师;职务工资在五档以上的高级工程师,高级经济师,高级会计师、副教授、副研究员、副主任医师、艺术二级人员出差乘火车软席、轮船二等舱位,飞机普通舱位,其他交通按实报销;到深圳、珠海、厦门、汕头市、海南省每晚80元,一般地区60元,县城及相当县级地区50元。职务工资五档以下的正副县(团、处)及相当职务的人员,具有中级技术职称并被聘任的工作人员及其他人员出差乘火车硬席、轮船三等舱,飞机普通舱位,其他交通工具按实报销;到深圳、珠海、厦门、汕头、海南省每晚70元,一般地区50元,县(处)级40元,其他人员按以上3个档次每晚各低10元。县直国家机关事业单位工作人员到乡镇所在地出差,住宿费每人每天10元。乘坐火车从晚8时至次日晨7时之间,在车上过夜6小时以上的,或连续乘车时间超过12小时的,可购同席卧铺票。出差路途较远或出差任务紧急的,经单位主管领导批准后方可乘坐飞机。乘坐火车慢车和直快列车不买卧铺票的,分别按慢车和直快列车硬座票价的60%计发;乘坐特快列车的,按特快列车硬座票价的50%计发;乘坐新型空调特快的按其票价的30%计发。夜间乘坐长途汽车、轮船最低一级舱位的超过16时,每人每晚加发一天伙食补助费。工作人员的出差伙食补助费,不分途中和住勤,每人每天补助标准为:省内12元,外省一般地区15元,特区20元,在本县(市)境内出差每人每天补助5元,到基层单位实习、工作锻炼及各种工作队,每人每天补助4元。带薪参加省校等脱产培训、学习并在学校食宿的,每人每天补助伙食费:省内4元,省外6元;脱产参加学历班和各种专业证书班的干部、先进青年、劳模,学习期间的生活费不分省内省外,每人每天补助4元。

2005年起,临澧县委临发〔2005〕6号文规定,因公外出差旅费凭票按规定报销后,不得发放出差补助;未报生活费的可按规定标准据实填报伙食补助。同时规定:从严控制外出参观考察。禁止以考察项目为名出县、出省、出国旅游。团体性外出参观考察要报县委、县政府审批。科级以上干部出国考察由县委书记或县长审批。

④通信费。2005年,临澧县委、县政府临发〔2005〕6号文规定:严禁用公款购置移动电话和住宅电话。移动通信话费补助按照确定范围、限额补贴、超支自理,实行职务消费货币化补贴。补助范围及标准:县委、县政府、人大、政协正职每人每月补贴240元;其他县处级(含副处)领导干部每人每月补贴200元。县直正科级单位党政正职每人每月补贴200元,党政班子其他成员(含县直副科级单位主要负责人)每人每月补贴150元;其他人员原则上不予补贴,特殊岗位需补贴的,须报县公务消费管理领导小组办公室审批。

住宅电话补助范围及标准:在职县级领导每人每月60元。县直正科级党政正职每人每月40元,副职(含县直副科级主要负责人)每人每月30元。

乡镇(区)班子成员通信按县直标准执行。

2.设备购置费

设备购置费指行政单位不够基本建设投资额度,按固定资产管理的办公家具和一般办公设备、图书、车辆等购置费用。1958年前在公务费内开支,1959年单列。1960年,基于国民经济处于困难时期,行政单位停止购买家具、被服、自行车、收音机。1962年以后,凡专控商品必须办理控购手续方可购买。1983年以前,单台设备或单项工程2万元以下的,在“设备购置费”内列支,超过2万元的单项工程列基本建设支出,但在具体执行中2万元以上的小汽车亦列入在内。1987年起,对公用经费采取指标包干统一管理的办法,大力压缩行政基建和设备购置费支出。1989年,全县行政事业单位设备购置费支出39.10万元,占当年行政管理费支出的11.05%,1992年,全县行政事业单位设备购置和修缮费支出111万元,占当年行政管理费支出的18.1%。2005年至2009年,全县集中采购(含设备购置费)资金为39784万元,年均7956.80万元。

3.修缮费

修缮费是指用于行政单位的房屋维修及附属设施的修缮。五十至六十年代,由于人员少资金不足,一般只用于维修旧房,开支少(1968年始,临澧县修缮费在行政管理费中一并列支),进入七十年代后,对国家机关房屋修缮费支出有了较大幅度的增长。1985年,机关房屋修缮费增长速度较快,当年修缮费支出221.6万元,比1984年(98.07万元)增长2.2倍。至2004年,行政机关以及部分乡(镇)政府先后新建、改建和修缮了办公用房,全县行政的办公环境得到明显改善。

2005年,临澧县委、县政府《关于进一步加强财政财务收支管理的通知》,对加强基建项目管理作出规定:各乡镇(区)县直各行政事业单位禁止搞大型基本建设。因特殊情况确需维修、改建、新建的,要严格履行审批程序,并报县纪委备案。机关维修1万元以上5万元以下的报财政审批;5万元以上40万元以下的建设项目,由财政局初审,报政府常务副县长审批。40万元以上的建设项目报政府常务会议审批。到2009年均执行此规定。

4.业务费。

业务费系指行政单位为完成专业工作所需要的消耗性费用。包括印刷费、会议费、宣传活动费、参考资料费、事业补助费等。1985年,临澧县业务费支出75.3万元,占公用经费(91.8万元)的82%。1996年至2000年,全县业务费支出16323万元,占同期财政一般预算支出的34.93%。此项经费支出科目于2002年取消。

5.其他费用。

其他费用支出包括居民委员会补助费、职工教育经费及其他开支。1955年,临澧县对城镇居委会,每人每月补助10元,1957年每人每月补助20元,1976年对居委会实行定额补助600元,1980年以逐年增加,2009年定额补助达4万元。职工教育费从1981年始支,按工资总额(不含副食品补助、奖金)5%提取;1982年,改为按工资总额的1.5%提取。

五、社会保障资金管理

临澧县财政遵照上级规定积极,履行财政职能,配合相关职能部门,加强支出环节中的监督管理。1996年4月起,就把企业养老保险资金纳入单独的社会保障财政专户(当年,财政组建社会保障管理股),实行收支两条线管理,加强社会保障资金的监督使用,防止和纠正对社会保障资金的挤占、挪用和损失浪费现象发生。扎扎实实做好“两个确保”。一是确保下岗职工的基本生活保障,做到下岗职工基本生活费及时足额发放,再就业培训费正常拨付。二是确保企业离退休人员离、退休费及时足额发放。2008年,全县基本养老保险人数达到3669人(离退休人员数),占全县财政供养人员(17300人)的21.2%。每月发放养老金(离、退休金)5247万元,月人均工资为1191.74元。

根据国务院规定:城市居民最低生活保障制度的保障对象是家庭人均收入低于当地最低生活保障标准的持有非农业户口的城市居民,主要是以下三类人员,1.无生活来源、无劳动能力、无法定赡养人或抚养人的居民;2.领取失业救济金期间或失业救济期间仍未能重新就业,家庭人均收入低于最低生活保障标准的居民;3.在职人员或下岗人员在领取工资或最低工资、基本生活费后以及退休人员领取退休金后其家庭人均收入仍低于最低生活保障标准的居民。根据国务院、省市的文件精神,县政府就进一步加强城市居民最低生活保障工作作出如下规定:

(一)切实保证财政投入。县财政根据城市居民最低生活保障标准,参考全县城镇低保人数安排低保配套资金,逐年增加预算比例并及时拨付到位。2005年,城市居民低保资金支出627万元;2006年支出787万元,比2004年增长25.51%;2008年支出1204万元,比2007年增长52.98%;2009年支出1538万元,比2008年增长27.74%。

(二)设立城市低保社会救助资金。县财政每年从预算安排的城市低保配套资金中安排一定数量救助资金。鼓励社会组织和个人为城市居民最低生活保障提供捐赠、资助,对其捐赠、资助资金全部纳入城市低保救助资金专户管理。

(三)完善城市低保配套政策。建立完备的社会救助体系,对城市低保对象实行下列优惠政策:1.城市低保户子女在义务教育阶段学校免收杂费;在公办学校就读高中减半收取杂费,正规考入国家高等院校的按照被录取普通专科和一般本科及重点本科新生,分别按照县里规定的奖励标准给予提供一次性助学金,资金从城市低保社会救助资金专户中解决。2.城市低保对象到当地非营利性医疗机构进行基本医疗诊治,免收挂号费、注射费和住院床位费。3.县卫生防疫部门对城市低保对象实行计划免疫费接种。4.县自来水公司为城市低保户每户免费供给1吨生活用水。5.县电力部门为城市低保户免费安装电表,每月免费提供照明用电。

临澧县城镇居民最低生活保障标准为家庭月人均60元~180元,只有对无生活来源、无劳动能力无法定赡养人、扶养人或者抚养人的城镇居民才能全额享受,对其他居民家庭按照家庭月收入低于低保标准的差额享受。

发放办法:首先由户主向户籍所在地居委会提出书面申请,居委会组织专人调查摸底民主评议小组逐一评议并张榜公示报乡镇人民政府审核,再由县民政局审批,然后发给城镇居民最低生活保障金领取证,保障对象凭户口簿、身份证、领取证按月到指定银行领取。

在内部管理上,将下岗职工、优抚安置对象、抚恤对象、统战对象、最低生活保障对象、失业职工、企业离退休职工等均建立了台账,并输入微机数据库。

坚持以人为本,加大城乡弱势群体帮扶力度促进社会和谐发展。1998年,全县社会保障补助资金39.00万元;1999年216.00万元,比1998年增长4.54倍;2007年,政府实行收支科目分类改革,将原来社会保障补助改为社会保险和就业补助,当年,财政支出11020万元;2008年,县财政落实各项社会保障和就业资金14705万元,其中:财政对社会保险基金补助3703万元,基本养老保险基金的补助3393万元,基本医疗保险基金的补助310万元,全县行政事业单位离退休费5427万元(其中行政单位离退休费1379万元、事业单位离退休费4014万元、其他行政单位离退休费34万元)。城镇医疗保险基金386万元,城镇医疗救助资金154万元;发放城镇居民低保资金1204万元;发放优抚对象医疗补助费110万元;发放在乡复员、退伍军人生活困难补助费483万元;发放军队转业干部安置费93万元。农村低保和农村社会救济费由财政统一管理和发放,其具体内容及发放办法在第六章第四节已述,本章略。

农村改水改厕资金由财政统一管理。1998年至2009年,全县投入资金2800万元[其中世界银行贷款1200万元(实际上由县财政逐年偿还),县财政直接投入资金110万元],新建18个乡镇(区)自来水厂,农村居民饮用自来水普及率为43.7%;改造卫生厕所9.5万座,农村卫生厕所普及率为87.3%;农村新建沼气池21132个,普及率达17.46%,2005年前,每个沼气池财政补助800元,2006年至2009年,每个补助1200元;新建和改造了18个乡镇中小学危房,解决了寄宿生就餐就寝等问题,确保了安全,提高了教学水平,维护了社会稳定。

第七章 财政信用

财政信用有两种形式:一是运用信用手段筹集资金,如公债、国库券等;二是运用信用手段分配供应部分资金,如将预算内无偿使用的拨款改为有偿周转使用或融通部分间歇资金有偿调剂使用。

第一节 财政周转金

新中国成立后,临澧县财政每年从财政预算内安排一定数量的资金无偿用于支援工农业生产,商品流通,行政事业等领域,促进发展。1979年始,逐步对这部分资金使用由无偿改为有偿。

其资金来源于:财政预算安排有偿使用的资金、从上级财政借入的周转金、代管部门的资金、周转金占用费和存款利息转作的资金;国家制度规定可以周转使用的其他资金。财政周转金包括“支农周转金、农税周转金、行财周转金、社保周转金、工业(工交)周转金及商贸周转金”。

财政周转金的使用范围主要包括:支持农业生产和农村经济的发展,支持企业小型技术改造和高新技术产品的开发,帮助企业解决资金临时性周转困难,用于列入规划的县、乡财源建设,支持科学、教育、文化、卫生等各项事业的发展;支持老、少、边、穷地区经济和社会事业的发展,适合财政周转金扶持的其他项目等等。财政周转金的借款期限:根据扶持项目的性质和实现效益的时间规定。一般为1年以内,最长不超过2至3年。省财政厅制定的《财政周转金管理办法》规定,对使用财政周转金的单位区别情况可按每月3‰~6‰收取占用费,对不按时归还借款本金和占用费的从到期之次日起按日计收取5/10000的滞期费并不再借给新的周转金。

本节财政周转金重点阐述临澧县支农周转金和工业(工交)周转金。其他周转金文字叙述略,以“表”展示。

一、支农周转金

财政支农周转金是财政部门为支援农业和农村经济发展资金而设置的有偿使用,到期归还,专款专用、周转使用的原则。

1.财政支农周转金的来源:当年预算内安排的各项支援农村生产资金中的有偿使用部分;各级财政用机动财力安排和各项支农资金中有偿周转部分;收取的占用费,逾期占用费;从上级财政部门借入的资金、信托资金、融通资金和其他用于支农的有偿资金等。

2.发放使用原则:贯彻国家发展农业,繁荣农村经济的方针政策;为农业生产和农村经济服务,不以营利为目的,注重经济效益与社会效益兼顾;因地制宜择优扶持,集中使用重点投放讲求实效;专款专用到期归还保证资金运行安全。

3.使用范围:财政支农周转金的扶持对象是实行独立经济核算的(国有农业企业)农村集体经济组织、乡(镇)村集体企业、其他农村合作经济组织及重点户、专业户,所经营的种植业及养殖业和农业科技成果的推广与应用,农村产品加工业和利用当地其他资源的工副业,农业社会服务建设,适合财政支农周转金支持的其他项目。扶持的项目必须经营方向正确,经济效益好,对投资省周期短、效果好、市场紧缺的产品项目,实行优先扶持。在同等条件下优先支援经济比较困难的单位或户。

4.管理:支农周转金的管理包括管发放、管收回、管投向、管效益。

5.偿还期限:一般定为1年以内还清。个别项目最长不能超过2年~3年。

6.借款手续:规定由借款者自愿提出申请,由发放部门与借款单位(户)签订借款合同,有担保单位或签证单位(人)签章,还可以向当地公证机关办理公证。

7.回收办法:坚持按照“谁发放,谁回收,谁借款,谁归还”的原则,做好周转金到期回收工作。借款单位(户)按合同规定的期限到期还款,凡无正当理由逾期不还款的从到期之次日起收取逾期占用费。

1979年,临澧县执行省财政厅《关于支援社队企业周转金试行办法》。当年1月起,将支援社队企业的资金,社队小水电补助改为无偿投资为有偿周转,实行“有借有还、不计利息、定期收回、周转使用”的办法。此后,全县支农周转金规模不断扩大,资金来源渠道由单一型发展到多头型;投放范围由以工农为主转为工商并主,转向支持城乡工业的发展。

1981年至1982年,临澧县财政支农周转金有偿使用发放到农村发展多种经营;屠宰税分成收入用于发展家禽,家畜商品生产;集体商品渔基地配套;小水电建设补助;支持农村、牧业发展资金等项目。资金发放由财政部门审核确定,收回的资金存入财政支农周转金专户专款专用。但由于多方面原因致使部分周转金不能到期收回。1982年,财政支农周转金年末余额达102.64万元,其中到期未收回周转金2.33万元,占年末周转金余额的2.27%。

1985年,县财政改善对支农周转金管理,配备专干,明确五条规定:(一)有偿周转,在规定还款期内不收取利息,坚持常放常收,永续使用;(二)财政支农周转金发放重点对象是:专业户、经济联合体、乡镇企业、集体企业、国营农业企事业单位及发展农村商品经济和支持贫困地区发展生产,改变面貌;(三)申请借款应具备“六个”条件,即有资源、有技术、有劳力、有自筹资金、有产品销售市场、有经济效益,期限一般为1~3年;(四)财政部门对发放的支农周转金,在到期一个月之前发出到期归还通知书,确因重大自然灾害或政策变化不能按期归还的,在到期前经批准,可申请重订延期归还借款合同。未经批准逾期不还的,从到期之次日起按月收取6‰占用费;(五)支农周转金实行专账核算,专户储存,不能挪作他用或平衡预算,不能以无偿形式安排使用,未经财政部门批准,任何人无权宣布豁免,使全县支农周转金的发放、归还运作程序规范。

1986年1月,按照省财政厅规定,对支农周转金实行收取占用费的办法,规定除用于山区开发,城镇青年就业的周转金暂时免收占用费外,其他项目均收取占用费。其费率从发放之日起,由发放部门按月收取千分之三的占用费,逾期达一年以上的,按月收取千分之十的逾期占用费。当年,临澧县财政投放支农周转金130.1万元,回收45.8万元,占年末财政周转金总额的35.20%;其中到期未收回的周转金84.30万元,由借款单位申请重订延期归还借款合同。

1987年2月,省财政厅补充规定:支农周转金占用费除原规定免收项目外,其他项目均收取占用费。其费率从发放之日起由发放部门按月收取3‰的占用费,逾期在1年以上的按月收取10‰的逾期占用费。对扶贫性借款,周期较长的种植业、示范性科技实验性项目,可由县根据具体情况确定免收占用费,但不能是否收取占用费,到期未归还的都要收取逾期占用费。为补充各级周转金的业务费,均可在当年收取的周转金占用费总额中提取10%的资金作为周转金业务费用。其余部分全部转入周转金。此周转金不能作为银行信贷资金发放。

1991年,临澧县财政局在具体发放支农周转金时注重三个基本条件:一是申请扶持的对象,要有生产技术、经营能力和经济责任心;二是材料有来源,产品有销路和发展前途;三是有一定的自筹资金和偿还能力。其借款单位和个人要有申请报告和主管单位或部门的签字,借款合同应有保证单位担保,并申请公证、鉴定。然后所上项目必须由财政部门与主管单位进行调查核实写出论证报告。同时,县财政对支农周转金的投放额度及审批程序在分级管理上作出明确规定。规定投放1万元以内的周转金由相关股室负责人审批;2万元至5万元由局长审批;10万元以上(含10万元)由局党组集体讨论审批。

1995年,县财政局根据国务院“限制规模、限定投向、健全制度、加强监督”的十六字方针和财政部制定出的周转金管理要实行“统一制度、统一管理、统一计划、统一开户、统一核算”的“五统一”要求,对各类周转金进行了一次清理,财政局各股室的周转金统一划归预算股管理,各股室的周转金账户一律撤销,由预算股指派专人在银行设立专户统一管理和核算。

1998年7月,财政部通知,从1998年8月1日起停止投放各类周转金。1998年11月,湖南省财政厅发文全面取消财政有偿资金,并规定:

1.“停发”。停止发放所有财政有偿资金,冻结其所有账户只收不放。

2.“调账”。认真清理往来,各个单位要与各级归口业务处、股室对好账,该冲的账要冲账,及时做好调账工作。

3.“清理”。各级要指定专人对所管理的有偿资金进行全面清理,分项目按借款单位、金额、年限等进行造册登记,明确债权债务。

4.“回收”。为防止国有资产流失,各级要建立严格的回收目标责任制加强回收手段,限期足额收回。

当年,临澧县财政局对历年财政周转金投放、回收情况进行了全面清理。截至1998年8月,全县共发放财政周转金1556万元,逾期周转金1423万元,逾期率达91.5%,其中:已收回周转金736万元,占累计发放总额的43.7%,在发放周转金的总额中已形成沉淀资金820万元,沉淀率达52.7%(资料源于财政决算报表)。其中工业(工交)周转金223万元,沉淀资金139万元,沉淀率占62.3%(下同);商贸194万元,沉淀117万元,占60.3%;文教126万元,沉淀76万元,占60.3%;社保61万元,沉淀34万元,占55.7%;农税126万元,沉淀43万元,占34.1%。

截至1998年年底,全县投放农财(支农)周转金826万元(其中待处资金83万元),其中资金沉淀411万元,沉淀率达49.8%。

二、工业(工交)周转金

工业(工交)周转金是为促进国营工业企业技术进步,开发新产品,而设立的短期周转的专项资金。1986年以前,没有工业(工交)周转金。1988年,财政部制定《国营工业企业技术改造周转资金使用暂行办法》,次年2月,省财政厅制发了《湖南省财政支持工业企业技术改造周转金管理办法》,临澧县于同年设立支持工业企业技术改造周转金。

工业(工交)周转金资金来源:一是代收主管部门管理费结余;二是技术开发基金;三是各项暂存款;四是各级财政从机动财力和当年预算内安排有偿使用的专项资金,原有小枝贷款、县办"五小"分成结余和扭亏增盈的资金及其他可用于周转的资金;五是收取的占用费和银行存款利息扣除费用后的净额。

其借款对象及使用范围:借给企业主要用于流动资金短期周转,但只限于预算内国营工业、交通、物资等企业的工期短、投资小、效益高的企业项目,但扶持的企业项目必须符合国家产业政策和本地经济发展规划,符合新技术改造发展方向,工艺成熟,技术过关,有切实可行的"三废"治理方案,项目建设周期短、效益高,企业有良好的资信度和偿还能力。同时,支持的企业项目单位有自筹资金,占费用总额30%以上。

借款偿还期限:一般不超过1~2年,临时周转借款最长不超过半年,使用费按银行当年专项贷款利率的50%计算。省财政厅还规定,临时周转借款在规定期限内未还清的逾期部分加收使用费(占用费)100%。对个别因实际情况不能按期还款的经报请财政部门同意延期后借款加收使用费50%。

1998年年底,全县投入工业(工交)企业财政周转金金额223万元,在欠款中无法收回的沉淀资金139万元,沉淀率达62.3%。

1988~1998年临澧县财政周转金累计发放金额统计表

表3-40　　截至日期:1998年年底　　单位:元

股室	放款数	逾期数	逾期率(%)	沉淀数	沉淀率(%)
合计	1556.00	1423.00	91.45	820.00	52.69
工交	223.00	218.00	97.80	139.00	62.30
商贸	194.00	194.00	100.00	117.00	60.30

续表3-40

股室	放款数	逾期数	逾期率(%)	沉淀数	沉淀率(%)
农财	826.00	698.00	84.50	411.00	49.80
文教	126.00	126.00	100.00	76.00	60.30
社保	61.00	61.00	100.00	34.00	55.70
农税	126.00	126.00	100.00	43.00	34.10

注:在财政周转金中待处资金115万元(其中农财83万元,社保32万元)

第二节 资金融通

为了充分发挥预算外资金效益,1985年,临澧县财政本着"低息有偿、切实可行"原则,将专户储存形成的间歇资金借给国营企事业单位临时周转,支持企业的生产经营。1988年,县财政贯彻国务院"加强管理,提高资金使用效益,便于纵向融通资金"和确保不影响储存单位用款的前提下,融通资金。1989年,县财政对间歇资金融通管理作出规定:一是所融资金只能用于企业生产和经营流动资金周转,不得用于基建,如修楼堂馆所等。二是融资对象只限于实行独立核算的全民所有制工商企业及企业化管理的事业单位。三是融资月利率分正常利率和延期利率两种:按照合同规定按时归还的,3个月以内(含3个月)6.6‰;3~6个月的7.2‰;6~12个月8.4‰。到期不能归还又不及时办理延借手续的,除按原利率加收一个百分点外,另每天按欠款金额处以万分之一的罚款。

1989年至1997年,全县利用预算外间歇资金支持发展企事业生产,支持财源建设。9年共融通发放预算外间歇资金114万元,其中用于工业企业短期周转58万元,文、教、卫、广播、电视等事业56万元,分别占投放资金总额的50.87%和49.12%;月利率为8.4‰。

第三节 财政信托投资

1988年7月,随着国家财政经济体制的改革的深入,为适应社会主义商品经济发展,改财政资金由无偿使用为有偿使用。经湖南省信托投资公司常德地区分公司批准,临澧县信托投资公司办事处成立,编制2人(实有1人),办事处业务由分公司管理,行政事务由县财政局代管。办事处的业务范围:一是各类委托存贷款;二是信托贷款;三是联合投资;四是融资租赁;五是信托担保。办事处资金来源于:①自有资金;②财政委托存款;③部门委托存款;④信托存款;⑤预算保证金。1988年至1997年,临澧县信托投资,自有资金170万元,业务不断扩大,累计循环投放资金1117万元,支持县水泥三厂、饮食服务公司、民政福利家具厂、太浮木器社、衍嗣庵镇耐火材料厂等多家企业生产、经营及技术改造所缺资金的燃眉之急(1997年,撤销临澧县信托投资公司办事处)。

第四节 住房公积金

1994年，财政部、国务院住房制度改革领导小组、中国人民银行，根据《国务院关于深化城镇住房制度改革的决定》，为建立适应社会主义市场经济要求的新的城镇住房制度，形成稳定的住房资金来源，促进住房的积累、周转和政策性抵押贷款制度的建立，转换住房分配机制，提高职工解决自住房能力，颁发了《建立住房公积金制度暂行规定》的通知，共计6章，28条。住房公积金是一种长期性住房储金。在职工工作期间，职工个人和所在单位按职工个人工资总额的一定比例逐月交纳。所有党政机关、群众团体、事业单位和企业的职工、劳动合同工以及三资企业中方员均应缴纳住房公积金，离退休人员及临时工、三资企业外方职工不缴纳住房公积金。

住房公积金属于职工个人所有，定向作为职工购买、建造、翻建、大修自住住房，实行“住房公积金管理委员会决策、住房公积金管理中心统一管理、专户存储、财政监督”的管理原则。

凡缴存住房公积金的职工，在购买、建造、翻修、大修自住住房时，可以提前支取，也可以向住房公积金管理中心贷款。职工退休、离职或出国定居时，可由本人提取住房公积金本息余额，职工调动工作时，其住房公积金本息余额转入新单位该职工名下的住房公积金账户。

1996年4月，成立“临澧县住房公积金管理中心”，隶属于县政府房改办管理，定编4人(1998年时在职人数达到10人)。2002年3月，县房改办撤后划归县财政局管理，2003年4月，根据国务院通知，上收到常德市住房公积金管理中心实行垂直管理，并更名为“临澧县住房公积金管理部”，现有人员编制6人。

住房公积金管理中心的基本职能是：(一)编制、执行住房公积金的归集、使用计划；(二)负责记载职工住房公积金的缴存、提取、使用等情况；(三)负责住房公积金的核算；(四)审批住房公积金的提取、使用；(五)负责住房公积金的保值和归还；(六)编制住房公积金归集、使用计划执行情况的报告；(七)承办住房公积金管理委员会决定的其他事项。

1996年，委托了5家银行经营住房公积金业务，县建行负责县直机关、事业单位、群团组织的住房公积金业务；县工行负责县内企业单位的住房公积金业务；县农行负责各乡、镇(含乡、镇政府及站、办、所)的住房公积金业务；县中行及县信用联社负责自身单位的住房公积金业务。1999年4月，国务院正式颁布《住房公积金管理条例》，共7章47条。2002年3月，国务院又对《住房公积金管理条例》进行修改，进一步明确了财政部门参与和监督的责任。规定住房公积金管理中心的管理费用，按照规定的标准编制全年预算支出总额，报本级人民政府财政部门批准后，从住房公积金增值收益中上交本级财政，由本级财政拨付。住房公积金管理中心应每年定期向财政部门报送财务报告和年度预算、决算报告，并将财务报告向社会公布。2003年4月，住房公积金管理机构上收后确定本县只能由1家银行办理住房公积金业务，最后通过综合平衡，确定由中国建设银行临澧支行独家承办全县住房公积金业务。

住房公积金缴存比例标准：按本人基本工资加补贴，按百分比5至12扣缴(最高不能超过12%)，单位按其个人扣缴数补助，两者相加等于个人每月缴存数。临澧县各个单位由于经济状况不同，个人扣缴和单位补助标准不一致。

1996年至2006年，临澧县住房公积金缴存比例一般控制在5%以内，2007年提高到10%，2008年达到10%~12%以内。1996年，临澧县住房公积金归集额为157.9万元，2002年达到2163.72万元，比1996年增加2005.82万元，同比增长13.7倍；2006年达到7009.75万元，比2002年增加4846.03万元，同比增长223.97%；2007年达到9123.93万元，比2006年增长30.16%；2008年达到11934.6万元，比2007年增长30.81%；2009年达到14708.88万元，比2008年增长23.25%。

1996年至2009年，全县累计归集住房公积金19169.83万元，累计审批提取住房公积金4460.95万元，余额达到14708.88万元。发放住房公积金贷款11940.3万元。

第八章 会计管理

第一节 会计的历史沿革

“会计”起源于西周。宋朝始，各级官厅办理钱粮移交，都要编造“四柱清册”。

清代王朝，按照“大清会典”规章，实行会计管理，沿用自宋代编造的“四柱清册”格式，即“旧管、新收、开除、实在”四项，并采用流水竖式记账，数字用汉字大写，此种方式，由官厅流传到民间各行业，清末，会计以簿记为主。

民国时期，旧时簿记难以适应资本主义生产方式的发展，才吸取外来的会计技术。

民国3年（1914年）国民政府颁布《会计法》，民国4年（1915年）又公布《普通官厅会计》，使用收支登记法，编制收支计算书，各级机构都设有收支总分类账。民国18年（1929年），省财政厅颁布《湖南省官厅簿记登记规划》，施行会计管理。民国25年（1936年）公布重新修订的《会计法》，基本形成现代会计的雏形。民国27年（1938）湖南省正式成立“湖南省政府会计处”，同年，临澧县成立“会计主任办公室”。民国28年（1939年），临澧县按照《湖南省暂行总会计制度》规定章程，管理会计事务至1948年年底。

新中国成立后，逐步建立了总预算会计、单位预算会计，以及工业、农业、商业、交通等企业事业单位会计。总预算会计设置的会计科目主要分四大类，即预算收入、预算支出、资产类、负债类。类以下分款、项、目。预算收入科目分企业收入、各项税收收入、农业税收入、契税公产收入、上级补助收入、其他收入、借调入（往来）资金、上年结余及预算外收入等。预算支出类主要有经济建设费、社会文教费、行政管理费、其他支出、调出（往来）资金、上解支出等，会计账簿设有总分类账、收支明细账、收支明细账、暂存暂付明细账、往来明细账等。会计凭证分原始凭证和记账凭证两种，其账务处理采取“历年制”，即公历1月1日至12月31日为一会计年度，按时办理月报表、季报表、年度报表，分级向上报送。

1949年8月,临澧县政府财粮科设主任会计(总会计),主管全县会计事务,逐步建立起县级总预算会计,单位预算会计,国营企业会计,税收征解会计等各项规章制度。

1951年1月,县财政科设总预算会计。当年4月县财政科在公安局、土地改革委员会试点建立新账。同时,县财政科建立粮务会计,管理地方粮务,并设立专职审计员,负责财政年度预、决算和财务收支计划执行情况的稽核。1953年建立预算单位会计制度按照"复式记账"原理采用"借贷记账"方式。

1961年始,多以"现金收付"记账方式记帐,有总分类账、岁入明细账、岁出明细账、往来明细账,以后又设拨款明细账、自筹收入明细账、暂存暂付明细账等。同年,建立人民公社总会计制度,采取借贷复式记账方法记账。其后,多以"现金收付"记账。

1982年,随着改革开放政策的深入和社会经济的不断发展,会计的地位和作用不断提升。当年临澧县成立"会计专业职称评定小组",始对会计人员进行会计职称评定,通过专业培训和考试,经省、地、县三级评审,全县首次评定会计师3名,助理会计师19名,会计员138名。

1985年1月,《中华人民共和国会计法》颁布,进一步建立和健全各种会计法规,使会计工作有法可依,完善了会计管理体系,以法律形式明确规定会计人员由财政部门管理。同年1月18日,临澧县成立"财政会计、审计学会",兼理会计管理事务。

1988年,县财政局增设会计股,管理全县会计工作,组织贯彻实施会计法律、法规,负责会计职称考核和会计人员业务培训等。同年成立"中华会计函授学校临澧函授站"(简称中函站),对会计人员实施继续教育等;1994年5月,成立"临澧县会计师事务所";1999年4月,成立"临澧县会计管理局"(简称会计局),直属县人民政府领导,同时向全县行政事业和国营企业实施会计委派制;同年12月,临澧县会计师事务所与县财政局脱钩。

1992年,县财政预算开始实行电脑记账,2006年,全县各行政事业单位及乡镇均普及电脑记账。

2002年4月,撤销会计管理局,恢复会计股,取消会计委派制,同年9月成立"临澧县会计核算中心"(属副科级事业单位),该"中心"行使全县行政事业单位财务统一核算的工作职能。

第二节 预算会计

预算会计,是用来反映监督财政和行政机关及事业单位预算内外资金活动的一种专业会计。民国24年(1935年),立法院公布"财政收支系统法",正式确立县级财政。民国27年(1938年)8月,湖南省政府成立"会计处",民国28年(1939年),由省会计处拟定了"湖南省暂行总会计制度",县政府设会计主任办公室。执行总会计制度和地方普通公务单位会计制度,并全面使用省统一规定的新式簿记,根据县库日报表,按时顺序记账,按日产生报表,年度编报直式概算书,报呈县参议会审议通过。总会计核算科目,分岁入岁出,经常门和临时门两大类,以下再分款、项、目、节。岁入经常门1款6项10目,岁入临时门也设一款,下设5项7目;岁出科目也分经常、临时两大门类,岁出经常门设地方经常支出一款,下设10项27目;支出临时门设县地方支出一款,下分5项15目。民国29年(1940年),临澧开始划分县级财政收入来源。是年,岁入经常门有:田赋、契税、营业税、地方财产收入、地方事业收入、补助收入6项地方经常收入；岁入临时门有田赋亩捐、地方财产收入、地方行政收入、补助款收入、其他收入5项地方临时收入。岁出经常门有：常务、行政、自治、公安、财务、教育文化、建设、协助、救恤、预备10项地方经常支出；还有岁出临时门设行政、公安、财务、协助和其他支出5项地方临时支出。是年3月，执行省会计处制定的《湖南省各机关及所属普通公务单位会计制度之一致规定》和《湖南省各机关所属公务单位简易会计制度》，各公务单位全面实行预算会计制度。预算会计包括总预算会计和行政事业单位预算会计。它们所预算的具体内容，所担负的工作任务不完全相同。但它们都负有核算、反映和监督预算执行情况，参与各级财政总预算计划的制定和管理，是财政预算管理工作中经常性的、专业技术性较强的基础工作。

新中国成立后，1949年8月，临澧县政府设财粮科，下设有预算股，主管会计工作。1949年至1950年县财政与各机关单位均实行报账制会计。1951年1月，根据中央人民政府《暂行总预算会计制度》规定，县财政设总预算会计，各公务单位会计改称单位预算会计，采用"复式记账"原理，"借贷记账"方法登账目。年度预算收支的执行，采用"收付实现"制。会计科目主要分为四大类，即：预算收入、预算支出、资产类、负债类。类以下分款、项、目。以每年12月31日为截止日期，统一规定各种会计报表格式，由总预算会计监督执行，对各单位会计分级次管理，凡与财政机关直接发生关系的单位，为一级会计单位。确定以人民币为记账本位，以元为记账单位。预算收入科目分企业收入、各项税收收入、农业税收入、契税公产收入、上级补助收入、其他收入、上年结余等。支出科目主要有：经济建设费、社会文教费、行政管理费、其他支出、上解支出等。资产类科目有：金库存款、库存粮食、库存食物、预付经费、企业资金等。负债类科目有：暂收款项、应付运输支票、应付公债、应付外债、折旧积存、本年结余等。资产负债共同类科目有：上级往来、所属往来、其他往来、资产负债差额、下年度往来、上年度往来等。会计账簿设置有：传票汇总表（或日记账）、总分类账、各种收支明细分类账、往来明细账、拨款明细账、自筹收入明细账、暂存暂付明细账等。会计凭证分原始凭证和记账凭证两种。会计报表分为月报、季报及年报三种，并按时分别向上报送。

1952年，实行中央、省、县三级财政体制，县财政预算独立，实行县一级财政预算制度，总会计科目分为岁入、岁出、资产、负债、资产负债共同类五大类，类以下分款、项、目。岁入类分设：农业税收入、各种税收、契税、企业收入、司法行政罚金、接收没收公产收入、粮款食物总收入、折益收入、上级划拨补助、其他收入、上年结余本年结亏；岁出类分设：军事费、行政费、各种事业费、乡村经费、粮款食物互兑支出、折损支出、解缴上级、投资支出、其他支出、上年结亏、本年结余；资产类分设：金库结存、经济建设投资债款总额、预付经费、库存未达；负债类分设：应付运输支出、应付款经济建设投资总额、暂收款项、岁入未达；资产负债共同类分设：省县往来、其他往来、财政余亏。

1953年，取消资产负债共同类。当年3月，集中各单位预算会计学习，全面建账建制，随后临澧县对全县7个区、2个县属镇中，因单位会计调动，业务生疏的3个区的会计，由县财政科总预算处会计分别进行辅导，帮助建账建制，按照《预算会计制度》规定的统一预算科目，编制预算。

1954年，根据财政部的规定，将会计科目4大类改为资产、负债两大类，资产科目表示预算资金的分布和运用，下分预算收入、往来款项、预算执行结果三类。1955年，国家发行新版人民币后，一切会计事物、账簿、凭证的记载，自本年3月1日起，一律以新币为本位，以元为单位，元以下留角、分两位小数,“分”以下四舍五入。

1956年,会计科目又有变动,资产类科目分为货币资金、预算支出、贷出款项;负债类科目分为预算收入、借入款项、周转金、预算执行结果。1960年,增设地方预算限额结算支出,其余科目未变。

1966年,取消“借贷记账”法,实行以资金活动为主体的“收付记账”法,或以账户为主体的“增减记账”法、以会计为主体的收付记账法。预算会计科目改为资金来源、资金运用和资金结存三大类。资金来源科目有:预算收入、附加收入、与上级往来、预算暂存、其他暂存、预算周转金、预算年终结余、附加年终结余;资金运用科目有:经费拨款、建设银行拨款、农业银行拨款、附加拨款、预算支出、限额结算支出、附加支出、与下级往来、预算暂付、其他暂付;资金结存类科目有:金库存款、其他存款、在途款。

1976年,改为预算内和预算外两个部分,并分别设置科目,各自平衡。同年1月起,实行旬报、月报、季报、年报四种报表制度。旬报只上报预算收支主要项目的实际执行数,月报要求上报资金活动情况和预算收支、自筹收支执行情况,季报比月报增加基本数字表,年报根据年度决算的规定执行。

1981年1月1日起,财政总预算会计的记账方法,一律采用“资金收付记账法”,总预算会计报表的数字基础,预算收入部分,以缴入国库的数字为准;预算支出部分,以银行支出数为准;财政机关直接经办的支出,以财政机关拨款数为准。当年,国家发行国库券,中央向地方借用财政结余,在预算内和预算资金来源中,增设地方政府购买国库券和中央借款两个科目,在资金运用类中增设地方借给中央财政款科目,在资金结存类中,增设库存国库券科目,进行核算平衡。行政事业单位用预算资金购置国库券不能做实际支出报销,增设库存国库券科目。

1984年1月1日起,执行中央财政部新制定的《财政机关总预算会计制度》,县级财政总会计的记账方法,一律采用“资金收付记账法”。总预算会计报表的数字基础,预算收入部分,以缴入国库的数字为准;预算支出部分,以银行支出为准;财政机关直接经办的支出,以财政机关拨款为准。按照新制定的会计制度,对会计科目的变化是:预算内部分、资金来源类中增设上级补助收入,下级上解收入,调入资金三个科目,预算年终结余科目改为预算结余;资金运用类中增设拨存农行款、拨存建行款、上解支出、补助支出四个科目,取消基建拨款科目;资金结存类中仅将金库存款科目的名称改成国库存款。核算预算外资金的会计科目变动较大,变动后的资金来源类科目有预算外收入、专项基金、预算暂存、预算外结余、地方政府购置国库券,资金运用类科目有预算外拨款、预算外支出、调出资金、专用基金贷款、预算外暂付。资金结存内科目有预算外存款、预算外库存国库券、预算外在途款。总预算会计制度规定,总账仍按会计科目名称设置,明细账设有五大类:1.收入明细表;2.拨款明细表;3.支出明细表;4.往来明细表;5.国库存款和库存国库券明细账。对预算外资金总账、明细账的设计方法,比照预算资金账簿设置原则办理。会计账簿的使用,以每一会计年度为限。这些制度的规定,一直沿用到1995年年底。

1996年,建立工资基金专户储存制度,划入“工资基金专户”的资金,只能用于人员工资发放,任何单位和个人不得以任何理由挪作他用。1997年,根据财政部《财政机关总预算会计制度》的有关规定,临澧县制定了《财政资金审核拨付办法》,明确财政资金的审核拨付,坚持“先吃饭、后建设、统筹兼顾、保证重点”的原则。

1998年1月1日起，贯彻执行《财政总预算会计制度》《事业单位会计准则(试行)》《事业单位会计制度》《行政单位会计制度》等。临澧县总预算会计贯彻执行：(一)财政部门管理的各项财政资金(包括一般预算资金、纳入预算管理的政府性基金、专用基金、财政周转金等)都纳入总预算会计核算管理。(二)总预算会计记账采用借贷记账法。(三)为便于编制会计凭证、登记会计账簿、查阅账目和实行会计电算化，统一规范了会计科目编码。(四)总预算会计科目，作了较大调整，共分为资产类、负债类、净资产、收入类、支出类5大类，34个科目。与1989年执行的总预算会计科目比较，一是有的科目直接或更名后按新科目分类归并，如原资金结存类的国库存款在途款，直接并入新科目的资产类，库存有价证券更名为有价证券进入资产类科目，原拨存建行款更名为基建拨款进入资产类科目；原预算收入、预算支出科目更名为一般预算收入、一般预算支出。二是新科目增加了纳入预算管理的政府性基金、专用基金、财政周转金等核算内容。资产类科目中增加了其他财政存款、财政周转金放款、借出财政周转金科目；负债类科目中增加了借入财政周转金，净资产类科目中增加了基金预算结余、专用基金结余、财政周转基金；收入类科目中增加了基金预算收入、专用基金收入、财政周转金收入；支出类科目中增加了基金预算支出、专用基金支出、财政周转金支出等。

同时，对会计记账、科目、报表作了如下几项改革：(一)财政部门预算外资金会计记账采用“借贷记账”法。(二)科目分为资产类，有银行存款、有价证券等8个科目；负债类，有应缴预算收入、贷转自筹基建资金等9个科目；净资产有政府统筹资金、调剂基金等6个科目；收入类有上级补助收入、财政专户收入等5个科目；支出类有补助下级支出、财政专户支出等5个科目。统一规定的会计科目编号不得重打乱。(三)财政部门预算外资金会计报表分为资产负债表、财政专户资金收支情况以及其他单项(专项)资金收支情况表。新的预算会计体系由各级财政总会计、行政单位会计、事业单位会计以及参与财政预算执行的国库会计、收入征解会计等共同构成。主要包括财政、行政和事业三部分。

2001年12月，遵照财政部的指示，为明确反映中央和地方财政通过转移支付办法安排的农村税费改革补助支出，增设“农村税费改革补助支出”和“农村税费改革补助收入”两个预算科目。同时，为进一步加强社会保险基金的征缴管理，方便和促进地方税务机关征缴各项社会保险费，确保社会保险金及时缴库按时定额发放，并做好会计核算和收入对账工作，对《2001年政府预算收支科目》做相应修订，增设“社会保险基金收入”，地方税务部门按规定征收并缴入国库的基本养老、失业、基本医疗、工伤、生育保险费及滞纳金，在“基金预算支出科目”中增设“社会保险基金支出”，地方财政部门划转社会保险基金专户的基本养老、失业、基本医疗、工伤、生育保险费及滞纳金。

2002年10月，财政部修订《2003年政府预算收支科目》，将“一般预算收入科目”改为“中央收入科目”。对“一般预算支出科目”中的“农业支出”款下增设“垦区公益事业”“垦区政策性、社会性支出”，对“农业支出”款下增设“农业综合开发”，在“农业综合开发”款下设置：“土地治理”“多种经营”“科技示范”“贷款贴息”和“其他”。反映中央和地方农业综合开发的有关情况。

2003年4月，财政部、中国人民银行关于修订《2003年政府预算收支科目》的通知中指出，在“一般预算收入”科目中的“利息收入”款下增设“国库存款利息收入”和“其他利息收入”；在“人防行政性收费收入”款下增设“防空地下室易地建设费收入”和“其他”。在“一般预算支出科目”中的“人民防空经费”款下增设“防空地下室易地建设费支出”和“其他”，反映人防部门对地下室易地建设费及其他费的收支情况。将“基金预算收入科目”和“基金预算支出科目”中的库区后期扶持基金的收入、支出科目的说明修改为中央与地方共用科目。

第三节 企业会计

清代末，临澧县未建立公营企业会计制度。民国时期，工商企业仍以私营为主，至民国27年（1938年），始有官办企业，仍未建立统一的公营企业会计制度。

新中国成立初期，县财政未设企业财务管理机构，县属地方国营企业会计工作，由县工商主管部门负责管理。1950年3月，省工商厅制定了企业统一会计制度，规定了以人民币为计算单位，采用“复式簿记”原理记账；总账会计科目分资产、负债、收益和损失四大类。会计簿记分为序时账、分类账和补助账三种，以收据、发票、领用单、工资等为原始凭证，以现金收入传票、现金支出传票和转账传票为记账凭证。根据原始凭证填制记账凭证，根据记账凭证登记明细分类账、序时账和补助账。根据序时账登记总分类账，根据总分类账和明细分类账编制会计报表。

1952年12月起，临澧县财政科执行财政部颁发的《国营企业统一登记会计簿记填制会计凭证办法》。

1953年，临澧县属地方国营工商企业会计，由县财政科管理。当年1月1日始，临澧县对国营企业采用“借贷记账”法和统一的会计科目，填制会计凭证和登记会计簿籍。国营企业会计凭证，包括原始凭证、原始凭证汇总表和记账凭单三种。会计簿籍设总分类账、明细分类账、记账凭单登记簿和补助登记簿。国营工业企业统一的会计科目分为固定资产、材料、工资、生产、货币资金、内部往来、财务成本等25类，共149个科目。会计账表除原规定外，增加企业奖励基金计算表。国营商业企业使用的会计科目达214个。1954年，执行财政部下发的《国营工业企业统一简易会计科目及会计报表格式》。会计科目分为21类54个科目。

1954年，临澧县执行财政部下发的《国营工业企业简易会计科目及会计报表格式》，会计科目分为21类、54个科目。1955年1月起，按照财政部制定的《国营工业企业统一精简会计表》，将会计科目增设到74个。废除传统的“传票制”，一律改为“记账凭单制”。国营工、交企业资产中各种预算缴款，以实际解缴或抵缴数为标准；附属投资和其他投资以投资净额为标准。各种材料有调拨价格的，照下年度新的调拨价格调整，其他各种资产和无调拨价的材料，一律不调整。低值易耗品以原价减除摊销为准，摊销采用“五成法”，即（领用时摊销50%，报废时摊销50%）为原则。农业企业会计制度的一般规定，与工业企业会计大体相同，只是农场固定资产折旧以“直线法”为原则，每一年度只提一次。所提折旧，一面摊入作物成本，一面转作“扩大农业发展基金”。农业企业的会计科目，分资产、负债及生产结算三大类，共28个总账科目。资产类科目有：固定资产、低值易耗品、库存材料、库存商品、待摊费用银行存款、库存现金、应收款、暂付款、基本建设支出10项。负债类科目有政府基金、特种基金拨入、基建基金、其他拨款、固定资产折旧准备、银行借款、暂收款8个科目。生产结算类科目有工资、农业支出、副业支出、共同生产费、企业管理费、税金、非生产支出、农业收入、副业收入、损益10个。

1958年至1959年，由于“大跃进”运动的影响，会计管理工作受到干扰，会计凭证和账簿不完整，一些企业推行“以表代账”“以单代账”的“无账会计”。1960年1月1日起，临澧县贯彻执行财政部颁发的《国营工业企业会计核算工作的若干规定》及省财政厅补充规定，强调严格按照会计凭证、会计簿籍的内容格式和使用方法办事。全面纠正“无账会计”“以表代账”“以单代账”等错误做法。1962年，贯彻中央两个六条规定，执行对国民经济“调整、巩固、充实、提高”的方针，会计工作进一步得到重视，对国营商业、供销社、森工企业和手工业，仍划归各系统管理。

1965年，全面试行“增减记账”法。工业企业会计科目在1964年的基础上有增减，将原料及主要材料、补助材料、燃料、包装物四个科目合并为材料科目；在专用基金储备物资科目下，增设固定资产更新基金储备物资二级科目；取消销售费科目，改在企业管理费科目内核算，在银行借款科目下，按借款种类设二级科目；在利润留存科目下，增设归还小型技术改造措施借款，关、停企业清理保管费两个二级科目。

1966年，县属地方国营规模较小的工业企业，会计科目分资金占用和资金来源两类，共17个科目，资金占用类科目有固定资产、材料、生产费用、待摊费用、产品、现金、银行存款、应收款和利润分配9个科目；资金来源类，有国家资金、折旧基金、专用基金、银行借款、预提费用、应付款、销售、利润8个科目。会计凭证分为原始凭证和记账凭证。记账方法采用“增减记账”法。当年，“文化大革命”开始。会计工作受到干扰，提出“要算政治账，不要算经济账”“合理就是合法”“砸烂旧的规章制度”等口号，会计制度被破坏，会计核算被取消，会计人员抛一边，有的被改行，有的被下放。企业会计的记账、算账、报账等制度不能正常运行。

1974年，临澧县贯彻执行《湖南省国营企业会计工作规则》，对会计凭证、会计账簿、记账方法、会计报表、会计档案保管及会计科目设置都作出了相应的规定，会计制度又逐步恢复完善。工商企业会计一律改“借贷记账”法为“增减记账”法。工业企业会计科目，按照增减记账法仍分资金占用、资金来源设置。资金占用科目18个；资金来源科目10个。商业企业会计科目共有54个，每月终按公司汇总填报财务主要指标月旬报告、季度和年度资金表及经营情况表（附大类商品主要指标分列汇总表）、工业企业经营情况表、工业企业成本情况表、饮食服务业经营情况表、储运经营情况表等。记账凭证和账簿沿用1966年的格式，并严格规定不能以表代替账簿。

1979年，临澧县财税局印发《关于整顿国营企业会计核算工作的通知》，对工业企业建立健全产量、质量、原材料消耗、工时、设备利用的基层记录；建立原材料、燃料、动力以及半成品的收、发、领、退和耗用数量及必要检验与消耗定额、材料物质储备定额登记。从当年1月1日起，凡实行利润留成的工交企业，在解交利润科目下增设抵交利润——利润留成明细科目。在专用基金科目下，除职工福利基金外，增设生产发展基金和职工奖励基金明细科目。同时，贯彻执行《国营农场五项财务会计制度》，将国营农场会计科目设置为50个，其中资金占用类36个，资金来源类14个；将会计月报表改为资金平衡表一种，在年度报表中加编为利润表、成本表、生产费和企业管理费明细表、专用基金表、专用拨款表、基本情况和主要经济效果指标表7种。

1981年，临澧县贯彻执行财政部的《国营工业会计制度》，会计科目由34个增加到50个。会计报表分资金平衡表、利润表、商品产品成本表三种，季报加编主要产品单位成本表、专用基金和专用拨款表,年报加编产品销售利润明细表、生产费用表、基建借款及专项借款表、企业基金计算表或利润留成计算表。同年,执行省财政厅规定:(一)工业企业的记账方法,中、小型企业继续采用增记账法,大型企业及有条件的单位可采用借贷记账法。(二)计算折旧一般采用个别折旧或分类折旧;小型企业或个别单位也可采用综合折旧。

1983年7月1日起,国家对国营企业实行第一步"利改税",会计科目相应发生变更。工业企业增设应交利润科目,取消应交资金占用费税目;在应交税金科目下,增设应交所得税明细科目。在固定基金科目下,取消企业固定基金、待转固定基金两个明细科目;在利润科目下,增设本年利润调整明细科目;在专用基金科目下,增设了后备基金和新产品试制基金两个明细科目。实行"利改税"的商业企业,贯彻执行商业部、财政部颁发的《关于利改税后有关商业会计科目、会计报表和账务处理的补充规定》。在会计科目方面,增设企业留利基金,留归企业利润,税前扣减利润,商业自补亏损四个会计科目,并相应修改部分缴拨科目的名称和核算内容。在会计报表方面,为反映利改税后企业留利和利润分配情况,增设企业留利基金分配使用情况、利润分配和亏损拨补情况表。对原制发的资金表、财务主要指标电讯月报表,相应增加和修改了某些项目。

1984年10月1日起,实行第二步"利改税",企业会计科目,都有相应的变动。商业企业增设应交税、应交承包费或利润、待扣税、利润分配、应弥补亏损5个会计科目;修改应付款、提成工资基金、税金、企业留利基金、利润5个会计科目的核算内容;取消预缴所得税、缴国库利润、国库拨补亏损、留归企业利润、利润留存、税前扣减利润、抵交利润、商业自补亏损等会计科目。在会计报表方面,增设利改税企业利润分配表、企业亏损弥补情况表;取消利润分配和亏损拨补情况表;在资金表和企业留利基金分配使用情况表中相应增加或减少相关科目。当年年终决算时,增设1984年企业应缴所得税、应交利润和应留利润计算表及1984年应弥补亏损和应留减亏分成计算表,用以反映1984年第四季度实行第二步利改税后利润分配的变化情况。根据第二步"利改税"出现的新情况,对工业企业会计科目也做了相应变动,修改应缴税金、应缴利润、利润分配科目的核算内容,在应变税金科目下设置应缴产品税、应缴营业税、应缴增值税、应缴资源税、应缴所得税、应缴调节税、应缴盐税、应缴烧油特别税8个明细科目。对应由专用基金支付的建筑税、奖金税等;不通过应缴税金科目核算;应缴利润科目核算经国务院批准暂不实行利改税的盈利企业应向国家上缴的利润;利润分配科目设置归还专项借款的利润、归还基建借款的利润、留给企业的"三废"产品净利润、归还借款利润提取的职工福利基金和职工奖励基金、分给其他单位的利润、其他单位转来的利润、应缴所得税、应缴调节税、应缴承包费、应缴利润、应由以后年度利润弥补的亏损、弥补以前年度亏损,应由预算弥补的亏损、企业留利、本年利润、上年利润调整等17个明细科目;还增设待扣税金和应弥补亏损两个税目;专用基金科目中增加转作流动基金的核算内容;取消应收原材料价格补贴、应收产品价格补贴、应缴卷烟提价收入、应补定额补贴收入四个科目(1985年1月1日取消)。会计年报表方面,增设应上缴及应弥补款项情况表,按月编报。1985年2月,工业企业会计科目比1981年增加10个,共计60个。其中资金占用类科目34个,资金来源类科目26个(资金占用中增加长期投资、待摊税金、清理维护费、分期收款发出商品、国库券、应弥补亏损6个,减少应补定额补贴。资金来源中增加其他单位投入资金、已收分期收款发出商品、应缴利润、待扣税金、应缴能源交通建设基金5个)。

1985年至1986年，随着农业企业实行多种形式的生产承包经济责任制和多种联合经济形式，农业企业会计的形式和内涵也相继出现统分结合、有统有分的家庭农场会计，产前、产中、产后服务单位的会计，农工商联合体的企业会计等，逐渐形成农、林、牧、渔多业俱全，全民、集体、个体多种经济成分并存，多种多样的专业性职业会计体系。

1987年6月，临澧县工业企业按照承包经营责任制有关规定，应得的超承包收入，由同级财政专用拨款的方式返回给企业。在会计科目处理上，企业以增加专用基金反映。实行承包经营责任制的国营工业企业提取技术开发费时，在销售科目下，增设技术开发费明细科目。8月，企业用银行专用借款向其他单位投资，应在长期投资科目下设专用借款投资明细科目。10月，将国库券科目改为有价证券科目，用以核算企业认购并已付款的国库券、国家重点建设债券、重点企业债券等有价证券。

1988年7月1日起，临澧执行新的《国营商业企业会计制度》，对国营商业企业的资金收付和成本费用、损益计算，均采用权责发生制；企业库存商品、原材料、产成品、外购成品等，除另售企业经营的鲜活商品和饮食服务企业的原材料可采取实行盘存的办法外，原则上均采用的永续盘存制。记账方法仍采用增减记账法。会计科目方面统一规定会计科目编号。会计科目为90个，另外会计账簿设置有总类账、日记账、明细账、分类账；会计报表有资金类报表、经营成果报表、成本报表、资金、经营类综合报表四类，按编制时间分为月度报表、季度报表、年度报表和不定期报表四种。同年12月，贯彻全省“工业会计科目的补充和修改规定”，新增加的会计科目有：应交教育附加、工资基金、投资借款、应付债券，删去了应交折旧基金。将原国库券科目改为有价证券科目，对固定资产、长期投资、基本生产、车间经费、企业管理费、待摊费用、应弥补亏损、利润分配、固定基金、折旧、流动基金、应付工资、应缴税金、应缴利润、专用基金、销售、利润等科目核算内容和明细科目进行了修改。

1990年，临澧县贯彻省政府精神，在企业推行承包经营责任制。部分企业实行全员风险抵押承包。按照省财政厅规定，在工业企业会计科目中其他应付款科目下增设承包风险抵押金明细科目；利润分配科目下增设全员抵押承包风险抵押金、应补交的承包利润和应由抵押金抵补的承包利润、应退库的超承包利润4个明细科目。同年2月，因银行结算制度改革，废止托收承付结算方式，发出商品科目停止使用。由于部分国有企业实行按销售收入一定比例在缴纳所得税前提取流动基金的办法，企业在销售科目的销售及其他费用明细科目下，增设提取流动基金明细科目。

1992年下半年起，财政部在企业财务会计制度方面进行了重大改革，相继发布了《企业会计准则》《企业财务通则》以及13个行业的财务会计制度，于1993年7月1日施行。企业会计要素为：资产、负债、所有者权益；收入、费用、利润。

临澧县财政及时将《关于新旧财务制度衔接调账处理的规定》下发给全县工商及其他企业，在规定时间内完成了全县工商企业的调账工作。

1997年，企业年终工资结存改“工效挂钩”为“工资增量”，临澧县财政、劳动部门逐企业核定，做好企业年终工资指导线工资增量的审批工作。当年根据常德市财政局统一部署，县财政依据1995年第三次全国工业普查统计资料数据（含国有工业、股份制工业、集体工业企业）核准落实企业单位；同时建立起完整的国有工业企业财务会计、统计体系，运作情况良好。

从1998年1月1日起，临澧县执行财政部《企业会计准则——现金流量表》的有关编制规定：现金流量分为经营活动产生的现金流量、投资活动产生的现金流量和筹资活动产生的现金流量，编制现金表时应分别反映，企业在报表附注中说明将净利调节为经营活动现金流量的信息。经批准设立的股份有限公司执行《股份有限公司会计制度》。会计科目分为5类76个科目。

从1999年1月1日起，临澧县贯彻执行上级关于：凡债权人按照其与债务人达成的协议或法院的裁定作出让步的事项，如以资产清偿债务、债务转为资本，或者减少债务本金，减少债务利息等，都要按“债务重组”的有关规定处理。

从2000年1月1日起，临澧县执行凡同类非货币性资产交换，应以换出资产的账面价值作为换入资产账面值。在同类非货币资产交换中，如果发生支付补给的，应以换出资产账面值与补价之和作为资产入账价值；收到补价的，应以补价与换出资产公允价值的比例为基础，确认收益，以换出资产的账面价值扣除补价，加上已确认的收益，作为换入资产入账价值；如果同时换入多项资产应按换入多项资产的公允价值总额的比例，对换出资产的账面价值总额进行分配以确定各项换入作入帐价值。换入资产的公允价值与换出资产账面价值的差额计入当期损益；如果发生补价，应区别不同情况处理(此规定运作至企业改制)。

第四节 农业税征解会计

清代末及民国初期，临澧田赋征解记账，沿用宋朝末年编造的“四柱清册”式样，即上年结存未解税款，加本年新收税款，减除本年上解税款，为本年未解税款，按年造具田赋清册上报。民国十八年(1929年)，《湖南省官厅簿记规则》规定，田赋征解设置田赋收解明细账、现金日记账、田赋附加明细账、机关分户账；根据原始凭证编写记账凭证(传票)，采用复式借贷记账法登记账簿，按账簿产生报表；报表有田赋收入月计表，田赋收入年计表，田赋征解报单与账册备考表。

新中国成立初期，没有建立专门的农业税征解会计制度。临澧县按照中共湖南省委《关于征解粮草工作》的指示，对乡村有粮户进行公粮征借，直交过境部队，支援前线，由县财粮科收调和结存情况统计上报。

1951年5月，财政部颁发了《各级农业税征收机关暂行征解统一会计制度》，规定农业税的征收与解报等一切会计事务，均由各级农业税征收机关专设机构办理。当年7月起，临澧县执行《湖南省各级农业税征收机关暂行会计制度》，设公粮和地粮会计，对农业税征收的粮食、棉花等食物，由粮食部门和商业部门直接验收、保管、调运，作为该部门的商品，并按国家收购牌价向财政部门办理价款结算，划交国家金库。财政部门征收的公粮代金，直接解交金库。农业税征解会计反映事物征收数量及其金额，考核农业税的征收成果。同时还规定农业税征解账、实物解库存明细分类账、农业税征解分户登记簿等会计簿籍。共设10个会计科目，其中借方科目有粮食解库、实物解库、代金解库、减免及未征税额5个科目；贷方科目有夏征收入、秋征收入、上年秋征收入、其他收入和应解税额5个科目。全年度农业税的计算以12月31日上缴入粮库、事物库、金库者为准。夏征超过规定期限的作为秋征解库。秋征于年终后入库者，作为下年度收入解库入账。会计凭证设有农业税登记清册、公粮入库书、实物收据、汇总实物收据、缴库书、收入统计表、汇总收入统计表、汇总公粮入库书、公粮(事物)对账单、减免税证明书、收入退库证明书等12种,记账凭证只设转账传票一种。

会计报表分为月报、季报和年报。月报包括农业税征解月报表;季报包括农业税夏征收入计算表、农业税秋征收入计算表、年报农业税夏征粮食品类表、年度农业税秋征粮食品类表、年报农业税夏征实物品类表和年度农业税秋征实物品类表;年报包括年度农业税收入决算表、年度农业税征收粮食品类表、年度农业税征收实物品类表。征解会计年度采用分年制,年度的分月,依公历所定,记账本位,粮食以征收原粮并折合预算主粮为本位(如大、小麦、黄豆等产品,下同),以公斤为单位,实物以征实物并折合预算主粮为本位,以公斤为单位;代金以人民币并折合预算主粮为本位,以元为单位,预算主粮统一以大米计算。账目登记,采用复式簿记原理,现金收会记账方法,因需要可改为借贷记账方法。

1956年9月,农业税征解会计有四个方面的改变:第一,采用会计年度与农业税征收年度两种计算办法。会计年度自公历1月1日起至12月31日,农业税征收大体划分为两个时期(即早稻入库和中、晚稻收割后入库)。征收年度结束后,应编制年度决算。第二,农业税会计科目分设农业税、农业税尾欠、农业税附加、农业税附加尾欠,并在以上各科目下分列明细科目;国营农场农业税、农业生产合作社农业税、个体农民农业税(含互助组)。第三,县财政于年度终后10天内,分别按细目、品名编制决算表及农业税收入品类表上报。第四,县财政在征收年度结束后一个月内,编制农业税征收年度结算表上报。

1958年起,农业税的征收实行"以谷分配,以款结算"的办法,纳税人送交粮食的实际金额,与按税额折算金额相等,即完成纳税任务。对征收棉花和代金计算价格,以粮食统购价计算分配任务。

1959年,将农业税征收年度改为同会计年度一致。征收年度划为两个时期,自1月1日至3月底为上年收入结转期,自4月1日至12月底为秋征期。同时将农业税征解会计科目改为上年结转收入和秋征收入。当年,按照人民公社队为基础的原则,农业税纳税对象改由生产队集体交纳,征收的粮食、棉花均由粮食部门或基层供销社随征代购验收入库,实行先征后购的结算原则。县财政局农业税征解会计,对农业税款先征税后附加,先省、地、后县附加的原则,按规定手续上解和转账。在征收年度终了后,县财政局农业税待结算专户无余额存在。

1975年,农业税征解会计在银行营业所或公社信用社"社队存款"科目中设"农业税"专户。县财政局在人民银行支行"待结算财政款项"科目中设"农业税待结算"专户。公社征收的农业税,以公社为纳税单位(大队、生产队)建立明细账。稻谷以市斤为计算单位,货币以元为单位。

1978年中共十一届三中全会后,为了适应农村实行联产承包责任制的需要,临澧县将农业税征收改为"户交户结",农业税征解会计制度随之改变。会计报表只设农业税基础数字统计表。1979年,为支持农村商品生产的发展,农业税征收结算实行"基数到村,任务到户,以谷折算,改为征收代金,常年征收,年终结算"的原则。

1981年4月起,临澧县执行省财政厅《关于农业税征解会计核算的几项规定》明确农业税征解会计的任务是:反映和监督征收,减免农业税的资金活动,贯彻征收、减免两条线和先征后减的原则,单独建账,单独核算,并规定采用资金收付复式记账法。会计科目为资金来源、资金运用和资金结算三类。农业税的征解,坚持在银行设立专户,单独建账,单独核算。

1987年4月，临澧县开征耕地占用税，在农业税征解会计科目中，资金来源类增设耕地占用税一级科目，下设国家、乡镇集体、农民建房、其他4个二级科目；还增设耕地占用税征收经费一级科目，下设省级征收经费、县级征收经费两个二级科目。资金占用类，乡镇增设上解耕地占用税、上解耕地占用税征收经费两个一级科目，县级增设解库耕地占用税一级科目，下设中央和省级税款、县级税款两个二级科目。乡级原上解税款科目改为上解农业税款、县级原解库正税、解库附加，分别改为解库农业税正税、解库农业税附加。资金结存类，县乡两级都用农业税存库专户，下设农业税存款、农林特产税存款、耕地占用税存款和耕地占用税征收经费4个二级科目进行核算。

1998年12月4日，国家税务总局下发《中华人民共和国农业税收会计制度》，1999年1月1日起执行。农业税收会计核算对象是农业税收资金运动的全过程。凡需要进行农业税收核算的农业税收征收机关都必须配备农业税收会计。农业税收会计以"收付实现制"为记账原则，采用"借贷记账法"，反映农业税收资金的运动变化情况。农业税收会计科目划分为资金来源和资金占用两大类。总账科目：(一)来源类科目：农业税收入、农林特产税收入、牧业税收入、耕地占用税收入、契税收入、滞纳金、罚款收入、暂收款、应退税款；(二)占用类科目：解库农业税、解库农林特产税、解库牧业税、解库耕地占用税、解库契税、解库农牧业税附加、解库滞纳金、罚款、提取征收经费、下拨待退税款、保管款、上解农业税、上解农林特产税、上解牧业税、上解耕地占用税、上解契税、上解滞纳金、罚款、待解税款、待退税款、待结算税款。国家税务总局颁布的《农业税收会计制度》，这是改革开放以来，继工交、商贸的"两则、两制"出台后，在农税会计核算战线上的一次大的改革举措，从记账规则、会计科目、会计凭证、会计账簿、会计报表等都作了全新的改革。规定农业税收会计的核算对象是农业税收资金运动的全过程，农业税收会计年度，以国家财政预算年度为准，以人民币为记账本位币，以"收会实现制"为记账原则，采用"借贷记账法"。

农业税收会计账簿的种类主要有总分类账、明细分类账、日记账、辅助账。农业税收会计报表分为月报、年报及农业税收资金平衡表三种，即《农业税收及情况月报表》《农业税收资金平衡表》《年度农业税收决算表》，还增设了一些明细科目，确定了会计科目分为来源类和占用类科目，总计27个。此会计制度一直沿用到2004年未变。

2003年，全国农村税费改革进入新阶段，为了促进农村税费改革，加强农业税收附加收入的管理，国家税务总局对《农业税收会计制度》中有关农业税收附加收入的核算办法及相关内容进行修改和补充，资金来源内增设"农业税附加收入""农业特产税附加收入""牧业税附加收入"3个一级科目，在"农业税附加收入"科目下设本年收入、尾欠收入、其他收入3个二级科目；在"农业特产税附加收入""牧业附加收入"科目下，分别设本年收入、尾欠收入2个二级科目；在"应退税款"科目下增设"应退农业税附加""应退农业特产税附加""应退牧业税附加"3个二级科目；资金占用类科目增设一级科目"划解附加"编号为307；在原"待解税款"科目下增设"待解农业税附加""待解农业特产税附加""待解牧业税附加"3个二级科目；在原"待退税款"科目下增设"待退农业税附加""待退农业特产税附加"、"待退牧业税附加"3个二级科目。农业税征解会计制度及会计科目直至2005年国家免征农业税后废止。

第五节 会计事务管理

会计事务管理，包括会计培训、会计技术职称及会计任用等。

民国初期，临澧县政府会计室管理各机关单位会计事务。民国3年(1914年)国民政府颁布《会计法》，规定各机关会计事由各主管部门委派会计人员，办理有关财务会计事项，县财政科监督执行。民国27年(1938年)，湖南省政府设会计处。当年9月，临澧县成立会计主任办事处，由主任会计管理各机关单位会计事务。

新中国成立后，会计事务由财政部门主管。1978年9月27日，财政部颁发《会计人员职权条例》规定：凡国营企业、事业、机关、团体都必须单独设置财务会计机构，并根据工作需要，配备必要的会计人员。会计人员力求稳定，不要随意调动(以前的会计人员都属兼职)。

1979年4月，临澧县贯彻执行省财政厅补充规定：会计人员的编制，按职工人数的比例确定，工业企业职工人数在100人以下的设会计人员2名；100~500人的企业，会计人员不少于职工总数的1%；500~1000人的企业，会计人员不少于1.5%。

1984年7月1日，贯彻执行财政部颁发的《会计人员工作规则》，要求会计人员建立岗位责任制，并要求同本单位的经济责任联系；会计人员必须按制度和有关规定设置和使用会计科目，填制会计凭证、登记会计账簿、编制会计报表、管理会计档案。

1985年，国务院颁布《中华人民共和国会计法》，会计法共设6章30条。对会计核算、会计监督、会计机构和会计人员等基础工作，作出了全面的法律规定。临澧县从当年5月1日起实施。临澧县1987年以前，财政局内没有设立管理会计的专门机构，其职能由局内相关业务股室具体负责。1987年7月25日，成立临澧县会计系列职称改革工作领导小组和临澧县会计系列初级专业技术职务评审委员会。8月，财政局内增设会计管理股，专管会计事务，并对全县各类会计人员通过培训，考试合格者颁发“会计证”。10月，中华会计函授学校临澧函授站挂牌成立，当年，招收在职财会人员30人参加函授班学习，学期三年，经考试成绩合格，发给成人中专文凭及会计证。以后每年面向全县企事业单位招考录取1~2个班的学员，使全县财会人员达到中专文化水平，90%在岗人员执有会计证。到2003年共举办财会中专班13期，毕业600人。

1988年6月，临澧县贯彻执行财政部印发的《会计工作达标升级试行办法》，对会计机构和会计人员、会计核算和管理、执行财政财务制度3个方面，制定了23条会计工作达标考核标准。通过达标考核，全县会计机构和会计人员逐步走上规范化、科学化、现代化的转道。

1989年，临澧县财会培训函授学楼竣工。1994年与湖南省财经高等专科学校联办临澧财会大专班，1994年、2001年、2002年三期共招生142人，到2003年年底毕业140人。

90年代后，会计管理职责范围扩大，不仅负责全县会计工作，了解检查会计工作情况；还负责组织实施全县的会计法规制度，检查执行情况，审查各部门拟定的会计规章制度、办法；负责实施会计准则的宣传、解释并检查其执行情况；负责全县会计人员的会计证考试和会计人员管理办法及表彰、奖励会计工作先进集体和优秀会计人员；贯彻执行会计电算化管理办法，指导会计电算化工作及会计信息工作；组织会计人员的业务培训，管理财会学会及会计学院交流、会计理论研究的具体事宜。

会计证制度：

临澧县财政局贯彻执行1986年11月23日，省财政厅、省科技干部管理局联合颁发的《湖南省会计证管理暂行办法》，对全县在职会计人员有计划、有步骤、有条件地颁发会计证。(一)范围和对象，全县国家机关、人民团体、事业单位、国有企业、乡镇以上所属集体企业、事业单位，以及中外合资、合作企业，专职或主要从事财务会计工作的会计人员和乡镇财政所的招聘干部。(二)凡遵守会计职业道德、热爱本职工作，达到规定的年限，具有会计核算和财务管理的基本知识，懂得所在专业的财务会计制度，有一定的计算技术；能担负一般的财务会计工作，完成本职工作任务的会计人员，都颁发会计证。(三)凡具有中专以上财经专业学历(含中华会计函授成人中专学历)，或不具备中专以上财经专业学历，但从事财会工作累计8年以上和1983年9月底以前已授予会计技术职称的人员，还在参加高等中等教育财经专业函授、自学考试的现职财会人员，已经取得各项考试科目单科成绩合格者免予考试。(四)对发证对象进行了考试、考核。(五)县财政局统一使用省财政厅印制、编号的会计证。(六)每年10月对会计证进行一次年检。当年发放会计证1221人，占全县会计人员的61.72%。

1990年11月15日，省财政厅、人事厅印发《湖南省会计证管理实施办法》，规定：新参加会计工作人员在实习期间，颁发临时会计证。1991年10月1日，省乡财局、省财政厅联合制定乡镇企业会计管理办法。规定：所有乡镇企业的财会人员都必须持证上岗，乡镇企业会计证必须经过考核、考试合格才能发证。

1994年5月，成立临澧县会计师事务所(1999年12月会计师事务所与财政局脱钩。临澧县会计师事务所与临澧县审计师事务所联合改制为临澧福元有限责任会计师事务所，原事务所所有财物、档案一并交财政局，人员由财政局重新安排。其间事务所共进行验资279户，审计113户，资产评估23户，经济案件鉴证4户)。

1995年1月，临澧县贯彻执行加强电算会计资格管理，规定：电算会计资格证是上岗资格证。凡从事会计电算化岗位的工作人员，除了取得会计证外，还必须按规定在上岗前取得电算会计资格证，其证由本人申请、考试、考核合格，经市、省厅统一复核后发证。

1997年，临澧县财政根据省厅规定，对原会计证管理制度做了较大改革：一是从事会计工作的人员必须有会计证，从事电算会计的人员必须取得电算会计资格证；二是把实行会计证管理的范围扩大到乡镇企业及全体私营经济组织；三是会计证管理实行由县财政局属地管理的原则。

1998年以前，会计记账方式主要有三种，国营企业以借贷记账方式记账，商业企业以增减记账方式记账，行政事业单位以“现金收付”记账方式记账。1998年，为了与国际惯例接轨，统一恢复到原来的借贷记账方式记账，有总分类账、收入明细账、支出明细账、往来明细账、银行日记账、现金日记账、行政事业单位又设有拨款明细账、自筹(统筹)收入明细账、暂存暂付明细账。账务处理采取历年制(即公历1月1日至12月31日为一个会计年度)，按时办理月报表、季报表、年度报表，分级向上报送。

1999年，按照省财政厅规定，临澧县执行全省新的会计证，取消了未上岗会计证。实行预备会计证制度。全县共换发新的会计证1256个。从事电算会计人员都取得了资格证。2003年，加大会计从业证和电算会计资格证的培训，全县培训率达95%。截至2009年，通过考试取得会计证电算会计资格证者1669人，全县会计电算记账100%。

会计技术职称：

1978年11月，国务院颁发《会计人员职称条例》，通知规定，凡拥护党的领导，积极为社会主义服务，并具有下列条件的会计人员，分别授予总会计师、会计师、助理会计师和会计员的专业职称。

1980年2月26日，财政部发文通知：将会计人员技术职称中的“总会计师”改为“高级会计师”，“总会计师”不再作为技术职称，只作为行政职称。

1981年12月，根据《湖南省会计干部技术职称暂行规定实施细则》，成立临澧县会计干部技术职称评定委员会，并开展工作。按照1978年国务院颁发的《会计人员职称条例》，会计人员职称分为高级会计师、会计师、助理会计师、会计员四个档次。高级会计师为高级专业技术职务，会计师为中级专业技术职务，助理会计师和会计员为初级专业技术职务。1986年，会计专业职称评定改为专业技术职务评聘。当年，临澧县在全县全民所有制单位全面铺开，县财政局成立职改领导小组及办公室、评聘委员会。向上推荐中高级技术职称人员、评聘初级技术职称人员。截至1991年，临澧县各类会计职称1051人（不含中央、省、市驻临单位及乡镇企业），占全县全民与大集体单位财务人员的72.6%，其中高级会计师1人、会计师38人、助理会计师350人，会计员662人。当年，国务院发布《中华人民共和国注册会计师条例》，当年起，实行全国注册会计师考评制度。临澧县被评定3人。1992年，临澧县贯彻执行财政部、人事部决定，从当年起，对会计专业职称实行参加全国统一考试，取消原评定制度。根据《会计专业技术资格考试暂行规定》和《会计专业技术资格考试实施办法》。实行参加全国考试的会计员、助理会计师、会计师取得合格资格后，不再进行相应会计职务资格的评审工作，但高级会计师仍实行评审制度。

截至2009年年底，临澧县参加全国考试颁发会计证1669人，占全县会计人员的98.5%，获得助理会计师和会计员初级职称1650人，会计师中级职称191人，高级会计师12人，注册会计师15人。

第六节 会计集中核算

会计集中核算是以会计代理制为基础，在单位原预算体制不变，资金来源渠道不变，资金的使用权、审批权不变的原则下，取消单位原会计岗位和银行账户，由会计核算中心统一办理资金结算和会计核算。

2002年4月，临澧县撤销会计局，取消会计委派制；8月，临澧县机构编制委员会办公室批准设立临澧县会计核算中心，面向全县公开招录19名优秀财务工作者。全县165家一、二级行政事业单位取消会计岗位，撤销银行账户，会计业务纳入核算中心集中进行统一核算。该“中心”为县财政局下属二级事业机构，属副科级单位。当年8月底，经组织考察、文化考试、述职演讲测评，产生了会计核算中心主任和副主任及核算会计。实行会计集中核算在保障会计人员独立履行职责、提高会计信息质量、防止国有资产流失，从源头上预防腐败、节约行政成本等方面发挥了积极作用。同时也为其后推行的“国库集中支付”夯实了坚实的基础。随着国库集中支付制度的实施，2008年1月有15个从核算中心退出,预算单位恢复了会计机构,开始国库集中支付试运行。2011年8月,会计核算中心撤销,工作人员由财政局内部安排,核算中心的财务档案资料分别移交给各单位,会计业务全面纳入国库集中支付局管理。

第七节 国库集中支付

国库集中支付,就是将所有的财政性资金集中到国库单一账户体系,并规定所有的财政性资金支出不经过中间环节转拨,而是经国库单一账户体系直接支付到提供商品、劳务服务的收款人或用款单位。实行国库集中支付制度是在市场经济国家普遍实行的现代国库支付制度。实行国库集中支付制度的现实意义在于:一是有利于库款统一收缴、拨付,降低财政资金运行成本和财政风险,提高资金使用效率。二是有助于强化财政预算执行,防止单位挤占、挪用和截留财政资金。三是减轻了财务人员的劳动强度。四是规范了预算资金的管理,强化了预算执行的监督。五是有利于推进民主理财和科学理财,在其资金使用的源头上加强财政监督,防止腐败。六是有利于财政政策的宏观调控职能的发挥和构建公共财政体制框架。临澧县按照省、市财政部门的要求,建立和完善以国库单一账户体系为基础,资金拨付以国库集中支付为主要形式的国库管理制度。

一、建立机构,完善制度。临澧县于2007年8月成立筹备小组,开始谋划国库集中支付改革工作,根据市编委办2006年12月批准设立临澧县国库集中支付执行机构的批复,县机构编制委员会办公室批准由原"会计核算中心"过渡设立"临澧县财政国库集中支付局",为具有行政职能的副科级事业单位,归口县财政局管理。为规范国库集中支付改革行为,县人民政府、县财政局、县人民银行制定了一系列有关国库集中支付改革的规定和管理办法。2008年2月,制定了《临澧县国库集中支付改革实施方案》,县财政局制定了《临澧县财政国库集中支付内部操作规程》和《临澧县财政国库集中支付暂行办法》;3月,县财政局与人民银行临澧支行联合制定下发了《临澧县国库集中支付资金银行清算办法》。至此,有关国库集中支付改革的制定体系已经基本建立。

二、设立国库"单一账户",规范财政性资金拨付行为。2008年1月,选定了建设银行临澧县支行、工商银行临澧县支行作为办理国库集中支付业务的代理银行。县支付局在建设银行临澧支行开设了办理财政直接支付业务的"财政零余额账户",同时协助15个试点预算单位在这两家代理银行开设了办理财政授权支付业务的"单位零余额账户",加上财政部门原来已经在人民银行临澧县支行开设的"国库存款账户"和在商业银行开设的"预算外资金财政专户"、"专项资金特设专户",初步建立起了实行国库集中支付制度的国库单一账户体系。国库集中支付主要有两种支付方式,对预算单位的工资支出、工程采购支出、物品和服务采购支出,经过国库集中支付局审核原始凭证后,开具财政性资金支付令通过代理银行,代理银行审核后通过"财政零余额账户"将有关资金直接支付到商品、劳务的提供者、职工个人或最终用款单位;对小额零星支出则由财政部门授权,由预算单位自行开具财政性资金支付令通知代理银行,代理银行审核后通过"单位零余额账户"将有关款项付给收款人。代理银行付款后,经财政部门审核确认后向"国库存款账户""预算外资金财政专户""专项资金特设专户"办理清算。

三、建立和完善电子计算机网络系统。财政部门按照“金财工程”高标准的总体框架的设想，从长远规划考虑、周密设计、科学组织、精心施工，建设具有高科技、高效率、高速度的国库集中支付的现代化电子计算机网络系统，先后分两期工程建设，完成系统主机房建设、财政局(支付局)局域网及其主机房的连接，人民银行、代理银行光纤架设、终端设备配置和系统的连接，实现了财政局各职能股室、支付局、人民银行国库、代理银行、预算单位多位一体的集中支付信息连通和电子操作，为临澧县“金财工程”建设夯实了坚实的基础。2008年3月，国库集中支付网络建成验收，加之国库集中支付系列软件安装调试完成，4月1日办理了全县第一笔国库集中支付业务。截至2008年12月31日，全年通过国库集中支付网络，共为县委、县政府、公、检、法、司、文教科卫等15个一级预算单位办理了1909笔国库集中支付业务(其中直接支付1201笔，授权支付708笔)，累计支付资金4248万元(其中直接支付3592万元，授权支付656万元)。

第九章 财政监督

财政监督是财政部门为保证财政分配、调节活动的正常进行和社会经济健康发展，对在财政分配、调节过程中直接影响分配、调节关系的各种经济活动进行的检查、督促、纠正、制裁和反映。财政监督是财政管理的主要内容，是社会主义经济监督体系的重要组成部分。财政监督负责监督检查国家财政方针、政策与有关法规、制度的贯彻执行情况，保证财政、财务有序运转及其任务的完成。财政监督主要包括预算监督、税收监督、国有资产监督、财务监督、财政内部监督等。

第一节 财政监察

清雍正元年(1723年)，朝廷设有都察院，并派出监察御史，负责各地钱粮、课税的监督检查，县级财政监察由知县兼管。同治七年(1867年)，临澧县知县对有关钱粮杂税、仓库及各项上宪摊捐解缴情况，实行不定期稽查，对各学官、书院等单位的田、契税，均责令抄单报县署审核备案。

民国14年(1925年)临澧县署设立了财政委员会，由知事、财政科长和另聘公证士绅三人组成，审理县财政的预算和决算，并推举常务委员一人，审查财政的一切收支。始有县财政监督机构。民国24年(1935年)，县财政实行四权分立：县财政科主办征收、金库办理经费收支，县政府会计室主办预算决算，参议室稽核财政收支，最后由县财政委员会稽核定夺。民国29年(1940年)6月，县财政委员会改为财政经济委员会，仍负责地方财政稽查事宜，这种稽查多流于形式。

新中国成立后，1950年，县财粮科负责财政年度预、决算和财务收支计划执行情况的稽核。同年10月，根据中央政务院指示，县政府财粮科设立一名审计员，对县直各单位建立审计制度，规定各单位必须按月将收支原始凭证和计算书送财政科审查，审计员主要负责财政年度预、决算和财务收支计划执行情况的监督、稽核。还负责县直单位的财产、物资清理、健全账目等工作。

1953年,经省财政厅批准,临澧县在县财政科内设一名专职监察员,凡与本级财政有预算关系、行政关系、投资关系和上缴利润关系的,均可对凭证,实物进行询问、检查。并围绕"执行决算制度,严格开支标准,明确报销手续"开展财政监察工作,履行财政监督职能。同年常德地区专员公署财政科组织全区性的财政监察活动,开展交叉检查。同年4月,临澧县抽调财政干部和集中区财政股人员对乡、村财务进行一次大规模清理。12个乡,共清出代耕粮、文教粮、财政收入粮36.15万公斤,查出贪污、盗窃、挪用案件34起。之后,县财政经常有计划、有组织、定期或不定期地进行财务审计和财经纪律大检查。

1963年至1966年,曾实行财政驻厂办事员制度,对县机械厂、印刷厂等国营预算内企业进行监督,"文化大革命"开始后即停止。

1976年9月,临澧县根据湖南省财政厅要求各级财政部门恢复监察机构的通知。当月,临澧县财税局内恢复监察室,并开展工作。

1978年12月,省财政厅重申财政监察工作的范围:监督、检查国家机关、团体、事业单位执行财政政策、法令、制度、纪律的情况,同一切贪污盗窃、挥霍浪费、侵占国家资财等行为作斗争,受理重大违反财经纪律和因坚持财经制度遭受打击的案件;对财政财务人员的违法失职行为进行检查;开展维护国家财经纪律和加强法制教育。

1979年,临澧县财政监察室,为贯彻国民经济"调整、改革、整顿、提高"的方针,促进工作重点转移,与县纪委组织20多名干部,分为6个工作小组,对全县9个系统25个单位,进行了历时半个月的"财经纪律大检查"。查出超计划基建5个单位,原投资75.65万元,实际投资120.10万元,拖欠国家税利12.8万元,其中欠利8.30万元,税款4.5万元及私设小钱柜2起,累计金额7.65万元等。

1981年,县政府办公室贯彻国务院"财政八条"和省、地有关精神,在全县范围内开展第一次全国性的大规模财政纪律大检查,并按上级规定确定13项检查内容:(1)贯彻国务院财政八条执行情况;(2)税收政策执行情况;(3)分散国家财力,乱挤乱摊成本,截留国家收入;(4)违反国家规定,乱拉资金搞计划外基建;(5)关、停企业的财产处理;(6)动用公款游山玩水,请客送礼和擅自扩大开支范围;(7)滥发奖金、津贴、实物、加班费和临时工资;(8)违反控购规定,非法购置小汽车和高级非生产用品;(9)私设小钱柜、账外存款、账外实物和现金;(10)挪用公款和不合理借支;(11)长期垫付未收回的公款;(12)贪污受贿和投机倒把;(13)其他违反财政纪律事件。当年,共查单位160多个,查出各种违纪金额86.25万元,处理收缴财政81.63万元。

1983年12月,县政府增设审计局,专司全县财政审计。县财政、税务局内设的监察股,转向本系统内部财经监督,对其他单位、部门财务进行监督、重点检查,保障全县财政资金运行安全。

1984年4月,财税分设后,财政局机关改设人事监察股,对财政内部的财务工作进行监督。当年6月,按照国务院《关于开展"四大行业"财务大检查的通知》精神,临澧县委、县政府研究决定由常务副县长任组长,县纪委书记任副组长,有县财政局、税务、审计局、物价、县政府办等单位、部门主要负责人组成21人的账务监督检查领导机构。办公室设在财政局,当年,财政与财贸,组织38个清算小组,119人,分系统、分片、分单位对县粮食、石油、肉食、化肥"四大行业"(1982年至1984年账务)进行逐年清查,至8月,历时15天,共查处违规违纪金额53万元,其中乱挤乱摊成本等违纪金额42万元

(其中新安转运站17万元、停弦粮店11万元)。通过此次清查,全县已查出经济犯罪案件8起,其中盗窃粮食1000公斤,贪污现金15.53万元(其中粮油账款不符的125笔,3.25万公斤,折币8.6万元)。当年,临澧县财政局内增设人事监察股,对财政内部的财务工作进行监督。

1985年,监察股单设,配专职股长1人(18个乡镇财政所每所聘请1名兼职监察员),主要负责本乡(镇)财政所内部审计及乡(镇)直行政事业单位财务收支执行情况的监督。1987年,监察增加至2人。

1996年,监察股更名为财政监督检查股,人员增至4人。每年检查3~5个乡镇七站八所,6~10个行政事业单位(含其二级单位)。同年9月,全县重点抽查35个单位,共查出违纪金额58万元,收缴财政53.7万元。同时开展财政内部监督检查。1997年临澧县对国营企业进行清产核资,全县56家地方国营企业拥有固定资产15162万元。同年,对全县乡镇企业也进行了清产核资。

1998年,财政监督职能由事后监督向事前、事中、事后日常监督转变,当年,共检查20个单位,查出违规违纪金额336.4万元,收缴县财政28.3万元。当年秋,根据县政府布置,财政局抽调全体机关干部和行政事业单位会计150人,对全县350个村的1990年至1995年的村级财务进行全面清查,目的是摸清“家底”,理顺关系,建立制度、加强管理、财务公开上栏。同年,对全县各个乡镇1996年至1998年的财务收支、资产、负债、人员情况也进行了清查,重点是乡镇政府的“七站八所”及教育、卫生、财政所等单位。

2000年5月27日,《湖南省财政监督条例》(以下简称《条例》)正式颁布,7月1日起正式施行施行,临澧县依照条例,6月,开展对《条例》的宣传月活动。当年,为了贯彻落实《条例》,财政监督共检查了县内20个行政事业单位、3个乡镇人民政府的财务收支情况,查出违纪金额180.5万元,收缴财政12.8万元,并对财政局机关内18个股室财务执行情况进行了监督检查,财政内部日常监督管理工作日趋规范。

2003年,根据财政部《财政部门内部监督检查暂行办法》和《湖南省财政监督条例》的有关规定,在县政府的领导下,财政监督采取日常监督与重点检查相结合的办法,与相关单位配合,对全县进行了“四大清理”。即全县的国有资产清理、财务清理、“小金库”清理、教师在册人员的清理。2005年至2009年,监督工作仍以重检查与日常检查相结合,共检查20个单位,其中县直单位6个,乡镇单位8个,专项检查单位6个,查出违纪金额320.80万元,收缴违规金额157.30万元,处罚金额8.64万元。

第二节　三大检查

1983年,国务院提出在全国范围内开展税收、财务、物价大检查。1985年9月,根据上级统一部署,临澧县政府成立由分管财贸的副县长任组长及县财政、税务、物价、审计、工商等部门主要负责人为成员的税收、财务、物价大检查领导小组,下设办公室(设在财政局监督股),由财委领导任办公室主任,具体负责协调、组织、实施抓好全县“税收、财务、物价”大检查(简称“三大”查)。此次“三大查”工作的政策原则是:“自查从宽,被查从严,实事求是,宽严适度”“违法必究,执法必严。”同时,必须保护单位和个人的合法权益,认真区分自责与被查,初犯与重犯,无意与有意的界线。其检查的具体事项：

检查的范围：

包括国家行政机关、事业单位、国营企业（含预算内、外工业、商业、交通、物资、医药、供销社、森工）、集体所有制企业和个体经营者。

检查时限：1984至1985年发生的问题（少数性质严重、数额较大的案件可追溯到1984年以前）。

检查的具体内容(8项)：

企业应交国家的利润、能源交通建设基金是否及时足额入库；纳税人是否按照税法规定及时足额上缴各种税款；有无偷、漏、欠税，税收减免是否符合国家规定；由国家拨补的亏损补贴是否按规定领拨，有无虚假冒领；企业成本列支是否符合《国营企业成本管理条例》及其实施细则规定；企业留利是否符合国家规定，是否按规定比例建立五项基金（生产发展基金、新产品试制基金、后备基金、职工福利基金、职工奖励基金）；有无违反国家规定随意退库或把预算内收入列为预算外收入，以各种名义化全民为集体、化大公为小公或收入不入账，私设“小钱柜”；有无越权制订或调整国家管理规定价的工、农业产品价格；有无炒买外汇，行政事业单位有无突击花钱，用公款请客送礼，大吃大喝，铺张浪费，挥霍国家财产；有无贪污盗窃，投机倒把。各项应交财政收入（包括税收）是否及时足额入库；各项预算外资金是否专户储存专款专用；各项消费基金单位是否按国家规定开支；重要生产资料和紧俏消费品，企业是否遵守国家的价格等。

检查的重点：

是指国营大中型企业和经营收入较多的集体企业、各经营主管部门和有罚没收入的执法机关、物资供销、金融、外贸及行政事业单位等；应交国家利润、罚没收入、其他收入有无截留、侵占、私分；各项税收有无越权减免偷漏，企业有无虚报亏损，虚增利润；能源交通重点建设基金是否及时足额上交；企业税前还贷是否符合国家规定以及单位发放的资金、食物是否列入资金和工资总额等。

检查的方法：采取普遍自查、复查、重点抽查相结合的方法，也就是单位自查和工作组抽查相结合的方法。为抓好“三大”查工作，临澧县委、县政府多次召开党政办公会议，全面部署，明确任务和做法，组织力量在全县范围内积极开展“三大”检查。

检查的法律依据：

按照1983年国务院《关于在全国范围内开展“税收、财务、物价”大检查的通知》。当年，临澧县有281个单位自查，自查面为100%，复查单位178个，复查面为63.35%，共查出违纪金额256.42万元，其中：利润留成58.23万元，其他违纪金额198.19万元，应收缴入库235.74万元，实际入库235.74万元，入库率100%。

1986年10月，国务院制定《关于税收、财务、物价大检查处理经济违纪问题的若干政策界线》；对偷税、漏税、侵占截留应上交收入、违反国家物价政策、用公款请客送礼、滥发奖金补贴、越权开支口子等行为明确了界定。三大检查的范围、内容与上年一致。当年，临澧县共查出违纪金额302.31万元，应收缴财政165.87万元，实际入库165.87万元，入库率100%。

1991年，临澧县“三大查”贯彻执行国检办颁发的《1991年税收财务物价大检查实施办法》；对违反财经纪律、税收法规和能源交通重点建设基金、预算调节基金征集办法及物价法规的处理问题按规定实施。1992年,临澧县执行《关于税收财务物价大检查的程序》和《税收财务物价大检查工作人员守则》;对参加大检查工作人员贯彻执行8个方面的要求:努力学习,积极工作;坚持原则,秉公执法;谦虚谨慎;注意工作作风,坚持群众路线,讲究工作方法;加强组织观念,坚持请示汇报;紧密合作,加强团结;管好文件,注意保密;严于律己,清正廉洁。

1993年,国检办颁发《税收财务物价大检查实施办法》等。对大检查的内容、查出的各种违法违纪问题的处理作了进一步的明确。当年,临澧县重点对国营、集体企业、事业单位进行了检查,查出违纪金额168.34万元,纠正75.2万元,收缴入库93.14万元。

1985年至1997年,连续13年共查处违规违纪金额3950.9万元,收缴县财政3224.34万元,入库率81.61%。

1998年4月,县政府牵头组织38名财税干部,分成13个小组,对全县企业及教育系统1996、1997两个年度的财务收支、人员编制、资产负债等情况进行检查,历时40余天,共查处违规违纪入库金额929.86万元。其中:查处新安龙凤山水泥一厂补缴税款50万元,特种水泥水厂补缴税款100万元,水泥三厂补缴税款50万元,新厦建材股份公司补缴款50万元,物资局轻化公司补缴税款30万元,供销联社棉麻公司补缴税款20万元等。当年4月,对全县行政事业单位"小金库"进行专项清理,共清查55个单位,查出各类违规违纪金额887万元,收缴县财政入库金额149万元。

1998年9月,常德市财政局通知,从当年起,将过去那种突击性、集中性的三大检查,转变为事前、事中、事后体现管理特征的经常监督,形成了新的财政监督机制。

第四编

财政机构和队伍

第四编 财政机构和队伍

第一章 机构沿革

清代,清初沿袭明官制,由州府同知,通判和县衙知县兼管,临澧(安福)县始建时无财政机构,国课收解公推地方绅士,县署户房。所征之课税,地丁及捐输津贴、旗未等,由县署兵房、盐房分别收种;田契税由县署包办。县衙有幕僚和史差役(含称书役、史役和书差)两种工作人员。书史分吏、户、礼、兵、工六房,分管各房办案与差务,户房管户籍、财政、钱粮。清代末期,县财政由知县掌管,下有县承、主簿兼办。户房经办银钱收付,地丁由县署征收,并设粮房征管,雇用粮书掌握征解。

清代中晚期,临澧(安福)县在裴家河(今安福镇)、新安市(今新安镇)设立征屯置,专司征收钱粮,以供军需。后设立户科兼理全县财政。

民国建治后,民国元年(1912年),临澧县署沿袭清"户科"至民国4年(1915年),民国5年(1916年),县署废清户科设立"临澧县财粮科",专管全县钱粮、税务与度支。后因县内战争极频,军需乱急,财政收支悬殊,管理混乱。

民国17年(1928年),撤科设局,由"临澧县财粮科"分设为"临澧县财政局"和"临澧县粮食局"。局长、课长各1人。

民国26年(1937年),中央政府为高度集中财力,撤局设科,由"临澧县财政局"改为"临澧县财政科"。至1949年7月临澧解放时。

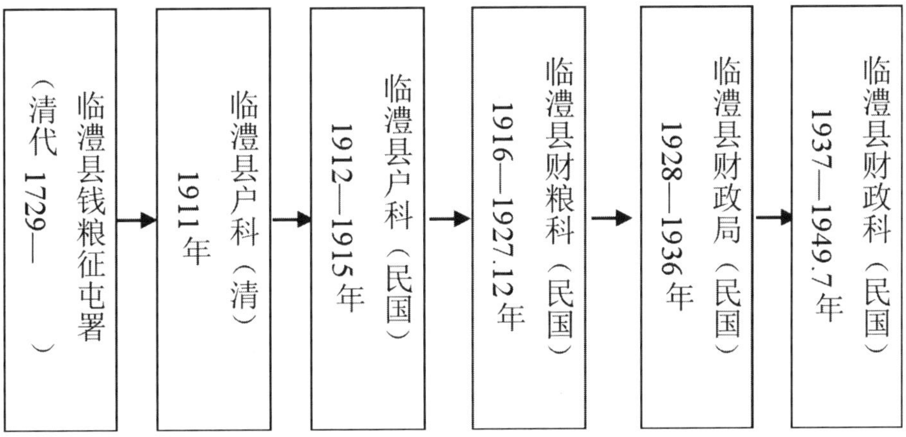

图4-1 清代、民国时期临澧县财政机构演变图

1949年8月，新中国成立后，临澧县人民政府革除旧府积弊，设立“县政府财粮科”。下设股组：预算、稽征、企财股、公产组和新合稽征所（负责澧北），澧南稽征组（负责澧南）。

1951年7月，将粮食业务分出，临澧县财粮科更名为“临澧县财政科”。设立专职审计员负责财政年度预、决算和财务收、支计划执行情况的稽核。

1953年，县财政科增设1名专职监察员，专司全县财政业务的监督管理工作。

1955年1月，“临澧县政府财政科”更名为“临澧县人民委员会财政科”。下设预算、企财、税政股、公产、市场（工商）组和新安、合口、停弦、临南、陈二、佘市税务所。

1958年8月，为加强地方财政管理，中央下放财权，调整机构和人员，废科设局，撤销“临澧县人委会财政科”，设立“临澧县财政局”，同月撤销税务局并入财政局，同时6个税务所撤销，局内增设办公室、人事监察、公社财务组[公社设财务助理（会计）兼管财税征缴]。

1962年10月，改革财政体制，财政税务分设，后因精简机构，财政又撤局设科，撤销“临澧县财政局”〔同时撤销局办公室、公社财务组和公社财务（助理）小组〕，设立“临澧县人委会财政科”，增设行政财务、农业财务股，人事监察股更名为人秘股，恢复城关、合口、新安、陈二、观音庵税务所。

1963年11月，再度撤科设局，撤销“临澧县人委会财政科”，设立“临澧县财政局”，增设佘市税务所。

1969年1月28日，临澧县革命委员会大力施行精简机构，人员重组，将财政、税务、市场（工商）管理和房地产管理机构合并，将“临澧县财政局”更名为“临澧县革命委员会财税市场管理站”；同时撤销预算、企财、行财、农财、人秘股；新设财政组、税政组、清理组、房管站；市场（工商）组更名为市管（工商）组，税务所更名为税务小组；撤销陈二税务所，新设四新岗税务小组。

1973年6月，将市场管理（工商）、房管站分出，“临澧县革命委员会财税市场管理站”更名为“临澧县革命委员会财政税务局”。股室做了相应调整：撤销财政组；恢复办公室、预算、农财、企财股；保留税政股；人秘股更名为政工组；基层税务小组更名为税务所。

1975年，自来水业务从财政税务局分出。

1976年，政宣组改为政工组；税政股改为税征股；增设行政财务组、监察室、计会组。

1979年，将基本建设拨款职能从“财政税务局”划分给“建设银行临澧办事处”（苏德清兼主任至组建县建设银行）。

1980年12月22日，将“临澧县革命委员会财政税务局”更名为“临澧县财政税务局”。下设预算股、农业财务股、企业财务股、行政财务股、监察室；政工组更名为人事股；税收组更名为税政股；计会组更名为会计股；基层设城关、新安、合口、四新岗、佘市财税所、观音庵更名为烽火财税所。

1983年12月，将审计业务从财政分出，成立临澧县审计局。

1984年4月，财政和税务再一次分开设局，即“临澧县财政局”和“临澧县税务局”。1994年9月，将“临澧县税务局”分设为“临澧县国家税务局”和“临澧县地方税务局”。根据1984年3月8日临编发字〔1984〕31号文批复，财政局下设预算股、农业财务股、行政事业财务股、企业财务股、人事秘书股。同时，县财政着手组建乡（镇）财政所，于8月，在全县以乡镇为单位，始建20个财政所。选调20名行政干部担任乡镇财政所所长，从企事业单位调入20人，经县组织人事等部门的考试、考核，录用36名招聘干部在乡(镇)财政所工作。同年11月14日,县编委再次批转,将原人事秘书股分设为人事监察股和办公室。

1985年6月,撤销新合乡财政所,并入合口镇财政所。1985年8月,撤销洞坪乡财政所,并入新安镇财政所,乡镇财政所18个(每所聘请1名兼职监察员)。

1986年,撤销人事监察股,设立人事教育股和监察股。当年6月,撤销新安乡财政所,并入新安镇财政所。(乡镇财政所17个)

1987年,财政局增设综合计划股和会计股。

1988年,财政局增设两站两室。两站:即中华会计函授学校临澧函授站(简称中函站);常德市信托投资公司临澧工作站(简称信托投资);两室:即临澧县控制社会集团购买力办公室(简称控购办),国库券推销办公室,(当年由招聘干部转为国家干部24人)。

1989年,财政局增设农业税征收管理股(简称农税股)。乡镇财政所人、财、物属财政局管理。当年面向社会"五大生"招考录用干部9人。

1992年,增设临澧县财源建设领导小组办公室(简称财源办),属财政局管理。

1993年,增设临澧县国有资产管理办公室(简称国资办),属财政局管理。与企财股合署办公。1996年3月与企财股分设。

1994年5月,成立临澧县会计师事务所,归财政局管理;同年6月财政局增设基本建设股(简称基建股)。同年6月,成立太平经济开发区财政所。

1996年3月,监察股更名为监督检查股;4月撤销企业财务股,设工交股、商业股,增设社会保障股;8月23日,为强化预算外资金征管,成立"临澧县收费管理局"〔(临编发〔1996〕42号)(简称收费局)〕,属财政局管理的副科级事业单位,专司全县预算外资金征管工作。设"三股一室"(即办公室、征收管理稽查股、票证管理股、计划财务股),核定事业编10名(局长1名、副局长1名、股室及其他工作人员8名)。2005年5月8日,更名为临澧县非税收入征收管理局(简称非税局),核定全额拨款事业编13名〔局长1名,书记1名,副局长1名,股室及其他工作人员10名(计划财务股变更为征管股)〕。2005年7月25日,升格为具有行政职能的正科级事业单位,其隶属关系不变。

1998年3月,依据常编发〔1995〕37号文挂牌成立"临澧县国有资产管理局"(简称国资局)为财政局管理的副科级事业单位,编制12人,设"四股一中心"(即综合股2人、企业资产股2人、行政事业资产股2人、产权登记股2人、评估中心2人);局长1名,副局长1名。

1999年4月,成立"临澧县会计管理局"(简称会计局),同时撤销会计股,直属县人民政府领导,财政局管理的副科级事业单位,编制为10人,设"三股一室"(即办公室、业务股、综合股、培训股)。同时抽调财政机关和其他部门财务人员15名,对全县部分行政事业单位会计分二批实行委派制,第一批10人到教委、检察院、法院、公安、水电、国土、卫生、交通局;第二批7人到建设、劳动局、交警大队和县氮肥厂、青山水电管理所。同月临澧县实行乡镇机构改革,18个乡镇(区)财政所人、财、物管理权全部下放到乡镇,其业务主管仍隶属财政局;同年7月,成立"临澧县富源资产投资经营有限公司",隶属县政府,委托县国资局管理;12月,临澧县会计师事务所与县财政局脱钩。撤销信托投资临澧工作站。

2000年4月，设立"临澧县政府采购办公室"(简称采购办)。2002年1月设立"临澧县财政局工资发放中心(简称工资发放中心)"。

2002年，临澧县财政局实行机构大改革、人员大调整，3月，成立"临澧县农村税费改革领导小组办公室"(简称税改办)，由财政局代管。同月，随着机构改革而撤销"国有资产管理局"，其职能划入新设立的"产权股和统计评价股"。4月，撤销会计局，恢复"会计股"，取消会计委派制。当年4月，成立"临澧县农业综合开发办公室"(简称农开办)(组织机构代码0064267—7)，属挂靠财政局管理的正科级独立事业单位，编制13人(主任1名、书记1名、副主任1名、纪检书记1名，其他9人)。设"二股一室"(项目股、资金股、办公室)。

同时，"临澧县住房公积金管理中心"(成立于1996年)原属县政府办管理的副科级事业单位，划归财政局管理。8月，撤销"农税股"，成立"临澧县农业税征收管理局"(简称农税局)，隶属县财政局管理的副科级事业单位，设四个股(综合股、征收管理股、乡财政管理股、信息管理股)。同时，乡镇(区)财政所统一更名为乡镇(区)"财税所"；9月，根据临编发〔2002〕4号文成立"临澧县会计核算中心"(简称核算中心)。为财政局管理的副科级事业单位，定编30人，主任1名，书记1名，副主任3名，总会计1名，其他24名。设"两股一室"(办公室、核算股、稽查股)，当年9月始，纳入126个行政事业单位集中核算，实施支付结算试运行(2008年18个单位划入支付局)。当年，财政局还将综合计划股更名为"综合规划股"，基本建设股更名为"经济建设股"，农财股更名为"农业财务管理股"；县富源资产经营公司划归财政局管理；撤销行政财务股，成立"行政政法股"和"教科文股"；撤销工交股、商业股，成立"企业股"(同时将商业股一部分职能划归经济建设股)；增设"税政法规股"和"国库股"。

2003年4月，县住房公积金管理中心由"市住房公积金管理中心"垂直管理。同月，将"临澧县富源资产投资经营有限公司"更名为"临澧县国有资产经营有限公司"。

2005年5月，临澧县收费管理局更名为"临澧县非税收入征收管理局(简称非税局)"；7月，县非税收入管理局升格为正科级事业单位，隶属管理关系和内设机构不变。当年，撤销"统计评价股"(当年其他内设和乡镇财税所机构与2002年相同，共归口管理的正科单位2个，副科单位2个，股室办站22个，乡镇所18个)。

2006年，产权股更名为"资产管理股"；同年12月，成立"县国库集中支付局(简称支付局，属副科级事业单位)"，归财政局管理(内设综合股、审核股、支付股、稽核股)。

2007年8月，临澧县农业税征收管理局更名为"临澧县契税耕地占用税征收管理局"(加挂临澧县乡镇财政管理局)，两块牌子一套人马，合署办公，属副科级事业单位(隶属关系不变)。同年县农村税费改革领导小组办公室更名为"临澧县农村综合改革领导小组办公室"(简称综改办)。

2008年12月，增设"财政投资评审中心"(股级)，乡镇财税所恢复财政所名称。

2009年4月，临澧县国有资产经营有限公司更名为"临澧县国有资产管理中心"。属企业化管理的自收自支事业单位。下设财务部、资产经营部、安全管理部、水电征收管理部，有干部职工15人。(其中财政局3人)。

2009年12月底，财政局管理的县政府托管单位5个，股室办28个，乡镇(区)财政所18个。

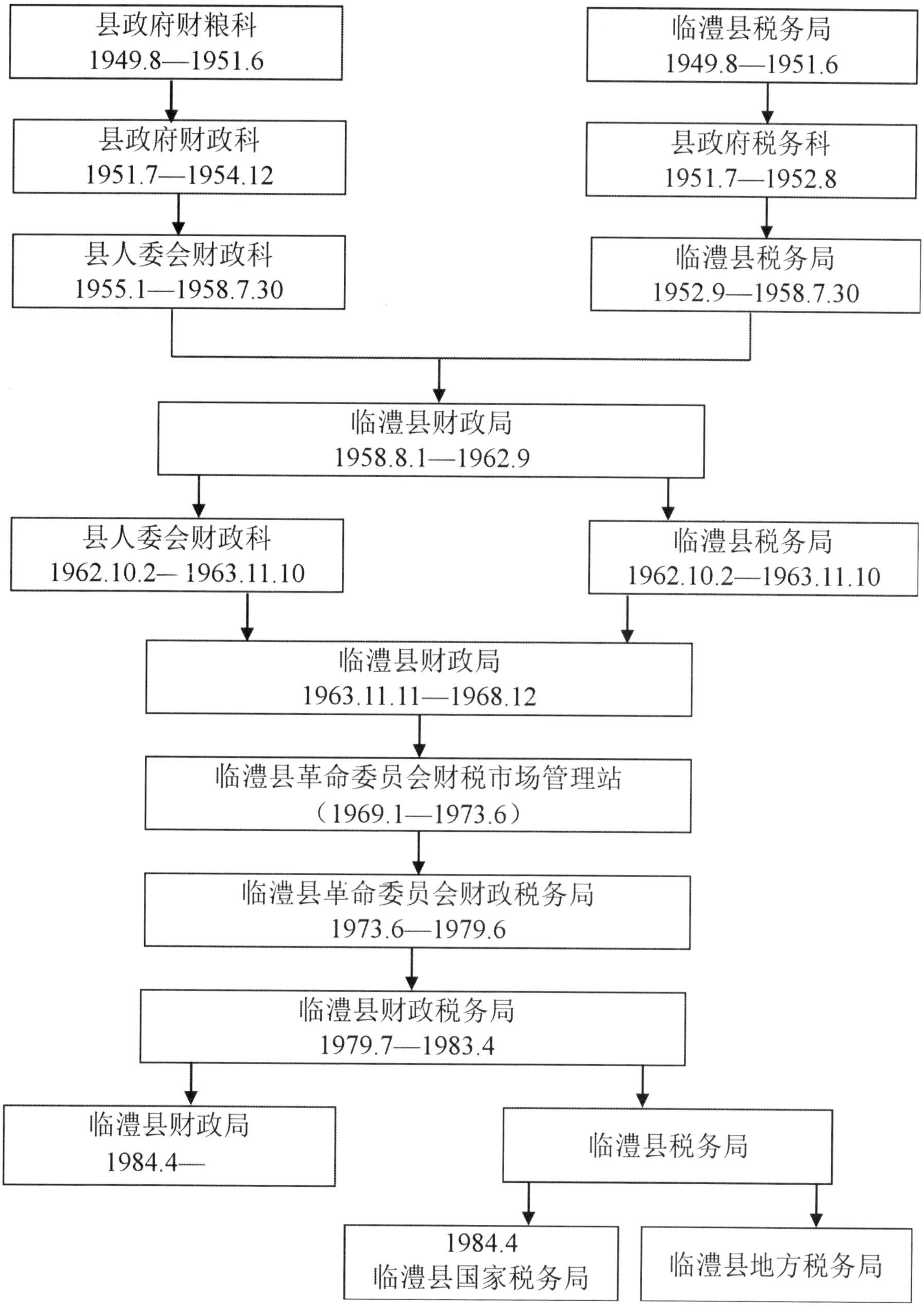

图4-2 1949年~1984年临澧县财政(税务)局(科)机构演变图

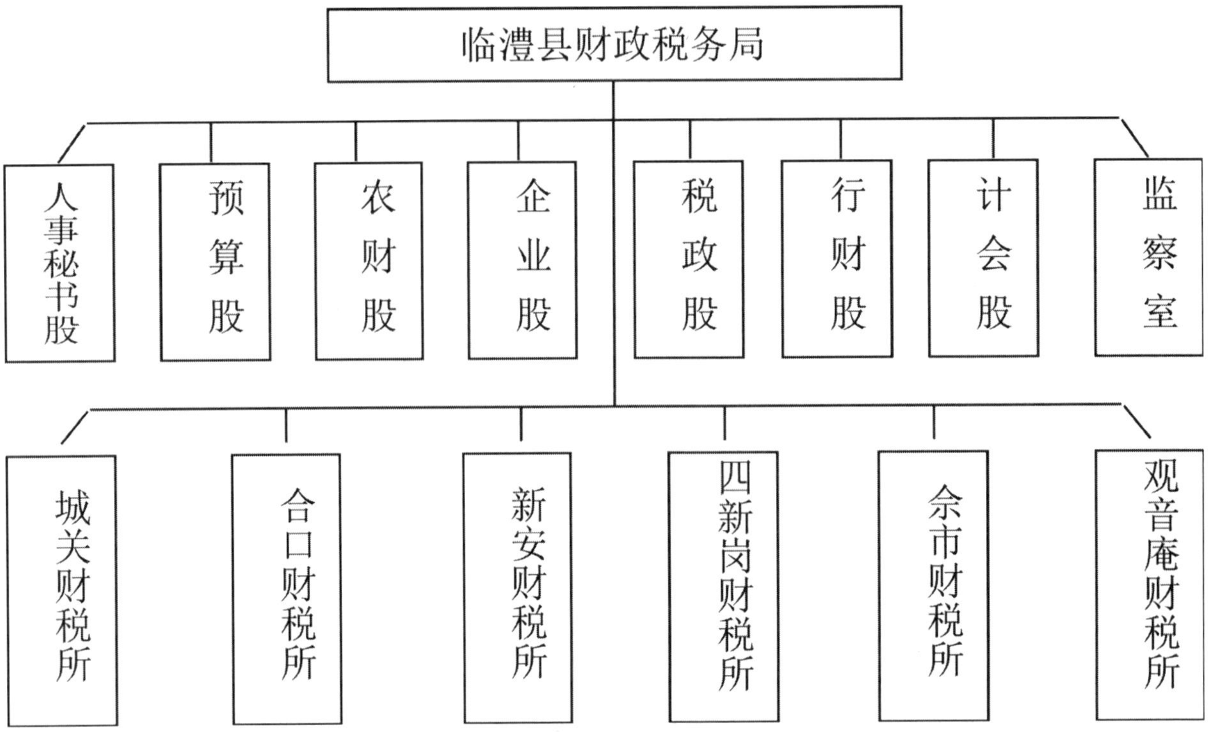

图4-3 1980年临澧县财政税务组织机构图

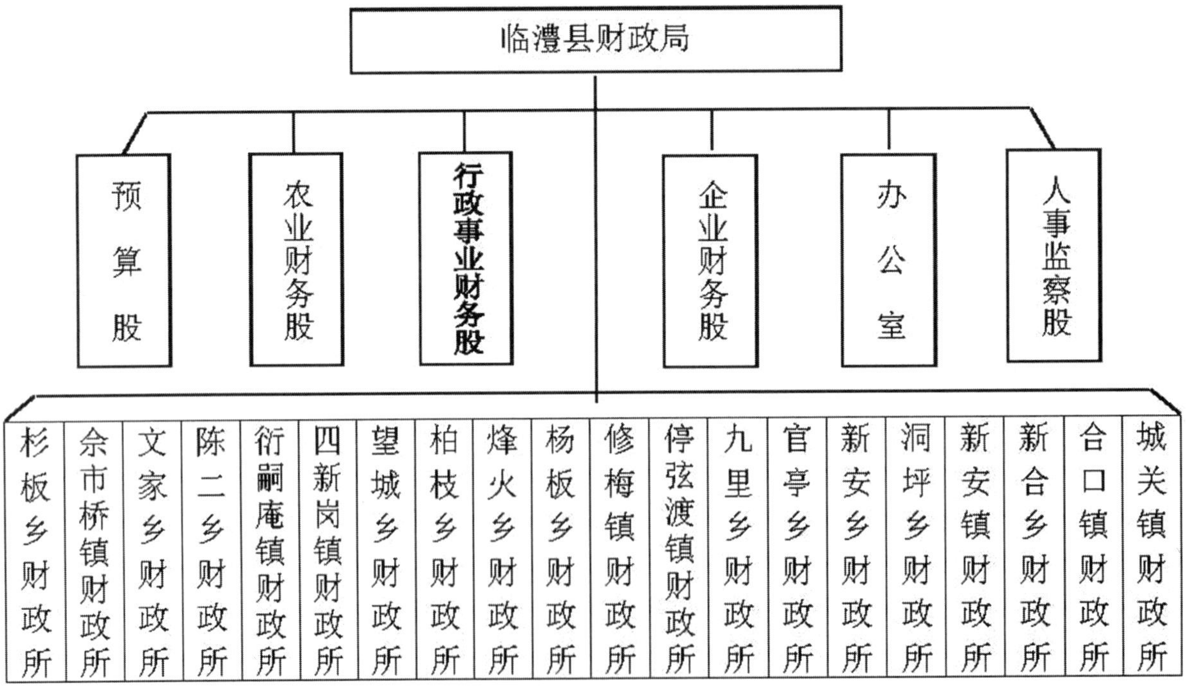

图4-4 1984年临澧县财政局组织机构图

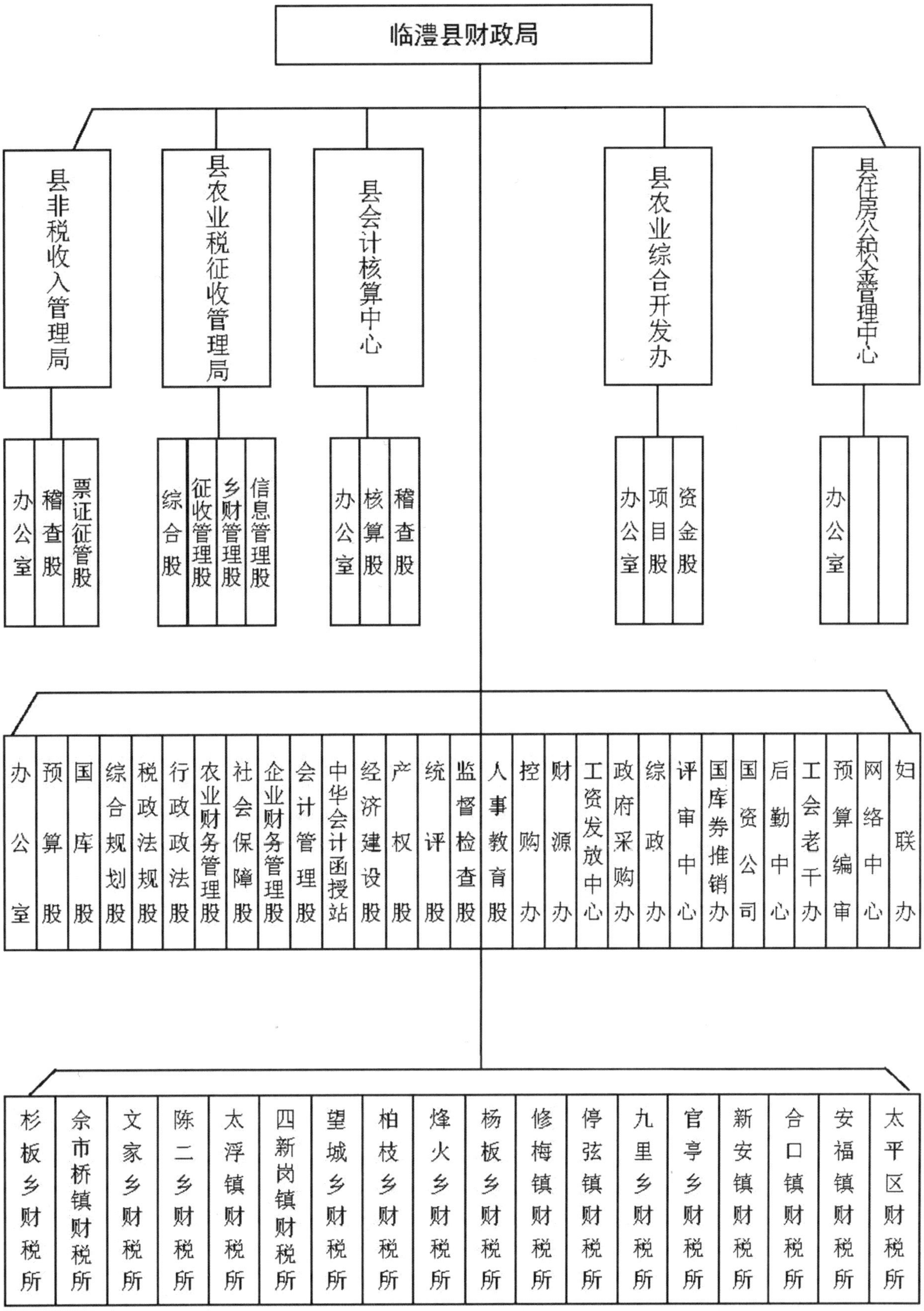

图4-5 1999年财政局组织机构系统图

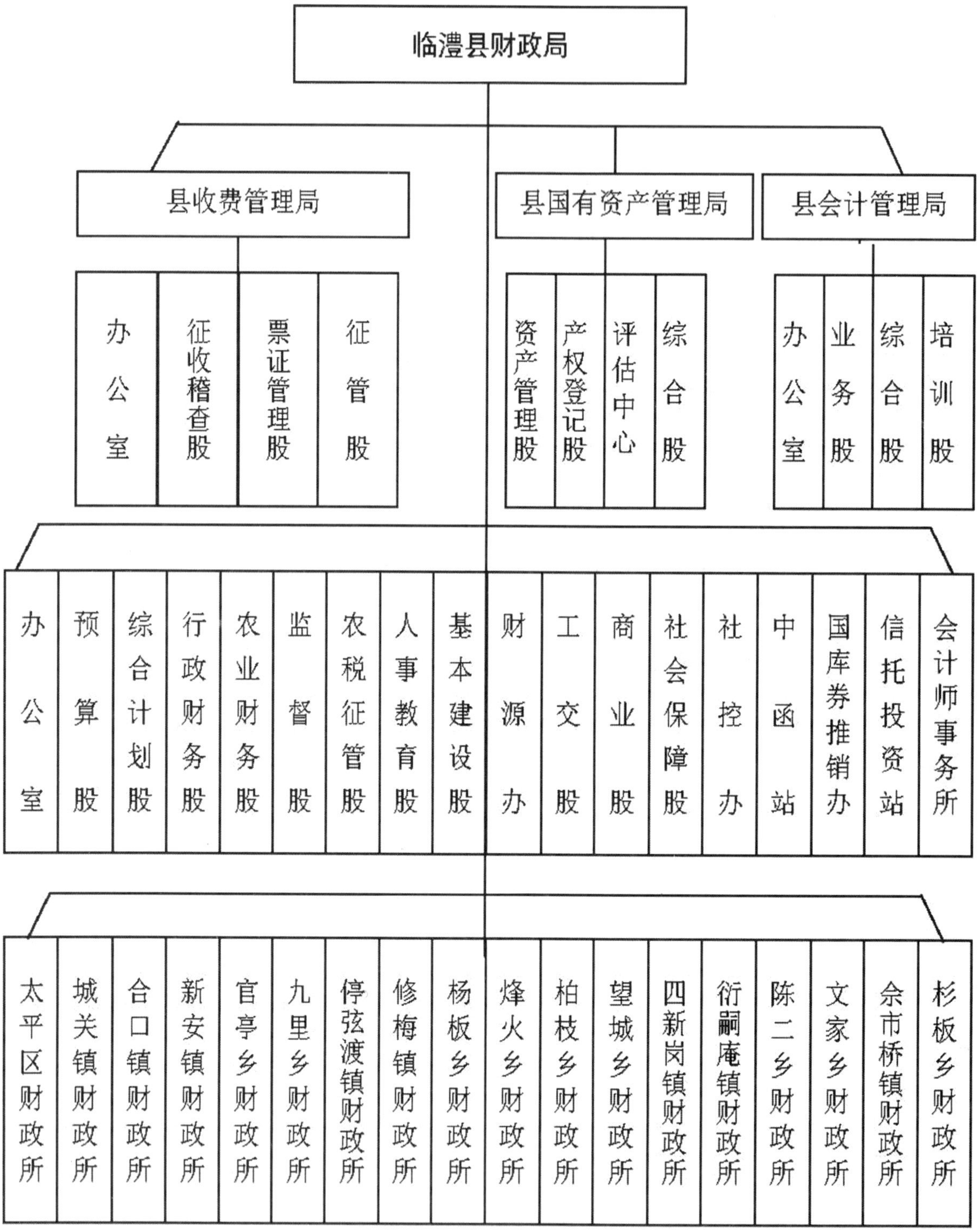

图4-6 2002年临澧县财政局组织机构系统图

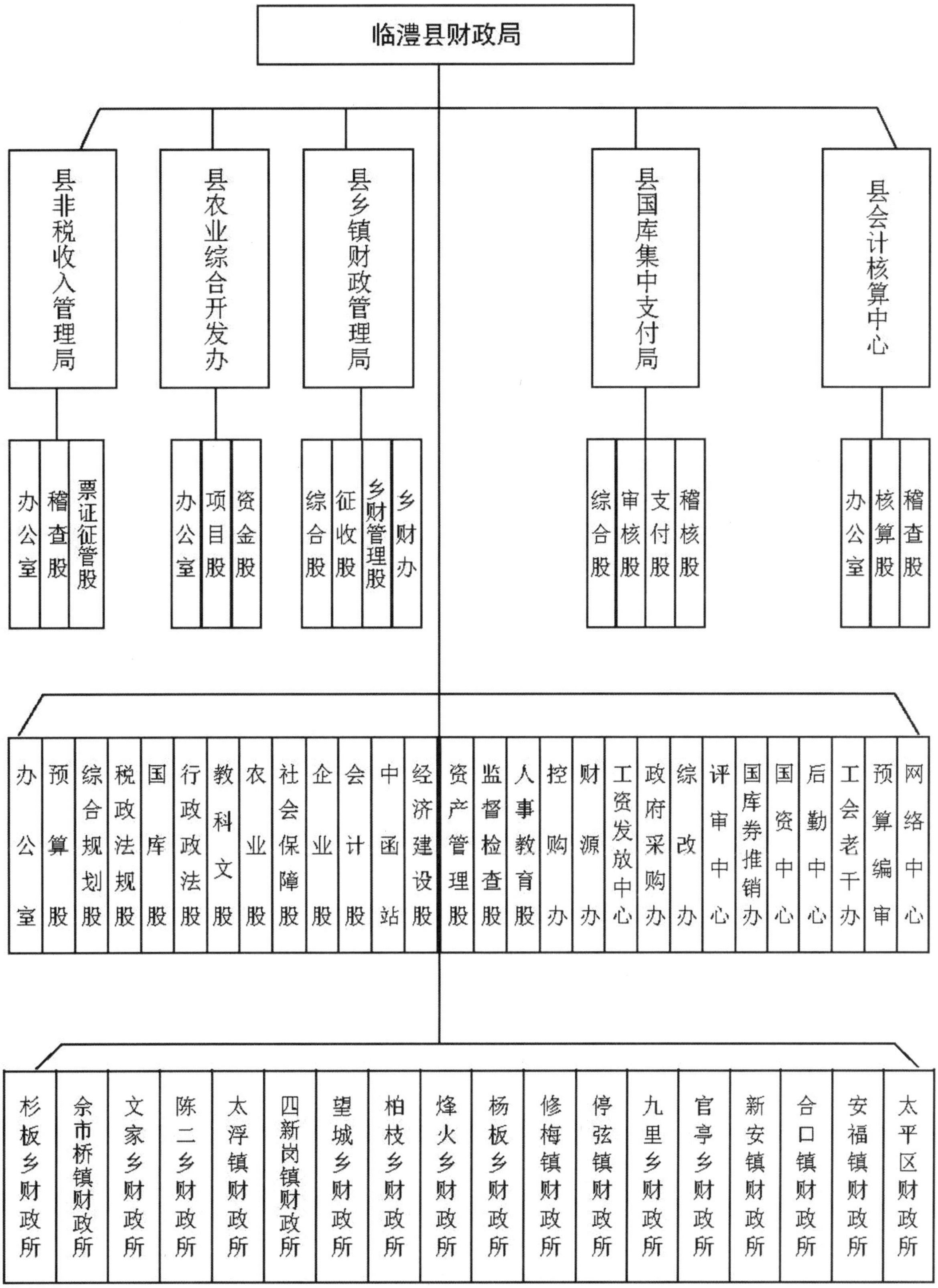

图4-7 2009年临澧县财政局组织机构系统图

1949~2009年临澧县财政局机构名称、个数、编制人数及实有人数一览表

表4-1　　　　单位:人、个

年份	机构名称	机构数	编制人数	实有人数	内部机构			乡、镇、区机构		
					机构数	编制人数	实有人数	机构数	编制人数	实有人数
1949.8~1951.6	县政府财粮科	7	18	16	5			2	8	8
1951.7~1954.12	县政府财政科	7	18	16	5			2	8	8
1955.1~1958.7.30	县人委会财政科	12	20	22	6	10	12	6	10	10
1958.8.1~1962.9	临澧县财政局(财税合并)	20	29	29	8	29	29	12		
1962.10.2~1963.11.10	临澧县人委会财政科	11	30	30	6	15	15	5	15	15
1963.11.11~1968.12	临澧县财政局	12	40	40	6	20	20	6	20	20
1969.1~1973.6	临澧县革命委员会财税市场管理站	11	72	66	5	32	28	6	40	38
1973.7~1979.6	临澧县革命委员会财政税务局	15	73	70	9	33	32	6	40	38
1979.7~1984.3	临澧县财政税务局	16	117	117	10	23	23	6	94	94
1984.4~1984.12	临澧县财政局(财税分设)	25	61	70	5	24	27	20	37	63
1985.1	临澧县财政局	24	69	68	6	27	26	18	42	42
1986	临澧县财政局	24	72	74	7	30	32	17	42	42
1987	临澧县财政局	26	72	74	9	30	32	17	42	42
1988	临澧县财政局	30	78	83	13	38	37	17	40	46
1989	临澧县财政局	31	78	46	14	47	47	17	40	46
1990	临澧县财政局	31		105	14		57	17		52
1991	临澧县财政局	31		105	14		57			52
1992	临澧县财政局	33		125	15		54	18		71
1993	临澧县财政局	34		125	16		54	18		71
1994	临澧县财政局	36		141	18		70	18		71
1995	临澧县财政局	36		170	18		85	18		85
1996	临澧县财政局	38		170	20		85	18		85
1997	临澧县财政局	38		170	20		85	18		85
1998	临澧县财政局	36		470	18		85	18		85
1999	临澧县财政局	37		170	19		85	18		85

续表4-1

年 份	机构名称	机构数	编制人数	实有人数	内部机构			乡、镇、区机构		
					机构数	编制人数	实有人数	机构数	编制人数	实有人数
2000	临澧县财政局	38		170	20		85	18		85
2001	临澧县财政局	38		170	20		85	18		85
2002	临澧县财政局	45	251	231	27	114	114	18	138	117
2003	临澧县财政局	45	251	231	27	114	114	18	117	117
2004	临澧县财政局	45	251	231	27	114	114	18	117	117
2005	临澧县财政局	44	221	237	26	104	129	18	117	88
2006	临澧县财政局	43	221	237	25	104	129	18	117	88
2007	临澧县财政局	43	221	237	25	104	129	18	117	88
2008	临澧县财政局	49	221	237	31	104	129	18	117	88
2009	临澧县财政局	49	220	230	31	103	135	18	117	95

第二章 财政(财税)机关及托管单位人员名录

本章以表格形式，对1949年至2009年临澧县财政(税务)机关及托管单位人员分十节表述：

第一节 托管单位领导及正、副股所长名录

1995年1月至2009年12月，归口财政局托管的科级单位8个(其中正科级单位2个，副科级单位6个)，曾历任正职13人，副职18人，股长28人。

1.非税(收费)局历届领导及股长名录

表4-2　　截至2009年12月底

<table>
<tr><th>局 长</th><th>任职起止时 间</th><th>副局长</th><th>任职起止时间</th><th>办公室主 任</th><th>征收稽查股 长</th><th>票证管理股 长</th><th>征管股长</th></tr>
<tr><td>毕金生(兼)</td><td>1996.1~1996.12</td><td rowspan="3">梅开满</td><td rowspan="3">1996.1~2002.12</td><td rowspan="3">胡先华</td><td rowspan="3">赵 健</td><td rowspan="3">冯瑞兰</td><td rowspan="3">田 冀</td></tr>
<tr><td>龚金宏(兼)</td><td>1997.1~2002.1</td></tr>
<tr><td>史训炎(兼)</td><td>2002.1~2002.12</td></tr>
<tr><td>林泽福(兼)</td><td>2003.1月~</td><td rowspan="2">谭辟云</td><td rowspan="2">2004.1~</td><td>祁怀平</td><td rowspan="2">罗 琳</td><td rowspan="2">文宏英</td><td>苏 瑞</td></tr>
<tr><td>吴元章
(党支部书记兼副局长)</td><td>2002.12~</td><td>李志刚</td><td>肖进军</td></tr>
</table>

2.农开办历届领导及股室负责人名录

表4-3　　　　截止2009年12月底

主　任	任职起止时间	书　记	任职起止时间	副主任	任职起止时间	办公室主　任	项目股股　长	资金股股　长
邵国超	2002.4~	黄新春	2002.3~2003.1	许宇锋	2006.3~	汪祚炎	黄　铭	于冬娥
		贾文昌	2003.2~2006.2	张丕铸(纪检书记)	2007.5~			
		夏小琼	2006.3~					

3.乡财(农税)局历届领导及股长名录

表4-4　　　　截至2009年12月底

局　长	任职起止时　　间	副局长	任职起止时　　间	综合股长	征收管理股长	乡财政管理股长	乡财办主　任	信息管理股长
黄新春(兼)	2002.8~2003.12	邵国涛	2002.8~2005.5	胡先华	曾　雄	胡良汉		
杨富国(兼)	2003.12~2007.9	沈克勤	2002.9~2004.12			胡宏玉		
		罗世祥	2005.6~2007.9					
罗伯海(兼)	2007.10~	罗世祥	2007.10~	李志华	曾　雄		胡先华(兼)	杜晓树
		胡先华	2007.10~					
沈克勤(党支部书记)	2004.12~	罗明华	2007.10~					

4.国库集中支付局领导名录

表4-5　　　　截至2009年12月底

职　务	姓　名	任职起止时间	内　设　机　构			
			综合股	审核股	支付股	稽核股
局　长	唐爱党	2006.12~				
党支部书记	罗承秋	2009.3~				
副局长	王君政	2006.12~				

5、会计核算中心领导和股长名录

表4-6　　　　截至2009年12月底

职　　务	姓　名	任职起止时间	历任股长姓名		
主　任	辛　中(兼)	2002.9~	办公室	核算股	稽查股

续表4-6

<table>
<tr><th>职　务</th><th>姓　名</th><th>任职起止时间</th><th colspan="3">历任股长姓名</th></tr>
<tr><td>党支部书记</td><td>欧明中</td><td>2002.9~2009.5</td><td rowspan="5">廖生军
罗明华
梅　娟</td><td rowspan="5">罗　琳
刘泽卢</td><td rowspan="5">邹明璇
田　慧</td></tr>
<tr><td>副主任</td><td>罗承秋</td><td>2002.9~</td></tr>
<tr><td>副主任</td><td>沈福明</td><td>2005.4~</td></tr>
<tr><td>副主任</td><td>邵国军</td><td>2005.4~</td></tr>
<tr><td>总会计师</td><td>郑文国</td><td>2002.9~</td></tr>
</table>

6.国有资产管理局领导及股长名录

表4-7　　截至2002年3月

局　长	任职起止时间	副局长	任职起止时间	办公室主任	产权股长	评估办主任
吴桂州	1998.3—2002.3	戴振春	1998.3~2002.3	金春树	朱瑞清	秦建中

7.会计管理局负责人名录

表4-8　　截至2002年3月

<table>
<tr><th>局　长</th><th>任职起止时间</th><th>副局长</th><th>任职起止时间</th><th>办公室主任</th><th>业务股长</th><th>综合股长</th><th>培训股长</th></tr>
<tr><td rowspan="2">朱光昶
(常务副县长兼)</td><td rowspan="2">1999.4~2002.3</td><td>黄新春</td><td>1999.4~2002.3</td><td rowspan="2">赵传清</td><td rowspan="2">赵传清</td><td rowspan="2">徐曼灵</td><td rowspan="2">陈　莉</td></tr>
<tr><td>张华懿</td><td>1999.4~2002.3</td></tr>
</table>

8.住房公积金管理中心负责人名录

表4-9　　截至2003年3月

主　任	任职起止时间	副主任	任职时间
刘永兴	2002.4~2003.3	李菊梅	2003.3~2005.4
		陈志德	2003.3~2005.4

第二节 财政(税务)局股室及历任正、副股长

1.1951~1984年3月历任正、副股长名录

表4-10　　截至1984年3月底

机构名称	股　　长	副股长及成员
预算股	裴希仲 王宏忠 苏子慎 胡大才 祁开举	曾华海(会计)
企业财务股	邢作林 张德钧 胡大才 舒小康	雷立秋 祁开举 向多松 田 明
办公室	王宏忠 梅文兵 陈森鑑 江正南 辛吉昌	胡叙益 史开梓 刘帮裕 刘选湘

续表4-10

机构名称	股　　长	副股长及成员
公产组	庞泽林	
行政财务股	裴希仲(审计)	苏尚桂 何益成 李文英
税政征收股	杜克南50年代 陈世喜 舒小康	丁士东
市场组(工商办)	吉景树	
人事股(政工股)	黄振东 江正北 刘宗冠	何代生 李华初
农业财务股	陈进明 王定惠 苏宏金	蒋宗炎 刘思楚
计会股	陈昌业	

2.1984~2009年历任各股室办(站)正、副股长及成员名录

1984年4月,财政局设股室5个(8月增加到6个),至2009年年底增加到29个,此期间担任股长58人,副股长47人。

历任正、副股长及成员名录

表4-11　　截至2009年年底

机构名称	历任股(室、办主任、站)长	历任副职	成　　员
办公室	刘帮裕 张德钧 戴振春 秦建中 叶发祥 谭辟云 金春树 于建夏	邹木生 叶发祥 朱瑞清 江　平	刘选湘 苏尚桂 邓先华 吴宏炎 周泽华 郑金华 施广军 谢玉平 黄尚兵 刘朝万
预算股	祁开举 黄新春 辛　中 余桃安 欧明中	李文英 黄新春 辛　中 唐爱党 余桃安 罗　琳	唐初汉 田辉霞 陈　汉 吴芒梅
综合规划股	刘帮裕 梅开满 张化懿 蒋新堂 李永红 邵国涛	吴元章 王小坪 祁　静	邵丽华
国库券推销办公室	与综合规划股合署办公		
税政法规股	与办公室合署办公		
国库股	唐爱党 邵丽华	李志刚 林明奎	
行政政法股	何益成 谢易频 蒋新堂	李文英 胡弘雨	张化懿 刘选湘
教科文股	蒋新堂 吴宏年	王金凤	韩桂芳 曾华海
经济建设股	胡良汉 朱德勇 田　冀	李菊梅 朱瑞清 肖学之	胡先华
农业财务股	胡良次 刘思楚 陈荣庭 张宏斌 谢易频	夏祖清 吴艺梅 王小坪 庞娟梅	史玉华 石虎 蒋宗炎
农税股	李华初 邵国涛	邵国涛 胡良汉	曾　雄 陈　汉 蒋宗炎 熊南海 陈育民 陈国栋 朱世卉 沈克勤

续表4-11

机构名称	历任股(室、办主任、站)长	历任副职	成　员
社会保障股	梅开满 李华初 吴宏年 朱德勇	吴宏年 李志刚 朱世卉	
企业财务股	田　明 张德钧 吴桂州 吴元章 欧明忠 陈国栋 张宏斌	雷立秋 朱国庆 孟冀湘 成新珍 尹妮君	
会计股	张德钧 张化懿 赵传清 陈育民	杨爱平	
统计评价股	金春树	韦　明	
资产管理股	文吉炎 韦　明	周泽华	
监督检查股	李华初 梅开满 戴振春 张宏斌 陈育民 金春树	何益成 金春树 胡爱华 尹妮君 盘　敏	韦　明
人事教育股	何代生 秦元林 叶发祥 赵传清	李华初 徐曼琳	戴振春 成新珍 胡大新
控购办	刘帮裕 卢银枝 王君政 王小坪	邵丽华 朱桂中	
财源办	叶发祥 邵丽华 廖生军	李华初 刘代培	
工资发放中心	熊明艳	蒋　杰 苏　芳	
县政府采购办	何代生 罗世祥 李永红	陈珍先 祁晓初	
中函站	苏宏金(兼) 戴振春 罗世祥 赵传清 陈育民	匡召生 尹妮君	熊南海 袁晓兰 付先政 吴艺梅
综改办	邵国涛 周明焕	吴一萍	
财政投资评审中心	陈国栋	邹明璇	
国资办	吴桂州	秦建中 张宏斌 朱瑞清	熊明艳 孟冀湘 曹瑞香
国资经营有限公司	胡良次(董事长兼总经理) 文吉炎	戴振春 (党支部书记兼副总经理)	
预算编审中心	赵　健		
信息网络中心	杜晓澍		
妇联	邵丽华 陈珍先		
老干办	苏　瑞		
后勤管理中心	邹木生 廖生军 祁怀平		
信托投资中心	雷立秋 欧明中		
会计师事务所	何益成		文吉炎

第三节 财政系统提前离岗人员

2002年2月，县财政局根据县委、县人民政府《关于县委、县政府机构设置的通知》（临发〔2002〕2号）和《临澧县县直党政群机关机构改革方案实施意见的通知》（临发〔2002〕3号）精神，实行人员分流，竞争上岗，男年满50周岁以上不满60周岁者，女年满47周岁以上不满55周岁者，或有30年工龄者，均可提前离岗休养。当年财政系统提前离岗休养人员为35人（其中机关24人，乡镇财政所9人，外单位调入休养人员2人），至2009年12月，已有22人办理了退休手续，现有13人。

财政系统提前离岗人员花名册

表4-12 截至2009年年底

姓　名	性别	民族	出生年月	籍贯	文化程度	参加工作时间	入党时间	提前离岗时间	人员身份	享受行政级别	技术职务	提前离岗前在财政系统曾担任过的职务
李华初	男	汉	1951.2	太浮镇	中专	1969.2	1971.4	2002.2	公务员	副科		人教副股长、监察股股长、工会主席、农税、社保股股长
胡良汉	男	汉	1951.2	官亭乡	中专	1972.3	1987.5	2002.2	公务员		会计师	农税副股长、基建股股长
戴振春	男	汉	1949.12	四新岗镇	大专	1968.2	1978.7	2002.2	公务员	正科		办公室主任、工会主席、中函站长、监督股股长、国资局副局长、国资公司党支部书记
邹木生	男	汉	1951.3	四新岗镇	初中	1969.2	1970.4	2002.2	公务员			太浮财政所所长、办公室副主任、农税局副局长
秦建中	男	汉	1950.10	柏枝乡	中专	1968.2	1969.6	2002.2	公务员	正科		办公室主任、国资办副主任
何益成	男	汉	1952.5	官亭乡	中专	1970.10	1976.10	2002.2	公务员		注会师	行财股股长、会计师事务所所长、会计学会会长
杨翠志	男	汉	1950.5	澧县	高中	1969.11		2002.2	公务员	副处		干部
陈锦章	男	汉	1950.4	四新岗镇	高中	1974.5	1974.10	2002.2	公务员			四新岗、杨板乡财政所所长

续表4-12

姓 名	性别	民族	出生年月	籍贯	文化程度	参加工作时间	入党时间	提前离岗时间	人员身份	享受行政级别	技术职务	提前离岗前在财政系统曾担任过的职务
田其杰	男	汉	1949.10	陈二乡	中专	1975.1	1973.11	2002.2	公务员			陈二乡财政所所长
戴佑枝	男	汉	1951.9	四新岗镇	高中	1970.5	1972.2	2002.2	公务员			修梅镇、望城乡财政所所长
浦宏科	男	汉	1953.5	四新岗镇	高中	1971.8	1987.3	2002.2	公务员		助会师	四新岗镇财政所副所长
胡继新	男	汉	1950.7	柏枝乡	中专	1983.1		2002.2	公务员			柏枝乡财政所总会计
苏辛柳	男	汉	1951.3	新安镇	初中	1972.4		2002.2	职工			新安镇财政所、杉板乡办事员

第四节 财政局离(退)休人员名录

截至2009年12月底,共有离退(职)休人员共42人,其中:离休1人,退休38人,退职3人。

离退(职)休人员花名册

表4-13 截至2009年12月30日

姓 名	性别	民族	出生年月	籍贯	文化程度	参加工作时间	入党时间	离退休时 间	人员身份	离休退休退职	享受待遇	离退休前在财政税务系统曾担任过的职务
苏子慎	女	汉	1925.4	长沙	初中	1949.9	1981.10	1984.7	干部	离休	副处	财政(税务)局副局长、财政局副局长
苏德清	男	汉	1935.8	新安镇	初中	1951.9	1955.3	1996.3	公务员	退休	正科	财税局副局长、财政税务局局长、财政局党组书记
雷立秋	男	汉	1932.5	烽火乡	初中	1954.12	1984.11	1992.9	干部	退休	副主任科员	企财副股长、常德财政信托投资联络员(正股级)
祁开举	男	汉	1931.8	停弦镇	初中	1950.7	1960.3	1991.9	公务员	退休	副主任科员	税务所长、预算股股长
杨家棋	男	汉	1933.6	柏枝乡	初中	1954.12	1954.10	1993.2	公务员	退休	副主任科员	文家乡财政所所长
吴春舫	男	汉	1936.12	杉板乡	初中	1955.7	1956.10	1997.4	公务员	退休	正科	老干专干、工会主席、机关党支部书记
黄达胜	男	汉	1937.10	临澧	初中	1954.7	1956.7	1997.10	公务员	退休	正科	休养

续表4-13

姓　名	性别	民族	出生年月	籍贯	文化程度	参加工作时间	入党时间	离退休时　间	人员身份	离休退休退职	享受待遇	离退休前在财政税务系统曾担任过的职务
马宗礼	男	汉	1938.2	望城乡	初中	1968.12	1972.9	1995.11	公务员	退休		停弦、烽火财政所所长
刘选湘	男	汉	1938.8	合口镇	初中	1955.8	1974.2	1995.5	公务员	退休	副主任科员	局办公室干部
刘朝万	男	汉	1934.9	安福镇	小学	1971.8		1988.4	职工	退休		局后勤职工
蒋宗炎	男	汉	1940.4	佘市镇	高中	1961.11	1972.3	2000.4	干部	退休		农财股、农税股干部
苏宏金	男	汉	1943.8	新安镇	高中	1963.8	1972.7	2003.7	公务员	退休	正科	税务所所长、农财股股长、财政税务局副局长、财政局局长、局党支部书记
胡良次	男	汉	1943.8	官亭乡	中专	1962.9	1975.10	2003.7	公务员	退休	正科	税务所所长、农财股股长、财政局副局长、党组书记、国资 公司董事长
熊南海	男	汉	1943.8	杨板乡	初中	1964.12	1967.5	2003.7	公务员	退休		城关镇财政所所长、农税股、中函站干部
邓绍纺	男	汉	1943.11		高中	1963.12	1966.3	2004.3	公务员	退休	正科	休养
刘光兰	女	汉	1950.8	修梅	中专	1967.3	1992.9	2006.5	公务员	退休	副科	财政局纪检组长、党组成员
胡大新	男	汉	1945.8	合口	大专	1963.9	1965.9	2005.4	公务员	退休	正科	工会、老干专干
秦元林	男	汉	1947.1	柏枝乡	高中	1966.9	1969.9	2007.8	公务员	退休	正科	人教股股长、局党组成员、机关党支部副书记
刘国平	女	汉	1951.10	城关	高中	1971.8	1970.6	2007.8	公务员	退休	正科	休养
卢银枝	女	汉	1952.8	太浮镇	中专	1972.1	1987.6	2007.8	公务员	退休		社控办主任
孟冀湘	女	汉	1952.5	河北省	中专	1970.5	1991.9	2007.8	公务员	退休		企业财务股副股长
吴桂洲	男	汉	1947.9	杉板乡	高中	1963.10	1976.11	2008.1	公务员	退休	正科	企业财务股股长、国资办主任、国资局局长
何代生	男	汉	1947.8	柏枝乡	高中	1964.9	1965.4	2008.1	公务员	退休	副科	财政局副局长、党组成员、机关党支部书记

续表4-13

姓名	性别	民族	出生年月	籍贯	文化程度	参加工作时间	入党时间	离退休时间	人员身份	离休退休退职	享受待遇	离退休前在财政税务系统曾担任过的职务
郑兰英	女	汉	1959.1	佘市	中专	1991.7		2009.1	职工	退职		农税局职工
吴宏炎	男	汉	1949.1	新安镇	初中	1979.1		2009.1	公务员	退休		财政局司机
张化懿	女	汉	1953.9	河北	中专	1970.10	1995.6	2008.9	公务员	退休		综合、会计股股长、注册会计师事务所所长、县会计管理局副局长
邓先华	男	汉	1949.3	柏枝乡	初中	1970.3	1997.6	2009.4	公务员	退休		财政局司机班班长、司机(享受正股级)
冯瑞兰	女	汉	1954.4	常德	大专	1974.9	1992.3	2009.4	公务员	退休		县非税局票证管理股股长
曹瑞香	女	汉	1954.6	新安	高中	1976.1		2009.7	公务员	退休		县国资局干部
袁晓兰	女	汉	1954.9	长沙	大专	1969.1		2009.10	公务员	退休		中函站专干
冉永贵	男	汉	1936.7	新安镇	初中	1955.3	1989.5	1997.4	干部	退休	副科	新安、九里、官亭财政所所长
付庆林	男	汉	1922.1	合口镇	初中	1950.6		1986.11	干部	退休		退养
黄文健	女	汉	1955.11		初中	1973.3		2006.5	职工	退职		城关财政所干部
何俭珍	女	汉	1950.12	安乡	中专	1969.1	1992.6	2007.8	干部	退休		城关财政所干部
刘正泉	男	汉	1947.11	杉板乡	高中	1967.11	1972.12	2008.1	干部	退休		四新岗镇、城关镇财政所所长
郑森斌	男	汉	1941.12	佘市镇	大专	1961.9	1985.6	2002.1	干部	退休		修梅、佘市镇财政所所长
陈贤贵	男	汉	1940.2	九里乡	初中	1960.11	1978.9	2000.4	干部	退休		九里乡财政所所长
翟丕成	男	汉	1941.11	新安镇	初中	1959.9	1964.7	2001.1	干部	退休		官亭乡、杨板乡财政所所长
李全喜	男	汉	1939.8	佘市镇	初中	1954.10		1999.5	干部	退休		新合乡、官亭乡、合口镇财政所所长
李久安	男	汉	1937.2	佘市镇	小学	1953.10	1972.4	1999.3	干部	退休	副主任科员	城关镇财政所干部
程方来	男	汉	1936.1	新安镇	初中	1956.1	1979.9	1991.4	干部	退休	副主任科员	望城乡、新合乡、合口镇财政所所长
江银香	女	汉	1953.6		中专	1974.1	1989.7	2004.2	职工	退职		农开办职工

第五节 财政局从事财政(税务)工作30年以上人员名录

表4-14 截至2009年12月30日

姓名	籍贯	出生年月	参加工作年月	离退休年月	已故年月	姓名	籍贯	出生年月	参加工作年月	离退休年月	已故年月
苏子慎	湖南长沙	1925.4	1949.9	1984.7		苏尚桂	临澧合口	1933.12	1954.9	1990.7	2004.12
苏德清	临澧新安	1935.8	1951.9	1996.3		曾华海	江西省	1932.12	1949.10		1990.9
雷立秋	临澧柏枝	1932.5	1954.12	1992.9		刘邦裕	临澧合口	1936.6	1953.7	1997.4	2002.7
祁开举	临澧停弦	1931.8	1950.7	1991.9		冉永贵	临澧新安	1936.7	1955.3	1997.4	
陈进民	临澧合口	1920.8	1949.8	1980.5	1996.7	刘正泉	澧县	1947.11	1967.11	2008.1	
蒋宗炎	临澧佘市	1940.4	1961.11	2000.4		郑森斌	临澧佘市	1941.12	1961.11	2002.1	
胡良次	临澧官亭	1943.8	1962.9	2003.7		陈贤贵	临澧合口	1940.2	1960.11	2000.4	
何益成	临澧官亭	1952.5	1970.10			翟丕成	临澧新安	1941.11	1959.9	2001.1	
张德钧	临澧合口	1929.2	1952.1	1994.12	2004.1	李全喜	临澧合口	1939.8	1953.10	1999.5	
向多松	石门县	1916.10	1949.8	1976.12	1988.12	程方来	临澧新安	1936.1	1956.3	1999.4	
刘思楚	石门县	1940.12	1956.9	1995.5	2007.5	田其杰	临澧陈二	1949.10	1975.1		

第六节 1949~1957年临澧县财粮科人员名录

表4-15

姓名	职务	姓名	职务	姓名	职务	姓名	职务
孟载轩	科长	陈绪中	副科长	沈绪波	副科长	刘宗荣	副科长
田文卿	副科长	向多松	副科长	黄文淑	副科长	赵子衡	副科长
韩生勤	副科长	苏子慎	副科长	黄振东	副科长	熊宗喜	副科长
张振国	副科长	梅文彬	副科长	陈冬秀	副科长	王永松	副科长
戴宪玉	副科长	唐长秋	副科长	辛继昌	副科长	汪月清	副科长

第七节 1980年临澧县财政税务局干部人员名录

表4-16

姓名	职务	性别	籍贯	出生年月	学历	入党(团)年月	入伍年月	专业技术职称
苏德清	局长	男	临澧	1935.8	初中	1955.8	1951.1	
史开均	副局长	男	临澧	1937.1	初中	1960.10	1959.3	
郭清耀	副局长	男	临澧	1942.6	初中	1962.8	1960.9	
苏子慎	副局长	女	临澧	1925.5	初中		1949.8	
江正柏	政工股股长	男	临澧	1924.2	初中	1959.8	1953.5	
史开梓	办公室副主任	男	临澧	1932.1	初中	1972.5	1953.8	
李文英	出纳员	女	长沙	1951.1	初中		1971.12	出纳员
舒小康	税政股股长	男	临澧	1932.7	初中	1975.7	1951.7	
丁仕东	业务干部	男	临澧	1945.11	初中		1962.12	
陈昌业	计会股股长	男	临澧	1926.10	高中	1954.2	1949.8	
王惠林	税收统计	女	临澧	1953.3	初中		1970.5	税收统计
廖桂娥	审票员	女	临澧	1945.8	初中	1972.3	1962.10	
肖绍远	税监专管员	男	临澧	1936.9	初中		1956.3	
刘帮裕	监察股副股长	男	临澧	1936.4	初中	1956.6	1953.7	
苏尚桂	机关会计	女	临澧	1934.1	初中	1960.3	1954.9	会计
曾华海	财政会计	男	江西	1932.12	初中		1954.11	会计
王定惠	农财股股长	男	临澧	1933.6	初中	1959.12	1953.5	
蒋宗炎	农财专管员	男	临澧	1940.4	高中	1972.3	1961.11	
祁开举	企财股负责人	男	临澧	1931.8	初中	1960.3	1951.11	
雷立秋	企财专管员	男	临澧	1932.5	初中		1954.12	
徐远清	城关所负责人	男	临澧	1939.2	初中	1962.1	1955.12	
袁怀清	城关所副所长	男	常德	1926.4	初中		1950.10	
秦大汉	税务专管员	男	临澧	1935.9	初中		1956.4	

续表4-16

姓 名	职务	性别	籍贯	出生年月	学历	入党(团)年月	入伍年月	专业技术职称
吴喜保	税务专管员	男	临澧	1932.6	高小	1958.12	1951.1	
阎佃宝	税务专管员	男	山东	1930.9	初小	1971.3	1948.12	
李久丹	税务专管员	男	临澧	1927.9	初中	1955.5	1949.8	
刘光春	合口税务所所长	男	临澧	1935.8	初中	1959.6	1954.11	
贾汉章	税务专管员	男	临澧	1918.12	初中		1951.1	
李理民	税务专管员	男	慈利	1932.4	高中		1949.12	
杨继银	税务专管员	男	临澧	1927.10	高中	1959.9	1949.12	
徐尊时	税务专管员	男	临澧	1938.10	初中	1956.11	1955.12	
宋宜桂	税务专管员	男	临澧	1934.9	初中		1951.8	
夏祖清	新安所副所长	男	临澧	1944.4	初中		1960.3	
史文兵	税务专管员	男	临澧	1939.5	初中	1976.7	1959.3	
彭承涛	税务专管员	男	临澧	1928.2	高小		1956.3	
汪标准	佘市所副所长	男	慈利	1942.6	高小	1974.1	1960.8	
肖若冰	佘市所副所长	男	湘潭	1926.3	高中		1950.3	
吉井树	四新岗所副所长	男	临澧	1929.4	初中	1956.11	1950.11	
刘宗官	观音所所长	男	临澧	1939.10	高小	1960.11	1956.8	
谢声扬	税务专管员	男	益阳	1935.4	高中		1956.9	
张德钧	企财专管员	男	临澧	1937.3	初中		1952.1	
江正南	办公室干事	男	临澧	1944.7	初中	1964.2	1961.3	
王长发	城关所专管员	男	津市	1945.8	初中		1963.11	
黎正权	城关所专管员	男	临澧	1951.5	初中	1973.7	1970.5	
胡叙若	城关所专管员	男	临澧	1944.1	初中		1964.6	
陈显华	城关所专管员	男	临澧	1941.5	高小		1960.3	
胡良汣	城关所专管员	男	临澧	1944.8	初中	1975.11	1971.12	
刘思楚	合口所票会员	男	临澧	1940.12	高小	1971.10	1956.1	
魏国平	税务专管员	男	津市	1947.7	初中		1963.11	
邓纯桂	税务专管员	男	临澧	1949.7	初中		1964.8	

续表4-16

姓 名	职务	性别	籍贯	出生年月	学历	入党(团)年月	入伍年月	专业技术职称
陈瑞楚	税务专管员	男	临澧	1955.12	高中		1980.1	
郑小林	税收票会员	女	临澧	1960.10	初中		1979.10	
苏宏金	新安所副所长	男	临澧	1943.7	高中		1971.10	
于乾润	税务专管员	男	临澧	1945.12	高中	1972.7	1964.9	
吴桂生	税务专管员	男	临澧	1941.10	高中		1963.8	
艾传炎	税务专管员	男	临澧	1943.8	初中		1965.12	
马美湘	税务专管员	男	临澧	1939.4	初中		1959.3	
蔡圣元	税务专管员	男	临澧	1949.1	高小	1970.4	1968.4	
张如元	税务专管员	男	临澧	1949.2	初中		1964.8	
江时柏	税收票会员	男	临澧	1943.7	初中		1971.10	
谭 贵	佘市所专管员	男	临澧	1941.10	初中		1966.10	
张家满	税务专管员	男	临澧	1942.4	初中	1964.8	1962.12	
唐和平	税务专管员	男	临澧	1963.6	高中		1979.11	
龚和平	税务专管员	男	临澧	1955.2	初中		199.11	
谢承乾	税务专管员	男	临澧	1947.6	初中		1971.10	
何益成	税务专管员	男	临澧	1952.5	初中	1976.10	1976.11	
谢召福	四新岗所专管员	男	临澧	1943.8	初中		1963.12	
陈昌觉	税务专管员	男	临澧	1950.4	初中		1979.12	
苏力	税收票会员	男	临澧	1960.10	高中		1977.12	
李家齐	税务专管员	男	津市	1946.4	初中		1963.11	
陈礼仪	税务专管员	男	临澧	1949.5	高中		1979.11	
杜登清	税务专管员	男	临澧	1946.10	初中	1972.12	1965.3	
李宜清	税务专管员	男	临澧	1954.3	初中		1971.11	
韩清元		女	临澧		高中			
田辉霞		女	临澧	1963.10	高中		1978.8	
苏新卯			临澧		高中			
刘朝万	炊事员	男	临澧	1934.9	文盲		1971.5	

续表4-16

姓 名	职务	性别	籍贯	出生年月	学历	入党(团)年月	入伍年月	专业技术职称
江时芳	炊事员	女	临澧	1950.10	高小		1980.9	
董兴兰	炊事员	女	临澧	1952.3	初小		1980.9	
颜永珍	炊事员	女	临澧	1952.3	高小		1976.12	
祝国银	税务专管员	男	临澧	1954.12	高中	1979.9	1976.11	
胡兴民	税务专管员	男	临澧	1953.10	初中		1976.11	
雷明贵	税务专管员	男	临澧	1955.4	高中		1976.11	
关兴民	税务专管员	男	临澧	1956.1	初中		1976.11	
陈银清	税务专管员	男	临澧	1956.4	高中		1976.11	
易合林	税务专管员	男	临澧	1960.7	高中		1979.2	
祁怀信	汽车司机	男	临澧	1954.2	初中		1979.10	
龚叔华	税务专管员	男	临澧	1963.4	初中		1979.12	
韩德华	税务专管员	男	临澧	1957.5	高中		1979.12	
刘育华	税务专管员	男	临澧	1963.11	初中		1979.12	
全必清	税务专管员	男	临澧	1955.10	高中		1979.12	
彭小英	税务专管员	男	临澧		初中			
刘定娥	税务专管员	女	临澧		高中			
肖玉珍	税务专管员	女	临澧		高小			
胡达武	税务专管员	男	临澧					
辛继昌	税务专管员	男	临澧					

第八节 1984~2009年财政系统已故人员名录

表4-17　截至2009年12月30日

姓 名	性别	民族	出生年月	籍 贯	文化程度	参加工作时间	入党时间	离退休时间	生前享受待遇级别	去世时间	生前在财政系统曾担任过的职务
熊承斌	男	汉							干部	1985	洞坪乡财政所所长
李光明	男	汉	1932.11	烽火	初中	1956.4	1986.9		干部	1987.9	柏枝财政所所长
邓克勋	男	汉	1958.4	新安	初中	1986.6			干部	1988.11	洞坪乡财政所干部
向多松	男	汉	1916.10	澧县	中专	1949.8		1976.12	干部	1988.12	预算、自来水会计

续表4-17

姓 名	性别	民族	出生年月	籍 贯	文化程度	参加工作时间	入党时间	离退休时 间	生前享受待遇级别	去世时间	生前在财政系统曾担任过的职务
曾华海	男	汉	1932.12	江西	高小	1949.10	1990.9		干部	1990.9	预算、行财会计、助理会计师
田 明	男	汉	1949.8	陈二	大学	1972.7	1985.6		副科	1991.2	县财政局企财股股长、副局长、党组成员
陈进明	男	汉	1920.8	合口	初小	1949.8		1980.5	离休干部	1993.5	财政税务局公产组长、农财股股长
谢超宇	男	汉	1947.5	新安	初中	1971.1	1975.6		干部	2000.5	官亭、杉板、合口财政所所长
刘邦裕	男	汉	1936.6	新安	高小	1953.7	1956.6	1997.4	副主任科员	2002.7	局预算股会计、办公室主任、社控办主任
陈 汉	男	汉	1968.7	合口	大专	1990.7	1998.6		干部	2003.10	佘市镇财政所所长
张德钧	男	汉	1929.2	合口	初中	1952.1	1983.5	1994.12	高级会计师	2004.1	企财股股长、办公室主任、注册会计师协会会长、高级会计师
苏尚桂	女	汉	1934.1	合口	初中	1954.9	1960.3	1990.7	副主任科员	2004.12	局机关会计、局工会妇联专干(兼)
刘思楚	男	汉	1940.12	新安	小学	1956.9	1971.11	1995.5	副主任科员	2007.5	财政局农财股股长
万方柏	男	汉	1934.11	九里	小学	1953.7	1956.4	1995.4	正科	2007.5	财政局党组成员、纪检组长
钦世荣	男	汉	1935.11	安乡	初中	1951.7	1956.6	1996.3	正科	2007.7	休 养
刘协春	男	汉	1953.5	柏枝	大专	1971.9	1971.7		正科	2008.1	休 养

第九节 1984年4月财税分设后财政局人员名录

表4-18

姓 名	当时任何职务或工种	享受级别待遇(科、干部)	性别	民族	入党时间	学历	出生年月	参加工作时 间	职 称	备注
苏德清	局长	正科	男	汉	1955.10	初中	1935.8	1951.9		
苏子慎	副局长	副科	女	汉	1981.10	初中	1925.4	1949.9		
苏宏金	副局长	副科	男	汉	1972.7	高中	1943.8	1963.8		

续表4-18

姓 名	当时任何职务或工种	享受级别待遇(科、干部)	性别	民族	入党时间	学历	出生年月	参加工作时 间	职 称	备注
何代生	人事股长	正科	男	汉	1965.4	高中	1947.8	1964.9		
胡良次	农财股长	干部	男	汉	1975.10	中专	1943.8	1962.9		
祁开举	预算股长	干部	男	汉	1960.3	初中	1931.6	1954.10		
雷立秋	企财副股长	干部	男	汉	1984.11	初中	1932.5	1954.12		
蒋宗炎	农财会计	干部	男	汉	1972.3	高中	1940.4	1961.11		
刘选湘	办公室文秘员	干部	男	汉	1974.2	初中	1938.8	1955.8		
何益成	行财会计	干部	男	汉	1976.10	中专	1952.5	1970.1		
陈云庭	农财会计	干部	男	汉	1975.4	中专	1952.1	1970.1		
刘朝万	后勤职工	职工	男	汉		初小	1934.9	1984.4		
李文英	行财副股长	干部	女	汉	1983.9	中专	1951.1	1968.12		
李华初	行财办事员	副科	男	汉	1971.4	中专	1951.2	1969.2		
成新珍	人事股办事员	干部	女	汉		中专	1964.6	1982.7		1984.6
朱国庆	企财办事员	副科	男	汉	1972.6	中专	1950.2	1969.1		
田 明	企财副股长	副科	男	汉	1985.6	大学	1948.8	1975.12		
曾华海	预算股会计	干部	男	汉		高小	1932.12	1949.10		
向多松	休养	干部	男	汉		中专	1916.10	1949.8		
刘帮裕	负责办公室	干部	男	汉	1956.6	高小	1936.6	1953.7		
苏尚桂	机关会计	干部	女	汉		初中	1933.12	1954.9		
陈进民	休养	离休	男	汉		初小	1920.8	1949.8		
张德钧	企财股长	干部	男	汉	1983.5	初中	1929.2	1952.1		
刘思楚	农财副股长	干部	男	汉	1971.11	小学	1940.12	1956.9		
辛吉程	人秘(纪检)	干部	男	汉						
唐初汉	预算干部	干部	男	汉	1987.4	本科	1965.4	1981.7		
田辉霞	预算干部	干部	女	汉	1990.11	大专	1963.10	1978.8		
龚艺平	预算干部	干部	男							
邓先华	司机	干部	男	汉	1997.6	初中	1949.3	1970.3		1984.7 调入

第十节 2009年度财政局机关及托管单位在岗人员名录

2009年年末,财政系统共有在岗人员244人(其中男140人,女104人),公务员155人,干部22人,职工45人,其他22人。

1.2009年度临澧县财政局机关干部职工花名册

表4-19　　　　财政局机关68人,其中:公务员54人,职工14人

姓　名	单位及现任职　务	行政级别	人员身份	性别	出生年月	参加工作时间	入党时间	民族	籍贯	学历	技术职务
黄新春	局长、党组书记	正科	公务员	男	1966.2	1985.7	1988.10	汉	新安	本科	
辛　忠	副局长兼非税局书记	正科	公务员	男	1968.4	1989.7	1995.6	汉	新安	本科	会计师
林泽福	副局长兼非税局局长	正科	公务员	男	1960.12	1977.8	1984.7	汉	修梅	大专	
罗伯海	副局长兼乡财局局长	正科	公务员	男	1963.3	1982.8	1985.5	汉	杨板	本科	
石　华	副局长	正科	公务员	男	1969.1	1991.7	1995.7	汉	合口	本科	
叶发祥	副局长	副科	公务员	男	1960.1	1977.8	1982.5	汉	修梅	本科	
章兴桂	副局长	正科	公务员	男	1973.8	1992.7	1997.6	汉	柏枝	本科	
刘永兴	纪检组长	正科	公务员	男	1958.6	1982.8	1984.10	汉	合口	大专	
余桃安	工会主席	副科	公务员	男	1962.8	1983.1	1999.2	汉	文家	本科	助理会计师
于建厦	办公室主任		公务员	男	1972.11	1992.10	1997.6	汉	新安	本科	会计师
江　平	办公室副主任		公务员	女	1973.12	1991.7	2005.12	汉	烽火	本科	会计师
雷均惠	办公室		职工	女	1986.9	2008.10		汉	城关	本科	
黎梓婧	办公室		职工	女	1987.12	2009.11		汉	安福	本科	
施广军	办公室		职工	男	1974.9	1922.1		汉	澧县	大专	
郑金华	司机班班长		公务员	男	1967.9	1984.8	1990.12	汉	佘市	本科	
黄尚兵	司机		职工	男	1965.10	1983.10	1986.3	汉	佘市	本科	
谢玉平	司机		职工	男	1914.4	1997.7		汉	新安	大专	

续表 4-19

姓　名	单位及现任职　务	行政级别	人员身份	性别	出生年月	参加工作时间	入党时间	民族	籍贯	学历	技术职务
邵国涛	综合规划股股长		职工	男	1968.5	1988.8	1997.7	汉	柏枝	本科	会计师
祁　静	综合规划股副股长		公务员	女	1978.7	1999.9	2007.6	汉	安福	本科	会计师
李永红	采购办主任		公务员	女	1968.4	1987.6	2003.1	汉	安福	本科	助理会计师
祁小初	采购办副主任		公务员	男	1955.8	1977.12	1995.7	汉	停弦	高中	
张宏斌	企业股股长		公务员	男	1963.8	1982.6	1990.5	汉	安福	本科	
成新珍	企业股副股长		公务员	女	1964.6	1982.7		汉	河北	本科	
尹妮君	企业股副股长		公务员	女	1963.10	1981.12		汉	山东	本科	
吴宏年	教科文股股长		公务员	男	1963.2	1984.8	1986.9	汉	杉板	本科	会计师
王金凤	教科文股副股长		公务员	女	1962.6	1984.7		汉	停弦	本科	助理会计师
陈育民	会计股股长		公务员	男	1960.7	1978.10	1982.7	汉	杨板	本科	
杨爱平	会计股副股长		公务员	女	1966.8	1983.12		汉	柏枝	本科	
黄　妮	会计股		职工	女	1967.9	1983.12	2006.6	汉	安福	大专	
陈　莉	会计股		公务员	女	1974.10	1991.9		汉	合口镇	本科	
田　翼	经济建设股股长		公务员	男	1973.1	1992.9	1996.6	汉	陈二乡	本科	会计师
朱瑞清	经济建设股副股长		公务员	男	1955.4	1976.2	1978.12	汉	望城乡	高中	
肖学之	经济建设股副股长		公务员	男	1966.4	1989.7	1996.7	汉	杨板乡	本科	会计师
韦　明	资产管理股股长		公务员	女	1971.8	1991.7	2006.6	汉	安福乡	本科	会计师
周泽华	资产管理股副股长		公务员	女	1970.7	1987.8		汉	四新岗镇	本科	
王小坪	控购办主任		公务员	女	1964.3	1984.8		汉	九里乡	本科	
朱桂中	控购办副主任		职工	女	1964.12	1983.1		汉	柏枝乡	大专	
欧明忠	预算股股长	副科	公务员	男	1965.5	1988.7	1994.7	汉	望城乡	大专	会计师
赵　健	预算股编审中心主任		公务员	男	1968.10	1992.7	2009.7	汉	停弦镇	本科	会计师

续表4-19

姓　名	单位及现任职　务	行政级别	人员身份	性别	出生年月	参加工作时间	入党时间	民族	籍贯	学历	技术职务
邵丽华	国库股股长		公务员	女	1964.6	1985.7	2006.6	汉	柏枝乡	本科	助理会计师
林明奎	国库股副股长		公务员	女	1972.9	1993.7	2000.6	汉	安福镇	本科	会计师
朱德勇	社保股股长		公务员	男	1971.7	1992.6	2001.12	汉	文家乡	本科	会计师
朱世卉	社保股副股长		公务员	女	1980.1	2001.9	2001.6	土		本科	
金春树	监督股股长		公务员	男	1961.11	1984.8	1988.6	汉		大专	会计师
盘　敏	监督股副股长		公务员	女	1968.12	1989.5		瑶	广东省	本科	
赵传清	人教股股长		公务员	男	1963.8	1984.8	1990.4	汉	九里乡	本科	初级
徐曼灵	人教股副股长		公务员	女	1962.5	1978.12		汉	安福镇	大专	
苏　瑞	老干办主任		职　工	男	1962.11	1980.12	2000.7	汉	新安镇	大专	
陈珍先	工会副主席、妇女专干		公务员	女	1968.7	1989.1		汉	常德	本科	
谢易频	农业股股长		公务员	男	1959.9	1976.9	1988.11	汉	烽火乡	本科	
庞娟梅	农业股副股长		公务员	女	1972.12	1990.7	2001.6	汉	烽火乡	本科	
陈云庭	农业股		公务员	男	1952.1	1970.1	1975.4	汉	四新岗镇	中专	
蒋新堂	行政政法股股长		公务员	男	1962.12	1982.7	1984.11	汉	佘市镇	大专	
胡弘雨	行政政法股副股长		公务员	女	1972.8	1991.7	2000.6	汉	官停乡	本科	
熊明艳	工资发放中心主任		公务员	女	1962.12	1978.9	2005.12	汉	长沙市	本科	
苏　芳	工资发放中心副主任		公务员	女	1974.5	1995.8	2008.7	汉	安福镇	本科	
廖生军	财源办主任		公务员	男	1970.10	1990.9	1996.6	汉	新安镇	本科	会计师
刘代培	财源办副主任		公务员	男	1954.12	1974.12	1978.6	汉	佘市镇	大专	
陈国栋	评审中心主任		公务员	男	1966.12	1988.7	2005.12	汉	四新岗镇	大专	会计师
林长缨	评审中心		职工	女	1976.3	1995.8		汉	常德	本科	建筑工程师
文吉炎	国资经营公司经理		公务员	男	1964.7	1989.8	1995.6	汉	陈二乡	本科	会计师

续表4-19

姓名	单位及现任职务	行政级别	人员身份	性别	出生年月	参加工作时间	入党时间	民族	籍贯	学历	技术职务
胡宏	国资经营公司		职工	男	1974.12	1995.8		汉	官亭乡	中专	
祁怀平	后勤中心主任		职工	男	1973.11	1998.10	2002.10	汉	停弦镇	本科	会计师
周明焕	综改办副主任		公务员	男	1961.4	1979.11	1982.4	汉	烽火级	大专	
杜晓澍	信息中心主任		职工	男	1974.3	1993.3	2003.12	汉	陈二乡	本科	
贾文昌	财政局	正科	公务员	男	1954.10	1972.12	1976.3	汉	文家乡	大专	
吴学然	财政局	正科	公务员	男	1950.10	1964.6	1979.12	汉	杨板乡	大专	
万绍英	财政局		职工	女	1963.4	1979.12	1985.11	汉	合口镇	高中	

2.2009年度非税局干部职工花名册

表4-20　　共11人，其中公务员8人，职工3人

姓名	单位及现任职务	行政级别	人员身份	性别	出生年月	参加工作时间	入党时间	民族	籍贯	学历	技术职务	备注
吴元章	非税局副局长兼党支部书记	副科	公务员	男	1966.10	1987.7	1996.9	汉	四新岗镇	本科		
谭辟云	非税局副局长	副科	公务员	男	1971.10	1994.8	2000.7	汉	合口镇	本科		
李志刚	非税局办公室主任		公务员	男	1974.4	1994.7	2000.7	汉	烽火镇	本科		
文宏英	非税局票据核算股股长		公务员	女	1965.10	1984.7	1992.4	汉	陈二乡	本科		
肖进军	非税局征管股股长		公务员	男	1976.1	1995.7	1999.6	汉	杨板乡	本科		
吴迎春	非税局征管股副股长		公务员	女	1976.12	1996.10	1998.7	汉	修梅镇	本科	会计师	
梅开满	非税局		公务员	男	1954.3	1971.4	1991.6	汉	杨板乡	中专	助会师	
李红霞	非税局		职工	女	1971.7	1990.8		汉	澧县	大专		
郭海霞	非税局		职工	女	1978.12	2000.6		汉	太平区	本科		
邹纯华	非税局		公务员	男	1968.4	1988.5	2004.7	汉	柏枝乡	大专		
鄢洁	非税局		职工	男	1987.10	2009.7		汉	安福镇	本科		

3.2009年度乡财局干部职工花名册

表4-21 共9人,其中公务员8人,职工1人

姓 名	单位及现任职务	行政级别	人员身份	性别	出生年月	参加工作时间	入党时间	民族	籍贯	学历	技术职务	备注
沈克勤	乡财局党支部书记	副科	公务员	男	1964.10	1984.8	1993.6	汉	烽火乡	本科		
罗世祥	乡财局副局长	正科	公务员	男	1955.1	1976.2	1981.3	汉	柏枝乡	高中		
胡先华	乡财局副局长		公务员	男	1964.4	1984.8	1990.7	汉	柏枝乡	本科		
罗明华	乡财局副局长		公务员	男	1969.8	1992.7	1997.6	汉	烽火乡	本科	注册会师	
曾 雄	乡财局征管股股长		公务员	男	1963.5	1979.11	1999.2	汉	江西省	本科		
李志华	乡财局综合股股长		公务员	女	1978.3	1996.10	2000.6	汉	新安镇	本科	会计师	
林 亭	乡财办		职工	女	1964.8	1984.1	1994.7	汉	修梅镇	大专	助会师	
吴忠萍	乡财办		公务员	女	1974.8	1995.8	1999.7	汉	新安镇	本科		
马 雷	乡财办		公务员	男	1965.8	1988.7	2001.6	汉	望城乡	本科		

4.2009年度国库集中支付局干部职工花名册

表4-22 共3人

姓 名	单位及现任职务	行政级别	人员身份	性别	出生年月	参加工作时间	入党时间	民族	籍贯	学历	技术职务	备注
唐爱党	国库集中支付局局 长	副科	公务员	男	1966.7	1987.6	1987.4	土	石门县	本科	会计师	
罗承秋	国库集中支付局党支部书记	副科	公务员	男	1964.10	1984.8	1989.6	汉	烽火	大专	助会师	
王君政	国库集中支付局副局长		公务员	男	1965.3	1987.6	1987.4	汉	澧县	本科	会计师	

5.2009年度农开办干部职工花名册

表4-23 共14人,其中公务员7人,职工7人

姓 名	单位及现任职务	行政级别	人员身份	性别	出生年月	参加工作时间	入党时间	民族	籍贯	学历	技术职务	备注
邵国超	农开办主任	正科	公务员	男	1962.10	1982.7	1993.6	汉	合口乡	本科		

续表4-23

姓　名	单位及现任职务	行政级别	人员身份	性别	出生年月	参加工作时间	入党时间	民族	籍贯	学历	技术职务	备注
夏小琼	农开办书记	正科	公务员	女	1967.1	1990.4	1997.6	汉	合口镇	本科		
许宇峰	农开办副主任	正科	公务员	男	1965.7	1988.7	1993.7	汉	杨板乡	大专		
张丕铸	农开办纪检组长	正科	公务员	男	1964.12	1988.7	1993.7	汉	新安镇	本科	会计师	
汪祚炎	农开办	正科	公务员	男	1963.11	1981.8		汉	修梅镇	本科		
于冬娥	农开办		公务员	女	1962.11	1982.7	1984.12	汉	新安镇	本科	工程师	
黄　铭	农开办		公务员	男	1974.11	1997.7	2003.7	汉	佘市镇	本科		
唐海军	农开办		职工	男	1981.3	1997.7	2008.7	汉	太浮镇	大专		
吴桂珍	农开办		职工	女	1964.8	1985.12		汉	杉板乡	本科		
王清平	农开办		职工	女	1964.2	1980.5		汉	合口镇	中专		
张卫华	农开办		职工	男	1973.12	1991.7	2009.7	汉	合口镇	高中		
杨铁武	农开办		职工	男	1973.2	1993.12	2000.6	汉	柏枝乡	中专		
薛　颖	农开办		职工	女	1968.10	1992.5		汉	烽火乡	大专		
陈　锐	农开办		职工	男	1981.10	2002.12		汉	合口镇	中专		

6.2009年度会计核算中心干部职工花名册

表4-24　　共26人，其中公务员1人，干部20人，职工25人

姓　名	单位及现任职务	行政级别	人员身份	性别	出生年月	参加工作时间	入党时间	民族	籍贯	学历	技术职务	备　注
沈福明	会计核算中心副主任		干部	男	1955.2	1971.1	1988.7	汉	杉板乡	中专		
邵国军	会计核算中心副主任		干部	男	1959.3	1979.11	1983.3	汉	新安镇	中专		
郑文国	会计核算中心总会计师		干部	男	1970.2	1987.7	1999.6	汉	新安镇	大专	注册会师	
邱云南	会计核算中心		干部	女	1974.10	1993.7		汉	九里乡	本科	会计师	

续表4-24

姓　名	单位及现任职务	行政级别	人员身份	性别	出生年月	参加工作时间	入党时间	民族	籍贯	学历	技术职务	备　注
梅　娟	会计核算中心		干部	女	1975.1	1996.7		汉	杨板乡	本科	会计师	
陈毅云	会计核算中心		干部	女	1974.4	1990.8		汉	新安镇	本科	会计师	
甘乐珍	会计核算中心		干部	女	1974.3	1996.7		汉	安福镇	本科	会计师	
余碧蓉	会计核算中心		干部	女	1969.11	1990.7	1998.7	汉	停弦镇	本科	会计师	
王淑凤	会计核算中心		干部	女	1971.3	1993.7	2000.6	汉	停弦镇	本科	会计师	
杨爱华	会计核算中心		干部	女	1974.9	1996.7		汉	柏枝乡	本科	会计师	
杨红梅	会计核算中心		干部	女	1972.2	1993.7	2000.6	汉	四新岗镇	本科	会计师	
毛京燕	会计核算中心		干部	女	1973.6	1993.7	1998.6	汉	望城乡	本科	会计师	
李　平	会计核算中心		干部	女	1966.4	1983.5		汉	湘潭	本科	会计师	
田　慧	会计核算中心		干部	女	1980.1	1997.7	2006.7	汉	陈二乡	本科	会计师	
刘　昕	会计核算中心		干部	女	1967.3	1988.7	1994.6	汉	合口	中专	会计师	
史彩湘	会计核算中心		干部	女	1962.2	1984.8	1995.5	土	停弦	大专	会计师	
杨　耘	会计核算中心		干部	女	1975.5	1996.7	1999.6	汉	城关	本科	会计师	
刘莉萍	会计核算中心		干部	女	1963.12	1979.12	1998.6	汉	新安	本科		
黎革萍	会计核算中心		干部	女	1967.8	1986.12	1998.9	汉	四新岗镇	大专		
邓秋香	会计核算中心		职工	女	1963.7	1991.2		汉	澧县	高中		
黄彩霞	会计核算中心		干部	女	1964.8	1984.8	2000.6	汉	新安	大专		
曹永湘	会计核算中心		职工	女	1965.8	1981.9		汉	杉板	大专	会计师	
张丕霞	会计核算中心		职工	女	1968.11	1989.7		汉		大专		
刘玲玲	会计核算中心		职工	女	1970.9	1989.5		回	城关	大专		
吴桂蓉	会计核算中心		职工	女	1986.9	2006.10		汉	耒阳	大专		
王焕平	会计核算中心		公务员	女	1967.10	1990.8		汉	望城	本科	会计师	

7.财政局2009年度其他人员花名册

表4-25　　共22人,其中再就业2人,聘用20人

姓名	单位及现任职务	性别	出生年月	参加工作时间	入党时间	民族	籍贯	学历	技术职务	备注
乔敏惠	后勤中心	女	1972.9	2005.11		汉	九里	中专		再就业安排
欧应美	再就业援助	男	1954.10	1972.11	1976.6	汉	安福	高中		再就业安排
宋法文	国资公司	男	1952.8	1969.8	1977.12	汉	合口	初中		聘用
高 俊	国资公司	男	1958.9	1975.2	2006.6	汉	安福	高中		聘用
卜茂银	国资公司	男	1964.9	1980.7	1986.6	汉	烽火	高中		聘用
马云平	国资公司	男	1965.10	2000.3	2010.6	汉	安福	中专		聘用
朱卫国	国资公司	男	1974.11	1990.12	1993.11	汉	柏枝	大专		聘用
吴林丽	国资公司	女	1973.3	1990.6		土家	安福	大专		聘用
朱德俊	国资公司	男	1982.10	2002.12		汉	安福	本科		聘用
李剑峰	国资公司	男	1977.10	1995.6		汉	合口	高中		聘用
胡国林	国资公司	男	1978.8	1996.3		汉	官亭	中专		聘用
戴长松	国资公司	男	1952.9	2000.4		汉	四新岗	高中		聘用
朱德树	国资公司	男	1955.	2000.4		汉	四新岗	高中		聘用
陈本太	国资公司	男	1955.	2000.4		汉	澧县	小学		聘用
李 勇	机关司机	男	1970.9	2009.4		汉	佘市	大专		聘用
李 康	信息中心	男	1977.10	2009.01		汉	柏枝	本科		聘用
候德辉	评审中心	男	1971.1	2009.5		汉	新安	大专		聘用
李少平	评审中心	男	1970.12	2009.11	2000.7	汉	安乡	本科		聘用
林泽春	局门卫	男	1957.01	2006.01		汉	修梅	初中		聘用
吴拥军	后勤中心	女	1968.1	2008.01		汉	桃源	初中		聘用
付玲英	后勤中心	女	1978.8	2009.01		汉	合口	初中		聘用
陈晓凤	后勤中心	女	1987.10	2009.01		汉	石门	初中		聘用

第三章 党、政、工会、共青团、妇联组织及负责人名录

第一节 党组织

临澧县财政(税)局的党组织,经历了由小组到支部再到党组的组建过程。

1949年~1969年12月,由于财政(税务)系统党员人数较少,只设立中共临澧县"财粮科""财政科""财政局"党小组(其间党员参与县政府机关党支部组织活动)。

1970年1月,经县委组织部批准正式组建中国共产党临澧县革命委员会财税市场管理站党支部。

1979年6月,经上级批准正式成立中国共产党临澧县财政税务局党组。

1984年4月,财税分设后,由原党组改为中国共产党临澧县财政局支部委员会。

1990年5月,局支部委员会又改为中国共产党临澧县财政局党组至今。至2009年12月底,财政局党组先后共组建了9个基层党支部。

一、党组

临澧县财政(税)局1970~2009年历届中共党组织书记、副书记、成员名录表

表4-26 截至2009年12月底

组织名称	职　务	姓　名	任职起止时间
中共临澧县革命委员会财税市场管理站党支部 1970.1~1972.12	支部书记	陈大复	1970.1~1972.12
	副书记	汪顶发	1970.1~1972.12
	支委	汤青林	1970.1~1972.12
	支委	苏德清	1970.1~1972.12
	支委	江正北	1970.1~1972.12
中共临澧县财政税务局党支部 1973.1~1979.5	支部书记	刘茂金	1973.6~1979.5
	副书记	辛宝炳	1974.10~1978.10
	副书记	苏德清	1973.6~1979.5
	支委	江正北	1973.6~1979.5

续表4-26

组织名称	职　务	姓　名	任职起止时间
中共临澧县财政税务局党组1979.6~1984.3	书 记	苏德清	1979.6~1984.3
	副书记		
	党组成员		
中共临澧县财政局党支部1984.4~1984.12	书 记	苏德清	1984.4~1984.12
	副书记		
中共临澧县财政局党支部1985.1~1990.4	书 记	苏宏金	1985.1~1990.4
	副书记		
	支委成员	何代生	1985.1~90.4
		田　明	1985.1~90.4
		胡良次	1985.1~90.4
		秦元林	1990.4
		谢志鸣	1985.1~1986.1
		辛吉成	1986.2~1988.1
		万方柏	1989.3~1990.4
中共临澧县财政局党组1990.5~1994.12	书 记	苏德清	1990.5~1994.12
	副书记	史训炎	1990.5~1994.12
	党组成员	何代生	1990.5~1994.12
		胡良次	1990.5~1994.12
		田　明	1990.5~1991.2
		万方柏	1990.5~1994.12
		贾文昌	1991.4~1994.12
		秦元林	1991.4~1994.12
中共临澧县财政局党组1995.1~1996.12	书 记	胡良次	1995.1~1996.12
	副书记	史训炎	1995.1~1996.12
	党组成员	何代生	1995.1~1996.12
		毕金生	1995.1~1996.12
		黄新春	1995.1~1996.12

续表4-26

组织名称	职务	姓名	任职起止时间
		贾文昌	1995.1~1996.12
		刘光兰	1995.1~1996.12
		秦元林	1995.1~1996.12
中共临澧县财政局党组 1997.1~2002.12	书记	龚金宏	1997.1~2002.12
	副书记	史训炎	1997.1~2002.12
	党组成员	胡良次	1997.1~2002.2
		毕金生	1995.1~1996..12
		秦元林	1997.1~2002.2
		黄新春	1997.1~2002.12
		辛　中	2001.~2002.12
		贾文昌	1997.1~2002.12
		刘光兰	1997.1~2002.2
		刘永兴	2002.3~2002.12
中共临澧县财政局党组 2003.1~2007.2	书记	史训炎	2003.1~2007.2
	副书记	黄新春	2003.1~2007.2
	党组成员	辛　中	2003.1~2007.2
		贾文昌	2003.1~2007.2
		毕金生	2005.1~2006.12
		杨富国	2003.1~2007.12
		林泽福	2003.1~2007.12
		刘永兴	2003.1~2007.12
		叶发祥	2003.1~2007.12
中共临澧县财政局党组 2007.3~今	书记	黄新春	2007.3~
	副书记	辛　中	2007.3~
	党组成员	贾文昌	2007.3~2007.12
		林泽福	2007.3~
		罗伯海	2007.9~
		杨富国	2007.3~2007.9

续表4-26

组织名称	职　务	姓　名	任职起止时间
		石　华	2007.3~
		叶发祥	2007.3~
		章兴桂	2009.12~
		刘永兴	2007.3~
		余桃安	2007.7~

二、党支部

2002~2009年中共临澧县财政局党组所属党支部一览表

表4-27　　截至2009年12月底

支　部　名　称	支部书记	任职起止时间
中共临澧县财政局机关党支部	何代生	1990.6~1996.12
	秦元林	1997.1~2002.12
	叶发祥	2003.1~2009.12
中共临澧县乡镇财政管理局党支部	沈克勤	2006.5~2009.12
中共临澧县非税收入管理局党支部	吴元章 辛　中	2006.5~2007.5 2007.6~2009.12
中共临澧县集中核算管理中心党支部	欧明中	2006.5~2009.5
中共临澧县国库集中支付局党支部	罗承秋	2009.3~2009.12
中共临澧县农业综合开发办党支部	黄新春	2002.3~2003.1
	贾文昌	2003.2~2006.2
	夏小琼	2006.3~2009.12
中共临澧县国资经营有限公司党支部	戴振春	2006.5~2009.12
中共临澧县财政局老干党支部	叶发祥	2009.3~2009.12
中共临澧县住房公积金管理中心党支部	李菊梅	2006.5~2009.12

第二节 行政领导

临澧县财政（税）局行政领导，清朝（1729年~1911年）和民国元年（1912年）至民国17年（1928年）失考。民国18年（1929年）至民国38年（1949年）7月，及民国37年（1948年）8月临澧县解放后，由于行政机构不断更名，行政领导称呼也随之改变。

一、临澧县民国时期财政局（科）长名录

表4-28

机构名称	职务名称	正　职	任职起止年月
临澧县财政局 1929~1936	局　长	刘运鹿	民国18年~民国19年（1929年~1930年）
		章鸿甲	民国20年~民国21年（1931年~1932年）
		胡　鼎	民国22年~民国23年（1933年~1934年）
		陈丙奎	民国24年~民国25年（1935年~1936年）
临澧县政府财政科 1937~1949.8	科　长	郭传铭	民国26年~民国27年（1937年~1938年）
		王树业	民国28年~民国29年（1939年~1940年）
		蒋宗瀚	民国30年~民国35年（1941年~1946年）
		高　鑑	民国36年（1947年~　　）
		郭传铭	民国37年（1948年）
		李经容	民国38年（1949年）春
		黄明裕	民国38年（1949年）夏

二、新中国成立后临澧县财政（税务）历届领导班子成员名录表

表4-29　　截至2009年12月底

机构名称	职务名称	姓　名	任职起止时间
县政府财粮科 1949.8~1951.6	科　长	孟载轩	1949.8~1951.6
	副科长	田文卿	1950.7~1951.6
		韩生勤	1951.10~951.6
县政府财政科 1951.7~1954.12	科　长	孟载轩	1951.7~1952.8
		韩生勤	1952.9~1955.9
	副科长	田文卿	1951.7~1952.8
		韩生勤	1951.7~1952.6
		张振国	1952.9~1954.1
县人委会财政科 1955.1~1958.7.30	科长	韩生勤	1955.10~1956.10
		郭美光	1956.10~1957.7
	副科长	苏子慎	1956.3~1958.7
		戴宪玉	1958.1~1958.5

机构名称	职务名称	姓　名	任职起止时间
县政府财政局 1958.8.1~1962.9	局长	韩生勤	1957.8~1960.8
		胡东来	1961.10~1962.8
	副局长	苏子慎	1958.8~1962.8
		陈绪仲	1958.7~1960.8
		谭　谦	1958.7~1961.2
县人委会财政科 1962.10.2~ 1963.11.10	科长	胡东来	1962.9~1963.1
		李运甲	1963.2~1963.10
	副科长	苏子慎	1962.9~1963.11
县政府财政局 1963.11.11~ 1968.12	局长	李运甲	1963.11~1965.3
	副局长	苏子慎	196.11~1968.12
		苏德清	1966.2~1968.12

续表 4-29

机构名称	职务名称	姓　名	任职起止时间	机构名称	职务名称	姓　名	任职起止时间
县革命委员会财税市场管理站 1969.1~1969.12	组长	陈世喜	1969.1~1969.12	县政府财政局 1990.5~2007.2	局长	史训炎	1990.5~2007.2
	副组长	苏德清	1969.1~1969.12		副局长	何代生	1990.5~1996.12
		苏子慎	1969.1~1969.12			田　明	1990.5~1991.2
		汤青林	1969.1~1969.12			胡良次	1990.5~2002.2
县革命委员会财税市管理站 1969.12~1973.6	组长	陈大复	1970.1~1972.12			龚金宏	1997~2002.12
	副组长	苏德清	1970.1~1973.6			黄新春	1995.11~2007.2
		苏子慎	1970.1~1973.6			毕金生	1995.1~1996.12
		汤青林	1970.1~1973.6			辛　中	2001.1~2007.2
县革命委员会财政税务局 1973.6.1~1979.6	局长	刘茂金	1973.6~1979.6			贾文昌	2001.4~2007.3
	副局长	苏子慎	1973.6~1979.6			林泽福	2003.1~2009.12
		苏德清	1973.6~1979.6			杨富国	2003.1~2007.2
		汤清林	1973.6~1973.7		专职党组副书记	贾文昌	1997.1~2001.3
		辛宝炳	1974.10~1978.10				
		史开均	1979.6~1979.7		纪检组长	万方伯	1990.4~1994.3
		郭清耀	1979.6~1979.7			贾文昌	1991.4~1995.2
县政府财政税务局 1979.7~1984.4	局长	苏德清	1979.6~1984.3			刘光兰	1995.3~2001.2
	副局长	苏子慎	1979.7~1984.3			刘永兴	2002.3~2007.2
		史开均	1979.7~1984.3		工会主席	叶发祥	2003~2007.2
		郭清耀	1979.7~1984.3	县政府财政局 2007.3	局长	黄新春	2007.3~
		苏宏金	1979.7~1984.3		副局长	辛　中	2007.3~
县政府财政局 1984.4~1984.12	局长	苏德清	1984.4~1984.12			林泽福	2007.3~
	副局长	苏宏金	1984.4~1984.12			杨富国	2007.3~
		苏子慎	1984.4~1984.12			罗伯海	2007.9~
县政府财政局 1985.1~1990.4	局长	苏宏金	1985.1~1990.4			石　华	2007.6~
	副局长	田　明	1985.1~1990.4			叶发祥	2007.3~
		何代生	1985.1~1990.4			章兴桂	2009.12~
		胡良次	1989.9~1990.4		纪检组长	刘永兴	2007.3~
	纪检组长	谢志鸣	1985.1~1986.1		工会主席	余桃安	2007.3~
		辛吉成	1986.2~1988.2				
		万方柏	1989.3~1990.4				

第三节 工会组织

临澧县财政局工会委员会，于1984年4月经县总工会批准建立。2002年12月以前，工会主席未列入班子和党组成员，系兼职，1994年6月至2002年12月期间由胡大新负责日常工作（未明确职务）。2003年1月以后工会主席进入领导班子为党组成员。

历届工会主席、副主席名录

表4-30　　截至2009年年底

主　　席	任职起止时间	副主席	任职起止时间	委　　员	备　注
		刘邦裕	1984~1986		
李华初	1986.5~1988.9				兼任
戴振春	1988.10~1991.6				兼任
吴春舫	1991.7~1994.12				专职
叶发祥（党组成员）	2003.1~2007.2				专职
于桃安（党组成员）	2007.3~至今	陈珍先	2009.3~至今		专职

第四节 共青团组织

中国共产主义青年团临澧县财政局支部委员会于1989年8月经县团委批准建立。

历届共青团支部书记、委员名单

表4-31　　截至2009年年底

书　　记	任职起止时间	副书记	任职起止时间	委　　员
陈　莉	1998.1~1999.4			
谭辟云（兼）	1999.5~2002.2			
蒋　杰（兼）	2002.3~2009.2			
祁　静（兼）	2009.3~至今			

第五节 妇联组织

临澧县财政局妇女委员会1989.3经县妇女联合会批准建立。

历届妇女主任名单

表4-32　　截至2009年年底

妇女主任	任职起止时间	备　注
邵丽华(兼)	1989.3~2009.2	
陈珍先(兼)	2009.3~	

第四章　基层机构、队伍及财政状况

第一节 沿　革

清代末和民国初期,临澧县在新安市(今新安镇)、裴家河(今安福镇)设立征屯署。民国5年(1916年),临澧县财税稽征由各区、乡、保逐级征缴。民国33年(1944年),临澧县始设乡镇公产保管委员会,分管乡镇(区)公产事务,隶属县财粮科,为县财政下属报账单位。

新中国建立后,临澧县政府为加强基层税收组织,从1949年冬,在六区(今合口)首建新合稽征所,负责澧北地区的征收事宜,澧南地区的税收工作由局内增设的稽征股负责办理。1950年,新合所撤改为"合口稽征所",撤销新安稽征所,保留"裴家河稽征所"。1952年,开始逐步配备区、乡财粮干事或财粮助理员(会计),其职责是抓好征粮,管理区内财粮收支,组织财政收入,负责清理和管理公产、公田、公房等。行政属区、乡领导、业务属县财粮科领导,称"双重"管理(1953年,临南税务所并入陈二所)。

1954年1月,始设新安、合口、停弦、临南、陈二、佘市等六个税务所。

1958年8月1日,财政税务合并,财政简政放权,撤销各税征所税收,按行政区域建立12个人民公社和新安、合口、城关三镇,财务组接收办理(1961年3月人民公社增至16个,保留三镇税收财务组相应增为19个)。

1962年10月2日,恢复新安、合口、陈二、观音庵税务所,原临南税务所更名为城关税务所,1964年11月11日,恢复佘市税务所。

1969年1月,撤销陈二税务所设立四新岗税务小组,同月城关、新安、合口、观音庵、佘市税务所均更名为税务小组。同年10月,随着县直机构的裁并,全县6个税务小组改设为18个税收点,以18个公社(镇)命名。

1971年7月,又将18个税收点撤销,设置城关、合口、新安、四新岗、佘市、观音庵六个财税市场管理所。

1973年7月,因市场(工商)管理从财政税务局分出,全县6个财税市场管理所均更名为财政税务所(1979年观音庵所改为烽火财税所),沿至1984年4月。

在财政管理体制上，1984年4月前，都是实行资金的统收统支。1984年4月后，根据上级精神，将人民公社改为乡(镇)人民政府，临澧县20个乡(镇)始建财政所20个。

1985年8月，根据湖南省委、省政府规定，临澧县进行行政机构改革，撤销洞坪乡，同时撤销洞坪乡财政所，并入新安镇财政所，撤销新合乡，同时撤销新合乡财政所，并入合口镇。

1986年，撤销新安乡并入新安镇，同时撤销新安乡财政所，并入新安镇财政所。

1992年6月，修梅镇太平村划出，经湖南省体改委批准成立临澧工业经济开发区，相应设立临澧经济开发区太平财政所。

2002年3月，18个乡镇(区)财政所统一更名为乡镇(区)"财税所"一直沿用至2009年12月未变。

临澧县财政税务基层机构演变表

临澧县财政(税务)局

表4-33

年 代	基 层 单 位 名 称	个数
清代 1729~1911	裴家河(今安福镇)、新安市(今新安镇)征屯署	2
民国 1912~1915	裴家河(今安福镇)、新安市(今新安镇)征屯署	2
1916~1949.8	各区、乡(镇)保逐级征收上解	
新中国成立后 1949.8~1954	新合稽征所(负责澧北)、裴家河稽征所(负责澧南)	2
1955~1958.8	合口、新安、停弦、临南、陈二税务所	5
1958.9~1959.1	五星(珠日)、红旗(柏枝台)、新合(新安新合)、星火(杉板桥) 跃进(杨板桥)、东风(陈二、衍嗣庵)、前锋(望城)、先锋(停弦渡) 红星(文家)、东方红(烽火)、超美(修梅)、官亭(九里、刻木)12个人民公社和城关、合口、新安三个镇财务组	15
1959.2~1961.2	官亭、新合、佘市、太浮、杉板、珠日、杨板、柏枝、望城、停弦、修梅、烽火12个人民公社和新安、合口、城关三镇财务组办理稽征上解	15
1961.3~1961.12	城关、合口、新安三镇和九里、官亭、新安、新合、停弦、修梅、佘市、杉板、文家、陈二、太浮、珠日、烽火、柏枝、杨板、望城16个人民公社财务组办理稽征上解	19
1962~1963	临南(城关)、合口、新安、陈二、佘市、观音庵税务所	5
1964~1968	临南(城关)、合口、新安、陈二、佘市、观音庵、佘市税务所	6
1969~1970	撤销陈二所，增设四新岗所，所更名为小组，后又撤小组改为各人民公社都设点，并以各人民公社(镇)之名为税务组名	18

续表4-33

年代	基层单位名称	个数
1971~1972	城关、合口、新安、佘市、观音庵、四新岗财税市场管理所	6
1973~1984.4	城关、合口、新安、佘市、烽火、四新岗财政税务所	6
财政税务分设后,财政局基层机构 1984.4~1985.6	杉板、佘市、文家、陈二、衍嗣庵、四新岗、望城、柏枝、烽火、杨板、修梅、停弦、九里、官亭、新安乡、新安镇、洞坪乡、新合乡、合口镇、城关镇财政所	20
1985.8~1986.6	撤销新合、洞坪乡、新安乡财政所、其他17所同上	17
1986.7~1992.5	杉板、佘市、文家、陈二、衍嗣庵、四新岗、望城、柏枝、烽火、杨板、修梅、停弦、九里、官亭、新安、合口、城关	17
1992.6	增加太平经济开发区财政所	18
1994.6~2002.2	安福、合口、新安、佘市、太浮、四新岗、停弦渡、修梅镇、杉板、文家、陈二、柏枝、烽火、望城、杨板、官亭、九里乡、太平区财政所	18
2002.3~2009.12	财政所变更为财税所,其个数同上	18

第二节 人员名录

1949年至2009年,由于机构不断变化,人员异动多,采集资料有限,现将几个转换时期人员情况登记如下:

一、1954~1983年个别年份历任财政(税务)所(组)长名录

表4-34

年份	新安所	合口所(停弦渡)	佘市所	四新岗所(陈二)	烽火所(原观音庵)	城关所(原临南)	临南稽征所(原裴家河)	合口稽征所
1954	江少英	陈西昌					任成先	
1961	陈昌业	贾文桃	舒小康	王定惠		江正北		
1964	肖少炎	邢湘成	刘宗冠	谢召富	吴喜保	邢开举		
1972	印开鹏	刘光春	龚光炎	吴喜保	庞桂林	周丕业		
1980	苏宏金	刘光春	汪标准	吉井树	刘宗观	徐远清		
1981	夏祖清	刘光春	龚光炎	刘宗冠	汪标准	胡良次		
1982	吉景树	刘光春	龚光炎	刘宗冠	庞桂林	胡良次		
1983	胡良次	刘光春	刘宗冠	吴喜保	汪标准	祁开鹏		

二、1954~1984年各乡、人民公社(革委会)会计(助理)人员登记表

表4-35

机构名称	历任会计(助理)名录
杉板乡	汪鼎法(1968~1973)、潘友元(1982~1983.5)、吴贵云(1983.6~1983.12)程方来(1984~1984.4)
佘市桥	顾宏寿(1956~1963)、王本森(1964~1967)、谭祖汤(1968~1971)陈礼常(1972~1976)、袁明坤(1977~1971)、黄道金(1982~1983)
文 家	邹敬启(1960~1968)、田　(1968~1969)、陈耒典(1970~1974)、蒋宗雄(1975~1984.3)
陈 二	李安纯(1956~1963)、吴前生(1964~1977)、卞朝锡(1978~1981)、田其杰(1982~1984)
太 浮	苏子慎(1954~1955)、于振松(1956~1959)、朱文财(1960~1962)、龙正虹(1963~1967)刘汉初(1968~1973)、涂景春(1974~1978)、戴志诚(1979~1984)
四新岗	黄显礼(1958~1962)、李远吉(1963~1964)、朱进武(1965~1968)、冉永贵(1969~1980)、游文榜(1981~1982)、刘正泉(1983~1984)
柏 枝	高云汉(1958~1961)、李晏纯(1962~1968)、杨传玉(1969~1973)、文振全(!974~1981)、文学其(1982~1984)
望 城	庞长明、高学银、邢菊普(1975~1976)、胡良汉(1977~1978)、李光明(1979)
烽 火	李光明、唐如贵(　~1977)、胡达武(1978~1981)、肖本中(1982)、朱文财(1983~1984.3)
杨 板	丁家贤(　~1978)、秦德权(1979~1982)、梅开满(1983~1984)
修 梅	胡绍清(1958~1976)、潘永桃(1977~1981)、郑森斌(1982~1984)
停 弦	叶明竹(1958~1960)、黄显礼(1961~1966)、阮家福(1980~1984.3)
九 里	蒋祖清(1957~1960)、刘文福(1961~1977)、杨翠万(1977~1981.4)张运金(1981.5~1982.9)、邵国军(1982.10~1984.3)
官 亭	陈昌业(1958~1959)、张光模(1960~1980)、谢超宇(1981~1984)
新安乡(公社)	文泽兵、向多柏(1972.6~1978)、叶明竹(1979~1980)、冉永贵(1981~1984.3)
新安镇	杨隆美(女)(1971.3~1982)、翟丕成(1983~1984.3)
洞 坪	李全喜(1979.9~1984.3)
新 合	舒小康(1968~1973)、段祖汤(1974~1984.3)
合口镇	周用清(女)(1973.1~1984.3)
城关镇	黄显礼、熊南海(1983.3~1984.3)

注:资料有限,有漏者敬请谅解

三、1984年8月始设财政所人员名录

1984年8月始设乡镇财政所20个,实有76人。其中行政编20人(所长),招聘干部36人,企事业

单位调入20人。

1984年始建乡镇财政所人员名录

表4-36

单位名称	姓名	任职	选调人员	招聘干部
合计				
杉板乡财政所	汪顶发	所长	肖举毅	吴宏年 沈福明(1986年)
佘市桥镇财政所	蒋祖银	副乡长兼任	黄道金	李章湘、朱松清
文家乡财政所	杨家其	所长	刘国新	李仕贵、金春树
陈二乡财政所	田其杰	副所长	张宏兵	文宏英
衍嗣庵镇财政所	李松林	所长	邹木生(1985年) 刘汉初	杨孝峰
四新岗镇财政所	刘正泉	副所长	陈锦章(1985年)	邹玉明、李菊梅(1986年)
望城乡财政所	程方来	副所长	陈昌桂	金世明、江从友、杨英峰(1986年)
柏枝乡财政所	李光明	所长	张明楚	胡先华、刘文强
烽火乡财政所	朱文财	副所长	黄道全	沈克勤
杨板乡财政所	梅开满	副所长	谢易频	陈育明
修梅镇财政所	邓先林	副乡长兼任	郑森斌	叶发祥、黄从柱、梁朝辉
停弦渡镇财政所	高学健	所长	冉承福	史彩香、王焕金
九里乡财政所	陈贤贵	所长	邵国军	赵传清、王小坪
官亭乡财政所	谢超禹	所长	姚辉军	苏翔军、何灯明
新安镇财政所	翟丕成	所长		马显武、涂阳平
新安乡财政所	冉永贵	所长	张升召	毕金生、黄彩霞、侯洪喜
洞坪乡财政所	熊承兵	副乡长兼任	李泉喜	邓克勤
合口镇财政所	徐学英	副镇长兼任	李学智(1985年)	
新合乡财政所	王作新	副所长	刘荣华	潘友军、陈贤中
城关镇财政所	熊南海	所长	何剑珍(1985年)	韩桂芳、史玉华

四、1984~2009年历任乡镇财(税)政所正、副所长名录

表4-37 截至2009年12月底

机构名称	成立年月	撤销年月	历任所长	历任副所长
杉板乡财政所	1984.8		汪鼎法 谢超宇 沈福明 黄海涛	沈福明 杨贤和 何承国 付蓉 张金城

续表4-37

机构名称	成立年月	撤销年月	历任所长	历任副所长
余市桥镇财政所	1984.8		蒋祖银(兼) 黄道金 郑森斌 陈汉 陈贤忠 邓斌	李章湘 陈贤忠 黄海涛 蒋晓初 余小军
文家乡财政所	1984.8		杨家祺 文吉炎 肖学之 江来福	金春树 江永贵 吴艺萍 曹友权 张荐
陈二乡财政所	1984.8		田其杰 黄辉	文宏英 沈炎枝 杨平安
太浮镇财政所	1984.8		李松林 邹木生 罗承秋 陈宏林	陈宏林 祝自全
四新岗镇财政所	1984.8		刘正泉 陈锦章 曹玉初	浦宏科 林明奎 刘荣华
柏枝乡财政所	1984.8		李光明 李克勤 王兴剑 朱松清 刘代培 戴宁	余小军 戴宁 周锋
望城乡财政所	1984.8		程方来 戴佑之 张宏斌 苏瑞 祁晓初 李章湘	李仕贵 史彩湘 邹宏忠 顾惠英 董湘满
烽火乡财政所	1984.8		朱文财 谢易频 马宗礼 金春树 朱松清 江从友	周明焕 江从友 李志华 胡朝辉
杨板乡财政所	1984.8		梅开满 翟丕成 张宏斌 朱松清 曹玉初 陈锦章 邓兵 陈贤忠	沈克勤 邓斌 梁朝辉 何承国
修梅镇财政所	1984.8		邓先林 郑森斌 赵厚生 李伯东 吴传焕 李和生 戴佑之 杨富国 祁晓初 李章湘 候宏喜	邹玉民 徐伯华 张建国
太平区财政所	1994.6		周声清 张远锋	高琼英
停弦渡镇财政所	1984.8		高学健 马宗礼 曹玉初 金春树 何建华	何建华 黄彩霞 邓爱军 祁怀平 戴国平 周锋
九里乡财政所	1984.8		陈贤贵 邵国军 戴国平	赵传清 邵国军 李章湘 江来福 邹玉民
官亭乡财政所	1984.8		谢超宇 李全喜 翟丕成 赵传清 于建厦 王爱军 丁科	赵传清 于建厦 王爱军 戴美玲
新安镇财政所	1984.8		翟丕成 冉永贵 毕金生 沈克勤 金小平	杨贤和 杨富国 沈克勤 候宏喜 丁科 朱守卫 张立明
新安乡财政所	1984.8	1986.6	冉永贵	
洞坪乡财政所	1984.8	1985.8	熊承斌(兼)	李全喜
合口镇财政所	1984.8		徐学英(兼) 李学智 李全喜 程方来 彭益安 谢超宇 周明焕 肖丰	王焕金 李仕贵 黄彩霞 肖丰 邓爱军 江鑫涛
新合乡财政所	1984.8	1985.6	王作新 李全喜	
城关镇财政所	1984.8		熊南海 刘正泉 朱松清	张新斌 黄承军 徐伯华 涂艳

五、2009年度各乡镇、区财政所在岗人员

2009年财政局基层财政所18个，在岗人员85人。

表4-38　　截至2009年底

姓　名	单位及现任职务	行政级别	人员身份	性别	出生年月	参加工作时间	入党时间	民族	籍贯	学历	技术职务	备注
朱松清	城关镇财政所所长		公务员	男	1964.8	1984.8	1994.11	汉	佘市	大专		
涂晓凡	城关镇财政所		公务员	女	1973.12	1995.8	1999.6	汉	新安	本科	会计师	
涂　艳	城关镇财政副所长		职　工	女	1976.4	1994.10	2004.6	汉	新安	本科		
张兴斌	城关镇财政所副所长		公务员	男	1954.1	1979.7	1996.6	汉	太浮	中科		
黄承军	城关镇财政所副所长		公务员	男	1963.6	1979.12	2000.7	汉	城关	大专		
徐伯华	城关镇财政所副所长		公务员	女	1965.5	1983.2	1992.7	汉	修梅	大科		
邹金玉	城关镇财政所		公务员	女	1978.11	1998.4		汉	四新岗	本科		
林秋健	城关镇财政所		职工	女	1967.6	1983.12	2005.7	汉	合口	大专		
刘亚林	城关镇财政所		职工	女	1978.2	1996.8		汉	城关	本科		
田冬蓉	城关镇财政所		公务员	女	1977.11	1996.10	1999.7	汉	城关	本科		
肖　丰	合口镇财政所所长		公务员	男	1966.5	1990.6	2000.7	汉	合口	本科		
邓爱军	合口镇财政副所长		公务员	男	1967.12	1987.7	1997.7	汉	修梅	本科		
江鑫涛	合口镇财政副所长		公务员	男	1972.11	1995.6	1998.7	汉	望城	大专		
王焕金	合口镇财政所		公务员	男	1964.1	1984.8		汉	停弦	中专		
秦晓蕾	合口镇财政所		职工	女	1978.2	1994.7	2005.7	汉	城关	大专		
陈定秒	合口镇财政所		公务员	男	1968.3	1988.7	1997.7	汉	九里	本科		
金小平	新安镇财政所所长		公务员	男	1971.11	1992.10	1997.7	汉	陈二	本科	会计师	
朱守卫	新安镇财政所副所长		公务员	男	1972.4	1996.9	2001.7	汉	柏枝	本科	会计师	
张立明	新安镇财政所副所长		公务员	男	1976.10	1996.8	2004.7	汉	四新岗	本科	会计师	
杨贤和	新安镇财政所		公务员	男	1954.11	1987.3	1997.6	汉	新安	高中	助会师	

续表4-38

姓 名	单位及现任职务	行政级别	人员身份	性别	出生年月	参加工作时间	入党时间	民族	籍贯	学历	技术职务	备注
丁丽俐	新安镇财政所		职工	女	1980.7	1998.4	2003.7	汉	合口	本科	高会师	
邓 斌	佘市镇财政所所长		公务员	男	1970.6	1993.8	1998.6	汉	柏枝	本科		
余小军	佘市镇财政所副所长		公务员	男	1967.9	1987.3	1995.6	汉	停弦	本科		
张智雯	佘市镇财政所		干部	女	1976.12	1995.10		汉	城关	大专		
朱晓静	佘市镇财政所		公务员	女	1977.12	1995.10		汉	城关	中专		
胡煜东	佘市镇财政所		职工	男	1987.12	2004.12		汉	城关	高中		
蒋晓初	佘市镇财政所		公务员	男	1971.1	1991.3	2003.6	汉	佘市	本科		
陈宏林	太浮镇财政所所长		公务员	男	1967.10	1990.7	1995.6	汉	杨板	本科	会计师	
祝自全	太浮镇财政所副所长		公务员	男	1964.8	1989.7	1996.7	汉	陈二	大专		
关欣欣	太浮镇财政所		干部	女	1972.10	1996.7	2000.7	汉	陈二	大专	会计师	
杨 军	太浮镇财政所		公务员	男	1979.1	1997.10	2002.7	汉	陈二	本科	助会师	
龚惠莲	太浮镇财政所		职工	女	1972.12	1995.3		汉	太浮	大专		
曹玉初	四新岗镇财政所所长		公务员	男	1964.9	1983.8	1992.10	汉	杉板	本科		
刘荣华	四新岗镇财政所副所长		公务员	男	1962.5	1979.11	1998.12	汉	合口	本科		
叶新华	四新岗镇财政所		公务员	女	1978.12	1997.10	2002.6	汉	九里	本科		
姚楠	四新岗镇财政所		职工	男	1977.12	1995.11	2001.6	汉	城关	大专		
何建华	停弦渡镇财政所所长		公务员	男	1967.1	1989.7	1997.12	汉	新安	本科		
向树文	停弦渡镇财政所		公务员	男	1973.11	1996.6	2007.1	汉	柏枝	大专	会计师	
林 荔	停弦渡镇财政所		公务员	女	1976.8	1996.7	2001.7	汉	修梅	大专	会计师	
王明星	停弦渡镇财政所		公务员	男	1978.10	1997.7		汉	陈二	大专		
侯宏喜	修梅镇财政所所长		公务员	男	1959.10	1984.8	1994.12	汉	新安	中专		
张建国	修梅镇财政所副所长		公务员	男	1967.2	1988.4	2000.6	汉	文家	大专	助会师	

续表4-38

姓名	单位及现任职务	行政级别	人员身份	性别	出生年月	参加工作时间	入党时间	民族	籍贯	学历	技术职务	备注
田慧	修梅镇财政所		职工	女	1974.9	1994.4		汉	陈二	大专		
吴静	修梅镇财政所		公务员	女	1975.2	1995.7	2005.7	汉	文家	大专	会计师	
付蓉	修梅镇财政所		公务员	女	1976.3	1995.8	2001.7	汉	杉板	本科		
黄海涛	杉板乡财政所所长		公务员	男	1968.7	1988.9	1999.7	汉	九里	大专		
张金城	杉板乡财政所副所长		公务员	男	1976.12	1996.7	2002.7	汉	望城	本科		
刘健	杉板乡财政所		公务员	男	1972.11	1996.8	2005.7	汉	太浮	本科		
江来福	文家乡财政所所长		公务员	男	1976.3	1996.7	1999.6	汉	新安	大专	会计师	
曹友权	文家乡财政所副所长		公务员	男	1967.12	1991.12	1967.12	汉	杉板	本科	会计师	
吴一萍	文家乡财政所		公务员	女	1969.1	1991.8	2004.7	汉	杉板	本科	会计师	
黄辉	陈二乡财政所所长		公务员	男	1970.2	1990.5	1997.7	汉	城关	本科		
杨平安	陈二乡财政所副所长		公务员	男	1969.4	1991.7		汉	文家	大专		
沈炎枝	陈二乡财政所		公务员	女	1975.1	1995.9	2002.10	汉	柏枝	本科		
颜慧敏	陈二乡财政所		公务员	女	1981.7	2000.8		汉	望城	大专	助师	
戴宁	柏枝乡财政所所长		公务员	男	1968.11	1992.1	1996.7	汉	停弦	本科	助会师	
周锋	柏枝乡财政所副所长		公务员	男	1977.1	1997.12	2001.7	汉	柏枝	本科		
周平	柏枝乡财政所		公务员	女	1979.6	1997.12	2001.7	汉	柏枝	本科		
何丽	柏枝乡财政所		公务员	女	1978.9	1998.6		汉	柏枝	本科		
江从友	烽火乡财政所所长		公务员	男	1964.8	1984.8	2005.5	汉	望城	本科	会计员	
胡朝辉	烽火乡财税所副所长		公务员	男	1976.7	1999.8	1999.6	汉	官亭	本科	会计员	
余功敏	烽火乡财政所		公务员	女	1975.9	1996.8	2002.12	汉	停弦	大专		

续表4-38

姓　名	单位及现任职务	行政级别	人员身份	性别	出生年月	参加工作时间	入党时间	民族	籍贯	学历	技术职务	备注
李章湘	望城乡财政所所长		公务员	男	1961.9	1981.8	1988.6	汉	佘市	大专	助会师	
董湘满	望城乡财政所副所长		公务员	女	1973.4	1995.9	2003.6	汉	城关	大专	助会师	
李仕贵	望城乡财政所		公务员	男	1963.3	1984.8	1993.12	汉	文家	大专		
杨英峰	望城乡财政所		公务员	女	1960.1	1985.4	2001.6	汉	杨板	大专		
顾惠英	望城乡财政所		公务员	女	1975.10	1996.8	2003.6	汉	佘市	大专	会计师	
徐　晖	望城乡财政所		公务员	女	1974.9	1996.10	2004.7	汉	城关	本科		
李　杨	望城乡财政所		公务员	女	1979.7	1999.7		汉	柏枝	本科	会计师	
邹宏忠	望城乡财政所		公务员	男	1975.1	1997.7	2000.6	汉	望城	本科		
刘　畅	望城乡财政所		公务员	女	1980.10	1999.8		汉	柏枝	本科		
郭　玲	望城乡财政所		公务员	女	1968.8	1987.12	2004.6	汉	新安	大专		
李丽丽	望城乡财政所		公务员	女	1977.7	1996.9	2002.7	汉	望城	本科	会计师	
何　丹	望城乡财政所		公务员	女	1972.3	1991.7		汉	城关	本科	会计师	
陈贤忠	杨板乡财政所所长		公务员	男	1963.4	1984.8	1994.7	汉	合口	本科	会计师	
胡志平	杨板乡财政所副所长		公务员	男	1973.5	1996.7	2001.7	汉	太浮	专科	会计师	
梁朝辉	杨板乡财政所		公务员	男	1964.1	1984.8	2000.7	汉	修梅	专科		
何承国	杨板乡财政所		公务员	男	1968.3	1990.7	1996.7	汉	九里	专科		
陈　鑫	杨板乡财政所		职工	男	1982.5	2001.12		汉	四新岗	专科		
丁　科	官亭乡财政所所长		公务员	男	1978.3	1996.10	2000.7	汉	合口	本科	会计师	
戴美玲	官亭乡财政所副所长		公务员	女	1976.5	1996.10	2005.7	汉	停弦	本科	会计师	
张　荐	官亭乡财政所		公务员	男	1972.5	1990.8	1996.7	汉	修梅	中专	会计员	
周　斌	官亭乡财政所		公务员	男	1973.6	1996.10	2000.7	汉	官亭	本科	会计员	
戴国平	九里乡财政所所长		公务员	男	1968.8	1991.7	2000.7	汉	柏枝	本科		

续表4-38

姓　名	单位及现任职务	行政级别	人员身份	性别	出生年月	参加工作时间	入党时间	民族	籍贯	学历	技术职务	备注
邹玉民	九里乡财政所副所长		公务员	女	1963.3	1984.8		汉	四新岗	中专		
江永贵	九里乡财政所		公务员	男	1964.3	1989.9		汉	望城	大专		
张远锋	太平区财政所所长		职工	男	1967.4	1984.8	1996.7	汉	太平	本科	高会师	
高琼英	太平区财政所副所长		职工	女	1973.6	1992.5	2001.7	汉	太平	本科		
戴　霞	太平区财政所		公务员	女	1977.12	1997.7		汉	城关	本科		
喻自秀	太平区财政所		职工	女	1964.3	1980.11	2004.7	汉	城关	本科		
吴　娟	太平区财政所		职工	女	1980.1	2004.7		汉	太平	本科		

第三节 乡镇(区)财政所简介

1984年8月,临澧县始建20个乡(镇)财政所,定编63名,其中:从各乡(镇)政府抽调20名行政干部担任财政所所长;从企事业单位调入干部、职工6人;面向社会公开招聘干部37名。1985年,撤销新合乡财政所并入合口镇财政所、撤销洞坪乡财政所并入新安镇财政所;1986年,撤销新安乡财政所并入新安镇财政所(当年财政所17个),1992年,增设太平开发区财政所,当年财政所为18个。1989年,通过组织考录程序从"五大"(毕业生中考录9名干部)。

2002年,在全县各乡(镇)事业单位干部中考录33名农税干部充实财政队伍。当年,全县乡镇(区)财税所核定编制138名,实有人数117名(其中干部92人、职工25人),党员69人,获得大专以上文凭78人,取得会计师资格证12人。当年8月,财政所统一更名为乡镇(区)财税所(2008年又更名为财政所)。

2009年年末,乡镇(区)财政所核定编制117人,实有人数95人(其中干部79人、职工16人),党员77人,获得大专以上文凭81人,取得会计师资格证16人,高级会计师1人。

1985年至2009年,临澧县乡镇(区)财政收入100681.78万元,其中:上级补助收入47544.33万元,预算外收入24324.48万元,自筹收入23608.56万元,其他收入5204.41万元。财政支出100335.99万元,其中:行政经费支出54228.78万元,事业单位支出25224.95万元,抚恤社救支出9172.63万元,其他支出11699.63万元。

1985年至2009年,临澧县乡镇(区)几项税收106097.60万元,其中:工商各税74169.35万元,农业税22207.39万元(其中正税19478.20万元,附加2726.95万元),特产税5362.60万元,耕地占用税2030.20万元,契税2328.02万元。

1985~2009年临澧县乡镇财政收支总表

表4-39 单位:万元

单位	收入					支出				
	合计	上级补助(拨入)收入	预算外收入	自筹收入	其他收入	合计	行政经费支出	事业单位支出	抚恤社救支出	其他支出
合计	100681.78	47544.33	24324.48	23608.56	5204.41	100335.99	54228.78	25224.95	9172.63	11699.63
安福镇	7014.00	2521.00	206.00	4085.00	202.00	6926.00	3608.00	2568.00	416.00	324.00
合口镇	9675.08	3317.03	2678.67	3666.38	13.00	9258.22	4358.76	2253.46	561.02	2084.98
新安镇	9779.98	3054.27	3837.06	2647.00	241.65	9634.18	5312.97	3292.21	689.00	340.00
佘市桥镇	4511.00	2878.00	1019.00	463.00	151.00	4492.00	2899.00	639.00	426.00	528.00
太浮镇	5077.00	1905.00	1365.00	835.00	972.00	4953.50	2647.00	926.00	539.30	841.20
四新岗镇	5188.00	3149.00	1025.00	388.50	625.50	5161.50	3277.00	805.50	477.00	602.00
停弦渡镇	5201.86	2613.80	1953.10	580.60	54.36	5353.20	3041.10	1297.30	276.30	738.50
修梅镇	6763.40	2643.91	1717.97	1901.68	499.84	6391.79	2989.88	2253.21	506.96	641.74
杉板乡	4395.33	2666.97	1190.10	430.70	107.56	4577.03	2681.53	1017.50	743.70	134.30
文家乡	5048.92	2453.27	1438.80	291.80	865.05	5387.88	2971.48	1408.50	860.20	147.70
陈二乡	5771.00	2741.00	1444.40	1543.30	42.30	5295.00	2256.00	1570.00	546.00	923.00
柏枝乡	7197.48	2734.99	2153.53	1824.05	484.91	7144.79	3131.45	1811.28	762.17	1439.89
烽火乡	4510.00	2660.00	1228.00	352.00	270.00	4884.00	2673.00	1380.00	334.00	497.00
望城乡	4236.56	2534.03	1052.56	624.58	25.39	4704.42	2591.69	1453.13	419.23	240.37
杨板乡	3928.91	2586.71	1084.90	108.50	148.80	3894.60	2405.30	463.40	454.90	571.00
官亭乡	5241.93	2627.81	241.66	2085.51	286.95	5162.58	2651.62	1188.78	570.43	751.75
九里乡	5080.33	2396.54	688.73	1780.96	214.10	5054.30	2672.00	897.68	590.42	894.20
太平开发区	2061.00	2061.00				2061.00	2061.00			

1985~2009年临澧县乡镇几项税收汇总表

表4-40 单位:万元

年份	合计	工商各税	农业税					特产税(含烟叶税)	耕地占用税	契税
			应征税额	灾情减免	实征税额					
					合计	正税	附加			
合 计	106097.60	74169.35	24502.63	2323.96	22207.39	19478.20	2726.95	5362.60	2030.20	2328.02
安福镇	18593.54	14992.00	415.86	64.52	351.34	308.19	43.15	92.10	1087.62	2070.48
合口镇	12882.09	9824.00	2891.75	198.91	2692.84	2362.14	330.70	171.76	107.58	85.91
新安镇	15146.94	12382.40	2581.36	194.79	2386.61	2093.52	293.09	145.48	150.01	82.44
佘市桥镇	4695.99	2464.00	1636.08	119.26	1500.85	1314.57	184.04	681.54	45.12	4.48
太浮镇	2152.19	514.00	1058.56	101.32	957.24	839.67	117.55	630.86	43.39	6.70
四新岗镇	2756.78	1029.10	1240.28	139.79	1101.49	966.35	135.29	564.30	54.07	7.82
停弦渡镇	5875.94	4385.30	1445.41	144.93	1300.48	1140.76	159.71	141.61	43.24	5.31
修梅镇	2133.70	559.00	1480.88	134.89	1345.95	1180.67	165.29	160.00	61.34	7.41
杉板乡	4029.87	3102.70	846.02	102.67	743.35	652.06	91.29	136.42	39.50	7.90
文家乡	4026.91	2166.10	1170.48	101.32	1069.31	937.99	131.32	749.81	36.82	4.87
陈二乡	3294.94	1686.00	1191.02	125.36	1064.67	933.79	130.73	500.64	40.13	3.50
柏枝乡	2946.96	744.85	1720.02	150.09	1569.94	1377.12	192.80	581.51	44.46	6.20
烽火乡	1727.29	269.00	1396.86	138.03	1258.83	1104.25	154.61	150.78	44.18	4.50
望城乡	2620.87	1064.26	1448.34	127.44	1320.84	1158.63	162.21	173.45	54.13	8.19
杨板乡	1688.33	127.50	1498.34	138.28	1360.06	1193.04	167.02	159.11	37.40	4.26
官亭乡	2925.27	2004.94	885.57	142.50	743.07	651.82	91.25	135.28	37.68	4.30
九里乡	7457.51	6086.80	1319.85	134.81	1184.08	1038.67	145.41	139.48	42.60	4.55
太平开发区	11142.44	10767.40	275.95	65.05	256.44	224.96	31.49	48.47	60.93	9.20

临澧县各个乡镇之间处在不同的地域、不同的环境,及历史因素造成经济发展不平稳的状态,各项收入存在差别,特别是预算外和自筹收入及税收分成等方面存在差别,现将各个乡镇(区)财政情况简述如下:

安福镇财政所

安福镇(2004年4月前称城关镇),东与杨板乡相连,西与佘市桥镇接壤,南与望城乡毗邻,北与修梅镇抵界。明朝时期为永定卫征屯行署所在地，自清雍正七年（1729年），设县以来一直是县址所在地，是全县政治、经济、文化中心。该镇地势平坦。道水河自西向东穿境流淌，东有临岗公路绕城，西有石长铁路，及省道（临石线）擦肩而过，“207”国道纵贯其间，水陆交通便捷。

1985年，城关镇城区面积为2.3平方公里，辖5个居委会，常住人口近3万人。2009年，辖18个村（居委会），18村（居）民小组。全镇土地面积44.21平方公里。年末总户数32058户，总人口71514人，其中农业人口20430人，非农业人口51084人。耕地面积13800亩，其中水田面积12700亩，旱地面积1100亩；山林面积7168亩，水面面积4162亩。全镇粮食总产量797.1万公斤，棉花产量10.5万公斤，油料产量94.5万公斤。实现工业总产值94187万元，农业总产值16546万元，财政收入1248万元，各项税收2009.20万元（其中：工商各税841万元、耕地占用税547.15万元、契税621.05万元）。农民人均纯收入4549元，比1986年501元增长8.08倍。

1985年至2009年，安福镇财政收入7014万元，其中：上级补助收入2521万元，预算外收入206万元，自筹收入4085万元，其他收入202万元。财政支出6926万元，其中：行政经费支出3608万元，事业单位支出2568万元，抚恤支出416万元，其他支出324万元。

1985年至2009年，安福镇几项税收18593.54万元，其中：工商各税14992万元，农业税351.34万元（应征税额415.86万元，灾情减免64.52万元，实征正税351.34万元，附加43.15万元），特产税92.10万元，耕地占用税1087.62万元，契税2070.48万元（其中县收契税一并统入城关镇）。

安福镇财税所（原名城关镇财政所）原址在人民街，1992年迁至安福路（镇政府大院内）现有办公室5间，房屋建筑面积125平方米，在职人员10人。1995年安福镇财政所被常德市财政局评为“市级文明财政所”；1996年被省财政厅评为“全省财政系统先进财政所”；2010年7月被省财政厅、商务厅评为“2009年度全省家电下乡先进财政所”。

1985~2009年安福镇财政收支统计表

表4-41 单位：万元

年份	收入					支出				
	合计	上级补助（拨入）收入	预算外收入	自筹收入	其他收入	合计	行政经费支出	事业单位支出	抚恤社救支出	其他支出
合计	7014.00	2521.00	206.00	4085.00	202.00	6926.00	3608.00	2568.00	416.00	324.00
1985	59.00	27.00	2.00	26.00	4.00	69.00	24.00	25.00	15.00	5.00
1986	67.00	23.00	2.00	35.00	7.00	76.00	27.00	30.00	16.00	3.00
1987	82.00	39.00	3.00	34.00	6.00	90.00	48.00	21.00	15.00	6.00
1988	107.00	60.00	2.00	37.00	8.00	115.00	60.00	26.00	17.00	12.00
1989	104.00	65.00	2.00	35.00	2.00	115.00	66.00	24.00	17.00	8.00
1990	74.00	50.00	3.00	19.00	2.00	84.00	30.00	32.00	16.00	6.00
1991	115.00	78.00	5.00	25.00	7.00	125.00	74.00	30.00	18.00	3.00
1992	124.00	75.00	3.00	43.00	3.00	135.00	91.00	26.00	15.00	3.00

续表4-41

年份	收入					支出				
	合计	上级补助(拨入)收入	预算外收入	自筹收入	其他收入	合计	行政经费支出	事业单位支出	抚恤社救支出	其他支出
1993	137.00	92.00	2.00	41.00	2.00	142.00	86.00	35.00	16.00	5.00
1994	180.00	91.00	3.00	81.00	5.00	187.00	138.00	28.00	15.00	6.00
1995	225.00	124.00	2.00	85.00	14.00	235.00	180.00	34.00	17.00	4.00
1996	140.00	21.00	4.00	78.00	37.00	150.00	100.00	31.00	16.00	3.00
1997	158.00	28.00	86.00	32.00	12.00	158.00	108.00	30.00	15.00	5.00
1998	164.00	35.00	4.00	110.00	15.00	164.00	108.00	38.00	16.00	2.00
1999	189.00	32.00	3.00	148.00	6.00	188.00	98.00	73.00	15.00	2.00
2000	186.00	45.00	15.00	121.00	5.00	197.00	63.00	104.00	20.00	10.00
2001	196.00	62.00	34.00	97.00	3.00	187.00	92.00	58.00	18.00	19.00
2002	255.00	68.00	3.00	180.00	4.00	242.00	164.00	45.00	16.00	17.00
2003	284.00	123.00	2.00	156.00	3.00	280.00	198.00	52.00	17.00	13.00
2004	390.00	139.00	5.00	237.00	9.00	398.00	133.00	232.00	18.00	15.00
2005	373.00	93.00	6.00	269.00	5.00	362.00	252.00	78.00	17.00	15.00
2006	601.00	187.00	3.00	399.00	12.00	581.00	222.00	326.00	19.00	14.00
2007	745.00	291.00	2.00	442.00	10.00	732.00	309.00	380.00	18.00	25.00
2008	811.00	323.00	4.00	466.00	18.00	802.00	347.00	400.00	17.00	38.00
2009	1248.00	350.00	6.00	889.00	3.00	1102.00	590.00	410.00	17.00	85.00

1985~2009年安福镇几项税收统计表

表4-42 单位:万元

年份	工商各税	农业税					特产税(含烟叶税)	耕地占用税	契税
		应征税额	灾情减免	实征税额					
				合计	正税	附加			
合计	14992.00	415.86	64.52	351.34	308.19	43.15	92.10	1087.62	2070.48
1985	112.00	3.36	0.45	2.91	2.55	0.36			
1986	108.00	3.55	0.40	3.15	2.76	0.39	0.50		
1987	110.00	4.11	0.50	3.61	3.17	0.44		2.73	0.04
1988	120.00	4.38	0.80	3.58	3.14	0.44	0.80	4.90	0.10
1989	105.00	5.69	0.50	5.19	4.55	0.64	0.50	1.70	1.60

续表4-42

年份	工商各税	农业税					特产税(含烟叶税)	耕地占用税	契税
		应征税额	灾情减免	实征税额					
				合计	正税	附加			
1990	1082.00	11.72	1.20	10.52	9.23	1.29	1.00	2.70	1.88
1991	828.00	14.75	4.30	10.45	9.17	1.28	1.60	4.40	3.00
1992	810.00	16.55	3.92	12.63	11.08	1.55	1.50	4.50	3.40
1993	1068.00	16.41	4.93	11.48	10.07	1.41	1.50	8.00	7.80
1994	1400.00	22.53	4.31	18.22	15.98	2.24	1.50	5.00	8.20
1995	1800.00	25.10	4.98	20.12	17.65	2.47	4.00	2.50	17.20
1996	390.00	28.87	6.35	22.52	19.75	2.77	4.00	8.50	22.50
1997	465.00	27.94	4.00	23.94	21.00	2.94	5.00	1.50	20.00
1998	493.00	29.94	6.00	23.94	21.00	2.94	11.00	18.00	25.00
1999	314.00	24.80	2.00	22.80	20.00	2.80	10.00	4.00	13.20
2000	314.00	28.22	2.00	26.22	23.00	3.22	6.00	2.00	10.00
2001	456.00	12.12	3.00	9.12	8.00	1.12	10.00	10.00	20.00
2002	453.00	52.80	9.78	43.02	37.74	5.28	21.20	10.00	18.00
2003	460.00	52.80	4.00	48.80	42.81	5.99	12.00	4.18	24.25
2004	554.00	30.22	1.10	29.12	25.54	3.58		67.31	72.64
2005	387.00							10.27	138.80
2006	685.00							12.67	164.73
2007	796.00							126.82	401.78
2008	841.00							228.79	475.31
2009	841.00							547.15	621.05

注:1.2001年农业税减少原因:一是从1958至2001年全县各乡镇基建占地面积(69200亩),在2001年一次性减征。二是税率由原来13.87%减少至7.73%。2.2002年农业税增加的原因是稻谷价格提价。3.2004年停征特产税;有烟叶的乡镇保留流通环节特产税(烟叶特产税)。4.2005年始停征农业税(以下各乡镇表格同此注解)

合口镇财政所

合口镇位于澧阳平原,东与澧县相邻,西与新安镇接壤,南与停弦渡镇、杉板乡隔水相望,北抵九里乡、官亭乡。早在春秋战国时期就形成集市(清代称合口市);民国时期称镇为五区所在地;新中国成立后，于1951年为县属镇；1986年，原新合乡并入合口镇至今，该镇是临澧县经济重镇.湖南省工业百强镇，国务院小城镇建设试点、示范镇。2008年，为常德市新农村建设示范镇。

2009年，镇辖21个行政村、6个社区居委会，303个村(居)民小组。土地总面积为49.14平方公里，其中镇城区为1.7平方公里。年末总户数17915户，总人口48915人，其中农业人口38005人，非农业人口10910人。耕地面积41814亩，其中水田面积31450亩，旱地面积10364亩；水面面积5200亩。该镇主要经济作物有棉花、油菜；主要粮食作物有水稻；全镇粮食产量2179.3万公斤、棉花产量190.8万公斤、油料产量478万公斤；出栏生猪6.65万头；家禽出笼85万羽。该镇工业产值140287万元，农业产值26810万元。工商税收551万元，比1985年增长4.15倍。农民人均纯收入4315元，比1986年的493元增加3822元，同比增长7.75倍。

1985年至2009年，合口镇财政收入9675.08万元，其中：上级补助收入3317.03万元，预算外收入2678.67万元，自筹收入3666.38万元，其他收入13万元。财政支出9258.22万元，其中：行政经费支出4358.76万元，事业单位支出2253.46万元，抚恤社救支出561万元，其他支出2084.98万元。

1985年至2009年，合口镇几项税收12882.09万元，其中：工商各税9824万元，农业税2692.84万元(应征税额2891.75，灾情减免198.91万元，实征正税2362.14万元，附加330.70万元)，特产税171.76万元，耕地占用税171.76万元，契税85.91万元。

1984年以来，合口镇财政所积极配合镇党委、政府大力培植财源，增加税收，确保镇政府正常运转。1992年，合口镇财政所被财政部综合司评为“全国财源管理先进单位一百强”；1993年，被常德市财政局评为“市级文明财政所”；1994年，被省财政厅评为“全省财源建设先进乡镇”；2000年被常德市财政局评为“会计基础工作规范化单位”；2006年，被湖南省财政厅评为“湖南省先进财政所”；2009年，被常德市财政局、商务局评为“常德市家电补贴先进单位”。1993年至2009年，连续17年被县财政局评为“财政系统先进单位”。

1985~2009年合口镇财政收支统计表

表4-43 单位：万元

年份	收入					支出				
	合计	上级补助(拨入)收入	预算外收入	自筹收入	其他收入	合计	行政经费支出	事业单位支出	抚恤社救支出	其他支出
合计	9675.08	3317.03	2678.67	3666.38	13.00	9258.22	4358.76	2253.46	561.02	2084.98
1985	4.97	3.47	0.50	1.00		140.23	121.16	2.82	16.25	
1986	20.74	4.14	0.60	16.00		157.45	127.63	10.72	19.10	
1987	64.85	48.85	3.00	7.00	6.00	193.47	136.16	36.94	20.37	
1988	89.09	58.09	5.00	19.00	7.00	196.58	130.83	43.65	22.10	
1989	86.70	62.77	9.93	14.00		199.24	132.85	44.41	21.98	
1990	90.13	71.50	8.70	9.93		207.50	134.42	46.69	26.39	
1991	83.01	71.87	8.14	3.00		207.88	141.90	44.68	21.30	

续表4-43

年份	收入					支出				
	合计	上级补助(拨入)收入	预算外收入	自筹收入	其他收入	合计	行政经费支出	事业单位支出	抚恤社救支出	其他支出
1992	154.39	79.56	12.55	62.28		299.81	180.26	97.60	21.95	
1993	248.28	125.63	15.65	107.00		333.59	180.25	74.27	22.13	56.94
1994	384.22	83.21	18.63	282.38		304.47	181.90	24.44	22.64	75.49
1995	228.85	127.15	22.90	78.80		410.13	201.08	113.91	23.24	71.90
1996	239.74	115.37	38.80	85.57		297.53	171.40	61.45	24.11	40.57
1997	468.29	64.82	267.81	135.66		363.40	157.54	23.98	21.10	160.78
1998	365.90	86.05	107.66	172.19		277.25	164.07	38.49	26.45	48.24
1999	514.76	86.32	296.25	132.19		344.46	165.29	21.01	25.50	132.66
2000	509.37	123.38	261.22	124.77		366.29	198.38	47.32	24.22	96.37
2001	384.87	201.73	83.14	100.00		619.50	162.00	332.40	24.50	100.60
2002	489.60	129.40	132.20	228.00		329.72	168.67	15.44	26.69	118.92
2003	570.36	155.40	148.00	266.96		237.23	168.48	9.51	24.80	34.44
2004	699.90	185.20	220.00	294.70		365.36	168.48	9.51	23.20	164.17
2005	743.91	177.62	187.00	379.29		457.80	170.10	11.00	20.60	256.10
2006	692.48	283.00	171.00	238.48		651.53	227.13	125.00	20.60	278.80
2007	639.90	322.00	144.23	173.67		606.68	288.86	196.02	20.60	101.20
2008	828.27	340.00	283.76	204.51		769.74	277.45	297.59	20.60	174.10
2009	1072.50	310.50	232.00	530.00		921.38	202.47	524.61	20.60	173.70

1985~2009年合口镇几项税收统计表

表4-44 单位：万元

年份	工商各税	农业税					特产税(含烟叶税)	耕地占用税	契税
		应征税额	灾情减免	实征税额					
				合计	正税	附加			
合计	9824.00	2891.75	198.91	2692.84	2362.14	330.70	171.76	107.58	85.91
1985	107.00	36.46	0.15	36.31	31.85	4.46			
1986	97.00	59.09	0.20	58.89	51.65	7.24	0.35		
1987	118.00	66.41	2.25	64.16	56.28	7.88	0.39	1.13	
1988	150.00	50.47	7.00	43.47	38.13	5.34	1.35	1.50	0.05

续表4-44

年份	工商各税	农业税					特产税(含烟叶税)	耕地占用税	契税
		应征税额	灾情减免	实征税额					
				合计	正税	附加			
1989	149.00	24.76	1.50	23.26	20.40	2.86	1.20	1.50	1.00
1990	128.00	82.96	1.50	81.46	71.46	10.00	2.80	2.30	0.04
1991	385.00	87.50	11.18	76.32	66.95	9.37	1.50	2.50	2.00
1992	404.00	99.49	6.90	92.59	81.22	11.37	3.00	4.00	1.80
1993	970.00	98.84	11.55	87.29	76.57	10.72	3.00	5.00	1.00
1994	1129.00	166.09	14.38	151.71	133.08	18.63	5.00	5.00	2.00
1995	718.00	192.94	6.40	186.54	163.63	22.91	11.30	2.50	2.00
1996	555.00	249.34	10.83	238.51	209.22	29.29	10.00	4.00	4.00
1997	727.00	196.68	12.00	184.68	162.00	22.68	6.00	2.50	6.00
1998	254.00	205.68	21.00	184.68	162.00	22.68	14.87	5.50	5.00
1999	244.00	219.90	9.00	210.90	185.00	25.90	10.00	2.00	5.00
2000	259.00	210.92	8.00	202.92	178.00	24.92	18.00	1.80	8.00
2001	286.00	170.02	7.00	163.02	143.00	20.02	21.00	3.00	4.00
2002	299.00	262.10	40.87	221.23	194.06	27.17	32.00	9.00	5.00
2003	296.00	262.10	16.00	246.10	215.88	30.22	30.00	0.23	1.10
2004	260.00	150.00	11.20	138.80	121.76	17.04		15.48	5.78
2005	258.00							1.25	2.00
2006	396.00							2.00	2.00
2007	472.00							11.29	3.00
2008	612.00							1.00	13.18
2009	551.00							23.10	11.96

新安镇财政所

新安镇地处澧水中下游,澧阳平原西部,东与合口镇、西与石门县新铺乡、南与杉板乡望夫村、北与官亭乡相邻,距县城26.5公里。省道“S304”横跨东西。该镇古为兵家必争之地。明代天启年始设新安市,清乾隆三十八年(1773年)为县属市,民国初年为新安乡,解放初设新安区(六区),辖7个小乡。1951年,为临澧县直属镇。1985、1986年经省政府批准分别撤销洞坪乡、新安乡并入新安镇。

2009年,全镇土地总面积58.91平方公里。镇辖22个行政村、5个居委会,333个村(居)民小组,年末总户数18651户，总人口4.86万人，其中农业人口3.8万人，非农业人口1.06万人。耕地面积30452亩，其中水田面积23325亩，旱地面积7127亩；山林面积20300亩；水面面积3900亩。经济作物主要生产棉花、油菜；粮食作物主要生产水稻。年生产粮食1532.95万公斤、棉花80.5万公斤、油料384.2万公斤；畜牧业发展较快，年出栏生猪55170头，家禽出笼120万羽。新安镇地下矿藏有煤炭、铁矿石、石灰石矿储量丰富；石膏矿藏量较大，品上乘，该镇被誉为"建材原料镇"，镇办工业以建筑材料、冶炼铸造、轻纺化工、造纸、烟花鞭炮为主形成5大支柱产业。是年全镇工业产值93940万元，农业产值22750万元；财政收入920万元；农民人均纯收入3801元，比1986年496元增加3305元，同比增长6.66倍。

1985年至2009年，新安镇财政收入9779.98万元，其中：上级补助收入3054.27万元，预算外收入3837.06万元，自筹收入2647.00万元，其他收入241.65万元。财政支出9634.18万元，其中行政经费支出5312.97万元，事业单位支出3992.21万元，抚恤社救支出689万元，其他支出340万元。

1985年至2009年，新安镇几项税收15146.94万元，其中：工商各税12382.40万元，农业税2386.61万元（应征税额2581.36万元，灾情减免194.79万元，实征正税2093.52万元，附加293.09万元），特产税145.48万元，耕地占用税150.01万元，契税82.44万元。

1984年8月，成立新安镇财政所，1991年，财政所在镇政府新建了二层四合院办公楼，占地面积为700平方米，其中房屋建筑面积为500平方米。工商各税、"农业四税"年年完成任务。具体做法：一是改革体制，强化财政职能；二是扶植企业，培植壮大财源；三是规范管理，狠抓内务建设。该镇财政所积极配合镇党委、政府严格执行财务规章制度，压缩非生产性支出，确保政府机构正常运转。1990年，被常德市财政局评为"文明财政所"。1993年，被省财政厅授予"省级文明财政所"称号。1990年至1993年连续4年被常德市财政局评为"文明财政所"；1995年10月，新安镇财政所被财政部评为"全国文明财政所"；1990年至1995年，连续6年被县财政局评为"目标管理先进财政所"。1996年，被省财政厅评为"全省财政系统先进财政所"；2007年，被省财政厅评为"全省农民补贴网发放先进单位"。

1985~2009年新安镇财政收支统计表

表4-45　　　　单位：万元

年份	收入					支出				
	合计	上级补助(拨入)收入	预算外收入	自筹收入	其他收入	合计	行政经费支出	事业单位支出	抚恤社救支出	其他支出
合计	9779.98	3054.27	3837.06	2647.00	241.65	9634.18	5312.97	3292.21	689.00	340.00
1985	182.00	38.00	3.00	132.00	9.00	111.00	38.00	62.00	2.00	9.00
1986	196.00	53.00	3.00	136.00	4.00	115.00	43.00	66.00	2.00	4.00
1987	211.00	66.00	3.00	138.00	4.00	129.00	55.00	68.00	2.00	4.00
1988	208.00	52.00	3.00	135.00	18.00	137.00	62.00	65.00	2.00	8.00
1989	231.00	66.00	3.00	141.00	21.00	160.00	76.00	71.00	2.00	11.00

续表4-45

年份	收入					支出				
	合计	上级补助(拨入)收入	预算外收入	自筹收入	其他收入	合计	行政经费支出	事业单位支出	抚恤社救支出	其他支出
1990	249.00	73.00	4.00	147.00	25.00	178.00	83.00	77.00	3.00	15.00
1991	300.00	119.00	4.00	155.00	22.00	209.00	109.00	85.00	3.00	12.00
1992	291.00	108.00	4.00	168.00	11.00	240.00	128.00	98.00	3.00	11.00
1993	298.00	105.00	4.00	176.00	13.00	267.00	145.00	106.00	3.00	13.00
1994	309.00	109.00	4.00	186.00	10.00	248.00	119.00	116.00	3.00	10.00
1995	347.00	127.00	4.00	196.00	20.00	276.00	137.00	126.00	3.00	10.00
1996	366.00	137.00	5.00	206.00	18.00	314.00	167.00	136.00	3.00	8.00
1997	377.00	135.00	5.00	227.00	10.00	285.00	115.00	157.00	3.00	10.00
1998	431.00	168.00	5.00	246.00	12.00	330.00	148.00	166.00	4.00	12.00
1999	481.00	182.00	6.00	258.00	35.00	349.00	162.00	168.00	4.00	15.00
2000	392.80	190.00	193.15		9.65	359.00	280.00	53.00	4.00	22.00
2001	354.70	166.00	188.70			425.10	191.10	213.00	4.00	17.00
2002	234.00	125.00	109.00			474.07	325.07	49.00	79.00	21.00
2003	339.31	131.00	208.31			672.84	431.53	138.31	80.00	23.00
2004	423.17	128.27	294.90			653.17	428.27	114.90	80.00	30.00
2005	380.00	113.00	267.00			605.00	343.00	157.00	80.00	25.00
2006	649.00	157.00	492.00			639.00	321.00	226.00	80.00	12.00
2007	787.00	118.00	669.00			784.00	418.00	269.00	80.00	17.00
2008	823.00	167.00	656.00			828.00	467.00	266.00	80.00	15.00
2009	920.00	221.00	699.00			846.00	521.00	239.00	80.00	6.00

1985~2009年新安镇几项税收统计表

表4-46 单位:万元

年份	工商各税	农业税					特产税(含烟叶税)	耕地占用税	契税
		应征税额	灾情减免	实征税额					
				合计	正税	附加			
合计	12382.40	2581.36	194.79	2386.61	2093.52	293.09	145.48	150.01	82.44
1985	93.00	41.19	2.02	39.17	34.36	4.81			
1986	136.00	36.48	2.00	34.48	30.24	4.24	0.28		

续表4-46

年份	工商各税	农业税					特产税(含烟叶税)	耕地占用税	契税
		应征税额	灾情减免	实征税额					
				合计	正税	附加			
1987	160.00	69.15	2.30	66.85	58.65	8.20	0.14	1.22	
1988	188.00	54.64	7.80	46.84	41.09	5.75	1.28	1.50	0.05
1989	222.00	68.25	2.10	66.15	58.03	8.12	1.50	1.50	1.00
1990	241.00	70.20	1.85	68.35	59.96	8.39	2.90	1.10	0.09
1991	393.00	76.41	12.33	64.08	56.21	7.87	1.50	2.20	2.00
1992	336.00	86.96	7.40	79.53	69.76	9.77	3.50	4.00	1.50
1993	387.00	86.47	10.99	75.48	66.21	9.27	3.00	5.00	0.50
1994	801.00	149.36	7.09	142.27	124.80	17.47	5.00	5.00	2.00
1995	883.00	169.18	8.46	160.72	140.98	19.74	2.50	3.31	1.80
1996	965.00	216.80	12.73	204.07	179.01	25.06	10.00	5.00	3.00
1997	1053.00	188.84	11.00	177.84	156.00	21.84	8.00	4.00	5.00
1998	1087.00	196.84	19.00	177.84	156.00	21.84	12.08	5.50	5.00
1999	1008.00	179.58	12.00	167.58	147.00	20.58	10.00	2.00	4.50
2000	356.60	178.14	6.00	172.14	151.00	21.14	15.00	1.50	7.00
2001	328.00	138.24	6.00	132.24	116.00	16.24	19.00	3.00	3.00
2002	349.70	223.39	35.94	187.45	164.43	23.02	30.80	8.00	5.00
2003	411.30	223.39	17.56	205.90	180.61	25.29	19.00	2.18	3.00
2004	585.80	127.85	10.22	117.63	103.18	14.45		13.00	3.00
2005	490.00							14.00	5.00
2006	451.00							12.00	5.00
2007	418.00							16.00	6.00
2008	429.00							12.00	14.00
2009	610.00							27.00	5.00

佘市桥镇财政所

佘市桥镇位于县境西部，东与城关镇接壤，西与石门县白洋湖镇、三板乡交界，南靠陈二乡、文家乡，北抵修梅镇、杉板乡。该镇地貌以平原为主，间有少量丘陵。

佘市历史悠久,元朝时期名为龙潭镇,明清时较繁荣,清光绪三十四年(1908年)有街道1公里,铺户200多家。原佘市桥称道源桥,建于南宋宝庆元年(1225年),是石墩木梁桥。后经历朝历代毁损,通过修复、改造为连拱钢筋水泥路面,石桥2堤8墩9孔,高9米,长83.3米,宽10米(2000年被列为市级文物保护单位)。

1949年,临澧解放后,佘市桥乡划为一区,是区政府所在地,辖8个小乡。1958年与文家合并为红星人民公社;1959年2月将红星人民公社改为佘市人民公社;1961年3月18日,文家从佘市人民公社分出设立文家人民公社。1961年3月,按上级部署对人民公社体制进行一次调整(全县公社由12个调整为16个)。1984年2月,临澧县将原佘市桥人民公社更名为佘市乡,同年6月,省政府批准为县属镇。现代著名女作家丁玲出生于该镇北黑胡子冲。

2009年,全镇土地总面积为74.37平方公里。耕地面积38569亩。其中:水田面积33400亩,旱地面积5169亩;山林面积40585亩;水面9182亩;镇辖20个行政村,1个居委会,229个村(居)民小组。年末总户数7519户,总人口22008人,其中农业人口20985人,非农业人口1023人。该镇粮食总产量2330.6万公斤,棉花80万公斤,油料420.9万公斤,烟叶29.6万公斤。全镇畜牧业发展较快,年出栏牲猪32301头、牛1370头、羊6000只、家禽95万羽。该镇工业产值12921万元,农业产值21113万元。财政收入501万元。农民人均纯收入4258元,比1986年的471元增加3787元,同比增长8.04倍。

1985年至2009年,佘市桥镇财政收入4511万元,其中:上级补助收入2878万元,预算外收入1019万元,自筹收入463万元,其他收入151万元。财政支出4492万元,其中:行政经费支出2899万元,事业单位支出639万元,抚恤社救支出426万元,其他支出528万元。

1985年至2009年,佘市桥镇几项税收4695.99万元,其中:工商各税2464.00万元,农业税1500.85万元(应征税额1636.08万元,灾情减免119.26万元,实征正税1314.57万元,附加184.04万元),特产税681.54万元(其中2004年至2009年烟叶特产税484.50万元),耕地占用税45.12万元,契税4.48万元。

佘市桥镇财政所每年按时完成各项税收任务,实行"收支两条线"管理,严格执行财务规章制度,做到专款专用,惠农资金及时打卡发放到位。佘市桥镇财政所1986至年1989年,连续4年被常德市财政局评为"双文明财政所";1991年至1997年连续7年被县财政局评为"先进财政所"。

1985~2009年佘市桥镇财政收支统计表

表4-47 单位:万元

年份	收入					支出				
	合计	上级补助(拨入)收入	预算外收入	自筹收入	其他收入	合计	行政经费支出	事业单位支出	抚恤社救支出	其他支出
合计	4511.00	2878.00	1019.00	463.00	151.00	4492.00	2899.00	639.00	426.00	528.00
1985	62.00	49.00	3.00	9.00	1.00	62.00	37.00	3.00	9.00	13.00
1986	85.00	60.00	11.00	13.00	1.00	67.00	39.00	4.00	13.00	11.00
1987	98.00	75.00	10.00	12.00	1.00	80.00	51.00	4.00	10.00	15.00
1988	125.00	97.00	16.00	10.00	2.00	107.00	58.00	9.00	17.00	23.00

续表4-47

年份	收入					支出				
	合计	上级补助(拨入)收入	预算外收入	自筹收入	其他收入	合计	行政经费支出	事业单位支出	抚恤社救支出	其他支出
1989	168.00	110.00	30.00	25.00	3.00	138.00	81.00	19.00	18.00	20.00
1990	174.00	119.00	31.00	23.00	1.00	144.00	81.00	24.00	13.00	26.00
1991	171.00	118.00	33.00	18.00	2.00	151.00	101.00	18.00	14.00	18.00
1992	177.00	123.00	30.00	20.00	4.00	157.00	102.00	17.00	16.00	22.00
1993	179.00	120.00	29.00	27.00	3.00	189.00	134.00	21.00	15.00	19.00
1994	172.00	112.00	35.00	17.00	8.00	232.00	170.00	23.00	11.00	28.00
1995	163.00	110.00	27.00	16.00	10.00	183.00	96.00	29.00	24.00	34.00
1996	161.00	120.00	20.00	18.00	3.00	181.00	112.00	20.00	10.00	39.00
1997	168.00	131.00	17.00	13.00	7.00	168.00	110.00	28.00	21.00	9.00
1998	166.00	138.00	12.00	15.00	1.00	166.00	120.00	17.00	18.00	11.00
1999	157.00	128.00	20.00	7.00	2.00	197.00	141.00	23.00	20.00	13.00
2000	164.00	126.00	20.00	12.00	6.00	194.00	121.00	31.00	25.00	17.00
2001	156.00	110.00	20.00	21.00	5.00	196.00	146.00	9.00	21.00	20.00
2002	164.00	119.00	23.00	15.00	7.00	184.00	124.00	32.00	12.00	16.00
2003	150.00	117.00	18.00	13.00	2.00	190.00	115.00	38.00	16.00	21.00
2004	178.00	130.00	28.00	16.00	4.00	218.00	147.00	41.00	13.00	17.00
2005	154.00	127.00	15.00	11.00	1.00	184.00	123.00	28.00	15.00	18.00
2006	206.00	131.00	32.00	25.00	18.00	246.00	170.00	41.00	12.00	23.00
2007	249.00	149.00	55.00	32.00	13.00	269.00	160.00	55.00	24.00	30.00
2008	363.00	122.00	181.00	41.00	19.00	250.50	150.00	37.50	27.00	36.00
2009	501.00	137.00	303.00	34.00	27.00	338.50	210.00	67.50	32.00	29.00

1985~2009年佘市桥镇几项税收统计表

表4-48　　单位:万元

年份	工商各税	农业税					特产税(含烟叶税)	耕地占用税	契税
		应征税额	灾情减免	实征税额					
				合计	正税	附加			
合计	2464.00	1636.08	119.26	1500.85	1314.57	184.04	681.54	45.12	4.48
1985	26.00	22.67	1.87	10.83	8.28	1.16			

续表4-48

年份	工商各税	农业税					特产税（含烟叶税）	耕地占用税	契税
		应征税额	灾情减免	实征税额					
				合计	正税	附加			
1986	28.00	26.86	1.90	24.96	21.89	3.06	0.46		
1987	28.00	30.27	2.50	27.77	24.36	3.41	0.42	0.26	
1988	39.00	21.07	2.00	19.07	16.73	2.34	0.96	1.50	
1989	39.00	38.10	1.20	36.90	32.37	4.53	1.50	0.50	
1990	55.00	35.69	2.20	33.49	29.38	4.11	1.50	1.90	0.03
1991	56.00	37.88	5.89	31.99	28.06	3.93	2.00	1.50	
1992	56.00	43.22	2.85	40.37	35.41	4.96	2.50	2.50	0.20
1993	57.00	43.06	3.96	39.10	34.30	4.80	2.50	4.00	0.30
1994	57.00	75.63	3.50	72.13	63.27	8.86	4.50	3.00	0.50
1995	78.00	85.52	4.76	80.76	70.84	9.92	3.40	2.50	
1996	79.00	108.28	7.75	100.53	88.18	12.35	8.00	0.50	0.20
1997	80.00	107.18	8.00	99.18	87.00	12.18	10.00	2.00	0.20
1998	92.00	98.92	10.00	88.92	78.00	10.92	11.50	5.00	
1999	106.00	99.76	4.00	95.76	84.00	11.76	10.00	0.20	0.20
2000	107.00	104.46	3.00	95.46	83.00	11.62	31.00	0.50	
2001	108.00	72.26	5.00	67.26	59.00	8.26	23.00	2.00	0.20
2002	109.00	227.52	29.28	198.24	173.89	24.35	35.80	7.00	
2003	162.90	227.52	14.50	213.02	186.86	26.16	48.00	0.74	0.38
2004	171.90	130.21	5.10	125.11	109.75	15.36	82.50	0.73	0.36
2005	176.90						118.00	0.74	0.37
2006	183.90						31.00	0.75	0.30
2007	185.90						38.00	0.80	0.40
2008	190.90						94.00	0.90	0.41
2009	191.60						121.00	5.60	0.43

太浮镇财政所

太浮镇位于临澧县西南的太浮山南麓，东与四新岗镇交界，南与桃源县马宗岭、鼎城区雷公庙镇接壤，西抵石门县盘石乡，北邻陈二、文家乡。该镇1950年为王化乡；1956年更名为衍嗣庵乡；1958

年改为东风人民公社；1959年更名为太浮人民公社；1961年改为衍嗣庵人民公社；1984年更名为衍嗣庵镇，管村型县属镇；1995年更名为太浮镇。地貌以微丘和丘岗山地为主，间有少量溪谷平原，太浮山是临澧县境内海拔最高峰（主峰为604.5米）。境内太浮山原名彰龙山，后因浮邱子在此修行得道，而闻名于世，故更名为太浮山，太浮镇因此而得名。相传明末清初农民起义军领袖李自成兵败退居太浮山时，突然天降黑砂，使其获救，故今有了太浮山黑砂溪这一地名。太浮山共有72峰，33脊，24景。古人曾以"水如碧玉山如黛，云满黄庭月满天"的佳句来描绘，清朝二部主事黄道让曾写了"登上浮山第一峰"诗一首："振衣绝顶访浮丘，如此峰峦背卧游。日出寺光千家晓，月低影斜万山秋。更无飞鸟能藏背，时者浮山让出头。远眺须于高处立，道源一线自天流。"来赞美太浮山。该镇拥有全县最为丰富的竹木资源及矽砂、磷矿石、石灰石、大理石、高岭土等矿产资源，其中矽砂矿储量为1305万吨，居中南六省之首。全镇土地总面积72.10平方公里，其中：街区面积0.5平方公里，耕地面积26755亩。其中：水田25900亩，旱地855亩；山林面积52048亩；水面面积7107亩。

2009年，镇辖19个行政村和衍嗣庵居委会，187个村（居）民小组。年末总户数5546户，总人口15662人，其中农业人口14937人，非农业人口725人。该镇以烤烟、香菇、林果和养殖业为主形成四大支柱产业。种植烤烟3550亩，产烟62.2万公斤，总产值1400万元；香菇60万袋，产菇60万公斤，获产值180万元。庭院林果已达8000多亩，户平近3亩；全镇工农业产值19949万元，其中：工业产值5835万元，农业产值14114万元。粮食产量1620万公斤，棉花产量50万公斤，油料产量254.9万公斤。年出栏生猪25000头，牛1370头，山羊12000多只，家禽60万羽。农民人均纯收入3278元，比1986年432元增加2846元，同比增长6.59倍。

1985年至2009年，太浮镇财政收入5077万元，其中：上级补助收入1905万元，预算外收入1365万元，自筹收入835万元，其他收入972万元。财政支出4953.50万元，其中行政经费支出2647万元，事业单位支出926万元，抚恤社救支出539.30万元，其他支出841.20万元。

1985年至2009年，太浮镇几项税收2152.19万元，其中：工商各税514万元，农业税957.24万元（应征税额1058.56万元，灾情减免101.32万元，实征正税839.67万元，附加117.55万元），特产税630.86万元（其中2004年至2009年烟叶特产税448.20万元），耕地占用税43.39万元，契税6.70万元。

太浮镇是个农村小镇，工商税收很少，财政收入过去主要源于"农业四税"分成，2005年取消农业税后，主要依靠上级转移支付维持财政运转，近几年镇财政收入主要靠烟叶特产税弥补。太浮镇财政所于1984年8月成立，现有办公用房120平方米，住房人均一间，办公设备齐全。1984年以来，该所积极配合镇党委、党政府培植壮大财源，增加税收，努力完成各项税收任务，确保政府正常运转。该所分别于1995、1997年被县财政局评为"目标管理先进单位"。

1985~2009年太浮镇财政收支统计表

表4-49 单位：万元

年份	收入					支出				
	合计	上级补助（拨入）收入	预算外收入	自筹收入	其他收入	合计	行政经费支出	事业单位支出	抚恤社救支出	其他支出
合计	5077.00	1905.00	1365.00	835.00	972.00	4953.50	2647.00	926.00	539.30	841.20

续表4-49

年份	收入					支出				
	合计	上级补助(拨入)收入	预算外收入	自筹收入	其他收入	合计	行政经费支出	事业单位支出	抚恤社救支出	其他支出
1985	65.00	30.00	20.00	10.00	5.00	93.00	61.00	12.00	10.00	10.00
1986	65.00	30.00	20.00	11.00	4.00	93.50	61.00	12.00	11.50	9.00
1987	65.00	30.00	20.00	10.00	5.00	89.70	61.00	12.00	8.00	8.70
1988	75.00	33.00	25.00	11.00	6.00	88.00	61.00	12.00	10.00	5.00
1989	81.00	40.00	30.00	2.00	9.00	119.50	81.00	26.00	6.00	6.50
1990	90.00	40.00	31.00	11.00	8.00	113.50	80.00	20.00	4.00	9.50
1991	95.00	45.00	30.00	10.00	10.00	117.00	81.00	20.00	5.00	11.00
1992	110.00	45.00	35.00	20.00	10.00	124.00	83.00	21.00	7.00	13.00
1993	121.00	50.00	36.00	20.00	15.00	138.00	83.00	22.00	8.00	25.00
1994	141.50	75.00	30.00	21.00	15.50	134.00	80.00	23.00	10.50	20.50
1995	144.00	76.00	30.00	22.00	16.00	131.00	80.00	23.00	12.00	16.00
1996	133.00	82.00	11.00	20.00	20.00	145.00	80.00	23.00	14.00	28.00
1997	132.00	81.00	10.00	12.00	29.00	177.00	105.00	30.00	17.00	25.00
1998	191.00	80.00	60.00	11.00	40.00	192.00	106.00	31.00	15.00	40.00
1999	174.00	83.00	30.00	10.00	51.00	196.30	110.00	40.00	15.30	31.00
2000	238.50	103.00	38.00	39.00	58.50	213.00	116.00	41.00	20.00	36.00
2001	260.00	110.00	49.00	40.00	61.00	229.00	120.00	48.00	23.00	38.00
2002	260.00	105.00	50.00	45.00	60.00	267.00	125.00	52.00	40.00	50.00
2003	269.00	103.00	56.00	50.00	60.00	306.50	130.00	56.00	45.50	75.00
2004	209.00	101.00	60.00	48.00	0.00	306.00	135.00	60.00	53.00	58.00
2005	315.00	115.00	60.00	60.00	80.00	321.80	140.00	71.00	59.80	51.00
2006	441.00	110.00	150.00	80.00	101.00	338.80	150.00	61.00	50.80	77.00
2007	458.00	110.00	158.00	91.00	99.00	307.50	158.00	50.00	26.50	73.00
2008	463.00	113.00	160.00	90.00	100.00	351.90	170.00	70.00	36.90	75.00
2009	481.00	115.00	166.00	91.00	109.00	360.50	190.00	90.00	30.50	50.00

1985~2009年太浮镇几项税收统计表

表4-50 单位:万元

年份	工商各税	农业税					特产税(含烟叶税)	耕地占用税	契税
		应征税额	灾情减免	实征税额					
				合计	正税	附加			
合计	514.00	1058.56	101.32	957.24	839.67	117.55	630.86	43.39	6.70
1985	4.00	11.53	1.36	10.17	8.92	1.25			
1986	4.00	15.70	1.35	14.35	12.58	1.76	0.34		
1987	4.00	17.20	1.38	15.82	13.88	1.94	0.06	0.24	
1988	6.00	13.69	4.00	9.69	8.50	1.19	0.84	1.10	
1989	6.00	19.48	0.90	18.58	16.30	2.28	1.70	0.50	
1990	10.00	22.29	3.00	19.29	16.92	2.37	1.20	0.10	0.20
1991	10.00	21.94	4.04	17.90	15.70	2.20	2.50	1.50	
1992	15.00	25.23	2.21	23.02	20.19	2.82	2.50	2.50	0.10
1993	15.00	24.93	4.35	20.58	18.05	2.53	3.70	4.00	0.40
1994	20.00	44.04	3.58	40.46	35.49	4.97	4.50	3.00	0.50
1995	20.00	50.23	3.84	46.39	40.69	5.70	4.00	2.50	
1996	20.00	64.21	4.95	59.26	51.98	7.28	8.00	0.50	0.30
1997	25.00	94.78	7.00	87.78	77.00	10.78	13.00	2.40	0.20
1998	25.00	93.08	11.00	82.08	72.00	10.08	16.32	5.00	
1999	27.00	57.58	4.00	53.58	47.00	6.58	15.00	0.20	0.20
2000	27.00	61.28	2.00	59.28	52.00	7.28	26.00	0.50	
2001	26.50	26.52	6.00	20.52	18.00	2.52	26.00	2.00	0.20
2002	28.00	153.50	21.66	131.84	115.65	16.19	33.00	7.00	
2003	31.00	153.50	10.50	143.00	125.44	17.56	24.00	0.65	0.60
2004	31.50	87.85	4.20	83.65	73.38	10.27	73.50	0.80	0.60
2005	30.00						109.00	0.75	0.60
2006	31.00						23.00	0.85	0.70
2007	29.00						31.20	0.89	0.70
2008	35.00						83.50	0.91	0.70
2009	34.00						128.00	5.50	0.70

四新岗镇财政所

四新岗镇位于县境最南部，素有“临澧县南大门”之称。东与柏枝乡交界；南与常德市鼎城区雷公庙镇、双桥坪乡接壤；西与太浮镇、陈二乡相邻；北抵望城乡。1958年9月，成立五星人民公社(社址：珠日桥)；1959年2月，更名为珠日桥人民公社；1983年4月临澧县在珠日公社开展政社分设、建乡试点工作，将珠日桥公社改为珠日桥乡人民政府，同时迁址至四新岗镇。于1984年6月经省政府批准建立四新岗镇。

2009年，镇辖23个行政村(居)，252个村(居)民小组，7178户，总人口21590人。其中：农业人口20622人，非农业人口968人。土地总面积93.41平方公里。耕地面积39840亩，其中水田面积31800亩，旱地面积8040亩；山林面积52413亩；水面面积11750亩。

2009年，该镇社会总产值27994万元；工农业产值30944万元，其中：工业产值12330万元，农业产值18614万元。农民人均纯收入3107元，比1986年468元增加2639元，同比增长5.64倍。粮食产量2197.9万公斤，棉花产量41.6万公斤，油料产量388.8万公斤，种植烤烟1800亩，产量为18万公斤。年出栏生猪30012头、牛1180头、羊15500只、家禽107万羽。

1985年至2009年，四新岗镇财政收入5188万元，其中：上级补助收入3149万元，预算外收入1025万元，自筹收入388.50万元，其他收入625.50万元。财政支出5161.50万元，其中：行政经费支出3277万元，事业单位支出805.50万元，抚恤社救支出477万元，其他支出602万元。

1985年至2009年，四新岗镇几项税收2756.78万元，其中：工商各税1029.10万元，农业税1101.49万元(应征税额1240.28万元，灾情减免139.29万，实征正税966.35万元，附加135.29万元)，特产税564.30万元(其中2004年至2009年烟叶特产税384.90万元)，耕地占用税54.07万元，契税7.82万元。

四新岗财政所于1984年8月成立，1993年，在镇政府院内新建砖混结构的三层办公、住宿楼，建筑面积1100平方米。该镇财政收入以“农业四税”为主，工商各税为辅，每年都能按时完成上级下达的税收任务，坚持执行预算计划，量入为出，确保政府各项事业支出。该所1990年，被湖南省财政厅评为全省“文明财政所”；1993年11月，被常德市财政局评为“市级文明财政所”；1994年，被省财政厅评为“全省文明财政所”；2009年，被常德市财政局、商务局评为“全市家电下乡补贴先进单位”；1988年至1996年，连续9年被县财政局评为“目标管理先进单位”。

1985~2009年四新岗镇财政收支统计表

表4-51　　单位：万元

年份	收入					支出				
	合计	上级补助(拨入)收入	预算外收入	自筹收入	其他收入	合计	行政经费支出	事业单位支出	抚恤社救支出	其他支出
合计	5188.00	3149.00	1025.00	388.50	625.50	5161.50	3277.00	805.50	477.00	602.00
1985	50.00	27.00	21.00	1.00	1.00	65.00	28.00	2.00	13.50	21.50
1986	74.00	43.00	30.00	1.00		89.00	43.00	10.00	14.00	22.00
1987	79.00	46.00	30.00	2.00	1.00	104.00	55.00	12.00	14.00	23.00

续表4-51

年份	收入					支出				
	合计	上级补助(拨入)收入	预算外收入	自筹收入	其他收入	合计	行政经费支出	事业单位支出	抚恤社救支出	其他支出
1988	88.00	51.00	33.00	2.00	2.00	117.00	65.00	16.00	14.00	22.00
1989	95.00	56.00	35.00	2.00	2.00	128.00	75.00	18.00	14.00	21.00
1990	108.00	56.00	50.00	2.00		118.00	67.00	17.00	13.50	20.50
1991	111.00	62.00	45.00	3.00	1.00	138.00	76.00	26.00	15.00	21.00
1992	235.00	180.00	52.00	3.00		184.00	110.00	28.00	16.00	30.00
1993	168.00	108.00	51.00	5.00	4.00	204.00	138.00	29.00	16.00	21.00
1994	174.00	120.00	50.00	4.00		262.00	190.00	30.00	18.00	24.00
1995	210.00	156.00	50.00	3.00	1.00	259.00	176.00	31.00	20.00	32.00
1996	210.00	152.00	52.00	4.00	2.00	242.00	162.00	36.00	16.00	28.00
1997	192.00	140.00	40.00	2.00	10.00	212.00	140.00	28.00	16.00	28.00
1998	203.00	150.00	47.00	2.00	4.00	217.00	150.00	25.00	16.00	26.00
1999	186.00	132.00	48.00	4.00	2.00	191.00	132.00	24.00	14.00	21.00
2000	254.00	137.00	81.00	20.00	16.00	227.00	137.00	46.00	22.00	22.00
2001	240.00	154.00	47.00	15.00	24.00	249.50	154.00	50.50	22.00	23.00
2002	257.00	165.00	23.00	37.00	32.00	250.00	165.00	34.00	23.00	28.00
2003	286.00	178.00	46.00	21.00	41.00	262.00	178.00	39.00	24.00	21.00
2004	291.00	153.00	26.00	21.50	90.50	239.00	153.00	34.00	24.00	28.00
2005	297.00	162.00	29.00	22.00	84.00	250.00	162.00	41.00	25.00	22.00
2006	306.00	163.00	32.00	52.00	59.00	258.00	163.00	44.00	26.00	25.00
2007	306.00	185.00	28.00	47.00	46.00	284.50	185.00	51.00	26.00	22.50
2008	379.00	185.00	44.00	67.00	83.00	300.60	185.00	66.00	27.00	22.60
2009	389.00	188.00	35.00	46.00	120.00	310.90	188.00	68.00	28.00	26.90

1985~2009年四新岗镇几项税收统计表

表4-52　　单位：万元

年份	工商各税	农业税					特产税(含烟叶税)	耕地占用税	契税
		应征税额	灾情减免	实征税额					
				合计	正税	附加			
合计	1029.10	1240.28	139.79	1101.49	966.35	135.29	564.30	54.07	7.82

续表4-52

年份	工商各税	农业税					特产税(含烟叶税)	耕地占用税	契税
		应征税额	灾情减免	实征税额					
				合计	正税	附加			
1985	15.00	13.03	1.66	11.37	9.98	1.40			
1986	17.00	19.44	1.70	17.74	15.56	2.18	0.50		
1987	17.00	23.49	3.70	19.79	17.36	2.43	0.33	0.08	
1988	16.00	17.20	6.50	11.70	10.39	1.45	1.00	1.20	
1989	16.00	22.07	1.00	21.06	18.48	2.58	1.70	0.80	
1990	21.00	26.79	4.50	22.29	19.55	2.74	1.50	0.10	0.02
1991	22.00	26.87	5.02	21.85	19.17	2.68	2.50	1.50	
1992	23.00	30.72	3.87	26.85	23.55	3.30	2.50	3.00	0.50
1993	22.00	30.61	4.59	26.02	22.82	3.20	3.20	4.00	0.40
1994	22.00	54.02	3.06	50.96	44.70	6.26	4.50	4.00	0.60
1995	28.00	61.05	6.64	54.41	47.73	6.68	5.00	2.50	
1996	30.00	79.87	8.28	71.59	62.80	8.79	12.00	0.50	0.50
1997	30.00	79.10	5.00	74.10	65.00	9.10	8.00	2.50	0.50
1998	31.00	83.10	9.00	74.10	65.00	9.10	8.00	5.00	
1999	43.50	68.70	6.00	62.70	55.00	7.70	18.00	0.20	0.20
2000	50.00	70.12	4.00	66.12	58.00	8.12	29.00	0.50	
2001	52.80	30.80	8.00	22.80	20.00	2.80	23.00	2.00	0.20
2002	54.80	195.66	34.57	161.09	141.31	19.78	34.00	8.00	
2003	60.00	195.66	17.20	178.47	156.55	21.92	24.67	1.79	0.50
2004	62.00	111.98	5.50	106.48	93.40	13.08	61.50	2.10	0.50
2005	71.00						97.00	2.30	0.60
2006	75.00						15.00	2.50	0.50
2007	75.00						16.90	2.10	0.80
2008	82.00						73.50	3.30	0.80
2009	93.00						121.00	4.10	1.20

停弦渡镇财政所

停弦渡镇位于澧水下游南岸，临澧县城以北15.5公里处。东与杨板乡交界，南与修梅镇接壤，西邻杉板乡，北与合口镇隔河相望。停弦渡镇古时设渡口，传说司马相如来此过渡，在渡船上弹琴，琴弦突然断开，停弦渡由此而得名。1953年，设为乡级镇，1956年撤销；1958年9月，成立先锋人民公社；1959年2月，更名为停弦渡人民公社；1984年3月改乡，同年6月，更名为镇管村型县属镇。2009年，镇辖21个行政村(居)，229个村民小组。全镇土地总面积69.79平方公里。年末总户数6901户，总人口21229人。其中：农业人口20051人，非农业人口1178人。耕地面积26047亩，其中水田面积24418亩，旱地面积1629亩；山林面积4万亩；水面面积7278亩；农作物种植以水稻为主，粮食产量1703.4万公斤，棉花产量35万公斤，油料产量240.9万公斤，烟叶产量18万公斤。年出栏生猪36002头、牛1128头、羊15000只、家禽73万羽。农民人均纯收入3305元，比1986年460元增加2845元，同比增长6.19倍。

该镇境内陶土资源丰富，早在宋代陶业比较发达。1986年2月，中央顾问委员会常委、全国政协副主席王首道到停弦渡镇视察乡镇企业，亲笔题词“古渡掘新瓷，湘北第一家”，2009年工业产值11950万元，农业产值16284万元。财政收入304.40万元。

1985年至2009年，停弦渡镇财政收入5201.86万元，其中：上级补助收入2613.80万元，预算外收入1953.10万元，自筹收入580.60万元，其他收入54.36万元。财政支出5353.20万元，其中行政经费支出3041.10万元，事业单位支出1297.30万元，抚恤社救支出276.30万元，其他支出738.50万元。

1985年至2009年，停弦渡镇几项税收5875.94万元，其中：工商各税4385.30万元，农业税1300.48万元(应征税额1445.41万元，灾情减免144.93万元，实征正税1140.76万元，附加159.71万元)，特产税141.61万元，耕地占用税43.24万元，契税5.31万元。

停弦渡镇财政所建于1984年，建有办公、住宿的独立小楼。该镇财政收入主要依靠“农业四税”分成，取消农业税后主要依靠上级拨入和转移支出保证政府各项事业支出。1992年至1997年，连续6年该乡财政所被县财政局评为“目标管理先进单位”。

1985~2009年停弦渡镇财政收支统计表

表4-53 单位：万元

年份	收入					支出				
	合计	上级补助(拨入)收入	预算外收入	自筹收入	其他收入	合计	行政经费支出	事业单位支出	抚恤社救支出	其他支出
合计	5201.86	2613.80	1953.10	580.60	54.36	5353.20	3041.10	1297.30	276.30	738.50
1985	66.60	19.50	19.50	25.60	2.00	66.50	19.50	15.50	5.20	26.30
1986	49.30	23.70	11.30	14.30		86.00	26.90	16.30	5.50	37.30
1987	55.70	27.20	12.10	16.40		85.80	25.80	16.10	5.30	38.60
1988	90.00	45.70	13.50	21.50	9.30	92.00	26.90	22.10	2.70	40.30
1989	83.70	48.50	4.30	30.90		73.50	40.50	2.10	3.90	27.00

续表4-53

年份	收入					支出				
	合计	上级补助(拨入)收入	预算外收入	自筹收入	其他收入	合计	行政经费支出	事业单位支出	抚恤社救支出	其他支出
1990	124.50	85.40	4.80	33.90	0.40	95.40	52.60	3.10	4.60	35.10
1991	147.30	100.50	5.70	40.70	0.40	124.10	68.40	4.20	5.90	45.60
1992	164.30	108.50	6.70	48.70	0.40	161.50	88.90	5.80	7.50	59.30
1993	196.73	130.50	7.80	53.60	4.83	242.30	133.40	18.70	19.70	70.50
1994	234.33	139.30	11.40	75.10	8.53	315.00	173.40	28.60	25.80	87.20
1995	306.80	161.30	45.80	99.70		354.50	209.50	45.30	99.70	
1996	246.20	135.50	48.50	52.70	9.50	332.60	233.80	46.10	52.70	
1997	268.00	82.00	186.00			147.00	137.00	2.00	3.00	5.00
1998	229.00	101.00	128.00			176.40	160.00	3.00	4.00	9.40
1999	197.00	109.00	86.00		2.00	192.00	167.00	5.00	6.00	14.00
2000	181.30	105.70	8.10	67.50		247.00	26.40	89.50		131.10
2001	215.50	100.10	113.40		2.00	203.80	83.90	95.80	8.80	15.30
2002	228.90	104.50	119.40		5.00	220.00	93.30	106.20	2.00	18.50
2003	233.00	102.10	120.90		10.00	236.80	89.50	117.10	3.00	27.20
2004	247.90	110.10	137.80			254.60	94.30	128.50		31.80
2005	289.60	123.90	165.70			292.20	195.20	90.00	3.00	4.00
2006	324.60	167.40	157.20			303.80	200.80	95.00	3.00	5.00
2007	346.90	178.80	168.10			330.50	210.50	105.00	5.00	10.00
2008	370.30	190.80	179.50			347.50	230.80	116.70		
2009	304.40	112.80	191.60			372.40	252.80	119.60		

1985~2009年停弦渡镇几项税收统计表

表4-54　　单位:万元

年份	工商各税	农业税					特产税(含烟叶税)	耕地占用税	契税
		应征税额	灾情减免	实征税额					
				合计	正税	附加			
合计	4385.30	1445.41	144.93	1300.48	1140.76	159.71	141.61	43.24	5.31
1985	28.50	22.33	0.69	21.64	18.98	2.66			
1986	41.60	25.01	0.70	24.31	21.33	2.98	0.33		

续表4-54

年份	工商各税	农业税					特产税(含烟叶税)	耕地占用税	契税
		应征税额	灾情减免	实征税额					
				合计	正税	附加			
1987	32.80	27.81	0.90	26.91	23.60	3.30	0.29	0.14	
1988	34.10	25.16	5.80	19.36	16.98	2.38	1.33	1.20	
1989	35.80	37.25	0.70	36.55	32.06	4.49	1.50	0.50	
1990	38.00	36.32	3.50	32.82	28.79	4.03	1.50	0.30	0.31
1991	40.00	36.51	7.96	28.55	25.04	3.51	2.00	1.50	
1992	45.00	42.04	3.91	38.13	33.45	4.68	2.50	2.50	0.30
1993	49.00	41.28	9.24	32.04	28.11	3.93	2.50	4.00	0.40
1994	42.00	73.51	5.71	67.80	59.47	8.33	4.50	4.00	0.50
1995	35.00	82.70	10.01	72.69	63.76	8.93	3.40	2.50	
1996	38.00	103.73	6.60	97.13	85.20	11.93	7.00	0.50	0.30
1997	34.00	101.34	9.00	92.34	81.00	11.34	9.00	2.00	0.20
1998	31.00	95.94	15.00	80.94	71.00	9.94	14.76	5.00	
1999	26.00	86.52	9.00	77.52	68.00	9.52	12.00		0.20
2000	28.00	88.50	3.00	85.50	75.00	10.50	13.00	0.50	
2001	31.00	52.46	8.00	44.46	39.00	5.46	21.00	2.00	0.10
2002	32.50	181.55	26.71	154.84	135.82	19.02	29.00	8.00	
2003	33.50	181.55	13.00	168.55	147.85	20.70	16.00	0.50	0.35
2004	321.50	103.90	5.50	98.40	86.32	12.08		0.50	0.35
2005	508.60							0.70	0.60
2006	658.20							0.80	0.30
2007	705.50							1.00	0.50
2008	786.40							1.10	0.40
2009	729.30							4.00	0.50

修梅镇财政所

修梅镇位居县境西部，东与杨板乡接壤，西与佘市镇、杉板乡毗邻，南与安福镇、佘市桥镇相连，北抵停弦渡镇。该镇境内地貌以微丘、平原为主。东西长12.5公里，南北宽7公里。镇政府坐落在距县城以北9公里处的“207”国道公路旁。境内凉水井为民主革命先驱林修梅上将、党和国家领导人林伯渠出生地。民国20年(1941年),为纪念林修梅,改赵家乡为修梅乡;1958年,成立超美人民公社;1959年2月,更名为修梅人民公社;1984年3月公社改乡建制,1992年,改为县属建制镇,为修梅镇。

2009年,全镇共有22个行政村,2个社区居委会,270个村民小组,年末总户数7276户,总人口21378人,其中:农业人口20152人,非农业人口1226人。土地总面积75.15平方公里。耕地面积为39586亩,其中水田面积34748亩,旱地面积4838亩;山林面积34830.1亩;水面面积11116亩;粮食产量2385.8万公斤,棉花产量72.5万公斤,油料产量316万公斤。年出栏生猪35000头、牛868头、羊5000只,家禽19000羽。工农业产值25290万元,其中工业产值10722万元,农业产值16565万元。财政收入533.36万元。农民人均纯收入3580元,比1986年470元增加3110元,同比增长6.62倍。

1985年至2009年,修梅镇财政收入6763.40万元,其中:上级补助收入2643.91万元,预算外收入1717.97万元,自筹收入1901.68万元,其他收入499.84万元。财政支出6391.79万元,其中:行政经费支出2989.88万元,事业单位支出2253.21万元,抚恤社救支出506.96万元,其他支出641.74万元。

1985年至2009年,修梅镇几项税收2133.70万元,其中:工商各税559.00万元,农业税1345.97万元(应征税额1480.88万元,灾情减免134.89万元,实征正税1180.67万元,附加165.29万元),特产税160.00万元,耕地占用税61.34万元,契税7.41万元。

该镇财政所始建于1984年8月,建有办公小楼1幢,办公设施齐全。该所积极配合党委、镇政府致力培植财源、增加税收,努力完成各项税收任务,确保镇政府各项事业支出。1998年,被省人事厅、财政厅评为省级“文明财政所”和2001至2005年,连续5年被县财政局评为“目标管理先进单位”。

1985~2009年修梅镇财政收支统计表

表4-55 单位:万元

年份	收入					支出				
	合计	上级补助(拨入)收入	预算外收入	自筹收入	其他收入	合计	行政经费支出	事业单位支出	抚恤社救支出	其他支出
合计	6763.40	2643.91	1717.97	1901.68	499.84	6391.79	2989.88	2253.21	506.96	641.74
1985	108.05	56.69	9.36	40.00	2.00	93.20	35.00	26.00	20.20	12.00
1986	117.04	57.72	6.32	50.00	3.00	110.99	56.00	21.36	20.20	13.43
1987	130.85	58.60	8.25	60.00	4.00	153.20	56.00	56.00	20.20	21.00
1988	145.32	62.30	12.36	65.30	5.36	161.88	56.36	65.00	20.20	20.32
1989	155.98	62.60	13.54	76.42	3.42	180.88	68.00	72.36	20.20	20.32
1990	180.77	62.62	35.25	77.56	5.34	205.43	78.00	86.00	20.20	21.23
1991	197.56	62.62	45.25	76.33	13.36	203.89	79.23	84.25	20.20	20.21
1992	202.33	62.88	45.00	82.33	12.12	224.01	85.32	93.14	20.20	25.35
1993	262.48	88.36	56.00	105.00	13.12	251.14	109.58	94.12	20.20	27.24

续表4-55

年份	收入					支出				
	合计	上级补助(拨入)收入	预算外收入	自筹收入	其他收入	合计	行政经费支出	事业单位支出	抚恤社救支出	其他支出
1994	262.88	92.04	50.36	106.36	14.12	246.92	105.00	96.32	20.24	25.36
1995	294.36	92.40	63.36	113.60	25.00	257.52	115.23	95.36	20.24	26.69
1996	300.09	92.40	48.69	113.00	46.00	271.41	120.36	98.36	20.24	32.45
1997	324.36	106.36	56.00	120.00	42.00	282.45	130.45	98.78	20.24	32.98
1998	256.48	112.36	55.14	42.98	46.00	272.56	125.32	102.00	20.24	25.00
1999	258.95	123.36	65.23	42.36	28.00	289.09	136.35	103.25	20.24	29.25
2000	286.36	123.36	75.00	56.00	32.00	281.24	135.00	100.00	20.24	26.00
2001	299.60	123.36	85.00	68.24	23.00	286.72	142.00	100.36	20.24	24.12
2002	304.59	123.36	86.00	70.23	25.00	290.36	150.00	98.89	20.24	21.23
2003	299.48	124.36	88.00	72.12	15.00	287.74	158.00	98.25	20.24	11.25
2004	306.70	134.36	78.98	75.36	18.00	301.82	160.00	99.23	20.24	22.35
2005	321.49	134.36	89.88	78.25	19.00	317.54	170.00	100.85	20.24	26.45
2006	399.48	144.36	155.00	79.12	21.00	346.74	180.00	121.25	20.24	25.25
2007	399.48	144.36	156.00	80.12	19.00	265.36	118.00	104.58	20.24	22.54
2008	415.36	174.36	136.00	75.00	30.00	345.36	162.36	112.25	20.90	49.85
2009	533.36	224.36	198.00	76.00	35.00	464.34	258.32	125.25	20.90	59.87

1985~2009年修梅镇几项税收统计表

表4-56 单位:万元

年份	工商各税	农业税					特产税(含烟叶税)	耕地占用税	契税
		应征税额	灾情减免	实征税额					
				合计	正税	附加			
合计	559.00	1480.88	134.89	1345.95	1180.67	165.29	160.00	61.34	7.41
1985	5.00	21.39	1.57	19.82	17.39	2.43			
1986	7.00	25.59	1.60	23.99	21.05	2.95	0.41		
1987	7.00	28.58	1.82	26.76	23.47	3.29	0.20	0.29	
1988	6.00	23.33	5.50	17.83	15.64	2.19	1.01	1.50	
1989	6.00	35.92	1.30	34.62	30.37	4.25	1.50	0.50	
1990	5.00	35.58	3.20	32.39	28.41	3.98	1.50	0.30	0.01

续表 4-56

年份	工商各税	农业税					特产税(含烟叶税)	耕地占用税	契税
		应征税额	灾情减免	实征税额					
				合计	正税	附加			
1991	5.00	36.05	7.95	28.10	24.65	3.45	2.00	2.00	
1992	5.00	41.12	7.32	33.80	29.65	4.15	2.50	2.50	0.20
1993	6.00	38.35	6.73	31.62	27.74	3.88	2.70	4.00	0.40
1994	6.00	68.35	2.94	65.41	57.38	8.03	4.50	4.00	0.60
1995	8.00	77.45	4.73	72.69	63.76	8.93	5.22	2.50	
1996	9.00	100.36	4.82	95.54	83.81	11.73	4.00	1.00	0.20
1997	10.00	99.06	9.00	90.06	79.00	11.06	10.00	2.00	0.50
1998	21.00	91.66	13.00	78.66	69.00	9.66	10.76	5.00	
1999	27.00	89.38	5.00	84.36	74.00	10.36	12.00		0.20
2000	28.00	92.92	4.00	88.92	78.00	10.92	20.00	0.50	
2001	32.00	37.64	8.00	29.64	26.00	3.64	23.00	2.00	0.20
2002	34.00	209.21	26.71	182.50	160.09	22.41	33.40	8.00	
2003	37.00	209.21	13.30	195.91	171.85	24.06	25.30	4.00	1.00
2004	41.00	119.73	6.40	113.33	99.41	13.92		6.00	1.00
2005	44.00							0.95	0.50
2006	47.00							1.00	0.40
2007	48.00								0.50
2008	52.00							1.20	0.50
2009	63.00							12.10	1.20

杉板乡财政所

杉板乡位于县境西部、澧水南岸,东与停弦渡镇、修梅镇接壤、北与新安镇隔水相望,西与石门县夹山镇、二都乡相邻,南与佘市桥镇、石门县三板乡交界。南宋抗金名将高宠曾在杉板一带进行抗金活动,死后葬于牛头山,高宠墓保留至今。相传贺龙早期曾在杉板吴家厂一带进行过革命活动,今有“贺龙桥”鉴证。境内有歇驾山、望夫台等名胜古迹。

1984年,杉板撤社建乡,辖15个行政村,173个村民小组。1986年,乡政府机关由杉板桥迁至澧水南岸的芭茅渡口,1988年,迁回原址至今。1996年,增加一个村民小组(原未明确行政归属的向阳组属川岗村管理)。

2009年,全乡土地总面积66.39平方公里。耕地面积24604亩,其中:水田面积21500亩,旱地面积3104亩;山林面积53370亩;水面面积5294亩;全乡总户数5259户,总人口15789人,其中农业人口14333人,非农业人口1456人。该乡经济以农业为主,主产粮食、棉花、油料。当年全乡工农业产值25301万元,其中:工业产值22193万元,农业产值14112万元。粮食产量1360.6万公斤,棉花产量24万公斤,油料产量297.5万公斤。农民人均纯收入3220元,比1986年434元增加2786元,同比增长6.42倍。财政收入303.52万元。

1985年至2009年,杉板乡财政收入4395.33万元,其中:上级补助收入2666.97万元,预算外收入1190.10万元,自筹收入430.70万元,其他收入107.56万元。财政支出4577.03万元,其中:行政经费支出2681.53万元,事业单位支出1017.50万元,抚恤社救支出743.70万元,其他支出134.30万元。

1985年至2009年,杉板乡几项税收4029.87万元,其中:工商各税3102.70万元,农业税743.35万元(应征税额846.02万元,减免102.67万元,实征正税652.06万元,附加91.29万元),特产税136.42万元,耕地占用税39.50万元。契税7.90万元。

杉板乡财政所于1984年建立,现有办公室及住宅小楼1幢,房屋建筑面积为200平方米,办公设施齐全。该乡党委、政府领导高度重视财源建设,财政收入逐年增加,在财政支出上坚持按预算计划办事,确保政府机关正常运转。1984年至1999年,该乡财政所连续16年被县财政局分别评为"目标管理先进单位"和"文明财政所"。

1984~2009年杉板乡财政收支统计表

表4-57 单位:万元

年份	收入					支出				
	合计	上级补助(拨入)收入	预算外收入	自筹收入	其他收入	合计	行政经费支出	事业单位支出	抚恤社救支出	其他支出
合计	4395.33	2666.97	1190.10	430.70	107.56	4577.03	2681.53	1017.50	743.70	134.30
1984	90.31	48.60	35.30	5.20	1.21	100.30	80.60	5.60	11.50	2.60
1985	100.05	55.30	36.80	6.30	1.65	110.00	76.30	15.90	15.00	2.80
1986	109.80	61.30	39.70	5.60	3.20	142.90	112.30	25.30	2.40	2.90
1987	123.40	78.20	35.20	6.50	3.50	129.20	108.60	12.10	5.40	3.10
1988	120.60	75.20	35.20	6.80	3.40	91.70	65.60	13.40	9.50	3.20
1989	128.40	81.30	36.80	6.70	3.60	102.00	71.00	12.50	15.00	3.50
1990	108.00	56.30	39.60	6.90	5.20	129.50	80.10	12.40	25.00	12.00
1991	128.90	73.60	42.50	8.20	4.60	149.70	84.50	45.00	15.20	5.00
1992	143.30	85.90	45.60	7.30	4.50	187.30	98.20	61.00	25.00	3.10
1993	125.30	65.60	46.80	8.10	4.80	129.70	88.60	3.00	34.00	4.10
1994	114.00	61.80	39.90	9.30	3.00	244.80	98.50	109.00	33.20	4.10

续表4-57

年份	收入					支出				
	合计	上级补助(拨入)收入	预算外收入	自筹收入	其他收入	合计	行政经费支出	事业单位支出	抚恤社救支出	其他支出
1995	142.20	86.20	40.90	10.20	4.90	184.70	99.00	52.00	29.70	4.00
1996	155.60	102.50	36.80	11.20	5.10	171.55	78.25	58.90	30.20	4.20
1997	162.30	96.10	48.90	12.10	5.20	200.20	98.50	62.60	34.50	4.60
1998	202.10	132.10	51.20	13.20	5.60	193.30	72.50	75.80	35.50	9.50
1999	188.30	115.50	53.50	13.50	5.80	185.40	68.50	72.00	40.20	4.70
2000	179.10	104.80	54.80	13.60	5.90	186.10	70.50	71.00	41.00	3.60
2001	155.80	96.20	38.90	13.80	6.90	145.90	75.60	33.00	32.10	5.20
2002	190.30	118.90	49.80	15.10	6.50	143.40	72.50	34.00	31.30	5.60
2003	216.30	147.50	51.20	14.60	3.00	155.90	81.20	36.00	33.00	5.70
2004	226.20	143.60	43.60	35.00	4.00	175.30	104.60	28.00	37.00	5.70
2005	221.60	158.20	42.90	16.50	4.00	194.40	122.30	27.00	39.20	5.90
2006	288.50	189.30	51.20	46.00	2.00	214.90	132.90	36.00	40.20	5.80
2007	240.20	120.60	62.60	55.00	2.00	245.87	159.27	37.00	44.00	5.60
2008	231.25	127.65	64.60	36.00	3.00	325.80	237.40	38.00	45.60	4.80
2009	303.52	184.72	65.80	48.00	5.00	337.21	244.21	41.00	39.00	13.00

1985~2009年杉板乡几项税收统计表

表4-58 单位:万元

年份	工商各税	农业税					特产税(含烟叶税)	耕地占用税	契税
		应征税额	灾情减免	实征税额					
				合计	正税	附加			
合计	3102.70	846.02	102.67	743.35	652.06	91.29	136.42	39.50	7.90
1985	24.30	10.33	0.89	9.44	8.28	1.16			
1986	30.10	12.71	0.90	11.81	10.36	1.45	0.29		
1987	32.10	14.52	0.95	13.57	11.90	1.67	0.82	0.30	
1988	42.30	15.57	6.50	9.07	7.96	1.11	0.79	1.00	
1989	55.20	17.37	0.80	16.57	14.53	2.04	1.20	0.50	
1990	62.30	18.35	1.95	16.40	14.39	2.01	1.20	0.10	
1991	68.20	18.61	4.83	13.78	12.09	1.69	1.80	1.50	

续表4-58

年份	工商各税	农业税					特产税(含烟叶税)	耕地占用税	契税
		应征税额	灾情减免	实征税额					
				合计	正税	附加			
1992	69.30	21.61	1.63	19.98	17.53	2.45	2.00	2.50	
1993	78.90	21.19	4.66	16.53	14.50	2.03	2.50	4.00	0.20
1994	86.00	35.64	2.68	32.96	28.91	4.05	4.00	3.00	0.20
1995	97.00	42.42	2.86	39.56	34.70	4.86	3.10	2.50	
1996	107.00	52.86	3.82	49.04	43.02	6.02	3.00	0.50	
1997	116.00	51.88	4.00	47.88	42.00	5.88	8.00	1.50	0.20
1998	115.00	68.30	17.00	51.30	45.00	6.30	15.12	5.00	
1999	128.00	45.18	3.00	42.18	37.00	5.18	10.00		0.20
2000	137.00	49.88	2.00	47.88	42.00	5.88	15.00	0.50	
2001	133.00	26.80	4.00	22.80	20.00	2.80	22.00	2.00	0.10
2002	147.00	125.49	25.00	100.49	88.15	12.34	30.60	5.00	
2003	154.00	125.49	12.00	113.49	99.55	13.94	15.00	0.40	0.40
2004	175.00	71.82	3.20	68.62	60.19	8.43		0.60	0.30
2005	179.00							0.90	0.30
2006	180.00							0.80	1.00
2007	267.00							0.90	1.00
2008	298.00							2.00	2.00
2009	321.00							4.00	2.00

文家乡财政所

文家乡位于县境西部，太浮山北麓。东与陈二乡相连，西与石门蒙泉镇白洋、花薮等地接壤，南抵太浮镇、石门蒙泉镇、盘石乡等、北与佘市镇毗邻。该乡1948年12月前隶属保文乡，解放后建区乡政权，划归一区（区政府设佘市桥）。1958年与佘市公社合并成立红星人民公社；1961年3月，文家从红星人民公社分出单独成立文家人民公社（社址设文家店）；1984年2月，将文家人民公社更名为文家乡。乡境内山中植物种类达64科、145属、206种。动物物种有华南兔、穿山甲、白鹭等40余种，其中国家级、省级重点保护动物23种。

2009年，全乡土地总面积80.23平方公里。耕地面积33783亩，其中：水田31200亩，旱地2583亩；山林面积70000亩；水面面积7689亩；有17个行政村，194个村民小组，年末总户数5328户，总人口16611人,其中农业人口16011人,非农业人口600人。该乡以农业为主、畜牧业为辅。农业主要生产粮、棉、油作物。当年,粮食产量1812.6万公斤,油料产量291.2万公斤,棉花产量40万公斤,种植烟叶2950亩,产量41.30万公斤。出栏生猪31000头,牛740头,马头羊5000只,出笼家禽60万羽。还生产柑橘、油茶等农产品。当年实现财政收入338.02万元。农民人均纯收入3658元,比1986年480元增加3178元,同比增长6.62倍。

1985年至2009年,文家乡财政收入5048.92万元,其中:上级补助收入2453.27万元,预算外收入1438.80万元,自筹收入291.80万元,其他收入865.05万元。财政支出5387.88万元,其中:行政经费支出2971.48万元,事业单位支出1408.50万元,抚恤社救支出860.20万元,其他支出147.70万元。

1985年至2009年,文家乡几项税收4026.91万元,其中:工商各税2166.10万元,农业税1069.31万元(应征税额1170.48万元,灾情减免101.32万元,实征正税937.99万元,附加131.32万元),特产税749.81万元(其中2004至2009年烟叶特产税565.46万元),耕地占用税36.82万元,契税4.87万元。

文家乡财政所于1984年8月建立,有办公用房120平方米,办公设施齐全。该乡财政所协助乡党委、政府培植财源,增加税收,每年按时完成各项税收任务及"农业四税",在支出管理上坚持"量入为出",按预算计划办事,保证了政府机关正常运转。

该乡财政所2008年至2009年,连续12年被县财政局评为"目标管理先进单位"。

1985~2009年文家乡财政收支统计表

表4-59　　单位:万元

年份	收入					支出				
	合计	上级补助(拨入)收入	预算外收入	自筹收入	其他收入	合计	行政经费支出	事业单位支出	抚恤社救支出	其他支出
合计	5048.92	2453.27	1438.80	291.80	865.05	5387.88	2971.48	1408.50	860.20	147.70
1985	80.05	15.30	26.80	6.30	31.65	40.00	26.30	5.90	5.00	2.80
1986	89.80	21.30	29.70	5.60	33.20	72.90	52.30	15.30	2.40	2.90
1987	100.40	30.20	30.20	6.50	33.50	59.50	48.90	2.10	5.40	3.10
1988	110.60	35.20	35.20	6.80	33.40	31.70	15.60	3.40	9.50	3.20
1989	88.40	41.30	36.80	6.70	3.60	112.00	101.00	2.50	5.00	3.50
1990	138.00	56.30	39.60	6.90	35.20	139.50	110.10	2.40	15.00	12.00
1991	160.90	75.60	42.50	8.20	34.60	169.70	114.50	35.00	15.20	5.00
1992	183.30	95.90	45.60	7.30	34.50	173.50	118.20	41.00	11.20	3.10
1993	165.30	75.60	46.80	8.10	34.80	176.80	118.60	33.00	21.10	4.10
1994	165.90	71.80	49.90	9.30	34.90	251.10	184.80	39.00	23.20	4.10
1995	192.20	96.20	50.90	10.20	34.90	194.70	119.00	42.00	29.70	4.00
1996	215.60	112.50	56.80	11.20	35.10	211.50	118.20	48.90	40.20	4.20

续表4-59

年份	收入					支出				
	合计	上级补助(拨入)收入	预算外收入	自筹收入	其他收入	合计	行政经费支出	事业单位支出	抚恤社救支出	其他支出
1997	212.30	106.10	58.90	12.10	35.20	200.20	118.50	42.60	34.50	4.60
1998	252.10	142.10	61.20	13.20	35.60	213.30	122.50	45.80	35.50	9.50
1999	231.50	118.70	63.50	13.50	35.80	207.40	120.50	42.00	40.20	4.70
2000	219.10	104.80	64.80	13.60	35.90	226.10	140.50	41.00	41.00	3.60
2001	225.80	106.20	68.90	13.80	36.90	244.10	145.60	51.20	42.10	5.20
2002	250.30	128.90	69.80	15.10	36.50	261.20	142.50	71.80	41.30	5.60
2003	252.50	128.50	71.20	14.60	38.20	297.30	141.20	96.20	54.20	5.70
2004	265.10	139.60	72.60	16.20	36.70	295.70	134.60	100.30	55.10	5.70
2005	275.40	148.20	72.90	16.50	37.80	309.90	132.30	112.50	59.20	5.90
2006	285.90	150.00	81.20	16.20	38.50	329.20	142.90	120.30	60.20	5.80
2007	270.40	130.60	82.60	18.10	39.10	357.77	159.27	130.40	62.50	5.60
2008	280.05	137.65	84.60	18.20	39.60	376.50	169.40	135.70	65.60	5.80
2009	338.02	184.72	95.80	17.60	39.90	436.31	174.21	148.20	85.90	28.00

1985~2009年文家乡几项税收统计表

表4-60 单位:万元

年份	工商各税	农业税					特产税(含烟叶税)	耕地占用税	契税
		应征税额	灾情减免	实征税额					
				合计	正税	附加			
合计	2166.10	1170.48	101.32	1069.31	937.99	131.32	749.81	36.82	4.87
1985	24.30	14.31	1.07	13.24	11.61	1.63			
1986	30.10	17.84	1.08	16.76	14.71	2.05	0.38		
1987	32.10	19.73	1.10	18.63	16.34	2.29	0.53	0.32	
1988	42.30	17.28	5.00	12.28	10.77	1.51	0.88	1.20	
1989	55.20	24.03	1.10	22.93	20.11	2.82	1.70	0.50	
1990	62.30	24.63	2.50	22.13	19.41	2.72	1.20	0.20	0.07
1991	68.20	25.36	4.83	20.53	18.01	2.52	2.00	1.50	
1992	69.30	29.13	2.32	26.81	23.52	3.29	2.50	2.50	
1993	78.90	28.95	3.68	25.27	22.17	3.10	3.70	4.00	0.50

续表4-60

年份	工商各税	农业税					特产税(含烟叶税)	耕地占用税	契税
		应征税额	灾情减免	实征税额					
				合计	正税	附加			
1994	90.10	51.81	2.88	48.93	42.92	6.01	4.00	3.00	0.30
1995	100.10	58.25	2.76	55.49	48.68	6.81	4.00	2.50	
1996	62.30	75.40	5.40	70.00	61.40	8.60	6.00	0.50	
1997	65.80	76.68	6.00	70.68	62.00	8.68	11.00	1.50	0.20
1998	85.90	76.40	8.00	68.40	60.00	8.40	17.80	5.00	
1999	98.20	67.70	5.00	62.70	55.00	7.70	15.00		0.20
2000	98.20	70.12	4.00	66.12	58.00	8.12	29.00	0.50	
2001	98.20	40.34	5.00	35.34	31.00	4.34	23.00	2.00	0.10
2002	109.20	175.92	23.50	152.57	133.83	18.74	34.00	5.00	
2003	121.20	175.92	11.50	164.42	144.23	20.19	26.56	0.40	0.40
2004	125.00	100.68	4.60	96.08	84.28	11.80	80.30	0.60	0.30
2005	129.00						115.80	0.90	0.60
2006	130.00						33.80	0.80	0.60
2007	112.20						41.90	0.90	0.50
2008	120.00						108.96	0.90	0.60
2009	158.00						185.80	2.10	0.50

陈二乡财政所

陈二乡位于临澧县西南部太浮山脚下。地处太浮山余脉与洞庭湖盆地过渡的丘陵地带。东与四新岗镇接壤，南与太浮镇毗邻，西与文家乡相连，北与佘市桥镇交界。该乡地貌以微丘和溪谷平原为主，道水河主要支流杨梅溪由南向北纵贯全乡，在两岔河汇入道水。据县志记载，民国24年(1935年)，临澧县辖51乡(其中之一为朱伦乡)。1956年，全县撤区并乡，原朱伦、陈珠等6乡合并为陈二铺乡；1958年，与衍嗣合并为东风人民公社；1959年，公社名称以地名命名；1961年3月，与太浮分开划分为陈二人民公社；1984年，将陈二人民公社更名为陈二乡。该乡太浮山主要树种有松、杉、樟、楠、杨等，共200种。农业主要生产粮食(稻谷)、油菜及棉花等作物。

2009年，全乡土地总面积79.46平方公里。耕地面积31838亩，其中：水田面积30500亩，旱地面积1338亩。山林面积57929亩，水面面积10291亩。全乡辖19个行政村，199个村民小组，年末总户数5179户，总人口15710人，其中：农业人口15071人，非农业人口639人。粮食产量1876.5万公斤，油料产量291.20万公斤，棉花产量34.9万公斤，种植烟叶1500亩，产量18万公斤。该乡自然资源丰富,畜牧业生产有较大发展。年出栏生猪31000头、牛1500头、羊5000只、家禽50万羽。农牧业产值比上年(可比价)增长11.21%。同年实现工农业产值32777万元,其中工业产值15994万元,农业产值16783万元,财政收入553万元。农民人均纯收入3086元,比1986年445元增加2641元,同比增长5.94倍。

1985年至2009年,陈二乡财政收入5771万元,其中:上级补助收入2741万元,预算外收入1444.40万元,自筹收入1543.30万元,其他收入42.30万元。财政支出5295万元,其中:行政经费支出2256万元,事业单位支出1570万元,抚恤社救支出546万元,其他支出923万元。

1985年至2009年,陈二乡几项税收3294.94万元,其中:工商各税1686万元,农业税1064.67万元(应征税额1191.02万元,灾情减免125.36万元,实征正税933.79万元,附加130.73万元),特产税500.64万元(其中2004至2009年烟叶特产税359.80万元),耕地占用税40.13万元,契税3.50万元。

陈二乡财政所积极配合政府狠抓财源建设,培植财源,全面招商引资,并在财务管理方面,严格按制度、按政策办事,真正为政府当好家理好财,为该乡经济发展做出贡献。2008年,该乡财政所被县财政局评为"目标管理先进财政所"。

1985~2009年陈二乡财政收支统计表

表4-61 单位:万元

年份	收入					支出				
	合计	上级补助(拨入)收入	预算外收入	自筹收入	其他收入	合计	行政经费支出	事业单位支出	抚恤社救支出	其他支出
合计	5771.00	2741.00	1444.40	1543.30	42.30	5295.00	2256.00	1570.00	546.00	923.00
1985	23.00	13.00	4.00	4.00	2.00	21.00	13.00	5.00	3.00	0.00
1986	28.00	12.00	8.00	6.00	2.00	28.00	12.00	8.00	6.00	2.00
1987	40.00	15.00	15.00	8.00	2.00	38.00	14.00	9.00	12.00	3.00
1988	51.00	18.00	18.00	14.00	1.00	48.00	15.00	18.00	14.00	1.00
1989	70.00	22.00	31.00	15.00	2.00	67.00	20.00	22.00	12.00	13.00
1990	83.00	34.00	37.00	11.00	1.00	82.00	24.00	28.00	13.00	17.00
1991	126.00	60.00	47.00	18.00	1.00	125.00	47.00	46.00	14.00	18.00
1992	176.00	69.00	69.00	37.30	0.70	165.00	69.00	54.00	16.00	26.00
1993	170.00	76.00	35.00	57.00	2.00	223.00	97.00	61.00	18.00	47.00
1994	188.00	80.00	42.00	65.00	1.00	221.00	91.00	64.00	17.00	49.00
1995	192.00	81.00	43.00	67.00	1.00	239.00	94.00	63.00	19.00	63.00
1996	185.00	82.00	44.00	57.00	2.00	225.00	89.00	63.00	18.00	55.00

续表4-61

年份	收入					支出				
	合计	上级补助(拨入)收入	预算外收入	自筹收入	其他收入	合计	行政经费支出	事业单位支出	抚恤社救支出	其他支出
1997	238.00	122.00	61.00	54.00	1.00	276.00	118.00	69.00	19.00	70.00
1998	234.00	120.00	60.00	53.00	1.00	228.00	98.00	72.00	13.00	45.00
1999	248.00	123.00	64.00	60.00	1.00	230.00	98.00	74.00	13.00	45.00
2000	259.00	125.00	66.00	65.00	3.00	246.00	102.00	78.00	17.00	49.00
2001	264.00	126.00	67.00	68.00	3.00	251.00	103.00	79.00	18.00	51.00
2002	290.00	133.00	70.00	86.00	1.00	262.00	106.00	81.00	22.00	53.00
2003	311.00	141.00	79.00	89.00	2.00	247.00	109.00	83.00	23.00	32.00
2004	345.00	152.00	92.00	97.00	4.00	276.00	115.00	89.00	37.00	35.00
2005	384.00	177.00	104.00	99.00	4.00	308.00	131.00	91.00	39.00	47.00
2006	436.00	197.00	113.00	125.00	1.00	334.00	143.00	95.00	45.00	51.00
2007	408.00	215.00	73.00	119.00	1.00	356.00	157.00	98.00	49.00	52.00
2008	469.00	255.00	87.00	125.00	2.00	367.00	169.00	104.00	42.00	52.00
2009	553.00	293.00	115.40	144.00	0.60	432.00	222.00	116.00	47.00	47.00

1985~2009年陈二乡几项税收统计表

表4-62 单位:万元

年份	工商各税	农业税					特产税(含烟叶税)	耕地占用税	契税
		应征税额	灾情减免	实征税额					
				合计	正税	附加			
合计	1686.00	1191.02	125.36	1064.67	933.79	130.73	500.64	40.13	3.50
1985	10.00	14.76	1.38	13.38	11.74	1.64			
1986	11.00	19.00	1.38	17.62	15.46	2.16	0.43		
1987	12.00	21.16	1.50	19.66	17.24	2.41	0.25	0.23	
1988	16.00	16.20	3.80	12.40	10.88	1.52	0.93	1.10	
1989	23.00	24.86	1.00	23.86	20.93	2.93	1.70	0.50	
1990	28.00	25.53	2.80	22.73	19.94	2.79	1.20	1.80	
1991	30.00	26.99	4.34	22.65	19.87	2.78	2.00	1.50	
1992	30.00	30.90	2.35	28.55	25.04	3.51	2.50	2.50	
1993	35.00	30.62	4.33	26.29	23.06	3.23	2.70	4.00	0.30

续表4-62

年份	工商各税	农业税					特产税(含烟叶税)	耕地占用税	契税
		应征税额	灾情减免	实征税额					
				合计	正税	附加			
1994	45.00	54.12	2.75	51.37	45.06	6.31	4.00	3.00	0.40
1995	48.00	61.25	4.43	56.82	49.84	6.98	3.00	2.50	
1996	49.00	78.50	6.11	72.39	63.50	8.89	3.00	0.50	
1997	45.00	79.10	5.00	74.10	65.00	9.10	8.00	2.50	0.20
1998	51.00	78.54	9.00	69.54	61.00	8.54	8.00	5.00	
1999	53.00	75.68	5.00	70.68	62.00	8.68	10.00		0.20
2000	58.00	67.84	4.00	62.84	55.00	7.70	23.00	0.50	
2001	55.00	33.22	7.00	26.22	23.00	3.22	21.00	2.00	0.10
2002	53.00	176.01	35.19	140.82	123.53	17.29	28.83	5.00	
2003	58.00	176.01	17.50	158.52	139.05	19.47	20.30	0.30	0.20
2004	63.00	100.73	6.50	94.23	82.65	11.58	52.50	0.40	0.30
2005	62.00						88.00	0.80	0.30
2006	105.00						6.70	0.90	0.30
2007	158.00						18.50	0.90	0.40
2008	285.00						72.40	1.00	0.40
2009	303.00						121.70	3.20	0.40

柏枝乡财政所

柏枝乡位于县境东南。东与津市白衣镇、棠华乡交界，北与望城、烽火乡毗邻，西与四新岗镇接壤，南抵鼎城区双桥坪乡。全乡土地总面积100.6平方公里。地貌以丘陵、平原为主。柏枝乡自古以来是临澧与津市、鼎城相通的交通要道，傲山墟场尤为繁华。咸丰三年（1853年），省开征厘金，在傲山设立厘卡，隶属省局，咸丰四年（1854年）6月，在傲山设有湘西总当铺，后毁于兵祸。咸丰十年春，朝庭并在傲山铺修建公馆，供钦差、主考、督察巡视寝食。光绪十二年（1886年），傲山铺设立武营塘汛、驿站，立“九省通衢”石碑。民国16年（1927年）11月，中共临澧县委秘密机关设在傲山附近的朱家祠堂。

新中国成立后，柏枝为三区区政府所在地。1956年，撤区并乡后更名为柏枝乡；1958年9月，改为红旗人民公社；1959年2月，将红旗人民公社更名为柏枝人民公社，辖22个生产大队。1984年3月，改为柏枝乡。柏枝乡人民政府财政收入以农业税为主，工商各税为辅。2002年，全乡完成农业税收入249.38万元，特产税1507万元（含烟叶）。

2009年，全乡有24个行政村，336个村民小组，年末总户数9219户，总人口28522人，其中农业人口27530人，非农业人口992人。耕地面积46273亩，其中：水田面积42239亩，旱地面积4034亩；山林面积4.2万亩；水面面积18552亩；水库12座，有效灌溉面积3.5万亩。这个乡主要经济作物有油菜、花生、棉花、凉薯、烟叶等，年生产粮食2812.10万公斤、花生20万公斤、油料297万公斤、棉花50.00万公斤；烟叶面积1570亩，产量22万公斤。年出栏生猪46000头、牛789头、羊10000只、家禽112万羽。工农业产值达32855万元，其中工业产值5200万元，农业产值27655万元。财政收入536.62万元。农民人均纯收入3590元，比1986年462元增加3128元，同比增长6.77倍。

1985年至2009年，柏枝乡财政收入7197.48万元，其中：上级补助收入2734.99万元，预算外收入2153.53万元，自筹收入1824.05万元，其他收入484.91万元。财政支出7144.79万元，其中：行政经费支出3131.45万元，事业单位支出1811.28万元，抚恤社救支出762.17万元，其他支出1439.89万元。

1985年至2009年，柏枝乡几项税收2946.96万元，其中：工商各税744.85万元，农业税1569.94万元（应征税额1720.02万元，灾情减免150.09万元，实征正税1377.12万元，附加192.80万元），特产税581.51万元（其中2004至2009年烟叶特产税394.10万元），耕地占用税44.46万元，契税6.20万元。

柏枝乡财政所狠抓财政管理。预内、预外、自筹、统筹坚持综合预算，乡政府机关和站办所各项开支归乡政府统管，由分管财经的乡领导一支笔审批。这种财政管理的做法和经验曾在全省推广。1989年，柏枝乡财政所被湖南省财政厅评为全省“文明财政所”；1993年至2007年，连续15年分别被县财政局评为“目标管理先进单位”和“文明财政所”。

1985~2009年柏枝乡财政收支统计表

表4-63 单位：万元

年份	收入					支出				
	合计	上级补助(拨入)收入	预算外收入	自筹收入	其他收入	合计	行政经费支出	事业单位支出	抚恤社救支出	其他支出
合计	7197.48	2734.99	2153.53	1824.05	484.91	7144.79	3131.45	1811.28	762.17	1439.89
1985	25.07	22.35	2.72			84.70	45.30	18.80	20.60	
1986	30.86	25.36	5.50			90.50	45.50	24.05	20.95	
1987	30.40	25.90	4.50			90.60	45.90	24.25	20.45	
1988	53.00	47.50	5.50			153.00	50.50	78.00	24.50	
1989	137.54	65.71	15.36	56.47		197.28	69.90	90.50	24.90	11.98
1990	127.68	69.90	8.80	48.98		210.35	72.55	89.95	25.50	22.35
1991	235.89	75.30	15.23	145.36		240.35	85.87	95.26	26.90	32.32
1992	391.92	97.49	151.79	142.64		282.70	98.98	105.27	24.00	54.45
1993	340.79	98.50	111.79	130.50		314.98	108.50	115.48	25.50	65.50
1994	313.86	98.50	105.36	110.00		329.98	118.36	116.32	25.90	69.40
1995	389.15	85.36	198.79	105.00		331.18	119.49	119.95	26.50	65.24

续表4-63

年份	收入					支出				
	合计	上级补助(拨入)收入	预算外收入	自筹收入	其他收入	合计	行政经费支出	事业单位支出	抚恤社救支出	其他支出
1996	359.99	119.63	105.36	135.00		333.90	121.33	120.35	26.80	65.42
1997	358.71	115.25	115.46	128.00		349.64	123.25	124.24	26.90	75.25
1998	340.58	110.23	110.35	120.00		362.80	125.47	124.58	27.50	85.25
1999	344.45	109.23	110.22	125.00		356.89	127.79	125.45	28.40	75.25
2000	429.46	109.50	159.96	160.00		343.04	133.36	51.23	33.20	125.25
2001	440.35	109.88	175.47	155.00		339.75	154.50	21.50	34.50	129.25
2002	360.32	115.32	125.00	105.00	15.00	311.68	155.36	15.47	35.40	105.45
2003	293.23	143.23	85.00	40.00	25.00	330.94	175.49	15.50	30.50	109.45
2004	254.83	143.39	55.35	40.50	15.59	313.71	175.79	12.39	35.20	90.33
2005	285.14	155.45	83.55	11.55	34.59	313.95	175.88	13.24	35.50	89.33
2006	330.60	191.05	78.54	13.24	47.77	328.44	189.91	59.84	30.92	47.77
2007	280.86	163.32	94.19	14.25	9.10	324.24	195.59	65.55	43.55	19.55
2008	506.18	193.32	141.29	15.23	156.34	365.07	206.39	85.55	53.55	19.58
2009	536.62	244.32	88.45	22.33	181.52	445.12	210.49	98.56	54.55	81.52

1985~2009年柏枝乡几项税收统计表

表4-64　　　　单位:万元

年份	工商各税	农业税					特产税(含烟叶税)	耕地占用税	契税
		应征税额	灾情减免	实征税额					
				合计	正税	附加			
合计	744.85	1720.02	150.09	1569.94	1377.12	192.80	581.51	44.46	6.20
1985	5.15	22.09	1.36	20.73	18.18	2.55			
1986	11.25	25.85	1.40	24.45	21.45	3.00	0.37		
1987	15.25	28.88	1.80	27.08	23.75	3.33	0.18	0.14	
1988	20.35	23.59	5.00	18.59	16.31	2.28	1.37	1.50	
1989	23.66	37.02	1.20	35.82	31.42	4.40	1.80	0.50	
1990	27.96	38.86	5.50	33.36	29.26	4.10	2.00	0.20	
1991	21.50	36.92	6.95	29.97	26.29	3.68	2.60	2.00	
1992	22.39	42.39	4.32	38.07	33.39	4.67	3.00	3.50	

续表4-64

年份	工商各税	农业税					特产税(含烟叶税)	耕地占用税	契税
		应征税额	灾情减免	实征税额					
				合计	正税	附加			
1993	24.50	42.31	4.87	37.44	32.84	4.59	4.00	4.00	0.50
1994	21.99	74.36	3.28	71.08	62.35	8.73	5.00	4.00	0.60
1995	23.42	83.74	8.66	75.08	65.86	9.22	6.00	2.50	
1996	67.69	108.26	10.20	98.06	86.02	12.04	8.00	0.50	
1997	25.20	109.46	8.00	101.46	89.00	12.46	12.00	3.00	0.50
1998	40.27	102.06	12.00	90.06	79.00	11.06	12.75	5.00	
1999	38.42	99.62	5.00	94.62	83.00	11.62	23.00	0.20	0.20
2000	48.00	96.20	5.00	91.20	80.00	11.20	29.00	0.50	
2001	28.28	61.58	8.00	53.58	47.00	6.58	23.00	2.00	0.10
2002	49.63	267.01	32.85	234.16	205.40	28.76	35.20	8.00	
2003	48.56	267.01	16.40	250.62	219.84	30.78	18.20	0.05	0.50
2004	59.69	152.81	8.30	144.51	126.76	17.75	62.70	0.25	1.00
2005	79.69						98.20	0.12	0.50
2006	10.00						10.50	1.00	0.40
2007	10.00						22.50	1.00	0.60
2008	10.00						77.64	1.00	0.80
2009	12.00						122.50	3.50	0.50

烽火乡财政所

烽火乡位于临澧县境东部，距县城11公里。东与津市白衣镇接壤，西与杨板、望城乡毗邻，南与柏枝乡、津市市棠华乡交界，北与澧县道河、津市灵泉乡接壤。民国5年(1916年)烽火乡原属观音区，民国27年(1938年)，属将军乡。

新中国成立后，1950年，属三区将军乡；1953年，属七区观音乡；1956年，改为烽火山乡；1958年，改为东方红人民公社；1959年2月，更名为烽火人民公社；1984年3月，更名为烽火乡。该乡地势东北高，西南低，属丘陵山区，矿产资源丰富，地矿储藏有烟煤、石煤、白土、高硅土；白龙井矿泉水经中科院监定为含硒天然优质矿泉水。

1996年，烽火乡随着经济、社会及集镇街道建设的发展，政治中心转移，将坐落在将军山脚的乡政府迁至道河西岸观音庵村观美组。随着石长铁路的拉通，荆常高速及高速公路的进出口临烽公路工程的建成，道水航道连接澧水，水陆交通便捷。俗称临澧“东大门”的烽火乡观音庵集镇已成为北接湖北、南连广东、深圳通往全国的交通枢纽中心。

2009年，烽火乡土地总面积86.58平方公里，地貌以微丘为主，平原较少。乡辖21个自然行政村，222个村民小组。年末总户数7028户，总人口21523人，其中：农业人口20684人，非农业人口839人。耕地面积32291亩，其中水田面积28198亩，旱地面积4093亩。山林面积58664亩，水面面积12100亩。粮食产量1886.8万公斤，棉花产量30.3万公斤，油料产量195.4万公斤。年出栏生猪32000头、牛504头、羊4800只、家禽112万羽。全乡工农业总产值20934万元，其中工业产值4871万元，农业产值16063万元。财政收入459万元。农民人均纯收3228元，比1986年442元增加2786元，同比增长6.30倍。

1985年至2009年，烽火乡财政收入4510万元，其中：上级补助收入2660万元，预算外收入1228万元，自筹收入352万元，其他收入270万元。财政支出4884万元，其中：行政经费支出2673万元，事业单位支出1380万元，抚恤社救支出334万元，其他支出497万元。

1985年至2009年，烽火乡几项税收1727.29万元，其中：工商各税269万元，农业税1258.83万元（应征税额1396.86万元，灾情减免138.03万元，实征正税1104.25万元，附加154.60万元），特产税150.78万元，耕地占用税44.18万元，契税4.50万元。

烽火乡政府财政收入以"农业税"收为主，经济基础较薄弱。该乡财政所积极配合乡党委、乡政府领导抓好增收节支，培植财源，千方百计争取上级资金等方面做了大量工作。近几年，烽火乡党委、乡政府相继完成了中学及中心小学校舍的整体搬迁、街道的拓宽配套、自来水厂的建立，乡、村、组公路的全面硬化以及堤院、水库、塘坝的彻底除险保安工作目标任务。人民群众体验生活幸福指数明显提高。2003年至2005年，连续3年被县财政局评为"目标管理先进单位"。

1985~2009年烽火乡财政收支统计表

表4-65　　　　单位：万元

年份	收入					支出				
	合计	上级补助(拨入)收入	预算外收入	自筹收入	其他收入	合计	行政经费支出	事业单位支出	抚恤社救支出	其他支出
合计	4510.00	2660.00	1228.00	352.00	270.00	4884.00	2673.00	1380.00	334.00	497.00
1985	38.00	21.00	5.00	12.00		45.00	13.00	30.00	2.00	
1986	42.00	24.00	6.00	12.00		49.00	11.00	35.00	3.00	
1987	54.00	31.00	7.00	16.00		78.00	34.00	40.00	3.00	1.00
1988	57.00	42.00	1.00	14.00		91.00	42.00	47.00	1.00	1.00
1989	69.00	64.00	2.00	3.00		83.00	38.00	42.00	2.00	1.00
1990	88.00	75.00	1.00	12.00		92.00	39.00	45.00	3.00	5.00
1991	84.00	81.00	2.00	1.00		83.00	38.00	42.00	3.00	
1992	121.00	105.00	9.00	7.00		75.00	34.00	40.00	1.00	
1993	128.00	106.00	14.00	8.00		109.00	59.00	45.00	4.00	1.00

续表4-65

年份	收入					支出				
	合计	上级补助(拨入)收入	预算外收入	自筹收入	其他收入	合计	行政经费支出	事业单位支出	抚恤社救支出	其他支出
1994	136.00	106.00	10.00	20.00		80.00	31.00	44.00	4.00	1.00
1995	157.00	104.00	8.00	44.00	1.00	80.00	28.00	47.00	4.00	1.00
1996	174.00	104.00	44.00	25.00	1.00	153.00	98.00	46.00	6.00	3.00
1997	195.00	109.00	56.00	29.00	1.00	209.00	112.00	50.00	7.00	40.00
1998	273.00	82.00	125.00	15.00	51.00	225.00	110.00	66.00	11.00	38.00
1999	367.00	94.00	204.00	15.00	54.00	214.00	100.00	65.00	9.00	40.00
2000	224.00	108.00	70.00	15.00	31.00	364.00	246.00	69.00	7.00	42.00
2001	229.00	113.00	75.00	15.00	26.00	236.00	118.00	70.00	10.00	38.00
2002	195.00	112.00	41.00	13.00	29.00	269.00	188.00	66.00	9.00	6.00
2003	164.00	121.00	11.00	22.00	10.00	258.00	152.00	76.00	10.00	20.00
2004	181.00	136.00	11.00	24.00	10.00	267.00	132.00	80.00	14.00	41.00
2005	182.00	152.00	18.00	2.00	10.00	255.00	132.00	60.00	20.00	43.00
2006	252.00	154.00	84.00	3.00	11.00	287.00	141.00	55.00	20.00	71.00
2007	274.00	187.00	76.00	4.00	7.00	319.00	219.00	56.00	37.00	7.00
2008	367.00	203.00	150.00	9.00	5.00	495.00	330.00	76.00	27.00	62.00
2009	459.00	226.00	198.00	12.00	23.00	468.00	228.00	88.00	117.00	35.00

1985~2009年烽火乡几项税收统计表

表4-66　　　　单位:万元

年份	工商各税	农业税					特产税(含烟叶税)	耕地占用税	契税
		应征税额	灾情减免	实征税额					
				合计	正税	附加			
合计	269.00	1396.86	138.03	1258.83	1104.25	154.61	150.78	44.18	4.50
1985	4.00	19.06	2.04	17.02	14.93	2.09			
1986	7.00	24.05	2.10	21.95	19.25	2.70	0.21		
1987	5.00	26.40	1.95	24.45	21.45	3.00	0.07	0.22	
1988	6.00	19.97	4.50	15.47	13.57	1.90	1.20	1.20	
1989	5.00	32.16	0.80	31.36	27.51	3.85	1.50	0.70	
1990	4.00	33.84	3.50	30.34	26.61	3.73	1.50	0.20	0.10

续表4-66

年份	工商各税	农业税					特产税(含烟叶税)	耕地占用税	契税
		应征税额	灾情减免	实征税额					
				合计	正税	附加			
1991	4.00	33.88	9.04	24.84	21.79	3.05	2.00	1.50	
1992	5.00	38.82	6.53	32.29	28.33	3.97	2.50	2.50	
1993	5.00	38.48	9.04	29.44	25.82	3.62	2.70	4.00	0.30
1994	5.00	68.54	8.03	60.51	53.08	7.43	4.50	3.00	0.50
1995	5.00	77.15	7.10	70.05	61.45	8.60	2.80	2.50	
1996	5.00	95.59	6.73	88.86	77.95	10.91	3.00	0.50	
1997	5.00	97.06	7.00	90.06	79.00	11.06	5.00	2.50	0.20
1998	10.00	93.66	15.00	78.66	69.00	9.66	10.00	5.00	
1999	12.00	78.10	4.00	74.10	65.00	9.10	12.00		0.20
2000	12.00	82.80	3.00	79.80	70.00	9.80	16.00	0.50	
2001	16.00	44.76	6.00	38.76	34.00	4.76	20.00	2.00	0.10
2002	17.00	191.48	24.77	166.71	146.24	20.47	29.00	8.00	
2003	18.00	191.48	12.40	179.08	157.09	21.99	36.80	0.66	0.40
2004	18.00	109.58	4.50	105.08	92.18	12.91		1.50	0.50
2005	19.00							1.30	0.40
2006	21.00							1.30	0.20
2007	20.00							1.30	0.50
2008	20.00							1.30	0.40
2009	21.00							2.50	0.70

望城乡财政所

望城乡位于县境中部，东与烽火、柏枝乡相邻，南与四新岗镇接壤，西与陈二乡抵界，北与安福镇相连。地貌以微丘平原为主，该乡历史悠久，楚大夫宋玉被贬后长期居住此地，境内至今仍保留着宋玉墓、宋玉城、看花山、放舟湖等宋玉古迹。

1986年，该乡清水、九姊、农丰、梅溪、寒溪划入城关镇，2005年，文塘、望城村划入城关镇管辖。2009年，全乡土地总面积53.37平方公里。耕地面积29064亩，其中水田面积27510亩，旱地面积1554亩；山林面积24314亩；水面面积8081亩；全乡13个行政村，216个村民小组，年末总户数6187户，总人口19191人，其中：农业人口18596人，非农业人口595人。

2009年,该乡粮食总产量为1849.9万公斤、棉花30万公斤、油料228万公斤;年出栏生猪30000头、牛504头、羊4000只、家禽90万羽;工农业产值23760万元,其中工业产值10630元,农业产值13130万元。财政总收入333万元。农民人均纯收入2810元,比1986年483元增加2327元,同比增长4.81倍。

1985年至2009年,望城乡财政收入4236.56万元,其中:上级补助收入2534.03万元,预算外收入1052.56万元,自筹收入624.58万元,其他收入25.39万元。财政支出4704.42万元,其中行政经费支出2591.69万元,事业单位支出1453.13万元,抚恤社救支出419.23万元,其他支出240.37万元。

1985年至2009年,望城乡几项税收2620.87万元,其中:工商各税1064.26万元,农业税1320.84万元(应征税额1448.34万元,灾情减免127.44万元,实征正税1158.63万元,附加162.31万元),特产税173.45万元,耕地占用税54.13万元,契税8.19万元。

望城乡财政所始建于1984年8月。2009年,该所职工由原来3人增至11人。1992年乡政府机关由桥头迁至文塘村李家岗组,财政所在院内新建了建筑面积为200平方米的房屋,现有办公室、档案室、会议(学习)室,安装了电脑等办公设施俱全。

取消农业税后,该乡政府主要靠国家转移支付和上级拨款维持开支。该所自1984年以来按时完成各项税收任务。2007年至2009年,连续3年被县财政局评为“目标管理先进单位”。

1985~2009年望城乡财政收支统计表

表4-67 单位:万元

年份	收入					支出				
	合计	上级补助(拨入)收入	预算外收入	自筹收入	其他收入	合计	行政经费支出	事业单位支出	抚恤社救支出	其他支出
合计	4236.56	2534.03	1052.56	624.58	25.39	4704.42	2591.69	1453.13	419.23	240.37
1985	39.00	27.00	7.00	4.00	1.00	39.20	26.00	1.80	11.00	0.40
1986	43.28	28.32	8.96	6.00		40.25	25.70	2.40	11.82	0.33
1987	27.33	25.72	1.61			67.59	28.38	26.33	12.58	0.30
1988	24.24	20.24	4.00			67.13	25.86	27.14	13.43	0.70
1989	86.89	37.14	4.06	45.69		78.19	29.46	36.22	12.51	
1990	57.02	32.32	4.00	16.80	3.90	79.56	26.07	38.75	13.08	1.66
1991	55.70	24.78	7.54	23.38		105.62	36.74	49.31	12.79	6.78
1992	77.34	41.72	4.89	30.73		109.48	44.59	51.59	13.00	0.30
1993	90.50	59.03	4.77	26.70		105.24	41.33	47.90	13.14	2.87
1994	234.18	68.53	7.85	157.80		132.13	54.13	61.02	12.92	4.06
1995	307.58	66.55	6.75	234.28		114.53	55.16	40.72	12.85	5.80
1996	122.69	90.22	29.17		3.30	151.96	102.14	28.93	13.71	7.18

续表4-67

年份	收入					支出				
	合计	上级补助(拨入)收入	预算外收入	自筹收入	其他收入	合计	行政经费支出	事业单位支出	抚恤社救支出	其他支出
1997	316.73	123.63	193.10			123.60	98.76	4.45	13.91	6.48
1998	220.11	128.77	91.34			132.16	110.28	5.88	15.28	0.72
1999	250.22	127.84	122.38			143.81	107.86	10.70	13.88	11.37
2000	273.51	123.26	150.25			141.03	118.38	6.80	15.13	0.72
2001	272.10	133.70	138.40			320.80	115.40	193.90	11.50	
2002	203.55	150.17	53.38			171.56	128.30	16.16	12.80	14.30
2003	272.97	152.97	67.81	52.19		197.72	150.21	26.21	12.80	8.50
2004	153.26	97.76	20.30	18.01	17.19	230.40	158.24	49.56	15.10	7.50
2005	119.36	115.36	2.00	2.00		281.46	190.70	18.36	20.00	52.40
2006	155.00	132.00	18.00	5.00		442.00	230.00	84.00	20.00	108.00
2007	184.00	163.00	19.00	2.00		475.00	235.00	208.00	32.00	
2008	317.00	294.00	23.00			479.00	231.00	216.00	32.00	
2009	333.00	270.00	63.00			475.00	222.00	201.00	52.00	

1985~2009年望城乡几项税收统计表

表4-68　　　　单位:万元

年份	工商各税	农业税					特产税(含烟叶税)	耕地占用税	契税
		应征税额	灾情减免	实征税额					
				合计	正税	附加			
合计	1064.26	1448.34	127.44	1320.84	1158.63	162.21	173.45	54.13	8.19
1985	24.26	24.24	1.52	22.72	19.93	2.79			
1986	29.78	30.39	1.60	28.79	25.26	3.53	0.38		
1987	29.47	33.57	1.80	31.77	27.87	3.90	0.11	0.24	
1988	19.80	24.66	4.50	20.16	17.68	2.48	1.08	1.20	
1989	22.67	40.63	1.00	39.63	34.76	4.87	1.50	0.80	
1990	40.90	35.03	3.80	31.23	27.39	3.84	1.50	4.60	0.25
1991	45.07	35.10	9.04	26.00	22.80	3.20	2.00	2.00	
1992	32.58	39.73	2.66	37.07	32.52	4.55	3.00	3.50	
1993	50.87	39.24	6.27	32.97	28.92	4.05	2.70	4.00	0.30

续表4-68

年份	工商各税	农业税					特产税(含烟叶税)	耕地占用税	契税
		应征税额	灾情减免	实征税额					
				合计	正税	附加			
1994	51.01	68.53	4.60	63.93	56.08	7.85	4.50	4.00	1.00
1995	79.09	77.81	2.55	75.26	66.02	9.24	3.60	2.50	
1996	79.16	100.14	7.53	92.61	81.24	11.37	4.00	1.00	
1997	56.58	100.62	6.00	94.62	83.00	11.62	10.00	2.50	0.30
1998	69.32	93.22	10.00	83.22	73.00	10.22	18.75	5.00	
1999	42.20	89.36	5.00	84.36	74.00	10.36	12.00	0.20	0.20
2000	39.40	85.22	2.00	83.22	73.00	10.22	30.00	0.50	
2001	43.70	60.58	7.00	53.58	47.00	6.58	23.00	2.00	0.20
2002	45.92	182.82	30.37	152.45	133.73	18.72	35.00	8.00	
2003	36.68	182.82	15.00	167.82	147.21	20.61	20.33	0.51	0.20
2004	96.83	104.63	5.20	99.43	87.22	12.21		0.19	0.74
2005	14.97							0.09	0.30
2006	17.00							1.00	0.20
2007	18.00							1.30	0.50
2008	19.00							1.00	3.00
2009	60.00							8.00	1.00

杨板乡财政所

杨板乡位于县境道水下游,距县城10公里。东与烽火乡交界,北抵澧县道河乡,西邻停弦渡镇、修梅镇,南与安福镇接壤。地貌以丘岗山地为主。沔泗海拔34米,为全县最低点。该乡境内古老山下有一溪水,水质纯净,长年用此水制成的“千张”(豆腐皮),风味独特,历为贡品。1949年10月,杨板乡属四区太山乡,1950年,分为三区观音乡、四区南岳乡、万福乡、水阁乡、岳楼乡和七区青阳乡;1956年,撤区后为杨板乡;1958年,成立跃进人民公社;1959年,改为杨板桥人民公社;1984年,改为杨板乡。2000年,该乡投资近80万元配套完善了乡办中学的基础设施,投资300万元修建了全市一流的高标准小学——仙女学校。

2009年年末,全乡土地总面积78.08平方公里。该乡有18个行政村,318个村民小组。年末总户数6595户,总人口20574人,其中:农业人口19995人,非农业人口579人。全乡耕地面积40486亩,其中水田面积35286亩,旱地面积5200亩;山林面积38454.7亩;水面面积12929.5亩。全乡粮食产量2368.3万公斤、油料产量270万公斤、棉花产量36万公斤(建立了以五合为龙头的5000亩优质棉花生产基地）。年出栏生猪27300头、牛1300头、羊4000只、家禽103万羽。全乡工农业产值22066万元，其中工业产值5501万元，农业产值16565万元。财政收入266万元。农民人均纯收入3470元，比1986年435元增加3035元，同比增长6.98倍。

1985年至2009年，杨板乡财政收入3928.91万元，其中：上级补助收入2586.71万元，预算外收入1084.90万元，自筹收入108.50万元，其他收入148.80万元。财政支出3894.60万元，行政经费支出2405.30万元，事业单位支出463.40万元，抚恤社救支出454.90万元，其他支出571.00万元。

1985年至2009年，杨板乡几项税收2080.62万元，其中：工商各税127.50万元，农业税1360.06万元（应征税额1498.34万元，灾情减免138.28万元，实征正税1193.04万元，附加167.02万元），特产税159.11万元，耕地占用税37.40万元，契税4.26万元。

杨板乡财政收入主要以农业税和农业特产税为主，工商税收逐年有所增加，每年都能按时完成上级下达的税收任务。狠抓财源建设，增收节支，精打细算，确保全乡各项事业支出。1984年至2009年，其间1995年、1998年、2006年被县财政局评为"目标管理先进单位"。

1985~2009年杨板乡财政收支统计表

表4-69 单位：万元

年份	收入					支出				
	合计	上级补助（拨入）收入	预算外收入	自筹收入	其他收入	合计	行政经费支出	事业单位支出	抚恤社救支出	其他支出
合计	3928.91	2586.71	1084.90	108.50	148.80	3894.60	2405.30	463.40	454.90	571.00
1985	36.00	16.00	13.00	2.00	5.00	35.30	15.80	4.50	10.00	5.00
1986	44.20	21.00	13.20	3.00	7.00	42.70	16.00	4.60	10.10	12.00
1987	67.40	24.80	35.60	2.00	5.00	67.80	31.80	5.20	12.80	18.00
1988	68.50	25.00	33.50	6.00	4.00	63.40	32.00	4.80	12.60	14.00
1989	68.00	25.00	40.00	2.00	1.00	65.80	32.00	5.00	11.80	17.00
1990	85.00	28.00	52.00	3.00	2.00	80.80	40.00	5.50	12.30	23.00
1991	88.00	28.00	46.00	6.50	7.50	86.60	42.00	5.60	11.00	28.00
1992	91.00	30.00	47.00	6.00	8.00	91.20	48.00	8.00	11.20	24.00
1993	97.00	32.00	51.00	5.00	9.00	94.50	48.00	8.00	11.50	27.00
1994	153.60	55.60	90.00	3.00	5.00	103.00	62.00	9.60	12.40	19.00
1995	189.60	56.20	123.40	3.00	7.00	138.10	86.70	11.60	13.80	26.00
1996	195.00	55.00	125.00	6.00	9.00	143.40	85.00	11.00	15.40	32.00
1997	197.00	62.00	124.00	5.00	6.00	147.00	85.00	10.00	16.00	36.00
1998	208.00	75.00	117.00	4.00	12.00	158.00	116.00	10.00	13.00	19.00

续表4-69

年份	收入					支出				
	合计	上级补助(拨入)收入	预算外收入	自筹收入	其他收入	合计	行政经费支出	事业单位支出	抚恤社救支出	其他支出
1999	178.00	145.00	19.50	5.50	8.00	158.00	119.00	10.00	14.00	15.00
2000	180.00	150.00	16.50	6.50	7.00	170.00	116.00	12.00	20.00	22.00
2001	246.00	196.00	42.00	4.00	4.00	205.00	150.00	11.00	24.00	20.00
2002	254.00	203.00	38.00	5.00	8.00	224.00	170.00	10.00	24.00	20.00
2003	282.81	231.81	35.00	7.00	9.00	232.00	172.00	12.00	26.00	22.00
2004	149.80	127.30	13.00	3.00	6.50	157.00	115.00	10.00	23.00	9.00
2005	220.00	211.00	3.20	2.00	3.80	228.00	120.00	53.00	28.00	27.00
2006	285.00	276.00	1.00	2.00	6.00	284.00	172.00	55.00	26.00	31.00
2007	136.00	128.00	1.00	6.00	1.00	286.00	174.00	60.00	28.00	24.00
2008	143.00	123.00	4.00	10.00	6.00	313.00	177.00	62.00	28.00	46.00
2009	266.00	262.00	1.00	1.00	2.00	320.00	180.00	65.00	40.00	35.00

1985~2009年杨板乡几项税收统计表

表4-70　　单位:万元

年份	工商各税	农业税					特产税(含烟叶税)	耕地占用税	契税
		应征税额	灾情减免	实征税额					
				合计	正税	附加			
合计	127.50	1498.34	138.28	1360.06	1193.04	167.02	159.11	37.40	4.26
1985	0.50	20.05	1.83	18.22	15.98	2.24			
1986	1.00	26.21	1.85	24.36	21.37	2.99	0.41		
1987	2.00	29.15	1.85	27.30	23.95	3.35	0.17		
1988	2.00	21.47	5.00	16.47	14.45	2.02	1.01	1.20	
1989	2.00	33.73	0.80	32.93	28.89	4.04	1.50	0.50	
1990	2.00	37.24	4.20	33.04	28.98	4.06	1.50	0.20	
1991	3.00	37.10	6.99	30.11	26.41	3.70	2.00	1.50	
1992	3.00	42.61	4.33	38.28	33.58	4.70	2.50	2.50	
1993	3.50	42.20	7.36	34.84	30.56	4.28	2.50	4.00	0.30
1994	3.50	75.35	2.93	72.42	63.53	8.89	4.50	3.00	0.60
1995	3.50	85.33	4.57	80.76	70.84	9.92	2.70	2.50	

续表 4-70

年份	工商各税	农业税					特产税(含烟叶税)	耕地占用税	契税
		应征税额	灾情减免	实征税额					
				合计	正税	附加			
1996	4.20	109.81	12.60	97.21	85.27	11.94	4.00	0.50	
1997	4.20	108.32	8.00	100.32	88.00	12.32	8.00	1.80	0.30
1998	5.00	100.92	12.00	88.92	78.00	10.92	15.12	5.00	
1999	5.00	101.90	5.00	96.90	85.00	11.90	12.00		0.20
2000	6.00	98.62	4.00	94.62	83.00	11.62	21.00	0.50	
2001	6.00	56.02	7.00	49.02	43.00	6.02	23.00	2.00	0.10
2002	6.00	182.82	30.37	152.45	133.73	18.72	35.00	8.00	
2003	10.90	188.20	12.00	176.20	154.56	21.64	22.20	0.20	0.30
2004	11.20	101.29	5.60	95.69	83.94	11.75		0.30	0.30
2005	8.00							0.30	0.30
2006	8.00							0.10	0.30
2007	8.00								1.00
2008	9.00							0.30	0.30
2009	10.00							3.00	0.26

官亭乡财政所

官亭乡位于临澧县境北端，东与九里乡接壤，北与澧县王家厂乡毗邻，西与澧县马头铺、石门新铺乡相连，南接合口镇、新安镇。相传明清时，上、下罗湖垱能灌田10万余亩，为处理水利纠纷修有一亭塔，上刻议处碑文，亦为官亭议事休憩所在，故名官亭塔，虽年久塔毁，但远近群众皆知，官亭乡因此而得名。该乡地势西高东低，枝柳铁路纵贯其间。境内官亭水库是全县最大的中型水库，库容为5650万立方米，有效灌溉面积10万亩。

2009年，该乡17个行政村，237个村民小组。年末总户数7278户，总人口22831人，其中：农业人口21795人，非农业人口1036人。土地总面积为79.43平方公里。耕地面积22397亩，其中水田面积17000亩，旱地面积5397亩；山林面积64454亩；水面面积11751亩；该乡农业主产粮、棉、油；盛产柑橘、桃李等。当年，全乡粮食总产量为1077.3万公斤、棉花49.5公斤、油料319万公斤；年出栏生猪32000头、牛1600头；全乡工农业产值35571万元，其中工业产值19300万元，农业产值16271万元。财政收入521万元。农民人均纯收入2800元，比1986年378元增加2422元，同比增长6.41倍。

1985年至2009年，官亭乡财政收入5241.93万元，其中：上级补助收入2627.81万元，预算外收入241.66万元，自筹收入2085.51万元，其他收入286.95万元。财政支出5162.58万元，其中：行政经费支出2651.62万元，事业单位支出1188.78万元，抚恤社救570.43万元，其他支出751.75万元。

1985年至2009年，官亭乡几项税收2925.27万元，其中：工商各税2004.94万元，农业税743.07万元（应征税额885.57万元，灾情减免142.50万元，实征正税651.82万元，附加91.25万元），特产税135.28万元，耕地占用税37.68万元，契税4.30万元。

官亭乡财政所始建于1984年，财政所新建了办公楼。该所积极配合乡党委、政府，狠抓企业生产，培植财源，增加税收。每年超额完成税收任务，坚持按预算计划办事，保证了机关的正常运转。同时还挤出资金50多万元进行街道绿化及卫生设施改造，顺利通过了"国家环境优美乡"的验收评定。1995年至2000年，官亭财政所连续6年被县财政局评为"目标管理先进单位"。1999年，被常德市财政局评为"市级文明财政所"。2003年，被市财政局评为"乡镇财政总决算报表二等奖"，2005年被县财政局评为"政府采购工作先进单位"。

1985~2009年官亭乡财政收支统计表

表4-71 单位：万元

年份	收入					支出				
	合计	上级补助（拨入）收入	预算外收入	自筹收入	其他收入	合计	行政经费支出	事业单位支出	抚恤社救支出	其他支出
合计	5241.93	2627.81	241.66	2085.51	286.95	5162.58	2651.62	1188.78	570.43	751.75
1985	110.02	33.97	1.20	73.85	1.00	35.53	9.60	9.00	11.50	5.43
1986	112.56	34.86	1.20	74.50	2.00	38.30	10.20	10.30	11.60	6.20
1987	114.39	35.75	1.18	74.96	2.50	53.08	11.96	18.20	11.45	11.47
1988	124.29	43.04	1.17	76.08	4.00	56.60	12.18	12.54	19.50	12.38
1989	136.73	51.00	2.50	81.23	2.00	64.04	17.72	15.23	12.03	19.06
1990	109.19	62.28	2.11	42.95	1.85	63.98	19.59	17.14	12.40	14.85
1991	89.65	49.26	2.14	33.25	5.00	67.50	18.07	18.67	12.40	18.36
1992	101.56	57.93	2.63	37.00	4.00	67.36	20.61	20.61	12.40	13.74
1993	127.78	82.69	2.58	35.51	7.00	71.13	21.52	25.53	12.60	11.48
1994	142.19	93.32	4.65	24.22	20.00	84.55	40.36	18.44	12.70	13.05
1995	210.88	123.39	5.30	57.19	25.00	92.98	34.42	26.75	12.65	19.16
1996	228.04	136.13	15.00	61.91	15.00	143.63	75.89	25.00	16.12	26.62
1997	193.40	41.20	15.00	119.20	18.00	149.23	95.00	18.00	17.00	19.23
1998	178.84	17.84	15.00	130.00	16.00	191.51	129.20	17.09	17.00	28.22
1999	146.60	21.60	15.00	105.00	5.00	205.12	131.70	23.50	24.48	25.44
2000	181.99	57.23	15.00	101.76	8.00	300.84	212.60	21.50	27.00	39.74

续表4-71

年份	收入					支出				
	合计	上级补助(拨入)收入	预算外收入	自筹收入	其他收入	合计	行政经费支出	事业单位支出	抚恤社救支出	其他支出
2001	186.32	48.62	15.00	110.70	12.00	224.00	142.00	22.58	23.00	36.42
2002	227.10	85.70	15.00	115.40	11.00	244.00	153.00	20.40	20.40	50.20
2003	221.40	95.00	15.00	100.90	10.50	281.70	167.00	35.00	25.20	54.50
2004	159.80	112.80	15.00	20.50	11.50	249.00	169.00	30.00	23.00	27.00
2005	219.60	92.00	15.00	99.00	13.60	304.90	158.00	39.80	40.00	67.10
2006	260.30	115.20	15.00	114.40	15.70	280.60	167.00	40.50	43.00	30.10
2007	555.80	414.00	15.00	106.00	20.80	415.00	180.00	120.00	52.00	63.00
2008	581.60	404.00	15.00	140.00	22.60	557.00	300.00	155.00	37.60	64.40
2009	521.90	319.00	20.00	150.00	32.90	921.00	355.00	428.00	63.40	74.60

1985~2009年官亭乡几项税收统计表

表4-72　　单位:万元

年份	工商各税	农业税					特产税(含烟叶税)	耕地占用税	契税
		应征税额	灾情减免	实征税额					
				合计	正税	附加			
合计	2004.94	885.57	142.50	743.07	651.82	91.25	135.28	37.68	4.30
1985	22.00	11.84	1.50	10.34	9.07	1.27			
1986	23.86	14.64	1.60	13.04	11.44	1.60	0.16		
1987	24.99	17.14	1.85	15.29	13.41	1.88	0.56	0.23	
1988	31.10	17.34	7.50	9.84	8.63	1.21	1.50	1.00	
1989	33.25	20.05	2.30	17.75	15.57	2.18	1.50	0.50	
1990	46.35	19.31	5.20	14.11	12.38	1.73	3.00	0.20	
1991	33.08	22.36	8.13	14.23	12.48	1.75	2.50	1.50	
1992	37.38	25.68	6.70	18.98	16.65	2.33	3.50	2.00	
1993	64.18	25.62	7.22	18.40	16.14	2.26	3.00	4.00	0.20
1994	124.78	45.60	7.74	37.86	33.21	4.65	4.50	3.00	0.40
1995	176.90	51.50	8.35	43.15	37.85	5.30	3.08	2.50	
1996	193.00	58.52	10.28	48.24	42.32	5.92	4.00	0.50	
1997	174.00	57.44	5.00	52.44	46.00	6.44	7.00	2.50	0.10

续表4-72

年份	工商各税	农业税					特产税（含烟叶税）	耕地占用税	契税
		应征税额	灾情减免	实征税额					
				合计	正税	附加			
1998	176.90	62.72	8.00	54.72	48.00	6.72	14.11	5.00	
1999	152.00	53.02	4.00	49.02	43.00	6.02	12.00		0.20
2000	157.00	63.56	2.00	61.56	54.00	7.56	18.00	0.50	
2001	150.00	15.70	10.00	5.70	5.00	0.70	19.00	2.00	0.10
2002	18.39	118.00	25.03	92.97	81.55	11.42	28.20	5.00	
2003	11.60	118.00	12.50	105.50	92.55	12.95	9.67	0.60	0.20
2004	16.93	67.53	7.60	59.93	52.57	7.36		0.44	0.20
2005	29.25							0.03	0.30
2006	43.00							0.18	0.30
2007	52.00							1.00	1.00
2008	98.00							2.00	1.00
2009	115.00							3.00	0.30

九里乡财政所

九里乡位于临澧县城境北端，地处澧水中下游的澧北平原与湘西北丘陵地区的交汇处，是一个半平原、半丘陵的地区，距县城35公里。东邻澧县大坪乡、大堰垱镇、南与合口镇接壤，西与官亭乡毗邻，北抵澧县垱市镇、王家厂镇。该乡是楚文化的发源地。迄今为止发现了全国最大的楚墓群。1983年，被省政府确定为全省重点文物保护单位。1979年至1988年，经文物部门4次考古挖掘，出土了大量的金器、玉器。青铜器和竹筒等文物，有20多件经专家鉴定，属国家一、二级文物。这批珍贵文物的出土，为中国楚文化的研究提供了重要的依据。晚唐诗人李群玉在该乡境内的伏牛山，留下了广为流传的“哦句平台”。中国工农红军第四军参谋长黄鳌就诞生在该乡同心村的一个贫苦农家。该乡自然资源丰富。有万亩茶园基地生产的绿茶和红碎茶远销内蒙古、新疆等13个省（自治区）市以及巴基斯坦、新加坡等东南亚国家。境内地下有储量丰富的石膏、陶土等矿产资源居全县首位。

2009年，全乡土地总面积42.32平方公里。耕地面积26811亩，其中：水田面积25810亩，旱地面积1001亩；山林面积12300亩，活立木蓄积量达2万立方米。水面面积5914亩；全乡辖15个行政村，180个村民小组，年末总户数6652户，总人口19836人，其中农业人口19024人，非农业人口812人。

九里乡农业主要是种植水稻、棉花、油菜等作物。养殖业以养猪、鸡、鸭为主，2000年全乡以平区9个村为重点，与金健米业公司联手建起万亩优质稻生产基地；以山区6个村为示范建起脐橙、蜜柚、杂柑为主的万亩优质水果基地。工业主要以烟花、石膏、造纸、印刷、铸造等为主的支柱产业，2009年，全乡完成工商税收820万元；工农业产值39306万元，其中工业产值23395万元，农业产值

15911万元;财政总收入345.40万元;粮食产量1648.7万公斤;棉花产量52万公斤;油料产量262万公斤;年出栏生猪30000头、牛3000头、家禽105万羽;农民人均纯收入4602元,比1986年443元增加4159元,同比增长9.39倍。

1985年至2009年,九里乡财政收入5080.33万元,其中:上级补助收入2396.54万元,预算外收入688.73万元,自筹收入1780.96万元,其他收入214.10万元。财政支出5054.30万元,其中:行政经费支出2672万元,事业单位支出897.68万元,抚恤社救支出590.42万元,其他支出894.20万元。

1985年至2009年,九里乡几项税收7457.51万元,其中:工商各税6086.80万元,农业税1184.08万元(应征税额1319.85万元,灾情减免134.81万元,实征正税1038.67万元,附加145.41万元),特产税139.48万元,耕地占用税42.60万元,契税4.55万元。

九里乡财政收入以"农业税"和"农业特产税收"为主,工商税收有所增加,每年都能按时完成上级下达的税收任务,在财政支出方面坚持预算计划,严格执行财经制度和纪律,增收节支,精打细算,保证了乡政府各项事业的支出。1984年至1989年,该乡财政所连续6年被县财政局评为"目标管理先进财政所",1990年,被县财政局评为"县级文明财政所",1993年,被常德市财政局评为"全市文明财政所"。

1985~2009年九里乡财政收支统计表

表4-73 单位:万元

年份	收入					支出				
	合计	上级补助(拨入)收入	预算外收入	自筹收入	其他收入	合计	行政经费支出	事业单位支出	抚恤社救支出	其他支出
合计	5080.33	2396.54	688.73	1780.96	214.10	5054.30	2672.00	897.68	590.42	894.20
1985	67.80	56.00	2.80	7.00	2.00	59.66	24.50	1.27	12.79	21.10
1986	69.20	56.10	3.50	8.00	1.60	60.16	24.80	1.27	12.79	21.30
1987	71.00	62.00	3.70	4.80	0.50	77.60	41.30	2.80	12.10	21.40
1988	78.83	67.00	3.73	6.10	2.00	83.10	46.20	3.50	12.10	21.30
1989	86.20	71.80	4.30	7.10	3.00	95.40	46.30	15.30	12.30	21.50
1990	93.80	79.40	4.70	7.20	2.50	143.60	68.20	17.40	12.60	45.40
1991	104.21	81.50	4.41	13.30	5.00	153.40	70.10	24.30	12.10	46.90
1992	113.20	83.40	4.50	20.30	5.00	180.90	86.20	35.00	12.60	47.10
1993	117.20	83.40	5.10	22.50	6.20	185.50	87.50	38.00	12.50	47.50
1994	211.56	107.60	11.10	82.86	10.00	179.08	88.00	40.84	12.44	37.80
1995	186.50	89.00	5.80	83.70	8.00	189.30	97.50	41.20	12.50	38.10
1996	188.67	89.01	34.66	63.00	2.00	202.20	99.30	42.10	13.10	47.70
1997	223.30	76.50	44.60	97.20	5.00	203.90	101.20	42.00	13.30	47.40

续表4-73

年份	收入					支出				
	合计	上级补助(拨入)收入	预算外收入	自筹收入	其他收入	合计	行政经费支出	事业单位支出	抚恤社救支出	其他支出
1998	227.33	80.93	45.10	96.30	5.00	204.40	102.50	42.00	13.40	46.50
1999	235.60	92.10	45.30	92.20	6.00	236.10	104.30	41.30	13.40	77.10
2000	251.60	101.50	46.70	95.20	8.20	189.40	110.80	45.40	14.50	18.70
2001	265.40	118.40	42.20	94.80	10.00	205.10	124.30	47.80	14.40	18.60
2002	276.40	119.30	47.80	99.30	10.00	219.20	138.40	47.50	14.80	18.50
2003	283.30	121.20	49.30	100.80	12.00	241.30	148.50	49.60	24.80	18.40
2004	320.80	136.10	45.40	124.30	15.00	296.40	158.60	51.30	55.20	31.30
2005	313.03	125.30	46.53	126.20	15.00	305.20	166.70	51.30	55.20	32.00
2006	320.00	127.40	41.20	134.10	17.30	316.10	174.30	53.10	55.30	33.40
2007	295.80	129.50	43.80	97.50	25.00	339.30	185.90	54.20	55.40	43.80
2008	334.20	120.30	50.10	145.50	18.30	342.50	187.80	54.20	55.40	45.10
2009	345.40	121.80	52.40	151.70	19.50	345.50	188.80	55.00	55.40	46.30

1985~2009年九里乡几项税收统计表

表4-74 单位:万元

年份	工商各税	农业税					特产税(含烟叶税)	耕地占用税	契税
		应征税额	灾情减免	实征税额					
				合计	正税	附加			
合计	6086.80	1319.85	134.81	1184.08	1038.67	145.41	139.48	42.60	4.55
1985	39.40	17.43	1.26	16.17	14.18	1.99			
1986	41.20	22.03	1.25	20.78	18.23	2.55			
1987	42.10	24.57	21.58	2.99	2.62	0.37	0.08	0.23	
1988	45.30	20.24	5.50	14.74	12.93	1.81	1.67	1.20	
1989	45.60	29.25	1.00	28.25	24.78	3.47	3.50	0.50	
1990	47.50	30.68	3.50	27.02	23.70	3.32	3.20	0.80	
1991	51.80	31.15	6.24	24.91	21.85	3.06	2.50	1.50	
1992	52.90	36.28	1.93	34.35	30.13	4.22	3.00	2.00	
1993	98.10	35.95	5.04	30.91	27.11	3.80	2.50	4.00	0.20
1994	101.20	63.56	4.83	58.73	51.52	7.21	4.50	4.00	0.50

续表4-74

年份	工商各税	农业税					特产税(含烟叶税)	耕地占用税	契税
		应征税额	灾情减免	实征税额					
				合计	正税	附加			
1995	123.40	72.05	4.42	67.63	59.33	8.30	7.90	2.50	
1996	129.60	93.45	7.12	86.33	75.73	10.60	7.00	0.50	
1997	135.70	92.50	7.00	85.50	75.00	10.50	10.00	2.50	0.20
1998	179.80	95.50	10.00	85.50	75.00	10.50	15.06	5.00	
1999	182.30	85.80	6.34	78.66	69.00	9.66	12.00		0.20
2000	187.50	87.50	2.00	85.50	75.00	10.50	10.00	0.50	
2001	190.10	62.00	5.00	57.00	50.00	7.00	16.00	2.00	0.10
2002	240.20	163.24	24.30	138.94	121.88	17.06	25.60	8.00	
2003	344.30	163.24	12.00	151.24	132.67	18.57	14.97	0.32	0.22
2004	451.10	93.43	4.50	88.93	78.01	10.92		0.30	0.13
2005	568.70							0.60	0.23
2006	592.30							0.55	0.27
2007	612.50							0.80	1.00
2008	764.00							0.30	1.20
2009	820.20							4.50	0.30

太平工业经济开发区财政所

太平村原名土地垭，清咸丰四年(1854年)，太平天国的秋官右正丞相曾天养率领的太平军路过太平境内，修有一座石桥，命名“太平桥”，太平因“太平桥”而得名。1992年6月，经湖南省人民政府批准，成立临澧县太平工业经济开发区(原隶属于修梅镇的太平村后隶属于开发区管理，简称太平开发区)。该区东临修梅镇真武村、美丰村、叶庙村，南至安福工业园区及县城环城路北侧，西至安慈高速公路连接线，北至太平村及安慈高速公路以南。土地面积10平方公里，“207”国道贯穿其中。1993年，太平扩村并组，从修梅镇划入11个村民小组。2009年，全区21个村民小组，年末总户数1685户，总人口3325人，其中农业人口1188人，非农业人口2137人。该区耕地面积6851亩，其中：水田面积6635亩，旱地面积216亩；山林面积1883亩；水面面积1300亩。2009年，全区粮食总产量377.2万公斤，棉花产量2.6万公斤，油料作物产量13.2万公斤。

工业：1984年6月，吴志泉联合14户农民集资创办脱水菜厂，10月投产，当年，实现产值37万元，创外汇5万美元，获纯利6.7万元。1985年3月，兴建太平冷冻厂。产品远销苏联、东欧、日本、美国、新加坡等国家和中国港澳地区。1988年，太平村被建设部、《农民日报》等多部委评为“全国文明村庄”。1990年5月30日，全国政协副主席王任重视察太平，对太平的发展给予高度评价，并题词为“大力发展乡镇企业,建设社会主义新农村";1990年,太平村被中共湖南省委、省人民政府授予"双文明建设模范单位"。1992年,太平村被中共湖南省委、省人民政府授予"双文明建设模范单位"。1992年5月1日,成立"中外合资湖南中太化纤制品有限公司"。1993年5月12日,中太化纤的后纺车间试产。1997年5月前,纺车间投产,共投资4400万元,形成年产涤纶长丝1万吨的生产能力。1997年,太平村被中共湖南省委、省人民政府授予"红旗村"称号。1999年11月,经湖南省人民政府批准,将原湖南中太化纤制品有限公司改制为湖南昇鑫高新材料股份有限公司。1999年,湖南中泰特种装备有限责任公司成立,经过几年的奋斗,开发出了具有国际先进水平的高强高模聚乙烯纤维、无纬布、防弹衣系列、防弹板系列、防弹头盔、防切割手套等产品分别形成1000吨/年的生产规模。2001年,湖南太平集团公司党委被中共中央组织部授予"全国先进基层组织"称号。2002年,太平村被中央精神文明建设指导委员会评为"全国创建设文明村镇工作先进单位"。2003年12月,锦纶行业上市公司广东新会美达锦纶股份有限公司整体收购湖南昇鑫高新材料股份有限公司,成立常德美华尼龙有限公司,2005年,已形成年产15000吨锦纶的生产规模,年产值4亿多元。

2009年,太平开发区共有独立核算企业22家,上缴国家税金2200万元;实现工农业总产值75191万元,其中:工业产值68991万元,农业产值6200万元。财政收入216万元。农民人均纯收入9215元,比1986年433元增加8782元,同比增长20.28倍。

1994年至2009年,太平开发区财政收入2061万元,其中:上级补助收入2061万元,财政支出2061万元。

1994年至2009年,太平开发区几项税收11142.44万元,其中:工商各税10767.40万元,农业税256.44万元(应征税额275.95万元,灾情减免65.05万元,实征正税224.96万元,附加31.49万元,特产税48.47万元,耕地占用税60.93万元,契税9.20万元。

党和国家领导人江泽民于1995年3月25日、李鹏于1994年12月15日、朱镕基于1993年4月15日、李瑞环于1994年7月9日先后到太平开发区视察。

太平开发区财政所始建于1994年6月,有固定的办公场所,设备齐全,每年完成各项税收任务,确保收支平衡。2009年该所有干部职工5人。2006年,被县财政局评为"乡镇财政总决算先进单位";2006年至2009年,连续4年被县财政局评为"财政系统先进单位";2009年,该所所长张远锋被省财政厅评为"湖南省先进会计工作者"。

1985~2009年太平开发区财政收支统计表

表4-75　　单位:万元

年份	收入					支出				
	合计	上级补助(拨入)收入	预算外收入	自筹收入	其他收入	合计	行政经费支出	事业单位支出	抚恤社救支出	其他支出
合计	2061.00	2061.00				2061.00	2061.00			
1985										
1986										
1987										

续表4-75

年份	收入					支出				
	合计	上级补助(拨入)收入	预算外收入	自筹收入	其他收入	合计	行政经费支出	事业单位支出	抚恤社救支出	其他支出
1988										
1989										
1990										
1991										
1992										
1993										
1994	22.30	22.30				22.30	22.30			
1995	23.90	23.90				23.90	23.90			
1996	28.90	28.90				28.90	28.90			
1997	47.50	47.50				47.50	47.50			
1998	91.90	91.90				91.90	91.90			
1999	69.60	69.60				69.60	69.60			
2000	58.70	58.70				58.70	58.70			
2001	100.80	100.80				100.80	100.80			
2002	81.70	81.70				81.70	81.70			
2003	135.30	135.30				135.30	135.30			
2004	172.80	172.80				172.80	172.80			
2005	240.50	240.50				240.50	240.50			
2006	233.90	233.90				233.90	233.90			
2007	294.70	294.70				294.70	294.70			
2008	242.50	242.50				242.50	242.50			
2009	216.00	216.00				216.00	216.00			

1985~2009年太平开发区几项税收统计表

表4-76 单位:万元

年份	工商各税	农业税					特产税(含烟叶税)	耕地占用税	契税
		应征税额	灾情减免	实征税额					
				合计	正税	附加			
合计	10767.40	275.95	65.05	256.44	224.96	31.49	48.47	60.93	9.20
1985		16.99	1.16	15.83	13.89	1.95			

续表4-76

年份	工商各税	农业税					特产税(含烟叶税)	耕地占用税	契税
		应征税额	灾情减免	实征税额					
				合计	正税	附加			
1986		16.20		16.20	14.21	1.99			
1987									
1988		62.28	5.60	56.68	49.72	6.96			
1989		88.26	8.30	79.96	70.14	9.82			
1990									
1991									
1992									
1993		5.09	2.80	2.29	2.01	0.28	1.60		
1994	203.00	5.07	0.32	4.75	4.17	0.58	6.50	2.00	1.60
1995	177.00	1.58		1.58	1.39	0.19		3.69	
1996	122.00	4.10		4.10	3.60	0.50	6.00	0.50	
1997	148.00	5.56	1.00	4.56	4.00	0.56	2.00	0.80	0.20
1998	215.00	6.56	2.00	4.56	4.00	0.56	2.00	1.00	
1999	332.00	2.14	1.00	1.14	1.00	0.14	1.00	1.00	0.50
2000	319.00	6.70	1.00	5.70	5.00	0.70	1.00	0.70	
2001	432.00	10.12	1.00	9.12	8.00	1.12	9.00	1.00	0.10
2002	537.00	15.00	37.77	22.77	19.97	2.80	17.37	2.00	
2003	696.00	15.00	2.00	13.00	11.40	1.60	2.00	2.29	
2004	501.00	15.30	1.10	14.20	12.46	1.74		21.50	2.00
2005	776.50							1.00	0.30
2006	1283.90							1.80	0.50
2007	1712.80								1.00
2008	1381.30							4.00	2.00
2009	1930.90							17.65	1.00

第五章 机关管理

第一节 住房设施

一、办公室

清代末，民国时期，县财政科始设在临澧县人民委员会机关院(地处现人民街现县委机关内)内，其办公室设置简陋。

新中国成立后，1949年至1980年，财政局在县人民委员会机关院内(今县委机关头门东头临街处)，1981年，经临澧县人民政府研究，同意将县财政税务局机关迁至文化街中段一栋两层楼内办公[坐南朝北其建筑面积为200平方米(临街面)]。

1984年，临澧财、税分家后，县财政局仍在原址办公。县财政局机关由于房屋原始建筑材料和结构差，年久失修，房屋破损严重，区位较偏，场地狭小，无发展空间，基于这一点，1985年9月4日，临澧县财政局请示临澧县人民政府申请搬迁局机关。经县委、县政府研究同意，于1985年11月12日以“临计便字〔1985〕14号”文，批准同意县财政局机关迁址重建。

县财政局修建机关房屋采取省、市、县三级政府财政给予资金补贴。此工程于1986年3月26日动工，同年11月上旬工程告竣，12月26日，县财政局机关迁入新址(兴隆街023号“机关前院”，同年底，县政府决定将文化街原财政局机关房屋已调剂给县南下干部为生活区用房。“原生活区于1988年8月与县粮食局在裕民街的饲料加工厂对调”为“机关后院”)。

为行文方便，将局机关房屋按地处位置分为前院(兴隆街023号)和后院(裕民街)两院分别记叙。局机关前院1986至2009年，先后建有1幢4层48间砖混结构的主体办公楼坐北朝南，与街道平行，东侧一楼开门，内设大厅。办公楼西侧往北建有1幢2层16间砖混结构办公用房及1栋14间平房(食堂、车库等生活用房)坐西朝东；东侧靠头门往北建修1栋11间砖混结构的平房(其中传达室二层)坐东朝西；北面车库2间，坐北朝南；办公楼以北建有1幢4层24套间砖混结构的职工宿舍楼，坐北朝南。以形成“口”字形机关院院地，其院内“树木参天、百花争艳、花园青翠、环境优美”。宿舍楼后面建有灯光篮球场、羽毛球场、健身器材、射灯、路灯等配套设施。

机关前院共有土地面积7578平方米。房屋建筑用地面积2285平方米。其中办公区1555.4平方米，宿舍区729.6平方米〔宿舍区1997年因房改划出486.4平方米(16户每户30.4平方米)，公房现存8套243.2平方米〕，现房屋建筑占地共1798.6平方米，空隙地(含围墙)7091.6平方米。

机关前院建筑面积5136平方米。其中办公区3310平方米，宿舍区1826平方米，宿舍区1997年因房改分割出16套1240平方米(二单元8套每套73.25平方米，三单元8套每套82.5平方米)，现存一单元公房8套586平方米。现有建筑面积共3896平方米,建房证临国土用〔1999〕字第051号。

1987年至1990年,一、二楼为办公区,(三楼为单身干部住房,四楼为局招待所,东侧为车库和仓库,西侧为住房),1991年三楼改为办公区,1991年10月,拆除原传达室,新建头门和传达室,1992年2月完工。1998年,东侧平房加盖屋面,底层改为办公室,2002年,机关办公楼整体大翻修,正面一栋(四楼)取消招待所改为大会议室、档案室,信息网络中心,西侧一幢1、2层全改为办公室,东侧车库改为办公室,小车车库新修到原菜地(食堂北头)。

机关后院(裕民街)土地面积3428平方米(临国土用〔2000〕字第028号证),房屋建筑用地面积598.48平方米。其中1989年建有1幢3层30间砖混结构的中函站教学楼(含传达室),占地面积380平方米。

1991年,在该院东北角又修建1幢4层8套砖混结构的老干宿舍楼,占地面积218.48平方米,1998年,因房改划出5套,面积136.55平方米(每套27.31平方米),现存公房3套,面积81.93平方米。现公有房用地面积共461.93平方米,空隙地(含围墙)面积2829.5平方米,共有土地面积3291.43平方米。

机关后院建筑面积1796平方米。其中:中函站(含传达室)1100平方米;老干部宿舍696平方米,1998年12月,因房改分割给私人5套(每套87平方米)计435平方米,2009年公有房3套,面积261平方米。共有公用建筑面积1361平方米。

2009年,前后两院共有公用土地面积10383.05平方米,建筑面积5257平方米,总造价(原值)454.81万元。

截至2009年年底前后两院土地面积情况表

表4-77 单位:平方米

项目	占地总面积	建筑用地				单位空隙总面积
		公用占地面积	宿舍用地			
			小计	房改划出面积	公用部分面积	
合计	11006	1935.40	948.08	622.95	325.13	8122.52
前院	7578	1555.4	729.6	486.40	243.2	5293
后院	3428	380	218.48	136.55	81.93	2829.50

注:房改划出:前院16户,每户30.4平方米,后院5户,每户27.31平方米

截至2009年年底前后两院建筑面积情况表

表4-78 单位:平方米

项目	总面积	建筑面积			
		公有面积	宿舍		
			面积	房改划出面积	公用部分面积
合计	6932	4410	2522	1675	847
前院	5136	3310	1826	1240	586

续表4-78

项目	总面积	建筑面积			
		公有面积	宿舍		
			面积	房改划出面积	公用部分面积
后院	1796	1100	696	435	261

注:前院划出16户,其中:二单元每户73.25平方米,三单元每户82.5平方米,后院划出5户,每户87平方米

乡镇财政(税)所。清末和民国时期,民国33年(1944年),临澧县始设乡镇(区)公产保管委员会,由乡、镇长、中心学校校长及推选公正绅士负责,调查、整理、稽核本乡(镇)的公产,与乡镇合署办公。但当时的税务基层机构先后在裴家河(今本县安福镇)、新安市(今新安镇)设立征屯署,以及后来又在新安、合口、裴家河、鳌山设立厘长,办公与当时乡镇政府合署办公,直至1949年7月。

新中国成立后,1949年8月~1954年,财政税务虽多次分合,但从1949年冬就开始设六区(合口)基层稽征所,其办公与六区区公所合署办公。澧南稽征所与机关稽征股合署办公。

1955年,先后组建了合口、新安、停弦、临南、陈二、佘市六个财税所,除停弦与合口合署办公外,其余各所到1971年都建立了有产权证的独立的基层办公庭院。新安所在新安镇,合口所在合口镇,陈二所初始在陈二铺,1969年1月,撤陈二财税所新设四新岗财税所,办公地址在四新岗镇供销社对面(坐西朝东),佘市所在佘市镇街道,城关所在县城上河街,烽火所在观音庵街上,沿至1984年4月,财政税务分设局时止,其基层所房屋产权归税务局所有。

1984年8月,以适应财政体制变化,各乡镇始设财政所。由于人员增加,需解决乡(镇)财政所的办公用房和生活住房,1985年,省、市、县财政部门决定分期分批投入资金,加强乡(镇)财政所办公、住房等基础设施建设,由县财政局配套实施(该县补助金拟在农税超收分成中按比例提取。)在城关、新安、合口镇财政所进行基础设施建设先行试点后,在全县铺开。到1995年,全县大部分财政所均已有位子、有车子、有房子、有的还有院子。2002年8月,农税股撤销设立农税局,乡、镇(区)设农税所与乡、镇(区)财政所合署办公,财政所更名为乡镇(区)财税所。至2003年,部分乡镇(区)财税所基础设施建设已逐步配套。到2009年年底,18个乡镇(区)财税所基础设施建设已配套完善,均建有一定标准的办公室、学习室、电脑室及档案室、会议室和住房。1988年,全县20个财政所每所配置一台南方125#摩托车供收税之用,1992年~1994年,60%的财税所配备了农业税征收专用小车。

二、干部宿舍

1963年前,县财政局(科)干部住房由县人民委员会(县政府)统筹解决,多数住县人民委员会机关院内公共宿舍,无长期固定住所。1981年,局机关迁入文化街。文化街南面建有2栋20间平房单身干部宿舍,北面建有1栋3层12套间带家属的干部宿舍楼,建筑总面积为1320平方米(其中套间宿舍楼840平方米)。

1986年,在兴隆街(机关前院)建有1幢4层24套间建筑面积为1826平方米的干部宿舍楼〔其中通过房改,1997年已处置16套房间(建筑面积1240平方米)〕已成为私房。现存8套586平方米、底层

暂作“支付局”和“乡财办”办公室，楼上供单身干部居住。

1991年，在裕民街（机关后院）建有1幢4层8套间建筑面积为696平方米的老干宿舍楼（1998年12月因房改分割出5套，计435平方米，现公房3套，面积261平方米）。

1990年以前，单身干部住办公楼三楼和西侧1.2楼，1992年后，由于国家政策允许建私房，单位未再新建职工宿舍。

各基层财政（税）所人员的办公及住房，历年来由当地乡镇政府解决，多数是办公、住房于一体。2002年至2009年，18个乡镇（区）财政所人员在乡镇工作的住房均已配套完善。

第二节 办公设施

办公用具。新中国成立初期，县财政局利用原民国政府遗留下来的办公桌椅、书柜等办公用具，大部分文字资料都是“钢板刻字”再油印或复写。1954年，县人委会办公室有一台打字机，财政局便沿袭油印。到1962年，财政局购置了1台机械打字机，取代了刻印设备。是年，财政局设专职打字员（含负责文件资料档案管理）。1979年，财政每个干部1张办公桌、1把办公椅，每个股室1张木质书柜及2张木质沙发。随着国民经济和财政事业的发展，1980年，局机关开始使用电子计算器（含台式计算器）。1985年，每个股室有2部以上计算器，加快了计算速度，提高了业务工作效率。1990年9月，根据省、市财会微机电算化管理的要求，县财政局派出一名财政干部到省财政厅学习微机操作技术。后省厅随配1台微机，局机关自配1台打字机。1991年，县财政局预算股首次使用电脑。2009年，局机关共有各类型电脑103台（每个股室2台以上电脑）、传真机8台，办公设施不断更新，各股、室置有皮沙发活动办公椅、铁质文件柜及木质皮沙发条椅，办公室内还装有冷暖空调。

通信工具。财政局通信设施发展较快，20世纪50至80年代中期，仅有1部手摇式电话机，放在局办公室公用。80年代初又增加2部，一部放二楼走廊，一部放传达室（门卫），且平时锁住，只可接听，打通知时才开。到80年代末期，机关装了内部数字电话交换总机，限于内部使用，对外需总机接转。一直延续到1991年换装程控电话，由于分工细化股室增加，电话座机量倍增，至2009年，局机关共安装62部电话座机。1992年，局机关购置1部移动电话机（大哥大），时价1万元（由于价格昂贵，单位一般由“一把手”使用）。1993年，局领导人手配置1部，1994年~1996年，发展到股长各1部（话费限额补助），1997年，全县对违规公费配置移动电话进行了一次清理，规定再不准用公费配置移动电话。

1992年，县电信移动部门（公司）开始推广使用BB机，单位干部、职工先后购买BB机达到人手1部。BB机仅能显示联络信号，无接听电话功能，1998年自然淘汰。后迅速发展到手机，由于手机价廉物美，使用方便。至2009年，财政系统干部职工都使用了手机。

交通工具。20世纪60年代前，财政局机关无交通工具。大部分区、乡镇未通班车，下乡靠步行。

1959年后，干部下乡一般可坐班车，县城文件传递亦靠步行送达。70年代后，各财税所和各股室配发自行车1~2部（主要用于财税人员收税和机关人员下乡使用），1982年单位统一作价出售给个人。1986年至1987年，财政局配置给各乡镇财政所和农财股各1台南方125摩托车。1989年，局机关公用小车拥有2台，即1台(5座)北京吉普车(湘J50272)、1台(九座)日本丰田面包车(湘J50008)；九十年代期间省财政厅给临澧先后配置了2台湘江牌(农税用)小汽车(湘J50185、50639)，湘江牌报废后又配置猎豹越野车1台，其后又新换一台二代猎豹越野车，及机关处置北京吉普，更换北京切诺机(湘J50213)，处置日本丰田面包车，新购上海桑塔纳小车等，共有小车3台。

2009年，机关公用小车已增加到5台：即1台帕萨特小车(湘J54802)、1台广东本田车(湘J50818)、广东本田小车(湘J56638)、1台商务车(湘J56898)、1台凯美瑞小车(湘XJ-332)。

乡镇财政(税)所，1984年成立20个乡(镇)财政所。其办公设备简单，仅有算盘、桌、椅、票证柜四大件。到2002年，后经调整全县18个乡镇(区)财税所人、财、物，统一收归财政局管理。对各乡镇(区)财税所办公设备进行全部更新，并添置了大部分现代化的设施。

从1984年至2009年，财政局先后给各乡镇(区)财政(税)所配备了1台保险柜、电脑(达到一人一台)及传真机。城关、新安、合口等财政所先后还配备税收小汽车。

第三节 经费管理

财政局机关。新中国成立后，县财政科作为行政单位，其经费开支实行供给制，全部由县拨给，为县政府报账单位。至1957年年底，财政科机关经费支出未独立设账，由县政府机关统一管理财务和经费支付。

1958年，为加强地方财政管理，县政府下放财权，调整机构和人员，废科设局，税务局撤销，业务并入财政局，合署办公。始设财政局机关财务室，并配备专职会计、出纳。其人员经费和机关公用经费列入预算，由县财政拨给。

1984年，财政税务分设后，设立了局机关财务室，配置了专职会计、出纳，各股室办公用品及文印费、会议费、差旅费等先报告批准后由办公室统一采购。各种经费统一归办公室管理、审核，经手人签字，分管领导一支笔审批。

2002年以来，根据《临澧县委、县政府关于严格财经支出管理切实过紧日子的通知》精神，财政局机关对公用经费实行“指标控制，包干使用，结余留用”的管理办法。股室公用经费实行指标管理(办公、交通、培训、招待费)，财务室分别建立台账，单独核算。

机关其他公务性和公用性修缮费、全局性会议费、设备购置费、绿化、水电费等由机关支付不占股室指标。

机关公用经费支出办理程序：零星办公用品一律由办公室统一采购，股室领用；大宗办公用品由股室申请，由办公室按采购法办理，费用计入股室；大型打印资料印刷由办公室到采购办指定厂家办理；差旅费按常财发〔2005〕39号文件执行；其他5万元以下的基建维修、装修报局领导审批由办公室实施；5万元以上工程先经投资评审中心评审，办公室组织实施，局领导、纪检组等共同结算。

用车、开餐、住宿严格按《财政局车辆管理制度》和《财政局接待管理制度》执行。

局党组成员费用支出据实报销，由局长审核把关，计入机关费用，按人建立台账。所有费用单据必须真实合法，计算准确，应有经费事由说明，经办人、股室负责人签字，办公室审核分类，再报分管领导、纪检组长、主管财务的局领导签批(每年各股室接受纪检组和监督股进行一次审计,对违反规定的开支,由纪检组报请局党组研究,作出严肃处理)。

乡镇财政(税)所。1984年前,各区、乡镇有1名财政会计(原指公社财务会计),既管民政,又管财政。属行政编制,经费由县财政统一管理。各乡镇建立了财政所。为了加强"四大资金"(预内、预外、自筹、统筹)管理,设立了总会计(核算财政资金)税收会计(核算农业四税)机关会计(机关人员和本级财政支出)站所会计(管理"七站八所"财务)。90年代末,根据上级精神,预内、预外资金纳入财政综合预算,(统一管理),1998年,根据湖南省财政厅指示为调动乡镇积极性,实行税收分成,(乡镇一级税收缴入乡镇金库),乡镇一级成立金库。临澧县先在"老三镇"(城关、合口、新安)和柏枝乡试点,2002年,全县18个乡、镇(区)财税所都设立了金库。2005年,由于取消了农业税,根据上级指示成立了"临澧县乡镇财政管理局",对乡镇的金库逐步撤销,于2009年年底城关、合口、新安最后一批乡镇级金库全部撤销完(乡镇财税收入直接缴入县金库)。乡镇预内经费纳入县级预算统一管理。

2009年,乡镇(区)财税所人员的工资由县财政工资发放中心统发,津补贴(财政部分)由县财政下拨,办公经费和公务费及津补贴(自筹部分)由乡镇(区)自筹解决。

第五编

财政文化

第五编 财政文化

第一章 职业教育

第一节 财政业务培训

1984年4月新组建的财政局领导班子非常重视干部职工的业务培训学习。1985年始，牢牢把握时代脉搏，瞄准财政事业发展的趋向，根据每阶段性的国家财政政策的变化，财政体制改革及财政各类收支科目的调整变更。县财政局为财政干部职工更新知识，增强适应岗位工作能力，每年举办2-3期在职干部、职工业务学习培训班。当年，财政局首次对75名财政干部（含37名招聘干部）进行了业务培训，全年培训5期，分两个时段（上半年和下半年）、两个层面（1984年前参加工作的人员，1984年8月后的招聘干部和后调入的干部）、两个层级[中层骨干（股、室、所长）及一般干部职工]共培训280人次。为全面提升财政干部队伍的整体业务素质，财政局按各分支机构实行“归口管理，分级负责，分步实施”的原则，积极开展业务培训工作。1985年至2009年，财政局共举办业务培训班76期，培训干部职工4370人次（其中：中层骨干1190人次，一般干部职工3180人次）。

至2009年年底，通过业务培训，全县已取得会计资格证的1669人，其中获得会计初级职称1338人，中级职称191人，高级职称12人，注册会计师15人。在财政系统干部职工队伍中已获得会计初级职称40人，中级职称59人，高级职称（高会）4人，注册会计师5人。

2009年，在职干部职工中有会计师57人，其他（工程师）2人，高级会计师3人，注册会计师3人，助师及其他职称32人，共有97人，占全局在职干部、职工总人数的40%。

县财政局获得会计中级以上职称名录

表5-1　　　　截至2009年底

职　称	姓　　名
注册会计师	张德钧 张华懿 何益成 罗明华 郑文国
高级会计师	张德钧 邹明璇 丁丽俐 张远峰
会计师 （57人）	辛　中 于建厦 江　平 邵国涛 祁　静 吴宏年 田　翼 肖学之 韦　明 欧明中 罗　琳 赵　健 林明奎 刘泽卢 朱德勇 金春树 廖生军 陈国栋 祁怀平 吴迎春 李志华 唐爱党 王君政 王焕平 邱云南 梅　娟 陈毅云 甘乐珍 余碧蓉 王淑凤 杨爱华 杨红梅 毛京燕 李　平 田　慧 刘　昕 史彩湘 杨　耘 曹永湘 张丕铸 胡良汉 邓　斌 江来福 杨　军 关欣欣 张立明 林　荔 顾惠英 李　杨 李丽丽 吴　静 向树文 丁　科 戴美玲 金小平 涂晓凡
其他工程师	林长缨 于冬娥 文吉炎（评估师）

第二节 学历教育

临澧县财政局高度重视财政干部的学历教育，并注重财政干部工作能力。为培养适应市场经济条件下财政工作的复合型人才。1987年9月，县财政局招聘干部朱松清、江从友、吴宏年、刘文祥、邹玉明等通过成人高考，被局选送到常德中等财会专业学校学习和深造，离岗带薪学习财政专业，学制二年半，报销学杂费。1990年3月，圆满完成学校规定的学习专业课程，均取得了中专文凭。同年9月，县财政局招聘干部毕金生、李士贵、陈贤中、史彩湘、金春树报考了湖南财经学院函授大专班财政专业，并报销学费。经过三年的学习，均获得了国家承认的大专文凭。

1988年6月，财政局又安排财政系统“二下”（四十岁以下，“文化大革命”时期初中以下）干部在“中函站”参加中专学历教育，报销各项学杂费，通过三年学习，共有40人均取得了中专文凭。

1987年以来，财政局激励干部参加函授、自考、电大等多种教育，提高学历。截至2009年12月，行政干部通过成人自考获得本科文凭的有139人，大专文凭70人，中专53人，其他文凭32人（主要是离退休人员），分别占全局干部职工总人数的47.28%、23.81%、18.03%和10.88%。

第三节 成人教育

本节主要记述财政局对党政机关、企事业单位的财会人员进行继续教育及财政干部、职工培训工作。

1988年6月，根据〔1987〕省编委、省财政厅指示精神，临澧县设立“湖南省中华会计函授学校常德分校临澧函授站”（简称“中函站”），定编3人，列入事业编制，由县财政局管理，业务上受常德市财政局"中函分校"领导。其办学模式属3年制业余函授中专和大专,设有财政、金融、预算会计、企业会计、财经法规和财经应用文等专业课程。聘用专(兼)职教师6人。其办学宗旨主要是提高全县行政和企事业单位会计从业人员的业务水平和工作能力。此外,函授站工作重点逐步转向在职会计人员的各种资格考试培训和继续教育。

当年年底,临澧财政为学校(中函站)建设投资38万元,(其中市级财政补助15万元)拥有固定资产(原值)38万元,其中:修建一栋三层教学楼和传达室,篮球场,建筑面积为1080平方米,有标准教室3间,大会议室1间,小会议室1间,办公室4间,电教资料室1间,图书资料室1间,其他6间。课桌椅150套等。省中函校先后配套添置电教设备(电视机二台、录放机二台)和教学器材等。

1988年以来,中函站按照全省统一的教学大纲计划教学,根据教学要求和教学对象业余、分散、不脱产的特点,学校采取函授教学、电视教学及面授辅导"三位一体"的教学手段。学员以自学为主,用2/3的时间自学并完成课前预习、课后练习和综合练习三段作业,其余1/3的时间由中函站组织集中电视教学和面授辅导,解决重点难点问题。全省统一命题,参加全省统考,集中阅卷评分(不及格者下学期补考),至2000年,中华会计函授学校临澧函授站共招收13期(届)函授中专学员420人,毕业400人;1995年9月,与"湖南财经高等专科学校"联合,在临澧举办三年制大专班两期(届)招收学员90人,1998年7月毕业48人,1999年7月毕业40人。

至2000年,全县行政、企事业单位财会人员先后在"中函站"通过学习及业务培训的人员中,获得会计中专文凭400人,大专文凭88人;其中财政系统干部队伍中获得会计中专文凭60人,获得大专文凭48人。

第二章 创先争优

第一节 集体荣誉

1.财政收入稳步增长。从1986年起,财政收入平均每年以14.8%的速度递增,连续7年实现了收支平衡。1992年,财政收入3130万元,实现了"3581"工程第一台阶的目标,比1991年增长19.6%。1988年9月,被国家教委、计委、财政部、劳动部授予勤工俭学"先进集体";1989年10月,被湖南省财政厅、人事厅、财贸工会授予"先进单位"等。

2.领导重视,认识有高度。县委、县政府把财政工作列入经济工作中心的重心,思想上有高位置,建设上有高起点,发展上有高速度。局党组一班人精诚团结,锐意改革,开拓进取,保平衡的思想坚决,认真贯彻党的路线、方针、政策和财政法规法令。具有雷厉风行、务实创新的工作作风。1993年11月,被财政部、人事部评为"全国财政系统先进集体"等。1995年,被湖南省教育厅、财政厅评为"全省农村中小学教育布局调整先进单位"等。

3.财源建设步子较快。1992年至2009年,累计投放培植财源建设资金2500万元,发展财源建设，形成了重点财源、规模财源、梯级财源、效益财源一齐抓的新格局。仅1992年重点扶持企业就新增产值3500万元，新增税利520万元。他们既抓骨干税源又抓零散税源，投资1500万元新建集贸市场，使个体税收由1990年的400万元增加到1992年的800万元，占全县工商各税的1/3。当年，被常德市财政局评为先进单位。2003年，被常德市财政局评为"全市财政工作先进单位"等。2007年，被常德市财政局评为"两税征管先进单位"等。

4.乡镇财政建设成效显著。始终坚持一手抓基础建设，一手抓基础工作。通过近五年的努力，82%的乡镇新建了高标准的财政所，100%的所配备了农税征收摩托车和通信工具，47%的所配备了农税征收小汽车。队伍素质不断提高，管理权限落实，工作职能明确，社会地位明显提高。1992年，财政所会计基础工作全部达标。1989年，柏枝乡财政所被湖南省财政厅评为全省"文明财政所"；1990年，四新岗镇财政所被湖南省财政厅评为全省"文明财政所"；1992年，合口镇财政所被财政部综合司评为"全国财源管理先进单位一百强"和被省财政厅评为"全省财源建设先进单位"；1995年，新安镇财政所被财政部评为"全国文明财政所"；1996年，新安、城关镇被省财政厅评为"全省财政系统先进财政所"等。2007年，新安镇财税所被省财政厅评为"全省农民补贴网发放先进单位"；2009年，四新岗、安福、合口镇财税所被市财政局评为"全市家电下乡补贴先进单位"等。

1988~2009年临澧县财政获得的集体荣誉

表5-2　　　　截至2009年年底

1988年9月	财政局被国家教委、计委、财政部、劳动部授予勤工俭学先进集体
1989年	柏枝乡财政所被湖南省财政厅评为全省"文明财政所"
1989年10月	财政局被湖南省财政厅、人事厅、财贸工会授予"先进单位"
1990年	四新岗财政所被湖南省财政厅评为全省"文明财政所"
1992年	合口镇财政所被财政部综合司评为"全国财源管理先进单位一百强" 同年被省财政厅评为"全省财源建设先进单位" 财政局被常德市人民政府评为"全市推销国债工作第三名"
1993年11月	财政局被财政部、人事部评为"全国财政系统先进集体" 合口镇、四新岗镇财政所被常德市财政局评为"市级文明财政所" 财政局被常德市财政局评为全市农财工作"目标管理考核第三名" 四新岗财政所被常德市人民政府评为"全市会计工作先进单位"
1994年	财政局被省教育厅、财政厅评为"全省中小学勤工俭学先进单位" 同年财政局荣获"常德市国有资产年度决算报表汇编一等奖" 合口镇财政所被湖南省财政厅评为"全省财源建设先进乡镇财政所" 四新岗财政所被省财政厅评为"全省双文明财政所"；
1995年	新安镇财政所被财政部评为"全国文明财政所" 国资办被常德市国有资产管理局评为"全市国有资产管理工作总评第三名" 安福镇财政所被常德市评为"市级文明财政所"
1995年	财政局被湖南省教育厅、财政厅评为"全省农村中小学教育布局调整工作先进单位"
1996年8月	新安镇、城关镇财政所被省财政厅评为"全省财政系统先进财政所"

续表5-2

1997年	财政局被常德市财政局评为“会计管理工作先进单位”和“文化、工交财务决算第一名”
1998年	财政局被常德市财政局评为全市“工交财务工作先进单位”和“股份制企业年度决算第一名”四新岗财政所被省财政厅评为“全省消赤减债先进单位”
1999年7月	财政局被湖南省清产核资领导小组评为“全省城镇集体企业清产核资工作先进单位”同年,财政局荣获常德市财政系统第二届《财政杯》男子篮球赛第一名;财政局被常德市人民政府授予“文明机关”称号
2000年	财政局被常德市财政局评为“全市工交工作目标管理先进单位” 和“工交财务、社保财务工作决算第一名” 财政局(国资)被常德市财政局(国资)评为“全市国资系统集体企业年报和产权登记第三名” 合口镇财政所被常德市财政局评为“会计基础工作规范化先进单位”
2001年	财政局被常德市财政局评为“全市财政系统调研、宣传、发行工作先进单位” 财政局被常德市政府评为“社会保障全面工作第二名”
2002年	
2003年	财政局被常德市财政局评为“全市财政工作先进单位”;连续二年被常德市人民政府授予“内部审计工作先进单位”;连续三年被常德市财政局评为“财源建设先进单位”
2004年	财政局被常德市委、市政府评为“全市财政工作先进单位”
2005年3月	非税局被省财政厅、省非税收入征收管理局评为“全省非税收入征收管理工作先进单位”;农税局被省财政厅评为“全省乡镇财税信息化建设工作先进单位”
2006年	财政局机关常德市人民政府评为“市级园林式单位” 合口镇财税所被省财政厅、人事厅评为“全省先进财税所” 财政局被省财政厅评为“中国农民补贴网建设先进单位”
2007年	财政局(乡财局)被常德市乡财管理局评为“两税征管先进单位” 新安镇财税所被省财政厅评为“全省农民补贴网发放先进单位” 财政局荣获“湖南省乡镇财税信息化建设工作一等奖”
2008年	财政局被常德市财政局评为“全市农业财政管理工作先进单位” “全市财政决算编审工作一等奖” “部门决算报表工作二等奖” “企业综合工作先进单位”
2009年	财政局荣获“湖南省乡镇财税信息化建设一等奖”“湖南省转移支付”“效绩评价”先进单位和荣获常德市“企业改革”“外商投资”二等奖 安福镇、合口镇、四新岗镇财税所被常德市财政局、商务局评为“全市家电下乡补贴先进单位” 财政局被县委、县政府评为计生、工会、综治、招商引资先进单位;连续九年被临澧县委、县人民政府评为“目标管理”全面考核先进单位

第二节 个人荣誉

1983年1月至2009年，县财政局先后有张德钧等29人次被常德市政府、湖南省财政厅、财政部评为先进个人或劳动模范。1986年至2009年，有12人次被常德市人民政府记二等功，2人次记三等功，82人次被临澧县人民政府记三等功。

1983~2009年临澧县财政系统先进个人

表5-3 截至2009年年底

1983年1月	冉永贵被常德地区行政公署授予“地区级劳动模范”称号
1983年11月	胡良次被常德地区行政公署授予“地区级劳动模范”称号
1990年	张德钧被国家财政部、人事部评为“全国先进会计工作者”
1992年	胡良次1992年6月被湖南省财政厅评为“全省财政系统先进个人” 彭益安1992年被湖南省财政厅评为“湖南省财源建设先进财政所长”
1993年	彭益安1993年8月被国家财政部评为“全国优秀财政所长”
1993年5月	梅开满被常德市人民政府税收财务物价大检查办公室评为“1992年度全市税收财务物价大检查先进个人”
1994年4月	胡良次、梅开满分别被常德市人民政府税收财务物价大检查办公室评为“1993年度全市税收财务物价大检查先进个人”
1994年12月	戴振春被湖南省财政厅评为“湖南省中华会计函授学校优秀教育工作者”
1995年	张化懿被省财政厅、人事厅评为“全省先进会计工作者”
1995年8月	何代生被省教育厅、财政厅评为“全省中小学教育布局调整先进个人”
1995年10月	韦明被常德市人民政府税收财务物价大检查办公室评为“1995年度全市税收财务物价大检查先进个人”
1996年	戴振春、韦明、陈荣庭、李志刚分别被常德市人民政府税收财务物价大检查办公室评为“1996年度全市税收财务物价大检查先进个人”
1997年	叶发祥被常德市委、市政府、市人大、市政协、市人事局评为“全市四大优秘书工作者”
1998年12月	谢易频被常德市人民政府评为“抗洪抢险先进个人”
1999年2月	金春树被省财政厅评为“1998年度全省财政收入级次检查先进个人”
2004年	唐爱党被临澧县委、县政府评为全县2004年度“十佳学习模范”

续表5-3

2005年10月	韦明、肖进军分别被省财政厅评为“全省统一着装整顿和清理党政领导干部拖欠公款工作先进个人”
2005年	唐爱党被县精神文明委员会、共青团临澧县委评为临澧县第四届“十佳青年”；杜晓澍于2005至2008年连续4年被省财政厅评为“全省乡镇财税信息化建设优秀系统管理员”
2006年	
2007年	唐爱党被临澧县委，县政府评为2007年度人民满意公务员
2008年	张新斌被国家财政部授予“先进财务工作者”
2008年3月	周泽华被省财政厅评为“全省行政事业单位资产清查工作先进个人”
2009年	张远峰被省财政厅、人事厅评为“湖南省先进会计工作者”

注：资料有限，有漏者敬请谅解

1986~2009年临澧县财政系统立功人员名录

表5-4 截至2009年年底

年份	常德市人民政府记功		临澧县人民政府记功
	二等功	三等功	三等功
1986			李华初 冉永贵
1989			杨富国、李久安
1990			胡良次
1992			胡良次
1993			史训炎 胡良次 毕金生 彭益安 梁朝辉
1995	张华懿(一等功)		邹木生 沈克勤 赵传清 吴桂州
1996			陈 汉
1997	史训炎		邵国涛 赵传清 沈克勤 叶发祥
1998	史训炎 胡良次		辛 中 何建华 赵传清
1999	史训炎		辛 中
2000			吴桂州 叶发祥 毕金生
2001			辛 中 戴振春
2002	邵国涛		黄新春 余桃安
2003	黄新春		杨富国 江从友 周明焕

续表5-4

年份	常德市人民政府记功		临澧县人民政府记功
	二等功	三等功	三等功
2004			黄新春 邵国超 金春树 余桃安
2005			黄新春 杨富国 金春树 余桃安 唐爱党 曹玉初
2006	黄新春 肖丰		林泽福 杨富国 余桃安 金春树 朱松清 唐爱党
2007		黄新春	辛 中 林泽福 唐爱党 李章湘 金春树 肖 丰
2008	黄新春	金春树	辛 中 林泽福 邵丽华 祁怀平 邵国涛 于建厦 林明奎 朱松清 黄海涛 肖学之 陈宏林 黄 辉 曹玉初 戴 宁 江从友 邓 斌 何建华 王爱军 戴国平 金小平
2009	黄新春		辛 中 廖生军 陈国栋 肖 丰

注:资料有限,有漏者敬请谅解

第三章 名人传略

第一节 孟载轩生平

孟载轩(“南下”干部),男,民国5年(1916年)12月生,2001年1月8日病故,享年84岁。

孟载轩系河北省任县辛店公社双蓬头村人,自幼家境贫寒,在本村读完小学五年级书后,迫于生计,弃学从商,曾在河北任县当过伙计,开过商行。民国32年(1943年)初,受党组织指派,以伪保长的身份潜伏敌人内部,协助党的地下工作,后因叛徒出卖,暴露身份,受伤致残。民国33年(1944年)1月,参加革命工作历任河北任县第四区公安助理员、县政府财政科会计、副科长、科长等职。同年8月,加入中国共产党。1949年1月,他积极随着党组织“南下”。1949年8月始,先后担任过临澧县政府财政科科长、粮食局局长、县政府秘书等职;1953年3月—6月,在湖南省委党校学习,1953年6月任临澧县供销合作社主任;1954年2月,任县委委员;1956年5月,任县委财贸部部长;1958年1月,任临澧县文家乡党委第一书记;1958年8月,任县委工交部部长;1962年5月,任县委宣传部部长;1962年12月,任县供销合作社主任;1970年,任县革委工财组组长;1971年4月,任县革委工交站主任、党支部书记;1972年,任县农机局局长;1974年12月,任县计划委员会副主任;1975年7月,兼任县计委党支部书记;1980年10月离职休养,1996年9月起享受副师级医疗待遇。

孟载轩生前参加革命工作50多年来,时刻牢记党的宗旨,坚持以党和人民利益为重,服从组织安排,能上能下,从不计较个人名利。他经常深入基层,密切联系群众,对待子女言传身教。他在工作期间,坚持立党为公,处处以身作则,任劳任怨,忘我工作,为临澧财贸、工交事业发展倾注了大量心血，为振兴临澧经济做出了应有的贡献。

第二节 张德钧先进事迹

张德钧，男，民国18年（1929年）2月生，于2004年1月病故，终年74岁。系临澧县合口镇人。他生前于1983年5月加入中国共产党。1951年1月，在合口织布厂任会计；1958年4月，在县工业局任财会辅导员；1962年4月，调县财政局任企业财务专管员；1968年12月至1972年3月，先后在原新合供销社、县肉食水产公司任会计；1972年4月，调县财政局工作，先后任企业财务专管员、企业财务股长、办公室主任、会计股股长等职；同时，还兼任县财会审计学会秘书长、县珠算协会副会长、常德市财政会计审计学会理事、县政协委员和科协委员等。

张德钧生前从参加工作任会计，至1994年11月退休，在财会岗位上工作了42年，成绩斐然。特别是自1989年担任县财会审计学会秘书长和会计股长以来，务实创新，认真组织财会人员培训及职称评定和组考，大大提高了会计人员工作能力和业务水平。同时，他刻苦钻研业务，勤于思考，善于写作，将自己在财会改革和财务管理工作实践中所取得的成绩及改革经验认真进行了总结，并撰写成财会理论性文章和实用性文章，多次在省、市财会杂志上发表。由于他工作成绩突出，论文成果卓著，1982年和1988年，分别被评为会计师和高级会计师；1986年12月，被常德地区行政公署评为“优秀科技工作者”；1990年9月，被财政部、人事部授予“全国先进会计工作者”，已编入《湖南省志(1978~2002)财政志》“先进个人名录”。

第四章 新闻报道

第一节 上市级以上刊登报道的作品

1998~2009年在市以上报刊电台发表的各类文章明细表

表5-5

序号	股室	文章标题	文章类别	作者姓名	采用单位	级别	报刊类别	采用日期	备注
1		临澧：腾飞会有时——湖南临澧乡镇财政体制改革的调查	调研论文	史训炎 叶发祥	《中国财经报》	国家级	公开	1998.4.2	
2	农业股	阳光工程照亮农民就业路	新闻	陈荣廷	《常德日报》	市级	公开	2008.11	
3	农业股	家电下乡确保农民受益	新闻	周斌 庞娟梅	《常德日报》	市级	公开	2009.3.22	

续表5-5

序号	股室	文章标题	文章类别	作者姓名	采用单位	级别	报刊类别	采用日期	备注
4	农业股	清洁工程扮靓临澧新农村	新闻	谢易频 庞娟梅	《常德日报》	市级	公开	2009.4.26	
5	农业股	临澧470公里机耕道连阡陌	新闻	周斌 庞娟梅	《常德日报》	市级	公开	2009.5.3	
6	农业股	农民喜尝农业保险甜头	新闻	谢易频 庞娟梅	《常德日报》	市级	公开	2009.5.24	
7	农业股	发展沼气产业建设生态家园	调研	谢易频 庞娟梅	《常德财会》	市级	内刊	2009年第三期	调查报告
8	农业股	临澧县农民培训调研报告	调研	谢易频 庞娟梅 陈荣廷	《常德财会》	市级	内刊	2009年第三期	调查报告
9	农业股	临澧阳光工程助万余农民转移就业	新闻	谢易频 庞娟梅 陈荣廷	《常德日报》	市级	公开	2009.11.1	
10	农业股	推行“三连”管理模式，提升报账工作水平	调研论文	张宏斌 江银香	《国家农业综合开发》	国家级	公开	2004.8	
11	农业股	临澧县农业和农村经济结构调整的现状及对策	调研	陈荣正 王小坪	《常德财会》	市级	内刊	2005.4	
12	监督股	临澧“小金库”重点检查展开	新闻	金春树 周斌	《常德日报》	市级	公开	2009.7.26	
13	监督股	临澧“六举措”强力推进“小金库”重点检查工作	通讯	金春树	湖南省治理“小金库”第26期工作简报	省级	内刊	2009.8.5	
14	监督股	专项资金管理使用问题对策浅探	论文	陈育民 肖进军	新时期财税改革与监督管理论集	国家级	公开	2007.9	
15	监督股	浅谈对注册会计师引行治理和行政处罚的理论划分和实践运作	调研论文	陈育民 刘永兴 胡爱华	《光明日报》 《基层会计监督与管理》	国家级	公开	2003.11	
16	监督股	《科技扶贫的实践与思考》	调研论文	金春树 张宏斌	《常德市农村财政研究》	市级	内刊	2006.4.3	荣获常德市农村财政研究优秀论文三等奖
17	采购办	通过公开招标后正在施工的澧水大桥建设场面	图片新闻	李永红	《常德日报》	市级	公开	2009.11.1	
18	采购办	政府采购车辆统一实行保险	新闻	祁小初 李永红	《常德日报》	市级	公开	2009.5.17	
19	采购办	公开招标成为政府采购主流	新闻	李永红	《常德日报》	市级	公开	2009.8.23	

续表5-5

序号	股室	文章标题	文章类别	作者姓名	采用单位	级别	报刊类别	采用日期	备注
20	采购办	临澧县人民政府集中采购延伸基层	新闻	祁小初 李永红	《常德日报》	市级	公开	2009.7.5	
21	采购办	县朝阳广场大型LED显示屏向公众宣传相关法律条文	图片新闻	李永红	《常德日报》	市级	公开	2009.6.14	
22	企业股	推进“三连”管理模式，提升报账工作水平——临澧县长期坚持农发资金报账制的做法	调研论文	张宏斌	《常德财会》	市级	内刊	2005年第四期	调研论文
23		“普九”化债不能奖懒罚勤——“普九”化债对计生先进区县的影响	调研论文	石 华	《全国商情》	市级	公开	2009年第10期	分管部门:县农村综合改革办
24	新安财税所	《点石成金》	论文	朱守卫	《常德日报》	市级	公开	2008.10.13	
25	新安财税所	《取款机出故障请莫大意》	新闻	陈进岩 朱守卫	《常德日报》	市级	公开	2008.12.8	
26	新安财税所	无标题新闻	新闻	陈进岩 朱守卫	《常德晚报》	市级	公开	2008.9.8	
27	新安财税所	无标题新闻	新闻	陈进岩 金小平	《常德日报》	市级	公开	2009.7.13	
28	新安财税所	无标题新闻	新闻	陈进岩 金小平	《常德日报》	市级	公开	2009.7.9	
29	新安财税所	无标题新闻	新闻	陈进岩 朱守卫	《常德日报》	市级	公开	2009.9.8	
30	新安财税所	无标题新闻	新闻	陈进岩 朱守卫	《常德日报》	市级	公开	2009.6.15	
31	资产管理股	临澧县“阳光处置”行政事业单位国有资产	新闻	韦 明	《常德日报》	市级	公开	2008.3.13	
32	资产管理股	临澧处置国有资产保值增值	新闻	韦 明	《常德日报》	市级	公开	2009.5.24	
33	资产管理股	临澧学习贯彻国有资产管理办法	新闻	韦 明	《常德日报》	市级	公开	2009.11.8	
34	资产管理股	湖南临澧县举办国有资产管理培训班	新闻	韦 明	《中国财经报》	国家级	公开	2009.10.31	
35	资产管理股	阳光操作处置国有资产	新闻	韦 明	《常德日报》	市级	公开	2007.8.13	
36		把握政策机遇，谋划财政发展——临澧财政实施“弯道赶超”的对策思考	调研论文	黄新春	《常德财会》	市级	内刊	2009年第3期	

第二节 “我与财税”征文作品刊登明细表

2008年纪念改革开放30周年“我与财税”征文《常德日报》采用文章明细表

表5-6

序号	股室	文章标题	文章类别	作者姓名	采用单位	级别	报刊类别	采用日期	备注（体裁）
1	采购办	杨大伯细算种粮帐	新闻	李永红	《常德日报》	市级	公开	2008.12.6	新闻故事
2	财政局办公室	新型农村合作医疗造福于民	新闻	庞娟梅	《常德日报》《周刊》	市级	公开	2008.12.8	新闻通讯
3	财政局办公室	家乡的变化真大	新闻	庞娟梅	《常德日报》《周刊》	市级	公开	2008.12.29	新闻通讯
4	四新岗财税所	老赵专户喜算账	新闻	曹玉初	《常德日报》《周刊》	市级	公开	2008.12.17	新闻故事
5	望城乡财税所	算盘不再响了	新闻	邹宏忠	《常德日报》《周刊》	市级	公开	2008.11.3	新闻故事
6	文家乡财税所	通往家乡的路更近了	新闻	江来福	《常德日报》《周刊》	市级	公开	2008.12.17	新闻通讯
7	文家乡财税所	生活越来越精彩	新闻	江来福	《常德日报》《周刊》	市级	公开	2008.12.17	新闻通讯
8	文家乡财税所	父亲三次捡荒田	新闻	肖学枝	《常德日报》《周刊》	市级	公开	2008.11.3	新闻故事
9	新安镇财税所	点石成金	新闻	朱守卫	《常德日报》《周刊》	市级	公开	2008.9	新闻故事
10	采购办	垄断有损政府采购公信力	新闻	陈珍先	《常德日报》	市级	公开	2008.10.11	新闻特写
11	财政局办公室	扮靓龙凤村	新闻	金春树	《常德日报》	市级	公开	2008.10.7	新闻故事
12	财政局办公室	新版古渡	新闻	金春树	《常德日报》	市级	公开	2008.12.12	新闻故事
13	财政局办公室	税改让我成了种粮大户	新闻	庞娟梅	《常德日报》	市级	公开	2008.11.22	新闻特写
14	教科文	一张作废的转学证	新闻	蒋新堂	《常德日报》	市级	公开	2008.11.19	新闻特写

第三节 论文及调查报告选编

●调研论文●

1. 临澧:腾飞会有时

——湖南省临澧县乡镇财政体制改革的调查

◎史训炎 叶发祥

为了建立与分税制相适应的乡镇财税体制,理顺县与乡镇的财政分配关系,充分调动县、乡理财积极性,在保证上级收入的前提下,确保县、乡镇两级财政收入的稳定增长,1996年5月,临澧县委、县政府按分税制财政体制的要求,改革乡镇财政体制,真正建立起了比较完整的乡镇财政实体。

"一级政府一级财政。"1995年底,临澧县就开始酝酿乡镇财政体制改革工作,紧接着便出台了《临澧县财税改革起步方案》,在全县范围内进行部分收入征管方面的小改革。到1996年5月份,决定在部分乡镇建立国库,深化乡镇财政体制改革。其主要做法是:

(一)设立乡镇国库,建立完整的乡镇级财政实体

作为建立一级完整的乡镇财政实体的基本条件,他们首先在7个符合条件的乡镇设立国库,业务上由县国库部门领导,并接受县财政部门的指导。建立国库的乡镇,其国库业务由人民银行临澧支行委托农业银行临澧支行营业所代理。受委托办理乡镇国库业务的农行营业所主任兼任乡镇国库主任,负责组织管理乡镇国库工作。同时设国库会计岗一名。乡镇国库的设立,为乡镇财政体制改革提供了前提条件。

建立与分税制相适应的乡镇财政体制,调整分配关系,理顺县、乡政府的事权与财权,确定一个比较科学、合理的管理体制是改革的核心。对此,按新时期财政管理的要求,结合该县实际,确定对乡镇财政实行"划分收支范围,核定收支基数,定额上解或定额补贴,超收分成按税种,短收自负扣补贴,分灶吃饭"的管理体制。乡镇预算收支基数以1996年县财政预算安排为依据核定。根据核定的基数,收大于支的乡镇按收支差额定额上解;收小于支的乡镇按收支逆差定额补助。1996年,选择3个乡镇按新体制试行。

(二)科学划分收支范围

1.收入范围的划分。乡镇财政体制改革,争议最大、最棘手的问题就是财税收入范围的划分。对此,他们集思广益,广泛征求各乡镇、各部门的意见,精心谋划,九易其稿,形成了《临澧县深化乡镇财政体制改革试点方案》,将县级地方收入按税种划分为县级固定收入、乡镇固定收入、县与乡镇共享收入三个部分。

2.乡镇财政预算支出范围的划定。除公安外,凡延伸到乡镇的所有行政事业单位的支出,全部下划给乡镇,作为乡镇预算支出。

(三)科学制定解缴方法

乡镇分税制体制方案确定后,还需要运用正确的方法和途径,办理各级预算收入的划分和报解,这样才能够保证新体制的顺利实行。

一是完善国库会计核算体制。在乡镇国库,财政、国税、地税分开设立账户,实行规范化管理。

二是县、乡镇之间建立"税收返还"制度。乡镇国库在组织督促税款及时足额入库的同时,按县财政部门确定的收入留解比例,认真执行按比例划解收入,属于共享收入的城建税、资源税,先解入县国库,乡镇应得的部分由县财政定期返还结算,不仅可以保证乡镇上划资金能及时返还,而且可以促进乡镇上划资金的及时到位。

三是规范结算方式。通过改进银行结算方式,缩短预算资金的在途时间。一方面,实行票据清缴,同业往来的划转,在两天之内完成。另一方面,用行政和经济手段清理多头开户,乡镇行政事业单位的预算资金统一归行,特别是七站八所的资金必须在乡镇国库所在的营业所开户。

乡镇财政体制改革是乡镇财政建设史上的一个里程碑,我们期待着临澧的乡镇财政通过体制的进一步完善和改革,有一个新的跨越和大的飞跃(作者系临澧县财政局局长、财政局副局长)(此文曾刊登在1998年4月2日的《中国财经报》上)。

2. 把握政策机遇 谋划财政发展

——临澧县财政实施"弯道赶超"的对策思考

◎ 黄新春

临澧县地处湘西北、澧水中下游,是老一辈无产阶级革命家林伯渠、著名作家丁玲的故乡。全县辖8个镇、9个乡、1个经济开发区,315个行政村、24个社区居委会。全县总面积1210平方公里,其中耕地面积55万亩;总人口44万人,其中农业人口35.8万人,非农业人口8.2万人。全县有一级预算单位112个,财政供养人员14866个。

一、全县的财政状况

由于临澧县工业化水平低、财源规模小,加上各种历史原因,县财政运行一直比较艰难。一是可用财力明显不足。2008年,全县实现一般预算收入17910万元,剔除收支并列部分外,县财政实行可用财力仅有14155万元,人均可用财力不到一万元。二是刚性支出增长较快。从2000至2008年,财政一般预算收入平均增长13%,而县级支出平均增长30%,支出的增长幅度明显高于收入的增长幅度。加上近几年连续调资和公检法、教育、计划生育、社会保障、涉军维稳以及社会主义新农村建设等支出增长过快,进一步加剧了财政支出的缺口。三是资金上解负担较重。1997年~2008年期间,我县共上解粮食风险基金及粮食企业亏损挂账贴息10172万元,2008年仅利息上解支出就达892万元,占当年财政一般预算收入的6.2%。四是财政调度异常紧张。前些年,县财政为支持县域经济发展、处理历史遗留问题和一些社会敏感的焦点、难点矛盾,采取资金投入、提供担保等手段,大力支持招商引资、企业改制和维护社会稳定,致使全县企业、事业单位累计占用财政资金达1亿多元,从目前情况来看,这些企业、事业单位占用的预算资金大部分无法收回,实际上已成为财政直接包袱,使财政资金调度更加紧张。

二、当前面临的政策机遇

2007年下半年以来，受国际金融危机快速蔓延和世界经济增长明显减速的影响，加上我国经济生活中尚未解决的深层次矛盾和问题，国内经济运行困难增多，经济下行压力加大。临澧县经济运行也出现了发展速度放缓、增收难度加大、企业经营困难等问题，但是危中有“机”，认真分析当前国际国内的经济形势，笔者认为，临澧县作为一个财政困难县，也还面临着众多的发展机遇：

一是完善省以下财政体制改革为临澧县带来发展机遇。1994年以来的分税制财政体制改革和2002年的所得税分享改革，促进了中央财政和省级财政收入的大幅度增长，为全国和地方经济社会的改革和发展提供了可靠的财力保障和有力的制度支持。但是由于中央高度集权和收入分配级次太多，致使县财政收入来源减少，加上财权与事权的不匹配，县财政日益艰难，因此创新财政管理体制势在必行。国务院于2002年批转了财政部《关于完善省以下财政管理体制有关问题的意见》，对各省按照分税制原则进一步调整和完善省以下财政管理体制提出了明确的指导性意见，财政部也把完善省以下财政体制改革作为近年来的主要工作目标来抓，并开展了省直管县财政体制改革试点，其主要内容就是合理划分收入、合理确定分享比例、合理核定收入基数，同时加大对财政困难县市的扶持力度，这将为临澧县缓解财政困难带来新的机遇。

二是国家“三农”政策有利于临澧县加快发展。临澧县作为传统的产粮大县、产油大县和绿色食品基地县，为全国粮食生产安全、提高人民群众生活水平作出了较大贡献。随着农业生产地位的提升，国家对“三农”的投入越来越多，我县作为农业县，享受到的政策支持必将越来越大。

三是当前的金融危机为临澧发展带来机遇。2009年，为应对世界性金融危机的严峻挑战，国家开始实行积极的财政政策，2009年至2010年，国家将投资4万亿元用于保障性安居工程，农村基础设施建设，铁路、公路、机场等重大基础设施建设，医疗卫生、文化教育事业发展，生态环境建设，自主创新和结构调整，提高城乡居民收入等七个方面，这对临澧来说也将是一次发展的大好机遇。

四是国家实施中部崛起战略有利于临澧县经济发展。继东部地区率先发展、实施西部大开发、振兴东北老工业基地战略后，国家从2006年起，又提出了中部崛起战略，并出台了《关于促进中部地区崛起的若干意见》，出台了36条政策措施，提出要把中部建成全国重要的粮食生产基地、能源的原材料基地、现代装备制造及高技术产业基地以及综合交通运输枢纽。2007年，国务院又下发了《关于中部六省比照实施振兴东北地区等老工业基地和西部大开发有关政策范围的通知》，根据这一政策，中部六省将享受历史欠税豁免、税收优惠等多项优惠政策，临澧县作为中部地区县，也必将享受到一系列的政策优惠。

三、缓解临澧县财政困难的对策思考

通过分析当前的国家政策和经济形势，临澧县财政正面临着难得的发展机遇。切实牢牢把握机遇，采取有针对性的措施加快发展，力争实现“弯道赶超”。

（一）发展经济，壮大财源

要紧紧抓住国家启动内需、增大投入和实施中部崛起的政策机遇，加快财源建设，做大财政蛋糕。

一是承接东部产业转移,推进“工业兴县”战略。工业是国民经济的支柱产业,含税率高,能够为财政提供长期稳定的收入来源。紧紧抓住东部产业转移的机遇,加快招商引资,通过更加优惠的政策、更加优质的服务、更加优异的环境,吸引更多的工业项目落户临澧。要进一步巩固水泥、石膏、烟花鞭炮为主的传统产业,要加大对以纺织、化工为主的新兴产业的扶持。要鼓励和扶持企业实施名牌战略,开发新产品,争创品牌,提高产品竞争力和经济效益。

二是对接国家:“三农”政策,巩固农业基础财源。一方面,要进一步巩固传统农业。近些年来,中央连续6年以一号文件的形式出台了一系列惠农政策,特别是随着粮食安全问题的出现,国家对传统农业越来越重视。临澧县作为传统农业县,一定要牢牢把握国家加大对“三农”投入的机遇,大力发展以粮、棉、油为主的传统农业,增加农民收入。另一方面,要加大财源农业的培植力度。用工业的理念去谋划农业的发展。要以产业调整为导向,以规模经营为突破口,在富百姓与富财政的结合点上做文章,推广发展高效含税的特色农业经济,用工业反哺农村,使财源一头连着财政,一头连着农民。从临澧县自然经济条件和近年产业调整的成效来看,重点是抓好以柑橘、清水鸭等为主的绿色食品产业,在抓好基地建设的同时,着重发展龙头加工企业,以龙头加工企业带动农业规模化经营,并以龙头企业为基础,完善公司连基地、基地连农户的经营模式,把农业生产基地建成企业的原料车间,提高产品的附加值。努力使农副产品从含税低、效益少的生产环节升级到含税高、效益多的加工环节和销售环节,促使规模效应转化为巨大财政效益。

三是把握扩大内需机会,加快城镇建设步伐。城镇建设既是改善居民生活条件,优化环境的重要举措,又是拉动经济增长,扩大就业机会,增加财政收入的有效途径。要狠抓旧城改造,开展一批市政工程和公益项目建设,改善城镇形象,提升城镇品位。要积极探索以地生财、以城建城、以城养城、以城兴城的经营城镇的路子,努力推进城镇建设市场化,资金筹措多元化,资源利用商品化,基础设施社会化。

四是把握全民创业机遇,挖掘三产新兴财源。为应对金融危机,国家采取了适度宽松的货币政策,降低了信贷门槛,积极鼓励下岗职工、高校毕业生和返乡农民工自主创业,并在基地建设、投资奖励、税费优惠、资金扶持上出台了一系列优惠政策,我们要抓住这一机遇,向投资少、见效快的三产领域进军,大力培植新兴财源。要按照体现行色、提高比重、全面发展的要求,认真搞好规划,制定政策,鼓励引导。要充分利用好各种民营资本和个体私营资本,重点发展含税多、见效快的餐饮娱乐服务业、房地产业、旅游业、交通运输业,开发各种专业市场和商贸物流业务,将三产发展成为我县财政建设新的增长点。

(二)完善体制,理顺关系

虽然推进体制改革的主动权和决策权在上级,但是作为县一级财政部门,我们要多汇报、多呼吁、多建议,力争从财政体制改革中争取上级更多的政策支持。

一是建议在中央财政体制设计上,要加大对财政困难县的扶持力度,适当减少中央集中的财力,将地方的增值税、所得税下放给地方,或者提高增量返还比例,增加地方收入。

二是建议理顺省以下收入分配关系,打破企业隶属关系,实行主要税种省市与市县同比例分配。增加省对县乡的转移支付额度,融合和增加企业发展基金,支持县乡发展生产,开辟财源,加快缓解县乡财政困难。

三是建议进一步明确各级政府的支出责任，做到财权与事权相统一。理顺各级政府间的财政分配关系，使每一级政府所拥有的财权与事权相对称、支出与责任相统一，加大中央、省、市政府在义务教育、计划生育、社会保障等方面的事权责任和财力物力承担份额，使县级政府只承担本级财力所能履行的职责。通过财力与责任相挂钩，从根本上改变上级层层分割下级财力的状况。

四是县本级也要在县乡财政体制的理顺和完善上找准症结，积极探索"乡财县管乡用、村财乡代管"等有效规范财政财务管理的模式，创造县乡财政解困的体制环境。

(三)强化管理，增收节支

在当前财政收入增速下降的背景下，以减税和增支为特征的积极财政政策势必将进一步加大财政收支平衡压力。对此，各级财政部门把增收节支工作放在重要地位，牢固树立过紧日子的观念。结合上级政策和临澧县实际，应重点在以下几个方面狠抓增收节支：

一是要加强收入征管。要抓好税收协调。建立财税联动机制，主动加强与税务部门的配合，做到多联系，多沟通，多协作，积极协助税务部门协调处理好有关问题，确保重点大户税收及时足额入库。要强化非税征管。严格推行一体征管机制，减少收入漏洞；加大非税稽查力度，确保应收尽收。要盘活资产资源。加强城镇土地资源开发，落实项目招投标和宗地核算，扩大土地收益；加大单位占用资源的管理力度，逐步将行政事业单位兴办的经营性实体与单位脱钩，收益上缴财政；加大现有国有资产资源的开发力度，因地制宜搞好开发，最大限度盘活国有资产资源。

二是要狠抓争资引项。紧紧把握国家拉动内需，增大财政投入的机遇，切实抓好政策性争资引项。要密切关注财政投资动向，抓紧搞好项目的申报，争取更加多项目挤进国家、省、市笼子。要主动加强联系，积极搞好汇报，争取更多支持。

三是要压缩非生产性支出。要切实树立艰苦奋斗过紧日子的思想，大力压减非生产性支出，握紧拳头保重点。要严格控制"人、车、会和网络、招待"等支出增长、严格控制党政机关楼堂馆所建设，坚决制止各种铺张浪费，全力以赴保工资、保运转。

四是要大力消减债务。近年来，临澧县政府性债务不仅成为财政的沉重包袱，而且也逐渐成为影响社会稳定的一大因素，必须尽快化解。县乡两级政府和部门要切实树立"减负就是增收，还债就是政绩"的思想，把控制和化解政府性能债务提上重要议事日程。要建立健全化债工作机制，把化解债务作为乡镇、部门目标管理的重要内容，每年都要制定化债目标，并作为主要负责人考核的重要依据。要建立控制新债发生的管理机制，落实债务管理领导责任制和新债责任追究制度，确保临澧县债务逐年减少并最终化解。

五是要严把支出控管关。充分利用"国库集中支付、会计集中核算、一卡通"支付等平台，加强财政资金控管，力争把每一分钱都用在刀刃上(作者系临澧县财政局局长、党组书记)(此文曾刊登在2009年第3期《常德财会》杂志上)。

●纪念改革开放30周年“我与财税”征文●

1. 杨大伯细算种粮账

◎李永红

在城里住久了，偶尔下乡村，看那里满目苍绿的风景，闻一路鸟语花香，那简直是一次心灵的放飞，人都轻松了许多，带着这种愿望，前不久，我来到临澧县四新岗乡下，一边享受这里如画的田园风光，一边在田畴上与农民聊起了他们如今种粮的感受。

杨定明四十多岁的模样，黝黑的脸庞，一看就是一位朴实健壮的农民，与人接触也还健谈。说起种粮，他颇有心得。话匣子一下打开，便滔滔不绝：“如今，种田还是种得了。”

“你说说看，种田怎么个种得？”

杨大哥掰着手指算起了“种粮账”：“你看，现在种一亩水稻，种双季，每亩至少也可打千五六百斤稻谷，每百斤粮食能卖80至90元，算毛收入就可达到1400多元，除开机收、化肥等的投入，一年下来每亩收入至少也可达1000多元。国家不仅不收农业税了，还每亩补直补、农资补贴110多元。到了冬季还可种一季油菜，又可收油菜籽500斤左右，还可收入1800元左右。只要人勤快，一年下来，每亩田可赚3000元，这收入还是可以了，当然种粮种得呀！”说完，老杨脸上绽放着灿烂的笑容。

沉思片刻。老杨感慨万端：“现在党对农村、农业、农民真是太关心了，政策好了。俺没有什么技术，是以种稻为业的土生土长的农民，咱亲历了咱农民种粮的政策变化，以前种粮要农业税、特产税、‘三提五统’等，现在不仅不上交了，国家还有粮食直补，良种补贴、农资补贴等。对于我们农民来说，这样的政策我们打心眼里拥护！”

“这样那样的国家补贴，都兑现了吗？你们都得到手里了吗”我试探着问。

杨定明一脸认真，语气肯定：“你看哟！国家的政策哪有不兑现的?！每次来了钱，村里都要公示。几年前，村里给我们种粮户都发了补贴卡，那卡是农业银行的银行卡，上面来了钱，卡上一目了然。现在给农民发的一卡通就更硬了，钱绝对得到位。这些补贴，上面经常还派人下来调查，可以想见，国家给老百姓的钱走不了火。”

（作者系临澧县财政局采购办主任）（此文曾刊登在2008年12月6日的《常德日报》上）

2. 算盘不再响了

◎邹宏忠

“用算盘算账、做账，费时又费力，还容易出错，现在财会工作信息化了，以前忙几天的事，现在几个小时轻轻松松就能完成！”说起财会工作方式这30年来发生的巨大变化，临澧县望城乡财政所干部杨英峰深有感触。

杨英峰1985年4月被招聘为县财政局干部，之后，从事出纳工作，管资金的收发，还兼税收专管员。那时候屠宰税、耕地占有税等涉农收税全部采用手工报账,计算工具是中国人沿用了几千年的算盘。一个月报一次账,集中做账的时候,一连好几天都听到算盘珠子噼里啪啦响,弄得手麻脖子疼。不仅如此,长时间使用算盘,稍有分神,便容易出错。因此,算完后还要反复比对数字,工作量相当大。而由于传统手工计算处理方式的不足,常常会因一个小数点的问题而导致重新对账,如此反复,直到全部核对准确为止,加上手工填写也麻烦,报账人苦不堪言。

一个算盘算账算了快十年,到20世纪90年代初期,计算器开始成为财会人员的帮手,算盘渐渐退出历史舞台。计算时只要不按错键,轻轻点来,加减乘除轻松完成,比手工方式快了不少。

社会发展日新月异,对效率的要求越来越高,因此,人们的工作方式也悄然发生着变化。计算器出现后的数年间,开始推行财税工作信息化管理的"金财工程"。县财政系统计算机进行信息化管理,县财政局开设了专网,利用电脑网络和先进的专用软件进行财务管理,可谓是财务管理工作的一场"信息化革命"。通过电脑网络系统,国家惠农补贴通过信息化发放,可以以最快的速度发到农村群众手中。不管是良种补贴、综合补贴,还是能繁母猪补贴。进入系统后,点点鼠标,敲敲键盘,去向一目了然。

更重要的是,以电算会计为代表的财税信息化管理系统完全摆脱了手工做账的烦琐与不便。原来要专门印制的报表,现在电脑可自动生成。软件还有各种各样的计算公式,完全免除了手工运算。记账统征做好以后,能自动生成数据,并按科目分类汇总。现在乡镇报一次账实行电脑操作,通过电子报表系统,熟练之后一天可报完账,且显得很轻松,效率比手工方式提高了数倍。杨英峰说:"进行财税信息化管理以后,工作更快捷、准确、方便。现在国家的各种惠农补贴多,工作更繁重,却一点也不觉得累。"

"生产工具,生产方式的变化带来生产力的提高,从纯手工劳动成堆的账簿中解放出来。如今,一台电脑,一台打印机,财务工作变得简单多了。"杨英峰如是说。

(作者系临澧县望城乡财税所副所长)(此文曾刊登在2008年11月3日的《常德日报》上)

3. 父亲三次捡荒田

◎ 肖学之

父亲在田里摸爬滚打几十年,他的眉头仿佛就是他侍弄了一生的土地,深深浅浅的沟纹印证了父亲辛苦耕耘的人生,眉头的第一道皱褶里藏着父亲酸甜苦辣的故事。

父亲第一次捡荒田是缘于对土地的爱恋和珍视。改革开放初期,田土承包负担很重,上交就有农业税、农业特产税、乡统筹、村提留、共同性生产费等十几项,种1亩田要200元左右的税费,父亲长年紧锁着眉头。村里的青壮年纷纷南下务工,荒田逐年增多。父亲看到丰登村杨家滩一大片荒田,很心疼,于是就把杨家滩河岸80多亩的荒田租了过来,人人都说父亲犯傻,因为当时栽田是个亏本的买卖。为了种好那一大片荒田,父亲把家也搬到了田里,修了间土墙屋。父亲掮着犁牵着牛开始了冬季翻耕,母亲每日也在田里割草,来年的春耕前父母便将80多亩荒田翻耕了。5月的一天正午,我去看望父母,远远见父亲戴着草帽挑着水桶走在田埂上,当我走近父亲时才明白,一丘小小的边边田因水源不便，父亲就用肩挑水灌溉，我心疼地说："爸，不就3分田嘛，干了就干了。"父亲打趣道："那怎么行，你看，两桶水倒下去，还没张嘴就喝光了"。父母每日都在田野上忙碌，秋天，成熟的谷子纯朴而健美。收割时，父亲雇用了很多人，其余的农事都由他们自己完成。

父亲承包的第一年，为国家上交了2万多斤粮食，其余的以100斤40元的价格收购，除去开支，父亲几乎没赚几个钱。承包的第三年，谷价翻了番，每100斤粮食以70多元的价格收购，除去开支和上交，父亲赚了一万多元，还清了所有债务，买了一台耕整机。艰辛中有了愉悦，父亲笑着说：这田还可以种出"铁牛"。

父亲第二次捡荒田是缘于他看到了土地的前景和希望。随着税费改革在农村的推行，国家税收的逐渐减免，谷价的不断上涨，农村的经济状况也在好转。农业产业结构的调整，机械化的应用，科学种田的普及，父亲觉得希望就在田野上。1999年11月，父亲在荷花村以每亩交100斤粮捡了40多亩荒田。这一次因为有了耕整机，大大提高了翻耕效益，父亲还用"铁牛"帮村子里的农户翻耕田地，捞了一笔不小的收入。还率先应用了软盘育秧，一人一天最少可以栽5亩田，秋收时用上了收割机。田里进行了多种经营，除了水稻，还有棉花、烟叶、花生等。随着农业产量的逐年增加，一批批外出务工的农民也相继回家种田种地，荒山变成了果林，橘子、葡萄、梨子……成熟的果子挂满枝头。山乡正在发生着巨大的变化。

父亲种田越种越舒心，紧锁的眉头也在层层舒展，父亲修了砖瓦房子，买回了大彩电和VCD，闲暇时父亲爱听几首歌儿，在母亲60岁生日那天，父亲给母亲买了一对金耳环，高兴地说："你们看，这田里还真种出了金子。"

父亲第三次捡田种是缘于国家财税对土地的阳光政策，父亲用贴近泥土的劳动谋求到了生命的完整。2005年，国家取消了千百多年来的"皇粮国税"，种田不交税国家还给补贴，种1亩田补贴100多元呢。70岁高龄的父亲高兴得像个孩子，不顾全家人的反对，说什么还要捡点田。他说："我身子骨还在田野上，我还得去收收魂儿。"2005年11月，村里村外再也没有荒田可捡了，父亲经过一番努力，终于在村烟花厂、鞭炮厂上班的农户手中联系到了十几亩田，加上自家的几亩田，直到现在父亲还种有二十几亩田地。庄稼总是以其无法言说的美丽和神奇，煽起父亲对土地持久的好奇和珍爱。赡养父母是儿女们天经地义的责任和义务，然而父亲执意要种田，我们过意不去，只好在农忙时到田垄上帮父母多干一些活。每当一家人有说有笑的在田野上帮助忙活时，父亲就会激动地说："你们看，这田还可以种出和谐。"

现在的农村，孩子读书不用交钱，看病也可以报销，水泥路也修到了家门口，农民喂猪不要交屠宰税还有补贴……一系列强农富农的财政政策，像阳光一样普照着乡村的每一寸土地和每一个人的心灵。

看！父亲腰间挂着手机走在田野阡陌，手机里正飘出《山路十八弯》动听的歌声，活色生香的田野风吹着、阳光照着……父亲的眉头层层舒展开来，亦如那舒展开的土地，祥和还有点儿浪漫。（作者系临澧县财政局经济建设股副股长）（此文曾刊登在2008年11月3日的常德日报《周刊》上）

4. 新版古渡

◎金春树

随着龙潭大桥建成通车，道水河上的两岔河渡口连同河上摇摆的渡船8年间消失得无影无踪，早已存入人们的记忆。当年，老渡工的日子过得怎样，附近村民们的生活又有何新变化？初冬的一天，沐浴着暖暖的冬阳，笔者沿着平坦的乡村水泥公路，找到了老渡工刘秋林，与他一起回忆渡口渡运的故事，感受古渡的新变化。

两岔河渡口曾是连接临澧县文家乡、陈二乡与县城的纽带，也是临澧往西通往石门县、桃源县的必经之路。走在光滑的石板路上，刘秋林老汉回忆说：那时的渡口可热闹呢，来来往往的人群、四面八方的物产都聚集到这里，河边热闹非凡，河里渡船穿梭。自从二十世纪六七十年代有了汽车后，渡口渐渐衰落，河中千帆竞发的场景不再，但过往人群依然靠摆渡通过。日出而渡，日落而归，刘秋林总是风雨无阻地坐在渡船上，只要渡客吆喝一声“摆渡”，他就摇着渡船来回迎送。摆渡工的活不仅苦，而且收入微薄，养家糊口，日子过得紧巴巴的。

时代的车轮总是在向前运转。2000年，临澧县在渡口上游300米处兴建了龙潭大桥，五孔四墩，横跨350米，虹桥卧波，雄伟而壮丽。大桥的兴建和水泥公路的连通，来这里渡河的人自然减少了，连接渡口的路渐渐被人遗忘，原来的渡口小镇也越来越沉寂。仅几年时间，镇上的商铺就纷纷关门，并搬到了大桥南岸的桥头公路两侧，形成了新的集市。如今，人们出行不分春夏秋冬、不管雨雪风雹、不论水涨水跌，可任意选择中巴车、大巴车、摩托车、货运便车，昔日文家乡、陈二乡赶县的人们要走一天的路程，现在不到一小时就可跑一个来回。现在，临澧县不到20公里的道水河上，有5座横跨河道的大桥，人们出行更加便捷。两岸的经济也随着桥的出现而飞速发展，昔日两岸映入清澈河水的土砖房，早已被绿树掩映的白墙楼宇所取代，最美的是：到了晚上，家家户户灯火通明、歌舞升平的场景映照在道水河中，让人见了，好似人间仙境。

刘秋林的渡船停摆了，他必须另谋职业。通过一番市场调查，刘秋林筹资在大桥附近开起了家庭连锁超市，县里因他符合“万村千乡市场工程”扶持政策，还给他补助了5000元。由于他人缘好、重质量、讲诚信，生意做得红红火火。随着生意越做越大，刘秋林的腰包也日渐鼓胀起来。现在，他整天撇着大嘴乐不可支，逢人便说：“现在的政策真好，我家再也不用顶酷暑、冒严寒世代摆渡为生了，你看，我开个超市，国家还给我5000元补贴，种几亩田每年也有几百元补贴，买几件农机具国家还是给补贴，我现在坐在家里，木马腿绞三转也不愁吃穿！”

别了，两岔河渡口！是历史的车轮将你碾碎，是雄伟的桥梁取代了你。一座座大桥，就是党和人民的连心桥；是老百姓奔向小康社会的宽阔大桥！

（作者系临澧财政局监督股股长）（此文曾刊登在2009年1月5日的《常德日报》上）

5.“税改让我成了种田大户”

◎庞娟梅

延续了2600年的“皇粮国税”——农业税，自2006年1月1日起，在中国大地上被彻底废止。免征农业税后，粮价提高，并实行粮食直接补贴。这个富民政策一直激励着临澧县文家乡大观村村民史开清。几年下来，他成为远近闻名的种田大户。日前，笔者驱车至史开清家中采访，刚刚从县城买了一台耕整机回来的史开清兴奋地说：“党的政策就是好，购置农机还有补贴。”

从20世纪60年代中期起，年仅12岁的史开清就弃学种田，在农村摸爬滚打几十年，然而，好运并没有眷顾这个热血汉子，富裕一直都是他心中的梦想。随着农村改革开放的逐步深入，党的富民政策如阵阵春风吹拂，期盼发家致富的史开清看在眼里，喜在心里。他凭着一双手，起早贪黑，在他的屋前屋后开挖了150多亩荒山，全部种上柑橘、板栗等优质水果，目前已有110多亩开始挂果受益。

2006年，在全国范围内全面免征农业税，并实行粮食直接补贴政策后，史开清认准了“种田有钱赚”这个理，开始在心里酝酿自己的种粮计划：如果进行机械化耕作，自己一个人种上百亩田应该不是问题，而稻田规模经营带来的效益就非常可观了……说干就干，他一口气租赁承包了村里的160多亩水田栽种稻谷。有了这160多亩水田，史开清心里有了底。他不仅买了好种子、好肥料，还投资几十万元添置了插秧机、收割机、耕整机、堰塘挖泥机、手扶运输车、机动喷雾器、电动抽水机等12台农机，实现了农业机械化操作。机械化大大提高了农业耕作的效率，除了农忙时需要请劳力来帮忙外，其他时间基本上是他一个人打点农活。史开清一肩挑起了百多号人的担子。

史开清种田水平高，每年收获粮食80多吨。近几年，他不但不需缴纳农业税，还能得到良种补贴、粮食直补、综合补贴等惠农补贴资金上万元。买12台农机，他就得到了国家农机具补贴5.2万元。“从古到今，农民种田都要交‘皇粮国税’，现在，农业税全免了，种田还有补助，这对我们种了几辈子田的农民来说，想都不敢想”。史开清的兴奋之情溢于言表。在他的印象中，以前种1亩田，光农业税等要上缴的费用最多时就有100多元，而且粮食价格上不去，种田负担重。他高兴地告诉笔者：税改让我轻装种田，税改让我成了种田大户！好政策带来了好收成。他扳指给我们算了一笔账，现在全家每年的农业、林业和农机械出租收入在25万元左右，每年的劳动纯收入达10万元左右，史开清跑步致富了。

史开清富裕后，他又开始琢磨了，他最大的愿望就是能在农村干出一番事业，带领周围的人富起来。于是，他毫不保留地把柑橘、板栗、杂交水稻种植和机械操作、维修等技术传授给周边群众。为引导当地农民发展柑橘生产，他每年都组织周边群众到自己的橘园里学习栽培、嫁接和病虫防治技术。在他的影响和带动下，当地群众和全乡大力发展柑橘生产，现在全乡已累计扩种柑橘万亩以上。为解决当地群众的富余劳动力就业，他每年安排当地农民工10多个，临时短工上百个，每年付给他们劳动报酬8万多元。对部分困难户，史开清还伸出援助之手，为他们免费耕田、抽水、打药……

一分耕耘一分收获。史开清连续8年捧回县“农村经济大户模范”牌匾，并被市委、市政府授予“全市农村经济大户200强”和“全市科技致富标兵”荣誉称号。有人劝他：现在家里不缺吃少穿，你可以休息了。面对一片好心,他竟摊开双手说:“搭帮党的政策好,种田有钱赚,我还要多种几年田,想把种植面积更扩大些,就是不知到时还租不租得到田呢?”

(作者系临澧县财政局农业股干部)(此文曾刊登在2008年11月22日的《常德日报》上)

6. 一张作废的转学证

◎蒋新堂

“喂! 老弟,你在县财政局上班,人熟路活,帮我开张转学证,下期我想把星子转到广东来读书。家乡的陈二中学条件太差了,恐怕连好一点的电脑都没有,我怕耽误孩子!”远在广东做生意的堂哥打电话对我说。

堂哥出去跑了几年生意,弄了点小钱,俨然一副大款派头,吩咐起人来干脆利落,没等我开口,就把手机挂了。其实,这几年陈二中学变化挺大的,他也没到学校去看看,还认为条件跟他读书时一样。但是我想堂哥把星子带在自己身边读书也好,就没有多说什么,于是三下五除二就帮星子办好了转学手续。

“喂,老弟,我回来了,在金帝大酒店等你,你快来吃饭!”“金帝可是县里最好的酒店,你真的发了! 我们两兄弟还用得着那么显摆吗?”我一边调侃着,一边把转学证塞进口袋,准备给他。

“哎呀,老弟,真想死你了! 三年不见,你气色不错,日子过得挺滋润吧?”“哪能和你大老板相比,在外面闯世界,赚大钱,还要把宝贝儿子转到那边的贵族学校里去读书!”我打趣地说。

“跟你讲,我今天到陈二中学转了一圈,新修的学生宿舍、食堂、教学楼,一字摆开,功能齐全,干净整洁,环境优美,我只有三年没回来,哪里晓得家乡的学校发生了翻天覆地的变化?”

兄弟俩推杯换盏,酒过三巡,堂哥开始忆苦思甜:“想当年,我们读书的时候,陈二中学的房子破破烂烂,春天下雨,外面大落,教室里小落,到处漏雨,没有一个摆位子的干净地儿;夏天太阳毒,也没有个遮阴的地方,中午排队端饭时,脑壳都快晒破了;冬天北风呼呼地刮,寝室的窗户千疮百孔,整个寝室像个风箱,哪能睡得好觉? 那时校园环境也差,天晴一身灰,落雨一身泥,学校操场能养鱼……现在的孩子可比我们幸福多了!”

“那是当然! 近几年来,县财政先后为陈二中学投资300多万元,新修了寝室、食堂和教学楼,彻底消灭了危房,现在整个校园布局合理,环境优美,面貌焕然一新。”我接着说,“今年陈二中学准备申报省合格学校,县财政又投入了几十万,为学校添置新的课桌椅、电脑及其他教育教学设备,现在学校的硬件在全县都是顶呱呱的!”“难怪,我刚才去看,学校的位子、电脑、实验仪器都是崭新的……学生们在这里读书真幸福!”

“给你,拿去吧!”我手一伸。“什么?”“转学证,你不是要帮星子转学吗?”“我原以为家乡的学校条件差,星子读书会跟我小时候一样苦,也学不到电脑那些高科技玩意儿,现在一比,家乡的学校一点也不比外面的差,孩子在这里学习,我很放心。星子就在陈二中学读书,不动了! 这张转学证就作废了吧……”

(作者系临澧县财政局行政政法股股长)(此文曾刊登在2008年11月19日的《常德日报》上)

第五章 财政学会、协会

第一节 财政会计审计学会

1988年3月，经临澧县科学技术协会和社团登记管理机关"临澧县民间组织局"批准，成立"湖南省临澧县财政会计审计学会"（会址设财政局院内），由全县热心财政、会计、审计的科研人员自愿结成并依法登记的具有法人资格的学术性、专业性、非营利的群众性社会团体。接受业务主管部门临澧县财政局、临澧县科学技术协会的业务指导和管理。第一届代表大会于1988年3月在县财政局举行，选举财政局局长苏宏金为会长，会计股股长张德钧为秘书长，常务理事15人，理事56人。（1990年5月~1995年11月，会长贾文昌、秘书长张华一；1995年12月~2012年11月会长黄新春，秘书长赵传清）；2012年12月20日在财政局举行换届选举，聘请县政府常务副县长易文斌，县财政局党组书记、局长黄新春为名誉会长，选举叶发祥（县财政局党组成员、副局长）为会长，刘炬兴（县人大财经委副主任）、刘文锋（审计局副局长、高级审级师）等7人为副会长，陈育民、王金凤（财政局会计管理股正副股长）为秘书长、副秘书长，吴元璋、欧明忠等20人为常务理事，唐爱党、邵国涛等98人为理事。

学会成立以来，组织全县广大财政、会计、审计工作者开展学术科研、学术交流和专业教育培训，充分发挥了桥梁和纽带作用，把本会办成了广大财政、会计、审计工作者之家。为提高全县财政会计、审计人员业务水平，深化财政会计、审计和振兴临澧经济作出了贡献。

第二节 县老年科学协会财政分会

2003年5月，经县老年科学协会批准，成立临澧县老年科学协会财政分会，会长、胡良次、会员戴振春、李华初、张华懿等6人。协会经常开展财政科研活动，2008年被县科协评为先进科协会分，2010年5月协会改选，叶发祥任会长，胡良次任副会长。

第三节 财政保健协会

2010年5月，经县老年保健协会批准，成立"临澧县财政局老年保健协会"，会长叶发祥，副会长戴振春，秘书长苏瑞。协会给退休老干部每人每月订阅"自我保健""老年人"刊物各一份，每年定期请专家开展健康科普知识讲座。同时，每年定期开展乡游活动和每月集中政治学习和牌棋竞赛活动，使老干部老有所乐，得到了大家的一致好评。

后 记

2010年5月，县财政局成立修志办，抽调专业人员开始筹划，搜集史料，根据财政专业特点，《临澧县财政志》分设财政收入、财政支出、财政管理、财政机构和队伍及财政文化5编，43章，171节。通过编辑人员的努力，于2017年3月完稿，全书70万字。同年6月出版。在这部志书的编纂过程中，“修志办”力求做到史料翔实，数字准确，内容全面，详略得当。重点记述了解放后六十年来临澧财政事业的发展历程和巨大成绩。它的编纂出版，填补了临澧县财政史上无志的空白，将有助于广大财政工作者和其他人士透过《临澧县财政志》这个窗口，了解临澧财政事业发展的历史全貌。

《临澧县财政志》的编纂工作，得到了县委、县政府的高度重视与支持；得到了县史志办、财政局对本志篇章设置、志书撰写的具体指导；得到了临澧县档案局、民政局、教育局等单位、部门为本志史料搜集工作的大力支持；还得到了财政系统各位领导及股、室、办、所干部、职工的鼎力相助。在此，谨向指导、关心和支持我们编辑出版《临澧县财政志》的中国方志出版社、常德市、临澧县有关单位、部门领导及全体同仁表示诚挚的谢意！

编修财政志，由于编者水平有限，书中有不当之处，敬请读者谅解。

编 者

2017年6月